日讲易经解义

国学经典日讲解义丛书

全白话本【第一册】

舒涵 著

图书在版编目（CIP）数据

日讲易经解义 / 舒涵著. -- 北京 : 华龄出版社, 2025. 3. -- ISBN 978-7-5169-2716-8

Ⅰ. B221.5

中国国家版本馆CIP数据核字第2024ME1172号

策划编辑	舒　涵	**责任印制**	李未圻
责任编辑	郑　雍	**装帧设计**	李攀攀

书　　名	日讲易经解义	**作　　者**	舒　涵
出　　版 发　　行	华龄出版社 HUALING PRESS		
社　　址	北京市东城区安定门外大街甲 57 号	**邮　　编**	100011
发　　行	（010）58122255	**传　　真**	（010）84049572
承　　印	三河市兴国印务有限公司		
版　　次	2025 年 3 月第 1 版	**印　　次**	2025年3月第1次印刷
规　　格	710mm x 1000 mm	**开　　本**	1/16
印　　张	61.375	**字　　数**	1000千字
书　　号	ISBN 978-7-5169-2716-8		
定　　价	188.00 元（全三册）		

前言

《易经》即《周易》，与已经失传的《连山》《归藏》合称“三易”，与道家经典《老子》《庄子》合称“三玄”，与儒家经典《诗经》《尚书》《礼记》《春秋》合称“五经”，加上失传的《乐经》，则并称“六经”，在南宋确定的“儒家十三经”中居首，在整个中国传统文化体系中也具有不可或缺、不可动摇的地位。所以中国的读书人，只要提到《易经》，脑海中马上会闪过八个大字：“群经之首，大道之源。”

《易经》的作者，据说是周文王，这也是《易经》也称《周易》的原因。另有一种说法，认为“周”是周遍之意。《易经》的《系辞传》里有句话：“易与天地准，故能弥伦天地之道。”也就是说，天地之间，万事万物，都不出易理之外。还有当代学者指出，《易经》其实适用于整个银河系，这就把《易经》推上了更高的位置，并与现代天文学产生了联系，发生了互动。

《易经》也好，《周易》也罢，关键是一个“易”字。许慎在《说文解字》中指出，“易”乃日月、阴阳交替之象。《周易·乾凿度》认为，“易”字有三重含义，即简易、不易与变易。毛奇龄则认为“易”有五义，即变易、交易、反易、对易、移易。其实，孔颖达早就说过，“易”是“变化之总名”。说白了，《周易》就是阐释阴阳变化的总论。

《周易》可以分为经与传两大部分。所以单就《易经》的内容划分而言，《易经》其实单指《周易》的经的部分。

经的部分又可以一分为二，即符号系统和卦爻辞部分。《周易》最基本的符号是阴爻与阳爻，它们以不同方式两两组合，可构成四象，即太阳、少阳、太阴、少阴，在此基础上再叠加一个阴爻或阳爻，就构成了八卦，即乾、坎、艮、震、巽、离、坤、兑，分别象征天、地、水、火、风、雷、山、泽。八卦再两两重叠，便构成了六十四卦。每一卦都有对应的卦辞，相传为周文王所系。六十四卦每一爻也都有对应的爻辞，再加上乾卦的用九与坤卦的用六，共三百八十六爻，相传为周公所系。

传的部分，简称《易传》，是对《周易》的经的部分的解释，包括《彖传》上下，《象传》上下，《系辞》上下，《文言》《说卦》《序卦》《杂卦》，共十篇，世称《十翼》，相当于我们学习、研究《周易》的十个翅膀，借助它们，我们可以更快地抵达《周易》的玄妙天空。没有它们，我们根本就搞不懂先哲在说些什么，更不要说学习了。

自孔子赞易之后，《周易》被奉为经典，称作《易经》。说白了，就是应该经常读的经典，经典中的经典，儒家易也得以成为迄今为止最为重要的派别。当时，还有两支易学流派与儒家易并存，也就是老子的道家易，和极具巫文化色彩的筮术易。经过后来长达两千多年的发展，最终形成了“两派六宗”，两派即象数派和易理派，六宗即占卜宗、禨祥宗、造化宗、老庄宗、儒理宗、史事宗。

所谓“六经注我，我注六经”，《周易》问世之后，对它的解读和增益称得上源源不绝。先秦以降，儒家地位不断提升，围绕着《易经》的学习与解读，形成了庞大的易学人群。以孟喜、京房等传习者为主的象数派，注重对阴阳、吉凶、灾变的阐释，图谶色彩浓厚。以费直为发端的义理派，则侧重于阐释《周易》中的义理。因《周易》精微驳杂、包罗万象，中华文化又殊途同归、一以贯之，义理最终成为显学，影响深远。

中国古代流传下来的易学名著不下数百种，《日讲易经解义》只是其一，却极具特色。用现代话说，它是清朝的康熙皇帝当年学习《易经》的教材，是在二十余位清代大儒给康熙皇帝的讲义的基础上整理而成，康熙皇帝还亲自为之作序，在当时影响很大。

古代帝王的学习方式，主要有经筵与日讲两种。经筵，即帝王为讲经特设的御前讲席，在宋代正式制度化，以每年二月至端午节、八月至冬至节为讲期，每月三次。经筵之外，尚有日讲，也称小经筵、小讲，通常每日一小讲，每旬一大讲，二者在本质上是一样的，所以统称经筵日讲制。

在由宋至清的数十位封建帝王中，清朝的康熙皇帝尤重日讲。他天资聪颖，敏而好学，五岁就开始读书，青年时特别勤勉，曾因勤学过劳而咳血，也不曾间断。三藩之乱期间，政务繁重，大臣们请求隔日进讲，康熙仍坚持每日进讲，以免荒疏学问。

为了不流于形式，徒有虚名，康熙皇帝会亲自圈定进讲者名单，任何人不得推诿，他本人不仅身体力行，而且乐此不疲。在他的督导下，日讲持续了十六年，仅此一点，历代帝王中，无出其右者。

据统计，仅仅是为康熙皇帝解《易》的日讲官，就有二十一人，他们分担了六十四卦与《文言》《系辞》《杂卦》《说卦》等内容的解义工作，任务不同，宗旨一致，都是为了借助对《易经》的学习，研究修身、齐家、治国、平天下之道，于《易经》的阴阳、奇偶、屈伸、消长、变化之间，寻觅通经致用、内圣外王的大智慧。

《日讲易经解义》以解读《易经》中的义理为纲领，糅合了《诗经》《尚书》《礼记》《春秋》四经，综合了历代诸家注疏，并且有所发挥。对康熙帝而言，这不仅仅是对儒家经典的潜心学习，也是端正学风、统一认识、确立思想的有效途径。今天看来，也有其借鉴意义和现实意义。至于《易经》中的哲学方法，更是每一位中国人都应该有所了解的。为此，我们做了以下工作：

第一，原书为竖排本，现改为横排，方便读者阅读。

第二，原书无标点，无断句，现一律断句，加上标点。

第三，原书为繁体字，且有异体字、俗体字，现一律改为简体。

第四，原书不分段，现根据文意，划定段落。

第五，原书为文言文，需要相当的功底，还要懂易理，方可阅读。恰好笔者既晓易理，又通文理，还有时间、耐力与兴趣，经过长达两年的耕耘，终于为广大易学爱好者奉上了《日讲易经解义》的全白话版。

至少目前，它是全球唯一的全白话版，希望它的问世能切实帮助到各位读者。由于易学广大，文言艰深，书中也难免不足之处，还请能为一字之师者，不吝赐教。

舒 涵

2024 年 9 月 15 日

推荐序一

舒涵新书《日讲易经解义》全白话版的出版，标志着他在传承和弘扬中国传统文化的道路上，又向前迈出了坚实的一步，身为老师，我由衷地为他感到高兴。

这些年来，我看着他从担任大学国学研修班特邀讲师，到开办传统文化课程，再到著书立说，就这么一路走来，一方面为众多生活在困惑和迷茫中的人们答疑解惑，另一方面也让自己的学问日日精进，教学相长。在传承和弘扬中华传统文化的事业上，他摸索出了一条行之有效的道路。潜心弘道二十载，拳拳之忱，久久为功，值得点赞。

之前我们在一起交流的时候，舒涵说希望能够出一套书，帮助更多的现代人从中国传统文化中汲取智慧和力量，解决内在精神层面的困惑和问题，找到人生的意义，拥有幸福快乐的人生。这个主题和思路我十分赞同，因为传统文化是我们中国人的文化根脉，很多与人的精神世界相关的问题都要从这里寻找终极答案。如今他已经陆续有几本解读传统文化经典的著作问世，加上这本《日讲易经解义》全白话版，他的出版心愿正在一步步落地开花。

《易经》被誉为中国传统文化的“群经之首，大道之源”，是中华文明的源头，儒、道诸子百家之学，皆渊源于《易经》。《易经》的核心要义和现实意义，一言以蔽之，即在于它“推天道以明人事”的天人之学。通过推断宇宙万物运行的客观规律，来显明人事的各种道理，进而指导人类社会的各种实践。这种“天人合一”的整体性思维，深刻塑造了中华文明的精神面貌，使其具备了弥纶天地的普遍价值和历久弥新的永恒价值。正因如此，《易经》对于生活在现代社会的现代人来说，仍然具有很强的现实意义。我们生活的方方面面，都可以从《易经》当中获得诸多有益的启发。

虽然如此，现代人要想透过古奥难懂的卦辞、爻辞，真正领悟到《易经》的宗旨与精髓，还是普遍存在着国学底子不足、文言文阅读障碍等问题。有鉴于此，舒涵推出的这本《日讲易经解义》全白话版可谓是慧眼独具。作为康熙皇帝御用的《易经》教材，它可以帮助我们从帝王的视角，从儒家义理的角度来理解《易经》，这样的视角和格局，是其他《易经》著作所不具备的。从内容框架而言，这部书贵在一个“全”字，既有六十四卦等“经”的部分的讲解，又有《系辞》《说卦》《序卦》《杂卦》等“传”的部分的讲解，特别适合对《易经》进行全面系统的学习。而对于现代读者尤为宝贵的是，这部书还是“目前全球唯一”的全白话版，能够为现代读者扫清阅读障碍，更加便捷、全面地领悟到这部“帝王之学”的整体面貌。

对于那些古文功底较为薄弱，又想对《易经》进行全面系统学习的读者来说，这无疑是一部十分理想的入门教材；而对于那些已经具备一定易学功底的人来说，这部书贯通了《诗》《书》《礼》《乐》等儒家经典，于阴阳、奇偶、屈伸、变化之间，考察人事贞邪、运数盛衰、风俗治乱，对于拓展文化视野，提升易学造诣，也是大有裨益的。

最后，希望每一位读到这本书的人，都能将自己从中领悟到的心得体会应用于自己的工作和生活，拥有幸福而成功的人生；也祝愿舒涵所致力的弘扬和传承中国传统文化的事业越做越好，能够帮助到更多的人，继续造福于我们的社会！

陶　文

甲辰中秋于北京

从《易》中汲取智慧和力量

党的二十大报告指出，中华优秀传统文化源远流长、博大精深，是中华文明的智慧结晶，其中蕴含的天下为公、民为邦本、为政以德、革故鼎新、任人唯贤、天人合一、自强不息、厚德载物、讲信修睦、亲仁善邻等，是中国人民在长期生产生活中积累的宇宙观、天下观、社会观、道德观的重要体现，同科学社会主义价值观主张具有高度的契合性。

其中，“革故鼎新”出自《杂卦》，“自强不息”“厚德载物”出自《大象》，均属于解释《易》这部经书的“易传”的内容。由此可见《易》对于中华优秀传统文化的深远影响。

关于《易》的认知，孔子提出过“仁者见之谓之仁，智者见之谓之智”的观点。因此自汉以降，易学书籍浩如烟海，各种学说层出不穷，但也往往无法完全达成一致。也因此，学界长期有“易无定解”“玄奥艰深，晦涩难懂”等声音。但在我看来，舒涵用一个很聪明的方法解决了这个问题。

《日讲易经解义》是一部目标极其明确的解读作品，它的目标就是助力康熙皇帝持续成长，提升治国理政和处理各类问题的能力。为了达到这个目的，包括张廷玉在内的二十多位清代大儒几易其稿，才制成这本康熙御用的易学教材。这部教材，不仅康熙帝深入学习过，还亲自为它作了序。而这部教材的目标也是超额完成了，康熙帝不仅是历史上在位时间最长的皇帝，他的一生也建立了丰功伟绩，尤其是对于国家和民族的安定、团结和统一，康熙帝是有突出贡献的。诚然，任何历史人物都不能绝对化、脸谱化，但康熙皇帝被称为中国历史上让人印象最深的“千古一帝”之一，是当得起的。

舒涵的聪明之处就在于，他直接选了一本“达成目标”“拿到结果”的作品。当一本作品成就了一代成功的帝王，那么对于普通人的处事生活，对于企业中人的经营管理，乃至对于更高层面上的治国理政，都一定会有很大的启发和指导意义，其中蕴含的曾经指导过康熙帝的智慧和力量，当代人也一定能够汲取到很多。

在此基础上，舒涵充分考虑到了在现代社会文言文对于广大读者并不友好，贴心地把它们译成了白话文，并尽量保留了原文的精华和精准表达。读罢书稿，我相信这确实是一部难得的现代人学习《易经》的饕餮盛宴。

一路走来，我见证了舒涵一部又一部著作的出版，也目睹了他在传统文化方面的努力和探索，我也相信这部书是舒涵在传承和传播中华优秀传统文化道路上的里程碑，我也祝福和支持他更快更好地带领他的团队和他的学生们，一起用从中华优秀传统文化中汲取到的智慧和力量，为中华民族的伟大复兴做出他们的贡献，我相信这一定可以。也希望更多的读者能从《易》中汲取智慧和力量，理性地走好脚下的每一步，走向更为精彩的广阔天地。

任俊华

2024 年 9 月于北京

作者系中央党校（国家行政学院）创新工程首席专家、哲学部战略室主任、教授、博士生导师。先后兼任中国自然辨证法研究会易学与科学委员会主任、国学易学联合会副会长等。

自序

时间过得好快。

自从 2003 年中考结束，正式开始学习易学，到现在，不经意间，已经超过了二十年。我也没有想到当年的一个小爱好，今天已经成为支持我生命的最重要的一件事情。

在这二十多年间，经历了高中、大学、读研、工作、创业，我的人生也从一个毛头小子成长为都市白领又成为文化公司的负责人，我的家庭角色也从儿子逐渐增加了丈夫和父亲的角色。但唯一不变的是那份对易学的热爱。

在二十多年间，我几乎翻遍了我能搜寻到的所有相关著作，也努力投名师、访高友，也有很多明师带我一步一步在易学路上走得越来越好。另外，自 2008 年开始尝试写一些教学文章开始，我也陆续出版了许多易学和传统文化方面的著作，在海内外受到读者的好评。

真正开始当一个易学老师是从 2015 年，我开始尝试把我所学的理象数占的内容系统性地梳理和讲课，从第一个《增删卜易》研讨班开始，接着像梅花、四柱、堪舆、奇门等课程我持续输出。尤其是 2021 年我开始在网上直播讲解易学之后，“国学讲师”这个身份开始成为我的主流，到 2024 年我基本上在每一个易学领域都有了自己的课程，我也有了数以百万计的听众，也有几万跟我一对一连接的学员持续跟随我学习易学，我也把传统文化讲到了国内顶级的学府和知名的文化名胜。但我一直有一个小小的遗憾。直到这本《日讲易经解义》的出版，终于填补了这个遗憾。

所谓遗憾，是说我之前出的书和讲的课程，大多以易理和易术为主，真正完整切入经文的确实不多。有很多次想讲讲经文或者写写经文，要么考虑到版本问题，要么考虑到流派问题，要么考虑到时间、精力问题，总是作罢。直到2021年我下定决心，开始以《日讲易经解义》为蓝本来写作我自己的易经解读。所以您手里的这本书，是我的第一本《易经》解读作品，也是我的生命中重要的里程碑。

为什么这样说呢？

我想大致有三个原因。

其一，这是实践我的“由学悟理，以术证道”的重要的里程碑。

年轻人学易有一大通病，那就是“重术数而轻义理”，所以容易走偏。无须讳言，我也曾经是个坚定的术数派，但“以术求道止于术”，术终究是要从属于道的，不习易理，或者是易理不精，不是掉入“知其然而不知其所以然”的懵懂，就是陷入技术陷阱，难以自拔。我的幸运之处就在于，我很早就接触到了《日讲易经解义》这样的经典著作，无形中就有了一个正向的引导和约束，虽然当时还没有能力把它译解出来。

众所周知，“知易不占，善易不卜”，真正的高手，内心坦然也淡然，胸中无惑也无畏，哪里还需要什么指引？只要依从着大道、正道、中道，直道而行即可。《经》中也说，“易与天地准”，“易”是参赞天地的大学问，岂能以蝇头小利和个人得失为旨归？《日讲易经解义》就是这样的大道、正道与中道，不讲蝇头小利，却足以利国利民；不谈个人得失，但最终会让人得到更多。

从2016年开始，我就把“由学悟理，以术证道，实践文化，传承自信”作为我的教学宗旨，如今这本书终于成型，得以面世，于我而言，终于有了承载这十六个字的载体作品，得偿我愿。

其二，这部书是在这个时代非常重要的易学读本。

《日讲易经解义》是一部定制版的《周易》，定制者就是大名鼎鼎的康熙帝，作者则是包括张廷玉在内的二十余位清代大儒。康熙帝不仅深入学习过，还曾经亲自作序，所以它在当时的影响很大。换句话说，它绝对不可能“小家子气”，应该也必须致力于“修齐治平”之道，以便康熙帝通经而致用，内圣而外王。

关于康熙帝的历史定位，这里就不探讨了。重点是，《日讲易经解义》可以供康熙帝学习，当然也可以为我们所用。它可以作为康熙帝的易学讲义，也可以成为我们在易学领域登堂入室的阶梯。或者不妨这么说，如果今天的中国人需要有一部统一的易学教材，那么非《日讲易经解义》莫属。

我也读过很多的《易经》解读，有很多是文化人承载思想的作品，也有很多是“我注六经”的产物，更有很多为了附庸一些时代热点，用世俗化甚至是庸俗化的语言和视角来解读《易经》的情况，我觉得这都是不妥的。而康熙皇帝作为千古一帝，纵然“千秋功罪任评说”，但本书中透露出来的魄力和格局，都是一般的易学读物所无法望其项背的，而这对于中华民族的伟大复兴事业，一定能给到非常多的启发和指导。

其三，这是一本能让我们超越思维层次的书。

熟悉我的人都知道，我经常讲一句话，那就是“不要贩卖焦虑”。我们“辛苦遭逢起一经”，是为了安身立命的同时，为往圣继绝学，而不是为了单纯的赚些快钱。我自己也早已过了赚快钱的阶段，所以我从一开始就没有太计较付出与回报，毕竟只计较回报的话，《日讲易经解义》绝对是个赔本赚吆喝的事儿，它需要也确实耗费了我太多的时间和精力。但从清代大儒的生花妙笔中徜徉过来，从伏羲、文王、周公、孔子的意象符号中超拔出来，毫不夸张地说，我竟然实现了某种意义上的脱胎换骨，看山还是山，但早已不再是从前那个角度，那个层次了。希望广大读者也能通过《日讲易经解义》一书，重回《易经》产生前的世界，像一块璞玉般，汲取最高维的智慧，为当下的生活，回注一些久违的哲学。

在此基础上，我再来谈谈《日讲易经解义》的两大特点：

其一，是在每一卦的开篇，都有一个统摄卦名、卦辞、彖辞、象辞与六爻爻辞的统论，如同高山流水，恰似高屋建瓴，一上来就道出圣人设卦系辞的顶层设计，使读者的理解能借助若干战略锚点，具体而清晰，用醍醐灌顶来形容，也不为过。

以谦卦为例，众所周知，谦卦“六爻皆吉”，但原因何在？且看清儒的高论：

谦取退让之义。以山之高，而逊居于地之下，能自屈而不居其盈，其象谦。圣人言，君子立德立功于持身接物之间，伐施尽化，恭让交孚，斯无往不亨，而身名俱泰，故以亨而有终予之。且谓君子德以谦著，天下莫能掩其光；望以谦崇，群品莫能加其上。由其秉心抑畏，尽人道而合德于天地，乃为君子之终，而非以退为进，以屈为伸者所可拟也。故合六爻观之，初之善下，二之有闻，三之不有其功，四之撝不违则，五之不挟富有而得众，六之不骛远略而治私，可以济险难，可以宣义问，可以让大美，可以辑臣邻，可以用征伐。为下则罔以宠利居成功，为上则不以崇贵骄天下，宜其无往而不与吉应也。至九三一爻，劳而能谦，天下既仰其丰功，又高其雅量。彖曰“君子有终”，爻辞亦不复易。盖乾三君子，严夕惕之修；坤三有终，具含章之美，皆为谦三之所兼有。孔子特以万民服归之，所以深著其忘矜伐，戒满假，允符乎好谦之人道也。故彖曰“君子有终”，爻亦曰“君子有终”也。圣人观象系辞之旨，不大可见哉？

为方便理解，我把它译成白话，如下：

谦卦的意思是退让。它的上卦是坤卦，象征大地，它的下卦是艮卦，代表高山。高山逊居于大地之下，能自我屈抑而不居于盈满之地，这就是谦卦的大象。圣人有言，君子能通过自己的修养和待人接物立功立德，使四海归化，上下交心，所以无往不利，身名俱泰，因此卦辞说“亨，君子有终”。而且君子的德行会因为君子的谦虚益发凸显，没有人能遮蔽君子的光辉；君子的声望也会因为君子的谦虚益发崇高，没有谁能更胜一筹。更重要的是，君子是发自内心的谦虚，是为了更好地恪尽君子之道，所以把与天地合德当作自己的终极追求，绝非那些以退为进、以屈为伸的人所能比拟。所以综合谦卦的六个爻来看，以初爻的谦虚善下，二爻的有闻乃应，三爻的不有其功，四爻的撝无不利，五爻不以富有自居，六爻惟以治私为重，可以救险济难，传扬名声，防止妒忌，安定臣邻，征伐天下。在下不会宠利居功，在上不会目中无人，所以它在哪里，吉祥就在哪里。

特别是九三这个爻，既勤劳又谦虚，天下人既仰视它的丰功伟绩，又敬佩它的高怀雅量。卦辞说“君子有终”，九三也强调“劳谦君子，有终吉”。这主要是因为这个爻取法乾卦与坤卦的三爻，而乾卦的三爻讲的是君子夜以继日的劳作与反省，坤卦的三爻讲的则是为人臣者的含章之美，而谦卦的三爻却兼具这两种美，也就是“劳谦”。所以孔子特意为它系上了“万民服也”的象辞，着力彰显它的不自夸、不自满，并指出这符合恶盈而好谦的人道。所以卦辞说“君子有终”，爻辞也说“君子有终”。圣人观象系辞的宗旨，不是很明显吗？

再以豫卦为例，清儒统论说：

豫取和乐之义。所以致和乐者，由九四一阳统众阴，其志得行，而卦德又顺理以动故也。然豫有二义：卦之豫，乃万方和乐之征，虽建侯行师而亦利。爻之豫，率一己晏安之事，有吉凶悔吝之不同。天下之豫不可无，而一身之豫不可有。若初恃应而鸣其得意则凶，三援势而溺于久安则悔。五处尊位，躭乐而致疾。上居动体纵极而始渝。此皆过于逸乐者也。即四能造天下之豫，恐其治定之后，疑忌易生，故又勉之以开诚布公，合聚同德，相与共保其豫焉。但在本爻有说安天下之志，而在五爻涉揽权逼上之嫌。又易之因爻起义者也。惟介石之二，中正自守，无欲而静。绝躭恋之私，炳几先之哲，自能行与吉会，非诸爻之所及也。至于三之悔，上之渝，皆有可以趋吉之机。圣人亟开以自新之路，惟恐其以佚欲终。其垂戒之意切矣。

译成白话就是：

豫卦的意思是和乐。而豫卦之所以和乐，是因为豫卦只有一个阳爻，也就是九四，它以一阳统众阴，志向得行，也顺应它的卦德，说具体点儿是“顺理以动”。“顺理”指的是它的下卦坤卦，坤为顺；“以动”是指它的上卦震卦，震为动。不过，豫卦的和乐体现在卦上与爻上有所不同。卦辞的和乐，说的是天下和乐，所以“建侯行师”也无所不利。爻辞的和乐，则是个人的逸乐，所以爻位不同，吉凶悔吝也不同。总的来说，天下的和乐不可无，个体的逸乐不可有。比如初爻，它因为与全卦唯一的阳爻有正应而自鸣得意，爻辞直接说“凶”，三爻也因为上承全卦唯一的阳爻，没有忧患意识，爻辞说“迟有悔”，五爻因为过于养尊处优导致了疾病，上爻放纵到了极点，又能逸乐多久呢？这些都是因为贪图逸乐所致。四爻能以一己之力使天下和乐，但圣人担心它会因此受到猜忌，所以在爻辞中勉励它开诚布公，合聚同德，与众人同保和乐。因为使天下和乐是从它的角度而言的，可在五爻看来，这就有揽权逼上之嫌。这就是《易经》因爻起义的道理。只有“介于石”的二爻，居贞守正，无欲无求。它不贪享受，料事机先，自然能“贞吉”，绝非其余几个爻可比。只不过相对来说，三爻与上爻还有趋吉避凶的机会。圣人希望它们及时悔过自新，唯恐它们在贪图逸乐的路上走到底。其中的警示意味多么地深切！

为什么我会推崇这一点呢？因为清儒所讲，正是我心中所想。在很长一段时间内，我都在致力于这种战略级别的解义，而《日讲易经解义》的开篇既是与我的不谋而合，也是一种相互的损有余而补不足，能让人在学习的同时，做到更好地取舍。这也是我不惜精力、财力，非要解译这部巨著的首要动因。相信通过我的介绍，读者在品读时能有所侧重，从而吸取到更多简明扼要的智慧。将来，我还会在此基础上写一本《日讲易经再解义》，与清儒互证，不过，那已经不是本书的任务了。

其二，是在很多重要的关节，或容易引发歧义处，清儒都做了必要的按语。

比如，否卦的彖传有言，“大往小来，则是天地不交而万物不通也，上下不交而天下无邦也”，在解义的基础上，清儒专门做了按语，即“宋臣苏轼有言：‘无邦者亡国之谓’”。也就是说，“无邦”就是亡国的意思。且不论苏轼所言正确与否，至少可以聊备一论，而且在帮助时人与后人加深理解的同时，也让我们的视角在无意中旁通了《东坡易传》等易家经典。

再比如，蛊卦的彖传有言，“先甲三日，后甲三日，终则有始，天行也”，清儒同样在解义的基础上做了按语，即“甲属天干，周而复始之象，故以天言”，意思就是甲为十天干之首，卦辞所说的“先甲三日，后甲三日”乃天干周而复始之象，所以彖辞在解释卦辞时说“天行”。这不仅暗示了读者，解读“先甲三日，后甲三日”这八个字，必须在天干的范畴内做文章，而不能东拉西扯，同时指出治蛊能否成功，全赖人事，如果不尽全力，坐等天运，那就是违背自然、亵渎上天，而不是善承天意，这怎么可能是圣人系蛊释蛊的宗旨？

又比如，在《系辞上传》伊始，清儒便以按语的形式讲述了《系辞传》分上下的由来，并借力打力，将“十翼”与数位古今易学大家统论如下：

按：《系辞》作上下传者，王肃本也。司马迁则称“易大传”。孔子晚而好易，读之韦编三绝，而因作十翼。何谓十翼？《彖辞上传》《彖辞下传》《象辞上传》《象辞下传》《系辞上传》《系辞下传》《文言传》《说卦传》《序卦传》《杂卦传》也。古《易》，文王之卦辞，周公之爻辞，与孔子之十翼，离为十二篇。经自为经，传自为传。自汉费直，始将《彖传》《象传》《文言传》杂入卦中，而《系辞》《说卦》《序卦》《杂卦》诸传另为一书。晋王弼作注，皆依之，即所谓无经可附者此也。宋儒程颐《易传》一如费直之本，自朱熹为《本义》，乃复古《易》之旧，而经传又分。明洪武间，颁行学宫，令士子程朱传义兼习。成化时，奉化教谕成矩始单刻《本义》行世。而篇章次第，又悉依程氏，非复朱熹原本，今世所共习者是也。此为《易经》分合源流，故叙其梗概如此。程颐曰：“圣人用意深处，全在《系辞》。”《系辞》本欲明《易》，若不先求卦义，则亦不可以读《系辞》也。

翻译成白话就是：

按：将《系辞传》分作上下两篇，始自三国时期的经学家王肃。司马迁则将其称作《易大传》。孔子晚年喜好《周易》，为研究《周易》，曾韦编三绝，并著有“十翼”。何谓“十翼”？就是《彖辞上传》《彖辞下传》《象辞上传》《象辞下传》《系辞上传》《系辞下传》《文言传》《说卦传》《序卦传》《杂卦传》共十篇文章。再加上最初的《周易》，也就是文王的卦辞与周公的爻辞，与孔子的“十翼”合为十二篇。最初经就是经，传就是传。从西汉的费直开始，才将《彖传》《象传》和《文言传》分别杂糅到卦中，《系辞》《说卦》《序卦》和《杂卦》则另成一书。

魏晋时期的王弼注解《周易》时，依循了费直的体例，也就是开篇所说的“无经可附”。宋代大儒程颐的《周易程氏传》也是如此。自朱熹的《周易本义》开始，又回到了最初的体例，把经与传分开阐释。明朝洪武年间，朝廷发布政令，让士子们兼习程颐之易与朱熹之易。明朝成化年间，又颁布命令，只刻印朱熹的《周易本义》行世。其篇章次第，又都按照《周易程氏传》的体例，而不是根据朱熹的原本，如今人们普遍修习的就是这个版本。以上是《易经》内容的分合源流，梗概大致如此。程颐有言：“圣人用意深处，全在《系辞》。”《系辞》是为了明晰易理，但如果不习卦义，也不能一上来就读《系辞》。

不难看出，“十翼”的篇章次第，就是我们学易的篇章次第。经与传必须合参，有经无传，只能登堂，难以入室；有传无经，更是连门也找不着了。

清儒对《易传》的解读，尤其令人激赏，很多地方都抵达了禅境。

试举一例，其在解释“易则易知，简则易从”时，极其巧妙地指出，所谓“易则易知，简则简从”，并不是专就乾坤二卦而言。人的良知，也自有易简之道。一旦被私欲所累，容易的也会变得艰难，简单的也会视作阻碍。如果能效法乾坤之道，遵循义理，心无旁骛，就会像乾卦资生万物一样容易；只要遵循义理，处之泰然，就会像坤卦顺承乾卦一样简单。能效法乾道之易，就能光明洞达，不夹杂丝毫人欲，人人都能了解他的真实想法，这不就是所谓的“易知”吗？能效法坤道之简，就能径直平顺，没有人欲的纷纷扰扰，人人都愿意追随他，这不就是所谓的“易从”吗？因此说，所谓的“易”，就是心存义理的意思。所谓的“简”，也无非是循理而行之意。善于习易之人，为什么不从“易简”之道着手呢？

这不就是儒家版的“大道至简”吗？

这不就是修身的真谛吗？

类似的例子不胜枚举，相信读者诸君在读完此书后，一定会有这样的感慨：若是没有这样的提示，读易之人该有多么盲目！而有了这样的导读，学易之路又是多么清晰！

当然，这远不是《日讲易经解义》的发起人康熙帝的初衷。此书成书之际，康熙帝曾亲自为之作序，即《御制 < 日讲易经解义 > 序》，全文如下：

御制《日讲易经解义》序

朕唯帝王道法载在六经，而极天人，穷性命，开物前民，通变尽利，则其理莫详于《易》。《易》之为书，合四圣人，立象设卦，系辞焉而广大悉备。自昔包牺、神农、黄帝、尧舜王天下之道，咸取诸此。

盖诗书之文，礼乐之具，春秋之行，事罔不于《易》会通焉。汉班固有言："六艺具五常之道，而易为之原。"讵不信欤？朕夙兴夜寐，惟日孜孜，勤求治理，思古帝王立政之要，必本经学。尝博综简编，玩索精蕴，至于大易，尤极研求。特命儒臣，参考诸儒注疏传义，撰为《解义》一十八卷。日以进讲，反复卦爻之辞，深探作《易》之旨。

大抵造化功用，不外阴阳。而配诸人事，则有贞邪淑慝之别。运数所由盛衰，风俗所由治乱，君子小人所由进退消长，鲜不于奇偶二画屈伸变易之间见之。若乃体诸躬行，措诸事业，有观民设教之方，有通德类情之用。恐惧修省以治身，思患豫防以维世。引而伸之，触类而长之，而治理备矣。于是刊刻成书，颁示天下。朕惟体乾四德，以容保兆民。且期庶司百执事矢于野，涣群之公成拔茅允升之美，则泰交媲于明良，而太和溢于宇宙。庶称朕以经学为治法之意也夫！

康熙二十二年十二月十八日

康熙帝的意图很明显，那就是"以经学为治法"，用现在的话说，就是经世致用。经世致用之书，古今中外并不鲜见，但依托《周易》且站在盛世帝王视角的经世致用之书，几乎仅此一部。从一定程度上说，正是因为康熙帝"至于大易，尤极研求"，又"特命儒臣""日以进讲"，才有了接下来的康乾盛世。

如今，三个半世纪已然过去，经历了沧桑巨变的中华民族，早已进入新的盛世，为了使我们的国家更兴盛，为了让我们的同胞更幸福，我将《日讲易经解义》用白话译解出来，带给时代，既是一种荣幸，也是一种骄傲。我们中华民族伟大而古老的智慧，一定会在她的复兴过程中发挥重要力量。

最后要说的是，在译解《日讲易经解义》的过程中，我一反常态，并没有像以往那样，添加过多个人见解，做尽可能多的延伸，这并不是因为它的部头过大（目前已近百万），而是为了保持它的纯粹，以便让读者在日夕诵读中，“咂摸”出它的原味儿，涵养出自己的心得，而不是止步于我的一家之言。

在本书的撰写和整理中，得到了我的多位恩师、家人、同学、弟子和学生的助力，让我能够完成这部大部头。也得到了我的公司团队的大力支持，是他们每个人都扛了很多额外的工作，让我这个负责人能够在忙中仍能偷闲来写作这样大的部头。篇幅有限，恕不一一具名，但内心深表感谢。

是为序。

舒　涵

2024 年 9 月 9 日

第一册

第二册

第三册

卷一

上　经

䷀ 乾 乾下乾上

【解义】

伏羲画卦，有画无辞。自文王系卦辞，周公系爻辞，孔子作《彖传》及大小《象传》《文言传》，而卦之理无余蕴矣。卦辞统论一卦之吉凶，而《彖传》则或言卦体，或言卦德，或言卦变，或言卦象，皆所以推明卦义，与卦辞相发明者也。至于爻辞，或六爻合撰，或各爻殊趣。或卦言刚健，而爻以为强暴。或卦言阴柔，而爻以为贞顺。或阴阳相应，而位不免于咎。或刚柔当位，而时适过乎中。盖有爻辞与卦辞绝不相类，而六爻《象传》与《彖传》亦各不相谋者。彖言一卦之统体，爻言各爻之时位，其不可为典要固如此矣。若夫爻位得中，惟二与五。而二臣象也，五君象也。上下之位殊，尊卑之势异，相济则有功，无应则取戾，六十四卦同一旨也。惟《大象》阐因象命名之理，于六爻之外别立一义，责在用《易》之君子。学者观六画之象，玩卦爻之辞，而参合于《彖》《象》传之旨，于以用《易》，殆庶几焉。

乾取纯阳至健之义，故其象为天。拟诸物类则为龙，其功用则曰“时成”。六爻潜、见、惕、跃、飞、亢，皆时也，皆圣人之事也。三居人位，故不称龙，而德则龙德也。上处阳极，不能无悔，而处得其正，则变悔为吉也。《文言》反复申明，不越此理。大抵合乎时，则不过于刚，而为群龙无首；不合乎时，则当初阳在下，急于出潜，即宜有悔，不待上九之亢矣。故曰：惟圣人知进退存亡而不失其正。卦辞言“元亨利贞”，而爻辞不之及，六爻皆龙，则四德无不毕具也。他卦主阴阳相应，而乾坤不相应。纯阳纯阴以同德应，则不以阴阳应也。乾坤二卦之阴阳，未有专于一偏而不相为济者，故六爻之后，复以用九、用六明之。此则诸卦所不得而同者矣。

【白话】

伏羲创设了八卦，但没有卦辞。文王系上了卦辞，周公系上了爻辞，孔子作了《象传》、大小《象传》和《文言传》，将卦中的易理全部揭示了出来。卦辞站在整个卦的高度，统论一卦的吉凶，《象传》则不拘一格，或者就卦体而言，或者就卦德而言，或者就卦变而言，或者就卦象而言，但都是为了推究、阐明卦义，与卦辞相互阐发。至于爻辞，或统观六爻而言，或仅就一爻而言。有时卦辞会推崇爻的刚健，但爻辞却视之为强暴。有时卦辞会鄙夷爻的阴柔，可爻辞又认为这是贞顺。有时阴爻与阳爻有正应，但位置不当，也会导致困咎。有时刚爻或柔爻都当位，但时机不对，所以显得有些过分。这主要是爻辞是爻辞，卦辞是卦辞，《象传》与《象传》的着眼点也各不相同。象辞是就整个卦论断的，爻辞则根据每一爻的爻位而论，所以学易千万不可以僵化，不能教条化。提到“得中”时，该爻不是居于二爻，就是位于五爻。二爻好比臣子，五爻好比国君。上下有别，尊卑有序，相互应援便有功，敌而不应则不吉，这一点适用于六十四卦。只有《大象》不同，它阐述的是因象命名之理，所以圣人于六爻之外别立一义，要求学易、用易的人走正道，做君子。学易的人要观察卦象与爻象，把玩卦辞与爻辞，再结合《象传》《象传》的主旨，反复实践，不断应用，就可以掌握《周易》了。

乾卦的六个爻都是阳爻，纯阳至健，好比天道运行不息，对应到动物则为龙，其功用叫作“时成”，也就是因时而成。乾卦的六条爻辞，各有一个关键字，也就是潜、见、惕、跃、飞、亢，讲的都是乾卦的时位，说的都是圣人之事。三爻位于人爻的位置，所以爻辞不说“龙”，但爻德还是龙德，龙德也就是天子之德、圣人之德。上爻位于全卦的最上面，象征阳爻发展到了极点，不得不向反方向发展，符合天道周流往返、循环不息的规律，所以爻辞说“亢龙有悔”，潜在意思则是变悔为吉。《文言》反复申明，说的都是这个道理。总的来说，只要时位相符而不过刚，便合乎天道，也就是用九所说的“群龙无首”；只要不符合时位，即便是在初爻“潜龙勿用”之际急于出潜与见用，也会有悔，更何况亢进至极点的上爻。所以《文言》说，唯有圣人知晓进退存亡的道理，并且永远不失其正。卦辞说“元亨利贞”，而爻辞相去甚远，主要是因为六爻都取象于龙，而龙同时具备元、亨、利、贞四德。别的卦都既有阴爻，又有阳爻，并且注重阴阳相应，唯独乾卦与坤卦无法阴阳相应。然而乾卦为纯阳之卦，坤卦为纯阴之卦，两卦注重同德相应，而不是阴阳相应。或者说，同德相应高于阴阳相应。所以乾坤二卦所有的阳爻与阴爻，没有任何一爻偏执于阴阳之分而不相互应援，而且乾坤两卦在六条爻辞后面，还有“用九”与“用六”加以阐明。这是别的卦与乾坤两卦的不同之处。

乾：元亨利贞。

【解义】

此卦六画皆奇，上下皆乾，阳之纯而健之至，故名为乾。而卦辞则即天道以明圣人之德也。乾，健也。元，大也，始也。亨，通也。利，宜也。贞，正而固也。卦辞即彖辞。

文王系乾彖辞曰：伏羲画卦为乾，纯阳至健，有天之象。盖以形体言，则谓之天。而以性情言，则谓之乾。人能体乾立极，斯人道即天道矣。天以元德始万物，圣人本至健之才以开物前民，而元一同于天也。天以亨德长万物，圣人奋有为之力以设施举措，而亨一同于天也。遂万物者利之德，圣人因性制宜，使无一物不得其所，一如天之利也。成万物者贞之德，圣人化裁曲成，使无一物不植其命，一如天之贞也。析之则为四德，统之不越一乾，盖乾道至大至通，本无不宜，本无不正。体乾者，实能法天自强，以纯心行纯政，则德化治功，自无不与天合撰耳。

按：元亨利贞之辞，见于诸卦者，皆为大亨而利于正。孔子释乾彖辞，独分指四德，诚以乾德浑全，不可以他卦例也。盖元亨利贞之道，即仁义礼智之德。元亨利贞运于天而本乎乾，仁义礼智具于心而原乎性。维天之命，于穆不已，乾之道也。至诚无息，纯亦不已，性之德也。故法天在于体乾，尽心由于知性。其实仁义礼智之性与元亨利贞之天道，非有二也。帝王欲象天行，该圣德，亦惟于性学加之意而已矣。

【白话】

乾卦的六个爻都是阳爻，乾卦的上下卦都是乾卦（三画卦），象征纯阳至健，所以叫乾卦。乾卦的卦辞借天道阐述圣人之德。乾，强有力。元，大与始。亨，亨通、通达。利，适宜、宜于。贞，正而固。卦辞也就是彖辞。

文王所系的乾卦卦辞的意思是说：伏羲创设的乾卦，六爻皆阳，象征纯阳至健，有天之象。以形体看，乾卦确实像天，也就是天际线的样子。如果以性情论，则称作乾。人能履行天道，奉行准则，所以人道即是天道。上天以元始大德养育万物，圣人以至健之才引导百姓，其元德堪比上天。上天以亨通之德长养万物，圣人奋有为之力设施举措，其亨通之德好比上天。想使万物顺遂，就要宜于、适合万物，圣人根据实际情况，采取相应措施，使万物各得其所，如同上天造福万物。万物要想发展、有成，就要贞正、坚守，圣人根据事物的变化设法教化，使万物皆受扶植，如同上天的贞正。分开来说，天有四德，概括起来不外乎一个“乾”字，因为乾道至大，也至通，无不宜，也无不正。能效法乾卦的君主，能自强不息，并以纯正之心施纯正之政，其教化与施政，自然处处符合天道。

按：“元、亨、利、贞”这四个字，只要出现在别的卦辞里，都代表大的亨通，且应该持贞守正。唯独在解释乾卦的彖辞时，孔子对“元、亨、利、贞”四德进行了具体解释，这主要是因为乾卦为万物之父，卦德浑然一体，完整无缺，其他任何一卦都无法比拟。对应起来看，元、亨、利、贞四德，就是儒家的仁、义、礼、智。元、亨、利、贞如天道一般运行，其根本在于它们都具备乾德，仁、义、礼、智则存在于人心，而出自天性。正如《诗经》所歌颂的，“维天之命，于穆不已”，君子就应该效法天道，体悟乾德。也正如《中庸》所赞叹的，“至诚无息，纯亦不已”，君子只有纯粹无杂，才可以比配天道。所以，效法天道在于体悟乾德，尽己之心源于知己之性。其实仁、义、礼、智之本性与元、亨、利、贞之天道，从性质上看没有什么不同。帝王想效法天道，履行天命，完善自己的道德，只有从本性、心性上下功夫这一条路而已。

初九：潜龙勿用。

【解义】

此一爻是言，有德无时者宜退而不宜进也。画卦自下而上，故以下爻为初。九，阳数，故谓阳爻为九。龙性属阳，因取象于龙。潜，藏也。

周公系乾初爻曰：初九，阳居下位，是有可为之德，而阻于时之未遇者。其象如龙之潜藏未出者然，既未出潜，即宜静以自守。若不能藏器待时，而稍有露才躁进，以轻于一试之意，鲜有不致偾败者矣。抱龙德者，慎勿急求用世，以自丧所守，焉可也？

按：易象虽通于卜筮，而君子观象玩辞，原不待卜筮而后可以学易。即此爻而论，未仕者处之，则当隐约以俟时；已仕者处之，则当奉身而远遁。等而上之，以天子之尊而玩此爻，或时当主静，或事当谨密，皆潜之义也。推之诸卦之中，虽或专言君道臣道，或专指一时一事，亦不当胶执卦爻之辞，而宜触类引申，以尽其义。如此则自天子以至庶人，三百八十四爻，皆可用矣。

【白话】

这个爻的意思是说，即便有才又有德，如果时机不对，也是宜退不宜进。画卦是从下往上画，所以最下面的一爻叫初爻，取初始之意。九，所有的奇数都是阳数，而九是河图洛书中最大的阳数，所以以“九”代称阳爻。龙是阳性的动物，所以取象于龙。潜，潜藏。

周公所系的乾卦初爻爻辞的意思是说：初九是个阳爻，却位于全卦的最下面，象征有才有德，却碍于时势，怀才不遇。它的爻象好比深渊中潜伏未出的龙，既然还在潜伏期，那就应该持静自守。若不能藏器待时，仗着自己有才，轻举躁进，急于一试，很少有不覆败的。具备圣人之德的人，千万不要急于用世，以免丧失操守，怎么能这样呢？

按：易象虽然与卜筮相通，但君子观象玩辞，不需要卜筮就可以习易。以此爻为例，如果尚未入仕，就应该隐忍待时；已经入仕，则应该奉身远遁。由此往上，如果是天子之位而遇此爻，可能是应该静心，或者是应该谨慎，这都是“潜”字的内涵。推衍到其他卦里，虽然有时候爻辞提到了君臣之道，或者专指一时一事，但不可胶执卦辞与爻辞，应该触类旁通，挖掘其内涵。如此一来，上至天子，下至庶人，三百八十四爻，人人可用。

九二：见龙在田，利见大人。

【解义】

此一爻是言龙德之及于物也。在田，谓处地上。大人，谓大德之人，指九二言。

周公系乾二爻曰：九二以阳刚中正之德，当出潜离隐之时，位虽未尊，而德已众著。上可致君，下可泽民，如龙之显见于田，而霖雨足以及物之象。此盛德济时之大人也。人君见之，则资其谋猷；下民见之，则资其教养。何利如之？

按：《本义》谓：“占者若有见龙之德，则利见九五在上之大人。”此虽主占法之变通而言，而易理变动不居，原自如是。如九二抱德用世之士，非得人主推心委任，无由普德施于天下，而成霖雨之功。故其义可以类通，而其象可以互见也。

【白话】

这个爻的意思是说，圣人已出潜离隐，并泽及于物。在田，在地面上，是相对于潜于渊而言。大人，大德之人，指九二。

周公所系的乾卦二爻爻辞的意思是说：九二是阳爻，居于下卦中间，象征刚中之德，而且相对于初九而言，它已经出潜离隐，地位虽不尊贵，但德行已众所周知。它向上可辅佐国君，对下可泽及万民，如“见龙在田”，行云布雨，万物得以润泽，真是品德高尚、匡时济时的王者。君王见到他，会向他咨询方略；百姓见到他，会向他请教德行。还有比这更有利的吗?

按:《周易本义》说：“占者若有见龙之德，则利见九五在上之大人。”这话的意思是说，占筮应该变通，而易理充满变化，本该如此。以九二为例，即便它是心怀天下、道德高尚的人，也必须得到君王的信任与委任，才能施展自己的才德，泽及天下，滋润万物。所以其义可以贯通，其象可以互见。

九三：君子终日乾乾，夕惕若，厉无咎。

【解义】

此一爻是言，处危地者，当知忧惧也。乾乾，兢惕之意。下卦乾之终，上卦乾之始，故取此象。

周公系乾三爻曰：九三才既过刚，又居高位，此危地也。一念不慎，则尤悔丛生，岂能无过？赖三性体刚健，有履危能戒之象，所以终日乾乾警惧。上思国家寄托之重，下念民生属望之殷。虽至日夕，犹惕若不敢懈焉。夫以投艰遗大之地，为动心忍性之资。时时思过，即时时求所以寡过；事事思危，即事事求所以持危。虽身处危地，而可以无功高震主之嫌，与恃才绝物之患矣，何咎之有？大抵圣人教人学易，归于知惧，不独处危地为然。天下事未有不成于敬而败于肆者，凡卦言惕，言厉，言慎，言艰贞，皆危其辞，以使人免过者也。故曰：“惧以终始，其要无咎。”

【白话】

这个爻的意思是说，身处危险之地，应该恭谨忧惧。乾乾，戒惧。三爻位于上卦与下卦的结合部，上卦是乾卦，下卦也是乾卦，所以说“乾乾”。

周公所系的乾卦三爻爻辞的意思是说：三爻不上不下，才过刚，位过高，相当于处在危地。一念不慎，就会有数不清的过失和悔恨，怎么可能无过？好在九三是个刚爻，既有履危处难的能力，又能戒骄戒躁，所以能做到“终日乾乾”。它向上要对得起君王的重托，向下要担得起民众的期望。虽然从早忙到了晚，依然不敢有丝毫懈怠。它把身上的重责大任，当作动心忍性的资本，时时思过，事事思危，所以过失会越来越少，并且长久地保持危机意识。这样一来，它虽然身处危地，但既无功高震主之嫌，又无恃才绝物之患，还会有什么不吉祥的呢？总的来看，圣人讲易，时时处处都在强调戒惧之心，而不仅限于危地、困地。天下的事情，基本上都成于敬而败于肆，但凡卦爻辞说到“惕”“厉”“慎”“艰贞”等字眼时，目的都在于用激烈的言辞，使人免于过错。所以《系辞》说：“惧以终始，其要无咎。”

九四：或跃在渊，无咎。

【解义】

此一爻是示人以妄进之戒也。或，欲进未定之辞。

周公系乾四爻曰：九四以阳居阴，志主进而不果于进。其位在上下之交，其时在进退未定之际。虽事势若有可为，而犹迟疑审顾，谋出万全而后动。其象如龙之或跃而起，而仍未离于渊者然。时止时行，知进知退，又何轻躁妄动之咎哉？

按：先儒释此爻，皆言舜与汤武之事。而推其义，凡人势位崇高，身任天下之重者，皆可以此爻拟之。惟是处多惧之地，能常存难进之心，则其树大勋，立大业，皆自度乎力之所能为，与时之所不得不为，而非侥幸以立功名者所可得而妄拟也已。

【白话】

这个爻的主旨，是警戒轻举妄进之人。或，欲进而未定。

周公所系的乾卦四爻爻辞的意思是说：九四以阳爻居于阴位，有前进的欲望却不够果决，它位于上下卦的结合部，正是进退未定之时。时势大有可为，它依然瞻前顾后，为的是谋定万全而后动。它的爻象好比巨龙即将跃起，但还没有离开深渊。它了解行止的时机，懂得进退的智慧，又怎么会有轻举妄动的咎困呢？

按：先儒解释这个爻时，都以舜帝、商汤、周武王为例。推究其内涵，但凡地位崇高，身系天下重任的人，都可以视作这个爻。不过，他们本来能在多惧之地，常存难进之心，后来却建立了伟大的勋业，主要是因为他们既能审慎地衡量自身能力，又能心系天下，明知时势不可为，也不得不为，绝不是那些心存侥幸，以便邀名立功的人所能比的。

九五：飞龙在天，利见大人。

【解义】

此一爻是言，圣人在上，而万物乐覩也。五，天位。大人，指九五。

周公系乾五爻曰：九五以刚健中正之德，居至尊之位，乘时首出，功业休明，有龙飞在天，乘风云以霖雨天下之象。此德位兼隆之大人，臣民所共仰戴者也。君子见之，则可以得位行志；小人见之，则可以养欲给求。何不利之有？

按：《本义》谓："有九五之位，则利见九二在下之大人。"其义与二爻互相发明。盖圣人系乾之二五，即首发上下应求之义，以见体乾图治者，必贵乎同德之相济，而在九五居尊临下，汲汲得贤以自辅，较之九二得君而事者，其利更有不同，尊卑异位故也。

【白话】

这个爻的意思是说，圣人高高在上，处于尊位，但这是众人乐意看到的。五，天子之位。大人，指九五。

周公所系的乾卦五爻爻辞的意思是说：九五有刚健之德，当位、居中且居于至尊之位，一时无两，功业美好清明，有飞龙在天、雨润万物之象。这样有德又有位的大人，是天下臣民共同仰戴的对象。君子觐见大人，可以得到官位，施展抱负；小人觐见大人，可以满足欲望，求取所需。有什么不利的呢？

按：《周义本义》说："本爻有九五之位，所以利见下面的大人——九二。"这是把五爻与二爻放在一起，相互阐发。圣人一上来就借助乾卦的二爻与五爻阐释上下应求之意，为的是启示有心效仿乾卦励精图治的君王，一定要找到同道中人，齐心协力，相互应援。具体到九五，它处于至尊之位，却能放下身段，求贤若渴，相比只需要得到君王认可的九二，获益更广、更多、更大，这主要是因为上下尊卑不同，相应的影响也不同。

上九：亢龙有悔。

【解义】

此一爻是言，处势位之极者，当知所变通也。亢，过于上而不能下也。

周公系乾上爻曰：上九居卦之终，阳极于上而不下，如龙之飞入于天，而不复潜蛰于渊之象，是亢龙也。夫时当盛满，不能持满戒盈，则所处必致失中，而所往不能无过。动而有悔，其能免乎？既知有悔，而以亢为戒，则持以惕而返于潜，庶几不失其为龙德也矣。盖易之大义，最忌满盈。日中必昃，月盈必亏，天道之不容亢也；物穷必变，器满必溢，人事之不容亢也。圣人不能不处亢之时，而有善处乎亢之道。故天不能穷圣人，而圣人常能御天。亦曰："随时处中而已。"

【白话】

这个爻的意思是说，权位无以复加的人，要懂得变通之道。亢，过于上而不能下。

周公所系的乾卦上爻爻辞的意思是说：上九位于全卦的最高处，由于它是阳爻，而阳爻的特性永远是向上的，所以它虽然处在极端但也不会下来，这就好比龙飞于天，不再蛰伏于深渊，也就是"亢龙"。处在满盈盛极之时，却不能持满戒盈，必然会偏离中道，不可能没有过失。一动就会有悔吝，怎么可能避免呢？其实，既然爻辞已经提到"有悔"了，只要它能在此基础上以亢为戒，就会因为戒惧，重拾潜龙勿用之心，这样或许可以保持它的圣人之德。易学的要点之一，就是忌讳满盈。太阳过午必昃，月亮满盈必亏，说明天道不容亢进；事物发展到极端就会生变，器物装满了东西就会外溢，说明人事不容亢进。圣人难免处于亢极之时，但他们有完善的应变之道。所以上天不能使圣人困穷，而圣人却能御天。朱熹也说："这不过是因为圣人能随时处于中道而已。"

用九：见群龙无首，吉。

【解义】

此一节是申明体乾之道，在以柔济刚也。群龙，谓六阳。无首，谓变刚为柔。

周公于乾卦六爻之后复系之以辞曰：乾六爻皆阳，则其数皆九，九者阳数之极也。体乾之道者，当思阳极则亢，而济之以柔，以善其用。如群龙之刚，皆在于首，惟能变刚为柔，则其首不露，而其用不测。人之见之，有若无首者然。本此道以出治，负创建之才，而不自矜其才；具绝物之智，而不自骄其智。仁以辅义，爱以济威。图事则事无不理，驭民则民无不安，何不吉之有？大抵帝王治法，刚柔相济，必无偏胜之理。刑名法律之治，刚胜而偏者也；虚无清静之治，柔胜而偏者也。且以操切为刚，必流于残忍，则并不得谓之刚；以姑息为柔，必流于萎靡，则并不得谓之柔。内健而外顺，体严而用和，庶有得于用九之义，而无失中之弊矣乎。

【白话】

这一节的意思是说，效仿乾道，贵在以柔济刚。群龙，指六个阳爻。无首，指上爻由刚爻变为柔爻。

周公所系的乾卦“用九”的意思是说：乾卦的六爻都是阳爻，代数都是九，是因为九是最大的阳数。效仿乾道的人应该明白，阳爻发展到极致便是亢进，应该刚柔并济，才能更好地应对各种情况。乾卦的六个爻好比刚健的群龙，上爻则好比群龙的首领，上爻一变，刚爻就成了柔爻，好比首领隐藏在群龙之后，意图难以揣测。乍看上去，好像根本没有首领一样。本着这一原则治理国家，虽有创建之才，但不会自矜其才；虽具绝物之智，但不会自骄其智。仁义并重，恩威兼施，做事则事无不顺，驭民则民无不安，怎么会不吉呢？总的来说，只要帝王刚柔相济，就不会失去平衡。强调刑名法律的，是过刚而偏离中道；讲究虚无清静的，是过柔而偏离中道。况且急躁且刚强的，必然会趋向于残忍，就不能算是刚了；而不讲原则地姑息，必然会趋向于软弱，也算不上真正的柔。内心强大而外表柔顺，内在威严而外在柔和，凡事就能符合圣人创设“用九”的初衷，而不至于偏离中道了。

《彖》曰：大哉乾元，万物资始，乃统天。云行雨施，品物流形，大明终始，六位时成。时乘六龙以御天，乾道变化，各正性命，保合太和，乃利贞。首出庶物，万国咸宁。

【解义】

此《彖传》，是释乾彖辞，而合天道人事以明乾德也。彖，兽名，取其能断，故卦辞为彖辞，传为《彖传》。六位，指六爻之位。乘，凭驭也。太和，天地之生气也。

孔子释乾彖辞曰：乾之义，广大悉备，无所不该，而惟天足以当之，惟法天之圣人足以配之。试观天道，元亨利贞，乾之四德；而统言之，皆元德之运行也。大矣哉，其惟乾之元乎！天以生物为心，而元则为生生之本。当气机方动，万物初萌，无一物不资元之气以为形之始，亦无一物不资元之理以为性之始。推至成形成性之后，总此一元之德，鼓荡无穷，是不独为万物之始，而且合亨利贞之天德，皆统贯于其中矣。此乾元之大也。由是以观乾之亨，阴阳之气，氤缊既久，一旦由静之动，敷布而为云，和泄而为雨，凡品汇之物，迎此化机，皆潜滋默长，一一形露，如水之流而莫御者然。盖资始时，气已毕具，而至此乃有其形；资生时，形已悉萌，而至此乃流于外。此乾之亨也。惟圣人与天合德，观天道之元亨，即大明于四德贯通之义。元为始，贞为终，而由贞起元，不终则无以为始，终与始之交相循环，总一时之所为而已。以此知乾爻六位，变动不居，正以潜、见、惕、跃、飞、亢之时，各有不同，故龙德运行，各以时而成位。于是乘此六龙之德，随时处中，时宜显则显，时宜晦则晦，时宜舒则舒，时宜敛则敛。天道之消长，自我御之而行，则所往无不亨通可知矣。是圣人之元亨，一天道也。又进观乾之利贞，万物之理，不变则不通，不化则不成，惟乾道运行，由变而之化，于是万物生意充足，凡受于天之性，与天所赋之命，皆各得其正，无有欠缺。而且气机就敛，万物即随之以人。方初生时，阴阳会合，冲和之气，至此保固凝合，皆复返于其始，此天道以收敛为发舒之本，以归藏裕宣泄之用，成终成始，循环无迹，乃乾之利贞也。其在圣人，既法天之元亨以生物，即法天之利贞以成物。凡教养生杀之事，已尽行于乘龙出治之时，至此则恭已穆清，首出于臣民之上，而深仁厚泽沦洽于人心，风动化行感孚于中外。万国之咸宁，与万物之各正保合，俱同鼓舞于太和元气之中。是圣人之利贞，一天道也。大抵造化之理，通乎人事；性命之学，合乎治功。孔子传乾彖，而天人之义备矣。乾为天之性情，而元则变化之所从出，是即太极也。流形于亨，各正于利者，一物各一太极。资始于元，保合于贞者，万物统一太极。太极者，理也，而气在其中；太和者，气也，而理在其中。明乎此，则帝王在上，仁以育万民，义以正万民，张弛翕辟，总一太极自然之用。而所谓太和，在宇宙间者，即其应天时、赞化育之极功而已，宁有二致哉？

【白话】

《彖传》是对乾卦卦辞的解释，它综合了天道与人事，以阐明乾卦的德行。彖，传说中的野兽，能咬断钢铁，此处取“断定爻辞”之意，所以叫“彖辞”，统称《彖传》。六位，指乾卦六个爻的位置。乘，驾驭。太和，天地之间的生气。

孔子解释乾卦的彖辞说：乾卦的内涵，没有什么不能包容；乾卦的精神，没有什么不去效仿。唯有天能代表乾卦，唯有效仿天道的圣人能与之相匹配。圣人观察天道，归纳总结出元、亨、利、贞四德，综合起来看，又都肇始于元德。所谓的伟大，恐怕也只有乾元配得上吧！天以创生万物为心，元则为生生之本。在气机运行、万物萌发之初，万物都必须依赖乾元之气的资养才能有其形体，也都必须依赖乾元之理的资生才可以有其性理。待到成形成性之后，乾元之德还会继续鼓荡，生生不息，所以说不仅仅是万物的资始，就连四德中的“亨”“利”“贞”三德，也统贯其中。这是讲乾元的伟大。在此基础上再观察乾卦的亨通之德，阴阳二气持久地氤氲，一旦由静生动，便敷布为云，和泄为雨，当此变化枢机，万物都会潜滋默长，一一显露形体，如同水流一样无法阻挡。因为万物资生之始，生气已完全具备，到了亨通之际便有了形体；在万物生长之始，形体已经全部萌发，到了亨通之际便自然流溢出来。这是讲乾卦的亨通。德配上天的圣人，发现了上天的元亨之德后，随即明了的乾卦的利贞之德，并将四德融会贯通。元德为始，贞德为终，再由贞起元，也只有长久的保持贞正，才可以以终为始，交相循环，在某个时段有所作为。所以乾卦的六个爻才会变动不居，爻辞才会或“潜”或“见”，或“惕”或“跃”，或“飞”或“亢”，各有不同，彖辞才会说“六位时成”，也就是说，乾卦的六个爻依据卦德与各自的时空，各成其位。于是驾驭着六龙之德，并随时秉持中道，当显则显，当晦当晦，当舒则舒，当敛则敛。天道的消长都可以驾驭，所到之处显然会无比亨通。从中不难看出，圣人的元、亨之德，都是指天道。再进一步观察乾卦的利贞之德，万物之理都是不变则不通，不化则不成，唯有乾道的运行，是由变而生化，于是万物生意充足，凡是禀受了上天的秉性与天命的人，都各得其正位，无所欠缺。而且气机方一收敛，万物就随之进入。万物初生时的阴阳冲和之气得以保固凝合，复返于其初始状态，所以天道能以收敛为发舒之本，以归藏裕宣泄之用，以始致终，以终成始，循环无迹，交相往复，这就是上天的利贞之德。德配上天的圣人，既可以效法天道的元亨之德资生万物，又可以效法天道的利贞之德长养万物。所有的教化、养育之道和刑罚、诛杀之法，已经在治理国家之初就颁布实施了，至此已天下太平，只需高坐垂拱，就能以深仁厚泽沦洽万民，只需要推行教化，就能够赢得天下和域外的人心。万国的祥合，万物的安适，全都鼓舞在生生不息的冲合之气中。所以圣人的利、贞之德，也是效法天道。总的来说，造化之理与人事是相通的，性命之学与政绩是相合的。孔子传下乾卦的《彖传》，天人之道，尽在其中。“乾”是天的性情，而“元”是各种变化的出处，也就是所谓的太极。成形并且亨通，且以适合自己的方式发展，是因为一物一太极。万物资始于元德，保合于贞德，是因为万物统一于一个太极。太极，其实就是理，但气在其中；太和，其实就是气，而理在其中。明白了它们的关系，帝王治理天下，以仁育万民，以义正万民，一张一弛，一开一合，都只是围绕着一个太极点打转而已。而所谓太和，就是天地之间的冲合之气，因为它有应天时、赞化育的极致之功，所以才有这个名字，难道还有别的所指吗？

《象》曰：天行，健，君子以自强不息。

【解义】

此《象传》，是勉人法天以修德也。象，像也。卦之上下二体为大象，六爻辞为小象。

孔子既作《彖传》以释卦辞，又作《象传》以明卦象之义。

释乾象曰：乾，天德也。而上下皆乾，则有天道运行之象。天行一日一周，终古不息，非极天下之至健不能。君子观于乾象，以人既受天命以生，即宜与天同运。乃天运不息，而人未免有息者，私欲累之耳。于是克己自强，静专以立体，而所以为万事之根本者，无一时或息也。动直以致用，而所以善万事之化裁者，无一时或息也。天理周流，始终无间，一如天行之一日一周者然。而乘龙配天之业，举而措之裕如矣。盖天与人初不相远，性与反原可同归。一日自强，即一日之健也；一事自强，即一事之健也。惟日进而不已，则希圣希天，皆其扩而充之之事。所以成汤圣敬日跻，武王以敬胜怠。视尧舜之精一执中，若有安勉之别，而及其成功，一而已矣。

【白话】

《象传》的主旨，是勉励人效法天道，培养德行。象，像的意思。上下卦为大象，六爻的爻辞为小象。

孔子作了《彖传》，用以解释卦辞，又作了《象传》，以明晰卦象。

孔子解释乾卦的大象说：乾，是就天的德行、性情而言。上下皆乾，则有天道运行之象。说白了，就是太阳在天上运行。乾为天，也为日。天每天运行一周，终古不息，若不是壮健至极是没办法做到的。君子观察乾卦的大象，认为人既然受命于天，就应该像天一样运行。天运行不息，但人却难免休息，这是因为人会受累于好逸恶劳的惰性。于是君子效法天道，克己以自强，静专以立体，并把它视作成就事业的根本，不肯因为有所成就而安享。到学以致用的时候，才能根据事物的变化恰到好处地裁决，不必因为能力不足而停止。天理周流不息，循环不断，恰如天道一日运行一周。就算驾驭着六龙，做德配上天的功业，也能游刃有余。天与人最初是相似的，性与反殊途同归。一日自强，即一日之健；一事自强，即一事之健。每日自强不息，那么成为圣贤、天人合一，不过是迟早的事情。所以成汤身为圣王仍日益增进，武王也需要以庄敬之心战胜怠惰之情。至于尧与舜的"精一执中"之说，似乎有安勉之别，但他们又能够取得成功，其是不过是把握好了张弛之道而已。

潜龙勿用，阳在下也。见龙在田，德施普也。终日乾乾，反复道也。或跃在渊，进无咎也。飞龙在天，大人造也。亢龙有悔，盈不可久也。用九，天德不可为首也。

【解义】

此《象传》，是分释乾六爻之象，而推明系辞之义也。反复，重复践行，动必于道也。造，起也，谓在天位。

孔子释乾六爻辞曰：文王之系卦辞，示象于全体之中。周公之系爻辞，复示象于各爻之内。所以教天下后世者，至明且切矣。试举乾爻之象观之，初九曰"潜龙勿用"，谓九为阳德，而初居下体，有可为之德，而未遇可为之时也。九二曰"见龙在田"，谓其德既盛，则其化自神，如龙之霖雨及物，而所施无不遍也。九三"终日乾乾"，谓体道之心，无时敢懈，反复体验，以求去危，而即安也。九四"或跃在渊"，谓当欲进之际，更加详审，则谋出万全，而可免躁动之咎也。九五"飞龙在天"，谓大德之人，乘时首出，如龙之上腾于天，而万物皆利见也。至上九"亢龙有悔"，盖以天道忌盈，进极则退，盛极则衰，理与势皆不可以久也。六爻皆阳，而系以用九，盖以太刚必折，济之以柔则有功，用为物先则致败。故天德虽尊，不可以为首也。大抵易之为道，阴阳消长而已。圣人扶阳而抑阴，故遇阳则进之，遇阴则退之。而于乾之六爻，予其潜，戒其亢，复教以无首者，非谓阳不当贵也。诚以阳德至健，而一有恃刚自用之弊，则反为欲所屈矣。故论天道则曰"下济"，论君道则曰"下交"，论处世则戒"壮往"，论济险则在"需时"，皆以柔济刚之道。盖必如是，然后阳德为无弊耳。

【白话】

上面的《象传》分别解释了乾卦六爻的小象，并借此阐发爻辞的内涵。反复，指三爻反复践行，动必合道。造，起，指五爻在天子之位。

孔子解释乾卦六爻的爻辞说：文王所系的卦辞，着眼于整个卦的大象。周公所系的爻辞，着眼于各个爻的爻象。为的是让后世传习者，明白并切近卦爻辞的本意。以乾卦的六个爻为例，初九曰"潜龙勿用"，意思是说初九是个阳爻，却位于全卦的最下面，象征有才有德，但碍于时势，怀才不遇。九二曰"见龙在田"，意思是说它的德行已经盛隆，教化如有神助，好像巨龙行云布雨，所施及的地方都被润泽。九三"终日乾乾"，是说它效仿天道的心丝毫不敢懈怠，反复践行，反复体验，以便去危就安。九四"或跃在渊"，是说它处在欲进也能进的当口，依然能审视全局，谋出万全，从而可免于躁动之咎困。九五"飞龙在天"，是说大德之人，乘时而上，如同龙腾九天，万物皆所利见。上九"亢龙有悔"，则是说天道忌盈，进极则退，盛极必衰，理与势皆不可久。在阐释完乾卦的六个阳爻后，又专门创设了"用九"，是因为太刚必折，刚柔相济才可以功成，行事过刚则事败。所以天子之位虽然尊贵，但不宜以首领自居。易道的运行，总的来说就是阴阳消长而已。圣人扶阳而抑阴，通常遇阳爻则进，遇阴爻则退，但对于乾卦的六个爻，却赞许潜伏初爻的初爻，警戒亢进的上爻，并在用九给出"群龙无首"的建议，并不是说阳爻不应该尊崇。而是因为阳爻本来至刚至健，一旦有刚愎自用的趋向，就会被一己的欲念所挟持。所以圣人在论及天道时总是说"下济"，谈论君道时则说"下交"，说到处世则以"壮往"为戒，说到济险则强调"需时"，阐释的都是以柔济刚之道。只有如此，才可以避免阳德的弊端。

《文言》曰：元者善之长也，亨者嘉之会也，利者义之和也，贞者事之干也。

【解义】

此一节书是申言元、亨、利、贞之德原于天而具于人也。文，释也。言，指彖爻之辞。自此至末节皆文言也。会，聚集也。和，谓无乖戾。干，如木之有身也。孔子于六十四卦分作彖传、象传以释卦、爻之辞，又以乾坤二卦其道至大而其六爻之义为至广也，复作文言释之，以尽其蕴。

释乾彖辞曰：元、亨、利、贞之义，既详见于天道矣，试即天之赋于人与人之全夫天者观之：所谓元者，天之所以始万物也，而赋于人则为仁，人性之中众善悉备，而元则得之最先，统之最全，百行由此而出，盖善之长也。所谓亨者，天之所以通万物也而，赋于人则为礼，人性之中众美各殊，而亨则天理之节文，人事之品节，百度于此会归，盖嘉之会也。利者，天之所以遂万物也，而赋于人则为义，义以定分，尊卑上下，制之极其严，而皆合乎人心之宜，无所矫强，是义之和也。贞者，天之所以成万物也，而赋于人则为智，智以察理，经权常变，辨之极其明，而预立夫万事之基，无所摇夺，是事之干也。大抵在天则有理气，在人则有性情。元、亨、利、贞，理也；生、长、收、藏，气也。有是理即有是气。仁、义、礼、智，性也；恻隐、羞恶、辞让、是非，情也。有是性即有是情。惟天之理气全具于人，故人之性情无一不善。易书教人尽性而推本于天命，正以天人本无二理，而人不当以气拘物蔽，自远于天也。

【白话】

本节的主旨是说，元、亨、利、贞之德，源于上天而体现于人。文，解释。言，指彖辞与爻辞。从此处直至乾卦结束，都属于《文言》的范畴。会，聚集。和，无乖戾。干，树干，引申为事物的主干。孔子为六十四卦分别作了《彖传》与《象传》，以便阐释卦辞与爻辞。又因为乾坤两卦包涵广大，它们的六个爻内涵也很广大，又作了《文言》解释乾坤二卦，以便更好地阐发其内涵。

孔子解释乾卦的彖辞说：元、亨、利、贞的定义非常详尽，并且明见于天道，而人道上承天道，所以元、亨、利、贞四德体现在人身上也能看出来：所谓“元”，即元气，是天之所以资始万物的根本，体现在人身上就是仁。人性中具备所有的善，而元善就是指最初的善，最大的善，百善由此而出，所以它是众善之首。所谓“亨”，即亨通之德，是天之所以能通万物的根本，体现在人身上就是礼。人性中有各种殊胜的美，而“亨”则是所有天道仪轨与人间美德的聚集，也就是“嘉之会”。所谓“利”，是天之所以使万物各得其所的根本，赋于人就是义。以义定分，尊卑上下，极其严苛，但合乎天理人心，都能和谐共处，这就是“义之和”。所谓“贞”，是天之所以能成万物的根本，赋于人就是智。有智慧才可以体悟天道，通权达变，分辨力极强，才可以坚定信念，心中奠定了万事之基，才不会受外界影响，这就是“事之干”。总的来说，天有理气，人有性情。元亨利贞就是天之理，生长收藏就是天之气，有相应的理就有相应的气。仁义礼智就是性，恻隐羞恶和辞让是非就是情，有相应的性就有相应的情。但只有人完全禀受了天的理与气，所以人的性与情无一不善。《易》书教人尽心尽性，以探究天命，正是因为天与人原本无二，而人不应该被心气和物欲干扰，自远于天。

君子体仁足以长人，嘉会足以合礼，利物足以和义，贞固足以干事。君子行此四德者，故曰："乾：元亨利贞。"

【解义】

此二节书是言，君子之备德，在能体乾也。和义，谓得其宜。贞固，正而固也。

孔子曰：论天命之原，元亨利贞之四德，本人所同具；而论率性之学，则众人能行之者鲜矣。惟君子以仁为心之德，凡其所存所发，莫非天理之流行。则虽伦类至众，而度量之含弘，自足以怙冒天下而有余矣。以礼为身之范，凡其动容周旋，莫不萃集乎众善，则虽经曲至繁，而一心之秩序，自足以节宣礼治而有余矣。以义能利物，而后可以言和，于是因物付物，使各得其所利，而天下之人既以分相安，则自以恩相接，岂不足以和义而无乖戾乎？以智能有守，而后可以立干，于是择正理之所在，固守之而弗去，而天下之事既裁制之有方，自推行之有本，岂不足以干事而无阻碍乎？君子之能行四德如此，夫人皆受天之德，而独君子能行之者，何也？自人狃于气质，蔽于物欲，而四德之运行，遂有时而息。惟君子法天行之健，以全天德之刚，由是本此健以体仁嘉会，则仁礼之德行矣；本此健以利物贞固，则义智之德行矣。卦辞不徒曰元亨利贞，而必首之以干者，诚以天道惟干，故四德属于天。圣人之法天，亦惟乾，故四德归于圣。天人合一之道，一乾之至健而已，故曰："乾：元亨利贞。"夫天德之所以至健者，不外静专动直，而静专者健之体，动直者健之用，是静又主乎动者也。宋儒谓：圣人主静立人极。又曰：无欲故静。然则君子体乾之功，其必制私主静，而后能配天行之健哉。

【白话】

这两节的意思是说，君子之所以有完备的德行，是因为君子很好地理解了乾卦。和义，各得其宜，不相妨害。贞固，正而固。

孔子说：人在禀受天命之初，元、亨、利、贞这四种美德，全都具备；但说到修心的功夫，就不是一般人能做的了。唯有君子能以仁为本，心中所想与行为所做，都合乎天道。虽说事理繁杂，事务繁多，但君子度量恢宏，自然能广被天下而游刃有余。君子把礼作为自己的行为规范，行为举止与进退周旋，都有意引导众人向善，虽然各类礼仪至曲至繁，但他那发自内心的真诚，自然能裁治礼法而游刃有余。心怀道义，才会有利他之心，而后可以握手言和，并根据别人的需求给予所需，使万物各得其所，使天下人各有所安，人们自然会以恩报恩，这样不就可以各得其宜而无乖戾了吗？拥有足够的智慧，才能守持常道，而后可以确立事物的主干，依据正理，固守不变，裁制天下之事既有方法，推究起来又有依据，这样不就可以成就大事而没有阻碍了吗？君子就是这样践行元、亨、利、贞四德的。但是，人都是禀承上天之德而生的，却只有君子能践行四德，为什么？有些人受限于自身气质，有些人则是被物欲蒙蔽，导致四德在身上的运行若有若无，时行时息。只有君子能效法天道的壮健，保持天德的刚健，并在此基础上以仁心利益他人，以礼仪与他人相处，元亨之德遂得以践行；以天道的壮健和天德的刚健利益万物并长久地保持下去，利贞之德也得以践行。卦辞不仅有“元亨利贞”四字，而且在前面还加了一个“乾”字，主要是因为天道、天德说到底就是一个“乾”字，所以元、亨、利、贞四德均为天德。圣人效法上天，也只能效法乾道，所以圣人之德也就是元、亨、利、贞四德。所谓“天人合一”之道，就是乾卦的纯阳至健之道而已，所以说：“乾：元亨利贞。”而天德之所以至为壮健，是因为天道静专动直，也就是静时专一，动时直道而行，静专是它壮健的根本，动直是它壮健的应用，这么看来，静又可以主宰动。宋儒说：圣人通过静定功夫接近了仁义与中正。又说：没有欲望所以能静。既如此，君子履行天命，也必须制私胜欲，以静制动，才能与乾卦的天行之健相配合，才可以刚柔并济。

初九曰：“潜龙勿用。”何谓也？子曰：“龙德而隐者也。不易乎世，不成乎名，遁世无闷，不见是而无闷。乐则行之，忧则违之，确乎其不可拔。潜龙也。”

【解义】

此一节书是申乾初九《象传》之义也。易，谓变所守。乐，谓道行。忧，道不行也。

初九曰：“潜龙勿用。”其义何谓也？

孔子曰：初九有神明变化之德，而潜藏在下，是有龙德而隐于下位者也。盖惟龙德刚健无欲，故外物不足以夺之。常人行履不笃，易为习俗所移。初则自守其德，不随世而变易也。常人学力未坚，易为名誉所动，初则自晦其德，不枉道以求名也。惟不易乎世，则安于遁世矣。虽终身遗佚，而其心处之泰然，何所闷焉？惟不成乎名，则不求见是于人矣。虽举世谤毁，而其心自信有素，又何所闷焉？是以道有可行之机，斯霖雨足以及物，此初之所甚乐者。乐则出其龙德以行于世，而无所矫强也。道无可行之机，斯庶物无由各正，此初之所甚忧者。忧则守其龙德，以违于世，而不敢轻试也。总之用舍之权在人，而行藏之道在我。身可隐而不可屈，道可潜而不可枉。知之既明，守之复固，确乎其不可拔，岂寻常隐遁之学所能及哉？信乎，初之以龙德而潜处于下位也。盖圣人之学，吉凶与民同患，意本在于用世，不欲独善其身。但既欲行道于天下，则必审天时，度人事，实能有济于世，然后一出而为人所利见。故六龙之德，有隐显而无浅深。初之潜与五之飞，总一灵变不测之用，其不同者，时位而已。所谓易地则皆然者也。

【白话】

本节申明了乾卦初九的《象传》内涵。易，改变。乐，大道可行之乐。忧，大道不行之忧。

初九说："潜龙勿用。"是什么意思呢？

孔子说：初九深谙天道变幻莫测，所以它潜藏在最下面，好比有圣人之德但隐于下位者。因为只有圣人之德刚健且无欲，所以不会为外物侵夺。常人不能切实履行大道，常常受世俗影响。初爻却能恪守自己的刚健之德，不因世事而转移。常人的学问不扎实，意志力不强，容易被名誉牵扰，初爻能自隐自讳，不会为名声而违背正道。它不受世俗影响，所以才可以安然遁世。虽然弃置终身，绝缘于仕途，但内心安顿，处之泰然，又有什么苦闷的呢？它不为名声所累，不求见于世，也不求知于人。就算举世谤毁，但它有坚定的信仰，又有什么烦闷的呢？如此才能践行天道，像降雨一样泽及万物，这才是初爻真正乐见的。它是发自内心地想这样做，所以在路行天道时没有丝毫勉强与矫情。天道无法践行，万物不得其正，才是初爻所担忧的。忧虑会促使它谦逊退守，韬光避世，不敢轻举妄动。反正是否任用我在别人，但是进是退取决于我。君子可以隐退但不可以屈从，大道可以潜藏而不可以违背。对此有明确的认识，又能长久的坚守，刚强坚决，不可动摇，岂是寻常意义上的隐遁之学所能比拟的呢？所以可以确信，初爻具备圣人之德但宁愿潜居下位。因为圣人的吉凶与民众的吉凶相一致，圣人的学问原本是要用世的，圣人本不欲独善其身。但想践行天道，普施天下，必须审天时，度人事，确实能济世济民时，才会离潜出隐，一展所学。所以乾卦的六个爻，只有隐与显的区别，没有浅与深的区别。初爻的潜与五爻的飞，都是乾卦变幻莫测的具体体现，所不同的只有时位而已。恰如孟子所说：与别人换个环境，也会像别人那样思考问题。

九二曰：“见龙在田，利见大人。”何谓也？子曰：“龙德而正中者也。庸言之信，庸行之谨，闲邪存其诚，善世而不伐，德博而化。易曰：见龙在田，利见大人。君德也。”

【解义】

此一节书是申乾九二《象传》之义也。正中，谓处潜跃之中。善世，善盖一世也。

九二曰：“见龙在田，利见大人。”其义何谓也？

孔子曰：九二有刚健中正之龙德，而正当不潜未跃之时，位虽未尊，而德则已众著。试于其言行观之，言在人伦日用之间者，庸言也。庸言，人所易忽而二必加信焉。行在人伦日用之间者，庸行也。庸行，人所易懈而二必加谨焉。信谨如此，则邪已无自入，而诚已无不存矣。乃其德愈盛，其心愈敬。凡私欲之易乘者，必闲之又闲，使不至于或萌；实理之在心者，必存之又存，使不至于或间。由是备德在身，言皆可师，行皆可法，善盖乎一世矣。而虚受之至，又谦卑自牧，而不伐焉。由是乘时利物，上格君心，下正民俗，德施于极博矣。而功用之神，又迁善不知，而几于化焉。此虽未居人君之位，而君临天下之德，已早见于出潜离隐之时。易所谓“见龙在田，利见大人”者，正以其德为君德，故直与九五同称为大人也。大抵诚敬者，圣学之源。而存诚之功，又必先之以主敬。二之闲邪，即主敬之学也。邪有自外入者，有自内出者。不迩声色，不殖货利，所以闲其外也。不显亦临，无斁亦保，所以闲其内也。内外交养，显微无间，帝王心学相传，孰有逾于此乎？

【白话】

本节申明了乾卦九二的《象传》内涵。正中，指九二处在潜与跃之中。善世，为善一世。

九二说：“见龙在田，利见大人。”是什么意思呢？

孔子说：九二有刚健中正之德，又处于出潜未跃之际，位置虽然不是尊位，但德行已经是众所周知。试着观察它的言与行：日常生活中的言语叫作庸言，庸言容易被人们忽视，但九二却连庸言也非常重视。日常生活中的行为叫作庸行，庸行是人们容易懈怠的，而九二连庸行也无比恭谨。诚信与谨慎如此，邪念便无法侵扰，正念便无处不在。它的德行越盛大，它的心会愈发地恭敬。但凡有可能乘机而入的私欲，必定防之又防，尽量不使其复萌；已经掌握了的真理，必定念之又念，尽量不使它中断。于是备德在身，话语都可以师法，行为都可以效仿，善盖一世，德被万民。同时又能够谦虚接纳，自戒自省，就不会有人讨伐它了。于是乘着时机救世济物，向上格除君主的妄心，向下引导民心与俗念，让德泽普施，教化更多的人。而且功用神妙，达到了让人每日迁善但无所察觉的境界，几于化境。虽然它没有处在九五之尊的位置，但它的德行已君临天下，已经彰显于出潜离隐之时。爻辞所说的“见龙在田，利见大人”，正是把它的德行与君德相提并论，所以与九五一样，爻辞都称“大人”。总的来说，虔诚与恭敬是圣人之学的根源。而心存虔诚之前，必须先心存恭敬。二爻防御邪念的办法，就是恭敬之心。有的邪念源于外界，有的邪念出自内心。不亲近歌舞女色，不聚敛金钱财物，是为了防御外来的邪念。幽暗处也有神明存在，所以要修身不倦，防御内在的邪念。像这样以德为本，内外交养，显微无间，有什么样的帝王心学能超过它呢？

九三曰：“君子终日乾乾，夕惕若，厉无咎。”何谓也？子曰：“君子进德修业。忠信所以进德也，修辞立其诚所以居业也。知至至之，可与几也；知终终之，可与存义也。是故居上位而不骄，在下位而不忧，故乾乾因其时而惕，虽危无咎矣。”

【解义】

此一节书是申乾九三《象传》之义也。至，理之极致也。终，理之归宿也。

九三曰：“君子终日乾乾，夕惕若，厉无咎。”其义何谓也？

孔子曰：君子处危疑忧惧之地，惟恃德业以为自全之道。故九三之乾乾惕若，非徒忧而已，实欲其德之进而业之修也。德何以进？凡人无真实之心，则私伪日萌而德日损。惟三内主忠信，存于心者，无一念之欺；动于虑者，无一事之妄。所由进德，于光大也。业何以修？凡人无笃行之学，则虚辞日盛而业日荒。惟三修省言辞，一言之发，必有一行以应之，是其出言之时，即为诚所植立之地。言无虚罔，行有实效，所由居业于不迁也。若其所以用力则何如？德之极致谓之至，而其微渺则为几。君子知至之所在，而本忠信之心以至之，心与理相洽，则理之几微，皆为吾心所默识，可与几也。既有知几之智，复有决几之勇，而德不益进乎！业之归宿谓之终，而其裁制则为义，君子知终之所在，而本立诚之心以终之，身与理相安，则事之经权，皆为吾心所默运，可与存义也。既有见义之明，复有守义之实，而业不益修乎！三之“终日乾乾，夕惕若”者，其事如此。是故德愈盛，而礼愈恭；业愈大，而心愈小。居上位以临下，则持盈而不骄，忘乎其为上也。居下位以事上，则胜任而不忧，安乎其为下也。故其身处危地，宜若有咎，而终日乾乾，无时不惕，则上安下和，处无不当，虽危无咎矣。三之得免于咎也，岂幸致哉？盖知至知终，即格物致知之事。忠信立诚，即正心诚意之事。其进修不已，则日新又新之功；而乾乾惕若，则缉熙敬止之心也。详绎九三一爻，而内圣外王之学无不毕具已。

【白话】

本节申明了乾卦九三的《象传》内涵。至，理之极致。终，理之归宿。

九三说：“君子终日乾乾，夕惕若，厉无咎。”是什么意思呢？

孔子说：君子处在危疑忧惧之地，只得依靠自己的德行自全自保。因此九三的“乾乾惕若”，并不是只是忧惧而已，而是在此基础上增益品德，扩大功业。如果增进品德？人如果没有真心实意，私心与伪诈就会日益萌生，德行与操守便会每况愈下。而九三以阳爻居内卦，象征忠信之士，而且它以阳爻居阳位，非常当位，存心绝不欺心，动念绝无妄念。以此进德，必然德行光大。如何扩大功业呢？人如果不能切切实实地做学问，浮夸的辞藻就会越来越多，学业便会日益荒废。而九三谨言慎行，说到做到，它每说一句话，它的诚信就多了一片立足之地。言无虚妄之言，行必行之有效，所以能保全功业。如果它能进一步努力，又会怎样？德的极致叫作至，细微的变化叫作几。君子知道极致的德是什么样的，并本着忠信之心尽量增进自己的德行，心与理相互融洽，理的细微变化也能体悟、感知，所以能够知几。既有知几之智，又有决几之勇，德行怎么会不增进！功业的归宿叫作终，裁制功业要符合道义，本着一颗诚心去扩大功业，身心与事理相安，而事情的经权达变，只需本着一颗诚心去做，就能合道。既有见义之明，又有守义之实，功业怎么能不扩大！三爻所谓的“终日乾乾，夕惕若”，说的就是这个道理。所以它的德愈盛，礼愈恭，业愈大，心愈小。它位于下卦的最上面，居高临下，能持盈而不骄，忘记自己在高位。同时它又位于下卦，以下事上，能够胜任自己的工作，所以不必忧虑，能够安然处下。所以身处危地的它，本来难免困咎，但由于它终日乾乾，无时不惕，所以能上安下和，处无不当，因此虽危无咎。三爻免于困咎，难道是幸运那么简单呢？其实知至知终，就是所谓的“格物致知”。忠信诚信，就是所谓的“诚意正心”。由于它进修不已，所以它每天都能进步；由于它乾乾惕若，所以它的心光明而又严谨。详细分析九三这个爻，内圣外王的学问尽在其中。

九四曰：“或跃在渊，无咎。”何谓也？子曰：“上下无常，非为邪也。进退无恒，非离群也。君子进德修业，欲及时也。故无咎。”

【解义】

此一节书是申乾九四《象传》之义也。邪，枉道而冒进也。群，谓在下位之群。

九四曰：“或跃在渊，无咎。”其义何谓也？

孔子曰：乾之九四，不果于上，而又不安于下，迟疑于上下之间，而无常位者。迹似有冒进之邪，而其实非为邪也。不决于进，而又不安于退，踌躇于进退之间，而无恒处者，迹似离在下之群，而其实非离群也。盖龙德之君子，德已进矣，业已修矣，其意本期有为于天下，特患时未可为，则不敢躁动以取咎耳。今及此可进之时，正欲以忠信之德发为济世之德，以立诚之业着为配天之业，而又何敢避无常无恒之嫌，以致坐失事机也哉？四之无轻进之咎，职此故也。盖天下躁进者有咎，失时者亦有咎，躁进而至于偾事，失时而至于废事，其咎不同，而其为害则一也。圣人既不欲人幸进，而又恐人借持重为口实，悞几务于目前，故于乾之九四特申其说云。

【白话】

本节申明了乾卦九四的《象传》内涵。邪，违背道义，轻举冒进。群，指在下位的群爻之中。

九四说：“或跃在渊，无咎。”是什么意思呢？

孔子说：乾卦的九四爻，不敢果断上进，又不安于人臣之位，迟疑于上下之间，没有固定的位置。看上去似乎有冒进的邪念，实际上没有邪念。它不敢果决地前进，又不安于本分，更不甘心退后，于是踌躇于进退之间，没有固定的位置，看上去远离了下面的同类，实际上又没有远离。这主要是因为它所象征的君子，德已进，业已修，并且有志于天下，只可惜时势未到，所以不敢躁动，以免困咎。可是当此可进之时，正应该将它的忠信之德发扬光大，济时济世，正应该把它的功业进一步扩大，以致配天，为什么却因为要避无常无恒之嫌，以至坐失良机呢？其实四爻之所以没因为轻举冒进而导致困咎，原因就在这里。总的来说，躁进会导致困咎，失时也会导致困咎，躁进会把事情搞坏，失时会使事情荒废，咎害各有不同，但危害是一样的。圣人既不赞成侥幸冒进，又担心有人以老成持重为借口，耽误时机，所以借用乾卦的九四特意申明。

九五曰："飞龙在天，利见大人。"何谓也？子曰："同声相应，同气相求。水流湿，火就燥；云从龙，风从虎，圣人作而万物覩。本乎天者亲上，本乎地者亲下，则各从其类也。"

【解义】

此一节书是申乾九五《象传》之义也。同声同气，俱泛指物类言。亲上，指动物。亲下，指植物。

九五曰："飞龙在天，利见大人。"其义何谓也？

孔子曰：九五之大人，尊居天位，势分迥绝于人，而天下皆利见之者，惟其性情同也。试以物类推之，凡声之同者，彼倡此和，无不相应。凡气之同者，彼感此应，无不相求。水之行，必流湿，水性趋于湿也；火之炎，必就燥，火性趋于燥也。龙兴而云集，云自从夫龙也；虎啸而风生，风自从夫虎也。惟此六者，皆同类相感召，而况人为万物之灵，圣人为人类之首乎！所以圣人作而在上，则凡万物之在下者，莫不近光利见，一如声气之相孚，水火之相就，而风云之相感焉。此岂圣人有意于天下之丕应哉！盖圣人之于民，亦类也。本乎天者为动物，动物则同亲乎上；本乎地者为植物，植物则同亲乎下。天为纯阳，而动物亦属乎阳，故从阳之类也；地为纯阴，而植物亦属乎阴，故从阴之类也。万物之于圣人，戴之如天，依之如地，孰非以类相从，而自动于其所不容已哉。所以古帝王有见于此，因人心之同，施推恩之政。教思无穷，正民德也；容保无疆，厚民生也。对时以育物，敬民时也。养贤以及民，重民牧也。而推其本原，必尽己性，乃以尽人物之性。一喜一怒，惟恐拂乎人情；一赏一罚，惟恐违乎众志。声色货利之欲，既不使溺于中，而巧令孔壬之徒，复不使蔽于外。则人主之于天下，常如呼吸之相通，而一体之相恤也。此所以为利见之大人也与。

【白话】

本节申明了乾卦九五的《象传》内涵。同声同气，泛指同类事物。亲上，指动物。亲下，指植物。

九五说："飞龙在天，利见大人。"是什么意思呢？

孔子说：九五象征大人，位处九五之尊，地位远超常人，但天下人都利见于它，是因为性情相同的缘故。以物类推之，音调相同的会彼此唱和，相互响应，气息相同的会彼感此应，相互求取。水会流向低洼、潮湿的地方，因为水性趋近于湿润；火会往干燥的地方燃烧，因为火性趋近于燥热。龙来了就会云雾缭绕，因为云会跟从龙；虎一啸就会生风，因为风会跟从虎。上述六种事物，还只是相同物类之间的感召，更何况人是万物之灵，而圣人是人类的首脑呢！所以圣人在上面振作奋发，在下面的民众无不利见，一如声音、气息的相互感应，水与湿、火与燥的相互趋近，以及风虎云龙的相互感召。这根本不是因为圣人有意让全天下都来响应呢！而是因为圣人对于民众来说，亦属同类。依赖上天繁殖、生育的是动物，所以动物亲近在上的天；依赖大地繁殖、生育的是植物，所以植物亲附在下的地。天为纯阳，而动物亦属阳，所以同类都从阳；地为纯阴，而植物亦属阴，所以同类都从阴。万物对于圣人来说，仰戴如上天，依赖如大地，并不是简单地以类相从，而是发自内心地容不得自己稍有疏离。所以上古的帝王基于此，广施仁爱、恩惠于万民。费尽心思的教导人民，归正人民的德行。以无边的盛德保护人民，使人民生活富裕。在对的时节培育万物，不耽误农时。敬养贤人以惠及天下，重视百官与万民。并推本逐原，在了解自己的心性的基础上，去了解万民、万物的性情。一喜一怒，惟恐违背人情；一赏一罚，惟恐不合众志。声色货利之类的欲望，不仅不沉溺其间，还用它们巧妙地驾驭有才能的奸佞，而不至于被外物遮蔽内心。这样一来，君王与天下万民，沟通起来就像呼吸一样顺畅，有事的时候会像器官那样相互应援。这是"利见大人"的真正内涵。

上九曰："亢龙有悔。"何谓也？子曰："贵而无位，高而无民。贤人在下位而无辅，是以动而有悔也。"

【解义】

此一节书是申乾上九《象传》之义也。四以下皆从五而不从上，故曰无辅。

上九曰："亢龙有悔。"其义何谓也？

孔子曰：从来满招损，谦受益，天之道也。今当盈满之地，而一以亢处之，则其悔有不可胜言者。如居卦之上，可谓贵矣，而亢则非常守贵之道，是虽贵而无位也。居卦之上，可谓高矣，而亢则不能得群下之心，是虽高而无民也。下位之贤，未尝无人，而亢则高贤晦迹，不乐为我用，是虽有贤，而无辅也。无位则无以安其身，无民则无以率其下，无辅则无以自立于上。动而有悔，固亢所必致。履斯地者，可不思所以慎处之哉？盖履亢者，天时；致悔者，人事。易书以道义配祸福，故不以祸福之至诿之于天，而必归咎于人事之不善。如乾之上，贵而知惧则有位矣，高而善下则有民矣，屈己以求贤则有辅矣。穷上反下，何悔之有？所谓古今有不能尽之人事，而无不可挽之天时者此也。

【白话】

本节申明了乾卦上九的《象传》内涵。无辅，指初、二、三、四爻都顺从五爻，不顺从上爻。

上九说："亢龙有悔。"是什么意思呢？

孔子说：从来都是满招损，谦受益，这是天道。上九处于盈满之地，依然是一副刚亢的姿态，它的悔吝不是语言可以说完的。比如，它位于全卦的最上面，象征无比尊贵，但刚亢绝不是处尊守贵之道，所以说它贵而无位，也就是失位。它位于全卦的最高处，象征高高在上，但它刚亢的姿态让它远离了臣民，所以说它高而无民，也就是不得人心。臣民当中未尝没有贤人，但由于它过于刚亢，贤人不得不隐身晦迹，不能为其所用，是有贤而无辅。在上无位则无法安其身，居高无民则无以率其下，无辅则更加严重，会导致它无法自立。一动就会导致悔吝，这是它过于刚亢的必然。处在同样的时位，怎么能不深思而慎处呢？让它走向刚亢且过于刚亢的，是天时；让它后悔乃至后悔不迭的，则是人事。易学以道义配祸福，所以从不把福与祸的到来推诿给老天，而归咎于个人的善与不善。以乾卦的上九为例，只要它知道戒惧，贵也可以有位，只要善于放下身段，高也可以有民，只要它懂得屈己以求，必然会有贤人相辅。发展到穷极之处就顺应规律回来，怎么会有悔吝呢？所以人们常说，只有不能尽到的人事，没有不能挽回的天时。

潜龙勿用，下也。见龙在田，时舍也。终日乾乾，行事也。或跃在渊，自试也。飞龙在天，上治也。亢龙有悔，穷之灾也。乾元用九，天下治也。

【解义】

此七节书是再申《象传》之义也。行事，谓进德修业之事。试，审度也。穷，亢极也。

孔子既详释乾爻之义，复约其辞而申言之曰：所谓“潜龙勿用”者，非其德不足以利用，因位处于下，故退而安于潜也。所谓“见龙在田”者，非其德不足以居尊，因暂为时舍，故见而止于田也。所谓“终日乾乾”者，非徒为无益之忧，实进德修业，力行其所当行之事也。所谓“或跃在渊”者，非故示迟疑之迹，实审时察势，自试其所可进之机也。“飞龙在天”者，身居上位，得施云雨之泽，故治功成而物皆利见也。“亢龙有悔”者，时处穷极，不免盈满之虞，故灾悔生而动辄得咎也。至于乾爻皆阳，而系以用九，盖以乾之元德，包举众善，不专恃乎阳刚，而能以柔济之，故其用人行政，悉合乎大中至正之道，而天下自无不治也。乾爻之义，约而言之，又有如此者。大抵乾六爻各有用九之义，潜见惕跃，皆相时而进，不敢自恃其刚。至于五则德位时俱得其中矣。上稍过乎中，因以亢悔示戒。圣人之意，恐后世不知以柔济刚，故特系以用九。又恐不知所以用九，故特冠以乾元，明于乾元之义，而诸爻之克当其位者，有一不本于刚柔之相济者乎。

【白话】

这七节再次申明了《象传》的含义。行事，进德修业之事。试，审度。穷，刚亢至极。

孔子在详细解释了乾卦六爻内涵的基础上，再次以概括的形式重申了乾卦六爻的内涵：所谓“潜龙勿用”，不是说初爻的才德不足以利用，是因为它位于下卦的最下面，理应谦退并安于潜藏。所谓“见龙在田”，不是说二爻的德行不足以上进至尊位，而是迫于时势，暂时停在这里，所以龙初见而止于田。所谓“终日乾乾”，不是做无谓的忧虑，而是在此基础上进德修业，尽力干好自己该干的事。所谓“或跃在渊”，并非犹豫迟疑，而是在审时察势，试探可进之机。而“飞龙在天”之爻，是说九五身居高位，得以行云施雨，润泽万物，所以万物都利见于它。至于“亢龙有悔”，是说上爻处在穷极之地，不免盈满之咎，所以会导致悔吝，动辄有咎。至于为什么要在阐释完乾卦的六个阳爻后，又在一卦之首的位置，系上一个倡导“群龙无首”的用九，主要是因为乾卦的元德是最大、最初的德，能涵养所有的德与善，只要不专恃乾卦六爻的阳刚，以柔济刚，其用人施政就能符合大中至正之道，天下就没有不太平的道理。乾卦六个爻的内涵，概括起来说，就是这样。总的来说，乾卦的六个阳爻或多或少都有用九的内涵，比如初爻至四爻的潜、见、惕、跃，都非常注重时机，都不敢自恃其刚。至于五爻，它既有刚中之德，又有刚正之位。上爻稍稍过中，便以“亢龙有悔”的爻辞示戒。圣人之所以这样做，是怕后世传习者不明白以柔济刚的道理，所以特意设置了用九。又怕人们不明白用九的内涵，所以把它安排在乾卦的头上，明白了乾元之道，再来看乾卦的六个阳爻，它们哪一个不是本着刚柔并济的原则被系于相应的时位呢？

潜龙勿用，阳气潜藏。见龙在田，天下文明。终日乾乾，与时偕行。或跃在渊，乾道乃革。飞龙在天，乃位乎天德。亢龙有悔，与时偕极。乾元用九，乃见天则。

【解义】

此七节书是又申《象传》之义也。潜藏，指造化言。革，谓变革。

孔子以乾爻之义无穷，又从而申其说曰：“潜龙勿用”者，谓当阳气未通之时，生意潜藏于下，故君子以阳德之伏处，法造化之收敛也。“见龙在田”者，谓龙德出潜之始，功用未显于时，而天下被大人之德化者，已成文明之俗也。“终日乾乾”者，谓九三处危疑之时，行兢惕之事，是时当戒惧而能与之偕行者也。“或跃在渊”者，谓九四离下位而上升，乾道至此，适当变革，是进而不轻于进者也。“飞龙在天”，岂徒据尊位而已，惟其有天德，故宜居天位，是乃位乎天德者也。“亢龙有悔”，岂徒逞才势而已，惟其任天时之穷，故不能通人事之变，是殆与时偕极者也。乾元用九，岂徒事浑厚而已，惟其能体天之道，故能同天之化，是乃见天之法则者也。乾爻之义，更端言之，又有如此者。盖易书之义理无穷，圣人之学易亦引申无尽。以乾居六十四卦之首，故特取其象，反复申明之：或以时言，或以位言，或以造化言，或以人事言。正所谓广大悉备，变动不居者。至于乾坤而外，虽无《文言》，而《系辞传》错举诸爻以发其义，是即《文言》之旨也。

【白话】

这七节又重申了《象传》的内涵。潜藏，指造化潜藏。革，变革。

孔子认为乾卦六爻的内涵无穷无尽，所以再次重申说：“潜龙勿用”，指阳气未通之时，生机潜藏在地下，君子以阳德而居下，是效法造化的收敛之功。“见龙在田”，指君子刚刚出潜离隐，才能尚未彰显，但德行已众所周知，传遍了天下。“终日乾乾”，指九三处在危疑之时，能行兢惕之事，是顺应时势，与时偕行。“或跃在渊”，指九四离开了下卦，升进到了上卦，效法乾道的人，也应该适当变革，但不能为了升进而升进，不宜轻举冒进。“飞龙在天”的五爻，也不仅仅是因为位于尊位就能飞龙在天，而是因为它有天子之德，就应该占据尊位，所以说“乃位乎天德”。“亢龙有悔”的上爻，也不是因为恃刚逞强，是因为时势发展到了穷极之处，尽心尽力也无法转移，它不得不与危险偕行。乾元用九，也不是只取乾元之德的浑厚，而是因为它最能体现天道，所以能像天道化生万物一样，教化、养育世人，世人也可以从中发现天道的规律。乾卦六个爻辞与用九的含义，换个角度阐释，就是这样。其实易理无穷无尽，圣人之学延伸起来也无穷无尽。因为乾卦是六十四卦之首，所以取它的卦象反复申明：有的是就时间而言，有的是就爻位而言，有的是就造化而言，有的是就人事而言。这就是所谓的“广大悉备，变动不居”。至于乾坤两卦之外的六十二卦，虽然没有相应的《文言》，但《系辞传》通过列举了一些经典的爻辞阐发了相应的内涵，秉持的也是《文言》的宗旨。

乾元者，始而亨者也。利贞者，性情也。乾始能以美利利天下，不言所利，大矣哉！大哉乾乎！刚健中正，纯粹精也。

【解义】

此以下是《文言》第五节，申释首章之意。此四节是即物理明乾之四德，而归本于乾之大也。乾始即乾元，而亨寓其中。不言所利，即贞也。刚，指体。健，兼体用。中，谓所行得中。正，谓所立得正。纯粹，是四者之至极。精，是纯粹之至极也。

孔子复申《彖传》之义曰：道之运于天者无形，而化之形于物者可见。所谓“乾元”者，盖气机初动，万物皆资以为始，而其自无而有，自微而著，发荣滋长，遂有不可遏之势，非即物之“始而亨”者乎？所谓利贞者，盖当元亨之时，万物之性情已毕露于外，而其性情之收敛归藏，实理充足，必至利贞时始见。则乾之利贞，非即物之性情乎？夫析之，虽有四德之名，而合之，总属一元之贯。所以乾元资始，不止于始而已，为能长养亨通，以嘉美之利，利济天下之物，而且使生物之理，保合于既生之后，而莫能名言其所以然。统天之德，不其大矣哉！然而元之德，又乾之所统也。“大哉乾乎”专言其体，则四德之运行，无所屈挠，何其刚也。兼言其用，则四德之通复，无所止息，何其健也。言其行，则四德之递嬗，无过不及，可谓至中。言其立，则四德之分属，无少偏倚，可谓至正，且刚健不杂于阴柔，而极其纯。中正不杂于邪恶，而极其粹。纯粹之至，无迹可指，而又极其精。乾之大，不可一言尽者如此。所以四德毕该，而及物之功，无所不备也。夫孔子形容乾德，至此已极，而其本则不外一诚。宋儒周敦颐曰："元亨，诚之通。利贞，诚之复。"盖天地之内，无非实理流行，在天为命，在人为性，自性而发则为情。情之善，由于性之善；性之善，由于天命之无不善。是以刚健中正之德，全具于人，而元亨利贞之理，无物不有。惟视人能法乾而已矣。

【白话】

自此以下是《文言》第五节，申释了首章的内涵。而此四节是借物理变化表明乾卦的四德，最终归本于乾卦的伟大。乾始，即乾元。不言所利，即贞。刚，指性情。健，指性情与功用。中，所行得中。正，所立得正。纯粹，四德之极。精，纯粹至极。

孔子再次申释乾卦《彖传》的内涵说：大道在天上运行时无形无迹，体现在具体事物上才能看到。所谓"乾元"，即气机初动，万物仰赖乾元之气的资养得以滋生，万物从无到有，从小到大，繁茂生长，势不可遏，不就是"始而亨"吗？所谓"利贞"，指当元亨之时，万物的性情才尽皆展露，而其性情中收敛、归藏的那一部分，需要足够的时间充实，直至"利贞"的阶段才能展现。这样看来，乾卦所说的"利贞"，不就是事物的性情吗？具体分析，乾卦虽有四德，但综合起来，都是乾元之德的贯通。所以乾元之始，不会止步于始，它还是长养、亨通，普施嘉美于天下万物的根本，而且能使万物符合各自的生存之道，沐浴在安定祥和之中，却说不出来为什么会这样。其德可以统天，实在是伟大！然而乾元之德，也是乾卦的统摄。"大哉乾乎"，如果专就乾的性情而言，是说有这样的性情，四德运行起来才无所屈挠，至为阳刚。如果兼顾乾的功用，是说四德循环往复，无所止息，至为壮健。就它的行动而言，是说四德虽渐次变化，但既不过中，也无不及，也就是至中。就它的立身而言，也符合它的本分，不偏不倚，堪称至正，而且它的刚健之中不掺杂丝毫阴柔，所以它极其纯。加之它中正而不与邪恶相杂，所以它极其粹。至纯至粹，纯粹至极，没有任何不当之处，所以它又极其精。乾卦的内涵之大，实在无法言说。所以它才能具备四德，恩及万物，无所不备。孔子对乾德的形容，已经到了极致，但推本逐原，不外乎一个"诚"字。宋儒周敦颐说："元亨，是诚的畅通无碍的情状。利贞，是诚的循环往复的情状。"天地之间的万物，都是名实理气的流转变化造就的，在天为命，在人为性，自性而发的则为情。情之善，是由于性之善；性之善，是由于天之所命无有不善。所以刚健中正之德，人人具备，而元亨利贞之理，万物皆存。只看人能不能效法乾道而已。

六爻发挥，旁通情也。时乘六龙，以御天也。云行雨施，天下平也。

【解义】

此二节书是言天道具于易，而圣人能体易以法天也。发挥，陈示布列之意。情，即乾之情。旁通，谓曲尽。

孔子曰：乾之德，至微难名，而能阐之使显者，莫如易。今观乾卦，六爻布列，潜、见、惕、跃、飞、亢，位既不同，时亦各异。凡天道显藏动静之情，变化不测者，皆于六位时成中曲尽其义，则易道一天道也。惟圣人知天道备于易，而乾之六爻具有神龙变化之德。于是因时建事，乘此六龙之德，以运于政事之间。其治洽化流，直与天之云行雨施无异。而天下之被其泽者，遂生复性，翕然和平，亦与物之各正保合无异。观圣人法乾之功用如此，而乾德之大，从可知已。夫元亨利贞者，乾之德，而《文言》以属之君子，天人同一体也。云行雨施者，乾之功，而《文言》以属之圣人，天人同一用也。约言其义，则一乾元，足以尽之矣。体乾者，法天之所以立命。体元者，法天之所以为心。全体大用，直一以贯之耳。

【白话】

这二节的意思是说，天道具体地体现在《易》中，而圣人能从《易》中体会到天道，并效法天道。发挥，陈示布列。情，性情。旁通，遍通。

孔子说：乾德极其微妙，难以言说，能把它清晰地揭示出来的，莫过于《易》。试看乾卦的六爻，它们陈示布列，或潜或见，或惕或跃，或飞或亢，爻位不同，时空各异。天道的显与藏，动与静，以及天道的变幻莫测，都详尽地展示在了乾卦的六个爻中，可以说，易道就是天道。但只有圣人知道天道尽藏于《易》中，而乾卦的六个爻如神龙一般变化莫测。于是把握时机，建立功业，凭借六龙之德，运用在政事之中。其德化遍及万民，犹如上天行云施雨。而天下被润泽的臣民，则复归本性，安宁和平，好比万物沐浴在安定祥和之中。圣人只是效法乾道，功用就这么巨大，乾德之大可想而知。元、亨、利、贞，本是乾卦的四德，《文言》认为君子也具备四德，是因为天与人的性情是一致的。行云施雨，是乾道的功用，而《文言》用圣人来比拟乾道，是因为上天与圣人的功用是一致的。概括起来说，只需要效法乾元之德，就已经足够了。履行天命的人，效法天道才可以立命。效法乾元之德的人，效法天道才可以立心。抓住这个宗旨，便不难一以贯之。

君子以成德为行，日可见之行也。潜之为言也，隐而未见，行而未成，是以君子弗用也。

【解义】

此以下七节，是复申《象传》之义。此一节是释潜龙所以勿用也。成德，已成之德。日可见之行，谓指日可待也。

孔子复释乾初爻曰：从来德为行之本，行为德之用。二者相因，不容偏废。君子修身体道，德已成矣。以成德而措为事功，宜乎旦夕之间，即可见于实用。乃乾之初九，刚德既成，而犹以勿用自守，何哉？盖德以行彰，而行以时显。初九居卦之下，时方处潜，所以谓之潜者，机会未逢，身隐而未见于世；勋业有待，行立而未底于成。虽夙负大有为之才，而时位不足以济之，则终不可枉道以求用。是以君子上观天时，下度人事，宁敛其德以自守，而不敢急于用以失身，此其所以为龙德也。不然，圣人志在用世，岂其乐于隐遯，而不欲使大业之成立哉？以此见圣贤用世之学，与豪杰之士，踊跃功名者不同。名欲自我立，功欲自我成，时未至而迫于自见，豪杰之士有之，而圣贤不然。或出或处，惟其时之当然而已。初之弗用，所谓宜潜而潜，适当其可者也。其终于不用，则为箪瓢之颜子；其处下位以待用，则为居莘之伊尹耳。

【白话】

自此节始，下面七节重申的都是《象传》的内涵。此节申释的是潜龙为什么不能进用的道理。成德，已成之德。日可见之行，指日可待。

孔子再次解释乾卦的初爻说：一直以来，德都是行的根本，而行是德的功用。二者相互依托，不容偏废。君子修身体道，德已有成。用自己的有成之德开创更大的功绩，应该越快越好，越早体现它的实用价值越好。而乾卦的初爻，刚健之德已成，爻辞依然说“勿用”，为什么？主要是因为德需要行来彰显，而行需要时机。初九位于全卦的最下面，正是需要潜藏之时，而它之所以需要潜藏，是因为没有机会，不得不避世，没办法出世；建功立业还需要等待时机，而时机还不够成熟。虽然以它的才干早就应该有一番作为了，但时位情势都不允许，它说什么也不肯违背道义，求取功名。所以君子上观天时，下度人事，宁愿隐藏自己的德行，自守自保，也不敢急于求用，以免失身，这正是圣人之德之所以叫作圣人之德的原因。不然的话，以天下为己任的圣人，怎么会满足于隐遁，而不去成就一番伟大的功业呢？由此可见，圣贤的用世之学，与豪杰之士汲汲于功名的学问不同。名誉一定要加在我的身上，功劳一定要记在我的头上，时机没到就自己创造机会，豪杰之士会做这样的事，但圣贤不会。出仕或者隐遁，都要符合当时的情势。初九所谓的“勿用”，是当潜则潜，适当其可。如果它永远不能进用，永远不被任用，它就是安贫乐道的颜回；如果它只是在下位等待时机，它就是尚在莘国的伊尹。

君子学以聚之，问以辨之，宽以居之，仁以行之。易曰：“见龙在田，利见大人。”君德也。

【解义】

此一节是释乾二所以为大人也。宽，优游渐进之意。仁行，谓不为私欲所夺也。

孔子复释乾二爻曰：九二未居大人之位，而天下皆以大人尊之，此非以其位，以其德也。夫成德之功，必由学入。君子知天下之理，散寄于物，非逊志以典学，无以会其全于一心也。学焉而多闻多见，研索夫古今事物之变，而散者无弗聚已。所学既博，不能无疑，非虚己以下问，无以晰此理于一心也。问焉而亲师质友，穷极夫是非得失之归，而疑者无弗辨已。辩论既明，可以坦然居之矣。而君子又戒其欲速也。养之以宽，使优游涵泳，心与理洽，而后德之积于内者，融会而贯通焉。蓄积既裕，可以毅然行之矣。而君子又虑其易杂也。守之以仁，使践履真纯，心与理一，而后德之见于事者，周流而无间焉。聚与辨，入德之始事也；居与行，进德之终事也。圣学至此，粲然大备矣。

易曰：“见龙在田，利见大人。”正以君子积学成德，虽未陟尊位，而君临天下之德已具。此大人之所由称，而万物之所以利见也。以此知圣学之成，知行合一，而究其极，知易而行难。仁以行之，即所谓法天行健，自强不息也。体于心以制私为仁，及于物以利济为仁。制私者其体，利济者其用。体立用行，而大人之德成矣。

【白话】

这一节阐释了乾卦的二爻之所以被称作“大人”的原因。宽，优游。仁行，保持仁心，不为私欲所夺。

孔子再次阐释乾卦二爻的爻辞说：九二没有处在大人之位，但天下人都把它当大人一样尊敬，不是因为它有大人之位，而是因为它有大人之德。成就品德，必然离不开相应的学习。君子明白天下的道理，分散在万事万物当中，必须虚心加勤勉，否则就不能掌握真正的学问。学习的同时多听多看，并研究古今事物的发展变化，分散的学问便不难集于一身。学的东西很博杂，必然会有疑问，必须虚己下问，诚心求教，才能明了其中的道理。求教必然会求教好的师友，必然会穷极其中的是非与得失，有疑问的地方还要辨析清楚。明明白白，毫无疑问，才能内心坦然。而且君子以速成为戒。要像养气一样养学问，优游涵泳，使心与理洽，等自己的修养积累到一定程度，自然能融会贯通。蓄积的学问多了，就可以毅然决然地践行。而且君子会担心自己的学问杂而不纯。学习要以仁为本，践行要真诚、纯粹，心与理同，施德用事时，才能周流无间。积累学问并辨析是非，是品德修养的起始。居其位，行其事，道德才能不断增进至完善。至此，圣人的学问已经清清楚楚、尽备其中。

《易经》中讲："见龙在田，利见大人。"说的正是君子已积学成德，虽然不在尊位，但已经具备君临天下的德行。这正是九二之所以称"大人"，而万物之所以利见大人的原因。由此可知，成贤成圣在于知行合一，而从根本上说，主要是因为知易行难。以仁义之心履行自己的责任，就是所谓的"天行健，自强不息"。内化于心，能克制私欲就是仁，外及于物，能以利济物也是仁。克制私欲效仿的是天的性情，利济万物效仿的是天的功用。以天道为信仰并努力践行，便不难成就大人之德。

九三重刚而不中，上不在天，下不在田，故乾乾因其时而惕，虽危无咎矣。

【解义】

此一节是释乾乾兢惕所以无咎也。九阳爻，三阳位，故曰重刚。

孔子复释乾三爻曰：乾之九三，必乾乾惕若，乃得无咎者，何也？九三以阳居阳，是为重刚。质性既伤于过锐，而又居下之上，不得其中。言乎上，与九五居天位者不同，势近崇高，则嫌于逼主也。言乎下，与九二居田野者不同，位隆朝宁，则虑其骄人也。君子处此，物望难副，谗谤易生，是时之可危，未有过于此者，所以因时顺处，乾乾兢惕。有德而不敢自恃，有业而不敢自矜。力去其过刚任质之偏，而实行其进德修业之事。如是，则虽身处危地，而得免于咎矣。从来事变无穷，所以处之之道，刚与柔而已。刚柔无定位，所以善其用者，中焉而已。易之言中与不中，有就其位言者，有就其德言者。乾之三四，皆所处之位失中，而所行一有不当，则其咎即在人事。故三四之忧疑，皆能随时修德，以善处其位，此君子持危之学也。

【白话】

这一节的意思是说，九三是因为乾乾兢惕，所以才会无咎。重刚，指九三以刚爻居于刚位。

孔子再次阐释乾卦三爻的爻辞说：乾卦的九三，必须乾乾惕若，才能无咎，原因是什么呢？因为九三以阳居阳，或者说以刚居刚，所以叫作重刚。性情过刚，并且居于下卦的最上面，偏离了中道。往上看，它与居于九五之尊的五爻不一样，它过高的话，有逼主之嫌。往下看，它与居于田野的九二也不同，它位隆功高，难免心高自傲。君子处于此地，众望难孚，毁谤易生，是六爻中最危险的时位，所以要因时顺处，乾乾兢惕。有德也不敢自恃，有业也不敢自负。要尽力磨砺它过刚的性情，努力进德修业。能做到的话，虽然身处危地，也可以免于困咎。人事总是变化莫测，但说到应对之法，无非刚与柔而已。而刚爻与柔爻也没有确定的位置，所以善用刚与柔的人，都在“中道”二字上下功夫。《易经》所说的中与不中，有的是就爻位而言，有的是就爻德而言。乾卦的九三与九四，所处的爻位都算不上中，行为稍有不当，就会有咎，它们的困咎主要源自人事。所幸三爻有忧，四爻有疑，而且能因为疑惧而随时修德。以善处其位，以善守其位，这就是君子的持危之学。

九四重刚而不中，上不在天，下不在田，中不在人，故或之。或之者，疑之也，故无咎。

【解义】

此一节是释或跃在渊所以无咎也。四非阳位，重字疑衍文。

孔子复释乾四爻曰：乾之九四所以得无咎者何也？九阳当四阴之位，虽质禀刚强，而居上之下，不及乎中。言乎上则分屈于至尊而不在天，言乎下则望隆于百职而不在田，言乎中则进修之学已终。乘时之事方始，而不在人。此进退未定之几，行藏可疑之地也。君子处此，欲进而恐失于躁动，欲退而又恐失于后时，故或之。或之者，正其熟思审处，疑而未决，务求天时人事之归，以为树功立业之本者也。虑善而动，所往合宜，何咎之有？夫天下事，率意径行者，动而多悔。迟回却顾者，绩用弗成。故始贵乎能疑，继贵乎能断。乾之九四，独利于用疑者。为其负阳刚之才，居得为之位，不难于遇事勇决，而难其观变审而识时豫也。不然，圣人岂欲人积疑生玩，而致阻其任事之心也哉？

【白话】

这一节阐释了九四或跃在渊并且无咎的原因。四爻并非刚位，所以“重刚”中的“重”字，可能是多余的字。

孔子再次阐释乾卦四爻的爻辞说：乾卦的九四得以无咎的原因是什么呢？九四虽然是刚爻，但是它处在柔位，并且位于上卦的最下面，也不算得中。往上看，它与至尊之位仅一步之遥，但只能屈居于至尊之下，往下看，它已经位极人臣，与居于田野的九二不同。从中间看，它进德修业也到了终点。剩下的就看它有没有机会乘时而起了，人事已无关紧要。这是进退未定之时，也是行藏可疑之地。君子处于此地，想进则担心自己是轻敌冒进，想退又担心自己丧失时机，所以爻辞说“或”。一个“或”字，表明它正处在深思熟虑、疑而未决之时，为的是同时把握住天时与人事，并将其作为树功立业的根本。考虑得很完善了才行动，前往、上进也很合宜，有什么困咎呢？天底下的事情，让轻率而任性的人去做，大多会以悔吝收场。迟疑徘徊、左盼右顾的人去做，又往往功业难成。所以事情开始的时候贵在有所疑虑，接下来是否有决断力就是关键了。乾卦的九四，是乾卦六个爻中最应该有所疑惧的爻。因为它身负阳刚之才，又处在能够有所作为的地方，遇事勇敢果决是理所应当，难的是在这种情况下还能够有所忧虑，反复考虑。不然的话，圣人难道会希望人因为疑惑而不能振作，以至于阻塞自己的勇于任事之心吗？

夫大人者，与天地合其德，与日月合其明，与四时合其序，与鬼神合其吉凶。先天而天弗违，后天而奉天时。天且弗违，而况于人乎？况于鬼神乎？

【解义】

此一节是详指九五之德，以明天下所以利见也。先天，谓创举未有之事。后天，谓效法已然之理。

孔子复释乾五爻曰：乾之九五为天下所利见者，惟其以道为体，故咸尊之为大人也。夫大人者，以刚健中正之德，君临万民，举一世之大，皆在其覆载之内，以视天地之覆载万物，生成无私者，同一自然之功化也，而不与天地合德耶？附丽于天地而贞明者，日月也。大人之德，以诚明为体，以光被为用，与日月之无私照临者合焉。错运于天地而成序者，四时也。大人之德，有阴阳不测之施，有因革自然之理，与四时之无私运行者合焉。天地之功用见于惠吉逆凶者，鬼神也。大人之德，有好善恶恶之诚，有彰善瘅恶之政，与鬼神之无私祸福者合焉。德之同于造化如此，所以大人行事，无一不与天相通。凡天下有其理而无其事者，是天之所未为者也。大人则先天而为之，如叙五行以厚民生，备百物以前民用，极其思虑之所至，默与道契而行之，无不当理，即天之不违于大人矣。凡天下有其理而并着其迹者，是天之所已为者也。大人则后天而为之，如天有典礼而我惇之庸之，天有命讨而我刑之赏之。酌乎事势之所宜，顺时而动，而行之无不中节，即大人之与天为一矣。夫天体高远，若不能遽格，而道之所在，则人定而天从之。天且不违，而况人得天之道以生者乎？况鬼神承天之道以行者乎？其不能违于大人，固无疑矣。所谓圣人首出，而天下皆利见之者，此也。大抵天之从违不可见，可见者人事之顺逆耳。人事顺则天心亦顺，人事拂则天心亦拂。大人但求其事之有顺无拂，而幽明上下自无不应。其修德也，尽人以合天；其出政也，奉天以治人。总不外此大中至正之道而已。道者万化之本原，天人之枢纽也。

【白话】

这一节详细阐释了九五的美好品德，以便明晰天下人都利见于它的原因。先天，指创造或创举。后天，指效法已有之事，奉行已有之理。

孔子再次阐释乾卦九五的爻辞说：乾卦的九五，好比天下人都利见之人，只不过因为它遵循大道，以道为本，所以都称它为“大人”。所谓大人，就是以刚健中正之德，君临万民，全天下都被其覆盖、受其承载的人。大人像天地一样覆载万物，长养万物，而且自然而然，毫无偏私，怎么不能与天地同德呢？附丽于天地之间并且光辉贞正的，是太阳和月亮。而大人之德，以至诚之心为体，以光被万物为用，好比太阳与月亮无私照临人间。运化天地之间的五气并且排列有序的，是四季。而大人之德，施布时如同阴阳一样难测，因循或革新时都遵循自然之理，恰如春夏秋冬四季无私且有序地运转。天地借以行使其惠吉逆凶功用的，是鬼神。而大人之德，在内体现为发自内心的好善恶恶，在外又有彰善瘅恶的举措，与鬼神在降临福祸时毫无偏私相一致。大人之德与天地造化如此一致，所以大人行事，基本上等同于天理、天意。凡是天下有其理而无其事的，是上天所没有开创的。大人却能够根据需要创造出来，比如创造五行让百姓安定富裕，发明万物并引导人民使用，能思虑到的都思虑到了，与大道契合并默默践行，无不当理，所以连天也不会违背。凡是天下有其理并且有迹可循的，是上天已经开创出来的。大人都能够遵循天道，顺天而行，比如上天有次序伦常而大人崇尚并应用它，上天会赐福也会诛杀而大人能利用刑罚也可以进行赏赐。总是根据事物的发展规律，顺时而动，每一步都合乎节奏，所以说大人与上天相一致。而天是那么的高远，若不能迅速感格，而大道与真理，也可以由圣人来确定，上天也会顺从。上天都不会违背大人，更何况禀受天命而生的人呢？而何况顺承并奉行天道的鬼神呢？它们都不与大人相违背，这一点是可以肯定的。所以当圣人首出，高高在上，全天下的人都利见于它，原因就在这里。大抵来说，是顺天还是逆天，不太好观察，但人事的顺逆很容易就能发现。顺应人事也就是顺应天心，违逆人事也就是违逆天心。大人做事，但求有顺无逆，所以天地幽明无不响应。大人增进品德，会尽可能地符合天道；大人举措施政，会尽可能奉行天道，治理人民。总的来说，大人之道不外乎大中至正之道。道是万事万物的根源，也是天人相应、天人合一的枢机。

亢之为言也，知进而不知退，知存而不知亡，知得而不知丧。其惟圣人乎！知进退存亡而不失其正者，其惟圣人乎！

【解义】

此二节是释亢龙所以致悔，而又申言处亢之道也。进退以身言，存亡以位言，得丧以物言。

孔子复释乾上爻曰：凡人履极盛之地，惟守正则不失中。亢之为言，盖与时俱亢而失其正者也。即人身而论，有进必有退者，理也。乃徒知有进而不知有退，其究也必不免于退也。即居位而论，有存必有亡者，理也。乃徒知有存而不知有亡，其究也必不免于亡也。即物理而论，有得必有丧者，理也。乃徒知有得而不知有丧，其究也必不免于丧也。盖天下数穷理极，不能已于通变者，虽造物亦无如之何。而处穷极之时，思变通之道，非与造物为徒者，不克几于此矣。其惟圣人乎！圣人知进之极必有退之几，则进不忘退，而不失乎进之正焉。存之极必有亡之几，则存不忘亡而不失乎存之正焉。或警于未然，先时而预防；或戒于将然，临事而加谨。彼众人蔽于欲而不能前知，贤人知其理而不能即决，皆不得其正者也。其惟圣人，能明于处亢之道，斯潜见惕跃，无不乘时而合于天则乎！

要而言之，圣人行事，惟义是从。义之所应为者，圣人必不逆计其难而畏避以谢责；义之所不可为者，圣人亦必不姑试其可而徼幸以漫尝。所谓不失其正者，择是非，非择祸福也；计顺逆，非计利害也。卒之所行合义，而福与利无不归之。全易之理，所为教人以趋避者，孰有外于是哉。

【白话】

这两节解释了亢龙之所以致悔的原因，并且重申了处亢之道。进退是就身体而言的，存亡是就职位而言的，得失是就物理而言的。

孔子再次阐释乾卦的上爻说：人处在极盛之地，只有守身持正才能保持中道。所谓“亢”，是指这个爻与时俱亢，所以偏离了中道与正道。就人身而言，有进必有退，这是客观道理。如果只知道进而不知道退，最终还是会不免于退。就职位而言，有存必有亡，这也是客观道理。如果只知道存而不知道亡，最终也不会免于败亡。就物理而言，有得必有失，这也是客观道理。如果只知道得而不知道失，最终也不会免于丧失。当人处在数穷理极的地步，自己又不知道变通，就算造物的上天也无可奈何。而处在穷极之时，却能够有所变通，若非达到了德配上天、造化万物的境地，又怎么能够做到呢？也只有圣人能够做到！圣人知道进的极限也知道退的时机，所以进时不忘退，也不会失去进的正道与中道。知道存的极限也知道亡的节点，所以存时不忘亡，也不会失去存的正道与中道。或者警之于未萌，防患于未然，或者戒之于将然，临事愈发的谨慎。常人往往被欲望蒙蔽所以不能事先警觉，贤人虽然能够警觉但却不能决断，都不得其正。只有圣人，清楚地了解处亢之道，让圣人处在潜、见、惕、跃之地，也都能乘时作为而合乎天道！要而言之，圣人行事，无非一个“义”字。只要是义之所在，圣人就不会顾虑它的难度，绝不会推卸责任；如果不符合道义，圣人压根儿就不会尝试，更不会心存侥幸，求取意外的成功。所谓不失其正，说的是圣人只看是与非，不论福与祸，只看顺与逆，不论利与害。圣人总是能合乎道义，所以福报与利益尽归圣人。综合《易经》的道理，圣人教人趋避的，也无非“道义”二字。

卷二

䷁ 坤 坤下坤上

【解义】

坤取纯阴至顺之义，故其象为地。拟诸物类，则为牝马。四德皆与干同，而独言牝马之贞，明其以顺德承干也。《彖传》释卦辞，兼造化人事而言，一以柔顺为正。六爻则二之德极其盛，三之美含于中。四之慎，免于咎。五之黄中，内充实而外光辉。虽德量深浅不同，而皆有合于地道之贞顺者也。惟初与上，以阴阳消长言。初言坚冰，戒阴势之将长也。上言龙战，警阴类之过盛也。此与诸爻若不相蒙，然而圣人作易之旨，实在乎此。盖论造化之理，则阴阳二气，对待流行，不容偏废。而论淑慝之分，则阳主生，阴主杀。主生者为善，主杀者即为不善。圣人欲以人事挽造化，尝以扶阳抑阴之意，寓于观象系辞之中。故诸卦每遇阴爻，必勉之以柔顺，戒之以守贞。虽阴之取象不专属于小人，而于君子小人之际，尤加谨焉。以君子小人之进退，为世道消长之所系也。坤为纯阴之卦，诸爻皆言坤德，而独于初上二爻，凛然示小加大，贱妨贵之防，其旨深矣。

【白话】

坤卦是纯阴至顺之卦，它的卦象是地。对应到动物，则是母马。坤卦与乾卦一样，也具备元、亨、利、贞四德，但爻辞特别指出，坤卦的贞是牝马之贞，也就是像母马一样贞顺，意思是说坤卦以顺从之德上承乾卦的刚健。坤卦的《彖传》在解释卦辞时，兼顾了造化与人事，均以柔顺为正，不柔不顺则为不正。具体到坤卦的六个爻，二爻品德隆盛，三爻美含于中，四爻因戒慎免于咎困，五爻因为崇尚中道一片光明。虽然德量深浅不同，但都符合地道，即贞顺之道。只有初爻与上爻不同，这两个爻以阴阳消长论。初爻未见冰却说到了“坚冰”，是用激烈的言辞警示人们，阴爻所代表的阴性力量会不断发展壮大。上爻说“龙战于野”，也是为了警示人们，阴性力量过胜，必然于阳性力量相争。初爻与上爻似乎与其余四爻不太一致，然而圣人作《易》的宗旨，恰恰就在这里。总的来说，所谓造化之理，就是阴阳二气彼此流动，不容偏废。具体到阴阳二气的善与恶，通常来说，阳主生，阴主杀。主生者善，主杀者不善。圣人想通过人事挽回造化，便把扶阳抑阴的理念，贯彻到了观象系辞的全过程。所以只要在卦里遇到阴爻，就一定要警诫人们柔顺守贞。虽然阴爻不一定等同于小人，但在适用于君子与小人的地方，必须加以注意。因为君子与小人的进与退，往往决定着世道的好与坏。坤为纯阴之卦，中间四爻都以坤顺之德为核心，唯独初爻与上爻不同，显示是要借机警示以小越大、以贱妨贵等悖逆行为，用心良苦。

坤：元亨，利牝马之贞。君子有攸往，先迷后得，主利。西南得朋，东北丧朋，安贞吉。

【解义】

此卦六画皆偶，上下皆坤，阴之纯而顺之至，故名为坤。而卦辞则欲人法地，而安于顺也。牝马，顺而健行者。主利，谓主于顺从。西南，阴方。东北，阳方。朋，谓阴类也。

文王系坤彖辞曰：伏羲画卦为坤，纯阴至顺，有地之象。凡人履卑下之位，能法地道以自处，则无成有终，动罔不吉，其为大亨何疑？所患者，性禀阴柔，持守不固，则有利有不利耳。必如牝马之行地，其质至驯，其力至健，始终久暂，无所变易，斯有得于坤道之贞者矣。所以体坤之君子，凡有所往，即思履顺守贞之道。阴之分，宜居后，而不宜居先。若争先而倡天下之事，则必迷惑而致败，惟因势所已然者，而后从之，则功易成而有得矣。阴之德，宜主利而不宜主义，若主义而断天下之事，则必矫拂以取戾。惟因势之自然者，而顺从之，则事易遂而有终矣。阴之地，宜于西南，而不宜于东北。往西南以亲柔顺之贤，则同德相应，而有得朋之庆矣；往东北以从刚断之人，则人不我亲，而有丧朋之忧矣。凡若此者，皆坤道之至正，而君子之所当安守者也。安于居后之贞，自无偾事；安于主利之贞，自无悖德；安于得朋之贞，自无失人。象之有取于牝马，而无往不利者，固如此也，吉可知已。夫坤之义，所该至广，而于臣道为最切。圣人立教，非谓人臣事君，专主于顺从以为正也。盖坤道承乾，所事者阳刚中正之主，故君令臣共，上下合德，是为天下之至顺。不然，将顺其美，固顺也，弥缝其阙，亦顺也。顺乎正，非顺乎邪；顺乎理，非顺乎欲。易之教特为宠利居功，骄蹇自用者示戒，而岂苟且充位阿意取容之徒所可得而借口也哉。

【白话】

坤卦的六个爻都是阴爻，上下卦都是坤卦，象征纯阴至顺，所以叫坤卦。卦辞的意思是让人们效法大地，安静顺从。牝马，既健且顺的马。主利，主动顺从。西南，阴的方位。东北，阳的方位。朋，指阴爻与阴性事物。

文王所系的坤卦的卦辞说：伏羲创设的坤卦，是纯阴至顺之卦，有大地之象。凡是身份卑微的人，只要能效法坤卦自持，没有功绩、不给荣誉也会尽到本分，就会非常顺利，就算有大的亨通，又有什么可疑虑的？令人担心的是坤卦六爻皆阴，过于阴柔，难以持善固守，在有利的同时，也有不利的一方面。必须像母马奔驰在大地上一样，性情温顺，脚力壮健，从始至终，长久或暂时，都保持不变，才符合坤道的贞顺之德。所以效法坤道的君子，有所举动之前，首先就会想到“履顺守贞”四个大字。阳先阴后，分定如此，所以处在坤卦的情境中，宜后不宜先。如果一定要争先居首，必然会因为时局不明朗而致败，因为时势的发展需要时间，等时局明朗了再去追随时势，功业便不难成就，必然会有所得。阴爻的性情，决定了它宜于主持利益而非主持道义，非要主持道义，它的阴柔本质必然会使它违背大道，从而遭受罪责。只有因势利导，顺应时势，事情才会顺遂，它才能尽到本分，并最终有所收获。阴爻的性情，也决定了它适宜于西南，不宜于东北。因为西南方向属阴，西南方向的贤人柔顺贞正，前往亲附，可以同德相应，并因此“得朋”；而东北方向属阳，那里的贤人刚健果断，勉强依从，也无法亲近，所以有“丧朋”之忧。前述种种，讲的都是坤卦的至正之道，而君子应该一一守持。安于居后之贞，便不会把事情搞坏；安于主利之贞，便不会违背道德；安于得朋之贞，就不会错失人才。圣人之所以取象牝马并认为坤卦无往不利的原因就在于此，吉祥自不待言。坤卦的内涵也非常广大，但最为契合的还是臣道。圣人借坤卦教导世人的本意，并不是说人臣事君只要顺从君主就是对的。之所以劝臣以顺，是因为坤卦上承乾卦，乾卦代表的君王是阳刚中正之主，君主不违背礼，臣子没有二心，上下合德，方为天下至顺。不然的话，顺势相助，成其美事固然是顺，及时出手，补救其过失也是顺。臣子的顺主要是指顺从君王的正，而不能顺从君王的邪，要顺从天理，而不能顺从人欲。圣人的本意是让宠利居功、骄蹇自用的人引以为戒，而不是让那些徒居其位、只会曲意奉承的人当作借口。

《象》曰：至哉坤元，万物资生，乃顺承天。坤厚载物，德合无疆。含弘光大，品物咸亨。牝马地类，行地无疆。柔顺利贞，君子攸行。

【解义】

此《彖传》，是以地道明坤义。而此三节分言元亨利贞之德，而因及于人事也。生，受形之始。德合无疆，谓合乾德。

孔子释坤彖辞曰：坤之义博矣，而成形之大，莫过于地。试即地道言之：坤有四德，与乾相同。至矣哉，其坤之元乎！盈天地之间，为万物。当乾元资始时，止有气而无形。惟坤元一至，则万物凝成胚胎，皆资其理与气，以受生矣。然坤非自为之也。天以理为物性之始，坤特顺其理而承之以生，无二理也。天以气为物形之始，坤特顺其气而承之以生，无二气也。乾之所至，坤亦至之，此坤元之功所以无可加也。若坤之亨，则何如？天以云行雨施亨万物，德之大至无疆也。而坤德之厚，持载万物，有与乾德之无疆适相符合者。方其化机之藏也，生物之意，蕴蓄于内者，无所不包，何其含弘也！及其化机之发也，生物之意灿著于外者，无所不周，何其光大也！德之厚如此，由是万物滋荣畅茂，咸得其生意而无不亨通。博厚之载物，与高明之覆物，同一功用，非德合无疆，而能若是乎？若坤之利贞，取象于牝马，则何如？牝为阴属，而马又行地之物，是牝马固地类也。且马之行地，任重致远，而及于无疆。既顺且健，实有坤之象焉。故以牝马之顺，象乎坤为柔顺之德。其承天施而生万物者，未尝居先，未尝专主也。以牝马之顺而健者，象乎坤为利贞之德，其合天行而代有终者，无有间断，无有止息也。体而行之，是在君子。君子法其至顺，以养和平之心。复法其行健，以坚正固之守。验之物理，合之造化，而所行无不利矣，故曰“利牝马之贞”。

按：宋儒有阳大阴小，阳全阴半之说。此就施生先后之理言也。若以元亨利贞之四德论，则乾与坤均无缺陷。假使乾施而坤不应，则物何从而生？故乾健坤顺，而坤亦未尝不健。但必天以四德行于物，然后地因以代终。天不资始，地无由资生；君不行令，臣无由奉职。是则乾坤大小，偏全之别耳。

【白话】

《彖传》的主旨，是以地道阐明坤卦的内涵。而这三节分别阐释了坤卦的元、亨、利贞之德，以及它们所涉及的人事。生，受形之始。德合无疆，指与乾德相合。

孔子解释坤卦的彖辞说：坤卦的内涵太广博了，而说到有形的事物，最大也最有代表性的莫过于地了。试着就地道说开去：坤卦也有四德，与乾卦相同。说到底，也可以归纳为坤元之德！充斥天地之间的，是万物。在乾元资始之初，天地之间只有勃勃的生气，但没有任何有形的生命。只有坤元之气降临，万物才可以凝成胚胎，所以说，万物都仰赖大地的理与气才能受生。但这不是大地有意为之。上天因为遵循一定的规律有了物性的起源，而大地上承相应的规律并把万物资生了出来，它们遵循的规律是一致的。天的气息塑造了万物的形貌，大地顺承天的气息使万物生长，万物滋长、资生的气息也是一致的。天气所到之处，地气也能到达，这是坤元之德的伟大无以复加的原因。那么坤卦的亨通之德，又怎样呢？上天行云施雨，使万物亨通，其德至大无疆。而大地道德深厚，它持载万物，与乾德的至大无疆是一致的。当它把变化的杼机藏于地下，把自己生长万物的想法孕育其中，无所不包，何其宽弘，何其博厚！当它把变化的杼机生发出来，把自己生长万物的想法彰显于外，又无所不周，何其光大！正因为坤德如此深厚，万物才得以滋荣畅茂，无不亨通。博厚的大地承载万物，与高明的上天覆盖万物，功用是相同的，坤德如果不与乾德相配合，上天能做到这样吗？至于坤卦的利贞之德，取象于母马，又是因为什么呢？这是因为母马属于阴类，而马又是在大地上行走的代表动物，所以取象于母马。而且马走在大地上，往往任重道远，以至于没有穷尽。母马既温顺又强健，确有坤卦之象。所以用母马的温顺，象征坤卦的柔顺之德。坤卦上承乾卦的生机而生万物，不曾居先，也不曾专擅独断。以母马的温顺与壮健，象征坤卦的利贞之德，它配合并代替上天奉事至终，不曾间断，不曾止息。体悟并且践行坤道的，就是君子。君子效法母马的至顺，涵养自己的和平之心。再效法母马的壮健，坚定自己的贞正之心。从物理上经得起检验，又与造化相合，所以能行无不利，因此爻辞说“利牝马之贞”。

按：宋儒有阳爻大阴爻小，阳爻全阴爻半的说法。这是就天地生养万物的先后顺序而言的。如果就元、亨、利、贞四德而论，那么乾卦与坤卦都没有缺陷。假使上天施予，而大地不应，万物还能孕育并生长吗？所以，虽说乾健坤顺，但坤卦未尝不健。但必须等上天将元、亨、利、贞四德施行于万物，大地才可以因袭天道，并代替上天奉事至终。上天不资始，大地便没法资生；君主不行令，臣子便谈不上奉职。所以乾卦与坤卦，阳爻与阴爻，还是有偏全之别的。

先迷失道，后顺得常。西南得朋，乃与类行。东北丧朋，乃终有庆。安贞之吉，应地无疆。

【解义】

此二节是言君子法坤之事也。常，常道也。有庆，谓终有得朋之庆。

孔子释坤象辞曰：君子法坤行事，亦法坤德之正而已。无成者，坤之道。若进居物先，则迷而失道矣。柔顺者，坤之常。若退居物后，则顺而得常矣。盖先者非贞，而后者为贞。君子之行，必居于后者也。往西南则得朋，谓阴居阴方，此求彼应，乃得其朋类而与之偕行矣。往东北则丧朋，谓阴居阳方，处非其地，若反而之于西南，乃终得朋而可以获庆矣。盖西南为贞，而东北非贞。君子之行，必于西南者也。惟知居后之为贞而安之，则行不越度而循分，足以有功。知往西南之为贞而安之，则交不失人，而同类足以相济。其获吉也，不有与地道之含弘光大同一无疆者乎？地以厚载，配天之无疆；君子以安贞，应地之无疆。其理一而已矣。

按：注疏谓："东北丧朋，以阴之为物，必离其党而后获吉。""象人臣离其党，而入君之朝。"《程传》亦从其说，与《本义》不合，而其理可以互相发明。盖人臣无私交，泰之朋亡，涣之涣群，皆取离散朋党之义。在坤为纯阴至顺，自与狎昵柔邪者不同。而以阴从阳，刚柔相济，固臣道之至正，而亦易理所不废也。

【白话】

这两节讲的是君子如何效法坤卦。常，常道。有庆，终有得朋之庆。

孔子解释坤卦的象辞说：君子效法坤卦行事，说到底就是效法坤卦的至正之德。无成，即没有功绩，没有荣誉，这符合坤道。如果一定要功绩，必须争荣誉，那就要争先居首，就会惑于功名，违背道义。柔顺，是坤卦的常道。退居物后，不争人先，便是顺守常道。总的来说，争先居首，称不得贞，居后守常，才能叫贞。君子有所行动，必须居后，必须守贞。前往西南方向会得到朋友，是因为西南为阴，坤卦也为阴，阴居阴方，此求彼应，相当于得到了朋友并与之偕行。前往东北方向则会丧失朋友，因为东北为阳，而坤卦六爻皆阴，阴居阳地，处非其所，如果及早改向西南方向，最终还会得到朋友，收获吉庆。总的来说，是因为西南为阴，阴居阴地为贞，而东北为阳，阴居阳处则不贞。君所有所行动，肯定要前往代表贞正的西南。只有在居后的基础上坚守贞正之道并且安于居后与贞正，行为才不会过分，行动才会循分，才足以成就事功。知道前往西南方向符合贞正之道并安于贞正之道，就不会错失朋友，朋友之间也可以相互助济。

君子收获吉祥，不正是因为君子像地道一样含弘光大，并且健行无疆吗？大地以自己的厚博承载万物，配合上天的乾元之德；君子则以安贞之德，响应大地的坤元之德。其中的道理是一致的。

按：王弼与孔颖达的注疏说："东北丧朋，是说阴性的事物，必然离开阴性的环境，才能获得吉祥。""这就好比人臣离开朋党，入朝为官。"《周易程氏传》从其说，与《周易本义》不合，但二者可以相互印证，相互阐发。总的来说，人臣不应该有私交，泰卦所谓的"朋亡"，涣卦所谓的"涣其群"，都是在告诫人们，要远离朋党。具体到坤卦的六个爻，取的则是纯阴至顺之义，与狎昵柔邪者不同。不过以阴从阳，刚柔相济，也是臣道的至正之理，所以《易》理并没有偏废。

《象》曰：地势，坤，君子以厚德载物。

【解义】

此《象传》，是言君子法地德之厚也。天以气运，故曰行。地以形载，故曰势。

孔子释坤象曰：坤之象为地，此卦上下皆坤，是地德至顺且厚，故其形势高下相因，愈远而愈无极也。君子体坤之象，知地之德不厚，斯载万物，不胜其重；人之德不厚，斯载万民，不胜其劳。所以内而与含弘者同体，则积极其厚。举凡地之所载，皆兼容并生，而无有不育焉。外而与光大者同用，则施极其厚。举凡地之所载，皆仁渐义濡，而无有失所焉。其应地无疆之功如此。夫坤，臣道也，而厚德载物，则君道不外乎是。观于师之《象》曰"容民畜众"，临之《象》曰"容保无疆"，皆以为君之道取法于地。则坤象岂独专属于臣？盖易之义，无所不通，惟善体易者，神而明之焉耳。

【白话】

《象传》的意思是说，君子应该效法大地，厚德载物。天靠气机运行，所以叫行。地以形体承载，所以叫势。

孔子解释坤卦的大象说：坤卦的大象是地，坤卦上下皆坤，是说大地的德行至顺至厚，所以大地的形势相互因袭，高下相互依托，愈远而愈发厚重。君子体悟坤卦的大象，了解到如果地德不厚，它承载万物就会不胜其重，而人的德行不厚，承载万民就会不胜其劳。所以君子有大地一样宽厚的性情，并且越来越宽厚，地上的万民与万物，都能兼容并生，无有不育。君子还有大地一样的功用，施惠极厚，地上的万民与万物，都逐渐被君子的仁义感化，无所遗漏。君子效仿地道的功业真是太大了。坤道通常来说就是指臣道，但厚德载物也应该是君王之道。比如，师卦的象辞说“容民畜众”，临卦的象辞说“容保无疆”，都是就为君之道而言，都是取法于地道。坤卦的大象又怎么可能专为人臣而设呢？易理无所不通，悟性好的人，才能通晓其中的神妙。

初六：履霜，坚冰至。

《象》曰：履霜坚冰，阴始凝也。驯致其道，至坚冰也。

【解义】

此一爻是示人以防微之道也。六，阴数，故谓阴爻为六。霜与冰皆阴类。驯，顺习也。道，指阴道。《象传》“履霜坚冰”当作“初六履霜”。

周公系坤初爻曰：坤之初六，阴始生于下，其端甚微，而一阴既萌，则其势日浸月长，必至于极盛。如寒气初结，止见为霜。而识微之君子，当履霜之时，即知异日坚冰之至已肇于此，思患豫防，可勿凛凛乎？

孔子释初象曰：初之取象于履霜者何也？天下事皆始于微，而成于著。阴生于下，是犹阴气始凝而为霜也。惟不能及时消释，而因循渐积，以致阴道之极，则不至于为坚冰不止。有世道之责者，失防于始，而徒欲维挽于终，不亦可危之甚哉。

按：圣人作易，于阴阳消长之际，必慎之于始。坤之一阴，即剥与姤之一阴也。剥初曰“剥床以足”，姤初曰“羸豕蹢躅”，皆言小人始进，有必害君子之势，与履霜坚冰之意同。一以戒小人，一以警君子。但剥与姤言凶，而此止系以象者，正欲君子观象而知所惧，则能思患预防，而不至蒙小人之祸矣。

【白话】

这个爻的主旨是提示人们防微杜渐。六，阴数，而且是最小的成数，阳大阴小，所以阴爻都称六。霜与冰，都是阴性事物。驯，逐渐的意思。道，指阴道，邪道，小人之道。《象传》的“履霜坚冰”，应该写作“初六履霜”。

周公所系的坤卦初爻爻辞的意思是说：坤卦的初爻是个阴爻，位于全卦的最下面，象征阴性事物刚刚开始发端，但它已经开始发端了，假以时日，必然会不断壮大，以至于极盛。这就像寒气刚刚凝结的时候，只能看到一层薄霜。而见微知著的君子，脚踩着地上的薄霜，就会想到日后的坚冰，并且深知坚冰肇始于薄霜，考虑到相应的祸患，能不心中凛然，早做预防吗？

孔子解释初爻的小象说：初爻取象履霜，是因为什么呢？天下之事，开始的时候都很微小，等到显著的时候已经做成了。初六以阴爻居于坤卦的最下面，犹如阴气刚开始凝结，只能形成薄霜。若不是因为没能及时消释，因循渐积，以致阴性力量发展至极，也不至于形成坚冰。负有天下兴亡的重任，开始没有防患意识，却想在最后力挽狂澜，真是危险之至。

按：圣人创制易理，特别注重阴阳消长，在阴阳消长刚开始的时候尤其谨慎。坤卦的初爻，就是剥卦的初爻和姤卦的初爻。剥卦的初爻说“剥床以足”，姤卦的初爻说“羸豕孚蹢躅”，都是在强调小人的势力开始发展了，假以时日，必然会坐大，加害君子，与坤卦初爻“履霜，坚冰至”的用意相同。一方面是警戒小人，另一方面是警示君子。但剥卦与姤卦的初爻爻辞都说凶，而坤卦的初爻却只给出了相应的现象，是为了让君子看到类似的现象就生出戒惧之心，从而居安思危，做好防范，而不至于被小人加害。

六二：直方大，不习，无不利。

《象》曰：六二之动，直以方也。不习无不利，地道光也。

【解义】

此一爻是言纯德之合于坤也。不习，谓不待学习。

周公系坤二爻曰：坤道至纯，诸爻中惟六二之德能得之。盖六二柔顺中正，其德之存于内者，粹然天理，无所枉曲而直；发于外者，截然当理，无所偏倚而方。且无一念不直，无一事不方而大。其所为直方大者，又悉出于自然，不待学习而无往不利。其德之纯为何如哉？

孔子释二象曰：六二之德，合动静而无间者也。而事物未接之时，则其德亦无由而见。惟是动于念虑，则贞固者见其直；动于物感，则有定者见其方。既直且方，而大可知已。然使直方大之德，必待学习而后利，或不免有矫揉强制之劳。二之不习无不利，是盛德之蓄于内者，极其含弘；英华之见于外者，极其光大。以之配乎地道，实全体大用，无一不具者也，何光显如之？观此爻之义，盖指成德而言。惟其成德，故不假于思勉。若论修德之功，则虽圣人，不废下学。

如《文言》所谓主敬守义，固下学力行之事，而圣人之存养于未发之时，裁制于临事之际，亦未有舍敬与义而能直方大者。但功有浅深性反之不同，此则存乎其人矣。

【白话】

这个爻的意思是说，六二有纯正的美德，符合坤卦的德行。不习，指不待学习。

周公所系的坤卦二爻爻辞的意思是说：坤卦的至纯至正之道，唯有六二最为符合。六二柔顺中正，既当位又居中，居中象征它像大地一样胸怀坦荡，无所违背，直道以往；当位象征它的所作所为都遵循正道，无所偏倚，方方正正。既中又正，说明它无一念不正，无一事不方不大，而且它的直、方、大，都是自然而然的，不待学习，就可以无往不利。这种至纯至正的美德，有谁能比得上呢？

孔子解释二爻的小象说：六二的美德，是静亦直，动亦方，随时随地都很纯正。不接触具体的事情，它的品德就没法体现出来。只有在它思虑衡量，起心动念，并且最终选择了贞正之道时，才足以说明它正直；只有在它被外物感染，有所触动，但是最终能够克制自己的欲望时，才足以证明它的方正。它既正直又方正，其广大可想而知。然而，它的直、方、大如果非要经过学习才能无所不利，又不免矫揉与勉强。六二之所以能“不习无不利”，是因为胸怀盛德，极其含弘，待英华外发，又极其光大。用它来匹配地道，当真是全体大用，无一不具，什么样的美德比得过它呢？探查这个爻的内涵，主要还是因为六二胸怀盛德。由于它盛德已成，所以不需要过多的思虑与努力。但说到培养德行，就算是圣人，也应该不断学习。比如《文言》所说的主敬守义，就是所有人应该力学力行的，圣人在没事的时候存养它们，才能在有事的时候应用它们，没有平时舍敬弃义行事却能够直、方、大的圣人。但功夫也有浅深性反之别，一切还取决于这个人具体如何。

六三：含章可贞，或从王事。无成有终。

《象》曰：含章可贞，以时发也。或从王事，知光大也。

【解义】

此一爻是以坤德有终明臣道也。章，美德也。无成，谓无专成。

周公系坤三爻曰：六三阴居阳位，阳德内含，是有明体达用之才，而能养晦退藏，深沉不露者。此坤道之至正可以固守者也。然三居下卦之上，德为时用，岂能终于含藏？如或出而从王之事，则其恪守臣顺，固不敢争先居首，以取专成之咎。而有守者，自能有为。凡其职分所当为，与才力所能为者，务终其事而后已。三之德真顺而能健者乎。

孔子释三象曰：三之含章可贞，非自私其美而不发也。君子藏器于身，待时而动，必遇可用之时，乃出其内美，以发施于事业耳。至于或从王事，而能无成有终，固由才具过人，亦其中有定见。从来识见不明者，器量必隘。偶有一长一善，即不能自抑，欲以表着于人。卒之有喜事之名，而无任事之实。其为不智，亦已甚矣。六三知臣分不可越，而不敢专成；又知臣职不可懈，而不敢废事。非智虑之光明广大，何以几此？此其德之所以为章美也。

按：坤属臣道，而诸爻皆别举一义。惟三爻乃专以臣道言。盖三为阳位，又处多凶之地，圣人恐其恃才自专，而不能守顺也。故以先迷后得之义，皆于此爻发之。然使用易者，欲通之于君道，则神明默运而喜怒不形，即含章也。恭己励精而百职就理，即有终也。观无成之为臣道，又可知率作兴事，屡省乃成，为君道矣。

【白话】

这个爻的主旨，是借坤卦无成有终的美德来阐明为臣之道。章，美德。无成，指不专成，不专功。

周公所系的坤卦三爻爻辞的意思是说：六三以阴爻居阳位，象征阳德内含，既有学问，又能经世致用，还能韬光养晦，深藏不露。只有这样，才能固守坤卦的至正之道。然而六三居于下卦的最上面，时势需要它施展自己的才德，它又岂能长久地含藏？如果它逢时而出，受命从王，也能恪守臣道，必不敢争先居首，也就是不会因为专功专成而导致咎害了。能守持常道的人，也能有为于常道。但凡是它应该做的，它能够做的，它必然会尽心尽力地去践行。六三的爻德，真是既顺又健。

孔子解释三爻的小象说：所谓“含章可贞”，并不是说三爻私心太重，有美好的才德也不肯施展。而是说君子藏器于身，要待时而动，遇到可用的时机，才展现自己的才德，应用于自己的事业。至于说奉从王事，也能无成有终，固然是由于它才德过人，主要还是因为它有定见。见识不明的人，器量必然狭隘。有任何一点儿长处，或者擅长的地方，都会急不可耐地显示于人。结果人人都认为它多事、好事，也不会得到重任。它的不明智，非常的严重。六三深知君臣的分定不可逾越，所以任事不敢专成，有功不敢专功；又深知为人臣的职责不可松懈，所以不敢荒废。如果智虑不深，思虑不明，怎么能做到这样？这是爻辞称赞它“含章可贞”的原因所在。

按：坤道即臣道，但别的爻分别讲了坤卦其他的内涵，唯独六三这一个爻，是专门就臣道而言的。这主要是因为三爻是以阴爻居于阳位，并不当位，三爻又是多凶之地，圣人惟恐处在这一时位的人恃才自专，不能够守持贞顺之道。所谓的“先迷后得”，就是针对这一爻而言的。然而善于体悟易道的人，也不难从中体悟出为君之道，从而暗中施展智慧，喜怒不形于色，这就是“含章”。恭谨律己，励精图治，各种职位和事务都有条理，这就是“有终”。就爻辞中的“无成”而言，坤卦自然讲的是为臣之道，而就爻辞中的“有终”而言，也可以延伸至为君之道。

六四：括囊，无咎无誉。

《象》曰：括囊无咎，慎不害也。

【解义】

此一爻是言柔德之宜慎也。括囊，谓结囊口而不出也。

周公系坤四爻曰：坤之六四，以阴居阴，既无刚德，又所处失中，宜以轻躁浅露为戒。故处世则主于退藏，谋事则主于谨密，出言则主于简默，象如囊之结其口而不出者。然夫吉凶悔吝，皆生乎动。过由动生，名亦由动集。今谨守如是，则无妄动之咎者，亦自无成事之誉。盖四处多惧之地，惟此为善道矣。

孔子释四象曰：四之括囊，所谓能慎者也。慎其身而不轻出，斯不辱身。慎其事而不轻举，斯不偾事。慎其言而不轻发，斯不失言。何害之有？惟其不害，是以无咎，而无誉，非所计已。盖天下务名干誉之事，皆有必取祸败之道，而在人臣，尤所当谨。市己恩者，树私交；矜己才者，拂众志。誉之所在，即咎之所归。故于六四之无誉，更见其能慎。然既谓之曰慎，则其委曲济时，小心应变之学，即见于括囊之中。若徒以容悦为老成，窃位为明哲，又非易书教人之旨矣。

【白话】

这个爻的意思是说，仅有柔顺之德的人，要小心谨慎。括囊，绑住囊口。

周公所系的坤卦四爻爻辞的意思是说：坤卦的六四，以阴居阴，虽然当位，但是既无刚德，又不居中，应该以轻躁浅露为戒。所以就处世而言应该退避，就谋事而言应该缜密，就说话而言应该简默，就像扎紧囊口，不发一言。因为吉凶悔吝，源于动变。过错多因动变而生，名声亦由动变汇集。而六四选择了括囊，既免除了妄动之咎困，也远离了成事之美誉。这主要是因为四爻处在多惧之地，只有括囊这一条路可行。

孔子解释四爻的小象说：四爻所说的“括囊”，指的是那些能够慎重行事的人。慎其身而不轻出，就不会辱身。慎其事而不轻举，就不会坏事。慎其言而不轻发，就不会失言。没有加害它的理由，谁还会加害它呢？正因为无人加害于它，所以它能够无咎。至于有没有声誉，并不在考虑之内。因为天底下所有能捞取名誉的事情，都暗合了辱身取祸之道，为人臣者尤其应该谨慎。买好、讨好的人，是为了树立私交，自高自负的人，必然会拂逆众心。声誉所在的地方，就是咎害所在的地方。所以六四的“无誉”，更能体现它的谨慎。既然说到了谨慎，那么它的委曲济时、小心应变之学，便包含在“括囊”一词之中了。如果它只是徒具老成之名的曲意奉承之人，或者是所谓的明哲保身之人，就远离了圣人作易、教化世人的宗旨了。

六五：黄裳元吉。

《象》曰：黄裳元吉，文在中也。

【解义】

此一爻是言中顺之德，无往不利也。黄，中色，象五德之中。裳，下饰，象五德之顺。

周公系坤五爻曰：坤之六五，以阴居尊位，是其徽柔懿恭之德，积之极其盛，而应事接物之际，又绝不以之自矜。由是形诸身者，无非巽顺之容；施于政者，无非和平之治。如黄之中色用以为裳者然。如是则守中履顺，亢厉不形，以之处己，能尽己之道。以之处人，能得人之心。其为大善而获吉，何疑乎？

孔子释五象曰：五之黄裳元吉，非矫饰于外也。盖居尊位者，出身加民，事事皆本于心德。惟五实有中顺之美德，充积于中，故虽不自炫其文，而英华发外，自有如此之盛也。

按：五本君位，而在坤则说者多属之于臣。如伊尹之宠利不居，周公之硕肤几几，皆以为有得于黄裳之义者也。然而自古帝王，崇效天，卑法地，礼接臣下，俯恤民情，位高而愈自抑，德盛而益守谦。君德之美，又孰有逾于黄裳者哉？

【白话】

这个爻的意思是说，有中顺之德者无往而不利。黄，中色，象征五德之中。裳，下饰，象征五德之顺。

周公所系的坤卦五爻爻辞的意思是说：坤卦的六五是个阴爻，但是居于尊位，象征徽柔懿恭之德，并且德行积累至极盛，但应事接物时，又不以此自居。体现在仪容上，都是巽顺之容；落实在政令上，都是和平之治。就好比用中色的黄色布料制作下垂的下裳一样。总是能守中持正，一帆风顺，根本用不着激烈的言辞和强硬的态度。用于自处，能尽展自己所能。以之处人，能得人心。爻辞说“元吉”，有什么可质疑的呢？

孔子解释五爻的小象说：五爻所说的“黄裳元吉”，并不是刻意地矫饰。而是说居于九五之尊的帝王，施惠于民，每件事都应该发自内心。五爻居于上卦之中，坤卦为顺，相当于有中顺之美德充积于中，所以它不需要炫耀、作秀，美好的神采就会展现出来。

按：五爻本是君位，但因为是在坤卦之中，所以通常以臣论、以臣言。比如不争名逐利的伊尹，行事庄重严肃的周公，都深得“黄裳元吉”之道。然而自古以来的圣王，都是既崇效上天，又卑法大地，以礼接臣下，以德恤民情，位高但能够自抑，德盛而能够益谦。如此美德，也没有超越“黄裳”二字的内涵吧？

上六：龙战于野，其血玄黄。

《象》曰：龙战于野，其道穷也。

【解义】

此一爻是极言阴盛之害也。玄属阳，黄属阴。其道，指阴道。

周公系坤上爻曰：阴之不敢与阳抗者，理也，亦分也。然阳不能制阴，而使阴至于极盛，则阴岂独与阳抗，而且与阳争胜，是战之象也。夫以既衰之阳，而与极盛之阴相竞，固自处于必败。然而揆之天道，度之人事，必无阴终胜阳之理。则阴之悖理越分，以求胜乎阳，又岂能卒免于祸害乎？如龙战于野，而其血玄黄，盖两败俱伤之道也。

孔子释上象曰：龙何以遂战于野耶？阴本起于至微，惟驯致其道，以至于穷极，则势难复遏，而日与阳争胜。惜乎其制之不早也。若当其始凝而能预防其渐，又焉有异日之祸哉？大抵阴柔之性，最为难制。其未盛也，潜伏而不及防；其既盛也，横决而不可御。配诸人事，方小人始进，未尝不降心抑气，以求包容于君子。及其党日炽，遂不尽驱善类而去之不止。所以姤一阴始生，合众君子之力以防一小人，而尝虑其计之疏。夬一阴将尽，又合众君子之力以去一小人，而犹戒其势之厉。况由一阴以积至于六阴，虽欲不为阳害，得乎？故坤爻初曰“坚冰至”，警龙战之祸于始；上曰“战于野”，著“坚冰”之害于终也。

【白话】

这个爻极力说明了阴爻过于强盛的危害。玄属阳，黄属阴。其道，指阴道、邪道、小人之道。

周公所系的坤卦上爻爻辞的意思是说：阴爻不敢与阳爻抗争，既合理，也符合它的本分。然而由于阳爻不能克制阴爻，导致阴爻过于强盛，非但敢与阳爻抗争，而且敢于同阳爻争胜，是战争之象。既将衰弱的阳爻，与极其强盛的阴爻竞争，自然是必败无疑。然而遍观天道与人事，根本没有以阴胜强的道理。阴爻违背天礼，僭越本分，以求胜过阳爻，又怎么能免于祸害呢？“龙战于野，其血玄黄”，最后只能是两败俱伤。

孔子解释上爻的小象说：为什么会导致龙战于野的结果呢？阴爻的力量本来很小，但是它不断发展，日益强盛，以至于阳爻再也无法遏制阴爻，最终不得不彼此争胜。可惜阳爻没有早点儿遏制阴爻。如果能在阴气始凝的阶段就加以预防，又怎么会有将来的祸患呢？主要是因为阴爻的性情是阴柔的，难以制约。它还没强盛的时候，往往潜伏着，让人防不胜防；它已经强盛的时候，又往往凶横难制，无法抵挡。具体到人事上面，小人刚开始立足，有心上进的时候，总是会虚心抑气，争取君子的包容。等小人集结起来，势力日盛，不联合所有的正人君子都不足以除掉小人。所以姤卦虽然只有最下面一个阴爻，仍集合所有阳爻的力量来克制它，还担心思虑不周，行事不密。夬卦只有最上面一个即将决去的阴爻，仍集合众君子不遗余力地决去这唯一的阴爻，且担心形势危厉，再生事端。况且坤卦已由一个阴爻积累至六个阴爻，想让它不危害阳爻，怎么可能呢？所以坤卦的初爻说“坚冰至”，为的就是警示将来可能会龙战于野，而上爻说“战于野”，也是为了凸显“坚冰”之害的最终结果。

用六：利永贞。

《象》曰：用六永贞，以大终也。

【解义】

此二节是申明体坤之道，在以刚济柔也。阳大阴小，大终，谓以阳终也。

周公于坤卦六爻之后，复系之以辞曰：坤六爻皆阴，则其数皆六，六者阴数之极也。体坤之道者，当思阴柔之性，患在不能固守，若能善用其阴柔，而以阳刚济之，则其处心制行，常确守中顺之正道，而私欲不为所屈，常变不为所移。贞固之德，安而能永，何不利之有？

孔子释用六之象曰：易之理，阳为大，阴为小。永贞者，阳刚之所能也。今体坤而能用六，则阴变为阳，而坤德亦能永贞矣。始虽柔弱，而终则强毅，是始于小者，终于大也。坤之与乾合德者以此。

按：乾坤之用九、用六，即《书》刚克柔克之义。一以柔济刚，一以刚济柔。此逆以治之者也。所谓沉潜刚克，高明柔克也。去其刚之偏，而刚德全矣；贞其柔之守，而柔德全矣。此顺以治之者也。所谓“强弗友刚克，燮友柔克”也。二者之用备，而刚柔无失中之患已。

【白话】

这两节的意思是说，效仿坤卦之道在于以刚济柔。根据易理，阳大阴小，大终，即以阳爻为终，也就是以阳济阴，以刚济柔。

周公在阐释完坤卦的六个阴爻之后，又专门创设了“用六”，其用意是说：坤卦的六爻都是阴爻，代数都是六，是因为六是最大的阴数。效仿坤卦的人应该明白，坤卦的阴柔之性，最大的隐患在于不能自守，如果能善用坤卦的阴柔，并辅以阳刚之道，也就是刚柔并济，那么存心任事就不难守持中道，而不会被私欲所屈，被动变所移。能长久地保持贞固之德，还会有什么不利的呢？

孔子解释用六的小象说：根据易理，阳为大，阴为小。“永贞”，阳刚才能做到，所以要以刚济柔。在坤卦的六个阴爻上面专门创设用六，是说阴柔的坤卦如果有所变化，也就是变阴爻为阳爻，坤德也可以永远贞固。开始的时候很柔软，最终却转变为强毅，这是始于小，而终于大。坤卦也因此得以与乾卦的德性相合。

按：乾坤两卦的用九与用六，阐释的是《尚书》中“刚克”与“柔克”的道理。以柔济刚，或以刚济柔，都是逆其性而治的常规。也就是《尚书》中所谓的“沉潜刚克，高明柔克”。去除过刚的偏性，完善其刚德，或者正固过柔的偏性，完善其柔德，则是顺其性而治的常法。也就是《尚书》中所说的“强弗友刚克，燮友柔克”。同时具备二者的功用，刚与柔都不会失中、过中。

《文言》曰：坤至柔而动也刚，至静而德方。后得主而有常，含万物而化光。坤道其顺乎！承天而时行。

【解义】

此四节书是申明坤《彖传》之义也。方，谓有定体。“主”下当有“利”字。

孔子释坤彖辞曰：坤之象取义无穷，而“顺而健”足以尽之。其所谓利牝马之贞者，正以极顺之德，能持之以健，有类于牝马也。盖坤之不敢专主者，至柔也。若其动而及物，常承乾之气而发生于不穷。既成物之形，复成物之性，何其刚也！坤之寂然无形者，至静也。若其德之及物，常承乾之施而予物以各正。物具一形而不相凌夺，即物具一性而不相假借，何其方也！柔与静，其顺也。刚与方，其健也。柔顺利贞之义，于此可见矣。至卦辞言“后得主利”，何也？凡天下属于阳者，以居先主义为常。属于阴者，以从阳主利为常。惟坤为纯阴，能居乾之后，而守其分所当为，即以顺为利，而尽其力所能为，是乃全乎阴柔之常道者。君子之法坤，安贞获吉，亦于此可见矣。且也坤有柔静之德，故万物之生意悉含于中，而积之极其厚。坤有刚方之德，故化机之鬯达悉著于外，而发之极其盛，此其所以为含弘光大也。要而言之，乾先而坤代之终，乾始而坤作之成。坤之为道，其天下之至顺乎！从来天之生物，一时之自然而已。天以气赋于物为形，坤即承其气以行于物，而形以时而成矣。天以理赋于物为性，坤即承其理以行于物，而性以时而成矣。时未至，不敢先；时既至，不敢后。其德之合于无疆者，非至健不足以成能，而总全其为顺而已。故曰“乃顺承天”也。

按：坤之德，主于柔静，而此兼动刚以为言。盖刚柔动静，乾坤不容偏废，《系辞传》言之详矣。配之人事，则君道震动于上，而臣下不可以退缩承也；君道刚断于上，而臣下不可以巽懦承也。既曰顺承，则并所谓动与刚者，而亦承之矣。夫如是，庶可言合德也欤。

【白话】

这四节是申明坤卦《彖传》的含义。方，方正、贞正。“主”字后面应该有一个“利”字，即“后得主利而有常”。

孔子解释坤卦的彖辞说：坤卦有无穷的内涵，但“顺而健”三个字可以一言以蔽之。所谓“利牝马之贞”，是说坤卦至顺，又秉承了乾卦的刚健，就好比顺而健的母马。坤卦之所以不敢专主专断，是因为坤卦至顺至柔，难以专断。但一旦动变，又往往因为秉承自乾卦的刚健之气，产生无穷无尽的变化。既能生成万物的形体，又能生成万物的性情，这是何等的健行！坤德寂然无形，至顺至静。但泽及万物的时候，又能用它承袭自乾道的纯阳之气，使万物各归其正。万物各具一形，所以不相侵夺，万物各具一性，所以不相假借，这是何等的方正！柔与静，是它顺的一面。刚与方，是它健的一面。坤卦的柔顺利贞之义，由此体现出来。至于卦辞所说的“后得主利”，是什么意思呢？普天之下，但凡是阳性的事物，大多居先并且主义。而阴性的事物，大多从阳并且主利。而坤卦是纯阴之卦，能居于纯阳至健的乾卦之后，并且安于本分，以顺为利，竭尽全力，所以能守持自己的阴柔之道。君子效法坤卦，以安贞之心收获吉祥，也不难由此看出。而且坤有柔静之德，万物的生机与生意尽在其中，并且积蓄得极其厚重。坤又有刚方之德，万物的变化与畅达显著于外，而且生发得极其茂盛，这是坤德之所以“含弘光大”的原因。要而言之，乾卦居先而坤卦奉行至终，乾卦资始而坤卦使之功成。坤卦的德行，当真是天下的至顺！上天生养万物，是自然而然之事。上天的生气赋予了万物最初的形体，大地承袭上天的生气，使万物生长至壮盛。上天的理气赋予了万物最初的性情，大地承袭了上天的理气，使万物养成相应的习性。时间不到，不敢先一步；时间已到，不敢后一分。坤德能与乾德相合，离不开它秉承自乾卦的刚健，但总的来说，表现为一个“顺”字。所以彖辞说“乃顺承天”。

按：坤卦的卦德，总的来说是柔顺与安静，此处却同时谈到了它内蕴的动性与刚健。因为刚柔动静，对乾坤两卦来说不容偏废，这一点《系辞传》说得非常详细。具体到人事上，就是说为君者震动于上，臣子也不可以退缩；为君者刚断于上，臣下也不能过于怯懦。既然说“顺承”，那么必然也包含了在君上震动与刚断的时候也要顺承的含义。只有这样，才能与纯阳至健的乾道相合相济，相因相袭。

积善之家，必有余庆；积不善之家，必有余殃。臣弑其君，子弑其父，非一朝一夕之故，其所由来者渐矣。由辩之不早辩也。易曰："履霜，坚冰至。"盖言顺也。

【解义】

此一节书是申坤初六《象传》之义也。辩，察也。顺，当作慎。

孔子复释坤初爻曰：天下事由渐而盛，由积而成。小而一家之盛衰，大而人伦之变故，未有外于此者。如其家积善之久，和气足以召祥，则不独福集于一身，而且及于子孙，有无穷之庆矣。如其家积不善之久，乖气足以致戾，则不独祸中于一身，而且及于子孙，有无穷之殃矣。若其变之大者，以臣而至弑君，以子而至弑父，逆天反常，莫此为甚。然推原其故，非始于弑逆之一日也。乱臣贼子之所由来，盖积渐使然也。使为之君父者，早察其奸宄，而逆折其乱谋，则祸必不若是之烈。其至于若是者，由辩之不早辩也。甚矣！防患者当于其渐，而遏萌者当于其微也。《易》曰："履霜坚冰至。"正言持世之君子，宜思辨微之道，而深致其凛凛焉耳。夫小人之为害于国家，极矣。在上者岂有明知为乱贼，而故纵之之理，乃竟使其积成凶恶者，何也？小人中藏祸心，外示柔顺。弥缝之智巧，则易为所欺；谄谀之术工，则易为所溺。从来除恶之难，不能察者半，能察而不能断者亦半。明于易之言慎，则审辩而谨防之，自不至贻后患已。

【白话】

这一节申明了坤卦初六《象传》的内涵。辩，察觉。顺，应当作慎。

孔子再次解释坤卦的初爻说：天下之事，都是慢慢地壮盛，一点点地积蓄而成的。小至一个家庭的盛衰，大到社会的人伦巨变，概莫能外。如果一个家庭能长久行善、积善，家中的祥和之气就会招来吉祥，那么福报不仅会集于一身，而且会泽及子孙，有无穷的喜庆。反过来说，一个家庭如果长久的行恶、积恶，那种乖戾之气也足以招致祸患，相应的祸患不仅会中于一身，而且会祸及子孙，有无穷的灾殃。还有更大的动变，比如以臣弑君，以子弑父，逆天反常，没有比这更严重的了。然而推究原因，绝不会始于弑君弑父的那一天。乱臣贼子的形成，也是一天天积养成的。如果为君为父的人，能够早点觉察，早点预防与阻断，相应的祸患不至于那么暴烈。之所以会那样，主要还是因为不能及早察觉。多么严重啊！所以防患应该防于早，遏萌应该遏于微。《易经》所说的“履霜坚冰至”，正是为了警示维护世道的君子，凡事要防其始，遏其微，并且不惜用激烈的言辞使君子产生凛然之感。至于小人为害国家，可谓祸患的极点。在上的君王，没有明知他是乱臣贼子还要纵容他的道理，但最终竟然养虎为患，这是为什么呢？是因为小人包藏祸心，外表看上去却很柔顺。小人擅长为君主遮掩，君主也乐此不疲，一来二去，君主就会被小人欺瞒；小人把心思都花在谄媚之术上，君主容易沉溺其中。除恶之难，一方面是因为不能察觉恶者，另一方面是能够察觉但不能够作出决断。明白《易经》所强调的慎道，并在详细审视的基础上加以防范，便不会贻留后患。

直其正也，方其义也。君子敬以直内，义以方外，敬义立而德不孤。直方大，不习，无不利，则不疑其所行也。

【解义】

此一节书是申坤六二《象传》之义也。正言体，义言用。不孤，谓德有夹持而大也。

孔子复释坤二爻曰：凡人德具于心，而所以成德者由于学。六二之所谓直者，盖其心本体至正，无少偏倚，故极其直也。六二之所谓方者，盖其心裁制合义，无少邪曲，故极其方也。人心皆有直方之德，而独君子能全之者，内外存发之间，有实学以成此德耳。心不敬则内不直，君子主敬以存心，使私意不杂，而专出于理之一途，斯内直矣。事无义则外不方，君子守义以制事，使歧念不生，而适合于理之至当，斯外方矣。专求义而不主敬，则存养之功不密，而或挠于其外。专主敬而不守义，则取舍之分不明，而或淆于其内。惟敬义既立，斯内外夹持，体用兼备，不偏于一善，而其德不孤矣。所谓不期大而大者，此也。其又曰：“不习无不利”者，何也？凡人蓄德未大，则临事每多所疑。六二涵养纯熟，矜持俱化，其一身所行之事，皆坦然顺适，无所疑碍，而又何假于习乎？此修德之始，必致力于敬义；而成德之后，斯日进于从容也。夫乾九二言诚，坤六二言敬。诚则无不敬，而敬乃所以存诚。故主敬者，下学之要也。乾九二言仁，坤六二言义，仁可以统义，而义乃所以成仁。故集义者下学之功也。天道人道之辨，具于此矣。

【白话】

这一节申明了坤卦六二《象传》的内涵。正，是就它的性情而言，义，是就它的行事而言。不孤，指六二有柔中之德，上下也都是阴爻，好比受到夹持，柔中之德更大。

孔子再次解释坤卦的二爻说：一个人有没有品德，可以通过他的内心表现出来，则要看他能不能学。而能否德业有成，取决于他能不能学习，愿不愿学习。六二所谓的“直”，是说它的心至为端正，无所偏倚，所以极其正直。六二所谓的“方”，是说它的心裁制事物合乎道义，没有偏邪，所以极其方正。人人都有直方之德，但只有君子能保全自己的直方之德，无论是存于内，还是发于外，都能踏踏实实地践行成德之学。心里失了恭敬，内在就不会正直，而君子恪守诚敬之道，不掺杂私心，凡事遵循天道，内心无比正直。做事不遵守道义，行为就不会方正，而君子恪守道义，裁制事物时不生杂念，凡事都追求合理正当，所以行为无比方正。只遵守道义而不修恭敬之心，存心养性的功夫就会疏漏，阻碍其行事。只修恭敬之心却不遵守道义，就会模糊取舍之间的界限，影响其修心。只有敬义同修，内外夹持，体用兼备，不偏执一善，其德行才不会孤寡。宋儒所说的“不期大而大者”，正是就此而言。爻辞又说“不习无不利”，是什么意思呢？凡是德行不够深厚的人，临事的时候往往会迟疑。六二却涵养纯熟，端庄大方，所有的行为都坦然顺适，无所疑碍，又何须温习与践行呢？可以想象，其修德之始，曾致力于内心的恭敬功夫；德业有成之后，也能每日精进以至于从容。综合来看，乾卦的九二讲的是一个“诚”字，坤卦的六二讲的是一个“敬”字。足够真诚，则无所不敬，恭敬反过来也能涵养内在的真诚。所以恭敬之学，是修心的要点。另外，乾卦的九二讲的是仁，坤卦的六二说的是义，仁可以统义，而义可以成仁。所以符合道义是修身的基本功。天人之辩，尽在其中。

阴虽有美，含之。以从王事，弗敢成也。地道也，妻道也，臣道也。地道无成而代有终也。

【解义】

此一节书是申坤六三《象传》之义也。阴，谓阴位。

孔子复释坤三爻曰：六三有章美之德，而必以含章为正道。何也？六三以阴从阳者也。阴无专制之义，虽内有美德，必蕴含之，而不可轻露。即以此德而从王事，亦退处于后，而不敢居专成之名。是非其才力不足，盖揆之于分，而有所不敢也。从来阳为天，阴为地。三，地道也。阳为夫，阴为妻，三，妻道也。阳为君，阴为臣，三，臣道也。地之为道，至柔至静，不敢专成。惟顺承天施，而代有终已耳。则三居臣位，而代君以终其事，非得臣道之正者哉。大抵人臣有市美之念，则骄吝日生。诚明于代终之义，虽勋业媲于伊周，不过自尽其职业而已。负咎之不暇，何敢言功？思惧之不暇，何敢言誉？彼夫小器易盈，而卒至于身名俱裂者，其亦未尝学易矣夫。

【白话】

这一节申明了坤卦六三《象传》的内涵。阴，指阴爻的位置。

孔子再次解释坤卦的三爻说：六三有章美之德，但必须含藏其美方为正道。这是为什么呢？因为六三以阴爻居于阳位，相当于以阴从阳。阴爻的阴柔决定了它不适合专制与专断，所以它虽然有章美之德，也必须含藏其德，不可轻露。即便以其德任事，也必须逊退居后，不能居专成之名。这不是因为它的才力不够，而是因为不符合它的身份，所以它不敢贪图僭越。根据易理，阳为天，阴为地，所以六三讲的是地道。阳为夫，阴为妻，所以六三讲的也是妻道。阳为君，阴为臣，所以六三讲的也是臣道。地道至柔至静，不敢专成。只有顺承天道，并将天道奉行至终。但六三居于臣位，代君王行事且直至终了，却不合乎为臣的本分。因为人臣一旦生出拿美德作交易的想法，骄傲与困咎就会日益加临。如果它真的明白“地道无成而代有终也”的内涵，那么就算勋业可与伊尹、周公相媲美，也不过是尽其本分而已。负咎还来不及应对呢，哪里敢说什么功绩？戒惧还来不及呢，哪里敢要什么美誉？那些器量狭小、容易自满，并因此身败名裂的人，看来都没有好好学过《易经》。

天地变化，草木蕃。天地闭，贤人隐。易曰：“括囊，无咎无誉。”盖言谨也。

【解义】

此一节书是申坤六四《象传》之义也。变化，谓天地交。闭，蒙塞也。

孔子复释坤四爻曰：君子之出处，关乎世运之盛衰。如天气下降，地气上升，则变化之道行矣，于时太和翔洽，草木亦无不蕃殖，而贤才有不连茹而起乎？如天气上亢，地气下郁，则闭塞而不通矣，于时运数屯否，贤人皆抱道而隐，而又岂肯轻出以取咎乎？《易》曰："括囊，无咎无誉。"正言所遇当闭塞之时，固宜顺时而隐，谨密而不出也。夫世运之盛衰，虽属气数，而必赖人事以为转移。假使群贤皆隐，则拨乱图治之事，将谁责耶？盖易为贤人未仕者谋，所以藏器待时，道宜于隐。若以人君而求贤，屯之时，利建侯矣。以大臣而进贤，否之时，畴离祉矣。所处之地不同，故所系之辞各异。且在上诚有用贤之君相，则世道宁有不泰，而贤人宁有终隐者哉？

【白话】

这一节申明了坤卦六四《象传》的内涵。变化，指天气与地气相交。闭，闭塞。

孔子再次解释坤卦的四爻说：君子的出仕与退隐，关系着天下的兴亡盛衰。恰如天气下降，地气上升，阴阳交互，上下融洽，连草木都繁茂生长，贤人能不相继而起吗？又恰如天气上亢，地气下郁，阴阳二气闭塞不通，世道屯难否塞，贤人都以道自守，避世隐居，又怎么敢轻易出仕，自取其咎呢？《易经》所说的"括囊，无咎无誉"，正是指世道闭塞之时，应该顺时而隐，谨密不出。天上的盛衰，虽然是气数使然，但气数的运转也必须依赖人事为转移。如果贤人都隐居不出，拨乱图治的责任，又该由谁担负呢？其实此处是专就没有出仕的贤人而言，目的让贤人藏器待时，世道也适合隐居。若是从国君求贤的角度来说，则相当于屯卦之时，形势虽然屯难，但也利于建侯。若是从大臣进贤效忠的角度论，则相当于否卦的九四之时，即效仿九四的爻辞"畴离祉"。时势不同，位置不同，所以爻辞也不同。况且上面如果真有求贤若渴的国君与国相，世道怎么会不太平，而贤人又怎么可能长期隐居不出呢？

君子黄中通理，正位居体。美在其中而畅于四支，发于事业，美之至也。

【解义】

此三节书是申坤六五《象传》之义也。黄，中德也。通，贯通。理，条理也。位，指尊位。体，指下体。

孔子复释坤五爻曰：六五之取象于黄者，何也？黄为中色，而居五之君子，大中之德，浑然内含。统而观之，则时出不穷，无所不贯通也。分而观之，则条理不紊，无所不精晰也。众理毕备，而至善无疵，不犹黄之为中色乎？其取象于裳者，何也？君子正位于上，而不以尊贵自矜。谦抑以礼士，和易以近民，其所履者虽崇高之地，而其所执者皆卑顺之体，不犹裳之为下饰乎？盖中为天下之美德，而顺则其中之用也。六五有此美德，充积于内，于是见于四支，而和顺之容，极其畅适，美之不言而喻者然也。见于事业，而和顺之治，极其发越，美之不见而章者然也。德至此，则自心而形诸身，自身而形诸政。至精至粹，而无以加矣。此五之象所以获元吉哉。

按：坤之二五，皆以德言。二言修德之功，五言成德之效。而其理则可以互通也。能敬以直内，而后中之体全；能义以方外，而后中之用备。直内方外者，内外夹持，交致其力。而黄中通理，则内外一贯，几于圣人之事矣。故曰：美之至也。

【白话】

这三节申明了坤卦六五《象传》的内涵。黄，中色，引申为中德。通，贯通。理，条理也。位，指尊位。体，指下体，即下半身，引申为居下。

孔子再次解释坤卦的五爻说：六五取象于黄色，是为什么呢？黄是居中的颜色，好比居于九五之尊位的君子，有大中之德，却浑然内含。君子能统观全局，只要时机成熟，便应时而出，贯通上下。也能分而观之，使条理不紊，明白清晰。众理毕备，至善无疵，不正像居于正色之首、五色之中的黄色吗？六五取象于下裳，又是为什么呢？意思是说君子身居高位，行为端正，并不以尊贵自居。他们谦卑下士，平易近人，虽然处在崇高之地，但品行卑顺，不正像下裳一样的下饰吗？总的来说，中是天下的美德，顺则是中的功用。六五有柔中之德，充积于内，发乎于外，和顺的仪容使人感到舒适，其内在美不言而喻。应用于事业，也能和顺之至，事半功倍，不需要表现自己的美就能自然彰显。德行到了这个境界，就会自然而然地由心及身，再由自身的修养延及诸多政事。其德至精至粹，无以复加。这正是五爻取象于“黄裳”，并且因此收获元吉的原因。

按：坤卦的二爻与五爻，都是就德行而言的。二爻阐释了品德修养的根本，五爻阐释了德行有成的效果。其中的道理还可以互通。能守持恭敬之心，内心就会端正、正直，就能保全自己的柔中之德；能恪守道义行事，行为就会方正不偏，柔中之德的功用也就完备了。内心正直而行为方正，就不难内外夹持，交致其力，从而“黄中通理”，内外一贯，接近圣人的境界。所以《文言》说：“美之至也。”

阴疑于阳必战，为其嫌于无阳也，故称龙焉。犹未离其类也，故称血焉。夫玄黄者，天地之杂也。天玄而地黄。

【解义】

此一节书是申坤上六《象传》之义也。疑，敌也。其类，谓阴类。血，阴属。

孔子复释坤上爻曰：坤至于上而龙战于野，何阴遂敢与阳抗耶？盖阴盛之极，力敌乎阳，则必至有两相争战之事，战则阳气衰而势不能自全矣。何以称龙？圣人以为，阴之心虽欲剥阳，而阳必无终绝之理。正为其嫌于无阳也，故称龙焉。且既名为龙，则阴不安其为阴矣。何以称血？圣人以为，阴之心虽欲自离其类，而阴必无常胜之理，惟未离于其类也，故称血焉。其玄与黄并称者，何也？阴为阳所败，而阳亦为阴所伤。玄黄之色相混淆，即天地之色相间杂也。事出于至变，故举其相杂者以为言。然而，尊卑之定位，贵贱之定分，不可干也，亦不可紊也。天之色为玄，固不得下同于地。地之色为黄，终不得上拟于天也。岂其因一日胜负之势，而至乱阴阳之常理哉！观坤上爻所系之辞，而尊阳卑阴之意，深切着明矣。大抵阳刚为天下之正气，造化人事，俱不容一日息者也。以造化论，则自姤至坤，为纯阴十月之卦。然一阳虽生于子，而实萌于亥。是一岁之内，未尝一日无阳也。以人事论，则自古小人之类易盛，君子之类易衰。以小人与君子争胜，君子常不能无伤。然而君子既去，而小人之祸亦不旋踵。非独人事，抑亦天道存焉。是极否之运，未尝一日无阳也。作易至此，圣人之为世道虑者，远哉！

【白话】

这一节申明了坤卦上六《象传》的内涵。疑，敌对的意思。其类，指阴类。血，阴性物质。

孔子再次解释坤卦的上爻说：坤卦上爻的爻辞说“龙战于野”，此时的阴爻为什么敢与阳爻相抗争呢？主要是因为阴爻强盛到了极致，力量近乎与阳爻相等，这必然会导致阴阳争战之事，争战则处在衰退之际的阳爻必然难以自全。为什么称阳爻与阴爻为“龙”呢？这是因为圣人以为，阴爻虽然想乘势剥尽阳爻，但在《易经》里，阳爻没有终绝的道理。圣人有鉴于坤卦中没有阳爻，所以特意在爻辞中提及代表阳爻的“龙”。在爻辞中提及“龙”，还有警戒阴爻不安于阴爻的本分的意思。为什么又说“血”呢？这是因为圣人以为，阴爻虽然想取代阳爻，但作为阴爻，其阴柔的本质决定了它不可能常胜不败，只要它落败，就会流血受伤，所以爻辞说“血”。所谓“玄黄”，又是指什么呢？意思是说，阴阳相竞，阴爻被阳爻所败，阳爻也被阴爻所伤。阳代表天，阴代表地，玄黄之色相混淆，也就是天地之色相间杂的意思。这种争斗极其剧烈，变化极其复杂，动辄天翻地覆，一片玄黄，所以爻辞说“其血玄黄”。然而尊卑有分，贵贱有位，不可违背，也不容紊乱。玄色的天，固然不能与地有一样的颜色。黄色的地，也终不得与上天相提并论。岂能因为一时的胜负，而乱了阴下阳上、阳大阴小的常理！体察坤卦上爻的爻辞，圣人尊阳卑阴、扶阳抑阴的意思，深切而且明显。因为阳刚之气相当于天下正气，造化与人事，都不容一日止息。以造化论，坤卦是由一阴初始的姤卦一步步发展而来，象征纯阴的十月。然而就连“一阳来复”的复卦虽然理论上生于子月，也就是十一月，实际上却萌发于亥月，也就是十月，这主要是因为，一年之内，没有一天可以有阴无阳。以人事论，自古以来小人就容易壮盛，而君子容易势衰。小人与君子争胜时，君子难免受伤。然而君子刚刚离开，小人的祸患也会随之而来。这不仅仅是就人事而言，这也是天道的运行使然。就算是极其否塞的时代，也没有一天有阴无阳的。圣人作易至此，可见其忧虑之心，实在深远！

䷂ 屯 震下坎上

【解义】

屯取济难之义。凡处险难者，必能奋发有为，然后可以出而治险，故下卦以震德之动为亨屯之本。而初画一阳居下，又为成卦之主。所以一卦吉凶，皆视初爻以起义。彖辞虽统论卦体，而与初爻之旨实互相发明。其言“利贞”，即初之“利居贞”也；其言“勿用有攸往”，即初之“磐桓”也；其言“利建侯”，即初以贤明刚正之德，系天下之望，而宜早建以为侯也。惟初既为民望之所归，则凡有志用世者，必与初相辅，乃克有济。故二乘初则屯邅，三不应初则有吝，四与初正应则吉无不利。五位虽居尊，而初得民于下，则屯膏。上与初地位相远，下无应援，则进无所之，而不能自振。盖诸爻之辞，因初起义者如此。至于初为卦主，既曰大得民矣，乃六二不应其求，而反以为难，何也？合诸爻而言，则初九以阳统阴，民皆归往。据六二而言，则二以阴柔为初阳所逼，受制于人。此一爻别取一义，非全卦之旨也。《程传》言之晰矣。

【白话】

“屯”是难的意思，在这里作解危济难讲。因为处在险难之中，必须要有奋发有为之人，才可以带领大家脱离险难，削平祸乱。屯卦的上卦为坎卦，坎为险难，下卦为震卦，震有奋发有为、锐意进取之意，这是屯卦之所以处在险难之地却依然可以亨通的原因与原动力。屯卦讲的是起始之难，即万物开头难，而下卦震卦的初爻很好地展现了这一点，它是阳爻，代表屯聚、积蓄、进取、有为、光明、希望，然而却处在屯卦的初始阶段，不能不前进，又不能贸然前进。这可以说是屯卦的主旨。在其他的卦中，一卦之吉凶，也往往以初爻为发端，为发展。屯卦的卦辞虽然是基于全卦而言，但不难看出其与初爻爻辞存在明显的内在联系。卦辞所说的“利贞”，即初爻爻辞所说的“利居贞”；卦辞所说的“勿用有攸往”，即初爻爻辞所说的“磐桓”；卦辞所说的“利建侯”，即是指初爻这个阳爻所象征的贤明刚正之德，这是天下人的希望，是众望所归，越早封疆建侯，越对国家、天下、百姓、人民有利。初爻既然是民望所归、众望所归，其余几爻自然应该与之相辅，共克时难。否则，就不符合屯卦的卦义。所以二爻以阴乘阳不吉，表现在爻辞上就是“屯如邅如，乘马班如”，三爻也因为与初爻不有应而有吝，而四爻因为与初爻正应却吉无不利。五爻虽位居尊位，也是全卦唯二的另一个阳爻，但一来只知屯膏，二来比不上初爻得民于下，所以“小贞吉，大贞凶”。上爻与初爻相距太远，无法应援，所以上无可上，下无可下，不仅没能脱离“乘马班如”的险难，而且“泣血涟如”，下场悲惨。上述种种，正如前面所说，即初爻已给全卦定了调子，后面五爻不过是易理发展变化的不同侧面、剖面罢了。至于说初爻俨然已是一卦之主，其余五爻都应与其相辅相应，六二既为阴爻，又近在咫尺，为何不应其求，反而在险难中兜圈子的原因，乃是因为统观全卦六爻，初九已经掌控了以阳统阴的大势，光环太强烈，光芒万丈，让近在咫尺的六二颇有为初阳所逼，受制于人之感。这一爻别取一义，与全卦不同。这一点，《周易程氏传》讲得很清楚。

屯：元亨利贞，勿用有攸往。利建侯。

【解义】

此卦震下坎上，以震动遇坎险，故名为屯。卦辞言，济险者当守正慎动，而又在立贤以自辅也。侯，谓诸侯，指初九。

文王系屯彖辞曰：屯难之世，正人可大有为之时，才足以拨乱，力足以扶危，应时而动，于理当得元亨。但屯时大难方殷，举事一不当，则机会尽失，而人心易至解体。故必固守正道，谋出万全，然后可以有济。决不宜欲速，见小利而轻有所往，以取困也。至于匡济时艰，务在得贤共理。如卦之初九，为众望所属，宜亟建立为侯，使人心有所统系。庶几以能济之人，行善济之道，而屯难可以悉解矣。

按：帝王图治，非守正不能黜功利之习，非慎动不能抑侥幸之谋，非建贤不能收辅助之益。平险一理，常变一揆。而当屯难之时，则所系为尤重。故圣人兢兢垂训如此。

【白话】

此卦下卦为震，上卦为坎，震，动也，坎，险也，以震动遇坎险，有涉身险难之意，故名为屯。屯卦的卦辞说，身处屯难当守正慎动，即“勿用有攸往”，同时要培养忠贞贤德之士，以为自己的股肱，也就是立建侯。侯，即诸侯，指的是初九这个居于震卦的阳爻，因为震本来就有诸侯之意。

文王借由屯卦的卦辞提示世人，正所谓“危难之际显身手”，屯难之世也正是英雄用武之时，正是有雄才大略者大展拳脚之际。只要才足以拨乱，力足以扶危，应时而动，成功似乎是顺理成章的事。但屯难之时，险象丛生，举事稍有不慎，错失机会不说，还影响人心、士气。一旦失了众望，仅凭初九一己之力，不仅不足以拯救时艰，恐怕连自保都难。所以当屯之时，必须持中守正，谋出万全，先奠定胜局，再稳稳地夺取胜利。决不能单纯追求速度，见小利而轻往，不然很容易陷入更大的困境。至于匡扶时艰，改天换日，关键在于唤起更多的人心，得人心者得天下，只要有足够多的同心协力之人，就能形成不可阻挡的合力。就像屯卦的初九那样，先建立诸侯，成为众望所属，再振臂一呼，然后以能济之人，行善济之道，再大的屯难也不难冰销瓦解。

按：对于想把天下治理好的帝王来说，不能持中守正则去不掉功利之心，不能慎思慎行则抑制不了侥幸心，不倡导、树立贤德则不能收获真正的助益。平与险之理是相通的，常与变之道是同一的。只是处在屯难之时，往往关系重大，甚至直接决定着成败与生死存亡。所以圣人谨慎诚惧，垂示后人。

《彖》曰：屯，刚柔始交而难生。动乎险中，大亨贞。雷雨之动满盈，天造草昧，宜建侯而不宁。

【解义】

此《彖传》是释屯彖辞，以明济屯之道也。始交，谓乾坤始交，一索而得震。难生，谓遇坎险。雷，震象。雨，坎象。草，谓杂乱无序。昧，谓晦昧不明也。

孔子释屯彖辞曰：卦之名为屯者，盖以卦体震下坎上，是乾刚坤柔，一索得震而始交，再索得坎而难生也。以世道论，则国家肇造之始，中外多难，经理需人。惟卦以震动之德，入于坎险之中，是当大难方殷，而能奋发有为，拨乱而为治也。故卦辞系曰“大亨”。但在险，则势未易动，必有弘济时艰之才，又有从容观变之略，然后动能出险，而所往有功。故大亨而又系之曰“利贞”。夫出险济屯之事，不可枚举，其亟亟于利建侯者，何也？卦象雷雨交作，盈满于天地之间，为天运初开，杂乱晦暝之象。此时人心未定，名分未明。一人之力，不能削平大难，必宜择立贤哲，建以为侯，方可徐理天下之纷乱，收集天下之人心。然而立君之后，又未可遽谓安宁之时也。内切履危之戒，外厪防患之谋，惟不宁，乃所以求宁。惟事事求宁，乃愈不敢自以为宁，此真济屯之正道矣。

按：卦义阴阳不交，则为否。始交而未成泽，则为屯。泽及于物则为解，万物既通则为泰。由否之泰，全视乎济屯之功，而其道则主于震动。天时动于上，人事应于下，皆震之德也。惟其时至事起，故曰贞。有济屯之责者，其可不奋发以有为哉。

【白话】

《彖传》是对屯卦卦辞的解释，旨在阐释济屯之道。“始交”，指乾坤始交，“震一索而得男”，也就是一索而得震，即屯卦的下卦震卦。“难生”，是指屯卦的上卦是坎卦，坎为险难，又有孕象、胎象，所以谓之难生。雷，震象。雨，坎象。草，指杂乱无序，引申为草创之意。昧，指晦昧不明。

孔子解释屯卦的彖辞说：之所以把这一卦命名为屯卦，就是因为屯卦震下坎上，其上下卦都是万物之母坤卦向万物之父乾卦“索”来的，即一索而得震而始交，再索而得坎而难生。以世道论，是指国家肇造之始，草创之初，内外交困，亟须挽狂澜于既倒或能开天辟地之人。而屯卦下卦以震动之德，入于上卦坎险之中，像极了大难方殷之际、屯难正当剧盛之时，有人越众而出，逆流而上，奋发有为，拨乱为治。其才大，德亦大，亨通亦大，所以卦辞说“大亨”。但身处险难之中，情势所迫，不宜轻举妄动，非有弘济时艰之大才，又有从容观变之大略，方能相机而动，出离屯难，勋业有成。所以“大亨”的同时又说利贞，也就是“大亨贞”。纵观历史，出险济屯之事不可枚举，但屯卦一再强调“利建侯”，原因何在？孔子其实也做了交代，即“雷雨之动满盈”。屯卦上卦为坎，为雨象，下卦为震，为雷象，雷雨交加，暴雨撕天扯地，盈满天地之间，仿佛回到天地初开，万物草创的时代，到处杂乱晦暗，急需一道闪电，一轮烈阳，一道彩虹。对应到人事，便是人心未定，名分未明之时。以一人之力，难以削平屯难，要选择贤哲之人为首、为君、为领袖，理顺天下纷乱，收拢天下人心。不过此时远非高枕无忧之际，对内仍需时时警惕，对外亦需处处防患于未然，这样虽然看上去并不安宁，但却能求取长久的安宁。只有事事求取安宁，并且绝不敢自认为安宁，才是真正的济屯之道。

按：阴阳否塞不交就是否卦，阴阳始交还未下雨就是屯卦，雨水泽及于物则是解卦，万物通顺畅达则是泰卦。由否塞不通到上下通泰，全在于济屯能否成功，其关键又在于屯卦的下卦震卦。天时的发动，人事的感应，都离不开一震之德。时机到了就相机而起，就是所谓的“贞”。肩负济屯重任的人，怎能不奋发有为呢？

《象》曰：云雷，屯，君子以经纶。

【解义】

此《象传》，是言君子济屯之事也。云，坎象。郁而未通，故言云而不言水。经纶，治丝之事。先经以引之，后纶以理之也。

孔子释屯象曰：此卦上坎为云，下震为雷。雷虽动矣，云蓄雨而未降，屯之象也。君子以治乱世如治乱丝，必先整其大纲，而后可举其众目。故经以引之。使统纪既立，复纶以理之，使节目毕详。如制田里以厚民生，而复为之经理树畜，俾区处之尽其宜。设学校以正民性，而复为之斟酌节文，俾施行之有其序。如是，则人心大定，名分昭明，而何险难之不可立平哉？夫屯与需，皆有遇险之义，其象皆为阴阳未和。而需之饮食宴乐，独有异于屯者。盖需之时，人事已尽，则不可以期速效。屯之时，天运未启，则不可以无事功。义固各有取也。

【白话】

屯卦的《象传》，讲的是君子济屯的道理。云，坎象，坎为水，在天为云。在屯卦中，坎卦在上卦，积郁不通，所以只说云，不说水。经纶，本意是整理蚕丝，引申为治理国家。具体说来，是先整理丝绪，再编织成布帛。

孔子解释屯卦的大象说：屯卦的上卦是坎卦，象征水在天上，云之象，下卦则是震卦，雷之象。震雷虽已发动，但雨水仍积蓄于云天之上，还未降下来，这就是屯卦的大象。君子当明白治乱世如治乱丝的道理，必须先整理天下的纲目，然后便可以纲举目张，抓住主要矛盾。所以要先整理丝绪。纲纪确立了，再梳理整个体系，打通那些否塞的地方。比如先制定田制保障民生，再引导百姓栽种畜牧，使生产生活都安排妥当。先设立学校教化民众，再酌情制定法律法规，使政策条文有条不紊地推行。这样一来，人心会安定，名分会昭明，有什么样的险难不能够迅速平定呢？其实屯卦与需卦都有遭遇险难的意思，两个卦的大象都是阴阳未和之象。但需卦讲“饮食宴乐”，这与屯卦大不相同。这主要是因为需卦的本意是等待，即人事以尽，等待天时，而天时不以人事为转移，所以不能妄图速效。而屯卦之时，天运未启，不得不在尽人事的同时等待天时。两卦各有值得我们取法的地方。

初九：磐桓，利居贞，利建侯。

《象》曰：虽磐桓，志行正也。以贵下贱，大得民也。

【解义】

此一爻是言，济屯者在有守正之德，以得民心也。磐，石也。桓，柱也。皆难进之象。

周公系屯初爻曰：初九以阳刚居动体，当屯难之始，亟宜进而有为。然阳刚有能进之才，而居下则无可进之势。动体有欲进之志，而应柔则无引进之人。是其心虽深切时艰，而未免迟回审顾，有磐桓难进之象。夫天下躁进者非贞，而难进者为贞。惟初九处得其正，故能相时而不轻动。揆之济屯之道，原不利于欲速幸成，而利于居贞以自守也。且初为成卦之主，德足济时。天下之仰其德者，自利于建立为侯，以削平祸乱，又岂终于磐桓不进已哉？

孔子释初象曰：初之磐桓，虽势不能遽进，而其志原在行正，不肯妄为。稍有不合于义，宁从容藏器以待之，此居贞之所以利也。至其以阳刚居阴下，盛德不骄，而日以下恤民隐为念。彼民在水火之中，有不引领望救而愿建以为侯者乎？盖能得民心者，真定祸乱之根本耳。大抵天下之治乱，全视人心之向背。匹夫匹妇，非可以权制术驭而为我用也。仁足以使之感，义足以使之服，然后奋发举事，而人不得而议之。所以三代之得天下，逆取顺守之说，屏而不用。行一不义，杀一不辜之事，耻而不为。王道之异于霸功，此而已矣。

【白话】

这个爻的意思是说，济屯之人要居贞守正，以得民心。磐，指磐石，也就是大石头。桓，指柱子，也就是大木头。二者都是难进之象。

周公所系的屯卦初爻爻辞的意思是说：初九是个阳爻，象征阳刚，它处在下卦震卦之中，震主动，也象征诸侯与长子，它以阳刚居动体，内心的冲动本就难以抑制，时世又很艰难，日夜不停地召唤着它，它不得不动。然而，尽管它应该动，也可以动，因为它是阳爻，代表一定实力，可惜它处在下位，并且是最底层，动而无名，是为叛乱，所以不能轻举妄动。它处在震卦之中，很想有一番作为，但是它的应爻六四是个阴爻，象征着无人引进，或者虽有引进，但引进之人无话语权。所以它心里纵有匡扶天下之志，也未免思前想后，反复庙算，遂有磐桓难进之象。这正是爻辞中“贞”的出处：躁进者谈不上“贞”，难进者才称得上“贞”。而且初九以阳爻居阳位，原本当位，一动的话，反倒不当位了，所以初九虽然“磐桓”，但它“磐桓”得非常得体，“磐桓”得无可厚非，无可指摘。说白了，它通晓易道的时空智慧，想动，能动，但绝不轻动，绝不妄动。就屯卦全卦而言，济屯济难本来就没那么简单，原本就不应该幻想速成，居贞自守才是王道，才符合易道。而且初爻是全卦的卦主，其才德足以济世，为天下人所仰望，被天下人所需要，只需要在恰当的时机振臂而起，建立为侯，便不难削平祸乱，又怎么会长久地盘桓不进呢？

孔子解释初爻的小象说：初爻之所以“磐桓”，是因为情势使然，不允许它轻举妄动；它内心里也有对时机的清醒判断，所以不肯妄为，因为稍有差池，失败事小，不合于义事大，所以它藏器于身，静待天时，因此爻辞说“利居贞”。而且它以阳刚之才德而居阴爻六二之下，盛德不骄，谦谦君子，与底层民众打成一片，体恤民众，爱护民众，又日夜以匡扶天下为己任，那些处在水深火热之中的民众，有谁不期盼着它能早一点带领自己开天辟地、封疆建侯呢？所谓得民心者得天下，民心与人心才是平定祸乱的根本。天下的治与乱，几乎全都取决于人心的向背。平民百姓看似普通，帝王的权术再高明，也未必能驾驭他们，也未必能为其所用。但仁足以感化民众，义足以感召民众，然后再奋发举事，就算夺取天下，也不会有什么非议。所以三代取代前朝而拥有江山，并没有执泥于逆取顺守之说。恰如孟子所说，哪怕只是做了一件不义的事，只是杀了一个无辜的人，即使事后得到了天下，也是不对的。王道与霸道的区别，仅此而已。

六二：屯如邅如，乘马班如。匪寇，婚媾，女子贞不字，十年乃字。

《象》曰：六二之难，乘刚也。十年乃字，反常也。

【解义】

此一爻是言，二能以正自守而不苟于从人也。邅，邅回也。班如，分布不进之貌。字，许嫁也。乘刚，谓乘初刚之上。反，复也。

周公系屯二爻曰：六二与九五为正应，义所当从。但位逼初九，为其所制。是当屯难之时，君臣不能遽合，而见阻于强梁之人也。其象为屯如邅如，而所乘之马，班如而不能进焉。夫初九之强与二合者，原非与二为寇，实欲其合力济屯，如婚媾之相亲耳。惟二阴柔中正，执一不渝，至于历时既久，数穷理极，则妄求既去，而正应乃复合矣。不犹女子守贞不字，至十年而乃字乎？

孔子释二象曰：六二之受难于人，止以下乘初刚，欲其变常道而与之合耳。天下变常之事，必不能久。二之十年乃字，正复反于常道，而君臣会合，获遂其本志也。君子尚其知所守哉！

按：初九为一卦之主，本为贤明刚正之人。二与之合力济时，未为失节。而圣人于二之守贞不字，深加奖许者。凡以出身事人，义无私交，倘或迫于侵逼之势，牵于比昵之情，明知其不可而姑应之，鲜不至于辱身败节。故以不字为正，所以戒后世之怀二心者也。

【白话】

这个爻的意思是说，二爻能以正自守，而不苟从于人。邅，邅回，回旋、回还之意，也就是我们一再说的兜圈子。班如，盘桓不进。字，许嫁，出嫁。乘刚，指六二作为柔爻乘驾于初九这个刚爻之上，其位不当。反，即反复。

周公所系的屯卦二爻爻辞的意思是说：六二与九五原本是正应，理应配从九五。但它离初九太近了，结果为其所制，无法上应九五。这就好比屯难之时，六二这个臣子原本想要勤王，但为强梁所阻，君臣不得相见，无法勤王。其象为“屯如邅如”，意思是遇到了阻碍，原地回还。阻碍即二爻上面的上互卦艮卦，即三四五爻组成的三画卦艮卦，艮为石，为止，代表阻碍。阻碍了什么呢？阻碍了六二与九五相互应援。九五在坎卦中，坎为险难，也代表水，水流遇到阻碍，就会回还打转，六二也不得不跟着团团打转，相当于掉进了漩涡，也就是“屯如邅如”。所谓“乘马班如”，是说六二乘着马，这本来是优势，然而这匹马不能前进，因为这匹马就是下卦震卦，震卦为馵足之马，也为作足之马，这两匹马我们可以简单理解为两足悬空之马与跃跃欲试之马，反方向理解，则是有劲使不上的马，所以二爻只能“乘马班如”，团团打转，时不利兮骓不逝。“匪寇，婚媾”，是指初九作为阳爻，又是卦主，与六二强配，看似盗寇强梁，但它的出发点是好的，是为了合力济屯，更像追求有共同价值观的爱人或战友。只是六二这个爻也有它的特点，它是阴爻居阴位，并且居于下卦之中，居中守正，象征坚贞不渝。等度过这段时间，时空变换，诱惑不复存在，它便能与正应九五复合。这种情况，不正像女子守贞不嫁，十年后得配真命天子吗？

孔子解释二爻的小象说：六二这个爻，受制于初九，又有乘刚之吝，所以它一度想要改变它坚守的正道，迎合他人。好在它知道变常之事必不能久，经过一番波折，最终又返回了常道。因为它经受住了考验，也最终得以君臣会合，云龙风虎，这正是君子推尚守常之道的原因！

按：初九这个爻本来是卦主，是主爻，象征贤明刚正之人。二爻与之相配，合力济屯，算不上失节。但圣人对于二爻爻辞中的“女子贞不字”大加推崇，深加奖许，是因为凡以出身事人者，不得论私交，倘若对方打感情牌，搞“道德”绑架，自己碍于情面，囿于关系，明知不可应而应，明知不可允而允，鲜有不身败名裂者。所以二爻爻辞以“不字”为正，后世君子应深以为戒。

六三：即鹿无虞，惟入于林中。君子几不如舍。往吝。

《象》曰：即鹿无虞，以从禽也。君子舍之，往吝穷也。

【解义】

此一爻是为躁进者示戒也。即鹿，逐鹿也。虞，虞人。

周公系屯三爻曰：凡任天下事者，必内度之己，外度之人，然后能进而亦能退。六三阴柔居下，是内无济屯之才也。正应非人，是外无济屯之助也。乃好动轻进，自取困穷，如逐鹿而无虞人导之，唯有陷入于林莽之中而已。虽欲退，其可得乎？夫其所以轻进取困者，由不能见几故耳。天下事，应行应止，原有先见之几。妄行之，必致于困。此几之灼然易见者也，惟君子知之。与其侥幸以图利，不如舍而勿往。虽无所得，而必不至有失身之患。若贪利往逐，自不免陷于屯矣。何吝如之？

孔子释三象曰：无虞而即鹿，是以身从禽，而不知舍也。三之贪利躁进，不可动而妄动，亦犹是而已。君子见其当舍，即断然舍之。诚以往则必吝，故不得不去之决耳。圣人戒人急于求进者如此，盖济屯者之入乎险中，与田猎者之入于险阻，其危一也。方其猝然遇轶材之兽，骇不存之地，虽使虞人导之，犹惧有衔橜之变，况无虞乎？所以圣人取象，以忘身徇禽为忘身徇利者之喻。诚以天下利之所在，即害之所伏。惟能见几，然后利害明。利害明，然后取舍决。不然，未有不自取困辱者也。

【白话】

六三这个爻，主要是为了警示那些躁进、冒进的人。即鹿，逐鹿。虞，虞人，古代掌管山林草泽的官员，此处作向导讲。

周公所系的屯卦三爻爻辞的意思是说：凡担当重任，尤其是担当天下大任者，必须对内对外全面思考，整体考量，如此才能立于不败之地，可进可退，可攻可守。六三是个柔爻，却居于下卦的阳位，说明它既没有相应的才干，又不当位。它也没有正应，因为上爻也是柔爻，无法相互应援。可它一来身处动卦之中，二来处于上下卦的结合部，只需一步就可进入上卦，诱惑太大，所以它没能按捺住自己，冒失轻进，结果陷入困境，如同打猎的君王没有虞人的引导，陷入林莽之中，危机丛生，屯难重重。它想全身而退，但能不能做到呢？其实它之所以会轻取冒进，以至于陷入困境，就在于它缺乏智慧，不能见几而作。世界上的事情，是该锐意进取，还是该按下暂停键，其实都有微妙的提示。无视者必致困境。能洞悉、觉察的人，可谓君子。与其抱着侥幸心理逐鹿图利，不如停下脚步，舍而勿往，保全有用之身。目前虽无所得，但也不至于因此失去什么。反过来说，贪速贪利，则不免陷于屯难。为什么要自取吝难呢？

孔子解释三爻的小象说：没有向导就去逐鹿，是以身犯险，而且不知取舍。三爻贪利躁进，不可动而妄动，犯的正是这种错误。君子行事，不会拖泥带水，见其当舍，便断然舍弃。君子是因为明知前往必有吝难，所以才斩钉截铁，果断放弃。圣人之所以这样告诫急于求进者，是因为正如屯卦全卦所展现的，济屯济难必须以身涉险，这与田猎者为了猎物以身犯险没有什么本质的区别。假使猝然间遭遇猛兽，陷入危机，就算有虞人在，都不一定全身而退，更何况完全没有虞人呢？所以圣人取田猎之象，以不顾自身安危、不知取舍的逐鹿之人来比喻天下的忘身徇利者。冷静观察，天下但凡有利的地方，皆有相应的害伏藏着。只有先识几、见几，才能明白其中的利害。利害明白了，才能做出正确的取舍。否则天下虽大，却鲜有不自取困辱之人。

六四：乘马班如，求婚媾，往吉，无不利。

《象》曰：求而往明也。

【解义】

此一爻是言济屯者宜求贤自辅也。求，谓四求初。往，往济屯也。

周公系屯四爻曰：六四居大臣之位，本有济屯之责，而阴柔无才，志欲进而力不逮，故有乘马班如之象。然初九阳刚居下，为四正应，是乃与己为婚媾者也。诚能虚己求之，借其有为之才以同往济屯，则在初得展行正之志，在四得成出险之功，不亦吉无不利乎！

孔子释四象曰：凡不明者，非昧于知人，即蔽于自恃。六四求初九之贤，同往济屯，量己之不足，资人之有余，不自用而任之，其识见可谓明矣。盖人臣最忌蔽贤，而又最患植党，二者或疑于相妨不知。意主于为国，则其所以勤延揽者皆公也；意主于为己，则其所以广汲引者皆私也。若外避植党之名，而内怀嫉贤之实，其害与树私交者正复相等。以处无事之日，必误国家，况可与之济屯乎哉？

【白话】

这个爻的要旨是告诉世人，济屯济难不要单打独斗，自以为是，应该效法尧舜，求贤自辅。求，即四求初，即四爻作为阴爻，与阳爻初九有正应，而且初九是一卦之主，故言求。往，前往，即前往济难。

周公所系的屯卦四爻爻辞的意思是说：四爻是大臣之位，大臣原本肩负着济屯的责任，然而六四这个爻是柔爻，阴柔无力，心有余而力不足，所以依然是“乘马班如”之象。然而六四有初九为正应，是全卦中唯一一个有助力的爻，更何况初九还是卦主，力量极大，又愿意应援它，好比郎情妾意的婚媾者，也就是爻辞所说的“求婚媾”。若真能放下身段，虚己以求，借初爻之力共济时屯，初爻固然能大展拳脚，行正得志，它自己也能出离险难，也就是离开它所在的坎卦，当真是皆大欢喜，“吉无不利”！

孔子解释四爻的小象说：那些不贤明的大臣，要么无法识人，要么刚愎自用。六四却能以高求低，以上求下，以大臣之位求取初九之贤德，共赴时艰，合力济屯，敢于承认自己的不足，能够求取别人的长处，不自以为是，唯才是举，让专业的人办专业的事，真可谓明智，真可谓高明。身为人臣，作为皇帝的股肱，最忌埋没贤能，最患私树党羽，二者就算不能相妨，也断难相济。心思放在国家上面，其勤勉任事、四方延揽都是为了国家；心思放在自己身上，其海纳百川、广荐贤才也是为私。如果一边外避植党之名，另一边又心怀嫉贤之实，其危害与前述树私交者没什么两样。就算太平盛世，也会耽误国家，更何况屯难之时？

九五：屯其膏，小贞吉，大贞凶。

《象》曰：屯其膏，施未光也。

【解义】

此一爻是言时危无辅而德泽难施也。小大，谓小事大事。

周公系屯五爻曰：五以阳刚中正居至尊之位，宜若可以有为。但时当屯难，陷于险中，而正应六二又阴柔才弱，不能出而济险。天下民心，多系属于初。九五虽有膏泽之施，亦壅而不能下究，为屯其膏之象。以处小事，则守正犹可获吉。若欲图济屯之大业，虽得正，不免于凶。甚矣！其时之难为也。

孔子释五象曰：在上者以德及生民为大，九五之屯膏，则以陷入险中。阳为阴掩，虽有膏泽，不能遍及于人，故所施为未光也。

按：圣人立教，责重人事，虽时势无可为，犹必教之以出险济难之道。况屯之九五本有阳刚之才，未为失德。而直以“大贞凶”为戒，何哉？诚以有君无臣，必不能成大业。五专恃六二阴柔之应，斯所往多阻。卦之初九，既为人望所归，使与六四同屈己下贤，倾心委任，而又内修德政，以收拾人心，未必膏泽不可以下流，而经纶不可以徐布。故辞曰“屯膏”，以明求贤之宜急也。

【白话】

这一爻的主旨是说，时局危难却孤立无援，德泽不厚且很难光大。小大，指小事和大事。

周公所系的屯卦五爻爻辞的意思是说：九五是阳爻，居中守正，并且位在至尊，好像可以有为。但时当屯难，陷于险中，也就是处在屯卦的上卦坎险之中，说白了，济屯济得就是它，而它的正应六二一来阴柔无力，二来离卦主初九太近，难以相援，所以难以出险。天下民心，又都在初九那里，它这个九五至尊，有名无实，就算被救出险地又能如何？而究其原因，也怪不得别人，还不因为它虽有膏泽之施，但壅阻于上，不能下达，为“屯其膏”之象，说白了就是囤积民脂民膏，表现在卦上就是上卦坎卦代表的雨泽，受到了上互卦艮卦的阻挡，艮为止，为阻挡，又为身，即自身，坎为膏，合起来说，就是把天下的膏脂与利益都用在了自己身上。用以处小事，由于它居中守正，勉强还能获吉。若是做大事，特别是济屯济难这样的大事业，虽然它很当位，虽然它也得中，虽然它是至尊之位，但还是会凶。太过了！气运已衰，天时将尽，很难有大的作为了。

孔子解释五爻的小象说：对于在上位者而言，自己的德行和天下的百姓是重中之重，九五恰恰是因为只知有君、不知有民而陷身屯难。代表险难的坎卦是中间一个阳爻被上下两个阴爻所掩弊，象征其被小人包围犹乐此不疲，虽有膏泽，但只惠及了与它有正应的六二，所以说“施未光也”。

按：孔子创立儒学，注重人事，即便时势乖舛，难有作为，依然不遗余力地倡导出险济难之道。况且屯卦的五爻本是阳爻，象征有阳刚之才，又居中得位，说不上失德。为什么爻辞还要强调“大贞凶”呢？主要是有君无臣，不能成其大业。五爻与二爻虽有正应，但这唯一的正应也因为中有险阻而断断续续，更不必说其余四爻。反观卦主初九，既获得了广大底层民众的爱戴，又借由与六四正应，使六四屈己下贤，倾心委任，自己又当位，又当动，假以时日，膏泽未必不可以下流，而恩泽未必不可以广布。五爻若能效法初爻，一切就还有可能。只是留给他的时间已经很少了。所以爻辞直接批评其“屯膏”，也有力谏其求贤宜急、养贤宜厚的意思。

上六：乘马班如，泣血涟如。

《象》曰：泣血涟如，何可长也。

【解义】

此一爻是言无才无辅不能出险也。

周公系屯上爻曰：从来天道人事，穷极则通，乱极则治。上六居屯之极，正有可亨之机。乃阴柔无才，又无辅助，因循不进，坐失事几，徒为无益之忧惧而已，有乘马班如，泣血涟如之象。

孔子释上象曰：上六当屯极之时，昧于出险之义，既不能致治，则必入于败亡。泣血涟如，岂长久之道哉？此圣人危其辞以为济屯者戒也。

易之所重，德与应而已。阳刚之德，虽无应，犹可有济。若质本阴柔，而复无阳刚之应，鲜不败矣。即此卦而言，二之班如，以待五也；四之班如，以求二也。皆为阴与阳应，故有吉利而无凶悔。就诸卦而言，否之上九，以才足倾否则喜；蹇之上六，以来就九五则吉。其他如复，如坎，如困，则无德无应，与屯之上同一象矣。故曰：阳为贵，阴为贱，易之通义也。

【白话】

这个爻的主旨是说，自己无才，又没有强大的辅弼，便不能出险离难。

周公所系的屯卦上爻爻辞的意思是说：天道也好，人事也罢，一向都是穷极则通，乱极则治。上六这个爻位居屯卦最上，处在极端，六爻又是隐士之位，本有离难出险、亨通逍遥的机会，奈何它是个阴爻，阴柔无才，又没有初九那样的正应作为辅助，徘徊日久，坐失事几不说，心态也崩了，即爻辞所说的“乘马班如，泣血涟如”。

孔子解释上爻的小象说：上六这个爻处于屯难的转机之处，却不懂得出险之道，不能够削平祸乱，则必然为祸乱所戕。实际上，我们可以把它想象成一位避祸出逃的君王，然而它只知道泣血涟如，这怎么可能长久得了？这是圣人对济屯济难者的再次告诫，为加强效果，还做了着意渲染。

易理所看重的，无非是爻之才德和是否有应。阳爻因为有阳刚之德，就算没有应，依然有希望。若是阴爻，因自身阴柔无力，又没有阳爻相应援，没有不败亡的道理。仅就屯卦而言，二爻所说的“班如”，是在团团打转的同时，等待着五爻这个应爻伸出援手；四爻所说的“班如”，则是想求取二爻的应援。此二爻皆为阴与阳应，故爻辞有吉利而无凶悔。就诸卦而言，否卦的上九，因为是阳爻，才足以倾否，所以爻辞曰“喜”；蹇卦的上六，因为能下就阳爻九五，爻辞亦曰“吉”。其余如复卦，再如坎卦，又如困卦，则因为既无德又无应，与屯卦的上爻遭际相类。所以说：阳为贵，阴为贱，这是易经的通义。

䷃ 蒙 坎下艮上

【解义】

蒙取养蒙之义。物生方穉，养德更难于养身。圣人欲立教者，动合于中，而施当其可。故卦辞予之以亨，而又戒之以利贞。六爻四阴为蒙，二阳为治蒙之人，而上九过刚不中，又以九二时中为一卦之主。初承二则有利，四远二则有吝，五应二则得吉。五身居尊位，而能自处于蒙，以为天下率教者之倡。此刚柔之所由相接，而圣功之所由克成也。至若三近于二，宜与初相同，而其正应在上，舍上而从二，有见利忘义之象，故君子绝之。盖易卦之所重在应，屯之二以不附初为有守，所应正也。蒙之三以下从二为失身，所应不正也。应失其正，则身败名辱，虽有包蒙之教，亦无所施。是非用上九之击蒙，不足以遏其邪而止其恶矣。大抵治蒙之法，贵乎宽严适中，而制之于早则易为力；防之于后，则难为功。制于早者，发蒙者也，正法以绳之而有余；防于后者，击蒙者也，干戈以御之而不足。所以圣人取象，于初曰“脱桎梏”，于上曰“利御寇”，正以立教之初意，原主于宽。其至于击蒙御寇，盖不得已而用之者也。养正之功，诚不可不豫矣哉。

【白话】

蒙的本意是蒙昧，这里取修养正道、远离蒙昧之意。如前所述，屯是万事开头难，是刚刚露头的小草，蒙则是屯卦的发展，但还未脱离幼稚的状态，这种状态下养德比养身更难。圣人想通过蒙卦告诫后学，做人要效法蒙卦的主爻九二，因为它既在下卦震卦之中，代表行动、进取、雷厉风行，并且居于下卦之中，如君子通顺地行走在中道上，恰到好处，所以爻辞先说蒙卦亨通，然后又说蒙卦利贞。蒙卦的六个爻中，四个阴爻为蒙昧之人，两个阳爻为启蒙、开蒙、治蒙之人，而上九因为位置太高，并且没有居中，所以全卦当以居中的阳爻九二为卦主。初六因为以阴承阳，顺应天道易理，所以爻辞称“利”，六四由于离九二较远，所以爻辞称“吝”，有悔吝、忧虞之象，五爻则因为与二爻成正应而吉祥。需要特别提及的是，五爻它身居尊位，却以蒙昧自居，堪称天下为人师表者的榜样。这正是作为柔爻的它与作为刚爻的九二能够相接相应，而大业可期可成的关键所在。至于三爻，它与初爻一样，都靠近二爻，但它有正应上九遥相呼应，舍上从下，弃近就远，有见利忘义之象，君子是不会效法它的。因为易理注重爻与爻是否有应，屯卦的二爻就是因为不就近依附初爻，能守住常道，能呼应它的正应九五，所以被圣人称诵。蒙卦的三爻就像一个失身的女子，向下迎合九二，但九二并不是它的正应。不是正应，不合理法，必身败名辱，圣人虽有包蒙之教，讲究包容、宽容，有教无类，但碰上三爻这样的人也无可奈何。恐怕祭出杀手锏，也就是上九爻辞所说的"击蒙"，也不足以遏止其邪恶与危害。总的来说，治蒙治法在于宽严适中，而且越早启蒙、越早教化越好；事后再去干预，往往收效甚微。提前预防，及早制止，这叫"发蒙"，很容易将其绳之以法；事后干预，则叫作"击蒙"，就算带军队去讨伐也往往力不从心。所以圣人从中取象立意，在初爻说"说桎梏"，到上爻就改为"利御寇"了。这主要是为了阐释画卦立教之初心，说到底还是一个"宽"字，至上爻爻辞所说的击蒙御寇阶段，已经是不得已而为之了。启发蒙昧，修养正道，当真不可以懈怠。

蒙：亨，匪我求童蒙，童蒙求我。初筮告，再三渎，渎则不告，利贞。

【解义】

此卦坎下艮上，山下有险，内险外止，俱有蒙滞未通之意，故名为蒙。卦辞言，亨蒙之道，贵当其可，而要之以正也。我，指九二言。童蒙，指六五言。

文王系蒙彖辞曰：蒙虽穉昧未通，然真明内含，天良未凿，原有可通之机，一开发之即通矣，故蒙者得亨而不终于蒙。然蒙之能亨，虽蒙者有可亨之道，亦由发蒙者得善教之宜。教之之宜何如？师道不可轻亵，有来学，无往教。匪我主教者先求童蒙，而强为启迪；乃童蒙虚心逊志，先来求我，以决疑辨惑也。且求我之心，真实纯一，如初筮之诚，则宜迎其机而告之，庶言不烦而教易入。若至再至三，则烦琐而渎矣。渎则求教之心不切，即告之亦必无益，故隐而不告。如是，则蒙者固能求，而明者又善告，此蒙之所以得亨也。然其所以告之者，又必扩其良知，充其良能。非圣人之言勿道，非先王之法勿陈，而利于贞焉。庶蒙者德日进于高明，业渐臻于光大，而养蒙之道始无愧矣。昔宋儒周敦颐有言："人生而蒙，长无师友则愚。"故师道立则善人多，善人多则朝廷正而天下治矣。然则择师求道，诚人生第一义也。

【白话】

蒙卦的下卦是坎卦，坎为水，为险，上卦是艮卦，艮为山，为止，内险外止，蒙滞不通，所以叫蒙卦。蒙卦的卦辞指出，遇到蒙卦又想要亨通，关键是要举措得当，做人做事都要围绕着一个“正”字展开。爻辞中的“我”，指九二。爻辞中的“童蒙”，指六五。

周文王所系的蒙卦卦辞的意思是说：蒙虽然是一种幼稚、蒙昧、智慧未开的状态，但蒙卦的下卦有一个居中的阳爻，也就是九二，它象征真明内蕴，天良未凿，枢机本具，一开发即可通明，所以爻辞才说蒙卦亨通，不会始终蒙昧。然而蒙昧者之所以可以亨通，虽然自有其亨通之道，却也离不开发蒙者的谆谆教化。怎样的教化称得上合宜呢？为人师表，传道、授业、解惑者，不可以自我轻亵，自古有来学，无往教。做教师、做导师的不能倒追着学生跑，强行启迪，灌输填鸭，应该是学生虚心逊志，诚心来求教时，发蒙者再顺理成章地为他决疑辨惑。而且学生的求教之心要真实、纯粹，就像占卦者的初筮一样，无比虔诚，这样就可以适时地为他解答，老师讲得再多他也不会厌倦，都能够听得进去。若是再二再三地来问，就是烦扰与亵渎了。学生的内心不够虔诚，求教之心就不够热切，这种情况下，告诉他也没用，所以隐而不告。这样一来，蒙昧者才会明白应该怎样去求教，再遇上善于启发的名师，蒙者才可以打通关节，亨通自在。在启发蒙昧的过程中，还要尽量开发其良知，增益其良能。不符合圣人理念的话不说，不符合三王之道的话不讲，这样有利于培养正心、正念与正气。如果有幸使受教者德行日深，事业日大，这才无愧于养蒙之道。宋代大儒周敦颐说过：“人生而蒙，长无师友则愚。”所以师道昌明善人就多，善人多了朝廷就会清正而天下就会大治。如此说来，择师求道，实乃人生第一要义。

《彖》曰：蒙，山下有险，险而止，蒙。蒙亨，以亨行，时中也。匪我求童蒙，童蒙求我，志应也。初筮告，以刚中也。再三渎，渎则不告，渎蒙也。蒙以养正，圣功也。

【解义】

此《彖传》，是释蒙彖辞，而备言亨蒙之道也。

孔子释蒙彖辞曰：卦之所以名蒙者，卦体坎下艮上，上有艮山之阻，下有坎水之险，卦德内险外止。内险已杌陧不安，外止又滞碍难进，正如物生之初，蒙昧未通，故曰蒙也。至蒙之所以得亨者，卦体九二，以可亨之道，行以教人，己昭昭而教人昭昭，且启迪合宜，语默中节而时中也。何以见之？如“匪我求童蒙，童蒙求我”，盖以六五柔顺虚中，下应九二，非二有求于五，乃五尊贤乐道之志，下应于二也。此非二有亨蒙之道，五未必求，若使非时中，则亦不待求而教之矣。初筮告者，以九二有刚中之德，故能施教有节，必待其诚而始告也。若“再三渎，渎则不告”者，盖蒙者再三，固为渎我，我若告之，蒙亦不能听受，弥增疑惑，反渎蒙矣，故不告也。此非二有亨蒙之道无以告蒙，若使非时中，则告之亦无节矣。又曰“利贞”者，何也？蒙而养之以正，乃作圣之功也。盖人性本正，当颛蒙之始，其天真未漓，则当保全其正者，惟此时。其情识渐开，不可不范之以正者，亦惟此时。教者必及此时，涵育薰陶，扩充培养，日使之亲正人，闻正言，全其性命之体，满其知能之量，则赤子之心不失，而达天立命之学在是矣。非圣功而何？夫蒙者之求教，与教者之发蒙，无不以圣人为期，而圣功惟在养正。可见天理人欲，全在辨之于早。若待外诱既深，发然后禁，则扞格而难胜矣。《伊训》云：“罔不在初。”《召诰》云：“王乃初服。”后世留心国本者，必惓惓以早谕教为言，其亦有见于此乎。

【白话】

《彖传》是对蒙卦卦辞的解释，详细地阐释了蒙亨之道。

孔子解释蒙卦的彖辞说：蒙卦之所以叫作蒙卦，是因为它的下卦是坎卦，上卦是艮卦，坎为水，艮为山，此卦上有艮山之阻，下有坎水之险，特征是内险外止。内险令人不安，外止使人难进，正如事物的初生阶段，蒙昧未通，所以叫作蒙卦。至于蒙卦爻辞提到的亨通，体现在卦上主要指下卦的九二，它阳刚，明慧，又居中，还有正应，并且是一卦之主，就像一位闻道在先的老师，以可亨之道，教蒙昧之人，把自己明白的道理教授给别人，而且教授得法，一言一行都切合中道。凭什么这么说呢？就拿爻辞中的“匪我求童蒙，童蒙求我”来说吧，它主要是指六五这个爻，它是个柔爻，代表柔顺，又居于上卦的中间，向下与九二成正应，九二也居于下卦的中间，这就是中道，而且是双向的。不是作为刚爻的二爻有求于六五这个柔爻，也就是老师追着学生跑，而是六五虽然居于尊位，但能够虚心逊志，尊贤乐道，不耻求教。如果不是九二懂得并且坚守蒙亨之道，六五未必下求。不得其时的人，往往不待别人求教便上赶着去教别人了。“初筮告”，是说九二有刚中之德，所以施教有节，必须要看到求教者的诚心才能相告。“再三渎，渎则不告”，是说反复求告是对“我”的亵渎，再次相告，他也不会明白，而且会更加疑惑，此即“渎蒙”，所以就不宜说什么了。这不是说九二明明可以相告却偏偏不说，而是因为不合时宜，也不合相应的法度。再说爻辞所说的“利贞”，它是什么意思呢？简单来说就是从小施行正确的教育，长大才可以成材。其实人性本正，应该在童蒙阶段，趁着天真无邪，童真未泯，保全其正性，这几乎是唯一的时机。等他才情与识见稍具，又要时时鞭策，范之以正，这几乎也是唯一的时机。为人师表者只有抓住相应时机，谆谆教导，着意薰陶，用心培养，让他不断地接触正人君子，接受正确教导，身心都得到良好发展，具备知识与能力，才可能保存他的赤子之心，明了自然规律，安身立命于天地之间。这不是圣功是什么？其实蒙者求教也好，教者发蒙也罢，都应该奔着培养圣人、成为圣人为最高标杆，其中的要点就在于养正。可见天理人欲这些根本道理，越早明了才越好辨别。等到受外界诱惑太多、太深时再去禁止，必然会遭到强烈的抵触，而格格不入了。《尚书》中的《伊训》说：“罔不在初。”《召诰》也说：“王乃初服。”后世留意天下根本的人，一定会奉持先哲的早教之道，抱持与我一样的虔敬之心。

《象》曰：山下出泉，蒙，君子以果行育德。

【解义】

此《象传》，是言君子自养之道，贵内外交致其功也。果行者，勇决其行。育德者，涵养其德。

孔子释蒙象曰：艮象为山，坎象为泉，山下出泉，其水最清，其流未达。犹人之童穉，天良内具，而郁滞未通，蒙之象也。君子欲开一世之蒙，必先有以自开其蒙。于是体坎之象，以果其行，见善必迁，有过必改，如泉之始达，其机莫遏。体艮之象，以育其德，培其知能，葆其忠信，如山之静正，其源常裕。如是，则内外交修，本末一致，所以开一己之蒙在是，所以开天下之蒙亦在是矣。盖德者行之自出，行者德之所形。惟其所养能厚，故其所应不穷。不然，源之不深，其流虽疾，而亦易竭。则育德尤为探本之功欤。

【白话】

蒙卦的《象传》讲的是君子自养之道，也就是效法屯卦的二爻与五爻，上下相应，内外交接。果行，即果断行动。育德，即涵养才德。

孔子解释蒙卦的大象说：蒙卦的上卦为艮，艮为山，下卦为坎，坎为水，水在下为泉，全卦是山下出泉之象，泉水是最清澈的，但水流量太小。就像人小的时候，天资具足，但郁滞未通，好像智慧被蒙蔽着。君子想启发天下人的智慧，首先要扫清自己的蒙昧。于是体悟并效法蒙卦的下卦坎卦之卦德，说具体点儿是效法坎卦中间的阳爻，果断行动，见善必迁，有过必改，如同喷涌的泉水，虽远不惧，弯弯曲曲，百折不回，假以时日，必源远流长。同时体悟并效法蒙卦的上卦艮卦之卦德，培养自己的才德，坚守自己的贞正，心性不动如山，智慧源源不断。如此才能做到内外兼修，本末一致，扫除自身的蒙昧是这样，开启天下人蒙昧也如此。德行它存乎于心，始之于行，行为是德行的外显。只有德行足够深厚，才足以面对各种情况。不然的话，没有深远的渊源，流速虽疾，却难免断流。所以说，育德是探本溯源、求学问道的根本功夫。

初六：发蒙，利用刑人。用说桎梏，以往吝。

《象》曰：利用刑人，以正法也。

【解义】

此一爻是言发蒙之道贵宽严相济也。刑人，用刑之人。桎，足械。梏，手械。

周公系蒙初爻曰：初六阴柔居下，蒙之甚者。教者欲开发其蒙，当严之以威，使之有所畏惧，而不敢不勉于善。用刑人以惩之，乃为利也。然严以束之，又当宽以待之。用说桎梏，以俟其自悟自新，相观而化焉。若徒恃严威，往而不舍，在我既失张弛之道，蒙者即欲为善，其道无由，吝其能免乎？

孔子释初象曰：治天下，有教化，不能无刑罚。教以养童蒙之君子，刑以惧愚蒙之小人。发初之蒙，利用刑人者，所以正治蒙之法，使之有所畏惧，而不敢犯也。盖发蒙之道，既用刑以惩其初，即用说以观其后，则养之意，未尝不寓于法之中。《礼》曰："师严然后道尊，道尊然后民知敬学。"《书》曰："敬敷五教在宽。"然则，宽以济严，严以济宽。发蒙之道，莫善于此矣。

【白话】

这个爻阐释的是启发蒙昧贵在宽严相济的道理。刑人，受刑之人。桎，相当于脚镣。梏，相当于手铐。

周公所系的蒙卦初爻爻辞说：初六这个爻是阴爻处在阳位，不当位，还处在蒙卦的最下面，相当于最蒙昧的人。要开发它的蒙昧，就得给它点儿下马威，让它有所畏惧，不敢不远恶向善。这种做法虽说严厉，但是有效。不过在严加管束的同时，也要有所宽恕。“用说桎梏”，是说让蒙昧者有所反省，给其自新的机会，再相机引导。如果一味威逼，只进不退，我们就偏离了张弛有度的大道，蒙昧者想弃恶向善，也没有机会，吝悔又怎么可以避免呢？

孔子解释初爻的小象说：治理天下，不能当有教化，却没有刑罚。教化用于涵养童蒙的君子，刑罚用于戒惧愚蒙的小人。启发初爻这样的蒙昧之人，要利用受刑之人匡正治蒙之法，使之有所畏惧，不敢轻犯。纵观发蒙之道，虽说动用刑罚在先，但随即又予以解除，其养蒙育民之意，已寓法中。《礼记》说：“师严然后道尊，道尊然后民知敬学。”《尚书》说：“敬敷五教在宽。”然而宽可济严，严亦可济宽，宽严相济才是最好的发蒙之道。

九二：包蒙，吉。纳妇吉，子克家。

《象》曰：子克家，刚柔接也。

【解义】

此一爻是言施教之道，贵曲成不遗也。包，涵育之意。纳，受也。妇，群阴之象。

周公系蒙二爻曰：九二有刚中之德，膺发蒙之任，不特乐育英才而已。即阴柔蒙昧之人，亦包之而不遗，则智愚皆可成就，何吉如之？且不特奖掖善类而已，即暗昧无知如妇者，亦纳之而不弃，则贤否悉受陶成，又何吉如之？凡此敷教之任，皆君事也。大君以启蒙之责，委之于臣，犹父母以治家之事，委之于子也。二能克尽厥职，合智愚贤否，而包纳靡遗。是臣之克相，无负于君，犹子之克家，无忝于父也。二诚以亨行时中者哉。

孔子释二象曰：二之子克家，固因二有刚中之德，足以发蒙，亦由六五柔中虚己，有以接之，故二得行其时中之道，以成发蒙之功也。不然，上下不交，堂廉隔绝。二虽有师世之才，将安施乎？昔伊尹负鼎鼐之才，傅说具盐梅之望，使非成汤尊为元圣，宠以阿衡，高宗梦寐旁求，爰立作相，彼亦乌能化被当时，声施后世哉？甚矣！任贤图治，为万世人君之要道也。

【白话】

这个爻的主旨是说，施教之道贵在包容、接纳、涵养与成全。包，涵养、培育。纳，接纳、接受。妇，群阴之象，指卦中的四个阴爻。

周公所系的蒙卦二爻爻辞的意思是说：九二这个爻是阳爻，刚健有力，并居于下卦之中，有刚中之德，不仅承当着发蒙之任，而且特别愿意培养英才。就算是阴柔蒙昧之人，它也能包容、成就而不鄙弃，这样一来，智者愚者皆可有所成就，还有比这更吉祥的吗？而且它不仅仅喜欢奖掖有德之士，就算暗昧无知如没受过教育的妇人，也诚心接纳而不厌弃，这样一来，好人坏人都能受到熏陶，又有什么比这更好的呢？与教化百姓相关的事，其实是君王的责任。君王把这份责任委任给大臣，就像父母把家事委托给子女。二爻能尽到责任，不论智愚贤否，都包容、涵养、成全。做臣子的能辅助君王，就无负于君王，做子女的能帮助家庭，就没有玷辱父亲。二爻当真称得上“亨行时中”四个字。

孔子解释二爻的小象说：二爻所谓“子克家”，固然是因为二爻有刚中之德，足以发蒙，同时也是因为有六五这个柔中虚己的应爻在上应援，二爻才得以“亨行时中”，成就发蒙之功。否则，上下不交，内外隔绝，二爻就算有师世之才，又如何着手实施呢？当年伊尹负鼎鼐之才，傅说具盐梅之望，其中伊尹若非被成汤尊为圣人，授以高位，傅说若非遇到求贤若渴的商高宗，他们能否赢得生前的功绩与身后的贤名？太重要了！任用贤人治国，是为人君者的第一义。

六三：勿用取女。见金夫，不有躬，无攸利。

《象》曰：勿用取女，行不顺也。

【解义】

此一爻是言无德者必见弃，以明行己之当慎也。女，指六三。勿用取，指上九。金夫，指九二。顺，当作慎。

周公系蒙三爻曰：六三阴柔，不中不正，是下愚不移之人，君子之所不屑教者。如无德之女，不可取之以为妻也。盖上九乃六三正应，三舍上九而昵比九二，如女之见金夫而不有其躬者。秽德彰闻，人皆贱之，何所利乎？

孔子释三象曰：凡人立身，当兢兢以礼自持。女之所以不可取者，以其荡检逾闲，素行不慎故也。盖与人为善，固君子之用心，而自暴自弃者，则不得不痛斥之，冀彼或生愧悔之念。故均是女也，在九二则宜纳之，以大其包荒之量，有教无类也。在上九则勿用取，以严至正之防，不屑之教也。教固多术矣哉。

【白话】

这个爻的主旨是说必须远离无德者，因为自我修养当慎之又慎。女，指六三。勿用取，指上九。金夫，指九二。顺，当作慎，也就是“勿用取女，行不慎也”。

周公所系的蒙卦三爻爻辞的意思是说：六三是个阴爻，不中不正，也就是既不当位，也不居中，是绝不可能改变的愚人，而且是下等的愚人，君子都不屑教化的人。如同无德的女子，不可以娶做妻子。这是因为上九才是六三的正应，但是六三却舍上九而昵比于身旁的九二，如同女人见了有钱人（金夫）而出卖自己的肉体，即“不有其躬”。丑行被众人所知，人皆贱之，有什么好处呢？

孔子解释三爻的小象说：生而为人，必须有所克制，处处以礼自持。三爻爻辞之所以说“勿用取女”，是因为它象征的是个行为放荡、不守礼法、品行不佳的女子。虽说君子应该与人为善，有教无类，但对方自暴自弃，不得不痛斥于它，为的是激发它的愧悔之心，改过自新。所以虽然此卦的阴爻代表的都是女子，但在九二的时空阶段可以包之纳之，因为这符合九二这个爻的爻辞，到上九则不可以包纳，为的是严明中正之道，行不屑之教。教化的方法多种多样。

六四：困蒙，吝。

《象》曰：困蒙之吝，独远实也。

【解义】

此一爻是言人贵能得师也。

周公系蒙四爻曰：蒙昧之人，全赖亲近刚明有道之士，以开其蒙而启其悟。六四阴柔不中，上承六五，下乘六三，而其应又在初六。所亲近者，皆阴柔之人，则蒙将终于蒙，而永无开悟之日矣，羞吝其能免乎？

孔子释四象曰：天下无不可变之质，无不可启之蒙。四独致困蒙之吝者，何也？盖九二、上九，二阳俱有刚明之实德，六四独与之远。是众人皆有道义之交，而彼独无贤明之助，其困蒙而吝也宜矣。昔仲虺诰成汤曰：“能自得师者王，谓人莫己若者亡。好问则裕，自用则小。”夫成汤，圣君也。仲虺，贤相也。其君臣诰诫，犹谆谆以得师好问相劝勉。人固可以孤陋自处，而甘致困蒙之吝哉？

【白话】

这个爻阐释的是贵能得师的道理。

周公所系的蒙卦四爻爻辞的意思是说：蒙昧之人，只有亲近那些刚明有道的人，才能扫除蒙昧而启发智慧。六四这个爻是个阴爻，虽然当位，但不居中，上面的六五与下面的六三也都是阴爻，又没有正应，因为初六也是阴爻。所亲近的都是阴柔之人，其蒙昧的状态将永无终日，永远也不会开悟，羞吝能免得了吗？

孔子解释四爻的小象说：天下没有不可以改变的人，也没有不可以启迪的人。四爻却偏偏遭遇了困蒙之吝，原因是什么呢？主要是在蒙卦之中，九二与上九这两个阳爻都象征德才兼备者，六四这个阴爻却上下不靠。别的爻都有道义之交，唯独它没有贤明之助，其困蒙而吝也是应该的。当年仲虺对成汤说："能自得师者王，谓人莫己若者亡。好问则裕，自用则小。"成汤，是圣君。仲虺，是贤相。如此圣君贤臣，仍谆谆劝勉为学求教之道，普通人又怎么可以自我设限，以至于困蒙之吝呢？

六五：童蒙，吉。

《象》曰：童蒙之吉，顺以巽也。

【解义】

此一爻是言受教之道贵于能虚。纯心亲贤，则德业可成也。

周公系蒙五爻曰：六五柔中居尊，下应九二，其心纯而不杂，一而不二，有初筮之诚，无再三之渎，如童蒙之淳朴未漓，知识未开者然。如是则主心日明，主德日懋。其为吉也，不独在一人，而在天下矣。

孔子释五象曰：六五取象于童蒙而获吉者，以其有柔顺之德，故能谦巽以从乎二也。使非五顺而巽，二虽贤，其能强五以从己乎？盖人主处至尊之位，必亲贤取善，方可辅成其德。然非卑躬逊志以求之，则贤与善，虽日在吾前，而终不能得其益。先儒尝言，此道与溺于利欲之人言之犹易，与溺于意见之人言之甚难。诚以人先有意见横于胸中，此心便蔽而不明，虽有忠言谠论，亦无由而入矣。此童蒙之所以吉也。

【白话】

这个爻的主旨是说，受教之道贵在虚心。一心向贤，德业可期，事业可成。

周公所系的蒙卦五爻爻辞的意思是说：六五这个爻柔顺居中，还是九五之尊的位置，下面还有九二这个正应，象征纯洁贞正的君子，有占卦者初筮一般的虔诚，无普通蒙昧者再二再三的亵渎，像孩童一样天真无邪，只是知识未开而已。这样一来，其心智就会日益明澈，其才德就会日益茂盛。所以六五之吉，不仅限于本人，而是全天下都因此受益。

孔子解释五爻的小象说：六五这个爻，象征的是未受过教育、虽说蒙昧却也吉祥的孩童，主要是因为这个爻有柔顺之德，它虚心逊志，以上从下，也就是与二爻成正应。如果不是五爻本身谦虚巽顺，以二爻之贤德，它能强行让五爻顺从自己吗？毕竟六五处在九五之尊的位置，它的位置要求它必须亲贤取善，与九二这样的贤臣君子相辅相成。可如果它不能放下身段，卑躬下求，那么就算有贤人君子，就算贤人君子每天都在眼前，也不能有所获益。先儒说过，把高深的道理告诉沉溺于利欲的人还算简单，把高深的道理告诉执迷于一己之念的人才难。这是因为人一旦有成见充塞于胸，心智就会受困，不再明澈，虽有忠言，却无法接纳。这正是“童蒙”之所以“吉”的道理。

上九：击蒙，不利为寇，利御寇。

《象》曰：利用御寇，上下顺也。

【解义】

此一爻是言，治蒙者宜以刚，而又贵当其可也。寇，害也。御，禁止也。

周公系蒙上爻曰：以九居上，治蒙过刚，有击蒙之象。然刚克之道，施之贵得其宜，始有利而无害。如以过刚之道，责蒙者以未能知之理、未能行之事，则阻其向往之机，反有害于蒙，是为寇也，亦何利乎？惟用此以捍其外诱，以全其性真，如御寇者然。使其私意尽屏，而醇良不失，庶几作圣之功，即在于是，斯无不利矣。

孔子释上象曰：上之击蒙，利用御寇者，盖以威严治蒙者之私心，不悖刚克之道，上固顺矣。蒙因教者之严，而改过自新，不敢恣肆于为恶，下亦顺也。上下皆顺，又何不利之有哉！此卦九二、上九俱有刚明之德，上虽不及二之中，而亦当发蒙之任。九二包蒙纳妇，利用宽；上九击蒙御寇，利用严。宽以养其善机，严以止其邪念。师教之道备矣。

【白话】

这个爻的意思是说，治理蒙昧应该刚猛些，但是要适度。寇，侵害。御，禁止。

周公所系的蒙卦上爻爻辞的意思是说：上九是个阳爻，又高高在上，象征用刚猛的手段治理蒙昧，有“击蒙”之象。然而以刚强取胜，贵在得当，才能有利而无害。如果过于刚猛，而且不去探究蒙昧者是否明白事理与利害，是不是真的做了违法犯禁之事，就会断了蒙昧者自省自新的道路，把蒙昧者逼迫成真正的盗寇，这又有什么益处呢？唯有效法蒙卦的上九，捍其外诱，全其性真，就像应对蒙昧的流寇的做法一样。帮他们摒除私欲，回归淳朴，伟大的功业或许就在其中，这没什么不好。

孔子解释上爻的小象说：上爻所说的“击蒙”与“利用御寇”，是指以威严之道治理蒙昧者的私心，这没有违背刚克之道，所以击蒙者顺。蒙昧者也会因此改过自新，不敢肆意为恶，所以蒙昧者亦顺。上下皆顺，还有什么不利的呢？蒙卦的两个阳爻都有刚明之德，上九虽然位置不好，不如居中的九二，但也承担着发蒙的重任。而且两个爻各有分工，相互辅弼。九二是包蒙纳妇，利于用宽；上九则是击蒙御寇，利于用严。用宽是为了养善，用严是为禁止邪念。这才是完备的师教之道，发蒙之道。

卷三

䷄ 需 乾下坎上

【解义】

需有二义：以全体言之，坎险在前，下卦乾体刚健，能不冒进以陷于险，有能需之才；以九五一爻言之，阳刚居尊，值当需之时，能建中表正，不欲速邀功，有能需之德。有其才又有其德，此所以能需而有亨吉涉川之效也。然四阳乾健知险，固能需矣。而四上二阴，亦能出穴终吉，何也？坤顺知阻，能从阳也。四顺听九五，上敬顺三阳，故虽需血入穴，而终能出穴获吉，刚德真足贵哉。

【白话】

需卦的“需”有两层意思：看整个卦，上卦为坎，坎为险，象征坎险在前，下卦为乾，乾为刚健，但它不冒进，不以身犯险，这份克制与耐心难能可贵，这也正是需卦给我们的提示，即“需，不进也”；单论九五这个爻，它是阳爻，居中且居于尊位，在需要等待的时候，它能够耐心等待，居中守正，不急于邀功，这同样符合需卦的卦德。有才又有德，刚健又守中，这正是需卦之所以“光亨”“贞吉”“利涉大川”的原因所在。我们固然可以说，由于需卦的四个阳爻乾健而知险，所以它们能够安然地等待，但需卦的两个阴爻，也能“出穴”“终吉”，原因何在？这是因为这两个阴爻位于上卦，上卦是坎卦，坎卦由坤卦变化而来，坤卦的卦德是温柔顺从，这样一来，整个上卦其实也暗含着温柔顺从之意，尤其是那两个阴爻，它们本来就依附、顺从于中间的阳爻，所以它们能顺从四个阳爻，结果自然也不会坏到哪儿去。具体说来，则是指六四顺从上面的九五，以阴承阳，以臣从君，顺理成章。上六则是因为与九三成正应，有敬顺之意，所以虽然“需于血”“入于穴”，最终也能够“出自穴”“敬之终吉”。可见在周易里，真的是贱柔贵刚。

需：有孚光亨，贞吉，利涉大川。

【解义】

此卦乾下坎上，以乾健临坎险，知险不进，有需待之意，故名为需。卦辞言善需者，必以天德行王道，然后可以济险而成功也。

文王系需彖辞曰：乾坤开辟而后，既建侯以统治之，复立师以教育之。治道已尽矣。此时或有未通之声教，或有未消之隐忧。惟当静以待之，不宜欲速邀功。卦体九五有阳刚中正之德，其需也，非限于时也，非屈于势也，乃根于至诚恻怛，不欲扰民动众之一心也。有孚如是，则不为利障，不为欲牵，岂不光亨？且本纯王之心，发为纯王之政，规模远大，不行险徼幸而贞焉，则久道化成，天下皆享安静和平之福，何吉如之？即一旦临大难，而从容可以观变，详慎可以图机，虽涉大川，亦无不利。甚矣！治道之贵需也。昔武王克商，天下已定，其时犹多顽梗未化之民。成王周公，知其当需也，故不以兵刑胜之，惟丁宁诰诫，悠优渐渍而涵濡之。卒之顽消梗化，不动声色，而措天下于泰山之安。非孚贞之明效大验耶？

【白话】

需卦的下卦是卦乾，代表健行，上卦是坎卦，代表险难，健行遇到险难，需要停下来，等待有利时机，所以需卦的需是等待的意思。卦辞的主旨是说，善于等待的人，不是坐在那里不动，而是效法需卦的五爻，以天德行王道，然后就可以渡过险难，业就功成。

文王所系的需卦的卦辞是说：自开天辟地的乾坤两卦之后，圣人又设立了建侯以统治万民的屯卦，接着还设立了蒙卦教化百姓，至此，治理之道已尽。但有些地方或许还未接受声威教化，有些地方还有没消除的隐忧。此时应以逸待劳，安然等待，不能妄动刀兵，以为邀功。需卦的主爻九五在刚中之德，也就是既当位又居中，是强有力的刚爻还处在九五尊的位置，是很有能力与实力的天子，但它也需要等待，这不是说时机不对，也不说情势不利，而是因为它有一颗诚挚且悲悯的心，不想扰民动众。用周易的术语来说，这就是“有孚”，而且不是一般的有孚，它居中持正，不为任何利益和欲望所干扰，这就是“光享”。说白了，就是内心光明，通达亨泰。而且它本着纯正的王者之心，施行纯正的王者之道，影响深远，不行险，不侥幸，固守贞正之道，并长期倡导，天下都能尽享安静和平之福，还有比这更大的吉祥吗？即使遇到大的危难，也可以从容观变，详慎图机，虽有大川相阻，也没什么不利。太重要了！治理国家就是要在应该等待的时候耐心等待。当年武王灭了商朝，天下已定，但还有很多顽梗不化之民。成王与周公便效法需卦的卦德，不动刀兵，只是不断安抚，反复告诫，从容感化并包容涵养。不动声色之间，便顽消梗化，把天下安置得如同泰安一样稳定。这难道不是需卦所说的“有孚”“贞吉”的显著验证吗？

《彖》曰：需，须也，险在前也。刚健而不陷，其义不困穷矣。需，有孚光亨，贞吉，位乎天位，以正中也。利涉大川，往有功也。

【解义】

此《彖传》，是释需彖辞，以明能需之实也。

孔子释需彖辞曰：卦名需者，须待之义。此卦坎在乾上，是险难在前，时固当需，而以乾之刚健临之，刚则能断，健则知险。既有定识，又有定力，自不肯冒进以陷于险。揆之于义，宜乎其不困穷矣。辞曰“有孚，光亨，贞吉”者，卦体以九居五，是以阳刚之德居天子之位，为位乎天位，有正中之德也。正则大道为公，无苟且邀功之事；中则定静不扰，无营私计利之心。孚贞如是，其光亨而吉也，不亦宜乎！又曰“利涉大川”者，盖本此正中之德，往以济险图功，则安详镇定之中，自裕观变济时之略，又何难不可平，而何功不可建哉？夫有国家者，内而宫府，外而海甸，艰难险阻，往往伏于不测，虽盛明之世，亦所必有。惟在人主，秉刚健之德，审时而动，行正道以成大功耳。信乎？非有德者不能需，非能需者不能涉大川也哉。

【白话】

《彖传》是对需卦卦辞的解释，用以明确需卦的宗旨。

孔子解释需卦的彖辞说：需卦的“需”字，是需要等待的意思。需卦上坎下乾，象征险难在前，需要等待时机，而面临险难的下卦是乾卦，乾卦的特性是刚健，刚则能断，健则知险。既有主见，又有定力，自然不会冒进，以身涉险。综合揆度，应该不至于困穷。爻辞所说的“有孚，光亨，贞吉”，是说需卦的五爻是阳爻，并且居于尊位，象征以阳刚之德居于尊位，位于天子之位，有正中之德。正则以天下为公，而不会因一己私欲行侥幸邀功之事；中则定静不扰，一心不乱，没有营私计利之念。如此一来，必然内心光明，通达吉祥，这也是它应得的！又说“利涉大川”，是说有了正中之德，到真正排除险难时，也能安定从容，进退得当，那样一来，又有什么样的险难不可以夷平，又有什么样的功绩不可以建立？坐天下的君王与诸侯，近至宫廷官署，远至边疆海疆，艰难险阻，此起彼伏，就算天下太平的盛世，也难以避免。在上位者唯有效法需卦主爻的刚健之德，审时而动，持中守正，才能成就大的功业。相信吗？没有足够的德行便不能效法需卦，不能效法需卦就不能涉川济险，成就功业。

《象》曰：云上于天，需，君子以饮食宴乐。

【解义】

此《象传》，是言君子处需之道也。

孔子释需象曰：卦体下乾上坎，乾为天，坎为云，云上于天，将雨而犹未雨，有须待之意，需之象也。君子法之，以治道值当需之时，不宜妄作生事，劳心扰民。凡所以定祸乱而开太平者，既经纶创作于前，此时惟宜恭己无为，饮食宴乐，养其气体，怡其心神，徐以俟德化之成，可也。盖明作固所以图功，而时未可有为，则纷更反以致扰。故优游静镇，以俟运会之自至，诚有不得不需者耳。岂躭溺晏安，而矫托清净，坐致废弛者可借口哉。

【白话】

《象传》的主旨，是阐明君子的处需之道。

孔子解释需卦的大象说：需卦下乾上坎，乾为天，坎为云，云在天上，将要下雨，还未下雨，需要等待，也必须等待，这就是需卦的大象。君子效法其意，在安然等待的同时施以治道，不妄生事，不瞎折腾，不劳民，不扰民。那些能够定祸乱而开太平的人，既然已经在此前理清了经纶，创作了根本，此时就应当悠游无为，饮食宴乐，养其气体，怡其心神，慢慢等待德政发挥作用，就可以了。这不是说不能图明作之功，而是因为时势不允许，勉强为之，会生出更多的纷乱与烦扰。很多时候，有些人看起来优哉游哉，实际上是在等待时势转变，是不得不遵从需卦的精神。不能与那些沉溺享乐、假托清净、坐视政令败坏却把需卦拿来当借口的人相提并论。

初九：需于郊，利用恒，无咎。

《象》曰：需于郊，不犯难行也。利用恒，无咎，未失常也。

【解义】

此一爻是明远害之道，贵能守其常也。郊，旷远之地。

周公系需初爻曰：初九在下，去险最远，而阳德刚健，又能自守，有需于郊之象。然天下有才之人，往往为才所使。倘此心妄动，不能持久，而冒进图功，于事无济，祗取咎耳。故必慎终如始，超然利害之外，确乎若将终身焉，则收身名两全之利，而决不至躁进以取咎矣。

孔子释初象曰：天下何地无险？何时无险？特患人不明不哲，冥行自犯耳。初九之高蹈远引，需于郊者，乃审机明而持志决，自不犯险难而行也。夫无位难以图功，而局外不宜生事。初之不犯难行，乃常分，亦常道也。所谓“利用恒，无咎”者，揆之常分常道，未为失也。盖圣贤处世，时至事起，原无可强致之功业。彼不能义命自安，汲汲有为，以速戾者，亦未明乎恒之义耳。

【白话】

这个爻的主旨，是阐明远害之道贵在坚守常道。郊，旷远之地。

周公所系的需卦初爻爻辞的意思是说：初九这个爻在最下面，离坎险之地最远，它又是阳爻居于阳位，象征刚健有力又能自守其常，有需于郊之象。然而天下有才能的人，往往为才所使，缺乏定力。一旦按捺不住，冒进图功，又不能持久，不但功不可图，还往往自取其咎。所以一定要慎终如始，超越利害，在不能确定自己几乎可以坚持一生，并且可以同时收获名誉与地位两全之利的情况下，绝不以身涉险，自取其咎。

孔子解释需卦初爻的小象说：天下何地无险？何时无险？这并不可怕，可怕的是有人不明智，稀里糊涂地涉险。初九高蹈远引，像乱世中的隐士，远离是非之地，在郊外等待时机，明智而又果决，绝不冒进。自古无位难以图功，局外不宜生事，初爻就是无位之爻，它所在的爻位也可以看作局外，至少离险难还远。所以初爻的“不犯难行”符合它的本分，也符合常理。所谓“利用恒，无咎”，是说它整体来看遵循了本分与常道，算不上过失。而且圣贤处世，物至而应，时至事起，不会勉强求取功勋事业。那些不能安守本分，汲汲于功名，从而招致罪责的人，显然没有真正地理解恒常之道。

九二：需于沙，小有言，终吉。

《象》曰：需于沙，衍在中也。虽小有言，以吉终也。

【解义】

此一爻是见二有刚中之德，故终能远害也。沙近水，二近坎，故有沙象。衍，宽裕也。

周公系需二爻曰：九二渐近于险，而刚中能需，不肯冒进，有需于沙之象。夫九二上应九五，出身任事，非若初之超然世外者比。乃亦迟回却顾，需而不前。不有退懦之讥，必有观望之诮，小有言所不免矣。然二志存济险，独能观变相时，不为浮议所摇，则刚健不陷，终成济险之功，何吉如之？

孔子释二象曰：九二之需于沙，由其刚而得中，居心宽裕，誉不加喜，谤不加忧，故虽小有言，毫不动念，卒能从容镇定，险济功成，而以吉终也。自古豪杰，有志济世，急欲图功，往往因一言不平，逞意气于一击，至于奋不顾身。故圣人以小有言警之，使知济天下之险者，当沉其谋，老其识，坚其守，以俟时宜，甚不可因人言而轻动其心，冒昧前进，自贻伊戚也。

【白话】

这个爻的意思是说，二爻虽不当位，但是居中，即刚中之德，所以最终能避免祸害。“需于沙”，是因为沙近水，指二爻接近坎卦，坎为水，所以二爻有沙之象。衍，宽裕。

周公所系的需卦二爻爻辞的意思是说：九二相比于初爻，离危险近了，而且按照易理，会越来越近，好在它是个刚爻，又居中，所以能够等待，不会冒进，有需于沙之象，也就是站在沙滩上等待。九二这个爻，由于与九五有正应，而九五恰好位于坎险的中心，它职责在身，没法跟超然事外的初爻相比。但它却顾盼徘徊，停下来等待，必然被人指责，要么说它临阵退缩，要么是说它试图渔利，总之会“小有言”。然而二爻毕竟有刚中之德，它有心济险，不然它不会渐近于险。更难能可贵的是，它并不冒失，当行则行，当停则停，不为流言蜚语所动，它以阳刚之才，居柔守中，有自保的智慧，有成事的能力，待最终济险成功，哪里还有比这更大的吉祥？

孔子解释二爻的小象说：九二爻辞中的“需于沙”，是说九二这个爻是个刚爻，并且居于下卦中间，象征心胸宽广，别人夸它也好，骂它也罢，它都不动念，所以能从容镇定地险济功成，最终收获吉祥。遍观古往今来的英雄豪杰，都有心济世，但急于求成，往往因为一言不平，意气用事，以至于奋不顾身。所以圣人以“小有言”警示后人，使后世有心济天下之险的英雄们，深谋远虑，老成持重，不动恒常，以待天时，绝不能因为别人说几句就心浮气躁，贸然前进，自取灾殃。

九三：需于泥，致寇至。

《象》曰：需于泥，灾在外也。自我致寇，敬慎不败也。

【解义】

此一爻是为过刚不中、不善需者示戒也。泥，陷人之地。

周公系需三爻曰：九三切近坎体，将陷于险，有需于泥之象。夫水涯之泥善陷，三需于此而过刚不中，轻躁妄动，寇害之至，实自致之，将谁尤哉？

孔子释三象曰：初之需于郊，远之而不敢进也。二之需于沙，进矣，而未敢逼也。三之需于泥，则逼于水，而祸害已在目前矣。此即善需，犹恐不免，况刚而不中，意气过激，适足以速寇乎。然此总由不知敬慎故耳，若能兢业小心，时时敬慎，庶操心危而虑患深，犹可转危为安，不至祸败也。盖天下事，未有不成于敬慎，而败于疏忽者。东汉陈蕃窦武，手握大权，欲清宦竖，卒之奸恶未除，反遭其害。唐张柬之等，反周为唐，乃忽三思，养虎遗患，丧身误国，非皆不知敬慎之义者耶？

【白话】

这个爻的主旨，是警示那些过刚不中、没有耐心的人。泥，陷人之地。

周公所系的需卦三爻爻辞的意思是说：九三紧挨着代表危险的上卦坎卦，即将陷入险境，有需于泥之象。水畔的泥淖最容易陷人，三爻需于此处，又过刚不中，象征轻举妄动，结果引来了寇害，实属咎由自取，但又能怪谁呢？

孔子解释三爻的小象说：初爻“需于郊”，是为了避祸而不敢前进。二爻“需于沙”，敢于前进，但不敢走得太近。三爻“需于泥”，已经到了水边，而祸害已在眼前。此时就算深谙需卦之道，犹恐不能免害，更何况三爻刚而不中，意气过激，正应该招致速寇之祸。然而它主要是谨慎恭敬的功夫不足，如果能兢兢业业，时时小心谨慎，处处操危虑深，还可以转危为安，不至于招致灾祸与失败。总的来说，天下之事，没有不成于敬慎而败于疏忽的。东汉的陈蕃与窦武，手握大权，欲扫除宦官之害，结果奸恶未除，自己反倒丢了性命。唐代武周时期的张柬之等人，想复辟大唐，却忽略了武三思，结果养虎遗患，丧身误国，不都是不懂得敬慎之道的反面教材吗？

六四：需于血，出自穴。

《象》曰：需于血，顺以听也。

【解义】

此一爻是明出险之道在于顺时也。坎为血卦，故有血象。又为隐伏，故有穴象。

周公系需四爻曰：六四入于坎体，是其身当大难之冲，进固不可，退亦不能，有需于血之象。幸顺正知阻，持重括囊，卒能潜身远害，免冒险之祸。又有出自穴之象，则虽未能有济国谋，而明哲亦可以自保矣。

孔子释四象曰：四之需于血，而终能出自穴者，以其有柔正之德，晦迹韬光，不冒进强争，而顺听乎机会之自然也。

按：三能敬慎，虽迫于险而不败。四能顺听，即陷于险而可出。然则能敬且顺，又何险难之不可处哉？

【白话】

这个爻的主旨是说，出险之道，在于顺时。坎为血卦，故有血象。又为隐伏，故有穴象。爻辞说“需于血”，是因为坎为血卦，故有血象。坎又为隐伏，故有穴象，也就是“出自穴”。

周公所系的需卦四爻爻辞的意思是说：六四入于代表险难的坎卦之中，首当其冲，进也不能，退也不能，有需于血之象，也就是在血泊中等待的意思。幸好它是阴爻居于阴位，也就是当位，能顺应时势，持重括囊，所以能勉强自保，免除祸患。爻辞又说“出自穴”，可知此爻虽能力有限，未能济国救世，但明哲自保不成问题。

孔子解释四爻的小象说：四爻之所以“需于血”还能“出自穴”，是因为它有柔正之德，也就是说它既是柔爻，又很当位，象征它擅长以柔克刚，以退为进，韬光养晦，不冒进，不强争，所以能顺应时机，任其自然。

按：三爻因为具备敬慎之德，虽然身临险境，也能自保。四爻则因为能顺承九五，并且与初九有正应，所以能出难离险。如此说来，只要能做到敬慎巽顺，又有什么样的险难不能处之泰然呢？

九五：需于酒食，贞吉。

《象》曰：酒食贞吉，以中正也。

【解义】

此一爻是言人君处德位兼隆之时，自恭己而成化也。

周公系需五爻曰：九五位乎天位，而有刚健中正之德。夫刚健既知险，而中正又善需，是治道至当需之时，闲暇安恬，无系无营，有需于酒食之象。如是则一人养无为之度，天下享宁谧之休，不亦贞而吉乎！

孔子释五象曰：凡人主，值当需之时而不能需者，皆由无德而求治太急也。五之“需于酒食贞吉”，以中心无为，克守至正，故喜功之念不作，急遽之谋全消，惟怡然自养以养天下，故能合乎正道而吉也。自古帝王，未有不历艰危险阻，而底定天下者。及大难既平，小民甫离汤火，急宜安静勿扰，休养而生息之。三代以前，尚矣。汉之文帝，承高惠之后，一切更定制度，谦让未遑，惟勤勤于劝农养老，薄赋蠲租，卒致海内向风，几于刑措。其有合于此爻之义者欤？

【白话】

这个爻的主旨是说，德位兼隆的君王，自然能恭肃己身，感化他人。

周公所系的需卦五爻爻辞的意思是说：九五位于天子之位，并且有刚健中正之德，也就是说它位于五爻，又是刚爻，还居中得位。刚健则知险，中正则善需，所以能在需要等待的时候安然等待，无所谋求，有需于酒食，饮食宴乐之象。所以能以一个人养无为之度，而全天下尽享安适，可不是贞正而吉祥嘛！

孔子解释五爻的小象说：做君主的，但凡在需要等待时不能耐心等待的，都是因为缺乏中正之德且急于求治。五爻的爻辞“需于酒食，贞吉”，是说它处中心之位，行无为之道，克己自守，至正纯阳，所以不起好大喜功之念，不做仓促急遽之谋，怡然自养，遂能养天下，所以合乎正道，得以吉祥。古往今来的帝王，没有不经历艰难险阻而底定天下者。待大难削平，天下方定，百姓初离水火，当务之急便是安心养民，休养生息。在三代时，这是一贯的风尚。汉代的文皇帝，上承高祖与惠帝时期的黄老之术治国，一切制度的更定，谦之又谦，让之又让，一再鼓励农耕，劝孝养老，薄赋免租，因此上下效仿，刑狱几乎被闲置了起来。大概正是因为暗合了此爻的精神吧？

上六：入于穴，有不速之客三人来。敬之，终吉。

《象》曰：不速之客来，敬之终吉。虽不当位，未大失也。

【解义】

此一爻是言，得贤共济为出险之道也。不速之客三人，指下三阳爻言。

周公系需上爻曰：上六阴柔，无济险之才，又处险极，困穷所不免矣。故有入于穴之象。幸下应九三，九三与下二阳同德同体，需极并进，是众贤不用约结，不须号召，合志协谋，偕来赴难，有不速之客三人来之象。倘能竭诚尽礼，敬以待之，借其刚健之才，以拯一时之险，始虽不免困穷，终当济险出穴，而吉可必也。

孔子释上六象曰：能需固贵有德，而出险尤须借才。上六入于穴，是已陷于险矣。以不速之客来，敬之而得终吉者，上虽德不称位，不善处需，然敬贤自辅，集思广益，犹可出险免患，不至于大有失也。夫德不当位，苟知敬贤，犹可获吉。若德与位称，而能虚己下贤，其功效更当何如？先儒谓：需又有急切相须之义，欲济天下之险艰，必需群才之辐辏，殆于上爻见之矣。

【白话】

这个爻的主旨是说，求取贤人的帮助，才是出险离难之道。“不速之客三人”，指的是下卦的三个阳爻。

周公所系的需卦上爻爻辞的意思是说：上六这个爻是个阴爻，象征阴柔无才，不能济险，又处在险极之地，也就是上爻的位置，难免穷途末路，所以有“入于穴”之象。幸好这个爻与下面的九三是正应，九三又与初九、九二同德同体，都是阳爻，都位于下卦，在需卦步入极端之时，也就是不需要再等的时候，携手并进，就像众多贤人君子不需要约请，不需要号召，基于共同的信仰与信念，一起卦难，遂“有不速之客三人来”之象。六爻如果能竭诚尽礼，敬以待之，就不难借助三阳的刚健之才，拯一时之险，救当下之困，出穴离难，终获吉祥。

孔子解释上六的小象说：安心等待只需要具备中正之德就行，出穴出险还需要在此基础上借助贤人之力。上六的爻辞说“入于穴”，也就是说六爻真的陷入了险地。所谓“有不速之客三人来，敬之终吉”，则是说上六虽然处于需卦之极点，有德不称位、不善处需之象，然而能敬贤下士，集思广益，所以能出险免难，不至于有更大的失误与损伤。德不配位，只知道敬贤，就可以收获吉祥。如果德位兼具，还能虚己下贤，效果又会怎样呢？先儒有言：需卦的“需”字，还有急切相需之义，欲济天下之险，必需集合众智，相互配合，这正是上爻给我们的启示。

䷅ 讼 坎下乾上

【解义】

讼之六爻，惟五听讼，惟三不讼，余皆讼者也。然初不永所事，二不克讼，四不克讼而得吉。上以讼受服，遂有终朝之褫。皆言讼不可成，而使民无讼之意盖可见矣。初、三两柔爻皆系以终吉，九二、九四以刚居柔，故皆不克讼。卦辞“有孚惕中”，指九二。乃卦辞称吉，而爻辞仅曰无眚者，卦辞取其有孚得中，爻则兼以自下讼上为义，所取不同也。

【白话】

讼卦的六个爻，除了听讼的五爻，不讼的三爻，其余四爻皆讼。但初爻“不永所事”，也就是不长久争讼，二爻与四爻都“不克讼”，也就是讼而不胜，结果却都得到了吉祥，上爻虽因争讼得到了官位，但“终朝三褫之”，都是在告诫听讼者，尽量不要成讼，这样民众就不会生出遇事便争讼、凡事打官司的不当观念。初爻与三爻都是象征柔顺与退让的柔爻，爻辞都说“终吉”，二爻与四爻虽是刚爻，但都以刚居柔，争讼之心并不强烈，所以爻辞都是“不克讼”。卦辞“有孚，窒惕，中吉”，指九二。具体来讲，是说这个爻是个刚爻，并且居中，是有孚之象，并且它位于坎卦之中，坎为加忧，也就是“惕”。卦辞说“吉”，爻辞却仅仅说它“无眚”，也就是没有灾祸，主要是因为卦辞取的是它的有孚得中之象，爻辞则兼取它自下讼上、不符合圣人设卦的目的，侧重点不同。

讼：有孚窒，惕中吉，终凶。利见大人，不利涉大川。

【解义】

此卦坎下乾上，乾刚坎险。在上下为相制，内外为相济，人己为相敌，皆致讼之道也，故名为讼。卦辞言，处讼者当曲尽其道，以归于无讼也。有孚，是理实。窒，是屈而不通。惕，忧惧之意。涉大川，犹驾虚辞以求胜也。

文王系讼彖辞曰：讼为争辨之义，非人之得已也。惟理直见枉，情真受诬，屈抑而不能自通，是有孚见窒，势不得不出于讼。然所以处之之道何如？必也反求在我，心存忧惧而能惕，度于事理，辨明即已而能中，则有孚之窒可伸，而讼复于无讼，岂不为吉？若自恃其理，可止不止，终极其讼，而不惕中，则尚气以损德，好胜以败业，凶可知矣。且又非自逞其胸臆，能剖白以冀免，必利见公明之大人，资其明断，始可据理以获伸。如于孚窒之外，妄生事端，驾虚以求胜，如涉川然，冒险侥幸，不能惕中之甚者矣。虽讼本有理而好刚自陷，其何能免乎？此所为不利也。

按：圣人不贵听讼，而贵无讼。惟使人怀兢惕，知所畏惧，所以消弭胜心，而一反于至当之理。故能内自讼者，又为无讼之本也，可不加之意哉？

【白话】

讼卦的下卦是坎卦，上卦是乾卦，乾卦代表刚健，坎卦代表险难，从上下卦的角度来看两卦会相互制约，从内外卦的角度看两卦会相互助力，从人与己的角度来看两卦会互相为敌，都会导致争讼，所以卦名为讼卦。卦辞的意思是说，遇到争讼之事，应该委婉地处理，也就是“利见大人”，能不争讼就不争讼。卦辞中的“有孚”，指有理。“窒”，指没理。“惕”，是忧惧的意思。“涉大川”，指言辞虚浮，说白了，就是为胜诉而胡说八道。

文王所系的讼卦的卦辞说：“讼”的意思是争辩，争辩是不得已的事情。往往是在有理却被冤枉，好心却被污蔑，很憋屈却无力改变，也就是“有孚见窒”的情况下，才不得不提起诉讼。然而，最合适的处讼之道是怎样的呢？一定要反躬自省，如果能心存忧惧与敬畏，符合事理，说明是非曲直同时能保持内心的中正，那么窒塞的便不难通达，同时争讼也可以避免，岂不是很吉利的吗？如果自恃有理，能止不止，一定要把官司打到底，打到头儿，又不谨慎中正，就会因赌气而损德，好胜而败业，凶祸也就难以避免了。普通人又没有高明的见解，剖析、辩白一番就能改变现状与结果，求助公正明达的大人才是王道，依靠他的公正与睿智，才可以依理获释，洗雪冤屈。如果在有理却不得申冤的情况下，妄生事端，歪曲事实以求获胜，就如同泅渡大河一样危险，是既不“惕”，又不“中”，而且很极端。如此争讼，就算原本有理，也会因为好刚而自陷，如何能避免相应的危害？所以爻辞说，“不利涉大川”。

按：圣人不倡导听讼，倡导无讼。只有使人心怀戒惧，有所敬畏，才能够消弭争胜之心，而不再执着于至当之理。所以，向内自讼才是免于争讼的根本，怎能不加以留意呢？

《彖》曰：讼，上刚下险，险而健，讼。讼，有孚窒，惕中吉，刚来而得中也。终凶，讼不可成也。利见大人，尚中正也。不利涉大川，入于渊也。

【解义】

此《彖传》，是释讼彖辞，以明险健为致讼之象，而中正乃无讼之道。反复开喻，以垂训也。入于渊，犹陷于罪。

孔子释讼彖辞曰：讼之为卦，卦德上乾刚而下坎险，是为上刚以陵其下，下险以伺其上。以一人言，则内险以怀诈，外健以恃强；以二人言，则又己险能攻彼短，彼健能欺此弱，是以为讼也。夫讼之端，多生于人心之不平。辞所谓有孚见窒，人心所甚不堪者，乃能惕中而吉，何哉？卦变九自遯来而居二，刚来为柔所掩，而不能自伸。惟其得中，能以情恕而不为已甚，以理遣而不欲过求，有争事而无争心，故涣然冰释，得无讼之吉。又言终凶者，天下事惟善者可成，讼则德丧而招尤，怨深而召患。揆之于理，断乎不可成也。终则不可成，而成所以凶也。至所谓利见大人，卦体九五居上卦之中，得阳位之正。中则先事而无偏主，正则临事而决猜疑。所尚如此，讼之不中者咸归于中，不正者一反于正，故利也。又言不利涉大川，卦象坎为险陷，有渊之义焉。乾以刚实乘之，是讼者情真，反驾虚求胜，自陷其身，入于罪恶之渊而不知，何利之有？

按：民生有欲，不能无争。欲莫大于饮食，此讼之次乎需也。若以争济之，则众起兴戎，终为厉阶，故又次之以师。圣人为世道人心虑，至深远矣。然则处讼之道，孰吉孰凶，孰利孰不利，乌可不致审乎哉？

【白话】

《彖传》是对讼卦卦辞的解释，目的是阐明险健生讼而中正无讼的道理，反复开喻以垂训后人。入于渊，指因为争讼而陷入罪恶之渊。

孔子解释讼卦的彖辞说：讼卦的上卦是乾卦，代表刚健，下卦则是坎卦，代表险难，综合起来看是在上者刚强凌下，在下者险以伺上。以一人论，内险则生诈，外健则恃强；以二人论，则是以己方攻击对手的软肋，对方也会仗恃自身强健来打击对手的弱点，争讼就自然而然地产生了。争讼的起点，往往源自人心不平。彖辞所谓的“有孚见窒”，是人心所难以承受的，但彖辞又说“惕中而吉”，原因是什么呢？这主要是因为讼卦是由遁卦变来的，具体说来是遁卦的九三与六二互换了位置，刚爻九二被上下两个柔爻所遮蔽，不能自行申辩。好在它位于下卦的中间位置，也就是“得中”，这象征着它能以常情宽恕他人而不做过分之事，能以事理排遣而不欲过多求取，有争讼之事却没有争讼之心，所以争讼能涣然冰释，最终得无讼之吉。彖辞又说“终凶”，是因为天下事惟善者可成，争讼便会损德并招致怨尤，怨尤深了，就会导致祸患。按道理推论，断不会争讼有成。如此一来，只能是“终凶”。至于“利见大人”，是指讼卦的九五居于上卦之中，既中且正，又是尊位，乃大人之象。中便不会事先有所偏见，正则不会临事有所犹疑。它自身中正，也倡导中正，能够将不中者归于中，不正者反于正，所以说“利”。又说“不利涉大川”，那是因为下卦的坎卦代表水，也代表险陷，水之险陷者，就是渊。上卦乾卦以刚实乘驾于险陷之中，是一心争讼，结果歪曲事实，自陷其身，且入于罪恶之渊而不自知，又何利之有呢？

按：人生而有欲，免不了争讼。欲莫大于食欲，这正是讼卦上接需卦的原因，因为需卦讲的正是“饮食宴乐”。若以争心处之，就会引发争端，发动战争，终为祸端，所以讼卦的后面是师卦，也就是出师作战的意思。圣人解卦，是基于世道人心考虑的，至为深远。然而如何在争讼中自处，孰吉孰凶，孰利孰不利，怎么能不具体审视呢？

《象》曰：天与水违行，讼，君子以作事谋始。

【解义】

此《象传》，言君子谨始以虑终，为绝讼之源也。

孔子释讼象曰：天高在上，水流就下，其行相违，此讼之象也。君子体之，以为讼不起于争讼之时，而起于作事之始。其始不慎，少有乖违，始于微而终于著，讼所由起。故不待发声征色，见于云为。当事几之初，必顺乎人情，息是非于未萌；协乎天理，杜利害于未见。不但无违于言，亦且无违于心，讼何由得生乎？作事如此，则始于自讼，终于无讼，而中吉终凶，更不必言矣。可见修德者，贵慎初念；图治者，贵忧未然。尧舜君臣，反复咨嗟，致警于几微之际。凡有兴作，莫不谋始以塞违，又岂独止讼一端为兢兢欤。

【白话】

讼卦的《象传》是说，只有像君子那样，慎于始而虑于终，方为绝讼之源。

孔子解释讼卦的大象说：讼卦的上卦是乾卦，下卦是坎卦，象征天高向上，水流就下，上下卦相互违合，正是争讼之象。君子体悟其中的道理，认为争讼并不是起于争讼之时，而在于作事之始。开始不够谨慎，稍微背离中道，微小的也会日益显著，最终会导致争讼。所以不必等别人的愤怒表现在脸色上，怨恨吐发在言语中，就应该有所发现，有所作为。应该在事情发展之初，就顺应人情，把是非平息于未萌发的阶段；协合天理，把利害杜绝于未显现的阶段。这样既不违背言语之法，又不违背修心之道，争讼又怎么能够产生呢？处世如此，则始于自讼，终于无讼，而"中吉""终凶"的道理，更不必详述。可见修德的人，重在念头初起之际就加以清除；图治的人，贵在忧患尚未产生之时就有所绸缪。尧与舜等圣君贤臣，反复喟叹，让人们在事物的几微之际就有所警觉。着手任何事项，都是从一开始就慎重考虑，以杜绝错误，而不仅限于在止讼这件事情上小心谨慎。

初六：不永所事，小有言，终吉。

《象》曰：不永所事，讼不可长也。虽小有言，其辨明也。

【解义】

此一爻见能畏慎以处讼，所以终得免讼之吉也。永，即是终意。

周公系讼初爻曰：凡人自恃刚强，居高挟势，往往逞求胜之心，讼所以终极而为凶也。初六阴柔才弱，本无健讼之资。居下势卑，又无能讼之力。故中心畏惕，虚己让人，不敢终极其事，而讼不至于成。虽小有言辨，不过明其有孚之窒，而情可以白，理无不伸，有不终吉乎？

孔子释初象曰：初之不永所事者，非特绌于才势而已。以理度之，讼非美事，固不可长也。知其不可长，有惭忿而无遂心，则所发亦易收。小有言说，止于微愬而不敢于大讼，则所争亦易释。其辨既明，终讼何为哉？以是知惕中而能得吉也。夫人处世，贵乎识时势，尤贵乎明理义。体之于己，有自量之心；衡之于物，无好胜之念。此讼之初，所以不言讼而言事者，冀其不成讼而善其中止之意也如此。

【白话】

这个爻的主旨是说，初爻能以畏惧之心处争讼之卦，最终能免于终讼，获得吉祥。永，也就是终的意思。

周公所系的讼卦初爻爻辞的意思是说：人们往往会自恃刚强，仗恃地位与势力，一味逞强，一心求胜，争讼到极致，而最终导致凶祸。初六这个爻是阴爻，既不当位，又无才德，缺乏争讼的资质。它位于一卦的最下面，象征没有地位，没有势力，也就是没有争讼的力量。所以它能够心怀敬慎，虚己让人，不敢过分争讼，所以争不成，讼不胜。虽然小有辩白，但只是自我剖白，于情也应该剖白，于理也可以申辩，有不能“终吉”的道理吗?

孔子解释初六的小象说：初爻所说的“不永所事”，不仅仅是因为这个爻没有才能与势力。从道理上讲，争讼不是什么好事，所以不可以长，不应该“永”。知道不应该长久地争讼，心有不甘又不太执着，争讼之意很容易打消。稍微辩白，止于剖白而不敢于强争，其所争讼的事情也不会太大，容易释怀。但它既已辩白清楚，又为什么会停止争讼呢？是因为它知道心存敬畏并行于中道最终能得到吉祥。为人处世，贵在识时势，尤贵明理义。明理之人，于己有自量之心，待人无好胜之心。这正是讼卦的初爻不称“讼”而只称“事”的缘由，希望它争讼不成且适可而止的意思也显而易见。

九二：不克讼，归而逋，其邑人三百户，无眚。

《象》曰：不克讼归逋，窜也。自下讼上，患至掇也。

【解义】

此一爻见能守义分，可免犯上之患也。克，胜也。归逋，犹退避意。邑人三百户，是邑之小者，言自处卑弱之意。掇，自取也。

周公系讼二爻曰：九二阳刚而主险，逞其智谋，有能讼之才，又有欲讼之心。但以刚居柔，得下之中，能反躬自审，裁度于理，而且上应九五之尊，屈于势分，不能相敌。则虽欲讼，乌能克胜乎？故幡然退避，自处卑约，不敢与之抗衡，是为“归而逋其邑人三百户”之象。此正能惧而得中，当屈而屈，不至越礼犯分，何眚之有?

孔子释二象曰：凡人不肯退让，皆由终讼而求胜。二惟不克，宜其归休而逋窜，能全身以远害也。所以然者，上尊下卑，有一定之分。若以下讼上，既乖于分而不相安，又绌于势而不自下，以之树怨贾祸，患之至也，不犹自取之易乎？《记》有之曰："分争辨讼，非礼不决。"礼所以别尊卑，定上下，防患于未然也。若后世争夺相尚，僭名越分，骎骎乎出于礼，入于刑矣。讼之九二，严其辨于上下之间，不特止讼，亦维世之深意也夫。

【白话】

这个爻的主旨是说，能守住道义与情分，可免于犯上之祸。克，胜。归逋，指退避。邑人三百户，指小邑，指处卑而示弱。掇，取，引申为自取。

周公所系的讼卦二爻爻辞的意思是说：九二是个阳爻，象征阳刚，又居于代表险陷的坎卦之中，仗恃其智谋，既有争讼之才，又有争讼之意。但它不当位，以刚爻居于柔位，同时又居于下卦之中，这说明它能反躬自审，符合理义，而且缺乏与它所争讼的对象九五分庭抗礼的实力与地位，九五是君位，它连个大臣都不算，无法相争。它虽然有争讼的想法，但能不能获胜呢？答案是明显的，所以它能幡然醒悟，退避自处，不敢与之抗衡，这就是"归而逋，其邑人三百户"之象。它心存敬畏并行于中道，当屈而屈，不越礼，不过分，又有什么灾祸呢？

孔子解释二爻的小象说：凡是不肯退让的人，都是想争讼到底，以求获胜。九二这个爻非但不宜争胜，而且应该退让并逃避，才能全其身，远其害。之所以这么说，是因为君臣上下，尊卑有分，而以下讼上，既不安分又不能相安无事，形势不利于它却又不能谦逊退让，以至树怨引祸，当祸患降临，不正是自取其祸吗？《礼记》有言："分争辨讼，非礼不决。"礼可以用于别尊卑，定上下，可以防患于未然。如果崇尚争讼，僭越名分，要不了多久就会出礼入刑。讼卦的九二，明晰了上下尊卑，不仅限于阐释讼卦，其维系世道人心的深意尽在其中。

六三：食旧德，贞厉，终吉。或从王事，无成。

《象》曰：食旧德，从上吉也。

【解义】

此一爻见守常安正，能始终以求无讼者也。食旧德，是守常分。贞，是守正理也。

周公系讼三爻曰：六三阴柔处险，而介二刚之间，非能讼者。但知守其常分，享所固有而已足。由乎正理，行所当然而不违，是食旧德而能贞者也。虽有意外之侵侮，不免于危厉，而能泰然自得，众莫能倾，况必无厉者乎？吉不待言矣。然而守分实难，必若从王之事，事权在握，易逞功能，而退逊自处，一无专成之心，此真能守旧居贞而得吉者也。

孔子释三象曰：食旧德何以得吉？凡讼皆有上人之心，必非能从人者也。三惟委心听命，以顺从乎上，则欿然自视，退让于人，不敢自主其事，宜其恪守素分，居卑处厚，而得无讼之吉乎？大抵圣贤学问，不外素位而行。分所当得，不与人竞利；分所不得越，不与人竞功。盖一有功利之心，即与世相违，而不能相从，讼所由作矣。三之从上而吉者，从则安分而不违，为弭讼之善道也。

【白话】

这个爻好比安守常道与本分，无讼是求的人。食旧德，指守常分。贞，指守正理。

周公所系的讼卦三爻爻辞的意思是说：六三是个阴爻，不仅柔弱，而且居于险地，又被上下两个刚爻夹在中间，无争讼之才，又无争讼之意。所以它能安守常道与本分，能安享已有的东西就很知足。它的心遵循义理，行为当然不会有违，所以能“食旧德”并且贞正。就算遭遇意外的侵侮，不免有危厉之感，也能泰然自若，没有人可以使它倾斜，更何况没有什么惊惧呢？吉祥自不待言。然而安分守己很难，而且只有伴君从王，大权在握，有可以仗恃的权势地位，却能够退避谦逊，全无专断成事之心，才是真正的守旧居贞之士，才理应“终吉”。

孔子解释三爻的小象说：“食旧德”何以能“终吉”？凡争讼之人，皆有凌驾他人之心，必不能随顺他人。那么三爻只有听天委命，顺以从上，自观自省，谦逊退让，不敢自专，又能够恰当地恪守本分，居卑处厚，才可以得无讼之吉吗？圣贤的学问，大致来说就是依本分而行。本应该获取的，也不与人争利；不应该逾越的，更不与人争功。因为人一旦起了功利之心，便与世情相违，而不能顺应，争讼由此而生。说三爻从上并因此收获了吉祥，主要是说它安守本分而不违常情，这才是平息争讼的好方法。

九四：不克讼，复即命，渝安贞，吉。

《象》曰：复即命，渝安贞，不失也。

【解义】

此一爻言能改过以绝讼端，为得理之正也。即，就也。命，犹理也。渝，变也。贞，理之正也。

周公系讼四爻曰：凡人一有好讼之心，更不思正理所在。九四刚而不中，本欲讼者。幸其居柔，而刚以柔克，知讼不可成，以理自制，故亦为不克。能平情恕物，反其健讼之行，以复就于理，无争事也。且悔过迁善，变其欲讼之心，以安处于正，无争心也。是讼可归于无讼，而得惕中之吉者矣。

孔子释四象曰：凡终于讼者，悖理忘害，不知命而大无正，是其失也。今四能不克，至于复而能即渝而得安，内外一归于正。虽前有欲讼之失，而刚心既尽，忿气自消，讼不至于成，岂尚有失乎？吉可知也。

按：天之所命者，理也。人心惟危，何以遂能安贞？惟在乾健一惕间耳。前念之惕，即为后念之贞；竞心之忘，即为道心之正。圣人不贵无过，而贵改过。于此可见矣。

【白话】

这个爻的主旨是说，能改过从而杜绝争讼的事端，才算真正掌握了讼道。即，就。命，理。渝，变。贞，正。

周公所系的讼卦四爻爻辞的意思是说：人一旦变得喜欢争讼，便会把正理抛在一边。九四这个爻刚而不中，本来想要争讼。幸好它以刚爻居于柔位，被地位、时势克制，知道争讼难成，又能以理自制，所以同样“不克讼”。能以平和的心态待人接物，克制自己的刚强好胜之心，顺应情理，自无争讼之事。且能悔过迁善，平息争讼的欲念，安于正理，再无争讼之心。正是争讼能归于无讼，并收获“惕中之吉”的一爻。

孔子解释四爻的小象说：一心争讼的人，悖逆常理，忘却危害，不知道天命而且大错特错，这是他们的过失。而四爻能够做到“不克讼”，回归常道，安守本分，内外皆正。虽有当初的欲讼之失，但讼心已尽，忿气已消，讼又难胜，为什么还要继续争讼呢？吉祥是可想而知的。

按：所谓天命，就是理。人心危险难安，怎么可能居安守贞？全在一个“惕”字。前一念抱持一个“惕”字，后一念就能保持一个“贞”字。争竞的念头没有了，道心与正念就回归了。圣人不贵无过，而贵改过，由此可见。

九五：讼，元吉。

《象》曰：讼，元吉，以中正也。

【解义】

此一爻见大人以德化民，能得讼之平而尽善也。

周公系讼五爻曰：九五以圣德而居天位，所谓大人而利见者。能以德化生民，而使民无讼者也。即有时听讼，无不各得其平，使理直见枉者，得以上伸；情真受诬者，可由上达。有孚不至于见窒，不惟天下无冤民，而且民自不冤矣。非大善而吉者乎？

孔子释五象曰：讼何以得元吉？以五之德本中，心一于公，则未听之前，已无偏主。五之德本正，事得其宜，则既听之后，皆能当理，将见刑清民服。谓之元吉，信矣。

按：圣人论治，必言使民无讼。而此曰"讼，元吉"者，正欲化有讼为无讼也。九五以中正在上，正己而物正，是以靡争之化，百辟其刑。最险如九二，已归逋矣；最健如上九，已三褫矣。其余复即命者，食旧德者，不永所事者，皆已忘险忘健，无讼可听，此讼者所以利见大人也。若止以听不偏，断合理，为得听讼之道，一明察之吏能之，岂所望于大人者乎？此讼狱之归大舜，虞芮之质文王，至德之感人深而化民成俗，斯义得焉耳。

【白话】

这个爻的主旨是说，大人以德化民，才能够平息争讼，尽得其善。

周公所系的讼卦五爻爻辞的意思是说：九五以阳爻居阳位，又居中，还位于九五之尊的位置，正是爻辞所谓"利见"的"大人"，也就是能以道德教化百姓，从而使百姓平息争讼之心的人。即便偶尔审理讼事，也能做到公正平允，使有理却被冤枉者得以申冤，好心却被诬陷者得以上达，有德而不至于窒塞，不但天下没有被冤屈的人，而且百姓也自以为没有冤屈的人。九五不正是尽善尽美且大吉大利的一爻吗？

孔子解释五爻的小象说：争讼怎么还能收获"元吉"呢？这是因为九五本来就居中，象征大公无私，它未曾听讼之前，毫无偏私。它又是阳爻居于阳位，象征有刚正之德，处事能恰到好处，听讼之后，都能依理论处，于是刑罚清正而百姓顺服。称其"元吉"，并不为过。

按：圣人论述治国之道时，一再强调要使民众无讼事，无讼心。此爻所谓的“讼，元吉”，正是因为九五欲化有讼为无讼的原因。九五既中且正，并且高高在上，正己则万物皆正，这种不争的态度，引得诸侯们纷纷效仿。处在最险之地的九二，已经归逋；最为壮健的上九，已经三褫。其余三爻，即“复即命”者、“食旧德”者与“不永所事”者，皆已忘险忘健，无有争讼，九五也因此无讼可听，这正是诸爻“利见大人”的缘故。如果只以听讼不偏、断案合理为听讼之道，一个精明干练的小吏就能做到，用得着期盼大人吗？这正是有诉讼的人非要去找大舜，虞国与芮国一定要听讼于文王的原因。用至善至德感化人心并因此移风易俗，正是这一爻的寓意。

上九：或锡之鞶带，终朝三褫之。

《象》曰：以讼受服，亦不足敬也。

【解义】

此一爻甚言终讼之凶，不可幸胜以取辱也。鞶带，命服之饰。褫，夺也。

周公系讼上爻曰：上九刚居讼极，以健讼之才，而济以必讼之志，诬伪以为真，矫曲以为直，终极其讼以求胜，凶所固然也。即使恃强而获胜，或锡之以鞶带焉，然是非情伪，不踰时而立辨。以讼得之，必且以讼失之。终朝甚暂，而夺之者至于三矣。况必无取胜之理，而有必败之道乎？甚矣！讼之不可终也。

孔子释上象曰：终讼之人，虽幸胜，而有受服之宠。本非德赏，则授之者非道，服之者不终。纵使受而不褫，亦安足敬哉？而况终朝之褫，俄顷随至矣。讼之不可成也如此。

按：五服五章，天之所以命有德也。《礼》曰：“君子耻服其服而无其容。”况以讼受服，耻孰大焉？亦不足敬，其殆有甚于三褫者乎？此圣人原心之论，所以深愧之而使人自省也。

【白话】

这个爻的主旨，是强调一味争讼的凶吝，切不可侥幸争胜，自取其辱。鞶带，官服。褫，夺。

周公所系的讼卦上爻爻辞的意思是说：上九这个爻是个阳爻，以阳爻居阴位，并且处在讼卦之极端，有健讼之才，也有必讼之志，必定诬告伪造，歪曲事实，为求胜而无所不用其极，凶吝在所难免。即使侥幸获胜，或者因此获得可观的利益，但是非曲直用不了多久就会大白于天下。以争讼得到的，必然也会因争讼而失去。一早上那么短暂的时间，就被褫夺了三次。更何况侥幸争胜的人，没有必胜之理，却有必败之道呢？太过了！不应该一味争讼呀。

孔子解释上爻的小象说：一味争讼的人，虽然可以侥幸获胜，并且获得可观的地位与利益。然而这种利益不是基于真实能力与道德修养，不符合大道，所以不可能长久地拥有。纵使不被褫夺回去，又有什么值得尊敬的呢？更何况一早晨都没过，就被褫夺了。不可轻易争讼的原因就在这里。

按：官服与印章，上天只赐给有德之人。《礼记》说："君子耻服其服而无其容。"更何况以争讼得到官服，还有比这更耻辱的吗？更不值得尊敬，大概没有比终朝三褫更令人可鄙的了吧？这是圣人的诛心之论，所以能使人备感惭愧并不断自省。

䷆ 师 坎下坤上

【解义】

一阳之卦，得位者，师比而已。先王之制民，无事则为比闾族党，故比卦众在内，一阳在上为之主，君象也。有事则为伍两卒旅，故师卦众在外，一阳在下为之主，将帅象也。九二刚中，所谓丈人、长子者也。故卦辞曰"吉无咎"，九二爻辞亦曰"吉无咎"。要之，一本乎贞而已。圣人之兵以顺动，犹曰"毒天下"者，盖兵，凶器；战，危事也。虽以顺动，犹不免于毒。此圣人之特笔也。六爻中，出师驻师，将兵将将，与夫奉辞伐罪，旋师班赏之道，无一不备。后世言兵之书，总不出此。而其义光明正大，非后世权谋可比。王者不得已而行师，岂舍此而他求哉？

【白话】

只有一个阳爻并且阳爻居中得位的卦，只有师卦与比卦。先王裁治百姓，没有战事的时候就施行比闾族党之法，所以在比卦中，代表民众的坤卦位于内卦，而九五在外卦，为主爻，象征高高在上的君王。有战事的时候则转为军旅卒伍制，所以在师卦中，代表兵众的坤卦在外卦，而九二在下卦，为主爻，是将帅之象。九二有刚中之德，也就是卦爻辞所谓的"丈人"与"长子"。所以卦辞说

“吉，无咎”，九二的爻辞也说“吉无咎”。要而言之，是因为它居中守贞。圣人出兵，顺应的是天道人心，但依然说“毒天下”，是因为兵器终究是凶器，战争毕竟是危险的事。虽说顺应天道，仍不免荼毒天下。此圣人之特笔也。这是圣人的特殊提示。六爻之中，出师、驻师、将兵、将将，以及讨伐之辞、封赏之道，讲述得非常完备。后世所有的兵书，总体来说都不出师卦六爻所述。但师卦所阐释的光明正大之道，就不是后世的权谋者可以比拟的了。真正的王者，出兵作战都是迫不得已，怎么会舍弃道义妄自谋求呢？

师：贞，丈人吉，无咎。

【解义】

此卦坎下坤上，坎水为险，坤地为顺。藏险于顺，有寓兵于农之意。九二六五有将兵命将之象，故名为师。卦辞言用师之道，利于得正，而又在命将得人，以制胜也。贞，是正道。丈人，才德老成之人。

文王系师彖辞曰：师以兴兵动众，非圣人之得已也，可不正乎？必也顺天人，行吊伐，讨乱诛暴，所至若时雨。出于至正而无私，所谓贞也。然将非其人，以国予敌，又必重专征之选，严阃外之寄，使得老成持重，好谋而能惧，如丈人者而任焉。斯师出有名，天讨彰而声灵振；兵行有纪，众心服而胜算成。是以有战克攻取之吉，而无穷兵黩武之咎。师之道备矣。

按：传有之曰：“秦之锐士，不敌桓文之节制。桓文之节制，不敌汤武之仁义。”师以仁义为本，又得仁义之将，如黄发之尚父，元老之方叔，故吉且无咎。惟三代之师为然。若后世嬴秦之灭六国，吉矣而不免于咎；武侯之伐魏，无咎而不能必吉，岂所称出于万全者哉？

【白话】

师卦的下卦是坎卦，上卦是坤卦，坎卦为水为险，坤卦为地为顺。险又为兵，坤又为民。藏险于顺，有寓兵于农之象。九二与六五居于一卦之中，犹如师中统率，有将兵命将之象，所以叫师卦。卦辞阐释了用师之道，贵在守正，重在任命将帅，以克敌制胜。贞，正道。丈人，才德之士。

文王所系的师卦的卦辞说：出师必然兴兵动众，是圣人不得已而为之，理由能不正当吗？必应顺应天道人心，恭行吊民伐罪之道，平定叛乱，诛杀强暴，所到之处犹如下了一场及时雨。一切行为出于至正之念而不是被私欲所惑，此所谓

“贞”。然而没有合适的将帅，相当于把自己的国家送给敌人，必须注重对将来行使专征专断大权者的选择，严密考察其领兵作战的能力，必须老成持重，有谋略并且慎重的人，也就是丈人，才可以任命。再加上师出有名，会因为替天行道而声威大振，兵行有纪，会使人心悦诚服而胜算在握。所以有战胜攻取之吉，却没有穷兵黩武之咎。这才是完备的出师之道。

按：史书上说：“秦之锐士，不敌桓文之节制。桓文之节制，不敌汤武之仁义。”出师以仁义为本，又有仁义之将指挥，比如德高望重的姜子牙，贵为元老的方叔，所以能“吉”且“无咎”。只有三代时候出师作战能做到这一点。后世的强秦能灭六国，虽然吉祥但备受指责；诸葛武侯之讨伐魏国，世人无话可说但又不能获胜，哪里是人们常说的万全之士呢？

《彖》曰：师，众也。贞，正也。能以众正，可以王矣。刚中而应，行险而顺，以此毒天下而民从之，吉又何咎矣。

【解义】

此《彖传》，是释师彖辞，见师贵乎贞，而率师者又贵能顺，以得人心而成王业也。

孔子释师彖辞曰：所谓师者，伍两卒旅之众也。兴师动众，必由仁义，以张挞伐，是贞之为言正也。凡行师之道，用以伐暴而不为暴，用以驱害而不为害，一出于正。而凡不正者，无不输诚向化，于以顺天心，答民望，无敌于天下而为王者之师，不亦然乎？此师之所以贵乎贞，而率师者贵乎丈人，盖有在矣。其在卦体，九二刚中而五应之，是为将者威而能惠，勇而好谋，有丈人之德焉。而且委任既专，事权不患于中阻，是将固有丈人之德，而君又能任此丈人之将也。卦德坎险而坤顺，兵虽凶器，战虽危事，而行乎险道，然以征不义，则叛者讨而服者舍；以诛暴慢，则近者悦而远者怀。是险而能顺矣。若此者，以刚中之德，行顺民之事。当兵戎所至，见为劳民伤财，不免毒害天下。实则除残救民，东征西怨，民不谓毒而乐从之，将见功成于一举，难靖于四方。是将能顺从乎民，而民心始顺从乎上也，吉而又何咎哉。

按：兵者圣人不得已而用之，有杀戮之惨，供亿之苦，所至荆棘毒害随之。故言乎毒者，如攻病然。毒药所施，非沉疴坚症，不可轻用也。然则兵可轻动乎哉？是在率师者，以正举，以顺动，庶乎可矣。

【白话】

《彖传》是对师卦的彖辞的解释，旨在阐明出师贵在贞正，而领兵作战者贵在顺应天道，从而聚集人心，成就王业。

孔子解释师卦的彖辞说：所谓师，指的就是兵众。兴师动众，必须以仁义之心，行挞伐之道，这才称得上“贞”，也就是名正言顺。但凡领兵打仗，讨伐暴乱而不施暴，驱除祸害而不为害，都是因为内心贞正。而不贞正的人，无不诚心归服，是以能上顺天心，下答民望，无敌于天下，所谓的王者之师，不正是如此吗？这正是师卦之所以崇尚持贞守正，而率师者应该德才兼备、老成持重的关键所在。体现在卦象上，是指九二有刚中之德，并且上应九五，好比将帅威而能惠，勇而好谋，有丈人之德。而且有专事专断之权，行事不至于掣肘，是将帅有丈人之德，君王又能英明地任用其为统帅。师卦的卦德，内卦为坎险，外卦为坤顺，是说兵器虽是凶器，战事虽是危事，出师即行于险道，然而用以征讨不义之敌，反叛就出兵讨伐，臣服就不再追究；用来诛杀强暴轻慢之臣，离得近的会心悦诚服，离得远的会主动归顺。综合起来说，就是随而能顺。若能如此，以刚中之德，行顺民之事，军队所到之处，表面上看是劳民伤财，毒害天下，实际上铲除凶残的人，救民于水火，百姓只会埋怨王者师不先来征伐自己，人民不会觉得这是毒害而乐意顺从，马上就能一举成功，靖难四方。为将者能顺应民心，而民心顺应国君，自然是“吉”而无咎。

按：兵戎之事，圣人在迫不得已的情况下才会用它，用兵就免不了杀戮之惨和供给之苦，大军所到之处，遍地荆棘，引发饥荒。所以师卦所谓的“毒”，以医家所说的以毒攻毒之意。这类药物，不是沉疴顽疾，不可轻用。难道刀兵就可以轻动吗？为将者必须在名正言顺的情况下，才可以出师。

《象》曰：地中有水，师，君子以容民畜众。

【解义】

此《象传》，言兵民合一，为养师之良法也。

孔子释师象曰：坤地之中而有坎水，犹庶民之中而有兵众，师之象也。君子体之，以为师岂一时所能聚哉？古者民与众，非有二也。于无事时，制田里，谋生聚，养之者有定制，足民正所以足兵也；设学校，明伦序，教之者有成法，训民即所以训兵也。何则？以之容保者此民，以之畜聚者亦即此众也。故居常则比闾相居，有事则守望相援，不必征求调发，而桓桓之众，即在此元元之民矣。以是知藏兵于民，有兵之利而无兵之害；亦犹藏水于地，有水之利而无水之害。君子之善用师也如此。

按：自井田之法废，兵农既分，天下不患无兵而患在有兵。故出己力以卫民，莫若以民卫民之更切；出己财以养兵，莫若以民养民之更易。此管仲作内政以寓军令，为得井田之遗法。其尚有合于容民畜众之义乎。

【白话】

《象传》的主旨是说，兵民合一，方为养师之道。

孔子解释师卦的大象说：师卦的下卦是坤卦，坤为地，也为民，上卦是坎卦，坎为水，也为兵，其以坤地之中有坎水，象征庶民之中有兵众，即师之象。君子想效仿师卦，但军队岂是一时之间可以聚集起来的？其实在古代，人民与兵众，没有区别。没有战事时，定田制，谋生聚，养育皆有定制，人口足了兵源也就足了；设学校，明伦理，教化皆有成法，教导人民就是训练兵众。为什么这么说呢？因为容民爱民，正是畜兵聚众。他们在平常比邻相居，有事则相互警戒，彼此援助，不必征求调发，威武之师，就蕴含在众多的百姓之中。而且藏兵于民，有兵之利而无兵之害，就像藏水于地，有水之利而无水之害。通晓并能善用师卦的君子也是这样。

按：自从废除了井田制，划清了兵与民之间的界限，天下不患无兵，而患有兵。所以动用自己的力量保卫民众，还不如让民众自己保卫自己，动用自己的钱财养兵，还不如以民养民从而间接养兵。这正是管仲“作内政以寓军令”的治军思想，实则是井田制的遗产，也暗合了师卦大象的“容民畜众”之意。

初六：师出以律，否臧凶。

《象》曰：师出以律，失律凶也。

【解义】

此一爻戒出师者当守法以谨其始也。律，法律也。否臧，不善也。

周公系师初爻曰：在卦之初，为师之始，所以鼓三军之气，而慑多士之心，可不谨其始哉？故师旅一行，赏罚必明，则众志始服；部伍必整，则众力始齐。此出师之常道，不可不慎也。若不以律，则号令不足以信服，耳目不能以专一，是为否臧而丧败随之。不教之兵，以卒予敌，凶其可免乎？

孔子释初象曰：师一出，而国家之存亡，人命之安危，皆系焉。其不可不用律者，必然之理。苟一失其律，则众涣心离，一溃而不可收。无制之兵，难免丧师之辱，所谓否臧之凶，可胜言哉？

按：师之有律，犹乐之有律。森明谐协，法至严也。《书》曰："不愆于四伐五伐，六伐七伐，乃止齐焉。"所以用律也。若后之兵法，所谓以正合，以奇胜者。阴谋秘计，可谓律乎？故善用兵者，教正而不教奇，犹有律之意存焉尔。

【白话】

这个爻用来警示出师者遵守法度，并且一开始就要小心谨慎。律，纪律，法律。否臧，不善。

周公所系的师卦初爻爻辞的意思是说：初爻在一卦之初，象征出师之始，必须鼓三军之气，慑旧臣之心，能不从一开始就慎之又慎吗？所以大军出动，赏罚分明，兵众才会服从；部伍必须严整，兵力才能集中。这是兴兵出师的常道，必须慎重。若不言明军纪，加强训练，则号令不足以服众，耳目不可以专一，接下来难免会"否臧"而丧败随之。兵卒未经训练，相当于把兵卒交给敌人，凶祸怎么可能避免呢？

孔子解释初爻的小象说：大军一动，国家之存亡，人命之安危，皆系于军队的胜败存亡。出师不可不加强军纪，这是必然之理。假使失了军纪，军心必然涣散，可能一触即败，一败就溃不成军。军纪不明的兵众，难免丧师之辱，其"否臧"之"凶"，怎么说得完呢？

按：军队有军纪，犹如音乐有音律。诸如军纪之森明，配合之谐协，法度非常严整。《尚书》说："不愆于四伐五伐，六伐七伐，乃止齐焉。"正是为了号令严明。而后世的兵法中，所谓"以正合，以奇胜"这种阴谋诡计称得上"律"吗？只有善于用兵的人，教正而不教奇，还残存着"出师以律"的传统观念。

九二：在师中，吉，无咎。王三锡命。

《象》曰：在师中吉，承天宠也。王三锡命，怀万邦也。

【解义】

此一爻见命将得人，受君之宠任，能体君心以立功也。

周公系师二爻曰：九二在下，为众阴所归，有将帅之任。刚而得中，则仁义并济，宽猛咸宜。又有将帅之才，卦之所谓丈人者也。以此而在师中，司专阃之命，则勇足以慑众，而奋往常先；恩足以结心，而捍卫不懈。故能计出万全，有战胜之吉，而无荼毒之咎矣。且以六五正应在上，委任独隆，殊恩异数。洊加于授钺之后，又再三锡命焉。则事权归一，赏罚必行，其肤公克奏也，不亦宜乎。

孔子释二象曰：自古未有宠任不加，而大将能建功于外者。二之在师中吉，实由上承天宠，得君既专，自宜克效其心膂，尽展其才猷。二固不得矜之为己功也，亦未有君心不在于天下，而能任将以成功者。六五之锡命，惟其欲怀保万邦，救民除害。宜其专任必及于有功，宠命不靳于再三。二尤不得私之为己宠也。此吉且无咎，为能无愧于丈人哉。

按：人臣无专制之义，故受阃外之寄者，必协乎中道，而适合乎时宜，然后专之可也。又必君命再三，恩礼备至，斯下无专擅之嫌，上无中制之失。志存底定者，其亦善用斯道哉。

【白话】

这个爻的主旨是说，君王能任用良将并加以宠信，良将也能为君王着想并立功以报。

周公所系的师卦二爻爻辞的意思是说：九二居于下卦，几个阴爻都来归附，象征将帅之任。它是刚爻并居于下卦中间，象重仁义并济，宽猛咸宜。又有将帅之才，卦辞所说的“丈人”即是就它而言。以此统兵打仗，掌专断之权，勇足以慑众，且身先士卒，恩足以交心，而捍卫不断。所以能计出万全，有战胜之吉，而没有荼毒之咎。而且它与六五成正应，象征来自君王的委任与偏爱，备受恩宠。在多次统兵出征的基础上，又给予再三的恩赐。大权在握，赏罚必行，建立伟大的功绩，难道不应当吗？

孔子解释二爻的小象说：自古就没有不受信任却能建立功业的大将。九二的爻辞“在师中，吉”，是说这个爻与六五有正应，能独得君王的专宠，自然也能以君王的心腹自居，竭力展现自己的才能与智谋。九二不可以吹嘘自己的能力，炫耀自己的功绩，因为世上从来没有不以天下为己任却能任用贤能并成就功业的帝王。六五对九二的“锡命”，是基于怀保万邦、救民除害的现实需要，不得不给予九二专断之权，立了功，自然也不会吝惜封赏与恩宠，九二的刚中之德也决定了它不会独吞这份恩宠。这正是九二“吉”且“无咎”，而且无愧于“丈人”

这个称号的原因。

按：为人臣者没有专制的资格，所以掌握专断大权的臣子，必须遵循中道，且合乎时宜，才可以专断处事。为人君者也必须诏命再三，恩宠备至，这样才能下无专擅之嫌，上无干预之失。致力于天下太平的人，没有不深谙此道的。

六三：师或舆尸，凶。

《象》曰：师或舆尸，大无功也。

【解义】

此一爻见轻敌丧师，为贪功者示戒也。舆尸，师徒挠败之象。

周公系师三爻曰：凡师之道，必审己之力，量敌之形，可进可退，故能全师而保众也。六三阴柔才弱，居阳志刚，不中不正，以此用师，则才德俱绌。既患师行失律，在己无制胜之方，犯非其分，又疑师出无名，在彼无可乘之衅，由此以战，必致徒众挠败，有或舆尸之象。外生敌患，内贻君忧，凶孰甚焉。

孔子释三象曰：三意本在贪功，不能量力度德，玩敌躁进，致有舆尸之凶。膏血涂于原野而残民命，锋镝遍于疆场而损国威。所丧实多，而大无功矣，可不戒哉！从来国家之患，莫大于贪功；师旅之祸，莫甚于轻敌。故兵志有之曰："知彼知己，百战不殆。不知彼而知己，一胜一负。不知彼不知己，每战必败。"此行师者先为不可败，以求可胜。斯无意外之虞矣。

【白话】

这个爻的主旨，是警示那些贪功冒进、轻敌丧师的人。舆尸，战败之象。

周公所系的师卦三爻爻辞的意思是说：出师作战，必须审视己方的力量，观察对方的形势，可进可退，才能保全队伍与兵众。六三是个阴爻，能力有限，或者说毫无能力，然而却居于阳位，不中不正，让它统领大军，才德俱绌，后果堪忧。它既不能从严治军，又无克敌制胜之法，还不能守常知分，以至于师出无名，对方没有可乘之机，仍要树敌开战，必然导致战事失利，甚至造成严重伤亡，也就是"舆尸"。对外引发了战火，对内留下了忧患，凶到了极点。

孔子解释三爻的小象说：三爻因为贪功，不自量力，无才无德，却轻敌冒进，导致了"舆尸"之凶。脑浆与鲜血涂布原野而残害人民的生命，刀刃和箭镞充斥疆场而损害国威。损失惨重，却毫无功绩，能不有所警戒吗？一直以来，国家之患，莫大于贪功；师旅之祸，莫甚于轻敌。所以兵书上讲："知彼知己，百战不殆。不知彼而知己，一胜一负。不知彼不知己，每战必败。"意思是让将帅先求取不败，再求取胜利。这样就不会有意外的危险和灾难了。

六四：师左次，无咎。

《象》曰：左次无咎，未失常也。

【解义】

此一爻见知难而退，为得全师之道也。兵事尚右，左次谓退舍也。三宿曰次。

周公系师四爻曰：六四阴柔不中，无胜敌之才，非能进而克捷者也。但居阴得正，有量敌之智。故自审才力，不足以致胜；外度时势，未可以成功。即全师而退，远舍以避其锋，坚壁以图其后，有左次之象焉。虽军庸未奏，而为国虑胜，不敢以众士之死生，争一人之功伐。其所见者远，所全者大，何咎之有？

孔子释四象曰：师以能进为勇，将以得俊为功。师左次，似乎退避而辱国矣，何以得无咎？不知见可而进者，自不宜遽退以示弱；知难而退者，又不可轻进以偾事。因时施宜，行师之常道也。四能未失其常，自无舆尸失律之咎矣。

按：《书》曰："同力度德，同德度义。"帝王之师，贵出万全。当计其得失成败，不当论其进退迟速也。若后之言兵者，高坐庙堂之中，逆料境外之事，惟欲其功之速成，而不计其势之可否。岂知当退而退者，易之垂戒，固已昭然较著乎。

【白话】

这个爻的主旨是说，为了保全队伍，必要时要知难而退。左次，古人吉事尚左，凶事尚右，兵器为凶器，故兵事也尚右，"左"指撤退，行军时，在一处停留三宿以上为"次"。

周公所系的师卦四爻爻辞的意思是说：六四是个阴爻，虽然当位，但是不居中，阴爻又象征能力不足，没有克敌制胜的才能，所以不宜发动进攻，更不可能一战而胜。但它以阴居阴，算是当位，说明它有审时度势的能力与自知之明。它发现以自己的才能不足以取胜，当前的时势也不可能帮助它获取成功，于是下令撤退，远远避开敌军的锋芒，坚壁自守，等待有利时机，有"左次"之象。虽然出师未捷，劳而无功，但站在国家层面考虑战事的胜败，不以兵众的生死，争一己的功绩，见识深远，谋略周全，有什么困咎的呢？

孔子解释四爻的小象说：作战时迎难而进的叫勇士，俘获敌方的猛将叫功劳，“师左次”这种行为，似乎有辱国威，为什么会“无咎”呢？看到当时的情况确实有利于发起进攻，自然不应该急退以示弱；看到当时的情况确实应该知难而退，也不能轻敌冒进，把事情搞坏。根据时机采取相应的措施，这是领兵打仗的常法。四爻未失常法，所以没有“舆尸”“失律”的咎害。

按：《尚书》上说：“同力度德，同德度义。”领兵打仗，考虑一定要周全。要重点考虑得失成败，而不是先考虑进退迟速。后世讨论兵征战事的人，往往高坐于庙堂之中，预测边疆乃至之事，只想着迅速获胜，却不考虑敌我双方的形势对比。岂不知当退则退乃是《易经》的训诫，而且其中的道理那么显而易见。

六五：田有禽，利执言，无咎。长子帅师，弟子舆尸，贞凶。

《象》曰：长子帅师，以中行也。弟子舆尸，使不当也。

【解义】

此一爻是言师出必以正，又任将当专，然后可成出师之功也。禽是害稼者。执言谓声罪致讨。长子谓九二。弟子谓三四也。

周公系师五爻曰：六五为用师之主，柔顺居中，非喜功好大、擅启兵端者也。如敌加于己，侵害生民，不得已而声罪以致讨，犹禽暴我田以伤禾稼，利于执言而搏击也。此仁义之师，攻非为暴，取非为贪，何有黩武之咎乎？然师行固不可不正，而任将又不可非人。如刚中之九二，师之所谓丈人，而君之所谓长子也。老谋壮事，位望孚人。既使之帅师矣，又使新进弟子如三四之才德，本无足称，得与参谋议，则事权不专，号令不一，必至挠败而舆尸。名义虽正而贞，不免丧败，而取凶矣。

孔子释五象曰：二为长子，而以之帅师，是能以刚中之道而行师。恩以济威，谋以济勇，固能胜任而不忝矣。任苟不专一，使非中行者，刚柔宽猛，悉违其道，则舆尸致败，是岂弟子之罪哉，由于任使之不当也。可见命将之道，不可不审，尤不可不专。不审则使非其人，或至丧师而辱国；得其人而任之不专，则事无统摄，不归于一，亦覆败之所由也。后世如赵盾河曲之战，而谋出赵穿；荀林父邲之战，而令由先縠。可为明鉴矣。

【白话】

这个爻的意思是说，出兵作战，必须名正言顺，同时又能任用良将，然后就能获胜。禽，泛指祸害庄稼者。执言，声讨。长子，指九二。弟子，指六三与六四。

周公所系的师卦五爻爻辞的意思是说：六五是使用军队的君主，它柔顺居中，并非好大喜功、擅启兵端之人。除非敌人把战火强加到自己身上，侵害国民，才会不得已出兵声讨，就好像禽兽祸害了我们田地里的庄稼，就应该出声吓阻乃至击杀。这是仁义之师，进攻不为施暴，求胜不为贪占，怎么会有穷兵黩武的咎祸呢？然而就算师出有名，任命将领也非常重要。比如有刚中之德的九二，也就是师卦所谓的“丈人”，对于君王来说则是长子、太子，它老成持重，地位与名望都令人信服，既已让它统帅三军，又让两个没有经验的人如三爻四爻那般，没什么才德，本来不足以担当重任，却非要它们协助九二，导致九二失去了专断的大权，部队号令不一，必然导致战败“舆尸”。名义虽然贞正，但不免丧败，所以爻辞说“贞凶”。

孔子解释五爻的小象说：二爻象征国君的长子，让它领兵打仗，是因为它有刚中之德。它的恩宠可以壮大军队的声威，它的谋略可以协同兵众的勇气，所以能够胜任而不至辱没。任命若不专一，使用不能居中持正的人，刚柔宽猛皆违其道，最后导致“舆尸”，并不是所谓“弟子”的罪责，而是由于国君用人不当，任人无法。可见委任将帅，必须仔细审查，也必须给予专断的权力。不详细审查会导致所托非人，从而丧师辱国；委任了良将又不给它专断之权，战事便无法统摄，军令便无法严明，这也是战败的重要原因。后来赵盾指挥的河曲之战，就是由于赵穿坏了事；荀林父指挥的邲之战，则是因为先縠坏了事。这两件事都应该引以为戒。

上六：大君有命，开国承家，小人勿用。

《象》曰：大君有命，以正功也。小人勿用，必乱邦也。

【解义】

此一爻见人君报功，当有正典，不可滥及非人，以肇乱之源也。

周公系师上爻曰：六居师之终，则武功告成。处顺之极，则天下大定。论功行赏，正在此时。大君于是有赏功之命，功大者，非封国无以酬其戡定之勋，则开拓疆宇，使为诸侯；功小者，非承家无以报其捍御之烈，则宁承世业，使为卿大夫。其赏必酬功，报必偿劳如此。然其中或有余于才不足于德之小人，则又勿用以预政事，临民上焉。是非坚树国本，保全功臣之要道乎。

孔子释上象曰：大君有命，所以程功之大小，而赏当其功也。故开国而不为滥，承家而不为吝。无偏无颇，正以论定其功，自可无徼幸怨望之心矣。然曷云小人勿用？小人戮力师中，用之奔走御侮，或可以效功，若用之抚绥底定，则挟功自恃，始以靖乱者，终必至于肇乱，岂王者怀保万邦之至意乎？六之垂戒深矣！

按：师之为卦，万世论兵之道，皆不出乎此。至上六之终于报功之典，寓黜陟之权，所以优功臣而隆封建，见圣人待天下之公；远小人而绝祸端，见圣人虑天下之深。后之保邦图治者，尚其深鉴于此哉。

【白话】

这个爻的意思是说，国君要论功行赏，不能胡乱封赐，否则就开启了祸乱之源。

周公所系的师卦上爻爻辞的意思是说：六爻位于师卦的终极之处，象征出师获胜，武功告成。因为这个爻处在上卦坤卦的最上面，坤为顺，最上面为天，也就是顺天应人，必然天下大定。接下来便是论功行赏，国君打开功劳簿，功劳大的，比如没有它就不能平定祸乱，或者因为它才得以开疆拓土，便封为诸侯；功劳小的，也要封赐小邑，并使其子孙后代世袭祖先的事业，以回报其保卫防御之忠烈，也就是封为卿大夫。称得上赏必酬功，报必偿劳。然而其中必然会有才能有余而德行不足的小人，千万不要让他们参与政事，在百姓头上作威作福。这难道不是坚固国家根本，保全人民功臣的关键所在吗？

孔子解释上爻的小象说：君王封赏臣下，要根据个人的功绩，给予相应的封赏。所以封功劳大的人做诸侯不为过度，封功劳小的人做卿大夫不算吝啬。不偏不倚，公平公正，从而打消某些人的非分之想，和某些人的嗔恨之心。为什么要强调“小人勿用”呢？因为让小人上战场拼杀，抵御外敌，或许还有些用处，如果让小人治理百姓，小人就会居功自恃，刚开始还能除残靖乱，但最终会导致祸乱，这与君王怀保万邦的深远用意相距太远了吧？上六的警示意义可谓深远！

按：圣人设立了师卦，后世论兵之法，概莫能外。上六这个爻位于师卦之终，象征出师获胜，作战成功，终于到了论功行赏的时候，无功乃至有罪者自然也会相应降级或者予以惩罚，所以优待功臣不惜封其为诸侯，是为了彰显圣人倡导的公允，远离小人而杜绝祸端，是为了学习圣人的深谋远虑。后世君主想要保邦图治，应当深以为鉴。

䷇ 比 坤下坎上

【解义】

比之为卦，一阳居尊而五阴应之。《彖》言五阴比一阳，《象》言一阳比五阴，以互相发明，比之义始尽。凡《彖传》“应”字多谓刚柔两爻相应，此则谓上下五阴应乎五之刚，又一例也。六爻自九五称“显比”外，余五爻皆称“比之”。“比之”之词，初“比之无咎”，二、四“比之贞吉”，皆以其比五也。独三“比之匪人”而伤，上“比之无首”而凶，是三上自相为比，而不比五也。自卦言之，群阴皆比于五；自爻言之，或远或近，或来或不来，有未可一律拘者。盖卦以明一统之义，而爻各随其位之所之，所以尽比之变也。

【白话】

之所以叫作比卦，是因为比卦的主爻九五居于尊位，而其余五个阴爻皆来比附。《彖传》说“五阴比一阳”，《大象》则说“一阳比五阴”，为的是相互阐发，更好地阐释比卦的内涵。《易经》诸卦的《彖传》但凡提到“应”字时，通常是指刚爻与柔爻上下相应，这里则泛指比卦的五个阴爻全部比应于九五这个唯一的刚爻，这是“应”的另一种解释。所以比卦的六个爻除九五的爻辞称“显比”以外，其余五爻皆称“比之”。具体来说，是初爻的“比之无咎”，二爻与四爻的“比之贞吉”，都是指它们比附于九五。只有三爻因为“比之匪人”而“不亦伤乎”，以及上爻“比之无首”而凶，是指三爻与上爻相互亲比，偏不比附于五爻。就全卦而言，总的来说就是群阴比附于九五；具体到每一个爻，它们距九五有近有远，或比或不比，不可拘泥。因为全卦必须有个统一的主旨，而爻位各有不同，可以用来揭示比卦的各种变化。

比：吉，原筮元永贞，无咎。不宁方来，后夫凶。

【解义】

此卦坤下坎上，以坎水比坤地，故名为比。卦辞言人君比天下，必尽比天下之道，斯能得天下之比也。原，再也。筮，谓审察。元，谓元善之德。永，谓存元善而无间于始终。贞，谓行元善而不流于姑息。不宁，谓未得所比之人。后夫，谓不早归附者。

文王系比彖辞曰：比卦以一阳居尊位而得其正，上下五阴，顺而从之。以上之比下言，则以一人而抚万邦；以下之比上言，则以四海而仰一人。比则当为人所亲厚辅助而吉。然民之比我，比于我之有德也。故必再为审察，果有元善好生之德，足以长人。而元善之德，果永而不至于间断，贞而不失于驳杂，自无忝于作民元后之责，而无咎矣。由是仁恩四洽，凡未比而不安宁者，方归来未已。彼负固如后夫，祇自贻其戚而凶耳，于王者何损哉？

按：比则天下归心，定于一统。虽或顽梗弗率，亦有自外王化之时。然帝王止自修其德，以尽其安内攘外之实，故虞帝舞干羽于两阶，而有苗自格；南越尉佗自立为帝，汉文以德怀之，而佗遂称臣。则修德又比人之本与？

【白话】

比卦的下卦是坤卦，坤为地，上卦是坎卦，坎为水，综合上下卦来看，好比坎水比附于坤地，所以叫比卦。卦辞的意思是说，君王想比临天下民众，必须尽力践行治理天下的大道，这样才能获得天下人的亲比。原，再。筮，审察。元，即元善，大善。永，即始终保持元善之心。贞，指不因元善而有所姑息。不宁，没来得及。后夫，迟迟不来比附的人。

文王所系的比卦的卦辞说：比卦的主爻是九五，它以阳居阳，居中得正，并且居于尊位，所以上面一个阴爻与下面四个阴爻都顺从于它。从以上比下的角度看，是以一人抚万邦；从以下比上的角度论，则是四海仰一人。由于它心存亲比，因此也能得到别人的亲比与辅助，自然会很吉祥。然而民众亲比君王，主要是亲比君王的德行。所以应该一再反躬自省，真有元善好生之德，才足以做民众的首领。加之它能长久地保持善念，永不间断，却又不会因为保持善念而有所姑息，没有辱没自己作为帝王统御百姓的职责，所以“无咎”。于是仁义广布，恩泽四方，那些没来比附但内心不安的人，这才来比附。只有那些自负如“后夫”者，才会因为自寻忧患最终致祸，于君王有什么损害呢？

按：君王能亲比天下，就能够天下归心，定于一统。纵然会有人顽梗不化，也有人会自行疏远，但君王只要不断加强自身修养，尽其安内攘外之责，就像舜帝在朝堂举行干羽之舞，以示偃武修文不久，有苗氏就自行前来归附，也如南越王赵佗趁战乱自立为帝后，汉文帝以德相召，赵佗马上就称臣一样。修德难道不是亲比他人的根本吗?

《彖》曰：比吉也。比，辅也，下顺从也。原筮元永贞，无咎，以刚中也。不宁方来，上下应也。后夫凶，其道穷也。（“比吉也”三字衍文）

【解义】

此《彖传》，是释比彖辞，以明比之义也。刚中，谓九五。上下，谓五阴，指臣民言。

孔子释比彖辞曰：卦名为比者，何所取哉？以比有亲辅之义也。以卦体言之，九五阳刚在上，五阴顺而从之，是在下之臣民，莫不倾心向化也，故为比。辞谓“原筮元永贞，无咎”者，何所取哉？盖君德贵刚，而刚贵乎得中。九五以阳居中，是主之以明作之心，而济之以时措之善，则体仁长人而为元者。一刚中之德为之，且累世不息而为永，无私不杂而为贞，皆刚中之德为之也。此所以当众之来归而无咎。又谓“不宁方来”者，卦体上下五阴皆应九五，是合上下臣民之众，而皆比于一人也。又谓“后夫凶”者，盖九五德足致天下之比，则民心之归已非一日。若后夫，自弃德化，以比之道揆之，自当困穷，此其所以凶也。盖上下顺从之日，自外王化，理合致穷。然王者之心，但问吾之可比不可比，不计彼之来与不来。此大公之道，庶几九五之显比者欤。

【白话】

《彖传》是对比卦卦辞的解释，为的是阐明比卦的内涵。刚中，指有刚中之德且居于尊位的九五。上下，指五阴，引申为臣民。

孔子解释比卦的彖辞说：此卦为比卦，为什么会叫这个卦名呢？主要是取“比”字的亲辅之意。统观全卦，九五刚正居中，象征有才又有德的君王，五个阴爻则象征顺从君王的臣民，每个阴爻都倾心归服，所以称比卦。卦辞所说的“原筮元永贞，无咎”，又是根据什么讲的呢？主要是因为君爻以刚为贵，而刚爻以居中为贵。九五以阳爻居于卦中，象征它既有勤勉任事之心，又有任何时候都适合实施的善政，象征实行仁政的君子，也就是《易经》中所谓的“元”德。具备了这种刚中之德，并且能够长久保持，就是“永”，如果能做到纯粹无私，就是“贞”，说到底，都是因为它具备刚中之德的缘故。正因为如此，几个阴爻都来归附它，而且“无咎”。又说“不宁方来”，是说统观全卦，五个阴爻都比应于九五，相当于所有民众都比附于君王。又说“后夫凶”，主要是说九五的刚正之德足以亲比天下人，民心早已归服。然而，总有迟迟不来比附的“后夫”，自我疏离，拒绝德化，这不符合比卦的亲辅之义，势必导致困穷，这是它之所以会“凶”的缘故。说到底，上下远近都来顺从，唯独它自我疏离，理当困穷。然而王者行事，只问自己值不值得比附，不问对方来与不来比附。此乃大公之道，九五所说的“显比”或许可以与之相比肩吧。

《象》曰：地上有水，比，先王以建万国，亲诸侯。

【解义】

此《象传》，是言先王体比象而能尽比天下之道也。

孔子释比象曰：地上有水，水比于地，不容有间，有比之象。先王观比之象，而得比天下之道焉。谓天下可以一人统之，而不可以一人治之。乃列爵分土，而建为公侯伯子男之国。又恐远近不同化，幽隐不得达，制为巡狩述职之典，以亲诸侯。令其承宣德意，恩泽下流。天子以亲天下者而亲诸侯，诸侯以亲天下者而报天子，如此则有以比天下而无间矣。

按：人君以一身居九重之上，万国之广，人民之众，安得一一而亲比之？故建国亲侯，乃比天下之大权，实比天下之要道也。汉贾谊论众建诸侯：“令海内之势如身之使臂，臂之使指，莫不制从。”其得比天下之道者哉。

【白话】

《象传》的主旨是说，先王能效法比卦的大象，尽力践行治理天下的大道。

孔子解释比卦的大象说：比卦的大象是地上有水，水附于地，亲密无间，有比卦之象。周文王观察比卦的大象，从中悟出了亲比天下之道。也就是说，一个人可以统领天下，但不能治理天下。于是列爵分疆，分封公侯伯子男诸国。又担心远人迟于德化，隐士难以下达，于是制定了巡狩与述职的典章，用以亲比诸侯。让它们继承发扬君王的德行与美意，使恩泽下流，惠及万民。就这样，天子为了亲比天下而亲比诸侯，诸侯为了回报天子而亲比天下，从而使天子、诸侯与天下万民亲密无间。

按：君王身居九重，高高在上，而国土广阔，人民众多，怎么能做到一一亲比呢？所以天子分封诸侯并亲比他们，可见分封天下权力，才是亲比天下的要道。汉代的贾谊在《过秦论》中讨论过“众建诸侯”的益处：“令海内之势如身之使臂，臂之使指，莫不制从。”可谓深语比天下之道的智者。

初六：有孚比之，无咎。有孚盈缶，终来，有他吉。

《象》曰：比之初六，有他吉也。

【解义】

此一爻是勉始仕之臣，以诚事君也。缶，瓦器也。盈缶，充实之象。

周公系比初爻曰：人臣事君，贵于诚信。初六居比之初，当服官之始，情意尚隔于势分。所恃以进结于君者，惟此孚诚而已。惟内孚之心，外孚之事，无非忠君爱国之念，以此比君，可无忝于臣职而无咎矣。然有孚非易言也，必无一念之不诚，无一事之不实，无少亏欠，若盈缶然。则终当感格君心，而宠遇之来，若出意外，有他吉焉。

孔子释初象曰：孚在比初，即推之至于盈缶，亦止此一念之诚。以此格君，君恩之来，自在寻常意计之外，宜有他吉也。盖人臣事主，其始进之日，一念之诚伪，终身之邪正分焉。始进不以诚，后未有能出于诚者也。圣人于比之初六，以有他吉许之，可以为人臣劝矣。

【白话】

这个爻的主旨，是勉励初入仕途的人以诚事君。缶，瓦器。盈缶，充实之象。

周公所系的比卦初爻爻辞的意思是说：为臣事君，贵在诚信。初六这个爻位于比卦的初爻，好比初入仕途，亲比之意受限于名分地位。能拿来亲比君王的，只有心中的忠信。它对内孚于心，对外忠于事，胸中之有忠君爱国之念，以此亲附君王，无愧于自己的职责，自然“无咎”。不过“有孚”不是说说那么简单，必须每一念都真诚，每件事都真实，绝不亏心，如同装满了水的瓦缶。最终会在某个时刻感动君主，恩宠随即到来，让人觉得意外，也就是“有他吉”。

孔子解释初爻的小象说：初爻虽有孚信，但与君爻地位悬殊，就算孚信盈缶，也只能深埋心中。以一念亲辅君王，就算得到恩宠，也在意料之外，但应该“有他吉”。这是因为作为臣子，它初入仕途时是诚是伪，很大程度上已经决定了它之后是正是邪。一开始不真诚，后来却很真诚的人从来就没有过。圣人给比卦的初六系上“有他吉”的爻辞，主要是为了嘉许和劝勉那些做臣子的人。

六二：比之自内，贞吉。

《象》曰：比之自内，不自失也。

【解义】

此一爻是美其以道事君，而能得君以行道也。

周公系比二爻曰：六二柔顺中正，上应九五。其方出而仕也，一本其内之素养者，以自靖焉。是进非苟合，而可以得君。于比之道，为得其正而吉也。

孔子释二象曰：徇人者失己，比之自内，则达不离道，不自失也，盖得事君之正矣。可见择才而用虽在乎上，而以身许国必由于己。二五以中正之道相比，故为得正。若降志辱身，汲汲以求比者，非君子自重之道矣。国家亦奚赖有若人而用之乎。

【白话】

这个爻的意思是说，六二能以道义服侍君王，所以能得到君王的恩宠并以此行道。

周公所系的比卦二爻爻辞的意思是说：六二以阴居阴，柔顺中正，并且与九五成正应。好比一个刚刚出仕的臣子，总是本着为臣之道做事，自行其志。它与君王的位置比初爻进了一步，但不是为了与君王苟合，因此能得到君王的信任。纵观全卦，它主要是因为居中守正，所以能够吉祥。

孔子解释二爻的小象说：曲从他人就会丢失自我，发自内心的亲比君王，能发达且不背离道义，自己也不至于失身，这主要是因为二爻以中正之心服事君王的缘故。可见是否会被重用虽然在于君王，但能否以身许国主要在于自己。比卦的二爻与五爻都居中守正，又成正应，所以说它得正。若是自降品格，屈辱身份，汲汲于求比，就不符合君子的自重之道了。国家也必须任用并依赖六二这样的人。

六三：比之匪人。

《象》曰：比之匪人，不亦伤乎。

【解义】

此一爻是明三之不能择人而比，为可鄙也。匪人，指上六。

周公系比三爻曰：六三阴柔而不中正，阴柔则暗昧而无识，不中正则邪僻而不良，而况上下与应皆阴，则所近举非正人。以三之暗昧邪僻，有不入其流者乎？是所比为匪人矣。

孔子释三象曰：六二、六四之贞吉，由于所比得人也。六三既比匪人，是暗于择友之明。不惟无益，而反为累矣。入于不善而同恶相济，不亦伤乎？盖甚言比匪之必伤也。

按：初之应四，二之应五，皆为比得其人。惟三居不正之位，乘承应皆阴，是比之匪人也。如马援劝隗嚣专意东方，而嚣乃降于蜀，卒至杀身亡宗，为天下笑。亦大可伤矣。

【白话】

这个爻的意思是说，三爻不能择人而比，非常可鄙。匪人，指上六。

周公所系的比卦三爻爻辞的意思是说：六三以阴爻居阳位，不当位也不居中，阴爻说明它阴柔、暗昧、没有见识，不中不正说明它奸邪不良，而且它的上面、下面以及应爻都是阴爻，说明它所亲比的都不是正人君子。它本人奸邪不良，所亲比的人想必也不会入流吧？所以爻辞说它“比之匪人”。

孔子解释三爻的小象说：六二与六四这两个爻能够“贞吉”，是由于它们亲比了应该亲比的人。六三却“比之匪人”，说明它缺乏择友之明，不仅无益，反受其累。不与好人亲比，反与恶人相济，能不受伤吗？所以要在这里强调一下：比之匪人必伤！

按：初爻与四爻相比，二爻与五爻相应，亲比的都是正人君子。只有六三这个爻，居于不正之位，所乘、所承、所应的爻都是阴爻，如同亲比匪人。好比马援劝隗嚣归附了刘秀，隗嚣却暗中勾结公孙述作乱，最后又病又饿，愤恨而死，被天下人耻笑。说来也非常可悲。

六四：外比之，贞吉。

《象》曰：外比于贤，以从上也。

【解义】

此一爻是言人臣尽事上之义，绝内顾之私，为臣道之正也。贤，谓九五。

周公系比四爻曰：六四以柔居柔，外比九五。以柔正之德，而居近君之位，是国尔忘家，公尔忘私，得所比之正也。自是明良相遇，有以辅君德而成显比之治矣，何吉如之？

孔子释四象曰：九五以阳刚居上，而得其正，不但有其位，而又有其德，盖贤君也。六四固外比于九五之贤矣，然岂止从其贤而已哉？盖君臣，天地之大义，无所容逃。臣子忠爱之至性，必不可解，故必从之，以尽其分也。

按：四当与内应，乃内无可比，而外比于五。舍柔暗而事高明，为得其正，此其所以吉欤。

【白话】

这个爻的意思是说，尽力服侍君王，不为自己谋私，是为臣的正道。贤，指九五。

周公所系的比卦四爻爻辞的意思是说：六四以柔爻居于柔位，又上承九五，象征以柔正之德，居于近君之位，是为国忘家，因公忘私，是亲比的正道。它这个忠良的臣子，遇到了贤明的君王，必然竭力亲辅九五，成就“显比之治”，还有比这更吉祥的吗？

孔子释四象曰：九五以阳刚之爻居于尊位，并且以阳居阳，得其正位，说明它不但有位，而且有德，象征贤君。六四固然得以亲比九五之贤，但它并不仅限于亲比九五的贤明吧？说到底，君臣之道乃天地大义，义不容逃。它以阴居阴，顺上当位，忠君爱民之心拳拳可见，难分难解，必然会追随君王，尽其本分。

按：四爻本来应该与内卦的初爻相应，但初爻也是阴爻，故而不应，它才外比于九五。不过这象征着它能够舍柔暗而事高明，是为臣的正道，这是它之所以吉祥的原因。

九五：显比，王用三驱，失前禽。邑人不诫，吉。

《象》曰：显比之吉，位正中也。舍逆取顺，失前禽也。邑人不诫，上使中也。

【解义】

此一爻是言，九五以大公之道比天下也。显比，谓显其比而无私。三驱，谓天子之田，不合围也。不诫，谓不相警备。使中，谓上之德有以使其得中也。

周公系比五爻曰：九五一阳居尊，以刚健中正之德，为上下五阴所比，是圣人而在天子之位，亲比天下，普大公无私之心，而天下之戴之者，无一不从王者之化，而忘于不知。如天子之畋，围合三面，前开一路，使之可去，惟取其不出而反入者，则禽之前去者皆免矣。凡同驱私属之邑人，咸晓上意，亦不相警备，以求必得，为“王用三驱，失前禽”而“邑人不诫”之象。盖在上之人，不必求得；而在下化之，亦不求其必得也。凡此皆吉之道也。

孔子释五象曰：所谓显比之吉者，以五有正中之德，其自心而达之政，皆荡平而无私，故能为天下所归往也。又谓：失前禽者，网开一面。逆我而去者则舍之，如后夫，不能强之来，则舍之而已；向我而归者则取之，如方来者，不能使之去，则取之而已。故听前禽之失也。邑人不诫者，由王者建中于上，而下以不偏之德应之，有不期然而然者若或使之耳。

按：《程传》谓显比：“非唯人君比天下之道如此。如以臣于君言之，竭其忠诚，致其才力，乃显其比君之道也。用之与否，在君而已，不可阿谀逢迎，求其比己也。在朋友亦然。修身诚意以待之，亲己与否在人而已，不可巧言令色，曲从苟合，以求人之比己也。”此于三驱失前禽之义，更为详尽，可为读《易》者之法矣。

【白话】

这个爻的意思是说，九五以大公之道显比天下。显比，光明正大、毫无偏私的亲比。三驱，狩猎只围三面，不合围。不诫，不戒备，不防备。使中，指在上者有德，使得在下者也能居中持正。

周公所系的比卦五爻爻辞的意思是说：九五以刚爻居于尊位，有刚健中正之德，被上下五个阴爻所亲比，是圣人而在天子之位，能亲比全天下的人，普施大公无私之心，拥戴它的人皆来亲辅，不亲比它的人也不强求。恰如天子围猎，只围左、右、后三面，网开一面，使猎物可以逃走，只猎杀那些自投罗网的猎物，从前面逃走的禽兽，皆可免于一死。那些同驱并进的兵众与百姓，都深明其理，知晓上意，所以不去戒备，不求必得，这正是“王用三驱，失前禽”而“邑人不诫”的原因。在上者与在下者都不求必得，都是吉祥之道。

孔子解释五爻的小象说：所谓“显比之吉”，是说九五有中正之德，它光明正大的善政，坦荡而无私，使得天下人尽皆归附。而所谓“失前禽”，即指网开一面。逆着我的方向逃走的就舍弃它，恰如爻辞中的“后夫”，不能强行使之归附，舍弃即可；主动归附我的，恰如爻辞中的“方来”者，它有心归附，我不能舍弃，故与之亲比。所以能听任“前禽”之“失”。所谓“邑人不诫”，是说在上者有中正之德，在下者亦能以中正之德响应，有不期然而然的感觉，就好像被在上者的德行驱使着一样。

按：《周易程氏传》说：“显比之道并非仅适用于亲比天下的君王。从大臣服侍君王的角度来说，臣子能竭尽忠诚，尽展才力，就是它的显比之道。至于是否重用它，在于君王，不能阿谀逢迎，强求苟且。朋友之间也是如此。我们不断修养自己的德行，始终保持诚意即可，是否与我们亲比在于对方，不能巧言令色，曲从苟合，勉强让别人亲比自己。”这比前人阐释“王用三驱，失前禽”更为详尽，读《易经》的人可以效法。

上六：比之无首，凶。

《象》曰：比之无首，无所终也。

【解义】

此一爻是言，无德不能为民所比也。无首，谓无德而居上。

周公系比上爻曰：人必有刚中之德，然后可首出庶物，而为人所比。上六阴柔居上，无刚健之德，以比下，为比之无首之象，如此则何以为人所比乎？众叛亲离，凶其不免矣。

孔子释上象曰：人君为天下所比者，以其德也。比既无首，则不成为比矣。何能保其终，以善其后乎？此其所以凶也。

按：首对终而言，上六以阴居终，不能率先天下以从君，而依险自固。其甘为后夫，而自取灭亡者乎。

【白话】

这个爻的意思是说，没有德行，人民就不会比附它。无首，无德而居上。

周公所系的比卦上爻爻辞的意思是说：人必须要有刚中之德，才可以像上天化生万物那样，被万物发自内心的亲比。上六以柔爻居柔位，看似当位，但没有刚健之德，不适合作首领，这就是“比之无首”之象，又凭什么让人亲比呢？众叛亲离，所以会“凶”。

孔子解释上爻的小象说：君主之所以能让天下人前来亲附，靠的是德行。上六高高在上，却没有德行，亲附也就无从谈起了。如此一来，怎能可能善终？所以爻辞说它凶。

按："首"，是说上六处在一卦之终，犹如人的首脑，但它以阴居终，才德不足以做天下人的榜样，不率先亲附君主，反倒恃险自立。它就是所谓的"后夫"，是自取灭亡。

☴ 小畜 乾下巽上

【解义】

以大畜小，以阳畜阴，其常经也。然亦有君子欲行事，而小人得以扰系之。大事之将就，而小故得以邀阻之，皆小畜也。以统体言之，卦惟六四一阴，上下五阳，皆为所畜。若析言之，下三爻乾体，受畜者也；上三爻巽体，为畜者也。以一柔下畜三刚，本是难事，以得五与合志，而后能畜。至上九，则畜道已成，而不雨者，变为既雨矣。要之，阴亦岂能畜阳，惟阳失其道，乃为所制。乾体三爻，初二皆复，三昵于四而不复，小畜亦但能畜九三一爻而已。由三之不能正室，自失其道也。四虽畜阳，曰血曰惕，有戒辞焉。圣人扶抑之意深矣。

【白话】

以大畜小，以阳畜阴，是永恒的规律。然而也有君子想要行事，却被小人阻挠的时候。凡是大事即将成就，却受阻于小的原因，都属于小畜。统观小畜卦，六爻中除了六四一个阴爻，其余五个阳爻皆被六四畜止。具体说来，下卦的三个阳爻属于被畜者，上卦的两个阳爻与一个阴爻是施畜者。再说细致点儿，小畜只有一个阴爻，它以一柔畜三刚，本来很难，但是六四这个阴爻上承九五，说明它符合九五的意愿，所以能畜止下卦三个刚爻。至于上九，它位于小畜卦的最后一爻，说明畜积已经足够，所以之前的"不雨"，变成了"既雨"。说到底，阴是不能畜阳的，只有在阳失道的情况下，才能畜阳、止阳、制阳。下卦三个阳爻，初爻与二爻都说"复"，也就是复归常道，只有三爻因为与四爻相近、相昵，所以"不复"，所谓小畜，能畜的也只有九三一个刚爻而已。而且三爻是由于"不能正室"，也就是没有正应，才与近邻的六四相昵，才会失道。六四虽然能够以阴畜阳，但爻辞既说"血"，又说"惕"，这是训诫之语。圣人扶刚抑柔的意图非常明显。

小畜：亨。密云不雨，自我西郊。

【解义】

此卦乾下巽上，以巽阴而畜乾阳，故名为小畜。卦辞言，君子当小畜之时，道犹可亨而得行其志也。畜，止之之义也。密云，阴物。西郊，阴方。我者，文王自谓也。文王演易于羑里，视岐周为西方也。

文王系小畜彖辞曰：此卦惟六四一阴，上下五阳皆为所畜，是以小畜大也。夫阳之力大，方能畜阴。今以巽之柔顺而畜三阳，能系而不能固，则所畜者小矣。夫阳为阴畜，难以得亨。然卦德内健外巽，有能为之才。卦体二五皆阳，有可为之势。在君子，犹得安其位以伸其志而亨，但畜未极而施未行，则所积者未厚而所施者不能及远。如云虽密而不能致雨，徒起自西郊而已，故有“密云不雨，自我西郊”之象焉。

按：云能致雨，今乃密云不雨者，何耶？盖东北阳方，西南阴方。阳唱阴和，阴唱故阳不和，而不能成雨也。是密云不雨，以其起自西郊耳。

【白话】

小畜的下卦是乾卦，上卦是巽卦，巽卦属阴，乾卦属阳，以巽阴畜乾阳，故名小畜。卦辞的意思是说，君子就算被小人所畜，前途依然亨通，志向终究可以实现。畜，止的意思。密云，阴云。西郊，阴云密布的地方。我，指文王。当时文王困处羑里推演周易，周国位于西方。

文王所系的小畜卦的卦辞说：小畜卦只有六四一个阴爻，上二下三五个阳爻都被它蓄止，是以小畜大。阳爻刚强有力，所以通常情况下是阳爻畜阴爻。现在柔顺的巽卦固然可以畜止乾卦，但它力量有限，所畜并不牢固，所以叫作小畜。另外，阳爻被阴爻所系，难以亨通。但小畜卦上巽下健，象征足够的才德，卦中的二爻与五爻又都是阳爻，说明形势一片大好，如果是君子，便可以安其位，尽其职，行其道，也就是“亨”。同时，畜还有积畜的意思，小畜也就是小有积畜，小有积畜还不足以支撑远大的理想，还不能泽及远方，更不能泽及天下。就像天空虽然阴云密布，但还不足以下雨，仅仅是起于西郊而已，所以卦辞说“密云不雨，自我西郊”。

按：云能致雨，但爻辞却说“密云不雨”，什么意思呢？因为按照易理，东北属阳，西南属阴，阳唱则阴必和，阴唱阳却可以不和，所以“密云不雨”，主要是因为它起自西郊（即周国），而东方（即商王朝）敌而不应。

《彖》曰：小畜，柔得位而上下应之，曰小畜。健而巽，刚中而志行，乃亨。密云不雨，尚往也。自我西郊，施未行也。

【解义】

此《彖传》，是释小畜彖辞，以明畜而得亨之道，且以勉君子向往之功也。柔得位，指六居四。上下，谓五阳。尚往，言畜之未极，其气犹上进也。

孔子释小畜彖辞曰：卦名小畜者，盖以卦体六四柔得位而上下应之，上下五阳皆为六四一阴所畜，是一小人处高位，而众君子为其所牵制，有“以小畜大”之义，故为小畜。夫阳为阴所畜，宜不得亨，而卦辞系曰亨者，何哉？盖以卦德内健外巽，是其立心则有不屈之操，处事复有善入之道，其才可以有为。卦体二五皆阳，是乾二之阳用事于下，而巽五之阳用事于上，则其势又得以有为，此所以不为其所畜，而犹可以亨也。又云“密云不雨”者，何哉？盖君子以泽及天下为心，若所积未厚，正当懋其进修之力，奋其向往之功，今则畜未极而尚往也。自我西郊者，正言德未能以远及，无以兼济万物，润泽生民，施未行于天下也。

按：自乾坤而下，屯蒙、需讼、师比皆三男阳卦用事，至此方见巽之一阴用事，而以小畜名焉。圣人于阳，既幸其志行，复期其尚往，总不欲阴胜乎阳也如此。

【白话】

《彖传》是对小畜卦卦辞的解释，目的是阐明小畜卦虽被畜止仍能亨通的道理，并以此勉励君子，去践行自己的理想。柔得位，指六四以阴居阴，当位。上下，指五个阳爻。尚往，指阴爻无法完全畜止阳爻，阳爻依然能向上发展。

孔子解释小畜卦的彖辞说：卦的名字叫小畜，是说统观此卦，六四这个唯一的阴爻得其正位，上下五个阳爻尽皆顺从于它，相当于五阳为一阴所畜，好比一个身处高位的小人，牵制住很多君子，有“以小畜大”之义，故名小畜。阳爻被阴爻畜止，按常理不会亨通，卦辞却说“亨”，为什么？主要是因为根据八卦卦德，内健外巽，内健则心性刚洁，坚定不屈，外巽则行为巽顺，擅长为人处世，以柔克刚，所以能尽展其才。二爻与五爻都是阳爻，阳爻代表才能或能力，具体说来，是九二在下卦专心用事，九五在上卦统领全局，形势大好，所以君子能突破限止，前途亨通。爻辞又说“密云不雨”，为什么？意思是说，君子以泽及天下为己任，小畜却只是小有积蓄之卦，积蓄小，便不能泽及天下，便应该继续畜养自己，为自己的抱负，做最后的准备。虽说现在积蓄不足，但信心已经十足。“自我西郊”，指德泽不能惠及远方，无法兼济万物与万民，没能施及天下。

按：自开天辟地的乾坤两卦之后，屯、蒙、需、讼、师、比六卦皆以阳爻为主爻，直到小畜卦，才出现以巽阴畜乾阳的情况，按照易理，阳大阴小，所以用小畜卦为之命名。圣人对于阳爻，既欣赏它的志向与操行，又希望它能不断向上，什么时候都不想让阴爻胜过阳爻。

《象》曰：风行天上，小畜，君子以懿文德。

【解义】

此《象传》，是言君子当尽威仪文辞之美也。懿，美也。文德，谓德之发见于外者。

孔子释小畜象曰：风行天上，但有气而无质，能畜物而不能久畜，小畜之象也。君子当小畜之时，不能厚积而远施，而德之发见于外者，则不可以不修饰而致谨之，故于威仪则致其美而为君子之容，于文辞则致其美而为君子之辞。使一身之章，观听之美，无不归于尽善焉。盖细行不矜，终累大德，皆君子之所戒也。由是养盛而为大畜，则所施自不止于淑其身矣。夫君子之文德，所以修身者在是，所以御物者亦在是。故小畜之懿德，与大畜之蓄德，虽有功力之殊，原无精粗之别。是以君子尤不可不致谨于斯也。

【白话】

《象传》的意思是说，君子要重视自己的仪表和风度。懿，美。文德，显现于外的德行、修养。

孔子解释小畜卦的大象说：天上的风，有气无质，能畜物但不能久畜，这就是小畜之象。君子处在小畜卦的阶段时，因为积蓄有限，不能施及远方，但也要尽量重视自己的仪容和风度，因为它们是德行与修养的外显，不能不做修饰，不能不小心谨慎，所以君子的仪容要尽量庄重，君子的文辞要尽量动听。使自己的服饰和仪容，形象与舆论，都尽善尽美。因为不注重细节，最终会影响到根本，所以君子要以此为戒。在此基础上涵养盛德，直至大畜，便不会止步于淑慎其身了。君子的文德，可以用于一己修身，也可以用来驾驭万物。所以小畜强调的美化德行，与大畜强调的蓄积德行，虽有不同的功用，但没有本质区别。君子不能不对此抱持谨慎的态度。

初九：复自道，何其咎，吉。

《象》曰：复自道，其义吉也。

【解义】

此一爻是言能以正道自守，而无枉己徇人之失也。复者上进之意，复自道言以自己道义为复也。

周公系小畜初爻曰：初九体乾，居下得正，前远于阴，虽与四为正应，而能自守以正，不为小人所畜。夫阳本在上之物，今不为小人所畜，而得居所当居之位，有进复自道之象，如是则既无枉道之失，而复有正人之功，自不至于有咎而吉矣。

孔子释初象曰：枉己者不能以正人，今初九进复自道，则进必以正，不为阴邪所制。上足以正君，而下足以正民。以义揆之，当得吉也。盖君子未尝不欲进，而特恶进非其道。初之复，能以道自胜，而不失足于小人，则大节挺然，邪自不得而浼之矣。此正色独立之士，国家祷祀而求之者，实以其足为朝廷重轸。

【白话】

这个爻的主旨是说，能以正道自守，就不会曲从他人。复，上进之意。复自道，自行归复道义。

周公所系的小畜卦初爻爻辞的意思是说：初九位于下卦乾卦的最下面一爻，以阳居阳，很当位，并且与阴爻相距很远，虽然它与这个唯一的阴爻成正应，但它能守持正道，不会被小人畜止。因为阳爻原本应该向上，但它为了不被小人畜止，所以不向上，不过也很当位，即以阳居阳，有先向上然后复归常道之象，这样不仅没有违背正道，还有端正人心的功劳，所以“无咎”而有“吉”。

孔子解释初爻的小象说：行为不端的人无法使别人正直，初九先向上后复归常道，向上与复归都是基于道义，所以才不会为阴邪所制。它上足以正君，下足以正民，按道理应该吉祥。君子并非不想进阶，只是不想偏离进阶之道。初爻之“复”，是道义战胜了人欲，而不至于被小人所畜，由于它正直挺然，小人也没办法玷污它。这种纯正独立的君子，是国家求神都求不来的贤士，应该引起朝廷足够的重视。

九二：牵复，吉。

《象》曰：牵复在中，亦不自失也。

【解义】

此一爻是言同德并进，而不为小人所畜也。牵，连也。

周公系小畜二爻曰：九二亦欲上进，而渐近于阴，似若为阴所畜者。以二有刚中之德，则亦能以正自守，而与初九之刚正者同德而升，不为阴所系畜，有牵复之象。则正气伸而道可行，故吉也。

孔子释二象曰：九二与初九牵复者，岂无德而能复乎？盖人无自守之德，鲜有不自失者。今九二有刚中之德，自能与初九之刚志合道同。其牵而复也，亦不至于自失矣。

按：君子小人，不容并立。然君子之类常孤，小人之党常众，故君子必刚正自守，援同德以俱升，乃不为小人所制，此九二所以贵牵复也。不然，小人众而君子孤，漫然以进，而不受其害者鲜矣。

【白话】

这个爻的意思是说，要与有德者并进，不要与小人为伍。牵，连。

周公所系的小畜卦二爻爻辞的意思是说：九二也有上进之心，而且相比初九它离六四更近了一步，似乎已被阴爻所畜。其实九二有刚中之德，所以也能持正自守，并与初九相牵系，志同道合，一起上进，都不会被阴爻所畜，所以爻辞说“牵复”。正气得以伸张，正道可以践行，所以吉祥。

孔子解释二爻的小象说：九二固然是因为与初九相互牵系才能复归常道，但如果它没有德行，还能归复常道吗？不善于自守的人，很少有不自失的。九二有刚中之德，自然会与有刚正之德的初九志同道合。它能“牵复”而“吉”，主要是因为它善于自守、不曾自失。

按：君子与小人不可能并立，但君子通常是孤独的，而小人往往成群，所以君子只有在刚正自守的基础上，与同道中人共进退，才不会为小人所制，这正是九二“牵复”而“吉”的原因。不然，小人太多，而君子太少，随意行动，几乎没有不被小人迫害的。

九三：舆说辐，夫妻反目。

《象》曰：夫妻反目，不能正室也。

【解义】

此一爻是言不能进复自道，始为小人所制，而终与之争也。舆说辐，谓车说其辐而不能进也。夫妻，三阳与四阴之象。

周公系小畜三爻曰：九三欲进之心，虽与初二同，然刚而不中，迫近于四。不中则无静守之节，近四则有易昵之私，是援结小人以进，卒为所制而不得进，如舆之说辐然。乃三之志刚，不安受其制。始则阴阳相悦，有如夫妇，究之心不能平，而与之争，为夫妻反目之象。

孔子释三象曰：夫妻反目，岂皆妻之过哉？夫为妇倡，未有夫不失道而妻能制之者也。由九三刚而不中，自处不以其道，则说辐反目，乃三自为之耳，于四何尤乎？

按：初与二皆能复，独三畜于四而不复者，与四相比而悦也。使阳不失道，则阴岂能畜之哉？是可为失身于小人者之大戒也。

【白话】

这个爻的意思是说，不能进也不能复归常道的人，开始会被小人牵制，最终会与小人争斗。舆说辐，是说车子的辐条坏了，所以不能前进了。夫妻，指九三与六四。

周公所系的小畜卦三爻爻辞的意思是说：九三也有上进之心，与初爻和二爻的初心是一致的，然而它既不像初爻那样，既有刚正之德又离四爻很远，也不像二爻那样，离四爻虽近但有刚中之德，而是紧挨着四爻，正而不中。不中则不能安分守己，近四则容易产生昵爱与私情，它本想借助小人的势力进阶，却受制于小人，进退不得，这就是“舆说辐”之象。而且作为阳爻，它心志刚强，不会甘心受制于小人。一开始的时候，它们还能阴阳相悦，就像夫妇那样，但终究心意难平，迟早会发生争斗，即“夫妻反目”。

孔子解释三爻的小象说：夫妻反目，难道仅仅是妻子的过错吗？丈夫是妻子的引导者，从来没有丈夫不失道妻子却能挟制丈夫的先例。是因为九三刚而不中，不以其道自处，才导致夫妻反目，这是九三自作自受，怨得着六四吗？

按：初爻与二爻都能复归其道，唯独三爻因为畜于六四而不能复归，还与四爻相比相悦，不亦乐乎。如果阳爻不失道，怎么会被阴爻所蓄呢？这个爻可以用来警戒那些有可能失身于小人的君子。

六四：有孚，血去惕出，无咎。

《象》曰：有孚惕出，上合志也。

【解义】

此一爻是言六四能以孚诚获上，而得免于咎也。血去，谓免于伤害。惕出，谓免于忧惧。上，谓五上二阳。

周公系小畜四爻曰：六四以一阴畜众阳，势不相敌，本不免于伤害忧惧者。幸其柔顺得正，虚中巽体，为能取信于上。一诚所感，二阳亦相信而助之。故外之得以安其身，而免于伤害；内之得以安其心，而免于忧惧。为“有孚血去惕出”之象，如是则可借二阳之力，以成其畜之功而无咎矣。

孔子释四象曰：四之血去惕出，虽赖二阳之力，然岂无自而得二阳之助乎？以四能有孚，固结于上，而上二阳与之合志，故得免于忧患也。

按：六四一爻为畜众阳之主，然以阴柔力弱，而又与五上二爻同为巽体，故必借助于二阳，共成其畜之道。圣人以有孚戒之，欲其反而自求，必诚信在中，足以感孚乎人，而后可免意外之灾惧。其辞盖深切矣。

【白话】

这个爻的意思是说，六四忠诚又谦逊，符合九五与上九的意愿，所以无咎。血去，免除血光之灾。惕出，不再忧惧。上，指九五与上九。

周公所系的小畜卦四爻爻辞的意思是说：六四以一阴畜五阳，形势不利于它，原本应该受伤，所以它不免忧惧。幸好它以柔居柔，得正当位，并且在上卦巽卦之中，巽，顺也，说明它很柔顺，另外，它与上下两个阳爻组成了一个互卦离卦，离中虚，象征虚己待人，所以它能够取信于九五和上九两个阳爻。所谓心诚则灵，上面两个阳爻感受到了它的诚意，便在信任它的基础上出手相帮。所以外能安其身，而免于伤害，内能安其心，而免于忧惧，这就是“有孚，血去，惕出”之象。所以，它能够借助九五与上九两个阳爻的力量，成其畜阳之功，并且“无咎”。

孔子解释四爻的小象说：四爻能够“血去，惕出”，虽然有赖于九五和上九两个阳爻的助力，然而能否说它自己没做任何努力，全都是仰赖两个阳爻的助力呢？其实是因为九五与上九先看到了四爻的孚信和忠诚，有所感念，六四以阴畜阳也符合它们的心愿，彼此志同道合，四爻才得以免于忧患。

按：六四以一阴蓄众阳，是小蓄卦的主爻，然而它阴柔力弱，又与九五、上九二爻同居于巽卦之中，所以必须借助这两个阳爻的力量，才可以真正做到以阴畜阳。圣人在爻辞中训示习易者“有孚”，希望世人在反归常道、自求自修的过程中，真正做到诚意正心，使人信服，从而免除灾惧。言辞多么诚挚，多么恳切。

九五：有孚挛如，富以其邻。

《象》曰：有孚挛如，不独富也。

【解义】

此一爻是言五合上下之力，以畜乾也。挛如，固结之意。富，谓富厚之力。以，谓能左右之也。

周公系小畜五爻曰：三阳上进，其势正盛，畜之为难。九五巽体，居中而有孚，处尊而富厚，是其孚诚既足以感人，使上下相为维系。且身处尊位，而富厚之力又足以屈群力而为我用。盖四与上在五左右，有邻之象。而五之力，为能左右之以行己意也。心同而力复同，何三阳之不为所畜哉？

孔子释五象曰：九五既有孚挛如，是有孚乃感召之本，则众志之所以信从者，莫非此孚诚为之也。岂独以其富厚之力使人乎。此卦《彖传》言以一阴畜五阳，而爻辞则言在上之阳与阴合志。朱熹《本义》因谓：“巽体三爻，同力畜乾。”是下三爻主阳为阴畜，而上三爻又主以上畜下之义也。易理变动不居，一爻各立一义如此。若以全卦之理论，则四为阴柔，五当合诸阳之力以制之，而乃以四同巽体，受其笼络，与之合志，非得处畜之正道者。爻虽不言凶悔，而亦无吉占，则圣人言外之意，亦可见矣。

【白话】

这个爻的意思是说，九五上联下合，借助六四与上九的力量，得以以阴蓄阳，以巽畜乾。挛如，固结之意。富，财力雄厚。以，能左右上下两爻的意思。

周公所系的小畜卦五爻爻辞的意思是说：小畜卦的下卦乾卦有三个阳爻，上进之势强盛，畜止它们很难。而九五以阳爻居于上卦巽卦之中，居中而有孚信，处于尊位，财力雄厚，它的孚信足以使它上联下合，与上九、六四相互维系。加之它身处尊位，财力雄厚，足以屈服群力，为其所用。特别是它上面与下面两个爻，按照易理，这两个爻一上一下，相当于它的邻居。这样一来，五爻就可以借助两个邻居的力量，并与它们形成合力，一起畜止下卦的三个阳爻。上卦的三个爻心同力也同，下卦的三个爻怎能不被上卦所畜呢？

孔子解释五爻的小象说：九五的爻辞说“有孚挛如”，强调“有孚”才是九五能够感召上下两爻的根本原因，它想使别的爻信孚它，追随它，有且必须有孚信才能做到，怎么能全部归功于它的财力比较雄厚呢？小蓄卦的《彖传》说它是一阴畜五阳之卦，爻辞讲的却是在上面的两个阳爻与阴爻志同道合。因此，朱熹在《周易本义》中说：“巽体三爻，同力畜乾。”其实这是一体两面，《彖传》讲的是以阴蓄阳，爻辞讲的是以上蓄下。易理充满变化，一爻一义，可见一斑。站在全卦的角度，四爻作为唯一的阴爻，正是九五联合其他四个阳爻合力克制的对象；但从六四、九五、上九同属上卦巽卦的角度论，九五与上九相当于被六四笼络，是失道的君子，不符合处蓄之道。所以这一爻不说凶，也不说吉，圣人的言外之意，不难看出。

上九：既雨既处，尚德载，妇贞厉。月几望，君子征凶。

《象》曰：既雨既处，德积载也。君子征凶，有所疑也。

【解义】

此一爻是言君子为小人所制，因戒小人不当害正，而君子亦当自防也。既雨，谓与阴相和。既处，谓与阴相止。载，满也。妇，阴柔小人之象。月，阴类。几望，已盛之象也。疑，窒碍而不通也。

周公系小畜上爻曰：上九虽阳爻，而居巽体，对下乾爻亦为阴类。上九居畜之极，是阴力已盛，其力足以制阳，而阳亦受制于阴，阳不得不与之和，是向之不雨者，今阴阳和而既雨矣。既与之和，是阴能制阳，阳至是而不得不止也。所以然者，以君子尊尚阴德，至于积满而然耳。夫阴之常分，本不可以加阳，今乃以阴加阳，如妇之抗夫，虽或得正，而亦不免于危厉。在君子，当阴未盛，尚犹可往。至阴盛如月之几望，则往必受小人之害而凶矣。

孔子释上象曰：阳与阴和而既雨既处者，岂君子之得已哉？由阳不能防之于始，尊尚其德，至于盈满，其势不得不与之和也。当此时而征则凶者，阴盛抗阳，动辄得咎，自然窒碍而难行矣。君子至此，岂可以妄行哉。

按：阴虽极盛，不得有加于阳。阳不失道，岂为阴制？乃以阴畜阳，畜极而阴阳俱为不利，则阴亦何利于畜阳哉？细玩上九爻辞，固为君子戒，亦深为小人戒矣。

【白话】

这个爻的意思是说，君子被小人蓄止了，小人固然不应该嫉害君子，君子也应当有所防范。既雨，云雨之象。既处，雨停之象。载，满。妇，指六四。月，阴性事物。几望，已盛之象。疑，窒碍不通。

周公所系的小畜卦上爻爻辞的意思是说：上爻虽然是阳爻，但居于上卦巽卦之中，巽为阴卦，所以对下卦乾卦的三个阳爻来说，它也是阴性的。上九位于小蓄卦的极点，象征阴性力量已经盛盈，足以克制阳性力量，阳性力量又受制于阴性力量，不得不与之交合，这就是之前总不下雨而现在终于“即雨”的原因。同时，由于阴能制阳，阴阳一经接触，阳性力量就会止步，也就是“既处”，即雨停。这是因为，代表君子的阳爻之所以一直被阴爻所蓄，是为了积蓄自己的力量，直至满盈。按照常理，本来不应该以阴蓄阳，小蓄卦不仅以阴蓄阳，发展到六爻，象征阴性力量强盛到了极点，如同妻子过于强盛，对抗丈夫，就算她当位得正，也不免危厉，即“妇贞厉”。而从君子的角度说，当阴性力量尚未盛盈时，是可以前进，与之相和的。当阴性力量已经很强，如同十五的月亮，依旧前往，肯定要受小人的伤害，也就是“君子征凶”。

孔子解释上爻的小象说：作为阳爻，却主动与阴爻相和，以至于“既雨既处”，怎么会是君子的本意呢？这都是因为阳爻在一开始的时候没能做好防范，一味地崇尚阴爻，以至于阴爻不断壮大，阳爻受困于形势，迫不得已，不能不与之相合。在这种情况下，前往必然凶险，因为阴爻过于强盛，阳爻难免受困，窒碍难行。这样的话，君子岂能贸然前往？

按：阴爻再强盛也是阴爻，不应该蓄止阳爻。可阳爻不失常道的话，又怎么会受制于阴爻？因此以阴畜阳这件事，对阴爻和阳爻都不利，阴爻又怎么可能从中获益呢？仔细玩味上九的爻辞，固然可以用来警示君子，当然也可以用于警戒小人。

卷四

☰ 履 兑下乾上

【解义】

卦辞之虎尾主九四言，爻辞之虎尾主九五言。以兑说视乾刚，则乾为虎；自乾之三爻视之，惟五以刚居刚，则谓五为虎亦可。凡卦辞，以爻为主，则爻辞亦与卦同，如屯之利建侯是也。卦辞以上下体言，则爻辞与卦多不同。如卦辞“履虎尾不咥人”而六三“咥人”是也。合六爻言之，初上履之始终也。初言往，上言旋，一进一反，而履之象见矣。中四爻，以刚履柔者吉，以柔履刚者凶，以刚履刚者厉。阳爻居阴位，谦也。此一卦皆以阳处阴为善。

【白话】

履卦卦辞所说的“虎尾”主要指九四，爻辞所说的“虎尾”则主要指九五。履卦的全称叫天泽履，上卦为乾为天，下卦为兑为悦，如果从兑悦视乾刚的角度来说，那么上卦的乾卦为虎；如果从乾卦的三个阳爻的角度看，唯有九五这个爻以刚居刚，有猛虎之象。通常来说，卦辞从爻象上来的，爻辞与卦辞会相同，比如屯卦的“利建侯”。卦辞从上下卦的角度来取象的，爻辞与卦辞往往不同，比如履卦的卦辞说“履虎尾，不咥人”，但六三的爻辞却说“咥人”。统观履卦的全卦，初爻与上爻是履卦的开始与结束。初爻说“往”，上爻说“旋”，一进一返，正是履象。中间四个爻，刚爻居柔位则吉，柔爻居刚位则凶，刚爻居刚位则厉。之所以如此，是因为按照易理，阳爻居于阴位代表谦逊，所以吉祥，履卦的全卦都遵循这一规律。

履虎尾，不咥人，亨。

【解义】

此卦兑下乾上，八卦惟兑为至弱，惟乾为至健，以至弱而蹑于至健之后，有危道焉，故名为履。卦辞言人之所履，虽有危机，而贵有善于处危之道也。

文王系履彖辞曰：凡人处世，当是非利害之冲，皆危机之所伏。如猛虎在前，而人蹑其后，为履虎尾之象。夫虎尾而履之，未有不咥人者，亦甚危矣。然兑以和说为义，则温厚和平，自有以戢强暴之心，而免伤害之及，犹履虎尾而不咥人也。以此求进，则从容而得遂其所欲为，亦何往而不亨通哉？

按：乾体刚健，非专为暴者。而象之以虎，所以极言兑之和说，处至危而无咎也。行于强暴，则强暴服；行于患难，则患难弭。然君子于此，岂徒务柔媚以取容乎？亦尽其道之当然而已矣。

【白话】

履卦的下卦为兑卦，上卦为乾卦，八卦之中，兑卦最弱，乾卦最健，上卦又为外，为前，下卦又为内，为后，至弱跟在至健后面，显然是有应对危险的措施，也就是处危之道，这就是履卦的原义。履卦的卦辞提示人们，履进就有危机，要学会处危之道。

文王所系的履卦卦辞说：人在人世间，每每身处是非利害之中，危机在所难免。好比猛虎在前，而人跟在后面，有“履虎尾”之象。跟着老虎的尾巴前进，就算不被咬伤，也是非常危险的。然而下卦的兑卦象征和悦，能做到和颜悦色，温厚和平，强暴如虎，也会有所收敛，有所抑制，便能免害，这就是“履虎尾”而“不咥人”之象。持这种态度前进，处险地也能从容，受限制也能有所作为，又怎么会不会亨通呢？

按：乾卦代表刚健，并不一定指强暴。全卦取象猛虎，是为了强调，拥有兑卦和悦的卦德，就算处于极险之地，也能无咎。遇到强暴，强暴信服；遇到患难，患难平息。不过君子行事，怎么能一味柔媚，取悦于人？也要在此基础上，尽到应尽的责任。

《彖》曰：履，柔履刚也。说而应乎乾，是以履虎尾，不咥人亨。刚中正，履帝位而不疚，光明也。

【解义】

此《彖传》，是释履彖辞以明处履之道也。不疚，谓德称其位。

孔子释履彖辞曰：卦之名为履者，盖以卦之二体言之。兑为柔，而乾为刚。卦体以兑之至柔，而履乾之至刚。履非所履，动有危机，故名之为履也。夫人之履危，鲜不见伤，乃履危而不伤者，盖卦德说以应乾，则践履从容，恭顺而不失其正，所履之善如此，将得遂其进，而行无所阻，虽危而不至于危也。故卦辞系曰："履虎尾，不咥人，亨。"夫亨固以其德矣，而其所以得亨者，卦体五刚中正而履帝位，刚则有神谋雄断之资，而中正则能善用其刚而不过，是德称其位也。德与位称，则无忝帝位，而其心宁至于有疚乎？夫既有其德，而复有其位，以理势度之，其功业著于四方，有极光辉发越之盛者矣。有君若此，而臣以和说应之，此其所以得亨也。

按：圣人释彖既毕，又指九五之德，以推广其义，诚见履帝位者，不刚不足以制天下，不中不正则刚而过于亢，过于察，一往不顾其所安，虽天下臣民欲和说以应之，而在我未能免愧悔之萌，则在人亦难泯危疑之迹矣。高而能下，贵而益谦。动容周旋，无不中礼，斯为可法可则，而无恶无斁于天下也乎？

【白话】

《彖传》是对履卦卦辞的解释，为的是明晰处危之道。不疚，无所愧疚，因为德称其位。

孔子解释履卦的彖辞说：之所以叫作履卦，是就履卦的上下卦卦德而言。下卦为兑为柔，而上卦为乾为刚。以至柔的兑卦，跟随至刚的乾卦。踩在不应该踩的地方，一动就有危机，所以叫作履卦。人处于危险之中，很少有不受伤的，爻辞却说履危而不伤，主要是因为履卦的卦德是以兑悦应乾刚，处危地却不失从容，面恭顺却不失其正，既谨慎又周全，所以能从容前进，身心皆亨，虽然危险，但不至于危害自身。所以卦辞说："履虎尾，不咥人，亨。"其实，亨通固然是因为它有相应的德行，还在于它德称其位。具体说来就是指履卦的九五，它以刚居刚，并且居中，还居于尊位，刚爻象征它有能力，具体说来是有智谋和决断，中正说明它能很好地利用自己的能力，并且不过度，不过分。有能力又不滥用能力，则无愧于尊位、帝位，它自然会气定神闲，又有什么可愧疚的呢？它既有德，又有位，按照常理，必然四海昭著，光芒璀璨。有这样的君王，而大臣以和悦之道与之相应，必然亨通。

按：圣人阐释完履卦的内涵，又专门阐发了九五的中正之德，目的是借助阐发其义，明晰坐天下的君王，不刚不足以制天下，不中不正又难免过刚过亢，过于精明和自信，一味前进，不顾安危，就算天下臣民依然想以悦相从、相应，为君者自身也难免羞愧，为臣者又难免遭到猜疑。只有像履卦的九五这样，在上而能下，位尊而益谦，举止仪容和待人接物都合乎于礼，可以作为后世治理天下的法则，而且放到哪里也不会被人厌弃吧？

《象》曰：上天下泽，履，君子以辨上下定民志。

【解义】

此《象传》，是言君子法履之事，以治天下也。

孔子释履象曰：卦象上天下泽，天在上而泽居下，定分不易，履之象也。君子以民心所欲无涯，其志因以不定，皆由于上下之分不辨耳。故观履之象，以辨别之。因其定分，制为典礼，使尊卑隆杀，截然不紊。如天居于上而不嫌于高，泽居于下而不嫌于卑。上下之分，秩然不可逾越，则民志由此而定矣。夫上下之分明，然后民志有定。然则辨分定志，岂非帝王驭世之大权乎？若使等威无辨，上下无章，如贾谊所言，富民墙屋被文绣之美，倡优下贱为贵者之饰，则奢侈不已，僭乱易生。民志不定，天下纷然。欲以图治，难矣。故曰："礼者所以总一海内而整齐万民也。"

【白话】

《象传》的主旨是说，君子可以效法履卦的处危之道，治理天下。

孔子解释履卦的大象说：履卦的卦象是上天下泽，天在上而泽在下，定分确立，万世不易，这就是履卦的大象。君子认为，民众的欲望是无穷的，他们的志向也是不定的，究其根源，皆是由于上下尊卑的名分不清晰，不明了。所以观察履卦的大象，用以辨别上下。并用它来确定名分，制定礼法，使尊卑隆杀，厚薄高下，整齐严正，有条不紊。如同天在上面但不会自危，泽在下面但不会自卑。上下尊卑的名分，秩序井然，不可逾越，民心、民意也因此安定下来。上下分明，民心乃定，但是确定名分等级，难道不是帝王君主统率臣民的大权吗？如果放任等级混乱，上下混淆，如同贾谊所说的，平民竟然用古代天子的衣料来装饰墙壁，低贱的歌女与艺妓也可以穿戴皇后的服饰，这不仅过于奢侈，也容易导致僭越，引发叛乱。民心会进一步混乱，到处议论纷纷，这时候再去治理就很难了。所以说："礼能统一天下人的意识和行动。"

初九：素履，往无咎。

《象》曰：素履之往，独行愿也。

【解义】

此一爻是言初仕者当率其素，而不可有所变易也。

周公系履初爻曰：初九以阳在下，而居履初，是贤人在下位而当方进之始，不为物迁，而但循其素履，如是而往，则不至变其初心，何咎之有？

孔子释初象曰：初之素履而往，是率其素履而不变塞其志，确然有不可得而移者。其守不可易，其志实不可变耳。是独行一己之愿，而不愿乎其外也。此岂功名爵禄之所能动者乎？

按：素履而往，是安于贫贱之素，而进足以有为者。若欲贵之心与行道之心交战不决，安能无失其守耶？

【白话】

这个爻的意思是说，刚刚进入仕途的人应该像以往一样，不能有所变易。

周公所系的履卦初爻爻辞的意思是说：初久以阳居阳，非常当位，又位于履卦的最初，是贤人刚刚入仕，正当上进之始，不为外物所迁，不改其志，依然保持本分，怀着初心前往，有什么咎害呢？

孔子解释初爻的小象说：初爻所谓的素履以往，是说它能保持初心而不改其志，当真是贫贱不能移。它的操守不可易，它的志向不可变，一切依自己的本分行事，绝没有非分之想，非分之举。这样的人，怎么会为功名利禄所动？

按：爻辞所说的素履而往，是说它安于素日的贫贱，但不难有一番作为。如果它有求取富贵的想法，必然天人交战，被欲望所左右，还怎么安守本分呢？

九二：履道坦坦，幽人贞吉。

《象》曰：幽人贞吉，中不自乱也。

【解义】

此一爻是言士人所履之贞，而得洁身之道也。坦坦，幽独守贞之象。

周公系履二爻曰：九二刚中在下，有自守之操。且无应于上，则上无汲引之人，盖不得志而独行其道者也。乃居易自得，此心坦坦然，真所谓幽人也。则得洁身之贞，乐道之吉矣。

孔子释二象曰：幽人守贞而吉者，以二秉刚中之德，则有确然自守之操。富贵利达，不得而乱其心也，岂矫情拒物者哉。大抵坦与险不生于世，而生于中之静躁。设以声色货利动其心，爵禄名誉纷其志，则此中先乱，见道必不明，信道必不笃。即有坦者，亦变而为险矣。古之君子，虽遇造次颠沛，而神明晏然，不为摇惑，岂非中有素定者在乎？

【白话】

这个爻的意思是说，此人守贞持正，洁身自好。坦坦，默然自守之象。

周公所系的履卦二爻爻辞的意思是说：九二有刚中之德，又位于下卦之中，象征清廉自守。而且它没有正应，五爻与它一样，也是刚爻，说明上面没有人引荐、提拔，是个不得志却能独行其道的爻。能自行其道，心境坦然，这是幽人隐士才能做到的。所以，这个爻能够“贞吉”。

孔子解释二爻的小象说：爻辞所说的“幽人贞吉”，是指九二秉持刚中之德，清廉自守，功名利禄、富贵通达皆不能乱其心，而不仅仅是装装样子。平坦与险难并不是天生的，它取决于人心是平静还是躁动。假设以声色货利动其心，爵禄名誉乱其志，其心必乱，其道必不明，信仰自然不会坚定。就算平平坦坦的，原本心胸坦荡的，用心也会越来越险恶。古代的君子，就算生活困顿，流离失所，也心神安定，不为所动，难道不是因为内心一向贞正的原因吗？

六三：眇能视，跛能履。履虎尾，咥人凶。武人为于大君。

《象》曰：眇能视，不足以有明也。跛能履，不足以与行也。咥人之凶，位不当也。武人为于大君，志刚也。

【解义】

此一爻是为所履本无才德、恃刚暴而致伤者戒也。武人为于大君，谓刚武之人，得志而肆暴之象。

周公系履三爻曰：六三不中不正，柔而志刚，是才德俱不足者，乃好为自用，不肯下人。本无见事之明，如眇不能视，强自以为能视；本无任事之才，犹跛不能履，强自以为能履。以此作事，动与祸随，犹虎在前而履其尾，必至咥人而凶也。如刚武之人，本无能为，而乃为大君。以不仁而在高位，则得志肆暴，是播其恶于众也，岂能久乎？

孔子释三象曰：眇自谓能视，其视能几何哉？实不足以有明也。跛自谓能履，其履能几何哉？实不足以与行也。咥人凶者，由其居位不当，本无和说之德，则履乾必致于伤害矣。武人为于大君者，武人无刚中正之德，故为大君则肆其暴，盖柔而志刚也。六三自用自专，与说而应乎乾者相反，此其所以见伤耳。

按：三为说体，卦与爻一也。卦合而言之，惟见其说以应乾；爻别而观之，则祇见其失于中正，以柔志刚而说体丧矣。爻与卦相反若是，所谓“六爻发挥，旁通情也”。能得此意，则凡卦爻相反者，不惟不相悖，而且互相发明，即此爻可以类推矣。

【白话】

这个爻专为警戒那些无才无德，刚猛暴戾，并因此受伤的人而设。武人为于大君，武将想做国君。

周公所系的履卦三爻爻辞的意思是说：六三以柔爻居于刚位，不中也不正，无才又无德，但自命不凡，不肯屈居人下。没有辨析时势的能力，如同瞎了一只眼，却自以为视力很好；没有担当事务的才能，就像脚跛了不能走路，却自以为能走路。勉强行事，必然致祸，犹如老虎在前却要踩它的尾巴，必然被老虎咬凶，导致凶祸。如同刚健勇武之人，本来没什么能力，更没有德行，却非要当国君。无德而居高位，必然肆意妄为，祸害很多人，怎么可能长久呢？

孔子解释三爻的小象说：瞎了一只眼却自认为能看，又能看多远呢？这是没有见事之明。脚跛了却自认为能走，又能走多远呢？这是没有任事之能。“咥人凶”，是说这个爻不中不正，没有和悦之德，跟在乾卦后面，必然导致伤害。“武人为于大君”，是指这个爻没有中正之德，一旦篡夺了国君之位，必然肆虐施暴，说到底，还是因为它以柔爻而居刚位，能力差，但一意孤行。它这样自用自专，是与象征猛虎的上卦乾卦对着干，不符合兑悦视乾刚的卦德，必然受伤。

按：三爻位于下卦兑卦之中，兑为悦，卦辞与爻辞都强调，要以兑悦视乾刚。卦辞是就整体而言的，所以只说它悦以应乾。爻辞则区别各爻的刚柔论断，具体说来就是一个爻只要不中不正，就算不上兑悦，便无法上应乾刚。爻辞与卦辞相反的情况就是这样，恰如《易经》所说的“六爻发挥，旁通情也”。能明白这一点，再遇到卦辞爻辞相反的情况，不仅不会觉得矛盾，而且可以用来相互阐发，此爻就是一个很好的案例。

九四：履虎尾，愬愬，终吉。

《象》曰：愬愬终吉，志行也。

【解义】

此一爻是言近刚强之君者，必克尽敬慎，斯有得君之庆也。愬愬，戒惧也。

周公系履四爻曰：九四亦以不中不正履九五之刚，其初本未有吉者，幸其以刚居柔，则因危知惧，敬慎恪恭，不敢自懈，终得以安其位而行其道，为能愬愬戒惧，而得终吉，虽履危机，而可以无害矣。

孔子释四象曰：人臣事君，惟敬谨斯能感格。所谓愬愬终吉者，以四心存敬畏，则兢业之虑周，而危疑之意去，君得而志可行也。

按：九四近至尊而处多惧之地，能以阳居阴，则刚强而以谨畏行之，所以处危惧而终获其志。文王之小心翼翼，周公之赤舄几几，诚千古人臣事君之极则欤。

【白话】

这个爻的意思是说，与刚强的君主相处，必须小心谨慎，恭恭敬敬，才能得到君主的信任与重用。愬愬，恐惧的样子。

周公所系的履卦四爻爻辞的意思是说：九四这个爻不中不正，而且位于象征猛虎的九五之后，正是所谓的“履虎尾”的人，本来有凶无吉，幸运的是，它是以刚居柔，象征有能力，但身段柔软，因为深知伴君如伴虎的道理，所以能恭敬谨慎地安守本分，所以能安其位，行其道，以“愬愬”而得终吉，处危机但没有危害。

孔子解释四爻的小象说：做臣子的服侍君王，只有恭敬谨慎，才能感动君王。所谓“愬愬终吉”，是说四爻以阳居阴，如同心存敬畏、兢兢业业的臣子，因为虑事周全，让君王全无疑虑，从而信任并重用于它。

按：九四紧挨着五爻，五爻是至尊之位，四爻又是多惧之地，所以它以阳居阴，怀敬畏之心，行谨慎之事，最终获得了君王的信任和重用。文王的小心翼翼，周公的安详庄重，都是人臣事君的榜样。

九五：夬履，贞厉。

《象》曰：夬履贞厉，位正当也。

【解义】

此一爻是为人君过恃其才者示戒也。夬履者，夬决其履，谓凡事必行，无所疑碍之意。

周公系履五爻曰：九五刚中正，则有能为之才。履帝位，则有可为之势。夫挟可为之才，与可为之势，而下又以说应之，则更得以遂其欲为之志，是遇事即行，无复持重却顾之意，为夬决其履之象。纵使事皆得正，然过于自用，亦有危道，况未必尽出于正乎。

孔子释五象曰：所谓夬履贞厉者，以九五之德则刚中正，以位则履帝位。位正且当，则必恃其夬之才与夬之权。凡所措施，以为惟吾所欲为而莫之能阻。然才常伤于所恃，而危多出于所安。所以虽正，而亦危也。

按：古之帝王，明足以照，刚足以决，势足以专。然而未常不凛凛于自用则小之戒，乃其所以为圣也。是故外宁则思内忧，阳盛则思阴剥。御臣下则恐以愎谏自用而诎忠谋，待小民则恐以恣意妄行而启众怨。如此则久安长治，而无危厉之咎矣。若夫优柔不断者，又当以英果济之。此《洪范》"高明柔克，沉潜刚克"之说，不可执一而论也。

【白话】

这个爻的意思是说，为人君者不要专恃自己的才能。夬履，夬决其履，即果断行事。

周公所系的履卦五爻爻辞的意思是说：九五以刚居刚，得正居中，颇有才德。五爻又是尊位，九五居于君主之位，凡事大有可为。它既有可为之才，又有可为之势，下卦又是兑卦，象征在下的臣民都悦服顺应，更有助于它遂行胸中之志，不需要遇事不决，用不着左顾右盼，果决前行即可，也就是"夬履"之象。然而，就算爻正事也正，自己也有能力，但也不应该自恃，否则必有"危厉"，更何况它未必都正。

孔子解释五爻的小象说：所谓"夬履，贞厉"，是说九五既有德又有位，德是刚中且正之德，位是九五之尊之位，有这样的德，这样的位，必然自恃其才，仗恃其权。它想推出任何措施，都能为所欲为，莫之能阻。然而有所恃者必伤于所恃，危险往往源自自认为安全。所以九五虽正，也不免危厉。

按：上古时期的帝王，智慧足以洞明，才德足以决断，权势足以专制。然而人人敬畏"自用则小"的箴言，所以能成为千古圣王。所以境外安宁要考虑内部的忧患，阳爻盛壮要想到阴极剥阳。统御臣子恐怕因为不听规劝而屈诎忠谋，对待小民惟恐因为恣意妄行而导致众怒。有这份敬畏之心，才可以长治久安，而不至于危厉困咎。若是优柔不断，又应该辅以英明果断。这正是《洪范》所载的“高明柔克，沉潜刚克”之说，不可执迷一端。

上九：视履考祥，其旋元吉。

《象》曰：元吉在上，大有庆也。

【解义】

此一爻是言君子能尽人事，而获天道之佑也。考，稽考也。祥，福之兆也，其旋，周旋无亏之意。

周公系履上爻曰：人事多方，其吉凶之应，有久有近。上九居履之终，则所履之事已终，其祥兆当有可考。果所履者，事皆尽善，周旋无亏，则得大吉矣。

孔子释上象曰：人情靡不有初，鲜克有终，故有一事吉，而余未必吉者。有吉之数多，或吉之数少者，元吉所最难也。若元吉而得之在上，则自始至终，无少欠缺。非常之福，自天佑之，不亦大有庆乎？盖人身之善否，实与天命相流通。故一事不修，即致天行之沴；一时不谨，即干上帝之和。昔之圣王，虽履极盛之时，必兢兢自考，图难于易，为大于细，慎终如其始，以迓天休之滋至，而不敢少自怠荒焉。是以万福来同，而庆及于天下后世也哉。

【白话】

这个爻的意思是说，君子尽到应尽的责任，上天就会保佑他。考，稽考。祥，福兆。其旋，周旋无亏的意思。

周公所系的履卦上爻爻辞的意思是说：人事变幻莫测，吉凶祸福难料，有远有近，难以说清。上九位于履卦的终点，象征人事已尽，是吉是凶，已经了然。如果当真尽了人事，并且恰到好处，无亏无盈，必然大吉大利。

孔子解释上爻的小象说：许多事情开始容易，但坚持到底很难，所以很多卦只有开始一个爻“吉”，而其余的爻未必“吉”。也有“吉”比较多的，或者“吉”比较少的，但以“元吉”最为贵。如果“元吉”恰好系在上爻上，那么自始至终也不会有大的缺失。此乃非常之福，是来自上天的保佑，不是很值得庆贺吗？人是不是善良，确实与命运息息相关。一事不修，就会导致天气反常；一时不谨，就会干扰上天的协和。上古时期的圣王，就算处在极盛之时，也必然兢兢业业，不断反省，图难于易，为大于细，慎终如始，迎接更多的福祉，不敢有丝毫的怠惰。所以能多吉多福，泽及天下与后世。

䷊ 泰 乾下坤上

【解义】

卦取感通之义，词言消长之机。易之阴阳，以天地自然之气言之，则不可相无；以君子小人之象言之，则圣人之意未常不欲天下之尽为君子而无小人也。泰否之象，归宿皆在君子小人之消长，故曰易以天道明人事。泰乃吉亨之时，然九三方过中，圣人即以为戒。制治于未乱，保邦于未危也。泰极生否，圣人于三示其端，于上要其极。平陂往复者，天运之不能无；艰贞勿恤者，人事之所当尽。若上居泰极，虽欲艰贞，已无及矣。丰卦当盛大之时，而《彖传》曰“日中则昃，月盈则食”，皆圣人思患预防之意也。

【白话】

卦名取的是交感、通泰之意，卦辞说的是阴阳消长之机。易学中的阴阳，是就天地自然之气而言的，不能缺少阴，也不能缺少阳；若以世间的君子与小人论，那么圣人希望天下人都是君子，没有一个小人。泰卦与否卦的大象，都着眼于君子之道与小人之道的消长，而圣人作易本来就是为了推天道以明人事。泰卦是吉祥、亨通之卦，然而卦中的主爻九三以阳居阳而不居中，稍稍为过，圣人便设卦为戒。这是“制治于未乱，保邦于未危”的古理。所谓“泰极生否，否极泰来”，圣人于是在刚刚露出端倪的九三予以警示，然后在阴爻发展至顶点的上爻再次强调。“无平不陂，无往不复”，指阴阳二气不断运行，循环往复，周旋无亏；“艰贞”“勿恤”，是在过程中尽人事的意思。等事情发展到泰卦的上爻，也就是泰极否来之际，想“艰贞”，想尽人事，也已经来不及了。丰卦是丰盛、盛大之卦，但它的《彖传》却说“日中则昃，月盈则食”，同样是警示世人，要懂得防患于未然。

泰：小往大来，吉亨。

【解义】

此卦乾下坤上，天地交而二气通，故名为泰。卦辞是言，隆盛之世，小人屏迹而君子进用也。泰，通泰也。小，谓阴。大，谓阳。往，是退而在外。来，是进而在内。

文王系泰彖辞曰：易之大分，阳为大而阴为小。卦体坤往居外，乾来居内。卦变自归妹来。则六往居四,九来居三，有小往大来之象。是小人在外而退听，君子在内而用事。有此阳刚之德，而当隆盛之时，凡尽人事以合天道者，无不尽善，真治道与世道并隆之日也，自然吉而亨矣。

按：泰之时，其在唐虞雍熙之世乎！极盛之世，不无小人，尧舜之四凶是也。然禹皋益稷，钦亮天功，不害其为唐虞之治。故知圣明在上，自能使众正盈廷。此可见，转移世运之大权，端在人君操之于上而已。

【白话】

泰卦的下卦是乾卦，乾为天，上卦是坤卦，坤为地，天气居于下而向上，地气居于上而向下，卦中的阴阳二气得以相互交感，所以叫作泰卦。卦辞的意思是说，泰卦好比隆盛之世，小人敛迹而君子正当其实。泰，通泰。小，阴爻。大，阳爻。往，从内卦退至外卦。来，从外卦进至内卦。

文王所系的泰卦卦辞的意思是说：根据易理，阳为大，阴为小。“小往大来”就是说，卦中的阴爻要前往外卦，三个阳爻要来到内卦。另外，泰卦是由归妹卦变来的，具体说来是归妹卦的九四向下来，居于三爻的位置，归妹卦的六三向上往，居于四爻的位置，象征小人在外而退让顺从，君子在内而掌权用事。君子即阳爻，阳爻有阳刚之德，有德又有时，若能尽人事以合天道，便能尽善尽美，政治与社会并隆，自然吉祥亨通。

按：真正通泰的时代，可能是指唐虞的时代吧！那是极盛之世，但也不乏小人，著名的“四凶”就出在那个时代。舜与大禹也一再告诉臣子要忠于职守，顺着天意推行政令，所以能够延续唐虞之治。可见，只要天子是圣明的，朝堂里就会充满正人君子。人世间盛衰治乱的根本，全看为人君者能否顺应天道人心。

《彖》曰：泰，小往大来，吉亨，则是天地交而万物通也，上下交而其志同也。内阳而外阴，内健而外顺，内君子而外小人。君子道长，小人道消也。

【解义】

此《彖传》，是释泰彖辞，以发明天道人事之泰也。天地交，谓二气细缊。上下交，谓君臣道合。阴阳以存主言，健顺以作用言。

孔子释泰彖辞曰：卦名为泰，而辞系以“小往大来，吉亨”者，则是天与地以气交而化生万物之气以通，云行雨施，品物流形也。君与臣以心交，而上下之志相接。君明臣良，一德一心也。然泰虽开于天地，成于君臣，而实本于君心理欲邪正之辨。盖乾为阳，而坤为阴。君心所存者皆阳明之善，而不累于阴暗，是内阳而外阴也。君心所发者皆刚健之德，而不即于委靡，是内健而外顺也。君之所用者，君子在内而用事，小人在外而退听，是君子在内而小人在外也。内君子则君子济民利物之道日长，外小人则小人蠹国害民之道日消，是君子道长，小人道消也。

按：君子小人，迭相消长。小人进则君子退矣，君子进则小人亦退矣。然欲君子之进，全在上下交而志同。志苟不同，则交以貌，不交以心。人君虽欲进君子，而谗邪间之，逸欲荒之，浮论撼之，事变阻之。君子岂可得而进乎？孔子推明所由然，又在内阳而外阴，内健而外顺，内君子而外小人。盖内阳而外阴则其心内明而不外炫，内健而外顺则其心内足以胜私而外顺于理。君志如此，方与君子有相孚之美，而不授小人以迎合之端，是以君子常进而小人常退也。信乎！泰不在气数，而在人君之一心哉！

【白话】

《彖传》是对泰卦卦辞的解释，目的是阐发天道与人事的通泰之道。天地交，指阴阳二气氤氲。上下交，指君臣相合。阴阳看的是存亡，健顺说的是作用。

孔子解释泰卦的彖辞说：泰卦之所以叫作泰卦，辞系之所以说“小往大来，吉亨”，是因为天地相交，阴阳通泰，就能积云降雨，滋润万物，也就是所谓的“云行雨施，品物流形”。对应到政事，则是在上的君主与在下的大臣以诚相交，以志相接，君主贤明而大臣贤良，同心同德，毫无隔阂。然而泰卦虽然能再造乾坤，成就贤君良臣的美名，根本仍不出“天理人欲”四个字。原因就在于乾为阳，而坤为阴，为人君者所要追求的善则是“阳明知善”，也就是知善也知恶的动态之善，知恶而不累于恶，也就是像泰卦那样，内阳而外阴。为人君者也都具备刚健之德，不会萎靡不振，也就是像泰卦那样，内卦乾健而外卦坤顺。为人君者所使用的，无非是君子与小人，也应该效法泰卦，使君子在内任事，令小人处外顺从，也就是亲君子、远小人。亲君子，君子的济民利物之道便能发扬光大，远小人，小人的蠹国害民之术便无处施展，所以说“君子道长，小人道消”。

按：君子与小人，此起彼伏，此消彼长。小人进则君子退，君子进则小人退。然而君子之进，有赖于上下合志，同德同心。如果志向不同，勉强相交也是貌合神离，无法交心。君主当然也想重用君子，然而谗邪会从中离间，逸欲会导致荒废，谣言会使他动摇，事变会从中阻断。君子怎么能被进用呢？所以孔子阐明其中的原因，指出泰卦内阳而外阴，内健而外顺，象征君主内君子而外小人。具体说来，内阳外阴说明君主内心光明但不对外示炫，内健外顺说明君主对内能够自省向外能够顺应天理人心。如此一来，君主与君子才能相互感召，才不会给小人留下施展邪术的机会，于是君子必进，而小人必退。相信吧！通泰与否不在气数，在于君主的心！

《象》曰：天地交，泰，后以财成天地之道，辅相天地之宜，以左右民。

【解义】

此《象传》，是言人君当尽致泰之道也。后，谓元后。财成，谓制其过。辅相，谓补其不及。道，谓气化自然之运。宜，谓事理当然之宜。左右，谓扶植之也。

孔子释泰象曰：天地之气初交，而成气化之盛，此泰之象也。然在天既有其时，则在人当有其事，元后于是有致泰之道焉。如天之道，为日月星辰，四时寒暑；地之道，为山川邱陵，坟衍原隰。然既滞于形气，则其道未免于过也。元后为之治历明时，使分至启闭之不差，春夏秋冬之有序；为之经画井野，使城郭郊原之有制，道里封疆之各定，过者抑而就于中矣。春生秋杀，日晅雨润，为天之宜；高黍下稻，渊鱼薮兽，为地之宜。然既任其自然，则其宜未免于不及也。元后为之教民，播种灌溉，使之顺春秋之序，以成其功；渔猎薪樵，使之随土地之宜，以尽其用，不及者辅而进于中矣。夫为元后者，何若是之过计哉？盖天地生物，而不能使之遂其生，以其责付之于君，则元后之财成辅相，凡以为斯民也。使民顺天之时，因地之利，各有以养其生而安其业。是圣人之财成辅相乎天地，正以左右斯民，使民得道天地之道，而宜天地之所宜耳。盖开一代之治运，必在兴一代之治功。《虞书》之六府三事，《周礼》之六官所掌，皆裁成辅相之实事也。然非当日君臣志同道合，一德一心，决不能致此极盛之治。此泰交之所以不可缓欤。

【白话】

泰卦的主旨是说，为人君主，应该掌握致泰之道。后，元后，即天子。财成，裁度以成，意思是制止其过。辅相，辅助，意思是补其不足。道，指阴阳二气的运化。宜，合宜。左右，扶持、长养。

孔子解释泰卦的大象说：天地阴阳二气刚刚交感的时候，氤氲一片，弥漫不绝，这就是泰卦的大象。在天上有这样的天时，在人间就有类似的人事，天子于是从中发现了致泰之道。这就像天之道，为日月星辰，四时寒暑；又好比地之道，为山川丘陵，坟衍原隰。然而囿于物象气机，运行之际，难免稍稍过头。天子于是整治历法，以明时序，使春分、秋分、夏至、冬至的启闭丝毫不差，而春夏秋冬时序有常；又设立村庄，划定农田，使城郭郊原皆有法度，道里封疆各有分定，抑制过分的而归于中道。在春天繁育在秋天杀伐，在晴天晾晒在雨天浸润，这是用天之宜；在高处种黍在低种植稻，在池塘捕鱼在沼泽边捕兽，这是尽地之宜。然而听任自然，这种地利难免有不足的地方。于是天子教导百姓，播种灌溉，顺应季节，以成其功；渔猎薪樵，根据地利，以尽其用，弥补亏欠的地方而接近中道。做天子的，为什么要做这么多的筹谋呢？这是因为天地虽生万物，但不能使之很好地生存，便把这份责任交给君主，天子便根据情况，或抑制，或弥补，凡事为民众着想。使人民顺应天时，应用地利，各有所养，安居乐业。其实，圣人对天地的裁成或辅相，正是用于扶植人民的，圣人任使民众，也应该效仿天地之道，宜天地之所宜。开一代之治运，必先兴一代之治功。《虞书》记载的六府三事，《周礼》记载六官所掌，都是裁成辅相的经典案例。然而，如果上古的圣君贤臣不能志同道合，同心同德，也不能创造千古盛世。这正是君臣上下打通否塞、彼此交心刻不容缓的原因所在。

初九：拔茅茹，以其汇，征吉。

《象》曰：拔茅征吉，志在外也。

【解义】

此一爻是言君子偕同类以进用，而得行其道也。茹，根也。汇，类也。征，进也。外，指天下国家言。

周公系泰初爻曰：初九当泰时，而有阳刚之德，能与二阳俱进，象犹拔茅，其根以类而起者。以此德而征行，则初固足以有为，而二阳皆足以致治，所以成辅泰之功者在是矣，不亦吉乎。

孔子释初象曰：所谓拔茅征吉者，初九与二阳并进，欲使君为尧舜之君，民为尧舜之民，进而助财成辅相之功，左右斯民之业，志在天下国家，而不在一身也。盖三阳皆同此志，此其所以征行而吉也。从来大厦非一木之支，太平非一士之业。上方合志下交，则下自连类并进。圣王在上，天下之士，孰不愿立于其朝乎？

【白话】

这个爻的意思是说，君子要与志同道合的人同行，实现自己的志向。茹，根。汇，类。征，进。外，指天下。

周公所系的泰卦初爻爻辞的意思是说：初九身处通泰的大环境中，又有阳刚之德，能与上面的两个阳爻一同前进，好比拔茅草时根部牵连而起。心怀此德，征行天下，它自己必然会有所作为，上面的两个阳爻也足以为治理天下贡献力量，最终成就辅泰之功，怎么可能不吉。

孔子解释初爻的小象说：所谓“拔茅茹，以其汇，征吉”，是说初九与上面的两个阳爻都有乾刚之德，它们同心协力，一心要使君为尧舜之君，民为尧舜之民，进而成就财成辅相之功，扶植万民之业，志在天下，不在己身。三爻都大公无我，如天生万物，所以它们的征进必然吉祥。自古以来，独木撑不住大厦，一人安不了天下。君王在上面感召，君子才会携手前往。圣天子当朝，天下之士，谁不愿意为他效力呢？

九二：包荒，用冯河。不遐遗，朋亡，得尚于中行。

《象》曰：包荒得尚于中行，以光大也。

【解义】

此一爻是美人臣有刚中之德，而皆合乎中道也。包，谓有容。冯河，谓果断。不遐遗，谓不忘远。朋亡，谓无私比。尚，合也。

周公系泰二爻曰：九二有刚中之德，而上应六五，是主乎泰而得中道者也。其待人也恕，其处事也宽，为能包容荒秽，且贤必进而不肖必退，利必兴而弊必革，能用冯河之勇焉。举及侧陋，图及隐微，不以遐远而有遗，且不昵于近幸之私，不狃于便安之习，而朋比是亡。此四者，各有中行之道，盖不能含容非中也。当断而不断，亦非中也。忘远非中也，泄迩亦非中也。九二惟中行，故因刚而刚，因柔而柔，或用刚而济之以柔，或用柔而济之以刚，皆适合乎天理之当然。人能如是，自合乎九二之中行，而所以治泰者得其道矣。

孔子释二象曰：九二之“包荒得尚中行者”何所本哉？盖心之蔽者，则不能察乎中；心之隘者，则不能体乎中。九二之心，极其光大。光则明足以有照，大则器足以有容。其得中道而主泰也，岂偶然乎！

按：二虽臣位，实主治泰之责者，故必有包容之量，刚断之才，深远之虑，大公之怀，而均合乎天理。当然不偏不倚之道，庶几泰可常保，而国家深赖有是人耳。

【白话】

这个爻是赞美为人臣者有刚中之德，并且合乎中道。包，包容。冯河，果敢。不遐遗，不遗忘远处。朋亡，不私比近处。尚，合。

周公所系的泰卦二爻爻辞的意思是说：九二是居中的阳爻，有刚中之德，并且上应六五，俨然泰卦的主爻，但凡事合乎中道。其待人也恕，处事也宽，所以能包容荒秽。加之处在泰卦的大环境中，君子必进，小人必退，利必兴，弊必革，所以暴虎冯河一些也没什么大碍。它举荐卑微的贤士，搜寻天下的隐士，不因为路远而有所遗漏，不因为距离近而有所私昵，不因袭便利，不贪图安逸，所以不至于朋比为奸。上述四点，各有中行之道，因为它容不得不中。当断不断，是不中。忘远遐遗，是不中。轻慢身边的人，当然也是不中。九二因为居中，并且以刚爻居柔位，所以刚亦可，柔亦可，刚柔并济亦可，或刚或柔，都合乎天理。人如果做到这样，合乎九二的中行之道，便是得了致泰之道。

孔子解释二爻的小象说：九二所说的“包荒，得尚中行”，依据的是什么呢？其实，心智被蒙蔽的人，不能察觉中道；心胸狭隘的人，不能体悟中道。九二的心却非常光大，光则可以照临天下，大则可以包容四海。它能得中道并且主宰泰卦，怎么能是偶然的呢！

按：二爻虽然只是臣子之位，而且不是重臣、权臣，但却是致泰的关键力量。所以它必须有包容之量、刚断之才、深远之虑和大公之怀，而且在施展运用时必须合乎天理，不偏不倚，这样才能保持长久地安泰，国家也会深深地依赖于它。

九三：无平不陂，无往不复。艰贞，无咎。勿恤其孚，于食有福。

《象》曰：无往不复，天地际也。

【解义】

此一爻是言世道盛极将衰，君子当尽保泰之道也。平，泰也。陂，不平也。往，谓小人去。复，谓小人来。艰，谓思虑艰难。贞，谓施为正固。恤，忧也。孚，谓泰极否来，一定之期。食，享也。际，谓泰复为否之交会。

周公系泰三爻曰：九三当泰过中而否欲来之时，盖天地交泰，固为世道之幸，然世无安平而不险陂者，无常泰也。小往大来，固为君子之庆。然小人无常往而不反者，阴当复也。夫治乱之相因，阴阳之相胜，乃天运一定之孚信，而当忧恤者也。于此之时，惟艰难守正以处之，有戒惧之心而无怠荒之意。人事既尽，可以无咎。由是不必忧恤平陂往复之孚，而太平之福可长享矣。

孔子释三象曰：所谓无往不复者，以九三所处，乃天地否泰之会，阴阳消长之机，正天地泰复为否之交际也。挽回天运，全在人事。所以当艰贞守正耳。

按：九三正当泰之时，吉亨之会也。而圣人谆谆告戒者，盖一治一乱，盛衰倚伏，自然之理。惟能灼见之于先，兢兢业业，世运未陂而早防其陂，小人未复而早忧其复，如此则用力既省，而为功实多。必俟祸患已成而后图之，则虽竭蹶，亦奚济乎？诚保泰者不可不知也。

【白话】

这个爻的意思是说，世道由盛转衰，君子应当为国泰民安用尽全力。平，安泰。陂，不平，变动。往，小人去。复，小人来。艰，时艰。贞，正固。恤，忧。孚，信，指泰极否来有一定之期。食，享。际，指泰卦向否卦发展的交际与边界。

周公所系的泰卦三爻爻辞的意思是说：九三位于上下卦的结合处，相当于处在泰过中而否欲来之时，这个位置也是天地交泰之处，这固然是全社会的幸事，然而世界上不存在完全平坦、毫无险陂的地方，国家怎么可能一直安泰呢？小人退避而君子当权，固然值得君子庆贺。然而小人不会总是退避，总会回来，恰如阴爻也会有占优势的时候。其实治乱相因，阴阳相胜，乃是上天运行到一定程度的征兆，君子应该为之忧虑，为之顾惜。当此际，只有在艰难中保持贞正，用心戒惧，不敢有丝毫的怠惰。既然已经尽了人事，自然无咎。所以不必再为天地阴阳平陂往复等客观规律过度忧恤，安心地享受太平即可。

孔子解释三爻的小象说：所谓“无往不复”，是指九三所处的位置，乃是天与地、否与泰交合处，也是阴阳消长的发端，还是天地由通泰向否塞运动的交际处。此时是尽人事以挽天运的关键时期，所以应该在艰难中保持贞正。

按：九三位于泰卦的极盛之时，自然吉祥亨通。圣人所谆谆告诫的，则是有治必有乱、盛衰相伏倚的自然之理。只有事先具备真知灼见，兢兢业业，在世运未陂之前而防其陂，在小人未复之前就早忧其复，这样不仅用力小，而且效果大。等到祸患已成再去图谋，就算用尽全力，又能于有事有补吗？想持盈保泰的人不可不知。

六四：翩翩不富以其邻，不戒以孚。

《象》曰：翩翩不富，皆失实也。不戒以孚，中心愿也。

【解义】

此一爻是忧小人复集，而言其势之甚易也。翩翩，群飞而下之象。不富，谓不用富厚之力。邻，谓类聚。不戒，谓不待告戒之辞。

周公系泰四爻曰：小人合交以害正道，乃其本念。六四当泰已过中，正小往而将复之时也。群小至是乃翩翩然来复，不待力致，而其类自从，为不富以邻之象。且无事要约告戒，而志无不孚矣。君子可不防哉！

孔子释四象曰：三阴飞翔而下，不待富厚之力，而类自从者，何哉？盖小人居下乃其实位，今在上而据高位，则失其阴分之实。既失其实，则必忧君子之见攻，故不戒以孚。合交以害正道，乃中心之素愿，而何待于戒令哉！君子于此，诚不可少疏其防矣。盖小人乘间伺衅，以图进用，其心未尝须臾忘。特值明盛之朝，无所逞其志耳。三为方中，四已过中，阴道渐长，彼安得不翩然动乎？一小人倡于上，众小人附于下，牵连比合，酿祸无穷。有国家者可不慎于微哉？

【白话】

这个爻的主旨是说，小人再次聚集，值得忧虑，因为小人的势力很容易扩张。翩翩，成群地往下飞。不富，不运用自己的财富。邻，比领，类聚。不戒，不需要告诫。

周公所系的泰卦四爻爻辞的意思是说：小人相互结交，危害正道，这是他们的本性。六四处在泰卦已经过中的位置，正是当初退避外卦的小人即将复归之时。小人成群地归来，不需要着力招引，就能自寻其类，正是“不富以其邻”之象。而且不需要事先约定，相互告诫，就能够沆瀣一气，信心满满。君子怎么能不加防范呢！

孔子解释四爻的小象说：上卦的三卦阴爻集群下飞，不用利诱，就能自归其类，是什么原因呢？因为从爻位的角度说，小人其实应该在下面，下面表示地位低，是名实相符，可它们现在在上卦，象征点据高位，名实不符。既然如此，小人必然会担忧君子的攻诘，所以不需要告诫就能同心同力。相互交结，危害正道，乃是小人的素愿，何需告诫与命令！君子处在这种情况下，确实不能疏于防范。其实小人随时都想通过离间君子得到重用，心中时时留意，念念不忘。只是正值盛世，无法得逞而已。九三是泰卦的方中之际，六四已经过中，象征阴道渐长，小人怎么能不成群结队地行动呢？有一个小人在上面倡导，就会有很多人小人在下面亲附，小人牵连比合，祸害无穷无尽。诸侯与大夫怎能不对此防微杜渐呢？

六五：帝乙归妹，以祉元吉。

《象》曰：以祉元吉，中以行愿也。

【解义】

此一爻是见君能虚心下贤，而成致泰之功也。帝乙，至尊之象。归妹，下贤之象。以祉，谓以此而受福祉。中，谓中德。

周公系泰五爻曰：五为泰主，虚中而应九二之刚，不以势位自高，而谦卑以下贤。如帝乙之妹，至尊贵也。今乃降尊贵以下归庶人，而不以为屈，则得贤致治。以此保泰，真天下之福矣。非大善而吉乎！

孔子释五象曰：所谓以祉元吉者，何哉？盖下贤乃人主之事，而往往不克行者，以不能虚己故也。今六五有柔中之德，虚己以应九二，则下贤也。正以行其所愿耳，其受祉也宜矣。

按：五以柔中之德，任二刚中之贤，君臣之间，不惟以情相合，而实以道相孚，人自不得而间之矣。君之任贤愈专，则贤之任事愈力。一人端拱无为，而群材效职，万方乐业。天下所蒙之福，孰非大君之福哉。

【白话】

这个爻的意思是说，君王能虚心逊志，礼遇贤人，国家就能安泰。帝乙，至尊之象。归妹，贤人之象。以祉，以此受福。中，中德。

周公所系的泰卦五爻爻辞的意思是说：五爻是泰卦的主爻，它以阴爻居于上卦的中间，并且与九二成正应，象征虚中以待，不以地位和权势自视，能够放下身段，礼贤下士。如同帝乙下嫁给周王的妹妹，至为尊贵。这个爻能纡尊降贵，礼遇庶人，并且不认为有辱它的尊贵，所以能收获贤人，致治保泰，这真是全天下人的幸事，所以爻辞说“以祉元吉”！

孔子解释五爻的小象说：所谓“以祉元吉”，是什么意思呢？主要是说，礼贤下士是人主应该做的，之所以很多人不去做，做不到，主要是因为他们不够虚心。六五这个爻有柔中之德，能虚己以应九二，所以能放下身段，礼遇贤人。它的行为符合它的心愿，它的福祉也是应该的。

按：六五有柔中之德，被任命的九二则有刚中之德，象征君臣之间不仅以情相合，更以道相合，小人无法离间。六五对九二越信任，九二用权任事越得力。六五高坐庙堂，无为而治，却能尽用群材，使万邦乐业，天下人的幸福，不也是君王的幸事吗？

上六：城复于隍，勿用师。自邑告命，贞吝。

《象》曰：城复于隍，其命乱也。

【解义】

此一爻是泰极为否，而当反己自修也。隍，城下池也。自邑，反己之意。告命，谓修正令也。

周公系泰上爻曰：治道积累以成泰，犹筑隍土积累以成城也。上六泰极而否，如城土颓圮，复反于隍之象。当此之时，不可用师而力争，但当反己自治，修其纪纲政刑之命，以维持之。然时势至此，虽所行皆出于正道，亦不免于羞吝，以不能防之于早耳。

孔子释上象曰：泰极而否，虽天运之自然，实人事之所致。城复于隍者，盖由久安长治之后，法度政令之命已乱，岂徒天运使然哉？倘能励精奋发，以修其政令。庶人心感动，天意可回，泰犹可保，而不致于终否也。

按：上以阴柔处泰极，不能坚志下交，必致群材解体，成业难支。此内忧，非外患也。故不在用师以远求，而在告命以自治。然自强别无他道，唯有进君子，退小人，使上下常交，情志常通而已。贤者在位，能者在职，及是时，明其政刑，决壅蔽之习，而励明作之气，其在主心一振刷间乎。

【白话】

这个爻的意思是说，泰卦就要发展成否卦了，必须自省自修了。隍，护城河。自邑，反己之意。告命，修正并传告天下。

周公所系的泰卦上爻爻辞的意思是说：好的措施一点点地积累才成就了盛世，犹如用挖护城河得到的土一点点筑墙，最终筑成了整座城池。上六位于泰卦的极处，已经变成了否卦，如同城墙倒塌，填埋了护城河。遇到这种情况，不能勉强出兵力争，首先要反躬自省，修订政令，尽力维持。然而事已至此，就算举措得当，也难免羞吝，是以不能不早做防范。

孔子解释上爻的小象说：泰极而否，虽然是天道运行的客观规律，但也有人事不曾尽到的原因。比如城墙倒塌，填埋了护城河，主要是因为长治久安之后，乱了法度与政令，怎能认定为天运使然？如果能励精图治，奋发而起，修其政令，感动百姓，天意并非不可改，安泰还可以保存，而不至于终否。

按：上爻是阴爻，象征能力有限，德行有亏，又处在泰卦的极端，不能放下身段，有贤人也无法礼遇，有忠臣也会分崩离析，所以大厦难支，成业难保。这是内忧，不是外患。所以爻辞说不必出兵行师，讨伐远人，关键是能不能反躬自治。然而自强别无他法，只有进君子，退小人，使君臣同心，上下合志这一个办法。只要贤者在位，能者在职，明其政刑，决其壅蔽，振奋民心，不就在心念一动之间吗？

䷋ 否 坤下乾上

【解义】

自乾坤之后，始涉人道。经历六坎，险阻备尝。内有所畜，外有所履，然后致泰。而泰之后，否即继之。以知天下之治，致之难，而乱之易。泰先小往大来，而后言吉亨，是以天运推之人事；否先言匪人不利君子贞，而后言大往小来，是以人事参之天运。泰则归之天，否则责之人。圣人之深意也。九四爻词曰“有命”，即泰九三“无平不陂，无往不复”之理。泰变为否易，故于内卦即言之；否变为泰难，故于外卦始言之。否泰之变，皆天也。乃泰三必无咎然后食福，否四亦必无咎然后离祉。故泰之方盛，即系艰贞之辞；否之既休，尚有其亡之戒。若以否泰相仍为一定之数，岂圣人作易之旨哉？上经当观否泰，乾下坤上曰泰，上下交而其志通，其斯之谓泰也；下经当观损益，损上益下曰益，自上下下，其道大光，其斯之谓益也。

【白话】

《易经》自乾坤两卦之后，就开始涉及人事。接下来的屯、蒙、需、讼、师、比六卦，都包含了一个坎卦，而坎代表险，称得上磨难重重，备尝艰辛。直到内有所畜的小畜卦，和外有所履的履卦，总算进入了天下亨泰的泰卦阶段。可是刚刚经历了泰卦，象征天下否塞的否卦就来了。这样排列卦序，是为了让人明白，天下大治而难，但天下大乱很容易。泰卦的卦辞先说“小往大来”，然后才说“吉亨”，是以天运推导人事；否卦的卦辞却先说“否之匪人，不利君子贞”，然后才说“大往小来”，是以人事参悟天机。把亨泰的功劳归于天，把否塞的责任归咎人，圣人用心良苦，用意至深。否卦九四所谓的“有命”，阐述的正是泰卦九三所谓的“无平不陂，无往不复”之理。由泰变否易，所以在泰卦的内卦就阐述否泰相因的道理；由否变泰却很难，所以进入否卦的外卦才言及否泰相因的道理。否泰之变，取决于天运，而非人事。所以泰卦的三爻不仅无咎，而且可以“食福”，否卦的四爻也说无咎，然后可以“离祉”，也就是附丽福祉。所以泰卦刚进入全盛的三爻，爻辞就以“艰贞”作为提醒；但否卦的否塞即将休止之际，还在告诫着人们“其亡其亡，系于苞桑”。如果认定否泰相仍是必然的定数，又岂是圣人作易的宗旨呢？其实学习《周易》的上经三十卦，主要就看否卦与泰卦，具体说来就是效仿乾下坤上的泰卦，上下相交，畅行其志，天下才能真正地亨泰；而学习下经三十四卦，主要看损卦和益卦，具体说来是效仿损上益下的益卦，即在上位者主动减损自己的利益，给予在下位的百姓，君王的仁德就会无比光大，才能使君王与全天下都受益。

否之匪人，不利君子贞。大往小来。

【解义】

此卦坤下乾上。乾上坤下，天地不交，故名为否。卦辞言世运当厄，正道不行，而奸邪进用也。否，谓闭塞。匪人，谓非人道之常。

文王系否彖辞曰：坤下乾上则天地不交，二气闭塞而为否。盖泰者，人道之常。否则三纲沦，九法斁，非复人道之常矣，此时于君子之正道有不利焉。夫阳为大，而阴为小。此卦乾往居外，坤来居内，又卦变自渐来，九往居四,六来居三，有大往小来之义。则是君子敛迹，小人得志之时，岂利于君子之正道乎？

按：否下即系以匪人，匪人者，致否者也。上下之情否塞不通，皆由匪人所致。匪人用事，则必多方蒙蔽，使上下否隔，而后得以恣肆妄行。其意本欲倾害君子，不知君子去而国亦随之，则其为害，宁独善类蒙祸而已乎？圣人之垂戒切矣。

【白话】

此卦的下卦是坤卦，上卦是乾卦。乾上坤下，天地不交，所以叫否卦。卦辞的意思是说，世道会越来越难，正道会越来越难走，奸邪小人会掌握大权。否，闭塞。匪人，意思是非人道之常，也就是小人道长，君子道消。

文王所系的否卦卦辞的意思是说：坤卦在下面而乾卦在上面，会导致天地不交，阴阳二气闭塞，从而导致否塞。泰卦讲的是人间的常道，是亨泰之卦。否卦则象征三纲沦委，九法败坏，人间的常道不复存在，这对于君子奉行的正道非常不利。按照易理，阳爻为大，阴爻为小，否卦的乾卦上往居于外，坤卦则下来居于内，而且否卦由渐卦变来，具体说来是风山渐卦的九三上往居于四爻的位置，而渐卦的六四下来居于三爻的位置，都是阳爻上往而阴爻下来，所以卦辞说“大往小来”。对应到人事，则象征着君子敛迹，小人得志，怎么可能利于君子奉行的正道呢？

按：直接在否卦的卦辞中系上“否之匪人”的言辞，是因为所谓匪人，就是导致否塞不通的人。君臣百姓之间否塞不通，上情无法下达，下情无法上传，都是拜匪人所赐。匪人掌权行事，也必然会多方蒙蔽，使上下否隔，而后再恣肆妄行。匪人本来只想陷害君子，他们也不懂得君子即去而国家亦亡的道理。但匪人为害，怎么可能仅限于独善其身的君子？圣人的告诫可谓深切。

《彖》曰：否之匪人，不利君子贞。大往小来，则是天地不交而万物不通也，上下不交而天下无邦也。内阴而外阳，内柔而外刚，内小人而外君子。小人道长，君子道消也。

【解义】

此《彖传》，是释否彖辞以明天道人事之否也。

孔子释否彖辞曰：辞谓“否之匪人，不利君子贞，大往小来”者，以造化言之，则地自为地，而地之气不上交；天自为天，而天之气不下交。天地不交，万物由此屯塞而不通也。以人事言之，上意不孚于下，下情不达于上，上下不交，则情义乖离，不相维系。虽有邦，与无邦同也。其在君心，则所存者阴暗，而无阳明之善，内阴而外阳也。所发者委靡，而无刚断之才，内柔而外刚也。所任用者，小人盈朝而君子在野，内小人而外君子也。惟内小人，而蠹国害民之道日长；惟外君子，而保邦致治之道日消也。

按：宋臣苏轼有言："无邦者亡国之谓。"上下不交，则虽有朝廷君臣，而亡国之形已见矣。原其所以然，皆由小人用事于内，固结其君，而尽去君子，使不得与人主相通。斯可以夺其权，固其宠，而惟所欲为，国安得而不亡也？可不畏哉。

【白话】

《彖传》是对否卦卦辞的解释，目的是阐明天道与人事的否塞。

孔子解释否卦的彖辞说：爻辞所谓的"否之匪人，不利君子贞，大往小来"，从造化的角度而言，是说地自为地，地气不向上行，向上行也遇不上天气，因为代表天的乾卦在下面；天自为天，天气不向下交，向下交也交不到地气，因为代表地的坤卦在上面。由于天地不交，万物都变得屯塞不通。从人事的角度看，在下位的百姓感受不到在上位的君王的诚意，百姓的感受也没法传达给在上位的君王，上下不交，情义就会乖离，不再相互维系。虽然有诸侯，但却像没有一样。五爻代表君王，它以阴居阴，象征阴柔暗昧，无法分辨善恶，表面上却又装出一副公平公正的样子。它以柔爻居于刚位，萎靡不振，无刚断之才，对外却又摆出一副刚亢难犯的态度。它任用的小人充斥着朝堂，君子不得不避居荒野，体现在卦上就是内卦都是阴爻而外卦都是阳爻。正因为它任用小人，小人的蠹国害民之道才得以日长；正因为君子避居朝堂之外，君子的保邦致治之道才会日益消亡。

按：宋代名臣苏轼有言："无邦者亡国之谓。"否卦上下不交，象征虽有朝廷与君臣，但已经显现出亡国之象。究其原因，还是因为小人任事掌权后，极尽谄媚君王之能事，尽可以能地排挤君子，使他们根本接触不到君王。小人得以侵夺君子的权力，进一步巩固自己的势力，并为所欲为，国家怎么可能不亡？我们又怎么可以不对此心存畏惧？

《象》曰：天地不交，否，君子以俭德辟难，不可荣以禄。

【解义】

此《象传》，是言君子当无道之时，能自晦以全身也。俭，谓收敛。辟，谓避祸。

孔子释否象曰：天地不交，二气闭塞，正否之象，为小人得志之时。君子遭此，可不思所以自全乎？于是韬光晦迹，收敛其德，不形于外，以辟小人之难。使名誉不彰，而人不得荣之以禄焉。不然，声光外见，则人皆得物色之。爵禄之来，祸患之招也。其可轻身以就之哉？先儒言："致否者，匪人也。益甚其否者，君子之贞也。"东汉党锢之狱，熙宁正士之窜，皆缘矜尚名节太过，激成清流之害，而世道遂至于阽危。所以君子收敛其德，不形于外，非止为一身免祸，而天下实阴受其福。此其异于常人，而终有亨否之用欤。

【白话】

《象传》的意思是说，天下无道之时，君子要学会韬光养晦，以保全自身。俭，收敛。辟，避祸。

孔子解释否卦的大象说：天地不交，二气闭塞，正是天下否塞之象，小人得志之时。君子遇到这种情况，怎么能不忧患并寻求自保呢？于是君子韬光晦迹，收敛自己的才德，以平庸示人，以避免小人的加害。不彰显美名，所以不会有丰厚的俸禄。不然的话，声誉与光彩外见，谁都会看在眼里。得到爵禄的时候，就是招致祸患的时候。怎么可以轻身而就呢？先儒说："致否者，匪人也。益甚其否者，君子之贞也。"也就是说，君子不合时宜的贞正只会加剧匪人导致的否塞。东汉时期的党锢之狱，宋代熙宁年间正人君子遭遇的贬窜，都是因为过于崇尚名节，激成了清流之害，导致整个世道都岌岌可危。所以在天下否塞之时，君子收敛自己的才德，以平庸示人，不只是为了自己免祸，天下人也暗暗受益于此。这正是君子异于常人，并且最终能打通否塞，达致亨泰的原因。

初六：拔茅茹，以其汇，贞吉，亨。

《象》曰：拔茅贞吉，志在君也。

【解义】

此一爻是训小人变邪从正，成善行以孚人心也。

周公系否初爻曰：初与二阴，连类并进，有拔茅连茹以其汇之象。此时在小人之势已不可遏，而小人之心尚或可回。盖人溺于恶则恶，反于善则善，只在此心一转移之间耳。初之恶未形，而犹易变，使变妨贤害国之意，而为荐贤利国之谋，则德孚于人，行无不得，自吉亨而为君子之徒矣。世道不遂入于否，苍生犹得享其福，此处否之贞道也。

孔子释初象曰：所谓拔茅贞吉者，盖君子之志，常在于君。若小人，但知有身而不知有君。今变而为君子，则能以爱君为念，而所为皆出于正，自不虑及于私，而为一身一家之计矣。盖君子小人，本无定名，惟正与不正而已。正则为君子，不正则为小人。惟初六之过未形，而易于从善，故圣人以正勉之。为小人谋，即所以为君子谋乎！

【白话】

这个爻的主旨是训示小人，只要改邪归正，多行善事，就不难收获人心。

周公所系的否卦初爻爻辞的意思是说：初爻是阴爻，与上面两个阴爻连类并进，有拔茅草时茅草的根系相互牵连之象。此时小人的势力已经不可遏止，但小人的心或许还可以挽回。因为人沉溺于恶便会不断为恶，可一旦改恶向善，就会向更善的方向发展，行善与施恶，完全取决于一颗心。初爻的恶还不明显，还容易改变，如果能把初爻的妨贤害国之心，引导成荐贤利国之意，初爻也能收获众人的信任，无往不利，不仅吉祥亨通，而且初爻还借此完成了从小人到君子的转变。世道不仅不会马上陷入否塞，百姓还会得益于初爻，而这正是天下否塞之时的贞正之道。

孔子解释初爻的小象说：爻辞所说的“拔茅茹，以其汇，贞吉”，是说君子总是心存君王，小人则不会，小人是只知有己，不知有君。但这个爻一变，阴爻变成阳爻，就好比小人变成君子，就能够以爱君事君为念，所思所为都能遵循为人臣者的正道，便不会生出私心，从而不再凡事以自己的一身一家计谋思虑。其实君子与小人的称谓，本来就不是固定的，全看这个人正与不正。正就是君子，不正就是小人。初六虽是阴爻，象征小人，但还没有明显的恶行，易于改过从善，所以圣人才勉励它弃邪从正。圣人看似在为小人谋划，其实也是在为君子谋划啊！

六二：包承，小人吉，大人否亨。

《象》曰：大人否亨，不乱群也。

【解义】

此一爻是言，小人不伤善类则获福，君子守正则道亨也。包，谓包容。承，谓承顺。否，即俭德避难之意。

周公系否二爻曰：六二阴柔，本有伤善之志，而因其所处中正，未忘好善之良，小人中之君子也。为能包容承顺，不纵其毒于君子。此在小人，可阴受君子之赐而得吉；而在大人，则彼虽包承乎我，而我不可从入于彼，惟安守其否，则身虽困，而道自亨矣。

孔子释二象曰：辞谓大人否亨者，盖君子小人，本不可与共事。今小人虽包承乎君子，而君子断不枉道以入小人之群，所以安守其分而道亨耳。苟一失其身，安得亨哉？盖处否之时，君子固不可泾渭太分，激成小人之祸，亦岂可因卑躬厚貌，遽受彼之笼络，遂至舍己以徇之乎？孔子之待阳虎，孟子之处王欢，可谓合乎大人之道矣。

【白话】

这个爻的意思是说，小人不伤害善良的人就会收获福报，君子守持正道就能亨通。包，包容。承，顺承。否，指敛德避难。

周公所系的否卦二爻爻辞的意思是说：六二以阴居阴，至阴至柔，本来有危害君子的想法，但与此同时，它既居中又当位，相当于还有良知，是小人中的君子。所以对它要包容顺承，只要它不危害君子就好。对小人而言，它显然可以因为君子的包容顺承收获吉祥；对大人而言，就算小人包容顺承大人，大人也不可与小人为伍。只要安于大人之道，虽然身陷否困之中，但大道不至于因为大人与小人为伍而蒙垢，而断绝。

孔子解释二爻的小象说：爻辞说“大人否亨”，是因为君子与小人，原本不可以共事。现在小人虽然包承君子，但君子绝不会违背正道而与小人为伍。君子能安守其分，大道才能保持亨通。君子如果失了身，还谈什么亨通呢？总的来说，处在否塞之时，君子固然不可以泾渭太过分明，以免激成小人之祸，但显然也不能对小人卑躬屈膝，厚貌深文，以致被其笼络，依从小人吧？像孔子与阳虎相处，孟子与王欢相处那样，才称得上合乎大人之道。

六三：包羞。

《象》曰：包羞，位不当也。

【解义】

此一爻是见小人伤善而未能也。包，谓包藏。羞，谓可耻之事。

周公系否三爻曰：六三以阴居阳，小人有势位而欲害君子。然不中不正，而短于才，是小人志于伤善而未能者。然彼虽小人，其伤善之心，亦必自知其羞，而有所不安。但才不足以成其谋，徒包蓄在心，而不能发，为包羞之象。亦可见小人之无良矣。

孔子释三象曰：六三所以包羞者，由三以阴居阳，则非其地。不中正，又短于才，是以志于伤善而未能，君子亦幸而免耳，否则鲜有不为其所伤者矣。盖羞恶之心，人皆有之。然君子出之于正，则以蔽贤窃位，为终身之惭；小人发之于邪，则以不能伤善为生平之耻。当其不得有为，畜愤于中，及一旦据得为之地，萃群小之有才者以佐之，必将无所顾忌，诛锄善类，以快其心。为人君者，可不洞察而预制之乎？

【白话】

这个爻的主旨是说，小人想要伤害善良的人，但却没能得逞。包，包藏。羞，可耻之事。

周公所系的否卦三爻爻辞的意思是说：六三以阴居阳，好比小人得势，欲害君子。但它既不当位，也不居中，还不是阳爻，说明它根本没有能力，是想害君子但没能得逞的小人。虽然它是小人，但也知道伤害君子不对，所以在感到羞愧的同时，它也会感到不安。然而它的才能实在不足以支持它做出进一步的谋划，所以只能把这份羞愧包蓄在心中，无法发泄，这就是“包羞”之象。从中也可以看出小人本质上缺乏良知。

孔子解释三爻的小象说：六三之所以“包羞”，是因为三爻以阴爻居阳位，不当位。而且它不中不正也不是阳爻，缺乏基本的才干，所以有心伤害君子也未能得逞，君子则侥幸地免除了危害，不然很难免于小人的伤害。羞恶之心，其实人人都有。只是君子凡事遵循正道，会因为蔽贤窃位终身惭愧；小人却依从邪道，以不能伤害君子为生平之耻。小人能力不足的时候，尚且包羞畜愤，一旦占据了更有利的地位，再与有才能的小人臭味相投，沆瀣一气，必将无所顾忌，非要置君子于死地不可。为人君者，怎能不加以洞察并予以预防呢？

九四：有命无咎，畴离祉。

《象》曰：有命无咎，志行也。

【解义】

此一爻是言否极有转泰之机，能尽其当为之道，则善类皆可得亨也。有命，谓天有开泰之命。畴，谓同类三阳。离，附丽也。祉，福祉也。

周公系否四爻曰：九四当否已过中，在时将济，是天有转否为泰之命矣。然非处之有道，则善类亦无由而蒙福。九四以阳居阴，其德不极其刚，凡所措施，皆尽善而不为已甚，而人事又无咎焉。此岂独九四之福哉！凡同类之君子，皆得丽之获祉矣。

孔子释四象曰：人孰无休否之志？所患天时未至，人事未修耳。今天有其时，而人有其事，则道与时合，可以尽展生平之蕴，转否为泰之志，不已得行乎？畴类之获福，从可知矣。

按：否泰虽由气化之盛衰，而人事之得失所系尤重。未有人事失，而天命降康；亦未有人事得，而天命降乱者也。唐臣李泌告君曰："凡人皆可言命，独君相不言命。君相而言命，则政教为无权矣。"苟能审察时变，用人行政，一专力于其所当为，则人谋既臧，天休自至。彼遇变不省，诿诸气数之厄者，何不思之什也？

【白话】

这个爻的意思是说，要抓住由否转泰的时机，做好自己该做的一切，善良的人都可以亨通。有命，指天有开泰之命。畴，指上面的三个阳爻。离，附丽。祉，福祉。

周公所系的否卦四爻爻辞的意思是说：九四处在否塞已过去一半，应该济否之时，负有转否为泰的天命。但它不遵循正道的话，善良的人也不会受益于它。好在九四以阳居阴，性情刚中带柔，所有的措施都尽善尽美，毫不过分，所以能够无咎。这又岂止是九四自己的福祉呢！和它一样的君子，都可以附丽于它，同享福祉。

孔子解释四爻的小象说：谁不想早点儿结束否塞？只不过之前天时未至，人事未修，无能为力而已。如今天逢其时，人任其事，道与时合，不正是尽展生平的抱负，为转否为泰，行动不已的时候吗？与它志同道合，从而行之，便不难收获相应的福报。

按：否塞与亨泰虽然取决于天时，但也与人事的得失关系密切。没有人事有失，而天命康达的事情，也没有人事修明，而天降灾祸的道理。唐代名臣李泌曾经对君王说："凡人皆可言命，独君相不言命。君相而言命，则政教为无权矣。"与其言天命，不如修人事。如果能审察时变，用人行政，尽心尽力，做好自己该做的，好好的筹谋，上天的赐福就会随之而来。遇到灾变却不知道反省，还把一切都推诿于气数，还有比这更偏颇的思想吗？

九五：休否，大人吉。其亡其亡，系于包桑。

《象》曰：大人之吉，位正当也。

【解义】

此一爻是言君有开泰之功，而又当时深兢惕也。休否，谓息其否。大人，谓有德位之君。系，束缚也。苞桑，丛生之桑。

周公系否五爻曰：否至于五，乃否将尽之时也。九五阳刚中正，以居尊位，为能拨乱世而反之正，以休息天下之否。此惟德位兼隆之大人，乃能当此而吉也。然祸乱每生于所忽，又当常存戒惧，时切危亡之虑，所以制治者无不至，防乱者无不周。苟能常惧其亡，则不至于亡。斯国祚永固，有如苞桑之系矣。

孔子释五象曰：休时之否，非有德而乘权者不能。九五德位兼隆，则既具休否之资，而又有休否之势矣，乃所以吉也。自古理乱所由分，不出敬怠二者。心苟懈弛，虽已治已安，即见危亡之势；心苟兢业，虽未定未靖，自具昌炽之基。盖危亡者，所以安存也。常以危亡为念，则用贤不贰，去邪不疑，兴利必力，除害必勇，尚何祸乱之不可戡定，而福祚之不可永膺哉？

【白话】

这个爻的意思是说，就算君王有开泰之功，也应该时刻谨慎，小心翼翼。休否，休止否塞。大人，有德之君。系，束缚。苞桑，丛生之桑。

周公所系的否卦五爻爻辞的意思是说：否塞发展到五爻的位置，已经快要结束了。九五这个爻，阳刚中正，又居于九五之尊之位，所以能拨乱反正，让天下的否塞到此为止。也只有德位兼隆的大人，能当此事，能当此吉。然而祸乱总是生于疏忽，所以必须经常心存戒惧，时时刻刻考虑到危亡，从而治无不至，防无不周。只有经常忧患危亡的人，才不至于危亡。这样才能国祚永固，如同牢牢绑缚在丛生的大桑树上一样。

孔子解释五爻的小象说：止息时代的否塞，必须有德有位的人才行。九五不仅有德有位，而且德位兼隆，既有休否的能力，也符合休否的时势，所以爻辞说它吉祥。自古以来，天下是治理，还是变乱，不出“敬怠”二字。心里一旦松懈，就算已经天下太平，也是危亡之势；心里若是兢兢业业，就算天下未平，也已经具备了昌盛的基础。所以要时刻心存危亡。常以危亡为念，才能果断地任用贤人，驱逐小人，有利的事情必尽全力，除害也必尽全力，这样一来，有什么样的祸乱不可以戡定，又有什么样的福祚不可以承受呢？

上九：倾否，先否后喜。

《象》曰：否终则倾，何可长也。

【解义】

此一爻是言上九之才，能拨乱为治也。倾，谓倾而尽去之也。

周公系否上爻曰：否极有复泰之势，阳刚有可为之才，故能拯济时艰，辟乾坤于再造，倾其否而尽去之。夫未倾之时为否，既倾之后，则拨乱反治，不且为世道喜乎？

孔子释上象曰：时非否极，虽阳刚英武之才，不能尽倾其否。惟当否之终，则时有可倾之会，而阳刚又有能倾之才。尽人事以挽天运，正在此时，何可使其长否也？

按：上九与九五，虽皆转否为泰，而有难易之不同。九五休否，当否之时而休之，犹似有渐，其为力也难。上九倾否，在否之极而倾之，更无不尽，其为力也易。然非大人兢兢于其亡之戒，岂能有否终之喜？先否后喜，其所谓先天下之忧而忧，后天下之乐而乐者欤。

【白话】

这个爻的意思是说，上九的才能足以拨乱反正，转否为泰。倾，倾尽全力打通否塞的意思。

周公所系的否卦上爻爻辞的意思是说：否卦发展到极点，就有了转否为泰的形势，上六又是阳爻，说明有转否为泰的才能，所以能拯救时艰，再造乾坤，倾尽全力，去除所有的否塞。没倾尽全力时，自然还会有些否塞，倾尽全力之后，自然能拨乱反治，有谁会不喜欢这样的世道变迁呢？

孔子解释上爻的小象说：时势没发展到否极泰来的程度，就算有阳刚英武之才，也不能尽倾其否。而进入否卦的上爻，转否为泰的时机已经来到，上爻也具备相应的才德。尽人事以挽天运的良机就在眼前，怎么可以放任天下继续否塞下去呢？

按：否卦的上九与九五，虽然都处在转否为泰之际，但是难易程度不同。九五所谓的“休否”，是说它处在否塞之际，想要终止否塞，虽然理所应当，但实施起来也难。而上九却说“倾否”，也就是在否卦发展到极点的时候，马上就要转为泰卦的关键时刻，倾尽全力清除所有的否塞，实施起来事半功倍。然而若不是九五这位大人兢兢业业，时时刻刻以危亡为戒，又怎么会有上九的否终之喜？上九所谓的“先否后喜”，其实就是所谓的“先天下之忧而忧，后天下之乐而乐”。

䷌ 同人 离下乾上

【解义】

同人六二一爻居中得正，上应九五之乾，是卦之得名，本由乎二。而爻辞之吝，异于卦辞之亨者，盖同人之道，贵以大公至正通天下之志，不可稍有偏系。统一卦而论，则有乾行之德。而其同人出于公，故亨。就一爻而言，则有偏比之情，而其同人出于私，故吝。此卦爻之各有取义也。六爻：初未有私主，遂获无咎。上居外鲜应，仅能无悔。以出门可进于大同，而于郊则失所同也。至二之于五，本为正应，一有所系，则成于宗之吝，是所应得正者，尚无所容其比昵之私，况原非正应，强欲求同，其弗克有济也必矣。三之以伏戎伺敌而不能行，四之以乘墉止攻而反得吉。此又为失正求同者着戒也。若夫九五同人，其先也中直无回，如大师之相克。其后也同心无间，致正应之允谐。六二虽得位居中，使非九五之刚毅不惑，克去群邪，何由遂明良喜起之遇乎？故《彖》曰“应乾”，臣道也。又曰“乾行”，君德也。正以文明柔顺之臣，必得刚健独断之主，始能堂廉合德，吁咈相成，而臻天下一家之盛治也。

【白话】

同人卦的六二居中得正，并且上应乾卦的九五，同人卦的卦名，也是据此而来。但六二的爻辞说“吝”，而卦辞却说“亨”，主要是因为同人之道贵在以大公无私之心和同天下，不能有所偏私。卦辞是就同人卦的大象而言的，统观同人卦的上下卦，它呈现出一种乾行之德，也就是太阳在天上运行之象。日行于天，照耀万物，大公至正，所以亨通。六二的爻辞却说“同人于宗”，也就是只与同宗同族的人和同，这就有点儿偏私了，所以会有凶吝。卦辞说亨，爻辞说凶，是因为卦辞与爻辞各有侧重。六爻中的初爻出于门外，没有偏私，所以无咎。上爻居于极远之地，并且没有人应和，所以只能“无悔”。可见出于门外就有可能大同，但过高过远也会偏离大同之道。二爻与五爻，本来是正应，但就因为这点儿干系，导致了“同人于宗”的灾吝，所以就算有正应，也容不得有丝毫的比昵之私，更何况没有正应却想强行应和的四爻，四爻不能克敌制胜是必然的。三爻伏戎伺敌，费尽心机却无法前进，四爻攻上了城墙却停止进攻，并因此得到了吉祥，这也是为了警示那些为了求同而失了中正之道的人。只有九五的和同之道值得效仿，它之所以先号咷而后笑，是因为它刚开始中直无回，如大师之相克，也就是爻辞说的“大师克相遇”，其后又不以刚直自居，与六二这个正应相处得非常愉快，也就是“而后笑”。六二虽然居中得正，但若不是因为遇到了刚毅不惑的九五，力克群邪，它还会不会生起遇明良喜起而歌的念头呢？所以《彖辞》说“应乾”，也就是遵循为臣之道，上应君王。又说“乾行”，再次强调的君王的德行。同人卦正是以文明柔顺之臣，得刚健独断之主，所以能君臣合德，相洽相成，从而达致天下一家、不分彼此的昌明盛世。

同人于野，亨，利涉大川，利君子贞。

【解义】

此卦离下乾上，以离遇乾。天在上而火炎上，其性同。二五相应，其德同。又卦唯一阴，而五阳同与之。其情同，故名为同人。卦辞言，同于人者，当大公无私，而贵合于君子之正道也。涉大川，谓可以涉险。

文王系同人彖辞曰：凡人不能无所同，但恐所同之不广。所同不广则为私同而非大同也。同人于野，则旷远而无私，如处一家一乡，则大同乎一家一乡之人；处一国天下，则大同乎一国天下之人，皆大同也。所同无私，则足以致人之亲辅，来人之信从，何举不遂？何往不济？凡事皆亨，虽事之大而难者，如大川之险，亦利于涉矣。然非合于君子之正道，亦不得为大同也。夫君子之道，岂必人人而求与之同哉？亦惟以正而已。正也者，人心之公理不期同而自无不同者也。合于君子之贞，乃为于野之公，而亨且利涉耳。宋欧阳修论君子小人之朋，谓小人所好者禄利，所贪者财货。当其同利之时，暂相党引以为朋者，伪也。君子则不然，所守者道义，所行者忠信，所惜者名节。以之修身，则同道而相益；以之事国，则同心而共济。故为人君者，但当退小人之伪朋，用君子之真朋，则天下治矣。甚矣！修之言，有合于同人之义也。

【白话】

此卦的下卦是离卦，上卦是乾卦，是以离遇乾之卦。乾为天，天在上，也向上，离为火，火在下，但炎上，二者的性质趋同。下卦的六二与上卦的九五有正应，说明性情也趋同。卦里只有一个阴爻，其余五个阳爻都想与之和同。五个阳爻的心思相同，所以叫作同人卦。卦辞的意思是说，与别人和同，应该本着大公无私的精神，贵在合乎君子之道。涉大川，指可以涉险。

文王所系的同人卦卦辞的意思是说：人不能没有同道中人，人人都会觉得与自己和同的人少。与自己和同的人少，只能是私同，不可能是大同。像卦辞与彖辞所说的那样，“同人于野”，旷远而无私，才称得上大同。处一家一乡，便与一家一乡的人们和同，这就是大同；处一国天下，便与一国天下的人和同，这也是大同。与人和同并且不是为了私利，就足以使人亲辅，让人信从，如此一来，有什么样的事情干不成，又有什么样的目的达不到？人间的事情没有不亨通的，就算极为艰难，如同大江大河那样的天险，也可以跨越。然而必须合乎君子之道，否则也称不上大同。而君子之道，又怎么能强求别人与自己和同呢？只能是自己遵循正道而已。所谓正道，就是基于人心的公理，不需要与谁和同，但谁都会主动与之和同。秉持君子的贞正之道，把旷野中的人们集结起来，遵循真理正道前行，就可以亨通，跨越一切艰难险阻。宋代名臣欧阳修作过一篇著名的文章叫《朋党论》，文中指出，朋党分君子之朋与小人之朋。小人好的是薪俸，贪的是财利。当他们的利益相同时，他们就会暂时勾结在一起，这种朋党是虚假的朋党；君子则不然，他们坚持的是道义，履行的是忠信，珍惜的是名节。用这些来提高自身修养，同道中人就能相互补益。用这些来为国家做事，就能同心协力共进退。所以做君主的，只要能斥退小人的假朋党，进用君子的真朋党，天下就可以安定了。确实是这样啊！欧阳修的话，也契合同人卦的内涵。

《彖》曰：同人，柔得位得中而应乎乾，曰同人。同人曰：同人于野，亨，利涉大川，乾行也。文明以健，中正而应，君子正也。惟君子为能通天下之志。

【解义】

此《彖传》，是释同人彖辞，以明其所以得同之道也。柔，谓六二。乾，谓九五。得位得中，谓六二得中正之道也。“同人曰”三字衍文。

孔子释同人彖辞曰：卦名为同人者，盖以卦体六二得位而正，得中而中，以柔中正之德，应五刚中正之君。上下以中正相应，故曰同人也。辞谓“同人于野，亨”而“利涉大川”者，何哉？卦体以乾行而利涉，盖乾之力甚大，凡义理之所在，勇于必为，而无一毫懦怯之意，则亨不待言矣。又曰“利君子贞”者，卦德文明以健，文明则能烛乎正理，而明大同之义；刚健则能行乎正理，而尽大同之道。卦体中正而应，是在己既正而无私，所应亦正而无私也。此皆君子之正道也。夫天下之理，正而已矣。苟能顺天理，合人情，是君子之所同者，乃天下人心之公理也。既得乎天下人心之公理，自有以通天下之志，而亨利涉矣。自古至治之世，一道同风。夫人各一心，而可以使无弗同者，惟此中正之理而已。是故君子以中正撤天下之畛，即以中正峻天下之防。撤其畛，于人无不可同，而中正者必期于相遇；峻其防，于人有所不苟同，而不中不正者不能以强合。然卦之二五，既以中正相应于上，则天下不中不正者，自皆返于中正。如舜举皋陶，汤举伊尹，而不仁者远。则峻天下之防者，正所以撤天下之畛乎。

【白话】

《彖传》是对同人卦卦辞的解释，阐明了同人卦得以和同的道理。柔，指六二。乾，指九五。得位得中，指六二居中得正。“同人曰”这三个字是多余的。

孔子解释同人卦的彖辞说：卦名之所以叫“同人”，是因为下卦的六二以阴居阴，非常当位，并且居中，其以柔顺中正之德，上应有刚健中正之德的九五。上下都很中正，并且有正应，所以叫同人卦。卦辞说“同人于野，亨”，又说“利涉大川”，是什么意思呢？卦体下离上乾，有乾行之象，利于涉险，因为乾卦纯阳至健，极其有力，只要是义之所在，必须勇于前行，毫无懦怯之意，其亨通自不待言。卦辞又说“利君子贞”，是因为同人卦的下卦是离卦，离卦代表文明，上卦则是乾卦，象征刚健能行，文能才能烛照真理，明晰大同之义，刚健才能践行正理，尽履大同之道。卦体上下皆正，并且彼此有应，象征己方公正无私，应方亦公正无私。这都是君子应该奉行的正道。天下的道理，无非一个“正”字。如果能顺天理，合人情，与君子相和同，就能与全天下的人心与公理和同。既然能与全天下的人心和公理和同，自有亨通天下的志向，并且也能够顺利地跨越艰难险阻。自古以来，太平盛世都有统一的风尚。人人都有一颗心，可以使所有人都和同的，只有同人卦展现的中正之理而已。所以君子能以中正之理撤除天下人心之界限，同时也能以中正之理增强天下人心之防范。撤除人心的界限，则人人可以和同，有中正之德的君子就会希望得遇同道中人；增强人心的防范，人便不会苟同，不中不正的人便不能与君子和同。如果君王与臣子能像同人卦的六二和九五一样，以中正之德相应于上，那么天下不中不正的人，都会尽力复归中正。正如舜帝重用皋陶，商汤重用伊尹，而不仁义的人自动远离一样。这样看来，增强天下人心之防范，也可以撤除天下人心之界限。

《象》曰：天与火，同人，君子以类族辩物。

【解义】

此《象传》，是言君子审异致同之事也。类族，以人言。辩物，以物言。

孔子释同人象曰：此卦天在上，而火炎上，其性相同，故为同人。然天下有不可皆同之理，若不审其异，则混淆杂乱，反不得其同矣。君子以为天下之不同者，莫如族。于是因其族而类之。如六德者均为诸侯，三德者均为大夫。功之大者，同于开国；功之小者，同于承家。士农工商，各业其业而不相混。府史胥徒，各事其事而无相紊。内有昭穆之辨，外有尊卑之等。如是，则族得其类矣。天下之不同者莫如物，于是因物而辨之。如朝廷之上，则五瑞三帛二生一死之贽仪；亲疏之际，则三年期年大功小功之服色。律吕阴阳不同，而同于正五音；璇玑玉衡不同，而同于齐七政。菽粟之类，同归于养生。药石之类，同归于卫生。律度量衡之必一，章服器用之不差。如是，则物得其辨矣。

按：卦取大同之义，而《象》则言类族辨物者，盖致同全在于审异。故法乾覆之无私，离明之有别，以类聚而辨析之，俾族类分别而不至于紊，此正所谓物之不齐。物之情者，因其不同以为同耳。若如异端之说，必欲比而一之，则是非杂糅，大小混淆，驯必至于乱矣。乌能使之同哉？

【白话】

《象传》的意思是说，君子要注意审异致同。类族，是就人而言。辨物，是就物而言。

孔子解释同人卦的小象说：此卦乾天在上，离火也炎上，天与火性质相同，性情一致，所以叫同人卦。然而天下万物并非都能和同，不审视其中的不同，就会混淆杂乱，反而不能和同。君子以为，天下最难和同的，莫过于不同类的人，于是根据相应的德行，予以划分。如具备六德者封为诸侯，具备三德者任为大夫等。功劳大的人，予以开国；功之小者，只能承家。士农工商，各自从事各自的事业，不相混同。府史胥徒，也各自从事各自的工作，不使紊乱。内有父子之辨，外有尊卑之别。如此一来，所有人都能各归其类。天下万物也各有不同，所以要借助不同的事物区别不同的人。比如朝堂之上，表达敬意的礼物有五瑞、三帛、二生、一死之别；葬礼之中，分别亲疏之际的丧服也有三年、期年、大功、小功之说。音律有阴有阳，但都与五音协同；玉器有璇玑也有玉衡，但都是取法北斗七星。大豆与小米，都可以长养生命。药物与金石，都可以维护健康。律度量衡必须一致，章服器用也不容有差。如此一来，万物也都各归其类。

按：同人卦强调的是和同，其大象却提示君子类族辨物，这是因为致同在于审异。所以同人卦取象于覆盖万物、毫无偏私的乾天，与明辨万物、绝无遗漏的离日，寓意君子明辨万物，分辨事物的族类，不使其紊乱，也符合万物千差万别的客观规律。这是自然之事，不能为了和同而和同。如果像异端所说的那样，非要让它们一致，就会是非杂糅，大小混淆，那只会把天下搞乱。又怎么能使之和同呢?

初九：同人于门，无咎。

《象》曰：出门同人，又谁咎也。

【解义】

此一爻是言，同人无私而不失于偏党也。于门，谓于门外也。

周公系同人初爻曰：初九当同人之初，以刚在下，则在己非有私交；上无系应，则在人又无私与，为同人于门之象。如是则无所私而不失于偏党，可以无咎矣。

孔子释初象曰：初九之同人于门，是出门而同人也。出门则在外，在外则公之于天下而无私昵之偏，谁得而咎之乎？

按：出门同人，诸爻皆然，特于初首发其义。盖人并生天地间，自其异者观之，一身之内，多其障碍，安所谓同者乎？自其同者观之，则六合之广，廓然大公，安所谓异者乎？周公曰于门，不欲使人自域于门内也。夫子曰出门，直不欲使人存一门内之见矣。

【白话】

这个爻的意思是说，要广泛地团结众人，而且要大公无私，不能偏颇。于门，指走出家门，和同天下。

周公所系的同人卦初爻爻辞的意思是说：初九是同人卦的最初一爻，以刚健之德而居下，显然是没有私交；上面也没有它的正应，说明没有私与，正是“同人于门”之象。它既无所私，又无所偏，所以能无咎。

孔子解释初爻的小象说：初九所谓的“同人于门”，是说走出家门，与人和同。出门就是在外，在外就会公之于天下，公之于天下就不可以有私昵之偏，又有谁会去怪咎它呢？

按：出门同人的意思，其实体现在同人卦的每个爻中，但圣人有意在全卦的开始就申明其意。这主要是因为人都生在天地之间，如果站在不同的立场上，人与人之间就会有各种阻碍，怎么可能和同呢？但站在相同的立场上，万物又是一体的，又哪来的差别呢？周公说“于门”，是不想让人以门为限，划门为牢。孔子说“出门”，也是为了不让人心存门户之见。

六二：同人于宗，吝。

《象》曰：同人于宗，吝道也。

【解义】

此一爻是见同人当大公，而不可有所私也。宗，党也。

周公系同人二爻曰：同人贵无私系，六二虽中且正，然既有应于上，则有所系矣。既有所系，则情必偏向，而于大同之道有违。所感者私，而所应者狭，如同人于宗者然，其致吝也必矣。

孔子释二象曰：二五相同，虽曰两相与则专，然惟合己者是与，而无至公之心，则其道为已狭矣。盖不能大同，而专于私系，乃吝之道也。盖君子之于天下，无适无莫，而唯一出于大公。非独不可少徇于私，亦且不可过泥于理。二五本为正应，稍有偏向，犹不免吝，况其他乎？人君得此意以为治，赏不遗于仇雠，罚不贷于贵昵。直言虽逆耳而必听，谀言虽悦志而必黜，庶几大道无私之义矣。

【白话】

这个爻的意思是说，团结众人应该大公无私。宗，宗党。

周公所系的同人卦二爻爻辞的意思是说：团结众人，贵在无私，六二这个爻虽然既中且正，然而上与九五有正应，好比有所私系。既然有所私系，内心肯定会受影响，这就违背了大同之道。二爻与五爻的应和，私偏狭隘，如同一个人只团结同宗同族的人，困吝是必然的。

孔子解释二爻的小象说：二爻与五爻的和同，虽然也可以视作专诚，然而它们只顾自己和同，没有至公至正之心，所以它们的和同之道过于狭窄。这主要是因为不能大同，便偏于私系，便是取吝之道。因为君子处世，不应该分厚薄，有应该有偏向，只能本着大公至正之心行事为人。不仅不能稍稍徇私，而且不能拘泥事理。二爻与五爻本来是正应，稍有偏向，仍不免吝难，更何况别的爻呢？君王如果效法同人卦治理天下，封赏不可以错过自己的仇人，责罚也不可以漏掉自己的亲贵。忠直的话虽然逆耳但必须要听，谄媚的话虽然悦心但必须黜退，这差不多就可以和同天下而无所偏私了。

九三：伏戎于莽，升其高陵，三岁不兴。

《象》曰：伏戎于莽，敌刚也。三岁不兴，安行也。

【解义】

此一爻是为妄于求同者戒，见其劳而无功也。戎，谓兵。莽，草莽也。

周公系同人三爻曰：九三刚而不中，上无正应，欲夺二而与之同。然九五在上，九三惧九五之见攻，不敢显发而设戎以备之，象为伏兵戎于草莽之中，而升高陵以窥伺者。然义既不正，势复不敌，虽攻之既久而不合，徒三岁不兴，亦何所施其力哉？

孔子释三象曰：所谓伏戎于莽者，三非攻二，所敌者乃五之刚正，故畏惮而伏戎以备之也。至三岁不兴，则事终不谐。而向之设备以求同者，安所行乎？徒取不知量之羞耳。盖天下同所当同，则逸而有功；同所不当同，则劳而罔益。不量其理与势，而妄求之，虽同人为至易至简之事，而亦有不可行者。故曰：易必知险，简必知阻。不学易者，殆不可涉世也夫。

【白话】

这个爻专为那些随意求同的人而设，因为这样会徒劳无功。戎，兵戎。莽，草莽。

周公所系的同人卦三爻爻辞的意思是说：九三是个刚爻，当位但不居中，上面也没有阴爻相应，所以它想强行与六二和同。然而六二有九五在上面相应，九三做贼心虚，怕九五攻击自己，但又不敢明着抗争，只好伏兵以备，大象便是九三在草莽中设下伏兵，然后登上高陵窥伺之象。然而它既不合道义，势力也不如九五，敌对过久又没法和同，所以"三岁不兴"，又怎么施展自己的能力呢？

孔子解释三爻的小象说：所谓"伏戎于莽"，不是就九三与六二而言，而是指九三担心刚正的九五报自己侵夺六二之仇，所以备好伏兵，严阵以待。但过了三年也没有成功，而且始终没法与九五协同。内心充满戒备，同时又要和同别人，怎么可能呢？这是不知自量，恬不知羞。天下之事，和同应当和同的，会事半功倍；和同不应当和同的，便会劳而无功。不考虑正与邪，不思量时与势，却妄求和同，就算是最为简单的事情，也无法做到。所以《系辞》说："易必知险，简必知阻。"不学易的人，几乎不可以涉世。

九四：乘其墉，弗克攻，吉。

《象》曰：乘其墉，义弗克也。其吉，则困而反则也。

【解义】

此一爻是为妄同于人者训，而美其终能改过也。乘，谓升。墉，谓城墉。则，法则也。

周公系同人四爻曰：九四刚不中正而无应，亦欲同于六二，而为九三所隔。于是隔三以攻之，为乘墉以攻之象。幸居柔，能自反于理。见其不可攻，而弗之攻焉，为能改过而得吉矣。

孔子释四象曰：九四既乘墉以攻二，四岂不足于力者哉？知二为五之正应，以义断之，不可攻而弗攻耳。既弗克攻，何以为吉？盖四若欲恃力以攻二，二未必得，祸且不免。今乃能以义断，困心衡虑而反于法则，是不但改过，而且能自反者。此与计穷力屈，不得已而退者，有异矣。见义能徙，诚人情之所难，其得吉也不亦宜乎。

按：此卦二五为正应，而三四介乎其间，皆欲争之，其不顾义命一也。然三之伏戎，已见争夺之形；四之乘墉，方萌窥伺之意；三之不兴，畏势之不能敌而止；四之弗克，则深知义之不可攻，自反而退矣。昔晋纳捷菑于邾娄，邾人辞以貜且长。赵盾曰："非吾力不能纳也，义弗尔克也。"遂举兵而去之。《春秋》予焉。即周公取四弗克攻之义也哉。

【白话】

这个爻专为那些随意和同的人而设，并赞美他们知过能改。乘，升进。墉，城墉。则，法则。

周公所系的同人卦四爻爻辞的意思是说：九四以刚爻处柔位，不当位也不居中，而且没有正应，想和同全卦唯一的阴爻，又被九三阻隔。于是它隔着三爻发动了进攻，这就是"乘其墉"而攻之象。所幸四爻居于柔位，能自我反省。发现不可攻克，便不再进攻，这种知错能改的态度，使它收获了吉祥。

孔子解释四爻的小象说：九四既然能隔着九三攻打六二，实力怎么可能不足呢？它只是意识到了六二是九五的正应，自己攻打它不符合道义，所以痛下决断，不再攻打六二。它既然没有打赢，为什么会收获吉祥呢？这主要是因为九四如果仗恃自己的强力继续进攻六二，未必能获得六二，而且还会招致祸患。现在它能够遵循道义，做出决断，经过通盘的思考，选择了依照法则行事，这不仅仅改过而已，更关键的是能够自省。这与那些等到计穷力屈时才不得已退兵的人，有着本质的区别。知过能改，见义即迁，这是人性中的至难，它收获吉祥也是应该的。

按：同人卦的二爻与五爻是正应，而三爻与四爻处在中间，所以都想与九五争夺六二，在不遵守道义这方面，三爻与四爻是一致的。然而三爻是"伏戎"，已见争夺之形；四爻则是"乘墉"，刚生出窥伺之意。三爻的"三岁不兴"，是因为畏惧五爻的势力所以停止了不义之战；四爻的"弗克"，则是因为明白攻打六二不符合道义，所以在自省的基础上退兵。当年晋国的赵盾率领诸侯联军把捷菑送归邾国，帮他争位，邾国人说捷菑只是次子，齐女生的儿子貜且年长，应该继位。赵盾说："不是我的能力不足以帮他争位，只是帮他争位不符合道义。"说完便带兵离去。《春秋》对这件事非常赞赏。这也是周公所系的四爻爻辞的用意。

九五：同人先号咷而后笑，大师克相遇。

《象》曰：同人之先，以中直也。大师相遇，言相克也。

【解义】

此一爻是言君臣致同之道，由人君能刚毅自断，故始虽阻，而终必合也。号咷，谓悲。笑，谓喜。克，谓胜。遇，谓遇二也。

周公系同人五爻曰：九五与二中正相应，本同者也。而为三四所隔，则失其同矣。其始不得与二合，失其所同而悲；终之得与二遇，遂其所同而喜，为先号咷而后笑之象。然五之得与二遇者，岂偶然哉。贤之用舍，在乎君心。使君心稍有不断，则二终不可得而遇矣。惟在君心，刚毅独断，如大师焉，则得克去小人，而与君子相遇矣。

孔子释五象曰：同人之先号后笑者，以五之中正应二之中正，义理所同，物不得而间之，其理本直也。大师相遇以邪正无并立之势，三四不克，则二五终睽，言必克去三四，然后能与二相遇也。

按：六二以柔中正而应五之刚中正，本同心相应者也，自为三四所隔，而不得其同。然二柔正而三四刚强，柔正者易远，刚强者难去，必然之势也。惟人君见之极明，行之极断，而不牵于庸众人之议夫。然后得与二遇，而明良交会，上下同乎，否则思之非不切，念之非不殷，一为物所间阻，遂终于睽隔而不得同矣。然则小人不去，则君子不进。刚断者，其用贤之本与。

【白话】

这个爻阐明了君臣和同之道，指出君王如果刚毅能断，刚开始的时候可能会遇到阻碍，但最终能与臣下和同。号咷，指悲伤。笑，指喜悦。克，胜。遇，指九五感遇六二。

周公所系的同人卦五爻爻辞的意思是说：九五与六二都即中且正，又阴阳相应，本来是很和同的。但中间隔着三爻与四爻，所以无法和同。九五刚开始不得与六二合和，所以感到悲切；但最终与六二相遇，并因此感到喜悦，这就是"先号咷而后笑"之象。然而九五与六二的感遇，并不是偶然的。贤人的用与不用，取决于君王。君王若非对贤人念念不忘，六二最终也是无法与九五相遇的。好在同人卦的九五刚毅独断，如大兵压境一般，最终克去了小人，与贤人君子相遇。

孔子解释五爻的小象说：爻辞所谓的“先号咷而后笑”，是说九五与六二各以中正之德相感，人同此心，心同此理，谁也不应该阻挠，从道理是无比亨通的。“大师克相遇”，则是说邪正无法并立，不克除三爻与四爻，二爻与五爻最终会睽违失和，所以必须克去三爻与四爻，然后与六二相遇。

按：六二以自己的阴柔中正上应九五的刚健中正，本是同心相应，但因为被三爻和四爻阻隔，无法彼此和同。然而二爻过于柔正而三爻与四爻过于刚强，柔正者固然可以致远，但刚强者也确实难以克除，这是时势使然。君主只有见识极其高明，行动特别果敢，不受平庸之辈的牵扰，才可以与六二相遇，然后明良交会，上下同心。否则不管六二多么思念九五，九五多么想念六二，一旦被外物阻隔，最终难免睽隔，不得和同。所以说，小人不去，君子不进。“刚断”二字，实为遇贤用贤的根本。

上九：同人于郊，无悔。

《象》曰：同人于郊，志未得也。

【解义】

此一爻是言，孤介之士，一无所同也。郊，谓旷远之地。

周公系同人上爻曰：上九居外无应，物莫与交，是其孤介特立，荒僻自守，而无与相同者，为同人于郊之象。然物莫与同，如二之私系，三四五之相争，皆得免焉，而可以无悔矣。

孔子释上象曰：卦谓之同，必有所同而后可为志得。今同人于郊，是萧然寂寞之士，出于世外，一无所同，是同人之志未得也。盖至人以万物为一体，未有自外于斯人之徒者，特以所遇之时，所处之地，不可一概而论。禹稷之饥溺，颜子之闭户，夫固各行其是也。爻言无悔，以其不与人同喜之。象言志未得，又以其不能同人病之，义殆互相发明耳。

【白话】

这个爻的意思是说，过于孤介的人会一无所同。郊，指旷远之地。

周公所系的同人卦的上爻爻辞的意思是说：上九位于外卦的最高处，下面没有正应，说明它孤介特立，荒僻自守，一无所同，正是“同人于郊”之象。但也正因为它一无所同，所以它就像二爻私系五爻，而三四五爻皆因为六二相争，但最终都能免于悔吝一样，也可以无悔。

孔子解释上爻的小象说：卦名同人，所以爻有所同，才符合卦义。而上爻却“同人于郊”，显然是个萧然寂寞的人，它独处世外，一无所同，没能实现与人和同的心愿。但超凡脱俗的人以万物为一体，不会自行远离人群，只是所遇之时、所处之地不同，不可一概而论。大禹与后稷心怀天下，总是以天下为己任，颜回却闭户隐居，安贫乐道，做的都是他们应该做的。上九所谓的“无悔”，是为它不与人同而感到高兴。小象所谓的“志未得也”，则是对它不与人和同感到不满。二者可以相互发明。

䷍ 大有 乾下离上

【解义】

大有取居尊得众之义。六五一阴在上，五阳从之，所有者大，故曰大有。然而成其有之大者，实本于元后之德。君德不刚不足以制事，而过刚则失之严；不明不足以烛理，而过明或失之察。必离明乾健，顺时而运，乃能制作尽善，治化大行，是德以全乎其势也。彖故以元亨予之，又欲万世君臣，膺丰亨豫大之庆，励持盈保泰之修，是以诸爻多戒词焉。初则惕以克艰，二则勖以任重。三则劝献纳之忠，严小人之辨。四则明分义之大，抑僭逼之嫌，所以儆夫臣者至矣。五必诚孚于下交，威饬乎无备。上必尊贤而不居其有，行顺而昭格于天，所以儆夫君者至矣。君臣各有当尽之道，而操用人行政之权，辨是非邪正之实，其道又专属乎君。故当大有之朝，含畜甚众。小人虽未即为君子之害，而刚明之主，虑切履霜，不茀天秩天叙，昭典礼之雍容，尤以天命天讨，严贤奸之进退。此大象所为以遏恶扬善，着应天时行之实欤。

【白话】

“大有”的意思是居尊得众。具体说来是大有卦的六五以阴爻居于尊位，其余五个阳爻都顺从于它，相当于所有阳爻都为它所有，阳爻为大，所以叫“大有”。而能使它拥有并且大有的，是它的天子之德。君德不刚，不足以管理天下臣民，过刚的话又会失之于严厉；君德不明，不足以考察事理，过明的话又会失之于至察。只有像大有卦这样，内心文明，外表刚健，且顺应时机，才可以尽善尽美地治理天下，才可以长久地拥有天子之位。所以圣人为大有卦系上了“元亨”的彖辞，希望后世君臣都能够效法大有卦，承丰亨豫大之庆，励持盈保泰之修，所以大有卦的爻辞中多有警戒之语。具体说来，初爻是劝人戒慎以克时艰，二爻是劝人任重“大车以载”。三爻则劝人忠顺事上，不要效仿小人。四爻则使人明晰了尊卑上下，劝人远离僭越的嫌疑，对为人臣者来说至关重要。五爻劝君王与臣子交心，并且恩威并重。上爻劝君王尊贤且不自居，凡事顺天而行，说到了为君者的极致。君王与臣子，各有各的责任，但因为君王掌握着用人与施政的大权，需要明辨是非邪正，所以大有卦基本上是专为君王而设。而且卦名“大有”，含畜甚众，相应的时段既不乏君子，也不缺小人。小人虽然还没有危害君子，但刚健贤明的君王，不忘“履霜坚冰至”的警示，不但设置礼法与等级，举行庄严的仪式，并且行使自己的天命，务必使贤者进，奸者退。这正是大象所谓的“君子以遏恶扬善，顺天休命”的内涵。

大有：元亨。

【解义】

此卦乾下离上。离居乾上，火在天上，无所不照，故名为大有。卦辞言，人君当大有之世，德足以致治，则治化四达而元亨也。

文王系大有彖辞曰：卦象火在天上，万国九州岛岛，皆在其照临之下，所有为至大也。人主抚有天下，诚出其明健之德以运治，则天下之事各得其理，天下之民各得其所。海宇有熙皞之风，国家有苞桑之固，大有之业可以保之而无虞矣，岂不大善而亨乎？

按：大有之世，天下一统，治化四讫。虽致有，实本于德，而惟德为能治有。岂非王业之盛必由于王道之隆欤？

【白话】

大有卦的下卦是乾卦，上卦是离卦。离居乾上，就是太阳在天上之象，阳光无所不照，所以叫“大有”。卦辞的意思是说，天下繁荣昌盛，君王的才德也足以管理天下，教化天下，所以天下大治，极其亨通。

文王所系的大有卦的彖辞说：大有卦是火在天上之象，犹如天上的太阳，万国九州都受其照临，仿佛拥有万国，至为广大。拥有天下的君主，如果真的能以其贤明刚健之德治理天下，那么天下之事都能各得其理，天下之民都能各得其所。宇内有祥和之风，国家有苞桑之固，大有之基业可以长保无忧，岂不是“元亨”么？

按：大有卦的时段，天下一统，四海大治。虽然已经拥有很多，但所有的一切都源自德行，也唯有至大至厚的德行才可以治理所拥有的一切。帝王的基业之所以兴盛，难道不是因为王道的兴盛吗？

《彖》曰：大有，柔得尊位，大中而上下应之，曰大有。其德刚健而文明，应乎天而时行，是以元亨。

【解义】

此《彖传》，是释大有彖辞，以明人君德足以治有，而致治化之盛也。柔，谓六五。上下，谓五阳。应天，指六五而言。

卦之名为大有者，盖以卦辞六五一阴居尊，而有大中之道。当大有之时，而居尊位，则中亦非寻常之中，而为大中也。惟大中而五阳应之，是上下五阳皆为六五一阴所有也。故彖辞系之曰“大有”。大有何以元亨？以其德实有以致亨耳。刚健则能胜私，文明则能烛理。故得天位而行天道，则天叙有典，而惇之以时；天秩有礼，而庸之以时。天命有德，而章之以时；天讨有罪，而刑之以时。洵乎大善而亨也。

按：大有之所以亨者，不以势而以德。盖德之体则刚健文明，德之用则应天时行。尽善尽美如此，是以能成大一统之治耳。

【白话】

《彖传》是对大有卦卦辞的解释，目的是阐明有德的君王足以治理天下，使天下臻于至盛。柔，指六五。上下，指其余五个阳爻。应天，指六五而言。

孔子解释大有卦的彖辞说：卦名之所以叫作“大有”，主要是因为卦中的六五不仅是唯一的阴爻，而且居中又居于尊位，好比有大中之道。处在大有之时，又居于尊位，那么此时的中位也不是寻常的中位，而是大中之位。惟其大中，五个阳爻才会全部与之相应，好比上下五个阳爻全部被六五这一个阴爻所拥有，所以彖辞说“大有”。大有卦何以能“元亨”呢？主要是因为它有实实在在的德行。大有卦的下卦为乾卦，乾卦代表刚健，刚健则能胜私；上卦为离卦，离卦象征文明，文明则能烛理。所以它能居于天子之位，履行上天之道，从而敦厚伦常，推行礼制，表彰有德之士，惩罚有罪之人。确实是完善并且亨通之卦。

按：大有卦之所以亨通，不是因为时势而是因为德行。具体说来，则是指大有卦拥有刚健文明的性情，以及应天顺时的功用。正因为它的德行尽善尽美，所以能成就大有之治。

《象》曰：火在天上，大有。君子以遏恶扬善，顺天休命。

【解义】

此《象传》，是言君子治有之事也。遏，谓遏而绝之。扬，谓扬而显之也。

孔子释大有象曰：卦体上离下乾，有火在天上之象。盖火虽明，若在下则明有所蔽，而不能以及远。今在天上，则天下万物，皆在所照之中，故为大有。然所有既大，而无以治之，其间保无衅孽之萌乎？故君子于恶者，小则鞭朴之，大则刑窜之，而恶者遏矣；其于善者，小则奖劝之，大则爵赏之，而善者扬矣。夫君子所以遏人之恶，而扬人之善者，岂一己之私哉？盖天命本无恶，故五刑五用，天所以讨有罪也，则奉天命以遏之；天命本善，故五服五章，天所以命有德也，则奉天命以扬之。遏其所本无，而扬其所固有，正以顺天休美之命耳。盖以赏罚二者，人君统御天下之大权，亦转移人心之大用。君道既贵能明，又贵能断，然后可以法天为治，而享大有之盛也欤。

【白话】

《象传》说的是君子如何治理大有之世。遏，遏而绝之。扬，扬而显之。

孔子解释大有卦的大象说：大有卦的上卦是离卦，下卦是乾卦，离为火，乾为天，有火在天上之象，而所谓火在天上，就是太阳在天上。或者说，不用太计较是火还是太阳，它们的共同点是光明。如果火在下面，光明就会被遮蔽，照不到远处。现在火在天上，天下万物都被照耀，如同被它拥有，所以叫大有。但所有者大，而又无法治理的话，谁能保证没有祸患萌生呢？所以君子看到行恶者，小则鞭打或用棍子抽打，大则重刑并贬窜，从而遏止人们从恶；对于善行，小则褒奖鼓励，大则赏赐爵位，从而鼓励人们行善。君子遏人之恶，扬人之善，岂是为了一己之私呢？上天没有恶念，但为了惩罚有罪的人，设置了五刑五用，所以必要的时候，必须替天上行事，遏止邪恶；上天是善良的，所以设置了五服五章，嘉奖有德行的人，以便在需要的时候，替上天行事，发扬良善。遏止上天没有的，发扬上天固有的，这便是“顺天休命”的内涵。总的来说，赏与罚是君王统御天下的大权，也有教化人心的巨大功用。君王之道，贵在明察事理与刚毅果断，然后就可以效法天道治理天下，从而享有大有卦一般的盛世。

初九：无交害，匪咎。艰则无咎。

《象》曰：大有初九，无交害也。

【解义】

此一爻是言处盛满之时，而能尽其道也。交，涉也。

周公系大有初爻曰：初九当大有之时，以阳居下，则刚有守而好大之志不萌；上无系应，则私未感而有为之气方锐。是未涉乎骄奢之害，本匪有咎者。然或以为无咎，而以易心处之，未必终于无咎也。盖贵不期骄而自骄，富不期侈而自侈，既骄且侈，鲜不及矣。故必持盈守满，而艰难以处之，然后可以无咎耳。

孔子释初象曰：所有既大，似有涉害之理。今以大有之初，而以九居之，则刚毅之德足以有守，是以得免于害耳。甚矣！处有者之当慎也。盖圣人作易，教人以戒谨恐惧之学，无有以为易而可忽者。故虽天下至易之事，亦必以至难之心处之。庶几时时克念，不至以侈肆取咎也哉。

【白话】

这个爻的意思是说，在盛满之时，也要恪尽其事。交，涉。

周公所系的大有卦初爻爻辞的意思是说：初九逢大有之世，以阳居下，好比刚健自守，不好大喜功，上面也没有正应，所以没有私心，只想有一番作为。它还没有沾染骄奢淫逸，本来无咎。但它如果自认为无咎，而心意稍有改变，接下来就未必无咎了。这主要是因为高贵的人不需要刻意骄纵也会自然而然地骄纵，富裕的人不需要刻意奢侈也会自然而然的奢侈，既骄纵又奢侈，几乎都会遭受祸害。所以在大有之世，必须持盈保泰，像处在艰难时刻那样自处，才可以无咎。

孔子解释初爻的小象说：拥有的多了，就难免招致祸患。初九是大有卦的最初一爻，以刚柔多而居下，象征其刚毅之德足以自守，所以能免除祸害。这是多么的重要啊！处在大有之世，应该慎之又慎。总的来说，圣人作易的主旨，就是教人戒谨恐惧，从而不会因为容易而有所疏忽。就算是天下最简单的事，处理的时候也要抱持至难之心。时刻谨慎戒惧，差不多就可以避免因为奢侈恣肆造成的咎害了。

九二：大车以载，有攸往，无咎。

《象》曰：大车以载，积中不败也。

【解义】

此一爻是言，人臣才德之大，而能当重任也。刚中在下，故为大车。得应乎上，故为以载。

周公系大有二爻曰：人臣遇君，非才德无以致用，非柄用无以见能。九二刚中在下，而得应乎上，是才德独茂，而为君所委任者，为大车以载之象。则既有是德，而又得是君，如是往而任天下之事，自能成功而免责矣。无咎之道也。

孔子释二象曰：所谓“大车以载”者，岂徒负载之多乎？以其有积中之实德，足以任重，而不致于败事也。

按：二刚健居中而应五，才德兼隆，得君行道，乃仅得无咎，仅得不败。而不曰吉亨者，以见处大有之难，而人臣任事之不易也。古之当此者，伊傅周召其人乎。

【白话】

这个爻的意思是说，人臣有大的才德，才能担当重任。九二刚中在下，有“大车”之象。与六五有正应，好比承载天命，所以说“载”。

周公所系的大有卦二爻爻辞的意思是说：人臣感遇君王，没有才德便无以致用，没有职权则不能尽展所能。九二刚中在下，并与六五相应，好比才德独茂又独得君王重用的人，有“大车以载”之象。既有相应的才德，又能赢得君王的信任，履行相应的职责，便不难成功，也不会被责怪，所以无咎。

孔子解释二爻的小象说：所谓“大车以载”，难道仅仅是说它负载得多吗？主要还是指九二胸怀中正之德，足以任重，而不至于败事。

按：九二刚健居中，上应六五，有才有德，还有君王的信任，但爻辞仅仅说它“无咎”，只是没有败事而已。之所以不说它吉祥亨通，是为了强调虽然处在大有之时，但为人臣者总是很难的，掌权任事殊为不易。古代的榜样，不过伊尹、傅说、周公、召公几人而已。

九三：公用亨于天子，小人弗克。

《象》曰：公用亨于天子，小人害也。

【解义】

此一爻是美公侯之君子以劝忠，而戒公侯之小人以垂训也。亨，谓朝献也。

周公系大有三爻曰：九三居下之上，有刚正之德，公侯之贤者也。上有六五之君虚中以下之，是以公而朝献于天子。或先事而为治有之规，或后事而陈保有之道。随其所有以为贡献，而被晋接之荣，为用亨于天子之象。夫三为人君所贤，而得朝献于君者，以有刚正之德也。若公侯中之小人，则无刚正之德，不能如九三之用亨矣。

孔子释三象曰：公之用亨于天子者，以君子则有嘉谟嘉猷之告，论思献纳之诚，故能用亨于天子。若小人则贡谀容悦，惑君志而祸国家，必至于害也。自古诸侯能守臣节而忠顺奉上者，则蕃养其众以为王之屏翰，丰殖其财以待上之征赋。若小人处之，则不知为臣奉上之道。至民众财丰，则反擅其富强而益为不顺。故圣人于君子小人之防，严为分别如此。

【白话】

这个爻赞美了公侯中忠顺事上的君子，警戒了公侯中的小人。亨，公侯向天子进献。

周公所系的大有卦三爻爻辞的意思是说：九三是个阳爻，并且位于下卦的最上面，象征有刚正之德的公侯。由于上面有六五这个虚中之君相感召，所以九三这个公侯来朝献天子。或者在事情发生之前就制订防范措施，或者在事情发生之后再给予保全之法。凡是公侯所有的，都毫无保留地贡献给天子，因此受到了天子的隆重接见，这就是“亨于天子”之象。九三之所以被君王信任，并且朝献于君，是因为它有刚正之德。如果是公侯中的小人，便没有刚正之德，便不能像九三一样亨有君王的信任与礼遇。

孔子解释三爻的小象说：九三这个公侯能够用亨于天子，是因为它既能提供良谋佳策，又能毫无保留地进献所有，所以能用亨于天子。如果是小人，则只能贡献一些谄媚的言容，迷惑君王，祸乱国家，为害百姓。所以自古以来，守臣节并且忠顺奉上的诸侯，都会尽量蓄养百姓，训练兵众，作为天子的屏藩，同时努力创造财富，作为天子的赋税。若是小人，则不愿遵循为臣奉上之道。如果民众财丰，反倒会仗恃所有，益发不顺。所以圣人在爻辞中严于君子小人之防，区别对待。

九四：匪其彭，无咎。

《象》曰：匪其彭无咎，明辨晳也。

【解义】

此一爻是为人臣处极盛之时，而训之以自全之道也。彭，盛貌。晳，明也。

周公系大有四爻曰：大臣当极盛之时，不可无善全之识。九四以刚而近柔中之君，权势既盛，似有僭偪之嫌。幸其处柔而能深自抑损，权重而不以权自恣，势盛而不以势自矜，是盛而不敢极其盛，为匪其彭焉，如是可免于咎矣。

孔子释四象曰：所谓“匪其彭无咎”者，四之所处，已挟震主之威，今乃得免于咎者，深知君尊臣卑之义，亏盈益谦之理，由明辨之晳而能然耳。使明或稍昧，矜功挟权以陵轹其上，能无凶乎？为大臣者不可不知此义也。盖人臣位高权隆，苟非于利害之几，盈谦之理，辨之甚晳，鲜有不侈然自大，以至凶于家、害于国者。此在为臣者固不可不戒，而人君亦当深思豫防，使上下无相偪之嫌。如汉光武不令功臣预政，宋艺祖之解诸将兵权，则损抑之正所以保全之耳。

【白话】

这个爻警戒了处在极盛之时的臣子，并给出了自我保全之道。彭，盛大。晳，明晰。

周公所系的大有卦四爻爻辞的意思是说：大臣处在极盛之时，不能没有自我保全的意识。九四是刚爻，并且紧挨着柔顺居中的君王，权势盛隆，似乎有僭越之嫌。幸好它是以刚居柔，所以能自我抑制，权虽重，但不因权重而恣肆，势虽盛，也不因势大而自居，是盛而不敢极其盛，也就是“匪其彭”，因此可以无咎。

孔子解释四爻的小象说：所谓“匪其彭，无咎”，是说四爻的位置有逼宫震主之势，但能够免于咎害，是因为它深知君尊臣卑之义，深明亏盈益谦之理，所以能认清自己的位置，看清自己的形势。哪怕它只有一点点的昏昧，也会矜功挟权，欺君凌上，能避免凶祸吗？身为重臣，不能不知道这个道理。因为位高权重的大臣，若不是深明利害，深知亏盈益谦之理，就很难控制住自己的自大自负之心，以至于凶于家而害于国。为人臣者固然不可以不戒，为人君者也应该深思慎取，使君臣上下远离相逼相迫之嫌。比如光武帝刘秀不让功臣干预朝政，宋太祖赵匡胤杯酒释兵权，都是遵循了君臣损抑的正道，所以能彼此保全。

六五：厥孚交如，威如，吉。

《象》曰：厥孚交如，信以发志也。威如之吉，易而无备也。

【解义】

此一爻是明君道当恩威并用，始能保其所有也。孚，谓以诚任人。交如，谓人以诚归我。

周公系大有五爻曰：六五当大有之世，虚己以应九二之贤，是上以诚信孚于下也。上孚于下，则下孚于上，由是上下归之，为厥孚交如之象。然君道贵刚，太柔则废，故又当济之以威，使恩威兼尽，可以保其所有而不坠则吉也。

孔子释五象曰：所谓"厥孚交如"者，盖上下皆有孚信之志，而推原其本，惟六五在上之孚信有以发之，故能使上下之交孚耳。所谓"威如之吉"者，以君道太柔，则人将玩易而无畏备之心。以威济之，则宽厚之中仍有刚制之用，庶上下交孚，而无慢易之失也。大抵帝王之治，恩威并济。汉史臣赞宣帝"信赏必罚，吏称其职，民安其业"，元帝"牵制文义，优柔不断，孝宣之业衰焉"。此足以见帝王之所尚矣。

【白话】

这个爻的意思是说，为君之道重在恩威并用，这样才能长久地保有君位。孚，诚信。交如，以诚相交。

周公所系的大有卦五爻爻辞的意思是说：六五在大有之世，虚中自抑，与下面的九二成正应，好比在上位者以诚信与臣子相感孚。在上位者以诚相召，在下位者则以诚相应，上下以诚相交，皆有所属，正是"厥孚交如"之象。然而君道贵刚不贵柔，太柔则废，所以爻辞又说"威如"，也就是刚柔并济，恩威并施，这样才可以保其所有，长久吉祥。

孔子解释五爻的小象说：所谓"厥孚交如"，是说上下皆有孚信，以诚相交，但推究起来，是因为六五这个在上的君王首先以诚相召，上下五个阳爻才以诚相应，相互感孚。所谓"威如，吉"，是说君道贵刚不贵柔，太柔的话臣民会失去敬畏之心。济之以威严，既不妨碍宽厚，也能克制刚强，从而不会在上下交孚的同时，失于轻慢。总的来说，帝王治理臣民，都应该把握恩威并济之道。汉代的史官称赞西汉孝宣皇帝刘询时，说他“信赏必罚，吏称其职，民安其业”，等到汉元帝登基之后，却“牵制文义，优柔不断”，从而中断了汉宣帝开创的中兴大业。这段历史足以说明，帝王是否高明就在于能否把握恩威并济之道。

上九：自天佑之，吉无不利。

《象》曰：大有上吉，自天佑也。

【解义】

此一爻是明尚贤致治而蒙天佑也。

周公系大有上爻曰：上九当大有之世，以刚居上，而能下从六五，信之极笃而用之极专。其谦退如此，是以满而不溢，合乎天而自天佑之也。既得天佑，则吉无不利，而得以享其大有之庆矣。

孔子释上爻曰：大有在上而得吉者，岂幸致与？盖贤者，天之所生，惟尚贤之盛德，有以格天，故能合于天而得天之眷佑也。天岂私佑上九者哉！

按：大有之世，万国皆已来王，四海皆已无虞，正当盈满之时。人主处此，必至以泰宁自负，而来简贤慢士之失者。今乃能尚贤如此，诚人主之盛德，帝王之极则也。此爻所以独尽善其辞欤。

【白话】

这个爻的意思是说，只要尚贤致治，就能得到上天的保佑。

周公所系的大有卦上爻爻辞的意思是说：上九这个爻处在大有之世，以阳刚居于一卦的最上面，又能够向下顺从六五这个柔中之君，极为忠诚，也极其专一。它如此地谦虚，所以能满而不溢，顺应上天，所以能得到上天的庇佑。能得到上天的庇佑，自然吉祥如意，无往不利，从而能尽享所有。

孔子解释上爻的小象说：上爻位于大有卦的最上面却得到了吉祥，难道是因为幸运吗？其实，贤人是上天的赐予，尚贤就是顺应上天，顺应上天就能得到上天的眷佑。上天又怎么可能只保佑上九呢！

按：大有之世，万国来朝，四海无忧，正是天下盛盈之时。君王遇到这种情况，必然会因为天下太平而自负，从而简贤慢士，与人才失之交臂。但上爻能够虚己尚贤，实为人主之盛德，堪称帝王的榜样。所以它的爻辞尽善尽美，远非他爻可比。

卷五

䷎ 谦 艮下坤上

【解义】

谦取退让之义。以山之高，而逊居于地之下，能自屈而不居其盈，其象谦。圣人言，君子立德立功于持身接物之间，伐施尽化，恭让交孚，斯无往不亨，而身名俱泰，故以亨而有终予之。且谓君子德以谦著，天下莫能掩其光；望以谦崇，群品莫能加其上。由其秉心抑畏，尽人道而合德于天地，乃为君子之终，而非以退为进，以屈为伸者所可拟也。故合六爻观之，初之善下，二之有闻，三之不有其功，四之撝不违则，五之不挟富有而得众，六之不骛远略而治私，可以济险难，可以宣义问，可以让大美，可以辑臣邻，可以用征伐。为下则罔以宠利居成功，为上则不以崇贵骄天下，宜其无往而不与吉应也。至九三一爻，劳而能谦，天下既仰其丰功，又高其雅量。彖曰“君子有终”，爻辞亦不复易。盖乾三君子，严夕惕之修；坤三有终，具含章之美，皆为谦三之所兼有。孔子特以万民服归之，所以深著其忘矜伐，戒满假，允符乎好谦之人道也。故彖曰“君子有终”，爻亦曰“君子有终”也。圣人观象系辞之旨，不大可见哉？

【白话】

谦卦的意思是退让。它的上卦是坤卦，象征大地，它的下卦是艮卦，代表高山，高山逊居于大地之下，能自我屈抑而不居于盈满之地，这就是谦卦的大象。圣人有言，君子能通过自己的修养和待人接物立功立德，使四海归化，上下交心，所以无往不利，身名俱泰，因此卦辞说“亨，君子有终”。而且君子的德行会因为君子的谦虚益发凸显，没有人能遮蔽君子的光芒；君子的声望也会因为君子的谦虚益发崇高，没有谁能更胜一筹。更重要的是，君子是发自内心的谦虚，是为了更好地恪尽君子之道，所以把与天地合德当作自己的终极追求，绝非那些以退为进、以屈为伸的人所能比拟。所以综合谦卦的六个爻来看，以初爻的谦虚善下，二爻的有闻乃应，三爻的不有其功，四爻的撝无不利，五爻不以富有自居，六爻唯以治私为重，可以救险济难，传扬名声，防止妒忌，安定臣邻，征伐天下。在下不会宠利居功，在上不会目中无人，所以它在哪里，吉祥就在哪里。特别是九三这个爻，既勤劳又谦虚，天下人既仰视它的丰功伟绩，又敬佩它的高怀雅量。卦辞说“君子有终”，九三也强调“劳谦君子，有终吉”。这主要是因为这个爻取法乾卦与坤卦的三爻，而乾卦的三爻讲的是君子夜以继日的劳作与反省，坤卦的三爻讲的则是为人臣者的含章之美，而谦卦的三爻却兼具这两种美，也就是“劳谦”。所以孔子特意为它系上了“万民服也”的象辞，着力彰显它的不自夸、不自满，并指出这符合恶盈而好谦的人性。所以卦辞说“君子有终”，爻辞也说“君子有终”。圣人观象系辞的宗旨，不是很明显吗？

谦：亨，君子有终。

【解义】

此卦艮下坤上，卦德止内顺外，是心不肆而行不骄。卦象山高地卑，是以至高而屈于至卑，皆有而不居之义，故名为谦。卦辞言，谦为人之美德，人能谦则所行无不得也。谦者有而不居之义。有终，谓先屈而后伸也。

文王系谦彖辞曰：谦者有德而不以德自居，有功而不以功自居。内则其心收敛而不矜，外则卑以下人而不亢。如是则行无不得，动无所阻，自无不亨。其先也不敢自居其有，虽似屈，其究也不能没其所有，而必伸。此君子之道为有终也。

按：易六十四卦，皆多危惧之辞。即乾坤，尚所不免。独系谦，彖爻无不吉亨者。盖海惟善下为百谷之王，人惟能谦为众祥之本。《书》云：“满招损，谦受益。”《诗》云：“彼交匪傲，万福来求。”其即亨而有终之谓乎。

【白话】

谦卦的下卦是艮卦，艮为止，上卦为坤卦，坤为顺，下卦又为内卦，代表内心，而上卦又为外卦，代表行为，谦卦内止外顺，所以内心不会放肆，行为不会骄狂。卦象上坤下艮，象征高山屈居于大地之下，二者都拥有而不占有，故名谦卦。卦辞的意思是说，谦虚是人类的美德，人能谦虚的话，就没有做不到的事情。“谦”，拥有但不占有。有终，先屈后伸。

文王所系的谦卦的卦辞说：谦虚的人，有德却不因有德自居，有功也不因有功自负。其内心总是谦逊、收敛而不自大，其行为总是谦卑、居后而不刚亢。所以行无不得，动无所阻，自然吉祥亨通。就算居先也不敢自居其先，虽然看上去很压抑，但也不会因此丧失什么，而且最终会吉祥亨通。所以爻辞说："君子有终。"

按：《易经》八八六十四卦中的很多爻辞，都令人心生危惧之感。就算是乾坤两卦，也不例外。唯独谦卦，它的卦辞、彖辞与爻辞都是非"亨"即"吉"。这是因为大海只有在最下面才能接收百川之水，而人唯有谦让才能让吉祥有所依归。《尚书》中说："满招损，谦受益。"《诗经》上说："彼交匪傲，万福来求。"意思都是说，谦虚能让人长久地亨通。

《彖》曰：谦亨，天道下济而光明，地道卑而上行。天道亏盈而益谦，地道变盈而流谦。鬼神害盈而福谦，人道恶盈而好谦。谦尊而光，卑而不可逾，君子之终也。

【解义】

此《彖传》，是释谦彖辞，明天地之道以谦而亨，而造化人事，俱不外乎谦道也。光明，谓化育光显。上行，谓承天时行。变，谓倾坏。流，谓聚而归之。

孔子释谦彖辞曰：卦之名为谦而得亨者，盖谦道至大，虽天地，有不能违者。天虽居上，而其气常下降以济万物，故气一嘘而万物以生，气一缩而万物以成。其道之光明为何如？是下济为谦，而光明则亨矣。地道至卑，而能承天时行，以上配乎乾。故物之生，虽出于天，不得地以承之，则生物之功不终；物之成，虽主于天，不得地以承之，则成物之功不遂。其道之上行为何如？是卑为谦，而上行则亨矣。天地以谦而亨，则人之谦而必亨，不待言矣。试博举而旷观之，如在天道，日中而昃，月盈而蚀，寒往暑来，暑往寒来，是亏盈而益谦也。如在地道，盈满者倾变而反陷，卑下者流注而益增，是变盈而流谦也。如鬼神于人物，在人则贪满者多祸，守约者多福；在物则茂盛者渐至于衰谢，凋落者更见其发生，是害盈而福谦也。至于人之好恶，则更有可见者。其盈满者必为人之所恶，其谦下者必为人之所好。在人岂有心于好恶哉？亦在己者有以感召其好恶耳。故居尊位而谦，则为人道所好，德因谦而益显；居卑位而谦，亦为人道所好，而人亦莫能过。此皆君子有终之道也。

按：天地鬼神不可知，故据其迹之可见者言之。若人则可知者，故直言其情曰好恶。以其不可知，故常尊而远之。以其与人无以异，则修吾人事而已。

志自满，九族乃离；德日新，万邦惟怀。人心之所顺，则天地鬼神亦岂能外是也欤？

【白话】

《彖传》是对谦卦卦辞的解释，并指出天地都是因为遵循谦道才能亨通，所以造化与人事，都不外乎谦道。光明，光象显现。上行，指地道上承天道，与天偕行。变，变化，特指向坏的一方面变化。流，聚而归之。

孔子解释谦卦的彖辞说：卦名为谦，卦辞却说可以亨通，主要是因为谦卦的内涵极其广大，天与地都不出其外。天虽然高高在上，但是它的生气常常下降，生济万物，一嘘而万物生，一缩而万物成。彖辞又说“天道下济而光明”，何解？“下济”，其实就是天谦虚的表现，下济必然光明，光明自然亨通。地道本来就至为卑下，而且能上承乾元之德，与天偕行，上配于天。所以万物虽然是上天资生的，但没有大地顺承长养，上天也没法资生万物。彖辞所说的“地道卑而上行”，何解？意思是说，地本来就是谦卑的，只要上承天道，与天偕能，万物就可以亨通。天地都能因为遵循谦道而亨通，而人如果谦卑的话，亨通自不待言。下面试着观察宇宙并举些例子：以天道而言，太阳日中则昃，月亮满盈即蚀，四季寒往暑来，暑往寒来，正是“亏盈而益谦”。再以地道而言，盈满的地方一旦倾变反而会深陷，卑下的地方因为有八方流注所以会越积越多，这正是“变盈而流谦”。再比如鬼神之于人和物，贪心的人多祸，自守的人多福，茂盛的会逐渐衰谢，凋落的会重新发生，这就是“害盈而福谦”。至于人性的好恶，更加明显。骄傲自满的人必然令人厌恶，谦卑处下的人必然讨人喜欢。人的心难道有好恶吗？好恶其实是自己的性情感召来的。所以位居尊位却谦虚，就符合人性，其德性也会因为谦虚而愈发凸显；地位卑微而谦虚，也符合人性，同样难以超越。这就是“君子有终”的具体原因。

按：天地鬼神的性情是不可知的，只能根据一些形迹推论它们也喜好谦德。人性则是可知的，所以直接说到了人性的好恶。由于天地鬼神不可知，所以要对它们敬而远之。由于天地鬼神与人一样好谦恶盈，所以要效仿它们，敬修人事。过于自满，亲戚与族人也会离散；德行日增，万国与万民都会主动归顺。这么顺应人心，天地鬼神恐怕也不过如此吧？

《象》曰：地中有山，谦，君子以裒多益寡，称物平施。

【解义】

此《象传》，是言君子治世使谦之象也。裒，谓损。益，谓增。

孔子释谦象曰：此卦地中有山，是地虽卑，而中之所蕴则高，有谦之象。君子法之以处世，不可以自高而卑人，故有持平之道焉。盖自高之见，常患有余；自卑之情，常患不足。惟裒损其矜高之多，而谦以持己；增益其谦下之寡，而卑以下人。称量于人己之间，而适符其当轻当重之等，则施于人己者，自得其平矣。

按：古之帝王，皆有谦德，如尧之允恭克让，舜之温恭允塞，禹之不自满假，皆此意也。故聪明睿知，守之以愚；功被天下，守之以让；勇力振世，守之以怯；富有四海，守之以谦。斯深得乎裒益之道者欤。

【白话】

《象传》的意思是说，君子治世，应该效法谦卦的大象。裒，损。益，增。

孔子解释谦卦的大象说：谦卦的大象是地中有山，说的是大地虽然卑下，但蕴含着高高的大山，有谦卑之象。君子效法谦卦，为人处世，不敢自负自大，目中无人，所以能持平守正。自高自大的想法，哪怕只有一点儿，君子也会嫌多；而谦卑之德，哪怕只是少一点儿，君子也会引以为念。所以君子会不断减损自己的矜高之念，以谦持身，同时不断增进自己的谦卑之德，卑以下人。待人接物时，会反复衡量自己的言行是否得体，是否过轻或者过重，因此能长久地持平守正。

按：上古时代的帝王都有谦卑的美德，比如唐尧的“允恭克让”，虞舜的“温恭允塞”，夏禹的“不自满假”，说的都是谦卑之道。所以聪明睿智要用笨拙来保持，功被天下要用谦让来保持，勇力盖世要用怯懦来保持，富有四海要用谦虚来保持。荀子这番见解，深得谦卦的“裒多益寡”之道。

初六：谦谦君子，用涉大川，吉。

《象》曰：谦谦君子，卑以自牧也。

【解义】

此一爻是见谦德之能济险也。牧，养也。

周公系谦初爻曰：初六以柔处下，深自抑损，绝无矜才衒能之意。此乃谦之独至。谦而又谦，君子之行也。本此谦谦之道，用以济险，如涉大川之艰，亦获众心之顺助而得吉，况平居乎？

孔子释初象曰：所谓谦谦之君子者，非矫饰而然也。夫居己于高，居人于卑者，人之常情。初六以卑下之道自养，而不敢有上人之意。盖蓄于素者，咸退逊之心；斯发于外者，皆谦抑之度，所以成其为谦谦之君子耳。斯岂致功于旦夕者所可几欤？

按：涉川为最险之事，而属之谦谦君子者，盖弘济时艰，必非尊己凌物，一往用壮之士所能胜任也。我心果能深自挹损，退然处下，则世虽有桀骜难驯之人，见之必且意尽消沮，缩伏而不敢动矣，有何险之不化为平，而祸之不转为福也耶。

【白话】

这个爻的意思是说，有谦逊之德的人能渡过艰难险阻。牧，养。

周公所系的谦卦初爻爻辞的意思是说：初六是个柔爻，又位于全卦最下面，好比深自抑损的君子，绝无矜才衒能之意。这是谦卦的独到功用。谦而又谦，正是君子的本色。秉持着谦谦之道，用来跨越险难，就算是跨越大江大河那样的天险，也必然会因为有众人相助而吉祥亨通，更何况居家过日子呢？

孔子解释初爻的小象说：所谓“谦谦君子”，是指发自内心的谦卑。把自己看得高高在上，把别人看得很卑微，是人之常情。初六以柔爻而处卑微之地，只能以卑下之道自养，不敢凌驾于他人之上。平素积蓄的都是退逊之心，言语行为都是谦卑之态，所以才能成为谦谦君子。这岂是做几天表面功夫就能达到的境界？

按：泅渡大江大河是最危险的事情，对谦谦君子来说，屯济时难、拯救危亡也是如此，绝非恃才傲物、刚愎自用的人所能胜任。如果我们真能发自内心地谦卑待人，世上就算有桀骜难驯之人，也必然会被我们的谦卑折服，这样一来，又有什么样的险难不能平定，又有什么样的祸患不能转危为安？

六二：鸣谦，贞吉。

《象》曰：鸣谦贞吉，中心得也。

【解义】

此一爻是见谦德之盛而得其正也。鸣，谓声闻。

周公系谦二爻曰：六二柔顺中正，有谦之资，而又得乎谦之道，由是积中着外，谦而有声闻矣。此非违道以干誉，乃理之所当然而得其正也。由是人皆知之，则志行孚而名誉著。上可以得君，下可以得民，何往而非吉乎？

孔子释二象曰：六二之谦，推原其心，初非欲求闻于外也，乃中心所自得耳。然有是德积于中，则必有是名闻于外，斯岂外袭者哉？朱熹有言："太虚中本无物，事业功劳于我何有？"此心体之本然也。能知此意，则禹稷之功名，周公之制作，皆我分内当为之事，何所用其矜伐？然有意为谦，反失之矣。六二中正，适得于心体之本然，其鸣谦也夫。岂以声音笑貌为哉。

【白话】

这个爻展现了光明正大的谦逊之德。鸣，名声。

周公所系的谦卦二爻爻辞的意思是说：六二是柔爻，又居中得正，资质柔顺，地位谦卑，并且遵循了谦虚之道，因此名声在外，这就是"鸣谦"。这并不违背谦道，更不是沽名钓誉而来，而是因为六二谦逊并且中正，才被越来越多的人知道并认可，于是声名日显。它上可以得到君王的信任，下可以得到民众的认可，去哪里会不吉祥呢？

孔子解释二爻的小象说：六二的谦逊之德，通过推究其动机可知，并不是为了求闻于外，而是发自内心地想要谦逊。谦逊之德日益积累，名誉自然会声闻于外，还用得着刻意追求吗？朱熹说过："太虚中本无物，事业功劳于我何有？"这话接近了生命的本质。有这样的思想，大禹与后稷的功名，周公一样的创制和作为，都只是分内应当的事情，又有什么值得夸耀的呢？但刻意的谦虚，也失了谦逊的中正之道。而六二即中且正，说明它的谦逊发自内心，"鸣谦"是自然而自然的。千万不要把这里的鸣理解为声音或笑貌。

九三：劳谦，君子有终，吉。

《象》曰：劳谦君子，万民服也。

【解义】

此一爻是见大臣有功，能谦而长保其盛也。劳，谓勋劳。

周公系谦三爻曰：凡为大臣者，皆思建功于天下，而恒不能以谦自处。九三以一阳居下之上，而为上下所归，是当位任之隆，德盛业著，而有功劳于天下者也。乃三不自居其劳，而退处于谦，则不矜而天下莫与争能，不伐而天下莫与争功，自能有终而吉矣。

孔子释三象曰：谦固人之所难，若有功劳而能谦，则尤为人之所难。今九三劳而能谦，则丰功有以答天下之心，而雅量有以洽人心之好。此万民之所以咸服也。

按：《系辞》于谦九三曰："劳而不伐，有功而不德，厚之至也。"惟德厚之至，故不自觉其功之盛。自古有功之臣，令终者鲜，皆由器小易盈，恃功骄恣所致。故谦则终吉，不谦则终凶。出此入彼，间不容发。《系辞》又曰"致恭以存其位"，虽赞之，实勉之也夫。

【白话】

这个爻的意思是说，大臣既有功劳，又能谦逊，就可以长久地保持吉祥。劳，功劳。

周公所系的谦卦三爻爻辞的意思是说：身为大臣，都想着建功立业，声闻天下，所以不能长久地保持谦逊之德。九三是阳爻，又位于下卦的最上面，属于众望之所归，象征着手握大权，事业与德行都很可观，并且有功于天下的重臣。然而三爻以阳居阳，非常当位，并且甘居于下卦，不以有功自居，这样一来，它不自大也没有人可以跟它争胜，它不自负也没有人能跟它争功，自然能有"终吉"。

孔子解释三爻的小象说：谦虚本来就很难，如果有功劳还能谦虚，就更加难能可贵了。九三却劳而能谦，其丰功伟绩可以报答天下，其雅量高怀则可以顺应人性。所以天下人都对其心服口服，外带敬服。

按：《系辞传》在谈到谦卦的九三时说："劳而不伐，有功而不德，厚之至也。"只有德行足够深厚时，才不会觉得自己劳苦功高，不同凡人。自古以来，有功之臣不得善终的原因，大都是因为他们虽然劳苦功高，但也器量狭窄，动辄恃功自傲，恃宠而骄。所以总的来说，谦虚就能长久的吉祥，不谦虚就难免招至凶祸。二者非彼即此，间不容发。《系辞传》又说它"致恭以存其位"，虽说是称赞，其实也是一种勉励。

六四：无不利，撝谦。

《象》曰：无不利撝谦，不违则也。

【解义】

此一爻是见大臣之能谦而合乎道也。撝，谓发挥。

周公系谦四爻曰：六四柔而得正，居上而能自下。如是则在彼无恶，在此无斁。在邦在家，无所往而不利，固已见其谦矣。然四居九三功臣之上，功不及而位过之，故当本谦德之已形。凡见于辞气容貌之际者，一一发挥，以示不敢自安于九三之上，如此则为之上者嘉其谦，而为之下者服其谦矣。

孔子释四象曰：四之无不利而撝谦者，得无疑撝谦之或过乎？不知四居九三功臣之上，推贤让能，道理自当如此。是四之撝谦，乃适合乎谦之则也，岂为过乎？盖推贤让能，庶官乃和。此一个臣之无他技，而天下之有技彦圣，无不在其休休有容之中也。六四与九三，不惟无相忌之嫌，而且有相让之美。三代而下，若周勃之于陈平，卢怀慎之于姚崇，其犹有此风乎。

【白话】

这个爻的意思是说，大臣既懂得谦让，行事又合乎正道。撝，发挥。

周公所系的谦卦四爻爻辞的意思是说：六四虽然在上卦，又是公侯之位，但它以柔居柔位，非常当位，说明它上但能自下，深得谦道。如此一来，它在诸侯国的时候不会行恶，它在朝堂的时候也不会有所懈怠。在哪里都会无往不利，可见其谦逊之德已经颇有根基。然而六四居于九三这个大功臣之上，它的功劳不如九三，位置却又过之，所以应该本着谦逊的美德处理这种形势。因此它只要有机会，就会借机发挥，表示自己不敢自居于九三之上，如此一来，在上者会嘉奖它的谦逊，在下者也会敬佩它的谦卑。

孔子解释四爻的小象说：四爻所谓的“无不利，撝谦”，是不是有点儿谦逊过头了？其实四爻位居九三这个大功臣之上，就应该推贤让能。它随时随地地借机发挥，表示自己功不配位，也符合谦逊之道，怎能算过头呢？而且由于它推贤让能，百官皆和。作为大臣，它可能没有太强的能力，太大的功劳，但天下所有有才德的人，都佩服它的胸怀与气量。具体到九三，由于六四的撝谦，二者非但没有因为权位而嫉恨，反倒成就了相让之美。三代以下，恐怕只有周勃与陈平，卢怀慎与姚崇，还有这种风度吧！

六五：不富以其邻。利用侵伐，无不利。

《象》曰：利用侵伐，征不服也。

【解义】

此一爻是见居尊能谦，而得人心之用也。邻，众也。

周公系谦五爻曰：人君驭下，虽有崇高之位，不可无谦德以临之。六五以柔居尊，是在上而能谦者。居尊而谦，则从之者必众，为不富而能以其邻之象。夫六五之谦，以临下则在下宜无不服矣。而设有未服者，不可已也。盖六五既得众心之归，即用之侵伐，以诛暴而去恶，何不利之有？然居上能谦，何事不可为者，不但利用侵伐也，即用之他事，而亦无不利矣。

孔子释五象曰：五之利用侵伐者，岂观兵以黩武哉？以其冥顽之寇，强暴之敌，负固不服而征之耳，非得已而不已也。从来兵凶战危，圣王不得已而用之。此爻以征伐为利者，盖师出无名，谓之黩武；师加不道，谓之义兵。为君者能用谦德绥诸侯，而不以力征天下，则师之所至，有若时雨。始虽崛强跋扈，终未有不帖然驯伏者。舜舞干而格有苗，文因垒而降崇虎，其明证矣。

【白话】

这个爻的意思是说，居于尊位并且谦逊的话，就可以得人心。邻，众，指上下两个爻。

周公所系的谦卦五爻爻辞的意思是说：君王驾驭臣下，虽说地位尊崇，但也不可以不谦逊。六五以柔爻居于尊位，好比谦逊的帝王。居尊而谦，必然能赢得人心，这就是“不富以其邻”之象。以六五的尊位和谦逊的品德治理臣民，臣民无有不服。假设真有不归服的人，也不可姑息。因为六五大得人心，集中全天下的力量，诛除几个凶暴的人，又有何难？当然，六五居上而能谦，又岂止“利用侵伐”，做别的事情，同样无往而不利。

孔子解释五爻的小象说：五爻所谓的“利用侵伐”，怎么可能是让人夸耀兵力、穷兵黩武呢？主要是因为它面对的是冥顽之寇，强暴之敌，对方据险自守，拒不臣服，可以停止攻打，也不应该停止。而且兵凶战危，自古以来，圣王出师用兵都是不得已而为之。师出无名才叫作黩武，讨伐不道则叫作义兵。像五爻这样，能用谦逊之德安定诸侯，而不是纯以武力征伐天下，那么王师所至，对民众来说犹如及时雨一般。就算开始有倔强跋扈的人，但最终都会驯伏。舜帝用干羽之舞招降有苗氏，文王通过宣言降伏崇侯虎，就是明证。

上六：鸣谦，利用行师，征邑国。

《象》曰：鸣谦，志未得也。可用行师，征邑国也。

【解义】

此一爻是美其谦德，而惜其限于才位也。邑国，谓己之私邑。

周公系谦上爻曰：上六谦德著闻，为人心所乐与，则协力同心。即用谦以行师，而亦无不利矣。但质柔无位，则才既患其不足，而力又不能以有余。是师之所行，但可征己所治之邑国，而不能以及远也。

孔子释上象曰：上六谦德著闻，宜乎人无不归矣。以其质柔，则不足于才；无位，则不足于力。故志独未得，而至于行师也。虽可用行师，亦不过足以治其私邑而已。然岂不足于谦德者哉？

按：谦之功用，不特可以处常，而正可以济变。观初之用涉大川，五之利用侵伐，上之利用行师，可见谦道非徒一于卑巽，而用武尤深戒夫振矜。人主临事应变，而能以不骄不亢之德行之，则亦安往而不如意哉？

【白话】

这个爻的意思是说，光有谦逊的美德，如果才能与地位不匹配，也无法实现自己的抱负。邑国，封邑。

周公所系的谦卦上爻爻辞的意思是说：上六足够谦逊，美名传扬，顺应人心，所以能俘获人心。就算“利用侵伐”，也无往不利。可惜它既是阴爻，又位居全卦的最上面，说明既没有力量，又没有位子，所以用兵出师，仅限于自己的封邑，而不能对远处用兵。

孔子解释上爻的小象说：上六足够谦逊，似乎能使所有人亲附、归顺。但由于它无力又无位，所以没能做到，不得不用兵行师。虽然它可以出兵，但也仅限于自己的封邑。然而这哪里是因为它不够谦逊呢？

按：谦逊的美德，不仅可以处常，而且可以济变。统观全卦，初爻说“用涉大川”，五爻说“利用侵伐”，上爻说“利用行师”，可见谦逊之道并不等同于卑下巽顺，但说到用兵行师，又尤以志得意满为戒。君王临事应变，如果总是能保持不骄不亢的态度，做什么能不如意呢？

䷏ 豫 坤下震上

【解义】

豫取和乐之义。所以致和乐者，由九四一阳统众阴，其志得行，而卦德又顺理以动故也。然豫有二义：卦之豫，乃万方和乐之征，虽建侯行师而亦利。爻之豫，率一己晏安之事，有吉凶悔吝之不同。天下之豫不可无，而一身之豫不可有。若初恃应而鸣其得意则凶，三援势而溺于久安则悔。五处尊位，躭乐而致疾。上居动体纵极而始渝。此皆过于逸乐者也。即四能造天下之豫，恐其治定之后，疑忌易生，故又勉之以开诚布公，合聚同德，相与共保其豫焉。但在本爻有说安天下之志，而在五爻涉揽权逼上之嫌。又易之因爻起义者也。惟介石之二，中正自守，无欲而静。绝躭恋之私，炳几先之哲，自能行与吉会，非诸爻之所及也。至于三之悔，上之渝，皆有可以趋吉之机。圣人亟开以自新之路，惟恐其以佚欲终。其垂戒之意切矣。

【白话】

“豫”的意思是和乐。豫卦之所以和乐，是因为豫卦只有一个阳爻，也就是九四，它以一阳统众阴，志向得行，也顺应它的卦德，说具体点儿是“顺理以动”。顺理指的是它的下卦坤卦，坤为顺，以动是指它的上卦震卦，震为动。不过，豫卦的和乐体现在卦上与爻上有所不同。卦辞的和乐，说的是天下和乐，所以“建侯行师”也无所不利。爻辞的和乐，则是个人的逸乐，所以爻位不同，吉凶悔吝也不同。总的来说，天下的和乐不可无，个体的逸乐不可有。比如初爻，它因为与全卦唯一的阳爻有正应而自鸣得意，爻辞直接说“凶”，三爻也因为上承全卦唯一的阳爻，没有忧患意识，爻辞说“迟有悔”，五爻因为过于养尊处优导致了疾病，上爻放纵到了极点，又能逸乐多久呢？这些都是因为贪图逸乐所致。四爻能以一己之力使天下和乐，但圣人担心它会因此受到猜忌，所以在爻辞中勉励它开诚布公，合聚同德，与众人同保和乐。因为使天下和乐是从它的角度而言的，在五爻看来，这就有揽权逼上之嫌。这就是《易经》因爻起义的道理。只有“介于石”的二爻，居守正，无欲无求。它不贪享受，料事机先，自然能“贞吉”，绝非其余几个爻可比。只不过相对来说，三爻与上爻还有趋吉避凶的机会。圣人希望它们及时悔过自新，唯恐它们在贪图逸乐的路上走到底。其中的警示意味多么地深切！

豫：利建侯行师。

【解义】

此卦坤下震上，有人心和乐以应其上之义，故名为豫。卦辞言处豫者能合人心，则大事无不可为也。建侯，谓立君。行师，谓命将。

文王系豫彖辞曰：有天下者至于豫，此非常之遇，而大有为之时也。盖天下事，以得人心为本。使人心未得，而妄有作为，鲜克济矣。当豫之时，万众归诚，一人悦豫，所谓乐以天下者也。得天下心，行天下事，以之建侯，则统驭有方，而无强梁跋扈之患；以之行师，则大权在握，而有除残伐暴之威。则其于他事，亦无不利可知矣。

按：比卦《象》曰："建万国，亲诸侯。"师卦《象》曰："容民畜众。"而豫之彖辞，兼此二者。虽皆得坤之顺，然师比遇坎，犹有险难。若豫则四方底定，六服永清，固非同屯之不宁而建侯，谦之不服而侵伐也。人主处此，倘以时际宴安，粉饰至治，甚而滥加封爵，赏非其功，广启兵端，罚非其罪，岂保大定功之善术哉？惟深思安不忘危，治不忘乱，则久安长治，永永无疆已。

【白话】

豫卦的下卦是坤卦，上卦是震卦，有民心和乐、上应君王之意，所以叫豫卦。卦辞的意思是说，天下和乐，并且顺应人心，任何事情都能办成。建侯，指确立君王。行师，指任命武将。

文王所系的豫卦卦辞的意思是说：君王身处豫卦的大环境，非常难得，也是大有作为之际。对君王来说，天下大事，以得人心为本。人心未得，却勉强行事，很少有成功的。而豫卦展示的则是万众归心，一人愉悦，全天下也无不感到愉悦的盛世。顺应天下人的意愿行事，封建诸侯，也能统驭有方，不至于有强梁跋扈之患；出兵行师，也能大权在握，除残伐暴，确立君威。至于其他的小事，自然也是无往而不利。

按：比卦的大象说："建万国，亲诸侯。"师卦的大象说："容民畜众。"豫卦的卦辞则综合了上述两卦的象辞。虽然比卦、师卦与豫卦都包含有一个坤卦，而坤卦象征顺利，然而师卦与比卦的还都有一个坎卦，而坎为险难。豫卦才是真正的和顺，四方底定，六服永清，所以豫卦的卦辞又综合了"利建侯"的屯卦和"利用侵伐"的谦卦的卦辞。就算天下和乐，君王如果贪图享乐，粉饰太平，甚至滥封官爵，穷兵黩武，残忍好杀，又怎么可能长久地保有天下呢？只有安不忘危，治不忘乱，才能长治久安，永保无疆。

《彖》曰：豫，刚应而志行，顺以动，豫。豫顺以动，故天地如之，而况建侯行师乎。天地以顺动，故日月不过而四时不忒；圣人以顺动，则刑罚清而民服。豫之时义大矣哉！

【解义】

此《彖传》，是释豫彖辞，极言豫之时义为大也。刚，指九四。应，是上下人心应之。志行，是九四之志得行。不过，以晷刻言。不忒，以节候言。

孔子释豫彖辞曰：卦之得名为豫，岂偶然哉？盖人心不应，则吾志不行；而所动不顺，则人心不应。今卦体九四一阳，上下应之，是大臣负天下之望，朝野悦服，而吾志得行矣。卦德坤顺震动，是主豫者顺理而动，随事得宜，而人心协应矣，故其卦名曰豫。然是顺以动也，岂惟人事为然？从来天人感应，无非一理。将见上而阴阳合其度，下而刚柔适其宜。人心和乐而天地以和乐应之，亦如我之顺动而不违矣。何况建侯行师，尤人和之可验者乎？由此推之，彼气机之通复，天地之动也。而顺其常运，则日月往来，晷景长短，无过差也；四时代谢，分至启闭，无愆忒也。而天地不外乎顺动矣。彼政教之张弛，圣人之动也。而顺其常道，则狱讼衰息，民志大畏，无繁刑也；胜残去杀，久道化成，无怙恶也。而圣人不外乎顺动矣。则是豫顺以动，天地圣人且不能违，其为时义，不诚大哉！自豫以后，凡十二卦，豫、随、遁、旅、姤，言时义；坎、睽、蹇，言时用；颐、大过、解、革，言时。各随卦体赞之，盖未有有时而无义，有义而无用者。所以皆谓之大哉，以见其赞叹之无尽也。

【白话】

《彖传》是对豫卦卦辞的解释，极力阐述了豫卦的内涵之大。刚，指九四。应，指君民相应。志行，指九四之志得行。不过，是就日晷与刻漏而言。不忒，是就节气与物候而言。

孔子解释豫卦的彖辞说：卦名叫“豫”，难道是偶然的吗？民心不响应，有想法也没法施行；行动不得法，民心便不会响应。九四是豫卦的卦体，上下五个阴爻都与它这个唯一的阳爻相应，是大臣深孚众望，朝野皆悦，其志得行之象。豫卦的卦德则是上动下顺，意思是君王顺理而动，而民心与之呼应，所以叫作豫卦。然而它上动下顺的卦德，仅仅是就人事而言吗？其实，人与人之间的感应和天人相应的道理是一致的。天地是阴阳二气相感，人间是君民刚柔相应。人心和乐，天地也会以和乐相应，就像人会主动顺应天地一样。而且建侯行师这样的大事，离得开人和吗？由此推断，人间万事，相应的气机都源于天地之动。顺应天的运转，日月往来，晷景长短，绝不会过一分，也不会少一毫；顺应地的四时，春分、秋分与夏至、冬至的往来，也不会有丝毫差错。归纳起来说，天地也不外乎顺动而已。而政令与教化的张弛，则仰赖顺时而动的圣人。顺其常道，争讼会越来越少，民众还会心生敬畏，因此不需要太多的刑罚；在此基础上再去感化残暴的人，假以时日，便没有人坚持行恶、死不悔改的人。归纳起来说，圣人也不外乎顺动而已。上动下顺的豫卦，天地与圣人尚且不能违背，其内涵与功用当真不是一般的大！而且自豫卦开始，一共十二个卦中，豫卦、随卦、遁卦、旅卦、姤卦这五个卦，都阐释了它们在特定时间的内涵；坎卦、睽卦、蹇卦这三个卦，都阐释了它们在特定时间的功用；颐卦、大过卦、解卦、革卦这四个卦，也都阐释了它们特定的时间。在相应的卦中，圣人都作了相应的赞颂，总的来说，有特定的时间就有特定的内涵，有特定的内涵就有特定的功用。之所以都说“大矣哉”，是为了赞叹它们无尽的内涵。

《象》曰：雷出地奋，豫，先王以作乐崇德，殷荐之上帝，以配祖考。

【解义】

此《象传》，是言先王法豫之道也。殷，盛也。

孔子释豫象曰：雷始伏声于地，郁而未舒。今出地而作声，鼓天地之太和，畅万物之生意，和之至，豫之象也。先王法此，宣之以声，而宫商律吕之俱谐；饰之以容，而羽旄干戚之备具。岂徒美观听已哉。凡以一代之兴，必有一代之德，蕴之为精微之懿，发之为谟烈之隆，惟乐能昭明而崇显之。至其用之极盛，而蔑以加者，莫大乎祀。冬至祭天于圜丘，而配以祖；季秋享帝于明堂，而配以考。大合众乐，备极九变，达仁人孝子之诚，展荐德歌功之志，而天祖无不来格。乐之洽神人，和上下如此。先王法豫之功，何其至哉。昔儒有言，观上天下泽，而礼定于履；观雷出地奋，而乐作于豫。然礼犹可因时制宜，而乐之作，必在治定功成，人心和悦之后。人主当深思豫之为象，而精求作乐之本，岂可徒事于声音文貌之间哉。

【白话】

《象传》说的是先王如何效法豫乐之道。殷，盛。

孔子解释豫卦的大象说：雷起初潜伏在地下，抑郁难舒。如今在地上隆隆作响，鼓动天地之间的和气，使万物生生不息，和乐之至，这就是豫卦的大象。先王效仿豫卦的精神，定下声调，宫商律吕都随之和谐；整饬仪容，羽旌干戚也随即齐备。其影响怎么会仅限于视听呢？凡有一代之兴，必有一代之德，能涵盖各种美好的德行，又能展现各种伟大的功业的，莫过于音乐。而最为隆重的音乐，莫过于祭祀所用的音乐。冬至那天要祭天于圜丘，配享的还有周朝的始祖后稷；季秋的时候要在明堂祭祀，配享的还有先考。要配置各种乐器，极尽各种变化，传达仁人孝子的诚心，展现上天和祖先的丰功伟绩，上天与祖先必然会尽皆感格。音乐就是这样神奇，既能和乐上下，也能沟通人神。而先王效法豫卦的功用，是何等的极致！先儒有言，先王观察履卦的上天下泽之象，制定了礼；观察豫卦的雷出地奋之象，制定了乐。然而制礼可以因时制宜，而制乐则必须在天下太平、人心和悦之时。君王应该仔细体悟豫卦的大象，求索先王作乐之本，不能只停留在声音文貌之间。

初六：鸣豫，凶。

《象》曰：初六鸣豫，志穷凶也。

【解义】

此一爻是言，附势之小人，自取凶咎也。穷，谓满极。

周公系豫初爻曰：自古小人所以自取败亡者，岂有他哉？惟知势位之可恃，而不识盈满之为忧。初六以阴柔小人，上应九四之强援，乘时肆志，悦乐之极，至于夸耀骄矜，自鸣得意。一旦势衰，祸不旋踵，凶莫大焉。

孔子释初象曰：凡人志不可满，乐不可极。初六而至于鸣豫者，以有援在上，求无不得，志盈意满，不自敛戢，以取败亡，其为凶也，不亦宜乎。

按：豫卦得名，本为和乐。然乐同天下则吉，乐专一身则凶。小人附权依势，惟知逞一己之私，肆无忌惮，驯至凶祸而不悟。圣人之垂戒深矣。

【白话】

这个爻的意思是说，趋炎附势的小人，会自取败亡。穷，极端。

周公所系的豫卦初爻爻辞的意思是说：自古以来，小人之所以自取灭亡，难道有别的原因吗？他们的共同点都是只知道权势可以仗恃，不知道在享乐的同时心存忧患。具体到初六，它是阴爻，又处在全卦的最低处，并且上应九四这个唯一的阳爻，可谓攀龙附凤的阴柔小人，它不仅乘时得势，而且得意忘形，自夸自鸣。一旦它所仰赖的时势不复存在，祸患在所难免，凶莫大焉。

孔子解释初爻的小象说：先哲有言，“志不可满，乐不可极”，而初六之所以自鸣自夸的，是因为它有九四这个全卦唯一的阳爻为正应，求无不得，志得意满，不知收敛，最终败亡，导致凶祸，也是很正常的。

按：豫卦的本义是和乐，然而与天下同乐则吉，只顾着自己享乐则凶。小人却只知道附权依势，得逞后便肆无忌惮，为所欲为，眼看凶祸加身，仍自执迷不悟。圣人的垂戒可谓深切。

六二：介于石，不终日，贞吉。

《象》曰：不终日贞吉，以中正也。

【解义】

此一爻是言守正之君子，为能超于流俗，炳于几先也。介石，其守坚确如石。不终日，见几之速。

周公系豫二爻曰：人情易溺于豫，既溺于豫，则必至反乐而为忧矣。若六二中而得正，独能以德自守。凡世间可喜可慕之事，无一足动其中者，故有介于石之象。夫人，溺于富贵逸乐，其心易蔽，其神易昏。故事几之来，当前迷眩。以介石者处此，静而能明，安而能虑。则凡微彰刚柔之几，一见即决，转移趋避，有不待事之终日而始知者，良由心中淡然无欲，而得操守之正也。贞而获吉宜已。

孔子释二象曰：六二之不终日贞吉者，以二居下卦之中，得阴位之正。中正自守，不溺于豫。静虚之余，思虑自能精审，所以知几之速如此也。使其躭乐是从，而心无所主，岂有是贞而获吉哉？

按：豫六爻，九四外，初之鸣豫，三之盱豫，五之贞疾，上之冥豫，皆溺于豫者也。惟二介然守正，操持固而审几决，独贞而且吉。盖常人多欲，其悟也恒在事后，故咎至而不知；至人无欲，其觉也恒在几先，故超然而无咎。圣人为处豫者示之极则如此。

【白话】

这个爻的意思是说，坚守正道的君子能超越流俗，料事机先。介石，像石头一样坚守。不终日，指应验迅速。

周公所系的豫卦二爻爻辞的意思是说：人容易沉溺在逸乐之中，一旦沉溺，必然会导致忧患。而六二这个爻，以柔居柔，很当位不说，还居于下卦的中间，象征有中正之德的君子，不管周围的环境怎样，它都能坚守正道，以德自守。人世间所有值得欣喜、值得羡慕的事情，在它这里都不值一提，动不了它的心，所以有“介于石”之象。人一旦沉溺于富贵逸乐中，心智容易蒙蔽，心神容易昏昧。就算事物的征兆和转机就在眼前，也不能发现。而君子心如坚石，静而能明，安而能虑，事情刚刚露出些许征兆，马上就能发现，并迅速转移趋避。君子之所以不需要等到事情终了就能预知结果，主要是因为内心淡然无欲，从而能持中守正，因为守正而获得吉祥，也是正常之理。

孔子解释二爻的小象说：六二所谓的“不终日，贞吉”，是指六二居于下卦之中，并且以阴居阴，居中持正。它能够秉持中正之道，自然不会沉溺于豫乐之中，并且能在此基础上，仔细观察，综合分析，从而能迅速发现事情的转机。如果六二同样沉溺于逸乐，以至于心神蒙蔽，又怎么可能坚守正道并收获吉祥呢?

按：豫卦的六个爻，除九四外，“鸣豫”的初爻，“盱豫”的三爻，“贞疾”的五爻，“冥豫”的上爻，都深深地陷入了安乐窝中。只有介然守正的二爻，由于坚守正道，明辨事机，所以能抱道自守，独善其身。总的说来，常人因为有太多的欲望，所以只有在事情发生以后才会有所醒悟，因此咎害就在眼前，也往往视而不见。而超凡脱俗的人没有欲望，内心清明，所以能料事机先，超然于事外，自然也就远离了咎害。这是圣人为处豫者提供的最高准则。

六三：盱豫，悔迟有悔。

《象》曰：盱豫有悔，位不当也。

【解义】

此一爻是戒附势之小人，望其改过以自新也。盱，上视貌。上悔为悔悟之悔，下悔为悔吝之悔。

周公系豫三爻曰：六三阴不中正，素无介石之操，惟知凭借势力以取富贵。

仰视九四大臣，依阿取宠，以恣所欲，宜有悔者也。倘能改弦易辙，舍旧图新，犹可自免。若依违寡断，迟久不决，所谓过而不改是谓过矣，安能免于悔哉？

孔子释三象曰：三虽近四，亦复何伤？特以不中不正，处位不当，故盱豫而有悔。可见豫非溺人，人自溺耳。盖吉凶倚伏，惟人自取。圣人于六三始则示以致悔之端，终则勉以改过之勇。为小人者，奈何不翻然自省也哉？

【白话】

这个爻的主旨是警戒趋炎附势的小人，希望它能改过自新。盱，向上看的样子。按照易理，上悔为悔悟之悔，下悔为悔吝之悔。

周公所系的豫卦三爻爻辞的意思是说：六三以阴居阳，不正不中，没有二爻那样的操守，只知道凭借势力求取富贵。它眼里满是九四这个全卦唯一的阳爻，而且离九四很近，所以一味的邀宠，以便满足自己的私欲，悔吝也是应该的。但若能改弦易辙，改过自新，悔吝还可避免。若沉溺执着，迟迟不决，就是知过而不改，罪加一等，又怎么能免于悔吝呢？

孔子解释三爻的小象说：三爻虽然紧邻四爻，但也不一定就要受伤吧？这主要是因为它不中不正，位置不当，所以“盱豫”而“有悔”。可见不是豫乐使人沉溺，而是人自己沉溺于豫乐。总的来说，吉凶互变，福祸相依，全看个人如何选择。圣人一上来就指明了六三的取祸之端，也就是“盱豫”，最终又以“悔迟有悔”相劝勉，希望它改过自新。可是世间的小人，为什么总是不肯幡然自省呢？

九四：由豫，大有得，勿疑，朋盍簪。

《象》曰：由豫大有得，志大行也。

【解义】

此一爻是言大臣当国，宜得人以致豫也。簪，所以聚发。盍簪，言皆速聚于我也。

周公系豫四爻曰：九四一阳，居大臣之位，任天下之重。凡君之享和乐于上，民之享和乐于下，皆由我以致之。生平事业，无乎不遂，所得孰大焉？然天下之豫，固由于己，而所赖共保其豫者，实在乎天下之贤。但天下之贤，非猜忌嫉妒者之所能致也。必开诚布公，一出于任贤勿贰之志。勿外信而内疑，勿始信而终疑。则我不疑人，人亦不疑我。同类之朋，咸乐至而为我用，如发之聚于簪焉。众正皆升，群策并效，一心一德，以成保豫之功，所得不诚大哉？

孔子释四象曰：大臣以道济天下为志，苟有一人之未豫，则志必有所歉而弗行矣。今在上在下，莫不由我以致豫，是其夙昔所期，为上为德，为下为民者，至此大行，而无遗憾也。爻之系大有得者，以此。盖大臣弘济艰难，非一手一足可胜任。故以得人助理为急。然必先具知人之哲，而后贤否不致混淆，邪正不相倾轧，庶几盍簪之朋，皆同道之君子，而不惑于同利之小人。有任人之责者，尚其致慎于聚之之正，而毋溺于谄媚之徒，则几矣。

【白话】

这个爻的意思是说，大臣当国，应该求取贤人，使天下太平和乐。簪，聚拢头发的发簪。盍簪，使贤人快速向我聚拢的意思。

周公所系的豫卦四爻爻辞的意思是说：豫卦只有九四一个阳爻，它好比国家的重臣，身肩天下。无论是上面的君王，还是下面的百姓，能享受国泰民安，都仰赖九四的才德与功业。它想做的事情，都能做成，还有谁比它的收获更大，豫乐更大？然而，天下的和乐固然是它开创的，但想维护天下的和乐，还必须依靠全天下的贤人。可天下的贤人，又不是猜忌嫉妒的人所能感格的。必须开诚布公，发自内心地想要任用贤人才行。不能外信而内疑，也不能始信而终疑。我若不猜疑贤人，贤人肯定也不会猜疑我。这样，同道中的君子才会陆续前来，为我所用，就像用发簪聚拢头发那么简单。群贤皆致，群策并效，一心一德，长保太平，这才是最大的收获吧？

孔子解释四爻的小象说：大臣以道济天下为己愿，哪怕有一个人没有安乐，就不算道济天下。现在全卦的阴爻都因为六四得以致豫，了却了它的夙愿，在上的君王，在下的臣民，以及它自己，都再无遗憾，所以爻辞说“由豫，大有得”。然而大臣的才德再大，也不能仅靠自己的一双手就包揽全天下，所以职位越高，越离不开贤人的辅助。但也必须具备知人之明，才不至于使贤人小人相混淆，邪道正道相倾轧。这样，聚拢而来的人，差不多都是同道中人，而不至于被小人迷惑。有任人之责的人，如果能效仿九四，深思慎取，聚拢并重用正人君子，不受谄媚之徒的蛊惑，差不多就可以对得起自己的职责了。

六五：贞疾，恒不死。

《象》曰：六五贞疾，乘刚也。恒不死，中未亡也。

【解义】

此一爻是戒人君不可过柔，因豫以致疾也。贞疾，犹言痼疾。

周公系豫五爻曰：六五当豫之时，以柔居尊，沈溺于豫，固有致疾之理矣。且上下皆应乎四，强臣当国，众心附之，以君而反制于臣。太阿倒持，威权尽失。如负疾之人，久而不愈，濒于危亡者然。然以所处得中，先世之流风善政，尚有存者。天下有所畏忌，而不敢动，国脉犹可以苟延，又为恒不死之象焉。果能一念振作，奋发有为，则未必不去疾而保豫也。

孔子释五象曰：六五之为贞疾者，九四刚而不逊，五以柔乘其上，权归于下，势孤于上故也。其恒不死者，以所处犹中，先世之余泽尚存，故能保其虚位，而不至于亡也。豫卦于五专言为君之道，不可偏过于柔。盖威福为人君治天下之具，臣下欲窃之者，必先以声色货利荡其主心，使之躭于佚豫，然后可惟所欲为，阴盗其柄而不觉。人君诚知陵替之由皆起于躭乐，兢兢业业，日厉精于上，则清明在躬，志气如神，自可逆折强臣之萌，而主威不至下移矣。

【白话】

这个爻的主旨是警戒为人君者不可过柔，否则会因为豫乐导致疾患。贞疾，痼疾。

周公所系的豫卦五爻爻辞的意思是说：六五处在豫乐的大环境中，以柔爻而居尊位，如果沉溺其中，从道理上说，必然会导致疾患。而且其余的阴爻都响应全卦唯一的阳爻九四，好比强臣当国，臣民都去依附九四，它这个正牌的君王也要看九四的脸色，宝剑倒持，威权尽失。就像一个久病之人，长久不愈，濒临死亡。好在它居于上卦之中，先王的善政与德行也为它积累了福报，所以还能保有君位。天下还有所敬畏，有所忌惮，不敢妄动，国祚还可以苟存，也就是“恒不死”之象。如果它能够有所警醒，振作奋发，未必不能祛除疾病，长保豫乐。

孔子解释五爻的小象说：六五的“贞疾”，主要是因为它下面的九四，大权在握，刚强不逊，五爻虽然居于尊位，但权归九四，人皆亲附，它显得人单势孤。它能够“恒不死”，得益于它的居中，靠着先祖的余泽，还能保持它君王的虚名与位子，不至于灭亡。因为五爻是君爻的位置，所以圣人在豫卦的五爻强调，为君之道不可过柔。因为君王主要通过赏与罚治理天下，臣子想窃取君王的权柄，必须先以声色货利迷惑君王，使之耽于豫乐，然后再为所欲为，悄悄地盗取权柄。君王如果真的认同国家衰落源于君主耽乐的道理，必然会兢兢业业，精于心，厉于行，身心清明，志气如神，自然可以抑制强臣，不至于使君威下移。

上六：冥豫，成有渝，无咎。

《象》曰：冥豫在上，何可长也。

【解义】

此一爻是戒人之终溺于豫，而勉其迁善也。渝，变也。

周公系豫上爻曰：上六以阴柔居豫极，是从于匪彝，安其危，利其灾，而不自觉者。有昏冥于豫之象。幸居动体，冀其能变。若因天理萌动之机，一旦悔悟，痛革前非，事虽成而能有渝，改过不吝，自不罹纵欲败度之愆，何咎之有？

孔子释上象曰：上之为冥豫者，以其昏迷于豫，而至于如此，何可长久而不知渝变乎？苟能知逸豫之不可长，幡然变其故我，则冥冥者可为昭昭已，人何不自勉焉。

按："冥豫"与"冥升""迷复"同义。圣人不言冥豫之凶，而言成有渝之无咎，取其能变，则去凶而即无咎矣。初六鸣豫即断之以凶，甚于初者，所以遏其恶也。上六冥豫则开之以无咎，恕于终者，所以诱其善也。可以识处豫之道矣。

【白话】

这个爻的主旨是警戒那些沉溺逸乐的人，劝他们悔悟并改过自新。渝，变。

周公所系的豫卦上爻爻辞的意思是说：上六是阴爻，又居于豫乐之卦的极端，好比违反常道，顺从邪恶，乐见他人危难，而不自知的人，有"冥豫"之象。幸好它居于上卦震卦之极，震为动，而动即有所变。而且上六是天爻的位置，天爻震动，好比天理萌动，它一旦因此悔悟，痛改前非，就算事情已经铸成，也可以有所改变，从而走出越纵欲越失败越失败越纵欲的恶性循环，又有什么咎困呢？

孔子解释上爻的小象说：上爻所谓的"冥豫"，是指它因为沉溺于豫乐，以至于昏昧，为什么这么久了却不思改变呢？如果它认同天下之豫不可无，而一身之豫不可有的道理，幡然悔改，一改往日的昏昧，也可以身心清明，长保豫乐，人为什么就不知道自勉呢？

按：豫卦中的"冥豫"，与升卦中的"冥升"和复卦中的"迷复"内涵一致。圣人之所以不说上爻凶，而说"成有渝，无咎"，意思是说，它只要能改变，就可以避凶而无咎。初六不过“鸣豫”而已，爻辞就直截了当地说它凶，是因为圣人注重事物的初始阶段，是为了遏制它的恶行进一步发展。上六已经“冥豫”却示之以“无咎”，是基于恕道，诱导其改过向善。后人可以借此把握处豫之道。

䷐ 随 震下兑上

【解义】

随取说从之义。卦因刚来下柔，此动彼说得名。盖上有徽柔之德，则刚明之臣来而下之，卦变之所谓随也。有振作之才，则亿兆之心说而附之，卦德之所谓随也。大抵物之相随，与己能致物之随，以德孚则一于贞，以私合难免乎咎。此彖辞所为特致其丁宁，而全卦以利贞为断也。虽卦言物随，爻言随物，所指不同，义不外此。六爻：初有所渝则以广大无私为贞，二、三有所系则以远邪能守为贞。四以同德之阳，随刚中之主，则以诚积于中，动合于道者，善全其贞。若九五以刚中正之君，应柔中正之臣，是猜嫌泯而嘉会成也。上六以肫笃之极，为联属之本，是神明通而幽遐格也。何一非正而固之实效乎？合而观之，公正开随之始，至诚要随之终，尽乎缔交之道矣。处柔勿昵于宵人，得志必敦乎名节。位极人臣，不以危疑存退避之迹，惟以明哲昭靖献之忱。尽乎获上信友之道矣。至于阳刚之君，孚嘉美之佐，精神攸洽，德业交成，致吉之道，无过于此。《彖》所谓“大亨贞，无咎，而天下随之”者，备着乎九五一爻。随之义，顾不大哉？

【白话】

随的意思是愉悦地顺从。卦名源自卦变，说具体点儿，就是说随卦可能是由否卦变来的，是否卦的刚爻上九与柔爻初六交换了位置，下卦由乾卦变成了震卦，震为动，上卦由乾卦变成了兑卦，兑为悦，有所行动，使愉悦地顺从，这就是随。说白了，就是跟随的意思。但不是上卦跟随下卦，而是下卦追随上卦，因为上卦代表的君王不仅喜悦，也善良仁慈，有徽柔之德，所以刚明之臣来而下之，顺随于它。这是从卦变的角度上说的。如果从卦德上讲，下卦代表振作之才，上卦代表愉悦之心，因愉悦而随附，所以叫随卦。大体上讲，一个事物与另一个事物相随，或者说一个事物能使另一个事物相随，以德行相感召才能长久，出于私心私欲则难免困咎。所以彖辞特意叮嘱世人“大亨贞”，而卦辞也以“利贞”为断语。虽然卦辞讲的是物随人，而爻辞说的是人随物，侧重点不同，但内涵一致。随卦的六个爻中，初爻之贞体现在它的广大无私上，因为它能够随人而变；二爻与三爻的贞体现在它们有所系上，有所系，才能有所守，才能远离邪道；四爻的贞则体现在它与五爻一样，都是刚爻，都具备刚健之德，符合大道；五爻则与二爻有正应，并且都居中守正，所以能猜嫌泯而嘉会成；上爻的贞，则体现为它极致的虔诚，它的贞正与虔诚足以感格神明，通达幽明。有任何一个爻没有因为它的贞正而有所收获吗？综观全卦，随卦以公正始，以至诚终，详尽地阐释了缔交相随之道。生不逢时也不要追随小人，志向得伸则必须注重名节，位极人臣也不能因为君主危疑而退避，而要一如既往地恪尽人臣之道，这样才能够获取上级的信任与朋友的信服。至于九五这个君爻，它既阳刚又中正，还有六二和九四可以倚重，君臣一心，德业交成，吉祥之道，莫过于此。《彖辞》所谓的“大亨贞，无咎，而天下随之”，其实就是就九五一爻而言。随卦的内涵，不是很大吗？

随：元亨利贞，无咎。

【解义】

此卦震下兑上，为此动而彼说，有随之义，故名为随。卦辞言，为上者得人随之益，而又明随之道当出于正也。随，从也。元亨，以事言。无咎，以理言。

文王系随彖辞曰：己有致随之道，而物有来随之应，同心者多则何事不立？何功不建？其得大亨固已，然必己之致随者无违道之私，而物之随我者非党同之弊，一出于贞，斯于理为顺，于心为安，无愧于随之义矣，何咎之有？若所随非正，则为非道以相与，虽可致亨，而亦未免有咎也，可不慎哉？

按：天下之为随不一，而莫大乎君臣之相随。君之致人随，固贵乎正。而臣之随君，尤宜审择天命之所归，人心之所向。必如张良之从汉高，邓禹之从光武，诸葛之从昭烈，应天顺人，功建名立，虽伊尹太公之业，何以加兹？苟不择所随，失身依附，杨雄之臣莽，荀彧之仕魏，甚至冯道之阅历五朝，寡廉鲜耻，丧名败节，其能免当时之非笑，后世之指摘哉？此不贞之所以取咎也。

【白话】

随卦的下卦是震卦，震为动，上卦为兑卦，兑为悦，综合来看就是此动而彼悦，有相随之意，所以叫随卦。卦辞的意思是说，君王得到了君臣相随的益处，而且明白与人相随应当遵循正道。随，从。元亨，就事言。无咎，以理言。

文王所系的随卦卦辞的意思是说：自己有使人追随的办法，有人来追随又能及时相应，相随的人多了，什么样的事情不能办成？什么样的功业不能建立？得到大的亨通是自然而然的事，但使人追随不能违背道义，别人追随我也不能基于党同伐异，才算贞正，从而合于理，安于心，无愧于圣人设立随卦的主旨，又会有什么咎害呢？如果勉强相随，不遵循正道，虽然也可以亨通，但最终难免咎害，怎么能不谨慎呢？

按：天下人相从相随，各有不同，其中以君臣之间的相随最为关键。君王使人相随，贵在遵循正道。而臣子追随君王，尤其应该注意天命所归与人心所向。必须像张良追随刘邦，邓禹追随刘秀，诸葛亮追随刘备那样，顺天应人，建功立业，就算拿伊尹和姜尚的功业相比，也差不了多少吧？若是不加选择，随意依附，就像杨雄追随王莽，荀彧追随曹操，甚至像冯道那样阅历五朝，寡廉鲜耻，丧名败节，怎么能避免时人的嘲笑与后人的指摘呢？这都是因为偏离了贞正之道而导致的咎害。

《彖》曰：随，刚来而下柔，动而说，随。大亨贞，无咎，而天下随时。随时之义大矣哉。

【解义】

此《彖传》，是释随卦彖辞而极言随之贵于正也。上“随时”之“时”，当作“之”。下“随时之义”当作“随之时义”。

孔子释随彖辞曰：卦之名随者，于义何所取哉？卦变自困来者，二之九下居初，初之六上居二；又自噬嗑来者，上之九下居五，五之六上居上；而自未济来者，兼此二变。柔皆自下而上，刚皆自上而下，是刚来下柔，退居阴后也。卦德震动兑说，是此动而感乎彼，彼说而从乎我，皆有物来随我之义，此其所以为随也。夫当随之时，彼此相通，乐从无强，既元亨矣，又必得正而无咎者，何哉？盖正者人心同然之理也，致随之道，惟出于正。则一人之心适合乎天下人之心，将见近说远来，无思不服。尽天下而随之。帝之所以为帝，王之所以为王，皆在乎此，非若欢虞小补之治而已，此其时义，岂不大哉？

按：“天下随时”《本义》依王肃释作“天下随之”，诸儒之释，又皆以为“随时”。盖正适于时之宜，则随乃尽乎正之利。细而一语默，一嚬笑，一作息；大而政事之张弛，赏罚之先后，礼乐之质文，各顺乎其时，而变通以行其正。是以刚而无虐，柔而不屈，动者不倦，说者无厌，而天下之相随者，相依固结而不可散也。苟泥于正而违乎时，非其时即非其正矣，天下其孰能随之？此其义固可相发明耳。

【白话】

《彖传》是对随卦卦辞的解释，并竭力强调相随贵在遵循正道。“天下随时”的“时”应当写作“之”。“随时之义”应当写作“随之时义”。

孔子解释随卦的彖辞说：随卦的“随”字，是根据什么得来的呢？从卦变的角度来说，除了前面讲过的取自虞翻的“否卦变随卦”说之外，随卦也可能是由困卦变来的，具体说来是泽水困卦的初爻与二爻交换位置；也可能是由噬嗑卦变来的，具体说来是火雷噬嗑卦的上爻与五爻交换位置；还有可能由未济卦变来的，具体说来是火水未济卦的上爻与五爻交换位置，初爻与二爻交换位置，算是综合了两种卦变。这些卦变有一个共同点，那就是柔爻都从下面移到了上面，刚爻都从上面来到了下面，最终形成了随卦。随卦的下卦是震卦，震为动，上卦为兑卦，兑为悦，下动而上悦，此动而彼感，彼悦而从我，如同物来从我，所以叫作随卦。处在随卦的大环境中，君臣彼此相通，毫不勉强，所以能大亨特亨，但既然已经“元亨”了，为什么还非要遵循正道，才可以无咎呢？因为正道是天下人都认同的真理，使人相随，必须遵循正道。君王遵循正道，便是遵循天下人之心，从而使近者悦服，远者归附，天下万民无不心悦诚服，并诚心追随。帝之所以为帝，王之所以为王，都是因为他们真正赢得了人心，绝非聊补自己的欢娱而已。这样看来，随卦的内涵与功用不是很大吗？

按：“天下随时”这四个字，朱熹的《周易本义》依据王肃的说法改成了“天下随之”，但其余的大儒，都按照传统文本写作“天下随时”。总的来说，贞正而且适时，才能兼得相随而不失正道之利。小到一语一默，一颦一笑，一作一息，大到政事的张与弛，赏罚的先与后，礼乐的质与文，都应该各顺其时，随时变通，才可以行且得正。所以真正懂得随卦的人，刚正但不凌人，柔软而不屈人，动而不倦，悦而无厌，从而让天下人尽皆相随，并紧紧围绕在他身边。如果拘泥于贞正而总是错过时机，不得其时便不行其正，天下人又怎么追随他呢？所以“天下随时”与“天下随之”都有道理，而且可以相互阐发。

《象》曰：泽中有雷，随，君子以向晦入宴息。

【解义】

此《象传》，是言君子随时静养之道也。向晦，日暮之时。

孔子释随象曰：兑上震下，是泽中有雷，阳气之动奋者，随伏入之时而休息于下，此随之象也。君子体此，以为自强不息，此心固不容以怠荒；而动静相生，此身又不容以不息。盖日出群动皆作，则以作为正；日入群动皆息，则又以息为正。君子昼不居内，夜不居外，各随其宜，固如是耳。盖天道人事，未尝少异。如穷冬闭塞，雷隐泽中，造化之宴息也。日入冥晦，君子处内，人事之宴息也。人身一动一静，嘿与天运相符，必能保固精神，而后可恒久不已。否则进锐者退必速，始勤终怠之弊，安能免哉？

【白话】

《象传》的意思是说，君子应该懂得随时静养。向晦，日暮时分。

孔子解释随卦的大象说：此卦上卦为兑卦，兑为泽，下卦为震卦，震为雷，综合起来看是泽中有雷，具体说来是阳气动奋的震雷遵循沉潜之时休息于下，这就是随卦的大象。君子体悟随卦的大象，自强不息，内心丝毫不感懈怠；然而动静相生，身体又不容许君子不休息。君子看到太阳出来后，动物也都出来活动，于是日出后以活动为正；太阳落山后，动物也都回到栖息地休息，于是日落后以休息为正。所以君子白天不在室内，晚上不在室外，各随其宜，或动或息。总的来看，天道与人事，本质上是一致的。比如在闭塞的冬天，震雷隐入大泽之中，相当于造化休息的时间。太阳落山后，君子回到室内，则是人事休息的时间。人的一动一静，都应该契合天运，必须保养精神，才可以恒久运行。否则前进速度快的后退速度也很快，一开始很勤奋的最终也难免懈怠，谁又能够避免呢？

初九：官有渝，贞吉。出门交有功。

《象》曰：官有渝，从正吉也。出门交有功，不失也。

【解义】

此一爻是言随人者不可不正，而又当广其集益之道也。官，犹主也。渝，变也。卦以物随为义，重物来随己；爻以随物为义，重己往随人。

周公系随初爻曰：初九以阳居下，所谓刚来下柔也。为震之主，所谓此动彼说也。卦之为随，皆在于初。初为成卦之主，随之官也。在我既有所随，则有心不若无心之公，有主不若无主之虚，而于廓然大公之本怀，未免有所渝变，为官有渝之象。夫私于所随，固为未善，然亦顾其所随何如耳。若其所随皆正，则无比匪之伤，而有辅仁之益，不亦吉乎？而尤贵广大公溥，出门以交，则己之取于人者无限，人之资于己者靡穷。事无不成，业无不就。其有功更为何如哉？

孔子释初象曰：初既官有渝矣，何以得吉？惟从正，则所与得人，而无损友之伤，故吉也。出门交有功者，交之既广，则可以友天下之士，而一善必录，无所遗失，此其所以有功也。盖随之为义，必以得正为善，而又恐其可者与之，不可者拒之，度量褊浅，取益未宏，故以出门交有功勖之。前圣之指示后人者切矣。

【白话】

这个爻的意思是说，随人者不可不正，但是也应该集思广益。官，主的意思，因为这个爻是“刚来下柔”的主爻。渝，变。从全卦的角度看，随卦以物随人为主旨，看重物来随己；从各爻的角度看，各爻以人随物为共同点，强调己往随人。

周公所系的随卦初爻爻辞的意思是说：初九是阳爻，居于全卦的最下面，正是所谓“刚来下柔”的关键一爻。它又是震卦唯一的阳爻，没有它，震卦就不成其为震卦，就无法发动，也谈不上所谓的“此动彼悦”。所以，它既是下卦震卦的主爻，也是全卦的卦主。随卦的内涵，主要就体现在初爻身上，它好比主宰全卦的官员，因此爻辞称它为“官”。但是它处在随卦之中，有心不如无心，有主不如无主，随卦的宗旨又要求它遵循天道，物来而应，它不得不随时作出调整与改变，这就是“官有渝”之象。私相顺随，固然不妥，但也要看它具体顺随的是什么。如果它顺随的都符合正道，就没有比昵之伤，而有辅仁之益，这不是很吉祥吗？而且随卦贵在广交四海，出门同人，这样自己可以从别人身上学到无限知识，别人对自己的资助也永远不会穷尽。如此一来，事无不成，业无不就，它的功劳又有谁能比呢？

孔子解释初爻的小象说：初爻既然说了“官有渝”，又凭什么收获吉祥呢？因为它的改变基于正道，它只与正人君子相随，所以不会结交损友，受其所伤，因此会吉祥。“出门交有功”，是说它既然出门同人，广交天下，自然可以与天下之士为友，从而借助众智，成就功业。总的来说，随卦以追随正道为宗旨，但圣人又怕后人简单理解为“可以交往的就交往，不可以交往的就不交往”，度量褊狭，难以取益，因此以“出门交有功”相勉励。圣人对后世的垂示之心可谓深切。

六二：系小子，失丈夫。

《象》曰：系小子，弗兼与也。

【解义】

此一爻是言人之失其所随，为不正也。系，牵也。小子，阳之微者，谓初。丈夫，阳之壮者，谓五。

周公系随二爻曰：凡随人之道，当以邪正为取舍，不可以远近为亲疏。今初阳在下，小子之象。虽非正应，而近于二。五阳在上，丈夫之象，虽为正应，而远于二。以理而言，二当唯五之从。乃以阴柔，禀性躁急，不能宁耐自守，反狃于近习而从初。既从于初，则不复从于五矣，为“系小子，失丈夫”之象。夫从所当舍，舍所当从，失随之正，凶吝何待言哉？

孔子释二象曰：人之所随，是非邪正，无两可之道。二既系乎初之小子，则必失乎五之丈夫，其势固不得而兼与也。此君子所以必慎所从，而不可牵于一时之苟合也哉。夫二本柔顺中正，以五应之则为孚嘉，而爻不之许者，以情牵也。情之所牵，必至以私废公，以欲灭理。所得者微，而所失者巨矣。推而广之，如见小利则大事不成，或小不忍则乱大谋，或贪近功而忘远害，孰非此一念致之哉？

【白话】

这个爻的意思是说，一个人失去追随者，是因为他违背了正道。系，牵系。小子，阳之微者，指初爻。丈夫，阳之壮者，指九五。

周公所系的随卦二爻爻辞的意思是说：随人之道，应当以追随的对象是正是邪为取舍，而不能只看远近亲疏。六二好比一个女子，它下面有一个阳爻初九，由于初九在全卦的最下面，可以看作小子，它并不是六二的正应，只是靠近六二而已。六二上面还有两个阳爻，其中九五才是它的正应，九五以阳居上，又处在尊位，好比丈夫，然而它却离六二很远。按照易理，六二应当唯九五是从。然而它是个阴匀，内心柔弱，禀性躁急，难以自守，并且就近选择了初九。既然选择了初九，自然就不能再选择九五了，这就是“系小子，失丈夫”之象。它选择了它应该舍弃的，舍弃了它应该选择的，偏离了随卦的主旨，“凶吝”还用说吗？

孔子解释二爻的小象说：一个人，要么遵循正道，要么走上邪路，无法两全。二爻既然选择了与初九这个小子相牵系，则必然会失去九五这个正牌的丈夫，二者显然不可兼得。所以君子必须慎重选择，而不可囿于一时的情势，与人苟合。其实六二本来是个柔顺中正的爻，上应九五，既有孚信，又很美好，但爻辞偏偏不这么讲，主要是因为它为情所牵。为情所牵，就会因私废公，以欲灭理。得到的微乎其微，而失去的极其巨大。推而广之，诸如见小利则大事不成、小不忍则乱大谋、贪近功而忘远害等情况，不都是因为一念之差吗？

六三：系丈夫，失小子。随有求得，利居贞。

《象》曰：系丈夫，志舍下也。

【解义】

此一爻是言人之得其所随，而又戒以必出于正也。丈夫，谓九四。小子，亦谓初。

周公系随三爻曰：四阳在上，丈夫之象，所当随者。初阳在下，小子之象，不当随者。三近四而远初，则惟近之从而不暇及于远，为“系丈夫，失小子”之象。夫四阳当任，而己随之，何求不获？何欲不遂？然使以有求必得之故，而苟于求，则又岂君子之道义自重者哉？故必利于居贞，不为夤缘苟且，以图侥幸之富贵，而致入于邪媚，庶乎其无失矣。

孔子释三象曰：三之系丈夫，岂独势之弗兼与哉？盖其取舍之极，定于中，志在从四，终身以之。其视在下之初，固非所当随者，毅然舍之而不随也。不然，乌能决择如此？其有定哉！

按：以六居三，不正也。以九居四，亦不正也。以不正相比，恐其专计弋获，不能以道自处，而遂至于诡随。故圣人以利居贞勉之，以见人之失足权门，希图富贵，不过侥幸一时之荣。而身名一玷，千载长羞。孰得孰失，何去何从，可不致辨于此乎！

【白话】

这个爻的意思是说，追随有得，也应该有所警戒，必须坚持从正、从善。丈夫，指九四。小子，指初爻。

周公所系的随卦三爻爻辞的意思是说：在上面的阳爻九四，好比丈夫，是它应该追随的对象。在下面的阳爻初九，好比小子，是它不应该追随的。六三离九四近，离初九远，只能就近相随于九四，无法与初九相随，这就是“系丈夫，失小子”之象。九四是阳爻，并且居于公侯之位，六三追随于它，有什么追求不能满足？有什么欲望不能顺遂？然而也正是因为它有求必得，所以它难免无原则地求取于九四，这又岂是君子之道？所以圣人为它系上了“利居贞”的爻辞，只要它不通过攀缘苟且，求取侥幸的富贵，远离邪媚，差不多就可以无咎了。

孔子解释三爻的小象说：三爻所谓的“系丈夫”，难道仅仅是因为情势使然吗？说到底还是因为它懂得取舍，有定见，从而发自内心地追随四爻，终生不渝。同时，它也注意到了下面的初九，只是因为初九不应该追随，所以它毅然决然地舍弃了初九。不然，它又该凭借什么去做选择呢？主要还是有定见！

按：六三以柔爻居刚位，这是不正。九四以刚爻居柔位，也是不正。它们都不正，又相互比昵，不能不担心它们一心求取，而不能以道自处，从而不顾是非，因利益而诡随。所以圣人以“利居贞”的爻辞相勉励，以阐明人一旦失身于权门就算能求得富贵也不过是一时的荣耀，而名誉一旦被玷污必将千载蒙羞的道理。孰失孰得，何去何从，怎能不加以分辨呢？

九四：随有获，贞凶。有孚，在道以明，何咎。

《象》曰：随有获，其义凶也。有孚在道，明功也。

【解义】

此一爻是戒为臣者，不可以权势上陵，而惟当尽诚正之道也。在道，以理自守。明，明哲也。

周公系随四爻曰：九四以阳刚之才，处近君之地，是其德之盛，位之隆，而奋然大有为于天下，亦何所图而不成？故随而有获也。然四以人臣建不赏之功，挟震主之势，骎骎上陵于五。虽其所行，咸出于正，而疑忌之端，决不能免，凶可知矣。处此者，宜何如？必也内焉殚忠君爱国之孚诚，而无一念之敢欺；外焉尽奉公守法之常道，而无一事之敢僭。以是明哲居之，则此心光明洞达，君嘉其让而安于上，民服其谦而安于下矣，何咎之有？

孔子释四象曰：四既随而有获，则逼上之患易生。以理言之，必得凶也。

其所以能有孚而在道者，由其心实明哲，知危疑之地，处之甚难，兢兢焉积诚以事君，秉道以律己，所以能有保身之功也。不然，其何以全上下之交欤？自古人臣，宠利最为难居。惟当竭其诚敬，而以成败荣辱听之于天。区区挟智任数，以求苟免，讵有幸乎？周公之恐惧居东，王莽之谦恭下士，同一卑退，而一诚一伪，较若天渊。祸福相去，亦甚悬绝。居鼎铉之任者，其当惕然于有孚之戒矣。

【白话】

这个爻的主旨是告诫为人臣者，不可以仗势凌上，必须诚心事上。在道，以理自守。明，明哲。

周公所系的随卦四爻爻辞的意思是说：九四有阳刚之才，又处在近君之地，德盛位隆，又有志于天下，有什么目标实现不了？所以能“随有获”。然而九四毕竟是为人臣者，它建立了无法封赏的功绩，功高震主，势大凌君。虽然它的一举一动都遵循正道，但君王难免对它心生疑忌，这样下去，凶吝可想而知。处在这种境地，应该如何自处呢？只能是内心里加强忠君爱国之念，殚精竭虑，鞠躬尽瘁，绝无一念敢欺君，行为上奉公守法，没有一事敢僭越，明哲保身，光明洞达，君王会嘉许他的谦让并因此安于上，民众也会佩服他的谦逊而安于下，这样一来，又何咎之有呢？

孔子解释四爻的小象说：九四随而“有获”，所以震主逼上之嫌难免。根据易理，它必然会凶。但爻辞却说它“有孚”并且“在道”，主要是因为它阳爻处柔位，内心光明，身段柔软，知道自己处在危疑之地，因此兢兢业业，以诚事君，秉道自律，所以能保全自己。不然，它还能凭借什么消除在上者的疑虑与在下者的嫉妒？自古以来，为人臣者，恩宠与利禄是最难享的。只能是竭力效忠，修身养性，至于成败荣辱，只能听命于老天。那些通过玩弄权术与心智以求苟免的人，有几个人能笑到最后？周公因为恐惧而居于东方，王莽假装谦恭而退居高位，同样是退让，但一个真诚，一个伪诈，有天渊之别。个人的福祸，也相差极远。身居高位的鼎铉之臣，应该在惕然心惊的基础上，以九四的“有孚”“在道”为戒。

九五：孚于嘉，吉。

《象》曰：孚于嘉吉，位正中也。

【解义】

此一爻是言人君诚信任贤，而见上下同德之盛也。嘉，美也，指六二。

周公系随五爻曰：六二柔顺中正，是臣之嘉美者也。九五以阳刚中正应之，是人君当随之时，以同德之与，而极信任之至。二之言，嘉言也，吾则听之而不疑；二之谋，嘉谋也，吾则用之而不贰。孚于嘉如此，则上下同心，有以植建中表正之体，而天下随之者，其在是矣，何吉如之哉？

孔子释五象曰：从来为政在人，取人以身。九五所居中正，故能以我之正，而信二之正；以我之中，而信二之中。其相孚有如此也。使己无其德，则是非之鉴不明，取舍之权不定，又安能信善而得吉哉？

按：九五居尊，为天下所随，宜于天下之善无不兼收。如出门之初，舍下之三，在道之四，与维系之上六，无不可与相孚，而独惓惓于六二之嘉者，盖九五位在正中，则必取天下之正中者，以立相随之准。故以六二之柔中，配九五之刚中，嘉耦定于是，皇极即建于是。凡属臣民，虽欲不随之，而不可得矣。苟不能推诚任贤，一德一心，以成明良喜起之治，亲者疏而反欲疏者亲，岂有是理哉？

【白话】

这个爻的意思是说，君王诚信任贤，就会有上下同德之盛。嘉，美，指六二。

周公所系的随卦五爻爻辞的意思是说：六二柔顺中正，是大臣中的贤人。九五阳刚中正，并且与六二有正应，象征君王在应该相应相随的时候，与六二相呼应，对六二非常信任。六二的话，都当作良言，听之任之，毫不怀疑；六二的谋略，都视作良谋，信之用之，不折不扣。如此一来，自然上下同心，君臣同德，与此同时，还能建中表正，使全天下的贤者追随，真能如此，有什么样的吉祥能与之相比呢？

孔子解释五爻的小象说：一直以来，天下的治理取决于贤臣，贤臣的获得则取决于君王的修养，九五处在尊位，又中又正，所以能以自己的中正之德感召同样具备中正之德的六二，才能够君臣相孚，上下同心。如果它不具备相应的德行，就不能明鉴是非，勇于取舍，又怎么可能不对六二心生疑忌，还谈什么收获吉祥呢？

按：九五位于尊位，是天下人追随的对象，也应该兼收天下的智能与才德之士。比如如出门随天下的初爻，舍下而系上的三爻，有才亦在道的四爻，紧紧相维系的上爻，却独独对六二这个贤臣念念不忘，主要是因为九五居中守正，追随它的人也必须居中守正，从而借机为天下人立下准则。因此以柔中的六二，配刚中的九五，确定了这样的配耦，也就是确立了天下的准则。天下的臣民就算不想顺随，也不可能了。反之，君王若是不能推诚任贤，一心成就明良喜起之治，亲近应该疏远的并且疏远应该亲近的，有那样的道理吗？

上六：拘系之，乃从维之。王用亨于西山。

《象》曰：拘系之，上穷也。

【解义】

此一爻是言随道之极，诚意固结者也。拘系之，从维之，皆固结之意。亨作享，西山即岐山。享于西山，取诚意之象。

周公系随上爻曰：上六居随之极，是其所以随人者止此无妄之心，合终始而不易，随之固结而不可解者也。故其相知之深，相信之笃，如有物焉。既拘系之，更从而维之之象。夫诚意之极，可通神明，故又有王用亨于西山之象。明之所以随乎人者以此，幽之所以随乎神者亦以此。

孔子释上象曰：上六拘系之者，以其居卦之上，处随之极，无复他往，自然诚意固结而不解，虽欲不如是，而不能耳。

按：随之极，言理不言事，不可以一人一事该之。如七十子之随孔子，虽畏匡厄陈蔡，而相依不舍；又如舅犯、赵衰、介子推之徒，随晋文出亡十九年，备历艰苦，至于返国。患难安乐，无不共之，皆由诚意固结，之死靡他，所以为随之穷也。

【白话】

这个爻的意思是说，能相随至终极之处，必然少不了足够的诚意。拘系之，从维之，都是难分难解的意思。亨，通享。西山，岐山。享于西山，诚意之象。

周公所系的随卦上爻爻辞的意思是说：上六这个爻，位于随卦的终极之处，它之所以能与人相随至终极之处，是因为它能止却自己的无妄之心，始终如一，至死不渝，牢牢地与追随的对象固结在一起，难分难解。它深深地了解对方，也深深地信任对方，内心坚定得像是充满了实物。这就是“拘系之，乃从维之”之象。心意专诚到了这种地步，可以通达神明，所以又有“王用亨于西山”之象。

换句话说，只要有足够的诚信，既可以感召追随者，也可以感格天地鬼神。

孔子解释上爻的小象说：上六所谓的“拘系之”，是指上六位于随卦的终极之处，没有别的地方可去，自然会一心一意，就算它不想这样做，也不得不如此。

按：相随至终，说的是易理，而不是具体的事情，不能举个别反证，以偏概全。如孔门弟子追随孔子，虽然被困陈蔡之间时也心生畏惧，但始终相依不舍；再如舅犯、赵衰、介子推等人，追随晋文公流亡十九年，历尽艰苦，最终返回了晋国。患难也好，享乐也罢，都始终不渝，始终如一，究其原因都是因为他们像上六一样，内心虔诚，誓死追随，所以能相随至终。

䷑ 蛊 巽下艮上

【解义】

此见乱极当治，而所以治之在人之有所事也。蛊者事也，乃既蛊而治之之事也。卦象所以成蛊，卦才所以治蛊。或从天道说向人事，或从人事说向天道，是教人竭力承天，不可自失机会，皆以责人治蛊也。当蛊之时，不可苟安。要必刚柔得中，乃可转祸而为福。刚而不中，则急治而失之贞。柔而不中，则缓而不治，失之裕。君虚中以任贤，贤得中以济世，二五相应，蛊所以不终于蛊也。然失之贞者，犹有拨乱反治之心；失之裕者，终无起弊扶衰之日。盖必有二五治蛊之君臣，乃得全上九之高尚。不然，将必出而任天下之事，所谓利涉大川，先甲后甲者，必当引为己责矣。是知有国家者，诚宜临变而亟为之图，尤宜未危而预为之防。此持盈保泰之善术也夫。

【白话】

蛊卦讲的是乱极当治，而治乱在于有所作为。所谓“蛊者事也”，就是蛊敝之事的意思。卦象揭示了蛊敝的原因，卦德提示了治蛊之法。前者从天道延及人事，后者从人事推至天道，目的都是让人尽力遵循天道，抓住治蛊的时机，治理蛊敝。处在蛊卦之时，人不能苟且偷安。只有刚柔并济，持中守正，才可以转祸为福。刚而不中的话，就会因为急躁，偏离中道。柔而不中的话，又会因为迟缓，导致积敝难改。蛊卦的君爻六五有虚中之德，以自己的谦卑赢得了九二这个大贤臣，君臣相应，上下同心，所以蛊敝之事不至于发展到无法收拾的地步。然而失于正的，还有机会拨乱反正，失于宽者，却再也没有革除蛊敝的机会了。是因为九二与六五君臣一心，全力治蛊，上九才得以“不事王侯，高尚其事”。不然的话，它肯定会以天下为己任，就像卦辞所说的那样，勇涉大川，“先甲三日，后甲三日”，而不因天下蛊敝有所逃避，失却担当。而拥有国家的君主，应该在蛊敝之初就迅速治理，如果能够提前预防就更好了。想持盈保泰，必须擅长治蛊，并提前预防。

蛊：元亨，利涉大川。先甲三日，后甲三日。

【解义】

此卦巽下艮上，上下不交，积弊丛生，故名为蛊。卦辞言当坏极有事之时，能勇往以图功，自可转乱而为治也。甲，干之始。先甲三日为辛，取更新之义。后甲三日为丁，取丁宁之义。

文王系蛊彖辞曰：天下治乱之机，相为倚伏。时至于蛊，败坏已极。天心厌祸，将拨乱而反治，世道之所以得元亨，此也。然致亨之道，全在以人事挽天运，自非实有济蛊之力者不能。必也冒险越深，毅然勇往直前，若涉大川然，乃为利耳。涉川何如？如国家之纪纲法度，政令赏罚，其行于夙昔者，前事也。前事过中而将坏，必取先甲之辛以更新之。起敝更化，令来者之必可追。其行于今日者，后事也。后事方起而尚新，更取后甲之丁以丁宁之。思患预防，惩往者之不可谏。兼此二者，前弊可除，后利可久，乃为利涉而元亨也。

按：蛊之为象，虫聚皿中，势必败坏。天下久安无事，君骄于上，臣谄于下，酿祸生衅，日削月割，底于不可救，此正蛊之象也。卦辞垂训，以先甲救蛊之将成，以后甲策蛊之未至，此正治蛊万全之术。如必待蛊之既极而后图之，恐无及矣。彼汉唐之季，外戚宦官，藩镇盗贼，祸乱已形，而上下泄泄，漫不经心，驯至大坏极敝，徒为他人驱除之资耳，岂不可畏矣乎？

【白话】

蛊卦的下卦是巽卦，上卦是艮卦，巽为入，艮为止，一入一止，无法相交，从而导致积弊丛生，因此叫蛊卦。卦辞的意思是说，处在蛊敝的环境之中，能勇敢任事，治理积弊，就可以转乱为治。甲，天干之始。先甲三日为辛日，意思是更新。后甲三日为丁日，意思是丁宁。

文王所系的蛊卦卦辞的意思是说：天下治乱的机兆，相互倚伏。发展到蛊卦的阶段，已经败坏至极。君王为阻止祸乱，必然拨乱反正，世道会因此“元亨”，也就是大亨通。然而致亨之道，是以人事挽天运，治蛊者要有足够的能力。同时还要冒险涉难，毅然决然，勇往直前，如同跨越大川，方可收治蛊之利。为什么比作“涉川”呢？因为国家的纲纪法度、政令赏罚曾经施行过，是过去的事情，它们施行到一半的时候就快要败坏了，必须在败坏之前就予以更新，也就是在卦辞所说的“先甲三日”予以更新，因为甲日的前三天正是辛日，辛即更新。及早除去敝害，改革改制，一切都还来得及。发展到当下，已经是后事了。后事方起，属新生事物，所以要反复丁宁，也就是反复叮嘱，即在卦辞所说的“后甲三日”反复丁宁，因为甲日的后三天正是丁日，丁即丁宁。提前预防，未雨绸缪，才不至于像从前那样无法挽回。一边改革，一边预防，前弊可除，后利可久，所以卦辞说“元亨，利涉大川”。

按：蛊卦的大象是虫子聚集在器皿中，必然败坏。天下长治久安，太平无事，君王骄奢，臣下谄媚，酿祸生衅，日削月割，直至无法挽回，这就是蛊卦之象。卦辞垂训后人，要以先甲三日的精神治理蛊敝，以后甲三日的态度防范蛊敝，此乃治蛊的万全之策。如果等到蛊敝发展到极点再去治理，恐怕已经来不及了。在汉末与唐末，外戚、宦官、藩镇、盗贼，你来我往，此起彼伏，祸乱已起，还君臣和乐，漫不经心，最终发展到极端，贵为君王却沦为他人相互驱除的资本与工具，难道不令人畏惧吗？

《彖》曰：蛊，刚上而柔下，巽而止，蛊。蛊，元亨，而天下治也。利涉大川，往有事也。先甲三日，后甲三日，终则有始，天行也。

【解义】

此《彖传》，是释蛊彖辞，原所以致蛊之由，与所以治蛊之道也。天行，天运也。

孔子释蛊彖辞曰：卦之名蛊，岂无故哉？盖世道之治，必以君臣交通，励精图治而后成。今卦体艮刚居上，巽柔居下。又卦变自贲来者，初刚居上，二柔居下；自井来者，五刚居上，上柔居下；自既济来者，兼此二变。则是上情高亢而不下接，下情退缩而不上交，两情睽隔矣。卦德下巽上止，是在下逡巡畏避而无敢为之心，在上因循止息而无必为之志，甘于自弃矣。所以积弊而至于蛊也。然卦辞曰“元亨”者，盖斯世之蛊，患在治之无人。当此坏极之际，实有转乱为治之机。时虽未治，而天下之治已决于此。治蛊者诚能艰危自矢，如涉大川，以求必济，是往而有所事，不可辞其责也。至治之之道，必先甲三日，后甲三日者，盖拨乱反正之功，一本倚伏循环之理，时至而事起，天命而人从，有是时即有是事。乱之终，正治之始。夫固天道之运行然耳。

按：甲属天干，周而复始之象，故以天言。要之，治蛊全关人事，使不勉人事之当然，而坐希天运之自至，是名弃天亵天，而非善承天意者矣。岂圣人系蛊之旨欤？

【白话】

《彖传》是对蛊卦卦辞的解释，阐明了致蛊的缘由和治蛊之道。天行，天的运行。

孔子解释蛊卦的彖辞说：蛊卦之所以叫蛊卦，难道没有缘故吗？总的说来，天下大治，必须以君臣一心，励精图治为前提。而蛊卦的全称叫山风蛊，上卦为艮为山，下卦为巽为风，艮为阳卦居上，巽为阴卦居下，居上的性情向上，居下的性情向下，所以上下卦无法相交，时间长了，便会积弊丛生，也便是蛊坏。另外，蛊卦可以是由贲卦变来的，具体说来是贲卦的初九与六二交换位置；也可能是从井卦变来的，具体说来是井卦的上六与九五交换位置；还可能是从既济卦变来的，具体说来是既济卦的上六与九五交换位置，初九与初六交换位置。这三种卦变有一个共同点，也就是上卦高亢而不下接，下卦退缩而不上交，两情睽隔，上下否塞。具体到蛊卦的卦德，上卦为艮为止，下卦为巽为入，好比在下的臣子犹豫、畏惧，不敢有所作为，在上的君王因循守旧，不想有所作为，甘于自弃。两方面的因素合在一起，所以才导致了积弊，以至于蛊敝的境地。然而卦辞却说“元亨”，也就是极为亨通，原因在于世道蛊敝并不可怕，可怕的是无有治蛊之人。蛊敝至极之际，恰恰蕴含着转乱为治的时机。天下尚未治理，但天下的治乱就取决于此。负有治蛊责任的人，必须矢志不移，就像泅渡大川一样，一往无前，才可以跨越艰险，否则难辞其咎。至于治蛊的办法，也必须像卦辞所说的那样，“先甲三日，后甲三日”。总的来说，拨乱反正也遵循倚伏循环之理，在相应的时间就会有相应的事情，有相应的天运就会有相应的人事，任何时间的任何事情都不是偶然的，都是一体的。而祸乱的终结，正是正治的开始。一切都是天道的运行使然。

按：甲是十天干之首，“先甲三日，后甲三日”乃天干周而复始之象，所以彖辞说“天行”。其用意是说，治蛊能否成功，全赖人事，如果不尽全力，坐等天运，那就是违背上天、亵渎上天，而不是善承天意，又怎么可能是圣人系蛊释蛊的宗旨呢？

《象》曰：山下有风，蛊，君子以振民育德。

【解义】

此《象传》，是言君子体蛊之象，尽自新新民之道也。振者作兴之谓，犹风之鼓为号令也。育者涵养之谓，犹山之养成材力也。

孔子释蛊象曰：艮山巽风，此卦巽在艮下，是山下有风也。披靡摧落，挠乱解散，蛊坏之象。君子体此，知蛊之时，教化衰微，风俗颓敝，民德之委靡甚矣，非大加振作，使之去恶迁善，革旧染以自新不可。然民德之不振，实由己德之昏，故新民之本，又在于自新。必持养己德，使天之与我者常存不丧，而后推己及人，斯民可得而理也。诚能如此，则成己成物，两极其功，而岂犹有难治者哉？盖世道当积弊之后，斯民陷溺已深，欲以智驱而威胁之，人不堪命，激而成变，速乱之道也。惟反而自育其德，则无长不仁之心，自有以振民生；无犯不义之事，自有以振民行。《尧典》时雍于变，而先之以克明。《洪范》无有淫朋比德，而先之以作极。此之谓也。

【白话】

《象传》的意思是说，君子要体悟蛊卦的大象，并借此自新，然后使民众自新。振是振奋的意思，就像巽风鼓动、号令万物一样。育是涵养的意思，就像艮山使树木成材一样。

孔子解释蛊卦的大象说：艮为山，巽为风，此卦巽风在艮山之下，是山下有风之象。具体说来，就是树木倒伏，枝叶零落，横七竖八，一派蛊坏之象。君子体悟蛊卦的大象，深知蛊敝之时，教化衰微，风俗败坏，百姓非常委靡，必须大力振作，使他们去恶迁善，革旧从新才行。然而百姓的委靡，源自君王的昏昧，所以使百姓振作的前提，是自己先行振作。必须修养自己的德行，使之常存不丧，之后再推己及人，百姓与万民便可以治理了。真能做到这样的话，成己成物都可以做到极致，又有什么样的蛊坏不能治理呢？总的来说，世道积弊日久，百姓陷溺已深，君王如果动用小聪明驱使百姓，或者用强力威胁百姓，百姓被逼无奈，就会激起民变，徒使天下速乱。只要自省自新，不存不仁之念，自然能提振民生；不行不义之事，自然能提振民行。《尧典》说，想让百姓变好，君主必须先发扬大德。《洪范》说，不想让臣子结成私党，狼狈为奸，君主必须要做好榜样。说的都是这个道理。

初六：干父之蛊，有子，考无咎。厉终吉。

《象》曰：干父之蛊，意承考也。

【解义】

此一爻是言，干蛊于初者易为功也。蛊为前人已坏之绪，子能干之，则饬治而振起矣。干如木之干，枝叶所附以立者也。

周公系蛊初爻曰：卦有父母之象，诸爻皆其子也。初六蛊未深而事易济，为子者乘时之易更而善反之，故为有子能尽克家之道，以盖前人之愆，而考得以无咎矣。然既谓之蛊，处势甚危，不可以为未深而易心处之，必战兢惕厉，竭其干蛊之力，而使人不知为子之功，始虽危而终得吉也。

孔子释初象曰：前人之蛊已坏，无不望其子以掩覆之，更张之，有不可明言之隐志焉。初之为干蛊者，事虽违考，意实承考也。有子如此，非为父者所深愿哉？

按：干蛊之时，与天下更始，不得不反前人之覆辙。虽改臣改政，有决不容已者，岂可姑息以遂先人之过，贻宗祀之忧乎？大禹八年于外，修鲧之功，而鲧竟得以配天。蔡仲克盖前愆，复邦于蔡，而蔡叔得以延数百年之祀。其千古臣子之极则欤。

【白话】

这个爻的意思是说，在蛊敝一开始就予以纠正，很容易成功。当下的蛊敝是前人的弊政造成的，而且刚刚开始，及时纠正，就不难治理。干，树干，引申为主干。

周公所系的蛊卦初爻爻辞的意思是说：蛊卦从整体上看有父母之象，六个爻都好比儿子。初六位于全卦的初始阶段，相当于蛊敝初生，容易治理，为人之子，若能乘时治理，必然更容易些，所有爻辞说“干父之蛊，有子”，而所谓“考无咎”，是指有子如此，能改变前人的流敝，掩盖先人的过失，先考遂得以无咎。然而既已到了蛊敝的阶段，形势就已经很危急了，绝不能因为这个爻还处在蛊卦的最下面而有所轻慢，必须保持戒惧，兢兢业业，竭尽全力，治理蛊敝，使别人意识不到他的功劳，就终结了蛊敝，收获了吉祥。

孔子解释初爻的小象说：事业败坏的人，都希望自己的儿子能有所遮掩，有所更张，但又不方便明说。初爻为人之子，行干蛊之事，表面看是违背先考的意愿，实际上是更好地继承了先考的事业。有子如此，难道不是做父亲的愿望吗？

按：治理蛊敝，与改朝换代是一样的，绝不能走前人的老路。虽然改臣改政会发生激烈冲突，以至于互不相容，但想必不能姑息，铸成先人的过错，并给后人留下隐忧吧？大禹为了治水，八年不归家，修正了鲧的事业，鲧最终得以配享上天。蔡仲不与自己的父亲同流合污，得以复国，蔡国得以延续了数百年。他们做到了为人臣、为人子的极致。

九二：干母之蛊，不可贞。

《象》曰：干母之蛊，得中道也。

【解义】

此一爻是见，干蛊者以得中为贵，干母尤难于干父也。母，指六五。

周公系蛊二爻曰：六五柔顺在上，有母象焉。治道太柔则废，丛脞万几，驯致蛊坏，非为子者之责哉？九二以刚中之德，起而治蛊，干所当干，固其贞也。但恐以刚承柔，未免坚持拂戾，则于以子事母之道，有未尽安。故当周旋委曲，巽以入之，不可自以为贞而固执之也。

孔子释二象曰：干母之蛊与干父之蛊者不同，二惟刚而得中，自处巽顺，凡事当变革者，有匡救之方，无矫枉之过，得中以行，非为子之善道欤！

按：以臣干君，如以子干母，固不可一于柔顺，亦不可一于果决。宋司马光入相，尽变熙宁之法，可谓善矣。而处之太过，遂使奸人借口。改父之道，为后日报复之端，而众正皆不免于得祸。爻之以“不可贞”垂戒，象以“得中道”申之。两圣人深知干蛊之难者乎。

【白话】

这个爻的意思是说，治理蛊敝以得中为贵，要刚柔相济，而“干母”之蛊比“干父”之蛊更难。母，指六五。

周公所系的蛊卦二爻爻辞的意思是说：九二与六五成正应，六五柔顺在上，有母亲之象。六五以阴柔之身行柔弱之治，治道太柔，纷繁杂乱，假以时日，必然会导致蛊坏，为人之子难道没有责任吗？所以九二以刚中之德，奋起治蛊，治理它应该治理的，固然是贞正。但它以刚承柔，有可能因为过于坚持己见而拂逆母亲，这不太符合以子事母之道，有未尽之处。所以应该周旋委曲，巽顺以入，不能因为自己贞正就固执己见。

孔子解释二爻的小象说："干母"之蛊与虽然与"干父"之蛊有所不同，但二爻刚强中正，又处在巽顺的巽卦之中，象征在需要变革的时候，有匡救之方，无矫枉之过，居中而行，难道不是为人子者"干母"之蛊的完备之道吗？

按：以臣干君，如同以子干母，固然不可以一味地柔顺，也不能一味地果决。宋代的司马光拜相后，尽改王安石的新法，可谓正确。然而他矫枉过正，也为小人攻击他提供了借口。其实，"干父"之蛊不得法，也会为小人日后报复君子埋下隐患，届时正人君子都难免遭难。所以爻辞以"不可贞"为垂戒，象辞以"得中道"重申。周公与孔子都深知"干蛊"之难。

九三：干父之蛊，小有悔，无大咎。

《象》曰：干父之蛊，终无咎也。

【解义】

此一爻是言，急于干蛊者，虽蹈小悔，而终无深咎也。悔以心言，咎以理言。

周公系蛊三爻曰：九居三位，过刚不中。承前人之弊，不惮速于更张，未免施为无渐，振刷太繁，宁无小悔？然幸其巽体得正，巽则可以制其过刚，正则可以救其不中。终于物理人事，不甚拂戾，岂有大咎乎？

孔子释三象曰：九三干父之蛊，虽若有悔，然能振既隳之绪，成再造之图，心迹为人所谅，岂有三年无改之嫌？终得无咎，宜也，何患其有小悔哉？盖人子改父之道，隐衷必介然有所未安。小有悔者，所以原为子之心，然能克盖前非，不显其亲之过。终无咎者，所以策为子之力。《传》言魏颗不从乱命而殉妾，屈建不从宗老而荐芰，君子嘉之。由此以推，可以得蛊九三之义矣。

【白话】

这个爻的意思是说，急于纠正父亲留下的弊政，虽然不无遗憾，但最终不会有大的咎害。悔，就心情而言。咎，就易理而言。

周公所系的蛊卦三爻爻辞的意思是说：九三虽然当位，但过刚不中。它顺承着前人的弊政，恨不得马上改弦更张，不肯循序渐进，一上来就严厉整肃，肯定会有小的过失和遗憾。幸好它处在下卦巽卦之中，并且以阳居阳，非常当位，巽顺的下卦可以克制它的刚强，当位可以弥补它的过刚不中。所以它不会过于违逆物理与人情，怎么会有大的咎害呢？

孔子解释三爻的小象说："干父之蛊"的九三，看上去虽然小有悔憾，然而它能重振父亲即将毁堕的事业，成就再造乾坤的蓝图，其良苦用心会被世人理解，岂有"三年无改于父之道"之嫌？它最终免于咎害也是应该的，何必在意那些小小的过失与遗憾呢？总的来说，为人子而改父之道，必有难以言说的苦衷，也难以万全。爻辞所谓的"小有悔"，说的正是它为人之子却改更了其父之道，然而也能因此掩盖父亲的过失，维护父亲的形象。"无大咎"，是为了鞭策、勉励它，尽到为人子的责任，全力治蛊。《左传》说，魏颗不遵从父亲魏武子临死前的胡话，使父亲的宠妾免于殉葬，而屈建不听从宗族长老的意思以菱角祭祀父亲，因为这不符合礼制。魏颗与屈建都得到了君子的嘉许。从他们的故事入手，可以明晰蛊卦九三的内涵。

六四：裕父之蛊。往见吝。

《象》曰：裕父之蛊，往未得也。

【解义】

此一爻是言怠缓者不能干蛊之失也。

周公系蛊四爻曰：前事既蛊，为之后者当如拯溺救焚，竭蹷以图，庶几事或有济。六四以阴居阴，不能有为，乐因循而惮改作，若处无事，然有宽裕以治蛊之象。如是以往，则前人之坠绪，终无振兴之日。立见羞吝，可不以是为戒哉？

孔子释四象曰：四知父之为蛊矣，则虽奋起从事，犹惧或失之。今乃宽裕以往，与奋勇从事者正相反。蛊将日甚一日，而不可救。未得干蛊之道者也。

按：三以刚居刚，失之太过；四以柔居柔，失之不及。然过者虽悔，而蛊已除；不及者终吝，而蛊愈亟。权于二者之间，与其为吝，毋宁为悔也哉。

【白话】

这个爻的意思是说，过于懈怠、宽容的人，非但不能治理弊乱，而且会有过失。

周公所系的蛊卦四爻爻辞的意思是说：前人的事业已经蛊败了，继任者应该像拯救落水者和救火一样迅速，竭尽全力，差不多还能挽救危局。而六四以阴居阴，柔弱暗昧，不能有所作为，反而乐意因循，害怕改变，表现得若无其事，正是“裕父之蛊”之象。如此一来，前人留下的弊乱再也无法治理，前人留下的事业也永远不可能振兴。当下就会招致羞吝，怎能不引以为戒？

孔子解释四爻的小象说：四爻明知父亲留下来的弊乱很严重，就算马上奋起，竭力作为，也难免过失，如今却以宽裕应对，与它应该做的恰恰相反。弊乱只会一天天严重下去，直到无法挽救。这显然偏离了干蛊之道。

按：三爻以刚居刚，失之过刚；以爻以柔居柔，又失之不及。然而过刚者虽有小小的悔憾，但弊乱毕竟得到了治理；过柔不及的人最终会有吝害，而弊乱也会越来越严重。权衡二者，与其最终取吝，不如“小有悔”。

六五：干父之蛊。用誉。

《象》曰：干父用誉，承以德也。

【解义】

此一爻是言，人君能任贤以干蛊，光大业而永令名也。誉，闻誉也。

周公系蛊五爻曰：六五身居尊位，值国事倾颓之会，当图振兴再造之功。但以其具柔中之德，似难一旦奋然有为者。所赖正应九二，得刚中之臣以辅之。虚己尊贤，维持不逮。用此式廓前烈，为中兴令辟，善继善述之名归焉。声称垂于天壤，鸿号施于无穷，干蛊之最善者也。

孔子释五象曰：五之干蛊而用誉者，岂在上独力所能致哉？由其柔中任二，而二承以刚中之德故也。盖委任得人，自足以成天下之治。故功在九二，而名归六五耳。盖运际艰难，虽英明刚断之君，犹不能不望臣邻之助，况六五之柔中在上者乎？太甲之于阿衡，成王之于公旦，惟其倾心信贤，故能转危为安，易乱而治。古今称善守成者，无以加焉。诚任人之道得耳。

【白话】

这个爻的意思是说，君王如果能任用贤才，治理弊乱，可以光大功业，也可以名传青史。誉，美誉。

周公所系的蛊卦五爻爻辞的意思是说：六五位于九五之尊的位置，处在大厦将倾之际，理应奋发有为，再造乾坤。但它是个柔爻，又有柔中之德，难以奋起。好在它有九二做正应，好比有刚中之臣辅佐。它又能虚己尊贤，为己所用。从而光大祖先的事业，成为中兴之主，赢得善继善述之名。它的名声会传遍天地之间，得到无穷的美誉，是尽善尽美的治蛊之君。

孔子解释五爻的小象说：五爻所说的“干父之蛊”和“用誉”，岂是六五这个柔中之君凭一己之力就能做到的？是由于它以自己的柔中之德感召并任命九二,九二奋起刚中之德，才一举扫除了弊乱。总的来说，委任得人，就足以治乱归正。根据易理，功劳要归于九二，名誉要归于六五。而且时运艰难，就算六五是个英明刚断的君王，也不能不寄希望于贤臣的辅佐，更何况它只是个柔中之君呢？太甲与阿衡（伊尹的官职），成王与周公，都是因为前者任用了后者，才能转危为安，易乱为治。说到古往今来善于守成的君主，没有谁比太甲和成王做得更好。他们深谙任人之道，并且很好地践行了它。

上九：不事王侯，高尚其事。

《象》曰：不事王侯，志可则也。

【解义】

此一爻是言，无干蛊之责者，可以超然事外也。

周公系蛊上爻曰：上以阳刚处乎人位之外，不与诸爻之为子者同任干蛊之责，是有干蛊之能，而无蛊之可干矣。不亦可优游事外，理乱不闻，而全身以隐遁哉？故有不事王侯，高尚其事之象。惟居吾仁，由吾义，以自治其一身，而超然于天下后世而已矣。

孔子释上象曰：上九不事王侯，是不见用于世，而洁清自守，志愿之高，足以风厉人群。其功虽不及于一时，而其节实可师乎百代。则所裨益，岂浅鲜哉。盖斯世之蛊，必待斯世之人治之。有心世道者，岂忍坐视污浊而不之救？惟上九之时，上有用誉治蛊之君，下有刚中干蛊之臣，而已得以从容无事，自全素尚。如际唐尧之盛而后标箕颍之风，遇光武之隆而后全桐江之节，斯足尚耳。否则甘为避人避世，沮溺丈人之行，又圣人之所不与也。岂得援高尚以自托哉。

【白话】

这个爻的意思是说，没有治乱归正的责任，就可以超然事外。

周公所系的蛊卦上爻爻辞的意思是说：上爻是个刚爻，但位于蛊卦的最上面，这是隐士的位置，与其余几个爻不同，所以爻辞既不言“父”，也不言“母”，更不言“蛊”，因为它不负有治乱归正的责任，或者说，它有相应的才干，但没有相应的麻烦。为什么不优游事外，远离俗务，全身隐退呢？所以爻辞说它“不事王侯，高尚其事”。只要遵循道义行事，以仁心义气自处，就能超然于天下，赢得生前身后名。

孔子解释上爻的小象说：上九所谓的“不事王侯”，是不被王侯见用，又能洁清自守，志向与风采，足以折服天下。它虽然无法赢得一时的功业，但名节足以令后世百代师法。它对天下的裨益和贡献，怎么能说轻微呢？总的来说，当下的弊乱，也应该由当下的人去治理。心怀天下的人，又怎么可以坐视弊乱，无动于衷？主要是因为上九处在弊乱至极，即将大治的时位，朝中既有虚中用誉的柔中之君，又有刚中上应的干蛊之臣，它完全可以从容无事，自在超然。比如尧帝的老师许由，甘愿舍弃天下，隐居于箕山颍水之间，再比如光武帝刘秀的同学严光，刘秀多次延揽，他依然选择在桐江之畔隐居，这都是非常值得崇敬的。但若是生逢天地否塞的乱世，却打着隐居的旗号，不去承担君子大人的责任，又不是圣人愿意看到的。君子怎么能打着高尚的旗号谋求依托呢？

䷒ 临 兑下坤上

【解义】

临之为卦，总见阳当极盛之时，君子道亨，则小人自退。然必守正预防，乃可制于未乱也。说而顺，刚中而应，君子进临小人之道也。教思无穷，容保民无疆，大君临莅斯民之道也，临小人正以为斯民也。夫以二阳而临四阴，阳虽长，而阴犹盛，非协力不足以胜，故初、二皆曰“咸临”。其上四阴以阴临阳，宜与阳相应。三无应而近阳求媚，宜无攸利。四、五有应而当位履中。上虽去阳，独远而志应乎内，故有“吉无咎”之辞焉。盖为君者，不能独临而委之贤宰相。五与二应，明君所以任贤，故称“知临”。为相者不能独临，而委之贤有司执事。四与初应，大臣所以亲贤，故称“至临”。用咸临者而君子长矣，去甘临者而小人消矣。由是司牧有人，司教有人，而敦临之治，可以垂衣而长享也。临天下者，其亦深鉴于此乎。

【白话】

临卦之所以叫临卦，是指从卦象上看，阳爻处在极盛之时，君子之道亨通，小人自然会退却。但也必须持中守正，提前预防，方可制于未乱，保于未危。从卦德上看，临卦的下卦为兑卦，兑为悦，上卦为坤卦，坤为顺，下悦而上顺，下卦的刚中之爻九二还与上卦的虚中之爻六五成正应，正好比君子进临小人。《象辞》所谓的“教思无穷，容保民无疆”，是指君王即位理政，临莅小人。小人，即是百姓与平民。说具体点，临卦指的是卦中的两个阳爻进临四个阴爻，阳爻虽然盛长，但阴爻的力量依然强大，阳爻必须同心协力才能制胜，所以初九与九二的爻辞都说“咸临”。反过来说，上面的四个阴爻未尝不是以阴临阳，所以它们与下面的阳爻相应，才符合临卦的卦义。六三不仅没有正应，而且临近阳爻，有求媚取宠之嫌，“无攸利”也是应该的。六四与六五都有应，并且六四当位，六五居中。上爻虽然也没有正应，但它处在极远之地，内心依然想与阳爻相应，所以爻辞说“吉无咎”。总的来说，君王不宜亲临，应该委任贤明的宰相。五爻与二爻成正应，正好比明君任用贤臣，所以称“知临”。宰相不宜独临，应该委任于贤明的官员。四爻与初爻成正应，正好比宰相亲近贤人，所以称“至临”。任用“咸临”的刚爻，君子之道则长；去除“甘临”的柔爻，小人之道则消。如此一来，上有圣明的君王，下有贤明的臣子，“敦临之治”得以施行，并且长久的亨通。临莅天下的君王，不应该以此为鉴吗?

临：元亨利贞。至于八月有凶。

【解义】

此卦兑下坤上，二阳浸长以逼于阴，故名为临。卦辞言阳道之方行，而又戒其当慎始而虑终也。临，进而凌逼于物也。八月，以爻数言，临与遁反，自临初爻至遁二爻，在卦经八爻，于月经八月也。

文王系临彖辞曰：临之为卦，二阳方长于下，阳道向盛之时，已有可为之势，而卦德兑说坤顺，卦体二五相应，又有善为之道，则是群阴可以尽去，吾道可以大行，当得元亨而又利于贞焉。盖阳刚势盛，固君子昌明之日。然所行不正，则德不合卦，而失自处之道矣，又安能得志哉？故不可恃己之盛，忽彼之衰。必以公道存心，正理处事，则无疵可议，无隙可乘，乃可以致亨也。然阳之长，固可喜，阳之消，又可忧。自临之初爻至遁之二爻，凡八月。刚柔皆变，则阳消而阴又长，故有凶。君子贵未然之防，可不思守正以杜其渐哉？

按：临当二阳浸盛，正君子道长之时，必惕之以凶者，盖祸患之形，即伏于方盛之日。狃安富则骄侈生，乐舒肆则纲纪坏，忘变乱则衅孽萌，是以浸淫而至于不可救也。惟及其盛而戒之，则开元之隆不变为天宝，庆历之治不转为熙宁矣。何患保泰之无术乎。

【白话】

临卦的下卦为兑卦，上卦为坤卦，下面的两个阳爻逐渐生长，逼临阴爻，所以叫临卦。卦辞的意思是说，君子之道初行，应该慎始慎终。临，进逼之意。八月，是就爻位而言，临卦的错卦是遁卦，自临卦的初爻变至遁卦的二爻，在卦上要经过八个爻，在月上就相当于经过八个月。

文王所系的临卦卦辞的意思是说：临卦之所以叫临卦，是指下面的两个阳爻逐渐生长，君子之道壮盛，已有可为之势。而卦德下悦上顺，卦体又君臣相应，善于施为，因此群阴可以尽去，吾道可以大行，理应“元亨”，但必须保持贞正。这主要是因为阳爻势盛，君子固然应该昌明，但行为不正，就偏离了临卦的卦德，也偏离了自处之道，又怎么可能长久地得志呢？所以不能仗恃阳爻的壮盛，忽视衰弱的阴爻。必须心存公道，以正理行事，处事毫无瑕疵，让小人无隙可乘，方可亨通。总的来说，阳爻的生长是可喜的，而阳爻的消退则令人担忧。从临卦的初爻发展至遁卦的二爻，一共经历了八个月。刚爻与柔爻全部向反方向变化，阳爻消退而阴爻盛长，所以爻辞说“有凶”。君子行道，贵在防范未然，怎能不守持正道并防危杜渐呢？

按：临卦的两个阳爻逐渐生长，正好比君子道长之时，必须警惕凶祸，因为祸患的形成，往往就潜伏在刚刚壮盛之际。因袭并安于富贵就会生出骄侈，逸乐并过于放纵就会破坏纲常，忘记了变乱就会萌生祸害，从而浸淫其中，以至于无可挽回。唯有在阳爻盛壮之时就加以警戒，开元之治才不会剧变为天宝之祸，庆历之治才不会急转为熙宁之败。又何患长久地持盈保泰呢？

《彖》曰：临，刚浸而长，说而顺，刚中而应，大亨以正，天之道也。至于八月有凶，消不久也。

【解义】

此《彖传》，是释临彖辞，言当临之时，不可忘戒惧也。浸，渐也。说而顺，以卦德言。刚中，指九二。应，谓六五应之，以卦体言。

孔子释临彖辞曰：卦名临者，方剥尽复生，阳道甚微，至此二阳并进，骎骎乎有不可御之势，自此而泰，而壮，而夬，以极于纯乾，皆势所必至。君子非有心于逼小人，而小人殆无容足之地矣。所以然者，卦德兑说坤顺，是虽挟刚长之势，而有和说柔顺之德。卦体刚中而应，又有刚柔交济之美，不同于恃壮用罔，而一归于正。人事所至，与天道相符。以此临人临事，莫不大亨而得正也。又曰"至于八月有凶"者，一阳固当方长之日，然其退消，亦只在数月之间，不待于久。君子宜预为之戒，而思患预防，岂可诿之天运之自然哉？盖阴阳之消长，系贤奸之进退，圣人深言消之不久者，以见君子难进而易退，小人难退而易进。故虽正类盈庭之日，而奸邪窥伺其旁，乘间抵隙，不久复炽。为君子者，但当严别邪正，固守其贞，勿使小人得混杂其间，则阳道常亨矣。唐虞之世，岂无四凶，惟投之遐荒，以御魑魅，故四岳九官十二牧，得久安其位，而万世皆颂。尧舜知人之明也，可不鉴哉？

【白话】

《彖传》是对临卦卦辞的解释，说的是处在临卦的大环境中，不能失去戒惧之心。浸，逐渐。说而顺，是就卦德而言，指下卦兑悦，上卦坤顺。刚中，指九二。应，指六五与九二相应，是就卦体而言。

孔子解释临卦的彖辞说：卦名之所以叫临卦，是指先前刚刚经历了剥卦与复卦，虽然一阳复生，但阳爻的力量太小，等到临卦的阶段，已经有两个阳爻，其势无可抵挡，再向上发展就是泰卦、大壮卦、夬卦，以至于六爻皆阳的纯乾之卦，都是势所必然。君子并不是有心逼迫小人，以至于小人无处立足。之所以如此，是因为临卦的卦德使然，它的下卦是兑卦，兑为悦，上卦为坤卦，坤为顺，也就是兑悦坤顺，既有阳刚奋起之势，又有和悦柔顺之德。就卦体而言，则是刚中而应，也就是刚健并居于下卦之中的九二上与虚中之君六五相应，有正应不说，还有刚柔交济之美，与那些"恃壮用罔"的卦不同，它遵循了贞正之道。这既符合人事，又与天道相符。以这种精神临人临事，都能亨通至极，并保持贞正。爻辞又说"至于八月有凶"，意思是说，经历了一阳来复，又来到了二阳之临，阳爻固然已处在壮盛的阶段，但是阳爻的消退也只在数月之间，难以持久。

君子应该提前预防，如果没有忧患意识与预防的思想，难道要推诿给上天和自然吗？总的来说，阴阳的消长，关系到贤人与奸人的进退，圣人之所以强调阳爻不久就会消退，是为了阐明君子难进易退，而小人难退易进的道理。就算朝堂里满是正人君子，也会有奸邪窥伺在侧，乘间抵隙，要不了多久就会重新占据一席之地。作为君子，必须严格区分君子与奸邪，固守自己的贞正之德，不让小人滥竽充数，才能长久地保持亨通。唐尧和虞舜的时代，也有四凶为害，只有把他们放在边远荒僻之地，抵御域外之地的魑魅，四岳九官十二牧才得以久安其位，并赢得生前身后广泛的赞誉。尧与舜的知人之明，怎能不加以借鉴呢？

《象》曰：泽上有地，临，君子以教思无穷，容保民无疆。

【解义】

此《象传》，是言君子法临之道，而克尽教养之功也。教思容保，皆临下之事。教思无穷者，兑也；容保无疆者，坤也。

孔子释临象曰：兑下坤上，是泽上有地而地临于泽，有临之象，君子观此而得居上临下之道焉。临下不可无教，而教思有穷非教之至也，君子于是设之庠序。未已也，而申之孝弟，尤谆谆焉，为之辅翼。未已也，而加之振德，尤亹亹焉。其教人之心，无所不尽，不与兑泽同其深乎？临下不可无养，而容保有限，非养之至也，君子于是泽及畿甸。未已也，外而海隅亦弗遗焉，惠我四方。未已也，远而要荒，亦勿弃焉。其养人之心，无有弗届，不与坤地同其广乎？如是则教施而无一人不安其性，养周而无一人不遂其生。作君作师之道，尽此矣。

按：彖言君子临逼小人，而象以教民养民为言者，盖小人之害民，不啻蟊贼之害稼。君子欲逼而去之，皆为斯民计也。故圣人养贤以及万民，而萧何则云养民以致贤人。言在上能尽教养之道，则在下之贤人必多。世皆君子而无小人，道其可以大行矣。不可以证《彖》《象》相发之旨乎。

【白话】

《象传》的意思是说，君子应该效仿临卦，克尽教民、养民之功。“教思容保”，即教导、感化、包容、保养，都是以上临下之事，即君王与贤臣的本分。“教思无穷”，是指下卦兑卦。“容保无疆”，指上卦坤卦。

孔子解释临卦的大象说：临卦的下卦是兑卦，兑为泽，上卦为坤卦，坤为地，整体来看就是泽上有地，而地临于泽，也就是临之象，君子通过观察临卦，体悟到了以上临下之道。以上临下，不可以不教导，教导就应该“教思无穷”，而不能“教思有穷”，于是设立了专门的教育机构。这还不算完，还要申明孝悌之道，谆谆教导，用来补充文化教育的不足。这仍然不算完，还要培养品德，勤勉不倦，乐此不疲。其教导万众之心，无所不尽，不正像大泽那样深切吗？以上临下，也不可以不爱民，爱民就应该“容保无疆”，而不是容保有限，君子于是泽及京畿与郊外。在此基础上，连非常僻远的人民也要容保，施惠于四方。在此基础上，还要进一步容保极远之地的人民，一个百姓也不肯丢弃。其爱民养人之心，没有边界，不正像大地一样宽广吗？这样一来，教化得以普施，人人都能安身立命，养育极其周全，没有一个人无法正常生活。为君之道与为师之道的极致，也不过如此。

按：《彖传》说君子逼临小人，《象传》说君子要教民养民，主要是因为小人对民众的危害，不啻于害虫危害庄稼。君子逼临小人，并试图除掉小人，都是为了民众考虑。所以圣人通过养贤而养万民，萧何则说要通过养民吸引贤人。意思是说，在上位者能尽教养之道，辅佐他的贤人必然很多。世上只有君子，没有小人，大道亨通，不是很好地验证了《彖传》《象传》相互阐释的宗旨吗？

初九：咸临，贞吉。

《象》曰：咸临贞吉，志行正也。

【解义】

此一爻是见临人者必先自正其身也。咸，皆也。

周公系临初爻曰：卦惟二阳，遍临四阴。凡阴柔小人，皆在所临者也，故为咸临。然君子于小人，不恃吾有常胜之势，而恃我有必胜之理。初九刚而得正，有贞之义，其所以为临者，循乎义理之安，而非发于意气之私。自治谨而虑事周，则动出万全，在我无可议之疵，在彼无可乘之隙，小人可去而获吉矣。

孔子释初象曰：咸临以正而得吉者，无他，盖自治之严，虑事之密，君子之正也。诚能以正自持，固不乱于小人之群，而亦不至为已甚之行。如是而吉，又何疑哉！

按：临，一也，而义不同。有临逼之临，初、二爻是也。有临莅之临，三、五、上爻是也。有亲临之临，六四一爻是也。要之，皆归于正，则临之道得矣。然独于初云贞吉，而诸爻不言者，盖二之咸临与初同，不必复言正。三既忧之，则反甘临之不正，而归于正矣。四、五、上曰至，曰知，曰敦，则正亦在其中矣。独初居临之始，小人众而君子独，非行之以正，无以成制邪之功。故卦既戒以利贞，而又于此发之也欤。

【白话】

这个爻的意思是说，临逼他人之前，要修正自己的品行。咸，全部。

周公所系的临卦初爻爻辞的意思是说：临卦以两个阳爻，临逼四个阴爻，所有的阴爻都在被临逼之列，所以爻辞说“咸临”。不过，君子面对小人，不仗恃自己的必胜之势，只仗恃自己的必胜之理。初九以阳居阳，既刚且正，象征内心贞正，它临逼阴爻，遵循的是义理，而不是意气用事。严于律己又虑事周全，做事滴水不漏，我方无可指摘，彼方无隙可乘，必能除去小人，收获吉祥。

孔子解释初爻的小象说：爻辞所谓的“咸临，贞吉”，主要是指它严于律己，又虑事周全，符合君子的贞正之道。真能持正守常，自然不会受小人的惑乱，自己也不会有过激的行为。这样一来，收获吉祥，又有什么可质疑的呢？

按：临卦的“临”，有不同的内含。有临逼之临，初爻与二爻即是。有临莅之临，三爻、五多与上爻即是。还有亲临之临，六四即是。总的来说，只要符合贞正之道，就符合临卦的主旨。但只有初爻的爻辞说“贞吉”，其余的爻都不说，主要是因为二爻也是“咸临”之爻，与初爻相同，所以不必重复。三爻既然说了“既忧之”，就已经纠正了不正的“甘临”，使之归正。四爻说“至临”，五爻说“知临”，上爻说“敦临”，都已经包含了贞正之意。唯独这个初爻，它处在临卦的开始，小人众多，却只有它一个君子，不以贞正之道勉励它，便无法克制奸邪。所以卦辞明明已经说过了“利贞”，这里也要着重强调，再次阐发。

九二：咸临，吉无不利。

《象》曰：咸临吉无不利，未顺命也。

【解义】

此一爻是言阳道得势上进，而临人之功益盛也。未顺命，谓所临之小人未顺天命。

周公系临二爻曰：初二皆有咸临之象，初刚得正，二刚得中，而二之势又上进，则加盛矣。举动合宜，所以临之者有其道。权势在我，所以临之者有其机。

以是而临小人，则义足以服其心，力足以制其暴。阴邪可尽去，而吾道靡不伸。吉无不利宜也。

孔子释二象曰：二之“咸临，吉无不利”者，何哉？盖君子以正道命令天下，人无不顺而从之。彼小人于君子，心术不侔，趋向各异，独以阴僻之私，排沮挠抑于其间。邪类不诎，则正道不伸。君子之临小人，正为其未顺命而不得不去之耳。

按：未顺命，或以为未顺天命，或以为未顺君子之命。要之，君子之命全乎天理，即天命也。邪正不两立，故小人不顺于君子，而君子必欲屏绝之，正以其悖乎天理耳，岂从一己之同异起见乎？

【白话】

这个爻的意思是说，阳爻得势上进，临逼小人的力量更大。未顺命，指二爻所临的小人未顺天命。

周公所系的临卦二爻爻辞的意思是曰：初爻与二爻都有“咸临”之象，初爻是因为阳刚并且当位，二爻则是因为阳刚并且居中，而且二爻又多了一重上进的势能，更加盛壮。它的举动符合临卦的宗旨，所以临逼有道。它掌握着时势的主动，所以临逼合机。合道又合机，临逼小人时，义足以使其心服，力足以使其身伏。它可以除去所有的阴邪，使君子之道大张，“吉无不利”也是应该的。

孔子解释二爻的小象说：二爻所谓的“咸临，吉无不利”，是什么意思呢？主要是指君子以正道行天下，令天下，人皆顺从。但小人站在君子的对立面，心术不定，趋向各异，共同点则是心怀阴私，排斥、阻挠、抑制君子。奸邪不诎，则正道不伸。君子临逼小人，正是因为小人不顺天命，所以才不得不去除小人。

按：“未顺命”，可以理解为未顺天命，也可以理解为未顺君子之命。但说到底，君子之命符合天理，相当于天命。邪正不可两立，所以小人不可能顺从君子，而君子也必须摒除小人，主要是因为小人违背天理，哪里是因为彼此的一己之见不同呢？

六三：甘临，无攸利。既忧之，无咎。

《象》曰：甘临，位不当也。既忧之，咎不长也。

【解义】

此一爻是见无德者不可以临人也。

周公系临三爻曰：三居下卦之上，临人者也。阴柔不中正，又居说体。无实德以临人，惟虚示甘美之情，以临在下之二阳，而不知君子易事难说，知其巧伪无实，谁则信之？宜乎无攸利矣。若能知甘临之难以感人，忧之而改行从善焉，则可见容于君子，而何咎之有哉？

孔子释三象曰：三之甘临，以其阴柔不中正，而位不当也。己无其德，而善柔成性，邪媚存心，是则小人之咎耳。既知其无益而忧之，则悔悟之下，必能去伪存诚，而甘临之咎，自不长也。

按：六三以甘媚临人而无攸利，见君子之难说也。"既忧之，无咎"，又见君子之易事也。处己严，故不受不正之说；与人宽，故不治既忧之人。爻辞为六三开迁善之门，然亦可见二阳之用心矣。

【白话】

这个爻的意思是说，没有德行的人，不可以临莅他人。

周公所系的临卦三爻爻辞的意思是说：三爻位于下卦的最上面，好比莅初爻与二爻。但它不仅阴柔，而且不中不正，还位于代表愉悦、取悦的兑卦之中。没有真正的德行，还要临莅他人，它也只能靠取悦他人，虚示甘美之情，莅临初爻与二爻，却不知道君子易事难说，因为君子很容易识破它的伪诈与机巧，怎么可能信任它呢？"无攸利"也是合理的。但若能因此醒悟，知道"甘临"难以感人，在"忧之"的基础上改过从善，就可以被君子接受，那样的话，又何咎之有呢？

孔子解释三爻的小象说：三爻所谓的"甘临"，是说六三以阴爻而居阳位，不正不中，爻位不当。没有刚健中正之德，又阴柔成性，就会邪媚存心，堕落成小人，并因此取咎。既然知道这么做不对，它就会"忧之"，进而有所悔悟，去伪存诚，因为"甘临"而导致的咎害，自然也不会长久。

按：六三以甘媚临人，没有任何收获，可见君子难以取悦。但爻辞又说"既忧之，无咎"，可见君子易于合作，容易共事。君子严于律己，所以不接受不正当取悦；宽以待人，所以不逼迫既忧之人。爻辞为六三打开了迁善之门，从中也不难看出下面两个阳爻的用心良苦。

六四：至临，无咎。

《象》曰：至临无咎，位当也。

【解义】

此一爻是见相临之切至而靡间也。

周公系临四爻曰：四以柔顺得正，下应初九，阴阳相得，其情密矣。处近君之位，守正而任贤，以亲临于下，情意恳到，自无交疏间隙之咎，宜其为临之至者也。

孔子释四象曰：四之“至临无咎”者，由其以柔居柔，处位得当，故能与初情投而意洽也。否则貌厚而情疏，乌能切至如此乎？

按：六四坤兑之交，地与泽相临之至。在人事则以顺正之人得正应而与之，宜其相亲爱如琴瑟之和，埙篪之应矣。然止曰无咎者，盖取其情意切至而不能大有所为，大约柔爻原未易得吉，但以无咎为幸耳。

【白话】

这个爻的意思是说，以上临下要亲密恳切。

周公所系的临卦四爻爻辞的意思是说：四爻以柔居柔，非常当位，并且与初九成正应，阴阳相得，亲密无间。它挨近君爻，位列公侯，守正且能任贤，并且亲自以上临下，情意恳切，自然不会因为相交疏浅而取咎，称其为“至临”也是应该的。

孔子解释四爻的小象说：四爻“至临，无咎”，是因为它以柔居柔，处位得当，所以能与同样当位的初爻情投意洽。否则的话，如果它与初九貌合神离，又怎么可能相处得如此亲密？

按：六四位于上下卦的交接处，是大地与泽水亲密相临的地方。对应到人事，则是指顺应贞正之道的君子赢得了同道中人的认同，彼此相亲相爱，如同琴瑟之和，恰如埙篪之应。但爻辞只说“无咎”，主要是因为关系太亲密难以大有作为，而且柔爻原本不应该得吉，“无咎”已属侥幸。

六五：知临，大君之宜，吉。

《象》曰：大君之宜，行中之谓也。

【解义】

此一爻是言，临天下者，不自用而任人，所以成其为大知也。知临是有任贤以临下之智。

周公系临五爻曰：五以柔中顺体居尊位，而下应于二刚中之臣，倚任以成治功。盖知天下之大，非一人心思所能周，而屈己下贤，资其聪明，以广吾之所不及，诚得执简御烦之要者。此其为临，乃知者之事，而大君之所宜也。如是将见不用其聪而聪无不通，不用其明而明无不照，君道得而治可成矣，吉何如之？

孔子释五象曰：人君劳于求贤，而逸于任人，乃天理当然之极，即中道也。世主或聪明自用，而不肯下贤，则失之过；或昏昧自安，而不知下贤，则失之不及。五以柔中应二之刚中，是能任用贤人，不偏不倚，乃行中之谓也。

按：知以高明为德，六五本柔，何以知称？盖人君，沾沾自用，岂能周于万事？故自任其知者，适以成其不知。《中庸》称舜大智，惟其好问好察，而约之用中，其得知临之道者欤。又言，聪明睿知，足以有临。则知自古临天下者，未有不要之于知，而又非一人自用之谓也。可以悟为君之道矣。

【白话】

这个爻的意思是说，莅临天下的人，不刚愎自用，又知人善任，这是难得的大智慧。知临，即智临，也就是有任贤临下之智。

周公所系的临卦五爻爻辞的意思是说：五爻是阴爻，又处在坤顺之中，还位于尊位，并且通过下应九二这个刚中之臣，倚重并信任它，取得了治功。源自于它具备自知之明，并且深知天下之大，一个人不可能计出万全，所以它放下身段，礼贤下士，借助外脑，弥补自己的不足，抓住了执简御烦的要点。如此莅临，实乃智者所为，为人君者尤其应该效仿。真能如此，它不用自己的聪明也能聪无不通，不用自己的贤明也能明无不照，为君之道得以施行，治世可成，又有什么样的吉祥可以与之相比？

孔子解释五爻的小象说：君王为求贤而操劳，孜孜不倦，求得贤人后便享受逸乐，一任贤人施为，乃是天理，合乎中道。君王若是自认为聪明，刚愎自用，不肯任贤，则失之于过；而昏昧自安，不知任贤，则失之于不及。六五以柔中之德，下应刚中的九二，是能任用贤人的君王，六五与九二分别位于上下卦的中间，不偏不倚，行为适中，恰到好处。

按：智慧的前提是高明，六五柔弱暗昧，凭什么说它“智临”呢？这是因为人君沾沾自用的话，怎么可能算无遗策，万事周全？所以自认为明智的人，恰恰是不明智。《中庸》说舜帝有大智，因为他好问好察，并奉行中道，他是真正了解“知临”之道的人。又说“聪明睿知，足以有临”，可知自古以来莅临天下的人，都会以智慧为重，但绝不刚愎自用。从中不难体悟出为君之道。

上六：敦临，吉无咎。

《象》曰：敦临之吉，志在内也。

【解义】

此一爻是言上六之能下贤，始终相与而无间也。敦，厚也。内，指下二阳言。

周公系临上爻曰：上六居卦之上，处临之终，与初二虽非正应，而阴求于阳，乃为至顺，故志在乎从二阳。尊而应卑，高而从下，敦厚之至也。夫亲贤取善，常患其不克终。惟敦临者，好德之心出于至诚，始终如一，其为吉而无咎，又奚疑乎？

孔子释上象曰：内卦二阳，咸临之君子也。上九志于顺阳，念兹释兹，专在于是，愈久而愈不忘，是以敦临吉也。临之为道，蔑以加已。

按：上居坤体，坤厚载物，即法坤之厚以为临。坤，土也，故于临之上曰敦临吉。艮亦土也，故于艮之上曰敦艮吉。可见厚于终者，未有不吉，而用之以待贤人，尤为得其正也夫。

【白话】

这个爻的意思是说，上六能屈己下贤，所以能始终与贤人亲密无间。敦，敦厚。内，指下卦的两个阳爻。

周公所系的临卦上爻爻辞的意思是说：上六位于临卦的最上面，处在临卦的终极之处，与初爻、二爻虽然不是正应，但根据易理，阴求于阳，方为至顺，所以上六有心顺从初九与九二。它以尊应卑，以高临下，敦厚至极。在上位者亲贤取善，每每有始无终。像上六这样，以孰厚的性情和发自内心的至诚，亲临贤者，始终如一，它能够收获吉祥并且无咎，又有什么值得怀疑的呢？

孔子解释上爻的小象说：内卦的两个阳爻，是“咸临”的君子。上九遵循易理，有心从阳，念念不忘，专诚精一，愈久愈深，所以“敦临”且“吉”。莅临之道，没法再增加了。

按：上爻居于上卦坤卦之中，坤卦纯阴至顺，厚德载物，所以上爻所谓的“敦临”，就是效法厚德载物的大地那样莅临天下。坤卦又代表土，而上爻位于坤卦的最上面，好比在大地之上的土，也就是土墩，因此爻辞说“敦临，吉”，敦通墩。艮卦也属土，所以艮卦的上爻说“敦艮，吉”。可见始终宽厚的人，没有不吉祥的，而以此对待贤人，尤其正当。

卷六

䷓ 观 坤下巽上

【解义】

观化在民，所以为观者在己。九五居上，四阴仰之，观之位也。内顺外巽，观之德也。以中正示天下，观之道也。然顺巽与中正，实非有二。顺则不假作为，巽则不露形迹，此皆浑然在中不可见者。中与正，即此不可见者。隐跃示人于声臭之表，以默成中正之化。观道也，即天道也，故谓之神。大抵卦以观示为义，爻以观瞻为义。下四爻皆所以观人者，上二爻皆所以为人观者。天下未有不观诸己而能为观于人者也，故五以君道观天下，而必反观我生；上以师道观天下，而必反观其生。其道要不外中正而已。盖五之自观，则曰生，出于我者也。自四观五则曰光，达于国者也。初无二也，若初六之阴柔安于浅近，而为童观。六二之暗蔽遗于见闻而为窥观，不惟不能如四之观国之光，亦且远逊三之审于进退，岂得观道者哉？

【白话】

百姓希望看到良好的政治教化，所以观卦的主体是百姓。九五高高在上，下面的四个阴爻都仰视于它，都处在观化的位置。内顺外巽是观卦的卦德，因为它的内卦是坤卦，坤卦纯阴至顺，外卦为巽卦，巽为入，也为顺。九五既中且正，高高在上，莅临天下，正是君王观示天下之道。观卦的巽顺与中正，并不矛盾。顺则无所作为，巽则不露形迹，表面上根本看不出来，都深深地藏在心里。它的中与正，也因此不那么明显。只隐约地露出一点形迹，默默地感化、教化世人。由此可见，观道，即是天道，天道神妙，不可观测，所以《彖辞》说“观天之神道”，又说“以神道设教”。总的来说，卦辞主要是讲观示，也就是观察并示范，爻辞则主要讲观瞻。下面的四个阴爻都是观人者，上面的两个阳爻都是被观者。天下没有不先观察自己就能观察别人的人，所以五爻以为君之道观察天下，必须反观诸己。上爻以师道观天下，也必须反观自身。观卦之道，总的说来不外“中正”二字。五爻是自观，所以说“生”，因为它取决于五爻自己。站在四爻的角度观瞻五爻，则说“光”，因为四爻是大臣，五爻是君主，它们的一举一动都关系着整个国家。初爻所谓的“童观”，没有别的解释，就是因为它处在刚开始的位置，并且是个柔爻，好比儿童，所以叫“童观”。六二处在纯阴至顺的坤卦之中，又阴柔暗昧，囿于见闻，只能“窥观”，不仅不如“观国之光”的四爻，也远远不如“观我生进退”的三爻，怎么能说它契合观卦之道呢？

观：盥而不荐，有孚颙若。

【解义】

此卦坤下巽上，九五一爻，四阴仰之，有观示天下之象，故名为观。卦辞言，为天下所观者，当尽其建极之道也。自上示下曰观，自下观上曰观。卦名之观去声，六爻之观平声。盥，将祭而洁手也。荐，奉酒食以祭也。祭未有盥而不荐者，特假此以明慎重之义。孚，信也。颙若，尊敬之貌。

文王系观彖辞曰：人主以一身莅万物之上，斯世无不尊而仰之。观化者虽在于人，而为观者实在于己。诚能精一执中，无为守正，冲然穆然，端拱于上，无俟制度文为，从事显然之迹，而实德在中，自足建中表正于天下。犹祭者方盥手致洁，酒食未荐时，孚信在中，而颙然可仰也。盖祭者以诚敬为主，未及于荐，则诚敬常存。至既荐之后，礼数繁缛，则人心散而精意不若始盥时矣。夫格神以诚不以文，观民以心不以貌。在上者正其仪表，以为下民之观，当庄严如始盥之初，勿使诚意少散如既荐之后可也。

按：四阳二阴之卦曰大壮，四阴二阳之卦曰观。四阳之为大壮，以阳之盛言也。四阴何不以阴盛言，而独取二阳在上为四阴所观仰？盖扶阳抑阴，圣人固有微意存焉。天下多者必受治于少，况阳实为阴所乐从者乎。但当尽其为观之道耳。舜恭己南面，而天下自治。文王不大声以色，而万邦作孚，可以得此卦之义矣。

【白话】

此卦的下卦为坤顺，上卦为巽顺，九五作为君爻高高在上，下面是四个仰视它的阴爻，好比天下万民，卦有观示天下之象，所以叫观卦。卦辞的意思是说，为天下人所观瞻的君王，要尽力履行中正之道。自上示下叫作观，自下观上也叫作观。卦名的“观”字读去声，爻辞中的“观”字读平声。盥，祭祀前把手洗净。荐，捧着酒食献祭。按照祭礼，没有“盥而不荐”的道理，卦辞借此阐明，观人、被人观与自观，都应该慎重。孚，孚信。颙若，尊敬的样子。

文王所系的观卦卦辞的意思是说：君王高高在上，莅临万物，天下人无不尊而仰之。观化的主体虽然是百姓，但是否有碍观瞻则取决于自己。君王如果真能守持中道，遵循正道，谦虚谨慎，端正庄重，不待制度与法令条文推行，事迹彰显，凭借实实在在的德行，就足以建中表正，教化天下。这就好比主持祭祀的人，洗干净了双手，虽然还没有捧着酒食献祭，内心已充满虔敬，外貌也庄严肃穆，令人仰视。这是因为主持祭祀的人以诚敬为念，不献祭的时候，也常存诚敬之心。真到献祭的时候，礼数繁缛，内心反倒会散乱，心意反而会不精专，还不如刚刚洗手的时候。感格神灵，重在内心诚恳，而不是虚浮的仪式，观察民众，要看民众的真心想法，而不是表面上的顺从。在上位者应该仪容端庄，以便让百姓观瞻，必须像致祭前洗手那样，保持如初的虔敬，而不能像献祭之后那样诚意不足，就可以了。

按：四个阳爻两个阴爻的卦叫大壮卦，四个阴爻两个阳爻的卦叫观卦。四个阳爻两个阴爻的卦之所以叫大壮卦，是就阳爻盛壮而言的。那么，四个阴爻两个阳爻的卦为什么不就阴爻壮盛取个名字，比如小壮，而非要就两个阳爻在上，被下面的四个阴爻观仰，取名为观卦呢？主要是因为易理扶阳抑阴，圣人总是时刻注重这一点。纵观天下，多的必然会被少的治理，更何况阴爻实际上也乐意顺从阳爻，但是应该尽量遵循为观之道。舜帝端正庄重地坐在王位上，天下就能自行治理好。文王不疾言厉色，但万邦感孚。二者都契合观卦之道。

《彖》曰：大观在上，顺而巽，中正以观天下。观，盥而不荐，有孚颙若，下观而化也。观天之神道，而四时不忒。圣人以神道设教，而天下服矣。

【解义】

此《彖传》，是释观彖辞而极言观之道也。大观在上，以卦体言。顺巽，以卦德言。中正，以所观之道言。下观而化，以效言。四时不忒，天之所以为观也。神道设教，圣人之所以为观也。

孔子释观彖辞曰：卦名观者，以中正示人，而为人所仰也。然无位则其道不尊，无德则其道不立，而难达乎天下矣。今卦体九五在上，其下四阴仰之，卦德内顺外巽，而九五以中正示天下焉，则是大观之主，身居上位而为臣民所具瞻，所以为观者有其位矣。温恭以宅心，而内焉于理无所乖；审察以制事，而外焉于理无所拂，所以为观者有其德矣。由是自一身以达庶政，一皆大中至正之理。为观之道，天下皆得而见之，此其所以称大观也。夫观道，以中正为极，而中正以民化为征。中正为观，一若祭者之盥而不荐，有孚颙若然，所谓建其有极也。其下皆服从而化，革面革心，所谓归其有极也。此其间有不言而喻之机，非天下之至神，其孰能之？试观天道，无声无臭，气化流行，道何神也！而春夏秋冬，不爽其序。试观圣人，不识不知，民皆顺则，道何神也！而一道同风，不显其德。圣人之神道设教，一如天之神道也。观之为道，岂不大哉？

按：中正以观，即圣人之神道以设教也。下观而化，即天下服也。卦辞取象于祭，故揭神道言之。视之弗见，听之弗闻，体物而不遗者，神是也。圣人正身以率下，至诚所孚，非有声音，非有象迹，而应感之机，捷于影响。盖所存者神，则所过者化，岂人力之所能为者欤？

【白话】

《彖传》是对观卦卦辞的解释，它详尽地阐释了观卦之道。大观在上，是就卦体而言。顺巽，是就卦德而言。中正，是就在下者观察到的君道而言。下观而化，是就效果而言。四时不忒，是人们观察并取法天道的具体之处。神道设教，指圣人效法观卦，教化百姓。

孔子解释观卦的彖辞说：卦名之所以叫观卦，是指君爻以中正之德感化百姓，而百姓仰而观之。然而，没有位置，君道不会被尊重，没有德行，君道也不可能最终确立，传喻天下。如今观卦的九五高高在上，下面的四个阴爻尽皆观仰于它，卦德内顺外巽，好比九五以中正之德观示天下。九五是观卦的卦主，它身居上位，为天下臣民所观瞻，也正是因为这一点，它才会被天下臣民所观瞻。它温和恭敬，宅心仁厚，对天理无所乖违；能在仔细审察的基础上处理大事小情，对事理也不拂逆。也正是因为有这样的德行，它才能被天下臣民所观瞻。所以它能够通达各种政务，凡事遵循大中至正之理。其为观之道，全天下都得以见之，所以叫作“大观”。观示之道，以大中至正之道为极致，以民众是否感化为表征。以中正之心行为观之道，恰如主持祭祀的人刚洗完手，还没有献祭，但内心已足够虔诚，仪容也足够庄重，那份观示天下的心已经达到了极点。在下的臣民都服从它的教化，革面革心，归化也达到了极致。这个过程中充满了不需要明说就能够体会出来的机兆，若不是至为神妙的人，谁能做到呢？试着观察天道，它无声无臭，气化流行，多么神妙！但春夏秋冬各依其序，寒来暑往各司其职。再试着观察圣人，百姓不投机，不取巧，都遵循自然，顺应规律，多么神妙！但天下只见美好的风尚，而不见圣人的德行。圣人效法观卦教化百姓，就好比天道一样神妙。观卦的内涵，岂不是很大吗？

按：以中正之德观示天下，是圣人效仿观卦，教化百姓的具体方法。在下者在观瞻的基础上接受君王的教化，全天下都会归服。卦辞取象于古代的祭祀，所以彖辞以“神道”系之。视之不见，听之不闻，滋养万物却没有一样漏掉的，就是神。圣人正身示下，以至诚之心相感孚，没有声音，也没有形迹，但相互之间的感应，比影子和声响还快捷。圣人之道像天道一样神妙，它所经过的地方都会被感化，岂是人力所能做到的呢？

《象》曰：风行地上，观。先王以省方，观民设教。

【解义】

此《象传》，是言先王体观以为治也。

孔子释观象曰：坤下巽上，是风之行乎地上也。吹嘘披拂，无物不遍，为观之象。先王以身率人，固足以范民于中正之路。然虑天下之大，有难以遽齐者，于是因巡狩之期，举省方之典，遍考其风俗而设教以示之。如国奢示俭，国俭示礼，使之一轨于中正。是其以道观示天下之民，亦犹天之风行而及天下之物矣。圣治之同天者如此。

按：省方之典，虞夏商俱以五载，而周则十二年一巡。有疏数之不同者，盖上古天子之出，车徒省少，供应简略，不致劳民动众，至周而其礼渐繁矣。汉唐以后，出入警跸，仪物滋多，非复前代之简易，岂能复循先王之旧乎？汉武微行，东方切谏。孝成媠出，谷永进规。深知万乘之不可轻动也。人主诚能广辟四门，达聪明目，则虽不下堂阶，而自灼见万里之外，亦何必古制之是泥哉？

【白话】

《象传》的意思是说，先王体悟并效法观卦，治理天下。

孔子解释观卦的大象说：观卦的下卦是坤卦，代表大地，上卦是巽卦，代表风，所以观卦的大象就是风行于大地之上，吹嘘披拂，无物不至。先王效法观卦的精神，并以自身为表率，因此足以匡正百姓，使之归于中正。然而考虑到天下广大，一时间难以齐整，于是借助巡狩之期，巡视四方，在考察各地风俗的基础上，设教以示。比如在国人奢侈的时候教人们节俭，在国人节俭的基础上教人们礼义，总之要想办法使之归于中正之道。先王是以圣王之道观示天下万民，就像天风行走在大地之上，遍及万物。圣王之治竟如此接近于天道。

按：君王巡视四方，虞、夏、商三朝都是五年一巡，而周朝改为十二年一巡。之所以不像前朝一样密集，主要是因为上古时代的君王出巡，车马仆从很少，供应也很简单，不至于劳民动众，但周朝建立以后，特别是周礼制定之后，相关的事务越来越繁杂。汉唐以后，出入警戒，仪仗繁多，不像上古时期那么简易，又怎么可以遵循先王时代的旧制呢？另外，汉武帝微服私行，东方朔仍然劝谏于他。汉成帝与北宫私奴共乘车马而出，也遭到了谷永的规劝。因为天子为万乘之主，不可以轻动。天子真能广开言路，明察四方，倾听各方意见，就算不走下朝堂，也能洞察万里之外，又何必泥古，巡狩天下呢？

初六：童观，小人无咎，君子吝。

《象》曰：初六童观，小人道也。

【解义】

此一爻是言阴柔无识，不获观光者也。卦以观示为义，据九五以为主也。爻以观瞻为义，皆观乎九五也。童观，如童穉，不能远见。君子小人，以位言。

周公系观初爻曰：九五以中正示天下，天下所乐观者也。唯初六阴柔在下，既无自致之资，又处绝远之地，不足以自振拔而观大君道德之光，有如童穉之见，不能远及。此在无位之小人，不足致咎。若有位之君子，当以天下国家为己任，而如是焉，可羞吝矣。

孔子释初象曰：初六童观，而曰小人无咎，盖百姓日用而不知，乃草野之常分。小人之道固当如此，所以不足咎也，岂君子之所宜哉？

按：童之象，位阳而爻阴，阳则男，而阴则穉也。蒙之六五亦曰童蒙，但蒙者一听于人，受教有地，故吉；观者无识于己，仰德靡由，故吝。义各不同耳。

【白话】

这个爻的意思是说，阴柔暗昧、没有见识的人，是不会有人观瞻的。从全卦的角度看，观卦指的是观察并示范，主要是就指九五而言。爻辞的主旨是观瞻，也就是诸爻观瞻九五。童观，指像儿童一样幼稚，缺乏远见。君子与小人，是就爻位而言。

周公所系的观卦初爻爻辞的意思是说：九五以中正之德观示天下，天下也乐于观瞻九五。唯有初六，它是个柔爻，又位于全卦的最下面，既没有才德，又处在边缘地带，无法自我振拔，观瞻大君的道德之光，就像幼稚的孩童，无法看到远处，也就是没有远见。所幸它只是个没有官位的平民，没远见也不足以咎困。如果是有官位的君子，自然应该以天下和国家为己任，若是如此，真是羞吝至极。

孔子解释初爻的小象说：初爻的所谓的“童观，小人无咎”，主要是说，大道过于玄妙，百姓每天都会运用它，却对它茫然无知，这对草野之人来说是正常的。小人之道就应该如此，所以不会导致困咎，但岂是君子应该做的呢?

按：初爻所谓的“童”，是指这个爻位置是阳位，但爻是阴爻，阳位代表男子，而阴爻代表幼稚。蒙卦的六五也说“童蒙”，但蒙卦讲的启蒙之道，蒙者能够听从别人的教诲，所以吉祥；但观卦讲的是观瞻之道，观者不了解自己，也没法仰观大君之德，所以会有忧吝。两卦的内涵不同，相应的爻也不可相提并论。

六二：窥观，利女贞。

《象》曰：窥观女贞，亦可丑也。

【解义】

此一爻是言，在内者不能观乎外，其所见者小也。窥，从门内而窥外。

周公系观二爻曰：凡人所见，贵乎远大，故虽身居一室，而天地民物之事，无不周知，乃丈夫之观也。六二以阴柔之质，居下卦之中，则其见不能及远。天下之事，遗乎见闻之外者多矣，故其象为窥观，乃女子之贞也。盖妇无外事，则自门内以观门外，乃分之常。丈夫得之，则非所利矣。

孔子释二象曰：窥观特女子之贞耳，若丈夫以四方为志，而乃所见如此，局量褊浅，有负明时，寡见谀闻，丑孰甚焉。

按：大观之主，虽以神道设教，然不能必天下之人尽知其所以为观之道。初之童观，二之窥观，亦各随其分量所至耳。圣人于童观，名为小人；于窥观，名为女子。正欲在上者衡鉴无爽，勿使小人女子之伦，冒昧进干高位。而在童观、窥观者，亦宜急审自处，而知所励志焉，庶可自立于大观之世矣。

【白话】

这个爻的意思是说，不能在内部观察外部，因为能观察到的范围很小。窥，指从门内向外窥视。

周公所系的观卦二爻爻辞的意思是说：人的视野和见识越远大远好，所以就算身居陋室，对于天地万物之事也无不周知，才称得上丈夫之观。六二以阴居阴，又在下卦之中，所以它的见识不会太高，视野不会太广。天下之事，它没有见过、没有听过的实在太多，所以它的小象叫作“窥观”，好比持贞守正的女子。女子不涉及外面的事，站在家里观察门外，合乎妇道。丈夫若遇到此爻，则不会太有利。

孔子解释二爻的小象说：“窥观”是专就守贞的女子而言，而丈夫应该志在四方，也持这样的见识的话，局量未免褊浅，有负圣明之世，寡见少闻，丑陋至极。

按：大观天下的君主，虽效仿观卦教化百姓，但也不能使天下所有人尽知其道。“童观”的初爻，“窥观”的二爻，只能根据各自的情况，适度观瞻。圣人把“童观”的初爻与小人联系起来，把“窥观”的二爻命名为女子，正是要让九五之尊的君王品评鉴别，区别对待，不以让小人、女子之流，谋求官职，晋升高位。而“童观”“窥观”的人，也应该抓紧时间，自省自处，自我勉励，差不多就可以自立于大观之世了。

六三：观我生，进退。

《象》曰：观我生进退，未失道也。

【解义】

此一爻是言，君子之出处，当自量也。我生，我之所行也。

周公系观三爻曰：士君子出处之际，既度之人，又度之己。六三居下之上，是其所处，在可进可退之间。然则，当何所取衷哉？惟反观己之动作施为，能成天下之务，则从而进，时当通而通也；不能成天下之务，则从而退，时当塞而塞也。但取决于己可矣。

孔子释三象曰：君子之进退，有道存焉，而要皆视乎我也。苟不度德量时，贸贸然旅进旅退于其间，则失道者多矣。观我生以为进退，则其进其退，我皆得而主之，何至于有失哉？

按：圣人尝言："乐则行之，忧则违之。"又言："用之则行，舍之则藏。"皆兼进退之义。此全视乎世以为去就者也。若大观之主在上，惟患我之不能用世，不患世之不能用我。故不必问之世，而但当问之己。其殆古人量而后入之义乎！士君子出处之间，可以知所审矣。

【白话】

这个爻的意思是说，君子是出仕，还是隐退，应该自我衡量。我生，我的行为。

周公所系的观卦三爻爻辞的意思是说：君子是出仕，还是隐退，既要看别人，也要看自己。六三位于下卦的最上面，处在可进可退之间。但具体说来，应该如何折中呢？只有反观自己的动作施为，能成就天下的功业，就顺势而进，天时应该亨通的就会通达，若不能有所成就，就顺势而退，天时该否塞的就让它继续否塞。自己衡量好就行。

孔子解释三爻的小象说：君子是进是退，就算大道犹存，也要自己衡量好。若是不看自己的才德，也不看当前的时势，贸然进退，就违背了进退之道。在"观我生"的基础上或进或退，其进与退都由自己掌握，怎么会有过失呢？

按：孔圣人曾经说过："乐则行之，忧则违之。"又说："用之则行，舍之则藏。"都杂糅了进退之道。全看世道应该去，还是应该留。如果有九五一样的大观之主，只需要担心自己能否胜任即可，完全不需要担心君王是否任用自己。所以遇到任何事情，都不必问世，只需问己。这大概就是古人所说的"量而后入"的内涵吧！这样一来，君子无法决定出仕还是退隐时，就不会不知所措了。

六四：观国之光，利用宾于王。

《象》曰：观国之光，尚宾也。

【解义】

此一爻是言六四近光之盛，而示人以从王之义也。宾，言为王者所宾礼也。

周公系观四爻曰：六四于中正为观之九五最为切近，凡大君之盛德，发而为邦国之光者，身得亲炙其休，有观光之象焉。夫遭逢圣明，此固一时遇合之盛。而凡豪杰之士，争自奋兴之会也。当斯时也，宜何如哉？已仕者，则利于朝觐以膺宾礼之隆；未仕者，则利于仕进以应宾兴之典。皆思乘时委贽，而致身恐后矣，何其隆乎！

孔子释四象曰：六四谓之观光者，岂枉道以求合哉？亦尚乎人君宾贤之礼而已。盖君子孰无效用之心，惟在上者无下贤之风，故在下者高不见之节耳。今九五以宾礼接天下之贤，则无论在朝在野，皆感慕兴起，孰肯自外于折节之盛者哉？

按：古者诸侯入为卿士，或朝宗觐见于王，王以宾礼接之。既享以训恭俭，又燕以示慈惠。故《蓼萧》之诗曰："既见君子，为龙为光。"此所以待已仕者也。乡大夫以三物教万民，而宾兴之；献贤能之书于王，王拜受之；论定，然后官之。此所以待未仕者也，而皆有宾之义焉。可见人君未有不以礼而能致天下之贤者，若徒以富贵爵禄，颐指气使当世之士，则所得皆贪冒无耻，尸素保位之人矣。君子其肯为我用乎？

【白话】

这个爻的意思是说，六四靠近君王，被君王的光芒笼罩，必须在仰观的基础上，追随君王。宾，指六四被待为上宾。

周公所系的观卦四爻爻辞的意思是说：六四以阴居阴，非常当位，而且离既中且正的九五之尊最近，大君的盛德只要有所发扬，它都能亲身感受，有"观国之光"之象。得遇圣明之主，这固然是一时的遇合。但豪杰之士，也都会争相奋起，此情此景，应该如何自处呢？已经入仕的人，应该朝觐君王，以便接受隆重的宾礼；还没有入仕的人，则应该及早入仕，以便享受宾兴之礼。人人都想乘时进身，报效君王，唯恐落于他人之后，这是何等的隆盛！

孔子解释四爻的小象说：六四所谓的"观光"，难道能枉道以求吗？也要看君王是否将它待作上宾。作为君子，谁都有报效之心，只是因为君王没有礼贤下士的风尚，在下者只能遵循不见之节。如今九五以上宾之礼接待天下的贤士，无论在朝在野，都会感慕兴起，有谁会自处于君王的盛意之外呢？

按：古代的诸侯入朝做卿士，或者朝觐天子，天子会以宾礼接待。既通过享礼教导诸侯恭敬节俭，又通过燕礼表示慈爱恩惠。所以《诗经·小雅·蓼萧》说："既见君子，为龙为光。"恩宠与荣光可以用来接待已经入仕的人。乡大夫用六德、六行及六艺教化万民，所以适用宾兴之礼；有进献贤能之书的，君王会亲自拜受；对于有才能的平民，首先要予以考察，考察通过后试用，能胜任工作的就给予爵位与俸禄。这些可以用来接待那些尚未入仕的人，都属于宾礼的范畴。可见自古以来，就没有不礼贤下士而能招揽天下贤士的君王，若一味动用富贵爵禄，对贤士颐指气使，那么所得到的只能是贪冒无耻、尸位素餐的小人。君子怎么可能为其所用呢？

九五：观我生。君子无咎。

《象》曰：观我生，观民也。

【解义】

此一爻是言，人君以中正示人，而为人所观仰也。

周公系观五爻曰：九五阳刚中正，大观之主，巍然在上。其下四阴，仰而观之，君子之象也。居是位者，必观己之所行。凡出身加民者，阳刚而无委靡之失，中正而无偏颇之累，诚为履天位而不疚之君子焉。则足以观示天下，而答四方之望矣。复何咎哉？

孔子释五象曰：五之所以观我生者，将以考一身之得失也。然欲考所行之当否，但当视民俗之善恶，所谓本身而征民是也。不则徒观诸己，而不观诸民，其得其失曷从而验之乎？

按：九五中正以观天下，圣人系辞，何不予之吉亨，而仅曰无咎？盖人君一日二日有万几，行一事而违宜，必有一物失其所者矣；用一人而不当，必有一方受其害者矣。兢兢然临深履薄，不遑暇逸。凡水旱之有无，远迩之叛服，刑辟之多寡，财赋之赢缩，无非观民以观我生之事。能如五之无咎，足矣！敢以吉亨自诩为哉？

【白话】

这个爻的意思是说，君王以中正示人，所以为人所观仰。

周公所系的观卦五爻爻辞的意思是说：九五阳刚中正，为大观之主，巍然在上，莅临天下。它下面的四个阴爻，都仰观于它，正是君子之象。处在九五之尊的位置上，必须观审自己的行为。凡出仕做官、施惠于民的人，都应该阳刚中正，无委靡之失，无偏颇之累，才称得上君子，才足以履行天子之位而毫无愧疚。如此则足以观示天下，答复四方百姓的众望。又有什么困咎呢？

孔子解释五爻的小象说：五爻所谓的“观我生”，是让君王借此考察自己的得失。然而想考察自己的行为是否恰当，也要结合着民俗的善恶，这就是所谓的“本身而征民”。不然，只是一味地观诸己身，却不去观察民众，又怎么验证个中的得失呢？

按：九五既中且正，观示天下，又人系爻辞上为什么不说它“吉亨”，仅仅说它“无咎”呢？主要是因为君王在一两天的短时间内也会有很多变化，有一件事不合时宜，就会使相应的事物受损失；有一个人使用不当，就会使一方百姓受害。兢兢业业，如临深渊，如履薄冰，根本没有闲暇时间。诸如水灾与旱灾的有无，远近诸侯的叛乱与归服，刑法的多与寡，财政赋税的有余与不足，都属于观民与“观我生”的范畴。能像五爻这样无咎，已经足矣！怎么敢以“吉亨”自诩呢？

上九：观其生，君子无咎。

《象》曰：观其生，志未平也。

【解义】

此一爻是言，上九居尊位之上，虽无事任，而亦当尽为人观仰之道也。

周公系观上爻曰：上九以阳刚之德处于上，为下之所观，而不当事任，是贤人君子，不在其位，而道德为世羽仪者也。故必反观其身，果言出而为世则，行成而为人师，确乎无忝其生之君子焉。则模范以隆，无负师表之望，而可以无咎矣。

孔子释上象曰：上九之观其生者，盖以人既望之为仪表，即宜自知戒惧，兢兢业业，期无负乎一世之观瞻，岂以不当其位，遂晏然放废而无所事乎？

按：上九所处，虽超人位之外，而志未尝不在民与物。盖观，惟二阳为下所观。五当其位，君也。上不当其位，师也。孟子曰：“圣人百世之师，闻伯夷之风者，顽夫廉，懦夫立；闻柳下惠之风者，鄙夫宽，薄夫敦。”谁谓一人之制行，遂不关于斯世斯民之大乎。

【白话】

这个爻的意思是说，上九位居九五之尊之上，虽然没有任事，但也要尽到为人观仰之道。

周公所系的观卦上爻爻辞的意思是说：上九是阳爻，象征阳刚之德，它处在全卦的最上面，同样为天下万民所观瞻，但它在尊位之上，又没有任事，好比不在其位的贤人君子，但他们的道德风尚足以令举世瞻仰。所以他们也要反观自身，如果他们的言论能成为世人的法则，他们的行为就能成为天下的导向，也就不愧对自己的君子称谓了。当他们的模范作用日益隆盛，不负师表之望，就可以无咎了。

孔子解释上爻的小象说：上九所谓的“观其生”，是指上九既然为人师表，为人所观瞻，就应该谨慎戒惧，兢兢业业，从而不辜负世人的观瞻，岂有不在其位，就自我放纵、无所事事的道理呢？

按：上九所在的位置，虽然远超人位，居于天位，但对百姓和万物依旧念念不忘。这主要是因为观卦被观瞻的爻，只有上面两个阳爻。五爻很当位，好比君王。上爻不当位，好比为人师表的君子。孟子说：“圣人百世之师，闻伯夷之风者，顽夫廉，懦夫立；闻柳下惠之风者，鄙夫宽，薄夫敦。”谁说个人的道德与行为准则，不会大大影响世道与人心呢？

䷔ 噬嗑 震下离上

【解义】

此见天下事所以不和合者，由谗邪间隔于其间。圣人观噬嗑之象，推之天下万事，皆使去其间隔而合之，则强梗去而德化行矣。去天下之间，在任刑罚。小则惩戒，大则诛戮，以除去之，故卦取用刑为义。象雷以用威，象电以用明。明罚敕法，以使人不敢犯，此去间之大权也。六爻皆言用狱，初过小而在下，为用狱之始。上恶极而怙终，为用狱之终。中四爻有位，俱属用狱之人。二惟良折狱者也，三困于强御者也。四有司执法之义也，五人君矜恤之仁也。卦才之刚柔不同，故所噬之难易以异。统而观之，惟四五能尽治狱之道。象以五之柔为主，故利用独归之五；爻以四之刚为主，故吉独归之四。主柔而言，以仁为治狱之本；主刚而言，以威为治狱之用。仁以寓其哀矜，威以惩其奸慝，刚柔迭用而治狱之道得矣。

【白话】

通过噬嗑卦，我们不难发现，天下之事，之所以有些事不能彼此和合，就是因为有奸邪小人间隔其间。圣人观察噬嗑卦的卦象，推诸天下万事，去除所有的间隔，促进彼此和合，铲除强梗跋扈的人，从而德化施行，天下太平。去除天下的间隔，在于设立刑罚。小过则惩戒，大过则诛戮，以除去凶顽，所以噬嗑卦的意思是以刑罚治国。其全称为火雷噬嗑，下卦为震为雷，取雷的声威，上卦为火为电，取电的明断。以雷电交加之象明罚敕法，使人不敢犯雷池一步，捍卫去除间隔的权柄。六爻的爻辞都是就明罚用狱而言，初爻过错尚小，并且位于全卦最下面，象征用狱之始。上爻穷凶恶极，并且不知悔改，好比有狱之终。中间的四个爻各有时位，所以属于用狱掌刑之人。二爻是个好法官，三爻则过刚用强。四爻符合有司执法之道，五爻是有好生之德的君王。卦德下刚上柔，刚柔不同，所以具体到各个爻，噬嗑的难易程度也不同。综观全卦，只有四爻与五爻最大程度地契合了治狱之道。彖传把柔静无为的六五视作卦主，所以认为卦辞中所谓的“利用”都是就九五而言；但观察爻辞，相当于把刚健有为的九四当成了卦主，所以把全卦唯一的“吉”字给了九四。把六五视作卦主，是因为它具备仁心，而仁德为治狱之本。把九四视作主爻，则是因为它具备威德，而威德是治狱之用。其仁德足以怜悯众生，其威德足以惩罚奸恶，刚柔并济，差不多就可以切近治狱之道了。

噬嗑：亨，利用狱。

【解义】

此卦震下离上，为卦上下两阳中虚，颐口之象。九四一阳间于其中，必噬之而后合，故为噬嗑。卦辞言，凡事必先去间，而去间之道又当用折狱之勇也。噬，啮也。嗑，合也。物有间者，啮而合之也。

文王系噬嗑彖辞曰：凡天下事，未得亨通者，皆有物以间之也。噬而去之，则物无所间于我。而凡所措施，推之皆准，动之皆化，亨其宜矣。即如治狱一事，使不得其情，而顽梗未服。犹有物以间之，必利用此噬嗑之道，为之别白是非，剖析情伪，则奸恶屏除，庶几刑措不用而大化可成矣。大抵世虽极治，不能保下无方命之人。奸宄不法，间我治化者也，则合之以刑；寇贼不靖，间我疆圉者也，则合之以兵。推之他事，莫不皆然。盖卦有治间之道，而于用狱尤深切着明，故六爻皆以治狱为言。其实利用狱者，噬嗑而亨之一端耳。

【白话】

噬嗑卦的下卦是震卦，上卦是离卦，组合在一起后，最上面与最下面都是阳爻，中间则是虚空的阴爻，好像一个张开的嘴巴。还有九四一个阳爻间隔在当中，必须把它咬断再吞噬掉，嘴巴才能合上，所以叫作噬嗑卦。卦辞的意思是说，做事首先要去除间隔，而去除间除必须像断案那样勇敢果决。噬，咬。嗑，合。事有间隔，先把间隔咬断，方能和合。

文王所系的噬嗑卦卦辞的意思是说：天下万事，只要未能亨通，必有人或物从中间隔。噬而去之，就不会再有间隔。只要相关措施准确、有效，付诸行动就可以化解间隔，亨通也是应该的。就好比治狱用刑，如果不了解真实情况，不去除凶顽强梗之人，就像有东西卡在喉咙里，必须效法噬嗑之道，分辨其中的是与非，剖析实情与虚伪，不仅能去除奸恶，而且几乎不必动用刑法就能教化百姓。就算世道太平，天下大治，也不能确保没有不遵守法纪的人。对于奸轨不法，阻挠我们治理国家、教化人民的，就要动用刑罚。若是寇贼不靖，据险自守，或者犯我边防，就要动用军队。推而广大，莫不皆然。总的来说，噬嗑卦阐释的是治间之道，但应用在明罚用狱上特别贴切，所以六条爻辞都围绕着治狱讨论。其实真正有利于用狱的，无非是“噬嗑而亨”四个字罢了。

《彖》曰：颐中有物，曰噬嗑。噬嗑而亨，刚柔分，动而明，雷电合而章，柔得中而上行。虽不当位，利用狱也。

【解义】

此《彖传》，是释噬嗑彖辞，而极言去间之道，贵于威明得中也。震为雷，离为电。雷取其威，电取其明。

孔子释噬嗑彖辞曰：卦名噬嗑者，盖卦上下两阳中虚，有颐口之象。而九四一阳独间其中，犹颐中有物，必啮去之而后合，故名之为噬嗑也。辞曰“噬嗑而亨”者，天下唯有间，故不通。噬而嗑，则无有强梗以为间者，此其所以得亨也。又曰“利用狱”者，卦体三阴三阳，刚柔中分，则是刚不过暴，而存好生之仁；柔不过纵，而非姑息之爱，得其中也。卦德震动离明，则是可否以断，而不屈于势利；是非以辨，而不惑于虚辞。有威明之善也。然威明非特卦德为然，卦象震雷离电，合而成章，是威而济之以明，其威益有所施；明而济之以威，其明益有所用。威明相需而不偏也。得中亦非特卦体为然。卦变自益，六四之柔上行，以至于五，而得其中。是有仁恕之德，而不失之委靡；有哀矜之念，而不流于姑息。一张一弛之当其可也，凡此皆具用狱之道。故虽六五以阴居阳，或失于柔，然众善悉备，则折狱致刑，未有不得其理者，而何用狱之不利乎？

按：柔中虽不当位，而利用狱者，盖人命至重，死者不可复生，断者不可复续。故折狱之道，虽贵刚断，而尤贵柔中。禹之泣罪，汤之解网，王制之三宥，皆柔中之谓。三代盛王，卜年久远，而非后世可及者，其皆以忠厚为立国之本欤。

【白话】

《彖传》是对噬嗑卦卦辞的解释，它详尽地阐释了去间之道，并指出去间之道贵在威明得中。震为雷，离为电。雷取其声威，电取其明断。

孔子解释噬嗑卦的彖辞说：卦名之所以叫作噬嗑，主要是因为卦的最上面和最下面都是一个阳爻，中间是虚空的阴爻，整个卦有颐口之象。还有九四一个阳爻间隔在当中，好像口中有物，必须先把它咬断再去掉，才能合上嘴巴，所以叫作噬嗑卦。爻辞说“噬嗑而亨”，是指有间隔才会导致不通，噬而去之，就不会再有凶顽强梗从中阻挠，就可以亨通。又说“利用狱”，是指全卦有三个阴爻与三个阳爻，刚爻与柔爻刚好对半，象征刚不过暴，犹存好生之德，柔不过纵，绝非姑息之爱，是刚柔相济，得以持中。就卦德而言，下卦为震，震，动也，上卦为离，离，丽也，明也，震动离明组合在一起，就可以明断案情，明辨是非，而不会屈于势利，惑于虚辞，这就是所谓的“威明之善”。但它的威明并非仅就卦德而言，它的卦象也是震雷离电，合而成章，威明相济，其威可以更好地施为，其明可以更好地运用，威明相需，无所偏倚。彖辞所说的“得中”，也并非仅就卦体而言。噬嗑卦是从益卦变来的，具体说来，是益卦的六四上行至五爻，居于上卦的中间，这也算“得中”。总的来说，噬嗑卦主张要有仁恕之德，而不失之委靡，要有哀矜之念，而不流于姑息。一张一弛，恰到好处，都暗合用狱之道。所以六五虽说以阴居阳，失之于柔，但众善悉备，所以断案判刑，都合乎法理，又有什么不利于用狱的呢?

按：柔中的六五并不当位，但爻辞说它“利用狱”，主要是因为人命至重，人一旦死掉便无法复生，肢体一旦断掉便无法接续。所以断案判刑，虽然贵在刚断，但更应该保持一颗柔中之心。大禹见到犯罪的人会下车哭泣，商汤要求捕猎的人网开一面，周制中罗列了三种宽恕人罪刑的理由，都符合柔中之道。三代那样的盛世，尧舜禹汤那样的圣王，年代久远，后世难以企及，但他们都有一个共同点，那就是以忠厚为立国之本。

《象》曰：雷电，噬嗑，先王以明罚敕法。

【解义】

此《象传》，是言体威明之象，以见其利用狱也。雷电，当作电雷。明者，辨别精审之意。敕者，整齐严肃之意。

孔子释噬嗑象曰：离象为电，震象为雷，是威明以去天下之间者，有噬嗑之象。先王以为与其有间而后合，不若未间而预防。于是因大小之罪，定轻重之罚。一出一入，秩然有条而不紊。俾后之用法者，有所遵守，而罔敢少逾。如此则国宪昭明于一时，纪纲振肃于万世。庶人知警惧而无或犯矣，兹非去间之大权乎？

按：明罚是明墨、劓、刵、宫、大辟，以至流宥、鞭朴、金赎之类，使罚必当其罪，而后人不疑于所坐，奸吏不得舞文以出入也。就此卦言之，如罪薄过小，宜罚之以屦校。恶极罪大，宜罚之以何校。一一彰明，而申警之，此往古有读法之制，即今条例中“讲读律令”一款，但有司奉行不力，视为具文，遂至百姓冥趋，犯刑日众耳。欲刑期无刑者，可不以先王为法哉？

【白话】

《象传》的意思是说，要从大象中体悟威明之象，明白噬嗑卦为什么“利用狱”。雷电，应当写作“电雷”。明，辨别审明。敕，整齐严肃。

孔子解释噬嗑卦的大象说：离为电，震为雷，电闪雷鸣，足以震慑天下，去除间塞，有噬嗑之象。先王以为，与其有了间隔再去想办法和合，不如在没有间隔的时候提前预防。于是根据罪行的大小，制定了或轻或重的刑罚。一出一入之间，秩序井然，有条不紊。之所再遇到涉及法律的时候，人们才会有所遵守，不敢逾越。如此一来，才可以国宪昭明于一时，纲纪振肃于万世。人人都知道警惧而不敢触犯，不是更好地捍卫了去间的柄柄么？

按：所谓“明罚”，即使世人明了墨、劓、刵、宫、大辟等刑罚，以及流宥、鞭朴、金赎等刑，使相应的刑罚适应相应的罪责，后人不会有所疑虑，奸滑的官吏也不能凭借舞文弄墨曲解法律。就噬嗑卦而言，如果罪责很小，就罚以“屦校”，也就是戴上脚镣。如果恶极罪大，就罚以“何校”，也就是戴上枷械。爻辞一一彰明，一一申释、警告，是因为当时有读法之制，也就是在正月里集合百姓，并向百姓读法，相当于清律中的“讲读律令”一款，但相关部门奉行不力，视作形式主义，导致百姓冥趋盲从，触犯刑律的人越来越多。想让百姓恪守法律，以至于废弃法律的人，能不效法先王的做法吗？

初九：屦校灭趾，无咎。

《象》曰：屦校灭趾，不行也。

【解义】

此一爻见小惩而大戒，为小人之福也。初上无位，为受刑之象。中四爻为用刑之象。校，足械。屦，如纳屦然，谓着于其足。灭，没也。

周公系噬嗑初爻曰：初阳肆恶，罪所当刑。然无知犯法，罪薄过小，但当轻刑以惩其始，为屦校灭趾之象。夫人之恶方形，而遽为惩戒，则悔其既往，慎其将来，自无怙恶不悛之咎矣。

孔子释初象曰：初之屦校灭趾者，盖趾在下，乃人之所以行。灭趾则有所警惧，而不罹于恶，为不行之象。咎之所自免也。

按：止恶于初，不但小人之幸，即在上者亦易于施法，不致酿成祸患，兴起大狱，殃及无辜。否则屦校不惩，必至何校；灭趾不戒，必至灭耳。安知罪薄过小之初，不流为恶极罪大之上乎。

【白话】

这个爻的意思是说，小惩而大戒，是小人之福。初爻与上爻都没有具体的时位，好比受刑之人。中间的四个爻都有时有位，好比用刑之人。校，足械，也就是脚镣。屦，鞋，像穿鞋一样戴上脚镣，指把脚镣铐在脚上。灭，没。

周公所系的噬嗑卦初爻爻辞的意思是说：初九肆意为恶，应该施以刑罚。但它是无知的法盲，罪责较小，不过也应该施以轻刑，惩戒其初犯，这就是“屦校灭趾”之象。在一个人刚刚为恶的时候，就予以惩戒，他就会悔其既往，慎其将来，就不会有怙恶不悛的咎害了。

孔子解释初爻的小象说：初爻所谓的“屦校灭趾”，是因为初爻处在全卦的最下面，相当于位于人体最下面的脚趾，而脚负责行走，引申为人的行为。“灭趾”的话，就会有所警惧，从而不再行恶，好比无法行走。咎害自然就会免除了。

按：在恶行刚刚萌芽的时候就制止它，不仅是小人的幸事，在上者也易于施法，不至于酿成祸患，兴起大狱，殃及无辜。不惩罚“屦校”之小过，必然会发展至“何校”之大罪。不戒于“灭趾”，必然会发展至“灭耳”。谁敢说最初的小小过失，一定不会发展至罪大恶极呢？

六二：噬肤灭鼻，无咎。

《象》曰：噬肤灭鼻，乘刚也。

【解义】

此一爻是言，治狱者能行其罚，可以服刚暴之心也。噬嗑，食也。中四爻肤、腊、胏、肉，皆取颐中有物之象。肤，柔脆易噬者。灭鼻，强梗难治之象。

周公系噬嗑二爻曰：六二当用刑之任，而居中得正，则听断合宜。以此治狱，信有可以片言折人者，如噬肤之易矣。但以二柔遇初刚，强梗弗顺，欲其屈服，未免烦乎刑诛，故又有灭鼻之象。然当噬嗑之时，刑所当刑，而不至骫法以纵恶，何咎之有？

孔子释二象曰：噬肤而至灭鼻者，以乘初阳之刚，乃用刑于刚暴之人，不得不为深严，以明正其罪。此正柔而得中者也。若偏倚于柔，则不足以断，而委靡不振，安能免于咎哉？盖国家有法，原以诘奸惩恶。威克厥爱，胤侯所以治羿党也。刑兹无赦，康叔所以处大憝也。以至公孙弘之诛郭解，王猛之诛樊世，皆有合于刚亦不吐之义。二之乘刚而灭鼻，此正不得不然。否则优柔姑息，如东汉之于宦官，唐末之待藩镇，明知其恶，畏其强而不敢行诛，为害可胜言乎？

【白话】

这个爻的意思是说，治狱判罚的人，听断得宜，刑罚适当，能够制伏刚暴强硬的罪犯。噬嗑，进食的意思。中间的四个爻，或“肤”或“腊”，或“胏”或“肉”，都是颐中有物之象，即进食之象。肤，柔脆易噬之象。灭鼻，强梗难治之象。

周公所系的噬嗑卦二爻爻辞的意思是说：六二有听讼用刑的责任，既当位，又居中，所以听断合宜。以此治狱，相信可以三言两语断案折人，就像咬食肥肉那么简单。但二爻终究是个柔爻，它要惩治的对象又是刚健强梗的初爻，想让初爻屈服，难免在一气之下动用肉刑，所以又有“灭鼻”之象。然而它处在噬嗑卦中，动用了该动用的刑罚，不至于枉法与纵恶，又有什么咎害呢？

孔子解释二爻的小象说：像咬食肥肉那么容易，最终却砍掉了罪犯的鼻子，是因为六二面对的罪犯是初爻一样的刚健强硬之人，用刑不得不严，为的是辨明它的罪责，公开处罚。这正是“柔而得中”的噬嗑之道。如果过于柔暗，则不足以断狱，委靡不振之人，怎么能免于咎害呢？国家制定刑法，原本就是为了惩罚奸恶之徒。威严胜过了慈爱，所以胤侯能制裁后羿一党。马上处罚，绝不宽恕，是因为康叔面对的是天怒人怨之人。至于公孙弘诛杀郭解，王猛诛杀樊世，都有些过刚，但又不露锋芒。二爻面对强硬的罪犯，削掉了他的鼻子，也是不得已而为之。否则优柔姑息，像东汉朝廷对待宦官，唐末朝廷对待藩镇，明知宦官与藩镇行恶，但畏惧他们的强大，不敢诛杀，危害是不是不可胜言呢？

六三：噬腊肉，遇毒，小吝，无咎。

《象》曰：遇毒，位不当也。

【解义】

此一爻是言用刑，而不得其中，无以遽服民志也。腊肉，兽腊，坚韧之物。毒，谓伤于口，治人而人不服之义。

周公系噬嗑三爻曰：三当用刑之任，而阴柔不中正，既无刚断之才，又失用刑之道。以此治狱，是非不决，轻重失平，人自不肯输服，有噬腊肉遇毒之象。诚有愧折狱之任，而不免于小吝矣。然时当噬嗑，在我虽有刚明不足之患，在彼实为有罪当刑之人，治所宜治，于义为无咎也。

孔子释三象曰：三何以噬腊而遇毒哉？非独治狱之难也。盖以阴柔则刚果不足，不中正则听断或偏。德薄才疏，以致若此者，位不当也。然则治狱须才德兼备之人，岂可不择而后任哉！

按：二之乘刚，遇难治之狱，难在人也，故曰灭鼻。三位不当，无治狱之才，难在我也，故曰遇毒。然初虽难治，而二得善处之道，天下无长抗法之民，是以终无咎也。三虽无才，而有治狱之任，有罪之民亦终当输服，是以小吝而亦无咎也。皆缘遇噬嗑之时耳。

【白话】

这个爻的意思是说，用刑不中不正，百姓就不会信服。腊肉，专指整个野兽制作的腊肉，非常坚韧。毒，指话语过分，治人而人不服。

周公所系的噬嗑卦三爻爻辞的意思是说：三爻也负有听讼用刑之责，但它不仅阴柔，而且不中不正，既无刚断之才，又失用刑之道。以此治狱，是非不决，轻重失平，罪犯自然不肯认同，这就是“噬腊肉遇毒”之象。这实在有愧于它的职责，所以难免有小的困吝。不过它位于噬嗑卦中，虽然刚明不足，但对方确实是有罪当刑之人，应该惩治，合于义理，所以爻辞又说“无咎”。

孔子解释三爻的小象说：三爻为什么会“噬腊肉”而“遇毒”呢？这不仅仅是因为治狱断案有一定的难度，主要还是因为六三这个爻阴柔有余，刚断不足，而且它不中不正，听讼与断案都难免有失偏颇。它德薄才疏，才导致了这样的结果，具体到爻位上，就是不当位。所以说，治狱必须选才德兼备之人，不能不加选择，草率任命！

按：二爻是个阴爻，却乘凌于刚爻之上，好比遇到了难以惩治的罪犯，难点主要在他人，所以爻辞说“灭鼻”。三爻则是以阴爻居于阳位，也就是不当位，说明它根本没有治狱折狱的才德，难点在他自己，所以爻辞说“遇毒”。初爻虽然难治，但是二爻善治，所以天下没有长期抗法的百姓，终能无咎。三爻虽然没有才德，但它有治狱的职责，有罪之人最终会认罪服法，所以只有小吝，也能无咎。这都是因为它们处在噬嗑卦的大环境中的缘故。

九四：噬干胏，得金矢。利艰贞，吉。

《象》曰：利艰贞吉，未光也。

【解义】

此一爻是言，得听讼之宜者，犹未可忘戒惧也。胏，与胾同，肉之带骨者。金矢，《周礼》狱讼入钧金束矢，而后听之。言能使其心服也。

周公系噬嗑四爻曰：四当治狱之任，以刚居柔，是有刚柔相称之道。既不伤于优柔，又不嫌于刚暴。虽顽梗弗率之徒，亦有以得其情，而俾中心输服焉，故有“噬干胏，得金矢”之象。然狱者，天下之大命。治狱者，天下之大事。尤必艰难其心，无所慢易，正固其守，无所偏私。则刑当其罪，能如是而后吉也。

孔子释四象曰：利艰贞固可以得吉矣，然为民上者，必使民无讼，治道大光，乃为可贵。今虽善于决狱，而犹待于听讼，是则治其末，未正其本；塞其流，未拔其源，其道则未光也。

按：以全卦之体言，四为一卦之间，则受噬者在四。以六爻言，四反为噬之主，与三阴同噬初上者。盖卦言其位，则梗在其中；爻言其才，则刚足以噬。取义固不同也。《王制》："大司寇以狱成告于王，王命三公参听之。"则九四大臣，固有折狱之任，然虽听讼得宜，而爻戒以艰贞，象惕其未光，周孔圣人，无非慎重民命，即"如得其情，哀矜勿喜"之意云尔。

【白话】

这个爻的意思是说，即便听讼得宜，也不能忘记警惕与敬畏之心。胏，通胾，指带骨头的肉。金矢，钧金与箭矢。根据《周礼》，打经济官司要上缴一百支箭，也就是束矢，告人有罪则要缴纳三十斤铜，即钧金。这样做的目的，是为了防止百姓乱打官司、乱告状。爻辞说"得金矢"，是指这个折狱断案的人能使人信服。

周公所系的噬嗑卦四爻爻辞的意思是说：四爻有治狱的职责，并且以刚居柔，说明有刚柔相称之道。以此治狱，既不伤于优柔，又不嫌于刚暴。就算凶顽强硬之人，也会因为四爻听讼得法，发自内心的认罪服输，所以有"噬干胏，得金矢"之象。然而折狱用狱，乃是天下的要事。听讼治狱，也是天下的大事。必须艰贞其心，无所轻慢，正固其守，无所偏私。如此便能刑当其罪，免咎得吉。

孔子解释四爻的小象说："利艰贞"固然可以得吉，然而作为百姓的君王和父母官，只有使百姓免于争讼，天下大治，才称得上可贵。如今四爻虽然善于断案，但仍然需要听讼，这就是治其末未治其本，塞其流未拔其源，远未到光大的程度。

按：统观全卦，四爻处在噬嗑卦的中间，正是需要被咬断、吞噬的对象。若以六爻论，九四反而是噬嗑之主，具体说来，是与三个阴爻一起，吞嗑初爻与上爻。总体来说，站在全卦的角度，六四就好比梗在颐口之中的干胏；而站在爻位与才德的角度来看，九四的刚健又足以吞噬上下两个阳爻。侧重点不同而已。《礼记·王制》有言："大司寇以狱成告于王，王命三公参听之。"九四作为朝廷重臣，固然负有折狱的职责，也称得上听讼得宜，但爻辞仍以"利艰贞"为戒，小象也警惕它治道"未光"。周公与孔子两位圣人之所以这样谆谆教导，无非是以民命为重，这正是《论语》所谓的"如得其情，哀矜勿喜"的意思。

六五：噬干肉，得黄金。贞厉，无咎。

《象》曰：贞厉无咎，得当也。

【解义】

此一爻是言，六五为讼狱之主，非明德慎罚者，不能得当也。噬干肉，难于肤而易于腊胏者。黄，中色。金，亦谓钧金也。

周公系噬嗑五爻曰：五居尊位，天下讼狱之主也。而以柔中居之，则宽而不过，仁而不偏，得用刑之道。以此治狱，随其轻重，皆得其情，刑罚清而民自服，有“噬干肉，得黄金”之象。然又不敢以人无不服而遂易以处之，必正固其守而出入惟允，惕厉其心而恣睢不萌，庶几刑必当罪，罪不失刑，得用狱之宜而无咎矣。

孔子释五象曰：五所以贞厉无咎者，盖为治莫大于狱，而难治亦莫甚于狱。惟能贞则断合乎理，能厉则听无不当，所治之大小轻重，皆得其宜，乃无咎矣。

按：九四以刚噬，六五以柔噬。以刚噬者，有司之守，惟在于法之中；以柔噬者，大君之仁，时行于法之外也。然犹贞厉则无咎。如帝舜钦哉惟刑之恤，穆王训诫祥刑而曰朕言多惧，其敬慎之心，诚有可为后世法者欤。

【白话】

这个爻的意思是说，六五是讼狱之主，只有明德慎罚的人才足以担当。噬干肉，比噬肤难，比噬腊肉和噬干胏容易。黄，中色。金，钧金。

周公所系的噬嗑卦五爻爻辞的意思是说：五爻位于尊位，好比天下的讼狱之主。但它又是柔爻，并且居中，所以宽而不过，仁而不偏，深得折狱用刑之道。以此治狱，无论罪行轻重，判罚都很适当，百姓自然会认同、服从，这就是“噬干肉，得黄金”之象。然而又不敢因为别人不服从而轻易处治，必须正其行，固其守，出入都以诚为本，公正廉洁，由于内心总是保持着危厉之感，所以不会失于放纵，差不多就可以刑罪得宜，听狱得宜，自然也就无咎了。

孔子解释五爻的小象说：六五之所以“贞厉”“无咎”，主要是因为治国莫过于治狱，而最难治理的地方也是刑狱。只有保持贞正，才能断案合理，只有保持危厉，才能听讼得当，大大小小的案件都听讼得宜，才可以无咎。

按：九四是以刚噬，六五是以柔噬。以刚噬，说的是九四负有职责，必须执行相关法律。以柔噬，说的是九五有大君之仁，所以可以于法外开恩，但仍然需要保持危厉，方可无咎。如帝舜慎用刑罚，只把四凶流放边荒之地，周穆王训诫祥刑，并告诫诸侯要多多戒惧，他们对刑罚的敬慎之心，足以使后世效法。

上九：何校灭耳，凶。

《象》曰：何校灭耳，聪不明也。

【解义】

此一爻是言，恶极罪大之人，不可逭也。何校，负械于颈也。

周公系噬嗑上爻曰：初卑而无位，上高而无位，故皆为受刑者。过极之阳，怙恶不悛，当服上刑，有何校灭耳之象，凶孰甚焉？

孔子释上象曰：王者明罚勅法，耸动众听，在人无不共闻，何上之昏迷不聪，乃自陷于大恶。灭耳之刑，正以罪其听之不聪也，于人何尤哉？

按：初上皆为受刑之象。初则罪之小者，用轻典以治之，小惩大戒也；上则罪之大者，用重典以治之，怙终贼刑也。灭趾于初，以使其不进；灭耳于终，以罚其不聪。圣人之于人，勉其始而戒其终如此，总欲消天下之有间而归于无间耳。

【白话】

这个爻的意思是说，罪大恶极之人，不可轻恕。何校，扛着枷锁。

周公所系的噬嗑卦上爻爻辞的意思是说：初爻卑而无位，上爻高而无位，都是受刑之人。上爻以阳居阴，并且居于噬嗑卦的极端之地，说明它怙恶不悛，当服重刑，有“何校灭耳”之象，还有比这更凶的吗？

孔子解释上爻的小象说：君王明罚勅法，耸动众听，是为了让民众都了解法律，敬畏法律，上爻却浑浑噩噩，充耳不闻，以至于铸成大恶。“灭耳”之刑，正是为了惩罚它对法律充耳不闻，怨得着别人吗？

按：初爻与上爻都无位，皆为受刑之象。初爻象征罪小，所以用轻典处罚，小惩大戒。上爻象征罪大恶极，所以用重典，怙终贼刑。初爻说“灭趾”，是为了让它止步，无法继续行恶。上爻说“灭耳”，是为了惩罚它的充耳不闻。圣人对待百姓，就是这样勉其始而戒其终，总是要想方设法消除天下的间塞，使天下无间而亨通。

☶☲ 贲 离下艮上

【解义】

卦变刚柔交错，卦德文明以止，皆有文饰之义。贲虽尚文，然必以质为本。盖人情自质而趋于文也易，自文而返于质也难。文王于贲深虑末流之失，故亨之下即继以小利有攸往也。全彖皆是此意。六爻中，得其贲者惟二之贲须，三之贲濡而永贞之戒已随其后。外此则四之皤如，固不成贲。而初之舍车而徒，则以幽人之贞贲矣。五之束帛戋戋，则以丘园之野贲矣。上之白贲，又且以无色贲矣。于贲饰之时，而取不贲之义，何一非文王小利攸往之心乎？夫周公制礼作乐，其文郁郁然，皆因天道自然之文，以成人道当然之文，并未尝以己意增饰一事。然后知周礼之作，犹是取丘园，取白贲之心也已。

【白话】

从卦变的角度看，贲卦不过是噬嗑卦的三爻与四爻交换了位置而已。也就是说，噬嗑卦的刚爻九四与柔爻六三交换位置，就变成了贲卦。刚柔交错，有文饰之义，“贲”就是文饰的意思。另外，贲卦的下卦为离卦，离为火，也为文明，上卦是艮卦，艮为山，也为止，组合起来就是“文明以止”，也有文饰之义。贲卦虽然崇尚文饰，但也必须注重本质。这主要是因为注重本质的人向注重形式转变很容易，但让注重形式的人向注重本质转变而难。文王在创制贲卦时，怕后人把握不好它的实质，以至于画虎类犬，所以为它系上了“亨，小利有攸往”的爻辞，意思就是适可而止，不能太过。整个彖传讲的都是这个道理。再看六个爻的爻辞，也只有“贲须”的二爻与“贲濡”的三爻算是得其贲者，但同样为三爻系上了“永贞吉”的警戒之辞。除此之外，“皤如”的四爻，显然不是文饰之意；“舍车而徒”的初爻，则以隐士的贞正作为装饰；“束帛戋戋”的五爻，则以丘园之野作为装饰；“白贲”的上爻，又回归到了无贲之贲的境地。卦名叫贲卦，但偏偏不取文饰之义，不就是为了契合文王所系的“小利有攸往”的卦辞吗？周公制礼作乐，内容繁复，但都是借天道自然之文，成人道当然之文，并没有刻意增饰。据此可知，《周礼》的创制遵循了贲卦的五爻与上爻。

贲：亨，小利有攸往。

【解义】

此卦离下艮上，内离明而外艮止，是内裕文明之德，而外无逾等之弊。又卦变自损、既济二卦而来，柔来文刚，刚上文柔，刚柔相错而文生焉，故名为贲。卦辞言，文固不可不用，而亦不可过用也。贲，文饰也。亨小利有攸往，以卦变言。

文王系贲彖辞曰：文质得中，则行之通达而无弊。文质失序，则仅可粉饰一时，而终有文胜之虞也。如卦变柔来文刚，是能以淳朴为主，而文济之，得其中矣。且离明于内，则制礼作乐皆斟酌时宜，务求至当，文之四达而不悖也，何亨如之？又卦变刚上文柔，是徒以藻缋为主，而质反辅文，失其序矣。且艮止于外，则布政宣猷，皆涂饰文具，不能经远，文之可小而不可大也，则亦小利有攸往而已。

按：自古帝王未有无文而治者。四代之典谟训诰，礼乐刑政，皆治世之文也。然质为本，文为末；本为大，末为小。文以辅质，此贲之所以致亨；文以灭质，此利之所以为小。故陶唐有忧深思远之风，夏禹有克勤克俭之美，伊尹有慎乃俭德之规，孟子有贤君恭俭之训，皆敦本尚实而专务于其大者也。若徒事繁文，以长浮伪，又岂所以为贲乎？

【白话】

贲卦的下卦是离卦，代表内心光明，上卦是艮卦，代表行为恰当，适可而止，合起来看，就是内有文明之德，外无逾等之弊。另外，贲卦可能是从损卦或既济卦变来的，具体说来是损卦的九二与六三交换了位置，或者说是既济卦的九五与上六交换了位置，都是柔来文刚、刚上文柔之象，刚爻与柔爻交错，就像文饰一样漂亮，所以叫贲卦。卦辞的意思是说，文饰固然要有，但一定要适度，不可过分。贲，文饰的意思。爻辞说“亨，小利有攸往”，是就卦变而言。

文王所系的贲卦卦辞的意思是说：文与质兼得，方能通达无弊。文与质失序，就只能粉饰一时，最终难免文饰太过之虞。彖辞所说的“柔来而文刚”，是以淳朴为主，在此基础上适当文饰，方为得中。况且下卦为离卦，离为明，也就是内心光明，如此一来，制礼作乐都反复斟酌，务求适当，礼乐刑政风行天下，毫不违和，有什么样的亨通能与之相比呢？而彖辞所说的“刚上而文柔”，则有藻缋之嫌，是用本质去辅助文饰，失了应有的秩序。而且上卦为艮卦，艮为止，也就是止步不前，如此一来，朝廷的政策与法令都徒具形式，不能长期实施，可见文饰可小而不可大，所以爻辞只说“小利有攸往”。

按：自古以来，就没有只靠本质而不靠文饰治理天下的帝王。四代流传下来的典谟训诰，礼乐刑政，都是治世的文饰。然而质为本，文为末；本为大，末为小。用文饰辅助本质，这是贲卦之所以亨通的前提。文饰必然会掩盖本质，所以贲卦只是“小利有攸往”。所以唐尧有忧深思远之风，夏禹有克勤克俭之美，伊尹有慎乃俭德之规，孟子有贤君恭俭之训，他们的共同点，都是敦本尚实，注重本质。如果徒事繁文，助长浮伪，又怎么可能把握好文饰之道呢？

《彖》曰：贲，亨，柔来而文刚，故亨。分刚上而文柔，故小利有攸往，天文也。文明以止，人文也。观乎天文，以察时变。观乎人文，以化成天下。

【解义】

此《彖传》，是释贲彖辞，以明圣人用文之大权也。贲亨之亨字疑衍。先儒谓：“‘天文也’句上当有‘刚柔交错’四字。”止，谓各得其分。

孔子释贲彖辞曰：卦之名为贲者，果何以致亨乎？以卦变言之，自损来者，损之二本九也，今则三之六来居之，是以柔文刚也。损之三本六也，今则二之九上居之，是以刚文柔也。又自既济来者，既济之五本九也，今则上之六来居之，是亦以柔文刚也。既济之上本六也，今则五之九上居之，是亦以刚文柔也。以柔文刚，则质为主，而加之以文，达之天下后世，无有不准，故亨。若夫刚上文柔，则文为主，而质反辅之，推之天下后世，必有其弊，故小利有攸往。文王之系辞如此，苟明乎贲之所由亨，而悟贲之为道岂徒文已哉！其于天人之理，固已兼尽之矣。刚柔交错，卦之变也，是即日月之推移，星辰之旋转。其悬象于天，灿然而森布者，非天自然之文乎？离明艮止，卦之德也。是即五典之所由叙，五礼之所由秩，其昭著于人，截然而不可越者，非人固有之文乎？惟交错为天文，则观乎卦中之天文，而或刚或柔，时变因之。刚来文柔，见时之通，而以为春夏也；柔来文刚，见时之复，而以为秋冬也，可以察四时之变焉。惟明止为人文，则观乎卦中之人文，而为文为止，大化因之。文以联其情，则天下皆有礼以相接而不漓也；止以定其分，则天下皆有分以相守而不渎也，可以化成天下焉。贲道何其大哉！

按：贲之世，文象昌明，天人之机至此不得不开，而恐相沿既久，文必胜质，故文王系以小利，孔子示之文明以止，其为虑至深远矣！

【白话】

《彖传》是对贲卦卦辞的解释，目的是阐明圣人如何法贲用文。“贲亨”中的“亨”字可能是多余的字。先儒说：“‘天文也’这三个字前面，应该有‘刚柔交错’四字。”止，指各得其分。

孔子解释贲卦的彖辞说：卦名叫作贲卦，为什么贲卦可以亨通呢？就卦变而言，贲卦可能是由损卦变来的，具体说来是损卦的二爻与三爻交换了位置，二爻原本是刚爻，如今被三爻这个柔爻占据了位置，这就是“以柔文刚”。三爻原本是个柔爻，如今被刚爻占据了位置，这就是“以刚文柔”。贲卦也有可能是由既济卦变来的，具体说来是既济卦的五六与上爻交换了位置。既济卦的五爻本是刚爻，如今被上六这个柔爻占据了位置，这也是“以柔文刚”。既济卦的上爻本来是柔爻，如今被刚爻占据了位置，这也是“以刚文柔”。以柔文刚，就是以质为主，并在此基础上加以文饰，便可以推诸天下与后世，且无有不准，所以爻辞说“亨”。如果是以刚文柔，则是以文饰为主，本质反倒居于其次，推诸天下后世，必然会有弊病，所以爻辞只说“小利有攸往”。文王如此系辞，岂止是为了让人明白贲卦之所以亨通，而是为了让人们领悟贲卦之道绝非徒具文饰！天理与人事，其实都包含在贲卦之中。刚柔交错，指的是卦变，也可以视作日月的推移，星辰的旋转。日月星辰挂在天上，灿然而且森然，难道不是自然之文吗？离明与艮止，是贲卦的卦德。五典的叙列，五礼的制定，昭著于人世，截然而不可逾越，难道不是人事之文吗？正因为日月星辰交错为天文，圣人才可以结合卦中的天文，或刚或柔，因时而变。所谓“刚来文柔”，也可以理解为圣人见时令通泰，便据此确立了春夏；而“柔来文刚”，可以理解为圣人见时节复归，便据此确立了秋冬，然后据此观察四时的变化。也只有明白艮卦的内涵，并在此基础上观察卦中的人文，然后适度文饰，大而化之。以离明联系情感，天下人都会以礼相接而不离去；以艮止确定名分，天下人皆有分定而不会冒渎。如此便不难把圣人的教化推广至天下。贲卦的内涵何其广大啊！

按：处在贲卦的大环境中，文化昌明，天人相应，适度的文饰必不可少，但时间长了，形式必然胜过内容，文饰必将掩盖本质，所以文王为它系上了“小利有攸往”的卦辞，孔子也提醒世人“文明以止”，圣人的思虑真是深远啊！

《象》曰：山下有火，贲。君子以明庶政，无敢折狱。

【解义】

此《象传》，是言人君敷政慎刑，以章文治也。折，辨晰也。

孔子释贲象曰：山下有火，光被群生，此贲象也。盖山在上则法有所必守，火居下则明有所不矜，君子体此，于水火兵农钱谷之庶政，务用吾之明以综核之，而无使少有暗昧，以伤文明之治。至于狱者，民命死生之所系也。衡文析律，稍恃其明，而轻为谳决，则民之失入，而死于司刑之刀锯者，盖不知凡几矣。况贲尚文饰，狱贵得情，须先有哀矜慈恤之心，以去其惨刻深文之习，而临狱之时，自无敢轻为折也。

按：贲虽以文饰为尚，而贵有实意行乎其间。曰明庶政，则后世铺张粉饰之文，反若以为陋矣。曰无敢折狱，则后世惨苛锻链之风，不知其何以消矣。昔汉文帝承刱造之后，躬亲细务，其于食货农桑，纤悉不遗。而于治狱一事，诏令再三。佩其辞旨，至今令人感颂。此真能体贲之义，而无愧于为文者与。

【白话】

《象传》的意思是说，君王要施仁政，慎刑罚，要根据现实情况治理天下。折，辨析。

孔子解释贲卦的大象说：山下有火，光被群生，这就是贲卦的大象。因为艮山在上，无法逾越，所以必须遵守法纪；由于离火在下，虽有光明，但不便夸耀。君子体悟贲卦的大象，诸如水、火、兵、农、钱、谷等政事，都务必明晰并且综核，没有任何暗昧之处，从而不会损伤文明之治。至于讼狱之事，乃是百姓生死之所系。玩弄文字，曲解法律，还没彻底弄明白，就轻率决断，从而导致轻罪重判或不当判刑而判刑，致使死于刑具之下的百姓，不知凡几。更何况贲卦崇尚文饰，而讼狱贵在了解实情，必须先具备哀矜慈恤之心，去除内心的凶狠与苛刻，等到了真正听讼断案的时候，就不敢轻易作出决断了。

按：贲卦虽然崇尚文饰，但也注重真情实感。《象传》说“明庶政”，但后世的法令一再铺张粉饰，仍然觉得简陋。《象传》又说“无敢折狱”，但后世的惨苛锻链之风，不知何时能够消除。当初汉文帝承继大宝之后，事必躬亲，食货农桑，无所遗漏。对于治狱一事，尤其严谨，每每诏令再三。他的言辞和发心，至今令人感颂。他是真的体悟到了贲卦的内涵，并且无愧于自己“文”帝的称号。

初九：贲其趾，舍车而徒。

《象》曰：舍车而徒，义弗乘也。

【解义】

此一爻是言君子抱道自守，而安贫贱也。趾，足趾也。徒，徒行也。

周公系贲初爻曰：士君子处世，既贵其有德，尤重其有守。初九以阳居阳，有其德矣。而居明体之初，在贲之下，是其时潜而未曜，隐而未章，道宜自贲，栖迟草野，安于贫贱，而能有守焉，为贲其趾之象。彼其心，专以天爵自丽，而不以人爵为华。其于世人章服之美，毅然去之若浼，而任吾素履以往，不稍濡滞，故又为舍车而徒之象也。

孔子释初象曰：所谓舍车而徒者，岂其恶富贵而逃之哉？顾身在下位，而侈车服之荣，非义也。决于义以定取舍，故宁舍彼而安此，非专尚乎隐以为名高也。

按：初九在下为趾，其分至卑，而有刚明之德，足以自贲。虽六四应之，欲下求于初，然四求初为贵德，初求四则为趋势矣。盖在下之刚，以安于在下为义。初之贲在德不在车也。人人有贵于己者，令闻广誉施于身，不愿人之膏粱文绣。贲之道，岂资非分之车服以自文者乎。

【白话】

这个爻的意思是说，君子要抱道自守，安于贫贱。趾，脚趾。徒，徒步。

周公所系的贲卦初爻爻辞的意思是说：君子处世，贵有德，更贵守德。初九以阳爻居阳位，说明它是有德之人。但它不仅居于下卦离卦的最下面，也位于整个贲卦的最初阶段，处在潜而未曜、隐而未章的阶段，理论上稍稍修饰即可，然后栖迟于草野之间，安于贫贱，守持常道，这就是“贲其趾”之象。它的心专以天爵自丽，而不以人爵为华。对于世人在意的章服之美，它不屑一顾，如同被污染了一般，同时能依道而行，素履以往，不稍濡滞，所以又有“舍车而徒”之象。

孔子解释初爻的小象说：爻辞所谓的“舍车而徒”，难道是因为它厌恶富贵所以选择逃避吗？主要是因为它位卑人微，却身着华服，乘坐士大夫才应该乘坐的马车，不符合义理。所以它根据道义作出了取舍，宁愿“舍车而徒”，而不是因为崇尚隐士，或者欺世盗名。

按：初九在全卦的最下面，好比人的脚趾，非常卑微，但它是个阳爻，有刚明之德，又很当位，所以足以自贲。虽然它与六四成正应，六四也有心下求，但六四下求是求德，而初九上往则是趋炎附势。总的来说，位于下面的刚爻，就应该安于下面。对初爻来说，最好的文饰，在德不在车。每个人都有他可贵的东西，初爻宁愿要美好的名声和巨大的荣誉，也不愿意要别人给予的美食与华服。奉行贲卦之道的人，怎么能贪图非分的车马华服以为自己的装饰呢？

六二：贲其须。

《象》曰：贲其须，与上兴也。

【解义】

此一爻是言人臣同心共济，能资于人，以有为也。须，附颐而动者。

周公系贲二爻曰：二以阴柔居中正，三以阳刚居正，是皆同德相辅，同气相孚。而又俱无应与，则其势孤而求援益切，故二之阴柔才弱，必上附三之阳刚而动，则其一谋一猷，皆仰资乎三以成之。如须之附颐而动也。

孔子释二象曰：所谓贲其须者，以三才力有余，居二之上。二附之而动，将以兴起有为，则二之与上者，乃相须之殷，而非附势以苟合也。

按：二以阴不足以有明也，得阳而后明；二以柔不足以有立也，得刚而后立；二以下不足以有兴也，得上而后兴。此二之所以必须乎三也。然则欲建功烈于当时，垂声名于竹帛，岂独士君子贵有拔茅连茹之风哉？古之盛世，君明臣良，一德一心。君臣相资，用成郅隆之治，则求贤佐理以兴起事功，实有天下者第一要务也。

【白话】

这个爻的意思是说，人臣同心共济，互相帮助，就能大有作为。须，胡须，其特点是附颐而动。

周公所系的贲卦二爻爻辞的意思是说：二爻以阴居阴，居中当位，三爻以阳居阳，也很当位，它们具备同样的德行，所以能相互辅佐，相互交孚。而且它们都没有正应，人单势孤之下，益发需要别人的援助，特别是柔弱的二爻，它必须上附阳刚的三爻，共同进退，它的谋略与规划，都需要仰赖刚健的三爻，才能实施，才能实现。恰如胡须必须依赖下巴，才能有所动作。

孔子解释二爻的小象说：爻辞所谓的“贲其须”，是指三爻刚健有力，并且位于二爻之上，二爻上附三爻，彼此都可以有所作为，这么看来，二爻上附三爻是基于相互需要，并且非常殷切，而不是趋炎附势与苟合。

按：二爻阴柔暗昧，看不清事情的真相，上附三爻才能洞悉时势；二爻阴柔有余，阳刚不足，无法自立，上附三爻才能安身立命；二爻居于下位，不足以奋发、兴起，上附三爻后，就可以奋发、举起。这是二爻必须上附三爻的原因所在。然而人人都想建功立业，名垂青史，难道只有士君子才可以拔茅连茹、一同上进吗？在上古时代的盛世，君王圣明而臣子贤良，君臣同德而上下一心，方可以成就隆盛之治，这么说来，求取贤人创立功绩，实在是为人君者的第一要务。

九三：贲如濡如，永贞吉。

《象》曰：永贞之吉，终莫之陵也。

【解义】

此一爻是言处群才辐辏之会，当示以正大之情也。濡如，润泽之象。

周公系贲三爻曰：九三以一阳居二阴之间，则左右后先，咸思殚其材智以效用于我。凡所施为，自能集思广益，以成文明之化，为贲如濡如之象。然上下皆阴，又非正应，则鲜终不可以不虑。又三处明体之极，或过恃其明，人将饰貌以昵我，而为非道之悦者有之。故必永守其正，而有以起其畏敬，消其不逊，则贲常得其所濡而吉矣。

孔子释三象曰：凡人之相陵，必起于相狎。永贞之吉，三盖永以正自处，而不稍开人以玩亵之端。虽人之伺其色笑者甚众，而刚明不阿，无间可乘，终莫得而陵之也。

按：嚬笑不以假人，谗谄实能误国。自古君子，因小人之昵就，不察其诈而狎近之，卒反为所陵者多矣。如孟子于王欢，朝暮见而不与言行事。宋璟待杨思勖，在道数月，终未尝通一辞。所谓绝之于始，不恶而严。彼小人者，虽欲侮我，岂可得乎？

【白话】

这个爻的意思是说，在文饰极盛、群才毕至之际，应该以身作则，守持正道。濡如，润泽之象。

周公所系的贲卦三爻爻辞的意思是说：九三以阳居阳，上下都是阴爻，好比前后左右所有人都殚精竭力，效力于它。它的施政或举措自然能集思广益，从而更好地教化百姓，这就是“贲如濡如”之象。然而由于上下都是阴爻，又不是它的正应，所以能否善始善终它也不得不考虑。再加上它处在下卦的最上面，下卦为离，离为明，也就是明辨是非的能力，它可能会过于自信，别人则可能抓住机会大做表面文章，与它亲昵，而不是基于天理与正道，两心相悦。所以爻辞又说“永贞吉”，也就是说，永远保持贞正，使周围的人保持敬畏，不敢有不逊之心，才可以长久的润泽、教化，从而收获吉祥。

孔子解释三爻的小象说：人与人相互侵凌，源自相互的比昵与亲狎。所谓的“永贞吉”，是说三爻如果能保持长久的贞正，没有分毫的玩笑与亵渎之心，就算它身边满是奉承亲比之人，由于它刚明不阿，无间可乘，最终也没有人可以侵凌它。

按：一颦一笑也不要轻易示人，因为这会招来谗言与谄媚，其危害足以亡国。从古至今，君子因为没能识破小人的诡诈，与之比昵亲狎，最终被小人侵凌的例子实在太多。应该像孟子对待王欢那样，朝夕相见但从不与他谈论出使的事情。或者像宋璟对待杨思勖那样，同行了很长一段路，硬是一句话也没跟他说。正所谓“绝之于始，不恶而严”，不与小人相交，小人就算想侮辱君子，哪里有机会呢？

六四：贲如皤如，白马翰如，匪寇婚媾。

《象》曰：六四当位，疑也。匪寇婚媾，终无尤也。

【解义】

此一爻是言求贤之诚，心惟专于正应也。皤，白也。翰如，言行之疾，如飞翰也。

周公系贲四爻曰：四与初本为正应，相为贲者，而为九三所隔。遂至心虽相合，迹则相睽，不得其所贲，而为皤如之象。然四以柔居阴，本具柔正之德，不肯妄有所应。故其求初之心，更为迫切，如白马飞翰之疾者。然九三刚正，本非有害于四，亦欲与四相为亲善，以成贲道。而其如四之守正而不妄应，何哉？

孔子释四象曰：人之相疑者位，而相信者心。四所处之位，远于初而近于三。疑若为所附而动，故来三之求。然位虽近于三，而心实信于初，故确然以正自守，急求于初，而不与三贲。虽三亦谅其诚，而终不尤四之不我与也，又何他患焉？

按：此爻与屯之六二相似。屯刚柔始交，贲刚柔交错，皆有婚媾象。然屯之二乘马班如，应五之心，何其缓？贲之四白马翰如，应初之心，何其急？盖屯二应五，下求上也，故不可以急；贲四应初，上求下也，故不可以缓。时地固有不同焉耳。

【白话】

这个爻的意思是说，诚挚地求贤，在于守正而不妄应。皤，白。翰如，指运动迅疾，如同飞鸟。

周公所系的贲卦四爻爻辞的意思是说：四爻本来与初爻成正应，相互文饰，但被中间的九三阻隔。结果导致了六四与初九心思相合，但形迹相背，六四不能被文饰，所以还是质朴的素色，也就是"皤如"之象。然而六四以柔爻居柔位，具备柔正之德，所以虽然有九三横亘其间，但它非但不敢贸然相应，而且与初爻相应的心更为迫切，就像奔马飞鸟那么迅疾，也就是爻辞所说的"白马翰如"。不过九三以刚居刚，也有刚正之德，它本来没想侵害六四，只想与六四相互亲善，相互文饰。但它现在也像六四一样守持正道，不肯妄应，是什么原因呢？

孔子解释四爻的小象说：人与人相疑，是因为他们的位置不同，而相互信任，是因为他们的内心一致。四爻所在的位置，离初爻远，离三爻近。四爻认为三爻是为了依附自己，所以对它有所疑虑。而且它虽然离三爻近，但内心瞩意的依然还是它的正应初九，所以能以正自守，急求于初，而不与三爻相文饰。而三爻也体谅它的专诚，并不会因此怨恨四爻，又有什么祸患呢？

按：这个爻与屯卦的六二有相似之处。屯卦讲的是"刚柔始交"，贲卦讲的是"刚柔交错"，皆有婚媾之象。然而屯卦的二爻说"乘马班如"，上应九五之心，为什么这么迟缓呢？贲卦的六四则说"白马翰如"，它下应初九之心，又为什么这么着急呢？主要是因为屯卦的六二上应九五，是以下求上，不可以过急；而贲卦的六四下应初九，是以上求下，不可以太慢。因为时空不同，所以爻辞有所变化。

六五：贲于丘园，束帛戋戋。吝，终吉。

《象》曰：六五之吉，有喜也。

【解义】

此一爻是言，当文明极盛之时，而有挽回世运之微权也。丘园，朴野之象。束帛，薄物。戋戋，浅小之意。

周公系贲五爻曰：六五以柔中居尊，敦本尚实，纯以俭朴居心，而一切繁华之见，不得淆其中。虽身履朝廷文物之盛，而不失山林朴素之风，为贲于丘园之象。至于束帛虽微，可以享神求贤。礼宜隆渥，而亦戋戋自持，则外此之不事华缛可知已。夫当贲时，而俭啬若此，似不免为鄙为僿之吝。然踵事增华，终不若安于俭素之为善也。故终则吉焉。

孔子释五象曰：六五之吉者，以贲之世，人皆尚文，主世运者深廑溺文灭质之忧，五实能崇尚俭朴，为天下先，绝非有所矫饰而然，终能化成天下而得吉，则可以遂其返朴还淳之志，不有喜乎？

按：贲为文饰之卦，六五又人文化成之君，而反取丘园之贲者，盖治不可以无文，而文不可以太盛。贲至六五已过中矣，文胜之时也。圣人虑其过而预防之，将驱天下而归之中也。东周之末，礼仪过繁，镂簋朱纮，歌雍舞佾，僭侈之习，上下无等。故孔子言礼乐必云从先进，而答时人之问礼，亦以宁俭为言。此皆相时敝以立论，其有合于此爻之旨者乎？

【白话】

这个爻的意思是说，文明极盛之时，蕴含着挽回世运的机微要妙。丘园，质朴之象。束帛，薄物。戋戋，浅小之意。

周公所系的贲卦五爻爻辞的意思是说：六五以柔居柔，非常当位，并且居中，还位于九五之尊的位置，它敦本尚实，崇尚俭素，一切繁华的文饰，都不能渗透进它的生活。它虽然置身于朝廷的文物之盛，却不失山林朴素之风，这就是“贲于丘园”之象。虽然束帛微少，但足以享神求贤。它能以隆重的礼节待人，又能戋戋自持，其不事华缛、不喜文饰可见一斑。处在贲卦的大环境中，却如此俭啬，似乎有鄙僿之吝，过于粗野。然而踵事增华，与变本加厉不过一步之遥，还是安于俭素为好。所以爻辞说它“吝终吉”。

孔子解释五爻的小象说：六五之所以吉祥，是因为处在贲卦的大环境中，人人崇尚文饰，负有天下重任的人深怀溺文灭质之忧，而五爻发自内心的崇尚俭朴，以身作则，为天下先，绝非形式主义，最终能化成天下，收获吉祥，并因此遂其返朴归真之志，不是很可喜吗？

按：贲为文饰之卦，六五又是人文化成之君，但却取丘园为贲，主要是因为治国固然不能没有文饰，但文饰绝对不可过盛。贲卦发展至五爻的位置，爻位已过中，说明文饰已经远超本质。圣人深深地忧虑并加以预防，于是想方设法促使天下归于中道。东周末期，礼仪过繁，臣子镂簋朱纮，歌雍舞佾，过分奢侈，乃至僭越，失了上下尊卑的法度。所以孔子主张选用人才就选先学习礼乐再做官的人，当林放问孔子什么是礼的根本时，孔子也以“与其奢侈，不如俭朴”作为回答。这都是根据当时的弊病而言的，是不是很契合这个爻的宗旨呢？

上九：白贲，无咎。

《象》曰：白贲无咎，上得志也。

【解义】

此一爻是言，文之极而返于质也。

周公系贲上爻曰：上九居贲之上，处艮体之终，是文之至盛而得所止者也。故能尽去浮华，独标真素，为白贲之象。以白为贲，则文尽而返质，又何有文胜灭质之咎乎？

孔子释上象曰：上之时，正致饰而亨尽之时也。故上之志，急欲救文而还朴。今白贲而无咎，则人皆向风，而上所以挽回贲道之志遂矣，何不得之有？

按：贲卦曰亨，曰小利，文王所以立文质之防。曰丘园，曰白贲，周公所以垂救世之论。曰喜曰得志，孔子所以决从古之心。三圣人所为，存至道于一时，防陵替于奕世。观其辞之谆复，而知意至深远矣。

【白话】

这个爻的意思是说，文饰到了极点就会返归于质朴。

周公所系的贲卦上爻爻辞的意思是说：上九位于贲卦的最上面，处在上卦艮卦的终极之处，代表文饰发展到极盛但能够截然止归。所以它能尽去浮华，特别的直率自然，这就是“白贲”之象。以白为贲，就意味着尽除文饰，返归质朴，又怎么会有文胜灭质的咎害呢？

孔子解释上爻的小象说：贲卦发展到上爻之际，已经到了文饰的极致，亨通的日子也已经到了尽头。所以上爻急欲整饬过度文饰的现状，返本归真。由于它不尚文饰却能无咎，所以人人仰慕、效仿，遂了它挽回贲道、返朴归真的心愿，为什么不得意呢？

按：贲卦的卦辞说，“亨，小利有攸往”，文王是想借此确立文质之防。爻辞说“贲于丘园”，又说“白贲”，是因为周公想借机垂示后人。小象说“有喜”，又说“得志”，是因为孔子想借此坚定复礼从古之心。三位圣人的作为，可以存至道于一时，也能防陵替于累世。卦辞、爻辞与象辞的反复叮咛，足以说明圣人的良苦用心与深谋远虑。

䷖ 剥 坤下艮上

【解义】

剥卦以上九一爻为主，当五阴盛长，一阳消落之时，君子岂可有所往？《彖传》释卦辞而系以顺止，非终不往，静以观时，有待而往也，为君子谋也。六爻初犹未害君子，二则渐害君子，圣人皆虑及蔑贞而惕之以凶。四则蔑贞已肆，阴祸切身，不复言蔑贞而直言凶，皆所以戒小人也。至于三之应上，五之从上，一系之以无咎，一系之以无不利，其于小人之改邪为正者，又未尝不许之。盖圣人于柔变刚之际，重惕小人之害君子，而必欲其受制于君子，是则拨乱为治，转危为安之深心也。夫事起于微，祸伏于忽。自一柔变刚而为姤，再变为遁，三变为否，四变为观，以至于五变则为剥。是其始也，不过一阴生于下，其势甚微，初若可忽。而其后卒至党羽已成，凶恶日肆，为君子害。彼小人亦知己之欲去君子，为名不正言不顺，而乃浸润侵蚀，使之日消月铄，而不自知。然则小人之为计，狡而为祸深矣，为君子者可不防之于早，以杜其恶于未形也哉？

【白话】

剥卦以上九这个全卦唯一的阳爻为主爻，处在五阴盛长而一阳消落之际，君子怎么可以有所前往呢？《彖传》解释了剥卦的卦辞，并系以“顺而止之”之辞，不是让它永远不往，长久不动，而是静待时变，能往方往，这是为君子的安危考虑。六爻之中，初爻还没有伤害君子，到二爻就渐渐危害君子了，所以圣人为两个爻都系上了“蔑，贞凶”的爻辞。蔑通灭，蔑真就是灭除贞正之意。四爻不仅“蔑贞”，而且到了肆无忌惮的程度，阴祸已经临身，所以爻辞不再说“蔑贞”，而是直言“凶”，目的都是为了警戒小人。至于与上爻有正应的三爻，与依从上爻的五爻，爻辞一个说“无咎”，另一个说“无不利”，主要是对小人中的改邪为正者表示嘉许与勉励。总的说来，圣人之所以在柔爻欲变掉刚爻之际，非常警惕小人危害君子，并且一定要让小人受制于君子，主要目的还是想借机拨乱为治，转危为安。事情是从最微小之处开始积累的，祸患往往潜伏在疏忽大意之中。当纯阳至健的乾卦最下面的刚爻变成柔爻，就形成了姤卦，有两个刚爻变成柔爻就是遁卦，三个刚爻变成柔爻就是否卦，四个刚爻变成柔爻就是观卦，五个刚爻变成柔爻就是此卦——山地剥卦。刚开始的时候，只不过有一个阴爻，而且处在最下面，其势甚微，似乎可以忽略不计。但要不了多久小人就会结成党羽，日益凶肆，危害君子。小人当然也知道自己危害君子不对，而且名不正言不顺，所以不断浸润、侵蚀君子，使君子一点点地消磨、减损而不自知。既然小人如此狡诈，为祸又深，作为君子，为什么不提早预防，把小人的恶行杜绝在刚开始的阶段呢?

剥：不利有攸往。

【解义】

此卦坤下艮上，是群阴盛长而孤阳颓落之日也，故名为剥。卦辞言，当此之时，妄行躁进，必为小人所害，而无所利益也。剥，剥落也。

文王系剥彖辞曰：五阴盛长于下，一阳将尽于上，是小人之势焰处于极盛，而君子之气机几于将绝。此时而再往，必至一阳尽消，而变为纯坤矣。君子于此，宜惕然思吾之出处甚重，岂可轻于一往以蹈祸机。惟宜晦迹退处，以养其才于不试，故不利有攸往。且卦德内坤顺而外艮止，亦宜顺时而止，不可违时而往也。

按：汉唐之世，党锢之祸毒遍海内。然必有一二君子，沉几观变，超然于尘壒之外，而不撄其患。所谓得处剥之道也。然君子进退，系世道之兴衰。为人君者，不能审于是非，而使小人肆虐，致仁人志士，不敢一日安于其朝，此岂国家之利，苍生之福哉?

【白话】

此卦的下卦是坤卦，上卦是艮卦，坤卦纯阴至顺，艮卦也有两个阴爻，上下卦组合在一起，正是群阴盛长，而唯一的阳爻也即将被剥落之象，所以叫作剥卦。卦辞的意思是说，处在群阴剥阳的时间节点，妄行躁进，肯定会遭到小人的伤害，毫无利益可言。剥，剥落。

文王所系的剥卦卦辞的意思是说：剥卦有五个阴爻，只有一个阳爻，还处在上爻的位置，说明小人的气焰极盛，而君子的气机几乎灭绝。此时若采取行动，有所前往，必然会导致唯一的阳爻也被小人灭尽，变成纯阴至顺的坤卦。君子处在这种环境下，应该明白自己是出仕还是归隐关系重大，岂能贸然前往，以身蹈祸。正应该隐晦形迹，引退闲居，并趁着没有入仕培养自己的才德，所以爻辞说“不利有攸往”。而且剥卦的卦德内顺外止，也寓意君子应该顺时而止，不可违时强往。

按：汉朝与唐代时，党锢之祸曾危害天下。那时候也必然会有少数君子，冷静看待时势并随机应变，超然于尘世之外，不与患乱相接触。他们就是深谙处剥之道的人。然而君子的进退出处，决定着世道的兴衰。作为国家君王，是非不分，致使小人肆虐，仁人志士不能安于朝堂，这怎么看也不是国家之利与苍生之福吧？

《彖》曰：剥，剥也，柔变刚也。不利有攸往，小人长也。顺而止之，观象也。君子尚消息盈虚，天行也。

【解义】

此《彖传》，是释剥彖辞，言柔盛变刚之日，惟当顺以俟天，止以待时也。柔变刚，言柔进于阳，变刚为柔也。

孔子释剥彖辞曰：卦之名为剥者，卦体一阳在上而将尽，由五阴剥落之也。柔变刚初而为姤，二而为遁，三而为否，四而为观，五而为剥。盖小人之去君子，原于名义不顺，必阴谋深固，使之日渐消铄，潜移不觉，然后可以肆其排沮之力，而尽变为小人之党也。辞谓“不利有攸往”，以小人之势，如莠之方长而不可遏之时也。卦德坤顺艮止，有顺而止之之象。君子观其象而悟其理，则不轻攸往，正所以处剥之道也。然君子所以毅然不往者，岂冥冥无所决择于中，而徒委之无可如何之势乎？盖阳息而盈则天运复，阳消而虚则天运剥。顺之则吉，逆之则凶。君子随时敦尚，运处极剥，知其后之将必至于复，而沉谨自守，以求合乎天行之数而已。大抵平陂倚伏，一定之理。观变不审，徒欲与小人角一日之胜负，既非保身之哲，又重天下之祸。且使维持补救者，反无以施其具也。从来挽回世运，非深心大力，遵时养晦之士不能。平勃之重安汉室，仁杰之复兴唐祚，斯其人矣。

【白话】

《彖传》是对剥卦卦辞的解释，其主旨是说，处在柔爻兴盛，唯一的刚爻也要被变灭的时候，只有顺应时势，静待天时。柔变刚，指柔爻上逼刚爻，变刚为柔。

孔子解释剥卦的彖辞说：卦名之所以叫作剥卦，是因为卦中只有一个阳爻，并且处在上爻的位置，马上就要被下面的五个阴爻剥落，所以叫剥卦。剥卦是由纯阳至健的乾卦一步步变来的，具体说来是乾卦的初九先由刚爻变成柔爻，就形成了姤卦，再进一步刚变柔的话就成了遁卦，然后是否卦、观卦与剥卦。总的来说，小人去除君子，原本名不正言不顺，所以小人只能筹划阴谋诡计，使君子在不知不觉中日渐消铄，然后肆意妄为，一边排斥君子，一边培植党羽。爻辞所谓的“不利有攸往”，是说小人之势极盛，如同莠草方长，不可遏制。卦德坤顺艮止，也有顺而止之之象。君子观察剥卦的大象，体悟其中的义理，发现止而不往、坐待天时就是最好的处剥之道。然而，君子不肯前往，难道是因为昏冥无知，以至于无法抉择，只能徒乎奈何吗？主要是因为一切都是天运使然，阳爻开始生长就是一阳来复之卦，阳爻剥落至极就是五阳剥一阳的剥卦。这是自然规律，顺之则吉，逆之则凶。君子崇尚时变，处在剥卦的大环境中，知道不久就会迎来一阳来复的新局面，所以能沉谨自守，与天运相适应，相契合。大抵来说，平陂相倚，福祸相依，这是必然之理。不了解时变的人，急欲同小人争胜，既非明哲保身之道，还会加重天下的祸患。同时还会让那些想办法维持补救的人，无法施展他们的才干。一直以来，挽回世运，只有那些深心大力、遵时养晦的君子才能做到。重安汉室的陈平与周勃，复兴唐祚的狄仁杰，就是这样的人。

《象》曰：山附于地，剥。上以厚下安宅。

【解义】

此《象传》，是言人君当思剥之可危，宜急于固本安邦，以尽治剥之道也。附，连属也。

孔子释剥象曰：卦象山高于地，而反附着于地，颓剥之象也。为人上者，思剥之所来，必自下起。故防剥之道，必先厚固其下，以安其居也。盖上何所宅？唯民所止以为宅。宅苟不安，则上何以宁？下苟不厚，则宅何以安？故必予以安全，以厚民生，则下之宅自厚，而上之宅亦安矣。

按：卦爻皆著剥阳之义，惟大象独言治剥之道。卦体坤为地，厚下以象坤也；艮为土，安宅以象艮也。唐太宗曰："君依于国，国依于民。克民以奉君，犹割肉以充腹。"是明于厚下安宅之理者。人君法此以治剥，其亦危者使平之道也欤。

【白话】

《象传》的意思是说，君王应该注意到阳爻剥落到极致的危险，并把固本安邦作为当务之急，以尽得治剥之道。附，连属。

孔子解释剥卦的大象说：剥卦的上卦是艮山，下卦为坤地，山高于地，却反过来附着于地，这就是倾颓剥落之象，也就是剥卦的大象。君王观察剥卦，思考它的来龙去脉，必然会追溯至全卦的最下面一爻，也就是最初的时候。所以防止天下危亡剥落，必须先厚待百姓，施惠百姓，这就好比盖房子前打下了深厚的地基。说到底，君王应该凭借什么安居呢？只能以百姓的安居乐业安居。百姓不安定，君王如何安宁？下面的地基不牢，上面的房屋又怎么可能安全？所以必须给百姓足够的安全感，不断改善民众生活，下面的地基就会越来越深厚，而上面的房屋也会越来越安全。

按：卦辞与爻辞都在强调剥阳至极的现状，唯有大象说到了治剥之道。剥卦的下卦为坤为地，所谓"厚下"，便是就厚德载物的坤卦而言；上卦为艮为土，所谓"安宅"，便是就止而无凶的艮卦而言。唐太宗说过："君依于国，国依于民。克民以奉君，犹割肉以充腹。"他是真正明白厚下安宅之道的人。君王效法剥卦的大象而治剥，就能化险为夷，转危为安。

初六：剥床以足，蔑贞凶。

《象》曰：剥床以足，以灭下也。

【解义】

此一爻是言小人有害正之渐，而深惧君子之将危也。蔑，无也，谓消无正道也。

周公系剥初爻曰：阴之剥阳，必自下起。初在卦始，其力虽未能去君子而夺其位，然中怀疾害，已岌岌乎紥其进而侵其权，犹剥床而先及其足之象。夫初之敢于发难者，彼其心，荡然无名教之足畏，而疾正如仇，势必欲消蔑无余而后已。殊不知，以邪侵正，以小人消君子，虽君子蒙其祸，而小人亦鲜有幸全者。

祇自取其凶而已。

孔子释初象曰：初之剥，取床足为象者，以阴侵阳而阳灭没于下也。祸起自下，恶稔在初。覩其几之微，而知其势之必至于危矣。

按：剥之一阴，即姤之一阴。姤之初，受制于九二，若羸豖之系于金柅，故吉而无咎。剥之初，自二三以上，无切近之阳，莫或制之。故其为害，始似甚微，而后必至于不可胜穷。可见朝廷之上，一日无端人正士，而憸邪遂漫无顾忌，得以恣其所欲为。宜乎小人之汲汲求去君子也哉。

【白话】

这个爻的意思是说，小人为害君子之心渐长，而君子的岌岌可危令人恐惧。蔑，无的意思，指以阴消阳，不符合正道。

周公所系的剥卦初爻爻辞的意思是说：阴爻剥落阳爻，必定从最下面一个阳爻开始。初爻就位于一卦之始的位置，虽然它阴柔无力，不足以去除君子，夺取阳刚之位，但它存心不良，已经开始进逼、侵蚀阳爻，形势十分危急，就好像欲剥蚀卧床先剥蚀床足一样。初爻敢于发难，心里显然没有对于名教的畏惧，所以它一定会嫉正如仇，势必将阳爻消蔑无余而后快。殊不知，以邪侵正，以小人消君子，君子固然会蒙难，但小人也很少能全身而退。它不过是自取其祸而已。

孔子解释初爻的小象说：剥卦的初爻，之所以取象床足，是因为以阴爻侵剥阳爻，阳爻会随之灭没。祸患起自下，恶行成于初，看到这样的征兆，就知道情势一定会更加凶险。

按：剥卦的初六，就是姤卦的初六。姤卦的初六，还受制于九二，犹如瘦弱的小猪被拴在车闸上，所以能“吉”而“无咎”。剥卦的初六，却顺着二爻与三爻一路直逼上卦，近处根本没有阳爻，无法制约于它。所以它的危害，开始的时候，看上去微不足道，但之后必然会无法收拾。可见朝堂之一，一旦没有了正人君子，奸邪之人就会毫无顾忌，为所欲为。所以小人才会想方设法排抑君子。

六二：剥床以辨，蔑贞凶。

《象》曰：剥床以辨，未有与也。

【解义】

此一爻是言小人之势渐长，而害正之机浸成也。辨，所以分隔上下，床之干也。与，党也。

周公系剥二爻曰：二居坤体之中，又进乎初，是小人之权势得行于中，而由下可以害上者，象剥床而及其辨者也。又以阴居柔，则其心甘为小人，而树君子之敌，势必至于蔑贞而自取菑害，故再儆之以凶焉。

孔子释二象曰：剥床至辨，较之于初，为恶滋甚。幸居卦之下体，党与未盛，君子尚可预自为图，以免害正之嫌。若失此不图，将去辨即肤，而祸难逭矣。盖小人欲为不善以害君子，未有不借党援以相济者。然穽深而机巧，在人主之前，多为谨身自媚，以使其不觉。及至布置既定，羽翼已成，外廷耳目皆其朋党，肘腋近幸悉彼私人。忠良蒙祸，世道阽危。人主纵觉之，无可如何矣。初二连进，势已不孤，而象以“未有与”为言，犹欲及其未盛而为防之之道。夫群邪得志，在君子不过远引以避之而已。而人主孤立于上，可晏然而不早加省乎。

【白话】

这个爻的意思是说，小人势力渐长，危害君子的时机也快成熟了。辨，床辨，即床身与床足的分辨之处。与，同党。

周公所系的剥卦二爻爻辞的意思是说：二爻位于下卦坤卦之中，比初爻又进了一步，好比小人进入了中层，可以以下害上，就像剥蚀完床足又进一步剥蚀床辨。二爻还是以阴居阴的阴爻，在别的卦里，可以理解为当位，而在这里则好比甘心做小人，与君子为敌，而且一定要将所有正人君子消蔑无遗，从而自取凶害，所以爻辞再次儆之以“凶”。

孔子解释二爻的小象说：剥蚀上行至床辨，相较于初爻，为恶更大了些。幸好它还处在下卦之中，党羽未盛，君子还可以提前考虑，事先预防，以免害正之嫌。如果坐失时机，就会直接剥蚀到肌肤，祸患就在所难免了。因为一般来说，小人意欲行恶、祸害君子时，总是会与同类结党，相互应援、济助。但小人阴深机巧，在君王面前表现得很谨慎，使君王无法察觉。等小人完成布置，羽翼已成，百官的耳目都是他的同党，君王的身边都是他的亲私。忠良蒙祸，而世道濒危。君王就算察觉，也无可奈何了。初爻与二爻沆瀣一气，势力已不孤单，圣人为它系上“未有与”的象辞，目的还是为了让人在小人未曾壮盛之前予以预防。小人得志，横行无忌，君子大可以一走了之。但君王称孤道寡，孤立于上，怎么能只知享乐而不及早警醒呢？

六三：剥之，无咎。

《象》曰：剥之无咎，失上下也。

【解义】

此一爻是言小人去其党邪之失，而独能从正以避咎也。上下，指四阴。

周公系剥三爻曰：众阴方剥阳之时，而三独居刚以应上之刚，是其心深知君子之不可绝，而去其党以从之，则不惑于朋比之私，而无染于阴邪之祸。在剥之时，其义为无咎矣。

孔子释三象曰：剥之所由无咎者，以三居四阴之中，上下皆阴，而独与一阳相应，则所失者阴。是其失，乃所以为得也。于处剥之道，又何咎之可及乎？

按：诸爻皆阴，惟上九一阳。近阳者最善，六五是也，故可以治剥。能应阳者次之，六三是也，故不为剥。圣人于阴之从阳者，未尝不幸之许之，所以坚其从正之心，而开其补过之路。化小人而为君子，尚赖此潜移默转之微权乎。

【白话】

这个爻的意思是说，小人只有远离同党，改邪归正，才能避免咎害。上下，指上下四个阴爻。

周公所系的剥卦三爻爻辞的意思是说：处在众阴剥阳的大环境中，三爻不仅居于刚位，而且上应全卦唯一的刚爻上九，好比它深知君子之于天下不可或缺，于是远离群小，上从君子，由于不惑于朋比之私，也就远离了阴邪之祸。处在剥卦的大环境中，它理应无咎。

孔子解释三爻的小象说：三爻处在剥卦之中，却可以无咎，是因为三爻虽然上下左右全是阴爻，它自己也是阴爻，但它能够与全卦唯一的阳爻上九相应，所以它失去的仅仅是奸邪的同党。这种损失，其实是莫大的收获。这符合处剥之道，又有什么样的咎害可以危害它呢？

按：下面五个爻都是阴爻，只有上九一个阳爻。离阳爻近就好，比如六五，所以它可以治剥。与阳爻有正应次之，六三即是，所以爻辞说“剥之无咎”。圣人对于顺从阳爻的阴爻，一向都是幸之许之，为的就是坚定它们的从正之心，给它们将功补过的机会。化小人为君子，没有这样的潜移默转、机变权谋是不行的。

六四：剥床以肤，凶。

《象》曰：剥床以肤，切近灾也。

【解义】

此一爻是言小人之播恶既深，而君子之受祸为已酷也。肤，肌肤也。

周公系剥四爻曰：四以阴居阴，是邪党密布于朝廷，流毒遍加于海内。凡忠臣义士之在位者，靡不亲受惨酷，身撄戮辱，为剥床以肤之象。剥而及肤，小人之为蔑贞计者，盖已至矣。然时虽极剥，而正气未尝不留于天地之间。故不许其蔑贞，而直示之以凶，以明君子虽危，彼小人者安能独全乎哉？

孔子释四象曰：剥床以肤，则非以足以辨仅至不安其身而已，直以危亡已至而切近灾祸也。纵欲远而去之，已无及矣。自古小人倾害君子，无所不至，而毒螫未极，人恒不知其祸之烈。四居上体，在床之上，为肤。剥而至肤，则君子之贞几为所尽蔑矣。故圣人特危言悚之曰：何不早为之所，而使至此极也？此非张小人之势，正深咎为君子者制御无方，而酿成其恶，在己不得辞其责也。

【白话】

这个爻的意思是说，小人的恶行越大，君子遭遇的迫害越残酷。肤，肌肤。

周公所系的剥卦四爻爻辞的意思是说：四爻以阴居阴，由于它处在剥卦之中，所以也不能以当位论，而应该认为阴邪至极，好比邪党密布于朝廷，流毒遍加于海内。朝堂中的忠臣义士，无不遭遇惨酷，受刑被辱，恰如剥蚀卧床延及肌肤的程度。爻辞说“剥床以肤”，是指小人欲置君子于死地的图谋，已经加诸于君子身上。然而，虽然时势已经极其剥乱，但天地之间未尝就没有正气存在了。所以爻辞不说“蔑贞”，而是直接示以“凶”字，为的是让它明白，君子固然危险，但你们这些小人能够全身而退吗？

孔子解释四爻的小象说：到了“剥床以肤”的阶段，已经不再像之前“剥床以足”“剥床以辨”那样，仅仅令人不安而已，而是危亡已至，灾祸已近。就算想远远地避开，也已经来不及了。自古以来，小人陷害君子，都是无所不至，但不到最后阶段，人们又往就意识不到祸患的惨烈。四爻位于上卦，在床上面的位置，正是肌肤之象。已经剥蚀到了肌肤，君子之道已经被消蔑得所剩无几。所以圣人不得不以极其激烈的言辞警醒世人：为何不早点预防，让事情发展到这种地步？这不是为小人的势力张目，而是深深地为君子感到遗憾，正因为君子制御无方，才使得小人酿成其恶，君子难辞其咎。

六五：贯鱼，以宫人宠。无不利。

《象》曰：以宫人宠，终无尤也。

【解义】

此一爻是言六五为群阴之长，能率其类以顺听乎阳也。鱼，阴物。贯鱼，如鱼之连贯而进也。宫人，嫔御也。

周公系剥五爻曰：五居群阴之上，又近上之一阳，是其力足以统摄群阴，而又心知害阳之非义，故能率其党类，而受命于阳，使一切朝政国柄皆归之君子，而受成焉。如贯鱼顺序，以宫人承宠于其君之象。夫国有君子，不特善类膺福，而亦足以庇荫小人。五能如是，宁有不蒙其利者哉？

孔子释五象曰：五之以宫人宠者，群阴剥阳已极，五能翻然悔悟，统率俦类，顺序听命，君子方嘉与维新，必不苛绳前愆。始虽有尤，终则无尤。廓然而涵濡于君子度量中矣。

按：五为君位，不言君而取象于后妃者，盖此卦阴盛。五为众阴之长，又有一阳在上，故别立一义。欲其率先众类，俛首以听君子之命也。圣人贵阳贱阴，夬之时决阴之权在阳，则教阳以制阴之道；剥之时剥阳之权在阴，则教阴以从阳之道。所以赞化育而参天地者，固在于此。而夫夫妇妇，男正外，女正内者，亦在乎此矣。

【白话】

这个爻的意思是说，六五是群阴之长，能率领所有的阴爻顺从阳爻。鱼，阴物。贯鱼，像游鱼那样连贯而进。宫人，嫔御。

周公所系的剥卦五爻爻辞的意思是说：六五位于五个阴爻最上面的位置，又紧临全卦唯一的阳爻，所以它的能力足以统摄所有的阴爻，也深知以阴害阳违背道义，所以能率领所有的阴爻，受命于阳爻，使一切权柄归于君子，坐待其成。它好比王后，率领宫嫔们像游鱼那样连贯而进，承宠于君王，这就是六五的小象。国家有君子，不仅正派人士受益，也足以庇护小人。六五能这样做，为什么不能“无不利”呢？

孔子解释五爻的小象说：爻辞所说的“以宫人宠”，是指剥卦发展到五爻的阶段，群阴剥阳已极，六五却能幡然悔悟，统率朋辈，顺序听命，君子刚刚开始维新，必然不会苛责它之前的过失。它开始的时候有过失，但最终没有。因为它知错能改，君子也能够予以包容。

按：五爻是君位，爻辞不说“君”，却取象于后妃，是因为剥卦发展到这个爻的时候，阴盛已极。五爻是众阴之长，又位于全卦唯一的阳爻下面，所以别立一义。目的是为了让它率领群阴，俯首听命于君子。圣人一向贵阳贱阴，所以在夬卦里，夬决阴爻的权力掌握在阳爻手上，便教导阳爻制阴之道；而在剥卦里，剥除阳爻的大权在阴爻手中，所以要教导阴爻顺从阳爻。先贤所谓的“赞化育而参天地”，说的就是这个道理。而《易经》所谓的“夫夫妇妇”“男正外，女正内”，恰恰也体现在这里。

上九：硕果不食，君子得舆，小人剥庐。

《象》曰：君子得舆，民所载也。小人剥庐，终不可用也。

【解义】

此一爻是言剥尽将复之时，君子以一身为民情所归附也。硕果，硕大之果也。舆，所以载也。剥庐，自剥其庐舍也。

周公系剥上爻曰：上九以一阳在上，不为众阴所剥，而励节弥坚，立品弥高，小人自不得而伤之。如硕果不为人所食，将见复生之象。夫当剥极之时，人心思治，尚留此一君子，以为邦家之庆。用能保国庇民，民皆载之，如得舆者然。是知唯君子能覆盖小人，而小人亦借君子以庇其身。若小人必欲剥尽君子而后快，则君子亡而家国破，小人亦无所容其身，象如自剥其庐已耳。

孔子释上象曰：君子何以得舆？盖以一阳独留，此天意也。天意攸存，即民心所属。君子虽势处甚孤，而系结于民心者更切，相与承事而共载之，谁能剥焉？若小人用尽机谋诡诈，以剥君子，终于自剥其庐，夫亦安所用之也？

按：此卦以上九为主，曰硕果不食，幸一阳之存也。其五阴则顺乎阳者吉，不顺乎阳者凶。初二四取象于床，见君子在下，小人可借以安身。上爻取象于庐，见君子在上，小人可借以庇身。君子在上在下，皆有益于小人如此。而小人必欲去之，君子去而危亡立至。载胥及溺，小人亦未尝独免。则害君子，正以自害耳。故天下之恶，无有什于小人；天下之愚，亦无有什于小人也。

【白话】

这个爻的意思是说，在剥卦即将结束，一阳即将来复的时候，硕果仅存的君子寄托着天下人的重望。硕果，硕大的果实。舆，车辆，用以承载，引申为承载天下。剥庐，剥除其庐舍。

周公所系的剥卦上爻爻辞的意思是说：上九是唯一的阳爻，并且位于全卦最上面，不为群阴所剥，并且不断磨砺自己，气节愈发坚贞，品格愈发高远，小人自然无法伤害它。恰如巨大的果实不被人食用，必然会落在地上，生根发芽一样。处在剥落至极的阶段，人心思治，又有这样硕果仅存的君子，当真是家国之幸。任用它保国庇民，民众都有了承载，就像得到了一辆巨大的车舆。所以恰如前面所说，君子能覆盖小人，而小人也能托庇于君子。如果小人一定要剥尽君子而后快，那么君子亡了，国家也就破了，小人也就没了容身之地，正是小人自剥其庐之象。

孔子解释上爻的小象说：爻辞说“君子得舆”，什么意思呢？说到底，阴爻剥落了五个阴爻，只留下最后一个阳爻，乃是天意。天意攸存，便是民心所属。君子虽然人单势孤，但与民心相契，彼此配合，缺一不可，又有谁能剥落？如果小人费尽心机，用尽奸诈，剥除了君子，也剥落了自己茅庐，又到哪里容身呢？

按：上九是剥卦的主爻，爻辞说“硕果不食”，是以一阳犹存为幸事。至于下面五个阴爻，则是顺阳则吉，不顺则凶。初爻、二爻与四爻都取象于床，意思是说，君子在下面，小人可以借以安身。上爻取象于庐，意思是说，君子在上面，小人也可以借以容身。君子在上在下，都有益于小人。但小人就是小人，必欲除君子而后快，而君子一旦被剥落，天下都会危亡。就像《诗经·桑柔》所说的，大家都落了水，小人也不能独免。害君子，就是害自己。所以说，天下之恶，莫过于小人之恶；天下之愚，也莫过于小人之愚。

䷗ 复 震下坤上

【解义】

复取一阳复生之义。当剥之尽而为坤，阳气已生于下。至此一阳之体成而来复，乃天运循环，理当如此，非人力所能为也，故卦辞专以气数言。《彖传》释复之“亨”曰“刚反”，以自剥一阳穷上反下而为复也。释“利有攸往”曰“刚长”，以自复一刚自下进上而为临泰，以至于乾也。然以阴阳反复之道计之，其消而息，往而反者，乃天行之必然。动而以顺行，亦惟法此而已矣，岂有岐哉？六爻专以人事言，虽其间功有浅深，德有厚薄，较然不同，然皆于复之义有合焉。独至上六，则私欲锢蔽，善端灭息，为迷而不复。圣人极言灾眚以示戒，深著迷复之不可也。合气数人事观之，可见动静者天道之复也，善恶者人道之复也。在天运有其自然，在人事宜尽其所当然。必须不远复与休复方吉，敦复方无悔，独复亦可以免凶咎。若频复则虽厉而亦可以无咎。至迷复则凶所必然，而灾眚之来，莫可究极矣。此皆人事所致，君子不可不于善端萌动之初，而存理遏欲，以全刚反之复也。

【白话】

复卦的意思是一阳复生。当剥卦发展到极致，剥落最后一阳，就是纯阴至顺的坤卦，但此时阳气已生于其下。发展至复卦的阶段，一阳已成，好比阳道复生。这是天道运行所致，理所应当，非人力所能及，所以它的卦辞专就气数而言。《彖传》在解释复卦之所以“亨”时，说“刚反”，是指剥卦的一个阳爻来到下面，就是复卦。在解释“利有攸往”时，则说“刚长”，是说沿着一阳来复的复卦继续发展，阳爻会不断生长，越来越多，具体说来就是由复而临，由临而泰，由泰而大壮，由大壮而夬，最后发展至乾卦。然而，以阴阳反复之道考量，其消息往返，都是天运的必然。“动而以顺行”，这就是复卦的卦德，因为它的下卦是震卦，震为动，上卦是坤卦，坤为顺，这其实也是没办法的办法，难道还有别的方法吗？六爻专就人事而言，虽然六个爻功有浅深，德有厚薄，较然不同，但都契合复卦的内涵。唯独到了上六，复卦发展到了极点，好比人为私欲所禁锢，善念消亡，所以爻辞说“迷复”，也就是迷而不复之意。圣人还直截了当地说，“凶，有灾眚”，希望后人引以为戒，千万不可陷入迷而不复的境地。综合气数与人事，可见动与静乃是天道之复，善与恶则是人道之复。天道是自然规律，应该顺其自然，在尽人事的时候，则应该尽其所当然。只有像“不远复”的初爻与“休复”的二爻那样，才可以获得吉祥，只有像“敦复”的五爻那样，方能无悔，像“中行独复”的四爻那样，也可以免除凶咎，像“频复”的六三那样，虽然危厉，但也可以无咎。至于“迷复”的上爻，凶是必然的，灾眚一旦来临，都无法想象会有多大。这都是人事使然，君子不可不在善端萌动之初，存天理，遏人欲，以顺应复卦的刚反之道。

复：亨，出入无疾，朋来无咎。反复其道，七日来复。利有攸往。

【解义】

此卦震下坤上，是阳气穷于上而复生于下。一阳来复，其几甚微，故名为复。卦辞言复则必亨，乃君子之常道，而天运之必然也。无疾，无有害之也。朋，谓群阳。七日，谓自姤至复，凡历七爻也。

文王系复彖辞曰：卦体君子既往而复来，卦德震动而坤顺，既有可为之时，而又有可为之才，宜其亨也。虽君子之处势甚微，而气机昌遂。其一出一入，宽然无复有沮害之者。以至朋类相孚，翩然而来，亦会其时之可亨而无摧抑之咎。亨在己，既信其有独复之机；亨在人，又验其有浸长之势。此岂人力之所能为哉？进稽阴阳反复之道，自姤一阴始生，历二阴之遁，三阴之否，四阴之观，五阴之剥，纯阴之坤，以至一阳之复，凡更七爻，为期七日。天运循环，无往不复，则刚德方长自此，进而为二阳之临，三阳之泰，四阳之大壮，五阳之夬，以至纯阳之乾。理势有必然者，又何道之不可行而功之不可建哉！利有攸往，复之所为必亨也。

按：临言八月有凶，不言日而言月，恶阴之浸长而迟之也。复言七日来复，不言月而言日，喜阳之方来而速之也。然有天道之复焉，有人道之复焉。天道之复，乃气运之自然；人道之复，皆行事之所致。夫使气运将复，而行事无自复之道，则其复必不固。所以古之圣王，当天命既属，而修德益谨，行善益力。自此群刚相继，同德协心，往无不利，大勋毕集，庶几来复之权在我而不在造化矣。

【白话】

此卦的下卦为震卦，上卦为坤卦，是阳气穷极于上而复生于下之象。所谓“一阳来复”，是就天道而言，它非常玄妙，所以叫复卦。卦辞的意思是说，复则必亨，因为这是君子奉行的常道，也是天运的必然。无疾，无有疾害。朋，指群阳。七日，指自姤卦发展至复卦，一共经历了七个爻的消长变化。

文王所系的复卦卦辞的意思是说：就卦体而言，君子已经往而复来，就卦德而论，又是“动而以顺行”，综合起来看，是既有可为之时，又有可为之才，理应亨通。虽然君子的势力还很微弱，但气机昌遂。其出入已经可以宽然，已经没有阻挠或加害他的小人。就算小人成群结队，不请自至，也会因为时势使然，不会受小人的挫折与压制。如果说亨通取决于自己，它便可以像四爻爻辞所说的那样，相信自己足以“独复”。如果说亨通取决于他人，则有待于检验它的浸长之势。这难道是人力所能及的吗？进一步稽考阴阳反复之道，自从一阴始生的姤卦开始，经过两个阴爻的遁卦，三个阴爻的否卦，四个阴爻的观卦，五个阴爻的剥卦，纯阴至顺的坤卦，以至于一阳复生的复卦，一共经过了七个爻的消长变化，好比为期七天。天运循环，无往不复，复卦的刚德虽然刚刚长成，但进一步发展就是两个阳爻的临卦，三个阳爻的泰卦，四个阳爻的大壮卦，五个阳爻的夬卦，以至纯阳至健的乾卦。理所应当，势所必然，有什么样的事情不可以去践行，又有什么样的功绩不可以去建立！所谓“利有攸往”，不过是再次申明，一阳来复之后，必然亨通。

按：临卦说“八月有凶”，不说日而说月，是厌恶阴爻的生长，故意说得迟些。复卦说“七日来复”，不说月而说日，是欢喜一阳来复，并且希望它快快生长。然而有天道之复，也有人道之复。天道之复，乃是气运使然。人道之复，都是行事所致。假使气运将复，但行事不符合复卦之道，复也无法牢固。所以古代的圣王，虽然天命已定，也依然不遗余力地修德行善。如此一来，便能吸引无数正人君子，大勋毕集，同德协心，无往不利，差不多就可以把来复之权牢牢地抓在手中，而不是完全依托于造化。

《彖》曰：复亨，刚反。动而以顺行，是以出入无疾，朋来无咎，反复其道，七日来复，天行也。利有攸往，刚长也。复其见天地之心乎。

【解义】

此《彖传》，是释复彖辞，详言复道之亨，而因以发明天地生物之心也。刚反，一阳复生也。天行，天之运也。刚长，既生而渐长也。

孔子释复彖辞曰：复何以亨？卦体刚复生于下，如往而复反，是贤人君子久遭凋落之后而复遘登庸之日，将见一贤初进，而群才来附也，何亨如之？然君子于此，上凛乎天命之靡常，而下虑夫人情之难合，故不敢以久郁乍伸，逞其锐进之气。惟不轻于动也，而顺以行之，则出入皆自复之道，而朋类之来，亦附我之顺动以牵复矣。是以己得无疾，而人亦得无咎。卦辞谓“反复其道，七日来复”者，天行以七日为期，复之速也。君子以顺动之道，密审于天行之数，而知天行无消而不息之理。君子之顺动，亦有转乱而为治之才，则善于顺动，乃所以善承天行也。“利有攸往”者，一阳既生于下，其势自不容御，必至骎骎盛长，吾道大行，而无往不利矣！夫观复于世道，固足以见阳德之亨，而观复于造化，其不有以见天地之心乎？盖天地无心，生生不息，乃其心也。纯坤之时，生意灭息，天地生物之心几于蔽塞矣。迨夫一阳既动，则无中含有，而乾元资始者，于此露其机。贞下起元，而坤元资生者，于此呈其朕。生物之心，虽非至此而始有，实乃至此而始见。虽在积阴之下，而昭然发露者，孰得而掩之哉！

按：阴阳之理，以天行为开复之数，而复之君子，以顺行为保复之机。故必出入无疾而后朋来无咎，朋来无咎而后利有攸往。苟徒冀天行有常，而不以顺行，将终于灭息而已。则所为尽修，能以符气化，非君子之责而谁乎。

【白话】

《彖传》是对复卦卦辞的解释，它详细阐释了复道之所以亨通的道理，并在此基础上阐明，天地以生物为心。刚反，指一阳复生。天行，天道运行。刚长，刚爻初生并逐渐生长。

孔子解释复卦的彖辞说：复卦何以亨通？因为卦体唯一的刚爻复生于下，如同剥卦硕果仅存的君子往而复返，恰如贤人君子久遭凋落之后重新被任用，而且一贤初进，必有群才来附，有什么样的亨通能与之相比？然而君子处在如此情势下，向上敬畏天道的无常，向下又顾虑人情的难合，所以不敢因为抑郁得太久而急剧伸展，一逞其锐进之气。唯有不轻举妄动，顺而行之，出入之间皆符合自复之道，就算小人成群结队而来，也会跟它一样，顺而动之，从而不难被我牵而复之。所以自己能够“无疾”，而小人也可以“无咎”。卦辞所谓的“反复其道，七日来复”，是说天道往返周复只需要七日，速度非常快。君子践行复卦的顺动之道，体悟天行之数的严密，从中不难得知，天道不会只消不息。君子的顺动，不仅仅是顺动而已，还有转乱为治之才，君子善于顺动，是为了更好地顺承天行。所谓“利有攸往”，一阳既然已经复生，趋势不容压制，必然会骎骎盛长，吾道大行，无往而不利！观复于世道，固然不难理解阳德的亨通，而观复于造化，也足以一见天地之心吧？天地原本无心，所以能无所偏私的长养万物，但生生不息，就是天地之心。在纯阴至顺的坤卦阶段，生意消亡止息，天地的生物之心也几乎被完全蔽塞。等到一阳复生，则无中含有，乾元的资始之意，已露其机。乾道贞下起元，而坤道的资生之意，也于此呈现出先兆和端倪。天地的生物之心，虽然不是这时候才有的，但确实是这时候才有所展现的。复卦唯一的阳爻初九虽然处在五个阴爻之下，但时势已经非常明显，谁又能掩盖它的锋芒呢？

按：阴阳之理，以天道的运行为开复之数，而观复的君子，以顺而动之为保复之机。所以，它必然能“出入无疾”，而后又能“朋来无咎”“朋来无咎”便能

“利有攸往”。若仅仅希冀天行之常道，而不在此基础上顺以行之，非但不能一阳复生，反而会彻底的灭息。这样一来，以自己的所为所修，上符天道与气化，除了君子，还有谁能担得起这样的重任呢？

《象》曰：雷在地中，复，先王以至日闭关，商旅不行，后不省方。

【解义】

此《象传》，是言先王体复之义，而制为安静之法，以养微阳也。至日，冬至之日也。省方，省视四方也。

孔子释复象曰：雷在地中，静极而动，复之象也。一阳初生于下，其气甚微，当静以俟之，不可扰也。先王顺承天道，冬至之日，举凡政事云为之间，可以休养微阳者，靡不垂为令典，以著裁成之用。故关所以掌道路也而闭之，商旅出诸涂也而不行，使之外不得入而无有害之者矣。古者岁十一月朔巡守，而后于是日则不省方，使之内不得出而无有泄之者矣。盖天地生物之心主于动，而先王参赞之功主于静。合以成之，而所以保護微阳者固已至也。

按：微阳之气，天地之根，而万物之母也。气方息而遂泄之，故夏有愆阳，冬有伏阴。精未聚而先发之，故人多夭扎，物多疵疠。此复之所以贵安静也。夫寂者感之君，翕者辟之本。冬藏为一岁之复，夜息为一日之复，喜怒哀乐未发为须臾之复。诚能奉若天道，深潜完密，主静以立其极，用之于国则宁谧而不劳，用之于躬则冲和而不竭。寿身寿世之道，孰有外焉者乎。

【白话】

《象传》的意思是说，先王体悟复卦的内涵，制定安静保健之法，以便长养微弱的阳气。至日，冬至。省方，省视四方。

孔子解释复卦的大象说：雷在地中，静极而动，这就是复卦的大象。一阳初生于下，其气甚微，应该耐心等待，不可扰动。先王顺承天道，在冬至这天，但凡政事与言行，只要可以休养微阳，无不垂为令典，以便裁减化成。所以关闭了所有道路的关卡，商旅也不得外出远行，使外界的不利因素不得其门而入，从而无法施害。根据古代惯例，君王要在每年十一月初一巡狩四方，之后便不再审视四方，也不让民众商旅外出远行，从而无法泄密。总的说来，天地的生物之心在于动，而先王的参赞之功强调静。动静相成，用以保护初生的阳爻，可谓牢固至极。

按：微阳虽弱，但却是天地之根，万物之母。阳气刚刚长息却突然泄掉，夏天就会酷热，冬天就会愈发寒冷。精气尚未聚集就提前生发，人就容易死于瘟疫，动物与植物也会发生疾病或瘟疫。这正是圣人之所以在复卦时强调静的原因。寂静是感格的君主，闭合是启闭的根本。冬藏为一岁之复，夜息为一日之复，喜怒哀乐之未发为须臾之复。如果真能像敬奉天道一样敬奉复卦之道，深潜完密，主静立极，用于治国则安定而不劳顿，用于养生则冲和而不断竭。这样的寿身寿世之道，谁能疏远、排斥它呢？

初九：不远复，无祇悔，元吉。

《象》曰：不远之复，以修身也。

【解义】

此一爻是言复之贵早，以克全继善之体也。祇，抵也。

周公系复初爻曰：初为卦之一阳，复之主也。又居动体，而在事初，未涉物感，则动而即觉，觉而即复，复之最先者也，是不远而复也。夫人惟过失显形，然后思复，未免困心衡虑而有悔。初当意念方萌，即自省悟而改图，亦何至于悔乎？复至此则心体粹然，不为人欲所累，而适还其天理之本初，大善而吉之道也。

孔子释初象曰：凡人之妄，皆从心起。心过不改，则形于外，而为身过矣。善用力者，即一念之悟而速反之，省察克治图之于早。内既直而外自正，此不远之复，所以为修身之要也。

按：《春秋》公孙敖如京师，不至而复。公如晋，至河乃复，皆以不极其往为复。复善贵早，故易以不极其往者言之。善失之远而复，必至有悔。惟失之未远而复，所以不祇于悔。然非初之刚，随时审察而勇于自治者不能。所谓“有不善未尝不知，知之未尝复行”，方为不远之复而元吉者乎？

【白话】

这个爻的意思是说，复道贵早，早一点复归常道，就能早一点改过从善。祇，抵。

周公所系的复卦初爻爻辞的意思是说：初九是卦中唯一的阳爻，是复卦的主爻。又位于下卦震卦之中，震为动，又是初爻的位置，与万物尚未感格，是动而即觉，觉而即复，是最先复归常道的爻，所以爻辞说“不远复”，也就是不远而复。人只有在过失明显的情况下，思虑如何复归常道时，才会因为困心衡虑而“有悔”。初爻在意念方萌时，就立即自我省悟，自我归复，又怎么会有悔呢？所以爻辞说“无祇悔”，也就是不会发展到有悔的程度。践行复道到这种程度，说明它身心纯粹，不为人欲所累，只是遵循天理，复归本初，结果自然是大善而吉，也就是爻辞所说的“元吉”。

孔子解释初爻的小象说：人的妄念妄行，都源自于心。内心有过不改，就会形于外，成为身体之过。所以善于用力的人，能在一念之间顿悟并迅速复归正道，省察克治，都应该及早图之。内在正直了，外在自然也会正直，“不远复”这三个字，实为修身之要旨。

按：据《春秋》记载，公孙敖被派往京师，去参加周襄王的葬礼，在半路上就调头了。鲁庄公到晋国去吊唁少姜公主，刚到黄河边上就回来了。都是遵循了“不远复”的道理。复归善道贵早，所以圣人为它系上了“不远复”的爻辞。如果离善道很远了才复归，必然会有所悔恨。只有失之未远，及早复归，才会不祇于悔。但也只有像初九这样的刚爻，能够随时审察并勇于自治，才能做到。圣人所谓的“有不善未尝不知，知之未尝复行”，才是“不远复”而能“元吉”的真正原因吧？

六二：休复，吉。

《象》曰：休复之吉，以下仁也。

【解义】

此一爻是言二能下比于初，以成复道之美也。休，美也。仁，谓初九。

周公系复二爻曰：二居震体之中，其心易动，动即离于善矣。幸二柔顺，则能从人。中正，则能择善。上无系应，而下近初九之贤，自能以友辅仁，资其切磋之力，优游不迫，日进于善而不知复之休美者也。乌得不吉哉！

孔子释二象曰：复之休美而吉者，二去初未远，上无私应，而又深信初为克复之仁人，故能降心抑志，从初而复，则其吉也宜矣。

按：天地生物之心曰元，人得天地生物之心以为心曰仁。为仁固由己而不由人，然亦有己未能复礼而资人以辅仁者。初不远之复，自修之意多；二休美之复，资人之意多。及其成功，一也。夫布衣穷处之士，犹须亲师取友，辅成其德。若君天下者，而得仁人之助，将尽一世之大，皆可使反剥而为复焉。又岂独一身之克复已哉。

【白话】

这个爻的意思是说，二爻能向下与初爻亲比，所以能成就复归常道的美事。休，美。仁，指初九。

周公所系的复卦二爻爻辞的意思是说：二爻位于下卦震卦之中，其心易动，动就会远离善道。幸好二爻是个柔爻，代表柔顺，柔顺方能从人。二爻又居中得正，中正才能择善而从。上面没有它的正应，它便向下亲近初九这样的贤人，自然能借助朋友的仁德来培养自己的仁德，并借助朋友的切磋之力优游不迫地日进于善，而且它并不认为自己有多么美好、多么完善。怎么能不吉祥呢！

孔子解释二爻的小象说：复卦的二爻说“休复，吉”，是因为二爻离开初爻不远，上面也没有正应，而且它深信初爻是克复常道的仁人君子，所以能降心抑志，从初而复，它的吉祥也是应该的。

按：天地的生物之心叫作“元”，人秉承天地的生物之心，培养自己的生物之心叫作“仁”。为仁固然由己不由人，但也有自己未能复礼却能够资人辅仁的情况。不远而复的初爻，自修的意味更多。休美之复的二爻，资人的意味更多。至于二者对成功的意义，则是一样的。对于布衣来说，尤其需要亲师择友，用师友的仁德培养自己的仁德。而君临天下的人，能得到仁人贤士相助，一世之大，皆可反剥为复。又岂止是克复一身那么简单呢？

六三：频复，厉，无咎。

《象》曰：频复之厉，义无咎也。

【解义】

此一爻是戒三频失之危，而又予以复善之义也。频，屡也。

周公系复三爻曰：三以阴柔不中正，又处动极，是其天资蒙昧，秉性躁妄。其于天理人欲之界，见之不真，守之不固，为频复之厉。然三之厉也在于频，而三之幸也亦在于频。频而失亦频而复，与迷于复者又相远矣。倘自省其失，而终复之，又何咎焉？

孔子释三象曰：过而不改，咎乃归焉。六三频复，则屡失屡改，固非遂非而文过，亦非畏难而苟安。虽其心不能免乎危厉，而于义也又何咎哉？先儒谓：

“频失为危，频复非危。”圣人危其频失，故曰“厉”以警之。开其频复，故曰“无咎”以劝之。夫频失频复，固为善补过，倘失多而偶不复，咎将何如乎？孔子称颜子不远复，又云得一善则拳拳服膺而弗失之。惟其弗失，方谓之能复。则劝之者，正所以警之而已矣。

【白话】

这个爻的宗旨，是借助三爻频繁失道的危厉，再次申明复归善道的意义。频，屡次。

周公所系的复卦三爻爻辞的意思是说：六三是个阴爻，代表阴柔，不中不正，还位于动卦的极处，说明它天资蒙昧，秉性躁妄。对于天理与人欲的界限，它识见不明，守持不固，所以才会有“频复”之“厉”。然而六三的厉在于它的频，六三的幸也在于它的频。它频繁的失道又频繁的复道，与完全迷复的人又相去甚远。倘若能自我省悟，而最终复道，又有何咎？

孔子解释三爻的小象说：有过而不改，咎害就是难免的。六三的爻辞说“频复”，就是说它屡失屡改，既不是为了文过而饰非，也不是为了畏难而苟安。虽然它的心不能免乎危厉，但从义理上讲又有何咎呢？先儒说：“频失为危，频复非危。”圣人危惧于它的频繁失道，所以说“厉”，用以警示世人。又为它的频繁复道作出开解，所以说“无咎”，用以劝勉世人。它这样频失频复，固然能以善补过，但失道过多而又偶然没能复道，咎害又该有多大呢？孔子称颜回“不远复”，又说颜回得到了中庸之道就牢牢地把它记在心中，丝毫不敢忘却，再也不让它失去。惟其不失，方能“不远复”。爻辞也是这样，用以劝勉它的，也正是用以警戒它的。

六四：中行独复。

《象》曰：中行独复，以从道也。

【解义】

此一爻是言四不为群阴所溺，而独能从初以复乎善也。中行，四阴之中也。道，谓初九。

周公系复四爻曰：四居群阴之中，而下应初之阳刚。其志趣高洁，拔乎流俗，与众同行而不与众俱靡，是中行而独复者也。当此之时，阳气甚微，而四以阴居柔，其才力不足以有为，然其心独能依附于仁人君子，以复于善，真所谓特立独行之士也。又奚必较计功利为哉？

孔子释四象曰：中行独复者，四以初抱道在下，而去其类以从之，是见道之在初，而不见其类也。故其下而从也，非从初也，乃所以从道也。宜见之明而决之勇耳。

按：四之抗志违众，独得其本心，如陈良楚产而学周孔，夷之墨者而见孟子。以至舍生取义，弃邪从正。一念独惺，万夫莫挠。理所宜然，吉凶弗计。非豪杰之士，其能克自振拔如此耶？

【白话】

这个爻的意思是说，六四不为群阴所溺，能独自追随刚健的初爻，以复归善道。中行，指六四位于五个阴爻的中间。道，指初九。

周公所系的复卦四爻爻辞的意思是说：六四位于群阴之中，同时与阳刚的初九有正应。它志趣高洁，超越流俗，与众人同行，但不与众人一起败坏，这就是“中行独复”之象。处在这个时间段，阳气还很微弱，而六四却以阴居柔，虽很当位，但才力不足以有所作为，所以它选择离开群类，独自依附于仁人君子，以便复归善道，真是所谓的特立独行之士。这样的人，又何必计较功名利禄呢？

孔子解释四爻的小象说：所谓“中行独复”，是指四爻因为初爻刚健，好比抱道在下的君子，所以远离朋类，下从初九，是见道而不见其类。它的下从，并不是从于初九，而是从道。所以它的见识既高明，态度又决绝勇敢。

按：六四抗志违众，一切遵循本心，如同楚国的陈良仰慕周公、孔子之学，于是北上学习，也好比墨者夷之通过徐辟的关系一再求见孟子。加以引导，便足以舍生取义，弃邪从正。自己能保持清醒，一万人也无法使他屈服或搅扰。只要符合义理即可，吉凶并不在考虑之内。如果不是豪杰之士，怎么能如此振拔自己呢？

六五：敦复，无悔。

《象》曰：敦复无悔，中以自考也。

【解义】

此一爻是言六五复善之已纯，自无私欲之累也。敦，厚也。考，成也。

周公系复五爻曰：六五以中顺之德而居尊位，是其资淳质美，孜孜焉以复善为心，而无一毫浮薄之念得入其中。故其操之也密，毋始勤而终怠；守之也固，毋久毖而暂荒。能敦厚于复也。初虽修身于下，仅可无至于悔而已。若五则私意净尽，天理流行，而来复者皆天地之心，又何悔之有乎！

孔子释五象曰：五之敦复无悔者，盖人受中以生，原无亏缺。五之功深理熟，以我之所固有者，我自成之。浑然一中之初体，天地全而赋之，我自全而凝之矣。此复之所以独美欤。大抵既名为复，未有不由工夫而得者。敦复无悔，所谓反之之圣也。六五居至尊之位，纵使天资高妙，见道甚蚤，励精图治，立志甚坚，而声色逸乐交攻于内，便辟谗佞环伺于外，非心易纵而难制也，善事易格而难行也。有道仁人之辅导于下者，易隔而难亲也。苟非朝考夕纠，省察存养，则见于己有铢两之偏，施于事有寻丈之失，岂得云无悔哉？成汤制心制事，而后可建中于民；武王敬胜义胜，而后能作稽中德。有合于此爻之义矣。

【白话】

这个爻的意思是说，像六五这样，复善已纯，便不会再有私欲之累。敦，厚。考，成。

周公所系的复卦五爻爻辞的意思是说：六五是柔爻，居于上卦之中，好比有中顺之德，而且它还居于尊位，说明它资质淳美，心心念念的全都是如何复归善道，不掺杂一丝一毫的浮薄之念。所以它虑事严密，不会始勤而终怠；持守坚固，始终勤奋、谨慎，不敢有丝毫的荒废。所以，它才能够“敦复”。初九虽然是全卦唯一的阳爻，好比修身于下的君子，但也仅能做无悔。而六五则毫无私欲，一任天理流行，向天地之心看齐，又有什么悔吝呢？

孔子解释五爻的小象说：五爻所谓的“敦复，无悔”，是说人生于天地之间，原本都没什么亏缺。而六五这个爻，尤其显得功深理熟，所以能以自己固有的优势，成就自我。具体说来就是浑然居中，所以能够将天地的禀赋凝炼于一身。这是它复归常道的独到之处。总的来看，既然叫“复”，就不可能不下功夫便能得到。而“敦复，无悔”的六五，正是孟子口中的“反之之圣”，也就是通过后天的修为不断复归本性，发至于成为圣人。六五处于至尊的位置，纵使天资高妙，见道甚早，励精图治，立志甚坚，但声色逸乐交攻于内，便辟谗佞环伺于外，所以心易纵而难制，善易格而难行。有道的仁人贤士在下面辅佐，也容易被间隔，难以亲比。若不是朝夕省察，日夜存养，在自己看来只有一点点的偏失，真正落实起来恐怕就会是巨大的过失，又怎么可能无悔呢？成汤先制心再制事，然后才可以建立中正之道，使民众遵行；武王先用虔敬战胜懈怠，再用仁义战胜私欲，然后又时刻省察自己，使自己的言行举止都符合中德。两位圣王的事例与此爻的内涵可谓暗合。

上六：迷复，凶，有灾眚。用行师，终有大败。以其国君，凶，至于十年不克征。

《象》曰：迷复之凶，反君道也。

【解义】

此一爻是言，上六迷复已极，天人交困，而无一事可为也。灾，天灾。眚，己过。十年，数之终也。

周公系复上爻曰：上以阴柔居复之终，既无复善之德，又远仁贤之助，蔽锢已深，善端灭绝，迷而不复，其凶可知。夫灾自外来，眚由己作。天之所厌，己则招之。迷复如此，无施而可。以是行师，必终有大败。不惟祸萃其身，而且及其国君。虽至十年之久，终于不克征以雪其耻也，岂不可畏哉！

孔子释上象曰：迷复之凶者，谓复则合道。既迷于复，则与道相反也。虽君行之，犹为反君之道，况其下者乎？甚矣！迷复之凶也。

按：卦之六爻，初之不远复，贤而希圣者也。五之敦复，圣而希天者也。二之下仁，其亲贤取友以成其德者乎。四之独复，其弃邪从正而不牵于流俗者乎。三之频复，其犹日月之一至焉者乎。皆合于复之义者也。惟上之迷复，怙终不悛，害于身，凶于国，有不可胜言者。故圣人于三犹曰无咎，而上则曰灾眚，曰大败。其重改过而恶怙终者，何切也。

【白话】

这个爻的意思是说，上六迷而不复到了极点，天人交困，百事难为。灾，天灾。眚，己过。十年，数之终极。

周公所系的复卦上爻爻辞的意思是说：上爻以柔爻居柔位，看似当位，然而由于处在复卦的终极之处，好比既没有复归善道的德行，又远离贤人之助，蔽锢已深，善端灭绝，难以复归正道，其凶可想而知。灾都是外来的，而眚都是自己作的。上天所厌弃的，自己却非要招徕。迷复到了这种程度，怎么做都于事无补。非要出兵的话，终有大败。本人大祸临头自不必说，还会波及国君。以致十年之后，仍不能一雪其耻，多么可怕啊！

孔子解释上爻的小象说：上爻所谓的“迷复”之“凶”，是指上爻应该复归正道，但它迷而不复，与道渐行渐远。虽然这个爻高高在上，好比君王，但它践行的却是反君之道，也就是违背了为君之道，更何况那些不是君王的人呢？严重啊！迷复之凶！

按：复卦的六个爻，初爻说“不远复”，好比贤人希望效法圣人。五爻说“敦复”，好比圣人希望效法天道。二爻向下亲近初九，希望借贤人的德行成就自己的德行。四爻“中行独复”，好比弃邪从正而不牵于流俗的特立独行之人。三爻频失频复，好比日月相继，屡失屡改。它们都符合复卦的主旨。唯有迷复的上爻，怙终不悛，害身误国，不可胜言。所以圣人在“频复”的三爻仍然说“无咎”，到“迷复”的上爻则直接说“灾眚”与“大败”。圣人重改过，但厌恶怙恶不悛之人，其心何其深切！

日讲易经解义

国学经典日讲解义丛书

全白话本【第二册】

舒涵 著

华龄出版社
HUALING PRESS

卷七

䷘ 无妄 震下乾上

【解义】

无妄之谓诚。以天道言，实理之自然也；以圣人言，实心之自然也。震者动也，动以天为无妄，动以人则妄矣。

《彖传》释卦辞曰：刚自外来而为主于内，刚德在内，心不妄也；为震主，动不妄也。动而健，则勇于义而不屈于物欲。九五以刚居中，在己正也；下应六二，柔顺中正，所应正也。正则天命之当然也。匪正则违乎天命之正，而不可以有行矣。对时育物，先王亦顺天时而已，何有妄焉？初之吉，二之利，其无妄也，一时也。三之灾，四之贞，五之疾，上之眚，亦非有妄以致之也，亦一时也。时当动而动，不当动而不动，所谓动以天也，所谓正也。彖辞于利贞之下，即系以“匪正有眚，不利有攸往”，明无妄之不可不出于正也。爻辞于无妄之极，亦系以“无妄行，有眚，无攸利”，明执一不变者即匪正而妄也。然则彖言全体，爻言一节，其无不以正垂训也，意深切矣。有无妄之实心者，可不审时以趋于正也欤。

【白话】

无妄的意思，是诚心而没有妄念。以天道言，无妄是理之自然；以圣人言，无妄是心之自然。无妄的下卦为震，震者动也，上卦为乾，乾为天，循天理而动即是无妄，循人心而动则为妄动。

无妄卦的《彖传》是这样解释它的卦辞的：刚爻从外卦来到内卦，并主导内卦，好比刚德在内，所以心不妄动；刚爻又是下卦震卦的主爻，震为动，好比动而无妄。外卦为乾卦，乾为健，下动而上健，所以能勇于义而不屈于物欲。上卦的九五以刚居刚，并且居中，说明自己很正；六二与它有正应，并且柔顺中正，说明所应也很正。正就符合天命，是理所当然。不正就不符合天命，就不能有所行动。《象传》说，先王顺应天时，养育万物，何妄之有？“往吉”的初爻，“利有攸往”的二爻，是因为它们没有妄念妄行，符合无妄卦的宗旨，也符合时义。有“无妄之灾”的六三，“可贞”的九四，有“无妄之疾”的九五，“行有眚”的上九，也不是因为有妄念妄行而导致的，也是一时之事。当动则动，不当动则不动，这就是所谓的“动以天也”，也就是所谓的正道。彖辞（应为“卦辞”）在“元亨利贞”之下，明言“匪正有眚，不利有攸往”，明确指出，处在无妄卦的大环境中，言谈举止必须出于正道。爻辞在无妄卦的极点，也就是无妄卦的上九一爻，也明说“无妄行，有眚，无攸利”，明确指出，执一不变就是不正，就是妄念或妄行。只不过彖辞是就全卦而言，爻辞却各言一爻，但彖辞与爻辞都以“正”为戒，一再垂训。心存妄念的人，怎么能不审时度势，并在此基础上渐趋于正呢？

无妄：元亨利贞，其匪正有眚，不利有攸往。

【解义】

此卦震下乾上，本天而动，动而不妄，故为无妄。卦辞言，心出于正，则随感而皆通。稍涉于妄，则往行而有碍也。无妄，实理自然之谓。匪正，谓不合正道也。

文王系无妄彖辞曰：盈天地间，惟此真实之理而已。卦变刚来而为震主，其心纯乎天理，动而皆实。卦德震动乾健，卦体刚中而应。则德既纯一，而诚能动物，此无妄之所以元亨也。然其所以亨者，利于至正耳。若知有未至，理有未穷，而以偏倚之见行之，则自信为正者，政匪正之所伏也。虽无妄心，而不合于自然之理，即匪正矣。匪正则灾眚随之，以之处事应物，徒有纷扰之患，而安能利有所往哉？

按：无妄即所谓诚，诚则自无不正。而又勉以利贞，何也？盖人无格物致知学问思辨之功，则有志在祛妄而反堕于妄，本欲从正而反悖于正者。以此自治，必有言伪而辨，行僻而坚之失，而受病在一身。以此治人，必有不谙物情，不识时宜之弊，而受病在天下。从来妄之溺于利欲者易见，妄之溺于意见之偏、学术之误者难知。惟其难知，是以果于自用，轻试之世道民物，而贻害无穷也。宜圣人极论而深戒之欤。

【白话】

此卦的下卦为震卦，上卦为乾卦，震者动也，乾者天也，合起来看就是遵循天理而动，动而不妄，所以叫无妄卦。卦辞的意思是说，只是心存正念，就能有所感应，万事亨通。只要稍有妄行，便会往行有碍，蹇塞不通。无妄，纯任天理，自然而然。匪正，指不合正道。

文王所系的无妄卦卦辞的意思是说：充盈天地之间的，是实实在在的天理。无妄卦的下卦原本是坤卦，但得益于卦变，它变成了震卦，变来的刚爻还成了震卦的主爻，主导内卦，好比心中有纯纯的天理，一举一动都合乎正道。就卦德而言，其下卦为震为动，上卦为乾为健。就卦体而言，九五刚健中正，六二柔顺中正，且彼此互为正应。卦德下动上健，真诚纯一，足以感格万物，这是无妄卦之所以“元亨”的道理。但它之所以亨通，在于它能够保持贞正。所以爻辞又说“利贞”。如果智慧不足，穷理未尽，见识有所偏颇，行动有所勉强，却自认为贞正，“匪正”便潜伏其中了。虽然没有妄心，但不合于自然之理，这就是“匪正”，也就是不正。不正就会招致灾眚，以“匪正”之心处事应物，只会带来相应的纷扰，怎么会利有所往呢？

按：无妄就是所谓的“诚”，心诚，自然没有不正的道理。但圣人又以“利贞”之辞相劝勉，是什么意思呢？这主要是指人如果没有格物致知的学问与思辨能力，有心祛除妄念反而会妄念不断，本来想遵循正道反而会违背正道。以此自治，必有言伪而辨，行僻而坚之失，从而被人诟病，招致祸患。以此治人，必有不谙物情，不识时宜之弊，从而危害天下，贻祸无穷。自古以来，心存妄念但溺于利欲者易见，心存妄念但溺于偏见者难察。正因为它难以觉察，所以一旦付诸实践，推行天下，必然贻害无穷。这也正是圣人反复强调并深深垂戒的原因。

《彖》曰：无妄，刚自外来而为主于内。动而健，刚中而应，大亨以正，天之命也。其匪正有眚，不利有攸往，无妄之往，何之矣？天命不佑，行矣哉？

【解义】

此《彖传》，是释无妄彖辞，以明无妄则应天之命，匪正则失天之佑也。内外，以六画之卦言，下三画为内，上三画为外；以三画之卦言，下画为内，上画为外。凡画卦者，自下而上有由内及外之义也。刚中，指九五。何之，言无所往也。佑，助也。

孔子释无妄彖辞曰：卦之名为无妄者，以卦变刚自讼之二来而居初。则天德之刚，不驰于外，而还为一心之主。此中浑然，一无妄也。卦德震动乾健，既有震动之才，而不屈于物欲之扰。所主之刚，不因动而移也。卦体五之刚中，下应于二。既有实意之孚，而不涉形迹之伪。所主之刚，不因应而私也。无妄如是，理宜大亨，而必利于以正者。盖以天之赋命于人，本无不正之理。而人之受命于天，必尽去邪妄之私。斯人之妄去而天之命见矣。所谓“其匪正有眚，不利有攸往”者，以正则可行，而匪正则不可行。乃犹自以为无妄而欲往焉，动而辄阻，又何之矣？失其所主之刚，而悖乎天命之正，其何以获佑而行之哉？盖天人无二理，总不出于一诚。所以惟命不于常，惟德为有常。若无无妄之实，而逞其私智，妄意天命可冀，其不流于后世图谶之说几希矣。圣人之书，不且为奸雄嚆矢哉！

【白话】

《彖传》是对无妄卦卦辞的解释，目的是让人明确，无妄就能顺应天命，“匪正”就会失去上天的庇佑。内外，以六画卦而言，是下三画为内卦，上三画为外卦；以三画卦而言，则下画为内，上画为外。画卦都是自下而上画，有由内及外之义。刚中，指九五。何之，指无所前往，不宜前往。佑，帮助。

孔子解释无妄卦彖辞说：卦名之所以叫作无妄，是因为无妄卦是由讼卦变来的，具体说来，是讼卦的九二与初六交换了位置。内卦仍然只有一个刚爻，而刚爻依然主导内卦。仿佛内心充满天理，不乱于内，不驰于外，深有定见，质朴纯真，所以毫无妄念。再看它的卦德，下动而上健，是既有震动之才，又不会屈于物欲之扰。其内心的刚正，不会因为有所行动而有所偏移。就卦体而言，九五刚正居中，下应柔顺中正的六二,二者既有诚心，又无伪迹。其内心的刚正，不会因为有所应援而私相授受。如此无妄，理应元亨，理应保持贞正。总的来说，上天赋命于人，没有不正之理。而人受命于天，必须远离邪妄。人只有远离妄念，才能禀受天命。所谓“其匪正有眚，不利有攸往”，是说遵循正道就可以有所行动，不遵循正道就不宜有所前往。如果自以为是而强行前往，便会蹇塞连连，又能去往何处？失去了内心的刚正，背离了天理与正道，又怎么可能获得上天的庇佑并因此亨通呢？总的来说，天理也好，人事也罢，都不出一个“诚”字。命运是无常的，但德行是恒常的。如果没有实实在在的德行，仗恃一己之智与一己之私，妄念妄行，还妄想上天的庇护，这就和后世的图谶之说差不多了。圣人的言论，也会沦为奸雄手中的响箭。

《象》曰：天下雷行，物与无妄，先王以茂对时育万物。

【解义】

此《象传》，是言先王体无妄之象，以尽参赞之道也。茂，盛也。对时，顺合天时也。万物之物，兼人言。

孔子释无妄象曰：卦体乾上震下，为天下雷行之象。雷行于天下，阴阳交和，相薄而成声，正发生万物之时。天所赋与，洪纤高下，各正其性命，无有渗漏，是随物而皆与以无妄之理。先王法天理物，以为天之无妄不可见，其可见者时也。受天之无妄以成形者，物也。本至诚充积之衷，以对天时而顺序布和，以育万物而省刑弛禁，则时与物皆归无妄之中，而先王亦惟顺承夫天命而已矣。

按：《尚书》有羲和之命，《周礼》重教养之条，皆本无妄之念，以对时育物，使各得其性而已。若稍涉妄念，如汉武之封禅，梁帝之戒杀，又奚足法焉。为人君者，其务以圣帝贤王为则哉。

【白话】

《象传》的意思是说，先王体悟无妄卦的大象，从而效法天地，化育万物。茂，茂盛。对时，顺应天时。万物，包括万民。

孔子解释无妄卦的大象说：无妄卦的上卦为乾为天，下卦为震为雷，合在一起看，有天下雷行之象。雷行于天下，阴阳交和，刚柔相薄，发出隆隆的雷声，好比化育万物。凡是上天滋生长养的万物，无论洪纤高下，都各正性命，无有遗漏，万物都禀受到了隆隆雷声中的无妄之理。先王法天理物，鉴于天之无妄不可见，可见者只有无妄之天时，但万物都是禀受上天的无妄之理而生，所以本着至诚之心，顺应天时，长养万物，省刑弛禁，用自己的无妄之心涵养一切，从而顺承天命，载育万物。

按：《尚书》中载有尧帝任命羲和之事，《周礼》中特别重视教养之条，二者都是先王与往圣遵循无妄之道，顺应天时，长养万物的产物，目的是使万物各尽其性，各得其所。如果稍稍偏离无妄之道，比如封禅的汉武帝，戒杀的梁武帝，都不值得效仿。作为君王，一定要以圣帝贤王为榜样。

初九：无妄，往吉。

《象》曰：无妄之往，得志也。

【解义】

此一爻是言无妄之初，动与天合者也。无妄，以心言。往吉，以事言。

周公系无妄初爻曰：初九刚自外来而为主于内，是其中心诚实，遏人欲之萌，存天命之正。而又在卦初，上合九四，两刚相遇，不牵于系应之私，无妄者也。但居动体之下，理无不往，然初非有心于往也。至诚所感，而物我交通，此以诚求，彼以诚应，何吉如之！

孔子释初象曰：所谓"无妄之往"者，盖天下惟诚能动物。初志存于无妄，以之处事，则顺而祥；以之临人，则感而化。又何往而不得其志哉？大抵身世之扞格，皆由私见之未除。无妄则一实理相感召，所谓至诚而不动者，未之有也。圣贤之待物，帝王之御世，总不出一诚而已矣。

【白话】

这个爻的意思是说，要保持无妄的初心，行动要合乎天理。无妄，是以心言。往吉，是以事论。

周公所系的无妄卦的初爻爻辞的意思是说：初爻是个刚爻，来自外卦，并主导内卦，心中一片赤诚，所以能遏制人欲，居心纯正。同时它又位于无妄卦的初始阶段，并且与上面的九四相合同，二者都是刚爻，是相遇于德，而不牵系于私，这就是无妄的具体体现。初九位于下卦震卦之中，震主动，初九又是阳爻，没有不上往的道理，可是初九并非有心前往。它是基于至诚，自然而然地与处物相感格。初九以诚相求，九四以诚相应，还有比这更吉祥的吗！

孔子解释初爻的小象说：所谓"无妄之往"，主要是说，唯有至诚，可以感格天下万物。初九存无妄之志，以之处事，则顺利而吉祥；以之临人，则无所不应，无所不通。去哪里不能实现它的志向呢？大体上说，那些格格不入的人，或多或少都怀揣着私心与成见。心无妄念，才能以实理相感召，己心至诚而动方岿然不动，这样的事情是没有的。圣贤待人接物，帝王统御天下，都不出一个"诚"字。

六二：不耕获，不菑畬，则利有攸往。

《象》曰：不耕获，未富也。

【解义】

此一爻是言，六二任天而动，不杂以人欲之私也。耕，春耕。获，秋收。菑，开田。畬，成田。一岁之农始于耕，终于获。三岁之田始于菑，终于畬。未富，无求利之心也。

周公系无妄二爻曰：凡理之自然而然者，非妄也。心之有为而为者，乃妄也。二柔顺中正，又上应五之中正。居动体而能顺乎中正，实能无妄者也。其于天命之正所宜尽者，纯其心于无间，而绝无求得于外之心。辟之耕获菑畬，皆求得于外者也。去其耕获菑畬之心，而后可还其无妄之本体，故有不耕获，不菑畬之象。然有无妄之心，亦有无妄之福。二能如此，福泽自至，则有所往而自无不利矣。

孔子释二象曰：所谓不耕获者，二之立志淡漠，泊乎无营，绝不念及于利而为之，则无妄之心，一如未富之心也。汉儒董仲舒曰："正其谊不谋其利，明其道不计其功。"人但尽所当为而已，利害得失，岂足营心乎！然不正谊则已，正谊则利必归焉；不明道则已，明道则功必集焉。又属一定之理。以此在下，则孔子所云寡尤寡悔，禄在其中；以此在上，则大舜之有天下不与，而禄位名寿之必得。此六二利有攸往之旨也。

【白话】

这个爻的意思是说，六二任天而动，不夹杂丝毫的人欲之私。耕，春耕。获，秋收。菑，开田。畬，成田。对农民来说，一年始于耕，而终于获。对农田来说，始于菑，而终于畬，整个过程需要三年。未富，没有求富之心。

周公所系的无妄卦二爻爻辞的意思是说：凡是符合事理，自然而然的事情，都不算妄行。凡是基于内心的欲望，而有所行动，就叫妄行。六二柔顺中正，又与刚健中正的九五有正应，更难能可贵的是它还居于下卦震卦之中，是真正的无妄。它的所思所行都基于天命和正道，内心纯然无间，对九五毫无所求。比如耕获菑畬，都需要求助外助。但它却放弃了耕获菑畬之心，一心以无妄为念，所以爻辞说"不耕获，不菑畬"。然而，它既然有无妄之心，就会有无妄之福。只要能保持无妄的状态，必然会福泽自至，利有攸往。

孔子解释二爻的小象说：所谓"不耕获"，是说六二立志淡漠，无所经营，绝不会为利益所牵系，这就是无妄之心，也就是"未富之心"。汉代大儒董仲舒说过："正其谊不谋其利，明其道不计其功。"人只要尽心尽力做好他应该做的事情就好，利害得失，根本不值得挂怀！然而他不符合正义则已，只要他符合正义，相关的利益必然会归于他；他不彰明道义则已，只要他彰明道义，相关的功劳与荣誉必然会集于一身。这是一定之理。等而下之，也不难像孔子所说的，“寡尤寡悔，禄在其中”；等而上之，则会像大舜那样，拥有天下但不是靠掠夺而来，禄位名寿也会应有尽有，应该尽得。这是六二的爻辞中“利有攸往”一句的主旨。

六三：无妄之灾，或系之牛，行人之得，邑人之灾。

《象》曰：行人得牛，邑人灾也。

【解义】

此一爻是言六三处不得正，而致无妄之灾也。邑人，谓居者。

周公系无妄三爻曰：三以阴居阳，不中不正，处下之上，则居非其地。应上之刚，则遇非其人，是无妄而有灾者也。然天下事，有失则有得，乃三处得失之外，而独撄其灾，此盖出于寻常意计之外者。象犹或系之牛，行人牵之以去，而居者反遭诘捕之扰也。君子于此，亦惟听之适然之遭，以顺受乎天命之正已尔。

孔子释三象曰：得之所在，灾亦及之，此人所及防也。行人得而邑人灾，此盖有不及防者。君子于此，唯有顺以听之，而安能预为避患之计乎？

按：六二得位而有无妄之福，六三失位而有无妄之灾，皆时为之也。如李泌周旋肃代之朝，深为小人所忌，而得以功名终，此无妄之福也。陆贽竭知尽忠，济其君于险难，卒以被谗而斥逐，此无妄之灾也。君子亦惟尽其在我，而祸福不以动其心，庶全乎天之正命矣。

【白话】

这个爻的意思是说，六三处位不正，所以导致了无妄之灾。邑人，指居于三爻之位者。

周公所系的无妄卦三爻爻辞的意思是说：六三以阴居阳，不中不正，还位于下卦的终极之处，相当于居非其地。它还与上面的上九相应，看似有正应，实则遇非其人，因为上九处于穷极之地，无妄而有灾。不过天下之事，有失必有得，六三处在得失进退之地，却偏偏遭遇了灾祸，这不能不说是事出意外。正好比有人把牛拴在了村口，行人偷偷牵走了牛，村民反倒遭遇了诘捕之扰。君子遇到这种事情，也只能听之任之，逆来顺受。

孔子解释三爻的小象说：先让人有所得，再让他遭遇灾祸，还来得及预防。让行人获得，却让邑人承受灾祸，这就有点儿防不胜防了。君子处在这样的情势下，只能顺从天命，又有什么办法避免灾祸呢?

按：六二因为当位，所以有无妄之福，六三因为失位，所以有无妄之灾，都是时位导致的。举例来说，李泌周旋于唐肃宗与唐代宗的朝堂之上，深为小人所忌，但最终却能赢得生前身后名，这就是无妄之福。而陆贽只知道尽忠，一心为唐德宗排解危难，但架不住小人的谗言，险些被杀，最终被贬斥到地方，老死贬所，这就是无妄之灾。君子只要尽其所能，做好自己应该做的事情，不因利害祸福起心动念，差不多就可以完善自己的天命了。

九四：可贞，无咎。

《象》曰：可贞无咎，固有之也。

【解义】

此一爻是言，九四以正道自守，而无妄动之失也。有，犹守也。

周公系无妄四爻曰：四得乾体之刚，下无系应，是天德为主于中，而物交不引于外。无妄不待言矣。然刚则思动，动即离于咎。幸以九居四，绝无过恃其刚之心，故可坚守其刚，而事变云为，皆不为之动。则天德在我，而命亦佑之，又何咎之有?

孔子释四象曰：四之可贞无咎者，盖以无妄之理，去与来，其几甚微也，稍懈即妄矣。故必固守而勿失之，然后可免于咎耳。

按：诸卦有以九居四为不正者，为其以刚居柔，而损刚正之德；有以九居四为可贞者，为其以刚居柔，则不过乎刚而有可贞之道。大抵刚不足则以居阴为戒，刚有余则以居柔为美。无妄震动在下，乾刚在上，此刚有余者，必固守之而后无咎，其亦刚柔相济之义乎。

【白话】

这个爻的意思是说，九四以正道自守，所以无妄动之失。固有，固守。

周公所系的无妄卦四爻爻辞的意思是说：九四位于上卦乾卦之中，得乾体之刚，下面没有正应，好比天德主于内，所以不会被外界事物所引诱。它的无妄是不用说的。然而它毕竟是刚爻，刚则思动，动便难免咎害。幸好九四是以刚爻居柔位，不会过恃其刚，却能坚守其刚，所以周遭的事变与他人的言行，它都能不为所动。它能够保守天德，上天自然会庇佑于它，又怎么会有咎害呢？

孔子解释四爻的小象说：四爻所谓的“可贞，无咎”，主要是说，依据无妄之理，去来之间，几微玄妙，稍微懈怠，就可能妄念妄行。所以必须固守无妄之道，才能免于咎害。

按：八八六十四卦中，有的卦认为九四居位不正，因为它是以阳爻居阴位，有损刚正之德；也有的卦认为九四“可贞”，因为它是以刚爻居柔位，不仅不过刚，而且符合“可贞之道”。总的来说，刚健不足时，便以阳爻居于阴位为戒，刚健有余时，则以刚爻居于柔位为美。无妄卦的下卦为震为动，上卦为乾为刚，正是刚健有余之卦，必须固守贞正之道，方可无咎，这也符合刚柔相济的易理。

九五：无妄之疾，勿药有喜。

《象》曰：无妄之药，不可试也。

【解义】

此一爻是言制变在乎能静，不可轻动以滋咎也。试，谓少尝之也。

周公系无妄五爻曰：五以中正居尊位，二复以中正应之，是君臣道合，政治修明，无妄之至者也。然世变无常，人心叵测，或远人不服而外侮堪虞，或奸顽弗率而内化未谧，是为无妄之疾。设针砭过当，攻击太深，则毒深而愈不可治。故必镇静以俟之，彼将自然消弭，而底于宁晏，为勿药有喜之象。所谓不治正所以治之也。

孔子释五象曰：人之有妄乃宜治之，既无妄矣，复药以治之，必至伤损国脉，朘削元气，而妄反生矣。药其可轻试乎？盖邪不能胜正，而德可以动天。元气固则疾自平，内治修则敌必服。虞苗之格，格于舞羽，非格于誓师也。周顽之化，化于保厘，非化于忿疾也。彼躁妄而动，动即招尤。汉武马邑之师，太宗征辽之役，岂不可以为鉴哉？

【白话】

这个爻的意思是说，临危制变，贵在以静制动，不可轻举妄动，招致灾祸。试，尝试。

周公所系的无妄卦五爻爻辞的意思是说：九五既中且正，并且居于尊位，下面还有六二以柔顺中正之心与之相应，好比君臣道合，政治修明，是无妄的极致。然而世事无常，人心叵测，要么是远方有叛乱，边疆有外侮，要么是近处有凶顽，身边有奸小，这些都属于“无妄之疾”。倘若针砭过当，攻击太深，只会加重病情，愈发难治。所以必须镇静从容地等待，使其自然消弭，归于平静，这就是“勿药有喜”之象。这正是所谓的“不治之治”。

孔子解释五爻的小象说：人有妄念妄行，自然应该医治，但如果无妄，却以药治之，必然会伤损命脉，削弱元气，反生虚妄。药怎么可以轻试呢？总的来说，邪不能胜正，而德可以胜天。元气牢固，疾病自消，内政修治，外敌必服。“虞苗之格”是格于舞羽，而不是格于誓师。“周顽之化”是化于保厘，也不是化于忿疾。如若躁动妄动，必然招致祸患。汉武帝发动的马邑之战，宋太宗发动的征辽之役，都可以引以为鉴吧？

上九：无妄，行有眚，无攸利。

《象》曰：无妄之行，穷之灾也。

【解义】

此一爻是言上刚已过极，妄行而取灾者也。穷，极也。

周公系无妄上爻曰：上九以阳居卦之终，无妄而处时之极者也。极而不知变，将自恃其无妄，不可行而行，必至有过情越理之失，而乖乎天命之正矣。眚必及之，而又何利焉？

孔子释上象曰：所谓无妄之行者，特以势处于穷，决不可有所行耳，行则与灾会矣。三犹可委其灾于人，上直自掇其灾于己耳。此卦六爻皆无妄，初得位而为震动之主，时之方来，故“无妄，往吉”。上失位而居乾体之极，时之已去，故其行虽无妄，而有眚无利。是故善学易者，贵识时。初与二之可动而动，时也。三四五上之不当动而静，亦时也。理无不可行，而时或有所尼，君子不得不顺时以听焉。此《洪范》之稽疑所以亦云“用静吉，用作凶”也。

【白话】

这个爻的意思是说，上爻过刚不正，并且处于穷极之处，妄动妄行，必然招致灾祸。穷，穷极。

周公所系的无妄卦上爻爻辞的意思是说：上九以阳爻居阴位，并且居于全卦之终，虽然无妄，但处于时位的极点。处极而不知道变化，这是自恃无妄，明明不可行，非要勉强行之，必然会有过情越理之失，有违于天命之正。只会有相应的灾眚，哪有什么利益呢？

孔子解释上爻的小象说：所谓“无妄之行”，是说这个爻处在穷极之处，绝不能有所行动，行动必然会招致灾难。三爻还可以把它的灾祸转嫁给别人，上爻却只能自掇其灾。无妄卦的六个爻都无妄，但初爻当位并且居于震卦之主，时势方来，所以爻辞说“无妄，往吉”，而上爻不当位并且居于乾体之极，时势已去，所以上爻虽然行为无妄，但却“有眚”而“无利”。因此，善于学易的人，贵在识时。初爻与二爻都是当动而动，也就是识时。三爻、四爻、五爻与上爻则是不当动而不动，也是识时。从理上说，事情可能没有不可行的时候，但从时势上看，又往往不可冒进，所以君子不得不顺时以听。这正是《洪范》“稽疑”时强调“用静吉，用作凶”的道理。

䷙ 大畜 乾下艮上

【解义】

大畜之义有二：一止畜，畜乾也。一蕴畜，畜德也。《彖传》兼此二义，《象传》专以畜德言，六爻专以畜止之义言。六爻中，下三爻乾体皆受畜者也，上三爻艮体皆畜下者也。然受畜者贵止而不进，故初二皆止，三利艰贞，但初与二已为四五二阴所畜，至三为畜极而通之时，又与上皆阳爻不相畜而俱进。则良马之逐，自与初二不同矣。畜下者贵防于未然，故四能止初恶于未形而得元吉。五则于阳之已进而止之，虽言吉而不如四之元吉也。至上则畜极而通之时，强暴尽除，反侧尽平，而治化洋溢乎四海。则天衢之亨，又与四五不同矣。合而观之，凡畜德者，非有刚健笃实辉光之盛，不能成日新之德。畜恶者，非有德礼潜移默化之机，不能臻荡平之治。天德王道，圣人于大畜一卦已尽发明。则观大畜之象，玩大畜之辞，天下之道可以旁通而无遗矣。

【白话】

“大畜”有两重意思：其一为止畜，也就是畜止下卦乾卦的三个阳爻。其二为蕴畜，也就是积畜，具体说来是畜德。《彖传》兼顾了上述两重意思，《象传》专就畜德而言，爻辞专就畜止而言。六爻之中，下面三个爻都是被畜者、受畜者，上面三个爻都是以上畜下者。受畜者贵止不贵进，所以初爻与二爻的潜在意思都是止而不进，三爻也说“利艰贞”，也就是贞固其守，止而不进。但初九、九二分别被六四、六五所畜止，九三一方面处在畜极而通之时，另一方面也与上爻敌而不应，所以不被畜止，得以上进，所以爻辞说“良马逐”，与初爻和二爻有所不同。以上畜下，贵在防患未然，所以九四能够“元吉”，因为它能在初爻的恶行尚未彰显之前就加以蓄止。九五则在阳爻已经有所上进的情况下加以止畜，爻辞虽然也说“吉”，但显然不如四爻的“元吉”。而上爻处在畜极而通之时，强暴尽除，反侧尽平，治化昌明，洋溢四海。用爻辞的话说，这是“天衢之亨”，又与九四、九五大有不同。综合来看，凡是畜德，如果不够刚健笃实，就不能日新其德；凡是畜恶，如果不善于通过德与礼潜移默化地引导、改变他人，便不能荡平天下。通过大畜卦，圣人将天德与王道尽数阐明。后人观其象，玩其辞，便可以旁通天下之道，无所遗漏了。

大畜：利贞，不家食吉，利涉大川。

【解义】

此卦乾下艮上，以艮畜乾，所畜者大，故名大畜。卦辞言，畜道必出于正，然后可以享君之禄，而成天下之功也。不家食，谓食禄于朝。涉大川，言能匡济时艰而成功也。

文王系大畜彖辞曰：道之所贵者正，君子为畜之道，而可苟哉？必精以择之，一以守之，使吾之所畜，莫非天德王道之精，而不杂于异端霸术之陋，则不徒畜之大，而且畜之正矣。然徒畜而不知所以适用，是自私也，而可乎？故必舍其家食之贱，以膺天禄之尊，则所畜得以显其施，而利贞之守以达矣，何吉如之？然徒出而不能有以自见，是苟禄也，而可乎？故必当天下之大难，以成天下之大功，则所畜得以懋其猷，而利贞之效以彰矣，何利如之！夫大畜利贞，体之所以立也。不家食，涉大川，用之所以行也。必有其体而后有其用，信乎！畜之贵，大而正也。

此卦有止畜、蕴畜二义，六爻中，下三爻以君子为小人所畜言，上三爻以君子畜小人言。此畜止之义也。《大象传》以多识前言往行言，此蕴畜之义也。彖言人必有大蕴畜，方有大设施，故推其所畜之正者，以之食禄于朝，则吾道借以大行，以之匡济时艰，则世道赖以安奠。似亦专主蕴畜而言。然《彖传》又以艮畜乾为能止健，则未尝不兼畜止之义，当是具此二说。故圣人谓：智者观其彖辞思过半矣。以见彖之无所不统也。

【白话】

此卦的下卦是乾卦，上卦是艮卦，乾为天为健，艮为山为止，以艮山畜乾天，所畜者大，所以叫大畜。卦辞的意思是说，畜德也好，蓄德也罢，都必须遵循正道，然后就可以享君之禄，成天下之功。不家食，指享受朝廷的俸禄。涉大川，指匡济时艰并取得成功。

文王所系的大畜卦卦辞的意思是说：大道以正为贵，君子的畜止之道，怎么可以苟且呢？必须谨慎选择，守之于一，使自己胸中所畜，全是天德与王道的精髓，不掺杂任何异端与王霸之术，这样不仅所畜甚大，而且所畜甚正。然而只知畜积，不知适用，就是自私，这怎么可以呢？所以必须像爻辞所说的那样，舍其家食之贱，以膺天禄之尊，使其畜积的才德得以施展，利贞之守也得以闻达，还有比这更加吉祥的吗？但出世而不能自见，是无功而受禄，这怎么可以呢？所以必须勇当天下之大难，成就天下之大功，使其畜积的才德成就其筹谋，其贞正的持守也得以彰显彰明，还有比这更大的利益吗？爻辞所谓的“大畜，利贞”，正是让人们体悟并借以自立的。爻辞所谓的“不家食，涉大川”，则是让人们体悟并且加以践行的。必须先畜其德，先有其体，方能成其功，成其用。相信吧！大畜之贵，贵在大而正。

大畜卦有止畜和蕴畜两重意思。六爻之中，下三爻是以君子被小人所畜而言，上三爻是就君子畜止小人而论。总的来看，都是畜止之义。《大象》说，“君子以多识前言往行”，说的是蕴畜之义，蕴畜的意思就是积畜。彖传的意思是说，人要有大的蕴畜，才能有大的施为，所以劝人畜大畜正，然后以之食禄于朝，便可以践行大道，以之匡济时艰，也可以安定天下。似乎是专就蕴畜而言。然而《彖传》又说，以上艮止下乾，有止健之义，其实也兼有畜止之义，所以《彖传》也兼顾了止畜和蕴畜两重意思。所以圣人说：“有智慧的人看到彖辞，就已经领悟大半了。”可见彖辞无所不统，无所不包。

《彖》曰：大畜，刚健笃实辉光，日新其德。刚上而尚贤，能止健，大正也。不家食吉，养贤也。利涉大川，应乎天也。

【解义】

此《彖传》，是释大畜彖辞，以明所畜之正而大也。

孔子释大畜彖辞曰：卦何以名大畜哉？盖德具于心，而见于事者也。卦德内乾是主于内者，天理精纯而不杂，德性常用而不挠，何如其刚健也！外艮是见于外者，躬行恳切，践履真挚，而自然光华发越，何如其笃实辉光也！夫内有无私之本体，而外有实践之光辉，所养者日益精明，所行者日益坚固。德之蕴畜，时乃日新，而德为天下之至德矣。此大畜之所由名也。辞何取于利贞哉？卦变自需来，九自五而上，是贤者正居臣位也。卦体六五尊而尚之，是人君能尊贤礼士也。卦德以艮畜乾，是又能禁戢强暴，使不为恶也。刚上而不以正，则为枉道徇人；尚贤而不以正，则为恭敬无实；止健而不以正，则为化导无方而人不服。三者皆非大正不能，然则畜德者可不以正乎？此利贞之所由取也。辞言“不家食吉”者，盖大畜利贞，既为可尚之贤，而六五又有尚贤之象，是人君共以天禄，养以大烹，而贤者得食于朝廷之上矣。其不家食吉宜也。辞言“利涉大川”者，盖大畜利贞既具应用之本，而六五下应于乾，又有应天之义，是不先时有为而拂乎天，亦不后时不为而逆乎天。操纵合辟，不失时行之道矣，其利涉大川宜也。《易》之一书，以贞为主，乾之大，大于利贞；坤之大，大于永贞。畜之大，亦大以贞，故不徒曰正而曰大正。不正则蕴畜之德不大，在吾已非贤矣。欲其君尚而养之，不可得也。不正则畜止之得亦不大，虽有止健之才，欲其应天而济变，不可得也。或谓：圣人之道，神妙莫测，在于权而不在于正。不知行权正以求得夫正耳，岂正之外复有权乎？

【白话】

《彖传》是对大畜卦卦辞的解释，目的是阐明大畜卦是因为所畜甚正，所以能成其大。

孔子解释大畜卦的彖辞说：此卦为什么叫作大畜卦呢？主要是因为大畜卦具有盛大的德行，具于心而见于事。从卦德的角度看，其内卦为乾卦，象征天理内蕴，精纯不杂，所以能日新其德，常用不挠，何其刚健！外卦为艮卦，艮为止，为山，象征躬行恳切，践履真挚，自然能光华发越，笃实光辉！内有无私之本体，外有实践之光辉，其存养的德行会日益精明，其践行的大道会日益坚固。其蕴畜的德行，日新日进，极其盛大，堪称天下之至德。这正是大畜卦之所以叫作大畜卦的原因。卦辞为什么要说“利贞”呢？这是因为大畜卦是从需卦变来的，具体说来是需卦的九五上移一位，上六下移一位，好比贤者正居臣位。从卦体的角度看，大畜卦的六五与九二成正应，好比圣王尊贤礼士。从卦德的角度论，则是以艮畜乾，也就是禁止强暴，使之无法行恶。刚爻上行，如果不加以归正，就会违背正道，依从他人；尊尚贤人，如果不遵循正道，就不是真正意义上的恭敬；畜止健行的乾卦，如果不遵循正道，就是化导无方，对方也不会顺服。三者都必须仰赖德行的既大且正，畜德怎么可以不正呢？这正是爻辞系以“利贞”的原因。爻辞所谓“不家食吉”，主要是说大畜卦既然“利贞”，便是贤人之举，而大畜卦的君爻六五又有尚贤之象，所以人君能拿出天赐的福禄，奉养贤人，而贤人得食于朝廷之上。它能够“不家食吉”，也是应该的。爻辞又说“利涉大川”，主要是指大畜且“利贞”，具备了应用之本，六五作为君爻又下应乾卦，有应天之义，这样一来，它既不会先时有为而拂天，也不会后时不为而逆天。或操或纵，或合或辟，都不失其时行之道，它能利涉大川，屯济时艰，也是必然之理。《易经》这本书，以贞正为主，乾卦之大，大在“利贞”，坤卦之大，大在“永贞”。大畜之大，也大在一个“贞”字，贞即正，所以不仅仅说“正”，而说即“大”且“正”。如若不正的话，其蕴畜的德行就不会大，自己就算不上贤人。算不上贤人，还想被君王崇尚并奉养，必不可得。如若不正的话，其畜止的收获也不会太大，那样的话，它虽有止健之才，但让它顺应天时，屯济时变，也不可能。有人说：“圣人之道，神妙莫测，在于权而不在于正。”这种人显然不知道，权宜行事的目的是为了维护正道，如果连正道都不顾了，还用得着权宜行事吗？

《象》曰：天在山中，大畜。君子以多识前言往行，以畜其德。

【解义】

此《象传》，是言君子体大畜之象，而尽其畜德之功也。多识，谓博求而识于心也。

孔子释大畜象曰：乾天也，艮山也，天体至大而在山中，是大畜之象也，君子观象而知畜德之方焉。盖古人由畜德之盛，而时发于言行之间，则前言之毕存，非繁文也，是德之精华也。往行之具载，非陈迹也，是德之实体也。君子于是多识前言往行，以畜其德焉。得古人之言行，即得古人之心；得古人之心之理，即得吾心之理。其所畜不亦大哉？

按：多识言行，或以为近于口耳之学，未免玩物丧志，不知本末精粗，道原一贯。言行在外，而其理根于心；心德在内，而其实寓于言行。故为学者，必居敬涵养以为主，而又博闻广见以为资。师心而不师古，好悟而不好学，岂善畜德者乎？《书》曰："人求多闻，时惟建事，学于古训，乃有获。"帝王圣贤无二学也。

【白话】

《象传》的意思是说，君子要体悟大畜卦的大象，尽可能地畜养德行，成就功业。多识，指广泛求取知识，增进自己的智识。

孔子解释大畜卦的大象说：乾为天，艮为山，天至大而在山中，这就是大畜之象，君子观察大畜卦的大象，从而掌握了蕴德之方。总的来说，古人德大，并且时时发挥于言行之间，他的语言与文辞未必复杂繁琐，但都是德行的精华；他的行为与举止不是简单地模仿和效法，而是内在德行的真实展现。君子于是广泛效法前人的言行举止，畜积自己的德行。得古人之言行，就得到了古人的心法。得古人之心法，就可以培植自己的心法。这样的蕴畜不是很大吗？

按：有人可能会认为，圣人强调的"多识言行"，近似道听途说的口耳之学、皮毛之见，这未免有些玩物丧志，明显分不清本末精粗，更不知道道原一贯的道理。其实外在的言行，都根植于内心的德行；内心有相应的德行，才能展现于外在的言行。所以做学问的人，必须小心谨慎、恭敬涵养，不断提高自己的素养与学养，同时还要博闻广见，以为资养。至于师古人之心而不师古人之迹，过于强调悟性而不能践行古人之道的人，又岂是善于畜德的人呢？《尚书》中说："人求多闻，时惟建事，学于古训，乃有获。"古圣先贤都必须学习前人的经验，何况我等？

初九：有厉，利已。

《象》曰：有厉利已，不犯灾也。

【解义】

此一爻是言，君子进则有危，当以义命自安也。厉，危也。已，止而不进也。

周公系大畜初爻曰：初九为六四所畜，而又以阳刚居乾体之下。刚锐喜进，久为小人所侧目，宜有厉者也。倘复冒昧以往，必蹈危机，厉其能免乎？惟健而能止，则沉几观变，安乎义命之常。以为时未可为，不妨藏器以有待也。全身远害，何利如之？

孔子释初象曰：灾自外至者也，人自犯之耳。苟身履危困，而诿为命之不犹，晚矣。若初之知有厉而能已，是其委蛇顺时，不至犯小人摧抑之灾也。

按：君子出处，不可不审。非独为小人所畜，当止而不进。即为小人所引，而轻身就之，终必有害。盖一有急于用世之念，往往忘虑患持难之心也。先儒谓：乾阳上进，不有以止之，则其神不定，其守不粹。故皆以止为义。大畜之初九，其即乾之潜龙乎。

【白话】

这个爻的意思是说，君子只要前进就会有危险，应该遵循道义，自安其位，自安其心。厉，危厉。已，止而不进。

周公所系的大畜卦初爻爻辞的意思是说：初九与六四有正应，好比被六四所畜。并且以阳刚之资，居于下卦乾卦的最下面。刚爻锋芒毕露，天性上进，令小人深深地畏惧，有危险是正常的。如果像之前那样，冒昧前往，必然会陷入危厉，怎么可能避免呢？只有在健行的同时，适可而止，并在此基础上沉几观变，才能既安其位，又安其心。在时势不可以有为之时，藏器以待，全身远害，还有比这更有利的吗？

孔子解释初爻的小象说：外来的灾祸，都可以从自身寻找原因。等到身陷危困之中，再去推诿于命运不济，为时已晚。如果能像初九那样，知道前方有危厉，就马上止而不进，委蛇顺时，便不至于陷入小人的摧抑之灾。

按：君子是出仕，还是隐退，不能不详加审视。如果不是因为被小人所畜，就应该止而不进。如果一被小人引诱，就轻身而就，最终肯定会有危害。因为人一旦有了急于用世的念头，就会忘掉忧患自身之心。先儒说：乾卦与阳爻天性喜进，不被畜止的话，其心不定，其守不坚。所以六爻都以畜止为义。大畜卦的初九，就是乾卦“潜龙勿用”的初九。

九二：舆说輹。

《象》曰：舆说輹，中无尤也。

【解义】

此一爻是言君子守正不往，而能自全其道也。輹，伏于轴以承辐者。舆说輹，谓自去其輹而不进也。尤，过也。

周公系大畜二爻曰：九二阳刚，其才足以有行者，特为六五所畜而未可以进。二则能以中道自裁，审时揆势，止而不行，脱然于驰逐之场，而无妄动之虞，为舆说輹之象。则时不当行，而即不行，所谓可以止则止者也。

孔子释二象曰：舆说輹而不行者，二有中道，故能察乎时之盛衰，势之强弱，则进退不失其正，而躁动之尤何自而至乎？

按：舆者行之具，二已在舆，是势在必行，而自说其輹，则遂止而不行矣。凡尤者，咎自外来。当不可之时，而强为天下任事，则偾辕之患，将欲谁诿？二能说輹以自审，非万全勿动也，又何尤焉？其殆审几达务之君子乎！

【白话】

这个爻的意思是说，君子守正不往，就能自我保全。輹，车之伏兔，架在轴上，以承载车厢。舆说輹，指自去其輹，不复前进。尤，过错。

周公所系的大畜卦二爻爻辞的意思是说：九二是个阳爻，富有才德，本来足以上进，但因为被六五所畜，所以不复前进。九二虽不当位，但是居于下卦的中间，说明它能以中道自裁，审时度势，止而不行，身处驰逐之场，却无妄动之虞，正是“舆说輹”之象。时不当行，便即不行，正是所谓的“应止则止”。

孔子解释二爻的小象说：“舆说輹”而不得行，是因为九二守持中道，所以能察知时势的盛衰与强弱，进与退都不失其正，躁动与相应的过失又怎么会不请自来呢？

按：“舆”是行进的工具，九二乘于舆上，是势在必行，但它却自脱其輹，所以能止而不行。所有的过失，都是外来的。但处在不可为之时，却非要强为，那么自我覆败的忧患，又能推诿给谁呢？九二能自脱其輹，谨慎自审，非万无一失，绝不轻动，又会有什么过失呢？这简直就是个审查几微、识时达物的君子！

九三：良马逐，利艰贞。曰闲舆卫，利有攸往。

《象》曰：利有攸往，上合志也。

【解义】

此一爻是言君子遇可进之时，尤宜审慎以善其进也。逐，偕行也。曰，当作日。闲，调习也。卫，防卫也。上，谓上九。

周公系大畜三爻曰：三居健体之极，又遇上九，以阳处畜之极。志同德孚，乃不相畜，而与上共进，以驰驱乎王事，有良马逐之象。然三不虑其不进，但虑其恃刚过锐，而无周慎贞固之力，则必有欲速轻动之咎。故利于艰难其事，而贞固其守，如舆所载以行也。而卫所以防行之具，必日日闲习之，使手与器相习，而心与身交慎，则出也不苟，而进也有为。攸往之利，于三见之矣。

孔子释三象曰：初则利已，二则说輹，而三独利有攸往者，以乾阳本欲上进，但恐在上无合志之人，不能展其素具。今三与上皆阳刚，上之志合乎三之志，而同类感通，相为汲引，又何嫌何疑，而有不幡然并进者乎？

按：三负良马之材，可以驰骤天衢。因其过刚不中，故有艰贞之戒，而教之日闲舆卫。可见君子出任天下之重，必临事而惧，如弗克济，然后可遗大投艰而无患。不然，恃才以骋，而颠蹶失防。一己之身名不足道矣，而悮人家国之托，其罪岂可赎哉！

【白话】

这个爻的意思是说，君子在时势有利于前进的时候，也要审慎的前进，这样才能更好地锐意进取。逐，偕行，也就是相伴而行。曰，当作“日”。闲，调习，也就是训练。卫，防卫。上，指上九。

周公所系的大畜卦三爻爻辞的意思是说：三爻位于下卦乾卦的最上面，又与上九同德相遇，是以阳爻而处畜卦之极，一来畜极则通，二来同德不相为畜，所以它能与上爻共进，驱驰于王事，这就是“良马逐”之象。然而我们大可不必为三爻的止而不进而忧虑，真正值得忧虑的是，它不仅恃刚过锐，而且不具备周密谨慎、贞固持正的能力，因此，它必然会因为轻举冒进而取咎。所以爻辞劝它“艰贞”其事，贞固其守，就像驾驭着车舆前行一样。“卫”则是防御的工具，必须日日熟习，使双手与兵器无比熟悉，让思维与身体一样谨慎，如此才能出行不苟，上进有为。大畜卦的“攸往之利”，在三爻得到了彰显。

孔子解释三爻的小象说：初爻说“利已”，二爻说“说輹”，三爻却说“利有攸往”，是因为三爻既是阳爻，又处在上卦乾卦的最高处，是既有上进之心，也有上进之能，只是担心上面没有同心协力之人，不能施展自己的才德。如今三爻与上爻都是阳爻，上下合志，同类相感，所以能相互汲引，这样一来，三爻还有什么疑虑，而不幡然并进呢？

按：三爻身负良马之材，可以与上爻一起，驰骤天衢。只因它过刚不中，所以爻辞才有“艰贞”之戒，并让它“日闲舆卫”。可见君子担当天下的重任，临事必须谨慎戒惧，仿佛无法承担的样子，然后才可以承担重任，确保无患。不然的话，仗恃自己的才德，任性行事，必然会失败覆亡。自己的身体与名声虽不足道，但误人家国之托，其罪难赎哇！

六四：童牛之牿，元吉。

《象》曰：六四元吉，有喜也。

【解义】

此一爻是言遏恶者，当于未萌，不使其发而难制也。童者未角之称。牿，施横木于牛角，以防其触也。

周公系大畜四爻曰：六四艮体而与初相应，畜初者也。初居最下，阳之微者。微则其恶未形，而制之甚易。潜消默化，犹牛未角而牿以防其触之象。夫人之恶，当既著而后禁，则扞格而难胜。及其初而豫防，则人自不为恶，而并泯其禁之之迹矣。所谓以礼立教，不烦刑诛，大善而吉之道也。

孔子释四象曰：恶已章而治之，虽亦足以禁奸戢暴，而不免于刑戮之惨。其于心，当有所大拂也。四之止恶未形而元吉，盖豫教而民自服，无为而物自化。四之心盖有所深喜乎此也。《记》有之：“禁于未发之谓豫。”人未有争心，而设礼乐以教其让；人未有欲心，而悬法制以禁其邪。开其向善之端，而杜其为恶之路。此所谓豫也夫！四与五皆以止下之恶，论成功之广狭，四不如五之广，故五曰有庆，而四曰有喜；论用力之难易，五不如四之易，故五曰吉，而四曰元吉。五不如四之易者，其时不同；而四不如五之广者，其位不同乎。

【白话】

这个爻的意思是说，应该在恶行尚未萌发时就加以预防，恶行一旦萌发，就难以遏制了。童牛，尚未长角的小牛。牿，牛角上的横木，防止牛以角触人。

周公所系的大畜卦四爻爻辞的意思是说：六四位于上卦艮卦之中，艮为止，并且与初爻成正应，好比畜止初爻。而初爻位居大畜卦的最下面，阳气稀微，象征恶念尚未成形，制之甚易。所以要潜消默化，就好像在小牛还没长角时就给它绑上横木一样，以防止它有可能的抵触。人性中的恶也是这样，等到它很显著了再去禁止，就会遭到抵触，难以制胜。如果在一开始就加以预防，人不仅不会继续为恶，其他恶行也会被一并消灭。所谓“以礼立教，不烦刑诛”，说的正是四爻倡导的这种大善而吉之道。

孔子解释四爻的小象说：按照相关的法律，对行恶的人施以惩罚，固然可以禁奸戢暴，但不免于刑戮之惨，让人于心不忍。四爻能够止恶于未形，所以能收获“元吉”，主要是因为它能提前教化百姓，民众愿意服从它，所以能无为而自化，而四爻也乐意看到这样的结果。《礼记》有这样的记载：“禁于未发之谓豫。”在人们还没有生出争斗之心时，就设置礼乐，引导人们相互谦让；在人们还没有生出强烈的欲念的时候，就高悬法制，禁止人们走向邪恶。既开始人们的向善之端，又杜绝人们的为恶之路。这就是《礼记》中所谓的“豫”吧！四爻与五爻都以能否畜止下面的阳爻行恶而论成败，但说到成功的大与小，四爻不如五爻，所以五爻说“有庆”，而四爻只说“有喜”；但说到制止阳爻行恶的难易程度，五爻又不如四爻容易，所以五爻只说“吉”，而四爻却说“元吉”。五多不如四爻容易，是因为时势有所不同；而四爻不如五爻成功，是因为爻位不同。

六五：豮豕之牙，吉。

《象》曰：六五之吉，有庆也。

【解义】

此一爻是言六五止恶有术，而庆被于天下也。豕，谓牡豕。攻其特而去之曰豮，所以去其势也。

周公系大畜五爻曰：五居君位而畜二,二之刚已进而欲止之，是其恶已形而劳于制矣。幸五以柔居尊，操之有其要，而御之得其术，使之知廉耻，黜奇邪，而自回心革面。如患豕牙之刚，不制其牙而豮去其势，有牙虽存而刚自止之象。如是则用力不劳，而刑清民服，何吉如之？

孔子释五象曰：为民上者，不知止恶之方，而惟滛刑以逞，恶未能制，而天下已受其害矣。六五之吉，盖知其本而制之有道，不必徒事禁防，而风移俗易，福庆被于生民矣。

按：汉之赵张设钩巨捕盗贼，岂不能使奸人屏迹？君子以为不如颍川之教化，渤海之劝谕。秦之商君，刑弃灰，制连坐，岂不足戢为恶之志？君子以为不若虞之化谗说，周之感顽民。赵张之于牛，不牿之以童，而惟治其触。商君之于豕，不去其势，而欲制其牙故也。

【白话】

这个爻的意思是说，六五止恶有术，而天下皆有所庆。豕，指公猪。阉割过的公猪叫“豮”，这里指六五能畜止下面的阳爻。

周公所系的大畜卦五爻爻辞的意思是说：五爻位于君爻的位置，并且与九二成正应，好比能畜止二爻。二爻是刚爻，有上进的能力，也有上进的欲望，又位于下卦的中间，说明恶行已显，而五爻是柔爻，能力有限，难以畜止九二。幸亏它是以柔居尊，既能把握事情的关键，又深谙驭下之术，使九二知耻而后勇，洗心革面。就好像面对公猪的獠牙，不是去它的牙，而是去它的势，牙虽然还在，但威胁已经不复存在。这样一来，不必费多少力气，就能刑清而民服，还有比这更吉祥的吗？

孔子解释五爻的小象说：高高在上的君王，不懂得畜止民众的恶行，只知道滥用刑罚，结果非但遏止不了恶行，还会使天下深受其害。六五之吉，主要是因为它懂得其中的关键，并且制之有道，无须禁止防范，就能改风移俗，从而庆被天下，泽被苍生。

按：像汉代的赵广汉与张敞那样，运用法治，抓捕盗贼，难道不能使奸人敛迹吗？君子认为，这不如韩延寿和黄霸的“颍川之治”与龚遂的“渤海之劝”。秦朝的商鞅，曾制定酷刑苛政，百姓在路上倒灰要砍掉手臂，并且动辄连坐，难道不足以戢止百姓的恶念恶行吗？君子以为，这不如舜帝的“化谗之说”和周公对前朝顽民的感化。对应到这个卦，赵广汉与张敞就好比不在小牛还没长角时就给它绑上横木，等到它用角触人的时候才加以防范的人。而商鞅，则好比不去公猪之势，非要去它的牙的人。

上九：何天之衢，亨。

《象》曰：何天之衢，道大行也。

【解义】

此一爻是言世运当亨通之会，而王道自大行也。天衢，天路也。

周公系大畜上爻曰：上以阳刚处畜极而通之时，是阳气久郁而伸，阴气久凝而散。奸回尽殄，反侧尽平。皇路廓清，绝无阻碍，有何天之衢之象。当此之时，不必制恶而自无恶可制，治化翔洽而颂声丕应，亨莫加于此矣！

孔子释上象曰：所谓何天之衢者，以时与道合也。天运无处不昌，王化无处不浃，盖政教四达而治于此观成矣！其道之大行也，何如哉！大畜上三爻所以畜下三爻者也，四之牛牿其角，五之豕豮其牙，虽所畜有难有易，而皆不能不用其力。至上畜极而通，则无藉刑驱势禁，而为恶者自相感而化。是刚明之臣，遇尚贤之主，可共济天下之险，而坐收涉川之功矣，故曰何天之衢。讶之也，实喜之也。夫不言其难，不见畜之之力；不言其易，不见畜之之成。所谓荡荡平平，无反无侧，至治之盛，其在是乎？

【白话】

这个爻的意思是说，积畜到一定程度，世运自然亨通，王道自能大行。天衢，天路。

周公所系的大畜卦上爻爻辞的意思是说：上爻是个阳爻，看似不当位，实则处在畜极而通之际，正是阳气久郁而伸，阴气久凝而散之时。对应到人世，就是奸邪尽灭，反侧尽平。仕途亨通，再无阻碍，有“何天之衢”之象。当此际，根本不必制恶，因为已经无恶可制，国家治理，君臣融洽，歌颂与赞美不绝于耳，没有比这更亨通的！

孔子解释上爻的小象说：所谓“何天之衢”，主要是说处在六爻的位置，时势契合大道，天运无处不昌，王化无处不通，政教四达并且看到了显著的成果！畜道得以大行，无与伦比！大畜卦的上面三个爻之所以能畜止下面三个爻，四爻的办法是“童牛之牿”，五爻的办法则是“豮豕之牙”，所畜止的两个阳爻也有强有弱，有难有易，但都不能不用力。但大畜卦发展到了上爻，就已经畜极而通了，不需要借助刑驱势禁，为恶者自己就能相互感化。对应到人事，就是刚明之臣得遇尚贤之主，可共济天下之险，而坐收涉川之功，所以爻辞说“何天之衢”。与其说是惊异，不如说是惊喜。爻辞不说它难，所以人们看不到上九的畜止之力，也不说它易，所以人们也看不到畜止之成。《尚书·洪范》所谓的“荡荡平平，无反无侧，至治之盛”，不正是就此而言吗？

䷚ 颐 震下艮上

【解义】

颐取养之义，彖辞言，养德养身皆出于正则吉。《彖传》既释养正之义，复极言养道之大，而《象传》又举养德养身之切，务以示人也。六爻上止下动，故下三爻为自养，上三爻为养人。震性动，动皆累于欲，不能自求所养而求人以养己，失养之道矣，故下三爻皆凶。艮性静，静则得其正，求于人以养其下，虽不免于颠拂，而于养道无失，故上三爻皆吉。此彖辞之所以言利贞也。天地以时养万物，圣人得时则养贤以及万民，利天下而非以自私也。故言颐之时大矣哉。君子之自养也，知弃我良贵、悖理求禄之匪正，则知砥节砺行之为正矣；知下媚上援、干求非类之匪正，则知不渎不谄之为正矣；知簠簋不饰、纵欲败度之匪正，则知静俭节制之为正矣。此自养之道，当如是也。若夫以上下下，诚信任贤，人臣之吉也。养贤及民，民被其福，人君之贞也。任大责重，饥溺由己，有相之道也。此又养人之得其正者也。故动不自动，而止其所止，则颐之道尽矣。

【白话】

颐卦的意思是颐养，彖辞的意思是说，养德养身都要遵循正道才能吉祥。《彖传》既解释了养正之义，又强调了颐养之道的广大，而《象传》又强调了养德养身的要领，务必使人明白，颐养之道一定要遵循正道。从六爻的角度看，颐卦的上卦是艮卦，艮为止，下卦为震卦，震为动，上止而下动，所以下卦震卦的三个爻好比自养，而上卦艮卦的三个爻如同养人。震为雷，性好动，行动出自欲望，便不能自求所养而求人养己，这就偏离了颐养的正道，所以下面三个爻都凶。艮为山，其性静，静则得其正，为了养人而有求于人，虽不免颠拂，也就是爻辞所说的“颠颐”“拂经”，但不失颐养之道，所以上面三个爻都吉。这正是彖辞之所以强调“贞吉”的原因所在。天地得其时，可以长养万物，圣人得其时，可以养贤，并且通过养贤而养万民，目的是利益天下，而不是为了私心。所以彖辞又说，“颐之时大矣哉”！君子的自我养颐之道，在于君子懂得，抛弃自己的良知良行去求取食禄是不对的，不断磨炼自己的节操与德行才是颐养的正道；以下媚上、求取不应该求取的东西是不对的，下交不渎、上交不谄才是颐养的正道；为官不清正廉洁、纵欲败度是不对的，静俭淡泊、凡事节制才是颐养的正道。这样的自我颐养之道，人人皆应效仿。君王若能以身作则，以上率下，诚信任贤，就是人臣之吉。但养贤并以此养万民，使民众皆有所养，需要人君持贞守正。深知自己责任重大，看到民众受饥受溺，都觉得是由自己引起的，便会效法后稷的“有相之道”。这就是君王与贤人颐养百姓的正道。总的来说，“动不自动，止其所止”这八个字，说尽了颐养之道。

颐：贞吉，观颐，自求口实。

【解义】

此卦震下艮上，上下两阳，中含四阴，外实内虚，上止下动，有颐之象，故名为颐。卦辞言，颐有养义，养出于正则身心皆获所安而得吉也。颐，口旁也。

文王系颐彖辞曰：颐之为言养也。为卦震动在内，艮止在外，恐内之或动于情伪之感，而心之养不得其正；外之或止于嗜欲之安，而身之养不得其正。惟得正，则身心皆得其养而吉。然出于正，即入于不正。危微之几，介于毫发，故善养者必静观而内求之。其养德也，果合于圣贤之道，而无异端以淆之，则心正而颐正矣；其养身也，果当于义理之节，而无饥渴以害之，则身正而口实亦正矣。盖正则得吉，不正则不得吉。颐之所为，必出于正也。

按：《程传》谓：观颐为观所养之人，自求口实为自求养身之道。盖下体三爻皆主自养，上体三爻皆主养人。上体则观其养人者，得正则吉；下体则观其自养者，得正则吉也。与《本义》专主养德养身不同。其实自养为养人之本，未有自养不正而能养人者。真德秀云：己得其养则吾身先成，然后可推而达之天下是也。《本义》专言其体，《程传》兼明其用。解虽各异，义实相通。总以见易道之无不该而已。

【白话】

此卦的下卦为震卦，上卦为艮卦，最上面和最下面的爻都是阳爻，是间包含着四个阴爻，外实而内虚，上止而下动，有颐之象，所以叫颐卦。卦辞的意思是说，颐卦有颐养之义，遵循正道颐养，便能身心皆安，从而收获吉祥。颐，面颊。

文王所系的颐卦卦辞的意思是说："颐"的意思是颐养。颐卦的内卦是震卦，震为动，外卦是艮卦，艮为止，之所以这样，是担心内心不够贞正，会因为交往中的利害关系而躁动，这就偏离了养心的正道；而外在也可能会止于肉体感官上的享受，这就偏离了养身的正道。只有持贞守正，才能身心皆得其养，才能收获吉祥。然而出于正者，可能会入于不正。个中的微妙区别，介于毫发之间，所以善于颐养的人必须静观其变，并不断向内求。具体到养德，如果能真正符合圣贤之道，毫无异端掺杂混淆，其心必正，其颐养之道也必然合乎正道；具体到养身，如果能真正合乎义理节操，不因一时的饥渴而违背，其身必正，其食禄也必然合乎正道。总的来说，遵循正道就会吉祥，不正就不吉。颐养之道，必须贞正。

按:《周易程氏传》说：所谓“观颐”，是指观察所养之人是否合道；而所谓“自求口实”，是自求养身之道的意思。总的来说，下面的三个爻都是就自养而言，上面的三个爻皆是就养人而言。上面三个爻好比在上位者，其观察在下位者，主要看正与不正，得正则吉；下面三个爻好比在下自养者，当然也是以正为吉。这与朱熹《周易本义》专主养德与养身的观点不同。其实，自养是养人之本，世界上从来就没有自养不正而能够养人的人。恰如南宋的真德秀所说：掌握了颐养之道，可以先成就自己，然而再推而广之，泽被天下。《周易本义》是专就颐养之道本身而言，《周易程氏传》则兼顾了颐养之道的功用。解读的角度不同，但内容是相通的。结合着看，更能凸显易道之广大。

《彖》曰：颐贞吉，养正则吉也。观颐，观其所养也。自求口实，观其自养也。天地养万物，圣人养贤以及万民，颐之时大矣哉。

【解义】

此《彖传》，是释颐彖辞，而极言养道之大也。所养，指养德。自养，指养身。

孔子释颐彖辞曰：颐以贞而吉者，盖养必以正，在心常获天理之安，在身无复物欲之扰，则吉也。稍不正，则不得吉矣。辞谓观颐者，在观其所养之道，其于性命之正，纯然无杂，而浩然之气不为之挠，则德得正而吉也。辞谓自求口实者，在即其所养之道，以观其自养之术。其于义理之正，凝然不扰，而口体之奉不为之动，则身得正而吉也。养正之道如此，推之而天地圣人宁外于是哉？夫天地本以养万物者也，苟失其正，必至气候失宜，疵厉横行，而物有不遂其生者矣。圣人本以养民者也，苟失其正，必至贤奸混杂，举错失当，而民有不安其命者矣。故天地养万物，圣人体天地养物之心，养贤以及万民，而皆出之以正。则颐之时，讵不大矣哉！从来养万物者天地，而代天地养万物者必属之圣人。然圣人欲养民，非先养贤，势不能遍。故不直曰养万民，而必曰养贤以及万民也。唐虞之廷，禹平水土，稷降播种，契敷教，皋陶明刑，九官十二牧，亦止完一养民之事而已。仁者无不爱也，急亲贤之为务，岂不信哉？

【白话】

《彖传》是对颐卦卦辞的解释，并且强调了颐养之道的广大。所养，养德。

自养，养身。

孔子解释颐卦的彖辞说：所谓“颐贞吉”，是说颐养必须遵循正道，也只有如此，其心才可以常安，其身才可以无扰，才能够身心皆吉。但稍一不正，便不能收获吉祥。彖辞所谓的“观颐”，就是观察被观察者的颐养之道，如果被观察者的心性很正，纯然无杂，其浩然正气不受阻挠与搅扰，其德行便合乎正道，就能够收获吉祥。彖辞所谓的“自求口实”，是说根据颐养之道，观察它的自养之术。如果能合乎义理，安然不动，食禄功名都不能扰乱其心神，其身必正，也必然会收获吉祥。颐养之道其实就是养正之道，推而广之，天地与圣人恐怕也概莫能外吧？因为天地本来就是养万物的，天地不遵循正道，必然导致气候失常，灾疫横行，人与物都无法好好地生存。而圣人本来就是养万民的，一旦偏离了正道，必然会导致贤奸不分，举措失当，百姓不能安居乐业。所以说，天地颐养万物，而圣人体悟天地颐养万物之心，养贤并颐养万民，都离不开一个“正”字。颐卦的时义，真是广大啊！养万物的是天地不假，但天地必须借助圣人才能颐养万物。而圣人想颐养万民，必须先颐养贤人，才能遍养天下万民。所以彖辞不直接说圣人养万民，必须说圣人养贤，及于万民。唐尧和虞舜治理天下，大禹平定水患，丈量天下，后稷教百姓播种，契布施教化，皋陶明确刑罚，《尚书》确立九官十二牧，都只是为了养民这一件事而已。仁者没有不爱民的，仁者也都以亲近贤人为要务，怎么能不相信呢？

《象》曰：山下有雷，颐。君子以慎言语，节饮食。

【解义】

此《象传》，是实言君子养德养身之切务，以明养道之正也。

孔子释颐象曰：此卦震在艮下，是山下有雷，震动发生，物由此养，颐之象也。君子观象以求养正之道，而知德之不正，由言语以为之阶，慎之而言必当理，语必合义，是言语皆养德之具，而无妄出以招祸矣。身之不正，由饮食以乱其性，节之而饮必德将，食必正味，是饮食皆养身之物，而无妄入以致疾矣。养正之道，不于颐备之哉！推之有天下者，命令政教，皆由言语之颁，资用货财，无非饮食之事。其养德养身者愈大，则慎之节之者愈难。所以古之君子，诵白圭之什，识金人之铭，旨酒必恶，饮食必菲，兢兢乎谨小慎微，无一端不合夫养之正，而后可为天下后世之观法也夫。

【白话】

《象传》的意思是说，君子养德养身的要务，在于明白颐养的正道。

孔子解释颐卦的大象说：此卦下卦为震卦，上卦为艮卦，艮为雷，而艮为山，是山下有雷，大地震动，万物皆受其养之象，也好比用嘴巴饮食，上腭不动，下巴震动，身体得其颐养之象，所以叫颐卦。君子观察颐卦的大象，探究养正之道，从而明了德行不正，必然体现在言语上，如果在慎言的基础上，让每句话都合乎义理，言语就是培养德行最好的工具，就不会口出妄言，招灾惹祸。而行为的不正，必然是由于过度贪食美味而乱了心性，如果在节制的基础上，饮酒合乎规制，进食合乎规律，那么所饮所食都只会让身体受益，而不至于胡吃海喝，导致疾病。养正之道，颐卦讲得很完备啊！由此推断可知，拥有天下的君王，发布命令也好，颁布政策也罢，都需要借助言语，而君臣的用度，国库的财货，也无非饮食而已。越是需要养德养身的人，谨慎与节制也就越难。所以古代的君子，会时时唱诵"白圭之玷"一样的名句，并牢记黄帝所作的"金人之铭"，讨厌美酒，只吃简单的饮食，兢兢业业，谨小慎微，时时处处都契合颐养的正道，从而为天下后世观摩效法。

初九：舍尔灵龟，观我朵颐，凶。

《象》曰：观我朵颐，亦不足贵也。

【解义】

此一爻是言失静养之正，而动于利欲之私也。尔，谓初也。灵龟，不食之物。我，谓四也。朵，垂也。朵颐，欲食之貌。

周公系颐初爻曰：初以阳居下，本有刚明之德，养息深静而无外慕者。但居动体，上应六四，不能以刚自守，而反上从四之柔。则私欲熏其心，爵禄婴其虑，而本体之灵弃之若罔恤焉。犹舍尔以气自养之灵龟，观我而朵其颐之象也。如是则失其静养之道，而溺于动养之欲。沉迷不反，何所不至，其凶可知已。

孔子释初象曰：所谓观我朵颐者，以初之刚，本为可贵，而累于动体，从欲而动，则将沦于污贱而可羞矣，亦何足贵哉？盖士君子立身，于理欲之介，不可不慎。故有以一朝之失足，而遂遗千载之恨者矣。此无他，物重而我轻也。孟子曰："人人有贵于己者，弗思耳。"诚知在己者有什贵，而世间之利欲，岂足动其心乎？

【白话】

这个爻的意思是说，初九偏离了颐养的正道，动了利欲之心。尔，指初九。灵龟，不食之物。我，指六四。朵，下垂之物。朵颐，欲食之貌。

周公所系的颐卦初爻爻辞的意思是说：初爻是个刚爻，又位于颐卦的最下面，好比本有刚明之德，能淡然处世，不向外求的贤者。可惜它位于下卦震卦之中，震主动，并且上面与六四成正应，两种力量的合力使得它不能以刚明自守，结果依从了六四这个柔爻。这明显是私欲熏心，被爵禄搅扰了思虑，把内心的正气和本体的灵气尽皆抛弃，毫不可惜。好比舍弃了以气自养的灵龟，却仰慕我的普通饮食，也就是所谓的"舍尔灵龟，观我朵颐"。这样一来，就偏离了它的静养之道，产沉溺于躁动的欲望。深溺于欲望之中，迷途而不知返，什么样的事情干不出来，凶是可想而知的。

孔子解释初爻的小象说：所谓"观我朵颐"，是指初九的刚明之德本来很可贵，但它位于动卦之中，追随了内心的欲望，从而卑污下贱，可羞可叹，还有什么值得尊敬的呢？所以士君子立身，对于天理与人欲，不可不慎。不然，就会一朝失足，而千古遗恨。说到底，就是因为重物轻人。孟子说："人人有贵于己者，弗思耳。"可见人如果能够自重，世间的利欲，又怎么可能动了他的心呢？

六二：颠颐，拂经；于丘颐，征凶。

《象》曰：六二征凶，行失类也。

【解义】

此一爻是言失求养之义，故上下皆无应也。颠颐，求养于初也。拂经，违其常道也。丘，土之高者，上之象也。丘颐，求养于上也。

周公系颐二爻曰：阳刚，养人者也；阴柔，养于人者也。二以阴柔，不能自养，必求养于阳刚。若下求于初，是在己乏资身之术，而俛首豢养于卑贱之流，则颠颐于下，而拂以上养下之常道矣。若求养于上，又非正应，是才不足以自养，见上之权力足以养人，而奔走趋附以从之，则彼有丘陵之势，而我徒遭摧压之凶矣。是一则于理，有所不可；一则于势，有所不行。故均不能有济也。然则人可不自重哉？

孔子释二象曰：六二不得于初，而往从夫上，亦复得凶者。以二处非其地，上下皆非应与，但宜止而弗行也。行则皆失其类，得凶宜矣。

按：《程传》谓："女不能自处，必从男；阴不能独立，必从阳。二阴柔不能自养，待养于人。"固天地间之定理，然去就之正不正，则己得而自主者也。夫上而事君，下而交友，倘以利禄萦心而希图仕进，餔啜为志而攀附交游，则中君羞以为臣，中士羞与为友矣。

【白话】

这个爻的意思是说，六二偏离了求养之道，所以上下都没有应援。颠颐，指六二以上求下，求养于初爻。拂经，违背常道。丘，土丘，高于地面，指上爻。丘颐，求养于上爻。

周公所系的颐卦二爻爻辞的意思是说：阳爻好比养人者，阴爻好比求养者。二爻是个阴爻，不能自养，必须求养于阳爻。但它若向下求取初爻，就显得自己既无能力，又不自尊，向卑贱之流低头，颠颐于下，从而拂逆了以上养下的常道。但它若向上求养于上爻，上爻又不是它的正应，这就是才德不足以自养，但看到上爻有权有势，就不顾一切地趋炎附势，但上爻高高在上，有丘陵之势，面对它，就像泰山压顶一样，凶是难免的。全卦只有两个阳爻，一个于理不可，一个于势不行，都不能对它有所救济。人怎么可以不自重呢？

孔子解释二爻的小象说：六二无法求养于初爻，又向上求取于上爻，结果得到了凶祸。这主要是因为二爻处在不应该处的位置，上下都没有正应，宜止而不宜行。行必失道，凶也是正常的。

按：《周易程氏传》说："女子不能自处，必须依附男人；阴爻不能独立，必须依从阳爻。二爻阴爻，不能自养，只能仰赖他人。"这是天地之间的定理，但是就任或者不就任，是遵循正道还是走上邪路，自己是可以自主的。如果事君与交友不遵循正道，只看重利禄与官位，只是为吃喝而攀附交游，才德一般的君主也看不上他这样的大臣，修为一般的士人也不屑与他为伍。

六三：拂颐，贞凶。十年勿用，无攸利。

《象》曰：十年勿用，道大悖也。

【解义】

此一爻是言小人放情恣欲，而大违乎颐道之正也。

周公系颐三爻曰：三阴柔不中正，又居动体之极。人皆求颐于上，三独拂之而随下体之动，是性既昏迷，动复躁妄。其所为颐者，不过沉湎于嗜欲，放恣于口体，而拂乎养之常道矣。虽饮食亦日用之正，犹不免于凶。必至没身沉溺，而声名俱丧，十年之久，终不可用，无所往而利也。

孔子释三象曰：所谓十年勿用者，以颐道贵静，动则悖。三处动极，则大悖矣。任情灭理，终身不悔，莫恤也夫。盖贫贱不滥，富贵不淫，乃得颐养之道。二处贫贱而不知守，约而滥者也；三处富贵而不知节，乐而淫者也。夫吾心不能以义命自主，而随境转移，岂得云养正之大人乎？

【白话】

这个爻的意思是说，六三好比放情恣欲的小人，严重地违背了颐养的正道。

周公所系的颐卦三爻爻辞的意思是说：三爻是个阴爻，既不中，也不正，又处在下卦动卦的极处。常人求取颐养，都是向上求取，唯独这个三爻违背常道，跟随下卦而动，是心性迷乱，躁动妄行。它求取他人颐养，不过是为了满足口腹之欲，结果因为肉体与感官的享受，违背了颐养的常道。虽说饮食是人的正当需求，但它仍然免不了凶祸。它必然会沉溺于欲望之中，声名俱丧，乃至十年的时间，也不可见用，没有任何利益可言。

孔子解释三爻的小象说：所谓“十年勿用”，是因为颐养之道，贵静不贵动，动就违背了颐养之道。三爻还处在动卦的极处，所以会严重违背颐养之道。它放纵欲念，灭绝天理，而且始终不肯悔悟，不值得同情。贫贱而不滥，富贵而不淫，才是颐养的正道。二爻处在贫贱之位但不知道持贞守正，正是处约而滥之人。三爻处在富贵之地却不知道节制，则是居乐而淫之人。如果一个人的内心不能遵循义命，而是随波逐流，又怎么敢以“颐以养正”的大人自居呢？

六四：颠颐，吉。虎视眈眈，其欲逐逐，无咎。

《象》曰：颠颐之吉，上施光也。

【解义】

此一爻是言六四能求贤以养民，而复示以用贤之道也。颠颐，求养于初也。

眈眈，虎下视貌。虎视眈眈，下而专也。其欲逐逐，求而继也。

周公系颐四爻曰：四以柔居正，而下应初之刚正，是居上而能信任乎下者也。然阴柔不足以及物，必借初之贤以成功，则养人者初也。而任贤以养人者，惟四，故为颠颐而吉也。是四之于初，固已能下之，能求之矣。第患下之不专，则贤者生疑，而养之道未弘；求之不继，则施为未竟，而养之功易竭。必能诚信不二而专，始终无间而继，如虎之视眈眈而欲逐逐焉，则于求贤养民之责，无忝矣，而又何咎之有乎？

孔子释四象曰：四之颠颐而得吉，何也？盖上之于下，不必恩自己出，然后谓之能养也。今能任初之贤以养民焉，则初之施即四之施，而恩膏所及，昭然其光显矣。此其所以为吉也欤！

按：四居大臣之位，有养民之责，然一身不能独理，必分其任于庶司百职，而后可共成治功。此其虚心下贤，深合乎以人事君之道也。或谓：上施之上指五而言，盖人臣承流布化，无非奉行朝廷之德意。譬诸日月之照临，雷霆之鼓动，雨露之滋润，寒暑之成实，无非为天地养万物而已。谓初之施即四之施可也，谓四之施即五之施，又何不可哉？

【白话】

这个爻的意思是说，六四能求得贤人，颐养万民，并且深谙用贤之道。颠颐，指六四以上求下，求养于初九。眈眈，老虎向下看的样子。虎视眈眈，向下并且专注地看。其欲逐逐，不断求养。

周公所系的颐卦四爻爻辞的意思是说：六四以柔居柔，非常当位，并且下应以阳居阳的初九，好比居上位并且能信任在下者的大臣。但阴柔的柔爻不足以泽及万物，必须借助刚健的初九才能成功成事，如此说来，初九才是养人者。而任用贤人并通过任用贤人颐养万民的人，说到底还是六四，所以爻辞说“颠颐，吉”。四爻相对于初爻来说，是放下身段，卑躬以求。倘若它下求时不够专诚，贤者就会心生疑虑，颐养之道就无法弘扬；如果它不能持续地下求，就不能完成未竟的事业，使颐养万民的功业中断。必须诚信专一，始终无间地下求，就像紧盯着猎物，一定要食之而后快的猛虎一样，才能无忝于它的求贤养民之责，那样的话，又有什么咎害呢？

孔子解释四爻的小象说：“颠颐”的四爻能收获吉祥，原因何在？这是因为居上位者颐养百姓，恩泽不必出于自己，重要的是能否颐养百姓。六四能任命初九这个贤人，并借助贤人之力颐养万民，表面上看是初九的本事，实际上还是六四的施为，而且因为初九的助力，六四的恩泽遍施，就像阳光普照大地。这是它“颠颐”而“吉”的真正原因！

按：六四是大臣的位置，负有颐养百姓的责任，但一身不能分理，必须交托给庶司百职，方可成就治功。这种虚心下贤的精神，深合以臣事君之道。有人说，小象所谓的“上施光也”中的“上”，是指六五，也就是君王，因为大臣都是奉旨行事。这就好比日月的照临、雷霆的鼓动、雨露的滋润、寒暑的成实，都源于天地颐养万物之心。如果可以把初九的作为视作六四的作为，那么把六四的作为视作六五的作为，又有什么不可以呢？

六五：拂经，居贞吉，不可涉大川。

《象》曰：居贞之吉，顺以从上也。

【解义】

此一爻是言，任贤足以图治，而又当凛不自用之戒也。拂经，谓以君而从臣也。上，谓上九。

周公系颐五爻曰：五以柔居尊位，才不足以养人。上有阳刚之德，五赖其贤以养之。夫君以养人，颐之经也。反赖上之养以养之，是拂于经矣。既以己之不足而求养于上，必居守贞固，笃于信任，斯惠泽常流而得吉也。若不能审己度力，或以拂颐为嫌，而冒昧以图功，自用以求济，是犹涉大川而无操楫之任，何由而克涉哉？

孔子释五象曰：居贞之吉者，谓五不恃其尊，能柔顺以从上九之贤，而毫无勉强，此诚得养贤以及万民之道，故居贞而吉也。

按：君道贵刚，柔所不尚。然柔而能任刚明之贤，则不独资以自养，而天下亦赖之。如太甲、成王，虽不及汤之锡勇，武之执竞，而能信任尹虺周召之贤，则未始不可成治功也。至若汉元优柔不断，知萧望之、周堪之忠，而不能用，知弘恭、石显之恶而不敢去。进贤如转石，去佞如拔山。是其柔也，必至于莫捄矣。故曰：君道以进贤退不肖为大。

【白话】

这个爻的意思是说，君王要任用贤人颐养万民，同时以刚愎自用为戒。拂经，指六五以高就下，以君从臣，违背常理。上，指上九。

周公所系的颐卦五爻爻辞的意思是说：六五是柔爻，却居于尊位，才德不足以养人。而上多有阳刚之德，六五需要仰赖它的贤德，颐养自己。但君王颐养臣民，才是颐养的常道。六五反倒需要上爻颐养自己，这就违背了常道。既然如此，它就必须持贞守正，诚信专一，从而让相应的恩泽源源不断，并因此收获吉祥。若不能自我审视，度量时势，甚至以“颠颐”“拂颐”为嫌，非要建功自用，冒昧图功，这就好比他想跨越大川却没有人为他划船，又怎么可能成功呢？

孔子解释五爻的小象说：爻辞所谓的“拂经，居贞吉”，是说六五不仗恃自己的尊位，能柔顺地依从上九的贤德，毫不勉强，契合“圣人养贤以及万民”的颐养之道，所以爻辞说它“居贞”而“吉”。

按：君道贵刚不贵柔，然而，若能以柔弱之资任刚明之贤，不仅能够自养，而且能颐养天下。比如商朝的太甲与周朝的成王，虽然比不上商汤的天赐神勇和武王的自强不息，但因为能信任伊尹、仲虺、周公、召公这样的贤臣，未尝不可以成就治功。至于汉元帝那样优柔难断的人，明知萧望之、周堪是忠臣却不能进用，明知弘恭、石显是恶人却不敢诛除；进用贤人犹如移动巨石，去除奸佞如同拔除山岳。这种柔，只会导致无可救药。所以说，为君之道，以进用贤人、清除不肖之徒为第一要务。

上九：由颐，厉，吉，利涉大川。

《象》曰：由颐厉吉，大有庆也。

【解义】

此一爻是言上九以养民为己任，而天下胥受其福也。由颐，由之以养也。

周公系颐上爻曰：六五赖上九之养以养人，是上以有相之道而致群黎康乂之休。民生未遂，由以遂之；民性未复，由以复之。有由颐之象。臣而若此，则位高权重，宁可以易心处之乎！故当皇皇惕虑，惟恐上孤君心，下失民望，乃能胜其任而得吉也。然以上九阳刚，则有能为之才，在上则有得为之势。乘其势而运其才，虽养民极天下之大事，自可一身弘济之而有余，而不负君上之倚毗矣！夫何涉大川之不利哉？

孔子释上象曰：养民者以泽被天下为庆。以上之躬膺大任，果能宅心兢畏，以成养民之功，则一时受其利，万世蒙其泽，而功之所被者溥矣。非大有庆乎？

按：豫九四曰“由豫”，由豫在四，犹下于五也，而已有可疑之迹。若颐上九曰“由颐”，上之所处过中，而益嫌于不安，其可不存兢惕之心哉？然艮止之性，必无暴戾以招凶，自以仁德而致庆，故虽厉而终得吉。为人臣者，投艰遗大，则以身肩任之，及事定功成，而威福还诸朝廷，功名归于人主，斯有誉而无咎矣。

【白话】

这个爻的意思是说，上九以养民为己任，而天下皆受其福。由颐，颐养的源出。

周公所系的颐卦上爻爻辞的意思是说：六五作为国君，都需要仰赖上九颐养万民，可见上九就像后稷一样，能以“有相之道”使人民安居乐业。民生尚未顺遂的，上九使之顺遂；民性尚未归复的，上九使之归复。这就是“由颐”之象。当大臣的做到这个地步，必然位高权重，怎么能有更多的想法呢？必须诚惶诚恐，日惕夜虑，惟恐上失君心，下失民望，才能担负起为人臣的责任，从而收获吉祥。而且上九既是阳爻，又高高在上，好比既有才，又有势，乘势运才，虽然是颐养天下这样的大事，但也可以游刃有余，不负君王的倚重！又怎么可能涉大川而不利呢？

孔子解释上爻的小象说：负有养民之责的人能够泽被天下，这就叫“庆”。上爻如果真能躬膺重任，心存敬慎，成就颐养万民之功，不仅一时受其利，而且万世蒙其泽，功德非常广大，这不是“大有庆”吗？

按：豫卦的九四说“由豫”，是指九四以阳居阴，手握大权，又紧邻君王，所以被君王猜忌。而颐卦的上九说“由颐”，也是因为它处在颐卦的极高之处，有过中不正之嫌，怎么能不心存敬慎呢？好在它居于上卦艮卦之中，艮为止，这种性情能让它远离暴戾与凶祸，一心以养民为己任，从而泽被万民，普天同庆，所以它虽然处境危厉，但最终会收获吉祥。身为君王的臣子，又被赋予了重大责任，就应该身肩重任；等事定功成，完成君王的托付，就应该把威福还给朝廷，把功名归于君王，这样就能有誉而无咎。

䷛ 大过 巽下兑上

【解义】

卦以四阳过盛而名大过。处过之时，贵有救过之道。必刚而得中，内巽外说，则可以抑中强之弊，而扶本末之弱，虽过而不过矣。六爻相对而实相反，三四居全卦之中，皆有栋象。上则隆，下则桡也。二近初阴，五近上阴，皆有枯杨之象。上则华，下则稊也。初过于敬慎，而有藉用白茅之安。上过于有为，而有过涉灭顶之凶。一承刚，一乘刚也。就四阳而言，二四以刚居柔，处过而不过者也，故一吉而一利。三五以刚居刚，处过而太过者也，故一凶而一可丑。司马光云："大过刚已过矣，止可济之以柔，不可济之以刚也。"故大过之阳皆以居阴为吉，不以得位为美。其道主于默运转移，而不在于輘踔骏厉。盖过柔固不足以有为，而过刚亦甚足以偾事。自古立非常之大事，兴不世之大功，皆时势所迫，出于万不得已起而挽回补救，非小心翼翼者不能。故卦于阳之盛也有危辞，而六爻亦无全吉者。惟初以慎之至乃得无咎，彖辞则言救过之道，而即叹其大。皆圣人之慎言之也。

【白话】

大过卦是因为全卦含有四个阳爻，阳爻过于盛大而得名。处在大过之时，贵在有救过之道。必须在刚健的基础上持中守正，内心巽顺而外表愉悦，才可以抑制中强之弊端，扶助本末之弱势，这样虽然处在大过之时，也可以无过。六个爻相互对应，内涵却恰恰相反。三爻与四爻位于全卦的中间，皆有栋梁之象。四爻在上面，好比栋梁向上隆起；而三爻在下面，好比栋梁向下弯曲。二爻挨着最下面的阴爻初六，而五爻挨着最上面的阴爻上六，皆有枯杨之象。上面会滋生杨花，也就是"华"，而下面会滋生嫩芽，也就是"稊"。初爻是阴爻，又处在大过卦之中，所以过于敬慎，所以能"藉用白茅"而"无咎"。上爻则处在大过卦的穷极之处，过于有为，所以有"过涉灭顶"之凶。这两个爻，一个是上承刚爻，一个是下乘刚爻，结果不同，对错可知。就四个阳爻而言，二爻与四爻都是以刚居柔，所以处在大过之时，也能无过，因此爻辞一个说"无不利"，一个说"吉"。而三爻和五爻则是以刚居刚，处在大过之时，又过于放纵，所以一个说"凶"，一个说"丑"。北宋名臣司马光说过："大过卦是刚爻太过之卦，只能济之以柔，不可济之以刚。"所以大过卦的四个阳爻以居于阴位为吉，而不以当位为美。处大过之道，在于潜移默运、悄然转移，而不在于意气风发、雷厉风行。总的说来，过柔不足以成事，但过刚也足以坏事。古往今来，立非常之大事，兴不世之大功，都是因为时势所迫，不得已而为之，必须小心翼翼，步步为营。所以，大过卦虽然阳多阴少，但爻辞也不乏危厉之辞，六爻中也没有一个爻的爻辞完全吉祥。只有初爻因为敬慎到了极致，得以无咎。象辞则为人们揭示了救过之道，并感叹了救过之道的广泛适用性。这都是圣人的谨慎言论，用心良苦。

大过：栋桡，利有攸往，亨。

【解义】

此卦巽下兑上，卦体四阳居中用事，阳气过盛，故名大过。卦辞言，时当极盛，非材弱者所能胜其任。惟刚而得中，乃可以济过而有为也。栋，今谓之檩。桡，弱也。

文王系大过彖辞曰：卦体四阳居中，栋之象也。上下两阴柔而无力，不胜其重，则委靡之才不克担当大事，有栋桡之象。必如卦之刚中而巽悦，善用其刚而不过，以是而往，则以大过人之才，行大过人之事，必能通其时之变，而克胜大过之任者矣。故利有攸往，而得亨也。盖人君之保邦，犹大匠之作室。大匠必得楩楠杞梓之材，而后可成巨构；人君必得舟楫盐梅之佐，而后可建大功。否则用违其量，以杖为楹，以蒿代柱，将见栋折榱崩，覆压是惧，何以享莞簟之安乎？故曰：有非常之人，乃有非常之事。荷重任者，亦勉之而已。

【白话】

此卦的下卦是巽卦，上卦是兑卦，中间是四个居中用事的阳爻，阳气过盛，所以叫大过卦。卦辞的意思是说，处在盛极乃至大过之时，没有大材大德，难以任事。只有在刚健的基础上，持中守正，才可以屯济时艰，有所作为。栋，今人所谓的檩。桡，弱。

文王所系的大过卦卦辞的意思是说：大过卦的中间依次排列着四个阳爻，有栋梁之象。上下两个阴爻却柔弱无力，无法承担四个阳爻的重量，好比委靡之才难以担当重任，又有“栋桡”之象，也就是向下弯曲，未断欲断。必须像大过卦的卦体所显示的那样，保持内心的刚健，同时巽顺而愉悦，善用其刚并恰到好处，绝不过分，如此便能以大过人之才，行大过人之事，从而通达时变，济已有之过，并有所担当，有所作为。所以能“利有攸往”，并且亨通。总的来看，君王治理天下，犹如工匠修造房屋。工匠只有先选取楩、楠、杞、梓等好的木材，才可以架构房屋。君王只有先得到《尚书》中所说的“舟楫盐梅”之佐，也就是济世的良相，才可以建立不世之功。否则小材大用，用小木棍支撑房顶，用蒿草代替柱子，必然会房倒屋塌，砸伤主人，还怎么享受“莞簟之安”呢？所以说：

有非常之人，才有非常之事。身担重任的人，也应该以此为戒，勉之再勉之。

《彖》曰：大过，大者过也。栋桡，本末弱也。刚过而中，巽而说行，利有攸往，乃亨。大过之时大矣哉！

【解义】

此《彖传》，是释大过彖辞，以明大过之时，非有大过人之材，不能济也。大者过，谓阳过也。本，谓初。末，谓上。弱，谓阴柔。中，谓二五。

孔子释大过彖辞曰：卦名大过者，易以阳为大，今四阳居中过盛，则世道有盛极将衰之渐，故为大者过也。辞曰栋桡者，何哉？盖大过之时，以一身任天下之重，犹屋之栋然。必赖阳刚之力，足以维持之，而后无倾败之患。卦体初上二阴，本末皆弱。既不能自强其德以固其本，又不能力挽其失以扶其末。此其所以桡也。又曰"利有攸往，亨"者，何哉？盖天下无不可为之事，惟患人无善为之道。卦体四阳虽过，而二五得中，是强毅过人，固足以干事矣，而又出以时措之宜；卦德内巽外悦，是思虑严审，固足以通变矣，而又行以和顺之美。卦有大过人之才如此，以是济时之过，则经纶有方，可以长保其盛而不至于衰，此其所以亨也。夫唯有刚中巽悦之才，然后利往而得亨。可见非常之时，必有非常之人，方能处之而有济。大过之时，岂不大矣哉？夫大过之时，何时也？正天地平陂之会，帝王升降之关，所谓弥纶经纬古今极大事业，如尧舜之揖让，汤武之征诛。然亦不过顺时而为之，并未于时外刱造一事，否则宁传子不传贤矣，宁守节不达节矣。后世君臣，喜功好大，但见外之有余，而不量中之不足。罄民财而不惜，竭民力而不止，以至倾败而不可救。此秦皇汉武之贻悔无穷也。当斯任者，其可漫然处之哉。

【白话】

《彖传》是对大过卦卦辞的解释，为的是让人明确，处在大过之时，非有过人之材，则不能济时济世。大过，指的是阳爻太多，过于盛大。本，指初爻。末，指上爻。弱，指阴爻。中，指二爻与五爻。

孔子解释大过卦的彖辞说：卦名叫作"大过"，是因为根据易理，阳爻为大，阴爻为小，这个卦有四个阳爻，并且居于全卦的中间，显得阳气过盛，而且盛极必衰，世道已经有了盛极将衰的微妙征兆，所以叫作"大过"。爻辞所谓的"栋桡"，是什么意思呢？主要是因为大过之时，需要以一身而任天下之重，犹如房屋的栋梁承载整个屋顶。栋梁必须刚健有力，才足以支撑房顶，且没有倾覆的隐患。但大过卦最上面的爻和最下面的爻都是阴爻，阴爻代表柔弱，下面为本，上面为末，说明本末皆弱，而处在大过之时，既难以自强其德，巩固根本，也难以力挽其失，扶助其末。所以才会“栋桡”，也就是栋梁向下弯曲，危乎其危。又说“利有攸往，亨”，是什么意思呢？这是因为从易理上说，天下没有不可为的事情，就怕没有相应的能力和完善的办法。就卦体而言，中间的四个阳爻虽然有大过之实，但二爻与五爻因为居于上下卦的中间，好比强毅过人，足以干事，又能举措得当的人。就卦德而言，则是内巽外悦，内巽象征内在思虑严密，所以能通权达变，而外悦象征外表愉悦，行为和顺。放在大过卦的情境中，这就是有过人之才的表现。以过人之才，补救时势之过，才可以经纶有方，长保其盛，而不至于衰竭，所以卦辞才说“亨”。其实，也只有具备刚中巽悦之才，才可以像爻辞说的那样，“利有攸往”并且亨通。可见非常之时，必须有非常之人，才可以处过而有为，匡济而涉川。大过之时的处过之道，适用性不是很大吗？那么所谓的“大过之时”，究竟是指何时呢？其实就是天地变迁不定之时，帝王升降废黜的关键节点，以及古往今来所有的大事，比如尧帝禅让天下于舜帝，再比如商汤与周武王以武力征诛夏桀与商纣。但他们也不过是顺时而为，并没有什么创造，否则尧帝宁愿传子而不传贤，商汤和周武王宁可守节而不达节。后世的君臣却好大喜功，只盯着外部环境是否有余，不思量自身力量足与不足。耗尽民财也在所不惜，竭尽民力仍不肯停止，以至于天下倾败，无法挽救。这正是秦始皇与汉武帝贻悔无穷的原因所在。身担天下重任的人，怎么能漫然处之呢？

《象》曰：泽灭木，大过。君子以独立不惧，遁世无闷。

【解义】

此《象传》，是言君子观大过之象，以自纯其无忧惧之心也。泽灭木，谓木在泽下也。

孔子释大过象曰：泽本可以润木，乃至浸灭乎木，泽水之大过也，故为大过之象。君子体之，而有大过人之行焉。彼独立而人不我辅，人多惧心。君子当为则为，虽一国非之而不顾，天下非之而不顾，又何惧焉！不惧则过人矣。遁世而人不我知，人多闷心，君子以道自乐，不以非分之富贵易我不去之贫贱，又何闷焉！无闷则过人矣。此非见之什真，守之甚定，学术操守卓绝乎人者不能。君子之异于人若此。昔人谓：“独立不惧，巽木之象，周公以之。遁世无闷，兑悦之象，颜子以之。”然周公颜子，非强致而然。周公之处常也，夔夔然存恭敬之心；故遇变也，几几然无祸患之虑。惟其知惧，而后能不惧也。颜子之居心也，不以箪瓢改其乐，故处遇也不以屡空动其中。惟其乐天，而后能无闷也。是以君子不治境而治心，不求世而求己。

【白话】

《象传》的意思是说，君子观察大过卦的大象，能自纯其心，无所忧惧。泽灭木，指木在泽下，具体说来是指大过卦的下卦为巽为木，上卦为兑为泽。

孔子解释大过卦的大象说：泽水本来可以滋润树木，但当泽水浸灭了树木，泽水显然是过大了，所以有大过之象。君子体悟大过卦的大象，所以会有大过于常人的行为。人们不去依附、辅助某人，是因为心中充满了恐惧。但君子遵循天道，当为则为，就算是所有国人的非议也能置之不顾，就算是天下人的非议也能置之不服，还有什么能令君子恐惧呢！无所畏惧本身就是过人之处。隐遁于世而没有名气，常人都会苦闷，但君子却能抱道自乐，如果富贵不符合道义，他们会甘愿守着自己的贫贱，还有什么能令君子苦闷呢？毫无疑问，遁世而无闷，也是过人之处。但这只有见识真切、守节笃定、学术与操守都出类拔萃的人才能做到。君子与常人的差别就是这么巨大。古人有言：“‘独立不惧’是就下卦的巽木之象而言，周公是个中代表。‘遁世无闷’则是就上卦的兑悦之象而言，颜回是个中代表。”然而周公与颜回，都不是勉强行事，强行而为。周公在日常生活中也会保持十足的敬慎之心，所以遇到变故，也不会过于紧张和忧虑。正是因为他敬慎戒惧，所以能临事而不惧。而颜回抱道自乐，平常就不以箪食瓢饮改其乐，所以遇到困窘也不会影响内心。正是因为他乐天知命，所以能遁世而无闷。所以，真正的君子治心而不治境，求己而不求世。

初六：藉用白茅，无咎。

《象》曰：藉用白茅，柔在下也。

【解义】

此一爻是言，初能过慎以自全而安柔下之义也。白茅，物之洁者。

周公系大过初爻曰：初以阴柔居巽之下，过于畏慎者。凡图事济时，处之至安而常怀不安之虑，居之甚全而恒廑不全之心，犹物之错于地而必借以白茅者然。夫茅之为质最柔，白之取义至洁。以柔顺居其德，而以精白励其心，慎斯术也以往，可以常保其安而无过，咎何由及之哉？

孔子释初象曰：初之藉用白茅者，以阴柔在下，上承四刚，势不得不过于慎。幸其能柔，则无矫率豪纵之气，在下则有沉潜精入之思。此诚慎而不失于过者也。

按：《象》言独立遁世，非过亢也，见君子植节之伟。初言藉用白茅，非过谨也，见君子虑事之周。盖天下莫不败于轻忽，成于兢业。诚能心存畏慎，一举一动，必思出于万全，则何险难之不可平，而纷错之不可理？可见欲建天下之伟节，未有不极天下之小心者也。

【白话】

这个爻的意思是说，初爻过于敬慎，所以能够自保，并且安守本分，处下居柔。白茅，洁净之物，引申为虔诚、敬畏。

周公所系的大过卦初爻爻辞的意思是说：初爻是个柔爻，又位于下卦巽卦的最下面，巽卦的意思也是巽顺与柔顺，显得过于畏惧，这也是“大过”的表现。然而图谋大事，匡世济时，就算处境非常安全，也应该常怀不安之虑，就算居于万全之地，也应该持有不全之心，就像古人在地上摆放祭品前，必定先铺上洁净的白茅。茅草的质地最为柔软，而白茅象征极其洁净。以柔顺的姿态增进它的德行，以纯白的意识洁净它的内心，小心谨慎地去行事处世，就可以常保其安而没有过失，咎害又怎么可能与它相关呢？

孔子解释初爻的小象说：初爻所谓的“藉用白茅”，是说初爻既是柔爻，又位于全卦的最下面，上面还紧挨着四个刚健的阳爻，这样的情势，让它不能不谨慎。幸好它是个柔爻，没有矫率豪纵之气，却有沉潜精进之思。这当真是敬慎戒惧并因此远离了重大过失的一爻。

按：大过卦的《大象》说，“君子以独立不惧，遁世无闷”，不是亢激之语，而是为了彰显君子的操守与德行。初爻说“藉用白茅”，也不是谨慎过头，而是虑事周全的表现。总的说来，天下之事，都败于轻率行事和疏忽大意，都成于兢兢业业和敬慎戒惧。如果真的能心存敬惧，一举一动都思虑周全，那么还有什么样的险难不能平定，有什么样的纷乱不能理清？可见，想成为道德的标杆，建立伟大的功业，必须极天下之小心，谨慎谨慎再谨慎。

九二：枯杨生稊，老夫得其女妻，无不利。

《象》曰：老夫女妻，过以相与也。

【解义】

此一爻是言，二能用柔济刚，而相与以成大过之功也。稊，根也。老夫，即二。女妻，谓初也。

周公系大过二爻曰：二当阳过之始，其雄心壮气，常足以偾事而有余。幸居柔得中，无应于上，而下比初六。资初之柔以济其刚，自能固本而不拨，补偏而不废，以图事于有济者也。象之物，则为枯杨生稊，而发生之有机；象之人，则为老夫女妻，而生育之有赖。枯而复荣，老而资少，过而不过者也，何不利之有？

孔子释二象曰：大过之时，患人之不我与耳。今二之于初，如老夫之悦少女，少女之顺老夫，阴阳相与，何事不谐？岂复患刚之太过而不能成相济之功乎！

按：四阳居中用事，力厚势强，而不知阳太盛则阴竭，阴竭则不能以资阳。九二阳过之始，而初阴承之。相比亲切，犹可以济其偏而补其弊。为治者诚知此义，勿徒专事恢廓，恃其外之挥霍有余，而虚怀下人，以求助其所不足，则可以集天下之益而收天下之功矣。

【白话】

这个爻的意思是说，九二能以柔济刚，所以能与柔爻一道，补过有为，共济时艰。稊，根。老夫，指九二。女妻，指初六。

周公所系的大过卦二爻爻辞的意思是说：二爻是四个阳爻中位置最低的一爻，好比大过之始，徒具雄心壮气，成事不足而败事有余。幸好它是以刚爻居于柔位，并且居中，上面没有正应，却可以下比初六，从而刚柔相济。以初爻之柔，济二爻之刚，二爻就能固本而不拨，补偏而不废，就可以补过济事，有所作为。对应到物象上，就是“枯杨生稊”，重见生长之机；对应到人事上，就是老夫少妻，还可以生育。枯杨复荣，老夫少妻，都是过而不过之象，有什么不利的呢？

孔子解释二爻的小象说：大过之时，最令人忧患的就是与周围人的关系。如今二爻与初爻的关系，如同老夫喜欢少女，而少女也乐于顺从老夫，阴阳相与，何事不谐？这样一来，就用不着再担心刚爻太过，而不能刚柔并济，补过成功了！

按：四个阳爻居中用事，力厚势强，但阳气太盛，阴气就会衰竭，阴气衰竭，就不能资助阳爻。而九二位于四个阳爻的最下面，好比大过之始，下面又有初六这个阴爻上承其刚，阴阳相比，就可以济其偏，补其弊。治理天下的人如果真能理解个中深意，不刚愎自用，专事恢廓，并反其道而行之，虚怀下人，用别人的长处，补足自己的短板，就可以集天下之益，收天下之功。

九三：栋桡，凶。

《象》曰：栋桡之凶，不可以有辅也。

【解义】

此一爻是言三过恃其刚，而人莫为之辅也。

周公系大过三爻曰：九三以刚居刚而不得中，刚之过什者也。以过什之刚，而当大过之任，是刚愎自用，而违时拂众，必至倾败而一无所济，故为栋桡之象而凶也。

孔子释三象曰：所谓栋桡之凶者，以三刚强自用，视天下皆无可辅之人，人亦不乐进而辅之，盖知其势之必至于覆坏，而不可以有辅也。

按：卦辞以二阴不能胜重，故曰栋桡。九三过乎阳而仍栋桡之象，且加以凶者，何也？卦之栋，以阴不足而桡；三之栋，以阳太过而桡。不足者犹可辅，故不言凶；太过者难为助，其凶必矣。宁赢论阳处父曰："刚而主能，怨之所聚。"夫刚则难亲矣，而又主能焉，是訑訑之声音颜色，拒人千里之外。忠良之士日退，谗谄之人日进，未有不凶于家，害于国者也。是可为深戒矣。

【白话】

这个爻的意思是说，三爻过于仗恃自己的阳刚，没有人愿意辅佐它。

周公所系的大过卦三爻爻辞的意思是说：九三以刚居刚，又不居中，明显是过于刚健。它本身过于刚健，又处在大过之时，还担当着补过济时的重任，难免刚愎自用，违时拂众，最终会一败涂地，一无所济，这就是"栋桡"而"凶"之象。

孔子解释三爻的小象说：所谓"栋桡，凶"，是说九三以刚居刚，并且刚强自用，认为全天下都没有可以辅助自己的人，人们也不愿意辅助这样的人，不难推测，这样的人最终会走向覆败，也不配得到别人的辅助。

按：卦辞所谓的“栋桡”，是就上下两个阴爻不能承受中间四个阳爻的重量而言。九三过于阳刚，却仍有“栋桡”之象，而且爻辞还说它“凶”，原因何在？其实卦辞所说的“栋桡”，是就柔爻阴柔无力而言；九三所说的“栋桡”，则是就阳气太过而言。阴柔无力，阳气不足，还可以加以辅助，所以爻辞不说“凶”；但阳气太过，便难以为助，“凶”是必然的。春秋时期，居住在宁邑的宁嬴在论及晋国大夫阳处父时说：“阳处父这个人太刚强了，过于刚愎自用，积聚了很多怨恨。”过于刚强本来就难以亲近，再加上内心刚愎自用，声音与面容都会显得很高傲，一副拒人于千里之外的样子。忠良之士会离他越来越远，谗谄之人会与他日益接近，长此以往，必然凶于家而害于国。必须深以为戒。

九四：栋隆，吉，有它吝。

《象》曰：栋隆之吉，不挠乎下也。

【解义】

此一爻是言，四能胜大过之任，而不可昵于私应也。隆，隆起也。下，谓初。

周公系大过四爻曰：九四居近君之地，当大过之任，以阳居阴，刚柔合德，而又处兑下，是能和悦君心，柔怀亿兆，何事不可为？何功不可建？如栋之隆起而得吉也。但济大过，以刚为主，过刚而济以柔则可。今九四非过刚者，而下与初应，复以柔济之，则反过乎柔，不足以成天下之事，而为有它之吝矣。

孔子释四象曰：四之栋隆吉者，盖太刚则折，斯不足以任重而桡乎下者有之。今四以刚居柔，过而不过，所以能胜重任，不至桡败而吉也。

按：九二比初，则无不利。九四应初，戒之以吝者，盖刚固不能不资柔以相济，而亦不可牵系于柔以害其刚。故于二既明其相济之利，而于四复著其牵系之害也。夫所贵大臣者，以其正色立朝，不可攀援，而后能仔肩天下之重。苟悦小人之柔媚而亲比之，其不为所连累，而自损功名者，罕矣。可不戒欤？

【白话】

这个爻的意思是说，九四能担当大过之任，但不能比昵于初六。隆，隆起。

下，指初六。

周公所系的大过卦四爻爻辞的意思是说：九四紧挨着君王，负有补过济时的重任。它是阳爻，却居于阴位，刚柔并济不说，还处在上卦兑卦的最下面，兑为悦，能上悦君心，下念百姓，何事不可为？何功不可建？就像栋梁微微向上隆起，能更好地支撑房顶，对应到人事上，就是收获吉祥。但是补济大过，离不了阳刚之才与刚健之德，如果一个爻过刚，使它刚柔相济即可。九四却不是过刚之爻，因为它是以刚居柔，这本身就是刚柔并济、恰到好处了，可是它同时又与下面的初六有正应，想进一步刚柔并济，结果导致了过柔，过柔则不足以成事，只会“有它吝”。

孔子解释四爻的小象说：四爻所谓的“栋隆，吉”，是说过刚则折，不足以承当大任，会导致“栋桡”。如今四爻以刚爻而居柔位，是过而不过，所以能承当大任，不至于桡败，并收获吉祥。

按：九二下比初六，爻辞说“无不利”；九四下应初六，爻辞却说“有它吝”。这主要是因为过刚的话，不能不济之以柔，但也不能被柔爻牵系，损害它的阳刚。所以在二爻的时候，要彰明刚柔相济之利，而到了四爻，也要阐明牵系于柔爻的害处。目的就是希望大臣遵循正道，崇尚天道，以正色立朝，不攀援附会，不私树党羽，如此才能身肩天下之重任。至于与小人苟且、亲比，最终却不受牵累，无损于功名的人，自古以来都非常罕有。能不引以为戒吗？

九五：枯杨生华，老妇得其士夫，无咎无誉。

《象》曰：枯杨生华，何可久也？老妇士夫，亦可丑也。

【解义】

此一爻是言，五当大过之时，比于阴柔之小人，而无足与有为也。老妇，谓上六。士夫，即九五。五在上六之下，少于上六，故曰士夫。

周公系大过五爻曰：五以阳刚中正，而居尊位，宜足以胜大过之任矣。然下无正应，无与共成大过之功。而上比过极之阴，其所近者皆庸懦之臣，柔弱之士。其不能相济以有为可知。象如枯杨生华，上虽华秀，无益于枯也。老妇士夫，非其匹偶，终不能育也。虽一时无桡败之咎，而当大过之时，君亢于上，臣靡于下，以是为济过之道，宁有誉乎？

孔子释五象曰：枯杨不生稊而生华，旋复枯矣，安能久乎？是不能实心任事，而国本先摇也。老妇而得士夫，生育无基，宁不可丑。是将见謟谀成风，而终于可羞也。

按：君之有贤臣，如车之有轮，鸟之有翼。车无轮不可行远，鸟无翼不可高飞。君无贤臣，何以建不拔之基，流无穷之誉乎？大过九五专为有君无臣而言，然自古为治未有借才异代者，亦顾用之何如耳？知之极其明，位之极其当，循名责实以考其成，信赏必罚以鼓其气，则人人兴事赴功，贤者以奋，不肖者以勉，苟有一长，莫不乐为朝廷之用，而何至有乏材之叹哉？

【白话】

这个爻的意思是说，五爻处在大过之时，却比昵于阴柔的小人，所以不能够刚柔并济，有所作为。老妇，指上六。士夫，指九五。九五在上六的下面，象征比上六年轻，所以叫“士夫”。

周公所系的大过卦五爻爻辞的意思是说：五爻阳刚中正，并且居于尊位，理论上应该能承当大过之任。然而它下面没有正应，没有人和它刚柔并济，同心协力，共成大过之功。还向上比昵于过极的阴爻，好比身边都是庸懦之臣、柔弱之士，彼此不能相济有为，可想而知。对应到物象上，就是“枯杨生华”，上面虽然开了花，但无法改变枯槁的事实。“老妇”与“士夫”，也不是良配，因为老妇过了生育年龄，无法生育。虽然一时之间不会桡败，不会困咎，但这毕竟是大过之时，君王表现得很亢奋，臣子却表现得很萎靡，用这样的组合去补过济时，怎么会有功誉呢？

孔子解释五爻的小象说：枯杨不是从根上生出嫩芽，仅仅在梢头生了些花秀，马上会重新枯萎，怎么可能长久呢？对应到人事上，就是君王不能实心任事，以至国本动摇，难以为继。而作为老妇，得到了元夫也无法生育，终究是一个笑话。对应到人事上，就是谄媚成风，最终会导致羞吝。

按：君王有贤臣辅佐，好比车子有轮子，鸟儿有翅膀。车无轮不可行远，鸟无翼不可高飞。君王没有贤臣，又凭什么建立不世之功，传扬无穷的美誉呢？大过卦的九五是专就有君无臣而言，自古以来，就没有借才异代的治世，贤人怎么可能藉用呢？如果见识极其高明，得位非常正当，按照名实相符的原则考察大臣的功绩成就，并且赏罚严明，鼓励劝勉，人人都会踊跃赴功，贤者自然会奋发有为，不肖的人也会加以自勉，有任何长处，都愿意见用于朝廷，又怎么会有乏材之叹呢？

上六：过涉灭顶，凶，无咎。

《象》曰：过涉之凶，不可咎也。

【解义】

此一爻是言，天人交困之日，惟当尽力之所能为，而不可以成败论也。过涉，勇于涉也。灭顶，水没其顶也。

周公系大过上爻曰：上以阴柔而处过极之地，是当国事艰难之秋，既不敢委于时势之不可为，又不敢量其才力之不能济，真所谓竭忠尽智以死继之者也。象如勇于涉水，至灭顶而不悔焉。此殆以身殉天下之事，而有凶矣。然其心存效节，志在成仁，无愧于见危授命之义，又何咎焉！

孔子释上象曰：君子幸而成天下之事，当论其功。不幸而殉天下之事，当谅其心。上六过涉之凶，事虽不济，而其心则已尽矣。后之尚论者，宁可以其不能济而追咎之乎？盖大过之极，非有大过人之才不克济。上以柔正之德而遇极否之时，任过其力，至鞠躬尽瘁，之死而靡悔。于事则凶，于义则无咎也。夫大过本行权之事，而圣人特发守经之义于上六。此义明，而孔光、冯道之徒，不得借明哲保身之说，以文其偷生卖国之奸矣。

【白话】

这个爻的意思是说，处在天人交困之际，只能是尽力而为，不能以成败论英雄。过涉，勇于涉渡。灭顶，水没其顶。

周公所系的大过卦上爻爻辞的意思是说：上爻是个阴爻，又处在过极之处，好比处在国事艰难之时，既不敢推诿于时势的不可为，也不敢思虑自己的才力是否有所不济，只知道竭忠尽智，以死相报。对应到人事上，就是勇于涉水，就算灭顶，也无怨无悔。这几乎就是以身殉天下之类的壮烈之举了，虽然是凶事，但它心存忠义，志在成仁，符合先圣所推崇的“见危授命”之义，又有什么可怪咎的呢？

孔子解释上爻的小象说：君子如果有幸成就大事，自然有相应的功誉。如果不幸以身殉天下，也应该体谅君子的用心。上六“过涉”而“凶”，虽然没能补过济时，但已经尽了心，也尽了全力。后人追论至此，怎么会因为其事不成而怪咎于君子呢？总的来说，大过到了极点，必有过人之才，方能补过克济。但上爻只有柔正之德，又遇上了极否之时，责任大过能力，只能是鞠躬尽瘁，死而后已。只论人事，自然是凶，但说到道义，却属无咎。处在大过之时，本来应该权宜行事，圣人却非要借助上六阐述取义成仁之义，是因为明确了这层意思，诸如孔光、冯道这样的小人之儒，便无法假托借明哲保身之说，粉饰自己的偷生卖国之举。

䷜ 坎 坎下坎上

【解义】

坎以一阳陷二阴之中，是为坎陷之义。凡阳居阴之中者为陷。坎，水也，陷者水之体也。坎为险难之象，所谓时值艰危，虽圣人亦处无可如何之势，其能自必者，惟心耳。《彖传》所言刚中有功，乃教天下以存心诚信为出险之法也。六爻中，如二爻之小有得，则尽其道而不遇其时者也。四以忠信善道，结于君心，臣之能竭诚以勤于下者也。五以阳德居尊，而时将出险，君之能刚中而运于上者也。若夫初之深入于险，三之陷于两坎，上之终极于险，是时势既值其穷，而才德又不足以济，欲以平大难而救大艰，曷有济乎？盖天下不能无险阻之时，圣人贵有出险之用。惟秉阳刚中正之德，因时措宜。天下有事，则定密策，决众疑，以成拨乱返正之功。天下无事，则画郊圻，固封守，以裕思深虑远之畧。必深宫尝廑险阻之虞，而后薄海乃有盘石之固。此所以坎卦至险，而卦辞必言出险之道欤。

【白话】

坎卦的得名，是因为上下卦都是坎卦，都是一阳陷于二阴之象，“坎”就是“坎陷”的意思。凡是阳爻位于阴爻之中的，都称“陷”。坎为水，相当于失陷了水的本体。坎又为险难，综合起来看就是世道艰难，天下失陷，就算是圣人也无可奈何，圣人能够坚信的，能够坚守的，只有自己的心。《彖传》所说的“刚中”“有功”，正是教导天下人，只要存心诚信，就能出离险陷。六爻之中的二爻，爻辞说“求小得”，也就是“求有小得”，是因为它做了自己该做的事情，只是未逢其时；四爻也是忠信之臣，并且善于引导，既能使君王增信释疑，又能竭诚尽忠，恪守本分；五爻则是以阳居阳，并且居中，又居于尊位，是赶上了出离险陷的时机，又有刚中之才，从而能够运筹帷幄，有所作为。至于深陷坎险的初爻、陷于双重险难的三爻、险难至极的上爻，时势非常不利，才德又非常有限，还想平大难，救大艰，为什么非要这么做呢？这是因为天下不可能没有险难，而圣人之所以是圣人，就在于他们能带领天下人出离险难。具体说来，就是秉持阳刚中正之德，因地置宜，因时措宜。天下有事，就定策决疑，拨乱返正。天下无事，就规划巩固，深谋远虑。帝王只有时时以天下为念，江山社稷才能稳如盘石。因此，虽然坎卦至为凶险，但卦辞却依然以出险之道劝勉世人。

习坎：有孚，维心亨，行有尚。

【解义】

此卦上下皆坎，一阳陷于二阴中为坎，重之又得坎焉，陷益深而险益重，故名习坎。卦辞言处险之道，惟以孚信居之，则心有主而成出险之功也。习，重习也。坎，险陷也。

文王系坎彖辞曰：人当重险之来，是身已入乎险中，而不得免者也。所可得而自主者心耳。卦体阳实在中，为有孚心亨之象。则中有孚信，而于坎险之内，炯炯不昧者，维此一心。是心之实处，即是心之通处。祸至而不摇，变来而若适，而心亨矣。夫心既亨通，则险阻之境，皆吾顺行之境，而何险之不可出哉？是在险而尚于行，而不至终于险中也。《周易》上经以乾坤始，以坎离终。坎得乾之中爻，故中实而为诚；离得坤之中爻，故中虚而为明。诚则心有定主，而利害得丧不得而入之；明则内无偏执，而是非毁誉不得而汩之。故中实者坎之用，中虚者离之用也。体易者，因坎离之中而悟诚明之妙用。古圣人之心学，实在于此，徒为出险云乎哉！

【白话】

此卦的上卦与下卦都是坎卦，下卦的一阳陷于二阴之中，即是坎陷之象，上面再重叠上一个坎卦，说明陷得更深，更加凶险，所以叫“习坎”。卦辞阐明了处险之道，具体说来就是效仿坎卦中间的阳爻，心怀孚信，坚守正道，从而成就出险之功。习，重习，也就是不断学习，反复练习。坎，险陷，也就是危难。

文王所系的坎卦卦辞的意思是说：当人面对重重险难之时，往往已经身陷其中，无法幸免。能够超脱于险难之外的，只有自己的心。从卦体的角度看，上下卦都是一个阳爻居于两个阴爻之中，阳爻好比诚信、敦实，这就是“有孚”“心亨”之象。说到底还是在讲，身陷坎险之中，必须保持信念，持贞守正。有信念，有正念，才会有思路，有转变。灾祸来了也不动摇，巨变来了也能安适，这是真正的“心亨”。心既然是亨通的，就算遇上艰难险阻，也都视作顺境，又有什么样的险难不能出离？所以爻辞说，“维心亨，行有尚”，也就是在险难中保持乐观，在乐观的基础上加以改观，而不至于被险难吞噬。《周易》的上经三十卦以乾坤为始，以坎离为终。坎卦得到了乾卦的中爻，所以内心笃实，富有孚信；离卦得到了坤卦的中爻，所以内心谦虚，极其开明。心诚就会有定见，利害得失都无法把他影响；开明就不会偏执，是非毁誉都不能将他扰乱。所以诚信是坎卦的功用，而谦虚是离卦的功用。善于体悟易道的人，不难借助坎卦与离卦的中爻，悟到诚信与开明的妙用。这才是先圣心学的关键之处，而不仅仅是出险离难那么简单！

《彖》曰：习坎，重险也。水流而不盈，行险而不失其信。维心亨，乃以刚中也。行有尚，往有功也。天险不可升也，地险山川丘陵也，王公设险以守其国。险之时用大矣哉！

【解义】

此《彖传》，是释坎彖辞，以明处险之有道而后可以出险也。刚中，谓二、五。

孔子释坎彖辞曰：卦之名为习坎者，以卦体上下皆坎，是为重险。险不重则彼险此平，人情尚可趋避。习坎则远近无可避之地，智愚无自脱之人，而圣贤之作用见焉。卦辞所谓有孚者，以坎象为水，水体内实而有常，故其流也足此通彼，不至盈溢妄行，此即其信也。其信无论行于地中，有常而不变，即至行乎险阻而不盈如故初，何失焉？彼人之处险而信义不失者，何以异此？故曰有孚也。维心亨者，以二五刚而在中，则刚实无伪，心有主宰，自能通达无碍而亨也。行有尚者，以其刚中之才而往，则至诚感孚，行无不达，自能芟除大难而有功也。夫处险则思出险之方，而用险还为防险之道。天之险，高不可升是也，有无形之险矣。地之险，山川丘陵是也，有有形之险矣。王公法天险之无形，设为法令制度，以防其未然；法地险之有形，设为城郭沟池，以制其已然。而以守则固，国是以宁，皆因险之时以成险之用也，顾不大矣哉？

按：信与刚中，是明处险之道。设险守国，是明用险之方。处险有其道，则义命自安。虽居患难之中，无入而不自得。用险有其方，则形便已据。虽有卒然之虞，预备而可无患。然山川城池，特设险之一端耳。若夫尊卑之等，贵贱之分，明等威，异物采，凡所以杜绝陵替，限隔上下者，此诚体险之大用，而所谓地利不如人和也。用险者尤宜留意欤。

【白话】

《彖传》是对坎卦卦辞的解释，目的是阐明处险有道，就可以出险。刚中，指二爻与五爻。

孔子解释坎卦的彖辞说：卦名之所以叫作“习坎”，是因为从卦体上看，它的上卦与下卦都是坎卦，象征坎险重重。如果不是险难重重，人还有趋避的地方。但是卦名“习坎”，说明远处与近处都没有躲避的地方，智者和愚者都无法自行脱险，这时候，就只能期望圣贤发挥作用了。卦辞所谓的“有孚”，是因为坎为水，水这种物质，内实而有常，所以水流动起来会很通畅，而不至于盈溢妄行，对应到人事上，这就是孚信的表现。正是因为具备这样的特性，所以水流到哪里，都有常而不变，就算遇到险阻，也不盈不溢，保持初心，这样的话，还会有什么过失呢？那些身处险难之中，而信义不失的人，与水有什么差别吗？所以爻辞说“有孚”。而所谓“维心亨”，是指具备刚中之德的二爻与五爻，刚则无伪，中则有定，无伪而有定，自然能通达无碍，也就是“亨”。至于“行有尚”，是说它既有刚中之才，又有至诚之心，以此前往，能行无不达，往无不利，从而消除大难，建立功勋。身处险地，自然会思考出险之方，而防范险难，又往往需要利用险难。比如天之险，在于它高高在上，非人力所及，这是无形之险。而地之险，就是山川丘陵等险阻，这是有形之险。君王效法无形的天险，设计法令制度，防患于未然，又效法有形的地险，修建城郭沟池，制约于已然。以之守城则城固，以之治国则国宁，都是在险难之际发挥了险难的功用，坎卦的内涵和功用不是很大吗？

按：彖辞所谓的“不失其信”与“乃以刚中”，是为了阐明处险之道。而“设险”“守国”，则阐明了用险之方。处险有道，才能安守本分。就算处在患难之中，也能够安然自得。用险有方，就能够占据地利。就算忽然间发生变故，也可以有备无患。然而山川城池，只是设险用险的一方面而已。分尊卑，列贵贱，明等威，异物采，杜绝陵替，限隔上下，才是体险用险的大道，正如孟子所强调过的“地利不如人和”。用险者一定要加以留意。

《象》曰：水洊至，习坎，君子以常德行，习教事。

【解义】

此《象传》，是言君子法习坎之义，而得治己治人之道也。洊至，流而不息也。常，久也。

孔子释坎象曰：水流洊至，两坎相习之象。君子体之，取水之有常，以常德行，必思所以茂正三德，崇修六行，而学之不厌，则理义熟于身心，而治己之功备矣。取水之洊习，以习教事，必先使之既安其教，又服其事，而诲之不倦，则政令熟于观听，而治人之道毕矣。皆洊习之义也。从来险难，皆起于人事，故治己治人，为有天下之要务。德行不常，则有初鲜终，私欲横起，遇险而不能自持者有之矣；教事不常，则始勤终怠，奸宄萌生，当险而不能肆应者有之矣。然人君必先慎修于上，日就月将，而后海内回心向道，风移俗易，不待势制威禁，自然相观而化，则治己又为治人之本也。

【白话】

《象传》的意思是说，君子效法坎卦的内涵，从而习得了治己治人之道。洊至，水流而不息。常，久。

孔子解释坎卦的大象说：水流而不息，就是坎卦的大象。君子体悟坎卦的大象，取法于水的有常，使自己的德行恒常，而且对于《尚书》中的“三德”和《周礼》中的“六行”，学而不厌，烂熟于心，治己之功差不多就可以完备了。又取法于水的流动不息，应用于教化民众，具体说来是先使民众安于教化，然后在此基础上诲之不倦，使政令为民众熟知，治人之道差不多也就完善了。说到底，还是“洊习”二字。天下的险难，皆起于人事，所以，治己治人就是治理天下的要务。如果德行有变，有初无终，被内心的欲望裹挟，遇到险难必然难以自持。若不能持续教化，始勤终怠，就会萌生奸邪，遇到险难就不会获得广泛响应。然而为人君者，必须先敬慎自修，日夜勤勉，之后才可以移风易俗，使百姓回心向道，那样的话，不用威逼与严禁，民众却能主动服从教化，可见治己是治人的根本。

初六：习坎，入于坎窞，凶。

《象》曰：习坎入坎，失道凶也。

【解义】

此一爻是言处重险之下，而失济险之道也。窞，坎中之陷处。

周公系坎初爻曰：初本阴柔之质，无济险之才，处重险之下，无济险之势。

上无应援，无济险之人。是其志气昏愚，所为拂乱。非徒不能出乎险也，惟益陷于深险耳。为在习坎之中，而又入于坎窞之象。如是，则坠于重渊，载胥及溺而已，其凶可知。

孔子释初象曰：惟阳刚乃可以出险，初以阴柔而居习坎之下，是失其阳刚之道，而其陷益深矣，所以有入于坎窞之凶也。盖平陂之形，虽在于世，而趋避之方，则操乎我。故最凶莫如坎之初，而圣人示之曰失道。可见虽在重险之下，非无出险之道，乃人自失其道，而后至于凶。此君子之所为恶居下流也。

【白话】

这个爻的意思是说，初爻处在重险之下，偏离了济险之道。窞，水中的沉坑。

周公所系的坎卦初爻爻辞的意思是说：初爻是个柔爻，柔弱无力，无法济险，又处在重重险难之下，时势上也很不利。上面也没有正应，说明没有人可以帮到它。但这都是因为它自己心思糊涂，行为悖乱引起的，它非但不能出离险难，而且会越陷越深。这就是"习坎"但却"入于坎窞"之象。这样一来，它必然会陷入深渊，有人援救也会被牵累，凶祸可想而知。

孔子解释初爻的小象说：只有刚健有力的阳爻才足以出离险难，初六却是个阴爻，并且位于重重坎险之下，好比偏离了阳刚之道，所以越陷越深，所以会有"入于坎窞"之"凶"。总的来说，世上有平就有险，但如何趋避取决于我们自己。所以坎卦最凶的一爻莫过于初六，用圣人的话说就是"习坎入坎，失道凶也"。可见就算面临重重险难，也并非无可奈何，是人违背了正道，才导致了凶祸。所以君子处世，向来恶居下流。

九二：坎有险，求小得。

《象》曰：求小得，未出中也。

【解义】

此一爻是言，二身处险中，虽具刚中之才，而仅足小有济也。小得，言未大也。中，谓二阴之中。

周公系坎二爻曰：二当坎险之时，陷于上下二阴之中，乃至险之地，有险者也。幸以刚居中，是有孚心亨之人，而肩济险之任，宜若可出险而无难。然处势艰难，人情阻拂，当此者，仅可小有所得，以为出险之地。若欲遽进，以求出乎险，则将至于三之来往皆险，而入于坎窞而已。

孔子释二象曰：所谓小有得者，非二之才德不足以济险也。以一阳方为二阴所陷，在险之地。是时尚未能出乎险中，而不可大有得也。大抵气数一定，虽圣人不能与之争。然具刚中之德，处险阻而得其道，则气数亦不得而终困之。曰小有得者，非贪苟安而已。遵时养晦，见可而进，其亦有不得不然者乎。

【白话】

这个爻的意思是说，由于二爻处在险难之中，所以它虽有刚中之才，也只能小有所得而已。小得，指二爻迫于形势，未能尽展其才。中，指二爻位于两个阴爻之中。

周公所系的坎卦二爻爻辞的意思是说：九二处在坎险之时，又陷入两个阴爻之中，位于至险之地，环境险恶。幸好它是个刚爻，又居于下卦之中，好比“有孚”“心亨”之人，由它承担济险的重任，理应出离险难，避免灾祸。但时势艰难，人情阻逆，只能因势利导，小有所得，在险难中求得一线生机。如果匆忙躁进，急于出险，就会陷入三爻那样来往皆险的境地，然后像初爻那样，“入于坎窞”，徒呼奈何。

孔子解释二爻的小象说：所谓“求”有“小得”，不是说九二的才德不足以济险。而是说九二作为阳爻，却陷在两个阴爻之中，身处险境，出险的时机尚未到来，所以不可以大有作为，自然也不会大有收获。因为一切都是气数使然，一切皆有定数，就算是圣人，也不能与天地相争。然而它具备刚中之德，身处险境，却不失其道，所谓气数也不会长久地困住它。爻辞说九二“求”有“小得”，与苟且偷安无关。九二顺应时势，韬光养晦，能进方进，也有迫不得已的成分。

六三：来之坎坎，险且枕。入于坎窞，勿用。

《象》曰：来之坎坎，终无功也。

【解义】

此一爻是言，三上下皆险，而无济险之才也。来，谓就下。之，谓往上。枕，倚着未安之意。

周公系坎三爻曰：三以阴柔不中正而履重险之间，是以委靡之质而当大难之冲，其进与退皆无足据者也。来亦遇坎，之亦遇坎。来下则入乎险之中，之上则如枕重险焉。所处如此，则前后皆险。举足蹈危，必入于坎中之窞，而不能出也。祸患已深，虽来与之，安所用哉？

孔子释三象曰：所谓来之坎坎者，三之心岂肯终于坎哉？特以其阴柔不中正，虽处平易，尚难克济，况履险乎？徒见其憧憧往来，而终无出险之功也。

按：险为陷人者也，而三之阴自陷险中，至于局天蹐地，进退维谷。嗟乎！阳之陷也，犹可小得既平；阴之陷也，一败涂地而已矣。彼陷人者，徒自陷耳。可不惧哉？

【白话】

这个爻的意思是说，三爻上下皆险，也没有济险之才。来，指三爻以上就下。之，指三爻向上发展。枕，指三爻有所倚靠，但枕席未安。

周公所系的坎卦三爻爻辞的意思是说：三爻是个柔爻，而且不中不正，又恰好位于重险之中，资质委靡，却处在要冲，进与退都会失据。它向上是坎险，向下也是坎险。向下就会像二爻一样，入于险难之中。向上则会向四爻一样，枕着重重险难入眠。但它既不像二爻那样中正，又不像四爻那样当位，所以险难环伺。稍一举步，必然会陷入坎窞之中，难以出离。因为它陷入祸患已经很深了，简单地趋避，有什么用呢？

孔子解释三爻的小象说：所谓“来之坎坎”，是说三爻不会安于习坎，但它阴柔无力，又不中不正，平时都难有作为，更何况身陷险境？它注定会徒劳往返，最终也无法出离险难，收获事功。

按：陷难是为了困陷别人，六三这个阴爻，却自陷险中，以至于局天蹐地，进退维谷。真令人感慨啊！阳爻遇到险难，还可以小有所得；至于阴爻，只能是一败涂地。阴爻本来是困陷阳爻的，结果使自己失陷其中。怎能不戒惧呢？

六四：樽酒簋，贰用缶，纳约自牖，终无咎。

《象》曰：樽酒簋贰，刚柔际也。

【解义】

此一爻是言四居济险之任，惟忠顺以事上也。樽以盛酒，簋以盛食。贰，益之也。缶，即酌器也，为樽之副。牖，室之受明处。《象》曰“樽酒簋贰”之“贰”疑衍。刚柔，指四与五。际，即交际之际。

周公系坎四爻曰：四以阴居柔，下无应援，非能济天下之险者。但以其身居大臣之地，而当险难之日，则上之倚毗于己者，倍切于常时。故必去虚文，捐形迹，惟益励其忠实之心，以为事君之本。而其进结于君也，又必因君之所明，以祛其所蔽，庶不至任质而疑于戆也，为“樽酒簋，贰用缶，纳约自牖”之象。如是则君必信吾心而用吾言，以济其险也。夫岂有悾悾为忠益，而反以为咎乎？终必无之矣。

孔子释四象曰：所谓樽酒簋者，盖以险难之时，非诚实不足以固其君臣之交，故五以刚而下交乎臣，四以柔而上交乎君。则精神相通，形迹俱捐，刚柔自是相际而成济险之功矣。

按：君臣相遇，自古为难，而四与五不事多仪，即可交合者。盖时当无事，势分之相隔，故君臣之合，常见其难；运值多艰，缓急之相须，故君臣之合，偏觉其易。四与五在险难之中，刚柔相济。臣固切于上交，君亦勤于下接，宜其作合之易也。方之在昔，肃宗之于李泌，德宗之于陆贽，庶几似之。然贽从其君于多难之日，计无不从。及祸患寖平，一抗直言，而遽罹斥逐，岂其有乖纳牖之道乎？信乎，君臣之合似易而实难也。人主诚深念乎此，则其臣自不至信而被谤，忠而见疑矣。

【白话】

这个爻的意思是说，四爻是大臣之位，负有济险的重任，只有忠顺事上，才能济险而无过。樽，酒器，簋，盛食物的器皿。贰，增益。缶，酌器，与樽配套使用。牖，窗户。《小象》所说的“樽酒簋贰”中的“贰”，疑为衍文，也就是多余的字。刚柔，指六四与九五。际，指六四处在上下卦交际之处。

周公所系的坎卦四爻爻辞的意思是说：六四以阴居阴，资质柔弱，下面也没有正应，虽然当位，但不是济天下之险的最佳人选。可是它身居大臣之地，又赶上了险难之时，君王对它的倚重既热切又急切。所以它必须摒弃各种表面功夫，捐弃各种不切实际的言行，不断增益它的忠贞，作为事上的根本。它能够上结君心，并且能引导君王，使其益发开明，而不至于用人而疑，这就是“樽酒簋，贰用缶，纳约自牖”之象。如此一来，君王就能对他完全信任，言听计从，就可以屯济天下之险了。世上哪有一心尽忠，反倒会导致困咎的呢？最终也会无咎。

孔子解释四爻的小象说：所谓“樽酒簋”，是说处在天下险难之时，唯有彼此诚信，才能够巩固君臣关系，上下合德，所以五爻刚健中正却能下交于臣子，柔顺当位的四爻也能自然而然地上承其君。二者精神相通，痛捐形迹，自然能刚柔并济，成就济险离难之功。

按：自古以来，君臣相遇都十分难得，而四爻与五爻却能超越礼仪，以精神相通。主要是因为天下无事时，限于权势、地位与名分，君臣合德确实很难；时势艰难时，则必须互相依存，彼此配合，所以君臣相得反倒相对容易。六四与九五这对君臣都处在险难之中，都需要刚柔相济，离难出险。六四作为大臣，固然会很殷切地上交于君王，而九五作为君王，也殷勤地向下交接六四，君臣作合比较容易也是应该的。试观历史，唐肃宗与李泌，唐德宗与陆贽，差不多就是这种情况。然而陆贽是在德宗危难之时追随他的，当时德宗对他称得上计无不从。但祸患削平，稍有直陈，就遭到斥逐，难道仅仅是因为陆贽背离了纳牖之道吗?相信吧，君臣之合，上下相交，似易实难。君王如果有这样的意识，为人臣者就不到于“信而被谤，忠而见疑”了。

九五：坎不盈，祇既平，无咎。

《象》曰：坎不盈，中未大也。

【解义】

此一爻是言五才足济险，而又有出险之机也。祇，抵也。中，谓刚中。

周公系坎五爻曰：五在坎之中，未离乎险者也。然以刚中之才，而居尊位。其才其势，俱足以济险，而又时将出险，则有可济之会。是以有孚心亨之君，而肩济险之责，必渐至于险者使易，危者使平。犹坎陷之中，虽未至盈而出，然已至于平而将盈矣。夫险，患其不平耳。既平，则险必可济，又何咎之有哉!

孔子释五象曰：天下之险一日未去，则人君之德一日未大。五之坎，尚不盈，时为之也。其未大者，乃时之掩乎中，而非中之不足济乎时也。

按：二五皆有刚中之德，可以出险。而二曰“坎有险”，五曰“坎既平”者，盖险有能济之道，又有将济之时。二在下坎之中，德虽具而位未隆，是以犹为重险所困也。五在上坎之中，德位俱隆，而时亦将出重险之外矣。要之，时不可必，而道当自尽。此所以必有孚心亨而后行有尚也。可不勉欤。

【白话】

这个爻的意思是说，九五既有济险之才，又有出险之机。祇，抵。中，指刚中的九五。

周公所系的坎卦五爻爻辞的意思是说：九五处在坎卦的中间，还没有出险离难。但它有刚中之才，并且居于尊位。其才其势都足以济险，时机也到了差不多快要出险的时候，各种有利因素会聚到了一起。所以九五这个“有孚”“心亨”之君，只要以济险为己任，就一定能削平祸乱，化险为安。好比水流到坎陷之中，虽然还未盈满，但已经平齐，既将盈溢。遭遇险难，就怕它难以平定。既然已经平定了，必然能出险离难，又有什么咎害呢？

孔子解释五爻的小象说：天下的险难还没有去除，人君的德行就谈不上盛大。坎卦发展到五爻的程度，水尚未满盈，德尚未光大，时机也尚未完全成熟。德行尚未光大，是被时势所掩，而不是才德不足以济时。

按：九二与九五皆有刚中之德，都能出险。但二爻说“坎有险”，而五爻说“坎既平”，主要是因为济险既要有济险之道，也要掌握济险之机。九二在下面的坎卦之中，有德但没有位，所以依然会困陷其中。九五则位于上面的坎卦之中，不仅有德有位，而且德位俱隆，时机也到了差不多快要出险的时候。但话说回来，人不一定能赶上相应的时机，但必须尽到应尽的努力。这正是圣人强调“有孚，心亨，行有尚”的原因。能不自勉吗？

上六：系用徽纆，置于丛棘。三岁不得，凶。

《象》曰：上六失道，凶三岁也。

【解义】

此一爻是言上居险之极，而终于莫济也。系，缚也。徽，三股索也。纆，两股索也。置，拘也。丛棘，重险难脱之地，或谓即后世所云棘寺也。

周公系坎上爻曰：上以阴柔而居险极，是其才不足以济险，而又当存亡危急之秋。身在险中，为险所陷，而终无出险之日者也。为“系用徽纆，置于丛棘”之象。夫系之置之，所处之困迫何如，而至于三岁之久，犹不得免，则陷溺之深而凶可知矣。

孔子释上象曰：上六所谓凶三岁者，何哉？盖出险以阳刚为道，今以阴居柔，才弱莫济，全失其处险之道矣。宜其久而终至于凶也。

按：初上二爻包坎体四爻之外，是六爻中陷坎之最甚者。然圣人视此不以为天运之适然，而必责以人事之当然，故始终以失道儆之。若险未尝陷人，而人自陷夫险者。其勉人以自强之心，可谓切矣。

【白话】

这个爻的意思是说，上爻居于极险之地，最终也难以出险。系，缚。徽，三股索。纆，两股索。置，拘。丛棘，重险难脱之地，或者说，就是后世所谓的“云棘寺”，也就是大理寺之类的官署。

周公所系的坎卦上爻爻辞的意思是说：上爻以柔居柔，又处于险极之地，是才德不足以济险，又偏偏赶上了存亡危急之秋。这样一来，它必然会深陷隐难之中，到最后也无法出险，这就是“系用徽纆，置于丛棘”之象。试看爻辞，把它用绳子绑上，置于牢狱之中，穷困险极，而且过了三年，仍不得免，可见它失陷得有多深，凶祸可想而知。

孔子解释上爻的小象说：上六所谓的“凶三岁”，是什么意思呢？主要是因为出险离不开阳刚之道，而上六却以阴居柔，无力济险，也偏离了处险之道，它无法出险，并且最终会有凶祸，也是正常现象。

按：初爻与上爻包围着中间的四个爻，是六爻之中失陷最深的爻。但圣人从不把这一切简单地归诸于天运和气数，一有机会就强调尽人事，听天命，所以在坎卦的初爻与上爻都系上了“失道凶也”的象辞，以儆效尤。好像险难从未陷人，都是人自己失陷而已。圣人引导世人自强自救的良苦用心，可谓深切。

䷝ 离 离下离上

【解义】

离，丽也，以其一阴附丽于二阳也。又明也，以其中虚则明也。离为火，以火体本虚，丽于物而始明也。《彖传》释卦辞，惟在正以出之，而顺以成之，故成炳照万物之功。六爻之中，惟九三盛极将衰，有不能知止之戒。六二则言臣道之能将顺也，上九则言君威之能丕振也。初爻持之以敬则无咎，四爻迫之以刚则终凶。所为敬胜者吉，而太刚者折也。至于五爻，能以忧危之心收大权而保天禄，此尧舜所以勤吁咈，而汤武所以勖铭诰欤！

按：文王序上经，始之以乾坤，而终之以坎离者，以坎得乾之中画，离得坤之中画。故坎离者，天地之心也。坎藏天之阳，着明为月；离丽地之阴，含明为日。坎水主北方而司寒，离火主南方而司暑。月则司夜，日则司昼。自太极既判，两仪化育以后，凡水火日月之用，寒暑昼夜之运，莫非二卦之所包蕴。帝王体之，以治天下，则裁成辅相之道以立；圣贤体之，以治一身，则动静通复之理以明。洵乎！易道之微，为能范围天地而不过矣！

【白话】

《说卦传》说，离，丽也，也就是附丽的意思，说具体点，就是离卦中间的阴爻附丽于上下的阳爻。离又为明，因为它中间空虚，是以空明，还开以引申为开明、明智、睿智、光明等。离又为火，因为火的本体是虚的，只有附丽于物，才能发出光明。《彖传》是对卦辞的解释，只有附之以正，并且至为巽顺，才能成就炳照万物之功。六爻之中，九三盛极将衰，所以爻辞戒之以“凶”，劝其知止。六二讲的是为人臣者的附顺之道，上九讲的是君王的振兴之道。初爻心怀敬慎所以能“无咎”，四爻刚强抗上因此会致祸，也就是“焚如，死如，弃如”。可见在离卦之中，敬慎则吉，太刚则毁。至于五爻，它能以忧惧之心反躬自治，从而收权保禄，吉莫大焉，恰如尧舜遇事一再征求群臣的意见，而汤武一再劝勉告诫臣民。

按：文王发明的《周易》上经，始于乾坤，终于坎离，是因为坎卦得了乾卦的中间一爻，离卦得了坤卦的中间一爻。所以坎卦与离卦，好比天地之心。坎卦中潜藏着乾天之阳，显明为月；离卦附丽着坤地之阴，含明为日。坎水代表北方，代表寒冷；离火代表南方，代表暑热。月亮主持夜晚，太阳主持白昼。自从阴阳判明、两仪化育之后，凡是水火日月的功用，寒暑昼夜的动化，都在坎卦与离卦的涵盖之内。帝王体悟坎卦与离卦的大象，可以治理天下，确立裁成辅相之道；圣贤体悟坎卦与离卦的大道，可以修身治心，明了动静通复之理。相信吧！易道广大而又精微，能涵盖整个天地，但不会有分毫之过！

离：利贞，亨。畜牝牛吉。

【解义】

此卦上下皆离，阴丽于阳，附丽之义，故名为离。卦辞言，附丽乎人之道，既贵于正，而又必出之以顺也。牛，顺物。牝牛，顺之至者也。

文王系离彖辞曰：凡人莫不有所附丽。未附丽之先，交不可妄投；既附丽之后，情不可乖隔。故遇合之始，必出之以至正而利于贞焉。则道德可以相赞，功业可以相资，何亨如之？然正者易于相忤，又必谦卑以自牧，柔逊以相先，而处其至顺，如畜牝牛然，庶几在己无违，在人无拂，而得吉矣。此可见，贞而能顺，则贞不失之激；顺而能贞，则顺不流于谄。此附丽之善道也。

按：离之为卦，一阴丽乎二阳。阳者君道，阴者臣道，故多主臣丽君而言。然臣可以上丽乎君，君亦可下丽乎臣。为君者黜邪佞，登忠良，慎之于始矣。而既得贤臣，则卑躬以隆其体，虚怀以尽其情，又极延揽之诚焉。此君之善乎丽臣也。为臣者进以礼，退以义，谨之于初矣。而既事圣主，则将顺以昭其美，委曲以殚其忱，又极纳牖之道焉。此臣之善乎丽君也。三代以下，人主巍巍于上，百僚唯唯于下，君侧多狎昵之人，盈廷工谀媚之习，知此者鲜矣。欲求合夫丽之义，必交尽其正且顺而可哉。

【白话】

此卦的上卦与下卦都是离卦，离卦的特点就是一个阴爻附丽于两个阳爻，丽通离，所以叫离卦。卦辞的意思是说，附丽于人，贵在遵循正道，而且必须巽顺。牛，温顺之物。牝牛，母牛，其特点是温顺之至。

文王所系的离卦卦辞的意思是说：只要是人，都需要有所附丽。未曾附丽之前，不可妄投妄隔；既已附丽之后，也不可妄离妄隔。所以遇合之始，必须附之以正，然后长久地保持下去。之后道德可以相赞，功业可以相资，还有比这更亨通的吗？然而，过于刚正的人容易忤上，所以必须以谦卑自牧，柔心而逊志，处至顺之道，就像温顺至极的母牛那样，差不多就可以既不违己心，也不拂人意，从而收获吉祥了。可见，贞而能顺，则贞正而不失激越；顺而能贞，则巽顺而不流于谄媚。这就是附丽于人的完善之道。

按：离卦之所以叫离卦，是因为离卦的中间是一个阴爻，上下都是阳爻，好比阴爻附丽于阳爻。阳爻代表君王，阴爻代表臣子，所以说到附丽，通常就是指以臣附君。然而，臣子可以上丽于君王，君王也可以下附于贤臣。为君者若能黜邪佞，进忠良，就是慎之于始。任命贤臣之后，如果能卑躬屈己，虚怀尽情，极尽延揽的孚诚，这就是完善的以君丽臣之道。身为人臣，服侍君王之初，也应该进有礼，退有义。既然得到了君王的信任，就应该随顺相助，殚精竭虑，极尽为人臣者的纳牖之道，这就是完善的以臣丽君之道。可惜三代以下，君王都是高高在上，而百官在下面唯唯诺诺，君王的身边充斥着狎昵之人，朝堂上推崇着谀媚之习，懂得附丽之道的人越来越少。而想效法离卦的内涵，使君臣合丽，必须君臣上下都遵循附丽的正道，并且彼此身心巽顺才行。

《彖》曰：离，丽也。日月丽乎天，百谷草木丽乎土，重明以丽乎正，乃化成天下。柔丽乎中正，故亨，是以畜牝牛吉也。

【解义】

此《彖传》，是释离彖辞，以明天地君臣，各得其所丽之道也。重明，主人君言，明而又明，明之不息也。正者，明得其正，不为苛察。柔丽乎中正，指六二言。

孔子释离彖辞曰：卦名离者，附丽之义也。推之人物，莫不各有所丽，故日月丽乎天，是物之成象者，有以丽而明也。百谷草木丽乎土，是物之成形者，有以丽而生也。大君者，位天地之中，而为天下之主，岂无所丽乎？将见人君，智周万物，而行所无事，推见至隐，而不尚苛察，是重明以丽乎正也。由是一明无不明，一正无不正，百度惟贞，庶绩咸熙，乃化成于天下矣。是君之出治，有以丽而成也。三才之各有所丽如此，此离之名所由取也。辞曰"利贞亨，畜牝牛吉"者，盖人君以重明之德，作之于上，人臣当以忠顺之德，附之于下。卦之六二，柔丽乎中正，则是人臣丽重明之君也。不骄不亢，有恭敬之美，而又裁之以中，行之以正，不流卑谄之私。惟中正也，则有贞之义矣，故亨。惟柔也，则有畜牝牛之义矣，故吉。盖惟君之重明，而后可以配天地；惟臣之柔正，而后能佐人君。此上下之相与有成也欤。

按：《程传》以重明丽正，柔丽中正，皆兼君臣言。窃谓：重明即大人之继明，岂有臣之明而敢与君之明亢者？且二五虽皆柔中，而五所居未正，二正而且中，则柔丽中正似专指黄离之臣为得也。盖人君一日万几，非重明不足以辨忠佞，非居正不足以式臣民，故专属之君。人臣仰事一人，非柔则失之专，而必至分君之明，非中正则失之谄，而不足以承君之明，故专属之臣。如是则明良会合，心志一而功业成矣。

【白话】

《彖传》是对离卦卦辞的解释，目的是阐明天地君臣，都应该附丽有道。重明，是就君王而言，也就是明而又明，光明不灭。正，指明得其正，也就是明察而不苛察。“柔丽乎中正”，指的是六二，它以柔居柔，居中持正，符合附丽之道。

孔子解释离卦的彖辞说：卦名叫作离卦，取的是附丽之义。推延开来，世人与万物，都有所附丽。比如日月附丽于天，成就了天象，并因为附丽于天而光明普照。而百谷与草木附丽于土地，则成就了自己的外形，并因为附丽于地而得以生存、生长。作为一国之君，位于天地之中，为天下之共主，怎么能无所附丽呢？根据离卦的宗旨，可知君王知识渊博且遇事不乱，能推测至事物的极微极细之处但不尚苛察，才符合附丽的正道，也就是彖辞所说的“重明以丽乎正”。如此便能一明而无所不明，一正而无所不正，把一颗纯正的心，应用于所有的事业，从而化成天下。正是因为君王的治道有所附丽，所以才有所成就。天地人三才都有所附丽，是离卦之所以得名的原因。卦辞所谓的“利贞亨，畜牝牛吉”，主要是指君王以重明之德高居上位，臣子当以忠顺之德附之于下。离卦的六二，就是《彖传》所说的“柔”而“丽乎中正”之爻，说到底，还是在说人臣上附重明之君，要不骄不亢，持中守正，既有恭敬之美，又不流于谄媚。只有即中且正，才契合为人臣的贞道，所以会亨通。也只有像六二一样以柔居柔，才符合卦辞所说的“畜牝牛”之义，才能收获吉祥。总的来说，作为君王，只有具备重明之德，才可以配享天地；而作为臣子，只有具备柔正之德，才能辅佐人君。也只有如此，明君贤臣才可以相与有成。

按：《周易程氏传》认为，所谓“重明以丽乎正”与“柔丽乎中正”，都是同时就君臣彼此而言。窃以为，重明是专就大人而言，世上哪有以臣子之明与君王之明相抗的道理？而且二爻与五爻虽然都有柔中之德，但五爻是以阴居阳，并不当位，二爻则是以柔居柔，既中且正，“柔丽乎中正”似乎就是专指它这样的“黄离之臣”而言。总的说来，人君日理万机，必须具备重明之德，才足以辨忠识佞，必须端居正位，才足以为天下式，所以“重明以丽乎正”这句话是专就君王而言。而人臣仰事一人，失了柔道也就失了专诚，从而分散君王的精力，而失了中正之道就会陷于谄媚，便不足以上承君王的圣明，所以“柔丽乎中正”这句话是专就臣子而言。只有君臣上下各正其位，才会明良会合，功成业就。

《象》曰：明两作，离。大人以继明照于四方。

【解义】

此《象传》，是言大人自纯其明德之功，而光被乎世也。作，起也。继明，以明相续也。

孔子释离象曰：上下皆离，明而重两，相继而起，重离之象也。大人法离明相继之义，以缉熙厥德，则本体有纯一之休，以覃敷厥世，则四方无暗汶之气。在大人，止自继其明耳。而文明之化，所以照于四方者，已具足于大人明量中矣。离明之学，非大人孰能与于斯！

按：易卦《大象》或称“君子”，或称“先王”，或称“后”，惟离称“大人”，盖明明德者，大人之学也。继明即明明德之义，此千古圣学相传之大原也。然离之所以继明者，由乾再索于坤，而得其中画六二，敬以直内，义以方外，则体用无不明矣；六五黄中通理，正位居体，则表里无不明矣。明兼体用，彻表里，则己之德明，而即可明明德于天下。光辉所发，无远不届，其照四方也宜哉。

【白话】

《象传》的意思是说，大人要不断地精进自己的德行，从而光被世界，泽及天下。作，起。继明，使光明相续。

孔子解释离卦的大象说：此卦的上卦与下卦都是离卦，离为光明，上下皆离就是重明，也就是“明两作”，即重离之象。大人效法离卦光明相继的精神，不断增益自己的德行，使之更加纯正，使光明广布，让天下没有昏昧之风。对大人而言，这不过是按部就班的修身养性而已。但相应的教化力量在广照四方之前，就已经存在于大人的明德之中了。离卦的精神与学问，也只有大人才能体悟与践行！

按：易卦的《大象》要么说“君子”，要么说“先王”，要么说“后”，只有离卦的大象称“大人”，主要是因为与离卦相关的“明明德”的学问，是大人之学，也就是《大学》所倡导的学问。《象传》所谓的“继明”，就是《大学》所谓的“明明德”的意思，也是圣人之学的根本源泉。然而离卦之所以能够“继明”，从卦变上看是乾卦再索于坤卦，从而得到了坤卦的中爻六二，好比内心谦虚谨慎，而行为端方正直，本体与功用都彰显着美德；上卦的中爻六五自然也是由乾卦再索于坤卦而来，好比内心中和，通达事理，外在端正得体，表里皆明。本体与功用都彰显着美德，并且贯彻表里，就不难以自身的德行与修养感召世人，明明德于天下。德行的光辉无远弗届，能遍照四方也是应该的。

初九：履错然，敬之无咎。

《象》曰：履错之敬，以辟咎也。

【解义】

此一爻是言，人之不可易于处事，而当敬以持之也。履，在下之象。错然，纷错之貌。

周公系离初爻曰：初以刚在下而处离体，刚德好动则果于任事，离性炎上则喜于丽人，是其急于所履而不顾事机之纷错者也。故有履错然之象。夫初在下而迹已动，动则失在下之宜而有咎也。然其刚明之才，若知其义而敬慎之，则心有主而动不妄，履错之咎何自而至矣？

孔子释初象曰：履错然，欲动而必以敬者，盖以初居离始，所履之善恶邪正，纷错交进，莫知适从，敬则可以慎其所履而避咎耳。苟其敬之，虽履错然，庸何咎乎？盖天下是非得失，本属一定之理。然有平时见之甚明而临事忽迷谬者，此非不明之咎，盖明而不敬之咎也。圣人于未明者教之以明，于已明者教之以敬。假使致知明善以后，不加以谨几慎独之功，则高明者之失足，与卑暗者之妄行，何异乎？敬之一言，通于六位，而特举初以概之，所谓必敬其初而后能敬其终也。

【白话】

这个爻的意思是说，处理事情不能轻率，应该谨慎对待。履，指初爻位于全卦的最下面，有履之象。错然，纷繁杂乱的样子。

周公所系的离卦初爻爻辞的意思是说：初爻是刚爻，位于全卦的最下面，而且位于下卦离卦之中，刚爻好动，并且勇于任事，离为火，火性炎上，喜欢附丽他人，综合起来看，初爻就好比急于用事而不顾事几纷繁杂乱的人，这就是“履错然”之象。初爻在下面但急于用事，这就是不安于下，动则有咎。但它毕竟是刚爻，并且当位，还处在下卦离卦之中，离为明，也就是具备刚明之才，如果能敬慎戒惧，心无妄念，动无妄行，“履错”之“咎”又怎么可能找上门呢？

孔子解释初爻的小象说：爻辞所谓的“履错然，敬之”，是指初爻位于下卦离卦的最下面，所履之地纷繁复杂，善恶邪正难以明辨，难以适从，但是心怀敬慎之意，就可以慎重其事，避免咎害。若果真敬慎戒惧，就算形势复杂，又有什么咎害呢？总的来说，天下的是非与得失，都有一定之理。但有人平时见识很高临事却忽然迷糊起来，这不是因为见识不明而取咎，而是因为敬慎之心不足所致。所以圣人面对见识不高的人，会提高他们的见识，对于见识已经很高的人，则教导他们敬慎戒惧。假使致知明善之后，不加强自己的慎独功夫，等于将来失足，就算心智高明，与那些妄思妄行的卑暗者，又有什么区别呢？而且敬慎之心应该贯彻始终，落实到每一个爻上，但圣人只在初爻予以强调，是因为只有敬慎其初，才可以慎终如始。

六二：黄离，元吉。

《象》曰：黄离元吉，得中道也。

【解义】

此一爻是言，人臣能以中正之道，而上丽乎其君也。黄，中色，文之美也。黄离，美之盛也。

周公系离二爻曰：二以文明中正之德，而上丽于文明中顺之君，是人臣之丽君也。将顺而济以匡救，浑厚而出以精明，所称臣道之最中者矣，故为黄离之象。当是时，祗见其居中而运，绝无功烈之可见，而继明之主德自昭，化成之美俗自洽。君都臣俞而四海从欲向风，大善而吉之道也。

孔子释二象曰：所谓黄离元吉者，盖黄中色也，二居中而丽五，是其所以事君者皆得中道而无过不及之差者也。惟其为道也，能合乎中道，故其为离也，有取于黄离而元吉之效，诚非幸致矣。

按：六二之离，则其明也。黄，则其文也。文明由中道而发，则其明非一偏之见，其文皆至德之光。所谓美在其中，而畅四肢，发事业者也。重明之主，将以明照四方，化成天下。必有文明中正之臣，为之宣布于下，非如六二者，畴克胜其任乎？

【白话】

这个爻的意思是说，二爻能以中正之道，上丽其君。黄，中色，恰到好处的意思。黄离，在中色的基础上极尽文饰之美，形容美到了极致。

周公所系的离卦二爻爻辞的意思是说：二爻处在下卦离卦的中位，以柔居柔，具备文明中正之德，又上附文明中顺之君，是以臣丽君。而且它是顺势而为，浑厚而又精明，符合为人臣者的中道，这就是“黄离”之象。它依据中道行事，不思功绩与勋名，但因为处在光明相继的离卦之中，自然而然地就能昭示它的德行，教化民众，移风易俗，并在过程中不断自我完善。如此一来，在上的君王会更加信任它，在下的民众也会发自内心地认同它，从而四海归服，大善而吉。

孔子解释二爻的小象说：所谓“黄离，元吉”，主要是说黄色乃是中色，对应到六二这个爻上来说，就是说它居于下卦中，又上丽六五，好比以臣事君皆得中道，无过也无不及，恰到好处。正是由于它合乎中道，又处在下卦离卦之中，所以叫作“黄离”，它能够大吉大利，也就是“元吉”，也不是侥幸得来。

按：六二位于下卦离卦之中，离为明，所以六二得其明。“黄”，则是指六二居于下卦的最中间，好比中色的黄色，引申为文饰与文明。文明符合中道，就能够明察而不陷于苛察，时时处处闪现出于德之光。这正是《坤卦·文言》所谓的“美在其中，而畅于四支，发于事业”。作为“重明之主”的六五，以明德普照四方，化成天下，必须依赖文明中正的大臣，作为中杅，施布天下，如果没有六二这样的才德，谁能够胜任呢？

九三：日昃之离，不鼓缶而歌，则大耋之嗟，凶。

《象》曰：日昃之离，何可久也。

【解义】

此一爻是言，人当安常以贞遇，而戒徒忧者之无益也。缶，常用之器。

周公系离三爻曰：以理言之，盛必有衰；以数言之，生必有死。此人之大常也。三居下体之终，是前明将尽，盛极将衰之候，故为日昃之离。当此时也，智力既无足恃，时会亦难强争。倘不安气数之常以自适，而戚戚于危亡之忧，以为旦夕莫保之计，如不鼓缶而歌，则徒大耋之嗟然，竟何益哉？祇速之毙耳，凶之道也。

孔子释三象曰：离未至昃，犹或可久；既昃矣，则盛极将衰，何可久也？明者知其然，安常处顺，又岂足以为凶乎？

按：《传》曰：“有德则乐，乐则能久。”孔子发愤忘食，乐以忘忧，不知老之将至。卫武公年九十五，犹使人日箴戒于侧，作诗自励，云：“借曰未知，亦聿既耄。”圣贤以及时闻道为乐，以永不闻道为忧，岂有教人以时数将尽，以乐消日之理乎？此爻之旨，亦言人之道德功业，返诸己者无憾，然后可居易以听其自然，所谓修身以俟之耳。非一无所用心，而徒委诸气数之谓也。

【白话】

这个爻的意思是说，人应该安常处顺，守正持贞，而不是一味地忧虑。缶，常用之器。

周公所系的离卦三爻爻辞的意思是说：从理上看，有盛就有衰；从数上看，有生必有死。这是人世间的常道。三爻位于下卦离卦的终极之处，正是前明将尽、盛极将衰之际，所以爻辞说“日昃之离”，也就是太阳斜挂在天上，即将沉没之象。当此时，人力不足恃，天时难与争。倘若不能安常处顺，戚戚于危亡之忧，认为朝不保夕，“不鼓缶而歌”，必有“大耋之嗟”，但这又有什么意义呢？只能是加速败亡，自取凶祸。

孔子解释三爻的小象说：日头不偏西，或许还可以持久；既已偏西，那便是盛极将衰，怎么可能长久呢？明白了其中的道理，并在此基础上安常处顺，又怎么会导致凶祸呢？

按：《左传》说：“有德则乐，乐则能久。”意思是有德行的人能与人同乐，与人同乐才能长久在位。孔子也曾说过：“我未曾领悟大道前会发愤忘食，领悟大道之后便非常的快乐，连自己快要老了这件事也无所谓了。”卫武公九十五时，还要求卫国人不要停止对他的规谏，并且作诗自励，诗云：“借曰未知，亦聿既耄。”用以讽刺周厉王，同时也用于自我警惕。总的来说，圣贤以领悟大道为乐，以不能闻道为忧，岂有教人破罐子破摔、及时行乐的道理？这个爻的宗旨，也是教人在尽力建功立业、修身养性的基础上，听任自然。而不是毫不用心，完全推诸于气数。

九四：突如其来如，焚如，死如，弃如。

《象》曰：突如其来如，无所容也。

【解义】

此一爻是言，四以刚侵上，而不容于世也。突如其来，言猝至也。无所容，言焚死弃也。

周公系离四爻曰：九四当后明将继，正天命重回之会，人心始向之秋，宜以顺而动徐以定之可耳。而乃以刚迫之，狭陋前人之规，尽行一己之志，更张太骤，突如其来如者也。则激而生变，而厉阶之作，灾必逮夫身矣。是固以刚自败者，其诸以火自焚者乎。焚则死，死则弃矣。

孔子释四象曰：突如其来如者，四之过，刚太锐，犯顺已极，宜其不戢而自焚。受祸既酷，而公论不予，天下之所不容也。

按：刚所以持正也。刚而犯上，不正莫大焉。居大臣之位，而不避僭逼之嫌，其能逭不敬之诛乎？汉景帝谓周亚夫意怏怏非少主臣，史称霍光之祸萌于骖乘。此二臣者，才德出众，功冠一时。然皆不免突如之戒，以至殒身灭宗。故知牝牛之义，为人臣者尤当三复也。

【白话】

这个爻的意思是说，四爻刚而犯上，不容于世。突如其来，仓促、匆忙的意思。无所容，无处容身的意思，是就爻辞所谓的“焚如，死如，弃如”而言。

周公所系的离卦四爻爻辞的意思是说：九四位于上下卦的结合部，处在前明将灭、后明将继之时，正当天命重回、人心始向之秋，应当顺而动之，徐以定之。然而它是个刚爻，又处在柔位，并不当位，所以会刚而犯上，无视前人之规，尽行一己之志，过于激进，这就是“突如其来如”之象。激进就容易生出变故，导致灾祸临身，身败名裂，犹如引火自焚，焚则死，死则弃，也就是“焚如，死如，弃如”。

孔子解释四爻的小象说：所谓“突如其来如”，是说九四的过错，在于它过刚不中，犯上已极，引火自焚也是应该的。它所遭受的灾祸是很残酷的，但舆论上没有人支持它，因为它已经为天下人所不容。

按：作为刚爻，更应该持贞守正。而九四刚而犯上，真是不正到了极点。居于大臣之位，却不避僭越之嫌，怎么能避免不敬之诛呢？汉景帝在诛杀周亚夫前曾经说过：“像他这样的人，是不会好好辅佐少主的！”而据《汉书》记载，霍光的灭族之祸源自他陪同汉宣帝乘车时，宣帝好似“芒刺在背”，后来由张安世替代霍光，宣帝才松了一口气。周亚夫与霍光都是名臣，才德都很出众，功勋冠于一时。然而都因为不能以“突如其来如”为戒，以至于殒身灭族。由此可知，对于“畜牝牛吉”这句爻辞，为人臣者应该反复不断地复习。

六五：出涕沱若，戚嗟若，吉。

《象》曰：六五之吉，离王公也。

【解义】

此一爻是言，五明于保位之义，而出之以忧惧之心也。离即丽也。

周公系离五爻曰：五以柔居尊而丽乎中，有文明之德，可谓继明之善者矣。然处不得其正，而迫于上下之两阳，是主权将至下移，而国柄虑其倒持者也。幸明德在中，故能反躬自治，而忧深虑远。既出涕沱若而忧形于色，又戚嗟若而忧闻于声，谨畏如是，庶君德克昭，奸萌潜杜，收主权而固天位，吉莫逾焉。

孔子释五象曰：六五以君而下迫于臣位，亦殆矣。而言吉者，以其存忧畏之心，则所行自无乖戾之失。有以丽于王公之位，而永保天禄也。

按：多难可以兴邦，殷忧所以启圣。古之明主，惕心危虑，兢兢若不自保，而卒能抑奸暴之志，收天下之权，皆自此一念致之也。不然，六五为离明之主，何由至于出涕戚嗟乎？继明而戚，与方蹶而泄，其得失正可参观矣。

【白话】

这个爻的意思是说，五爻明白如何保有君位的道理，是因为它有一颗忧惧之心。离王公，附丽于王公。

周公所系的离卦五爻爻辞的意思是说：五爻以柔居尊，又位于上卦的中间，有文明之德，正是象辞所说的善于“继明照于四方”的大人。然而它并不当位，而是以柔爻居于刚位，上下又全都是阳爻，好比君权下移，国柄倒持。幸好它有柔中之德，所以能反躬自省，深刻忧虑，凡事都作长远打算。既能“出涕沱若”，又能“戚嗟若”，既能忧形于色，又能忧闻于声，如此谨慎，如此戒惧，差不多就可以昭示自己的美德与政令，杜绝奸邪的苗头与征兆，掌握大权，巩固君位，收获莫大的吉祥。

孔子解释五爻的小象说：六五作为君爻，却受到大臣的迫压，自然是很危险的。但爻辞却说它“吉”，是因为它心存忧惧，一举一动都不敢有违于君道，自然不会有什么过失，从而彰显自己的德位，永保天赐的福禄。

按：古人云：“多难可以兴邦，殷忧所以启圣。”古代的圣王明主，时时处处都保持着忧惧之心，兢兢业业，小心谨慎，一副仿佛无法自保的样子，却能在短时间内抑奸止暴，培基固权，说到底，都是因为平时保持着忧惧之心，并做好了相应的防范。不然，像六五这样的离明之主，至于“出涕沱若”与“戚嗟若”吗？是像六五这样“继明而戚”，还是像《诗经·大雅·生民之什·板》中所说的那样“方蹶而泄”，显而易见。

上九：王用出征，有嘉折首，获匪其丑，无咎。

《象》曰：王用出征，以正邦也。

【解义】

此一爻是言，刚与明交济，故能行师而奠邦也。折首，诛其首恶也。丑，类也。

周公系离上爻曰：上九以阳居上，在离之极，刚明之至者也。惟刚明则可以及远，故王者用此道以出征，则能戡乱止暴，以享有嘉美之功。然刚极则无所纵舍，明极则无所掩匿，苟不约之以中，则刚而失于过严，明而病于过察矣。故其出征也，但折取其首恶之人，而威自震，获匪其从乱之类，而刑不滥。既不至养奸以怙乱，又不至纵暴而寡恩。大憝斯拔，群心倾服，而共臻化成之治，又何咎焉。

孔子释上象曰：王用出征，匪以黩武也，诚念邦之不正，由寇贼乱之耳。一出征而除暴止刑，乃所以绥正其邦国也。

按：继体之君，尤重征伐之事。有扈之师，启所以承禹也。商奄淮徐之征，成王所以继武也。周公作《立政》，终之曰："其克诘戎兵，以陟禹之迹。"召公告康王亦曰："张皇六师，无坏我高祖寡命。"盖不如是，不足以奋扬威武，而救陵迟之渐。此正邦之王，必以出征为急也。后世上下苟安，口不言兵，甚至武备废弛，外宁而遂忘内忧者，亦独何哉？

【白话】

这个爻的意思是说，上六刚明交济，所以能行师戡乱，安邦建功。折首，诛杀首恶。丑，同类。

周公所系的离卦上爻爻辞的意思是说：上九是个阳爻，处在上爻的位置，又处在离卦的极致之处，不仅刚明并济，而且刚明至极。也只有刚明至极，才可以行师及远，所以爻辞说"王用出征，有嘉折首，获匪其丑，无咎"，简单说来就是有功无过。然而过刚而极，便无法把握纵舍之道，明察至极，人人都无法掩匿，若不以中道约束它，就会因为过刚而之失于严苛，就会因为过明而失之于苛求。所以君王出征，只要诛杀首恶，就能声威大震，威慑盲从者，而不至于滥杀。既不至于养奸而怙乱，又不至于纵暴而寡恩。能够拔除大恶，使众心倾服，并在此基础上成就教化之功，又有什么咎害呢？

孔子解释上爻的小象说：爻辞所谓的“王用出征”，不是基于穷兵黩武，而是因为邦国不正，有乱臣贼子犯上作乱。出征不仅能除暴止乱，而且能安抚民众，也就是定国安邦。

按：继位的君王，特别重视征伐之事。有扈氏出兵叛乱，让夏启巩固了承继自大禹的帝业。周公东征，平定了“三监之乱”，消灭了参与其事的五十余个邦国，成王才得以继承武王的事业。周公还作了《尚书》中的《立政》一文，在结尾的部分强调：“其克诘戎兵，以陟禹之迹。”翻译成白话文就是“整治军兵，是为了追随大禹的足迹，使周王朝的军事力量遍及天下，直到海边”。召公也在《尚书·康王之诰》中对周康王说：“要张大我们的军威，不要败坏了文王与武王受命于天的功业。”否则，便不足以振奋军威，就会逐渐走向衰亡。所以，有心安邦抚民的君王，继位之后都以出征行师为当务之急。而后世君臣，上下苟安，口不言兵，以至于武备废弛，由于外部环境比较安定就忘记了忧患戒惧，又是因为什么呢？

卷八

下　经

䷞ 咸 艮下兑上

【解义】

咸取义于感，感之深者莫如夫妇。故上经首乾坤者，天地感而后有万物；下经首咸恒者，夫妇感而后有人伦也。咸卦二少相交，夫妇之始；恒卦二长相承，夫妇之终。所谓家齐而后国治天下平也。咸以感为主，而其道则仍取乎以正相悦。《彖传》极言感通之理，推而至于天地圣人，无不条贯。而所以得亨者，则全在虚中无我，一本于人心，天理之所固然。盖以我感人，而不存一感之念；以人应我，而不见一应之迹。斯感之正也。六爻皆取象于人身，如初之咸拇，二之咸腓，三之咸股，六之咸辅颊，皆躁于感者，戒人之逐物而驰也。五之咸脢，则又无意于感者，戒人之绝物而处也。若四当心之位，为感之主，似乎可以感矣。然必守正则得其理，徇私则失其道，益可见感之不可有意以求矣。盖天下之理，本有自然之感应，惟至诚乃可以服物，《系辞》所云“寂然不动，感而遂通天下之故”也。苟我无感人之诚，而即求人之应我，必致有违道干誉，谀闻动众之弊。是以为治之要，在于以实心行实政，而不徒尚仁言仁闻之名。为学之要，在于以实学励实行，而不可蹈虚誉过情之失也。

【白话】

“咸”的意思是“感”，也就是感应，以夫妇之间的感应为最。《周易》上经之所以从乾坤两卦开始，是因为乾天坤地，天地交感才化生了万物；下经以咸恒两卦开始，是因为咸卦与恒卦讲的是夫妇之道，夫妇交感，才序生了人伦。咸卦讲的少男少女之间的交感，这是夫妇之始；恒卦讲的是长男长女之间的感通，只有这样，夫妇才能偕老。这也正是《大学》强调的“修身、齐家、治国、平天下”的思路。咸卦的宗旨就是一个“感”字，而感通之道，贵在以正相悦。《彖传》详尽地阐释了夫妇感通之道，并推衍至阴阳、天地与圣人，均可一以贯之。而咸卦之所以亨通，主要是因为咸卦讲的是“无心之感”，也就是自然而然，天理使然。具体来说，与人交感，不能够心存交感的念头，也就是不能为交感而交感；别人顺应我，也不应该有刻意的痕迹。这才是感通的正道。六爻都取象于人体，比如“咸其拇”的初爻，“咸其腓”的二爻，“咸其股”的三爻，“咸其辅颊舌”的上爻，上述四爻还有一个共同点，那就是失之轻躁，圣人创制它们的目的，是用于警戒那些沉迷于物欲的人。五爻说“咸其脢”，脢是后背上的肉，与心相背，无法感通，引申为无意感通，意思是让人远离物欲与小人。四爻处在心的位置，是感应的主体，似乎可以交感。但必须持贞守正，稍稍徇私，就偏离了感通之道，可见感通贵在自然，不能刻意追求。总的来说，天下的理是相通的，万物本来就有自然而然的感应，足够诚恳的话，就足以使人诚服，《系辞》所谓的“寂然不动，感而遂通天下之故”，说的就是这个道理。如果一个人没有基本的诚意，却一再要求别人顺应自己，必然会因为违背正道却强求功誉，小有名声却想感化众人，导致相应的弊端。所以治理百姓，在于以实心行实政，而不是徒有相应的言论与声望。修身治学，则在于以实学励实行，而不能重蹈虚誉过情、名不符实的覆辙。

咸：亨，利贞，取女吉。

【解义】

此卦艮下兑上，卦体兑柔在上，艮刚在下，交相感应。卦德艮止则感之专，兑说则应之至。卦象艮以少男下兑少女，皆有交感之义，故名为咸。卦辞言相感者，不外一正，则感无不通也。

文王系咸彖辞曰：君子通天下之志，必有所感，则精神往来，彼此交通，毫无间隔，故感则必亨。然所谓感者，又必自然而然，一出夫天命人心之正，勿杂乎私爱，勿役乎情欲，而利于贞焉。如取女者，备六礼，先媒妁，无一端之非正，则非感以情，而实感以理，故吉也。夫上经首乾坤，下经首咸恒，盖以男女之交，配天地之大义，为人伦之首，万化之原也。凡人处世，自一室至于天下，何所不感？何所不应？要其情之正不正，必自其最切近者观之。男女之际，得正则人心之所同悦，不正则人心之所同耻。此生民秉彝之性，即天地万物之情也。尧之试舜，不先于五典百揆，宾门大麓，而必观厥刑于二女，以为家难而天下易。观其难者处之得吉，则其易者可知也。孟子曰：“身不行道，不行于妻子。”孔子曰：“人而不为《周南》《召南》，其犹正墙面而立也与。”知此可以得取女吉之旨矣。

【白话】

此卦的下卦是艮卦，上卦是兑卦，艮为刚，刚性向上，兑为柔，柔性向下，刚柔相济，交相感应。就卦德而言，下卦为艮为止，所以能以诚相交，上卦为兑为悦，所以能愉悦地顺应下卦。从卦象上看，下卦为艮为少男，上卦为兑为少女，也有男女交感之意，所以叫作咸卦。卦辞的意思是说，感通之道，不外乎一个“正”字，能遵循正确的感通之道，就能感无不通。

文王所系的咸卦卦辞的意思是说：君子能沟通天下人的意志，必须能与天下人相感格，而且彼此之间的感格还要毫无间隔才能做到，所以不感则已，感则必亨。然而所谓的感格，必须出于自然，而且必须符合天命，顺应人心，不可夹杂私爱，也不能受情欲的驱使，所以卦辞说“利贞”。好比娶妻，必须先备下六礼，请托媒人，整个过程没有任何不端正的地方，并不是以情相感，而是感之以理，所以婚后会很吉祥。《周易》的上经始于乾卦与坤卦，下经以咸卦和恒卦为首，主要就是以男女之交，配天地大义，为人伦之首，定万化之原。人在人世间，无论是扫一室，还是扫天下，哪里不需要感格，哪里不需要顺应？一个人是否身心皆正，必须观察他最切近的东西。而婚姻大事，办得完善就皆大欢喜，办得不好两个家族都会引以为耻。这是民众长期秉持常规行事使然，也是天地万物的性情。尧帝考验舜帝的时候，不先作典章、政令等方面的考验，而是先把自己的两个女儿嫁给舜帝，这是因为家事难于国事。如果能把家事处理好并且收获吉祥，再去处理国事就很容易了。孟子说：“本人不依道而行，道在妻子儿女身上都行不通。”孔子说：“如果不懂得《周南》《召南》这两首诗，就好像正面贴墙而立，什么也看不到。”因为这两首诗讲的都是修身齐家之事，由此可知爻辞所谓的“取女吉”之意。

《彖》曰：咸，感也。柔上而刚下，二气感应以相与，止而说，男下女，是以亨利贞，取女吉也。天地感而万物化生，圣人感人心而天下和平。观其所感，而天地万物之情可见矣。

【解义】

此《彖传》，是释咸彖辞而极言之，以见造化人事皆不外于相感以正也。柔，指兑。刚，指艮。天地感，谓气相通。化，气化也。生，形生也。

孔子释咸彖辞曰：卦名咸者，盖天地之间无独，必有对。有对斯有感，有感斯有应。咸也者，取其交相感之义也。卦辞曰“亨利贞，取女吉”者，卦体兑柔在上，艮刚在下，是刚之气下感乎柔，而柔以气而应乎刚。二气感应以相与，此非造化感通之得其正乎？卦德艮止兑说，是我之感者专一而不他，彼之应者乐从而无强。此非人己感通之得其正乎？卦象艮以少男下于兑之少女，是男先于女。既不越分，而以少配少，又不过时，此非男女感通之得其正乎？三者皆感无不通，亦无不正，所以亨而利贞，如取女则吉也。试以感之理极言之，虽天地圣人，亦有然者。夫天地者，群物之祖也。天地以气感万物，阳嘘阴吸，默运其鼓舞之机，而物之同受是气者，或以气化，或以形生，举囿于乾始坤成之中矣！圣人者万民之寄也，圣人以心感万民，神道设教，触发其固有之良，而民之同有是心者，无有乖戾，无有反侧，荡荡乎有和平之气象矣。夫天地感，感以正也，而万物化生，非感而通乎？圣人感人心者，亦感以正也，而天下和平，非感而通乎？不特此也，观此感通于造化，则一施一受，可以见天地之情。观此感通于万物，则相应相求，可以见万物之情。宇宙间无一非阴阳之迹，无一非感通之理，真情所达，殆昭昭然为天下之所共见矣。然则感之道不其大哉？此见天地之感，溥万物而无心。圣人之感，顺万物而无为。万物化生和平即在天地，人心和平化生即在圣人。人主诚能存理遏欲，养其太虚无我之衷，则喜怒哀乐，自然发皆中节；礼乐刑政，自然施无不当。位天地，育万物，一心感之而有余矣。

【白话】

《彖传》解释了咸卦卦辞并进行了极致的推衍，目的是阐明造化与人事都源于阴阳二气以正相感。柔，指兑卦。刚，指艮卦。天地感，指阴阳二气感通。化，气化。生，形生。

孔子解释咸卦的彖辞说：卦名叫作咸卦，主要是说天地之间没有独立存在的事物，必然有对应的事物。有对应的事物可以相互交感，有交感才可以感应。“咸”的意思，就是交相感应之义。卦辞所谓的“亨，利贞，取女吉”，从卦体上看，是说咸卦的上卦是兑卦，为柔卦，性情是向下的，下卦是艮卦，为刚卦，刚卦的性情则是向上的，这样一来，在下的艮卦能感应上卦的柔，在上的兑卦也能感应下卦的刚。阴阳二气彼此感应，彼此交通，这不正是造化感通的正道吗？从卦德上看，下卦为艮为止，上卦为兑为悦，是下卦足够专诚，而上卦乐意顺从。这不正是人与人之间感通的正道吗？从卦象上看，下卦为艮为少男，上卦为兑为少女，少男位于少女之下，是少男主动，既不逾矩越分，又是以少配少，符合时宜，这不正是男女之间感通的正道吗？卦体、卦德、卦象都感无不通，感无不正，所以爻辞说“亨”而“利贞”，像遵循六礼娶妻那样就会吉祥。把相应的感通之理推衍开来，就算是天地与圣人，概莫能外。因为天地是万物之祖，并且以气机感通万物，阳嘘阴吸，默运鼓舞之机，而万物以气机相感，或以气化，或以形生，都不外乎“乾始坤成”四个字！圣人则是万民之所寄，并且以仁心感通万民，利用天道与神明教化百姓，触发他们的天良，而民众也以仁心相感，无有乖戾，无有反侧，所到之处都是一派和平的气象。总的来说，天地以正相感，万物才能化生，没有事先感通的话，怎么会如此亨通？圣人感化人心，也是因为以正相感，从而天下太平，没有事先感通的话，怎么会如此亨通？不仅如此，观察造化中的感通之道，其一施一受，可以见天地之情。观察万物的感通之道，其相应相求，可见万物之情。宇宙虽大，但无一处不合阴阳之迹，无一事不符感通之理，真情所致，几乎为天下人所共见。这样说来，感通之道的适用性不是很大吗？由此可知，天地交感，广及万物而无心。圣人之感，顺应万物而无为。换句话说，万物能否化生取决于天地，人心是否和平取决于圣人。君王如果能存天理，灭人欲，虚静无为，就能控制情绪，无所偏倚，礼乐刑政，自然施无不当。君王能否稳居天地之间的尊位，履行化育万物的职能，就取决于他能否领悟并践行感通之道。如果可以，治国育民便绰绰有余。

《象》曰：山上有泽，咸。君子以虚受人。

【解义】

此《象传》，是言君子之善受，能无我以通天下之感也。

孔子释咸象曰：山上有泽，山之虚受泽之润，有咸之象焉。人心不虚，乌乎受哉？故君子湛其心于澹定之初，廓其性于大公之天，随其所感，惟本吾心之虚以受之，亦如山之以虚而受泽也。其感通之妙，岂有二乎？夫《彖》言感而《象》言受，此见感应之理惟在我心之能虚。然所谓虚者，循乎天理而中绝意、必、固、我之私，如无适无莫而义之与比，不必信果而惟义所在。《象》之虚，即《彖》之贞也。若舍贞而言虚，则是不以理为权衡，而此心漫无所主，必至薰莸杂陈，是非莫辨，未获受善之益，而先受不善之害矣。夫岂所以总一庶类，裁制万事之道乎？

【白话】

《象传》的意思是说，君子善于感受别人的心意，所以能虚中无我，感通天下。

孔子解释咸卦的大象说：山上有大泽，说明山体虚空，但正因为其虚，所以能受大泽的滋润，这就是咸卦的大象。人如果不虚心的话，怎么能接受别人的教益呢？所以君子不断深湛自己的内心，效仿天道的大公无私，有任何感应都能够虚心接受，恰如高山能以本体之虚空接受大洋的浸润。二者的感通之道，有什么不同吗？总的说来，《彖传》讲的是一个“感”字，而《象传》是就“受”字而言，可见感通之理的关键，在于能“虚”。而所谓的“虚”，必须遵循天理，并且契合孔子的“四绝之道”，凡事只需考虑怎么做恰当即可，不必太在乎结果，只要合乎道义即可。《象传》所谓的“虚”，就是《彖传》所谓的“贞”。如果舍弃了“贞”，只讲“虚”的话，就是舍弃了理，其心纵然虚空，但也会因此漫无所主，以至于好坏杂陈，是非莫辨，未能受益，先受其害。这哪里是贯通万物、裁制万事的善道呢？

初六：咸其拇。

《象》曰：咸其拇，志在外也。

【解义】

此一爻是言，事未来而有心思感，以著其将迎之私也。拇，足大指。咸其拇，谓感于最下之象。

周公系咸初爻曰：初六处咸之初，感于最下。事物未接，而意见先萌，盖不能以虚受人，而有意于感者也，为咸其拇之象。虽所感尚浅，未着于形迹，然躁动之念，所不免矣。

孔子释初象曰：初六所谓“咸其拇”者何哉？盖志者感之主也，感者心之累也。初之志主于感，是心驰于外而不专主于内，所以谓之咸拇也。盖君子之心，廓然大公，物来顺应。苟事未至而预动，一将迎之念，则在我先为物役，安能临事而不失其主宰，免于悔吝之乘乎？初之咸拇，感虽未深，而志在外卦之九四。

见利者必忘义，徇人者必失己。圣人虽不著其占，而咎固在言外矣。

【白话】

这个爻的意思是说，事情还没有发生，已经动了感应的心思，其私心显而易见。拇，足大趾。咸其拇，感于最下之象，也就是境界太低，远远地偏离了感通之道。

周公所系的咸卦初爻爻辞的意思是说：初六位于咸卦的最下面，好比感通的境界很低。还没与人接触，就已经有了看法，这就不符合《象传》强调的“以虚受人”之道，是有心之感，为“咸其拇”之象。虽然感应尚浅，不著形迹，但已经心生躁动，妄行也就难免了。

孔子解释初爻的小象说：爻辞所谓的“咸其拇”，是什么意思呢？总的来说，意向是感通的先导，刻意感通则是心灵的负累。初六作为柔爻，却过于主动地与九四感通，心已经飞到了外卦，内心已经没了主宰，所以爻辞说“咸其拇”，也就是蠢蠢欲动。总的来说，君子的内心应该像虚空一样，容纳万物，并顺应万物。如果事情还未发生，就动了迎合的念头，自己已经被外物所役了，处事时又怎么可能保持定见，又怎么能免于悔吝呢？初爻虽然仅仅是“咸其拇”，感应未深，但它的心已经扑到了外卦的九四身上。眼里都是利益的人，必然会忘记道义，曲从他人的人，必然会丢失自己。圣人虽然不明言初六是否是凶，但通过言外之意，不难察知它的咎害。

六二：咸其腓，凶，居吉。

《象》曰：虽凶居吉，顺不害也。

【解义】

此一爻是言，二遇感而妄动，勉之以主静则吉也。腓，足肚也，欲行则先自动，躁妄而不能固守者也。

周公系咸二爻曰：六二阴性躁动，是方感之时，不能物来顺应，而心即驰于物，如咸其腓之象。如是则虚明之体既汩，而处事将不胜其错乱矣，何凶如之？然幸有中正之德，本体未泯。若能反躁而居以静，则时行而行，时止而止，心无私系，而天下之事物，不亦应之而有余乎！

孔子释二象曰：六二之凶而居则吉者，盖天下感应之理，本有自然之妙。我惟返躁为静，顺其理之自然而无所容心，则静固静，动亦静矣。不为事感所害，吉孰大焉？

按：止乎理而不迁曰居，从乎理而不拂曰顺。居非不动，不妄动也。心存乎理，虽酬酢万变，而其居自若也。顺非从外，不苟从也。心主乎理，虽独立不顾，而其顺自若也。夫然乃不失乎贞，不害乎感，而作止语默，莫非天理之流行矣？

【白话】

这个爻的意思是说，六二遇感而动，却失之于妄动，所以圣人勉励它居贞守静，那样就能收获吉祥。腓，腿肚子，行走前会自动，好比躁妄而不能固守之人。

周公所系的咸卦二爻爻辞的意思是说：六二是个阴爻，但心性浮躁，稍有感应，就心驰物外，而不是物来方应，恰如“咸其腓”之象。这样一来，不仅扰乱了内心的空明，处事也会不胜其乱，还有比这更凶的吗？幸好它是以柔居柔，并且居于下卦之中，有中正之德，说明本性未泯。如果能抑制躁妄，居贞守静，当行则行，当止则止，不为私事私利所系，天下虽大，万物虽杂，也能游刃有余！

孔子解释二爻的小象说：六二爻辞所谓的“凶，居吉”，主要是说感通之道，以自然为妙。只要返躁为静，顺其自然，不刻意，不冲动，就不会被外界环境所左右，也不会因为感通而受害，还有什么比这更加吉祥的呢？

按：达到事理的要求并长久保持叫作“居”，顺从理的要求而不拂逆叫作“顺”。“居”并非完全不动，而是不妄动的意思。心中如果有天理，就算事物千变万化，也能居贞自若。“顺”也并非完全不让人顺从外物，只是不能苟从而已。如果心中有天理，就算独立不倚，无所顾念，也能顺常自若。如果既能保持贞正，又不损害感通之道，其行为言谈，岂不是都能契合天理，自然而然了吗？

九三：咸其股，执其随，往吝。

《象》曰：咸其股，亦不处也。志在随人，所执下也。

【解义】

此一爻是言，当感而不能自主者，失感之贞也。股，髀也，每随足而动。处，谓静守之意。下，谓卑陋之意。

周公系咸三爻曰：初二阴躁，皆欲动者也。三以阳刚之德，固宜其定性之学，有独至者矣，乃不能自守，而亦随之以动，心无定主，专于随人，为“咸其股，执其随”之象，如是而往，则中无所主，而以身为天下役。本原之地，所丧多矣，吝孰甚焉？

孔子释三象曰：初之咸拇，二之咸腓，其以阴躁而皆不处也。固宜所望者，惟三之刚耳。今乃咸其股，与之俱动，亦不能静守而处也，是可惜也。夫君子立志，其所执当超然自命，不与众动俱逐。而今乃志在随人，品之最卑者也，所执不亦下乎。此又可鄙之甚矣！

按：随之义，有以阴随阳者。随之六三，上从九四，而“随有求得”者是也；有以阳随阴者，咸之九三，下从六二，而执其随者是也。以阴随阳则获上而得其志，理之正也；以阳随阴是舍高而就卑，弃贵而从贱，志降身辱，其悖于理，不已甚乎！然则君子处世，可以知所自审矣。

【白话】

这个爻的意思是说，感通却不能自主，是因为失了感通的贞正之道。股，髀，即大腿骨，足动髀亦动，不能自主之象。处，静守之意。下，卑陋之意。

周公所系的咸卦三爻的意思是说：初爻与二爻都是阴躁之爻，都蠢蠢欲动。三爻则是以阳居爻，有阳刚之德，所以应该发挥它的定性之学，与众不同，然而它也不能自守，与初爻、二爻一样，心无定主，追随他人，这就是“咸其股，执其随”之象。没有定见，又非要前往，结果只能是被天人所役使。本原都丧失了，还有比这更大的吝难吗？

孔子解释三爻的小象说：初爻说“咸其拇”，二爻说“咸其腓”，都是阴躁之爻，所以不能处静，无法自守。能够指望的，只有阳刚的三爻。然而“咸其股”的三爻随顺于初爻、二爻，也不能静守，殊为可惜。君子立志，应该超然物外，不因利益而盲从。如今却以阳随阴，品质极其卑劣，心性极其卑陋，可鄙之甚！

按：所谓“随”，既有以阴随阳的意思，比如随卦的六三，就是因为上从九四，所以爻辞说“随有求得”；也有以阳随阴的意思，比如咸卦的九三，就是因为下随六二，所以爻辞说“执其随，往吝”。以阴随阳就能获得阳爻的信任与支持，就能施展自己的抱负，是因为它符合天道；以阳随阴则是舍高就卑，弃贵从贱，声降而身辱，究其原因，也是因为它违背了正理，而且非常过分！所以君子处世，必须审慎。

九四：贞吉，悔亡。憧憧往来，朋从尔思。

《象》曰：贞吉悔亡，未感害也。憧憧往来，未光大也。

【解义】

此一爻是言，君子所以感人，贵以公而不以私也。憧憧，求感之意。

周公系咸四爻曰：四之在咸，当心之位，感之主也。心之感物，贵于得正，而以九居四，嫌于不正，宜有悔矣。苟能虚中无我，大公顺应，非无感也，感而不役于感；非无应也，应而不系于应。是之谓贞也。由是，事得其理，物得其序，何吉之不可得，而悔之不可亡乎？如不以理处物，而常以物役心，其感也庸心于感也，其应也庸心于应也，是之谓憧憧往来也。则心有所系累，而情有所偏主。即凡朋类之从者，仅为思虑之所及，而举天下万事万变，其遗于思虑之外者多矣，安能以及远哉！

孔子释四象曰：天下惟不正而感，感斯有害。若贞，则感于无心，意必固我，毫不为累，未有私感之害也。至于憧憧往来，不正孰甚焉。私意梗于中，则心既为所蔽而暗昧，又为所隘而狭小，岂得云光明广大乎？

按：咸六爻皆以人身取象，拇也，腓也，股也，脢也，辅颊舌也，各得其一体，惟九四当心位。心统百体，至虚至公，无所不感，无所不通。苟失其虚且公者，而憧憧狃于朋从，则心虽有统百体之名，其实亦块然一物耳，安在其能光大哉？先儒谓：心犹镜然，居其所，而物以形来，则所鉴自广。若执镜随物，以度其形，为照几何？所以古今推大智者，必以先觉为贤。而小聪小察，或反至招欺而受蔽，殆以此夫。

【白话】

这个爻的意思是说，君子与人感通，贵在大公无私。憧憧，求感之意。

周公所系的咸卦四爻爻辞的意思是说：四爻在咸卦中的位置，好比心在人体中的位置，是感应的主体。以心感物，贵在得正，但四爻以刚居柔，有不正之嫌，所以爻辞说“贞吉，悔亡”，有些悔吝是应当的。虚中无我，廓然大公，物来即应，不是不与物感通，而是不役于物；不是不与人相应，而是不系于应——这才称得上“贞”。真能如此，凡事合理，万物有序，什么样的吉祥不能收获？什么样的后悔不能弥补？反过来说，应物不能顺理，就会被外物所役，其感也浅，其应也庸，也就是“憧憧往来”之象。内心有所私系，感情便有所偏主。能够感通的都是卑陋的朋类，能够想到的都是私利，至于天下重任和万事万物的变化，早就超出了它的能力与格局之外，又怎么可能泽及远方！

孔子解释四爻的小象说：不遵循感通的正道，感则有害。如果能保持贞正，无心而感，既不会因为刻意而负累，也不会因为私欲而取害。至于“憧憧往来”，则是不正至极的表现。心中充斥着私欲，内心就会暗昧又狭隘，怎么可能光明？怎么可能广阔？

按：咸卦的六个爻都取象于人体，分别是“咸其拇”的初爻，“咸其腓”的二爻，“咸其股”的三爻，“咸其脢”的五爻，“咸其辅颊舌”的上爻，上述五个爻都各自对应人体的某一部位，唯有九四位于心的位置。心统率人体的各个部位，至虚至公，无所不感，也无所不通。如果偏离了虚空大公之道，“憧憧往来”而不思悔改，心便徒有其名，木然庸常，怎么可能光明普照？先儒说过：心就像镜子，安居不动，就可以遍照万事万物，极其广阔。如果拿镜子去照物体，一件一件地去照，又能照几多？所以古往今来，人们都认为先知先觉的人才是真正意义上的智者，那些只有小聪明，只着眼小处的人，只会自欺欺人，原因大抵如此。

九五：咸其脢，无悔。

《象》曰：咸其脢，志末也。

【解义】

此一爻是言，有心于绝感，而反失之者也。脢，背肉，与心相背者。志末，谓不能感物。

周公系咸五爻曰：人身五官四肢，皆听于心，独脢与心相背，而不能感。今九五适当其处，是乃有心绝物，而一无所感者，为咸其脢之象。如此则虽不能感物，无九四之贞吉，而未有私感，亦无咸腓之凶，执随之吝，仅免于悔而已。

孔子释五象曰：心之本体以天地万物为量，五乃一心绝物，而以无悔为足。则置心于寂灭之地，失其能感之本体，其志抑末耳，何不进之于贞乎？

按：诸爻动而无静，惟九五静而无动，皆非心之正也。心体灵明，不可胶之使有，亦不可绝之使无。若专于绝物，而以无悔自足，则必流于释老之教，清静寂灭而后已，将经纶参赞之功皆可不设，而圣君贤相无所庸心于其间矣。其为世道之害，可胜言乎！《象》曰“志末”，正欲人反而求之本也。然则其本安在？曰贞而已。

【白话】

这个爻的意思是说，过于强调无心之感，也偏离了感通之道。脢，背上的肌肉，与心相背。志末，指不能感物。

周公所系的咸卦五爻爻辞的意思是说：五官、四股以及人体其他部位，都在心的统率之下，唯有位于背部的“脢”与心相背，不能交感。九五适当其处，执着于无心之感，但结果却是一无所感，正是“咸其脢”之象。这样一来，它固然会因为不能感物，不能像九四那样“贞吉”，也不会因为躁妄私感，导致二爻那样的“咸腓之凶”与三爻那样的“执随之吝”，最终结果，仅仅是“无悔”而已。

孔子解释五爻的小象说：心能容天地，能通万物，九五却一心绝物，以“无悔”自慰。把一颗能容天地、能通万物的心置于寂灭之地，因为执着于无心之感而摒弃所有的感通之道，这是感通的末流，为什么不效仿四爻，遵循感通的正道呢？

按：别的爻都是动而不静，唯独九五是静而不动，但它们都不是修心、驭心的正道。我们的心通灵明敏，不可使之胶着，也不可使之寂灭。如果一心绝物，以“无悔”自足，就会趋向于释家与道家，主张清静寂灭，虚空无为，那样的话，也不用治国了，也不能牧民了，也不必用心了，也不必谋划了，圣君贤相也不必感通天下了。这对于世道的危害，能说得尽吗？《小象》说“志末”，意思是让人求本。何谓本？其实就是感通的正道。

上六：咸其辅颊舌。

《象》曰：咸其辅颊舌，滕口说也。

【解义】

此一爻是言，感人以言，而无其实，所以为不诚者戒也。辅颊舌，皆所以言者。滕与腾同，张口骋辞之貌。

周公系咸上爻曰：上六处兑之上，既工于媚悦，而居感之极。又专于私感，不能积诚动物。但以便佞口给，取悦于人，为咸其辅颊舌之象。夫有心于感，非矣，况以言乎！感人以言，非矣，况无实乎！凶咎不言可知矣。

孔子释上象曰：人之相感，贵于心志之诚，而不贵于言语之浅。今咸其辅颊舌，是至诚不足，徒腾扬口说以悦人，实德衰矣，如之何能感人乎？

【白话】

这个爻的意思是说，与人感通却只说空话，缺乏诚信的人，一定要以上爻为戒。辅颊舌，都与语言有关。滕通腾，不负责任、天马行空的样子。

周公所系的咸卦上爻爻辞的意思是说：上爻位于上卦兑卦的最上面，兑为悦，引申为取悦、谄媚等，综合起来看，就是上六工于谄媚，并且位于咸卦的极点，也就是感应能力很强。同时，它并不当位，说明它是为了私利，为了感通而感通，所以无法动物，也无法感人。只是一味地动用口才，取悦于人，这便是“咸其辅颊舌”之象。有心之感本来就违背感通之道，更何况只说空话，不付出实际行动呢！以言动人本来就违背感通之道，更何况毫不诚实呢！圣人虽然不说凶，也不说咎，但读者可想而知。

孔子解释上爻的小象说：与人感通，贵在心诚，而不取决于能说会道。上爻“咸其辅颊舌”，显然是诚意不足，欲以言辞动人，如此德行，怎能感动别人？

䷟ 恒 巽下震上

【解义】

恒与咸相次。咸卦上少女而下少男，以男下女，为夫妇相感之始。恒卦上长男而下长女，男尊女卑，乃夫妇居室之正也。《彖传》则推其象而极言之，本诸天地，扩之于四时日月，验之于圣人，无非贞也，无非恒也。恒固以贞久为义，然必极其变化，乃可以久。盖天地间之气运循环，古今来之随时制宜，唯有变化无穷之用，故能垂为万古经常之道。如胶执一定，而以为可久几何，不至窒而不可行哉。初爻执其常而不审其变，则持守未定，正而不恒。四则久非其道，恒而不正。五顺从而寡断，六过动而纷更。要皆不免于凶也。惟二以阳居下体之中，似当有悔，而克内自省察。上应于五，故成久中之德，而悔不终悔，其即所为久于其道者欤。盖恒之中，有不易、不已二义。自其不易者论之，则穷天地，亘万古，而不可变也；自其不已者论之，则寒暑错行，日月代明，而其变未尝已。君子体其不易，则确焉有以自守，而厉其介石之心；体其不已，则奋焉有以日新，而懋其迁善之益。斯恒道之所由立欤！

【白话】

恒卦与咸卦相继。咸卦的上卦为兑，为少女，下卦为艮，为少男，少男在少女之下，是夫妻交感的开始。恒卦的上卦为震，为长男，下卦为巽，为长女，长男在长女之上，象征男尊女卑，这是夫妇居家过日子的正道。《象传》则从恒卦的大象推衍开来，以天地为本，扩展至四时与日月，应验在圣人身上，无非一个“贞”字，而“贞”的代名词就是“恒”。“恒”字固然有贞正、长久的意思，但必须极尽变化之道，才可以真正地恒久。因为天地之间的气运循环不息，古往今来都是随时制宜，唯有变化无穷，才能万古不废。如果执迷于一定之法，并认为可以恒久，要不了多久便会窒碍难行。六爻之中，初爻知常而不能达变，所以难以守成，正而不恒。而四爻则是恒非其道，恒而不正。五爻以顺为恒，优柔寡断，六爻以动为恒，轻躁妄动，所以都不免凶祸。只有二爻，以阳爻居柔位，又居下，还居于下卦巽卦的中间，看上去应该有所悔吝，自我省察。但它与六五有正应，从而能够恒久地保持中道，最终得以“悔亡”，究其原因，就是因为它能够久于其道。总的来说，“恒”字有两重意思：一是不易，也就是不变；二是不已，也就是不停。就不易而言，穷极天地，绵延万古，都不能变；就不已而言，寒暑交错，日月代明，皆不能停。君子体悟恒卦的不易，用以自守，耿介如石；同时体悟恒卦的不已，日新其德，改过迁善。唯有如此，恒道才可以真正确立！

恒：亨，无咎，利贞，利有攸往。

【解义】

此卦巽下震上，是刚上柔下，有分之常；雷风相与，有气之常；以巽而动，有事之常；刚柔相应，有情之常。皆有恒久之义，故名为恒。卦辞言，道贵有恒，而恒又贵以正也。

文王系恒彖辞曰：天下之理，惟积久则能贯通，若或作或辍，见异而迁，则事多捍格矣。人能守其恒心，笃信力行，则功之纯者理必得，居之安者动必臧，亨而无咎，固其宜也。然所谓恒者，非徒苟焉以守之而已，又必择其是非，辨其邪正，使其所久者，皆天命人心之公，圣贤中正之道，而偏端曲学，不得参其间焉。然后以天下之正理，成天下之正功。本体既端，发用自裕。经纶参赞，无往而不利矣。

按：“维皇降衷，若有恒性”即所谓贞也。自气质拘之于前，物欲蔽之于后，于是失其贞性而误用夫心，恒非所恒者有之矣！如杨墨佛老，守为我、兼爱、清净、寂灭之说，以终其身，可谓之贞乎？不可谓之贞，岂可谓之恒乎？是以君子为学，必恒以致其功，尤必贞以立其体。未有不贞而能恒者，先择善而后固执焉可矣。

【白话】

此卦的下卦是巽卦，上卦是震卦，巽为阴柔之卦，震为阳刚之卦，刚上柔下，是分定之常；震卦为雷，巽卦为风，雷风相与，是气运之常；从卦德上看，巽为顺，震为动，下顺上动，便是顺以动之，也就是顺应形势而动，这是成事之常；上卦的君爻六五与下卦的九二刚柔相应，则是有情之常。以上种种，皆有恒久之义，所以叫作恒卦。卦辞的意思是说，行道贵在有恒，而恒道又以正为贵。

文王所系的恒卦卦辞的意思是说：天下之理，只有长久积畜，才能贯通，如果时作时歇，见异思迁，做起事来就会格格不入，事与愿违。人如果能守持恒心，笃信力行，功夫就会越来越精纯，就会越来越契合事理，平时能安然自处，行事才会仁善，能够“亨”而“无咎”，也是应该的。然而恒卦的宗旨，不是让人苟且自守，而是必须建立在明确是非，辨别邪正的基础上。真正能令人恒久的，是天命之正、人心之公，以及圣人的中正之道，而且不掺杂任何偏曲之学。然后就能以天下之正理，成天下之正功。本体端正的话，运用起来就能游刃有余，治国理政就能无往而不利。

按：《尚书·汤诰》所说的“维皇降衷，若有恒性”，就是所谓的“贞”。然而，由于天赋所限，或物欲所蔽，以致失了贞正之心，导致恒非所恒者，大有人在！比如杨朱、墨子、佛陀与老子的门徒，守持为我、兼爱、清净、寂灭之说，并且终身不改，算得上“贞”吗？如果算不上“贞”，又怎么谈得上“恒”呢？所以君子治学，非恒不足以致其功，而不贞的话，连安身立命都难。不贞便不能恒，只有在择善而从的基础上，才谈得上执着与坚守。

《彖》曰：恒，久也。刚上而柔下，雷风相与，巽而动，刚柔皆应，恒。恒亨，无咎，利贞，久于其道也。天地之道，恒久而不已也。利有攸往，终则有始也。日月得天而能久照，四时变化而能久成。圣人久于其道，而天下化成。观其所恒，而天地万物之情可见矣。

【解义】

此《彖传》，是释恒彖辞，而以恒道尽天地万物之情也。终，谓充积之久。始，谓发用之端。得天，谓附丽于天也。

孔子释恒彖辞曰：卦之为恒者，以有常道而可久也。盖卦体刚上柔下，高卑已定，名分之常也。卦象震雷巽风，动散相承，气化之常也。卦德巽顺震动，各极其用，人事之常也。又卦体六画刚柔相应，彼此相资，人情之常也。此恒之所以名也。夫曰恒，固知其亨无咎矣。而又曰利贞者，言必利于正乃为久于其道，离正不可以言道也。不观诸天地乎？于穆不已，覆载无私，天地亦惟此经常不易之道，故恒久而不已，而况于人乎？以此见恒之必利于贞也。夫能贞固，知其久道矣！而又曰利有攸往者，何哉？盖天下未有有体而不足以利用者，又不观诸天地乎？造化之理，动静妙于相生，而会聚之极者，必禅之以发散之用，岂有终焉而不始者哉？夫天地之运，终则有始如此，况人道之贞而安有弗利乎？此贞之后，而必继以利往也。是可见，恒者道之常，而贞者恒之道。夫固具于卦而显于辞者也，然岂止于是而已哉？以恒之道而极言之：秉阴阳之精者，日月也。丽天以垂象，运行代明而不失其照之常，非恒之见于日月乎？分阴阳之气者，四时也。循序以错行，寒暑往来而不失其岁之常，非恒之见于四时乎？若夫圣人至诚无息，而治功悠久，天下化于其道而成俗，虽经权互用，而总不失其道之常，非恒之见于圣人乎？即是恒久之道而观诸天地，则生成化育，常理不忒，而天地之情可见矣。即是恒久之道而观诸万物，则飞潜动植，常性不易，而万物之情可见矣。然则日月也，四时也，圣人也，其功不同而同归于恒；天地也，万物也，其情不同而同见夫恒。恒道其大矣哉！

按：天地得一以清宁，圣人得一以为天下贞。一者，恒也，即贞也。天地一而不贰，则悠久无疆，化育万物。圣人一而不贰，则纯亦不已，配合天地。然圣人者，又三才之主也，故阴阳愆伏，民物夭扎，天地偶失其常，而圣人皆引为一身之咎。其必极中和之量，尽参赞之功，而后为久道化成之极致乎。

【白话】

《彖传》是对恒卦卦辞的解释，并借助恒久之道，详尽阐释了天地万物的情状。终，指充积日久。始，指发用之端。得天，指附丽于天。

孔子解释恒卦的彖辞说：卦名之所以叫作恒卦，是因为此卦蕴含着常道，并且可以恒久。就卦体而言，上卦为阳为刚，下卦为阴为柔，刚上柔下，尊卑已定，有定分之常。就卦象而言，上卦为震为雷，下卦为巽为风，震主动，巽主散，动散相承，是气化之常。就卦德而言，下卦为巽为顺，上卦为震为动，顺势而动，符合人事之常。从卦爻上看，全卦六个爻都是刚柔相应，彼此相资，符合人情之常。这是恒卦之所以得名的诸多原因。既然它能够符合常道，并且可以恒久，自然“亨”而“无咎”。卦辞又说“利贞”，是说只有遵循贞正之道才能恒久，不贞不正，不足以论道。为什么不看看天地呢？它们永不停歇，毫无私意，天地也只有遵循这样的大道，才能恒久不已，更何况人呢？由此可见，恒久之道，必以“利贞”为前提。一个人只要能遵循正道，并不断坚持，必然能恒久！卦辞又说“利有攸往”，是什么意思呢？这主要是指天下没有本体强大却不足以利用的道理，为什么不再次看看天地呢？它们基于造化之理，动静相生，会聚以极，必然会极其发用之功，岂有到了终极之处而不复归于初始状态的呢？天地的运行，都遵循终则有始的常道，人如果遵循贞正之道的话，又怎么可能不利呢？所以卦辞在说完“利贞”之后，必须继之以“利有攸往”的卦辞。由此可见，“恒”是大道之常，而“贞”是恒久之道。这一点早已蕴含在卦里并且体现在卦辞中，然而又岂止如此呢？下面全力阐释一下恒道：禀受阴阳二气的精华的，是日月。二者丽天垂象，运行代明，不失普照之常，难道不是恒道在日月上的体现吗？划分阴阳二气的，是四时。四时循环交错，寒暑往来，不失年岁之常，难道不是恒道在四时中的体现吗？而圣人至诚无息，所以能政绩斐然，泽及天下，移风易俗，就算通权达变，但不失贞正之道，难道不是恒道在圣人身上的体现吗？就算以恒久之道观察天地，其生成化育，都遵循常道，天地的性情也显而易见。就算以恒久之道观察万物，所有的生物，都有不易的性情，万物的情状也是显而易见的。日月、四时与圣人的功用各有不同，但都是为了大道的恒久；天地与万物的性情各有不同，也都能体现恒常之道。恒道的内涵真是广大啊！

按：《道德经》有言：“天地得一以清宁，圣人得一以为天下贞。”所谓的一，就是恒，也就是卦辞所谓的“贞”。天地一而不贰，所以天地的运行悠久无疆，天地的交合能化育万物。圣人一而不贰，所以圣人能日进其德，匹配天地。不过圣人还是天地人三才的主导，诸如阴阳失和，疫病流行，天灾地震，圣人都会引以为咎。圣人必须竭尽全力，才能成就治国理政之功，而后才谈得上化成天下，长治久安。

《象》曰：雷风，恒。君子以立不易方。

【解义】

此《象传》，言君子能尽悠久之功，守定理以为恒也。立，谓植立不移。不易，谓不背。方者理之定向也。

孔子释恒象曰：雷风至变也，而相与，万古不易。至变而有不变者存焉，恒之象也。君子体之，而有确然不易之道，即所谓方也。但常人，始则柔懦不振，知之未必能立。继则持守不固，立之未必能久。惟君子择之极其精，而执之极其笃。虽日用化裁之宜，非拘守者可比。而中有定见，任万物之迁移，不能夺其所主宰，与雷风之变而不变者一矣。

按：天下之至静者莫如山，以山受泽而为咸。可见寂然不动者，正其感而遂通者也。天下之至变者莫如风雷，而以为恒。可见变化无端者，正其常久不已者也。君子立此不易方之理，以化裁利用，恒非胶执，方为通方。人主诚能法雷风之象，虽酬酢万变，随时变易以从道，而中之所立，毅然有以自主，则刚柔协应，何难久道化成乎？

【白话】

《象传》的意思是说，君子能成就久远之功，是因为君子能遵循正道，并且恒久不变。立，指确立不变。不易，指不悖离。方，指正向或正道。

孔子解释恒卦的小象说：雷与风都是极尽变化之道的事物，但二者总是相伴相行，万古不易。至变之中有不变的东西，这就是恒卦的大象。君子在体悟它的基础上，确立自己的不易之道，就是所谓的“方”。但是对常人来说，开始的时候往往柔懦不振，知道却未必能确立。接下来的持守也不会坚定，确立了也难以恒久。只有君子能择其精要，固执不变。而且能通权达变，远非拘泥一端者可比。最重要的是，君子心存定见，不管外界环境怎么迁移，都不能影响其内心，恰如雷与风这两种变化无常的事物能亘古不变地相伴相随一样。

按：天下至静的事物，莫过于山，以艮山承受兑泽，就是咸卦。可见寂然不动，是彼此感通的前提。而天下至变无常的事物，莫过于风和雷，雷风相伴，就是恒卦。可见变化无常，正是它们的恒常之道。君子若能效仿恒卦的大象，确立自己的不易之道，化裁利用，就不至于陷入胶执，既遵循正道，也能通权达变。君王若能效法恒卦的雷风之象，就算瞬息万变，也能随时变化，在遵循正道的基础上自主自尊，从而刚柔相济，阴阳俱应，基业长青又有何难？

初六：浚恒。贞凶，无攸利。

《象》曰：浚恒之凶，始求深也。

【解义】

此一爻是言求望乎上者过深，非惟无益，而反有害也。浚，如浚井之浚，谓深求之也。

周公系恒初爻曰：天下有理本正而势不可行者，当审势以自止。如初与四为正应，固理之常。然自初言之，情分间隔，未可深有所求。自四言之，好高不下，难以遽有所合。今初六阴居巽下，柔暗不自度量，而过以常理望人，不顾祸害，祇求深入，有浚恒之象焉。是虽所求者正，而疏远莫信，嫌隙易生，其凶宜矣，又何利之有？

孔子释初象曰：浚恒之凶者，盖初四相与之始，交浅不可以言深，而乃遽以深相求，必欲其谏从计听，祇以取辱而已，此所以为凶也。盖凡人既以正道自居，尤贵相时度势以行之。故必相与既孚，同心一德，然后徐进吾言，则言者不觉迂疏，听者自能虚受。倘疏逖初进，位卑言高，即使辞义剀切，非惟无益，而祇以取咎。虽一身之荣辱得丧不足恤，亦非君子信而后谏之道也。人亦鉴于浚恒之凶，而以至诚动之可矣。

【白话】

这个爻的意思是说，向上面的人过于求取，不但无益，而且有害。浚，疏浚之意，具体说来是浚井，指求取过深。

周公所系的恒初爻爻辞的意思是说：天下之事，合理但形势不利的时候，应该审时度势，懂得自止。就像恒卦的初爻与四爻一样，二者本来是正应，相互求取，合情合理。然而就初爻而言，它虽然和四爻有正应，但中间隔着二爻三爻，有情理与身份上的间隔，不应该求取过深。就四爻而言，它又是一个好高不下的过刚之爻，难以迅速作出决断，下合初六。初六不仅是阴爻，而且位于全卦最下面，还位于下卦巽卦之中，巽为顺，这就是过于柔暗，不自量力，向初四过度求取，灾祸临身，仍深入求取，有“浚恒”之象。虽然与正应彼此取求符合易理，但九四与它过于疏远，易生嫌隙，凶也是应该的，又有什么利益呢？

孔子解释初爻的小象说：所谓“浚恒”之“凶”，主要是因为初爻与四爻刚刚开始相交，交浅则不可言深，初爻却在仓促间向四爻过度求取，非要让四爻言听计从，只会自取其辱，所以爻辞说“凶”。总的来说，人既然以正道自居，就应该特别注意审时度势。只有在彼此信孚、同心同德的基础上，才可以徐徐进言，建言者不会觉得生分，纳谏者也乐得虚心接受。若是刚入仕途，位卑而言高，即使言辞恳切，切中事理，不仅无益，而且往往因为切中时弊而取咎。虽说个人的荣辱得失不应该过多考虑，但也不符合“君子信而后谏”之道。人要以“浚恒”之“凶”为鉴，改以至诚之道，与之感通。

九二：悔亡。

《象》曰：九二悔亡，能久中也。

【解义】

此一爻是言，善反于恒者，终能因中以得正也。悔亡，谓失之于初，改之于终。

周公系恒二爻曰：九二以阳居阴，本不正而有悔者。然幸其所居得中，是存心有常，本体不亏，即偶不出于正，特一时一事之过耳。终能善反以为功，因中以求正，自然内省不疚，无恶于志，悔不终悔而亡也。

孔子释二象曰：九二宜悔而亡者，何哉？以其中而能久，是恒性常在，而本体之明有未尝息者。故能觉悟其非，而一反之于正。小疚不足以累其心矣，何悔之不亡乎！

按：贞者恒之道也。此爻不言贞，而言中者，盖恒之所贵者贞，贞之所贵者中。恒而非贞则失其恒，故四以久非其位而失禽，上以振恒而大无功。贞而非中则失其贞，故初之浚恒以贞而凶，三之承羞以贞而吝，五之恒其德以贞而有从妇之凶。惟九二能久中，则无过不及之弊。中之所在，即正之所在也。程颐亦曰：“中重于正，中则正矣，正不必中。”欲求悔亡之道，其可不勉于此哉。

【白话】

这个爻的意思是说，善于返回常道的人，最终会像二爻那样，即中且正。悔亡，指二爻失之于初爻，但能够改过自新，所以能够“无悔”。

周公所系的恒卦二爻爻辞的意思是说：九二以阳居阴，原本不当位，应该有所悔吝。幸好它居于下卦的中间，也就是得中，说明它心存中常之道，本体未受污染，就算不当位，也不过是一时一事而已。它所秉持的中常之道最终会使它复归大道，由于它是以中求正，既不会有愧于心，也不会心存恶念，所以最终能够“悔亡”。

孔子解释二爻的小象说：爻辞说九二能够“悔亡”，原因何在？主要是因为它居于下卦的中间，说明它奉行中道，所以能够持久。也正是因为它能长久地奉行中道，所以它内心的光明不曾泯灭。所以它能自我觉察，不断改过迁善，归复正道。纵有小小的过失，也不足以让它心生负累，悔吝怎么可能不亡呢！

按：“贞”，即是恒久之道。这个爻不说“贞”，却说“中”，主要是因为恒道以“贞”为贵，而“贞”道以“中”为贵。“恒”而不“贞”，就偏离了恒道，所以四爻因为不当位而至于“田无禽”，上爻则因为“振恒”而导致“大无功”。“贞”而不“中”，就偏离了贞道，所以“浚恒”的初爻会以贞为凶，也就是“贞凶”“不恒其德，或承之羞”的三爻以贞为吝，也就是“贞吝”“恒其德贞”的五爻也会有“从妇”之“凶”。唯有九二，能够恒久地保持中道，所以无过也无不及。因为得中就是得正。程颐也说过：“中重于正，中则正矣，正不必中。”想向二爻一样，不正但“悔亡”，怎能不以此自勉呢？

九三：不恒其德，或承之羞，贞吝。

《象》曰：不恒其德，无所容也。

【解义】

此一爻言有德而无守者，深明不恒之咎也。不恒其德，谓有德而变其守也。

周公系恒三爻曰：九三居得其正，固本有其德者。然有德而能有恒，则所存者正，所操者纯矣。乃过刚不中，志从于上，见富贵功名而变易其守，是固执之功未深，不能久于其道。一节或亏，尽丧其生平，人皆贱恶羞之者众。贞而不恒，可吝莫甚于此矣！

孔子释三象曰：三有其德而不能有恒，则内愧于己，外愧于人。既为君子所必弃，又为众议所难逃，亦何所容于世乎？盖理欲之辨易淆，而义利之防贵定。要必以贞固不移者励其志，纯一无间者致其功，而后取舍以明，存养以密，不至见异而或迁。故无歆羡畔援之心，而道岸可登也。有圣敬日跻之学，而昭假能久也。若夫内多欲，而外施仁义，亦未体于有德有恒之义者乎。

【白话】

这个爻的意思是说，有德但不能长久地保持，就会有不恒之咎。不恒其德，即有德但不能保持。

周公所系的恒卦三爻爻辞的意思是说：九三以阳居阳，非常当位，本来是有德的。如果它既有德又能坚守，便既能得其正，又能得其纯。但它过刚不中，一心攀上，看到富贵功名就忘记了操守，这是因为它的定力不够，所以不能长久地践行大道。大节一亏，生平尽丧，人人喊打，“无所容也”。贞而不恒，才会导致这莫大的羞吝啊！

孔子解释三爻的小象说：三爻有德，但不能坚守，内愧于己，外愧于人。既会被君子唾弃，也难逃公众的悠悠之口，如何还能容身呢？总的来说，天理与人欲的界限容易混淆，道义与利益的大防贵在坚守。具体来说，就是在坚贞不移的基础上，不断精进，而后就能明白如何取舍，不断省察，便不至于见异思迁。这样一来，就不会有舍此就彼之心，攀援艳羡之意，内心总是澄明清澈。内心总是保持着虔敬，就能长久地保持明德。如果内在欲望很多，就算表现得很仁义，也无法体会圣人的真意。

九四：田无禽。

《象》曰：久非其位，安得禽也。

【解义】

此一爻是言，恒非其道者，终无所益也。

周公系恒四爻曰：凡人必久于正道，斯内可以成己，外可以成物，恒而有益于得也。九四以阳居阴，是所久者皆异端曲学之私，非圣贤中正之道。反之身心而无益，推之事物而无功，犹田于无禽之地，其所得者盖鲜矣？

孔子释四象曰：九四所以取象于无禽，何也？盖为期于成功，犹田期于得禽也。今四久非其位，是不知所择，而恒非所当恒。于无禽之地，而田猎欲有所获，安可得乎？夫三当恒而不恒，是以可用之心不用于宜用之地，则移于外诱，遂失吾心之正，此所以鲜有终也。四不当恒而恒，是以有用之心，竟用于无用之地，则偏于意见，究逾大道之闲，尤为重可惜也。故学术之要，必以中正为归，而久于其道。圣人之恒与天地配，良有以夫。

【白话】

这个爻的意思是说，偏离了恒久之道却一味地坚持，最终也没什么收获。

周公所系的恒卦四爻爻辞的意思是说：人只有在遵循正道的基础上，恒久用功，内才可以成己，外才可以成物，才可以因为遵循恒道有所收获。九四却是个阳爻，它以阳居阴，并不当位，好比长期浸淫异端的偏曲之学，偏离了圣贤的中正之道。于身心无益，于事业无功，就好比在没有猎物的田野中打猎，其收获能多到哪儿去？

孔子解释四爻的小象说：九四所谓的“田无禽”，是什么意思呢？主要是因为世人期待成功，就好像猎人期待猎物。四爻久不当位，说明它不知道如何选择，所以恒非所恒。在没有猎物的地方，却希望有所收获，怎么可能呢？三爻是当恒而不恒，有可用之心，也有宜用之地，也就是有德行没定力，所以被功名利禄所诱，失了正念，所以不会有好的结局。四爻则是不当恒而恒，将有用之心用于无用之地，偏于异端之学，终究与大道无关，殊为可惜。所以圣人治学，必以中正为要旨，所以传习者能久于其道。将圣人的恒久之德匹配天地，确实是有道理的。

六五：恒其德贞，妇人吉，夫子凶。

《象》曰：妇人贞吉，从一而终也。夫子制义，从妇凶也。

【解义】

此一爻是言，徒以顺从为恒者，失其刚断之宜也。德，谓顺从之德。贞，即恒其德也。

周公系恒五爻曰：六五以柔中应九二之刚中，知上以任下为德。一于倾信其下，守之不易，是恒其顺从之德而贞固不变者也。不知顺者乃妇人之道，故在妇人犹可获吉。至于夫子，正位乎外，当以果决行之。若徒以顺从为恒，则志阻于逡巡，而事败于巽懦，凶莫甚于此矣。

孔子释五象曰：五言妇人贞吉者，盖妇人无专制之义，从夫子以终身，故以顺从为正而吉。若夫子，则举宇宙四方之事，皆吾分内之事，而确然以义为断制。始无委靡不振之讥，使亦如妇人之从人，是以丈夫而从妾妇之道也，其凶不亦宜乎？盖臣道犹妇道也，忠顺以事一人，可也；君道犹夫道也，自当乾纲独揽，而不可下移者也。苟徒以任臣为德，则偏信生奸，必致大害。如汉元之委任王凤兄弟，明皇之听信林甫国忠是也。夫自古英君谊辟，非不勇于任人，而必有独断之德，以神其不测之权。其待庶僚也，既不可失于过严，使臣下无靖献之路。其御贵臣也，又不可失于太宽，使国枋有废弛之忧，则刚柔合宜而贞恒之道得矣。

【白话】

这个爻的意思是说，一味地顺从，就偏离了刚柔合宜之道。德，顺从之德。贞，恒久其德。

周公所系的恒卦五爻爻辞的意思是说：六五具备柔中之德，下应刚中的九二，说明它知人善任。但它过于信任九二，以至于顺从九二，依赖九二，心里眼里只有九二，也就是“恒其德贞”。然而顺从是妇人之道，所以爻辞说“妇人吉”。至于夫子，应该践行大道，刚决果断。如果一味地顺从，并认为可以恒久，就会退步不前，失之巽懦，没有比这更凶的了。

孔子解释五爻的小象说：五爻所谓的“妇人吉”，主要是妇人没有独当一面的道义，需要从一而终，所以妇人以贞为正，以顺为吉。至于夫子，宇宙之内，四方之事，都是分内之事，都有不可推卸的责任。做妇人，自然不会有人笑她委靡不振，但像妇人顺人丈夫那样，奉从妾妇之道，凶祸不是应该的吗？总的来说，为臣之道犹如为妇之道，忠诚事上，从一而终，是可以的；而为君之道恰如为夫之道，就应该乾纲独揽，不可下移。如果一味地信任大臣，就会因为偏信导致奸邪，最终导致大害。恰如汉元帝委任王凤及其家族，又如唐明皇听信李林甫和杨国忠。自古以来的英明君主，都勇于任人，但也都具备独断之德，从而把君权牢牢地抓在手中。对待百官，既不能过于严苛，断了臣下的靖献之路；驾驭重臣，也不能失于太宽，使纲纪伦常有废驰之忧。只有刚柔合宜，才算真正的契合贞恒之道。

上六：振恒，凶。

《象》曰：振恒在上，大无功也。

【解义】

此一爻是言，过动失恒之害也。振恒，谓以振动为恒。凶，谓物欲盛而天性亡也。

周公系恒上爻曰：上六居恒之极，极则不常。又处震之终，终则过动。且阴柔不能固守，居上非其所安。忘贞正之德，而易生外欲之累。好为变迁，以振动为恒，则纷更反常，凶可知矣。

孔子释上象曰：上六以振恒而在上，则情以妄动而扰，性以逐物而亡。既不能有裨于身心，又不能有益于家国。不止无功，而且大无功矣。夫天下时至而业起，物来而已应，岂有无故而自滋纷扰，以为常行之道乎？振而不恒，犹为一时之失。振恒而不在上，不过一身之害。惟振恒而在上，则喜功好大，轻躁妄动，不肯与天下相安于无事，而病国扰民，所关甚巨。岂止学问之际，有见异而迁，得半而息之患也欤。如宋之王安石，借经术之名，改易旧章，专事变更，以误天下，殆其人矣。此用人者所当深察也。

【白话】

这个爻的意思是说，总是处在变动之中，就严重偏离了恒道，必受其害。振恒，以振动为恒。凶，指上六物欲过盛，天性亡失。

周公所系的恒卦上爻爻辞的意思是说：上六处在恒卦的穷极之处，难以恒常。又处在上卦震卦的终极之处，震为动，合起来看就是过于频繁地变动。而且它是柔爻，内心阴柔，无法固守，处在上爻这个位置更难以安定。以至于忘记贞正之德，为外欲所累。加之它频繁变迁，以动为恒，使身心皆累，局势也更加复杂，凶祸可想而知。

孔子解释上爻的小象说：上六以动为恒，并且处在恒卦的穷极之处，情绪必然会因为妄动而扰乱，心性必然会因为物欲而亡失。既不能裨益身心，也不能有益于家国。不仅无功，而且大大无功，无功而且有咎。总的来说，君子立身行道，讲究顺势而为，物来而应，岂有自寻纷扰并以动为恒的道理？偶尔变动，只是一时之失。经常变动但不掌权，也不过是一身之害。如果经常变动，并且在上掌权，就会好大喜功，轻躁妄动，不肯与天下相安无事，而是不断变动，最终会病国扰民，影响巨大。又岂止是做学问时，因为见异而迁，最终也不会有什么大的收获。比如宋朝的王安石，打着圣人之学的名义，强行改革，为变而变，从而误了天下苍生，自己也处于危险境地。为人君者不可不深察。

䷠ 遁 艮下乾上

【解义】

遁为阴长之卦，二阴生于下，阴长将盛，阳消而退，当遁之时也。能与时行而适得其宜，处遁之义也。彖辞统言四阳，《彖传》专言九五者，以五为四阳之统，善用其遁而有致亨之道也。遁而后亨，所以戒君子；小必利贞，所以戒小人。正所以全君子也。六爻惟四阳当遁，其下初与二，本属阴爻，而爻辞仍主阳而言。初言遁之几贵早见，二言遁之志宜固守，与四阳同义，何哉？此见圣人于阴长阳消之际，为君子谋者至切也。至九五一爻，《程传》以为遁非人君之事，故不主君言。然古来智深勇沉，能善藏其用，为除奸反正之君，皆嘉遁而贞吉者也。遁之时义，所以为大，不益可见乎？

【白话】

遁卦是阴性力量生长的卦，它下面已经有了两个阴爻，说明阴性力量已经生长到一定程度，即将盛壮，相对应的阳性力量势必会消退，正是应当隐遁的时候。能顺应时势并且恰到好处，是圣人创设遁卦的宗旨。彖辞将四个阳爻统而言之，《彖传》则专就九五一爻而言，并把它当作四个阳爻的统帅，而九五这个统帅正是因为善于处遁，所以才能够亨通。彖辞说“遁而亨也”，是用来警戒君子的；又说“小利贞，浸而长也”，用于警戒小人，说到底还是为了成全君子。六个爻当中，本来应该隐遁的只有四个阳爻，而下面的初爻与二爻是阴爻，爻辞却与上面的四个阳爻相差无几，依然在强调遁道。初爻说见机要早，早遁为贵，二爻说当遁之时，要一遁到底。阴爻与阳爻的意思相同，是什么原因呢？其实不难看出，这是圣人在阴长阳消之际，对君子的深谋远虑和良苦用心。至于九五一爻，《周易程氏传》认为，隐遁不适用于君王，所以并不是针对人君而言。然而古往今来，所有智虑深远，善藏善隐，并最终得以除奸反正的君王，无不契合“嘉遁，贞吉”的五爻。圣人所谓“遁之时义大矣哉”，这不就是最好的体现吗？

遁：亨，小利贞。

【解义】

此卦艮下乾上，邪道渐长，正人宜避，故名为遁。卦辞言，君子当避小人，而又戒小人，毋害君子也。亨者，其道亨也。小利贞，言小人当存正道，不可恃势凌迫也。

文王系遁彖辞曰：君子之不能违者，时也；小人之不可越者，理也。此卦九五当位，而六二应之，似犹可以有为。但二阴浸长于下，有小人胜君子之渐。苟不稍为隐藏，则必身中其祸，故宜善自退避。形于外者，不使嫌隙之或乘，默为维持；主于中者，自得吾道之不屈。盖遁则能亨，不遁则不亨也。若小人凭浸长之势，凌轹君子，虽一时若可得志，然终非小人之福。惟利正以自守，而勿侵迫于阳，乃得保其贞而无不利。斯为小人计，当如此耳。

按：自古君子小人互为消长，君子往往以疾恶过严而不知遁，小人往往以比匪害正而不能贞。卒之，君子既罹其灾，小人终亦不能自保，以至于两败。今卦象二阴已见，犹未及盛而逼阳。君子虽不可遽求退避，坐观阴长。然匡济之术，固宜默运。而形迹之间，尤贵善藏。使不至触小人之忌，而潜消其悍然害正之心。庶几上可以安国家，而下可以明哲保身也哉。

【白话】

此卦的下卦是艮卦，上卦为乾卦；艮为少男，引申为小人，而乾为正男，也就是成年男子，引申为君子；艮卦有两个阴爻，象征小人与邪道渐长，君子应该退避，所以叫作遁卦。卦辞的意思是说，面对小人，君子应当退避，同时警戒小人，不要为害君子。亨，指君子虽然退避但大道亨通。小利贞，指小人应该心存正道，不能仗恃时势，凌迫君子。

文王所系的遁卦卦辞的意思是说：君子所不能违背的，是时势；小人不可以逾越的，是义理。纵观全卦，君爻九五当位，下面又有六二这个正应，似乎可以有一番作为。但是下面已经有两个阴爻，接下来肯定还会向上发展，慢慢地，阴爻所代表的小人就会胜过君子。如果不稍微隐遁，必然蒙受祸患，所以应该自行退避。行为举止表现得谦让、隐退，就能避免相应的嫌隙，彼此维持；只要内心抱道自持，也不会因此而屈从于小人。所以卦辞说，隐遁才能亨通，不遁就不能亨通。反过来看，小人如果凭借浸长之势，凌迫君子，一时可以得志，但终非长久之福。只有持贞守正，秋毫无犯，才能凭借其贞正，无所不利。因为它毕竟是小人，理当如此。

按：自古以来，君子与小人互为消长，君子往往嫉恶如仇，以至于不知隐遁避让，小人也往往朋比为奸，不能安于位置与名分。结果到最后，君子固然会蒙难，小人也不能自保，以至于两败俱伤。如今，遁卦的卦象上已经有了阴爻，说明阴爻已经开始生长，但还不至于盛极逼阳。君子虽然不能一味地退避，坐观阴长阳消。然而可以在暗中默运匡济之术，如此一来，更应该隐藏好自己的形迹与机心。绝不可轻易触犯小人的忌讳，而应该潜移默化地消除它的恶念恶心。在此基础上，差不多就可以上安其国，下保其身了。

《彖》曰：遁亨，遁而亨也。刚当位而应，与时行也。小利贞，浸而长也。遁之时义大矣哉！

【解义】

此《彖传》，乃释遁彖辞，以明君子因时而退之义也。刚，谓九五。当位，以德而言。应，谓六二。时，谓二阴浸长之时。

孔子释遁彖辞曰：卦名遁而辞又言亨者，盖时所当遁，必遁而后能亨也。卦体九五当其位，而二应之。君子尚有可为之势，小人犹有顺承之心，似不必过为引避。然君子见几于未萌，防患于未然。当此时而退逊自守，正其志而不降志；恬澹为心，全其身而不辱身。迹不示异，心不求同，通乎时之运用而与之偕行，所以亨也。又曰小利贞者，二阴浸长于下，其气日盛，必至凌逼君子，为害国家，不利不贞，孰甚焉？故以利贞戒之也。夫以九五当位，若可不遁，而在二阴浸长，又不可不遁。君子于此，恝然遽去，固非忠爱之初心。显与抗衡，又惧危机之自蹈。必因时而顺应，守义以化裁，进退绰然，亨其道而并以亨其身，此其时义，岂不大矣哉？夫天地之不穷于剥，以其剥而能复也；世道之不穷于否，以其否而能泰也。君子之不穷于小人，以其遁而能亨也。惟遁故亨，此君子所以贵审时耳。盖遁者，临之反对也。二阳为临，则曰刚浸而长；二阴为遁，不曰柔浸而长，而止曰浸而长，诚以刚长可言，而柔长不可言也。圣人为世道计，为君子谋，至深且切矣！时义者，时在天，义在我。善自韬藏，以俟时会。消息相须，既遁则必壮，非达权而知变者，其孰能与于斯乎？

【白话】

《彖传》是对遁卦卦辞的解释，目的是为了阐明君子因时而退的要义。刚，指九五。当位，指九五以阳居阳，并且居中居尊，具备刚中之德。应，指六二。时，指下面的两个阴爻向上浸长，阴性力量得势之时。

孔子解释遁卦的彖辞说：卦是隐遁之卦，卦辞却说亨通，主要是因为时势不利于君子，应当隐遁，也只有先隐遁才能够亨通。从卦体上看，九五以阳居阳，非常当位，下面又有六二这个正应。君子似乎还可以有所作为，小人依然有顺承君子之心，不必急于引避。然而君子应该有先见之明，要防患于未然，才可以免除祸患。在应该引遁的时候及时引遁，可以复归其志，而不至于降志辱身；以恬淡为心，才可以保全自身，而不至屈身辱志。形迹上看不出什么异常，心迹上也绝不勉强求同，通达于时势并与之偕行，所以能够亨通。卦辞又说“小利贞”，是因为下面的两个阴爻浸长，阴气日盛，迟早会凌逼君子，为害国家，于人则不利，于己则不贞，还有比这更严重的事情吗？所以圣人以“利贞”戒之。九五这个君爻，居中当位，看上去似乎可以不必引避，然而当下毕竟是阴爻浸长的时候，时势上不可不避。君子处在这样的大环境中，匆忙引避，固然不符合忠君爱民的初心，但在时势不利的情况下贸然相抗，又可能自蹈危机。必须顺应时势，在坚守道义的前提下，教化裁节，进退绰然，在亨通君子之道的基础上亨通君子之身，其内涵与功用，岂不是很广大吗？天地不会穷极于剥卦之时，因为剥极能复；世道不会穷极于否卦之时，因为否极泰来。君子不会穷极于小人得势之时，因为君子善于引避，并因此得以亨通。彖辞说“遁亨，遁而亨也”，是说君子要善于审时度势。因为遁卦的综卦是临卦，两卦的每一爻都是相反的。临卦的下面有两个阳爻，所以彖辞说“刚浸而长”；遁卦的下面是两个阴爻，却不说“柔浸而长”，只说“浸而长”，实在是因为刚长可以说也应该说，而柔长不可言也不应言。圣人为世道的思虑，为君子的筹谋，实在是深切啊！所谓“时义”，其“时”在于天，其“义”在于我。君子要善自韬藏，以待天时。因为按照十二消息卦的变化规律，遁卦再发展一步就是大壮卦，大壮就是阳爻壮大之卦，但如果不是通权达变的君子，谁能够做到这一点呢？

《象》曰：天下有山，遁。君子以远小人，不恶而严。

【解义】

此《象传》，是言君子守正远邪之道也。

孔子释遁象曰：此卦上干为天，下艮为山。天体无穷，山高有限，若将远而去之者，遁之象也。君子体之，而得远小人之道焉。君子之与小人，不容并立。然其所以远之之道，初非过为恶厉，以深拒之。惟严于自治，以礼义廉耻为立身之大防，以正大光明为处事之大本。毫厘不苟，尺寸不移。则一正足却百邪，小人自远退而不敢近矣。此不恶而严，乃所以为真严也。夫峻以绝人之谓恶，庄以持己之谓严。惟严则德威可畏，而人敬之；不恶则乐易可亲，而小人亦自感化。

君子精义之学，与时偕行。有遁之用，而不见其遁之形。虽日与小人周旋，而不害其为遁也。如谓耻与小人并立，而必以远遁为高，则正人尽去，人君孰与相助为理乎？

【白话】

《象传》的意思是说，君子要效法遁卦的大象，守身持正，远离奸邪。

孔子解释遁卦的大象说：此卦的上卦为乾为天，下卦为艮为山。天是无穷的，而山是有限的。综合起来看，却好像是天要离山远去的样子，这就是遁卦的大象。君子体悟其中的道理，从而懂得了远离小人的完善之道。君子与小人，不容并立，所以要尽量远离小人。因此初爻虽然并没有多么恶劣，但爻辞却一再提示人们要保持距离。人只有严于自律，以礼义廉耻为立身之大防，以正大光明为处事之大本，一丝不苟，尺寸不移，就可以一正压百邪，小人自然会远退，不敢近前。像这样不恶而严，才是真正的威严。峻以绝人叫作恶，庄以持己叫作严。只有严于律己，才能树立威德，使人敬畏。反过来看，如果能够容人，小人也可以被感化。君子精通义理，与时偕行，掌握了遁卦的功用，但丝毫不露形迹。虽然每天与小人周旋，也不影响引遁之道。如果过于严苛，认定与小人并立为耻，必然会远远遁去，正人君子都走了，还有谁帮助君王治国理政呢？

初六：遁尾厉，勿用有攸往。

《象》曰：遁尾之厉，不往何灾也。

【解义】

此一爻是见遁以早为贵，而惕其不可有为也。遁尾，言不能早避。厉，谓祸及也。

周公系遁初爻曰：君子与时偕行，时当可遁，即以早遁为贵。今初居卦下，在遁为尾。众皆决去，彼独迟留。失事机之宜，而贾中伤之祸。危且不免矣，况欲往而有所为乎？惟奉身以退，静以待时可也。

孔子释初象曰：遁之机，贵先不贵后。遁之理，宜守不宜进。遁尾之厉，以不能早遁，而妄欲往耳。若能早以晦自处而不往，则我不取灾，而灾何由至乎？此见君子当小人道长，职居下位，时既不可往，而势又不能往，惟危行言逊，而静处以俟之，则藏其用于有待。既以得嘉遁之贞，处其身于无危，且以获肥遁之利。奈何甘为遁尾，率意躁进，以蹈攸往之灾也乎。

【白话】

这个爻的意思是说，引遁以早为贵，要警惕时势，不可有为。遁尾，指不能早早引遁，结果落在了后面。厉，指祸患临身。

周公所系的遁卦初爻爻辞的意思是说：君子要与时偕行，既然时势应该引遁，那就应该及早引遁。初爻位于遁卦的最下面，遁有豚的意思，也就是猪，好比猪的尾巴。别人都能毅然决然地引遁，唯独它迟迟不能作出决断。失了急流勇退的时机，就难免被人中伤的祸患了。自身都难保了，更何况它还有心上往，想有所作为呢？当此际，唯有及时引退，静待天时才行。

孔子解释初爻的小象说：隐遁的时机，贵先不贵后，宜早不宜迟。遁卦的义理，宜守不宜进，宜舍不宜争。所谓“遁尾”之“厉”，正是就初爻非但不能及早引遁，而且有心上往，强行争利而言。如果它能早点隐退，居贞不往，就不会自取灾祸，灾祸又怎么可能主动找上门呢？由此可见，君子处在小人道长之际，又身居下位，时机不利于上往，情势也不利于上往，只有小心谨慎，静待天时，才能保全有用之身。既能像“嘉遁，贞吉”的五爻一样，处于无危之境，又能像“肥遁”的上九一样，无所不利。奈何它甘为“遁尾”，率意躁进，自蹈灾祸！

六二：执之用黄牛之革，莫之胜说。

《象》曰：执用黄牛，固志也。

【解义】

此一爻是言，执中顺之德以遁，见遁之守宜坚也。执，谓执缚之。黄者中色，牛者顺象。革，皮也。说，解也。

周公系遁二爻曰：六二时值当遁，遂因时而退藏，守其中顺之德，决于必遁，执持甚固，而人莫能解。犹执物者用黄牛之皮而莫之能说也。

孔子释二象曰：遁不以迹，而以志。所志未固，则韬晦不深，系吝之私，所不免矣。今二之志，确然不易。沉潜中顺，虽万钟于我无加。含章守贞，即三公不易其介。故爻言执用黄牛者，固守其与时偕止之志，而不转移于外也。盖君子处当遁之时，此身既已敛藏，此心尤宜坚忍。苟扶持未密，而意气或形，此志遂为小人所窥，正恐执之者不坚，说之者纷至耳。诚能识坚力固，确不可移，则中顺之德在我，自有所以遁之之理。而固志之学在小人，并不见所以遁之之迹。此其所为不恶而严也欤。

【白话】

这个爻的意思是说，六二以中顺之德引遁，操守足够坚贞。执，执而缚之。黄牛之革，黄为中色，牛为顺象，综合起来说就是中顺之德；革，皮革；“说”同“脱”，解脱之意。

周公所系的遁卦二爻爻辞的意思是说：六二处在当遁之时，能够因时而遁，并且秉持中顺之德，决心引遁，谁也不能劝说，谁也无法更改，就像被黄牛皮做的绳子紧紧绑住了一样。

孔子解释二爻的小象说：引遁不看形迹，看心志。引遁的心不坚定，就不能更好地养光韬晦，就难免系恋在不应该系恋的地方。二爻的心志，确实难以更改。它沉潜于中顺之道，万钟的俸禄对它来说毫无意义。它像万物之母坤卦的二爻一样“含章守贞”，就算三公一样的高官也不能改变它的操守。所以爻辞说“执之用黄牛之革，莫之胜说”，意思是要坚守它的与时偕止之志，绝不更改，绝不转移。总的来说，君子处在当遁之时，其行为固然要收敛，其内心也必须坚忍。如果不够坚忍，意气用事，小人就会可乘之机，君子就可能放弃执之不坚的操守。如果真的具备见识与定力，并且坚定不移，就具备了中顺之德，就能够巧妙周旋，恬然引遁。而对于二爻这个小人来说，虽然它还没有露出主动隐遁的形迹，也要劝勉它坚定引遁之心，主要是因为它尚未作恶，严一些能让它心生敬畏，知止知退。

九三：系遁，有疾厉，畜臣妾吉。

《象》曰：系遁之厉，有疾惫也。畜臣妾吉，不可大事也。

【解义】

此一爻是言，遁不宜有所系，而深鄙其不能决也。系，谓有所系累而不能遁。疾，谓有损名之病。厉，谓有中伤之祸。

周公系遁三爻曰：九三当遁之时，下比二阴，是危邦已不可入，乱邦已不可居，而犹恋恋于利禄而不忍释也，为系遁之象。以理之得失而言，有欲而不能克，此行之疵也，其疾宜也；以势之利害而言，遇患而不能去，此危之道也，其厉宜也。夫系恋之私，断非君子立身之大道。或用此畜臣妾，庶不嫌于比昵，而可得其欢心耳。若以之当进退去就之间，如之何其可也？

孔子释三象曰：九三系遁之厉者，言其有所系恋而不能遁，则阴害中之，必有疾惫也。然以之畜臣妾则吉者，盖女子小人，彼之事人者，原不过以阿谀取容，则我之结彼者，亦不过以私恩相畜。系与不系，无足重轻。若遁则出处大事，千古之名节攸关，一身之利害所系，岂可以畜臣妾之道而处之乎？盖士君子一进一退，原有不可逾之大闲，稍识义理者，皆能辨之。而身当其际，往往濡滞而不决。此无他：其始也，鲜刚正之德、几先之哲；其继也，有因循之心，觊觎之意；其终也，贻身名之羞，致祸患之及。皆此系之一念累之也。可毋戒欤！

【白话】

这个爻的意思是说，引遁就不应该有所系恋，最让人鄙视的就是犹豫不决。系，指有所系恋，不能及时引遁。疾，病，引申为名誉受损。厉，危险，引申为中伤之祸。

周公所系的遁卦三爻爻辞的意思是说：九三处在当遁之时，还紧挨着下面的两个阴爻，当此即，危邦已不可入，乱邦已不可居，它却依然系恋功名利禄，不忍离去，这就是“系遁”之象。就理的得失而言，有欲望而不能克制，践行起来就会有过失，有疾患是应该的。就势的利害而言，遇到祸患却不肯远离，这是危亡之道，有灾祸也是应该的。基于私欲的系恋，绝不是君子立身的大道。用这种态度畜臣养妾，或许不仅没有过度比昵之嫌，还可以讨其欢心。但在进退去留之间持这种态度，还谈得上君子吗？

孔子解释三爻的小象说：九三所谓的“系遁，有疾厉”，是指它有所系恋，所以不能及时引遁，因此被阴爻中伤，难免疾惫。然而爻辞又说“畜臣妾吉”，主要是因为女子与小人，原本就是靠取悦别人生活，与之相交，也不过是以私恩相畜。系与不系，都无足轻重。但是否引遁，则是人生大事，牵涉到名节与一身利害，怎能与畜臣妾之道相提并论？总的来说，君子的一进一退，都有不可逾越之处，稍微懂得义理的人，都能分辨。但真正落到自己头上，又往往犹豫不决。究其原因无他：刚开始的时候，缺乏刚正之德，也看不到细微的征兆；接下来，便生出了因循之心和觊觎之意；到最后，都会使身名蒙羞，祸患临头。总结起来，都是因为牵系于一念。一定要引以为戒啊！

九四：好遁，君子吉，小人否。

《象》曰：君子好遁，小人否也。

【解义】

此一爻是言，能绝富贵之念，而勇于遁者也。好遁，谓舍其私好而决然以遁。

周公系遁四爻曰：九四下应初六，本有富贵之好，然其体刚健，能有以胜意念之私，而绝之以遁焉。此惟以理制欲之君子，外不慕于纷华，内惟存乎道义，得遂其洁身之美，吉何如焉？若小人值之，则徇欲忘返，日役役于所好，而必不能遁也。

孔子释四象曰：九四言“君子吉，小人否”者，盖营私之念，尽人之所同，而制欲之功，君子之所独。惟君子明于时之不可为，能绝所好而必遁；小人则牵于私情，何能以果遁乎？夫君子小人，所异者其品，所分者其心，所辨者其义利邪正之介。故君子之好遁，必心性明决，机先有坐照之神；而气节刚方，临事无依回之念，然后超然物累之表。所谓人各有志，不可以好爵縻，不能以荣名絷者也。人亦审于吉凶之际，而勉为君子可矣。

【白话】

这个爻的意思是说，四爻能断绝富贵之念，勇于引遁。好遁，指四爻能舍弃私好，决然引遁。

周公所系的遁卦四爻爻辞的意思是说：九四与下面的初六有正应，初六相当于它的私好，但九四是个刚爻，内心刚健，所以能够克制意念中的私欲，与之决绝，从容引遁。只有存天理灭人欲的君子，才能不慕纷华，心存道义，洁身自好，有什么样的吉祥能与之相比呢？小人则不然，遇到类似情况，小人会被欲望蛊惑，牵系难返，营役难断，从而难以引遁。

孔子解释四爻的小象说：九四所谓的“君子吉，小人否”，主要是指私欲人人都有，能克制欲望的，却只有君子。也只有君子能够在明知时势不可为之时，绝其所好，决然引遁。小人受限于私欲的牵绊，怎么可能果决地引遁呢？君子与小人，差别在于品质，分别在于心性，辨别时只需看他们的义利观与处身的邪正。因此“好遁”的君子，必须以明达决断的心性为前提，从而能料事机先，坚守正道；君子的气节也必须刚直方正，如此才能临事果决，超然物外。所谓人各有志，既不受高官厚禄的诱惑，也不受美名美誉的拘束，又能审察吉凶，差不多就可以称得上君子了。

九五：嘉遁，贞吉。

《象》曰：嘉遁贞吉，以正志也。

【解义】

此一爻是言，见几而遁，有审时合宜之道也。嘉遁，谓遁合其宜。正志，谓所志者正。

周公系遁五爻曰：九五阳刚中正，而下应亦柔顺，似犹有可为而不必遁。然时则当遁而有不得不遁者，惟能灼于几先，与时偕行，而无濡滞不决之志。是遁之至嘉者，乃为得处遁之贞，而所处皆吉也。

孔子释五象曰：时当可遁，而或役志于功名。此心已为外物所移，志必不能正。然身处于遁，而或稍存其形迹，则此志必为小人所忌，遁亦不能嘉。今五之嘉遁贞吉者，以其先几而动，不蹈遁尾之灾；与时而行，自免系遁之厉。且可去即去，凝然在中，而若不见其所守也；可速则速，澹然于怀，而并不见其所好也。盖能自正其志，则富贵功名不能动其念，故为嘉遁之贞吉耳。

按：阳刚以守道为要，故身退则亨。九五以扶阳为贵，故嘉遁则吉。君子诚能内存正志，而外与时宜，则匪独身名两全，而关于世道亦大矣。

【白话】

这个爻的意思是说，五爻能在恰当的时候引遁，是因为它有审时度势的能力。嘉遁，遁合其宜。正志，引遁之心契合正道。

周公所系的遁卦五爻爻辞的意思是说：九五阳刚中正，下面的正应六二也柔顺中正，似乎可以君臣合德，有一番作为，不必引遁。然而时势如此，不得不退，它又能料事机先，与时偕行，毫不拖泥带水，濡滞不决。它引遁及时，至为嘉美，并且居中得正，所以能收获吉祥。

孔子解释五爻的小象说：虽然时势不利，应该引遁，但仍有人会汲汲于功名。人一旦受了外物的影响，心志必然就不会端正了。然而身处当遁之时，稍稍露出些形迹，就会招致小人的猜忌，这时就算引遁，也不会太嘉美。而五爻之所以“嘉遁，贞吉”，就在于它能够动于几兆未显之前，从而不会像初爻那样，重蹈“遁尾”之灾；又能与时偕行，自然能免去三爻那样的“系遁”之危。而且它当去即去，静定持中，以至于看不到它所守持的是什么；当速则速，淡然于心，以至于看不到它有任何私好。总的来说，五爻心存贞正，富贵功名皆不可移，所以圣人为它系上了“嘉遁，贞吉”的爻辞。

按：九五是个阳爻，好比阳刚的君子，以持贞守正为要，适时引遁就能亨通。九五身为阳爻，易理亦扶阳抑阴，所以它能够“嘉遁”而“吉”。君子如果能效仿九五，心存正志，外与时宜，不仅能身名两全，也关乎世道的否泰。

上九：肥遁，无不利。

《象》曰：肥遁无不利，无所疑也。

【解义】

此一爻是言，超然物外者，所以嘉其自得也。肥，谓处之裕如。

周公系遁上爻曰：明决不足者当遁而不知遁，物欲系念者可遁而不能遁。今上九阳刚，有必遁之志，而又居外无应，不为世累，故遁自裕如，有肥遁之象。处进退之间，随在皆优游之境也。历宠辱之交，无入非自得之机也。何不利之有哉！

孔子释上象曰：上九肥遁无不利者，其心不为物累，无所疑虑故也。盖人心有所疑于中，即不能决于外，而利害祸福之念撄之，斯进退出处之道失矣。此上九之无疑，不同于九三之系遁，并不同于九四之好遁耳。大约士君子出处之道，必视其所际之时，与所处之位。不宜有一毫偏滞之心，可行则行，可止则止。上九之肥遁，亦顺其时与位之当然。如舜处深山之中，与木石居，与鹿豕游，浩浩落落，其胸中之经纶，自在天地间也。此所谓肥遁者哉！

【白话】

这个爻的意思是说，上九超然于物外，所以能自得其美。肥，指上九处境优越，从容自如。

周公所系的遁卦上爻爻辞的意思是说：既不明智也不果决的人是当遁而不知遁，被物欲牵累的人则是可遁而不能遁。而上九是个阳爻，既明智，又果决，同时还没有正应，毫无牵系，所以能从容引遁，有“肥遁”之象。它能够自如地进退，所到之处都是优游之境。它已经看透了宠辱，随时随地都能安然自得。有什么不利的呢！

孔子解释上爻的小象说：上九所谓的“肥遁，无不利”，是指上九的心不受外物牵累，无所疑虑，所以能优游从容。因为人一旦有了疑虑，就不能果决，一旦被利害祸福扰乱，就会偏离君子的进退出处之道。上九不同于“系遁”的九三，也不同于“好遁”的九四。大致上说，士君子出仕还是隐退，必须结合着它所处的时势与位置，不能有一丝一毫的拘泥，当行则行，当止则止。上九能够“肥遁”，也是因为它顺时当位。就好像舜帝居于深山之时，与树木石头为伴，与野鹿野猪相处，心中浩浩落落，胸中自有经纶天地之德。这才是真正的“肥遁”之人啊！

䷡ 大壮 乾下震上

【解义】

大壮以阳长为义，卦体四阳长盛，故为大壮。卦德内刚外动，则又所以为壮也。彖辞恐其恃壮而不正，为处壮之人言。《彖传》因大而许之以正，本致壮之德言。义相发明，总不外于一正，此利贞所以为善用其壮之道也。以六爻言之，初与三皆以阳居阳，而不可为正者，好进而过于刚者也。五柔居中，不能进而失其壮矣。上柔居壮之终，不能壮者而亦终用壮焉，皆非得其正者也。求其善者，惟二四之贞乎？夫二与四，皆以阳居阴，已不得其正，而以为贞吉，何也？二所处得中，能不失其宜，是因中以求正也。四惟以阳居阴，为不极其刚，是虽不正，而有可以得正之理。故均之为吉，而悔亡也。审是可以知用壮之道矣。

【白话】

“大壮”是阳爻壮盛之意。从卦体上看，它有四个阳爻，所以叫作大壮。从卦德上看，内卦是刚健的乾卦，外卦是动卦震卦，内刚而外动，才足以发展壮大。彖辞担心它壮而不正，所以为处壮之人建言。《彖传》因为大壮之“大”，嘉许它的贞正，是就卦德而言。二者相互发明，总不外乎一个“正”字，所以卦辞直接给出建议，即“利贞”。以六个爻而言，初爻与三爻都是以阳居阳，非常当位，但它们算不上正，因为它们过于阳刚，好动喜进。五爻是个柔爻，处在大壮卦中，并不得宜，又是君位，却中而不正，没有上进的动力，所以也不符合大壮卦的内涵。上爻也是柔爻，并且位于大壮卦的终极之处，自身不够壮盛，但又不得不处壮用壮，也不得其正。比较完善的，似乎只有“贞吉”的二爻与“贞吉悔亡”的四爻吧？但二爻与四爻，都是以阳居阴，并不当位，说明自身不正，爻辞却都说“贞吉”，这是什么原因呢？主要是因为二爻处在下卦的中间，也就是得中，所以能以中求正，而四爻虽说以阳居阴，但避免了过刚，现状不正，却有可以得正之理。所以爻辞都说“吉”，而且可以避免悔吝。综合审视，就不难总结出用壮之道了。

大壮：利贞。

【解义】

此卦乾下震上，卦体四阳盛长。卦德乾刚震动，卦象雷行天上，皆阳道方盛之势，故名大壮。卦辞言，君子处壮之道，贵得其正，不可恃势而妄动也。大指阳。壮，盛也。

文王系大壮彖辞曰：卦四阳盛长，正君子得大行其道之时。然君子所恃以壮者，以理之正，非势之强也。苟或自恃其壮，则徇时妄动，既有以起人心之争，挟势自矜，更无以济天下之变，而小人反得乘间以中伤之，故必利于守贞。凡存心制事之间，一出夫礼义之正，然后得处壮之道，而可常保其终也。

按：复临泰，阳长于内，皆言亨。大壮，阳自内而达于外，不言亨，而言利贞者，圣人既深喜阳道之盛，而又恐过恃其盛，或至轻动以取咎，故谆谆戒之以贞也。君子当此，以刚正为立身之节，以敬畏为存心之要。言必中规，行必合矩。勿因亢激而失事机之会，勿执意见而伤众论之同，于以处盛势，治休时，不亦协恭和衷，上下同心哉。

【白话】

此卦的下卦是乾卦，上卦是震卦，卦中有四个阳爻，说明阳气盛壮。就卦德而言，下卦乾卦主刚健，上卦震卦主震动，卦象则是“雷行天上”，都具备阳道方盛之势，所以叫作大壮。卦辞的意思是说，君子处在大壮卦的时势下，贵在得正，不可恃壮而妄动。大，即阳爻，阳大阴小。壮，盛壮。

文王所系的大壮卦卦辞的意思是说：此卦有四个阳爻，阴气盛长，正是君子大行其道之时。但君子所仗恃的，是永恒的义理，而不是一时的时势。如果自恃其壮，就会徇时妄动，既引发争斗，又不能匡济天下，还会被小人中伤，所以必须守贞持正。只有存心制事都遵循正道，才可以得壮处壮，才可以常保其终。

按：复卦、临卦与泰卦的共同点，是阳爻都在内卦生长，所以它们的卦辞都说“亨”。大壮卦有四个阳爻，已经从内卦生长到了外卦，但卦辞不说“亨”却说“利贞”，是因为圣人既欣喜阳道的盛壮，又担心它仗恃自己的盛壮取咎，所以谆谆教导，戒之以“贞”。君子应该效仿大壮卦，以刚正为立身之节，以敬畏为存心之要，言辞合规，行为中矩，勿因亢激而失事机，勿因执己而伤众论，如此处盛势，治休时，才能协恭和衷，上下同心。

《彖》曰：大壮，大者壮也。刚以动，故壮。大壮，利贞，大者正也。正大而天地之情可见矣。

【解义】

此《彖传》，是释大壮彖辞，欲君子以理维势，而常保其壮也。大，指君子。壮，谓道大行。

孔子释大壮彖辞曰：卦名大壮者，卦体四阳盛长，气运方隆，君子则得时而行道焉，故大者壮也。然壮有盛势，而所以致壮则以德。卦德乾刚震动，是君子本天德之刚以动，毅然明道谊，立名节。既不屈于欲，又不靡于气。声势日昌，功业日盛，所以壮也，故名大壮。然又曰利贞者，何哉？盖天下之道，阳正阴邪，阳大阴小，未有大而不正者也。君子既有其大，则所存者正，自不涉于偏私；所发者弘，莫不本乎义理。大者自正，不正不可言大也。如是而君子之正大，固秉于天地；天地之正大，实同于君子矣。天无所不覆，地无所不载。惟覆载无私，而见其正，乃能覆载广被而成其大，故正大而天地之情可见也。

按：大者壮，以气言；大者正，以理言。唯有此理以宰此气，则无往而不得其正。君子本天德以为体，秉礼义以为用。则其气自可以配道义，塞天地。我之正可通于天地之正，而我之大可通于天地之大矣。于以辅世长民，经纶参赞，孰非此阳刚之德为之哉？

【白话】

《彖传》是对大壮卦卦辞的解释，目的是使君子以理维势，常保其壮。大，指君子。壮，指君子之道大行。

孔子解释大壮卦的彖辞说：大壮的卦名，是因为卦体有四个阳爻，阳气盛长，气运方隆，正是君子大行其道之时，所以叫作大壮。然而大壮卦之所以壮盛，乃是因为它的卦德。具体说来，下卦为乾为刚，上卦为震为动，上卦的乾卦还代表天，综合起来看就是君子遵循刚健的天德行动，明道义，立名节，既不屈从欲望，又不靡于骄气，从而声势日昌，功业日盛，所以叫作大壮。然而卦辞又说“利贞”，是什么原因呢？总的来说，天下的道理，以阳为正，以阴为邪，以阳为大，以阴为小，所以没有大而不正的道理。君子既然能成其大，其内心必然是纯正的，自然不会偏私，其行为举动莫不遵循义理。弘大者必然纯正，不正不可以言大。如此说来，君子的正大，其实是秉持了天地的正大；天地的正大，与君子的正大别无二致。所以天无所不覆，地无所不载，也正是因为天地无私，才能够体现出天地之正，才能够覆载广被，成就天地之大，这就是彖辞所谓的“故正大而天地之情可见也”。

按：阳爻壮盛，是以气言；阳爻贞正，是以理论。唯有遵循天理，心存正气，才能无往而不正。君子以天德为体，秉礼义为用，其气足以配道义，塞天地。如此一来，君子之正可通于天地之正，君子之大也可以通于天地之大。其辅佐国君，治理万民，经纶天下，参赞谋划，不都是基于其阳刚之德吗？

《象》曰：雷在天上，大壮，君子以非礼弗履。

【解义】

此《象传》，是言君子心足以胜私而能壮也。

孔子释大壮象曰：此卦上震下乾，雷行天上，声势震动，故名大壮。君子体之，亦如天雷之象。严毅以持其志，明决以审其几。存于心者，道以御情，不敢或役于偏私；而体于身者，理以制欲，尤必自范于中正。则刚德常存，礼义在我，天下之壮，孰大于此？盖德性本刚，唯一为私累则馁而不壮，故非几之渐，每发于意念之不及持，而闲邪之功，贵操于隐微之所独觉。君子制防极其严，销镕极其净，时时有以自胜。而非礼之私，绝之于中，不使履之于外，则心存而理得，义正而气伸。在我者凛然不可犯，天下孰得而犯之？此曾子之大勇，惟其自反而缩也。学者岂可任矜气之为，而忘克己之功哉。

【白话】

《象传》的意思是说，君子之所以能够壮大，是因为内心刚健，无所偏私。

孔子解释大壮卦的大象说：大壮卦的上卦为震为雷，下卦为乾为天，如同雷行天上，声势震大，所以叫作大壮。君子体悟并效仿大壮卦的内涵，也有天雷之象。具体说来就是持贞守正，明决审几。其内心遵循的是道义，以道御情，便不会有所偏私；其身体力行的是义理，以理制欲，才能使自己趋于中正。如此便能保持刚健，凡事循理守义，天下之盛壮者，还有比这更大的吗？总的来说，人本来就有秉承自上天的刚健之德，只有被私欲牵累，才会馁而不壮。让人偏离正道并渐行渐远的，都发于微小的一念，而防邪之功，贵在能够在邪恶刚刚萌芽的时候就予以扼杀。君子与常人的不同之处，就在于他们防范极其严密，消除极其纯净，从而能不断地战胜自己。对于不符合礼义的私欲，既不会长久地存心，也不会使之影响自己的行为，如此才能心存而理得，义正而气伸。自己凛然不可犯，天下又有谁敢犯之？这是曾子这样的先哲才具备的大勇，惟其如此，才能够自反而缩。做学问的人怎么能放任自己的骄矜之气，而忘记了严于自律呢？

初九：壮于趾，征凶。有孚。

《象》曰：壮于趾，其孚穷也。

【解义】

此一爻是言，处卑位而恃壮轻进，见其必致败也。壮于趾，谓躁于有为。有孚，言其必然也。

周公系大壮初爻曰：初九以阳刚居下位，虽时当大壮，而权不我操。正宜静以自持，相时而动。若率意锐进，遽欲有所作为，犹趾在下而妄动者然。以是而往，交浅言深，上必见疑于天子。位卑言高，下必取忌于大臣。计未行，谋未听，而祸已随之，其凶有必然矣。

孔子释初象曰：凡人在下，则循其分之得为者而为之宜也。今初九居下，而当壮时，恃刚躁动，不安其分。于理逆，于势拂。即此始动之时，已知其必至于困穷也。盖君子建业立功，亦必度德量力。或时有可为而势不能为，或才足有为而分不当为。惟当守己待时，无喜功而过举，无好事以矜高，则体用咸宜，自有审时济物之业；经权合度，乃为沈几达变之才。苟或事权不属，而轻举妄动，岂能免壮趾孚穷之害乎？

【白话】

这个爻的意思是说，地位卑微却恃壮轻进，必然失败。壮于趾，指急于有为。有孚，其凶必然的意思。

周公所系的大壮卦初爻爻辞的意思是说：初九以阳居阳，但位于大壮卦的最下面，说明时势壮盛，但对它来说意义不大。在这种情况下，它应该安静自持，相机而动。如果轻举锐进，急欲有所作为，犹如人的大脚趾在身体的最下面，但妄动不已。所谓交浅不言深，初爻如果一定要上往，必然会见疑于天子。它位卑而言高，还会招致大臣们的猜忌。其计未行，其谋未听，但祸患已经如影随形，其凶难免。

孔子解释初爻的小象说：人在卑下之时，就应该遵循本分，做自己能做的事。如今初九处在全卦的最下面，同时又处在大壮之时，顿起刚躁之心，不安其分。既不符合义理，也不顺应时势。所以在它刚刚行动之时，就已经料到了它未来的困穷。总的来说，君子建功立业，也得度量自己的才德和能力。而且还有时间可以有为但情势不可为，以及才能足以有为但分定不当为的情况。只有守己待时，不好大喜功，不好事自矜，才能体用咸宜，审时济物，经权合度，沈几达变。明明没有相应的职权，非要轻举妄动，又怎么能避免“壮趾孚穷”之害呢？

九二：贞吉。

《象》曰：九二贞吉，以中也。

【解义】

此一爻是言，不恃壮而能得中以归正也。

周公系大壮二爻曰：处壮之时，所利者贞而已。九二以阳居阴，有恃壮妄动之意，犹幸心本无私，一觉其失，即有以抑其血气之刚，而反于至正之道。则谦以饬躬，既不任刚而召衅；礼以御物，自能善俗而宜民。其吉也，不亦宜乎？

孔子释二象曰：九二之贞，何以得吉哉？盖人心一有所偏，则内失其贞，而外多过举。事未发，而悔吝已随之。今九二以贞自守，心既得乎中，则所行自无不吉也。夫由二而上，三则有羸角之愆；由二而下，初则有壮趾之失。惟二以中获吉，不偏不倚，不激不随。彼小人之奸谋，既不能中我，而在我之正道，自无不可行。其有合于利贞之旨也哉！

【白话】

这个爻的意思是说，不仗恃自己的盛壮，就可以得中守正。

周公所系的大壮卦二爻爻辞的意思是说：处在大壮之时，宜于做的只有贞正而已。九二这个爻以阳居阴，并不当位，好比恃壮妄动，好在它处在下卦的中间，说明内心无私，能立即意识到自己的过失，并抑制住自己的血气之刚，反于至正之道。从而能谦躬自守，不因过刚而招衅；以礼御物，自然善俗而宜民。它能收获吉祥，不是应该的吗?

孔子解释二爻的小象说：九二的爻辞说“贞吉”，是因为什么呢？这主要是因为人心一旦有所偏私，对内则失了贞正，对外则会有错误的行为。事情还未开始，悔吝已经相伴随了。如今九二能以贞自守，内心持中守正，行为举止自无不吉。二爻还是个分水岭，它上面的三爻有“羸角之愆”，它下面的初爻有“壮趾之凶”，唯独这个二爻，能够以得中获吉，不偏不倚，不激不随。小人的奸谋，既不能中伤它，它所奉行的正道也无不可行。它是真正地掌握了“利贞”的精髓!

九三：小人用壮，君子用罔，贞厉。羝羊触藩，羸其角。

《象》曰：小人用壮，君子罔也。

【解义】

此一爻是言，恃壮者妄动而取厉也。用壮，谓凭恃势力。用罔，谓蔑视小人。羝羊，善触之物。羸，困也。

周公系大壮三爻曰：成天下之大业者，必有忍人所不能忍之德性，而后有为人所不能为之事功。今三过刚不中，而恃壮妄为。此在小人，任血气之强，不自度量，任意纷更，方抱其忿忿之私而用壮。君子于此，须善厥裁度，深虑过防，克济其事。乃亦恃刚妄动，疾恶过严，不以小人为意而蔑视之。虽举动未尝违理，而一念轻忽，遂为用罔。即自以为贞，而不知适滋厉阶耳。夫小人方设机以自固，君子不察，以刚气乘之。我方恃壮而行，彼益阴为盘结，势必罹其网罗。如触藩之羝羊，而适自羸其角也。

孔子释三象曰：小人血气未除，其用壮而失，固无足责。乃号为君子，正当以理御势，而乃亦以罔闻也，厉可言哉！盖壮者本君子之道，罔者本小人之私。今小人反曰用壮，正由君子不能审几度势，轻用其壮，而使小人得阴自为防，则小人之用壮，实君子之用罔，有以使之然也。夫君子之壮，至为小人所窃用。为君子者，又不知慎重，而复罔以乘之。盈庭之排斥方严，而宵小之藩篱愈固，卒致蹈触藩之愆，甚而遭反噬之祸矣。可毋戒欤?

【白话】

这个爻的意思是说，恃壮妄动者是自取危厉。用壮，指仗恃势力。用罔，蔑视小人之意。羝羊，善触之物。羸，困。

周公所系的大壮卦三爻爻辞的意思是说：成就非凡的功业，必须能忍人所不能忍，才能为人所不能为。如今九三以阳居阳，又处在下卦的终极之处，过刚不中，显然是恃壮妄为的一爻。如果它是个小人，最初只是任血气之勇，不自度量，任意变更，才会愤愤不平，进而用壮。如果它是君子，自然也知道修身养性，深虑过防，克济其事。但它也可能恃刚妄动，具体说来是因为它嫌恶过严，不以小人为意，并加以蔑视。虽然并不违理，但过于轻忽，也会失去立足之地。它以为自己只要持贞守正即可，但不知道这往往也是祸端滋生之处。小人之所以是小人，就在于小人心机险恶。倘若君子轻慢小人，就会以阳乘阴，从而激起小人的反噬。君子在阳光下恃壮而行，小人在角落里阴谋盘结，君子势必为小人所算计，恰如顶撞藩篱的羝羊自羸其角。

孔子解释三爻的小象说：小人血气未除，好动喜进，他们用壮的结果如何，都不足苛责。至于君子，就应该以理御势，却同样落得罔闻的下场，其危厉难以胜言！总的来说，用壮本应是君子之道，用罔才符合小人之术。如今爻辞说“小人用壮”，正是因为君子没能审时度势，轻用其壮，使小人有所警觉并暗中设防，当小人得以用壮之时，君子只能“用罔”，这是必然之理。本来属于君子的盛壮，被小人窃取盗用了不说，君子还不知慎重，进一步轻视小人，只会导致更多的排斥，而宵小之徒们暗中盘结的藩篱愈发坚固，最终导致“触藩之愆”，甚至遭到反噬之祸。能不引以为戒吗?

九四：贞吉，悔亡。藩决不羸，壮于大舆之輹。

《象》曰：藩决不羸，尚往也。

【解义】

此一爻是言，君子不恃壮而功业可建也。藩决，谓有可进之机。輹壮，谓有能往之具。

周公系大壮四爻曰：九四阳居阴位，本有躁进之悔。若恃刚以进，而小人即有以摧阻其间矣。乃四不用罔而贞以自处，则动无不臧，何吉如之？夫吉凶悔吝生乎动，如三之用罔触藩，则不免于悔。今以理自胜，而小人无隙可乘，吾道得以因时表见，又何悔之不可亡乎？盖小人之设备以倾陷君子者，本由君子之排斥过严，不得不阴为藩蔽也。诚从容审处，默夺潜消，彼且服我之宽大而释其猜疑，我何不可坦示其公忠而毅然长往乎？故取象于羊则藩篱已决，而不至于羸。取象于车则大舆輹壮，而进有其具也。

孔子释四象曰：四惟不极其刚而贞，则凡有举动，无乖于事势。无忤于人心，天下自然咸服。小人虽设其藩，安得而阻拒之？吾道大行，攸往咸宜也。此见君子任国家之事，不可轻意妄动，必使经济在我，运用不穷。饬威仪以表德隅，而实无棱角之可见；本道德以为蹈履，而自有坦途之可行。则群小岂惟不敢抑挠，必且俯首听命。惟我所欲为，下引同德之阳，上辅柔中之主，功无不成，而志无不遂。其九四之谓乎！

【白话】

这个爻的意思是说，君子不仗恃自己的盛壮，就可以建立功业。藩决，有可进之机的意思。輹壮，有能往之具的意思。

周公所系的大壮卦四爻爻辞的意思是说：九四以阳爻居阴位，说明它因为躁进而有所悔吝。如果仗恃自己的刚强往进，就有可能遇到小人的摧阻。好在四爻不像三爻那样“用罔”，而是贞以自处，所以动无不善，还有比这更吉祥的吗？总的来说，大壮卦各爻的吉凶悔吝都源于动。比如“用罔触藩”的三爻，它就是因为动而不免于悔。如今四爻遵循义理，自胜自制，让小人无隙可乘，并在此基础上，适时展现君子之道，又有什么样的悔吝不可以消除？总的来说，小人之所以防备君子，陷害君子，主要是因为君子过于排斥小人，他们不得不在暗中为自己打算。如果真能从容的审察时势，默夺潜消，小人自然会服膺君子的胸怀，不再猜疑，君子又为什么不能坦示自己的忠心，毅然长往呢？所以此爻取象于羊，寓意“藩决不羸”，又取象于车，并且是“壮于大舆之輹”之车，寓意有了上往的工具。

孔子解释四爻的小象说：四爻唯有不极尽其阳刚，反而选择贞正，其行为举动才不会违背时势。不违背时势人心，天下自然咸服。小人虽然设置了藩篱，又怎么能阻挡？君子之道大行，攸往咸宜，无往不利。从中不难发现，身担家国重任的君子，不可轻易妄动，必然牢牢掌握经国济世的要害，充分运用，整饬威仪，使德行方正，又不带一丝棱角。凡事遵循道德，前方自然是一片坦途。小人迫于时势，岂敢抑挠于君子，只会纷纷俯首听命。至于君子的心愿，不过是与同道中人一起辅佐柔中之主而已，由于它大公无私，所以能功无不成，志无不遂。所谓君子，就是九四这样的人吧！

六五：丧羊于易，无悔。

《象》曰：丧羊于易，位不当也。

【解义】

此一爻是言，不能奋刚以御物，而失壮之象也。

周公系大壮五爻曰：阳壮以刚为体，今五以柔居中，而刚壮之威忽然委靡，为丧羊于易之象。此阴柔不振，不能奋威以御众，仅免于悔而已。盖有藩者羸其角，亡羊则不至羸；羸角者无攸利，不羸则自无悔。虽曰无悔，其如失刚德何哉？

孔子释五象曰：六五言丧羊于易者，处当刚之地，而以阴居阳，柔其所不必柔，盖由位之不当，失其壮而不能进，故有此象也。此见人君乘乾御世，贵去优柔不决之心，而存刚毅明决之德。用人则立贤无方，不以世类而拘；去奸则疾恶如仇，不以狎昵而恕。则乾刚在我，而纲纪毕张矣。或谓，六五当四阳在下，其势强盛，惟柔顺和易可以调伏之，使帖然相安，正汉光武所云“吾治天下，欲以柔道行之”者。然此乃帝王笼络一世妙用，外浑厚而内精明，故能因时制宜，操纵全在乎我。岂当断不断，养乱长奸，优游岁月，以儌幸无事者可比哉。

【白话】

这个爻的意思是说，九五不能奋刚御物，乃是失壮之象。

周公所系的大壮卦五爻爻辞的意思是说：大壮卦是阳壮之卦，四个刚爻构成了卦的主体，六五却以柔居中，使得全卦的刚壮之威忽然委靡，这就是“丧羊于易”之象。它还处在九五之尊的位置，自己阴柔不振，便不能奋威御众，只能做到“无悔”。因为有羊（阳）才会触藩羸角，羊（阳）都没了，还怎么“羸其角”呢？“羸其角”的固然谈不上什么利益，“不羸其角”的自然无悔。虽然无悔，但它失去了刚德，又能好到哪里去呢？

孔子解释五爻的小象说：六五所谓的“丧羊于易”，是指它处在阳位，却以阴居阳，柔其所不必柔，总的来说就是不当位，失壮难进，所以有“丧羊于易”

之象。由此可见，作为君王，乘乾御世，贵在去除优柔不决之心的基础上，保存刚毅明决之德。用人则不拘一格，立贤无方，去奸则嫉恶如仇，不因关系亲密而宽纵。如此，便能乾刚独断，纲纪毕张。有人认为，六五下面有四个阳爻，势力强盛，它只有柔顺和易才能调伏四个阳爻，这正是光武帝刘秀所说的“吾治天下，欲以柔道行之”的道理。这固然是帝王的妙用，其要诀是外浑厚而内精明，如此才能做到因时制宜，操纵在我。岂是像五爻这样当断不断，养乱长奸，优游岁月，寄希望于上天眷顾的人可以比拟的？

上六：羝羊触藩，不能退，不能遂。无攸利，艰则吉。

《象》曰：不能退，不能遂，不详也。艰则吉，咎不长也。

【解义】

此一爻是言躁进之难遂，而示以知所进也。遂，进也。

周公系大壮上爻曰：壮终动极，志之刚也。故恃壮而动，无所顾虑。然其质本柔，才之弱也。故临事而疏，莫知所措。如羝羊之触藩，既不能退，而又不能遂其进，亦何所利哉？要其所以然，以躁动而失之轻易耳。犹幸其不刚，庶不终于恃壮者。若能详慎于事几，酌量于时势，艰难持重而出之，则天下之事可以徐观其宜，而善为之图，终得遂其进而吉矣。

孔子释上象曰：上六“不能退，不能遂”者，由其但知用壮，而处之不详慎也。然艰则吉者，言能不恃其刚，而存克艰之念，则所谋自能如意，而不遂之咎不长矣，故吉也。盖人心之躁进，皆起于不知艰；而刚德之纯全，必由于能详慎。故爻言艰，而象言不详，皆所以抑其躁心，而善其刚德也。然则君子处方壮之时，据得为之势，必以贞为壮之本。以中为贞之用，以礼为贞之表。周详敬慎，不亢不激，则天德在我。既有以自胜，即有以胜人。倘若不能知艰，轻于一击，是犹非时而震之雷，适以泄天道之和气，而滋其乖戾耳。亦何济于事哉。

【白话】

这个爻的意思是说，躁进者难以顺遂，一定要懂得进退之道。遂，进。

周公所系的大壮卦上爻爻辞的意思是说：上爻处在大壮卦的终极之处，又处在上卦震卦的极点，震为动，壮终动极，其志过刚。所以它会恃壮而动，无所顾虑。但它却是个柔爻，质柔才弱，所以遇到变故，会不知所措，恰如羝羊触藩，既不能退，又不能进，会有什么利益呢？归纳起来说，一切都失之于躁动。反过来看，又幸亏它是个柔爻，这导致它不至于恃壮而终。如果它能详审事几，酌量时势，艰难持重，徐观其宜，善为之图，最终也可以壮进而吉。

孔子解释上爻的小象说：上六所谓的“不能退，不能遂”，是说它只知道恃勇用壮，不知道审时度势，处事也不周密。但又说“艰则吉”，是说它以柔居柔，不至于像以阳居阳的爻那样恃其刚勇，只要心存克艰之念，所谋自能如意，“不能退，不能遂”的处境很快就会改变，所以吉祥。总的说来，人心的躁动，源于不了解过程的艰辛；只有纯刚至健的刚爻，才能够在勇壮的基础上，处事详慎，稳健前行，步步为营。所以爻辞说“艰”，象辞说“不详”，目的都是为了抑制它的刚躁之心，完善它的刚明之德。不过君子处在大壮之时，占据有为之势，必须以贞正为本。具体说来，就是以中为贞正之用，以礼为贞正之表。如此便能做到周详敬慎，不亢不激，使天德在我，既用以自胜，也可以胜人。倘若忽略过程中的艰辛，轻举躁进，恰如不在春天震动的雷声，只会败泄天和，滋长乖戾，对事情又有什么助益呢？

䷢ 晋 坤下离上

【解义】

晋卦象明出地上，当明盛而有可进之时也。然必有致主之德，又遇虚中纳贤之主，方可以善成其功。故言卦德则顺丽离明，言卦变则柔进上行。臣秉顺节以事主，君执柔道以报功。此君臣一德相成，世道所以日盛，而有是宠光也。六爻四柔二刚，六五一柔为晋之主。六自四而上升，已进者也，故往吉无不利。下坤三柔皆欲进者，而九四不中不正，窃位畏人，故有鼫鼠之象。三与五近，下接二柔，志在上行。三阴同志，而四莫能间，故曰众允悔亡。二在下卦之中，去五渐远，则忧其欲进而不得进，故晋如愁如。初最远于五，当进之始。上与四应，而四不中正，反为所抑，故晋如摧如也。上以刚居一卦之终，而前无可进，故有晋其角之象。诸爻所处不同，圣人教人以善进之道如此。

【白话】

晋卦的大象是太阳升起于地平线上，光明盛长，时势可进，“进”通“晋”。但是必须有致主之德，还要遇上虚中之主，才可以君臣合德，成就事功。所以彖辞说到卦德时，便说“顺而丽乎大明”，具体说来就是下卦为坤为顺，上卦为离为丽，说到卦变，则说“柔进而上行”，具体是指晋卦由观卦变来，也就是观卦的柔爻六四向上行进一位，就变成了晋卦。对应到人事上，就是臣子秉承事君之道，君王抱持柔中之道，彼此合德，世道日盛，才有这样的荣宠光耀。六个爻中有四个柔爻和两个刚爻，六五则是晋卦的卦主。恰如前面所说，它是由于观卦的六四向上升进一位才变成晋卦的，如今已居于君爻的位置，相对于过去已经升晋，以此上往，也能“吉无不利”。下卦坤卦的三个柔爻，都有心上进，九四则不中不正，好像窃位畏人的鼠辈，所以有“鼫鼠”之象。三爻与五爻很接近，下面又有两个有心上进的柔爻，亦有上行之志。三个阴爻志同道合，作为阳爻的九四无法离间，也无法阻挡，所以爻辞说“众允，悔亡”。二爻在下卦的中间，与五爻相距较远，欲进而不得进，所以会心生忧虑，所以爻辞说“晋如愁如”。初爻离五爻最远，也处在升晋之始的位置。它与九四有正应，但九四不中不正，所以反倒受了抑制，因此爻辞说“晋如摧如”。上爻是刚爻，又居于一卦之终，进无可进，是钻牛角尖的一爻，故有“晋其角”之象。圣人如此创设六爻，是为了更好地教导世人善进之道。

晋：康侯用锡马蕃庶，昼日三接。

【解义】

此卦坤下离上，卦象日出地上，有可进之时。卦德顺丽离明，有可进之德。卦变自观而来，柔进上行，有可进之君。三者皆有上进之义，故名为晋。卦辞言，人臣遇圣明之主，可以立功而获宠也。康侯，安国之侯。

文王系晋彖辞曰：人臣立大功于天下，必有可为之时，能为之德。而遇有为之君，乃可进而建不世之勋。君子有此三者，而为治国安民之康侯，功在社稷，泽被苍生，丰功伟烈，既昭辅佐之隆休；一德同心，自荷宠荣之大典。故不特锡马，而又加以蕃庶，礼何厚也；不特昼接，而且加以三接，情何殷也。盖以非常之功，受非常之宠，有不可以待下之常礼拘者如此。自古为君者不可忘臣下之功，为臣者不可恃人主之宠。忘臣下之功，则有德不酬，有劳不报，激劝之典废，而非所以待功臣矣；恃人主之宠，则贵必生骄，禄必生侈，明哲之义乖，而非功臣之所以自处矣。观晋之康侯，膺隆遇而显才猷，此真三代以上君明臣良之盛，而非后世所可几也。

【白话】

晋卦的下卦是坤卦，上卦是离卦，犹如太阳在地平线上冉冉升起，有可以进一步升晋的时势。就卦德而言，下卦为坤为顺，上卦为主为丽，综合起来看，就是有柔顺光明的可进之德。从卦变上看，晋卦是由观卦变来，具体说来是代表大臣的柔爻六四上行一位，说明有可进之君。卦象、卦德和卦变都有上进之义，所以叫晋卦。卦辞的意思是说，人臣遇到圣明之主，可以立功获宠。康侯，安邦定国的诸侯。

文王所系的晋卦的卦辞说：为人臣者，欲立大功于天下，必须有可为之时，以及能为之德。再遇上有为之君，便足以升晋，建立不世之勋。君子遇到上述三种情况，就是治国安民的康侯，功在社稷，泽被苍生，丰功伟烈，既能昭显自己辅佐君王的功勋，又能坦然承受君王的恩宠。所以不仅会赐其良马，而且数量很多，礼遇相当厚重；不仅礼遇，而且再三的礼遇，感遇之情极其殷切。总的来说，以非常之功，受非常之宠，自然不可以常理论之。从古至今，为人君者，自然不可以忘记臣下的功绩，为人臣者，也不可恃人君的恩宠行不义之事。人君倘若忘记了臣下的功绩，便会有德不酬，有劳不报，也就没法再激励臣下，所以绝不能这样对待功臣；人臣倘若仗恃君王的恩宠，就会恃宠而骄，继而生活糜烂，背离道义，这绝不是功臣的自处之道。观察晋卦所提到的康侯，既有君王隆盛的礼遇，又展现出不世的才德和莫大的功业，只有三代以上的盛世才有这样的贤臣，后世之人是难以抵达的。

《彖》曰：晋，进也。明出地上，顺而丽乎大明。柔进而上行，是以康侯用锡马蕃庶，昼日三接也。

【解义】

《彖传》，是释晋彖辞。言当进而有为之时，以申明人臣获宠之由也。明出地上，以时言。顺丽，以德言。柔进上行，谓五以柔中之德，居崇高之位，以君言。

孔子释晋彖辞曰：卦名为晋者，盖言君子负经济之才，由草野而升诸廊庙，有进之义也。夫君子当上进之会，固可以立安国之功矣。然立功在己，而报功在人，己所难必。卦辞何以曰“康侯用锡马蕃庶，昼日三接”哉？盖人臣出身而仕录功者，时也；居功者，德也；报功者，君也。今卦象明出地上，是世道维新，赏罚攸当，其帝臣不蔽之日乎！所以录功者有其时矣。卦德顺丽大明，是以徽柔懿恭之臣，事聪明睿智之主，其劳谦君子之美乎！所以居功者，有其德矣！卦变自观来，四之六上居五，柔进上行，是人君秉温恭之度，而不挟势以自高，其崇德尚贤之主乎！所以报功者，有其君矣。夫有德则可以善处其功，有君有时则可以不掩其功，故康侯遭此殊遇，而锡马蕃庶之隆其赐，昼日三接之厚其情也。大抵人臣不难于建功之先，而难于建功之后；人君不难于待功臣之体，而难于待功臣之心。盖遭时得位，虽竖立奇勋，而一念偶泰，则猜忌之嫌必开；一节偶疏，则恪恭之道遂失。主知未易结，宠遇未易保也。然即使臣节克尽，而非在上有仁明之主，推心置腹，至诚相孚，亦岂能赏赉繁多，接见频数，同心同德如是之盛哉？此孔子告鲁君，礼与忠二者，为千古事君使臣不易之经也。

【白话】

《彖传》是对晋卦卦辞的解释，目的是申明人臣在当进有为之时获得荣宠的缘由。明出地上，是以时势而言。顺丽，是就卦德而言。柔进上行，是指晋卦的五爻由观卦的四爻升晋而来，有柔中之德，居崇高之位，具备君爻应该具备的德行。

孔子解释晋卦的彖辞说：卦名叫作晋卦，主要是说君子负有经邦济世之才，由草野而升晋至庙堂，有升进之义，“进”通“晋”。君子有上进的机会，固然可以安邦济世。然而立功在己，酬功在人，自己难以掌控。卦辞为什么要说“康侯用锡马蕃庶，昼日三接”呢？主要是因为人臣出身入仕，靠的是天时；建功立业，凭的是德；而酬功报功，取决于君王。如今，晋卦呈现出明出地上的大象，不正是世道维新，赏罚得当，君王能广泛听取各方意见之时么！这当然也是人臣可以建功，而君王会恰当酬报人臣之时。卦德“顺丽大明”，也就是下顺上丽，正大光明，恰如以柔顺谦恭之臣，上事聪明睿智之主，就像谦卦所崇尚的“劳谦君子”的美德一样。其所以能建功居功的，也正是因为它的美德！晋卦是由观卦变来，具体说来是观卦的柔爻六四上行一位，居于君爻的位置，柔进上行的君主，必然秉持温良恭谨之度，而不会挟势自高，刚愎自用，这不正是千古称颂的崇德尚贤之主么！其所以能酬功报功的，乃是因为有这样的君王。有德就可以善处其功，有君则可以不掩其功，所以康侯能受到特殊的礼遇，即“锡马蕃庶”与“昼日三接”。大抵来说，人臣之难，不难于建功之先，而难于建功之后；人君之难，不难于待功臣之体，而难于待功臣之心。这主要是因为人臣一旦逢时得位，就算树立了奇勋，但一念稍过，内心的猜忌就开了头；一处不当，就偏离了恭谨之道。君主的信任就难以之牢固，君主的恩宠自然也无法长保。然而就算臣子恪守人臣之道，上面若没有仁君明主，彼此推心置腹，以至诚相感孚，又怎么可能像晋卦中的明君那样，一赏再赏，一见再见，同心同德到如此隆盛的程度呢？所以孔子告诉鲁君，礼与忠，是千古不易的以臣事君、以君使臣之道。

《象》曰：明出地上，晋，君子以自昭明德。

【解义】

此《象传》，是言君子之学有日新之功也。

孔子释晋象曰：离明出于坤地之上，有进而上行之象。君子体之，以吾德本明，因蔽于物欲，有时而昏。然其或昏或昭之几，皆在于我，不从外得也。亦惟内自省察，致其夙夜宥密之功，不以人所不见而辍其敏皇之心，不使己少宽假而昧其昭明之体，则进进不已，而至德无亏，亦如日之光明不息焉，君子自进之学如此。夫此心也，即汤之懋昭，文之敬止也。盖勤则生敬，敬则生明。圣人心学相接，不外日新又新，缉熙无斁者，以复其明德之本然。私欲尽而天理昭，皆于自心致之，无事于他求也。故乾曰“君子以自强不息”，晋曰“君子以自昭明德”，正以至健莫如天，以之自强，我用我之强也。至明莫如日，以之自昭，我用我之明也。此固其微旨也欤。

【白话】

《象传》的意思是说，君子会效仿晋卦的大象，能日新其德，日新其学。

孔子解释晋卦的大象说：下卦为坤为地，上卦为离为明，离明出于坤地之上，也就是太阳冉冉升起于地平线之上，有继续晋升上行之象。君子体悟晋卦的大象，知道人人具备与生俱来的光明德行，但为物欲所蔽，有时会陷入昏昧。然而内心的光明德行是昏昧还是昭然，都取决于自身，而不是外界。也只有自我省察，夙夜存心，不因为别人看不到而有所怠惰，不使自己因为稍有宽纵而自昧其德，从而升进不已，使至德无亏，就像日月轮换而光明不息，这就是君子的自进之学与日新之道。这种心性功夫，就是商汤的懋昭之功，和文王的敬止之道。总的来说，勤则生敬，敬则生明，圣人的心性学问，传习嬗变，不外乎“日新又新”，不厌其烦，以便归复内心的光明。只要荡尽内心的私欲，天理就会重新占据主导，所以只需不断自省自新即可，不必外求，也无法他求。所以乾卦的象辞说“君子以自强不息”，晋卦的象辞则说“君子以自昭明德”，正是因为乾卦代表天，纯阳至健，效法天道自强，必然也能至强至健。世上最光明的事物莫过于太阳，效法太阳自昭，必然也能至明至耀。这就是晋卦的微言大义。

初六：晋如摧如，贞吉。罔孚，裕无咎。

《象》曰：晋如摧如，独行正也。裕无咎，未受命也。

【解义】

此一爻是言，欲进者宜守正以待时也。摧，谓阻抑。罔孚，谓人不见信。裕，谓宽以自守。

周公系晋初爻曰：初六阴性躁妄，必有不安于下而欲进者。应不中正，上遇妨贤病国之人而违之俾不通，故其进也若或尼之，而不免为见摧矣。然出处大道，岂可因人之摧抑而易厥守乎？惟尽其义之在我，而不自失其正，则终必见信于上，得遂其进而吉。盖贞虽所以自持，非欲求信于人。然贞则未有不吉者，固其常也。设若守正而犹未孚，亦当宽裕以俟之，从容于义命，自安于操修，益殚其守贞之道，而不以用舍累其心，如是而后无自失之咎耳。否则冒进之患生，而宁免枉道之讥哉。

孔子释初象曰：当晋之时，人皆欲进，而忽见摧，未有不丧其所守者。初独能守正以待时，不汲汲以徇于私，不悻悻以伤于义，此所以得吉也。裕无咎者，盖初居于下，未有官守之命，正可绰绰于进退，故裕以处之，而得无咎。若既已受命，则当有必信之道。一不见信，则志不行，而职莫尽矣。此见君子有守正不阿之操，乃有随时行道之妙。有安分自得之乐，乃见雍容进退之宜。若枉己求人而且怨尤不绝于念，则有流于依阿奔竞，大节或亏者矣，安能全无咎之学而建命世之功哉？

【白话】

这个爻的意思是说，意欲上进，必须守正待时。摧，阻抑。罔孚，指不能使人相信。裕，宽以自守的意思。

周公所系的晋卦初爻爻辞的意思是说：初六是个阴爻，缺乏自制力，心浮气躁，必然不安于下，意欲上进。它与九四本为正应，然而九四作为王公大臣却不中不正，正是妨贤病国之人，定会在途中设置阻挠，它坚持上进的话，必有摧抑。然而君子是隐居还是出仕，应当遵循大道，怎么可以因为有人摧抑就一味厥守呢？只要遵循道义，不失贞正，必然会赢上君上的信任，升晋并收获吉祥。这主要是因为贞正是自持之道，而不是为了取信于人。不过根据易理，只要能持贞守正，通常来说没有不吉祥的，这是恒常不变之理。倘若做到了持贞守正却仍然没有赢得君王的感遇，也应该宽裕优游，从容待时，安于天命与操守，并且继续坚持操守，不因能否见用而忧烦困扰，便不会有自失之咎。否则的话，就会因为冒进导致忧患，又怎么可能免除枉道之讥呢？

孔子解释初爻的小象说：处在晋卦的时势下，人人都想升晋，但忽然遇到阻挠，大多数人都会丧失操守。而初爻却能守正待时，不徇于私，不伤于义，所以爻辞说“贞吉”。所谓“裕无咎”，是说它位于全卦的最下面，没有官命与职守，正好可以从容进退，裕以处之，从而“无咎”。若是有官命在身，就应该有取信之道。因为一旦不能见信于上，其志便难行，也难以尽到责任。由此可见，君子既要有守正不阿的操守，也要有随时行道的妙谛。安分自得，优游从容，才可以雍容进退。若是枉己求人，而且怨天尤人，就可能流于依阿奔竞之徒，大节有亏，又怎么可能无咎，并建立不世之功呢？

六二：晋如愁如，贞吉。受兹介福，于其王母。

《象》曰：受兹介福，以中正也。

【解义】

此一爻是言，守正不阿自能以德而获福也。愁如，谓忧其道之不行。介，大也。王母，指六五。离为日，王之象；为中女，母之象。

周公系晋二爻曰：六二有可进之德，而无汲引之人。欲进未能，则得君行道之心阻矣，有晋如愁如之象。然不可因是而变其节也，必直己守正以俟时，而德足孚人，终当得遂其进而吉。且上有柔中之君，重道崇贤，必将知遇极其厚，宠任极其隆，不犹“受兹大福，于其王母”乎？此惟二之自守其贞，故有必得之孚也。

孔子释二象曰：二之受兹介福者，盖以居下之中，而得柔之正。则是守其中于有素，而卓然不倚，有以慰人君行中之愿矣；存其正于无偏，而凝然不阿，有以动人君从正之思矣，故能见知于五，而介福之所以受也。岂二之幸致哉？盖君子于天下，行道济世者其心，持己中正者其学。学以自修而大，心以内固而纯。

不必求孚于人，而未有不孚于人者。圣人教人以修德进身之义切矣。

【白话】

这个爻的意思是说，守正不阿，自然能以德获福。愁如，指忧愁君子之道难行。介，大。王母，指六五。根据易理，离为日，王之象；离也为中女，母之象。综合起来说，就是王母。

周公所系的晋卦二爻爻辞的意思是说：六二以柔居柔，并且居中，有可进之德，但上无汲引之人，也就是没有正应。欲进不能，有志难申，有道难行，这就是“晋如愁如”之象。但不能因为如此就变更臣节，必须持贞守正，藏器待时，这种操行足以感孚君上，迟早会有它的升晋之时，并最终收获吉祥。另外，它虽然没有阳爻作为正应，但有六五这个柔中之君在上，六五重道崇贤，必然知遇于它，宠任极隆，用爻辞的话说，不正是“受兹大福，于其王母”吗？这都是因为二爻持贞守正，看似偶然，实则必然。

孔子解释二爻的小象说：二爻所谓的“受兹介福”，主要是说二爻居于下卦的中间，有柔正之德。这使得它能够守中若素，卓然不倚，恰与人君的行中之愿相契合；它的正直不阿，也能与人君的从正之思相感孚。所以它能收获六五的信任，从而“受兹介福，于其王母”。这难道是二爻的幸运吗？总的来说，君子的心愿就是行道济世，君子的学问就是持中守正。君子的学问会越来越大，君子的存心会越来越纯。君子不必刻意取信于人，但能够赢得所有人的信任。圣人教导世人修德进身的用心可谓迫切。

六三：众允，悔亡。

《象》曰：众允之志，上行也。

【解义】

此一爻是言，三能见信于人，而得遂其进也。众谓初与二。允，信也。

周公系晋三爻曰：六三不中不正，宜不得进而有悔矣。然居坤体之极，与下二阴皆欲上进，是以道同志合，为众所信，相引以进，得遂其尚往之心，而无摧如愁如之患，悔可亡矣。

孔子释三象曰：六三所以为众所允者，盖士君子出处有二途，而从违唯一道。使人皆欲进，而我独矫之以退，则同进者忌；人皆欲退，而吾独矫之以进，则异己者疑，众莫之允矣。惟三上进之志与初二同，故其志相孚，而不觉相信之深也。此见当晋之世，以顺丽为上进之道，既可孚于同群，即可通于主志。其守也不苟，其进也非幸，所谓信乎朋友而后获乎上之义也。若夫不以正道为众允之本，而止以众允为上进之阶，则无忠君爱国之诚，而反属谐世求荣之计，亦安能见信于众，而上丽乎君也哉？

【白话】

这个爻的意思是说，三爻能见信于人，从而能够升进。众，指初爻与二爻。允，信。

周公所系的晋卦三爻爻辞的意思是说：六三以柔居刚，不中不正，不宜上进，有所悔吝也是正常现象。然而它位于下卦坤卦的终极之处，又与下面的两个阴爻志同道合，同心协力，彼此应援，所以能遂其“尚往”之心，而没有“摧如愁如”之患，可以无悔。

孔子解释三爻的小象说：六三之所以能见信于众人，主要是因为士君子可以隐居也可以出仕，但必须以道为取舍。如果众人想前进，我却想退却，就会被众人猜忌；如果众人想退避，我却想前进，也会使众人疑虑，无法取信于人。而三爻与下面的两个柔爻心思一致，相互感孚，彼此信任，并且非常深切。可见处在晋卦的时势下，把“顺丽大明”作为上进之道，既可与众人相感孚，又与君王的心志相通。其持守绝不苟且，其升进也绝非幸运，这正是《中庸》强调的“信乎朋友而后获乎上”的意思。如果一个人不以正道为众允之本，反过来只以众允为资本，作为上进之阶，没有忠君爱国之念，只有谐世求荣之计，又怎么可能见信于众，取信于君呢？

九四：晋如鼫鼠，贞厉。

《象》曰：鼫鼠贞厉，位不当也。

【解义】

此一爻是言，无德而据高位者之终不能保也。鼫鼠，田鼠，畏人之物。

周公系晋四爻曰：四不中正，居下体之上，是以无德而据高位者。上畏六五之疑，下畏三阴之忌，有晋如鼫鼠之象。虽位出于君之所与，得之未为不正。然德之不称，终必失之，厉亦甚矣。吾是以知德薄位高之不可，而贪进忘退，非人臣之福也。

孔子释四象曰：四所谓鼫鼠贞厉者，盖当晋之世，主圣臣贤，位必配德。彼不中不正，居位不当，虽正亦危，宜其厉也。

按：诗以硕鼠刺贪，晋以鼫鼠象四，总之无德而贪于进。即身处高位，其患得患失之心，畏人攘而夺之，有类于鼠之昼伏夜行也。夫晋之时，上辅离明之君，下建安国之绩，岂容此不中不正者，久于其位乎？故小人之恋位固宠，终为无益。而大君之命爵任人，必审其当可耳。

【白话】

这个爻的意思是说，没有德行却占据高位，是不可能长久的。鼫鼠，即田鼠，畏人之物。

周公所系的晋卦四爻爻辞的意思是说：四爻不中不正，位于下卦的上边，好比没有德行却占据高位的小人。向上看，它担心六五的疑忌；向下看，又畏惧三个阴爻的猜忌。这就是"晋如鼫鼠"之象。虽然它的官位也是君王任命的，得位不可谓不正。但是德行不够，迟早也会失去，并且陷入危厉。由此可见，德薄就不应该占据高位，贪进忘退绝不是人臣之福。

孔子解释四爻的小象说：四爻所谓的"晋如鼫鼠，贞厉"，是说处在晋卦之时，本应主圣臣贤，德位相配。四爻却不中不正，居位不当，就算它当位都很危险，更何况它并不当位，危厉是应该的。

按：《诗经》中以"硕鼠"讽刺贪官，晋卦的四爻则取象于"鼫鼠"，总的来说，就是无德又贪进的小人，就算身处高位，也会患得患失，怕人攘夺，就像昼伏夜行的老鼠。处在晋卦的时势下，占据如此高位，肩负着上辅贤君、下安邦国的重任，怎能让这样不中不正的人久居其位？所以说，小人贪恋权位，不是什么好事。君王任命大臣，必须审察其才德。

六五：悔亡，失得勿恤。往，吉无不利。

《象》曰：失得勿恤，往有庆也。

【解义】

此一爻是言，上以大公治天下，而下自以大顺应之也。

周公系晋五爻曰：六五以阴居阳，未得其正，似不免于有悔者。惟其处离明之中，坤以顺承之，为明在上，而下皆顺从，故进居尊位，而悔可亡也。然明不明在我，从不从在人。狃于近效，而有计功谋利之念，则反失之矣。今五自修其德，以纯心行纯政。但忧我道之未尽，不虑人心之未服。天下戴己，吾弗知也；天下未戴己，吾亦弗知也。失与得，皆不以为恤。如是则德盛而化日洽，治隆而民益孚。其往也，吉无不利矣。

孔子释五象曰：天下之治，以有心致之，皆属小补之功。六五失得勿恤，不期其效，而为效益宏。上以大公感，下以大顺应。著无方之德化，建无外之神功。往而有庆，即吉无不利也。盖人主求治之心，不可以稍宽，亦不可以过急。稍宽则有因循不断之忧，过急则又有好大喜功之患。惟端其心为出治之原，而懋其修为作孚之本。若舜之恭己无为而天下化之，汤之敷政优优而百禄是遒，其即失得勿恤之义，往而有庆之验乎？

【白话】

这个爻的意思是说，君王以大公之道治理天下，臣子就能以光明正大之道顺应君王。

周公所系的晋卦五爻爻辞的意思是说：六五以阴居阳，并不当位，似乎不免于悔吝。但它处在离卦之中，离为光明，又持守中道，下卦则是坤卦，代表顺承，综合起来看就是在上者光明，而在下者顺从，它又是经过卦变，由观卦的柔爻升进而来，所以尊位可居，悔吝可免。其实内心是否光明取决于自己，而不在于别人。如果急于求成，就会有计功谋利之念，从而偏离正道。如今五爻能自修其德，以纯粹之心，行纯正之政。只忧虑自己是否尽了全力，不担忧别人是否顺服。天下人拥戴自己，自己不知道；天下人不拥戴自己，自己也不知道。是失是得，都不会为之忧虑。长此以往，就会德盛而治化，国泰而民安。有所上往的话，自然吉无不利。

孔子解释五爻的小象说：天下的治理，若是有心致之，其实只是小功小补。六五所谓的“失得勿恤”，是说它不求速效，只为宏大的效益。它如果能以大公之道感孚众臣，众臣便能以光明正大之道顺应并回应。然后就可以德化无限，建功无极。小象所谓的“往有庆也”，就是爻辞所谓的“吉无不利”。总的来说，君王治理天下之心，不可以稍有宽纵，但也不可以过急。稍有宽纵，便有因循不断之忧，过急的话，又有好大喜功之患。唯有端正内心，勤修明德，治世才有源头，感孚才有根本。像舜帝那样，恭己无为却能够感化天下，或者像商汤那样，敷政优优但百禄是遒，不正是因为暗合了“失得勿恤”之义，同时也验证了“往有庆也”的象辞么？

上九：晋其角。维用伐邑，厉，吉，无咎，贞吝。

《象》曰：维用伐邑，道未光也。

【解义】

此一爻是言，过于刚者之无所利也。角，刚锐之象。维，独也。

周公系晋上爻曰：阳刚不可为物先，上九刚进之极，纯以刚用事，而略无宽和之意，为晋其角之象。若是者，固无往而可也。惟以之治其不服之私邑，虽兵凶战危，不免于厉。而师尚威武，犹可以责其成功，庶乎吉而无咎也。然以极刚治小邑，即治所当治，而过于威猛亦可羞矣。夫以刚进之极，用之治邑，犹不免吝。然则晋角者，果何适而可耶？

孔子释上象曰：上九谓之维用伐邑，则其功不足以及远，威不足以服众，其于道犹未光也。若能以明德照四方，将无所施而不服，岂特私邑而已哉？信乎极刚之无所用也！

按：晋卦离明在上，万物普照，为极盛而上下皆欲进之时。圣人之意，谓天下事非徒不进者之足患，而惟躁进者之足忧。下之附上，急于求其信，非正也；上之进下，急于求其附则贪也。故下欲其罔孚裕无咎，至三而众允，则无不孚矣，顺之至也。上欲其失得勿恤，至上而伐邑，则有恤矣，明之过也。知此者，乃为善于处进矣。《程传》以伐邑为自治，主克去己私而言。夫既自治有功，乃合于贞正之道，何以反谓之吝乎？此《本义》所以不取耳。

【白话】

这个爻的意思是说，过于刚强，不会有什么利益。角，刚锐之象。维，独。

周公所系的晋卦上爻爻辞的意思是说：阳刚之性会逾越物情，上九不仅是刚爻，还位于晋卦的极处，好比以纯刚用事，毫无宽和之意，这就是“晋其角”之象。这样一来，自然无法上往，无所获益。就算用刚猛的手段惩治不顺服的私邑，也不免兵凶战危，导致危厉。好在以刚猛之主御威武之师，不难取得胜利，勉强也称得上“吉”而“无咎”。可是以如此刚猛的手段治理一个小邑，就算治当所治，过于刚猛的话，也值得羞惭。以过刚的手段治理私邑，犹不免于羞吝，像上爻这样的“晋其角”者，哪里还有适合它的地方呢？

孔子解释上爻的小象说：上九所谓的“维用伐邑”，是说行事过于刚猛，就算能成功，但功不足以及远，威不足以服众，也无法光大君子所践行的大道。若能效仿上爻所在的离卦，以及晋卦的大象，也就是像初升的太阳一样，以明德照临四方，不需要刻意做什么，就能天下皆服，又岂止是一个小邑呢？相信吧，过于刚硬的话，百无一用！

按：晋卦的上卦是离卦，离为光明，也代表太阳，太阳在上面普照万物，正是天下极盛，人人都想升晋之时。但圣人为天下计，不担忧那些不肯升晋的人，只担忧那些躁进冒进的人。以下附上，是急于取信于人，不是正道；急迫地以上任下，以为应援，也是贪念。所以初六能因为“罔孚”而“裕无咎”，到三爻时，才因为“众允”而感孚上下，极其巽顺。君爻提醒人们“失得勿恤”，上爻却行师伐邑，这便是“恤”，也就是过于刚明。明白了这些道理，就可以很好地知晋处进了。《周易程氏传》认为“伐邑”是自治，具体说来就是克伐自己的私欲。如果是这样的话，就符合贞正之道，为什么爻辞又会说“吝”呢？这正是《周义本义》不采纳它的原因。

卷九

䷣ 明夷 离下坤上

【解义】

明夷以明而见伤为义。日入地中，明伤昏暗之时，非处顺安常之日也。所以他卦多言利贞，而此独曰利艰贞者，虽守正而亦不得直遂其正，故当艰难以守正也。卦辞止言其理，《彖传》既释其义，复举其人以明之，如文王、箕子，俱当明夷之时，但所居之位有远近，故所处之道有难易。此《彖传》独以箕子当六五一爻，而系以利艰贞之义也。六爻，下三爻离体，明也；上三爻坤体，暗也。上六暗极，为明夷之主。自五而下，皆受伤者也。初明虽伤，去上最远，垂翼而已。二视初稍近，去上犹远，虽见伤而未切，亦在速拯之耳。三则与上为正应，可以南狩而获其大首矣。四入坤晦之门庭，其暗尚浅，有可去之道。惟五则近于难，义不可去，亦惟艰贞自晦其明而已。圣人处明夷之道，浅深远近各有不同，于此可见矣。

【白话】

“明夷”的意思是以明见伤，也就是因为光明而受伤。其大象为日入地中，也就是太阳落到地平线下面，光明受伤，天昏地暗，不是处顺安常之时。所以别的卦多说“利贞”，也就是让人保持贞正，这个卦却说“利艰贞”，也就是守正但不能过于耿直地守正，要无比艰难地持贞守正。卦辞只讲述了如上的道理，《彖传》解释了其中的内涵，并列举了两位贤人申明其理，也就是文王与箕子，此二人都曾经身处明夷之时，但所处的位置不同，个人的难度也不同。这正是《彖传》把箕子与六五一爻绑定，并系以“利艰贞”之辞的原因所在。六爻之中，下面三个爻在离卦之中，离为明；上面三个爻在坤卦之中，坤为暗。上六是至暗之时，为明夷卦的主爻。自五爻以下，都是受伤之爻。初爻虽然受伤，但距离上爻最远，所以只是“垂其翼”而已。二爻比初爻更近了一步，但距离上爻仍然有一定距离，所以虽受伤但不重，重点是迅速拯救，也就是“用拯马壮”。三爻则与上爻成正应，所以能“南狩”而“得其大首”。四爻进入了坤卦的晦暗之门，但入之不深，所以有可去之道，也就是“于出门庭”。唯独五爻，紧挨着上爻，道义上又不能弃之而去，只能像卦辞所说的那样，艰贞隐忍，自晦其明。从中不难看出，圣人是让人们针对不同情况、不同程度的明夷状况，采取不同的方式方法。

明夷：利艰贞。

【解义】

此卦离下坤上，离明为坤地所掩，是君子之道为柔暗所伤，故为明夷。卦辞言人臣遇难，当守正保身，而曲全其道也。艰者敬慎之意。贞者正固之心。

文王系明夷彖辞曰：君子遭逢盛世，君明臣良，斯可危言危行，遂其有为之志。今卦象离居坤下，明体见伤，时固不可为，而势亦无能为矣。然君子处患难之道，不外于一正自持，惟委曲尽忠，而行其艰难之贞焉。既不唯诺以徇俗，亦不激亢以伤时，处乱之道惟此乃为利也。盖人臣谋人家国之际，其道莫艰于处晦以全忠。如使枉道而徇物，则将顺逢迎之罪。固已非贞，而欲抗志以匡时，则祸患戮辱之来又多不利。曰利艰贞者，贞由艰出，而因艰以行其贞。于委曲补救之中，而不失其自靖自献之节。此非学问既深，而涵养裕如者不能。故孔子释彖以文王箕子当之也。

【白话】

此卦的下卦为离为明，也为太阳，上卦为坤为地，也为黑暗，呈现出离明为坤地所掩之象，对应到人事上，就是君子之道被柔暗之术所伤，所以叫“明夷”。卦辞的意思是说，人臣遭遇险难，应当守正保身，曲全其道。艰，指敬慎之意。贞，指正固之心。

文王所系的明夷卦卦辞的意思是说：君子遇到盛世，君明臣良，便可以说正直的话，做正直的事。如今的卦象，却是代表光明的离卦位于代表黑暗的坤卦之下，光明损伤，天时固然不可为，情势也难以有为。而君子身处患难之中，不外乎守正自持，委曲尽忠，在艰难中保持为人臣的贞正。既不唯唯诺诺，徇人以俗，亦不激奋亢进，伤时亦被时伤，处乱之道，也只有如此，才算勉强适宜。总的来说，为人臣者，意欲谋家报国，最难莫过于处晦而全忠。如果违背道义，曲从世俗，就难免逢迎之罪。因为自己不够贞正，却想匡时济世，祸患戮辱便会随之而来，多有不利。所谓“利艰贞”，是指贞正需要以艰难为基础，也正是因为艰难，才需要君子持贞守正。能在委屈中补救时艰，又不失臣节，如果没有深厚的学问和高深的涵养，便难以做到。所以孔子在解释彖辞时，以文王和箕子作为榜样。

《彖》曰：明入地中，明夷。内文明而外柔顺，以蒙大难，文王以之。利艰贞，晦其明也。内难而能正其志，箕子以之。

【解义】

此《彖传》，是释明夷彖辞，言处难之道，而两举古人以示法也。

孔子释明夷彖辞曰：卦象离为日，坤为地，以离在坤下，明入地中，有似明之见伤于地者，故名明夷。夫明入地中，固有取于明夷之名矣。乃观诸卦德，内文明而外柔顺，则是睿知中涵，素具夫烛照之明，而谦恭外昭，克笃夫忠顺之守。以是当宵小之谗谮，触暗主之雷霆，而蒙犯大难焉。古之人有用此道者，其文王与纣之时乎！盖文王躬遭困辱，囚于羑里，而缉熙之德自存，事殷之礼不废。故纣虽肆虐于天下，而文王得以保其身。是处明夷，以一卦之道者，文王也。辞曰利艰贞者，观诸卦体，六五一爻，居暗地而近上六，则是虽有柔中之德，本之以昭昭，而恐被暗主之伤。处之以汶汶，自晦其明，正艰贞之义也。夫身为至亲，处势甚近，有不可避之难，而周旋委曲，以行其正，古之人有用此道者，其箕子居纣之朝乎。盖箕子为殷宗亲，在其国内，而佯狂之辱不逃，贞明之志不乱。故纣虽肆虐于家，而箕子得以保其身。是处明夷，以一爻之道者，箕子也。此可见，文明柔顺，本立身之大防；而正志艰贞，尤处患之善术。人臣当患难之来，各视其一时之所处。若夫义既不可避，谊又无所逃，与其显而抗志，徒自蹈于危亡，孰若晦而藏修，审其几于权变。古之人，操心危虑患深，诚有迹愈难而心益贞者。迄今读圣明之操，麦秀之歌，其柔顺晦明，为何如哉！

【白话】

《彖传》是对明夷卦卦辞的解释，讲述了处难之道，并列举了两个古人作为榜样。

孔子解释明夷卦的彖辞说：此卦的卦象为上离下坤，离为明为日，坤为地为暗，离在坤下，即明入地中，好像离明见伤于坤地，所以叫明夷。也就是说，卦有明入地中之象，所以才有明夷卦这个名字。观察明夷卦的卦德，其内卦为文明的离卦，外卦为柔顺的坤卦，是既有内在的智慧，又有外在的忠顺，所以能烛照世象，谦恭自守。但却偏偏遭到了小人的谗害，触发了暗主的雷霆之怒，从而蒙受大难。古代最能凸显此卦内涵的例子，就是文王与纣王所在的时期吧！文王遭受困辱，被囚禁于羑里，光明之德犹存，事殷之礼不废。所以纣王虽然肆虐于天下，文王却能够保全其身。所以能当得起明夷卦卦辞的人，就是文王。卦辞所谓的“利艰贞”，是就卦体而言，具体说来则是说明夷卦的六五一爻，它居于幽暗之中，紧挨着昏昧之主上六，所以它虽然具备柔中之德，通晓事理，依然担心会被暗主伤害。然后自污其德，自晦其明，而这正是卦辞所谓的“艰贞”的本意。作为至亲之人，它与暗主的距离太近，有难而不可避，只能周旋委曲以行道，古代善用此道者，非纣王时代的族臣箕子莫属。具体说来，箕子是殷朝的宗亲，他始终在国内，宁可装疯也不逃走，世道混乱也不改其正。所以纣王虽然肆虐于家国，但箕子也能够保全其身。所以能当得起明夷卦六五一爻爻辞的人，就是箕子。从中不难看出，文明柔顺是立身处世最好的防范，正志艰贞则是身处患难时最好的办法。身为人臣，遭逢患难，必须根据自己的情况妥善处置。如果义既不可避，谊又不能逃，与其据理力争，自蹈危亡，宁死报君，不如晦而藏修，灵活应变。古代确实有以家国为重，时势越是艰难就越是坚贞的贤者。到今天为止，听到圣王的操守，以及箕子所作的《麦秀之歌》，其柔顺晦明之感，还是这样令人感慨！

《象》曰：明入地中，明夷，君子以莅众，用晦而明。

【解义】

此《象传》，是言君子临民不贵苛察，惟善用其明，而明自不息也。

孔子释明夷象曰：日入地中，明而见伤，明夷之象也。君子当明夷之时，非明无以审事物之理，度时势之宜，将伥伥莫知所之矣。然一自暴露其明，则又触乎物之忌而惧反为明之累，故其临莅乎众也，必用晦而明。见虽足以察于几微，而不以苛核失含弘之度；智虽足以烛于隐伏，而惟以端默弘坐照之神。盖不以明为明，而以晦为明者也。以是而往，则内不失己，外不失人。处明夷之道，孰有善于此者乎！昔人云：“自治用昭，去恶乃尽。莅众用晦，太察则伤。”是故日无明暗之分，言其体也；而晷有昼夜之别，象其用也。君子于此，宜三致意焉。又岂独处明夷之时为然哉？

【白话】

《象传》的意思是说，君子治理百姓，不靠严刑峻法，只要善用道德的力量，光明就不会止息。

孔子解释明夷卦的大象说：太阳落到地平线下，光明见伤，这就是明夷之象。君子处在明夷卦的环境中，不明不足以审察事理，审度时势，从而无所适从，伥然莫知。但一旦暴露了他的明察，又会触犯禁忌，为明所累，所以君子临莅众人，必须藏巧于拙，用晦而明。识见虽然足以细致入微，但绝不苛察，从而不失其含弘之度；智慧足以遍照隐伏之处，但愈发庄重沉静，从而能更好地观照内外。总的来说，就是不以明为明，而是以晦为明。如此行事，内不失于己，外不失于人。处在明夷卦的环境下，还有比这更完善的办法吗？古人云："自治用昭，去恶乃尽。莅众用晦，太察则伤。"所以说，太阳本身没有明暗之分，它的本体是不变的；日晷则有昼夜之别，是为了更好的仿效太阳的功用。君子在体味明夷卦的时候，也要再三用心。这样的精神又岂止适用于明夷之时呢？

初九：明夷于飞，垂其翼。君子于行，三日不食。有攸往，主人有言。

《象》曰：君子于行，义不食也。

【解义】

此一爻是言，君子当见几而作，乃可免于患也。于飞，行道之象。垂翼，见伤之象。

周公系明夷初爻曰：君子得时行道，如鸟奋翼而飞。今初九阳明在下，明夷之初，患虽未及，而谏不行，言不听，道已难行，为于飞垂翼之象。君子处此，唯有早去而已。纵所值之困，不能安其身，至于三日不食，吾不得辞也。纵所如不合，动而得咎。至于主人有言，吾亦不暇避也。盖君子而行，虽不免困穷言语之伤，而吾之晦其明者，犹可以自全。君子不行，即或免一时之谤，而祸乱既至，欲晦其明而不可得，终于见伤而已。此处明夷之时者，宜早为之图也。

孔子释初象曰：君子见几远去，可以速则速，则初九之于行，岂迫于势而不得食哉，直断之于义耳。义当早去，则爱其道更甚于爱其身。虽至不食，又何足惜？甚矣！去就之宜决也。

按:《系辞》云:“君子见几而作，不俟终日。”故“几者动之微，吉凶之先见”，而非众人所能识也。士不幸值颓敝之世，自当揆乎义理之宜，决乎出处之介，高蹈远引以全身名，岂得隐忍迟疑而陷身不测乎?此薛方所为保身而自全，扬雄所为投阁而不免也。吁可慨哉!

【白话】

这个爻的意思是说，君子应该在发现苗头时就立即采取措施，这样才能免于患难。于飞，行道之象。垂翼，见伤之象。

周公所系的明夷卦初爻爻辞的意思是说:君子得其时，行其道，恰如鸟儿振翅高飞。初九是个阳爻，又在下卦离卦之中，并且位于明夷卦的最下面，好比明夷之初，尚未致祸，但言不听，计不从，君子之道已经难行，犹如鸟儿垂下了羽翼，这便是“明夷于飞，垂其翼”之象。处在这种情况下，只能是及早离去。纵然身陷困境，不能安身，以致于“三日不食”，难以辞行;纵然所要前往的地方不太适合，一动就会陷入困咎。至于“主人有言”，在所难免。君子行事，难免言语之伤，但能够用晦而明，就可以保全有用之身。如果不尽早离去，就算能免除一时的毁谤，但祸乱已至，即便想自污自晦也没有机会，最终难免受伤。所以处在明夷之时，必须及早图谋。

孔子解释初爻的小象说:君子应该在祸患刚露出苗头时就抽身远去，越早越好。初九的离去，又岂止是因为迫于时势，不得食禄呢，主要还是因为继续留下不符合君子之道。道义上如此应该早早离开，就应该遵循道义，而不能仅仅基于自身考虑。就算没有食禄，又有什么可惜的?严重啊!要走就及早下决断。

按:《系辞》有云:“君子见几而作，不俟终日。”然而能够在祸患刚刚露出苗头时就及时洞察，绝非普通人所能做到。士大夫不幸遇到了颓敝之世，就应该遵循义理，决定出处，也就是说，应该及早高蹈远引，保全有用之身和清白之誉，怎么能因为一时的隐忍迟疑而陷身不测呢?这正是西汉末年的高士薛方得以保全身名，而同时代的扬雄却最终差点跳楼而死的原因所在。真是令人感慨啊!

六二:明夷，夷于左股。用拯马壮，吉。

《象》曰:六二之吉，顺以则也。

【解义】

此一爻是言，二伤犹未切，而示以速去之道也。夷于左股，是伤犹未切之象。股在胫足之上，于行之用不什切。左又非便用者，故云伤犹未切也。拯，救也。马壮，如马之壮者，能速行也。

周公系明夷二爻曰：君子得位行道，固欲彰其有为之才，亦必一德同心，方可展其救时之用。今六二以明德处暗地，较之初九则位已近君。然志欲于飞，而事多掣肘，如伤其左股之象。当此时而不去，必且身中危机。即去而不速，亦恐祸患寻至。故为二计，当速于决去，如用马壮之速以救之，则可以全身免祸而吉矣。

孔子释二象曰：六二所处，较近于初，而乃得吉者，何哉？盖知祸将及，时可去而不违其时，顺也；去而适合乎当然之理，顺以则也。惟顺，故能合则，亦惟顺以则，故能得吉。苟或不当去而去，而徒以苟免为心，则揆之于时，既不能顺；揆之于理，又失其则，何吉之有哉？大抵人臣之遭逢既殊，则此身之去就亦异。可以久则久，晦明蒙难，文王箕子，利在于艰贞；可以速则速，接淅而行，孔子去齐，吉因乎顺则。固各有其道也。宋儒苏轼释此爻，独以二本在朝之臣，当忍伤以救君之暗，岂可如居下之初，洁身远去？所谓用拯马壮者，竭忠尽智，弥缝其阙，匡救其灾。要在有济国事于万一尔。此言亦有合于为臣之义，故附录之。

【白话】

这个爻的意思是说，二爻虽然受了伤害，但还未深切，正应该速速离去。夷于左股，受伤未切之象。因为股为大腿，在小腿与足之上，对行走来说不太受影响。左股又不是主要的支撑腿，所以说伤犹未切。拯，救。马壮，马之壮者，能速速离去。

周公所系的明夷卦二爻爻辞的意思是说：君子得位行道，固然想施展抱负与才德，但必须上下同心，君臣同德，方能匡时救世，一展所长。六二胸怀明德，却身处幽暗之地，并且相较于初九，离君王较近。它虽有大志，却诸多掣肘，就好像左腿受了伤，这就是“夷于左股”之象。在这种情况下，若不能及时抽身，必然深陷其中。离开得稍慢，恐怕都难免祸患。所以圣人为二爻考虑，劝它早作决断，速速离开，就像用健壮的良马拯救它一样，方能保全性命，免除祸患，收获吉祥。

孔子解释二爻的小象说：六爻所处的位置，相较于初爻，离昏昧的上爻还近些，却能够免祸得吉，原因是什么呢？主要是因为它知道祸患将至，应该及早离去，如能知行合一，就不算违背规律，而是顺应时势；及早离去，并合乎当然之理，这就是小象说的“顺以则也”，也就是既顺应时势，又坚守法则。但只有先顺应时势，才谈得上坚守法则，也唯有坚守法则，才能够收获吉祥。如果时势不需要离开，却非要离开，只是为了苟且偷安，就是违背时势，也谈不上忠顺；以道义论，也不合乎法则，有什么吉祥可言呢？大抵而言，人臣的遭遇不同，一身的去留也不一样。可以久则久，如果不幸蒙难，就效仿文王与箕子，“利艰贞”；可以速则速，就算已经在淘米，但不必等到饭熟就可以走了，就像孔子去齐那样，其吉祥正是因为“顺以则也”。归纳起来说，就是各有其道，不可一概而论。宋代大儒苏东坡解释这个爻时，认为二爻好比在朝之臣，应该忍受作痛，拯救君王的暗昧，岂能像初爻那样的小民，洁身远去，一走了之？所谓“用拯马壮”，是让它竭忠尽智，匡时救灾，挽狂澜于既倒，济国事于万一。苏东坡的解释也符合为臣之义，所以附在这里。

九三：明夷于南狩，得其大首。不可疾贞。

《象》曰：南狩之志，乃大得也。

【解义】

此一爻是言除暴之义，而示以详慎之道也。南狩，向明除害之象。得大首，是元恶就执之象。

周公系明夷三爻曰：九三以刚明之德，负天下之望，而适处暴虐之时，其势不能不除残以安民，为南狩得大首之象。然放伐大事，以德伐暴，其事虽贞，必当审慎于其际。上观天命，下察人心，以不得已之衷行不得已之事，然后人不以我为利天下，而以我为安天下，岂可以除暴为贞而亟于为之耶？

孔子释三象曰：上下之分，无所逃于天地之间者也。九三有除暴救民之志，而非富天下为心者，乃能行此非常之事，而为伐罪之举，成大功而得天下也。苟志不在南狩，则是古今一罪人耳，夫岂所云大得者乎？从来建非常之事，必先问其志之所存，故志者公私之分界也。志之所存，与日月同其光明，天人同其运会，毫无自私自利之念，而天下始有以谅其衷而成其功。以成汤之圣，而犹虑后世以为口实，则岂奸雄乱贼之所可假托哉！圣人系此爻，固为人君示其警诫，而实以严千古臣心之不轨者。

【白话】

这个爻的意思是说，以德伐暴，必须周密审慎。南狩，向明除害之象。得大首，元凶就执之象。

周公所系的明夷卦三爻爻辞的意思是说：九三是个刚爻，并且当位，好比有刚明之德，负天下众望，又处在暗主暴虐之时，时势要求它除残安民，以德伐暴，这就是“明夷于南狩，得其大首”之象。然而，以武力讨伐并放逐暴虐的君主，虽然也合乎正道，但必须足够审慎，足够周密。要上观天命，下察人心，以不得已的苦衷行不得已的事情，人们才不会认为它是想将天下的利益都归于自己，而只是想安定天下，怎么能因为以德伐暴合乎正道就急于求成呢？

孔子解释三爻的小象说：尊卑上下的名分，只要你还在天地之间，就无法回避。九三有除暴安民之志，而不是想据有天下的财富，所以才能行此非常之事，以德伐暴，成就大功，并且顺理成章地统治天下。如果它没有相应的志向，不过是古往今来一个罪人而已，又怎么能称得上“大得”呢？古往今来，建非常之事之前，必先有非常之志，它也是公与私的分水岭。这样的大志，与日月同辉，与天人际会，毫无自私自利之念，天下人才会体谅其苦衷，并且助其成就大功。就算成汤那样的圣王，也会担心后世的质疑，又怎么容得下奸雄乱贼的假托！圣人创设这条爻辞，固然是在为人君示警，实际上也是在警示有不轨之心的大臣。

六四：入于左腹，获明夷之心，于出门庭。

《象》曰：入于左腹，获心意也。

【解义】

此一爻是言，四能脱身远害，得遂其去乱之志也。左腹，暗地也。出门庭，脱身远去之象。

周公系明夷四爻曰：坤为腹，左者隐僻之所。今六四居坤之下，是已入暗地。身处昏朝，而道无由明，与其抗节以死，初无益于国家，不如脱身而行，犹不失夫明哲，故飘然远引，遂其嘉遁之初怀，为能获明夷之心。虽出门庭，长往而不悔也。

孔子释四象曰：六四入于左腹，而尚能获明夷之心者，盖人臣之心，苟非万不得已，亦何忍舍其君父，而恝然远去。今幸居暗地尚浅，犹未深受其害。外度之势，内度之心，诚有不得不去者。于是洁身而出，得获其远害之心意，而超然无累也。夫六二之夷于左股，其受患也浅，故用拯马壮，决去而不违其则也。六四之入于左腹，其操心也危，故出于门庭，脱身而适获其心也。观于比干之谏，厉疾即起于门庭；而行遁之举，心意获全于左腹。古仁人之用心，夫亦各揆其义之所是，各遂其志之所安而已。

【白话】

这个爻的意思是说，四爻能远离危害，去乱存身。左腹，暗地。出门庭，脱身远去之象。

周公所系的明夷卦四爻爻辞的意思是说：坤为腹，左为隐僻之所。如今六四位于上卦坤卦的最下面，好比进入幽暗之地。身处昏乱的朝堂，大道难明，与其拼死抗节，无益于国家，不如脱身而行，犹不失明哲保身，所以飘然远引，坦然嘉遁，这便是“入于左腹，获明夷之心”之象。惟其如此，方能“于出门庭”，长往不悔。

孔子解释四爻的小象说：六四之所以“入于左腹”，尚能“获明夷之心”，主要是因为身为人臣，若不是万不得已，没有人愿意舍其君父，超然远去。好在六四只进入了上卦的地爻，居暗地尚浅，尚未深受其害。外在的时势，内在的心气，都让它不得不离去。于是洁身而出，从容远害，超然无累。综合来看，六二是“夷于左股”，受害尚浅，所以爻辞说“用拯马壮”，劝其决然离去，并嘱其合乎法则。而六四则是“入于左腹”，思虑甚危，只有“于出门庭”，才能脱身而去，“获”其“明夷之心”。它的历史渊源是比干向纣王进谏，祸患将临时便起于门庭；而引遁之举，满足了退隐的初衷。圣人的用意，是让人们根据自己的情况，各遂其志，各得其安。

六五：箕子之明夷，利贞。

《象》曰：箕子之贞，明不可息也。

【解义】

此一爻是言，人臣遭内难而能正其志者也。

周公系明夷五爻曰：六五地处至暗，乃贵戚之卿，处王家之难。此时谏既不可回，义又无可去。惟以柔中之德，不徇君之非。正志而不乱，亦不失臣之节。

委曲而不激，如箕子之守正而贞焉，乃为利也。

孔子释五象曰：箕子当内难而能正其志，外固晦其明矣，然其本体之明自存，不可得而灭息也。使明与时息，则佯狂何以称仁人之名？作《范》安能叙彝伦之道耶？盖明不可息者，正晦其明，而利艰贞也。处箕子之地，当箕子之时，非艰无可为贞，非晦无可为明。盖箕子之明虽晦，而箕子之志不可移。志不移则明不息，明不息而后可以为感悟君心之地矣。故志愈苦者守不渝，迹愈敛者几不昧。外虽不露其明，而精忠炯炯。于艰难之中，未尝一念回互，一念间断。即运数难挽，成败难期，而此心昭然，固可千古矣。惜乎当日之不谅其心也。

【白话】

这个爻的意思是说，君子遭遇内乱，也能贞正其志。

周公所系的明夷卦五爻爻辞的意思是说：六五身处至暗之地，又是君爻的位置，好比贵戚之卿，处王家之难。此时言即不会听，义又不能去。唯有发挥自己的柔中之德，当其人臣之正，不唯昏乱的君命是从。正志而不乱，也不失人臣之节。委曲而不激，恰如箕子守正而贞，所以爻辞说“利贞”。

孔子解释五爻的小象说：箕子身处内乱而能贞正其志，外表看上去固然也很昏昧，但其内心的光明犹存，不可灭息。倘若内心的光明灭息了，一个装疯之人，怎么担得起仁人之名？又怎么能作《洪范》，阐释彝伦之道呢？所谓“明不可息也”，实指在自晦其明的同时，利其艰贞。处箕子之地，当箕子之时，时势不够艰难的话，也就谈不贞正，不懂得用晦的话，也无法彰显其明。所以总的来说，箕子的明德可以隐晦，但箕子的心志不可动移。其志不移，其明便不息，其明不息，便可以感悟君心。所以其志越苦，其守越发不渝，其迹愈敛，其心方几于不昧。外表上虽然看不出来，内在却精忠炯炯。身处艰难之中，未尝有一念不纯，也未尝有一念间断。虽然气运使然，难以挽回，成败谁也说不好，但此心光明，足以千古。只可惜，当时的人们不能体谅他的用心良苦。

上六：不明晦。初登于天，后入于地。

《象》曰：初登于天，照四国也。后入于地，失则也。

【解义】

此一爻是言，上甘溺于昏暗，终有自陨之患也。不明晦者，昏暴之象。

周公系明夷上爻曰：上六阴柔而居坤之极，乃昏暗之甚者，不能自明其德，以至于晦，而下之受伤者众矣。然伤人之明，己亦不免。故始虽据高位，而终必自伤。如日之初登于天，而后入于地也。惟命不于常，可不戒乎？

孔子释上象曰：六之昏暗陷溺，初亦俨居尊位，有照临四国之权，而纵欲败度，失统御万方之则，所以致入地之伤，而为不明之晦也。盖为君者，必法天以行健，象日以照幽。俾海内时雍，臣民式化，而仰钦明之至治焉，斯为交泰之世矣！苟或不然，必致失则之咎。此圣人所以垂戒于明夷之上六也。

【白话】

这个爻的意思是说，上爻自甘堕落，溺于昏暗，最终会有自陨之患。不明晦，昏暴之象。

周公所系的明夷卦上爻爻辞的意思是说：上六是个阴爻，阴柔无力，又居于上卦坤卦的终极之处，昏昧至极，不能自明其德，以至于晦暗如斯，导致忠臣良民受伤者众。它损害了世上的光明之道，自己也难免受伤。所以它就算占据高位，也难免自伤。就好比太阳从地平线上升起，直至如日中天，但最终也会下山。世上没有永恒的官位，怎能不引以为戒呢？

孔子解释上爻的小象说：六爻昏暗陷溺，但最终也曾经因为居于尊位，有照临四国之权，但最终因为纵欲败度，失了统御万方的法度，导致入地之伤，不明而晦。总的来说，为人君者，必须效法天道的健行，太阳的普照。使海内太平，臣民式化，共仰钦明之至治，才称得上国泰民安！不然的话，必然有失则之咎。这正是圣人借明夷卦的上六爻垂戒后人的用意。

䷤ 家人 离下巽上

【解义】

家人，男女而已。正家之责，男女之尊者任之。九五，男正乎外；六二，女正乎内。内外既正，则卦中诸爻，或为父子，或为兄弟，相观而化，自无不正矣。故彖辞专言女贞，见正外莫先正内。《彖传》兼言男正，见正内实由正外，而总以二五为正家之主。若分析六爻，则二柔固女也，四柔亦女也。妇道以顺为正，故一曰顺以巽，一曰顺在位。至于初三五上，皆为阳刚，则皆有正外之责。三以严，五以爱，初闲于始，上威于终。盖因其位之尊卑，性之宽严，时之初终，以各正乎外。外正斯内正，而家道正，天下定矣。

【白话】

所谓“家人”，无非男女。正家的责任，则非男女长者莫属。家人卦的九五，是阳爻并且当位，好比正家之男，负责主外；家人卦的六二，则是阴爻而且当位，好比正家之女，负责主内。内外皆正，则卦中诸爻，或为父子，或为兄弟，都会相观而化，无一不正。所以彖辞专就“利女贞”三字而言，意思是正外先正内。《彖传》则兼言男正，意思是正内离不开正外。总的来说，二爻与五爻就是正家之主。分开来看，二爻固然相当于女子，四爻也相当于女子。妇人之道，以顺为正，所以这两个爻的爻辞一个说“顺以巽也”，另一个说“顺在位也”。至于初爻、三爻、五爻与上爻，都是阳爻，也都负有正外之责。所不同的是，三爻侧重于严，五爻着重于爱，初爻防闲于始，上爻立威于终。说到底，是以其位置的尊卑，性情的宽严，时间的始终，各正于外。外正则内正，家道正则天下定。

家人：利女贞。

【解义】

此卦离下巽上，卦体九五六二内外各得其正，是举家无不正之人，而家道以成，故名家人。卦辞言正家之道，贵先正乎其内也。

文王系家人彖辞曰：君子齐家以立教，固莫不欲使内外咸得其正也。然家之不正，恒起于妇人；而家之难正，亦莫甚于妇人。故正家者，必以正内为先务。惟自修其身，以端其本，使一家之中，肃然有贞静之风，穆然守宫闱之范，则内正而外自无不正。大化之源，肇于此矣。何利如之？夫《诗》首《周南》而以《关雎》为始，见文王之化，自家而国也。故《葛覃》《樛木》，诸什，皆修身齐家之效。而《桃夭》《芣苢》，则家齐而国治之验。《江汉》《汝坟》则天下平之渐矣。非深有合于家人之义者乎？然必有不显无射之德，立乎刑于之先，而后室家以正，教化以洽，卜年卜世之基，无不本于此也！帝王正己以正家，正家以正国与天下，岂有外于女贞之训者哉！

【白话】

此卦的下卦是离卦，上卦是巽卦，九五与六二两个爻分处内外两卦，并且各得其正，好比举家无不正之人，而家道以成，故名家人卦。卦辞的意思是说，正家之道，贵在先正其内。

文王所系的家人卦卦辞的意思是说：君子齐家的目的是教化世人，所以会想办法使内外皆正。而家之不正，通常源于妇人；家之难正，也莫过于妇人。所以正家，务必以正内为先。唯有自修其身，端正根本，树立肃然贞静的家风，俨然有宫闱之范，自内而外，无所不正。教化的根本，也肇始于此。还有比这更有利的吗？通过《诗经》把《周南》放在首位，并且以《关雎》这首诗为第一首诗，足以发现，文王的教化之道，就是先齐家，后治国。所以《葛覃》《樛木》及诸什，讲的都是修身齐家之道。而《桃夭》和《芣苢》，则验证了“家齐国治”之说不虚。《江汉》与《汝坟》阐述的则是平天下之道。难道不是很契合家人卦的内涵吗？但是必须有《诗经·清庙》所谓的“不显无射”之德，先以礼法相待，然后在齐家正家的基础上，教化天下，传承万代的基业，无不源于此啊！贵为帝王，也是先正己，再正家，再在正家的基础上正国正天下，世间之大，岂有例外于“女贞”之训的人呢？

《彖》曰：家人，女正位乎内，男正位乎外，男女正，天地之大义也。家人有严君焉，父母之谓也。父父、子子、兄兄、弟弟、夫夫、妇妇，而家道正，正家而天下定矣！

【解义】

此《彖传》，是释家人彖辞，言所以正家之义，以明家正而化自成也。女正位，指六二柔顺。男正位，指九五刚正。严君，谓一家尊严之主。父，指上言；子，指初言。兄，指五言；弟，指三言。夫，指五三言；妇，指四二言。

孔子释家人彖辞曰：卦名家人，而辞言利女贞者，盖一家之人，内外尽之矣。治家之道，一正尽之矣。卦体六二柔正，是女秉顺德，贞静自守，不预外事，而正位乎内。九五刚正，是男秉健德，以义制事，不牵内私，而正位乎外。男女有相成之体，内外无侵越之嫌，各止其宜，而皆归于正。若此者，岂细故哉？乃阴阳之理，万世所不能易。固天地之大义也。诚明乎是义，则一家之中，不一者分，不同者情，而必有握正大之权，立整齐之化，所谓严君者以主之。九五正位乎外，克敦父道，乃外之严君也，男之教统此矣。六二正位乎内，克尽母道，即内之严君也，女之教统此矣。以分而言，既足整肃乎一家之分；以情而言，又克联属乎一家之情。是故教行于父子，则初上秩尊卑之位，善作善述，而父父子子也；教行于兄弟，则三五定先后之序，以友以恭，而兄兄弟弟也；教行于夫妇，则五三四二，严内外之别，惟义惟顺，而夫夫妇妇也。家道有不正焉者乎？一人能尽其伦，而人人皆各尽其伦。家正而天下之父子兄弟夫妇定矣。夫天下之大，即于一家定之，此家人之所关甚巨也。而正家之道，必于严君成之，此女贞之所为独先也。可见天地泰而万物化生，男女正而内外各治。造物不能外阴阳而神其用，帝王不能外伦纪而大其功。以天下为家者，欲一道德而同风俗，岂能舍宫壶之地，而别求起化之原乎。

【白话】

《彖传》是对家人卦卦辞的解释，它详尽地阐释了正家的意义，申明了家正而教化自成的道理。女正位，指六二柔顺中正。男正位，指九五刚健中正。严君，指一家威严之主。父，指上爻；子，指初爻。兄，指五爻；弟，指三爻。夫，指五爻与三爻；妇，指四爻与二爻。

孔子解释家人卦的彖辞说：卦名叫作“家人”，而卦辞说“利女贞”，主要是因为一家之人，不外乎主内之人和主外之人。而治家之道，不外乎一个“正”字。就卦体而言，六二这个阴爻以柔居柔，非常当位，好比女子秉持贞顺之德，贞静自守，不干预外事，正位于内。而九五则是以阳居阳的刚正之爻，好比男子秉持刚健之德，以义制事，不牵于内私，正位于外。两个爻还互为正应，好比男女有相成之体，内外无侵越之嫌，各止其宜，皆归于正。这些道理难道是琐碎细小的吗？其实这是阴阳之理，是万世不能更易的根本道理，乃是天地之间的大义。只有明确了它的重要性，才能明白一家之中，分定各有不同，性情各自有异，必须有德位兼备的人主宰大权，树立教化。比如九五这个爻，它是阳爻，位于外卦，并且居中得正，犹如克敦父道的男子，可以统管家庭乃至家族所有的男性成员。六二则是阴爻，它位于内卦并且居中得正，犹如恪尽母道的女子，可以统管家庭乃至家族所有的女性成员。就名分而言，足以整肃全家之名分；就情感而论，也足以联属一家之情。所以其教化能行于父子，并在此基础上，确定上下尊卑之位，善作善述，从而严明父父子子之道；其教化也能行于兄弟，并在此基础上，像卦中的三爻与五爻一样，确定先后之序，以友以恭，从而严明兄兄弟弟之道；其教化当然也能行于夫妇，并在此基础上，像卦中的五爻与三爻，四爻与二爻一样，严明内外之别，唯义唯顺，从而严明夫夫妇妇之道。如此一来，家道还会不正吗？一人能尽其人伦之道，人人都能各尽其伦，各行其道。一家之家风正，天下所有父子兄弟夫妇之间的名分与人伦就可以确立了。天下虽大，但可以通过一家家风确立教化，可见家人卦的关系非常重大。而正家之道，少不了家长的严防严教，所以卦辞上来就说“利女贞”。由此可见，天地通泰则万物化生，男女正位则内外皆治。造物主脱离阴阳就无法施展神妙，帝王忽略伦纪便无法建立大功。以天下为家的帝王，如果想教化天下人并移风易俗，岂能舍弃后宫，别求起化之原呢?

《象》曰：风自火出，家人，君子以言有物而行有恒。

【解义】

此《象传》，是言君子修言行以端风化之本也。物，谓言之有实。恒，谓行之有常。

孔子释家人象曰：此卦上巽为风，下离为火，风出于火，如化出于家，家人之象也。君子以家人为风化之始，而齐家之本在于修身，修身之要在于言行。言行者，一家之视听攸关，而效法所系者也。使言而无物，则议论皆虚，何以使之承听乎？故阐明纲常，本诸真实，君子之言必可守以为则焉。抑行而无恒，则践履有亏，何以使之观法乎？故敦笃伦理，无间始终，君子之行必可奉以为型焉。如此则饬躬之理得，而作则之道全。由己以及家，由近以及远，天下之定，推之而莫外矣。盖圣人之学，无过言行两端。所以尽一己之修者在此，所以溥及物之化者亦在此。而其原总本于一心。心有所伪，言必不能以有实矣；心有所疏，行必不能以有常矣。惟存其心于真纯之内，悦其心于义理之中，则言自有物，行自有恒，而感人者，岂徒在告语之文，防范之迹乎？是故君子修言行之功，必自正心始。

【白话】

《象传》的意思是说，君子要修正言行，端正风化之本。物，意思是言之有实。恒，意思是行之有常。

孔子解释家人卦的大象说：此卦的上卦为巽为风，下卦为离为火，风出于火，就像教化出于家中，所以有家人之象。君子以家人为教化之始，而齐家的根本在于修身，修身的关键在于言行。因为言行关乎视听，家人会自然而自然地效法。如果言而无物，议论皆虚，如何使人承听呢？所以要阐明纲常，本诸真实，这样君子的话就可以使人持守，奉为法则。如果行而无恒，践履有亏，君子的行为又何以使人观法呢？所以要敦笃伦理，无间始终，这样君子的行为才可以使人效仿，奉为典范。这样才可以合饬躬之理，全作则之道，并在此基础上，由己及家，由近及远，天下之定，皆在其中，概莫能外。总的来说，圣人的学问，不外乎言与行。使人尽一己之修的是言与行，普施并教化万民的也是言与行。但说到底，根源都在一颗心上。心有所伪，说出的话不可能实诚；心有所疏，行为也不可能恒常。只有存心真纯之内，悦心义理之中，才能言之有物，行之有恒，能感孚于人的，怎么可能是告语之文和防范之迹呢？所以君子修言行之功，必须从正心开始。

初九：闲有家，悔亡。

《象》曰：闲有家，志未变也。

【解义】

此一爻是言，能严于正家之始，则家道可成也。闲，整齐之意。

周公系家人初爻曰：正家之道，莫重于始。始而不闲，后必有戾，将不免于悔矣。初九以阳刚处有家之始，是初之时，固当闲。而九之刚，又能闲者也。于是乘其嫌衅未萌，急为笃肫然之爱，以闲其疏；复为严截然之分，以闲其僭。使一家之中，尊卑之谊常明，内外之情允协，而相陵相渎之悔自无由而生矣。

孔子释初象曰：初之闲有家者，盖正家之道。闲之于未变者易为力，闲之于已变者难为功。当家人之初，而能豫为之防，则可潜消默化，而未变者终于不变矣。此诚谨始虑终，为正家久远之道也。乃知天下事，严于其端而后可杜于其渐，审于其几而后可慎于其微。是故君子于家人，既以有物有恒本身为训，而又使左右前后必闻正言，春夏秋冬必习正业。当气质未变之初，先有以熏陶其德性，长养其才智，然后教易入而化易成。父子，兄弟，夫妇，莫不各循其分，敦其伦，而可以世保厥家矣。此则闲有家之实事也。

【白话】

这个爻的意思是说，及早正家，则家道可成。闲，整齐之意。

周公所系的家人卦初爻爻辞的意思是说：正家之道，重在正家之始。如果开始的时候不能使家道整齐，之后必然会产生乖戾，不免于悔吝。初九处在家人卦的一开始，负责使家道整齐的责任。它又是个刚爻，具备正家的才德。于是它趁着家中嫌衅未萌，使家人迅速惇厚一致，防范外人的离间；然后严明分定，防止超越本分的事情发生。这样就能使家中尊卑之谊常明，内外之情允协，而相陵相渎之悔无由可生。

孔子解释初爻的小象说：初爻所谓的“闲有家”，就是正家之道。在家风家道未变之前就加以防范，易于用力；在家风家道已经有变的情况下再去防闲，则难以成功。初爻处在家人卦之初，并且能预先防范，从而能潜消默化，使尚未发生变化的止步于此，复归于正。如此谨始虑终，方为正家的久远之道。其实天下事莫不如此，只有严于其端，才可以杜于其渐，唯有审于其几，方能慎于其微。所以君子体悟家人卦的内涵，首先做到言有物而行有恒，并在此基础上使左右前后必闻正言，春夏秋冬务习正业。在家人气质未变之初，先熏陶其德性，长养其才智，如此便能教易入而化易成。如是，则父子兄弟夫妇莫不各循其分，各敦其伦，从而世保厥家。这才是“闲有家”的实指。

六二：无攸遂，在中馈，贞吉。

《象》曰：六二之吉，顺以巽也。

【解义】

此一爻是言，女能正位乎内，而有柔顺之德也。无攸遂，谓事无专制。中馈，饮食之类，妇人之职也。

周公系家人二爻曰：六二柔顺中正，是女之幽闲静好者。举家庭之事，一统于夫子，而不敢专其成。所职者，止在于中馈，徒酒食是议耳，他无所与也。惟能正位乎内如此，则贞淑之风以著，而宜家之化以成，吉孰加焉？

孔子释二象曰：六二克尽妇道而吉者，盖由以柔居柔，而有至顺之德。巽以从乎夫，故能必敬必戒，无专制之失，而昭幽贞之化。此所以吉也。从来阴道可以济阳，而不可以胜阳；内治可以助外，而不可以侵外。此天地人道之正也。天地得其正，而后运会有常经；人道得其正，而后闺壸有雅化。诚能体乎阴柔之德，协乎巽顺之宜，以正位而成家，何至女德无极，惟厉之阶，贻诟于世也哉。

【白话】

这个爻的意思是说，六二好经能正位于内的女子，具备柔顺之德。无攸遂，事无专制之意。中馈，饮食之类，妇人之职。

周公所系的家人卦二爻爻辞的意思是说：六二柔顺中正，好比幽闲静好之女。全家大事要务，全部听任丈夫，不敢有所专成。其职责，止于为家人制作饮食，唯酒食是议，其余皆不参与。唯有如此，才能正位于内，著其贞淑之风，教化家人有成，还有什么比这更加吉祥的呢？

孔子解释二爻的小象说：六二能恪尽妇道，收获吉祥，主要是因为它以柔居柔，具备至顺之德。能奉行夫妇之道，从而能敬慎处世，不失于专制，却能在潜移默化中改善家风家道。所以它能够收获吉祥。历来阴道可以济助阳道，但不可以胜过阳道；内治可以助益外治，但不可以侵伐外治。此乃天地人三才之正道。天地得其正，运行才会遵循常经；人道得其正，后宫才得以雅化。若真正体悟二爻的阴柔之德，辅以适当的巽顺，正位而成家，又何至于像周襄王那样使“女德无极”，招致祸患，贻诟后世呢？

九三：家人嗃嗃，悔厉吉。妇子嘻嘻，终吝。

《象》曰：家人嗃嗃，未失也。妇子嘻嘻，失家节也。

【解义】

此一爻是言，治家宁严，而不可过于宽也。嗃嗃，严厉之象。嘻嘻，谓笑乐无节。

周公系家人三爻曰：治家之道，贵宽严相济。九三刚而不中，过于严厉，使一家之人，畏威惧法，而不敢犯，有嗃嗃之象。虽似伤恩而拂情，悔厉在所不免。然人心祗畏，内治整齐，犹为正家之吉也。若使一于宽和，而不知严肃之道，致使妇子嘻嘻，笑语无节，则纵情败度，家政日隳，终必有吝矣。以二者观之，与其宽毋宁过于严也。

孔子释三象曰：九三家人嗃嗃，义胜于情，似一以严为主。然而法度肃，伦理明，于正家之道未为失也。至于妇子嘻嘻，则和而流，宽而纵，失其节矣，宁能免于吝乎？盖家人之情无穷，易失于过节者，所以防范其过也。立于始为闲，调于中为节，非有二也。言节于三，以三在内外之介耳。惟修德于躬，立中正和平之极，则轨物是饬，既不嫌于烦苛，而乐易为怀，亦不伤于放逸，斯两得之矣。圣人审于嗃嗃嘻嘻之间，而为著吉与吝之辨者，非欲人之一于严也。苐以宽之而无所制，宁严之而有所守也。家人有严君焉，其即节之谓与。

【白话】

这个爻的意思是说，治家宁可严些，而不可过于宽和。嗃嗃，严厉之象。嘻嘻，笑乐无节之意。

周公所系的家人卦三爻爻辞的意思是说：治家之道，贵在宽严相济。九三却过刚不中，显得过于严厉，导致全家人畏威惧法，不敢侵犯，有“家人嗃嗃”之象。虽然这么做看似伤恩拂情，悔厉在所不免。然而使家人心生敬畏，从而内治整齐，也是正家之道，所以能收获吉祥。倘若一味地宽和，不懂得严肃之道，致使“妇子嘻嘻”，笑语无节，就会导致纵情败度，家政日隳，最终必有吝难。综合来看，当真是宁可严些，也不过于宽纵。

孔子解释三爻的小象说：九三所谓的“家人嗃嗃”，是义理胜过亲情的表现，似乎过于严厉。然而法度肃才能伦理明，对于正家之道来说，这不算什么过失。至于“妇子嘻嘻”，则流于宽和，失之宽纵，偏离了妇道，怎么能免于吝难？这主要是因为如果光讲情分的话，家人之间的情是无穷的，一旦处理不好，就会偏离治家之道，所以要防范其过。在一开始就树立规则，提前预防，和在过程中适当节制，是一体两面，没有分别。之所以在三爻提到节制，主要是因为三爻处在内外卦的交接处，也就是处在维系家里与家外的微妙且关键的位置。它只能尽量修身培德，在中正平和的基础上，树立规范，既不嫌于烦苛，又能保持和乐平易，而不伤于放逸，两全其美。圣人审视于“嗃嗃”“嘻嘻”之间，又分别为它们系上了“吉”与“吝”的断辞，也不是为了让人一味地从严。只是一旦宽纵便难以节制，所以宁可严些，使家人有所持守。家中有严防严教的家长，就是小象所谓的“节”。

六四：富家，大吉。

《象》曰：富家大吉，顺在位也。

【解义】

此一爻是言，六四能顺正以保其家也。

周公系家人四爻曰：六四以阴居阴，而居上位，是主门内之政者也。秉柔顺之德，而握闺壶之柄，为能制节谨度，克勤克俭，以开利之源；不侈不骄，以裕财之用。能富其家者也。由是则出入有经，奢僭不作，孝敬仁让之风，莫不成于富足之后，吉孰大焉？

孔子释四象曰：六四富其家而大吉者，盖以其有顺德而在上位，是不徒操一家之权，而且得治家之道，宜能永保其所有而大吉也。

按：家人之卦，四阳二阴。昔人谓，六二之阴，持家之妇也。六四之阴，其主家之妇乎？二惟顺以巽，故克尽在下之妇道而贞吉。四惟顺在位，故克尽在上之母道而大吉。然阳为实，阴为虚，故小畜九五称富，泰之六四称不富。今六四以阴而称富家者，易之占法，阳主义，阴主利故也。抑所谓富家者，岂止富厚而已哉？《记》有之："父子笃，兄弟睦，夫妇和，家之肥也。"家之肥即家之富矣。由此推之，而国之富，天下之富，亦岂出于此爻之义乎？

【白话】

这个爻的意思是说，六四既顺且正，所以能保全其家。

周公所系的家人卦四爻爻辞的意思是说：六四以阴居阴，又居于公侯大臣之位，是主内之人。它秉持柔顺之德，手握闺壶之柄，制节谨度，克勤克俭，开利之源；同时不侈不骄，以裕财用。总的来说，就是能使家庭富足的人。至于出入有经，奢僭不作，孝敬仁让之风，都需要建立在家庭富足的基础上，如今有六四这样的富家之人，还有比这更吉祥的吗？

孔子解释四爻的小象说：六四所谓的"富家，大吉"，主要是因为六四位于上卦巽卦之中，巽为顺，并且四爻是王公大臣之位，在上位而有顺德，说明它不仅主宰全家之权，也深谙治家之道，能永保所有，是为大吉。

按：家人卦有四个阳爻和两个阴爻。昔人认为，六二是阴爻，是持家之妇女。那么六四也是阴爻，它是主持家政的妇女吗？其实，二爻唯有巽顺，才能恪尽在下之妇道，因贞而吉。而四爻唯有巽顺并且得位，方能恪尽在上之母道，并因之大吉。然而根据易理，阳为实，阴为虚，所以小畜卦的九五称"富"，也就是"富以其邻"，泰卦的六四则称"不富"，即"不富以其邻"。而家人卦的六四是阴爻，也称"富家"，是根据易占之法，即"阴主义，阴主利"而来。而且所谓"富家"，又岂止是指物质财富？《礼记》有言："父子笃，兄弟睦，夫妇和，家之肥也。""家之肥"即家之富。由此推之，国之富，天下之富，不都契合此爻的内涵吗？

九五：王假有家，勿恤，吉。

《象》曰：王假有家，交相爱也。

【解义】

此一爻是言，人君得内助之贤，而天下之化自成也。王，谓君天下者。五君位，故云王。假，至也。假有家，犹言以此而至于家。

周公系家人五爻曰：九五刚健中正，而下应六二之柔顺中正，是有刑于之德，而又获内助之贤者也。王者以是至于其家，则内外得人，家无不正。上可以奉神灵之统，下可以衍嗣续之蕃；内可以纲纪乎六宫，外可以风动乎四海。勿用忧恤而吉可必矣！

孔子释五象曰：王假有家，岂私昵之情哉？盖五与二同德相孚，君庆内治之得人，后乐刑家之有主。雍雍在宫，以礼相合，以义相比，而成爱者，此所以吉也。盖圣德协而壸政修，教化行而海宇定。自古雍穆之治，未有不起于宫闱者。此问夜之勤，鸡鸣之儆，为王化之根本也。先儒谓，爱有二义，有溺于私欲之偏者，有发于性情之正者。私欲之偏，即为祸乱所由萌；性情之正，则为风教所自出。一念得失之分，而天下之治忽因之。此修齐治平之效，必本于格致诚正之功欤。

【白话】

这个爻的意思是说，君王有贤内助，自然化成天下。王，君王。五爻位于君位，所以曰“王”。假，至。假有家，以此而至于家之意。

周公所系的家人卦五爻爻辞的意思是说：九五刚健中正，下面又有柔顺中正的六二为正应，是既有刑于之德，又有贤内助。王者以此正其家，则内外得人，家无不正。上可以奉社稷宗庙，下可以嗣续衍蕃；内可以执掌六宫，外可以风动四海，“勿恤”而“吉”，是必然之理。

孔子解释五爻的小象说：爻辞所谓的“王假有家”，难道是在说私昵之情吗？其实主要是说，五爻与二爻有正应，也都是居中守正之爻，能同德相孚，九五作为君王，幸喜内治有人，六二作为王后，长乐刑家有主。二者雍雍在宫，肃肃在庙，以礼相合，以义相比，交相亲爱，所以吉祥。总的来说，君主圣明而壸政自修，教化施行而海宇皆定。自古以来，太平之治，皆起于宫闱。问夜之勤与鸡鸣之儆，实为王化之根本。先儒有言，爱有两层意思，有的爱溺于私欲之偏，有的爱发于性情之正。溺于私欲之偏者，就是祸乱萌生之处；发于性情之正者，则能在潜移默化中教化他人。一念的得与失，恐怕会影响天下的治与乱。这正是修齐治平的效果如何，取决于格致诚正的功夫如何的原因所在。

上九：有孚威如，终吉。

《象》曰：威如之吉，反身之谓也。

【解义】

此一爻是言，恩威著而家道昌，可以见教成之效也。

周公系家人上爻曰：凡治家者，当慎于其始，尤贵善乎其终。诚信不足者终必携，威严不足者终必渎。信与威相济，乃为可久之道。今上九以刚居上，在卦之终。本孚诚以笃恩义，而又伦纪森然，凛不可犯，有孚而威如者也。故其言可以体家人之心，而无伤恩拂情之失；其威可以正家人之志，而无渎伦乱纪之愆。则一家之中，爱敬日隆，将见弥远而弥昌矣。不其终吉乎！

孔子释上象曰：上九威如之吉者，非作威之谓也。乃反身自治，贞度立诚，而动静语默，有谨以自敕之几；瞻视衣冠，有尊而可畏之象。初未尝有意于严厉，而家人自服之。盖躬行之化，不怒之威也。可见反身之理，为正家之原。而主敬之学，又反身之要。大廷广众，固无可少忽之时。暗室屋漏，尤必凛有严之志。如是则不动而敬，不言而信。威由孚出，孚以威成。而家有不肃，教有不洽者乎？故有家者，不可为一时苟且之计，而当慎百世永远之图。有始有终，而家人之义全矣。

【白话】

这个爻的意思是说，恩威并重，家道才能昌盛，成效才能明显。

周公所系的家人卦上爻爻辞的意思是说：治家之家，贵在慎始慎终。诚信不足就会导致分崩离析，威严不足就不会使人信服。孚威相济，才是长久之道。如今上九以刚居上，位于家人卦的终极之处，就应该诚心正义，以恩待人，同时严明伦纪，凛不可犯，也就是“有孚威如”。所以它说话时会体谅家人的内心感受，不会有伤恩拂情之失；其威严则可以修正家人的心志，从而避免了渎伦乱纪之愆。如此一来，一家之中，便可爱敬日隆，弥远弥昌是可以预见的，所以爻辞说“终吉”。

孔子解释上爻的小象说：上九所谓的“威如”“终吉”，不是作威的意思。而是要反身自治，贞度立诚，无论动静语默，不谨慎有加，不断告诫自己；其举止与衣冠，都使人尊重与敬畏。起初它也不是有意要这么威严，但家人自会敬服。这主要是因为它以身作则，不怒而威。可见反躬自省，实为正家之本。而敬慎之学，又是自我约束的要义。大庭广众之下，固然不能稍有疏忽。暗室小帐，更应该凛然自处。真能如此，身不动就能使人敬畏，言不出就能使人信服。总的来说，威由孚出，孚以威成。威孚相济，怎么可能会有家风不肃，教化不洽的情况呢？所以负有治家责任的人，不可为一时苟且之计，而是要慎之又慎，计出长远。有始有终，才是家人卦的全部内涵。

䷥ 睽 兑下离上

【解义】

济大事必以人心，人心喜合而恶离，贵同而贱异。卦之火泽异性，中少异情，所以为睽。然以既睽之日，而能本济睽之德，乘济睽之势，以求济睽之助，则通志遂情，其机在我。故彖辞谓小事吉，而《彖传》又推广言之，以见时用之大焉。至六爻，则于君臣僚友，先睽后合之际，反复言之。初与四以无应而睽，三与上以疑贰而睽。惟二五居中得应，故当睽而不睽。原睽所自来，莫不始于猜嫌，成于乖隔。济睽之道，反之而已。臣积诚以悟主，君降心以求助。上下合心，刚柔协德。委曲绸缪，以赞大业。则涣者可使之合，疏者可使之亲，而睽不终睽，不害其为吉矣。此一卦之大旨也。

【白话】

成大事必须得人心，人心喜合而恶离，贵同而贱异。此卦上卦为离为火，也为中女，下卦为兑为泽，也为少女，水火异性，中少异情，所以卦名为睽。然而是否能在已经睽违之时，本着济睽之德，乘着济睽之势，以求济睽之助，通志遂情，取决于我们自身。所以彖辞说“小事吉”，而《彖传》又推延开去，为的就是让人明白睽卦的适用性之广大。至于睽卦的六个爻，则就君臣僚友之间的分分合合反复阐述。初爻与四爻因为没有正应而睽违，三爻与上爻则是因为犹疑不定而睽违。唯有二爻与五爻，因为居中并且互为正应，所以当睽而不睽，当违而不违。究其原因，就在于睽违之所以会产生，都始于猜嫌，成于乖隔。可见济睽之道，就是反其道而行之。具体说来就是为人臣者要有诚心使主上悔悟，为人君者则要降心求助于人臣。如此便能上下合心，刚柔协德。彼此委曲绸缪，共赞大业，涣者可以重合，疏者可以相亲，已经睽违的也不会长久睽违，所以不影响最终收获吉祥。这是睽卦的要旨。

睽：小事吉。

【解义】

此卦兑下离上，上火下泽，异其性，物之睽；中女少女，异其志，人之睽。皆有乖离之义，故名为睽。卦辞言，当世事人心睽异之时，未可以大有所为也。小事是补偏救弊之事。

文王系睽彖辞曰：济大事以人心为本，睽则众志乖异矣。尚幸卦德有济睽之才，卦变有济睽之势，卦体有济睽之助。夫唯有是三者之善，虽不能大有所为，使睽者一旦而合，然以之维持国势，收拾民心，亦可徐俟群志之定，不致于终离，而小事吉也。盖天下之睽散，不可一日不合，圣人岂肯安于无事？但以当睽之日，而骤兴非常之役，建不世之功，则众志猜疑，一时难以开释，安望其动必有成乎？盘庚之迁邑，武王之东征，古之帝王，有不能遽行己意者。惟所遇之时难也，从容镇定，而使之不惊；批却导窾，而使之无阻。小其事，正所以大其用，此济睽之善道也夫。

【白话】

此卦的下卦为兑为泽，上卦为离为火，泽即水，水火不容，这是物之睽；上卦离卦又代表中女，下卦兑卦则代表少女，二女心志不同，这是人之睽。人与物皆有乖离之义，所以叫作睽卦。卦辞的意思是说，处在世事人心睽异之时，不能有大的作为。小事，指补偏救弊之事。

文王所系的睽卦卦辞的意思是说：成大事以得人心为本，但睽卦是众志乖异之卦。幸好就卦德看，它具备济睽之才，具备说来就是上明下悦；卦变则有济睽之势，具体说来就是柔爻上行之势；就卦体而言，也有济睽之助，具体说来就是睽卦的二爻与五爻互为正应。具备此三者，虽不能大有所为，使世事人心一旦而合，但可以借此维持国势，收拾民心，也可以慢慢地安定众志，不至于分崩离析，所以说“小事吉”。总的来说，正当天下之睽散，不可一日不合，圣人岂能安于无事？但身处当睽之日，却想兴非常之役，建不世之功，只会导致众人的猜疑，一时之间也难以开释，又怎么能指望马到成功呢？盘庚迁都，武王东征，作为古代的圣王，都有心意难以遽行之时。唯有在身遭厄难时，从容镇定，使众人不至于惊慌失措，然后打通关节，使之无阻。虽然爻辞说“小事吉”，但可以发挥大的功用，这其实也是完善的济睽之道。

《彖》曰：睽，火动而上，泽动而下；二女同居，其志不同行。说而丽乎明，柔进而上行，得中而应乎刚，是以小事吉。天地睽而其事同也，男女睽而其志通也，万物睽而其事类也，睽之时用大矣哉！

【解义】

此《彖传》，是释睽彖辞，明其体而赞其用也。离为中女，兑为少女，故曰二女。得中，指六五。应刚，指九二。

孔子释睽彖辞曰：卦名为睽者，何也？以先天之取象言之，离火动而炎上，兑泽动而润下，其性睽也。以后天之取象言之，离中女，兑少女，虽同其居，不同其适，其情睽也。卦之名睽，非以是乎？睽之时，本无可为者，何以云小事吉？盖天下事，唯有德者能成之，卦德说而丽于明，是内焉心气和平，外焉事机昭彻，具有为之才矣。又唯有位者能主之，卦变自离来者，二进居三；自中孚来者，四进居五；而自家人来者，兼此二变，皆柔进上行。是以徽懿之资，居崇高之地，挟有为之势矣。且唯有辅者能济之，卦体六五得中应刚，是本虚中之诚，收英杰之助，得有为之佐矣。备此三善，虽在睽时，未能大有所为，而犹可补偏救弊，不至于一无成就，是以小事吉也。然睽之义，岂无所用哉？人知睽之为睽，而不知睽之终合。试极言之：天高地下，睽也。然天施地生，化育之事则同也。男外女内，睽也。然夫倡妇随，相合之志则通也。物以群分，睽也。然此感彼应，应求之事则类也。可见睽者其静则别，而合者其通则交。不睽则无以为合，而三才之用几息矣。睽之时用，顾不大哉？大抵天下事物，皆本于一，其后散而分之，有似乎睽，然实未尝不合。所谓理一分殊，此即太极之旨，无穷功用所从出。常人徇末而忘本，拘于形气之私，嗜欲好恶，纷争侵夺，不相为下，遂终于睽而不合，故曰："惟天生民有欲，无主乃乱。"非亶聪明之元后，乌能合天下之睽，而尽归于一耶？

【白话】

《彖传》是对睽卦卦辞的解释，申明了它的本体，也赞美了它的功用。离为中女，兑为少女，所以彖辞说"二女同居"。得中，指六五。应刚，指九二。

孔子解释睽卦的彖辞说：卦名为睽卦，原因何在？以先天之物取象而言，上卦为离为火，火性炎上，下卦为兑为泽，泽为水，水性润下，上下卦的性情相互睽违。以后天之物取象而论，上卦为离为中女，下卦为兑为少女，虽然居于一家，但各适其适，原因就在于它们的性情睽违。卦名叫作睽卦，难道不是因为如此吗？睽违之时，本来无法作为，但卦辞为什么说“小事吉”呢？主要是因为天下之事，唯有有德者能成功，而睽卦的卦德恰恰是悦而丽于明，具体说来就是下卦兑卦愉悦地附丽于上卦离卦，离为明，好比内有平和之气，外有识见之明，具备有为之才。另外，有德还要有位，而睽卦的卦变恰好体现了这一点。睽卦可能是由离卦变来的，具体卦变是离卦的二爻向上运动，居于三爻的位置。睽卦也可能是由中孚卦变来的，具体卦变是中孚卦的四爻向上运动，居于五爻的位置。睽卦还有可能是由家人卦变来的，具体卦变是家人卦的二爻与四爻一起向上运动，居于三爻与五爻的位置。三种有可能的卦变都是柔爻上行，都是以徽懿之资，居崇高之地，挟有为之势。而且还要有应援与辅济，就卦体而言，睽卦的六五不仅得中，而且下应刚健的九二，好比以虚中之诚，收英杰之助，有了辅佐之才。具备以上三点，虽然天时睽违，不能大有作为，但仍然可以补偏救弊，不至于一事无成，所以卦辞说“小事吉”。然而睽卦的内涵，岂是一无所用的呢？世人但知睽之为睽，而不知睽违的终究还是要合和。让我们尽量推衍开去：天在上，地在下，属于睽。然而天施地生，在共同造化万物这件事上，二者是相同的。男主外，女主内，属于睽。然而夫唱妇随，这彼此一致这件事上，二者是相通的。物以群分，也属于睽。但万物此感彼应，在相应相求这件事上，都是类似的。可见睽违的事物，静的时候确实是有分别的，但合和的时候则是交通的。不睽便谈不上合，天地人三才的奥妙功用几乎会因此止息。睽卦的适用性，难道不是很大吗？大抵来说，天下的事与物，都源自一个根本性的事与物，之后散而分之，似乎是睽违的，实际上未尝不是合和的。这就是宋儒所谓的“理一分殊”，也就是太极的宗旨，无穷功用都出自其中。但常人往往徇末忘本，受限于私心，嗜欲好恶，纷争侵夺，毫不相让，最终导致睽违不合，所以《尚书》中说：“惟天生民有欲，无主乃乱。”若非极具聪明智慧的君王，怎么能聚合天下的睽违，尽归于一呢？

《象》曰：上火下泽，睽，君子以同而异。

【解义】

此《象传》，是言君子惟义与比，不求异而自异也。

孔子释睽象曰：上火下泽，性相违异，睽之象也。君子体之，而得处之之道焉。盖君子以天下之量容天下之人，以天下之理处天下之事，本无不同也。但义之不当同者，则介然守正而不为苟同。是故如其义也，则在家同于家，在国同于国，而君子不嫌于同矣。非其义也，则一家非之不顾，一国非之不顾，而君子不嫌于异矣。斯所谓和而不流，群而不党者欤！

按：彖言异中之同，所以责君子济睽之功；象言同中之异，所以明君子不苟同之理。有同而异者立其体，而以异为同者善其用。斯真得处睽之道，奚至逐物而丧己乎？

【白话】

《象传》的意思是说，君子唯义是从，唯义是比，不求异而自异。

孔子解释睽卦的大象说：此卦的上卦为离为火，下卦为兑为泽，火上泽下，性情违异，这就是睽违之象。君子体悟睽卦的大象，并从中学到了处睽之道。总的来说，君子以天下之量容天下之人，以天下之理处天下之事，任何人与所有事，本无不同。但是违背道义，不应该和同的，便介然守正，绝不苟同。所以凡是符合君子所奉行的道义的，在家能同于家，在国能同于国，君子绝不会嫌于和同。但凡是不符合君子所奉行的道义的，家也可以不顾，国也可以不顾，君子也绝不会嫌于睽异。这正是所谓的“和而不流，群而不党”的人啊！

按：彖辞讲的是异中之同，目的是让君子识睽济睽；象辞说的是同中之异，目的是阐明君子绝不苟同之理。有同而异，可以端正其本体，以异为同，可以善用其功用。如果真的能明白处睽之道，又怎么会逐物丧志呢？

初九：悔亡。丧马勿逐自复，见恶人，无咎。

《象》曰：见恶人，以辟咎也。

【解义】

此一爻是言，睽时贵有同德之助，尤宜明远祸之道也。丧马，是无正应之象。勿逐自复，不求而自得之象。辟，远之也。

周公系睽初爻曰：天下之睽，必有合而后可济。初九上无正应，宜不能济睽而有悔。然幸四亦同此阳刚之德，情虽不洽，而道则相符，终得协力而悔可亡，有丧马勿逐自复之象。然当睽时，同德相合，正异己者所忌。分别太严，必遭谗构，故或遇恶人，虽非与我同德，而不可不见之。庶释其猜疑，而免中伤之咎。盖义当如此，非有所屈也。

孔子释初象曰：睽违之害，每起于是非之过明，而好恶之太峻。彼恶人，君子之所远，而恐浼者也。然当其相遇，绝之过什则意外之祸必生，故不得已而见之，正所以辟咎也，岂其本心哉？大抵世至于睽，谗夫得志，正士莫容。君子处此，自有难径情直行者，盖非独为一身计，而并为天下计也。孔子曰："人而不仁，疾之已甚，乱也。"贤者不幸值此时，苟能委曲从容，苦心调剂，岂但君子不受害于小人，或可使小人化而为君子。则济睽之妙用，即在其中矣。

【白话】

这个爻的意思是说，睽违之时，贵有同德之助，更应该明白远祸之道。丧马，无正应之象。勿逐自复，不求自得之象。辟，远离。

周公所系的睽卦初爻爻辞的意思是说：天下可以睽违，也可以和合，可以匡济。初九作为阳爻，有济睽之心，但上面没有正应，似乎会因为不能济睽而有悔。幸运的是，九四与初九都具备阳刚之德，虽然从阴阳相应的角度看，彼此并不相应，但它们都是刚爻，都遵循同样的道义，所以最终能同心协力，纵然有悔也会亡失，这就是"丧马勿逐自复"之象。然而天下睽违之时，君子同德相合，必然会受到异己者的猜忌。如果与他们划清界限，分别太严，必然会遭到谗构，所以就算遇到恶人，彼此无法和同，但不能不见之。通常情况下，你只要这样做，就能免除恶人的猜疑，免除中伤之咎。而且道义上也应该如此，这并不是什么委屈。

孔子解释初爻的小象说：睽违的危害，往往源自于是非过于明白，好恶太过严苛。爻辞中的"恶人"，本来君子是应该远离，惟恐受其污染的。然而已经相互遭遇，如果贸然决绝，必生意外之祸，所以不得不见之，为的是远离咎害，怎么可能是君子的本意呢？大抵上说，世道违睽之际，喜欢谗害君子的小人得志，正人君子难以容身。君子处在睽违之时，其道自然也难以直行，所以"见恶人"不仅仅是为自己考虑，而是兼顾了天下。孔子说："人而不仁，疾之已甚，乱也。"贤者不幸逢得睽违之时，若能委曲从容，苦心调剂，岂止不会受小人之害，或许还可以使小人转化为君子。济睽之妙用，尽在其中。

九二：遇主于巷，无咎。

《象》曰：遇主于巷，未失道也。

【解义】

此一爻是言，二能委曲喻主，而得臣道之正也。巷，是委曲之意。

周公系睽二爻曰：二与五应，君臣之分定矣。但值睽时，或为小人间隔，忧谗畏讥，忠悃不白，则当委曲竭力，或积诚以感其心，或匪懈以通其志，或负罪以冀其悟。所以自靖者，不拘一途，如遇主于巷焉。然后上下交孚，乃为无忝臣节，而咎可免也。

孔子释二象曰：人臣事君，道合则留，不合则去。九二顾遇主于巷，何耶？盖君臣之谊，关于天性。委曲抒诚，乃道之正。原非枉尺直寻，为鄙夫之见也。

按：二五正应，而当睽时，阴阳相应之道衰，刚柔相戾之意胜。所以上下之间，非曲折婉转，其情不能相通。此正忠臣爱君之切，体国之至，休戚相关，有不出于此而不能者。孔子恐后世功名之士，必将借此言为口实，故特云"未失道"以明之，以见遇非屈己逢迎，巷非邪僻由径。必合于道而后可，不然而鬻羖羊以进身，因寺人而见主，一时或得遇合，而已先不正矣，何以正君哉？

【白话】

这个爻的意思是说，二爻能委曲喻主，符合为人臣者的正道。巷，委曲之意。

周公所系的睽卦二爻爻辞的意思是说：二爻是刚爻，与虚中的五爻成正应，好比君臣分定。但赶上睽违之时，难免被小人间阻，忧谗畏讥，忠诚难表，必须委曲竭力，用自己的至诚感孚君心，用自己的勤奋感通其心志，甚至主动引罪，使之醒悟。具体的办法不拘一格，但前提都是委屈自己，所以爻辞说"遇主于巷"。重要的是，如此一来，可以上下交孚，既无损于臣节，也可以免除相应的咎害。

孔子解释二爻的小象说：以臣事君，符合道义就留下，不符合道义就离去。但爻辞却说九二"遇主于巷"，是什么意思呢？主要是因为君臣之谊关乎天性，委曲抒诚则是为人臣者的正道。绝不像某些庸人所说的，是为了利益而委屈自己。

按：二爻与五爻原本是正应，但当天下睽违之时，阴阳难以相应，刚柔彼此厌弃。君臣上下之间，不曲折婉转些，就不能通其情，达其志。也只有那些爱君体国达到了极致，认为自己休戚相关，不这样做就不能原谅自己的忠臣才能如此。孔子在系小象之辞时，恐怕后世的功名利禄之徒借此言为口实，所以刻意为它系上了“未失道也”的象辞，明确指出，不可以屈己逢迎，不可以走歪门邪道。必须合乎道义才行，否则通过贿赂，或者裙带关系，就算一时遇合，自己已不正在先，又怎么可能正君呢？

六三：见舆曳，其牛掣，其人天且劓。无初有终。

《象》曰：见舆曳，位不当也。无初有终，遇刚也。

【解义】

此一爻是言，始虽疑而终有以济睽也。舆曳，二之曳于后。牛掣，四之掣于前。其人，指三也。天是去发之刑，劓是去鼻之刑。

周公系睽三爻曰：六三与上九正应，有君臣之分者也。不幸处二阳之间，迹若可疑，而上猜忌方深，三求合不得，积疑成惑，若见二之曳其舆于后也，若见四之掣其牛于前也，更若见上之加刑于己而天且劓也。睽离如此，是无初矣。然天下之理，邪不胜正。二四之求，久当自去；上九之疑，久当自释。究必得遇于正应之君，而为有终也。

孔子释三象曰：三居二阳之间，处位不当，一时难合于上，所以积疑而起舆曳之见也。然终遇者，由上九刚明，其疑易释，终必相得，又何睽之不可解乎？自古君臣之间，嫌隙不可稍开。或因意见之参差，或因奸邪之间阻，君心一疑，则其臣一言一动，无非获罪之端。然人臣当此，不可过为猜惧。唯有益励其靖共之节，竭其爱敬之忱，安常守分，以待君之悔悟。精诚所感，自终见亮于圣主矣。此事君者，所宜加勉也。

【白话】

这个爻的意思是说，为人臣者刚开始会被见疑，但是终能化睽为合，走向成功。舆曳，指二爻曳于其后。牛掣，指四爻牵掣于前。其人，指三爻。天，去发之刑。劓，去鼻之刑。

周公所系的睽卦三爻爻辞的意思是说：六三与上九有正应，好比君臣有其分定。然而六三处在九二与九四两个阳爻之间，心迹可疑，上爻又不无猜忌，三爻上求不得，因此积疑成惑，既觉得二爻在后面拖曳着自己，又觉得四爻在前面牵掣着自己，还觉得上爻要加刑于自己，要剃掉自己的头发，削掉自己的鼻子。如此睽违，刚开始肯定会有艰难险阻，也就是“无初”。但天下之理，邪不可胜正。

二爻与四爻对它的妄求，时间长了自然会淡化，会自行离去；上九对它的猜疑，时间长了自然也会释然。它最终会遇上自己的正应之君，这就是所谓的“有终”。

孔子解释三爻的小象说：三爻位于上下两个阳爻中间，又以阴居阳，处位不当，一时间难以与正应上九相合，所以积疑生惑，遂有“舆曳”之见。然而它之所以能最终得遇上爻，是由于上九有刚明之德，疑心易释，终必相得，又有什么样的暌违不可解呢？自古以来，君臣上下，嫌隙不可稍开。不管是因为意见不一致，还是因为奸邪阻碍，只要君王有了猜疑之心，臣子的一言一行，都是获罪之端。然而为人臣者处在这种情势下，也不必过多忧惧。其实在这种情况下，更应该安于恭敬，谋于恭敬，尽可通用地忠君敬事，安常守分，静待君王悔悟。所谓精诚所至，金石为开，至诚之下，最终会感化君心，上下合德。所有事君之臣，都应该效法三爻，以之自勉。

九四：睽孤。遇元夫，交孚，厉，无咎。

《象》曰：交孚无咎，志行也。

【解义】

此一爻是言，四有同德之助，自可以济睽也。孤，指无应。元夫，指初九。

周公系睽四爻曰：九四当睽之时，而无阴柔之应，为而或沮之，动而或摧之，若不免于孤也。幸遇初九元善之夫，与之同德，遂推诚相与，以共济时艰，则亦不为孤矣。顾人之情，在无事之日，则安常处顺，而衅隙不萌。当多事之时，则变故横生，而猜忌易起。故必危以处之，内杜疑贰之端，外防谗间之人，惟恐吾之诚信有未至焉，然后可保其交孚之美，同心协力，以济天下之睽，而无始合终离之咎也。

孔子释四象曰：九四之志，本欲济睽。但应之者未得其人，则虽有志而不能行。今既获初九元善之夫，以矢心同济，志愿遂矣。宁虑睽哉？

按：人臣比肩事君，惟宜一心一德，共戮力以报国。若意见各立，遂至积成猜嫌，互相嫉害，此岂社稷之福乎？后世人臣之睽，莫甚于赵之廉蔺，唐之牛李。廉蔺始睽而终合者，以两人之心皆出于公，公则自无不可化也。牛李始睽而终亦睽者，以两人之心皆徇乎私，私则自不能克也。四与初皆有阳刚之德，同德相遇，故始虽睽，而终必合。欲济天下之睽者，亦观其心之公私而已矣。

【白话】

这个爻的意思是说，四爻有同心同德的君子相助，自然可以济睽。孤，指上下无应。元夫，指初九。

周公所系的睽卦四爻爻辞的意思是说：九四处在睽违之时，下面却没有阴爻作为正应，有为或许会有阻碍，行动或许会被摧抑，不免有些孤单。幸好初九虽然不是它的正应，但却是个元善之夫，二人性情一致，同心同德，于是推诚相待，共济时艰，似孤而不孤。按人之常情，没事的时候，都可以安常处顺，衅隙不萌。有事乃至多事之时，则会变故横生，猜忌频生。所以必须保持危厉之心，内杜犹疑之见，外防小人的谗言，惟恐自己的诚信不够，然后就可以上下交孚，同心协力，共济天下之睽违，远离始合终离的咎害。

孔子解释四爻的小象说：九四本想济睽，但没有正应，有志难行。如今却获得了初九这样的元善之夫的帮助，能够矢心同济，心愿得遂。何必顾虑一时的睽违呢？

按：身为人臣，与君子一道事君，就应该同心同德，共济时艰，戮力报国。若是意见不同，乃至相互猜嫌，互相嫉害，又岂是社稷之福呢？后世人臣相互睽违的典型案例，非赵国的廉颇与蔺相如，和唐代的牛僧孺与李德裕莫属。廉颇与蔺相如始睽而终合，是因为两个人大公无私，什么样的睽违都能化解。牛僧孺与李德裕却始终睽违，是因为两个人只为私欲考虑，自然不能合解。体现在这个卦上，就是四爻与初爻皆有阳刚之德，同德相遇，所以一开始睽违，但最终能够合德。一个人能否化睽为合，匡济天下，主要也是看他基于公道，还是源自私心。

六五：悔亡。厥宗噬肤，往何咎。

《象》曰：厥宗噬肤，往有庆也。

【解义】

此一爻是言，人君得贤自辅，有济睽之功也。厥宗，指九二。噬肤，易合之象。

周公系睽五爻曰：六五以阴居阳，济睽之才不足，宜其有悔。但以柔中之德，应九二之贤，得人辅治，而有以匡其不逮。故虽有悔，而终必亡之。然二五君臣相得，岂仅如遇合之常哉？盖二本五之正应，乃宗子之家相，所谓宗臣也。

当睽之时，五固切于下交，二又笃于事主，情洽意孚，诚有如噬肤之易者。以是而往，可以同心共济，合天下之睽矣，复何咎乎！

孔子释五象曰：处睽患不得所合耳。五有厥宗合之，如噬肤之易，则君臣同德，以济天下之睽。此虽一人之福，而实四海之庆也。盖二五君臣之睽，二言合之难者，臣道也，不敢轻身也；五言合之易者，君道也，急欲下贤也。故二言主，尊之也，下当以分严上也；五言宗，亲之也，上当以情亲下也。二依五以为主，五亲二以为宗，相须甚殷，自然相见恨晚，宜其易于合矣。然必君先求贤，而后贤乃从君，此又慎重于始交之道也。

【白话】

这个爻的意思是说，君王有贤臣辅佐，自然济睽有成。厥宗，指九二。噬肤，易合之象。

周公所系的睽卦五爻爻辞的意思是说：六五以阴居阳，并不当位，负有济睽之责同，但缺乏济睽之才，看似应该有悔。但它具备柔中之德，并且下应九二这个贤臣，得其辅佐，弥补了它的力有不逮。所以虽有悔吝，但最终会“悔亡”。然而像二爻与五爻这样的君臣相得，岂止是寻常意义上的君臣遇合？二爻本来是五爻的正应，好比宗子的家相，也就是所谓的宗臣。处在睽违之时，五爻固然是殷切下交，二爻也做到了忠心事主，彼此情洽意孚，当真像咬食肥肉那么简单。以此前往，可以同心共济，合天下之睽违，还有什么咎害呢？

孔子解释五爻的小象说：处睽之时，所患者就是不能合德。六五因为有“厥宗”的九二相合，所以相合像咬食肥肉一般简单，因此能君臣同德，共济天下之睽。这是六五一个人的福报，也是四海宇内同庆之事。综合来看，二爻与五爻代表君臣，讲的都是处睽之道，但二爻说的是处睽之难，因为二爻讲的是臣道，为人臣者，不能轻举冒进；五爻却说君臣相合如同噬肤一般容易，是因为五爻讲的是君道，身份与情势都要求它及早礼贤下士。所以二爻说“遇主”，是以下尊上，暗示二爻严于分定；五爻则说“厥宗”，宗即宗亲，暗示六五以情亲下。二爻以五为主，五爻以二为宗，彼此都很殷切，自然相见恨晚，理应合德。但是只有君王求贤在先，贤臣才能从君于后，这就回到了慎交于始的训诫上了。

上九：睽孤。见豕负涂，载鬼一车。先张之弧，后说之弧。匪寇婚媾，往，遇雨则吉。

《象》曰：遇雨之吉，群疑亡也。

【解义】

此一爻是言，先睽后合，而疑虑俱消也。豕，污秽之物。鬼，怪异之类。张弧，始而疑也。说弧，终而释也。遇雨，和合之象。

周公系睽上爻曰：上九下应六三，本不孤也。然以刚明之过，处睽极之地，猜疑所结，妄见多端，故睽孤而无与。三本非污，而疑其污，如见豕负涂，若将浼己也。即至一切所无之事，尽疑其有，如载鬼一车，反以幻为真也。由是积疑成忿，先张弧而欲射之。乃本无是事，疑久自消，则又说弧，而不果射。始知三非我寇，实为亲我之人。前疑尽释而往以遇之，犹阴阳和而致雨焉，则睽合而不孤矣。

孔子释上象曰：上九遇雨吉者，盖人情有所疑，则不能合。今两情式好而乖戾不形，二人同心而猜嫌尽泯。则向日之妄见，至此而俱消矣，又何睽之足虑哉？大抵上下之交，莫难于信，莫易于疑。信则志同道合，一德交孚；疑则是反为非，忠反为佞。故嘉猷入告则疑其好名，忠言逆耳则疑其卖直，同道为朋则疑其植党，荐贤为国则疑其市恩。疑端一开，何所不至？小人因之，播弄其间，而忠良之祸不可解矣。周公于此爻既极摹其情状，而孔子于《象》又概之以群疑，以见猜忌不释，则睽终不可得而合。所以致儆者，不亦深切着明哉！

【白话】

这个爻的意思是说，上九与六三先睽后合，最终疑虑俱消。豕，污秽之物。鬼，怪异之类。张弧，始而疑。说弧，终而释。遇雨，和合之象。

周公所系的睽卦上爻爻辞的意思是说：上九有六三为正应，本不睽孤。然而它刚明太过，又处在睽极之地，猜疑积淀，充满妄见，所以孤立无援。三爻本来没有污点，但上九怀疑它有污点，就像看到满身污泥的野猪，马上就要沾染自己一样。以至于到了一些子虚乌有之事也尽疑其有的程度，就像爻辞说的那样，如“载鬼一车”，以幻为真。因此积疑成忿，张弓欲射。由于本无此事，疑久自消，则又放下弓箭。继而明白三爻并非匪寇，而是意欲亲近之人。这才尽释前疑，往而遇之，犹如阴阳和合而致雨泽，得以化睽为合，收获吉祥。

孔子解释上爻的小象说：上九所谓的“遇雨吉”，主要是说人若有所狐疑，便无法合和。如今上九与六三两相和好，乖戾不形，同心同德，猜嫌尽泯。以往的妄见，至此已消弥于无形，曾经的睽违又有什么好忧惧的呢？大抵来说，上下之交，难在彼此取信，而猜疑是再容易不过的事。彼此相信，就能志同道合，同心同德。彼此猜疑，是的也会成为非的，忠的也会变成奸的。奉上美好的规划则怀疑它好名，发出逆耳的忠言则怀疑它卖直，与同道共进退则怀疑它植党，为国家推荐贤才则怀疑它市恩。疑端一开，何所不至？小人借机用谗，播弄其间，而忠良难免祸患。周公的爻辞描述得非常详细、具体，孔子的小象又一言以一言以蔽之，即“群疑亡也”，目的是申明猜忌不去，暌违的终究不能合和。圣人的儆戒，真是深切显明啊！

䷦ 蹇 艮下坎上

【解义】

蹇之为卦，圣人所以教人济难也。见险而止，固为审时观变。然祸患之作，天所以开圣人。诚能择地择人，正名仗义，事亦何不可为者？故彖辞曰利曰吉，而《彖传》备言时用之大，为济蹇之人劝也。但《彖传》于既止之后，策其奋往，故一则曰往得中，再则曰往有功。而六爻则于往多戒辞，于来多幸辞。盖庸懦者遇险辄畏，非往无以振因循；躁动者冒险妄为，非来无以需时会。沉潜之智与果断之勇，非有二也，而要之来非止而不往，方且博求才俊，联情合势，以弘济艰难。故爻自初二以上，不曰来反，则曰来连；不曰朋来，则曰来硕。与《彖传》利见大人之旨，实相发明云。

【白话】

圣人创设蹇卦，是为了教人济难之道。此卦的上卦为坎为险，下卦为艮为止，综合起来看就是见险而止，审时观变。然而祸患的意义，是上天为开启圣人的智慧而作。若真能择地择人，正名仗义，又有什么事情不可为呢？所以彖辞即曰“利”，又曰“吉”，而《彖传》一再强调蹇卦适用性极其广大，是为了劝勉济蹇之人。但《彖传》在阐述了此卦见险而止的卦德之后，又鞭策它奋往直前，所以先说“往得中”，再说“往有功”。具体到六条爻辞，涉及前往的多是戒辞，涉及归来的多是幸辞。这主要是因为平庸懦弱的人遇险辄畏，不鼓励它前往，便无法使他们振作于因循之中；而心浮气躁的人则会冒险妄为，不力劝它归来，就等不到风云际会的那一天。沉潜之智与果断之勇，并非两个事物，劝它归来也并不是让它绝对止而不往，而是让它博求才俊，联情合势，弘济时艰。所以爻辞自初爻与二爻之上，不说“来反”，就说“来连”，不说“朋来”，就说“来硕”。这与《象传》强调的“利见大人”的宗旨，是一种相互发明。

蹇：利西南，不利东北。利见大人，贞吉。

【解义】

此卦艮下坎上，以艮止遇坎险，不能前进，故名为蹇。卦辞言，当蹇之世，势难有为，而详示以济蹇之道也。西南，坤方。坤，顺也，故为平易之地。东北，艮方。艮，险也，故为险阻之地。大人，指九五而言。

文王系蹇彖辞曰：世运艰难之会，固不宜轻进，然亦岂可终止而不思所以济之乎？故必所据得其地，所遇得其人，而又行事皆出于至正，乃庶几其有成。如平易通达之地，则西南也，利于往以资其形势之便；险阻艰难之地，则东北也，不利于往以失其进取之机。地利得而后可以一众心，决大计矣。然拨乱不得其人，不将病于无主乎？若于大人而见之，德望可以系人心，谋猷可以匡多难，则神器有属，而耆定之功成矣，利何如也？然施为或失其正，又何以服天下乎？必以正道而行之，不肯行一不义，不肯杀一无辜，则行事正大，万众归诚矣，吉何如也？得其地，得其人，得其正，具此三者，又奚蹇之不济哉？

按：得地、得人、得正之说，不独济蹇之道为然也。当世运亨嘉之会，民物昌遂之时，一人躬仁圣之资，揽乾纲之柄，所谓帝王自有真也。措之事业，纲举目张，上合天意，下顺民心，自得其正也。中天下而立，居重以驭轻，安内以辑外，有山川设险之固，为万年盘石之安，自得其地也。则易之理，可以引伸触类于无穷矣。

【白话】

此卦的下卦为艮为止，上卦为坎为险，以艮止遇坎险，意思是不能前进，所以卦名叫作蹇卦。卦辞的意思是说，处在蹇塞难行之世，时势上难以有为，所以圣人详细地为人们阐示了济蹇之道。西南，坤卦的方向。坤，顺也，所以坤卦的方向代表平易之地。东北，艮卦的方向。艮，险也，所以艮卦的方向代表险阻之地。大人，指九五。

文王所系的蹇卦卦辞的意思是说：世道艰难之时，固然不应该轻举冒进，但怎么能一止了之而不思济蹇呢？所以必须占据有利的地利，礼遇才德兼备之人，行事举动又都能遵循正道，差不多就可以有所成就了。根据八卦类象，平易通达之地，是坤卦代表的西南方向，所以利于前往，以借助它的形势之便；而艰难险阻之地，则是艮卦代表的东北方向，不利于前往，所以直接打消其进取之心。得了地利，就能进一步得众心，就能决定大计。然而拨乱反正不得其人，难道不会有无主之患么？如果能往见大人，借力于大人，其德望可以系人心，其谋猷可以匡多难，帝位可得，天下可平，什么样的利益能与之相比？然而不遵循正道，又何以使天下人信服呢？所以必须从始至终遵循正道，不做一件不义之事，不杀一个无辜之人，行事正大光明，自然万众归诚，又有什么样的吉祥能与之相比？得其地，得其人，得其正，有此三得，又有什么样的蹇难不可以匡济呢？

按："得地、得人、得正"之说，不仅仅是就济蹇之道而言。在世运亨通，民昌物遂之时，心怀仁圣，乾纲独揽，才是真正意义上的帝王。举措帝业，经纶天下，上合天意，下顺民心，自得其正。屹立于天下的中央，居重驭轻，安内辑外，有山川之险，如磐石之安，自得其地。可以易理实在广大，可以触类旁通于无穷境地。

《彖》曰：蹇，难也，险在前也。见险而能止，知矣哉！蹇，利西南，往得中也。不利东北，其道穷也。利见大人，往有功也。当位贞吉，以正邦也。蹇之时用大矣哉！

【解义】

此《彖传》，是释蹇彖辞，以明济蹇之时用也。当位，指卦体各当其位。

孔子释蹇彖辞曰：卦名为蹇者，有险难之义也。卦德坎为险，而坎居上，是险在前也；艮为止，而艮居下，是遇险而不进也，此所以为蹇也。夫明难察于几微，而祸易成于犹豫。今见险而能止，则熟识利害之势，而灼见安危之几矣。其智矣哉！然见险固贵于能止，而又不可以终止。辞曰"利西南"者，卦变自小过而来，四之阳往居五而得中，是处平易之地，而可为进取之资，故利也。"不利东北者"，退则入于艮，是陷险阻之地，而失形势之便，故不利也。又曰"利见大人"者，卦体九五有大人之象，往而见之，则可资其阳刚之才，中正之德，以成济蹇之功，此所以为利也。又曰"贞吉"者，卦体自二至上，五爻阴阳各当其位，有正之义。正则自无不吉。盖扶大义，秉大公，以削平祸乱，整顿纪纲，而邦因以正矣，此所以吉也。合而观之，当蹇之时，必得其地，必得其人，又必得其正，而后蹇始可济。蹇之时用，岂不大哉？

按：蹇难之世，躁于进取者，每陷于险而不能济；昧于图度者，又缺于用而不能济。故必有大人出焉，具沉几观变之识，而又得拨乱反正之资，然后可以平大难而福苍生也。要之必以智为本，有智则立乎险之外，以运于险之中，方能操全胜之局，而进止皆得其当。若冒昧从事，则一蹶涂地，安能济蹇而成厥功乎？

【白话】

《彖传》是对蹇卦卦辞的解释，目的是申明济蹇之道的广泛适用性。当位，指卦体各当其位。

孔子解释蹇卦的彖辞说：卦名叫作蹇卦，不无险难之义。就卦德而言，坎为险，并且居于上卦，代表坎险在前；而艮为止，又居于下卦，意思是遇险而不进，所以叫作蹇卦。其用意是申明，事物的几微之处最难觉察，而祸患往往形成于犹豫之中。而蹇卦是见险能止之卦，可见它熟识利害之势，能洞察安危之几。这是大智的表现！然而，见险而止固然是可贵的，但是又不可以终于止。爻辞所谓的“利西南”，是因为蹇卦是从小过卦变来的，具体说来是小过卦的阳爻九四上往，居于上卦的中间，也就是五爻的位置，中间即是平易之地，也是进一步进取的资本，所以卦辞说“利西南”。“不利东北”，是说四爻只要一退，就进入了下卦艮卦之中，艮为山，为止为阻，好比陷入了险阻之地，失了形势之便，所以卦辞说“不利东北”。又说“利见大人”，是就卦体而言，具体来说是就九五而言，九五占据君爻的位置，有大人之象，往而见之，就可以进一步增强九五的阳刚之才与中正之德，成就济蹇之功，所以说“利见大人”。又说“贞吉”，也是就卦体而言，具体说来是从二爻至上爻，五个爻无论阴阳，都各当其位，这就是贞正，贞正的话，自然无所不吉。再说具体点，则是说扶大义，秉大公，削平祸乱，整顿纪纲，邦国得正，所以吉祥。综合来看，天下蹇蹇之时，必须得其地，得其人，得其正，才可以济蹇。蹇卦的适用性，岂不是很大吗？

按：身处蹇难之世，轻取躁进的人，每每会陷于陷难，无法济蹇；揣度犹豫的人，又因为缺乏才用，不能济蹇。所以必须要有大人站出来，既有沉几观变的识见，又有拨乱反正的资材，然后才可以平定大难，造福苍生。其关键还在于智慧，有智慧才能立于险难之外，运于险难之中，从而计出全胜，进止皆宜。若是冒昧从事，只会一败涂地，又怎么能济蹇而成功呢？

《象》曰：山上有水，蹇，君子以反身修德。

【解义】

此《象传》，是言君子当蹇之时，惟宜尽自修之道也。

孔子释蹇象曰：此卦下艮上坎，水在山上，曲折艰阻而难行，蹇之象也。君子体之，以行有不得，或阻于时命，或罹于谗毁，此吾身之蹇也。要皆实德之不修阶之，故怨天尤人，无益也。行险侥幸，非义也。惟反之于身，以修其德，省察于念虑之微，率循于言动之实。如是，则德孚于人，而行无不遂。所以济一己之蹇者在此，所以济斯世之蹇者亦在此矣。

按：孟子谓："行有不得者，皆反求诸己。"如反其仁，反其智，反其敬，皆反身修德之实事也。故曰："救寒莫若重裘，止谤莫若自修。"又曰："君子修道立德，不以困穷而毁节焉。"有所未善则改之，无歉于心则加勉。圣贤之心，亦祗见其惟日不足而已矣。

【白话】

《象传》的意思是说，君子处在蹇难之时，应该尽可能地自我修持。

孔子解释蹇卦的大象说：此卦的下卦为艮为山，上卦为坎为水，水在山上，曲折难行，这就是蹇卦的大象。君子体悟蹇卦的大象，认识到行有不得，或者时运不顺，或者遭遇谗毁，便是一身之蹇。究其原因，主要是因为自己的才能与修养不够，所以怨天尤人，毫无意义。行险侥幸，又不符合道义。唯有反躬自省，增益自己的德行，百般省察，努力践行。只要能让人们感受到自己的德行，便能行无不遂，无往不利。用以济一己之蹇可以，用以济一世之蹇也可以。

按：孟子有言："行有不得者，皆反求诸己。"比如反其仁，反其智，反其敬，这些都是反身修德的实事。所以古人云："救寒莫若重裘，止谤莫若自修。"又说："君子修道立德，不以困穷而毁节焉。"有不对的地方就加以改正，无愧于心的也可以加勉。圣贤之所以为圣贤，就在于他们就算终日精进，也依然觉得可以利用的时间太少而已。

初六：往蹇来誉。

《象》曰：往蹇来誉，宜待也。

【解义】

此一爻是言，才不足者，宜见几而止也。上进则为往，不进则为来。

周公系蹇初爻曰：初六阴柔，而居艮始，正在宜止之时。若当此而欲往以有为，则祗有陷入于险，不其蹇乎？惟不往而来，见险能止，则知几之誉，集于一身，斯为知也。

孔子释初象曰：初六之往蹇来誉，岂终于不往哉？君子之所不能违者，时也。时既不可为，正宜考盘自乐，以俟干旌之求，然后出而应世耳。此可见初六之义，非终老山林，沽名钓誉者比。孔子恐人误为退避，故曰“宜待”。待者藏器于身，待时而动也。他日答子贡问美玉，而有吾待贾之言。对哀公问儒行，而有席珍待聘，强学待问，力行待取之语。正与此爻相发明。则知圣人当日，虽皇皇环辙，不忍忘民与物，而其自处不苟如此。所以斯世不用则已，用则必能济天下之蹇也。

【白话】

这个爻的意思是说，才力不足的人，应该见几而止。上进为往，不进为来。

周公所系的蹇卦初爻爻辞的意思是说：初六是个阴爻，又位于艮卦的最下面，阴柔无力，就应该及时止步。如果身处蹇难之时，却非要有所作为，就只会陷入险难，怎么可能不蹇呢？唯有见险即止，不往而来，方能审几度势，集美誉于一身，才称得上明智。

孔子解释初爻的小象说：初六所谓的“往蹇来誉”，岂是让它绝不前往？原因在于，君子不能违逆天时，时势既然不可为，正应该效仿古圣先贤，考盘自乐，坐待圣王明君的干旌之求，然后出世用世。由此可见，圣人创设初六一爻的用意，绝不是让君子终老山林，更非沽名钓誉之徒可比。孔子惟恐后人误会，所以明确指出“宜待也”。具体说来，就是藏器于身，待时而动。他日遇到子贡询问如何处置美玉的问题时，就可以告诉他最好的办法是待价而沽。遇到哀公询问什么是“儒行”，才会有“席上之珍以待聘，夙夜强学以待问，怀忠信以待举，力行以待取”之语。其言其行，正好与此爻相发明。可见圣人当年虽然皇皇环辙，周游列国，但依然不忍忘民，自处不苟。所以当时的诸侯们不用则已，用必能匡济天下之蹇。

六二：王臣蹇蹇，匪躬之故。

《象》曰：王臣蹇蹇，终无尤也。

【解义】

此一爻是明人臣致身之义也。艰险至甚，故曰蹇蹇。

周公系蹇二爻曰：六二柔顺，精白尽节之臣也。正应在上，方处蹇中，则是当国步艰难之秋，主忧臣辱之日，鞠躬尽瘁，不避危险，以求济之，是王臣之蹇而又蹇者也。此其所以然者，盖二之心，但知君之当急，职之当尽，必如是而后可以塞臣子之责，副君上之托耳，非干誉邀宠而为厥躬之计也。

孔子释二象曰：人臣事君，不尽其心者可以尤其心也，不竭其力者可以尤其力也。若六二之王臣蹇蹇，虽事之济不济未可知，纵使不济，而一念之自靖，可以质诸鬼神而无愧于天下万世矣，谁得而尤之乎！

按：五为当位之大人，凡天下之蹇，五独任其责而不辞，故曰大蹇。二与五为正应，在王臣之位。凡五之蹇，二亦独当其难而不避，故曰蹇蹇。一以天下之蹇任之于身，一以其君之蹇责之于己。此其君臣之交，中正道合。大义已正，大节已明。济蹇之道，无逾此者。汉臣诸葛亮有言："鞠躬尽瘁，死而后已。"至于成败利钝，非臣之明所能逆覩。三代而下，如亮者诚不愧蹇蹇之臣矣。

【白话】

这个爻的主旨，是申明为人臣者事君致身的意义。蹇蹇，艰险之至的意思。

周公所系的蹇卦二爻爻辞的意思是说：六二柔顺中正，好比清正尽节之臣。上面还有君爻九五为正应，而九五正处在代表蹇难的坎卦之中，好比国事艰难之秋，主忧臣辱之日，鞠躬尽瘁，不避危险，竭力济之，是为人臣者的蹇之又蹇者，所以爻辞说"王臣蹇蹇"。之所以会如此，主要是因为二爻的内心，急君王之所急，尽自己所当尽，也只有如此，才可以在日后塞臣子之责，副君上之托，而不是为了干誉邀宠，以为厥躬之计。

孔子解释二爻的小象说：以臣事君，没有尽心的人会被指责，没有尽力的人也会被指责。像六二那样的"王臣蹇蹇"之人，事情济与不济犹未可知，纵使不济，但其心专诚，一念可以质诸鬼神，无愧于天下万世，又有谁敢责怪它呢？

按：五爻位于君爻的位置，好比当位的大人，天下的蹇难，都需要它来承当，义无所辞，所以爻辞说"大蹇"。二爻是五爻的正应，处在大臣的位置上。凡是五爻的蹇难，二爻也一力承担，绝不退避，所以爻辞说"蹇蹇"。它一方面把天下的蹇难一力承担，另一方面也因为其君身处蹇难之中而深深自责。这样的君臣之交，既中且正，合乎于道。如此大义，如此大节，济蹇之道，莫过于此。

蜀汉的重臣诸葛亮有言："鞠躬尽瘁，死而后已。至于成败利钝，非臣之明所能逆睹。"三代以下，像诸葛亮这样的，不愧为蹇蹇之臣。

九三：往蹇来反。

《象》曰：往蹇来反，内喜之也。

【解义】

此一爻是言，济蹇之道，当求助于同心之人也。往蹇，是独力不能有济。来反，来就二阴也。

周公系蹇三爻曰：九三过刚不中，而坎险在前，又值大难方殷之日。于此而毅然前往，则独力不足以成功，亦终于蹇而已。惟反就二阴，与之同心戮力，庶克拯救时艰，而共济夫蹇也。

孔子释三象曰：往蹇来反，非强与之合也。盖九三有阳刚之德，在内二阴不能自立，皆喜得三共事，而相与有成也。使彼无乐附之心，纵三欲与之比，讵可得乎？

按：九三乃下卦之主，是为内之所恃者，故不独初与二喜之，而四亦欲连之。盖处蹇之时，非刚明之才，不可以治蹇。故阴皆思附阳以求济，亦可见阴之必利于从阳，而益信阳德之尊矣。

【白话】

这个爻的意思是说，匡济天下的蹇难，应该求助于同心同德之人。往蹇，独自前往，无法匡济之意。来反，返回来借力于下面两个阴爻的意思。

周公所系的蹇卦三爻爻辞的意思是说：九三过刚不中，但前面就是坎险，又是大难方殷之时，凭着血气之勇，毅然前往，也难以成功，只会终于蹇塞。只有返回来借力于下面的两个阴爻，同心戮力，才有可能拯救时艰，共济时蹇。

孔子解释三爻的小象说：所谓"往蹇来反"，并不是说九三仗恃着自己的刚健，强行与下面两个阴爻合和。而是因为九三有阳刚之德，而下面的两个阴爻柔软无力，无法自立，均以与九三共事为喜，从而互相成就。如果它们不乐意附丽九三，就算九三强行下就，就能下就成功吗？

按：九三是下卦的主爻，是全卦内在的仗恃，所以不仅仅是初爻与二爻喜欢与之合和，就连上面的四爻也想牵连于它。这主要是因为处在蹇难之时，没有刚明之才，无以治蹇。所以此卦的阴卦都想附丽阳爻，以求助济，可见阴爻必然是宜于从阳，由此也使人更加坚信扶阳易阴之说。

六四：往蹇来连。

《象》曰：往蹇来连，当位实也。

【解义】

此一爻是言，才力不足者，当资人以共济也。连，谓连乎九三。实，谓九三阳刚当位。

周公系蹇四爻曰：六四上承九五，有济蹇之责者也。然阴柔之质，当多事之时，孑身以往，未必有济，祇陷于蹇耳。幸九三以阳刚在下，连之同进。资其猷略，以共挽时艰。则借天下之才，济天下之蹇，而群贤之功皆其功矣。

孔子释四象曰：四之往蹇而必连九三者，何哉？盖济蹇非阳刚不能也。三乃当位之阳，内抱匡济之实心，外展经纶之实用，足以有为者，故宜连之以共济耳。大抵阳实阴虚，虚者必有资于实，此阴之必求助于阳也。然四位近五，大臣之道，正当合天下之群策群力，以共辅其君。功不必自己出，名不必自己成。唯求有济于艰难而已，岂矜一手足之烈乎？高帝有萧何，而淮阴效力。艺祖得赵普，而诸将归心。其庶几乎此义矣！

【白话】

这个爻的意思是说，才力不足的人，要学会借力，与他人共济时艰。连，指六四下连九三。实，提九三阳刚当位。

周公所系的蹇卦四爻爻辞的意思是说：六四紧挨着君爻九五，居于王公之位，有济蹇的责任。然而它是个柔爻，能力不足，又处在多事之秋，孤身前往，未必有益，只会陷入蹇难之中。幸好它下面有个阳刚的九三，可以借助它的才德和智谋，一同前往，共挽时艰。得益于它借天下之才，而济天下之蹇，所以群贤的功绩都是它的功绩。

孔子解释四爻的小象说：四爻之所以“往蹇来连”，是什么原因呢？主要是因为济蹇离不开阳刚之德，而三爻不仅是阳爻，还是当位之阳，内有匡济天下之抱负，外展经纶天下之才能，足以有为，所以四爻应该连系于它，共济时艰。大抵来说，阳实而阴虚，阴虚的必然需要阳实的资助，所以阴爻必须求助于阳爻。

然而四爻紧挨着五爻，位当大臣，其责任正是汇聚天下的智慧与才德，共辅其君。功不必自己出，名不必自己成。只要能济蹇有成，又岂会囿于手足之烈？刘邦有了萧何这个贤臣，才得以使韩信效力。赵匡胤赢得了赵普，继而赢得了诸将之心。这几乎就是这个爻的内涵所在。

九五：大蹇朋来。

《象》曰：大蹇朋来，以中节也。

【解义】

此一爻是言，世事艰难之会，必得贤而后可以济也。大蹇，谓非常之蹇。中节，能守其中德之意。

周公系蹇五爻曰：九五居尊位，而当蹇之时，是其蹇乃国家安危之关，宗社存亡之系，而为莫大之蹇也。不幸而值此时，非得天下之贤，其何以济？所喜者，五有刚健中正之德，势力既足以招徕，而信义又足以结纳，是以豪杰景附。自九二正应而外，如来誉、来反、来硕、来连之朋，群然归之，效力宣猷，而不患其终蹇矣。

孔子释五象曰：九五当大蹇，而得朋来之助，岂无以致之哉？盖中德存于平居之时易，存于变故之时难。五能守其中德而不变，则造次之顷而志概弗移，颠沛之遭而信义愈笃。是以能鼓舞贤豪，而得其慷慨悦从之心也。

按：五为蹇主，故曰大蹇。天下之蹇，直以一身肩之。汤之万方有罪，在予一人；成王之遗大投艰于朕身，是也。然欲济天下之大蹇，必需天下之大才。汤非伊尹、仲虺，无以昭九有之勋；成非周公、召公，无以著夹辅之烈。古之帝王，戡乱致治，孰有外于得人者哉！

【白话】

这个爻的意思是说，世事艰难之际，必须有贤人相助，才可以济蹇。大蹇，指非常之蹇。中节，能守持中正之德的意思。

周公所系的蹇卦五爻爻辞的意思是说：九五位于尊位，又处在代表蹇难的坎卦的中心，还关系到国家安危与宗社存亡，实属莫大之蹇，所以爻辞说“大蹇”。遇到这样的处境，如果没有贤才相助，何以济蹇？所幸它是个阳爻，居中得正，并且居于尊位，还拥有刚健中正之德，其实足以招贤，其信足以纳贤，是以豪杰纷至，如影随身。除了九二这个正应以外，诸如“来誉”的初六、“来反”的九三、“来硕”的上六、“来连”的六四，尽皆归附，勠力同心，不必再为无法匡济蹇难而忧患。

孔子解释五象的小象说：九五处在大蹇之世，却得到了一众朋友的帮助，难道不应该吗？其实，保持中正之德在没事的时候还比较容易，处变，特别是处在剧变之中，依然能保持中正之德很难。而五爻恰恰能够守其德而不变，最紧迫的时候也不改其志，越是颠沛流离越是信义卓著。所以能鼓舞群贤，使人追随于它。

按：五爻是蹇卦的主爻，所以爻辞说“大蹇”。天下的蹇难，它一力承担。商汤所谓的“万方有罪，在予一人”，成王所谓的“遗大投艰于朕身”，就与这个爻的处境相类似。然而，欲济天下之大蹇，必需天下之大才。商汤如果没有得到伊尹与仲虺，就无法彰明佑大的功勋；成王如果没有周公与召公辅弼，就无法安定天下。古代的帝王，戡乱也好，致治也罢，有谁能例外呢？

上六：往蹇来硕，吉。利见大人。

《象》曰：往蹇来硕，志在内也。利见大人，以从贵也。

【解义】

此一爻是示人以济蹇之道，而因明其所以成功也。大人，指九五。

周公系蹇上爻曰：上六居蹇之极，则有将济之机，而时可为矣。苟徒以时之可为，遂欲自往以求济，不得济蹇之主而奉之，则无以行其拯溺亨屯之志，而蹇且益甚。惟能来就九五，则有硕大之功而吉矣。盖九五德位兼隆之大人也，见而附之，则忧时立功之念，获伸于中节之君，而拨乱反正之猷，得效于朋来之日。不唯一身庆其遭逢，而实天下蒙其福泽。其利为何如哉？

孔子释上象曰：上六往蹇来硕者，以其志欲从九五，与之同心共济，相得益彰，故能成其功而吉也。又必见大人而后利者，以九五刚健中正，而居尊位，其位与德皆为可贵。今往而见之，斯能系天下之望，得天下之心，于以济蹇，夫复何疑哉！乃知大蹇之世，君择臣，臣亦择君。五之朋来，是延揽群才，以资廓清耆定之略，兴王之所以定大业也。上之来硕，是攀附真主，以成旗常竹帛之功，名世之所以垂不朽也。二者宜其相须甚殷，而相见恨晚矣。不如此，何以济蹇哉？

【白话】

这个爻阐明了济蹇之道，明确了成功的缘由。大人，指九五。

周公所系的蹇卦上爻爻辞的意思是说：上六位于蹇卦的终极之处，迎来了转机，时势可为。但若仅仅因为时势可为，就自行前往，以求匡济，而不是拥戴济蹇之主，协力同心，非但无法拯溺亨屯，还会陷入更大的蹇难。唯有下就九五，才能成就硕大之功，收获吉祥。这主要是因为九五德位兼隆，好比大人，附丽于它，忧时立功之念就可以排解，拨乱反正之猷也可以发挥实效。不仅它自己值得庆幸，全天下也蒙其福泽。有什么样的利益能与之相比呢？

孔子解释上爻的小象说：上六所谓的“往蹇来硕”，是说它能下从九五，与之同心同德，相得益彰，共济时艰，因此济蹇有成，收获吉祥。又说“利见大人”，是因为九五这个处在君爻位置上的大人，刚健中正，德位兼隆。以上爻之时势，辅大人之才德，就能系天下之望，得天下之心，共济时艰，还有什么好怀疑的呢？须知大蹇之世，君王会选择臣子，臣子也会选择君王。五爻是“大蹇朋来”之爻，能延揽群才，制定平定天下的大略，兴起千秋万代的大业。而上爻是“来硕”之爻，可以通过依附大人，成就不世之功，名垂青史。二者相须甚殷，不接触则已，一接触必然相见恨晚。否则，又怎么能匡济天下之蹇？

䷧ 解 坎下震上

【解义】

解，取解难之义。凡解难者，必有震动干济之才，乃能易险为平，出乎祸乱之外。屯之动乎险中，固不若解之动乎险外也。彖言利西南，与蹇同辞者，蹇处险而教以择地，则难可纾；解出险而教以安静，则难不复作。然生天下之难者，莫甚于小人；解天下之难者，莫先于解小人。故卦之六爻，惟初以解难为义，而诸爻皆以解小人为义。六五以君而解小人者也，二四以大臣而解小人者也。初三上则三阴之小人也。而三阴之中，惟六三不中不正，窃据高位，尤为肆虐。故狐以象其蛊惑，隼以象其鸷害，负且乘以象其僭窃。而于五爻，明以小人斥之，所以著三之罪也。总之，君相欲解天下之难，未有不以解小人为第一义者也。小人不解，则难本不除。前难方解，而后难将复作矣。故二曰获狐，四曰解拇，上曰射隼，五为解主，直曰解小人。作《易》圣人，其兢兢于去小人，盖如此。

【白话】

“解卦”的意思是解除险难。解除险难，必须有震动之能，干济之才，方能易险为平，出于祸乱之外。所以“动乎险中”的屯卦，不如“动乎险外”的解卦。彖辞说“利西南”，与蹇卦的卦辞相同，这是因为蹇卦的主旨是教人远离险难，只要占据地利，就能纾险，而解卦的主旨是教人在纾解险难后保持安静，这样险难就不会再来。不过，滋生天下的险难者，莫过于小人。解除天下的险难，也以解险小人为要。所以解卦的六条爻辞，只有初爻讲的是解除险难本身，其余诸爻讲的都是解除小人之意。其中，六五是以君王解除小人，二爻与四爻是以大臣解除小人。初爻、三爻与上爻都是阴爻，就代表小人。三个阴爻之中，唯有六三不中不正，窃居高位，尤为肆虐，所以取象于狐，言其蛊惑，又取隼象，言其鸷害，爻辞还直言“负且乘”，言其僭窃。在为六五系爻时，还直接斥之为“小人”，就是为了彰显三爻的罪责。总之，想解除天下的险难，必然以解除天下的小人为第一要义。不解除小人，就无法从根本上解除险难。往往是刚解除了前面的险难，又生出了后面的险难。所以二爻说“获狐”，四爻说“解拇”，上爻说“射隼”，而五爻是解卦的卦主，所以直言解除小人。创设《易经》的圣人，一心去除小人，以至于到了这样的程度。

解：利西南，无所往，其来复吉；有攸往，夙吉。

【解义】

此卦坎下震上，居险能动，出乎险外，有患难解散之义，故名为解。卦辞言险难既平，宜与天下以休息之道也。西南，亦指坤方，平易之地。

文王系解彖辞曰：险难方解，利于平易安静。且卦变自升来，三往居四，入于坤体。二居其所，而又得中，皆平易安静之义。故遇解之时，国运方复，元气未固，当思抚循而培养之。以宽大之心，行简易之政，而利西南焉。若其祸乱既殄，而无所往欤，则与民休息，相安于无事。上不苦于纷更，下不致于疲敝，而天下享和平之福，不亦吉乎？若其余患尚存，而不容无所往欤，则早往以除其衅，早复以收其成，既不至于养乱，又不至于黩武，而天下收廓清之功，不亦吉乎？处解之道，尽于此矣。

按：《程传》谓：“国家必纪纲废而后祸患生，圣人既解其难，则当修治道，正纪纲，明法度，进复先代明王之治，是来复也。”自汉以下，乱既除，则不复有所为，姑随时维持而已，故不能成善治。此不知来复之旨也！至哉言乎！盖无所往者，言天下初定，不宜以无益之事，轻举妄动，滋生民纷扰之端。至一代之兴，所为规画布置，以建久安长治之规。君臣上下，孜孜汲汲，犹恐不逮，固未尝顷刻可缓也。若谓时难甫息，便可晏然无事，因循玩弛，听其自然，以偷旦夕之安，恐前难方解，而后难复起矣，岂有当于此卦之义乎？

【白话】

此卦的下卦为坎卦，上卦为震卦，坎卦代表险难，震卦代表行动，综合起来看就是居险能动，而且能出乎险外，有险难解散之义，所以叫解卦。卦辞的意思是说，险难已经平定，应该休养生息。西南，指坤卦所在的方向，引申为平易之地。

文王所系的解卦卦辞的意思是说：险难方平，应该平易安静。而且解卦是由升卦变来的，具体说来是升卦的三爻向上发展，居于四爻的位置，进入了上卦坤卦之中，同时二爻居中得位，都有平易安静之义。所以处在解卦之时，国运方复，元气未固，应该安抚民生，培养民力。要以宽大之心，行简易之政，这就是卦辞所说的“利西南”的内涵。祸乱既然已经消灭了，就应该“无所往”，与民休息，相安无事。在上者不苦于纷更，在下者不至于疲敝，天下享和平之福，不是很吉祥吗？反过来说，如果余患尚存，就不能“无所往”，而应该及早前往，解除祸患，取得成效，既不至于养乱，又不至于穷兵黩武，使天下收澄清之功，不也很吉祥吗？处解之道，尽在其中。

按：《周易程氏传》说：“国家必纪纲废而后祸患生，圣人既解其难，则当修治道，正纪纲，明法度，进复先代明王之治，是来复也。”然而自汉以降，祸乱虽除，但难以有所作为，不过是勉强维持而已，根本无法重回三王时代的盛世。这显然是不知道“来复”一词的宗旨导致的，说得太极端了！卦辞所谓的“无所往”，是指天下初定，不应该轻举妄动，行无益之事，滋生纷乱，搅扰民生。等国家逐渐兴盛，再规划布置，建立长治久安之规。到那时，君臣上下孜孜汲汲犹恐不逮，不能有顷刻的缓怠。如果理解为险难平息，便可以晏然无事，因循松懈，听任自然，苟且偷安，恐怕前难刚解，后难即兴，又怎么契合解卦的主旨呢？

《彖》曰：解，险以动，动而免乎险，解。解，利西南，往得众也。其来复吉，乃得中也。有攸往夙吉，往有功也。天地解而雷雨作，雷雨作

而百果草木皆甲坼。解之时大矣哉！

【解义】

此《彖传》，是释解彖辞，以明解之义。且极言造化之功用，而赞其大也。险以时言，动以才言。功是安民之功，甲是萌芽包含。拆是萌芽发露。

孔子释解彖辞曰：卦何以名解哉？盖蹇虽见险而止，然险在前也，不可言解。屯虽动乎险中，犹未出险也，未可言解。此则卦德坎下震上，居险能动，动而免乎险，故为解也。辞谓“利西南”者，何哉？卦变三往居四，入于坤体，而坤为众，又有得众之义。则是平易近人，人必归之，此西南之所以利也。“其来复吉”者何哉？盖解时以安静为中，卦变二居其所，而又得中，则是内焉宅心安静而无喜功，外焉处事循理而无过举，故能与时休息，来复而吉也。“有攸往夙吉”者何哉？二既以得中而有攸往，制胜本于庙算，举动出于万全，所以早往早复，民社获安宁之福而有功也。然解之道，不特王者以之生万民，天地亦以之生万物。当天地闭塞之时，二气郁结不散，今倏而解矣。解则气机鼓畅，雷雨交作，以动以润，凡百果草木枯者萌甲，而甲者开拆矣。夫天地一解，遂成化育之仁，而其成之则以时也。解之时岂不大矣哉？王者法天以行解，亦犹此矣。盖天地帝王，阖辟张弛，本同一道。天地于时之未解，则雷以奋之于先，雨以润之于后，而后品汇以昌。及其既解，则收敛神功返于寂若。此一阖一辟之机，所以变化万物者也。帝王于难之未解，则经纶乎草昧，肇造乎艰难，而后大乱始定。及其既解，则相与休息，垂拱受成，此一张一弛之用，所以奠安万民者也。说者以人君解难主于静，造物解难主于动，则是天人有二理矣。岂其然乎？

【白话】

《彖传》是对解卦卦辞的解释，以申明解卦的内涵。并且极力阐释了它的造化之功，赞美它的广大内涵。“险”指的是天时，“动”指的是性情与才能，“功”是安民之功，“甲”是萌芽包含的状态，“坼”是萌芽发露的状态。

孔子解释解卦的彖辞说：此卦为什么叫解卦呢？综合来看，蹇卦虽然做到了“见险而止”，然而险难在前，谈不上解除险难。屯卦虽然能“动乎险中”，但是却没能出险，也谈不上解除险难。此卦就卦德而言，下卦为坎为险，上卦为震为动，居险而能动，动而免乎险，所以叫作解卦。爻辞所谓的“利西南”，是什么意思呢？这是根据来的，具体说来，解卦是由升卦变来的，是升卦的三爻向上运动，居于四爻的位置，入于上卦坤卦之中，而坤为众，所以有得众之义。如此行事，必然平易近人，大获人心，从而“利西南”。卦辞又说“其来复吉”，是什么意思呢？这主要是说，险难解除之后，以安静为中道，解卦自升卦变来，卦变之后，二爻得位又得中，象征内心安静，不好大喜功，行为合理，没有过分之举，所以能与时休息，“来”而“复吉”。卦辞又说“有攸往夙吉”，是什么意思呢？如前所述，二爻已经得位，并且得中，就可以以此前往，制胜之道已在庙算之中，一举一动无不出于万全，早往便能早复，就能早一点使百姓重获安宁，也能早一点功成名就。然而解卦之道，不仅能使王者化育万民，与天地滋生万物也有共通之处。当天地处在闭塞之时，阴阳二气郁结不散，如今却倏忽而解，解则气机鼓荡，继而气机畅达，雷雨交加，以动以润，百草果木枯了的重新萌芽，已经萌芽的则茁壮成长。天地之间的闭塞一朝开解，便成就了天地的化育之仁，但这离不开相应的天时。依此类推，解卦的适用性不是很大吗？王者效法天道，践行解卦之道，也是如此。总的说来，天地君王，阖辟张弛，都应该遵循大道。天地在时蹇未解之时，总是先奋之以雷，然后润之以雨，最后品汇以昌。当天地之间的否塞已经解散后，便收敛神功，返于寂静。其开阖之神秘，能化育万物。而帝王在时艰未解之时，则应该经纶乎草昧，肇造乎艰难，而后才能安定天下。天下即平，就应该休养生意，垂拱而治，其张弛之妙用，足以安定万民。有一种说法认为，人君解难以静为主，造物主解难以动为主，这样的话，天人之道便无法合一了。怎么可以这样理解呢？

《象》曰：雷雨作，解，君子以赦过宥罪。

【解义】

此《象传》，是言君子体解之义，以仁其民也。

孔子释解象曰：雷雨交作则散蕴结而为亨通，有以解万物之难，解之象也。君子之于万民，犹天地之于万物。念兹蹇难之后，多罹于法。非陷于不自知，即迫于不得已，与处常之时不同，故矜恤之典行焉。于无心之过则赦之而不问，于犯法之罪亦宥之而从轻。沛以解网之仁，开其自新之路。诚仰体天地好生之德而然也。大抵承平之世，赦宥不可数，数则奸宄得志，而良民不安。故明罚敕法，昭万世之常经。处危疑之世，赦宥不可无，无则反侧不安，而祸难不解。故泣罪祥刑，见一人之宽政。此古帝王治世之微权，在因时而用之也夫。

【白话】

《象传》的意思是说，君子体悟解卦的内涵，仁以待民。

孔子解释解卦的大象说：此卦的上卦为震为雷，下卦为坎为雨，雷雨交作，能散尽蕴结，迎来亨通，解除万物的险难，有解之象。君子之于万民，如同天地之于万物。考虑到蹇难之后，犯法者众，要么是因为不自知，要么是迫不得已，此时不可与平时相提并论，要予以怜悯和抚恤。无心之过要赦之不问，触及法律者也要从轻判罚。尽量解网施仁，开其自新之路，体悟并效仿上天的好生之德。大抵来说，承平之世，不可过宽，过于宽纵会使奸邪得志，搅扰良民。所以要明罚敕法，确立万世不易的常经。处在危疑之世，则不能不适当赦宥，否则便反侧不安，祸难不解。所以大禹会因为哀怜一个罪人而哭泣，其宽政祥刑在此人身上也得到了完美展现。这是古代帝王的权谋机变，贵在因时制宜。

初六：无咎。

《象》曰：刚柔之际，义无咎也。

【解义】

此一爻是言，初柔得刚以济，而动无过举也。

周公系解初爻曰：解难之初，扰以多事固不足以安民，而弛以无事又不免于滋弊。初六以柔在下，本安静不扰，而上应九四之刚，又足以济之。敷政优优，与民休息。既免纷更之害，亦鲜委靡之讥。复何咎乎？

孔子释初象曰：初处解之始，而得无咎者，非幸也。以初应四，柔际乎刚，是能镇静而济以明作，不因循，不激变，得张弛之妙用，时措之咸宜。揆之于义，固当无咎也。

按：六爻之义，有以解难言者，有以解去小人言者。盖天下之难，多自小人致之，此诸爻所以主解小人也。若初爻，则专主解难之意，必本之以和平安静，而辅之以果断刚决。然后无所往而不失之废弛，有攸往而不失之烦扰。戡乱安民，不外此矣。然四以初为小人，惟恐解拇之不速。而初以四为正应，惟恐刚柔之不济。又可见六爻之取义，各不同也。

【白话】

这个爻的意思是说，初爻是个柔爻，因为与四爻与正应，得以刚柔相济，因此举动得宜，恰到好处。

周公所系的解卦初爻爻辞的意思是说：患难解散之初，频繁更变不足以安民，放任无事又容易滋生弊端。初六以柔居下，安静不扰，又上应刚爻九四，从而能刚柔并济，施政宽和，使百姓休养生息。既免除了纷更之害，又远离了萎靡之讥。又有什么咎害呢？

孔子解释初爻的小象说：初爻位于解卦的初始阶段，能够无咎，并不是侥幸。而是因为它是个柔爻，又上应刚爻九四，从而刚柔相济，在镇静从容的基础上有所作为，不因循，不激变，一张一弛，因时而措，因地制宜。根据义理，就应该无咎。

按：六条爻辞，有的是就解除险难而言，有的是就解除小人而言。因为天下的患难，往往都是由小人导致的，所以解卦的诸爻多就解除小人而言。至于初爻，则专就解除险难而言，具体说来，就是在和平安静的基础上，辅之以果决刚断。然后就能在无所往的时候不失之废弛，而有所往的时候也不会失之烦扰。戡乱之道与安民之法，不外乎此。然而九四却把初爻视作小人，所以惟恐“解拇”太慢。而初爻却视四爻为正应，惟恐刚柔难济。又可以从中发现，六爻的取义，各有不同。

九二：田获三狐，得黄矢，贞吉。

《象》曰：九二贞吉，得中道也。

【解义】

此一爻是言，二能去邪而得正也。田者，去害之事。狐，兽之变幻惑人者。三狐，指三阴爻言。黄，中色。矢，直物，谓中直也。

周公系解二爻曰：二有刚中之德，乃秉道嫉邪之君子也。而当三阴用事之时，为能解而去之，以杜惑上残民之祸。夫小人既去，则善类自进，而得中行直道之贤。故为“田获三狐，得黄矢”之象。如此则举措得宜，合乎进君子退小人之正道。朝廷清而天下治，贞而且吉也。

孔子释二象曰：亲贤远奸，不易能也。九二能去邪媚，得中直，而贞吉者，何哉？盖人惟自处不中，故不知邪媚之当去，而正直之当亲。二本中德君子，己心之邪媚无不去，故于人之邪媚自不能容；己心之正直无不存，故于人之正直自相保护也。所谓惟仁人能好人，能恶人者欤。从来小人为害，人人皆知而不能去之者，以其善媚也。人好利即媚之以利，人好名即媚之以名。多方以结人之欢，先事以承人之意。盖不独庸众为其蛊惑，即端人君子亦有时误受其欺蔽者矣。然外为巧言令色之态，以售其奸诈，而中实包藏险毒，凶于家，害于国，有不可言者。圣人痛之恶之，故于二之爻名之为狐，言其邪媚惑人之可羞；于上之爻又名之为隼，言其险鸷搏噬之可畏。俾后之人，知所鉴戒，慎勿喜其媚而忘其毒也。庶有以解天下之难矣。

【白话】

这个爻的意思是说，二爻是去邪得正之爻。田，田猎，引申为去害之事。狐，善于变幻迷人的野兽。三狐，指三个阴爻。黄，中色。矢，直物，引申为中直。

周公所系的解卦二爻爻辞的意思是说：九二有刚中之德，是秉持正道，嫉邪如仇的君子。卦中的三个阴爻，代表群集的宵小，只有九二能解散它们的危害，使之离去，止息其惑上残民之祸。小人既已离去，君子就会主动上往，君王就能收获中行直道的贤才，这就是“田获三狐，得黄矢”之象。如此便能举措得当，也合乎阳进阴退的正道。朝堂清明，天下大治，自然“贞吉”。

孔子解释二爻的小象说：亲贤臣，远小人，历来很难做到。九二能去邪媚，得中正，并且“贞吉”，原因何在？这是因为人只有在自处不中不正的时候，才不知道邪媚当去，而正直当亲。九二本就是居中的君子，心中无有邪媚，所以对邪媚之人难以容忍；心中充溢着正直，所以对于正直之人会惺惺相惜，彼此维护。这正如圣人所说：“惟仁人能好人，能恶人。”历来小人为害，人人皆知，但不能去除小人，是因为小人善媚。好利者即媚之以利，好名者便媚之以名。多方结交，谄媚逢迎。不仅庸俗大众会受小人的蛊惑，就算是正人君子有时候也会被小人欺蔽。然而小人又擅长巧言令色，为了行奸使诈，往往包藏祸心，凶于家，害于国，不可胜言。圣人对小人深恶痛绝，所以直接把二爻与狐狸划上等号，突出它的邪媚惑人与羞耻；说到上爻时又直接称之为鹰隼，表明它的险鸷搏噬与可畏。后世传习之人，应该有所鉴戒，切不可喜其媚而忘其毒。差不多就可以解除天下的险难了。

六三：负且乘，致寇至。贞吝。

《象》曰：负且乘，亦可丑也。自我致戎，又谁咎也？

【解义】

此一爻是儆无才德者，不宜在高位也。负是担负，乘是乘车。

周公系解三爻曰：天下唯有德者宜在高位。六三阴柔不中正，而居下之上，乃无德而窃据高位者，则褫辱所必加，斥逐所必至，虽得之必失之。是犹小人宜负荷而反乘车，处非其分，当致寇夺也。虽爵禄出于公朝，本由君上之命，自以为贞，而不称之羞，岂能免乎？其见攘也宜矣。

孔子释三象曰：朝廷设位，以待有德之人也。六三负而且乘，则在我为非分之福，而在人有素餐之讥，是诚可丑也。所谓致寇至者，盖德不配位，人将夺之。是戎虽在人，而所以致戎者则在于我，又将谁咎也？

按：古者德以诏爵，能以诏禄。人人各安其分，而不萌侥幸之想。后世用人，不以行举，不以言扬。一小人得志，而众小人生心，纷纷竞进，各挟负贩之智，而逞暴取豪夺之私。其为生民之害，岂可言乎？夫安民可与行义，危民易与为非。民既稔受其毒，而出尔反尔，犯上作乱之事，因之而起，故曰“负且乘，致寇至”，盗之招也。可见天下本无寇盗，而用小人者实招致之。有天下者，与其劳师动众，以殄平寇盗，不若爱惜名器，以慎绝小人。未有小人不去，而寇盗可平者。三复此爻，意盖深切着明矣。

【白话】

这个爻的宗旨，是儆示那些无才无德之人，不应该占据高位。负，担负。乘，乘车。

周公所系的解卦三爻爻辞的意思是说：只有有德的人，才应该处在高位。六三却是个柔爻，不中不正，但居于下卦的最上面，好比无德之人窃据高位，褫夺之辱在所难免，训斥弃逐在所必至，得之必失。犹如小人应该负荷前行，反而乘坐君子才应该乘坐的车子，逾越了本分，所以招致了匪寇。虽然小人的爵禄出自朝堂，源于君上的任命，小人也往往认为自己很贞正，实则德不配位，岂能避免吝难？被排除是应该的。

孔子解释三爻的小象说：朝廷设置官位，是为了招徕有德之人。六三却“负且乘”，对它自己来说，这是非分之福，在外人眼中，则是尸位素餐，实在是丑陋。所谓“致寇至”，主要是说它德不配位，必将被人褫夺。虽然是否褫夺取决于别人，但招致别人褫夺的原因还是出在自己身上，又能怪谁呢？

按：按照周礼，有德行的人才能被赐予爵位，有才能的人才能被赐予俸禄。

人人各安其分，就不会滋生侥幸之心。后世君王用人，却既不注重行为，也不在乎言论。导致一个小人得志，而一众小人竞进，纷纷动用自己的小聪明，为私利暴取豪夺。小人对百姓的危害，岂是言语所能说清的？太平盛世之时，百姓可以践行道义，处在危急之世，百姓就容易为非作歹。百姓受害日久，出尔反尔、犯上作乱之事就在所难免了，所以爻辞说“负且乘，致寇至”，正是小人招来了盗寇。天下本无寇盗，是因为君王任用了小人，才招来了盗寇。坐拥天下的君王，与其日后劳师动众，诛伐盗寇，不如爱惜名器，杜绝小人。世上没有小人不除而盗寇可平的先例。圣人于此处三复四温，一再训戒，用意实在是深切啊！

九四：解而拇，朋至斯孚。

《象》曰：解而拇，未当位也。

【解义】

此一爻是勉四以去小人，而因幸其得朋也。拇，象在下小人，指初也。

周公系解四爻曰：当解之时，非刚正之朋，不足以同心而共济。四应初柔，非其侪类，此君子交相疑忌而不至也。故为四计，莫若断然解去其拇，屏绝匪类，以示己无私交，则一德之朋至而相孚无间矣。

孔子释四象曰：四所以解而拇者，以四居位不正，而下应初六，故初得附之为其拇，所谓私情之合也。以私情比私交，则贤士必闻而解体矣。非解而去之，则终为所累，何以来君子之朋耶？大抵君子小人，气类各别。若使并立于朝，小人未有不日进，君子未有不日退者。其故何也？君子以道事人，人必敬之而疏；小人惟言莫违，人必狎之而亲。疏者易间，而亲者难睽也。而君子者不得志，则乐道自守，奉身而退；小人者不得志，则狡谋百出，不进不休。君子有时容小人，而小人必不肯容君子。自古以来，断无小人在位，而君子得安其身者也。是故，仙客用而九龄疏，承璀入而李绛出。一熏一莸，不可同器。有用人之责者，可不细玩此爻之义乎。

【白话】

这个爻的主旨，是勉励四爻去除小人，并以其得朋而庆幸。拇，大拇趾，引申为在下的小人，指初爻。

周公所系的解卦四爻爻辞的意思是说：处在解卦之时，若非刚正之朋，便不足以同心协济，共济时艰。四爻以阳刚之德下应阴柔的初爻，但初爻并非其类，彼此疑忌，难以交孚。所以圣人为四爻考虑，不如断然“解而拇”，远离匪类，无意私交，与其同德同心的朋友就会交孚而至了。

孔子解释四爻的小象说：四爻之所以“解而拇”，是因为四爻本身不够中正，又下应初六，所以初爻得以附丽于它，好比它的拇趾，这就是所谓的私情之合。以私情相比，必然会使贤士解体。不及早离去，终究会受牵累，但爻辞为什么又说“朋至斯孚”呢？总的来说，君子与小人，是完全不同的两种人。让他们并立于朝堂，小人会日日升进，而君子会日日退却。原因何在呢？这是因为君子以道事人，人人敬畏，但也会因此疏远君子；小人巧言令色，精于狎昵，容易使人亲近。疏远的容易被离间，而亲近的难以睽违。而且君子不得志，会抱道自守，奉身而退；小人不得志，则狡谋百出，不进不休。君子有时候会包容小人，小人却绝对容不下君子。自古以来，就没有小人在位，而君子能安身的先例。我们总是看到诸如“仙客用而九龄疏，承璀入而李绛出”的遗憾场景。香草与臭草不能放在同一个器皿里，负有用人之责的人，怎能不细细把玩九四的爻辞内涵呢？

六五：君子维有解，吉。有孚于小人。

《象》曰：君子有解，小人退也。

【解义】

此一爻是言，去小人之当断也。孚，验也，言以小人之远去为验也。

周公系解五爻曰：五当君位，是君子也。乃与三阴同类而相比，狎迩小人之咎不能免矣。当此之时，唯有惕然自省，知其决不可留，解而去之，一解之外无他术也。如是则朝宁清明，纪纲振肃，吉孰大焉。然君子之有解，于何验之？即验诸小人之退而已。必小人果退，方见我之能解。若犹有瞻顾，则是外示解之之迹，而内无解之之心，其何以为能孚也哉？

孔子释五象曰：小人非难解，特患君子之心未必真欲解耳。若果能解之，辨之极其明，而断之极其勇，则小人自消沮屏伏，而无所复用其夤缘矣。古之真能退小人者，莫如尧舜。如共工之象恭滔天，欢兜之比周为党，鲧之方命圮族，三苗之负固不恭，毅然加以流放殛窜之刑，曾无姑息养痈之患。乃为有解之君子也。六五本阴类，恐其优柔少断。明知小人之当去，而牵于私爱，姑饰词以掩天下之耳目。若曰吾已屏黜之矣，而阴狎昵之如故，则彼益猖狂恣肆，惟所欲为而一无忌惮。国家之祸，遂至于莫救。此管子所云“恶恶而不能去，郭之所以危也”，岂不可戒欤！

【白话】

这个爻的意思是说，去除小人，应该当机立断。孚，验证之意，也就是以小人远去为验证。

周公所系的解卦五爻爻辞的意思是说：五爻位于君位，相当于君子。它与其他三个阴爻是同类，同类则相比，相比则狎昵小人的咎害在所难免。这时候，只有惕然自省，知其不可留而绝不相留，除了解而去之，绝无他法。如能做到，朝政必然清明，纪纲必然振肃，还有比这更吉祥的吗？但怎么验证“君子维有解”呢？只有一个办法，那就是看小人是否离去。只有小人离去，才谈得上君子有解。如果瞻前顾后，犹豫不决，外有解散小人之行迹，内心却实在不想解散小人，又怎么可能与同德之人相互交孚呢？

孔子解释五爻的小象说：小人并不难解去，怕就怕君子并不是发自内心地想解去小人。如果真的能解去小人，辨之极明，断之极勇，小人自然会消沮屏伏，无法继续攀援。古代帝王中真能解去小人的，莫过于尧舜。诸如巨奸大恶的共工，结党营私的欢兜，危害同族的鲧，负固不恭的三苗，全都毅然解去，或流放，或殛窜，绝不姑息养痈，这才是真正的“君子有解”。六五本是阴爻，所以圣人担心它优柔寡断。怕它明知小人当去，却牵于狎昵之爱，做做表面文章，欺骗天下人的耳目。口头上屏黜，暗地里却狎昵如故，只会让小人更加猖狂，为所欲为，毫不忌惮，最终导致无法挽回的大错，倾覆整个国家。这正如管子所说：“恶恶而不能去，郭之所以危也。”能不加以警戒吗？

上六：公用射隼于高墉之上，获之，无不利。

《象》曰：公用射隼，以解悖也。

【解义】

此一爻是言，上能佐五以去小人也。公，指上六。隼，鸷害之鸟，以喻小人，指六三。高墉，宫垣也。

周公系解上爻曰：六三以阴柔小人，窃位媚主，鸷悍叵测，犹隼之立于高墉者然。上六当大臣之任，位尊望重，一举而歼厥凶恶，有射隼于高墉之上之象，如是则佥壬退而祸患除。上无负于天子，下有裨于苍生，其无不利，宜也。

孔子释上象曰：所谓公用射隼者，盖蠹国害民小人，悖道甚矣，其罪既明，则解而去之，正所以除天下之祸乱耳，岂为一己之私恶哉！

按：小人恒在人主左右，居高而害物，故取象于隼。方其栖于山林，人皆得而射之。惟栖于王宫高墉之上，则如城狐社鼠，有所凭依，虽欲射之，而不能矣。不幸与之相值，将解去之，非其人不敢动。有其人，非其时，亦不敢动。必下有九二之中直，九四之得朋，上有六五之能解，而后上六乃得乘其便利，除君侧之奸，功成而天下安之。然则，去小人宁易易哉？

【白话】

这个爻的意思是说，上爻能辅佐五爻去除小人。公，指上六。隼，鸷害之鸟，比喻小人，指六三。高墉，宫垣。

周公所系的解卦上爻爻辞的意思是说：六三是个阴柔的小人，它窃据高位，媚主欺上，鸷悍叵测，好比鹰隼立于高墉之上。上六则好比位尊望众的大臣，抓住时机，一举歼灭了六三，这就是“公用射隼于高墉之上”之象，从而使小人退却，祸患屏除。对上无负于天子，对下有益于苍生，爻辞说它“无不利”，也是适宜的。

孔子解释上爻的小象说：所谓“公用射隼”，主要是说小人蠹国害民小人，过于违背正道，罪责如此明显，理应解而去之，而且这是为天人人除害，不是为了一己之私恶！

按：小人常常陪伴在君王左右，居高而害物，所以取象于隼。当它栖息在山林之中时，人人都可以射杀它。当它栖息于王宫的高墙之上时，就好像有了依托的城狐社鼠一样，想射而不能射。碰到这种人，没有足够威望与实力的人，不敢擅动。有足够威望与实力，时机不对，也不能妄动。只有像上六这样，下有九二这样的中直之臣，中有九四这样的得朋之公，上有六五这样的能解之君，它才可以乘借便利，清除君王身边的奸邪，安定天下，功就名成。然而，去除小人哪有那么容易呢？

卷十

☶ 损 兑下艮上

【解义】

天下之事，有不当损而损者，损下益上，损民益君是也；有当损而损者，省文存质，去奢崇俭是也。圣人画卦以损下益上示戒，而以损所当损为法。统观六爻，下体本乾，三画皆阳，阳过于盈，则损乎阳；上体本坤，三画皆阴，阴过于虚，则益乎阴。此一卦之旨也。析观六爻，初二以益上之道言，初居下而益四，量而后入，故曰“酌损之”。二刚中而益五，道义自持，故曰“弗损益之”。三四以取益之道言，三阳上而阴下，是去其异己者，故曰“损一人”。四资刚以济柔，是勇于改过者，故曰损其疾。五上以受益之道言，五体柔居中，为虚心好贤，故曰“或益之”。上居上益下，为因民而利，故曰“弗损益之”。此六爻之旨也。大抵损之时，贵乎损所当损，而必本之以诚。诚以存质，则礼亦可杀。诚以崇俭，则用无不节。推之，初遄往，二利贞，诚于事上也。四使遄，五或益，诚于虚己也。上弗损，诚于益下也。至六三一爻，卦之所以为损者也，戒其三，而杂取其两而专者，贵于致一也。此又损之精义也。宜彖辞首以有孚为训哉。

【白话】

天下之事，有不应该损而损的情况，比如损下益上与损民益君；也有应该损而损的情况，比如省文存质与去奢崇俭。圣人创设了损卦，以损下益上为戒，以损所当损为法。统观损卦的六爻，下面的兑卦原本是乾卦，原本有三个阳爻，阳爻代表盈满，就应该适当减损，也就是兑卦的样子；上面的艮卦原本是坤卦，原本有三个阴爻，阴爻代表虚损，就应该适当补益，也就是艮卦的样子。这是损卦的主旨。再具体分析六条爻辞，初爻与二爻讲的是益上之道。具体说来，初爻是以初益四，以下益上，应该量入而出，所以爻辞说“酌损之”。二爻则是以刚中之德上益六五，以道义自持，所以爻辞说“弗损益之”。三爻与四爻讲的是取益之道。具体说来，三爻位于上下卦的结合部，上卦为阳，下卦为阴，需要去其异己，所以爻辞说“损一人”。四爻资助下面的刚爻以求刚柔相济，是勇于改过者，所以爻辞说“损其疾”。五爻与上爻说的是受益之道。具体说来，五爻有柔中之德，虚心好贤，所以爻辞说“或益之”。上爻居上益下，因民之利而利之，所以爻辞说“弗损益之”。这是六爻的宗旨。大抵来说，处在损卦的情境中，以损所当损为贵，同时必须以诚为本。只要足够真诚，不合于礼也没有关系。只要足够俭朴，必然用度无穷。以此推之，“遄往”的初爻，“利贞”的二爻，都是诚于事上之爻。“使遄”的四爻，“或益”的五爻，都是诚于虚己之爻。“弗损”的上爻，则是诚于益于之爻。至于六三，此卦之所以叫作损卦，就是为了警戒六三这个爻，同时指出，交孚之道，贵在专一。这也是损卦的精髓。圣人在彖辞的开始即以“有孚”为训，正是基于这个道理。

损：有孚元吉，无咎可贞，利有攸往。曷之用，二簋可用享。

【解义】

此卦兑下艮上，卦体损下卦之阳，益上卦之阴。卦象损兑泽之深，益艮山之高。皆有损下益上之义，故名为损。卦辞言处损之道，既示以至诚之应，而又酌其用，虽至薄，而无害也。

文王系损彖辞曰：上之不能不取于下者，势也。然当损之时，国用固不可缺，而民力亦易以匮，于此而复示以侈，则民有难堪，而将至于不继。故必省文以存质，去奢以崇俭。凡上而朝廷，外而军国，一皆示以诚实悃愊之意。而烦文缛节，皆所不用，是之谓有孚也，是之谓损所当损也。诚能若此，则其政尚忠，其俗尚愿，可以追太古之遗，何吉如之？且不伤财，不害民，而无不节之嗟，何咎之有？自其行之一时，若为权宜之计耳。而要之，诚则可久。即一时可也，千万世亦可也，是可贞矣。自其行之于上，若为救世之权耳。而要之，诚则可通。即行之君，可也；行之万邦臣庶，亦可也，是利有攸往矣。夫损而有孚，则有四者之应。是有孚者，致用之本也，而其用果何如哉？盖国之大事，莫大于祀，而时当可损，则虽俭而不病于菲。苟感以孚信之诚，而略其虚文之饰，即二簋之薄，亦可用享矣。祭祀可损，况其他乎！夫损非上所当行也，而有孚则可行；祭非上所当损也，而有孚则可损。处损之道，诚莫切于有孚之用矣。

按：释此卦者，谓于不得已之时，不得不取足于常赋之外，但能有孚，则民自无不曲谅耳。窃谓：此后儒之臆说，非知圣人系辞之旨者也。先王之制，有节用，无加赋。鲁年饥，用不足，有若犹以盍彻告之，岂因不足而遂可赋外取民乎？且古者三年耕，余一年之食；九年耕，余三年之食。虽有凶荒，民无菜色，何至阙军国之需也？苟且之术，后世无备者为之，安得以为有孚之道乎？既非有孚，一时且不可行，况欲以为长久之规乎？损之义，盖言盈缩随时，礼称其情，则杀礼不为嫌；用适其宜，则俭用不为固。祭祀尚然，凡百用度之间，宾客燕享，好用匪颁之类，皆在所损可知，此谓有孚则真有孚矣。诚万世遵行之而无弊者哉。

【白话】

此卦的下卦为兑卦，上卦为艮卦，兑卦是一阴二阳之卦，艮卦是一阳二阴之卦，就卦体而言，就是损下卦之阳爻，益上卦之阴爻；就卦象而言，则是损兑泽之深，益艮山之高。卦体与卦象皆有损下益上之义，所以叫作损卦。卦辞的意思是说，处损之道，贵在至诚，只要是量入为出，就算物质至薄，也没有危害。

文王所系的损卦卦辞的意思是说：在上者不得不取之于下，是情势使然。然而处在损卦之时，国家的用度固然不可或缺，但民力也变得很匮乏，如果还像以前那么奢侈，百姓就不堪重负，天下就难以为继。因此必须省文存质，去奢崇俭。上至朝廷用度，外至军国大事，都应该示之以至诚。所有烦文缛节，也不再沿用，这就是“有孚”的表现，正是所谓的“损所当损”。诚能如此，其政会像夏人一样尚忠，其俗会像殷商一样尚愿，可以追太古遗风，什么样的吉祥能与之相比？而且不伤财，不害民，无有不节之嗟，又有什么咎害呢？如果只是行于一时，那么外界看上去就是权宜之计。所以关键还在一个“诚”字，诚则能久。也就是说，行于一时可以，行于千万世也可以，这就是卦辞所谓的“可贞”。如果只是行于君上，那么外界看上去也是权宜之计。所以关键还在一个“诚”字，诚则能通。也就是说，行于君上可以，行于万邦臣庶也可以，所以卦辞说“利有攸往”。总之，损所当损，损而“有孚”，才会有上下内外之内。可见“有孚”是致用的根本，那么它的功效到底有多大呢？纵观国之大事，莫过于祭祀，但处在可损应损之时，虽然致祭俭省但不至于菲薄。如果真能感应到致祭者的孚信，忽略掉虚文之饰，即便只有二簋之薄的祭品，也可以用享。祭祀这样的大事都可以减损，何况其他！总的来说，减损不是在上者应该做的事情，但是有孚就可以；祭祀更不是在上者可以减损的，但是有孚就可以。可见处损之道，切实需要以“有孚”为前提。

按：关于损卦有这样一种解释，说在上者在不得已的时候，不得不在常赋之外再行加赋，但是如果能做到“有孚”的话，百姓自然会有所体谅。窃以为，这是后儒的臆想之说，完全不知道圣人系辞的宗旨。先王传下来的制度，只有节用，没有加赋。历史上，鲁国的国君鲁哀公曾经因为饥荒导致用度不足，但问到孔子的高足有若时，有若却告诉他要施行仁政，怎么可以因为王室用度不足就加赋于民呢？况且根据《礼记·王制》，耕作三年，必须留下一年的储备；耕作九年，就能余留三年之食。就算大荒之年，百姓都不需要挖食野菜，国君又何至于缺乏军国之需呢？加赋这样的苟且之术，只有后世那些无有储备的君王才会用，又怎么能称得上“有孚”之道呢？既然称不上“有孚”，行于一时也不可以，又怎么可以用作长久之规呢？损卦的要义，是说盈缩可以随时，只要礼称其情，不合于理也不为嫌；用度应当适宜，就算俭省也不算固陋。祭祀尚且如此，寻度用度，比如宾客燕享、好用匪颁之类，都可以适当减损，这种情况下的“有孚”，才是真正意义上的“有孚”。才可以万世遵行，而没有弊端。

《彖》曰：损，损下益上，其道上行。损而有孚，元吉，无咎可贞，利有攸往，曷之用，二簋可用享。二簋应有时，损刚益柔有时，损益盈虚，与时偕行。

【解义】

此《彖传》是释损彖辞，以见损之义，无非与时为宜也。

孔子释损彖辞曰：卦之名为损者，盖以损下卦上画之阳，益上卦上画之阴。是取闾阎之财，以充府库之用，损下而益上者也。但君之富藏于民，民既穷于所损，则君不得以独益，是损之道，势必转而归上矣，此所以为损也。夫当损之时，而诚有孚，损其所当损则吉而无咎，贞而利往，固不必言。又曰“曷之用，二簋可用享”者，岂专以薄为道哉！盖天下，时而已，时当丰而丰，即大牲殷荐不为奢；时当俭而俭，即二簋不为薄。是各因其时，而非谓其可常用也。且是时也，岂独一享祀为然哉！天下之事，凡理之当然，与数之不得不然者，皆时也。观之卦画，则损下卦之刚以益上卦之柔者，非他也。时有所当损，则阳不能以常伸；时有所当益，则阴不能以常屈，此皆理数之不容违者也。观之物理，则损其进极之盈，以益其退极之虚者，非他也，时不可以终盛，盈未几而损随之；时不可以终衰，虚未几而益随之，亦皆理数之不容违者也。卦画以时而成，物理以时而变，处损之道，岂有能外时者哉。

按：上下相关，本同一体。益下则虽不加赋，而用自有余；损下则虽善聚财，而用日不足。不幸而遇损之时，但当节用以厚民，不可剥民以奉己。即九庙之享，在所宜节，况其余乎？此无他，天之运存乎时，君之行视乎天，损益盈虚之间，有必然之道焉，虽欲不变丰为俭不能也。常存此心，则时赢尚当从绌，而时绌岂反可举赢也哉？

【白话】

《彖传》是对损卦的彖辞的解释，目的是申明损卦的要义，无非是与时为宜。

孔子解释损卦的彖辞说：此卦之所以叫作损卦，主要是因为从卦体上看，是下卦损失了它最上面的阳爻，增益了上卦最上面的阴爻。对应到人事上，就是取百姓之财，充府库之用，损下而益上。然而君王的藏于民间，民间不断地减损，君王也不能独益，依据减损之道，最终都会转归于君上，这才是损之所以为损的真正解释。然而当损之时，如果诚而"有孚"，损其当损，就能吉而无咎，贞而利往，这是自然而然之事。卦辞又说，"曷之用，二簋可用享"，这绝不是让人以薄为道！主要是时势如此。在天下丰收时致以丰盛的祭祀，就算大牲殷荐，也不为奢；时势应该俭省时而俭省，就算只致祭二簋之食，也不为薄。这是时势使然，而不能用作常规。而是在时势的催逼下，岂止祭祀一事应该如此呢！天下之事，凡是理所当然，或者数之不得不然者，都是时势。观察损卦的卦画，可知损卦之所以要减损下卦的刚爻，增益上卦的柔爻，没有别的原因，是因为时势应当减损，阳爻不能像往常那样伸长，而对阴爻来说，时势又是增益之时，它也不能像以往那样屈曲，这是理所当然，数之必然，不容有违。再把相关的物理说明白点，就是说之所以要损其进极之盈，益其退极之虚，也不是因为别的原因，就是因为时势不可以盛盈不止，因为盛盈的尽头就是减损；时势也不可以衰退不止，因为衰退的尽头就是增益，这也是理与术使然，不能有违。卦画是因时而成，物理是因时而变，处损之道，又岂能脱离时势呢？

按：上下相关，本原一体。以上益下，不加赋也能用度有余；损下益上，善于聚财也会用度不足。不幸赶上了应该减损的时候，应该节用以厚民，而不是剥民以奉己。连天子祭祀祖先都应该有所节制，更何况其他呢？其实没有别的原因，天运都遵循一定的天时，君王的行为举止都应该遵循天道，其损益盈虚之间，有必然之理，并不是他想不变丰为俭就能做到的。常存此心，就算盈余的时候也要懂得俭省，又怎么可以在亏损的状态下大肆挥霍呢？

《象》曰：山下有泽，损，君子以惩忿窒欲。

【解义】

此《象传》是言君子治心之功也。惩，惩戒也。窒，遏绝也。

孔子释损象曰：山下有泽，损兑泽之深，益艮山之高，损之象也。君子体之，以为为学之要，无如损吾心之所当损焉。吾心原自和平，偶有所触，遂发而难制，而忿生矣。忿心一生，则不能观理之是非，而为血气所使。君子当忿之未起，急宜惩之，化躁以恬，预拔其忿之根，则心体日休，安于宁谧之天矣。吾心原自洁清，偶有所诱，遂动而难遏，而欲萌矣。欲心一萌，则不能辨念之公私，而为外物所移。君子当欲之未溺，急宜窒之，闲邪存诚，预杜其欲之隙，则心境光明，游于粹美之渊矣。此诚得治心之要者欤！

按：忿欲，人所同患。而有天下者，关系为尤重。盖人君势处崇高，富有海甸。雷霆之威，不可向迩。嗜欲之奉，无有穷极。稍一任意，而妄生于内，物诱于外，其害有不可言者。古之帝王，守敬以澄其原，主静以绝其诱。戒惧慎独之功既至，而见诸行事，发皆中节，必一怒以安民，而后所忿者皆义理之勇矣。必欲仁而得仁，而后所欲者皆天理之正矣。

【白话】

《象传》的主旨，说的是君子的治心之功。惩，惩戒。窒，禁绝。

孔子解释损卦的大象说：山下有泽，减损兑泽的深度，增益艮山的高度，这就是损卦的大象。群子体悟损卦的大象，作为为学之要，尽量减损内心应当减损的情绪。人心原本是平和的，偶尔被触怒，便一发不可节制，生出忿怒。忿心一生，便不能明辨是非，被血气所使。所以君子会在忿心未起之时，及早惩治，化躁以恬，拔除忿怒之根，其内心就会日渐休美，安于宁谧之天。人心原本也是清洁的，偶而诱惑，一动便难以遏止，萌生欲望。欲心一萌，便不能遏止私心，被外物所移。所以君子应该在尚未沉溺于欲望之前，及早遏止，防邪存诚，堵塞欲念的漏洞，其心境就会日趋光明，游于粹美之渊。损卦的大象真的是治心的要诀啊！

按：忿心与欲心，存在于每个人身上。但对拥有天下的君王来说，关系尤为重大。这主要是因为人君地位崇高，富有四海。其雷霆之威，不可接近。其嗜欲之奉，无有穷极。稍一任性，就会心生妄念，被外物诱导，危害不可胜言。所以古代的帝王，一边守敬纯粹其心，一边主静拒绝诱惑。戒惧慎独的功夫达到了，行为举止便都能恰到好处，必然能像文王那样一怒而安天下民，他所有的忿怒都会转化为义理之勇；必然也能像孔子那样欲仁而得仁，他所有的欲望都会转化为天理与正道。

初九：已事遄往，无咎。酌损之。

《象》曰：已事遄往，尚合志也。

【解义】

此一爻是言，初能尽益上之忠，而又示以量己之智也。已，止也。遄，速也。尚，指六四。

周公系损初爻曰：初九当损下益上之时，而有阳刚之才，上应阴柔之六四，是责难之任在我矣。于是辍其所行之事，汲汲然速往以益之，无非求尽我之心，而损彼之疾，则事上之责已罄而可以无咎矣。然初下而四上，以分言则殊也，以情言则疏也，虽有欵欵之诚，安能必上心之我谅乎！又当量而后入，因事纳诲，相机进言，视上之所以待我者何如，而酌量其损之浅深，否则未信而谏，必有冒昧之讥。已之遄往者，何以得效其忠，而终无咎也哉？

孔子释初象曰：初之已事遄往者，夫岂造次以干上乎？初之志，固欲损四之疾，而四之志，亦欲求助于初，而损己之疾焉。合志如此，初虽欲不急往应之而不可耳。

按：事上之道，进思尽忠，退思补过，惟知自靖而已，岂可有所瞻徇于其间哉？然致主之心太急，不顾利害，触其君之怒，以至于偾事，则欲损其疾而反增其疾矣。酌损云者，盖相度事机，法言巽言，随时上下，以求其有济。实非怀私营而忘国事，观望而不往者，可得借口也。故圣人交发其义，以为益上者准。

【白话】

这个爻的意思是说，初爻既有益上之忠，又有量己之智。已，止。遄，速。尚，指六四。

周公所系的损卦初爻爻辞的意思是说：初九处在损下益上之时，又有阳刚之才，并且上应阴柔的六四，深知重任在肩。于是它放下手边的事情，立即上往，尽心尽力地增益六四，希望能减损六四之疾，切实尽到了事上之责，自然可以无咎。然而初爻在下，四爻在上，名分疏而情分远，虽有至诚之心，但未必能得到四爻的认同与体谅。所以它应该量而后入，要因事纳诲，相机进言，先看四爻怎么对待自己，再酌情减损自己，增益四爻，不然的话，还未获信任就贸然进谏，只会招致羞辱与讥讽。急于上往，又怎么可能在尽其忠心的同时，远离咎害呢？

孔子解释初爻的小象说：初爻所谓的“已事遄往”，难道是想造次，干预四爻吗？其实，初爻固然有心减损四爻之疾，而四爻也意欲求助于初爻，减损自己的病患。上下合志如此，初爻不急于前往的话反倒不合适。

按：事上之道，进则考虑如何尽忠，退则考虑如何补过，应该尽力而为，怎么可以顾虑私情，瞻徇其间呢？然而事上之心太急，不顾利害，就容易触怒君威，以至于坏事，原本想减损其疾，反倒会增益其疾。所谓“酌损之”，是说要根据情况，相度事机，法言巽言，随时上下，以求有济。而不能被因私废公，观望不前的人用做借口。所以圣人反复阐释其内涵，并以能否益上为准则。

九二：利贞，征凶。弗损，益之。

《象》曰：九二利贞，中以为志也。

【解义】

此一爻是言二能守其贞，由心之自重乎道也。

周公系损二爻曰：九二与六五为应，而有刚中之德，是重名义，轻利禄，得在下之贞，而励无私之操者也，则身名俱泰而利。若希心利禄，奔走于形势之途，举生平而尽弃之，则身败名辱，凶孰甚焉。然是贞也，岂特一己之利而已？苟能即其守而持之不变，则直节之臣，朝廷之宝也。法家之士，社稷之赖也。其为益也，不亦大哉？

孔子释二象曰：九二之所以利贞者，以其居下之中，而抱刚正之德，一念是矢，惟知道义之足重，而有确乎不拔之志，故能不为富贵利欲所动，自守其贞而不妄求也。

按：此爻之义，有以贞士言者，有以贞臣言者。贞士之益，洁身独往而至行可师，如伯夷穷饿而顽廉懦立，严光垂钓而山高水长是也。贞臣之益，大节屹然，而百折不夺，如汲黯在朝而叛臣寝谋，董允秉政而佥壬畏惮是也。两说皆通。观二五上下相应，似君臣之义尤切。故《程传》亦主以下益上言，而曰：能守刚贞，志存乎中，则有益于上。若变为柔媚，适足损之而已。语云："山有猛兽，藜藿为之不采。"由此言之，正色独立，招不来，麾不去之臣，人君安可一日少哉。

【白话】

这个爻的意思是说，二爻能守持贞心，是因为它发自内心地遵循正道。

周公所系的损卦二爻爻辞的意思是说：九二与君爻六五成正应，又有刚中之德，重名义，轻利禄，有无私的操守，身名俱泰，所以爻辞说它"利贞"。若是醉心于功名利禄，见风使舵，汲汲奔走，将自己平生的志向全都抛弃，必然身败名辱，凶莫大焉。其实，爻辞所谓的"利贞"，岂止于一己之利？若真能持守不变，那便是直节之臣，朝廷之宝，法家之士，社稷之赖。其对天下的益处，不是很大吗？

孔子解释二爻的小象说：九二之所以"利贞"，是因为它居于下卦之中，又具备刚正之德，一心一意，发自内心的地遵循正道，坚忍不拔，所以不会为富贵利欲所动，能自守其贞，而不妄求。

按：关于这个爻，有人认为是在讲贞洁之士，有人认为是在讲忠贞之臣。贞洁之士对天下的益处，在于洁身独往，却足以为天下师法，比如伯夷叔齐身穷腹饿，却能使贪婪的人廉洁，也能使怯弱的人自立，再比如严光垂钓于乡野之中，人生境界却山高水长。忠贞之臣对天下的益处，则在于大节屹然，百折不夺，比如汲黯在朝，令叛臣不敢妄想，再比如董允秉政，使小人尽皆畏惮。其实这两种说法都说得通。但就卦体而言，二爻与五爻上下相应，似乎以君臣之义比拟更为切近。所以《周易程氏传》也从以下益上的角度言之，认为它能够守持中道与刚贞之德，才有益于上。若是过于柔媚，便会损多于益，弊大于利。古语有云："山有猛兽，藜藿为之不采。"可见，正色独立，招不必来而挥不必去的忠臣，君王不可一日远离。

六三：三人行，则损一人；一人行，则得其友。

《象》曰：一人行，三则疑也。

【解义】

此一爻是言取友之道，当去损而乃获益也。

周公系损三爻曰：损之三爻，卦之所以为损也。下卦本乾，而损上爻以益坤，有三人行则损一人之象。一阳上而一阴下，有一人行则得其友之象。故于同类之中，而有异类之间，是三人行也。则损去一人，而使滛朋比德之徒，不得杂乎其间焉。夫异己之人，既损之使行，则同德之友自可相孚而至，切磋黾勉，相观而善，此诚致一之道也。

孔子释三象曰：三人之中，必损一人，而使之行者，岂示人以不广哉？正以三则心术驳而意见乖，反生其疑忌，而不能以相协，此损之所以为急也。盖凡人之相与，惟其心之同而已。苟精神不相孚，意气不相合，则群党比周，固三也。即一人之异，亦三也。是皆不可以不损也。精神苟相孚，意气苟相合，则二人同心，固两也。即千百其朋，亦两也。要皆不可以不相得也。噫！即交友而推之，君臣上下之间，亦何莫不然欤。

【白话】

这个爻的意思是说，取友之道，应该减损专一，方能获益。

周公所系的损卦三爻爻辞的意思是说：损卦的三爻，是损卦之所以叫作损卦的原因。下卦本是乾卦，乾卦减损了自己的上爻，增益原本是坤卦的上卦，这就是“三人行，则损一人”之象。下卦乾卦的一个阳爻上往到坤卦之中，同时上卦坤卦的一个阴爻下行至乾卦之中，则有“一人行，则得其友”之象。于同类之中，间杂有异类，这就是“三人行”之象。所以要损去一人，而使结党营私之徒，不得间杂其中。异己之人既然已经损去，同德之友自会相孚而至，彼此切磋黾勉，相互学习，这就是所谓的致一之道。

孔子解释三爻的小象说：“三人行，则损一人”，如此施为，难道是为了告诉别人自己的心胸不够广阔吗？其实它的意思是说，人多了心思就人杂乱，意见就会乖违，而且会滋生疑忌，不能够相互协助，所以应该及早减损。因为凡人与凡人相处，往往只是因为内心想法一致。但他们的精神不相符，意气不相合，迟早会结党营私，排斥异己，这就是所谓的“三人行”。其实，就算一个人怀有异心，也是“三人行”。相应的情况，都是不得不损，不可以不损。如果精神相符，意气相合，便能同心同德，两两相合。其实，即使有千百个朋友，本质上也是两两相合而已。唉！这是以交友而论，其实君臣上下之间，也莫不如此。

六四：损其疾，使遄有喜，无咎。

《象》曰：损其疾，亦可喜也。

【解义】

此一爻是言，四能取人以为益也。疾，谓阴柔之疾。

周公系损四爻曰：气质之偏，皆谓之疾。六四当重大之任，而居阴柔，未免委靡不振，兹能借初九之阳刚以济之，至诚延揽，使初汲汲而遄往于我，匡扶救正，以损其疾，不有喜乎？夫上有虚受之美，下乃得尽献之忠。取人之善，而愈己之疾，复何咎耶？

孔子释四象曰：人能无过，固为可喜。今四有疾，而借初以损之，则有过仍复于无过。德业日新，亦可喜也。盖进德以奋决为先，改过尤以疾速为要，况四身为大臣，有天下国家之责，使其疾一日未损，则斯世受一日之害，所望下之匡救切矣。然良药未免于苦口，而忠言恒至乎逆耳。苟无殷殷求助之诚，虽有嘉谋嘉猷，亦安从而入告乎？贾谊有言："医能治之，而上不使，可为叹息者此也。"初九之遄往，亦在乎六四之能使而已。

【白话】

这个爻的意思是说，四爻能取益于人。疾，指阴柔之疾。

周公所系的损卦四爻爻辞的意思是说：气质偏离正常，都叫作"疾"。六四身肩重任，却居于阴柔之地，本身又是阴爻，未免委靡不振，如果能借助初九的阳刚，以至诚相延揽，使初爻速速上往，与自己相合，匡扶救正，减损其疾，不是很令人欣喜吗？而且在上者有虚受之美德，在下者得献之忠贞。四爻能取人之善，愈己之疾，又有什么咎害呢？

孔子解释四爻的小象说：人没有过错，固然是可喜的。如今四爻虽然有疾，但能够借助初爻之力，损己之疾，则始于有过，而终于无过。其德业日新，也是很可喜的。进德修业固然要抓紧时间，改过从善也以疾速为要，更何况四爻是国之重臣，肩负天下重担，它的疾患一日未损，全天下都会承受一日之害，对于初爻的匡救极其迫切。然而良药未免苦口，忠言永远逆耳。若不是它殷殷求助，至坦至诚，初爻虽有嘉谋，又通过什么途径匡救于它呢？贾谊说过："医能治之，而上不使，可为叹息者此也。"初九能够"遄往"，也是因为六四能够运用、使用它的缘故。

六五：或益之十朋之龟，弗克违，元吉。

《象》曰：六五元吉，自上佑也。

【解义】

此一爻是言五能虚中取益，而受天下之善也。两贝为朋，十朋之龟，为国重宝。

周公系损五爻曰：六五柔顺居中，以膺尊位，是抱懿恭之德，虚心好贤，而不挟贵以自亢，故天下豪杰景从，能者献其才，智者效其策，发乎众心之诚，欲辞之而不得焉。如或益之以十朋之龟而弗克违者，如是则群策毕举，而百度有惟贞之美，由是而迓天休，由是而绵国祚，吉孰有大于此者乎？

孔子释五象曰：六五之获元吉者，非有心于必得也。盖虚中好贤之诚，克当天心，故誉髦归之，共襄上理，佑以景福，而受天下之益也。

按：《书》言："不宝远物，所宝惟贤。"故楚人以二臣之善珍乎白珩，齐王以四子之功美于照乘。十朋之龟，国之至宝，信乎惟贤，乃足以当之也。然非圣君在上，隆之以殊礼，待之以至诚，则贤者亦不乐为吾用。今六五为虚中之主，而有亲贤之德，则以君心感多士之心，即以人心格上帝之心，此卑以自损者，乃能大有所益欤。

【白话】

这个爻的意思是说，五爻能虚中取益，所以能受善天下。两贝为朋，十朋之龟，为国之重宝。

周公所系的损卦五爻爻辞的意思是说：六五是个柔爻，居于上卦之中，又居于尊位，既有懿恭之德，虚心好贤，又不自视身份，挟贵以亢，所以天下豪杰纷纷归附于它，能者献其才，智者效其策，众心一片赤诚，推辞不得。如果真能像爻辞所说那样，"或益之十朋之龟"而"弗克违"，便能群策毕举，百度惟贞，从而迎迓天赐之福，使国祚绵长，世上还有比这更大的吉祥吗？

孔子解释五爻的小象说：六五能收获"元吉"，并不是有意为之。主要是因为它虚中好贤，顺应天道，人们才会纷纷归附，竞相辅佐，从而洪福齐天，获益天下。

按：《尚书》有言："不宝远物，所宝惟贤。"所以楚人以两位重臣为宝而不是以白珩为宝，齐王也认为自己的四个臣子远比梁国的照乘之珠更为珍贵。爻辞所谓的"十朋之龟"，也是国之至宝，只有贤人才足以当之。然而没有圣明的君王在上，礼遇不够隆重，待遇不够诚恳，贤人也不会乐于进用。如今六五柔顺虚中，具备亲贤之德，其以君心感乎人心，好比以人心感格天心，如此卑以自损，所以能大有裨益。

上九：弗损，益之，无咎，贞吉，利有攸往。得臣无家。

《象》曰：弗损，益之，大得志也。

【解义】

此一爻是言，上九普其惠于天下，而得遂益民之志也。得臣，能得人心。无家，不可以家计也。

周公系损上爻曰：上九居损之终，受下之益既多，而欲自损以益下者也。然必待损诸己以益人，则德有尽而惠易穷。惟是因民之所利而利之，即天下自有之益以益天下，而可以无此咎矣。是乃帝王荡平之政，而非欢虞小补之术，所谓贞也。则加诸亿兆，泽无不被，不亦吉乎？施诸遐迩，道可常行，不利有攸往乎？由是民心日归，海隅日出之邦，靡不率服，而无有远迩亲疏之间也。其得臣宁有家耶？

孔子释上象曰：上之于下，孰无益之之心哉？然益出于己则所及有限，未能大得志也。今弗损，益之，则惠出于己，无穷泽洽，于民甚广，无一夫不获其所，斯其志诚大得矣。粤若唐虞之世，康衢击壤，帝力相忘，四海共安，耕凿之常，蒸民唯有云日之颂，巍巍荡荡，殆兹"弗损，益之，得臣无家"之象乎？后世发帑救荒，亦一时邮灾赈穷之典，而省徭薄赋，爱养斯民，惠而不费，要在平日。有天下者，其必以纯王之心行纯王之政也哉。

【白话】

这个爻的意思是说，上九能施惠于天下，得遂其遂民之志。得臣，得人心之意。无家，不以家计为意。

周公所系的损卦上爻爻辞的意思是说：上九位于损卦的终极之处，受益于下太多，所以想自我减损，以上益下。然而通过减损自己增益他人，德行与恩惠都是有限的。作为君王，要借助百姓能够获利的事情使他们获利，也就是借助天下的自有之益使天下获益，如此便能无咎。这是基于王道的荡平之政，而不是基于霸道的小补之术，也就是爻辞所谓的"贞"。其德能加诸亿兆，泽无不被，怎么可能不吉祥？其恩能及远，其道能常行，怎么可能不利有攸往呢？于是人心思附，就算是海边的邦国，也纷纷归服，没有远近亲疏之别。既已"得臣"，何需再考虑家计呢？

孔子解释上爻的小象说：在上者对于在下者，难道没有增益之心吗？主要是因为通过减损自己增益他人，恩泽终归有限，难以泽被天下。所以爻辞说“弗损，益之”，如此一来，它的恩泽就是无穷的，就能泽被天下，大得其志。历史上的唐虞之世，是人所共知的太平盛世，但当时没有人在意帝王的作用，然而四海之内都很安定，人民安居乐业，百姓也能够感受到圣王的德行既高大又广远，这不就是所谓的“弗损，益之，得臣无家”之象吗？后世赈灾救荒，也不过是一时之法，平日省徭薄赋，施政惠而不费，才是永恒之道。拥有天下的君王，必须以纯王之心行纯王之政才行。

䷩ 益 震下巽上

【解义】

益者损之反也。凡卦以内为主，故损下谓之损，而益下谓之益。至上之损益，则不与焉，所以厚其本也。益见于王道，则有减赋补助，约己裕民之政，《彖传》所谓民悦道光是也。益本于天德，则有迁善改过，进德修业之学，《象传》所谓动巽日进是也。疏观六爻，自初至四，皆以臣之受益言。五上二爻，则以上之益下言。盖益以兴利，初利用为大作，是为天下万世之大计，非寻常之报效也。二用享帝，为靖献之大谊。三益用凶事，为盘错之大任。四利用为依迁国，为安民之大举。皆非小益之事。至九五之元吉，由惠心之有孚。上九之莫益，由立心之勿恒。则兴利之原，未有不本于君心者也。所谓有天德，然后可以行王道也。顾《彖传》中正有庆，专指二五，而小象于三四亦曰中行者，何也？以二体言，则二五各居其中；以全体言，则三四并居其中。此三四所以称中行也。此又因象系辞之一例。而易之以中行为重者，于此可见矣。

【白话】

“益”是“损”的反意词。所有的卦都以内卦为主，内卦又称下卦，所以损下益上叫作损卦，损上益下叫作益卦。但君王不在其列，为的是巩固根本。这种思想体现在王道之中，就是减赋补助，约己裕民之政，也就是《彖传》所谓的“民悦无疆”“其道大光”。体现在天道中，就是不断地迁善改过，进德修业，也就是《象传》所谓的“动而巽，日进无疆”。通观六爻，从初爻至四爻，说的都是臣受益于君。五爻与上爻，讲的则是以上益下。具体说来，益卦是为了让人们明白益人益己方能两全其利的道理，初爻“利用为大作”，是为天下万世考虑，绝非寻常之举。二爻“用享于帝”，是事上的正道。三爻“益之用凶事”，肩负着错综复杂的重任。四爻“利用为依迁国”，为安民之大举。前述种种，都不是小的裨益。至于五爻的“元吉”，则是因为“有孚惠心”。上九说“莫益之”，是不想让它过多的受益，因为它已经在益卦的终点。可见兴利之原，本于君心。这正是《中庸》所强调的，有天德方能行王道。如果只看《象传》，所谓的“中正有庆”就是专指二爻与五爻而言，但三爻与四爻的小象也说“中行”，原因何在？这是因为从爻位上看，二爻与五爻分别居于上下卦的中间位置；而从全卦的卦体角度看，三爻与四爻都居于六爻卦的中间，这是三爻与四爻之所以称“中行”的原因。这又一个很好的因象系辞的例子。易理注重“得中”，也于此可见一斑。

益：利有攸往，利涉大川。

【解义】

此卦震下巽上，损上卦之阳，益下卦之阴，有损上益下之义，然民富而君不至独贫，则下益而上亦益也，故名为益。卦辞言益道无所不利，以明惠下之政，当急讲也。

文王系益彖辞曰：人君果能损上之有余，以益下之不足，则仁恩洽畅，上下交孚，有所往而经纶创作，事无弗集而功无弗成，固极其利矣。即使之拯溺亨屯，削平祸乱，则众志可以成城，一心自能济变，虽涉大川，亦无不利。甚矣！益之可以兴利也。

按：损下以益上，本以求益也，而反成损。损上以益下，己不能无损也，而究为益。可见肥己瘠人者，民贫而君亦无所寄。约己裕人者，民乐而君不至独忧。故曰：“民为邦本，本固邦宁。”有天下者，诚不可不务固本之图已。

【白话】

此卦的下卦为震卦，上卦为巽卦，巽卦一阴二阳，震卦一阳二阴，整体看上去，有损上卦之阳爻，益下卦之阴爻之象，有损上益下之意，然而百姓富足君王不至于独贫，下面获益上面自然也会获益，所以叫作益卦。卦辞的意思是说，只要遵循益道，便能无所不利，所以要申明惠下之政，并及早实施。

文王所系的益卦卦辞的意思是说：君王如果真能减损自己有余的，增益百姓的不足，便能和畅通达，上下交孚，以此前往，才可以经纶创作，事无不济，功无不成，极其有利。即便是拯溺亨屯，削平祸乱，也可以因为众志成城，一举成功，就算跨越大川，也无往不利。实在是强大啊，益卦的兴利之功！

按：损下益下，本是为了获益，反倒造成了减损。损上益下，不可能没有损失，但最终会收益良多。可见肥己瘠人的君王，不仅会把人民搞得很贫穷，自己也会失去依托。而约己裕人的君王，不仅百姓康乐，君王也不至于独忧。所以《尚书》中说："民为邦本，本固邦宁。"拥有天下的君王，确实不能不务本。

《彖》曰：益，损上益下，民说无疆。自上下下，其道大光。利有攸往，中正有庆。利涉大川，木道乃行。益，动而巽，日进无疆，天施地生，其益无方。凡益之道，与时偕行。

【解义】

此《彖传》，是释益彖辞，以明益之道亦不外乎时也。中正，指二五言。震巽皆木，故云木道。

孔子释益彖辞曰：卦之名为益者，盖以损上卦初画之阳，益下卦初画之阴，则是君能自损以益民，民之被其泽而悦者，自无疆域之可限矣。此岂要结小惠，补苴欢虞之治也哉？乃朝廷爱民如子，恩出九重之上，而下逮穷檐蔀屋，靡不普遍，真如天道之下济而光明。君益民而民受君之益，民悦道光而民之益即为君之益，此卦之所以为益也。辞言"利有攸往"者，以二五有中正之德，君臣同志，一德交孚。举凡良法美意，曲畅旁通，而无壅蔽之患，则福庆不仅在一人，而在天下。此往之所以无不利也。又云"利涉大川"者，盖济川必乘木，而济变必需才。震巽皆木，是平时既德泽下究，而遇变复谋猷克壮，能使往无不复，而陂无不平，此大川之所以利涉也。夫于卦名可以知上下之胥益矣，于卦体可以知常变之胥益矣。然岂特此已哉？更以人事与造化观之，人事之益，莫大于学问。卦德震动巽入，是作圣之功，既奋发精进，又逊志沉潜，自然德崇业广，日进宁有疆乎？造化之益，莫大于生物。卦变乾易初，而下交于坤，天之施也；坤易初，而上达于干，地之生也。天下施，地上生，万物并育，其利宁有方乎？凡此皆益也，皆道之所在而时之所为也。学问之道，随时而进。造化之功，顺时而新。以至人情之穷而复通，失而复得；物理之消而复长，亏而复盈，何一非与时偕行者耶。益道之无所不该如此。

按：圣人释损彖曰"二簋应有时，损刚益柔有时，损益盈虚，与时偕行"，释益彖曰“凡益之道，与时偕行”，可见易道不外一时。圣人合德天地之学，不外趋时。而于损益反复言之者，见损益为盛衰之始，尤当兢兢致慎，承天时行，损其所当损，益其所当益，而后常变无不宜，上下无不利也乎。

【白话】

《彖传》是对益卦卦辞的解释，为的是申明取益之道，不外乎把握时机。中正，指二爻与五爻。此卦下震上巽，五行皆属木，所以说“木道乃行”。

孔子解释益卦的彖辞说：卦名之所以叫作益卦，主要是从卦体上看，全卦是减损上卦初画的阳爻，增益下卦初画的阴爻，好比君王自我减损，以益其民，民众受其泽被，喜悦无疆。这难道是布施小恩小惠，缝缝补补，小打小闹吗？实则是朝廷爱民如子，恩出九重之上，下逮穷檐蔀屋，遍及四海，犹如日月普照，一片光明。君王使民众受益后，民众喜悦富足，其收益从本质上说也是君王的收益，这是此卦之所以叫作益卦的原因。卦辞所谓的“利有攸往”，主要是说此卦的二爻与五爻皆有中正之德，君臣一心，上下交孚。所有的良法美意，都顺畅通达，毫无壅蔽之患，其福庆不仅限于个人，而是利在天下。这是它“利有攸往”的原因。卦辞又说“利涉大川”，主要是说跨越大川必须借助船只，匡济时变必须有相应的人才。此卦下震上巽，五行都属木，可以制船，对应到人事上，就是平时德泽下达，遇变又能有勇有谋，以此前往，则往无不复，陂无不平，就算是大川也不难涉渡。通过卦名可知上下皆益之道，透过卦体则可知常变皆益之法。然而益道又岂止于此呢？从人事与造化的角度观察体悟，可知人事之益，莫过于学问的增益。就卦德而言，下卦为震为动，上卦为巽为入，好比作圣之功，既需要奋发精进，又需要虚心沉潜，假以时日，能不德崇业广，日进无疆吗？而造化之益，莫过于造物。其卦变为原有的上卦乾卦改易了它的初爻，下交于原本的下卦坤卦，好比上天之施与；而原有的下卦坤卦也改易了它的初爻，上达于原本的上卦乾卦，好比大地之生受。乾天下施，坤地上生，万物并育，其滋生利益难道会有限制吗？凡此种种，都是益道的内涵，都是大道的体现与时机的展现。学问之道，应该与时俱进。造化之功，也必然顺时而新。由此出发，以至于人情的穷通和得失，物理的消长和盈亏，有什么不是与时偕行呢？益道的广大竟达到了这样的程度。

按：圣人在解释损卦的彖辞时说，“二簋应有时，损刚益柔有时，损益盈虚，与时偕行”，在解释益卦的彖辞时则说，“凡益之道，与时偕行”，可见易道不外乎时机。圣人匹配天地的学问，也不外乎趋时。而圣人之所以就损卦和益卦反复申讲，主要是因为损与益为盛与衰之始，应该在相应的时刻愈发勤奋谨慎，顺应时势，损其当损，益其当益，之后便能常变无不宜，上下无不利。

《象》曰：风雷，益，君子以见善则迁，有过则改。

【解义】

此《象传》是言君子体益象以为学也。

孔子释益象曰：此卦下震上巽，震雷巽风，风雷之势交相帮助，益之象也。君子知体益之道，莫要于圣学，而圣学莫切于迁善改过。故见一善，若决江河，即时迁就，如风之疾，而莫可遏也。觉有过，如恶恶臭，即时更改，若雷之迅而莫能御也。由是迁之又迁，善日积而过日寡；改之又改，过全去而善全复。君子体益之学，孰有大于此者乎。昔大禹闻善言而拜，接精一执中之传。成汤能自得师，改过不吝，而圣敬日跻，故曰："惟木从绳则正，后从谏则圣。"然则迁善改过，固作圣之功，而虚怀纳谏，又迁善改过之要道也与。

【白话】

《象传》的意思是说，君子体悟益卦的大象，见善则迁，有过则改。

孔子解释益卦的大象说：此卦下震上巽，巽为雷，巽为风，风雷之势交相帮助，正是增益之象。君子深知效仿益卦之道，莫过于圣人之学，而圣人之学莫过于改过迁善。因此见到善地便像江河决口一样，立即迁就，也像巽风疾行一样，无法遏止。一旦察觉到自己的过错，也能像嗅到恶臭一样，立即更改，也像雷霆霹雳一样，无法抗御。于是迁之又迁，善行越来越多，过失越来虎少；于是改之又改，直至过失全无，而真善全复。君子体悟益道并加以践行，还有比这更重要的吗？昔日圣王大禹闻善则拜，因此能传承"精一执中"的精髓。成汤也因为能以贤人为师，改过不吝，圣敬日跻。所以《尚书》中说："惟木从绳则正，后从谏则圣。"改过迁善固然是成贤成圣的必由之路，但虚怀纳谏又是改过迁善的必要条件。

初九：利用为大作，元吉无咎。

《象》曰：元吉无咎，下不厚事也。

【解义】

此一爻是言，受非常之知者，必有非常之报，而后可无愧也。大作，谓大有作为。元吉，谓所作尽善。

周公系益初爻曰：初居下位，而受上益，是当进身之始，而膺特达之遇，受宠最渥者。夫上有国士之知，下自当有国士之报，故利用大有作为。利一身者不为，利天下者为之；利一时者不为，利万世者为之。不徒寻常事业已也，必如是，庶可少塞报称之责矣。然居下，则位之最卑者也，大作则任之最重者也。居下而任上事，能免出位之咎乎？必其所作者尽善尽美，合乎事理之宜，而中乎经权之妙，然后天子信焉，大臣安焉，而不议其为僭也。否则，作之不善，安冀其有成功哉？

孔子释初象曰：初必元吉而始无咎者，盖天下之大事业，必有天下之大责任，而后可为也。初居下位卑，本不当任厚事。苟非元吉，则不惟无建功立业之誉，而且有越职犯分之讥矣。诚不可不致慎于其间也。

按：隐居则求其志，行义则达其道。幼而学者，壮而欲行之，况当世有知我之一日乎？然既度其身矣，又必度其君；既度其君矣，又必度其时。急于自售而昧进退之宜，如汉之贾生，一遭文帝即流涕痛哭，卒至交浅言深，以招谤忌而志不获伸。故曰：非才之难，所以用其才者实难。明于此爻之义，庶乎免矣。

【白话】

这个爻的意思是说，有非一般的信任，就要有非一般的回报，才可以问心无愧。大作，大有作为之意。元吉，尽善尽美之意。

周公所系的益卦初爻爻辞的意思是说：初爻位于下卦最下面，受益于上面的四爻，好比刚入仕途，就遇到了贵人，恩宠非同一般。在上者待之以国士之礼，在下者自然有国士之报，所以爻辞说“利用为大作”。具体说来，就是利一身者不为，利天下者方为之；利一时者不为，利万世者方为之。既然已接受了国士之礼，就不能只做出寻常的功业。也只有如此，才勉强称得上国士之报。然而初爻居于全卦的最下面，好比最为卑微的人，所谓“大作”，说白了就是最重要的责任。居下而任上事，能避免相应的咎害吗？只有尽善尽美，合乎事理，恰到好处，才能使天子信服，大臣安心，从而不计较它的僭越之处。否则，谋事不善，又怎么能预期成功呢？

孔子解释初爻的小象说：初爻之所以必须尽善尽美方能无咎，主要是因为天下大事，必须有相应的职位，才能有所作为。而初爻地位卑微，原本轮不到它任事。如果不是谋事尽善，行事尽美，不仅不会有建功立业之誉，还会有越职犯分之讥。确实不能不小心谨慎。

按：隐居是为了保全自己的志向，出仕是为了贯彻自己的主张。幼时勤于学习，成人后就要施展抱负，不然世人将如何了解我呢？不过既要度量自身，也要度量君王；既要度量君王，还要度量时势。急于进身但不懂得进与退都应该合乎时宜的人，比如汉代的贾谊，刚刚见到文帝便感激涕零，结果交浅言深，招致谤忌，被贬长沙。所以苏轼感叹道："非才之难，所以用其才者实难。"明白了这个爻的内涵，差不多就可以避免相应遗憾了。

六二：或益之十朋之龟，弗克违，永贞吉。王用享于帝，吉。

《象》曰：或益之，自外来也。

【解义】

此一爻是言，二之受益，当忠顺不失，以报其上也。

周公系益二爻曰：六二虚中处下，上应九五刚明之君，小心翼翼，以事一人。虽无心于求益也，然精诚所感，锡赉优渥，不期而至，有辞之而不得者，为"或益之十朋之龟，弗克违"之象。此由二守臣道之贞，故获非常之宠，诚能一心自矢，自始至终，守正不变，则臣心愈笃，主眷弥隆，而吉可长保矣。然臣之事君，与君之事天，其分同也。君之益臣，与天之益君，其理同也。苟王者用是虚中永贞之德，而享上帝，帝必鉴其诚而歆其祀，自天佑之，吉又何如也？天之难谌，犹可昭格，而况于君哉？

孔子释二象曰：六二受上之益，而云"或益之"者，何也？良以六二精白自献，非有希福干禄之心，宠锡之来，出于意外，即大君亦不过因材而笃，而非有私于二，故曰或也。二真可谓纯臣矣。

按：损之六五，以虚中受下之益。益之六二，以虚中受上之益。然损五元吉，而益必永贞而后吉者，盖损五居至尊之位，合天下以媚一人，固其分之所应得也。若益二以人臣蒙上之眷，贵不期骄，富不期侈，一念之溢，而遂至于不能自持。古来功臣世族，往往以恩宠太过，而启身家之祸者，多有之矣。圣人戒之，以固守其正，诚万世为臣者之明鉴乎。

【白话】

这个爻的意思是说，二爻之所以受益，是因为它不失忠顺，上报其君。

周公所系的益卦二爻爻辞的意思是说：六二位于下卦的中间，居中得正，与象征刚明之君的九五成正应，好比小心翼翼，忠事一人。虽然它无心取益，但在它的精诚感孚下，优渥的赏赐会不期而至，并且推辞不得，这就是“或益之十朋之龟，弗克违”之象。这是由于二爻能恪守臣道之贞，所以能获得非常之宠。如果真能一心一意，有始有终，守正不变，为臣的会愈发笃诚，为君的会愈发倚重，吉祥便可以长保。然而以臣事君，与以君事天，分定是一致的。而以君益臣，和以天益君，道理是一致的。君王如果真能保持虚中永贞之德，祭享上天，上天肯定会感孚其诚，享受其祀，拥有上天的庇佑，还有什么样的吉祥能与之相比？上天最难以取信，但仍然可以感格，更何况君王呢？

孔子解释二爻的小象说：六二受益于九五，但爻辞说“或益之”，是什么意思呢？这主要是指六二精诚事上，却没有希福干禄之心，其恩宠与赏赐完全出于意外，而君王也不过是因为它既是良材，又足够忠诚，才赏赐于它，而不是彼此私昵，所以说“或”。二爻真的是忠纯笃实之臣啊！

按：损卦的六五，因虚中而受益于下。益卦的六二，则因为虚中受益于上。然而损卦的五爻是“元吉”之爻，益卦的二爻虽然也能收获吉祥，但必须以“永贞”为前提，这主要是因为损卦的五爻居于至尊之位，全天下都瞩目于它，这是它的分定，理所应当。益卦的二爻则好比人臣，承蒙君王的眷顾才获益良多，所以要贵不期骄，富不期侈，一念之差，就难以自持。古往今来的功臣世族，往往都是因为恩宠太过，招到了身家之祸，相关案例不胜枚举。圣人垂戒于此，希望所有的臣子守持贞正之道，足以为万世为人臣者之明鉴。

六三：益之用凶事，无咎。有孚中行，告公用圭。

《象》曰：益用凶事，固有之也。

【解义】

此一爻是言，六三有所警以免过，而又告以当尽克艰之道也。凶事，谓险阻艰难之事。公，指九五言。圭，通信之物。

周公系益三爻曰：六三阴柔不中正，特以居益下之时，处下卦之上，有不容不受上之益者，故益之不用吉事，而用凶事。或投以艰巨，或处以盘错，警戒之，震动之，俾动心忍性，以增益其所不能，故无咎也。然上之待我如此，盖望我去不中，以归于中耳。若复不知自责自修焉，何以慰在上之意乎？故必精白乃心，而行事尽善，内诚于体国而不欺，外协于中道而不悖，庶几中为实中，可以见谅乎君。如告于公而用圭，以通信焉，然后无负成就之意，而咎可免也。

孔子释三象曰：有孚中行之德，人所固有，但不免迁于外物而失之耳。所以益用凶事者，投之以患难非常之任，正使之自知警惧，而思全其所固有者也。

按：天心仁爱生人，则出灾异以儆之；人君厚期臣下，则用凶事以益之。必反身修德，然后可仰答天意，而变灾为祥。必至诚不欺，然后可上报君恩，而转凶为吉。益道真无方也欤。

【白话】

这个爻的意思是说，六三因为有所警觉而得以免祸，但应该以此为戒，以克时艰。凶事，指险阻艰难之事。公，指九五。圭，通信之物。

周公所系的益卦三爻爻辞的意思是说：六三是个柔爻，不中不正，处在以上益下之时，又位于下卦的最上面，有不容不受之象，所以爻辞说“用凶事”。也就是说，它因为受益于上而有凶事。但它以柔爻处在刚位，又位于上下卦的结合部，形势盘根错节，让它不得不警醒，并且震动之余有所防范，凡事动心忍性，增益其所不能，所以最终能够“无咎”。然而上爻如此待它，是希望它能够归于中道。如果它不知道自责自修，该怎么去慰藉在上者的良苦用心呢？所以它必须用心至纯，行事尽善，从而孚信满满，精诚不欺，奉行中道，不逆不悖，差不多就可以得到君王的体谅了。就好比用玉圭向王公通达诚信，不负其成就之意，就可以避免咎害了。

孔子解释三爻的小象说：每个人都具备“有孚中行”之德，但容易迁于外物，失德失行。所以要将“益用凶事”者，放在患难之地，非常之任，使其自省自警，从而保全自身。

按：上天仁爱世人，所以制造灾异，以儆效尤；君王看重臣子，所以利用凶事，增益其所不能。为人君者必须反身修德，然后才可以报答天恩，变灾为祥。为人臣者也必须至诚不欺，然后才可以上报君恩，转凶为吉。益道真的是无穷的啊！

六四：中行，告公从。利用为依迁国。

《象》曰：告公从，以益志也。

【解义】

此一爻是言，六四以益下为心，可以得君，亦可以得民也。公，亦指九五言。初本坤体，坤为邑，上迁为四，故有迁国之象。

周公系益四爻曰：居中者民之主也，臣者奉上之中，而致之民者也。世之人臣，往往仰不能见信于君，俯不能见信于民者，以其行之不中耳。诚能以益下为心，凡事小心敬慎，斟酌合宜，而一毫不敢偏倚，如此其中行焉，则我以君心为心，君亦即以我之心为心。谏必行，言必听焉，而告公从矣。是岂特君从之也哉！吾之中，既上孚于君，则必下孚于民。民之情，自安于我。不惟经常细事可行，即时值不得已，劳民动众，至于迁国，人亦信其至诚，而鼓舞从事，罔有少斁焉。以迁国且无不利，况其他乎！

孔子释四象曰：进言在臣，听言在君。四何以告公，而必其见从也？盖四惓惓以益民为志，所告又有孚惠心之君，是四之志，适合乎五之志。君臣上下一心一德，故告之而无不从，从之而无不利也。

按：臣道与地道同，所谓无成而代有终者。益卦于三四两爻，一则曰“中行告公用圭”，再则曰“中行告公从”。总见发政施仁，乃大君之事。为人臣者，承流宣化，惟尽其所当为，而不可少萌市恩沽誉之心。庶几上不疑而下不忌，功成而无震主之嫌也欤。

【白话】

这个爻的意思是说，六四诚心益下，可以得其君，也可以得其民。公，指九五。迁国，指六四原本位于下卦坤卦之中，也就是初爻的位置，坤为邑，也为邦国，如今上迁为四爻，有“迁国”之象。

周公所系的益卦四爻爻辞的意思是说：居中者是万民之主，也就是君王，为臣者就是奉行君王的中道并普施于万民的人。世上的臣子，往往对上不能见信于君，对下也不能取信于民，主要就是因为他不能奉行中道。如果真的能诚心益下，凡事小心敬慎，反复斟酌，不敢有丝毫偏倚，真正做到中行，自然能上下一心，君臣合德，从而谏必行，言必听，也就是“告公从”。但哪里只是君王从于它呢？真正奉行中道的臣子，既然能上孚于君，必然能下孚于民。既然能感孚民众，自然会赢得民众的信任与支持。不但寻常之事可行，就算是遇到变故，需要劳民动众，以至于迁国这样的大事，人们也会因为信任他而乐于顺从，不至于坏事。迁国尚无不利，更何况其他！

孔子解释四爻的小象说：说不说在于臣，听不听在于君。而四爻凭什么能做到只要进言于君，君王就一定会采纳呢？主要是因为四爻有一颗拳拳之心，一心益民，它所进言的九五又是“有孚惠心”之君，它的想法，其实也是六五的想法。君臣上下，同心同德，所以能告之而无不从，从之而无不利。

按：臣道与地道相同，也就是所谓的“无成有终”。益卦的三爻与四爻，一个说“中行，告公用圭”，另一个说“中行，告公从”，其目的是阐明，发布政令，普施仁德，是君王的事情，当臣子的，只能是辅助君王教化百姓，做好分内之事，绝不能有市恩沽誉之心。这样差不多就可以做到上不疑且下不忌，能成就事功，又没有震主之嫌。

九五：有孚惠心，勿问元吉。有孚惠我德。

《象》曰：有孚惠心，勿问之矣。惠我德，大得志也。

【解义】

此一爻是言，九五诚于益下，故能收得民之效也。我德，谓五之德。惠我德，谓下感五之德。

周公系益五爻曰：天地生成万物，不外一诚。大君怀保小民，亦不外一诚。诚者上下同流，而物我无间者也。九五为益之主，阳刚中实，凡所以损上益下者，咸本不忍之心，行不忍之政，念念出于至诚，事事本于忠厚，无一毫违道干誉之私，如是则何待问而知其元吉哉！但见上以诚感，下以诚应，而民之惠我德者，自有孚而无间。相喻之机，固有至神者矣。

孔子释五象曰：人君惟无益下之实心，德泽偶施，即不胜沾沾自喜。此要结民心之小惠，而非大公无私之正道也。如果惠下之政，出于至诚恻怛，其为元吉，又何俟问焉？至于民惠我德，则我之惠及于天下矣。王者康济一世之志，不大得乎？所谓民说无疆，其道大光者如此。

按：《洪范》言：“惟皇建极，敛五福以锡庶民。惟时厥庶民，于汝保极。”保极者，锡福之明验也。益下之主，有孚惠心，则受益之臣民亦有孚惠我德。所谓群黎百姓，遍为尔德者也。可见上下之势虽甚悬，而感通之理则甚捷。故曰：

至诚而不动者未之有也。

【白话】

这个爻的意思是说，九五诚心益下，所以能大得民心。我德，即九五之德。惠我德，指下面的爻感孚于九五之德。

周公所系的益卦五爻爻辞的意思是说：天地生养万物，不外乎一个“诚”字。君王抚养民众，也不外乎一个“诚”字。心怀至诚，就能使上下同流，物我无间。九五是益卦的主爻，又位于至尊之位，阳刚中实，它所有的损上益下之政，都出于它的不忍之心，每一念都出于至诚，每件事都基于忠厚，毫无违道干誉之私，如此一来，不用问也知道它会大吉大利，也就是“勿问元吉”。可见在上者能以诚感，在下者必以诚应，所谓“民之惠我德”，就是彼此诚挚，感孚无间的意思。也唯有如此，才可以心有灵犀。

孔子解释五爻的小象说：只有那些没有诚意损上益下的君王，才会偶施德泽，即沾沾自喜。这只是基于笼络人心的小恩小惠，而不是大公无私的为君之道。反之，如果君王的惠下之政出于至诚，大吉大利，又何必问呢？至于“有孚惠我德”，则是说君王的德政由于出于至诚，所以能惠及天下。王者泽被天下的雄心，不就实现了吗？这不正是《彖辞》所说的“损上益下，民说无疆。自上下下，其道大光”么？

按：《洪范》有言：“惟皇建极，敛五福以锡庶民。惟时厥庶民，于汝保极。”所谓“保极”，就是遵守法则，就是君王赐福之后的具体收效。损上益下之主，诚心施惠于下，受益的臣民，自然会“有孚惠我德”。所谓群众，所谓百姓，都成为了有德者，都能够施惠于人。可见群臣上下虽然地位悬殊，但一旦感通，极其迅捷。所以亚圣有言：“至诚而不动者，未之有也。”

上九：莫益之，或击之。立心勿恒，凶。

《象》曰：莫益之，偏辞也。或击之，自外来也。

【解义】

此一爻是言上九专利之害，而深致其戒也。

周公系益上爻曰：此卦上三爻，咸有益下之责。六四能体君心以益下，故有利而无害。九五有孚惠心，而民惠我德，此皆上下交益者也。独上九以阳刚居上，是在己有余而非不足者，乃专利好货，求益不已，全无公利济人之心，因而众叛亲离，交征互夺，有莫益之而或击之者焉。所以然者，由其立心之不恒耳。夫爱人者，人亦爱之；益人者，人亦益之，此恒道也。上惟知剥民奉己，一念反常，事事皆悖，凶岂能免乎！

孔子释上象曰：上九居上位而无以益人，专欲益己，其为害已甚。但言莫益之者，即其求益不遂，据一偏而言之也。其实财聚民散，争民施夺。或击之凶，自外而至，出于不测，有非意料所能及者，岂特莫益之而已哉。昔芮良夫言："夫利，百物之所生也，天地之所载也，而或专之，其害大矣。"人君专之，则害于国；人臣专之，则害于家。甚矣，利之不可专也。此卦自五以下，皆言益下之吉，惟上独言求益之凶。正见上居高位，怀利事君，止知为一身之计，是以台鼎之尊，而工垄断之术者，其能免于戮辱乎！宜圣人之深戒之也。

【白话】

这个爻阐明了上九的专利之害，目的是让传习者以之为鉴。

周公所系的益卦上爻爻辞的意思是说：益卦的上卦三爻，都有益下的责任。六四能体悟君心，以上益下，所以有利而无害。九五诚心惠民，而民众也"有孚惠我德"，所以能上下交益。唯独这个上九，既是阳爻，又居于益卦的最上面，好比财富有余，仍求益不已之人，全无济人之心，因而众叛亲离，交征互夺，这就是"莫益之，或击之"之象。之所以如此，就是因为它的内心不够坚定。爱人者，人亦爱之，益人者，人亦益之，这是永恒之道，上爻却只知剥民奉己，一念不正，则事事皆悖，凶祸怎么能免呢？

孔子解释上爻的小象说：上九居于上位，却无心益下，专欲益己，为害极大。所谓"莫益之"，乃是求益不遂情况下的一偏之言。其实财聚必然人散，而且与民争利，还会使民众相互劫夺。或击之凶，就会自外而至，不测之忧，非意料所能及，何止是"莫益之"而已呢？西周时期的芮国国君芮良夫有言："夫利，百物之所生也，天地之所载也，而或专之，其害大矣。"君王专有，就会危害其国；人臣专有，就会危害其家。多么严重啊！所以谁也不可以专利。此卦自五爻以下，都在讲益下之吉，唯独这个上爻，讲的是求益之凶。正是为了告诉世人，像上爻这样身居高位，怀利事君，只知道为自己利益考虑，以三公之尊，却精于垄断之术的人，不可能免于戮辱！传习者一定要以圣人的垂训为戒。

䷪ 夬 乾下兑上

【解义】

夬，取决去之义。五阳长而将极，一阴消而将尽。众阳上进，决去一阴，故为夬。以五阳决一阴，是君子之势甚盛，小人之势甚孤，其决而去之也，似乎甚易。然而，圣人不敢以易心处之也。所为决之之道，必期于尽善焉。盖阴之势虽微，蔓或可滋，穷或为敌，君子无时不戒惧，而于小人道衰之时，尤不可忘戒惧也。故彖为危惧警戒之辞不一，而爻于五阳未尝许之以吉。初以始进之阳，而决居高之阴，则虑其不胜。二以刚中之才，而凛警备之戒，则幸其勿恤。三与上应，而刚壮外见，恐启中伤之祸，故教之遇雨，以善其决。四与上同体，而居阴不正，恐来党奸之悔，故教之牵羊，以助其决。五与上比，而狎昵近习，不可无独断之能，故教之中行，以致其决。至于上六，则直绝之曰无号。其为君子防者，至周且备，而所以去小人者，不遗余力矣。要之，决小人以健为体，以和为用。二之中道，五之中行，皆所谓和也。初壮趾不胜，三壮頄有凶，四闻言不信，非不能和之故哉。

【白话】

夬卦的意思是决去。卦中有五个阳爻，只有最上面一个阴爻，说明五阳将极，一阴将尽。众多的阳爻上往，共同决去唯一的阴爻，所以叫作夬卦。以五阳决一阴，君子的势力极盛，而小人的势力极衰，决而去之，似乎很容易。然而，圣人不敢自认为容易。其决而去之之道，必须足够完善。这是因为阴爻虽然式微，但或许会滋生蔓延，或许会作困兽之斗，君子又是时时戒惧之人，于小人道衰之时，更不会忘记戒惧。所以彖辞充满了危惧警戒之辞，五个阳爻也没有一个明言其吉。其中，初爻位于全卦的最下面，虽然是阳爻，但它要决去的阴爻高高在上，恐怕难以取胜。二爻有刚中之才，又凛然为戒，所以“有戎勿恤”。九三与上爻是正应，而且过于刚健，恐有中伤之祸，需要以柔相济，所以爻辞说“遇雨”，教它完善自己的决阴之道。九四与上爻都居于上卦之中，但以阳爻居于阴位，处身不正，并不当位，怕它结党营私，所以爻辞教它“牵羊”，也就是与上下几个阳爻相互牵系着，一起决去上爻。九五与上爻相比，难免狎昵，又居于尊位，不可无独断之能，所以爻辞教它“中行”，确保能决去上六这个阴爻。至于上六，爻辞直接说“无号”，也就是无所呼号，叫天天不应，叫地地不灵。六条爻辞都站在君子的立场上，极其周备，为了决去小人，可谓不遗余力。简单说来，决除小人，要以健为体，以和为用。“得中道”的九二，“中行”的五爻，就是所谓的和。而初爻虽说“壮于前趾，往不胜”，三爻虽说“壮于頄，有凶”，四爻虽说“闻言不信”，但也不构成它们不能以和为用的缘由。

夬：扬于王庭，孚号有厉。告自邑，不利即戎，利有攸往。

【解义】

此卦乾下兑上，五阳上进，决去一阴，不劳余力，决之而已，故名为夬。卦辞言，君子去小人，虽有其势，又必尽其道也。扬者，声小人之罪也。孚号，集君子之势也。告自邑，严自治也。不利即戎，不逞其力也。

文王系夬彖辞曰：天下最快意之事，莫如君子去小人；天下最难处之事，亦莫如君子去小人。盖以小人居高近君，其巧佞足以邀虚誉，奸回足以蔽主知。蠹国殃民之罪，有一国皆知，天下皆知，而人主不悟者。故夬之道，首在扬于王庭，以声明其罪，使无所逃于天地之间，此决小人最要之道也。然或众君子议论纷纭，而泄泄从事；或自治功疏，而恃势凭陵。则反授之以隙，而小人不可决矣。必也呼号迫切，齐心一意，共存忧惕之怀，不可以小人之势孤而遂安肆也。且严自克治，使在我者无过可指，有以服小人之心。不可恃君子之势盛，而轻攻击也。如是则防奸之法既严，自治之谋又密。以是而往，振风采于朝端，伸正气于天下。小人尽去，而君子之道沛然大行，利何如哉！

按：君子小人之进退，天下之治乱所由关。历观古今，治常少而乱常多。君子常难进，而小人常难退。所以夬卦与剥卦相对，于剥则见五阴剥一阳之易，于夬则见五阳决一阴之难。圣人深知利害之原，不觉望之深，虑之迫，丁宁告诫，不厌其详。所以为君子计者切矣！所以为天下万世计者至矣！

【白话】

此卦下卦为乾卦，上卦为兑卦，全卦有五个阳爻，极尽上进之势，位于最上面的一个阴爻，则属于五个阳爻不遗余力，必须决去的对象，所以叫作夬卦。卦辞的意思是说，君子决除小人，虽有其势，也必须合乎其道。扬，指声扬小人之罪。孚号，指集聚君子之势。告自邑，严于自治之意。不利即戎，不逞其力之意。

文王所系的夬卦卦辞的意思是说：天下最快意的事情，莫过于君子决除小人。天下最难处置之事，也莫过于君子决除小人。这主要是因为小人居于高处，接近君王，又具备巧佞奸回之质，足以邀集虚誉，欺骗君王。其蠹国殃民之罪，一国皆知，天下皆知，唯独君王不知。所以夬决之道，首重“扬于王庭”，也就是在朝堂上声明其罪，使之无所逃避，这是夬决小人的要道。然而有可能出现众君子议论纷纭，但泄泄从事的现象，也有可能因为自治功疏，恃势凭陵，从而授人以柄，使小人不可决除的情况。所以必须迫切呼号，使众人心同意齐，都以小人未去为忧，而不是因为小人势衰就安乐放纵。而且要严于自律，使小人无可指摘，使其不得不服。又不可仗恃君子的盛势，贸然出击。这样的话，防奸之法既严，自治之谋又密，必能振风采于朝堂，伸正气于天下。当小人尽去，而君子之道沛然大行，哪里还有比这更大的利益！

按：君子与小人的进退，关系着天下的治与乱。古往今来，一向是治多于乱，一向是君子难进而小人难退。所以夬卦与剥卦是相对的，剥卦为我们呈现的是五阴剥一阳之易，夬卦为我们展现的则是五阳决一阴之难。圣人深知其中的利害，所以望深虑迫，反复叮咛，不厌其详。圣人对君子的关爱多么深切啊！所以圣人之道才可以为天下万世奉行！

《彖》曰：夬，决也，刚决柔也。健而说，决而和，扬于王庭，柔乘五刚也。孚号有厉，其危乃光也。告自邑，不利即戎，所尚乃穷也。利有攸往，刚长乃终也。

【解义】

此《彖传》，是释夬彖辞，而备言去小人之道也。

孔子释夬彖辞曰：卦名夬者，决而去之之义也。盖以五阳决一阴，是为刚决柔也。夫委靡固不足以图功，而过刚又恐其激变。卦德干健兑说，是内存秉道嫉邪之志，而外有和平乐易之休。故其决小人也，既不以弛慢坐失事机，亦不至躁激致生他变。决而能和，真决之善道也。辞言扬于王庭者，卦以一柔乘五刚，是一狐媚小人用事君侧，举朝受其牢笼，惧国殃民，罪逆大矣。扬于王庭，庶朝野上下共知其奸。小人之罪状既著，始不能一日安于其位也。所谓孚号有厉者，盖小人奸谋叵测，视之不可泄泄，必操心危而虑患切，战兢惕厉，谋出万全，而后决小人之道乃为光大也。所谓“告自邑，不利即戎”者，盖正己始能正物，而惟理可以服人。若专尚威武，与小人争一时之胜负，则君子必为所困，而不能敌，乃自穷也。其云利有攸往者，盖刚反必长，始于一阳之复，终于六阳之乾。夬时五阳虽盛，犹必再长，决尽一阴，而刚长始为有终。是能俾小人尽去，而朝廷之上，忠良济济，正道大行，故往无不利也。然非健而说，决而和，则小人岂可以力胜哉？

按：《春秋传》言，见无礼于君者，如鹰鹯之逐鸟雀也。人臣为国除奸，岂顾利害，但不审时度势，而冒昧一决，则有奸未除而祸先丛者矣。而其要尤在不予小人以口实，使以君子自命，而立心有一毫未光明，处事有一毫未中正，不能无诸己而徒欲非诸人，人主岂能亮之，天下岂能信之，而惟所欲为乎？然而，难言之矣。君子之自治即甚严，而小人之中伤乃愈巧。求全之毁既难防于一时，浸润之言又恒积于平日。谗谤既多，主心安能无惑？此审贤奸以为取舍，察情伪以定是非，全在乎知人则哲之圣主也。

【白话】

《彖传》是对夬卦卦辞的解释，它详细地阐释了去除奸邪之道。

孔子解释夬卦的彖辞说：卦名叫作夬，意思是决而去之。这主要是因为全卦以五阳决一阴，也就是以刚决柔。萎靡不振的话，固然谈不上事功，但过于刚壮的话，又恐怕激起事变。就卦德而言，夬卦的下卦为乾为健，上卦为兑为悦，综合来看就是内存秉道嫉邪之志，外有和平乐易之美，所以它决除小人时，既不会因为驰慢坐失事机，也不会因为躁激致生他变。决而能和，才是决除小人的完善之道。爻辞所谓的“扬于王庭”，是因为全卦只有一个阴爻，却乘于五阳之上，好比一个狐媚小人用事君侧，举朝受其掣肘，误国殃民，罪莫大焉。必须“扬于王庭”，使朝野上下共知其奸。小人的罪状既然已经彰显了，便不能再继续安于其位，为祸天下。而所谓“孚号有厉”，主要是指小人奸谋叵测，不能等闲视之，必须深为忧虑，战战兢兢，夕惕若厉，谋出万全，才能决除小人，使君子之道亨通。所谓“告自邑，不利即戎”，是说正己才能正物，唯理可以服人。如果仗恃威势，与小人争一时之胜负，君子必然会被小人所困，不能相敌，穷于进退。卦辞所谓的“利有攸往”，主要是说剥极的刚爻返归于初爻之后必然盛长，始于只有一个阳爻的复卦，终于有六个阳爻的乾卦。发展到夬卦的时候，已经有五个阳爻，它肯定会继续上长，非要决尽最后一个阴爻，才算完成了终极目标。对应到人事上，就是使朝堂上小人尽去，忠良济济，正道大行，所以往无不利。但若不是内健外悦，既决且和，又怎能单凭强力就战胜小人呢？

按：《春秋》有言，“见无礼于君者，如鹰鹯之逐鸟雀”，臣子为国除害，岂能顾及利害，但不能审时度势，贸然相决的话，奸邪尚未去除，反倒会先滋生一连串的祸端。最重要的一点，是不能给小人以口实。假设一个人以君子自命，但立心稍有不光明之处，处事稍有不中正之处，自己不能做到却要求别人做到，君王岂能明白，世人岂能信任，又怎么可以夬决小人呢？然而，就算能做到也很难。君子越是自律，小人愈是奸巧。求全之毁既难防于一时，浸润之言又恒积于多日。谗谤多了，君王怎么会不迷惑呢？能否审察贤奸以为取舍，辨别真伪以定是非，全在于在上的君王是不是明君圣主。

《象》曰：泽上于天，夬，君子以施禄及下，居德则忌。

【解义】

此《象传》，是言君子体夬之义，以布德行惠也。居德，积而不施之谓。

孔子释夬象曰：泽水之气，上通于天，势必沛然下决而成雨露，夬之象也。君子体之，知下之待禄于君，犹万物之待泽于天也。于是施禄及下，锡予厚于君子，乐利遍于小人，而无一毫留滞吝惜之意焉，此王者如天之仁也。若居其德惠，积于上而不下究，是外本内末，以身发财而犯不仁之戒矣，岂大君之宜哉？

按：夬为三月之卦，正人主施恩布德之会，而众正满朝，又小民翘首望泽之时，所贵行之以勇，出之以断耳。居德则忌，殆所谓仁心仁闻，而功不下逮者。故曰：有不忍人之心，继之以不忍人之政，而仁覆天下矣。

【白话】

《象传》的意思是说，君子体悟夬卦的内涵，并身体力行，布德行惠。居德，积而不施之意。

孔子解释夬卦的大象说：大泽的水气上通于天，必然会沛然而下，形成雨露，这就是夬卦的大象。君子体悟夬卦的大象，深知在下的臣民期待君王的赏赐，就像万物期待天降甘露。于是普施恩禄，泽被万民，毫无留滞吝惜之意，就像老天一样慷慨仁慈。若是自居德惠，积聚不散，那就是本末倒置，以身发财而不是以财发身，这就触犯了不仁之戒，岂是明君圣王所应该做的？

按：夬卦代表三月，正是君王施恩布德之时，也是君子满朝，小民翘首之际，这时候要勇于践履，当行则行。以恩泽自居则是大忌，这正是孟子所说的有仁慈的心肠和仁爱的名声，但没有切实行动的人。所以亚圣说："有不忍人之心，继之以不忍人之政，而仁覆天下矣。"

初九：壮于前趾，往不胜为咎。

《象》曰：不胜而往，咎也。

【解义】

此一爻是言，居下位者不宜恃壮轻进也。初居下，象趾。往，谓往决上六。

周公系夬初爻曰：君子决小人，必事出万全，而功收一举，方为有利而无害。初九刚而在下，无决小人之权，乃独先众阳，恃壮轻进，欲决在上之阴柔，有壮于前趾之象。彼自谓理所当决，无可咎者。然小人窃据高位，人皆畏之，不敢轻击，而我独逞一时之意气，与之斗力，其不能免反噬之咎宜矣，岂时势之不利哉？

孔子释初象曰：君子决小人，慎之又慎，操必胜之道以往，犹恐有意外之忧。今不审己量力，而欲一击以快其愤，是明知不胜，而锐志轻往也，岂善于决小人者乎？

按：君子去小人，事成则以为功，不成则祸及身，而国亦随之，适足为害而已。若李固、杜乔之于汉，李训、郑注之于唐，莫不皆然。初之不胜而往，圣人直断之以咎，非以哀其志之不就，而深惜其谋之不臧也。可弗惧乎？

【白话】

这个爻的意思是说，身居下位的人，不应该仗恃自己的壮健轻举冒进。初爻位于全卦最下面，有趾之象。往，指初九有心上往，以便夬决上六。

周公所系的夬卦初爻爻辞的意思是说：君子决除小人，必须计出万全，功收一举，方能有利无害。而初九阳刚在下，没有决除小人的职权，却一马当先，仗恃自己的壮健轻举冒进，一心决除阴柔的上六，有“壮于前趾”之象。它自认为理所应当，无可怪咎。然而它所要决除的小人占据着高位，人人畏惮，不敢轻于一击，唯有它自己逞意气之勇，与小人斗狠，遭到小人的反噬是自然之事，怎么可以说是时势不利呢？

孔子解释初爻的小象说：君子决除小人，应该慎之又慎，就算稳操必胜之道，还担心有意外发生。如今初爻只看时势，不自量力，想一击制胜，以泄其愤，是明知力有不逮，依然锐志轻往，岂是完善的夬决之道？

按：君子决除小人，事成才谈得上功劳，不成就会招致祸患，整个国家也会受影响，不过是自取其害而已。东汉时期的李固与杜乔，唐代的李训与郑注，莫不如此。初爻没有必胜的把握却贸然前往，圣人直断它自取其咎，不是哀其志之不就，而是惜其谋之不善。能不谨慎吗？

九二：惕号，莫夜有戎，勿恤。

《象》曰：有戎勿恤，得中道也。

【解义】

此一爻是示君子以有备无患之道也。

周公系夬二爻曰：九二当决之时，刚而居柔，又得中道，不过乎刚，而审事之宜者也。故能忧惕以深其谋，呼号以集其众。戒备如是，小人虽阴谋不测，变生意外，如莫夜之有戎。而自治既严，无隙可乘，亦可勿用忧恤矣。岂有决而不胜者哉？

孔子释二象曰：莫夜有戎，事起仓卒，可惧之什也。而能勿恤者，以九二得中，自处尽善。既不至躁动以滋变，又不至坐守以后时，故能忧惕呼号，以自警备，而无他虞也。

按：小人立志甚奸深，而行事甚暧昧。其构祸机也，常伏于暗。伏于暗者，伺人之不觉而中之也。故其贼害则为戎，而幽晦不明则为暮夜。二以惕号处之，正所谓其危乃光者。我有光则彼之暗不足忧矣。

【白话】

这个爻的意思是告诉君子，有备方能无患。

周公所系的夬卦二爻爻辞的意思是说：九二处在君子夬决小人之时，又以刚居柔，并且居于下卦之中，不算过刚，而是理性地审时度势的表现。所以它能本着忧惕之心深谋远虑，奔走呼号，聚集众力。虽然它做好了防范，但小人总是阴谋不断，意外难测，这就是“莫夜有戎”之象。好在它严于律己，让小人无隙可乘，从而能“勿恤”，也就是不必忧虑。如此一来，又怎么可能决而不胜？

孔子解释二爻的小象说：夜里有兵戎之事，事起仓促，非常可惧。但它能够“勿恤”，乃是因为九二居于下卦之中，善于自处。既不会因为躁动而滋变，又不至于因为坐守而失时。具体说来，是因为它做到了忧惕呼号，事先做好了防范，所以有惊而无险。

按：小人的心志奸深，行事却很暧昧。小人谋害君子，常常伏于暗处，为的是寻找有利时机，在君子不知不觉的情况下施害。所谓的“戎”，就是指小人的贼害，而“莫夜”的本意是“暮夜”，引申为幽晦不明之处。九二以“惕号”相应对，彖辞所谓的“孚号有厉，其危乃光”，正是就它而言。九二足够光明，小人虽然晦暗，也不足为惧。

九三：壮于頄，有凶。君子夬夬，独行遇雨，若濡有愠。无咎。

《象》曰：君子夬夬，终无咎也。

【解义】

此一爻是言，君子决小人之道，贵于尽善也。頄，面颧也。夬夬，决于决也。遇雨，谓暂与小人相合也。若濡，谓迹似为小人所染也。有愠，谓见怒于同类也。

周公系夬三爻曰：九三过刚不中，而当决时，是欲决去小人，不胜其忿，而逞于一发者，有壮于頄之象。如此则谋露机泄，势必召意外之变，而有中伤之凶矣。然三在诸阳之中，独应上六，其义不可不决，顾其决之何如耳。若果深知小人之害，而存必决之心，则当密其谋，老其识，而藏其迹。虽暂与上六相合，如独行遇雨，迹似濡染于小人，而见愠于众君子者。然卒之伺瑕乘衅，推其坠而绝其根，清君侧之恶，以收廓清之效者，必此人也。夫何咎乎！

孔子释三象曰：九三独与上六为应，自其迹观之，未为无咎。今能果决其决，则向之委婉曲折，正见通权达变之妙用。始虽若濡有愠，终必解悖除奸，而见信于同志矣，安有致咎之理欤？

按：古来建立事功者，必有深心大力，但求其谋之克济。而形迹之间，一时有所不及顾。如王允谬誉董卓，温峤伪事王敦，初皆辱身降志，卒能剪除元恶，皆有合于夬夬无咎之义者也。然苟非真能舍经用权，磨不磷，涅不缁，可以转移一世，而不为一世转移者，则宁介然皭然，危言危行，守其不乱群之戒。虽或无补于天下，而亦不至自失其身矣。

【白话】

这个爻的意思是说，君子决除小人，贵在完善周全。頄，面颧。夬夬，果断地放弃不完善的计划。遇雨，指暂时与小人相合。若濡，指好似受了小人的污染。有愠，见怒于同类之意。

周公所系的夬卦三爻爻辞的意思是说：九三以刚居柔，过刚不中，又处在夬决之时，有心决除小人，但控制不住自己的怒火，急于一发，这就是“壮于頄”之象。如此一来，就会暴露内心所想，招至意外之变，从而“有凶”。然而九三是五个阳爻中唯一与上六有正应的阳爻，从道义上应该与上六决绝，只是怎么决绝而已。如果它对小人的为害足够了解，又存有决绝之心，其筹谋就应该更周密些，老于世故，深藏不露。虽然暂时与上六相合，犹如“独行遇雨”，看上去好像被小人沾染了，所以见愠于众君子。然而在未来乘机发难，趁着小人跌倒顺势根除小人，清除君王身边的恶人，廓清朝堂与天下的人，必然是此人。又有什么咎害呢？

孔子解释三爻的小象说：九三是五个阳爻中唯一与上六有正应的爻，看它的形迹，不能无咎。但它能果断地放弃鲁莽的计划，转向委婉曲折，显然是明白了通权达变的妙用。虽然一开始会因为形迹可疑见愠于君子，但最终会解除误会，决除小人，见信于志同道合之士，又怎么会招致怪咎呢？

按：古往今来，能建立不世之功的人，都会想尽一切办法，但求他的谋略万无一失。至于表面上看上去如何，一时之间也难以兼顾。比如王允谬赞董卓，温峤伪事王敦，起初都是辱身降志，但最终都能够剪除元凶，都符合“君子夬夬，终无咎也”之义。当然，如果一个人做不到舍经用权，却能够做到磨不磷而涅不缁，不可以转移一世，但也不被一世所转移，刚正廉洁，危言危行，守持贞正之心，虽然无补于天下，但也不至于失身于乱世。

九四：臀无肤，其行次且，牵羊悔亡，闻言不信。

《象》曰：其行次且，位不当也。闻言不信，聪不明也。

【解义】

此一爻是言，处难进之时，当思所以善处之道也。臀无肤，谓居不能安。行次且，谓行不能进。羊者群行之物，牵者挽拽之义，言挽拽以随其后也。

周公系夬四爻曰：九四亦君子之类，志在决小人者也。然以阳居阴，无刚果之才，又不中正，无养重之德，故居则不安。欲与诸阳并进，而行又多疑，不能决以成功，为“臀无肤，其行次且”之象。夫四之进退维艰如此，宜不免于悔矣。为四计者，但当让诸阳前进，而己随其后。众方扬庭以声其罪，我则从而和之；众方呼号以集其群，我则从而应之，如牵羊者然。庶几因人成事，而悔可亡也。然闻善而能用，克己以从义，惟明决者能之。惜乎四之阴柔才弱，志在竞进，而力复不能。闻此牵羊之术，而不信也。悔其能免耶？

孔子释四象曰：四当决之时，君子道长，乃次且而不能进者，由其处位不当，才德不足故也。闻言不信者，以好进之念，横于胸中，本来之聪，障隔不明。故犹豫狐疑，虽听之而不能翻然信从也。

按：四当大臣之位，以其居阴不正，而与上同说体，恐其去邪而不能决，惟能牵引群阳以自助，斯足仰成九五夬夬之光，而自免党奸之悔矣。圣人欲长五之刚，必借四一刚，联合群刚之力，故其辞之激切开导如此。夫小人日在君侧，为大臣者，与其排一小人而有触忌人主之患，不若进众君子以辅导人主，而有潜消匪类之功。诚能萃众正于朝廷，俾吾君朝夕与处，是非既明，好恶自正，君子有不日进，小人有不日退者哉？

【白话】

这个爻的意思是说，处在难进之时，就应该考虑善处之道。臀无肤，指居不能安。行次且，指行不能进。羊，群行之物；牵，挽拽之义；牵羊，挽拽以随其后。

周公所系的夬卦四爻爻辞的意思是说：九四也是君子，有心决除小人。然而它以阳居阴，说明无刚果之才，又不中不正，无养重之德，因此居位不安。想与众多阳爻一起上往，行动时又心存疑惧，无法成功，这就是“臀无肤，其行次且”之象。像它这样进退两难，有所悔吝，原本在所难免。所以圣人为四爻考虑，劝其在诸阳前进之时，紧随其后，也在众人声讨小人之罪时，从而和之，在众人厉声呼号，聚集众智众力时，则从而应之，如同“牵羊”一样。或许可以因人成事，悔吝也就不复存在了。但只有闻善能用，克己从义，惟明方决者才能做以。四爻的可惜之处在于，它以阳居阴，才弱不足，虽然有心上往，但能力有限。就算圣人告诉它“牵羊”之术，它也不会相信。它的悔吝能避免吗？

孔子解释四爻的小象说：九四处在当决之时，君子道长，小人道消，却次且难行，不能前进，是因为它处位不当，才德不足的缘故。“闻言不信”，是因为它上进的念头充溢心胸，挥之不去，阻断了智慧，昏昧不明，所以犹豫狐疑，虽然听之在耳，但未能信之于心，更谈不上践行。

按：四爻处在大臣的位置，却以阳居阴，处位不正，又与上六这个唯一的阴爻一起位于上卦兑卦之中，兑为悦，彼此相悦，难免不能果决，只有牵引一众阳爻，借力自资，才足以成就君爻九五的“夬夬之光”，也因此免于结党营奸的悔吝。圣人欲使五阳更进一步，必须借助四爻的刚健，形成群刚之力，所以言辞激切，一再开导。之所以如此，是因为小人还在君王身边，作为大臣，与其因为排除一个小人触犯君王的禁忌，不如进荐一众君子，共同辅导君王，在潜移默化中就消除了匪类。如果真能萃集众贤于朝堂之上，与君王朝夕相处，是非自明，好恶自正，君子怎么会不日进，小人怎么会不日退呢？

九五：苋陆夬夬，中行无咎。

《象》曰：中行无咎，中未光也。

【解义】

此一爻是言，人主决小人，贵于断而去私也。苋，野菜也，感阴气之多者，故以比小人，上六象。陆，高平之地，九五象。

周公系夬五爻曰：上六阴柔而切比九五，如苋之生于陆然。其柔媚奸佞，最易蛊惑君心，故必毅然独断，不牵于内嬖之私，而决于去之焉。然小人近在肘腋，除之太速恐生意外之忧。其决之之道，既不可优柔寡断，亦不可过激失宜。从容详慎，中以行之，则有合于健而说、决而和之道，始可去小人而无咎矣。

孔子释五象曰：九五以阳刚之主，而又不为过暴，合于中行，固不为小人所累而无咎矣。然究极其心事而言，则犹未得为光也。盖人心惟无欲，方为光明。五之于小人，特屈于义之不可而后去之，则其牵系之私，犹有潜伏于中而未能脱然无累也。自古小人，每以小忠小信自结于上，而使不觉其奸。人主一为所惑，虽迫于公义，勉强去之，而中怀眷恋，反若出于不得已者。故忠言谠论，君子未及伸其谋，而潜滋默长，小人复得乘其间。夬未终而姤已萌，皆由于此。宜圣人之惓惓以为戒也夫。

【白话】

这个爻的意思是说，君王去除小人，贵在断除私情。苋，野菜，是感受了很多阴气所生，所以用它来比拟小人，也就是上六之象。陆，高平之地，九五之象。

周公所系的夬卦五爻爻辞的意思是说：上六是个阴柔之爻，但深切地比昵于九五，如同苋菜生于高平之地。它的柔媚奸佞，最容易蛊惑君王，所以必须毅然决然，不被私情私欲牵扯，才能够决除上六。然而小人近在肘腋，过于求快，恐怕有意外之忧。所以九五的夬决之道，既不能优柔寡断，又不能过于激进。要从容审慎，中道行之，方能契合夬卦的“健而说、决而和”之道，方可去除小人，避免困咎。

孔子解释五爻的小象说：九五是阳刚之主，但由于它居中得正，所以算不上刚暴，所以它的行为合乎中道，不会被小人牵累，从而无咎。然而推究它的内心，仍然算不上光明。因为内心没有欲望牵扯，才称得上光明。五爻之于小人，是因为义之所在，才不得不决除它，二者的私昵之情依然潜伏在九五的心中，未能脱累。自古以来，小人都善于以小忠小信取信于君王，并使之无法察觉。君王一旦被迷惑，就算迫于道义，勉强决除小人，但心中的眷恋挥之不去，反倒像是受了君子的逼迫似的。所以君子的正见还来不及阐述，正治还来不及实施，小人就已经潜滋默长起来，重新祸乱朝堂。往往是还没有夬决最后一个阴爻，就已经有新的阴爻萌生出来，其原因也不外如此。圣人持拳拳之心，一再垂戒，也是适宜的。

上六：无号，终有凶。

《象》曰：无号之凶，终不可长也。

【解义】

此一爻是言，小人终当决去，而深庆君子之得志也。

周公系夬上爻曰：上六以阴柔小人，居穷极之时。党类剪除已尽，一时之人皆识其奸。而志在必决，情穷势孤，无可呼号，终致殄灭。凶其所必然矣。

孔子释上象曰：小人比周为恶，流毒四海，自谓终身无患。孰意党灭援绝，无所号呼，终当决去。即欲长居其位，不可得也。为小人者，盍早从事于正，以免无号之凶乎。

按：圣人释剥上爻曰：“小人剥庐，终不可用也。”见剥尽则为纯坤，天下从此大乱矣。故云“终不可用”，戒之也。于夬上爻曰：“无号之凶，终不可长也。”见夬尽则为纯乾，天下从此大治矣，故云终不可长，庆之也。一治一乱，虽由天数，而进君子，退小人，使天下有治而无乱，其权全在乎人君，岂可忽哉？

【白话】

这个爻的意思是说，小人最终会被决除，君子的志向最终也得以实现。

周公所系的夬卦上爻爻辞的意思是说：上六是个阴爻，好比阴柔小人，处在穷极之地。其党徒剪除已尽，时人皆识其奸，志在必决，而它情穷势孤，求告无门，最终会有凶祸，在所难免。

孔子解释上爻的小象说：小人结党行恶，流毒四海，自以为可以横行终身。没想到党灭援绝，走投无路，求告无门，终将被决除。想长居其位，长保其权，是不可能的。所以小人应该及早弃邪归正，以免"无号"之凶。

按：圣人在解释剥卦的上爻时说："小人剥庐，终不可用也。"因为剥至穷极之处，一个阳爻也没了，只剩下纯坤之卦，天下将会大乱。所以圣人说"终不可用"，以之为戒。在夬卦的上爻则说："无号之凶，终不可长也。"是因为夬决至极之时，一个阴爻也不剩，会变成纯乾之卦，天下从此大治，所以说阴爻"终不可长"，值得普天同庆。一治一乱，虽然是天数使然，但是否进用君子并退却小人，使天下有治无乱，终究取决于君王，怎么可以忽视呢？

䷫ 姤 巽下乾上

【解义】

姤者相遇之义，主一阴遇五阳而言也。盖决尽则为纯乾，一阴忽自下生，其势甚悍。又为巽之一阴，其性善入，其用潜隐，尤君子之所难知而难防者。使以一阴之微，忽之而不及察，则进而为遁，为否，为剥，为坤，皆自一阴之相遇始矣。制之者当于其微而未盛之时也，故总一卦而言，一阴有敌五阳之志，则危之，曰女壮。就一画而言，一阴潜伏五阳之下，则防之，曰羸豕。壮可畏也，羸不可忽也。于二四观之，则曰鱼。于九五观之，则曰瓜，象其阴而在下也。惟二密比初，能包之以制其逸。惟五为卦主，能包之以防其溃。四与初相应者，初不自止，则曰见凶；四不能止之，则曰起凶，皆以明系之不可不早也。若三与上，一居下卦之上，一居上卦之上，于初皆无所遇，虽无制阴之功，亦无比匪之害，不遇不足为咎已。要之，敢于遇君子者小人，而善于制小人之遇者，尤在人主之一心。君心之疏密，即小人消长之关也。小人之消长，即天命去留之本也。故于九五之含章，尤惓惓焉。

【白话】

姤的意思是相遇，主要是就全卦一阴遇五阳而言。总的来看，当夬卦的五个阳爻决除了最后一个阴爻后，夬卦就变成了纯乾之卦，而根据易理，被决除的阴爻马上就会从最下面生出来，这种形势是极其强悍的。当下卦最初的一个阴爻生出来后，下卦就变成了巽卦，“巽，入也”，其性善隐，令君子难知难防。假使这个阴爻因为势微而被君子忽略，无法察觉，全卦就会逐步发展为遁卦、否卦、剥卦、坤卦，而这皆源自一阴相遇之始。相要防止这种情况，就应该在它的势力还很微弱而不是全盛之时予以防范，所以从全卦的角度看，这个唯一的阴爻有敌对五个阳爻的心志，危势已显，所以卦辞说“女壮”。仅就这一个爻而言，它潜伏在五个阳爻之下，应该预防，所以爻辞说“羸豕”。“女壮”是可畏的，而“羸豕”也不容忽视。二爻与四爻的爻辞都说“鱼”，五爻则说“瓜”，取的都是一阴在下之象。其中唯有二爻因为紧挨着初爻，能够“包”住它，阻止它纵逸。也唯有五爻这个卦主，能够“包”住它，防止它溃决。四爻与初爻成正应，初爻往而难止，所以爻辞“见凶”；四爻不能制止初爻，所以爻辞说“起凶”，都是用来申明，拘系阴爻，不可不早。而三爻与上爻，一个位于上卦的最上面，另一个位于上卦的最上面，与初爻皆不遇合，虽然没有制阴之功，但也没有比昵之害，既然不遇，也就不足为咎。要而言之，敢于与君子相遇的是小人，而能否抑制小人的相遇之心，取决于君王。君王的疏与密，关系着小人之道的消与长。而小人之道的消与长，就是君王的天命去与留的根本。所以九五的“含章”之心，尤其深切。

姤：女壮，勿用取女。

【解义】

此卦巽下乾上，是纯阳用事之时，而一阴忽生于下，不期而卒与五阳相遇，故名为姤。卦辞言防小人之道，当严之于始也。

文王系姤彖辞曰：姤以一阴初生，而遇五阳，是以一小人之微，而欲敌君子之众。原其心，则蔑贞之谋已蓄；而究其势，则坚冰之渐已形。君子于此，当遏其恶于将萌，杜其机于将动。勿喜柔佞而与之合，勿因微弱而听其长。犹刚壮之女，不可取以为配也。昔晋习凿齿有言，一阴遇五阳，有女壮之象，故戒占者勿用取女，以其女德不贞，不能从一而终也。从来女子小人，最易使人惑溺。养鹜弃鹤，皆始于当时一念之错，岂知日后贻莫大之祸哉？一阴初生，圣人即曰女壮，曰勿取，防其渐也。凿齿此言深得圣人系辞之旨，可不兢兢致戒乎？

【白话】

此卦的下卦是巽卦，上卦是乾卦，它原本是六爻皆阳的纯阳之卦，最下面却忽然生出一个阴爻，一阴与五阳不期而遇，所以叫作姤卦。卦辞的意思是说，防范小人，要在小人之道刚刚萌芽的时候就加以遏制。

文王所系的姤卦卦辞的意思是说：姤卦是以一阴遇五阳之卦，好比一个卑微的小人，欲与众君子为敌。探查它的内心，以阴灭阳的图谋已开始积蓄；再探究它的时势，已经形成了坚冰渐至之势。君子见到这种情况，应该把它的恶遏制在萌芽状态，把它的图谋扼杀在行动之前。千万不要沉溺于它的柔媚，与之相合，也千万不要认为它还微弱，就任其发展。它好比刚壮的女子，不可以配作妻室。晋朝的习凿齿说过，以一阴遇五阳，有“女壮”之象，所以圣人告诫占卦者“勿用取女”，因为它没有贞正之德，不能从一而终。古往今来，女子与小人最容易使人惑溺。昏君养鹜弃鹤，立色弃德，起初只不过是一念之错，哪里知道日后的莫大祸患？刚刚生出了一个阴爻，圣人就说“女壮”，强调“勿取”，目的是防微杜渐。习凿齿的话深得圣人系辞的宗旨，能不战战兢兢，引以为戒吗？

《彖》曰：姤，遇也，柔遇刚也。勿用取女，不可与长也。天地相遇，品物咸章也。刚遇中正，天下大行也。姤之时义大矣哉。

【解义】

此《彖传》，是释姤彖辞，以示谨微之意。主持世道者，宜慎其防也。天地相遇，谓五月一阴初生。刚遇中正，指九五言。

孔子释姤彖辞曰：卦名姤者，不期而遇之谓也。以一柔遇五刚，是在位者皆君子，而一小人卒然而遇，可骇也，而亦可畏也。夫刚性直方，而柔多巧佞。柔而遇刚，柔必善于趋承，而刚必喜其妍媚。一与之合，必将依附曲从，攀援而上，为遁为否为剥，将来不测之祸，皆始于此。是小人之长，非自能长也，皆君子不知所备，有以与之，故日盛月长而不可遏也。卦辞戒以勿用取女，言当防微杜渐，不可因其柔顺，轻与之合，使之牵引朋类，滋蔓而不克制也。然就所谓柔遇刚者思之，其间相胜之几固最微，而相须之理又最切。试观之造化，乾为四月纯阳之卦，至五月而一阴始生，天阳地阴，两相遇合，而此时品物之形形色色，莫不章明著见也。再观之人事，从来有位者不必有德，而有德者未必有位，德位恒不相遇。卦体九五以阳刚之德，居建中表正之位，是德与位遇，而治化昭明于天下也。夫品物咸章，气化隆于上，天下大行；治化隆于下，是遇亦未尝不善矣。然霜冰之渐，已兆于庶类蕃庑之会，否剥之机即萌于治道全盛之时。非有真识见者，不能先几早计；非有大力量者，不能斡旋挽回。姤之时义，岂不大矣哉！

按：姤卦五阳一阴，是小人之势至微，君子之道方盛。然易制者，尝患不为之制；可图者，恒虑不为之图。宋儒邵雍有言："复次剥，明治生于乱也；姤次夬，明乱生于治也。时哉！时哉！未有剥而不复，夬而不姤者。"此其故不在小人能害君子，而在君子不能拒小人。盖姤者存乎彼，取者存乎我。彼虽欲姤，而我终勿取，则小人其如君子何？而祸乱之端，可以永弭矣。

【白话】

《彖传》是对姤卦卦辞的解释，为的是申明即便是细微之处，也应该慎重对待。主持世道的君王，也应该谨慎防范。天地相遇，指姤卦为五月之卦，又是一阴初生于纯乾之上，好比天地相遇。

孔子解释姤卦的彖辞说：卦名叫作姤卦，是不期而遇的意思。其卦以一阴遇五阳，好比在位的都是君子，但突然与一个小人不期而遇，既令人惊骇，又令人畏惧。因为阳爻刚直方正，而阴爻柔媚巧佞。刚柔相遇，柔爻必然会趋承刚爻，而刚爻必然会喜悦阴爻的柔媚。一旦相合，阴爻必然会依附曲从，攀援而上，由姤卦逐步发展为遁卦、否卦与剥卦，未来的不测之祸，都源自于此。可见小人之道长，不是因为小人有能力，而是因为君子不加防备，给了它机会，假以时日，最终发展到了难以遏制的程度。卦辞直接告诫占者"勿用取女"，目的是让人防微杜渐，不能因为阴爻看上去很柔顺，就轻易与之相合，使它牵朋引伴，肆意滋蔓，难以克制。然而仅就刚柔相遇而言，它们彼此相胜的机兆固然微妙，彼此相须的事理又极为真切。试以造化观之，乾卦代表四月，是纯阳之卦，发展到代表五月的姤卦，生出了第一个阴爻，天阳与地阴一经遇合，形形色色的万事万物，无不彰明显著。再观察人事，一向都是有位者不必有德，有德者也未必有位，德与位很难俱得。而就卦体而言，姤卦的九五恰好是以阳刚之德，居中正之位，好比德与位遇，治化昭明于天下之君。又处在万物茁壮生长，阴阳二气始交之时，所以能大行天下，成就治功，如此相遇，没什么不好。然而未来的坚冰已经在万物茁壮生长之时就露出了征兆，否塞与剥蚀的机兆也在治道全盛之时就长出了萌芽。没有真知灼见的人，无法识机，及早计议；没有强大的能力，也不能及时斡旋，力挽狂澜。姤卦的内涵与功用，岂不是很大吗？

按：姤卦有五个阳爻，一个阴爻，是小人之势至微，君子之道方盛之卦。然而越是易于控制的，越要考虑不被其控制；越是容易图谋的，越要考虑不被其图谋。宋代大儒邵雍有言："复卦紧挨着剥卦，为的是阐述治生于乱的道理；姤卦紧挨着夬卦，为的是阐明乱生于治。时运啊！时运！没有剥而不复，夬而不姤的道理。"究其原因，不在于小人能为害君子，而在于君子不能抗拒小人。总的来说，是否相姤在于彼，是否相取在于我。彼虽然有意相姤，但我最终"勿取"，小人又能奈君子何？祸乱的端倪，从源头上就已经消弭了。

《象》曰：天下有风，姤，后以施命诰四方。

【解义】

此《象传》，是言人主有遇民之道，而通天下之情也。

孔子释姤象曰：风行天下，宣天地之和，而开万物之郁。天下之物无不遇焉，姤之象也。元后体此，爰施命令，以诰四方焉。盖人主深居九重，尊卑之分悬绝，与民相遇甚难。惟王言一布，天下晓然共喻朝廷之意，而万民共禀一王之教令矣。其何异于天之以风遇万物哉！

按：《记》云："王言如丝，其出如纶。"盖君命者，中外臣民之所共敬奉也。自古太平日久，众心玩愒。人君深居高拱，下情隔绝。小人因之窃弄威福，恣肆横行多起于此，则命令之施固以通上下之情愫，亦正诰诫严切，遏抑佥壬，化戢奸宄之道也。

【白话】

《象传》的意思是说，君王有遇民之道，所以能通天下之情。

孔子解释姤卦的大象说：巽风遍行天下，宣发天地之间的和气，也开解万物之郁结，天下万物无不相遇，就是姤卦的大象。圣王体悟其中的大道，于是发布政令，遍告四方。这是因为君王深居九重，尊卑悬绝，与百姓相遇很难，奸佞小人容易从中作梗，代君施令。但君王的政令一经发布，天下人都能明白朝廷的意图，从而共禀教令，这与上天以巽风相遇万物有什么差别么？

按：《礼记》有云："王言如丝，其出如纶。"因为君王的命令，中外臣民都必须敬奉。自古以来，天下太平，人心就会人心废弛。君王也会因为久居宫中，与百姓隔绝。小人窃取威福，肆意横行，每每也源于此。所以圣人告诉为君者，要发布政令遍告四方，以通上下之情，同时也正告天下宵小，从而化戢奸宄。

初六：系于金柅，贞吉。有攸往，见凶。羸豕孚蹢躅。

《象》曰：系于金柅，柔道牵也。

【解义】

此一爻是戒小人不可轻进，并示君子，使早为之防也。柅，止车之物。金，取其坚，九二之象。羸豕，瘠豕也。蹢躅，跳踯也。

周公系姤初爻曰：自古小人未有侵害君子而已独自全者。初以一阴始生，诚能知几安分，居九二之下，止而不前，如系于金柅然。则克守小人之正，必受君子之福，不亦贞而吉乎？若越礼犯上，往而肆害，必不为众正所容，凶立见矣。然此特以理言也。如以势而论，则小人浸长之势，必不可遏。目前虽弱，异日必有强梁肆志之时。犹羸弱之豕，暂若安静，固可决其气盛力壮，必至蹢躅也。君子可不早为之备哉！

孔子释初象曰：初戒以系用金柅者，以初六柔邪之道，最善牵引。今虽一阴初生，势必号召群邪，牵连而进，肆其蹢躅，故不可不止其进而预为之防也。盖邪正不并立，而辨之于始实难。然郭子仪能识卢杞之险，李沆能辨丁谓之奸，而卒不能禁，其不得志者，以贤奸消长之数，转移总由君相，而不在他人故也。德宗云："人言卢杞奸邪，朕殊不觉。"寇准云："如谓之才，顾能使之久居人下耶？"小人之倾动君相，其可畏如此。甚矣，知人之为急也。

【白话】

这个爻的宗旨，是警戒小人不可轻举冒进，并提示君子早作防备。柅，止车之物。金，精坚之物，九二之象。羸豕，瘦弱的小猪。蹢躅，徘徊。

周公所系的姤卦初爻爻辞的意思是说：自古以来，就没有侵害了君子自身却没有损伤的小人。初爻是个阴爻，居于全卦的最下面，如果能洞察时势，安分守己，居于九二之下，止而不前，就像系于坚固的金柅之上。这样的话，它就会因为恪守小人之正道，上受君子之福，不也能因贞而吉吗？如果非要越礼犯上，执意为害，众君子肯定不会纵容它，凶祸难免。然而这仅是就易理而言。如果以趋势论，小人的浸长之势，其实难以遏制。目前虽然微弱，但假以时日，必有强梁肆志之时。就好比瘦弱的小猪，暂时好像很老实，但可以可见，等它气盛力壮之时，必然会蹢躅上往。君子能不早点预防么？

孔子解释初爻的小象说：圣人之所以要将初爻“系于金柅”，是因为它是个阴爻，擅长柔邪之道，善于牵引朋类。现在虽然只有一个阴爻，但它势必会号召群邪，牵连而进，放肆蹢躅，所以不能阻止它前进，也不能不早作预防。总的来说，正邪不可并立，但在一开始就予以辨识很难。然而郭子仪能识得卢杞之险，李沆也能辨清丁谓之奸，却不能禁止，之所以会这样，是因为贤良与奸佞的消长，掌握在君王与宰相手中，而不在别人手上。唐德宗就曾经说过：“人们都说卢杞是个奸臣，唯独我觉得不是。”寇准也说过：“以丁谓的才能，你觉得他会久居于人下吗？”小人能使君王与宰相倾倒，非常可畏。正因为如此，识人永远都是当务之急。

九二：包有鱼，无咎。不利宾。

《象》曰：包有鱼，义不及宾也。

【解义】

此一爻是言，制小人之道，当专其责于己，不可委之于人也。鱼，指初六言。宾者，对主之称，指众阳爻言。

周公系姤二爻曰：初一阴始生，渐将遍遇诸阳。而九二切与之比，是小人正在笼络之中。如包中有鱼，御之自我，而机有可制也。如此，则既不宽纵以养奸，又不迫激以致变，可以无咎矣。夫初在二下，受其约束，则二为主，而众阳皆宾。若失此不制，使之渐长，至于众阳相遇为遁，为否，为剥，为坤，害将无所不至，不利孰甚焉，可不戒乎？

孔子释二象曰：二之包有鱼，则权既在二；所以制之者，亦专在于二。以义揆之，固不得令及于宾，而致有不利之虞也。

按：爻曰“不利宾”，为众阳危也，所以告天下之君子，使皆早知所备也。《象》曰“义不及宾”，专责二也，所以告君子之遇小人者，当身任其责，而早为检制，不可纵恶长奸，使小人得肆其害，而徒怅恨于事后也。圣人防微之意切矣。

【白话】

这个爻的意思是说，抑制小人，应当亲力亲为，不能委任他人。鱼，指初六。宾，相对于主人而言，也就是相对于众阳爻而言。

周公所系的姤卦二爻爻辞的意思是说：初爻是个阴爻，虽然刚刚出生，但终将遍遇诸阳。而九二与它最为接近，好比小人处在笼子与罗网的羁绊之中。也如同包中有鱼，掌控权在我，可以相机而制。如此一来，既不会宽纵养奸，又不会激起事变，从而可以无咎。初爻在二爻之下，受其约束，以宾主论，九二为主，其余阳爻则为宾。如不能在此是制约初六，初六便会渐长，与一众阳爻相遇，姤卦也会逐步发展为遁卦、否卦、剥卦、坤卦，危害无所不至，极其不利，能不警戒吗？

孔子解释二爻的小象说：九二的爻辞说“包有鱼”，可见九二握有掌控之权；所以抑制初六的责任，也应该由九二自专。以道义论，它也不应该让初六上往，祸及众宾，以至于出现极其不利的局面。

按：爻辞说“不利宾”，是为众阳爻的危急担忧，因此正告天下的君子，让他们及早防备。象词说“义不及宾”，是就负有专责的九二而言，也是借此正告与小人相遇的君子，都应该身肩其责，及早约束小人，不能纵恶长奸，使小人横行无忌，徒留遗恨。圣人防微杜渐的意图可谓深切。

九三：臀无肤，其行次且。厉无大咎。

《象》曰：其行次且，行未牵也。

【解义】

此一爻是言，君子之于小人，可远而不可近也。

周公系姤三爻曰：九三过刚不中，性欲上进。但上下无应，势孤而不得遂其意，如臀无肤而其行次且然。是虽有寡助之危，然既无私遇，亦不至以比匪受伤而大有咎也。

孔子释三象曰：三之其行次且，盖以孤立无援，不免迟疑而不进。然尚未与柔道相牵连，则阴邪不得而中伤之，所以无大咎也。

按：夬一阴在上，故五阳皆上行。夬四之上行次且，欲决上而不能也。姤一阴在下，故五阳皆下向。姤三之下行次且，欲遇初而不得也。其象虽同，而其情则异。大抵君子之决小人，可缓而不可急；而君子之遇小人，可近而不必于近。圣人于夬四教以牵羊，而随众阳以并进，见决小人之不可急也；于姤三喜其行未牵，而不为一阴所害，见远小人之可免祸也。远近缓急之间，君子宜审所处已。

【白话】

这个爻的意思是说，对君子来说，小人可远不可近。

周公所系的姤卦三爻爻辞的意思是说：九三以阳居阳，过刚不中，急欲上进。但上下都没有应援，所以不能如意，就好像臀部受损，行走艰难。这固然是危厉的表现，但它在失去了应援的同时，也远离了私遇，所以不会因为比昵于匪类而受伤，不会有大的咎害。

孔子解释三爻的小象说：三爻所谓的“其行次且”，主要是因为它孤立无援，所以迟疑难进。然而它也因此而没有与小人相牵连，小人没办法中伤它，所以“无大咎”。

按：夬卦是一个阴爻在上面，五个阳爻在下面，所以下面的五个阳爻都向上发展。夬卦的四爻所谓的“其行次且”，是说它有心决除上六，但无能为力。姤卦则是一个阴爻在下面，五个阳爻在上面，所以上面的五个阳爻都向下看。而姤卦三爻所谓的“其行次且”，是说它欲与初六相遇，但也难以做到。两个卦的大象虽然相同，但情势不同。大抵来说，君子决除小人，宜缓不宜急；而君子姤遇小人，可近而不必近。圣人于夬卦的四爻教它“牵羊”，也就是让它追随众阳爻齐头并进，潜在意思就是说，决除小人，不可操之过急。在姤卦的三爻，则为它尚未与初爻有牵连而高兴，因为这样这就不会被阴爻危害了，潜在意思是说，远离小人，就可以免除祸患。所以，在远近缓急之间，君子应该好好审视自己的处境。

九四：包无鱼，起凶。

《象》曰：无鱼之凶，远民也。

【解义】

此一爻是言，在上者不可以失民，而深有以儆之也。鱼，亦指初而言。

周公系姤四爻曰：九四居上位而与初为正应，当相遇者也。乃初遇于二，而反离乎四，则是己所应有之物，忽而不制，弃而不收，有包无鱼之象焉。民心既失，邦本不固，厉阶自此起矣，凶不亦宜乎？

孔子释四象曰：九四无鱼之凶者，岂徒民之远我也哉？良由在上者，置斯人于膜外，无以结民之心，是上自远乎民也。其咎诚无可诿矣。

按：以淑慝言，阳君子，则阴小人，不可使有也。以贵贱言，阳为君，则阴为民，又不可使无也。故同一初六，以小人视之，为害正之邪，则欲其远之，惟恐为己之累；以民视之，为所临之众，则欲其近之，惟恐不为己所有。亦以见易爻之惟其时物如此。

【白话】

这个爻的意思是说，在上位者不能失去人心，并且要予以足够的重视。鱼，指初爻。

周公所系的姤卦四爻爻辞的意思是说：九四是王公大臣之位，又与初六成正应，理应相遇。然而初爻已经与九二遇合，这样一来反而与九四疏离了，好比理所应有之物，因为忽而不制，弃而不收，失之轻率，有“包无鱼”之象。民心既失，国本不固，祸端自此而起，凶不是正常的吗？

孔子解释四爻的小象说：九四的“无鱼”之“凶”，难道仅仅是因为民众远离它吗？其实是因为在上者将民众置之度外，心里没有百姓，自我疏远。它的困咎实在是无可推诿。

按：以善恶论，阳爻为君子，阴爻为小人，不应该让它存在。但以贵贱论，阳为君，则阴为民，又不能没有百姓。所以同样是初六这个爻，把它当作小人，那就是害正之邪，就应该尽量远离，唯恐牵累自己；把它当作民众，那就是天下百姓，就应该尽量亲近，唯恐不能结心。从中又能见证《易经》的爻辞，大多是就具体情况而言。

九五：以杞包瓜，含章，有陨自天。

《象》曰：九五含章，中正也。有陨自天，志不舍命也。

【解义】

此一爻是言，制小人之有道，而功能回造化也。杞，高大坚实之木，君子之象。瓜，甘美善溃之物，小人之象。

周公系姤五爻曰：九五以阳刚中正主卦于上，而下防始生必溃之阴。是以君子居尊位，而下防始生之小人，如以杞而包瓜者也。然阴阳贞胜，时运之常，在彼骎骎有日盛之势。我任其滋长，而不思所以制之，固不可。苟制之而未能尽善，又岂可哉？是必内含章美，默为图维，不动声色，不尚威武，实得胜之之谋，而不露胜之之迹，乃可挽回造化，斡旋气运。而阳之将消者，倏然来复，若从天而降也。此诚为善制小人者矣！

孔子释五象曰：九五能含章者，以其有中正之德也。盖唯有中正之德，故既不因循以长慝，亦不轻动以生变。为能内含章美，静以制之也。有陨自天者，由九五之志，不舍乎命也。盖阴阳消长，固系一定之数。人惟立志不坚，付于天命之无可如何，而不思所以转移之，则命即从此去矣。五之志，务期人定以胜天，故命亦为五所转，而有陨自天也。信乎！惟德可以动天耳。

按：《文言》释乾之五曰："先天而天弗违。"先天者，事未至而几已兆。圣人先知灼见，而默运其神谋，经纶措置，先乎天也。故能制治于未乱，保邦于未危。命自我立，而天不能违，所以言君相能造命也。然则姤五之志不舍命，其即干五先天弗违之大人乎！

【白话】

这个爻的意思是说，抑制小人如果得法，堪比造化之功。杞，高大坚实之树，君子之象。瓜，甘美善溃之物，小人之象。

周公所系的姤卦五爻爻辞的意思是说：九五阳刚中正，是一卦之主，负有防止始生的阴爻初六的重任。它以君子居尊位，下防始生的小人，如同"以杞包瓜"。然而阴阳变幻，是天运之常，小人确有其骎骎日盛之势。如果任其滋长，不加限制，固然不可。倘若草率抑制，而不能尽善尽美，也不可以吧？必须内含章美，默默图谋，不动声色，不尚威武，在稳操胜券的基础上步步为营，同时不露出任何形迹，这可就可以挽回造化，斡旋气机，使即将消逝的阳性力量，倏然来复，如同从天而降。这才是抑制小人的完善之道！

孔子解释五爻的小象说：九五能含章默运，是因为它有中正之德。也只有具备中正之德，才可以在避免邪恶滋生的同时，避免轻举妄动导致的变乱。它是内含章美，能以静制之的一爻。所谓"有陨自天"，是说九五的心志，缘自它的天命。总的来说，阴阳消长，固然有其定数，但只有在人立志不坚，自认天命之无可奈何，不思转移的情况下，天命才会定格。九五则一反常态，它笃信人定胜天，所以天命也因此转移，这就是"有陨自天"。不得不相信啊！有德行就可以感动上天。

按：《文言》在阐释乾卦的五爻时说："先天而天弗违。"所谓"先天"，指事情还未发展到某种程度，但是征兆已经显露了出来。圣人能够洞察几微，并及时展开筹谋，经纶措置，这就是"先天"。也因此，圣人能制治于未乱，保邦于未危。自己就能掌控命运，连上天也不去违背，可见圣王贤相之德配天下，功同造化。而"志不舍命"的姤卦九五一爻，不正是乾卦九五所谓的"先天"而"弗违"的大人么？

上九：姤其角，吝，无咎。

《象》曰：姤其角，上穷吝也。

【解义】

此一爻是言，刚介孤立者，无制阴之功，而亦无比邪之害也。角，刚而在上之象。

周公系姤上爻曰：姤一阴遇五阳之时，二五皆有刚中之德，故能包而制之。若上九则刚而在上，于初阴非应非比，而不得遇，有姤其角之象。是诸君子皆有防奸之道，而己独抗怀孑立，骄亢之吝，其能免乎？然既无所遇，则免党阴比匪之伤，而亦不至于咎矣。

孔子释上象曰：遇之为道，贵于委曲包容，善全其用。上九之姤其角者，盖刚居上位，全以盛气凌人，略无调剂挽回之术，适自取夫困穷也。然能介然自持，无苟合之失，故虽吝而无咎耳。

按：姤卦五阳皆以遇初阴取义，于初则止其进，恐其害君子也。二五能包则予之，欲其制小人也。三上不与初遇，有厉，吝而无咎，虽惜其无制阴之功，而又幸其无比阴之祸也。盖不遇其所当遇，固不免于孤立；不遇其所不当遇，亦不至于伤害。圣人著此两义，使知处遇之时，不可不遇，而又不可妄遇也。

【白话】

这个爻的意思是说，刚介孤立的君子，既不会有抑制阴邪之功绩，也不会有比昵奸邪之困咎。角，刚而在上之象。

周公所系的姤卦上爻爻辞的意思是说：姤卦处在一阴遇五阳之时，其二爻与五爻都有刚中之德，所以都能"包"而制之。而上九既是刚阳，又高高在上，与初爻既不是正应，也不相比昵，所以不会相遇，这就是“姤其角”之象。别的君子都有防奸之道，而它却刚介独立，过于骄亢，难道能避免吝难吗？其实它既然无法与阳爻相遇，也就免除了与阴爻结党营私、比昵匪类的伤害，所以爻辞说“无咎”。

孔子解释上爻的小象说：相遇之道，贵在委曲包容，为我所用。而上九所谓的“姤其角”，是说它以阳刚而居上位，只知道盛气凌人，毫无调剂挽回之术，只会自取困穷。好在它能够介然自持，不会有苟合之失，所以爻辞虽“吝”却“无咎”。

按：姤卦五个阳爻的爻辞都是基于它们与初六相遇而言，具体说来：在初爻时，主要是防止它前进，怕它施害于君子。二爻与五爻能够包容，所以允许它们与初爻接触，并希望它们借机抑制小人。三爻与上爻无法与初爻相遇，一个是“厉”而“无大咎”，一个是“吝”而“无咎”，虽然因为它们没能抑制阴爻而遗憾，但也庆幸它们不与阴爻朋比为奸，所以远离了相应的祸患。总的来说，不遇其所当遇，固然不能免于孤立；不遇其所不当遇，也不至受伤害。圣人对上述两层意思都加以强调，目的是让人在处于姤卦之时，不可不遇，也不可妄遇。

䷬ 萃 坤下兑上

【解义】

萃升二卦，皆以二阳统四阴，故卦辞萃曰“利见大人”，升曰“用见大人”，《彖传》皆曰“刚中而应”。萃以五为大人，升以二为大人，重阳也。五四皆阳，然众阴从五则贞，从四则非贞。九四近君，有聚物之嫌，故戒以必大吉然后无咎。九五阳刚中正，即假庙之王，利见之大人。故五曰萃有位，而四则曰位不当，君臣之分不同也。元永贞之辞，与比卦同。然比独以九五为主，故元永贞言于彖。萃有两阳爻，故元永贞言于五。六二牵引二阳，同萃于五，所谓利见大人，得萃之贞者。君则假庙，臣则用禴。精诚所孚，主臣一心也。从来致天下之萃不易，保天下之萃尤难。内难外患，多生于不意。当无事之时，宜为有事之备。《象传》不虞之戒，何其深切著明乎！

【白话】

萃卦与升卦，都是以二阳统四阴之卦，所以萃卦的卦辞说“利见大人”，升卦的卦辞说“用见大人”，《彖传》都说“刚中而应”。萃卦以五爻为大人，升卦以二爻为大人，看重的都是阳爻。萃卦的五爻与四爻都是阳爻，但四个阴爻只有顺从九五才是贞正的表现，顺从九四则为不贞。九四紧临的君爻，有聚物以为己用之嫌，所以圣人告诫它说，只有在“大吉”的情况下，方能“无咎”。而九五阳刚中正，正是“假庙”之“王”，利于进见之大人。所以五爻的爻辞说“萃有位”，而四爻的象辞则说“位不当也”，原因就是君臣有别，上下有分。九五的爻辞又说“元永贞”，与比卦的彖辞相同。这是由于比卦只有九五一个阳爻，必然以它为主爻，所以在彖辞里强调“元永贞”；而萃卦有两个阳爻，九五为君，九四为臣，所以要单独在五爻的爻辞里强调“元永贞”。六二牵引着两个阳爻，同萃于五爻，正是所谓的“利见大人，利亨贞”之爻。因为六五是君爻，所以卦辞说“王假有庙”。由于九四是大臣，所以卦辞说“用大牲吉”。象征君臣一心，彼此感孚。从古至今，致天下之萃不易，保天下之萃更难。内忧外患，大多是因为不在意。就算天下无事，也应该本着迟早有事的思想，早为预防。《象传》直言“戒不虞”，何其深切，又何其显明啊！

萃：亨，王假有庙，利见大人。亨利贞，用大牲吉。利有攸往。

【解义】

此卦坤下兑上，卦德坤顺兑说，君民相萃也。卦体九五刚中，六二应之，君臣相萃也。又泽上于地，水聚不流，皆有萃聚之义，故名为萃。卦辞备言亲亲尊尊之义，以明保萃之道也。萃指世运之盛言，上亨字衍文。假，昭假也。大人，指九五言。利见，指上下五爻言。

文王系萃彖辞曰：当萃之时，必上下各尽其道，而后可以保萃。在上之道，莫大于享亲，而有庙者，祖考之所依也。王者于萃时，必假有庙焉。萃一己之精神，以通祖考之精神，而上下左右之间，有洋洋乎若或见之者矣，兹其亲亲之义矣乎。在下之道，莫大于从王。而大人者，民物之所主也。君子于萃时，必利见大人焉。合万邦之黎献，而戴一统之大君。彼此交孚，其亨宜也。然又必萃出于正，不枉道以求合，乃为利耳。兹其尊尊之义矣乎！夫假庙固以交于神也，而礼有未备，神将不歆。故必用大牲，尽志尽物，以表其诚，而所以致神之格者此矣。吉孰加焉！何也？萃则可以备天下之物，时丰则从而丰也。见大人固以致君也，而道有不行，何取轻出？故必有攸往，兴事赴功，以竭其力，而所以酬主之知者此矣，利孰甚焉！何也？萃乃可有为之时，时隆则从而隆也。所谓上下各尽其道者如此。盖世道之萃在人心，而人心之萃在忠孝。用大牲以假庙，孝也；见大人而利往，忠也。人主教天下以孝，而天下报大君以忠，其理本出于一贯，而其机尤妙于相感。上作而下应，故曰：“孝者，所以事君也。”萃道孰有大于此乎！

【白话】

此卦的下卦为坤卦，上卦为兑卦，从卦德看，坤为顺，兑为悦，坤顺兑悦，所以能君臣相萃。从卦体论，卦中的主爻九五阳刚中正，六二以下应上，也有君臣相萃之义。从大象上说，上卦为兑为泽，下卦为坤为地，有泽上于地，水聚不流之象，同样是萃聚之义，所以叫作萃卦。卦辞详尽阐述了亲亲尊尊之义，以申明保萃之道。“萃”是就盛世而言，所以卦辞中的第一个“亨”字是衍文。假，昭假，向神祷告之意。大人，指九五。利见，指其余五爻。

文王所系的萃卦卦辞的意思是说：处在天下萃聚之时，必须君臣上下各尽其道，方能保萃。在上之道，莫过于祭祖，所谓“有庙”，即是宗庙，也就是先祖所依存的地方。君王必须于天下萃聚之时，亲至宗庙，集中自己的精神，与祖先的精神相沟通，以至于这种虔诚若隐若现，周边的人仿佛能够看到，从而受到感染，彼此相亲。在下之道，则莫过于从王。而所谓大人，乃是百姓与万物之主。君子处在天下萃聚之时，必然利见大人。不仅自己要往见大人，还要联同万邦之贤者，拥戴一统之大君。上下左右，彼此交孚，亨通也是自然之事。但是萃聚之道，贵在遵循正道，枉道以求，则是求利，哪里是圣人强调的“尊尊之义”呢！亲至宗庙，固然要秉持精诚之心，与祖先相感格，但祭礼不够完备的话，神祇便不会享用。所以必然献祭大的牲畜，竭尽心志与祭品，拿出足够的诚心，便能感格至极致。这样的话，还有什么样的吉祥比这更大呢?！为什么这么说呢？因为天下萃聚之时，天下之物周备，赶上了丰饶之时，就应该适当的丰享。往见大人，固然符合致君之道，但君子之道难行时，能轻易前往吗？所以只有在急需前往，兴事赴功，竭尽其力，以酬报君王的知遇之恩的情况下，方能无往不利！为什么这么说呢？因为萃卦讲的是萃聚之时，乃有为之时，天时隆昌，从之亦隆。所谓上下各尽其道，说的就是这种情况。总的来说，世道之萃，莫过于萃聚人心。而人心之萃，莫过于忠与孝。亲至宗宙并献祭大牲，这是孝的表现；往见大人且利于前往，这是忠的表现。君王以孝道教化天下，天下以忠道报答君王，其道一以贯之，其机乎相彼此，在上者有所作为，在下者有所响应，所以《大学》

有云："孝者，所以事君也。"探讨萃聚之道，还有比这更重大的内涵吗？

《彖》曰：萃，聚也。顺以说，刚中而应，故聚也。王假有庙，致孝享也。利见大人，亨，聚以正也。用大牲吉，利有攸往，顺天命也。观其所聚，而天地万物之情可见矣！

【解义】

此《彖传》，是释萃彖辞，以明萃道之大也。

孔子释萃彖辞曰：卦名萃者，言其合天下之异以为同，聚天下之疏以为戚，固有聚之义也。卦德坤顺兑说，是为之民者效顺以从君，而君又以说道先诸民，则元后黎庶，共为一心，而聚成于野矣。卦体五刚中而二应，是为之君者，推诚以礼下，而臣又一德以承夫君，则元首股肱，相为一体，而聚成于朝矣。此萃之所由名也。辞曰"王假有庙"者，非以要福也。宗庙之立，有亲道焉。而王者假之，盖极一心之诚孝，以尽享献之仪也。"利见大人亨"者，非以干禄也。大人之尊，有君道焉，而君子见之，盖行吾君臣之义，以尽为下之分也。然不徒曰假庙，而又曰用大牲吉；不徒曰利见，而又曰利有攸往，何哉？一顺乎天命耳！夫天不外于理，而理不外于时。萃之时，天下之物聚矣。大牲之用，夫亦顺其命之当隆者而隆之，非过为侈靡也。萃之时，君子之学聚矣。攸往之利，夫亦顺其命之当行者而行之，非好为事功也。夫萃之名与辞如此，即所萃而博观之，阳倡阴和，乾施坤承，天地亦此萃也。形交类感，声应气求，万物亦此萃也。明乎萃道，而天地万物之情皆莫能遁矣！岂特达于朝野，通于幽明已哉！此萃道之所为大也。

按：易言天地万物之情可见者三：咸也，恒也，萃也。咸主于感应，所以见情之通；恒主于永贞，所以见情之久；萃则主于合涣，所以见情之同，同者同于聚也。上下之情，聚于君亲。天地之情，聚于施受。万物之情，聚于应求。情之所趋，即命之所集。顺命所以顺情，而见情即以见命。有保萃之责者，可不致审于斯欤？

【白话】

《彖传》是对萃卦卦辞的解释，目的是申明萃道之大。

孔子解释萃卦的彖辞说：卦名叫作萃卦，其主旨是说合天下之异以为同，聚天下之疏以为亲，即萃聚之道。就卦德而言，下卦为坤为顺，上卦为兑为悦，坤顺而兑悦，好比百姓顺从君王，而君王又和悦万民在先，如此一来，君王与万民同心同德，相聚于野。就卦体而言，五爻为刚中之主，下有六二为正应，好比君王以至诚之心礼贤下士，而臣子以专一之德上承君王，如此一来，元首与股肱浑然一体，相聚于朝堂。这就是萃卦卦名的由来。爻辞说"王假有庙"，并不是为了祈福。设立宗庙，是为了崇尚亲道。王者亲临，才足以展现自己的诚孝，极尽享献之仪礼。而"利见大人，亨"，也不是为了干禄。大人居于尊位，可以发挥君道，君子往见大人，主要是为了行其君臣之义，确立天下的分定。但卦辞不仅仅说"假庙"，而是在此基础上说"用大牲吉"，不仅仅说"利见"，还说"利有攸往"，原因何在？说到底，还是因为它顺应天命。总的来说，天不外于理，而理不外于时。萃卦之时，乃是天下之物萃聚之时。用大牲献祭，也是顺应时命，当隆而隆，而不是奢靡。萃卦之时，也是君子之学萃聚之时。攸往之利，也是顺乎天命，当行而行，并不是为了事功。萃卦的卦名与卦辞就是这样得来的，沿着这种思路博观寰宇，所谓阳倡阴和，乾施坤承，天地之间不过一个"萃"字而已。所谓形交类感，声应气求，万物之间也不过一个"萃"字而已。理解了萃道，天地万物的情状尽在其中！岂止是达于朝野，通于幽明而已！这是萃卦之道之所以广大的原因。

按：《周易》六十四卦之中，言及天地万物之情可见的有三个卦，分别是咸卦、恒卦与萃卦。咸卦的主旨是讲感应，因此天地万物之情可通；恒卦的主旨是贞正，因此天地万物之情可久；萃卦的主旨是聚合涣散之物，因此天地万物之情可同，可同方可萃聚。具体说来，上下之情，其关键在于君王和父母。天地之情，其关键在于施予和承受。万物之情，其关键在于相互应求。情之所趋，就是命之所聚。顺命就是顺情，见情就能见命。负有保萃之责的君子，能不加以审慎吗？

《象》曰：泽上于地，萃，君子以除戎器，戒不虞。

【解义】

此《象传》，是言君子体萃象，而思患预防也。除，谓修治。戒，谓戒备。不虞，谓意外之变。

孔子释萃象曰：兑泽上乎坤地，则水聚不流，草木畅茂，萃之象也。君子知水聚而不防，必有溃决之忧；众聚而不防，必生争夺之乱。故观萃象而修除戎器，以谨伺夫猝然意外之虞，庶有备无患，而其萃可长保矣。盖天生五材，谁能去兵？佳兵者，固不祥；忘战者，亦必危也。君子当萃聚之世，而除戎器岂专尚威武哉？特戒不虞而已。彼始皇之销锋镝，铸钟簴，则非谓之除戎器。若汉武席文景富庶之极，至穷师黩武，以求浩大之功，又岂戒不虞之义乎？

【白话】

《象传》的意思是说，君子要体悟萃卦的大象，要有忧患意识，并及早预防。除，修治。戒，戒备。不虞，意外的变化。

孔子解释萃卦的大象说：兑泽位于坤地之上，水聚不流，草木茂盛，这就是萃卦的大象。君子深知水聚不防，必有溃决之忧，众聚不防，必生争夺之乱，因此在体悟萃卦大象的基础上，修治戎器，以防意外，这样差不多就可以有备无患，长保其萃了。总的来说，金、木、水、火、土缺一不可，怎么可以去除军备呢？好战固然不祥，忘战必然危难重重。君子处在萃聚之世，修治戎器，怎么可能只是为了展示军威呢？主要是为了防备意外情况。秦始皇销锋镝，铸钟簴，固然不符合圣人“除戎器”的本意，像汉武帝那样，继承了“文景之治”积累的极致财富，却穷师黩武，以求浩大之功，又岂是圣人“戒不虞”的用意呢？

初六：有孚不终，乃乱乃萃。若号，一握为笑。勿恤，往无咎。

《象》曰：乃乱乃萃，其志乱也。

【解义】

此一爻是言，萃道贵坚守其正也。不终，谓变其初。号，谓号呼九四。一握，阴聚之象。

周公系萃初爻曰：初六上应九四，求萃于四之意，本出至诚不欺。但切比二阴，未免为所牵引，为有孚不终，乃惑乱其心志，而妄萃于匪类之象。若能知初念之为是，而号呼正应，以必求其萃，则一时所为，未必不以从违靡定之故，贻笑于妄求妄萃之徒。然笑者妄也，号者正也。惟勿忧恤其笑，而坚意以从之，则其孚克终，而所萃非乱矣，复何咎哉？

孔子释初象曰：夫人必有一定之志，而后不为外诱所惑。初之乃乱乃萃者，以志无定主，故为二阴所惑乱也。

按：物不可以不萃，而萃又不可以不正。得其正则同道为朋，所重者名节，所轻者利禄，而为君子。失其正则同利为党，所言者浮夸，所行者变诈，而为小人。故周公恶初之妄萃，而教之以若号。孔子推妄萃之由，而断之以志乱。无非欲其去邪，而反于正也。夫方以类聚，物以群分，人之有萃，决不能免。在上者，但当观其行事之公私，起念之诚伪。由外而求其内，因迹而得其心。则君子小人，较如黑白之不可混。流品清而国是定，何至以朋党之患，贻圣明之忧哉。

【白话】

这个爻的意思是说，萃聚之道，贵在坚守其正。不终，指改变了初心。号，指向九四号呼。一握，阴爻相聚之象。

周公所系的萃卦初爻爻辞的意思是说：初六与九四是正应，它与九四相萃聚的意图，原本出于至诚。但它紧挨着两个阴爻，未免受其牵引，从而心志惑乱，妄萃于匪类，这就是“有孚不终，乃乱乃萃”之象。如果能保持初心，号呼正应，必求其萃，其一时之所为，未必不会因为从违不定，被妄求妄萃之徒取笑。然而笑人者皆为妄人，号呼者才是君子。只有不以妄人的取笑为意，坚定初心，把至诚保持到底，其萃聚之道正而不乱，还会有什么困咎呢？

孔子解释初爻的小象说：人必须有一定的志向，才不会被外界诱惑所迷。初爻所谓的“乃乱乃萃”，是因为它志向不够坚定，所以才会被上面的两个阴爻惑乱。

按：物不可以不萃，但萃不可以不正。萃得其正，则所萃者皆为同道，所重者在于名节，所轻者功名利禄，此乃君子之萃。失其正，则所萃者皆为逐利之徒，所言皆浮夸之语，所行皆变诈之术，此乃小人之萃。因此周公厌恶初爻的妄萃，教它“若号”于正应九四。而孔子则推溯其妄萃的缘由，料定它是因为志乱而心乱，继而萃乱。目的都是为了去除它的邪乱，使之重返萃卦的正道。总而言之，方以类聚，物以群分，萃物聚人，在所难免。在上者必须观察臣子，行事是基于公道还是基于私途，起念是真诚的还是虚伪的。要由外至内，由表至里，从行迹看内心。如此一来，是君子还是小人，就像黑白两种颜色那样分明，绝不混同。然后在此基础上定出等级，制定大政方针，哪里还有什么朋党之患，令圣王为之忧虑呢？

六二：引吉无咎，孚乃利用禴。

《象》曰：引吉无咎，中未变也。

【解义】

此一爻是言，以人事君者，可以得时行道也。引，谓引同德之士以事君。禴，夏祭名。夏时物未备，惟以声乐交于神明，祭之薄者也。

周公系萃二爻曰：六二柔顺中正，为下卦之主，而上应刚健中正之九五。不唯一身公尔忘私，且牵引二阴，同萃于五，得集思广益之道，无妨贤病国之非，吉而无咎，固其宜矣。夫人惟起念不出于公，往往君臣之间，情意輙多扞格。二之至诚，既可信友，自能获上。犹祭者，有其孚诚，即用禴亦可格神，而何不利之有哉？

孔子释二象曰：人臣始进，孰无爱君之心？然往往溺于朋比，夺于私交，始萃而终变者多矣。二唯有中德，其忠君报主之念，出于此心之诚然。未尝稍变其初志，故能荐贤为国，而诚可格君也。

按：人臣之善，莫大于进贤；而人臣之奸，莫大于蔽贤。先儒有言，奸人不乐进贤，其情有三：保位固宠，常恐失之。以贤者见用，必能建功立业，掩己之名，形己之短，其情一也。奸人树私，必人附己乃引之。贤者进退以道，不肯趋附，小人以为不附己而引之，则不感己之恩，不为己之党，其情二也。奸人心既不公，识必不明。虽遇贤才，不能深知。以为引而进之，必累乎己，其情三也。小人之不肯引贤，其情如此。然则萃之六二，真可为人臣法哉！

【白话】

这个爻的意思是说，忠君事上的人，可以得时行道。引，引同德之士以事君王之意。禴，夏祭。夏天祭物不够齐备，只能以声乐祭祀神明，属于薄祭。

周公所系的萃卦二爻爻辞的意思是说：六二柔顺中正，是下卦的主爻，同时上应刚健中正的君爻九五。它不仅仅做到了自己大公无私，还牵引着两个阴爻，一起上萃于九五，深得集思广益之道，又无妨贤病国之害，吉而无咎，也是应该的。人在起心动念基于私而不是基于公的时候，往往君臣之间，情意违背，每多扞格。但以二爻之至诚，既可以取信于友朋，自然也能获得君上的信任。好比祭祀的人，只要足够虔诚，就算是薄祭也可以感格神明，又有什么不利的呢？

孔子解释二爻的小象说：为人臣者初入仕途，哪有不敬君爱君的呢？但因为溺于朋党和私交，最终忘却了初心的人太多了。二爻却能保有中正之德，其忠君报主之念，一片纯然。它的初心矢志不渝，所以能为国家举荐贤良，这种忠诚也足以感格君王。

按：人臣之善，莫大于进贤；人臣之奸，莫大于蔽贤。先儒有言，奸人不愿意举见贤人，原因有三：为了保其位，固其宠，所以经常担心会失宠。如果推荐贤者，一经任用，就能建功立业，必然会掩盖了他的声名，也显得他无能，这是第一个原因。奸人喜欢营私，必须依附他，才予以引见。而贤人遵循正道，不肯趋附，在小人看来，这样的人就算引见，也不会感己之恩，所以不予引见，这是第二个原因。奸人不抱公心，见识必然昏昧，就算遇到贤才，也不能深知，还担心引见之后会牵累自己，这是第三个原因。小人之所以不肯引进贤人，基本上就这几点原因。然而萃卦的六二，则足以为为人臣者取法。

六三：萃如嗟如，无攸利。往无咎，小吝。

《象》曰：往无咎，上巽也。

【解义】

此一爻是言，三求萃于近而不得，因示以知所从也。

周公系萃三爻曰：六三阴柔，不中不正。上无应与，欲萃于四而不可，欲萃于五而又不能。嗟悼踌躇，一无所利，将如何而后可哉？唯有上六，情虽不相得，而分则实相应。往而从之，为合于萃之正，而无孤立之咎。但困然后往，而复萃于阴极无位之人，纵获其萃，亦必不能得志行道，小吝终不免矣。

孔子释三象曰：三之往萃于上而得无咎者，上虽无英明之才足以益人，然居说之极，性柔志谦，必能巽顺以受三之萃也。小吝奚足恤哉！

按：萃原取阴萃于阳，下萃于上之义，故以见大人亨为聚以正。夫见大人而后为聚以正，则九四尚非当聚之人，况上六赍咨涕洟，而求萃不得者乎？然则上巽而往无咎者，何也？盖萃之为道，论理之是非，不计势之强弱。上虽阴极无位，实三之应也。宜应而应之，即不失其正矣。但君子自处，终愿为六二之引吉，不愿为六三之往无咎，此明良之遇，古今所以同致羡也夫。

【白话】

这个爻的意思是说，三爻求萃于近处的四爻而不得，求萃者要引以为戒，知所依从。

周公所系的萃卦三爻爻辞的意思是说：六三是个阴爻，不中不正，上面也没有正应，想求萃于四爻而不可得，欲求萃于五爻又不可能，嗟叹踌躇，一无所利，该当如何是好呢？唯有求萃于上六，二者情不可得，但分实相应。往而从之，符合萃道之正，而无孤立之咎。但它受困了之后才想到上往于上六，上六又是阴极无位之人，纵然相合相萃，也难以得志行道，小的吝难终究难以避免。

孔子解释三爻的小象说：三爻往萃于上爻而能够无咎，是因为上爻虽然阴柔，没有英明之才，无法以上益下，但上爻居于兑卦之极，性柔志谦，所以能巽顺地接受三爻，与之相萃。些许小吝，何足挂怀！

按：萃卦的本意是“阴萃于阳”“下萃于上”，所以卦辞说“利见大人，亨”，并以之为正。若以此为基准，那么九四这样的爻都不在当聚之列，更何况上六这样的“赍咨涕洟”、求萃而不得的爻呢？然而爻辞明明说了“无咎”，原因何在？这主要是因为萃聚之道，论理不论势，看是非，不看强弱。上爻虽然无位，同属阴爻，但确实是三爻的应爻。宜应而应，便不失其正。但对于君子来说，终究还是喜欢像六二那样“引吉”，而不愿意像六三那样“往无咎”，这正是明良之遇美煞古今士人的原因所在。

九四：大吉无咎。

《象》曰：大吉无咎，位不当也。

【解义】

此一爻是告四以尽善寡过之道也。

周公系萃四爻曰：四以阳刚居近君之地，上逼九五，下比众阴，无大人之位，而有聚物之权。君之所忌，咎之所归也。故必不植党，不徇私，虚公寅畏，尽善尽美，而大吉焉。庶处上下之间，两得其道，而专擅之咎可免矣。

孔子释四象曰：四必大吉始无咎者，由其以阳居阴，所处之位不得其当。则于君也未免有邪媚之嫌，于民也未免有干誉之迹。故其为萃之道，必期于至善而后可也。

按：功名之际，人臣所最难居。古今勋业之盛，无过于伊、周。然伊尹则戒以宠利居成功，周公则赤舄几几，逊硕肤而不有，皆深有合于此爻之义者。故知劳而不伐，有功而不德，非独示谦，亦以免咎。后之人，亦可知所警鉴已。

【白话】

这个爻的主旨，是告知四爻尽善寡过之道。

周公所系的萃卦四爻爻辞的意思是说：四爻以阳刚之质，居近君之地，上逼君爻九五，向下比昵于群阴，无大人之位，却有聚物之权。集君王之所忌与咎害之所归于一身，所以只有不植党，不徇私，无私公正且心存敬畏，凡事尽善尽美，方能大吉。具体说来，就是处于上下之间，两得其道，才能免除专擅之咎。

孔子解释四爻的小象说：四爻必须大吉方能无咎，是由于它以阳居阴，处位不当。对于君王来说未免有邪媚之嫌，对于百姓来说也未免有干誉之迹。所以它想萃聚天下的物力与人心，必须先做到至善才行。

按：功名之际，是为人臣者最难居处之地。论及古今人臣的勋业，莫过于伊尹与周公。而伊尹依然告诫后人，不得以宠利居成功，周公则沉稳而厚道，还政于成王，二人的行为举止都深合此爻之义。由此可知，劳而不伐，有功不居，不仅仅是因为谦虚，也是为了避免咎害。后世之人，亦可从中吸取教训，有所警鉴。

九五：萃有位，无咎。匪孚，元永贞，悔亡。

《象》曰：萃有位，志未光也。

【解义】

此一爻是言，萃天下之道，贵于修德也。萃有位，谓当萃时，而居君位。匪孚，谓有不信从者。

周公系萃五爻曰：九五以刚中之德，居至尊之位，是真德位兼隆之大人，而为朝野臣民所信从，萃有位而无咎者也。然天下大矣，岂无偏方下邑，未沾声教，而下情不能上达者乎？匪孚之悔，固难免矣。然人之不孚于我，必我之德有未至，而未足感孚人也。惟反诸身，果有元善长人之德，且始终无间而永，纯正不杂而贞焉，自然德盛化神，无思不服，而又何悔之不亡哉？

孔子释五象曰：人君诚信昭著，务期近悦远来，万邦作孚而后已。五之萃有位，而犹有匪孚，盖其天下一家，万物一体之志，尚不免于愧歉，而未光大，故必元永贞而后悔乃亡也。

按：比之时，一阳在上，权无所分，故曰显比吉，言其光明洞达，无一毫疑忌之私也。萃之时，九四一阳，应初比三，位近势逼，五之大权嫌于旁落，不能无疑忌之私。周公教以元永贞，孔子讥其志未光，固知修德正心而外，别无招携怀远之道，所以收众心者在此，所以揽主权者亦在此矣。

【白话】

这个爻的意思是说，萃聚天下之道，贵在修德。萃有位，指在萃聚之时，又居于君位。匪孚，有人不信不从之意。

周公所系的萃卦五爻爻辞的意思是说：九五以刚中之德，居君王之位，是真正意义上的德位兼隆的大人，为朝野臣民所信从，当萃之时，有位而无咎。然而天下极其广大，难道就没有一些偏方下邑，还没有接触到教化，从而不能上下通达吗？“匪孚”之“悔”，在所难免。然而别人不相信我，必然是因为我的德行还不够，还不足以感化别人。只有不断的自我反省，使自己具备元善之德，而且始终无间，纯正不杂，自然能德行日进，连神明都能感格，百姓自然无不思服，又有什么样的悔吝不能消失呢？

孔子解释五爻的小象说：诚信昭著的君王，必然会竭尽全力，使近人悦服，远人思服，万邦作孚。五爻处在萃聚之时，犹自反省德行不足，主要是因为它聚天家于一家，萃万物于一体的心志尚有不足，没有光大，所以必须继续培养元善之德并且长久保持，方能悔亡。

按：比卦的上卦只有一个阳爻，并且居于君位，好比君权在握，无所析分，所以爻辞说“显比”“吉”，以彰显它的光明洞达，无一毫疑忌之私。而萃卦的上卦有两个阳爻，而且九四这个阳爻还下应初六，比昵六三，又紧挨着五爻，让五爻觉得大权旁落，不能不有所疑忌。所以周公的爻辞教它“元永贞”，孔子的象辞则讥讽它“志未光”，可见除了修德正心，再无招携怀远之道，能用于收拢众心的是它，能用于独揽专权的也是它。

上六：赍咨涕洟，无咎。

《象》曰：赍咨涕洟，未安上也。

【解义】

此一爻是言，求萃不得者，惟戒惧可以免害也。赍咨，嗟叹之声。涕洟，悲泣之状。

周公系萃上爻曰：上六处萃终，萃极则忧散。居兑体，说极则生悲。且群阴在下，聚顺于五，而己独以孤阴居其上，欲顺而不能，求说而不得。处上而危，反说为悲，有赍咨涕洟之象。然当其时，能恐惧修省，以改前此之非，则危者必平，将不终于无萃，而咎可免也。

孔子释上象曰：当萃之终，群阴皆在下而萃于五，已独孑然处其上，求萃不得，岂能晏然自安乎？诚非忧惧靡宁，反身修德不可耳。

按：上六阴柔说体，切比九五，不安于处上。圣人教以反说之道，莫如忧，操心危，虑患深，则能审分自安，而不至有妄动之咎矣。总之萃之为卦，群阴萃于二阳，圣人于九四尚虑其抗五取咎，以示尊无二上之义。况上乃阴极无位者乎！宜垂戒之辞，如此其切耳。

【白话】

这个爻的意思是说，求萃而不得者，唯有心怀戒惧，方能免害。赍咨，嗟叹之声。涕洟，悲泣之状。

周公所系的萃卦上爻爻辞的意思是说：上六位于萃卦的终极之处，萃极则忧散。它又位于上卦兑卦之中，“兑，悦也”，悦极则悲生。而且下面的阴爻都聚顺于君爻九五，唯独它以孤阴而居上，欲顺而不能，求悦而不得。其处上而危，其反悦为悲，有“赍咨涕洟”之象。然而它毕竟处在萃卦之时，如果能有所戒惧，有所修省，改正前非，危者必平，也不会长久的求萃不得，相应的咎害自然可以避免。

孔子解释上爻的小象说：上六处在萃卦的终极之处，所有的阴爻都在下面，上萃于九五，唯独上六孑然处上，求萃不得，它怎么可能晏然自安？确实应该忧惧不安，确实需要反身修德。

按：上六是个柔爻，又居于兑悦之卦，紧邻着君爻九五，居上而难安。于是圣人教导它反悦之道，具体说来就是心怀戒惧，审分自安，所以不至于有妄动之咎。总的来说，萃卦之萃，说的就是四个阴爻萃聚于两个阳爻，但即便如此，圣人还在忧虑九四会因为上抗九五而取咎，以申明“尊无二上”之义，更何况阴极无位的上爻！其对上爻的垂戒，确实应该深切些。

卷十一

䷭ 升 巽下坤上

【解义】

进而上之谓升。坤巽为和柔巽顺之卦，宜乎退敛有余，进取不足。然而际方升之时，有能升之德，处可升之地，而升以名。犹之柔嘉君子，恬静自持而身名俱泰，天下之大美归焉，与夫躁进以干时者异矣。《彖传》“柔以时升”专指六四言，“刚中而应”专指二五言。而爻辞则六爻皆利于升。盖众正汇征，无乎不吉也。二固刚中，而三亦刚正。四固以时升，而初以信，五以正，皆柔德之善者。惟上居升之极，则戒其昏冥而诲之精进，所以善升之终。诸爻言人材之登进，而六五言治化之升隆，又所以正升之主。审乎此而升庸之道得矣。

【白话】

升的意思是进而上。升卦的上卦是坤卦，下卦是巽卦，皆是和柔巽顺之卦，表面上看，此卦退敛有余，进取不足，然而它处在方升之时，有能升之德，居可升之地，所以得名“升卦”。好比柔顺嘉美的君子，以恬静自持，犹身名俱泰，天下之大美尽归于一身，迥异于急于用事的躁进冒进之人。《彖传》所谓的“柔以时升”专就六四而言，“刚中而应”专指二爻与五爻。而六条爻辞皆有利于升进之义，这主要是因为众正汇集，携手并进，无有不吉。二爻固然有刚中之德，而三爻也有刚正之德。四爻固然是因为占据了天时而升，而初爻却是以孚信而升，五爻则是以贞正而升，上述三爻皆有柔德之善。唯有上爻居于升卦之极，所以圣人借爻辞戒其昏冥，诲其精进，从而善处于升尽之处。诸爻说的都是人才的登进，六五说的则是治化的升隆，所以六五是升卦的主爻。明白了这些内涵，就掌握了升庸之道。

升：元亨。用见大人，勿恤，南征吉。

【解义】

此卦巽下坤上，卦变自解而来。柔进居四，有自下升上之义，故名为升。卦辞言君子乘时进用，有得君行道之乐也。南征，前进也。

文王系升彖辞曰：升以自下进上为义，时本当升。且其卦内巽外顺，有能进之德。二刚中而五应，又有与进之君。士君子幼学壮行，乘时奋庸，凡有所为，功成名立，无不通利而元亨矣。自其方升之始，用此以见大人，则君臣道合，自可以必推心委任之隆，而无堂高廉远之患。明良交会，惟此时为然，无庸恤其不遇也。自其既升之后，因此以南征，则前进有为，遂可以建经纶斯世之猷，而成匡济生民之业。大道为公，惟此时为然，吉无有不得也，所谓元亨者盖如此。从来贤才之升降，关乎时运之盛衰。顾贤如巽木，升贤者如坤地，地之栽培者厚，则木之发荣者方盛，故曰百年树人。其德足以辅世，材足以匡时，而成国家栋梁之用，岂偶然哉！

【白话】

此卦的下卦为巽卦，上卦为坤，是由解卦变来的。具体说来，是解卦的柔爻六三升进一位，居于四爻，有自下升上之义，故名为升。卦辞的意思是说，君子乘时进用，有得君行道之乐。南征，前进之意。

文王所系的升卦卦辞的意思是说：升的意思是自下进上，其时当升。再看卦德，内卦为巽为入，外卦为坤为顺，皆有能进之德。从卦体上看，二爻刚中且与五爻成正应，相当于有与进之君。对应到人事上，就是士君子幼学壮行，有所为，有所成，声名昭著，无往不利，极为亨通。处在方升之始，以此往见大人，自然能君臣合德，彼此推心置腹，只有委任之隆，无有尊卑之患。所谓“明良交会”，说的就是此时，完全不必为明主难遇而挂怀。待其升进之后，以此南征，必能进取有为，从而建立经纶斯世之猷，成就匡济生民之业。所谓“大道为公”，也是就此时而言，诚能做到，自然吉无不得，也就是卦辞所说的“元亨”。从古至今，贤才是升是降，关系到时运是盛是衰。视贤人如视巽木，也就是效法升卦的下卦，升贤人则应该效法升卦的上卦坤卦，坤地之栽培愈厚，巽木之发荣愈盛，所以古人才说“百年树人”。一个人德足以辅世，材足以匡时，能称得上当之无愧的国家栋梁，岂是偶然的！

《彖》曰：柔以时升，巽而顺，刚中而应，是以大亨。用见大人，勿恤，有庆也。南征吉，志行也。

【解义】

此《彖传》，是释升彖辞。言柔能因时而进，深与其善而无不利也。柔，指六四。大亨，应作元亨。

孔子释升彖辞曰：卦名升者，以卦变言，自解而来，柔本居三，今进居乎四，升于二阳之上，是以柔嘉之士，遇明盛之时，而升闻于朝，有必然者，故为升也。夫升何以得元亨哉？以卦德言，内巽而外顺，内既沉潜慎密，不至欲速以躁进，外又从容审图，不肯冒昧以干时，是有可升之德也。以卦体言，九二刚中，而六五应之，刚毅中直在我，有致君之具，而虚中善任在上，又有下贤之诚。是有可升之会也。德与会逢，升无不利，所以元亨者以此。夫亨莫大于得君。辞曰“用见大人，勿恤”者，谓本此善以利见，一德交孚，恩礼隆洽而泰交成，朝夕论思而美利溥。都俞吁咈之风，邦家攸赖，非徒一身之庆矣。亨又莫大于行道，辞曰“南征吉”者，谓本此善以前进，乘时布治，大猷升而功在社稷，嘉谋入而福被苍生，致主泽民之志，施为畅达，至是而无不行矣。君臣相得，吾道大行，升之元亨，圣人所为深与之乎。此见人材之升，在于知时，而又妙于用柔，柔则从容和缓。退处之心，恒胜于上人之心，故能量可而进，不失其时。刚中而应，有庆志行，孰非时升之元亨乎？而本于巽顺，则皆以柔道行之也。若时未至而求进，必刚躁者也，岂知时升之义哉！

【白话】

《彖传》是对升卦卦辞的解释，其主旨是说，柔爻能与时俱进，深得其善，无有不利。柔，指六四。大亨，应为“元亨”。

孔子解释升卦的彖辞说：卦名之所以叫作升卦，是自卦变而来，具体说来是从解卦变来的，是解卦原本居于三爻之位的柔爻升进一位，从而居于四爻的位置，从卦上看，还升进到了两个阳爻之上，好比柔顺嘉美的士君子，得遇圣明之盛世，从而升闻于朝，有必长虹之理，所以叫作“升卦”。那么升卦为什么可以“元亨”呢？就卦德而言，是内卦巽顺而外卦和顺，内卦沉潜缜密，从而不至于因为欲速而躁进，外卦从容审慎，也不会因为急于用世而冒进，上下内外，言谈举止，皆有可升之德。就卦体而言，九二有刚中之德，与六五成正应，好比刚毅中直在我，而虚中善任在上，臣子有致君之才德，君王有下贤之诚心，适逢可升之会。德与会逢，升无不利，所以卦辞说它“元亨”。毕竟对臣子来说，亨通莫过于赢得君王的信任。卦辞所谓的“用见大人，勿恤”，是说臣子本着可升之德，一遇大人即可彼此交孚，继之以隆恩厚礼，则君臣交泰，朝夕探讨，最终使美利普施。其良言美政，有益于整个国家，并不是其个人的吉庆。对臣子来说，亨通又莫过于行道，卦辞所谓的“南征吉”，是说臣子本着可升之德前进，乘时施政，大道乃行，功在社稷，嘉谋得进，福被苍生，君子的用世之志畅达无比，无所不通。君臣相得，臣道方能大行，方能得升之“元亨”，圣人对此深以为然。由此可见，人才之升进在于知时，又在于用柔，柔则从容和缓。其退让之心，远胜于出人头地之心，所以能量力而进，又不失其时。加之它有刚中之德，上应九五，胸怀天下，志在行道，这不正是所谓的“升”之“元亨”么？而且升卦的下卦是巽卦，上卦是坤卦，都是以顺为本，以柔行之。若是时机未到，冒然求进，必然会触犯刚躁之忌，又怎么称得上了解升卦的意义与内涵呢？

《象》曰：地中生木，升，君子以顺德，积小以高大。

【解义】

此《象传》，是言君子崇德之学，由积渐而至于大成也。顺，作慎。

孔子释升象曰：坤地之中而生巽木，渐长而上，有升之象也。君子以为山木人心，其理本一。养木养心，其机本同。体之以慎修其德。必敬以直内，由一念以至于念念，曲而致之，无不善；义以方外，自一事以至于事事，扩而充之，无不宜。盖德本高大，而必于细微处发端。如以为小而忽之，一息少懈，前此之功必隳。犹木之在地，一日不长，生生之机必息。惟由积小以谨始敬终，则德修罔觉，日新月异而不能已。自驯至于高明广大，不犹木之以渐升乎？可见圣功王道，不必远求，祇在敬小慎微，日进不已，则几希之存，得危微精一之传；慎独之功，致中和位育之效。体用一原，天人一致，下学即可以上达，升之义大矣哉。

【白话】

《象传》的意思是说，君子的德行需要日积月累，才能最终大成。顺，作“慎”。

孔子解释升卦的大象说：坤地之中生出了巽木，巽木会渐渐生长，这就是升卦的大象。在君子看来，山中的草木与人心，道理上都是相通的。养木与养心，其目的是相同的。所以君子要体悟升卦的大象，谨慎戒惧，勤修其德。内心必须足够恭敬，先从一念做起，以至于万念，念念皆敬，则无有不善；行为上要足够纯真，先从一事做起，以至于万事，事事皆真，则无有不宜。这主要是因为修炼德行这件事，说起来很高大，但必须从细微之处着手。若不在意小事，有所疏忽，哪怕在一念之间稍稍懈怠，此前的积累之功就会损毁。就好像树木长在地上，一日不长，生生之机便就此停止了。唯有积小，方能成大，必须谨始敬终，方能在不知不觉中获得日新月异的成长与变化。一个人通过不断自修，最终变得高明广大，不正与树木的逐渐生长相类似吗？由此可见，圣人的功绩，先王的大道，不必远求，只需要敬小慎微，每日精进，哪怕只精进一点点，也契合了圣人“危微精一”之古训；其慎独之功，也能逐渐达致圣人所说的“中和位育”之效。体与用的本原是一致的，天与人的道理是相同的，下学即可上达，升卦的内涵实在是广大啊！

初六：允升，大吉。

《象》曰：允升大吉，上合志也。

【解义】

此一爻是言，信友可以获上，得遂其进之由也。上，指九二、九三。合志，是初合二阳之志。

周公系升初爻曰：初六巽体而顺德，当升之时，不务躁进。以柔顺而巽于二阳，则是温恭自处，有以动人之诚。谦让不争，足以起人之慕。故二阳重而信之，能使志行孚于同类，名誉著于当时。声应气求，援以同升。由是建大功而立大业，所谓用见南征，吉孰大焉？

孔子释初象曰：初之允升大吉，何哉？盖上之二阳，或以刚中为君所倚任，或以刚正为世所仰瞻。其志奋发有为，皆欲上进者。今初巽于二阳，而上与之合。志合则道同，得借所援，相引而升，其大吉也，不亦宜乎！夫贤者在下，非有特达之知，不能自奋而升。然养之邃者，其孚必速。不党同以求合，不务名而尚志，是相信在未升之前，虽欲弗升，而不可得也。信以同升，志以成信，与世之逐虚声而求汲引者，殆不可同日语矣。

【白话】

这个爻的意思是说，诚信便可以获得在上位者的信任，从而得遂其进。上，指九二与九三。合志，指初爻欲与上面两个阳爻相合之志。

周公所系的升卦初爻爻辞的意思是说：初六位于下卦巽卦之中，巽者顺也，所以它虽然处在升进之时，也不会犯躁进之忌。它柔顺地居于两个阳爻之下，温和恭谨足以动人心扉，谦让不争足以使人羡慕。所以上面两个阳爻尽皆信孚，上卦的三个阴爻自然也不在话下，从而名动一时，同声相应，同气相求，相互应援，彼此升进。由是，必然能建大功，立大业，即爻辞所谓的"南征吉"，还有比这更大的吉祥吗?

孔子解释初爻的小象说：初爻能够"允升，大吉"，原因何在？主要是因为它上面的两个阳爻，一个因为具备刚中之德为君王所倚重，另一个因为刚正不阿为举世所仰瞻，皆有奋发有为之志，皆为有心上进之爻。如今初爻顺承上面的两个阳爻，上面的两个阳爻也乐意与之相合。志合则道同，道同则彼此应援，相互牵引，升而大吉，不也是应该的吗？贤者地位卑微时，除非特别通达，否则很难自奋自升。但涵养足够深厚的人，其孚信必然迅疾。其之所以不党同以求合，不务名而尚志，是因为深信当升之时，就算不想升进，也不可能。其升源于其信，其信源于其志，与那些追逐虚名以求汲引者，不可同日而语。

九二：孚乃利用禴，无咎。

《象》曰：九二之孚，有喜也。

【解义】

此一爻是言，事君者当以至诚，乃有得君之喜也。

周公系升二爻曰：当升之时，人臣不患其不升，但患感孚之未至耳。今九二以中实上孚于五,六五以中虚下应于二。是为臣者不求宠利，惟本一念之精诚，足以感孚其君，自然情投谊合，有以致君之孚契也。惟既孚矣，则上下之间，一以至诚相格，乃可脱略仪文，而任吾朴忠。犹祭者，以诚敬享神，即用禴而亦利也。如是则臣道尽而不欺，君心感而无忌，何咎之有?

孔子释二象曰：二能以孚诚事上，岂惟为臣之道无咎而已哉？孚本于刚中，诚实所感，明良会合，则信任必至，而无疑贰之嫌。宠遇永绥，而有拜扬之盛;

明其有喜，可见用孚之利。感通若此，无咎不足言矣！自古臣之事主，涉于疏略，固失之慢；过于繁缛，又失之伪。慢与伪，皆非纯臣之道也。故必精白一心，以承休德。昔周公之训曰：“至治馨香，感于神明。”此即孚之义也。三代盛时，君臣交勉，唯一诚相通。事君者，当知所兢兢云。

【白话】

这个爻的意思是说，人臣当以至诚事君，方能有得君之喜。

周公所系的升卦二爻爻辞的意思是说：当升之时，为人臣者不必患其不升，只需忧虑君臣之间的感孚是否通畅。如今九二以其中实上孚于六五，六五则以其虚中下应九二。好比为人臣者不求宠利，只秉持精诚之念，感孚于君王，自然能情投谊合，从而辅佐君王，无愧于君王的信任。既然能彼此感孚，那么君臣上下之间，皆能以至诚相待，从而忽略繁文缛节，一任朴忠。犹如祭祀者心怀赤诚，即使是薄祭，也能无往不利。如此一来，人臣能尽其臣道而不欺，君王能感其赤诚而无忌，又有什么咎害呢？

孔子解释二爻的小象说：二爻能至诚事上，岂止为臣之道这一个方面无咎而已？其孚信源于其刚中之德，至诚至实。加之明良会合，信任必至，而无疑贰之见。恩宠永绥，遂有三代之盛。爻辞明确地说“有喜”，申明了孚信之利。感通到这种程度，“无咎”自然不在话下！自古以臣事君，如果疏略，便失之简慢；过于繁缛，又失之奸伪。慢与伪，皆非纯臣之道。所以必须精白其心，顺承休美。恰如周公在《尚书·君陈》中所说：“至治馨香，感于神明。”这其实也是“孚”字的真正内涵。在三代之盛世，君臣交勉，惟以至诚感通。以臣事君者，应当精诚勤勉，践行圣人的遗训。

九三：升虚邑。

《象》曰：升虚邑，无所疑也。

【解义】

此一爻是言，德与时会，当进而无所阻也。虚邑，无所阻碍之象。

周公系升三爻曰：九三当升时，而有阳刚之德。既备能升之具，进临于坤。坤德顺而体虚，以推贤进能为尚，而无猜疑倾陷之风。乘此以升，是以谋断之才，际雍熙之会。王道荡荡，无反无侧，可以致身堂陛，利见而得乎君。奋迹亨衢，前进而行乎道，其升之易，象犹虚邑无人，可进而无所阻碍矣。

孔子释三象曰：人当升时，虽有其时而无其德，未免有疑于己。虽有其德而无其时，未免有疑于人。今三以能升之德，值可升之时，既非短于材而见抑，又非泥于势而不通，豁然上进而莫之违距，复何所疑乎！

按：巽为进退，为不果。苟稍有以沮之，则必疑滞而不能进矣。今三之不疑如此，正见坤之虚中善受，能接引贤才，故一往得通。如木之生于地中者，无不成廊庙之材。此圣人乐得而与之也。

【白话】

这个爻的意思是说，三爻有德又逢时，自当进无所阻。虚邑，无所阻碍之象。

周公所系的升卦三爻爻辞的意思是说：九三处在当升之时，又有阳刚之德，具备了升进的资格，且位于下卦的最上面，进临上卦坤卦。坤卦的卦德为顺，卦体为虚，以推贤进人为美，无猜疑倾陷之风。乘此升进，正是以谋断之才，际雍熙之会。王道荡荡，没有偏私也绝不倾斜，人臣可以置身庙堂，赢得君王的信任，继而四通八达，大行其道，其升进之易，如入无人之虚邑，可进且无所阻碍。

孔子解释三爻的小象说：人处在当升之时，虽有其时，但无有其德，未免不自信。反之，如果有其德而无其时，又未免见疑于人。如今三爻有能升之德，值可升之时，既不会因为才短而见抑，又不会因为拘泥而不通，豁然上进而无所违逆，还有什么疑虑呢？

按：根据《说卦传》，“巽为进退，为不果”，稍有阻碍，必然会有疑滞，遂不能进。如今三爻却没有疑虑，正是上卦坤卦虚中善受，能接引贤才的表现，所以三爻能一往而通。就像树木生长在大地之中，皆能成廊庙之材。这是圣人愿意看到的，所以为它系上了这样的爻辞。

六四：王用亨于岐山，吉，无咎。

《象》曰：王用亨于岐山，顺事也。

【解义】

此一爻是言，推诚以格君，可见忠顺之至也。亨，当作享。王用享于岐山，用诚以事君之象。

周公系升四爻曰：六四体坤居柔，以至顺之德，守纯臣之节，恪恭尽瘁，无贰尔心，是积诚以上升，感格乎君，有王用享于岐山之象。如是则可以辅君，跻斯世于雍和，锡生民以多福。得臣道之纯，而鲜陨越之失矣。不亦吉而无咎乎！

孔子释四象曰：四之能格君，犹王用享岐山者。盖四有柔顺之德，以顺事其君。精白居衷，常恐有僭逼之失。靖共无忝，不徒饰服事之名。上则顺承乎君，下则顺处其义，恪守臣职而无遗憾焉。是顺之至者，即诚之至也，宜吉且无咎矣！

按：升卦二四两爻不言升，何也？盖五为君位，二应五而四承五，皆得时行道，亲近乎君者，其位不可复升也。升则疑于五，有逼上之嫌矣。故在四言顺，与在二言孚，圣人明臣道之极，安分守节，为万世训也。其义深矣。

【白话】

这个爻的意思是说，四爻以至诚感格君王，忠顺之至。亨，当作“享”。王用享于岐山，以至诚事君之象。

周公所系的升卦四爻爻辞的意思是说：六四位于坤卦之中，居于柔爻本位，如同以至顺之德，守纯臣之节，恪恭职守，鞠躬尽瘁，绝无二心，因此能积诚以升，感格于君王，有“王用享于岐山”之象。这样的贤臣，自然能辅佐君王，致力于盛世，赐民以多福。达致了真正意义上的臣道，很少有瑕疵或过失。不应该吉而无咎吗？

孔子解释四爻的小象说：四爻以至诚感格君王，恰如先王在岐山祭享先祖与神明。这主要是因为四爻有柔顺之德，所以能顺事其君。其心精白，其体居衷，唯恐有丝毫的僭逼。恭敬谨慎，又不一味地唯诺。对上能顺承其君，对下能顺处其道，恪守臣职，毫无遗憾。其至顺基于其至诚，这样的人，就应该吉而无咎！

按：升卦的二爻与四爻不言“升”字，原因何在？这主要是因为五爻是君位，二爻与五爻相应，四爻则顺承五爻，皆有得时行道，亲近其君之象，二爻与四爻已不能再升。再升的话，就会使五爻疑虑，有逼上之嫌。所以圣人于四爻的小象说“顺”，在二爻的小象说“孚”，目的是申明，二爻与四爻已位居臣道之极，唯有安分守节，可以为万世训。圣人的用意真是深远啊！

六五：贞吉，升阶。

《象》曰：贞吉升阶，大得志也。

【解义】

此一爻是言，人君以正道治天下，可以遂致治之愿也。升阶，治化易成之意。

周公系升五爻曰：六五当升而居尊位，然以阴居阳，未免有不正之嫌，故必能勉而贞，反其不正以归于正。使经纬于一心，张弛乎万化者，内则黜功利之私，外则崇荡平之轨。则天德纯而王道溥，治理之升于大猷，将不劳而自致。其得吉也，不犹升阶之至易乎？

孔子释五象曰：大君志在天下，有一夫不获，一物未安，欲其志之得也，盖亦难矣。今言贞吉升阶，是以纯王之心，行纯王之政，则治定功成，化行俗美，仰媲于帝王，参赞于天地，有以悉副其匡济之初心，其志乃可大得也。先儒有言：天下之事，变化无穷，无一不本于人主之心。贞则正心，可以正朝廷，可以正天下。四方万里，一归于至正。风动神速，而知王道之易易焉。故人君贵大居正也。若后世用名法，尚功利，以为王道不可行，而治流于杂霸，不亦谬乎！

【白话】

这个爻的意思是说，君王以正道治理天下，天下得以大治，心愿得以顺遂。升阶，治化易成之意。

周公所系的升卦五爻爻辞的意思是说：六五处在当升之时，又居于尊位，但它是以阴居阳，未免有不正之嫌，所以圣人以“贞”字勉励五爻，使其反归于正。继而经纬于一心，张弛乎万化，内黜功利之私，外崇荡平之轨。从而纯正其德，普施其道，治国的方略展开后，一切将不劳而自致。其收获吉祥，不正像上台阶那么容易么？

孔子解释五爻的小象说：明君志在天下，有一人没有收获，有一物没安顿好，也不算真正意义上的得志。爻辞所谓的“贞吉，升阶”，是说五爻倘若能以纯王之心，行纯王之政，便能治定功成，化行俗美，直追三皇五帝，参赞于天地，再保持匡济之初心，其志乃可大得。朱子有言：“天下之事，变化无穷，无一不本于人主之心。”君王的内心贞正，就可以正朝廷，正天下，直至四方万里，皆归于至正。升卦含有一个巽卦，巽为风，风动神速，王道之施，也像风吹大地一样容易。所以作为君王，一定要居贞守正。像后世那样，用名法，尚功利，并以为王道不可行，必须杂以霸道才行，不是很荒谬吗？

上六：冥升，利于不息之贞。

《象》曰：冥升在上，消不富也。

【解义】

此一爻是言，徇欲者理日亡，教人以转移之法也。冥升，言昏冥于升也。

周公系升上爻曰：上六以阴柔之质，居升之极，是贪进无厌，求升不已，而陷于昏冥者也。患得患失，无适而利矣。必也反其求升之心，用以进德，使理之根柢于吾心者，存养而不已。理之流行于事物者，日新而无穷。则不息之贞，积小以高大，乃所为利。盖于贞而不息，自于升必不冥也。

孔子释上象曰：冥升在上，其心岂不欲长保富盛哉？然升极当降，长极当消。揆之于理，有固然者。今上居升极，自可以已，乃知进而不知退，将立见其消亡，不复保其富有，是则所谓冥而已矣，何利之有哉？

按：豫上六曰冥豫，耽乐而不知反也。升上六曰冥升，求进而不知止也。顾豫之上体震，欲动其悔过之心，使终变其豫，故以成有渝勉之。升之上体坤，欲顺其不已之心，使反移于贞，故以利于不息诱之。圣人教人，总于理欲消长之关，设一变化之术，是变易以从道也。《书》云：“惟狂克念作圣。”其此爻之义欤。

【白话】

这个爻的意思是说，被欲望牵系的人天理会日渐消亡，所以圣人教之以转移之法。冥升，昏冥于升之意。

周公所系的升卦上爻爻辞的意思是说：上六是阴柔之爻，却居于升卦之极，这是贪进无厌，求升不已，以至于昏冥的表现。它必然会患得患失，无所依从，也谈不利益。必须反省自己的求升之心，转而勤修其德，使天理在内心扎根，存养不已，继而让天理流行于诸物，日日精进，以至于无穷。其贞正之德行便能积小成大，无往不利。其贞心不息，就算继续升进，也不至于昏冥了。

孔子解释上爻的小象说：昏冥的上爻，难道不想长保富贵么？然而升到了极点必然会降，长到了极点就应当消。根据天道人理，这是必然的。如今上爻升到了极点，理应自行停止，奈何它知进不知退，等待它的必然是消亡，富贵难保。像它这样昏昧愚蠢，怎么可能有利呢？

按：豫卦的上六曰“冥豫”，是说它沉溺于豫乐而不知反归。升卦的上六曰“冥升”，是说它知进不知止，更不知退。综合两卦来看，豫卦的上卦是震卦，震为动，圣人的初衷是动其悔过之心，变化其沉溺之豫，所以为它系上了“成有渝”的勉励之辞。升卦的上卦则是坤卦，坤为顺，圣人的目的是顺其不已之心，反归于贞正之途，所以用“利于不息”四字引诱于它。圣人为了教导世人，总是在天理与人欲的消长关窍，巧妙设置各种变化，使之从道。《尚书》有言：“惟狂克念作圣。”与此爻的内涵一致。

䷮ 困 坎下兑上

【解义】

天道无进而不穷，人事无伸而不屈，故升后受之以困。然一困而不振者，庸人也；在困而能伸者，君子也。砥节固穷，泰然不变其所守，则身困而道益通。故彖著亨吉无咎之辞，而属之大人，所以教处困之方也。困以刚掩得名，似乎二四五为所掩之君子，初三上为掩刚之小人，乃爻辞则皆以处困者言之。盖易为君子谋，固如此耳。当刚掩之时，刚宜甚困，柔宜不甚困，乃二五刚中皆云利用。九四虽不当位，亦克有终，而初三与上皆极危厉之辞。盖天下惟阳刚君子，所遇多穷，亦惟阳刚君子，无往不济。若阴柔碌碌，平居无防患之识，临事无济变之才，一往而败，固其宜耳。易之贵阳贱阴，大抵类是。

【白话】

天道不进则不穷，人事不伸则不屈，所以升卦之后就是困卦。然而，因为困境而萎靡不振的人是庸人，在困境中生存发展乃至壮大的，才是君子。在困境中砥砺名节，泰然自处，不陨其志，不变其守，就算一身困穷，但君子奉行的大道愈发亨通。所以彖辞对卦辞中的“亨”“吉”“无咎”作了重点阐释，又说“亨贞大人”，是因为大人能教导它处困之方。困卦之所以叫困卦，就是因为“刚掩”而得名，具体说来，二爻、四爻与五爻就是被掩抑的君子，初爻、三爻与上爻则是掩刚之小人，爻辞讲的则是各种困境。总的来说，圣人作易，是为了指导君子，六十四卦三百八十四爻展现得都是这一点。所以处在刚掩之时，刚爻理应受困，柔爻则不宜受困，所以刚中的二爻与五爻爻辞都说“利用”云云。九四虽然不当位，但也能“吝”而“有终”。初爻、三爻与上爻这三个阴爻，则都是危厉之辞。这主要是因为阳刚的君子每多遇穷，但也唯有阳刚的君子能无往不济。若是阴柔碌碌之辈，平时不知防患于未然，临事又没有济变之才，一往而败，在所难免。易经贵阳贱阴，大抵如此。

困：亨贞大人，吉，无咎。有言不信。

【解义】

此卦坎下兑上，六爻阳为阴掩，不能自振，有困穷之义，故名为困。卦辞言处困之时，当守贞处默，以善全其道也。

文王系困彖辞曰：困以困穷不能自振为义。当此时者，君子为小人掩抑，力穷气沮，不克自展舒其蕴抱也。然处困者，能乐天知命而不忧，正己无求而不怨，身虽困抑，心自亨通则得处困之正道而能贞矣。是贞也，非涵养素积于中，智识不淆于外者，未足以当此。故唯有守有学之大人，敦仁安义而有自得之吉，知几固守而无自失之咎。所谓亨而得贞者，此也。苟非其人，不安乎义命，愤时嫉俗，形于议论，则虽有言，不能取信于人，适足滋多口之憎，而重益其困，大人岂如是乎？此又处困者所当戒也。

按：天道不能有顺而无逆，人事不能有升而无困。惟善处困者，超然世外，不为物累，故身困而心不困。不善处困者，忿懥自鸣，招尤取怫，故身困而心益困。然则当困之时，亦在人自审其所处而已矣。

【白话】

此卦的下卦为坎卦，上卦为兑卦，六爻之中，所有的阳爻都被阴爻掩抑，不能自振，有困穷之义，所以叫困卦。卦辞的意思是说，处在困境之中，应当守贞处默，以便善全其道。

文王所系的困卦卦辞的意思是说：困的意思是困穷且不能自振。当此时，君子为小人所掩，力穷气沮，无法展其才，不能践其道。然而处困者若能乐天知命，正己无求，不忧不怨，就算一身困穷，内心也是亨通的，而这正是处困的正道，因其正，所以能得其贞。这种贞正，如果不是极具涵养，极具智慧的人，很难做到。只有操守与学识兼备的大人，方能因敦仁安义而得吉，知几固守而无咎。卦辞所谓的“亨贞”，便是就此而言。若非如此，而是不安义命，愤世嫉俗，指点议论，虽然有言，但不能取信于人，徒增多口之憎，使困穷加重，大人怎会如此？这是处困之人必须警戒的地方。

按：天道有顺就有逆，人事有升就有困。只有善于处困的君子，能超然世外，不为外物所累，身困而心不困。不善于处困的人，则是忿懑自鸣，招尤取怫，所以身心俱困。可见当困之时，全看当事者如何自处。

《彖》曰：困，刚掩也。险以说，困而不失其所亨，其惟君子乎。贞大人吉，以刚中也。有言不信，尚口乃穷也。

【解义】

此《彖传》是释困彖辞，以明处困之有道，所以得亨也。

孔子释困彖辞曰：卦何以名困？上下三刚皆掩于柔，是刚明之气不能发舒，正直之志无由展布，所以为困也。然困何以得亨？盖所谓亨者，不于其身，而于其心；不于其时，而于其道。以卦德言之，坎险而兑说，虽当困穷郁拂之时，乐天知命，此中泰然无累，原自有所为亨者。穷居独善，常得而不自失，此困之所以能亨也。其惟见真守定之君子能之乎！苟非君子，必不能也。其曰贞大人吉，何也？以卦体言之，二五刚而得中，刚则不挠，中则不躁。盖困之移人，非乘其柔荏，即因其矜激。惟刚与中合，既不挠而屈于困，又不躁而重其困，所以守贞而为大人，有能亨之吉也。其曰有言不信，何也？以困时所尚者，宜用晦处默，反躬自信，虽困不足以穷我。惟心失所亨，急于自明，所尚者口给，兴戎贾怨，乃为所穷，实自取耳。可不戒哉！夫当困之时，身可穷而道不可穷，盖道之所在，不充诎于富贵，不陨获于贫贱，无往而不得也。如孔子之从我所好，颜子之不改其乐，湛然无为。固不因困而得，亦不因困而失，适如其固有之初心而已。若后世之士，身处困穷，或侈谈横议，或标榜相高，徒足以招尤而召谤，岂君子全身之道哉。

【白话】

《彖传》是对困卦的彖辞的解释，目的是申明处困有道，便能脱困得亨。

孔子解释困卦的彖辞说：卦名为什么叫作困卦呢？全卦的三个刚爻均被柔爻掩抑，刚明之气不得发舒，正直之志无由展布，所以叫作困卦。既然是困卦，为什么又说亨通呢？这主要是因为所谓的“亨通”，不是指身体，而是指内心；不是指时势，而是指大道。就卦德而言，下卦为坎为险，上卦为兑为悦，坎险而兑悦，是说环境固然困穷，但能够乐天知命，心中泰然无累，就是因为内心亨通。虽然困穷但仍能独善其身，常有所得而不至于自失自艾，这就是困卦之所以亨通的道理。也只有真正善于持守的君子才能做到这一点！若不是君子，必然难以做到。卦辞所谓的“贞大人”，又是什么意思呢？这是就卦体而言，具体说来就是二爻与五爻都是刚中之爻，刚则不挠，中则不躁。困境对于人来说，不能使人变得更柔弱，就是让人变得激躁。唯有刚中兼具，既不会让人屈于困境，又不会因为急躁加重困境，从而守持大人的贞正，亨通且吉祥。卦辞又说“有言不信”，是什么意思呢？这主要是说，处于困境之中，应该用晦处默，如能反躬自信，虽困不足以穷我。若是内心不再亨通，急于自辩其明，推尚口给，兴戎贾怨，才会真正地受制于穷困，而这却是自己招致的。能不引以为戒么！处在困顿之时，身可穷，道不可穷，因为道之所在，不充诎于富贵，也不陨获于贫贱，可以无往而不得。比如孔子所说的“从我所好”，以及颜子的“不改其乐”，都达到了湛然无为的境界。如此一来，固然不会因为困境有所得，也不会因为困境而自失，内心永远保持着原初的状态。而后世之士，一旦困穷，要么侈谈横议，要么标榜相高，徒自招尤招谤，岂是君子的全身之道呢？

《象》曰：泽无水，困，君子以致命遂志。

【解义】

此《象传》，是言君子处困之道，能守正而不屈其志也。

孔子释困象曰：泽以潴水，宜有水者也。坎水下漏，兑泽上枯，泽中无水，困之象也，君子体之以处困。凡纲常名教所在，为吾志所欲成者。若临难以求免，见义而偷生，利害之念动于中，是非之论不足惜，因循顾恋，是命不致，则志不得遂也。惟委致此命于度外，论是非不论利害，毅然独往，惟欲求成其是，以遂吾不可夺之志。则无愧无怍，可以对天地；忘私忘家，可以质幽独。吾志遂而亨莫大焉。此处困之正道也。夫君子居世，常则修身俟时，命之在我者也；变则成仁取义，命之在天者也。惟居常尽其在我，理明识定，故遇变不惑，可以遂吾之志。若夫一念慷慨，轻生赴难，发乎意气之动，而非循乎义理之实者，岂足以语此哉。

【白话】

《象传》讲的是君子的处困之道，具体说来就是守正而不屈其志。

孔子解释困卦的大象说：沼泽可以聚水，也应该有水。但坎水到了下卦，好比漏水，导致上卦的兑泽干枯，泽中无水，就是困卦的大象，君子应该体悟困卦之象，用以处困。凡是纲常名教所言，皆为君子应该成就之事。如果危难来了就想躲避，需要为道义牺牲的时候却偷生怕死，动辄考虑利害，不论是非，因循顾恋，把命运当借口，君子的心愿永远也不可能顺遂。唯有置天命于度外，论是非不论利害，毅然独往，一心奉道，以遂其不可夺之志，便能无愧无怍，忘私忘家，可以对天地，也可以质幽独。君子之志得遂，大道得行，自然亨莫大焉。这正是处困的正道。君子处世，常则修身待时，命运操之在我；变则成仁取义，命运取决于天。唯有平时修身，遇变方能不惑，从而尽遂其志。若仅凭一念慷慨，轻生赴难，发于意气之动，而不是遵循义理实修之人，岂能与之论道？

初六：臀困于株木，入于幽谷，三岁不觌。

《象》曰：入于幽谷，幽不明也。

【解义】

此一爻是言，处困无术，身心交困而不克振也。臀，物之底也。幽谷，暗地。三岁，言其久也。

周公系困初爻曰：初六居困体之下，即以阳刚处之，犹虑其不振，况阴柔乎？既无出险之才，束手坐困，转侧受伤，犹臀困于株木而不得所安也。且所居至暗，又乏观变之识，无知妄动，益陷于险，而终不能自出。如入于幽谷，而三岁之不觌也。曷望其有济乎？

孔子释初象曰：阳刚者明显，阴柔者暗昧。初之入于幽谷者，惟其以柔居暗，迷焉而不觉，昧焉而罔通。是暗于心者，自不能洞察于事，宜其益入而终无所觌也。

按：困六爻，刚为柔掩，不特刚困而柔亦困。盖小人处心暗昧，既不明于邪正，又不明于利害，殚精劳神，思有以困君子，而先已自受其困。如初者，居无安身之地，行无见天之日，良由心术之不明也。故阳明为君子，阴暗为小人。观人者亦在乎心术之间而已矣。

【白话】

爻辞的意思是说，初六乃是处困无术，身心交困却无法自振之爻。臀，指事物的底部。幽谷，暗地。三岁，久远之意。

周公所系的困卦初爻爻辞的意思是说：初六位于困卦的最下面，即使是阳刚之爻，还担心它不能振作，况且是阴爻呢？既无出险之才，便只能束手坐困，稍微转侧，便会受伤，犹如臀部困于株木，无法自安。而且它居于至暗之地，又没有察知时变的能力，妄动的话，只会陷入更大的困境与危险，最终也无法出险。如同进入幽谷，三年都不见影踪。还能指望什么呢？

孔子解释初爻的小象说：阳刚者显明，而阴柔者暗昧。初爻所谓的“入于幽谷”，是因为它以柔爻居暗地，迷而不觉，昧而不通。这是因为它内心暗昧，所以不能洞察于事，“入于幽谷，三岁不觌”也是应该的。

按：困卦的六个爻，皆是刚爻为柔爻掩抑之象，不仅刚爻受困，就连柔爻也受困。这主要是因为小人内心暗昧，既对正邪不明，也对利害不清，整日殚精劳神，一心困抑君子，孰不知自身已先受其困。就像初爻那样，居无安身之地，行无见天之日，都是因为心术不明。所以阳明者为君子，阴暗者为小人。观察一个人，全看他心术如何。

九二：困于酒食，朱绂方来，利用亨祀，征凶，无咎。

《象》曰：困于酒食，中有庆也。

【解义】

此一爻是言，二膺宠遇之隆，当竭诚以图济困之功也。朱绂，王者之服，蔽膝也。亨，当作享。

周公系困二爻曰：九二刚中，是其德能济困者。以一己系天下安危之重，位高禄厚，任事贤劳，反足维絷其身，若困于酒食者然。且上与五同德，眷顾日隆，其殷勤晋接之意，有加无已，又为朱绂方来之象。如是则君之宠遇已极，人臣当此，宜如何以承之也？为二计者，唯有殚心尽力，用格天享帝之诚，以矢股肱心膂之报，如享祀然。虽时事孔艰，未免以征则凶。然义所当行而吾行之，自不至于有咎耳。

孔子释二象曰：九二宠任之隆如此，盖以二有中德，自能尽忠竭智，济时之困，而有保邦致治之庆也。然则困于酒食者，盖以一身之劳瘁，致天下之福庆。身虽困而道则亨，凶与无咎，不必言矣。

按：事君之道，不避难，不辞贱。言乎臣职之当然，凡委贽者所同也。然宠寄愈重，则报称愈难。遗大投艰，其责尤无容旁贷。人臣处此，诚一不贰，勿以强弱利害动其心，勿以成败利钝沮其气，竭股肱之力，而济不济听之天焉，斯为臣道之正乎！

【白话】

这个爻的意思是说，二爻隆遇恩宠，当竭诚致君，以图济困。朱绂，王者之服，也就是蔽膝。亨，当作“享”。

周公所系的困卦二爻爻辞的意思是说：九二有刚中之德，足以济困。其一身系天下之安危，位高禄厚，勤恳任事，公务羁绊，如同被困于酒食一般。而且它与五爻都是刚中之爻，来自君王的眷顾会越来越多，随着相互接触，只会有增无减，此即“朱绂方来”之象。君王的宠遇已经到了极点，臣子处在这种状态下，应该如何承当呢？圣人为二爻计，认为只有殚心尽力，用足以感格天帝的虔诚，尽其股肱心膂之力，使君王像天帝享受祭祀一般享受知遇之回报。虽然时事艰难，未免“征凶”，但义之所在，当行则行，所以不至于有什么咎害。

孔子解释二爻的小象说：九二有如此荣宠，主要是因为它有刚中之德，能尽忠竭智，匡济时困，并在此基础上保邦致治，普天同庆。爻辞所谓的“困于酒食”，主要是说它以一身之劳瘁，致天下之福庆。身虽困，道乃亨，“凶”与“无咎”，自不必言。

按：以臣事君之道，在于不避难，不辞贱。做好为人臣者所应当做的，就像晚辈往见尊长一样。然而恩宠越重，报答越难。越是置于艰难困穷之地，越是责无旁贷。为人臣者处在困穷之地，诚能专一不贰，不以强弱利害动其心，不以成败利钝沮其气，竭尽股肱之力，而济与不济，皆听之于天，方为人臣之正道。

六三：困于石，据于蒺藜。入于其宫，不见其妻，凶。

《象》曰：据于蒺藜，乘刚也。入于其宫不见其妻，不祥也。

【解义】

此一爻是言，不善处困者，益以致困，为可戒也。石，指九四。蒺藜，指九二。宫，谓六三。妻，谓上六。

周公系困三爻曰：六三以阴柔之质，不中不正，处险极而用刚，不自度其才德，乃欲前推四以上进，而四之刚则坚于石也。是反受其困，而不能动，如困于石然。欲退倚二以图安，而二之刚则锐于蒺藜也。是据非所据，而不可依，如据于蒺藜然。当此之时，进退出入，无一可展舒，岌岌乎殆矣。虽有上六以为应，欲求配偶，亦终失其所安，而不可得见，有入于其宫不见其妻之象，是则祸必及身，而家随以丧，凶莫甚焉。

孔子释三象曰：据于蒺藜，以三乘二之刚，非所据而据，其何能得安也？故还而自顾，孤立寡援，一无依倚，至于妻不可见。则众畔亲离，危亡立至，不祥孰大于此，所为凶也。

按：困之三阴，始相缔交，以掩其刚。究之，初六之困，既以自陷于不明；至六三之凶，更且自召其不祥，设心愈险，则召祸愈深。惟上六处困之极，悔心渐萌，犹可转而得吉。然则为小人者，盍亦思所自反乎？

【白话】

这个爻的意思是说，六三不善于处困，以致更加穷困，要引以为戒。石，指九四。蒺藜，指九二。宫，指六三。妻，指上六。

周公所系的困卦三爻爻辞的意思是说：六三资质阴柔，不中不正，处于险极之地却以柔用刚，不思量自己的才德，意欲推逼四爻，以求上进，而四爻是刚强之爻，坚于磐石，结果反受其困，不能动移，如同困于巨石。又想退却，倚靠二爻，二爻也是刚爻，其锋锐超过蒺藜，结果据不可据，依无可依，如同依据于蒺藜之上。当此时，进退出入皆不得舒，岌岌危矣。虽然有上六作为应援，欲求婚配，也终将因为进退失据，不可得见，有“入于其宫，不见其妻”之象，势必祸患临身，丧家败业，凶莫大焉。

孔子解释三爻的小象说：“据于蒺藜”，是说三爻以柔乘刚，据非所据，岂能安身？所以反身自顾，发现孤立寡援，一无所依，以至于“不见其妻”。这就是所谓的众叛亲离，危亡马上就会来到，没有比这更大的不祥，所以爻辞说“凶”。

按：困卦的三个阴爻，一开始就相互缔交，以掩抑困卦的三个刚爻。细究之，可知初六的困顿，源于它自陷于不明；等发展到六三的凶祸，则是自如不祥，心思越是险恶，招祸愈深。唯有上六，因为处在困卦的终极之处，有所悔悟，因此可以转凶为吉。然而世上的小人，为什么不效仿上爻，反思自身呢？

九四：来徐徐，困于金车，吝，有终。

《象》曰：来徐徐，志在下也。虽不当位，有与也。

【解义】

此一爻是言，拯人之困，有志者事终成也。金车，指九二。

周公系困四爻曰：九四与初为正应，初方困于下，不能自振。在四当急为救援，以图共济之功。但以阳居阴，才力不足，弃之则不能坐视，欲往则不可径行。迟回犹豫，其来也徐徐然。至初之望援，岂不欲急于就四而前进哉？祇为九二所隔，势不能通，若困于金车，不得遂进者然。是其始也，四以己之所应，急难方殷，而才不能以速拯，为可吝矣。究之相应者为正，中阻者为邪，邪不胜正，终无日隔之势，而有自合之理。彼此相得而有终也。

孔子释四象曰：四之来徐徐者，其事虽若缓，而志实在下，其心未尝不切也。人患无其志耳。苟志在初，虽居柔不当位，才不能济，而始离终合，必得遂其相与，庶几困不终困矣。

按：九四方为柔掩，乃欲借初柔以有终，何也？盖君子之于小人，绝之未尝太严，所以示包荒之量；与之不可太速，所以远朋比之嫌，故能用小人而不为小人所害。此四之善行其志也夫。

【白话】

这个爻的意思是说，四爻欲拯人之困，有志者事终成。金车，指九二。

周公所系的困卦四爻爻辞的意思是说：九四与初六为正应，初六困于全卦的最下面，无法自振。九四本来应该迅速救援，以共济时艰。但它以阳居阴，才力不足，弃之于心不忍，往之不能速行。徘徊着，犹豫着，速度非常缓慢。至于企望救援的初爻，难道不急切地盼望着九四前进吗？只是九四为九二所阻，难以通行，如同困于金车，前进不得。但这只是刚开始的时候，四爻虽为正应，理当救援，但才能有限，不足以速拯，所以爻辞说“吝”。但根据易理，终究是相应者为正，中阻者为邪，邪不胜正，最终一定会冲破阻隔，彼此相合相得，用爻辞的话说，就是“有终”。

孔子解释四爻的小象说：四爻所谓的“来徐徐”，虽说速度缓慢，但四爻确实有心拯救初爻，而且它的内心未尝不急切。人不患其他，只患无其志。四爻若是真心拯救初爻，就算它居于柔位，并不当位，显得才力不济，也能始离终合，遂其相济之愿，差不多就可以脱困了。

按：九四也被柔爻掩抑，却想拯救初六这个柔爻，以相得共济，有终有功，原因何在？主要是因为君子之于小人，完全断绝关系未免太严，所以圣人一再示以传习者“包荒之量”；接近它也不能太快，从而远离朋比之嫌。所以君子能用小人，而不会为小人所害。四爻可谓善行其志。

九五：劓刖，困于赤绂，乃徐有说，利用祭祀。

《象》曰：劓刖，志未得也。乃徐有说，以中直也。利用祭祀，受福也。

【解义】

此一爻是言，五以至诚感人，能解困而得亨也。受伤于上曰劓，受伤于下曰刖。赤绂，臣下之服。

周公系困五爻曰：九五上为阴掩，见蔽于近习。下则乘刚，又逼于强臣。是上下皆受其伤，而为劓刖之象也。如是则臣下不为我用，而反为其所制，是为困于赤绂也。幸其刚中而居说体，能善用其刚。不动声色，从容和缓，乃徐而图之。既不失之因循，复不伤于躁激。卒之大权渐收，不忧旁落。始受伤于上下者，今不终于伤，而可有说耳。推此道也，至诚感物，莫如祭祀。用是以感化臣下，而有不诚服者乎？其为说也必矣。

孔子释五象曰：五之志本欲济困，今阴掩则蔽，乘刚则危。身自受困如此，岂得志之时乎？乃徐有说，本由中德而以直行之。中则不偏，直则顺理。开诚布公，困从此济，而志可得。即用以祭祀，犹可以格神明，而受福佑，况在下之臣乎？所以徐而有说也。

按：拯困之功，不在急躁，而在舒徐。急则忿激误事，缓则从容观变，静俟机会，而易以成功。如光武焚书而安反侧，宋祖谈笑而释兵权，得此道也。汉唐末世，时际艰难。群小播乱，不思所以消导解散之术，轻发溃决，反致召祸，此皆不审于徐之故欤。

【白话】

这个爻的意思是说，五多以至诚感人，所以能解困得亨。受伤于上叫作劓，受伤于下叫作刖。赤绂，臣下之服。

周公所系的困卦五爻爻辞的意思是说：九五在上面被阴爻掩抑，好比被奉承之语欺骗；下面则乘刚，受逼于强臣。它是上下皆受伤，所以有“劓刖”之象。这样一来，臣下非但不能为其所用，还要受臣下的制约，这就是“困于赤绂”之象。幸亏它有刚中之德，并且居于兑卦之中，能够善用其刚，在不动声色中，从容和缓地徐徐图之。既不失之因循，又不伤于躁激。慢慢地就能收回权柄，不必为大权旁落而担忧。刚开始上下皆伤，如今却不必继续受伤，着实令人喜悦，所以爻辞说“乃徐有说”“说”即“悦”。由此推之，说到至诚感物，莫过于祭祀。用感格神明的虔诚感化臣下，会有谁不诚服呢？其喜悦也是必然的。

孔子解释五爻的小象说：五爻本想济困，但上被阴爻掩蔽，下又因为乘刚而自危。自身受困如此，岂是得志济困之时？所谓“乃徐有说”，主要是指它具备刚中之德，所以能直道行之。刚则有力，中则不偏，直则顺理。真能开诚布公，困境可以得济，其志可以得伸。如果用来祭祀，还可以感格神明，从而享受福佑，何况在下的臣子呢？所以能“徐”而“有说”。

按：拯危救困，不能急躁，而要舒徐。急躁就会因为忿激误事，舒缓则能从容观变，静待时机，易于成功。比如光武帝焚烧通敌书信，从而使臣下安心，宋太祖谈笑释兵权，也契合此道。在汉代与唐代的末尾，时局艰难，群小播乱，不考虑如何消导解散，轻举冒进，最终召祸，都是因为不明白“乃徐有说”之过。

上六：困于葛藟，于臲卼。曰动悔有悔，征吉。

《象》曰：困于葛藟，未当也。动悔有悔，吉行也。

【解义】

此一爻是言，当困之极，惟悔过可以得通也。葛藟，引蔓缠缚之草。臲卼，动摇不宁之貌。

周公系困上爻曰：上六阴柔，处困之极，才弱时穷，欲动以求解，则识力不充，束缚而不能解；欲静以求安，则事势所迫，又震撼而不能安。为困于葛藟，于臲卼之象。展转思维，才既不足有为，势复难于安处，动辄有悔，无往而不困也。所以然者，惟柔而自废，失其处困之道，故至此极耳。为上计者，若能翻然振作，兴起悔悟之思，以改其因循之习。力反而征行则明作有功，而吉可知矣。

孔子释上象曰：上之困于葛藟者，以阴柔为累，无解困之才，所处未得其当也。以未当而得悔，即以未当而能悔。将穷则思变，动罔不臧。是以吉之道而行，则其行为吉行矣，何困之不亨乎。

按：困五爻皆不言吉，而上独言吉者，盖物穷必变，困极则通。因其悔心之萌，开以自新之路，困则凶，行则吉。圣人所以挽回世道，砥砺人心，化小人而为君子，吉莫大于此矣。

【白话】

这个爻的意思是说，处在极其困穷之时，只有悔过，方能亨通。葛藟，引蔓缠缚之草。臲卼，动摇不宁之貌。

周公所系的困卦上爻爻辞的意思是说：上六是个柔爻，又处在极其困穷之处，才弱时穷，想动而求解，却因为见识和能力不足，不能解脱束缚；想静而求安，又因为时势所迫，震撼难安，这就是“困于葛藟，于臲卼”之象。辗转反侧，既不足以有为，又不足以安处，动即有悔，无往不困。之所以如此，就是因为它过于阴柔，自废不振，失了处困之道，所以困穷至极。圣人为上爻计，如若能幡然振作，有所悔悟，改其因循之习，从正而行，便可以明作有功，吉祥可想而知。

孔子解释上爻的小象说：上爻所谓的“困于葛藟”，是说上爻以阴居阴，过于阴柔，无有解困之才，所处也未得其当。它因为未得其当而得悔，也因为未得其当而能悔。具体说来，就是穷则思变，无所不善。它行的是正道，其行自然是吉行，有什么样的困境不能亨通呢？

按：困卦的五个爻都不说“吉”，唯独上爻说“吉”，是因为物穷必变，困极则通。它萌生了悔改之心，走出了自新之路，根据易理，困则凶，行则吉，这也是圣人用以挽回世道，砥砺人心，化小人为君子的良苦用心所在，所以说，吉祥莫大于此。

䷯ 井 巽下坎上

【解义】

井，取井养之义。井体有定而不迁，犹治道有常而不易也。虽时势推移，不无因革，而王者大经大法，终不可变，故卦辞示以法之当守，而又戒其变法之凶也。井以泉上出为功，犹之施其德以养人也。初六以居下而见弃，六四以阴柔而无功。九二虽有刚中之德，而上无汲引，下无汇征，怀才而未遇时者也。必如五之德位兼隆，上之博施济众，始泽被天下，收养道之大成焉。至于九三居下之上，又为贤人在下，不能有为之象。然其德既裕，民望久归，苟求贤之主登进而用之，则勿幕之功可覩也。是在用之者矣。然以井之道究言之，出之有原，施之有序。善法之，则井收之吉也；不善法之，则羸瓶之凶也。可不慎欤？

【白话】

井，取的是井养之义。井体有定而不迁，犹如治道有常而不易。虽然时势推移，有常有变，但基于王道的根本原则，终究不可更改，所以卦辞一方面教人守法，另一方面也申明了变法之凶。水井喷涌泉水，如同施德养人。初六因为居于全卦最下面被嫌弃，六四因为过于阴柔而无功。九二虽然有刚中之德，但上面没有汲引之人，下面也没有同道中人，正是怀才不遇之人。必须像德位兼隆的五爻和博施济众的上爻那样，方能泽被天下，收养道之大成。至于九三，则居于下卦的最上面，好比贤人处下，不能有为。然而它德行充裕，乃众望所归，只要有求贤之主进用，“勿幕之功”立见。一切取决于用人者。然而综观井卦之道，其要点在于出之有原，施之有序。善于效法者，则有“井收”之吉；不善于效法者，则有“羸瓶”之凶。能不慎重吗？

井：改邑不改井，无丧无得，往来井井。汔至亦未繘井，羸其瓶，凶。

【解义】

此卦巽下坎上，巽木入乎坎水之下而上出其水，坎水行乎巽木之中而滋润乎木，有井水上行之义，故名为井。卦辞言治法有常，当敬慎以守其成也。汔，几也。繘，绠也。羸，败也。

文王系井彖辞曰：井以养民为义，凡先王良法美意，所以利养斯民者，亦犹是也。井体一定而不迁，犹治法有常而不易。虽时势推移，不无因革，而王者大经大法所在，历万世而不可变。故养民者，必恪守成宪，如改邑而不改井然。夫既不改，则无更张之害，亦无创造之利。循乎固然，莫不沾其利泽。不犹井体不迁，无丧无得，而往来者皆得井其井，以为利乎！此守法之善道也。如名为遵守，而德意未加于民，纷更随起于后，犹之汲井者，几至上出，未尽收其绠，而已败其瓶，则垂成之功尽弃，无益有害，凶何如之？此见守法者，尤当慎终以观成也。

按：养民之道，莫备于先王。本天理，顺人情，不容少有加损，原无丧与得之可言。后世雄才大略之主，喜近功，见小利，欲图其得，所丧实多。天下之事，成于始而败于终者多矣。善为治者，岂可不敬其有终欤？

【白话】

此卦的下卦为巽为木，上卦为坎为水，巽木入于坎水之下，并出其水于上，坎水行于巽木之中，并滋润巽木，有井水上行之义，故名井卦。卦辞的意思是说，治理天下要遵循常道，要秉持敬慎之心，善守其成。汔，几乎。繘，井绳。羸，败。

文王所系的井卦卦辞的意思是说：井卦的宗旨是养民，凡是先王的良法美意，利于养育百姓的，均在其列。水井有定而不迁，如同治法有常而不易。虽然时势推移，有常有变，但基于王道的根本原则，历万世而不变。所以负有养民责任的君王，必须恪守先王的法度，如同改邑而不改井。不改其法，便没有更张之害，也没有创造之利。但因循固然之道，莫不沾其利益恩泽。不正像井体不迁，无丧无德，但往来者皆得其利吗？这才是遵守常法的完善之道。如果只是名义上遵守，而道德并未加诸百姓身上，纷争就会随之而起，犹如汲取井水的人，眼看水就要到井口了，还没收尽井绳，已经碰破了瓶子，导致功败垂成，无益有害，什么样的凶祸能与之相比呢？由此可见，遵守先王的成法，应该慎终如始，直至看到成效。

按：养民之道，先王已经完备。先王的养民之道基于天理，顺应人情，不容稍加或稍减，没有“丧”与“得”可言。但后世所谓的雄才大略之主，喜近功，见小利，本想有所得，但最终不得反失者，太多太多。天下之事，成于始而败于终者，同样太多太多。善于治理天下的人，怎能不秉持敬慎之心，慎终如始呢？

《彖》曰：巽乎水而上水，井，井养而不穷也。改邑不改井，乃以刚中也。汔至亦未繘井，未有功也。羸其瓶，是以凶也。

【解义】

此《彖传》，是释井彖辞，言成养民之功者，在守法以图终也。

孔子释井彖辞曰：卦何以名井？以卦象言，上坎下巽，是以巽木入乎坎水之下，而上出其水，亦犹井泉在下，可汲取上行而为利，此井之象也。以井之用言之，体不动而功及物，其出有源，其施不匮，日用饮食，需养而不穷矣。有事养民者，本其美意，布为良法，致养无穷，道亦犹是也。如此而可改易乎哉？其曰“改邑不改井”者，乃以二五之刚中也。刚则强毅有守，而持之能定。中则意见不偏，而因之可久，故能恪遵成法，而不致轻变也。至若“汔至亦未繘井”，是法度方行，利泽未能及物，而未有成功，正其所当兢守焉者。乃遽妄意纷更，变乱旧章，若羸其汲井之瓶，是以几成复败，贻害无穷，而不免于凶。岂非成法之不可不守，而守法者尤不可不要其成乎？

按：图治者法，守法者人。先王创立制度，无不尽美尽善，而子孙率多纷更者，大率起于好大喜功，贪多务得之一念，但思求胜于前人，而不知自取其败坏。内多欲而外施仁义，汉武之所以不及文景也。此言“改邑不改井”，而推本于刚中，可见欲守法而成久安长治之功者，端有赖于无欲之主。人君方寸之地，为万化所从起，故曰：“二帝三王之治，本于道；二帝三王之道，本于心。”治法未有不出于心法者也。

【白话】

《彖传》是对井卦卦辞的解释，意思是说能成就养民之功者，在于遵循先王之法，并慎终如始。

孔子解释井卦的彖辞说：卦名为什么叫井卦呢？就卦象而言，上卦为坎为水，下卦为巽为木，是以巽木入于坎水之下，并上出其水，也像井泉在下，可以汲取上行，以为利用，这就是井卦之象。就井的功用而言，它的特点是本体不动，但功用可以及物，其出有源，其施不匮，日用饮食，需养不穷。负有养民之责的人，出于美意，施布良法，养育无穷，其道与井卦之道一致。这样的话，能够轻易改变吗？卦辞所谓的“改邑不改井”，是就卦中二爻与五爻皆为刚中之爻而言。刚则强毅有守，持守能定。中则意见不偏，守持能久。既中且刚，方能恪守成法，不至于轻变。至于“汔至亦未繘井”，是说当法度方行，利益恩泽未能及物，尚未成功之时，应当兢守敬慎。若是肆意纷更，变乱旧法，就像在井口碰坏了汲水之瓶，功败垂成不说，还贻害无穷，不免于“凶”。这还不足以说明，成法不可以不守，守法不可以不慎终如始吗？

按：可以用于图治的是法度，应该遵守法度的是人。先王创立的制度，无不尽美尽善，但子孙后代每多纷更，大多是因为好大喜功，贪多务得，一心胜过前人，殊不知这正是取祸之道。内心满是欲望，只在表面上施行仁义，这是汉武帝不及文帝与景帝的原因所在。此处所说的“改邑不改井”，是就二爻与五爻的刚中之德而言，可见欲守先王成法，欲成长治久安之功，有赖于无欲之主。君王的方寸之心，千变万化，所以《尚书》有言：“二帝三王之治，本于道；二帝三王之道，本于心。”治理之法，没有不出于心法的。

《象》曰：木上有水，井，君子以劳民劝相。

【解义】

此《象传》，是言君子曲尽养民之道，得井养不穷之义也。

孔子释井象曰：巽木之上，而有坎水，津润上行，井之象也。君子体之，以民待君以为养，自处于逸不可也，则以身劳之。如制田里，教树畜，一切身亲其事，谓之劳民。使老者衣帛食肉，黎民不饥不寒是也。且民之待养无穷，独任其劳，不足也。又必劝勉之，如通有无，勤赒恤，一切多方劝导，谓之劝相。使比闾族党之相亲，贫贱患难之相助是也。盖一则以君养民，而上下之情通；一则使民相养，而彼此之谊洽。不犹井之养物，渊泉时出而不穷乎？

按：古者养民之法，莫善于井田。劳徕劝助，足衣食而修婣睦，王道之始，即王业所由成也。后世制度既湮，井田久废，时异势殊，虽不可泥古之法，苟师其意而行之，省力役，薄赋敛，勤本抑末，尚俭去奢，使学校无滥士，田野无游民，孰谓三代之治不可再见于今哉？

【白话】

《象传》的意思是说，君子曲尽养民之道，深得井养不穷之义。

孔子解释井卦的大象说：巽木上面有坎水，津润上行，这就是井卦的大象。君子体悟井卦的大象，深知万民有待君养，切不可自我放逸，于是以身劳之。如制田里、教树畜之事，都身亲其事，这就是象辞所谓的“劳民”。说具体点，就是使年长者衣帛食肉，让百姓不饥不寒。但百姓的需求是无穷的，独任其劳，明显不足，所以必须加以劝勉。比如互通有无、勤加赒恤，多方面加以劝导，这就是象辞所谓的“劝相”。具体说来，就是令比闾族党相亲，贫贱患难相助。综合来看就是，一方面以君养民，使上下之情通达；一方面使民相养，令彼此之情融洽。不正像井之养物，泉水喷涌不穷吗？

按：古代的养民之法，最完善的莫过于井田制。以恩德招徕，并鼓励邻里之间相互扶助，衣食足而姻睦修，既是王道之始，也是成就帝王之业的基础。后世制度湮灭，井田久废，时势也今非昔比，虽不可一味泥古，但能本着王道精神予以践行，省力役，薄赋敛，勤本抑末，尚俭去奢，使学校无滥士，令田野无游民，谁又敢说三代之治不能再现于今朝？

初六：井泥不食，旧井无禽。

《象》曰：井泥不食，下也。旧井无禽，时舍也。

【解义】

此一爻是言，初无济世之德，而惜其为时所弃也。

周公系井初爻曰：以阳刚为泉者，井之体；以上出为功者，井之用。今初六阴柔，则不能为泉，而无以济物。居下则不能上出，而难以利人。德不足于己，功不加于民，是明王所不宾，众人所共弃。犹井泥之污浊，不为人所食也。既不为人所食，无补于生民日用，将废弃而为旧井，即禽鸟亦莫之来顾矣。无德而不见用于世者，不犹是乎？

孔子释初象曰：井为济人之物，今井泥不食者，以井之居下，其位最卑故也。不能出身以加民，欲求其博施以利物，揆之于势难矣。况本无及物之德乎？旧井无禽，是一无所济，而为时舍置，理固宜也。从来士品之高下，关乎世道之污隆。故必裕经纶匡济之才，而后能建致主泽民之业。有其具而人不用，时为之也。无其具而为人所弃，穷无以善一身，达无以善天下，不亦可耻乎！观于此爻，有心世道者，当知所以自勉矣。

【白话】

这个爻的意思是说，初爻没有济世之德，为时所弃，殊为可惜。

周公所系的井卦初爻爻辞的意思是说：以阳刚为泉，这是井之体；以上出为功，这是井之用。如今初六阴柔，便不能为泉，便不能济物。而且初六居于全卦之下，不能上出，便难以利人。德行不足，无功于民，所以不为明王进用，而为众人共弃。犹如井中的污泥，不为人所食。既不能为人所食，供给日常，必将废弃为旧井，即便是禽鸟也不会来光顾。那些因为无德而见弃于世的人，不正像废弃的旧井吗？

孔子解释初爻的小象说：井为济人之物，所谓“井泥不食”，是说初爻位于井卦的最下面，地位最为卑微。不能做官施惠于民，还想博施济物，在这种情势下，其实很难做到。更何况它是个柔爻，原本没有及物之德呢？所谓“旧井无禽”，是说一无所济，仍应适时地给予恩惠，这是易理使然。因为士大夫的品行高下，关乎世道的盛衰与兴替。所以必须使经纶匡济之才富足充裕，方能建致主泽民之大业。有才德但不被任用，是时局的问题。无才德而被人见弃，穷不能独善其身，达无以兼济天下，不是很可耻吗？观察并体悟此卦，有心于时局世道之人，该知道如何自勉。

九二：井谷射鲋，瓮敝漏。

《象》曰：井谷射鲋，无与也。

【解义】

此一爻是言，德不足以遍济，由限于遇而不得其助也。谷，井旁穴也。射，注及也。鲋，小鱼也。

周公系井二爻曰：九二阳刚，本有泉之井也。但上无正应，则汲引无人，莫与同升。下比初六，则汇征无助，莫与推毂。虽有济人之才，旁出下流，不能普遍及物。故就其泽之所及，取象于井，犹井旁穴出之水，仅能下注于鲋，而不为人所食，泽不被远也。究其用之所施，取象于汲井，则如瓮之敝坏，而水漏于下，功不上行，无利济之用也。抱德而不遇时者，其取象如此。

孔子释二象曰：井谷射鲋，岂无济人之才哉？盖二虽刚中，而无与故也。若应与有人，以图共济，则泽可究而上行，挹彼注兹，足以致养而不穷矣。

按：初之不食，德不足也，其咎在己。二之射鲋，时不遇也，其咎在人。君子藏器于身，待时而动，苟非上遇明主之甄收，下获同心之推挽，亦乌能得志而有为哉？

【白话】

这个爻的意思是说，二爻才德不足，无法遍济，是因为际遇所限，不得其助。谷，井旁的洞穴。射，下注所及。鲋，小鱼。

周公所系的井卦二爻爻辞的意思是说：九二是阳爻，好比有泉之井。但上面没有正应，好比汲引无人，无人与其同升。下面与柔爻初六相比昵，好比汇征无助，无人与之协同。虽有济人之才，但只能旁出下流，不能普及万物。就其泽之所及，取象于井的话，犹如水井旁边的穴出之水，仅能下注鲋鱼，而不能为人所食，所以泽不及远。推究其功用所施及，取象于汲水的话，犹如水瓮敝坏，水漏于下，功不上行，无法利用。说到底，抱德而不逢时的人，就是它的取象。

孔子解释二爻的小象说："井谷射鲋"，难道是因为没有济人之才吗？总的说来，是因为九二虽然有刚中之德，但没有应与之人。如果应与有人，以图共济，其德泽便不难上行，损有余而补不足，足以致养而不穷。

按：初爻的“不食”，是因为德行不足，其咎在己。二爻的“射鲋”，是不逢其时，其咎在人。君子藏器于身，待时而动，若非得遇明主，或者有同德之人力荐，怎么可能得志而有为呢？

九三：井渫不食，为我心恻。可用汲，王明，并受其福。

《象》曰：井渫不食，行恻也。求王明，受福也。

【解义】

此一爻是言，济物者必为时用，而后可收其效也。渫，不停污也。

周公系井三爻曰：九三阳刚居正，有济物之德。但居下之上，不为时用，是德本足以致君泽民，未当通显，功效难施，犹井之渫洁而不为人食者然。遂使人情致悼，众望徒殷，未免于心恻者，何哉？正为其德之可用以利人，犹井之可汲以及物也，特无如王之未明耳。如有王之明者，知其可用而用之，则启沃之方，上可跻君德于雍熙；惠鲜之泽，下可引斯民于恬养。君民咸利，而无不受其福也。

孔子释三象曰：井渫不食，岂惟同类兴嗟。即行道之人，能无为恻乎？原其恻之之心，急在求王之明，用以成功，而上下实受其福耳。是以受福之故而求，则其求也人自为求，非三之有求于王也。

按：人君以知人为明，用人为急。知之不真，则所求非所用，所用非所求，而为害益甚。此君之德，必以明为大也。所谓明者，至诚以将之，虚己以待之。本之众论，以取其公。揽之一心，以行其断，庶几贤无不用，而用必皆贤。此知人之法也。故曰：“君明臣忠，则朝廷治安。”明之一言，诚探本之论也夫。

【白话】

这个爻的意思是说，有济物之才德，也必须见用于世，方能收其后效。渫，污浊不能停留之意。

周公所系的井卦三爻爻辞的意思是说：九三以阳居阳，非常当位，具备济物之德。但它位于下卦的最上面，不被当世所用，是因为它的德行原本足以致君泽民，但时运不济，不得亨通，功效难施，如同井已淘洗干净依然没有人食用一样。使得人情致悼，众望徒殷，心中悲伤，原因何在？正是因为他的德行可以用于利益他人，如同水井可以及水泽及于物，奈何没有圣明的君王。如果有圣君明主，知其可用而用之，其辅佐之良方，上可使君德跻于和乐升平之境界，其恩泽之施惠，下可引万民于恬养。君民皆利，无人不受其福祉。

孔子解释三爻的小象说："井渫不食"，岂止令同道中人嗟叹？即便是路人，能不为之悲伤吗？究其原因，就在于他一旦被明君圣主任用，有所成就，君民上下都能实受其福。因为能实受其福，所以人们会主动相求，而不是三爻有求于君王。

按：君王以知人为明，用人为重。知之不真，则所求非所用，所用非所求，为害更加严重。所以说，君德以明为大。而所谓"明"，说具体点就是至诚以将，虚己以待。要听取众人的议论，以取其公。要听从自己的内心，以行其断。这样差不多就可以做到贤无不用，用必皆贤。这才是知人之法。所以古人云："君明臣忠，则朝廷治安。"此言当真是探本逐源之论。

六四：井甃，无咎。

《象》曰：井甃无咎，修井也。

【解义】

此一爻是言，德修于己而有自治之功也。甃，井旁之砌也。

周公系井四爻曰：六四柔得其正，有清慎之德，而无刚毅之才。第能反躬自治，洁以居身，不染于污俗；清以居世，不混于浊流，犹井之甃治而不停污者然。如是则进修不已，厥德日新。虽泽未施于天下而独善，已具兼善之体，又何咎焉？

孔子释四象曰：井甃无咎，岂井之自为甃哉？正有所以修之者也。去旧以来新，防污以养洁，必修井而井始得甃。亦犹修身，而身始得全也。体既立，而用自裕。将有寒泉上出之功，而无井泥不食之咎矣。

按：三居内卦，曰井渫，内以致其洁也。四居外卦，曰井甃，外以御其污也。盖不渫则污者不洁，不甃则洁者易污。为学之道，必闲邪存诚，内外交养，亦犹是也。此修己为治人之本，先有体而后可冀其有用也欤。

【白话】

这个爻的意思是说，六爻善于修德，所以有自治之功。甃，砌在井壁上的砖石。

周公所系的井卦四爻爻辞的意思是说：六四以柔居柔，当位得正，有清慎之德，而无刚毅之才。所以能反躬自治，洁身自好，不染于污俗，不混于浊流，犹如水井得到了甃治但污泥仍然会堆积一样。如此一来，便只有进修不已，厥德日新一途了。其恩泽虽未施于天下，但也能独善其身，又有何咎呢?

孔子解释四爻的小象说：爻辞说“井甃，无咎”，难道水井能自行甃治么?圣人是借此阐释自修的重要性。去旧方能来新，防污方能养洁，修井才能使水井得以甃治。这恰如修身，身心才能完善。本体树立起来了，功用自然会很充裕。接下来，必然有寒泉上出之功，而不会有“井泥不食”之咎。

按：三爻位于内卦而曰“井渫”，取从内部使其洁净之意。四爻居于外卦而曰“井甃”，则取从外部防御污染之意。总的来说，不渫则污者不洁，不甃则洁者易污。为学之道，必然防邪存诚，内外交养，亦如井卦之道。再说具体点，就是治人先修己，先有其体，才谈得上相应的功用。

九五：井冽，寒泉食。

《象》曰：寒泉之食，中正也。

【解义】

此一爻是言，本天德以行王道，故能养而不穷也。冽，洁也。

周公系井五爻曰：九五居尊位，而有阳刚中正之德，其所涵蓄者既资深而不匮，其所施及者自周浃而无穷。存之则为内圣之德，行之则为外王之道。体立而用全，不犹井之清冽，不停污浊，而寒泉在中，足以为人所食者乎。此渊泉时出，德修于己，功及于人，所谓井养而不穷者在是矣。

孔子释五象曰：寒泉而为人食者，以阳刚为泉，有及物之泽。阳刚而又中正，则为泽之所从出。其见食于人，宜也。五具中正之德，以纯王之心，行纯王之政。匹夫匹妇，无不与被其泽，固若斯耳。

按：九五坎中一阳，天一所生，泉之不竭者也。天下之求养者，皆待命于五，则五岂可以无本而易涸者应之哉?使不加洁治，则旁流之秽浊者，得以汩乱之，而无以为润泽万物之具矣。五惟勤于自治，然后寒泉之体性不失。凡往来井井者，皆知为中正之道，而得以并受其福。斯为混混之原泉，而沾溉无穷者乎。

【白话】

这个爻的意思是说，九五遵循天德，践行王道，所以能养民而不穷。洌，洁。

周公所系的井卦五爻爻辞的意思是说：九五居于尊位，具备阳刚中正之德，其所涵蓄者资深而不匮，其所施及者周浃而无穷。存养于心，则为内圣之德，行之于外，则为外王之道。本体立，功用全，不正像井水清洌，污浊不积，寒泉在中，足以为人食用吗？其德泽时出，修于己，及于人，正如井养而不穷。

孔子解释五爻的小象说：所谓“寒泉食”，是说《周易》以阳刚为泉，能泽及于物。阳刚而又中正，好比恩泽从中而出。其为人所食，也是应该的。具体说来，是指五爻具备中正之德，能以纯王之心行纯王之政，天下万民，无不受其恩泽，所以有“寒泉食”之象。

按：九五是上卦坎卦中唯一的阳爻，而坎卦源于乾卦，有天一生水，水流不竭之象。天下所有的求养之士，皆等待九五一爻，九五若没有根源，易于干涸，又将如何应对呢？假使它不加洁治，身旁的污浊就会汩乱泛滥，从而伤害它润泽万物的才德。它唯有勤于自修，不断反躬自治，才能保持其寒泉之体，清洁之性。所以与之往来的人，都深知它奉行的是中正之道，并实受其福。所以它的恩泽能像有根源的泉水一样，喷涌不断，沾溉无穷。

上六：井收勿幕，有孚元吉。

《象》曰：元吉在上，大成也。

【解义】

此一爻是言，养道之成，由于实心而无不善也。收者汲器之出，幕者覆井之具。

周公系井上爻曰：井以上出为功，六居卦之上，而坎口不掩，是井养之德，无所壅于上。深仁厚泽，导民之利而不私；博施济众，听民之取而不禁。象犹井既收矣，勿复加幕，而往来者皆得井其井也。所以然者，本有孚之至诚，积中发外，以实心而为实政。其德泽所施，无所弗届，岂非至善而为元吉之道乎。

孔子释上象曰：养民之道，小惠未遍，不可以言成。今元吉而在上，过化存神，其取携之而不尽，斟酌焉而弥新，此真井道之大成也。彼施泽有限，而功仅小补者，奚足以当此？

按：井六爻皆取井养之义，初井泥，二井谷，皆废井也。三渫井之泥，四甃井之谷，则井体具矣。五则井冽而泉食，井之为用已备。然必至乎上而后始全其上出之功。所以他卦之终为极为变，惟井之终为大成之效。可见井之道，出之有本原，施之有次第。君人者善法之则为井收之吉，不善法之则为羸瓶之凶。义不两立，不可不慎也。

【白话】

这个爻的意思是说，井养有成，是因为内心虔诚，所以无有不善。收，指汲水之器出于井口。幕，遮盖井口的器具。

周公所系的井卦上爻爻辞的意思是说：井以井水上出井口为功，上六居于全卦的最上面，又位于上卦坎卦的最上面，而坎卦的最上面一爻是阴爻，阴爻开坼，如同井口不掩，好比井养之德，不壅于上。其深仁厚泽，能导民之利而不私；其博施济众，能听民之取而不禁。其象如同汲水有成之后，不盖井盖，这样往来之人方能随意取用。之所以如此，是因为上爻位于上卦坎卦之中，坎卦中间的一个阳爻好比至诚之心，积于中，发于外，能以实心行实政，其德泽所施，无所不及，这难道不是以至善之心行元吉之道吗？

孔子解释上爻的小象说：养民之道，未遍及小民，谈不上成功。如今六爻元吉而在上，所过之处莫不受其教化，取时不尽，用时弥新，真是集井道之大成。那些施惠不周，泽及有限的君王，能与这个爻相提并论吗？

按：井卦的六个爻，都取井养之义。初爻说“井泥”，二爻说“井谷”，指的都是废井。三爻渫井之泥，四爻甃井之谷，井身已具。五爻说“井冽，寒泉食”，井的功用已经具备。然后必须到上爻的时候，才算完善了上出之功，即汲水成功。所以别的卦到了六爻都会因极而变，唯有井卦的上爻有大成之象。可见井卦之道，出之要有本原，施之应有次第。君王善于效法，便有“井收”之吉，不善效法，则为“羸瓶”之凶。结果完全不同，不可不慎。

䷰ 革 离下兑上

【解义】

革取变革之义，凡事有必变之时，圣人因有改易之事。善革者准乎天人，而合于至正，始无妄革之弊。故卦辞曰“元亨”，又曰“利贞”，而后“悔乃亡”。六爻皆处革之人，而所居之位不同，象亦各异，要贵一慎革之心而已。初九有其才，而非其时，则以守分为正，慎其道于革之始。上六处时之盛，而无所用其才，则以静正为中，慎其道于革之终。九三则过刚不中，未免恃才任智，而有不慎之嫌。若九四之刚柔不偏，则因慎而得吉矣。六二柔顺中正，而上应九五，则慎而从五以行革矣。惟九五之阳刚中正，以大人之德而为革之主，收虎变文明之效，斯以慎而成功也。盖圣人重改作，不得已而有革，必审去故之义，制因时之宜，从可久之道，以善其革，所谓革而当也。故二虽才足有为，权能任事，必从容详慎。至已日而后革之者，缘二为人臣，不当为革之先，必上信下从，而后可言革。若五之经纶素裕，通变宜民，天下久已信从，然后创制立法，焕然一新也。盖于初戒其躁妄，于上戒其纷更，可轻言革欤？

【白话】

革卦取的是变革之义，凡事都有必变之时，所以圣人因变而改易。善于变革的人，以天道和人道为准绳，并合于至正之道，从而远离了妄革之弊。所以卦辞说“元亨”，又说“利贞”，而后“悔乃亡”。六爻讲的都是处革之人，因所居位置不同，其象各异，但都以慎革之心为要。初九有才，但未逢其时，因此以安分守己为正，慎革道于全卦之始。上六处于时势之盛，但不具备可用之才，因此以虚静贞正为中，慎革道于全卦之终。九三则以刚居刚，过刚不中，未免恃才傲物，而有不慎之嫌。像九四那样以刚居柔，刚柔并济，才能因慎而得吉。六二则柔顺中正，并且与九五成正应，好比慎而从君，以行革道。唯有阳刚中正的九五，以大人之德，居革卦之主，收“虎变”“文炳”之效，终因慎重而成功。总的来说，圣人注重变革，不得已才不得不变，必须以审慎之心对待去故从新之事，因时制宜，立足久远，思虑周密，方能革而有当。所以二爻虽然有足够的才德，也有一定的职权，但涉及变革，仍应从容审慎。爻辞所谓的“已日乃孚”，即至已日方可变革之意，这主要是因为二爻是人臣之位，不应在变革之时一马当先，必须遵循上信下从之理，方能讨论变革之事。必须像五爻那样，经纶满腹，通权达变，宜于万民，天下信从，然后才能创制立法，焕然一新。至于戒其躁妄的初爻，戒其纷更的上爻，怎能轻言变革？

革：已日乃孚，元亨利贞，悔亡。

【解义】

此卦离下兑上，离兑合体，有两相息而不相得之义，故名为革。卦辞言革之为道，不可不慎，当图所以尽善也。已日，事已成之日。

文王系革彖辞曰：革以变革为义，物理人情所当变革者，皆是也。凡人可与习常，难与通变；可与乐成，难与虑始。当革之初，未免疑惧，必待已革之日，事久论定，信所当然，而后乃孚。革之难，有如是也。然所以能致其孚者，必审所当革，尽善尽美，可通行于天下后世而无不大亨，且悉准乎天理人心而利于至正，然后见之施为，有利无害，而轻举妄动之悔乃可亡耳。使亨贞一有不具，安能致已日之孚而悔亡乎？圣人之重言变革，盖如此。

按：革之道，关乎治乱安危，非圣人之得已也。后世之患，不失于因循以养祸，则失于轻作以败事。故当革而不革，法久则弊生，不可也。不当革而轻革，兴一利必复生一弊，尤不可也。革之悔亡，鳃鳃乎虑之深，而言之慎矣。

【白话】

此卦的下卦为离为火，上卦为兑为水，离兑合体，有两两相息、不可相得之义，故名革卦。卦辞的意思是说，变革之道不可不慎，应该尽可能地周密、完善。已日，事已成之日。

文王所系的革卦卦辞的意思是说：革取变革之义，凡物理人情应该变革者，均在其列。人惯于守常，难以通变；乐于观成，难于虑始。处在变革之初，未免心生疑惧，必须等到已革之日，事久论定，信所当然，方能令人信孚。变革之难，就难在这里。其之所以能令人信孚的原因，必然是审慎地对待当革之事，尽善尽美，可通行于天下后世且无不大亨，而且以天理人心为准绳并利于至正，之后才能施为，才能有利无害，才能避免轻举妄动之悔。假使亨通之心与贞正之念有一不具，又岂能达致已日之孚并远离悔吝呢？圣人重视变革，大抵如此。

按：变革之道，关乎治乱安危，非圣人不能做到。后世之人，要么因为因循而养祸，要么因为轻率而败事。或者当革而不革，导致积弊丛生，固然不可。或者不当革而轻革，在兴利的同时复生弊端，尤其不可。所以革卦的卦辞强调“悔亡”，是基于深深的戒惧和谨慎持重之心。

《彖》曰：革，水火相息，二女同居，其志不相得，曰革。已日乃孚，革而信之，文明以说，大亨以正，革而当，其悔乃亡。天地革而四时成，汤武革命，顺乎天而应乎人。革之时大矣哉！

【解义】

此《彖传》，是释革彖辞，明革道期于至当。而又极言之，以赞其大也。

孔子释革彖辞曰：革之义何取哉？以卦象言，水上火下，两相息灭，而势不相容，物理之当革也。二女同居，少上中下，名位失序，而志不相得，人情之当革也，故为革。革则通变以宜民，宜乎人之即信矣。乃曰已日乃孚，何也？革故非常，黎民惧焉，有未即孚人之志者。必革之既定，有利于国，不扰于民，而人始信之。曰此其变之不容已者耳，若是而革，可轻言乎？卦德文明以说，内灼夫义理而不失于妄，外因乎时势而不隳于躁，凡其所拟议者，必尽善可通，而又一归于正，斯革为至当，而其悔乃可亡耳。设一有未当，则所系岂其微哉？因是而极言之，天地之道，阴阳变化，春革而为夏，秋革而为冬，寒暑代谢，相推于不已，而四时成焉。商周之际，时代递迁，汤革夏命为商，武革商命为周，天心人事，不容少有矫拂而顺且应焉。若是者，皆时为之也。时未至而不能先时，既至而不敢后。天地圣人，皆因乎时之所趋，而有不得不革者。革之时，岂不诚大矣哉？然则因时以成革者，明此为文明，顺此为和悦，是为大亨以正，革无不当，而悔亡若此也。

按：《书》曰："道有升降，政由俗革。"继治继乱，莫不各有当然之道。如盘庚之迁，始则民心未孚，既定而众志乃安。此革之而当者也。如嬴秦之坏封建，开阡陌，良法荡然。前宋之废祖制，行新法，贻害无穷，安能免于悔欤？谋国者当知所计矣。

【白话】

《彖传》是对革卦卦辞的解释，目的是申明变革之道，要尽可能的适当。并在此基础上详尽阐发，以凸显革卦的广大内涵。

孔子解释革卦的彖辞说：革卦是因何而得名呢？就卦象而言，上卦为兑为水，下卦为离为炎，水上火下，相互息灭，势不相容，从物理上说，应当革之。革卦又是二女同居之卦，具体说来上卦为兑为少女，下卦为离为中女，少上中下，名位失序，心志不可相得，从人情上看，也当革之，所以叫作革卦。革则通变，变则宜民，宜民则民信之。卦辞说"已日乃孚"，是什么意思呢？这是因为变革乃非常之事，令普通民众恐惧，不可能马上就让人信孚。必须在形成既定事定之后，有利于民，且不扰于民，民众才会信孚。若是一味求变，很多事情还没有捋顺，就急于变革，难道是说说那么简单吗？就卦德而言，下卦为离为光明，上卦为兑为喜悦，文明以说，心存义理所以不会失之于妄，外随时势因此不会坏之于躁，凡其所变革者，必须周密思考，尽量完善，在可以畅行的基础上，再遵循正道，这样的变革才是极其适当的变革，相应的悔吝才可以避免。若有所不当，其牵系的事情难道会小吗？因此圣人极力阐发变革的内涵，就天地自然之道而言，其阴阳变化，导致春革为夏，秋革为冬，寒暑代谢，相推不已，四时乃成。就人世变迁而言，最经典的例子就是商周之际，时代递迁，商汤革除夏朝的天命，建立殷商，后来周武王又革除殷商的天命，建立周朝。可见天心人事，不容矫拂，唯有顺应。一切变化，都是时之所至而已。时未至，不可以先时，时既至，也不可以失时。天地圣人，皆因时之所趋，所以不得不变革的道理。革卦的时义，岂不是真的很大吗？如果能据此因时而革，像革卦的下卦一样文明，像革卦的上卦一样和顺，就可以像彖辞所说的那样，“大亨以正”，革无不当，从而避免悔吝。

按：《尚书》有言：“道有升降，政由俗革。”继治也好，继乱也罢，都有其当然的道理。如盘庚迁都，一开始的时候，民众也不信孚，既定之后，众志乃安。这就是恰当的变革。如秦始皇废封建，开阡陌，使良法荡然无存，再如北宋王安石废祖制，行新法，贻害无穷，岂能免于悔吝？谋国者必须多加考虑啊！

《象》曰：泽中有火，革，君子以治历明时。

【解义】

此《象传》，言变革之道，莫大于明时也。

孔子释革象曰：兑泽之中而有离火，水决则火灭，而火受其变矣，为革之象也。君子体之，以天道人事关乎四时，乃变革之大者，于是制为历书，设占步之法，以推天象运行之度；立布算之术，以察气机旋转之变。一一理会，以明乎四时，使晦朔弦望，各因其序；分至启闭，不愆其期。将在上者，得以敬天勤民，在下者得以因时趋事。岂非革道之至大者乎！

按：《尧典》：“首命羲和，敬授人时。”圣门之论为邦，亦必以夏时为先，时若是其重也。凡民之生，因天之时以兴地之利，不明其时，则民不知所兴作。是无以为生，即无以为民也，何以成三才之道乎？君子体革之要务，于此可见矣。

【白话】

《象传》的意思是说，变革之道，最重要的是明白时势。

孔子解释革卦的小象说：泽中有火，水决则火灭，而火受其变，这就是革卦的大象。君子体悟革卦的大象，认为天道人事关乎四时，是最大的变革，于是制定历书，设立占步观天之法，推测天象运行之度；又设立布算之术，观察气机旋转之变。将之一一理会，以明四时，使晦朔弦望，各因其序，分至启闭，不愆其期，使在上者敬天勤民，令在下者因时趋事。这难道不是革道最为广大的内涵吗？

按：《尧典》有云："首命羲和，敬授人时。"孔圣人与颜渊讨论治理国家时，也以施行夏代的历法为先，重点也是一个"时"字。因为它关乎民生，因天之时，方可以兴地之利，不明其时，民众都不知道应该干些什么。无以为生，则无以为民，又何以成三才之道呢？君子体悟革卦的要道，于此可见。

初九：巩用黄牛之革。

《象》曰：巩用黄牛，不可以有为也。

【解义】

此一爻是示初以固守之义，为妄动者戒也。巩，固也。黄牛之革，取坚固之义。

周公系革初爻曰：变革之事大矣，必有其时，有其应，而后可。初九虽有阳刚之才，然当革之初，时犹有待。上无正应，事不我任，若违时拂势而遽言变革，是不失之躁妄，即失之勉强，岂计之得乎？初惟安常守分，无所变更，以不妄革为中，不强革为顺。持之甚坚，而守之甚固，象犹巩用黄牛之革然，此处革初之善道也。

孔子释初象曰：初之固执其守如此，岂当革而不革乎？特以所处之时，非有为之时；所居之势，非得为之势。断之以义，知其不可有为也。知其不可为而不为，此其为中顺之守，而无轻动之失矣。

按：国家之患，好大喜功。轻言变革，每由于新进生事之人。三代而下，若贾生本王佐之材，然当遇主之初，立谈俄顷，不度时势，遂欲变法，尽弃其旧而新是图。论者谓才有余而识不足，卒为时所忌嫉，不得竟其用。此爻之垂戒，诚有以夫。

【白话】

这个爻的宗旨，是让初爻固守，同时让妄动者引以为戒。巩，固。黄牛之革，取坚固之义。

周公所系的革卦初爻爻辞的意思是说：变革是大事，必须逢其时，有其应，而后才可以为之。初九虽然是阳爻，有阳刚之才，然而位于革卦的初始阶段，仍需待时而动。上面又没有正应，也没有任事之权，如果违时拂势，张嘴就说变革，不失之于躁妄，也会失之于勉强，称得上革而有当吗？作为初爻，它唯有安常守分，无所变更，不妄革，不强革，持之甚坚，守之甚固，就像用黄牛皮做的绳子紧紧绑住一样，才是这一爻的完善之道。

孔子解释初爻的小象说：初爻固执其革，难道是当革而不革吗？主要是因为它所处的时间，不是有为之时；它所居的位势，也不是得为之势。由此可知，当下它不可以有为。知其不可为而不为，只需行中顺之守，便不会有轻动之失。

按：国家之患，源于好大喜功。轻言变革者，每每是新进生事之人。三代以下，像贾谊这样的人，原本是王佐之材，然而刚刚得遇君王，谈论片刻，便不辨时势，急欲变法，而且要尽弃其旧，悉数从新。人们都认为他才学有余但见识不足，所以为时所忌，不得其用。初爻的垂戒，确实应该听取。

六二：已日乃革之。征吉，无咎。

《象》曰：已日革之，行有嘉也。

【解义】

此一爻是言，能慎于用革，斯行无不利也。已日，犹言姑停一日，再加详审之意。

周公系革二爻曰：六二柔顺中正，上应阳刚之君。体顺则无违悖以持其理，中正则无偏蔽以审其机。且才足有为，权能任事，可以革矣。然革乃大事，非得已者，化可更而无以善治，则不容遽更；变可通而无以宜民，则未可轻变。必从容详慎，至于已日，而后革之，如是而征行，从五以革，则去故以图新，上可利国，下可便民，吉且无咎矣。

孔子释二象曰：时事之当革者，革而不当，难乎其有嘉也，必已日而后革。其慎重如此，以是而行，则弊无不去，治无不新，是为有嘉而宜征耳。

按：人臣不当为革之先，必上下信从，而后可言革。故卦曰“已日乃孚”，此则曰“已日乃革”者，言乎君之革，不避艰难，既革之已日，而始孚。臣之革，不敢创造。既信之已日，而后革也。此二之从五，以行革道，为能敬慎而无失钦。

【白话】

这个爻的意思是说，谨慎地变革，方能行无不利。已日，姑且等上一等，再审查一下的意思。

周公所系的革卦二爻爻辞的意思是说：六二柔顺中正，并且上应阳刚之君九五，柔顺就不会违悖正道，中正便不会偏执不明，而且它的才德足以有为，职权也足以任事，正是可以变革之爻。然而变革毕竟是大事，不是出于己愿，可以更化但不能善治，便不能匆忙更改；变革可以能行，但不宜于民众，也不可轻变。必须从容详慎，暂缓其事，而后革之，依从正道，也依从君爻九五的意愿变革，方能在去故图新的基础上，利国利民，“吉”而“无咎”。

孔子解释二爻的小象说：时事当革时，革而不当，也不会得其嘉美，所以必须暂缓一时，而后革之。如此慎重，依此而行的话，就能弊无不去，治无不新，也就是爻辞与象辞所说的“嘉”而宜“征”。

按：为人臣者，不能在变革之时一马当先，只有在上者信，在下者从时，方能言革。所以卦辞说“已日乃孚”，此一爻则说“已日乃革”，具体意思是说，君王遇到变革之时，要不避艰难，必须先变革之后，方能使人信孚。臣子遇到变革之时，则不宜创造。应该先获得民众的信孚，然后再行变革。这正是二爻依从五爻，践行变革之道，敬慎不失的原因所在。

九三：征凶，贞厉。革言三就，有孚。

《象》曰：革言三就，又何之矣。

【解义】

此一爻是言，善革者当戒其躁动，而贵详审也。

周公系革三爻曰：九三过刚不中，居离之极，恃才任智，不加详慎，此非善于革者也。以是征行，一以急躁为之，则事有不通，人有不信，贻天下之害而凶矣。即使革所当革，亦不免矫枉太过，徒滋纷扰，虽贞而亦危厉之道也。然于时当革，所患者惟不能审耳。诚反其躁动而详审焉，议革之言必深思熟虑，至再至三，而后成就，则利害可否，无不区画周详，当乎事体，合乎人情，足以有孚而可革矣。

孔子释三象曰：革之可疑者患乎未审也。如革言至于三就，则情理既明，致审之极，无可复加，而又何之焉？盖未审则不可轻革，既审而犹不断，则当革不革，亦非处革之善道也。可见图天下事者在乎谋，成天下事者在乎断。寡谋则轻以昧理，少断则缓以失机。凡事皆然，况处革之时，尤所当计者乎。昔唐贞观之治，革隋季之弊，善谋而济之以能断，天下称房杜焉。三之三就而可革，殆能兼之矣。

【白话】

这个爻的意思是说，善于变革之人，应当戒其躁动，多加详审。

周公所系的革卦三爻爻辞的意思是说：九三以刚居刚，过刚不中，又位于下卦离卦的终极之处，恃才任智，不加详审，并非善于变革之人。以此征行，一旦有所急躁，事不通则人不信，从而贻害天下，因此爻辞说“征凶”。即便革所当革，也难免矫枉过正，徒滋纷扰，虽然贞正，但也是危厉之道。然而处在当革之时，不革不行，只怕变革之人不能详审。如果能戒其躁动，加以详审，其言语议论，必然深思熟虑，再二再三，直至完善，利与害，可与否，无不规划周详，合于事体，顺乎人情，足以“有孚”而革。

孔子解释三爻的小象说：变革时值得疑虑的，在于未加审详。如果能像爻辞说的那样，做到“革言三就”，情理皆明，详审也达到了极致，无以复加，还有什么值得疑虑的呢？总的来说，未加详审，不可轻易变革，既已详审，依然难下决断，就是当革不革，亦非处革之善道。可见图谋天下大事在于谋，成就天下大事在于断。寡谋就会昧以理，少断则会失其机。凡事皆然，而处革之时，尤须多谋善断。昔年唐太宗李世民开创贞观之治，革除了隋末的弊端，靠的就是房玄龄与杜如晦的多谋善断，二人同心协力，辅佐圣主，天下称颂。三爻“革言三就”，差不多可以兼得。

九四：悔亡，有孚，改命吉。

《象》曰：改命之吉，信志也。

【解义】

此一爻是言，革道之善，能见信于天下也。

周公系革四爻曰：革道利贞，九四居阴不正，宜若有悔。以其体居兑说，有刚柔不偏之用。又卦已过中，值水火变革之时。既有其德，又遇其时，是以变而得中，革无不当，而悔可亡也。然其所以能当者，要在处之以至诚，必其所存止此忧民体国之心，经营图度，不由矫拂，其有孚也，早已见信于人。至临时通变，以之更改命令，可以除前弊而收后效，不惟悔亡，亦且善治而得吉矣。

孔子释四象曰：改命之吉者，四之变革之志，本在于福苍生而利天下，则其诚悫无私，因时顺理，有不敢轻革而又不得不革者。使上下乐从，固已昭然共信其志也，又何疑改命之吉乎？此见事会当变革之日，时势两难，每多因循坐视，皆避悔之一念萌之也。经权常变，苟能自信其心一出于大公至正，即可信于天下后世。古之人，所以定大策，决大疑，而中外安之，若行所无事者，惟此而已矣。

【白话】

这个爻的意思是说，完善的变革之道，能取信于天下。

周公所系的革卦四爻爻辞的意思是说：变革之道，宜于居贞，九四却以阳居阴，居位不正，本该有悔。但因为它位于上卦兑卦之中，有刚柔相济之用。而且它位于四爻，卦已过中，正值水火变革之时。既有阳刚之德，又遇变革其时，综合起来看就是因变得中，革无不当，悔吝而亡。然而它之所以能够得当，要点在于能以至诚之心，忧民体国，经营图度，不矫不拂，其孚信自然不难见信于人。临事又能通权达变，根据需要调整，从而除前弊而收后效，不仅能做到“悔亡”，而且能因为善治而得吉。

孔子解释四爻的小象说：爻辞所谓的“改命吉”，是说四爻的变革之心，是基于造福苍生，利益天下，不仅诚恳无私，而且因时顺理，不敢轻革，而又不得不革。上上下下都乐意遵从它，都愿意相信它，为什么还要怀疑它能改命，带来吉祥呢？其内在意义是说，当变革之日，时势两难之际，常人往往因循坐视，以免后悔。其实，如果能经权达变，深信自己的意图出于大公至正，便可见信于天下与后世。古人之所以能定大策，决大疑，而天下安定，如若无事，原因就在于此。

九五：大人虎变，未占有孚。

《象》曰：大人虎变，其文炳也。

【解义】

此一爻是言革道之极盛，以见其成功之大也。

周公系革五爻曰：九五阳刚中正，以大人之德，为革之主，顺天人以改革，则其存于中者，有自新新民之极；而其见于世者，有创制立法之猷。于是礼明乐备，治定功成，焕然一新于天下。象犹虎之变，而文明之有赫也。然所以致此者，岂易得哉？世会当极敝之日，非更化不足以善治。吾惟经纶素裕，实有其可通变宜民者。则虽未占决，而天下之人久已信从，不待已日而始有孚矣！

孔子释五象曰：大人御世，制作一新，惟其未革之先，诚信畜于中。至既革之后，文章焕于外。皇猷帝治，炳然可观，象之为虎变也。非德位兼隆之大人，乌足以当此？

按：革必取于孚信者，不信则不从也。自三至五，皆言有孚。三议革而后孚，四有孚而后改。至九五之孚，过化存神，不但无议革之言，亦不待改命之志，积之久而发之大，所谓杀不怨，利不庸，迁善而不知，革之道斯极至矣。理本于自新，而效极于新民。帝德王功之盛，孰有加于此哉？

【白话】

这个爻处在革道极盛之时，足见其成功之大。

周公所系的革卦五爻爻辞的意思是说：九五阳刚中正，有大人之德，所以是革卦的主爻，它能顺天应人，改旧图新。胸中所想，无非“自新新民”；行之所至，每多立法之猷。于是礼明乐备，治定功成，天下焕然一新。其象犹如猛虎的条纹，文明赫然。然而做到这一步，难道很容易吗？处在天下凋敝之时，不变革不足以善治。而我既有经纶治世之才，又有权变宜民之策。尚未占卜，天下之人早已信服，根本不必像六二那样，必待“已日”才始“有孚”。

孔子解释五爻的小象说：大人变法有成，天下焕然一新，主要是因为大人未曾变革之前，诚信已积蓄良久。变革之后，其法度又焕然于外。皇猷帝治，炳然可观，犹如猛虎的花纹一样。若不是德位兼隆的大人，岂能当得起这样的爻辞象辞？

按：变革必须以孚信为基础，是因为不信则不从。从三爻至五爻，爻辞都说“有孚”。三爻是议革而后有孚，也就是“革言三就，有孚”，四爻是有孚而后改命，也就是“有孚，改命吉”。至于九五，其孚信已经达到了过化存神的程度，不但不需要商议，也不必等待修改天命之时，因为它的孚信积之久而发之大，用孟子的话说，就是“杀不怨，利不庸，迁善而不知”，已达革道的极致。其理源于自新，其效极于新民，也就是在以身作则的基础上，使百姓得到教化，帝王的功业，还有比这更大的吗？

上六：君子豹变，小人革面。征凶，居贞吉。

《象》曰：君子豹变，其文蔚也。小人革面，顺以从君也。

【解义】

此一爻是言革道之大成，当静正以守其终也。面，犹向。革面，言易向也。

周公系革上爻曰：上六革道已成，当继体守文之日，化行俗美。在君子渐渍于文教，迁善日新，光辉外见，如豹文之变然。在小人亦慑服于王章，畏威远罪，遵道遵路，而革面易向也。当此之时，治道极隆，岂复有加哉？若更有所征行，好大喜功，适足以启纷更之弊，是为已甚，而不免于凶。惟居贞静正，率由旧章，与天下相安于无事，乃可得吉。革道之不可过也如此。

孔子释上象曰：君子豹变，非润饰于其外也。道德积中，英华发外，由其充养之既粹，而文自蔚然可观也。小人革面，虽未必中心能革，而奉法禀令，易向知方，亦且效顺以从乎君上也。合言之，道德一而风俗同，革道不于此大成乎！夫天下事，始则患其难革，已革又患其难守。故三之征凶，戒于未革之先。上之征凶，戒于既革之后。总见变革之大，非圣人所得已也。丁宁告戒，始终慎重，固知开创难，守成尤不易。有周之文武，不可无成康；有汉高，不可无文景。久安长治，其在斯乎！

【白话】

这个爻的意思是说，当革道之大成，应静正而守终。面，面向之意。革面，改易方向之意。

周公所系的革卦上爻爻辞的意思是说：上六处在革道已成，应当继体守文，化行俗美。如果是君子，就会逐渐浸染于文教，迁善日新，光辉外显，如同豹子的条纹变化一般明显。如果是小人，也会因为慑服于王命，畏威远罪，遵道遵路，革面易向。当此时，治道极其隆盛，岂能复加？若一味征行，好大喜功，只会招致纷更之弊，甚至难免凶祸。唯有居贞守静，遵循旧制，与天下相安无事，方可得吉。变革不可太过，说的就是上爻的情况。

孔子解释上爻的小象说："君子豹变"，不是简单的粉饰、润色，而是道德积于中，而英华发于外，因为他的道德极其纯粹，表现出来才蔚然可观。而"小人革面"，是说虽然小人的内心未必会改变，但也能奉法禀令，易向知方，顺从君上。综合来看，就是道德一而风俗同，革道于此大成！天下之事，刚开始的时候难于变革，变革之后又难以守持。所以三爻的"征凶"之戒，戒于未革之先。上爻的"征凶"之戒，则戒于变革之后。总的来说，还是因为变革终究是大事，圣人也是不得已而为之。所以反复告诫，不断叮咛，使后人慎终如始，知道创业实难，守成则更加不易。周朝离不开文王与武王，也不能没有成王与康王；汉朝不能没有汉高祖，也不能没有文帝与景帝。长治久安之道，尽在其中！

䷱ 鼎 巽下离上

【解义】

鼎，重器也。得之难，守之不易。必才德兼备，辅相得人，用以合天心而顺民志，乃可以奠重器于无虞也。鼎卦初应于四，为所举用，阴柔不足以胜任，而当卦之初，鼎未有实，故无咎也。二乘于初，密迩阴柔，幸刚中自守，不为所溺。五居尊位，虚中以应九二之贤。上九复刚柔相济，以佐之。此所以上下之相成，而保鼎之道得也。九三越五应上，舍可事之君，从避世之士，如鼎耳方革，不可举移之象也。然能以正自守，则五终必求于三，三亦必应于五，终有明良相遇之吉。此卦大约，言有虚中之德，养圣贤以辅佐之意。且卦象臣之分多，君之分少。鼎有足，臣任之。鼎有腹，臣实之。鼎有铉，臣备之。君惟处两耳之间耳。故鼎得所辅，而势不孤。鼎得所扶，而器乃重。此得中应刚之说，尤为急也。

【白话】

鼎乃国之重器，得之难，守亦不易。必须才德兼备，辅相得人，契合天心，顺应民志，才可以鸣钟食鼎，无忧无虞。鼎卦的初爻上应九四，是被选拔任用的一爻，但它是阴柔，才德不足以胜任，所幸处在鼎卦的最初阶段，鼎中无物，所以无咎。二爻以阳乘阴，靠近阴柔的初六，幸好能刚中自守，不为所溺。六五居于尊位，以虚中之德，下应九二之贤。上九则以阳居阴，刚柔相济，辅佐于六五。二者上下相成，契合了保鼎之道。九三则越过君爻六五，上应上九，好比舍可事之君，从避世之士，如同鼎耳方革，不可举移。然而它以阳居阳，以正自守，六五终究会下求于它，它也终究会响应九五，明良相遇之吉，是迟早之事。此卦的要义，是说鼎有虚业之德，可以养圣贤，以为辅佐。从卦象上说，为臣之分多，为君之分少。鼎有足，由臣任之。鼎有腹，由臣实之。鼎有铉，由臣备之。君王只需居于两耳之间即可。鼎得其辅而其势不孤，鼎得其扶而其器乃重。得乎中而应乎刚，尤为急切。

鼎：元吉亨。

【解义】

此卦巽下离上，六爻有鼎之体，二象有鼎之用，故名为鼎。卦辞言，人君得保鼎之道，斯治化大通也。鼎，烹餁之器。吉字衍文。

文王系鼎彖辞曰：国家之重器莫若鼎。自非德位兼隆，而得贤才以辅之，无以成保定之功。今卦象本皇躬以建极，而有其德。卦变履大宝以出治，而有其位。卦体登俊乂以立政，而有其辅。三者兼备，故能补偏救弊，除旧布新，跻斯世于文明，措治理于尽善。上焉而天命以凝，下焉而民心以固。永奠重器于磐石之安，不亦元亨乎？

按：帝王之抚，有此鼎也。创业固艰，而守成尤不易。《传》曰："在德不在鼎。"《书》曰："任官惟贤才。"言乎修德乃保鼎之本，而用贤实辅德之原也。人主处丰亨豫大之时，能常思神器之不易守，势位为不足凴，而日以迪德简贤为兢兢，斯乃万世不拔之业也欤。

【白话】

此卦的下卦为巽为木，上卦为离为火，六爻构成了鼎体，二爻体现了鼎的功用，所以叫鼎卦。卦辞的意思是说，君王得到了保鼎之道，治理与教化都极其亨通。鼎，烹饪之器。"吉"，衍文。

文王所系的鼎卦卦辞的意思是说：国之重器，莫过于鼎。若非德位兼隆，并且有贤才辅助，很难成保定之功。卦象有皇躬建极之象，所以有其德。卦变有登基出治之象，所以有其位。卦体有任人施政之象，所以有其辅。三者兼备，所以能补偏救弊，除旧布新，使世象一新，措理尽善。上有天命之定，下有民心之固。国家长治久安，还不算“元亨”么？

按：帝王所保有的，帝业而已。创业固然艰难，守成尤为不易。《左传》曰：“在德不在鼎。”《尚书》曰：“任官惟贤才。”皆言修德为保鼎之本，而用贤乃辅德之原。君王若于丰亨豫大之时，常思宝鼎难守，势位皆不足凭，从而进德选贤，兢兢业业，方能有万世不拔之基业。

《彖》曰：鼎，象也。以木巽火，烹饪也。圣人亨以享上帝，而大亨以养圣贤。巽而耳目聪明，柔进而上行，得中而应乎刚，是以元亨。

【解义】

此《彖传》，是释鼎彖辞而极言其用之大，以明得亨之故也。象，形象也。巽，入也，谓以木入火。烹飪，饮食之属。

孔子释鼎彖辞曰：卦名鼎者，何哉？初阴下峙为足，二三四阳中实为腹，五阴对峙为耳，上阳横亘为铉，有鼎之象。以巽木入离火，借以烹飪。又有鼎之用，故曰鼎也。此岂直一物之微已哉？报功之典，莫大于享帝。特牲以迓居歆而必用鼎以烹之，始可以将其诚。经邦之道，莫重于养贤，饔飧以明式燕，而必用鼎以烹之，始得以申其敬。鼎之用，洵大矣。第凝鼎必恃乎有德，卦象上离为目，而五为耳，是在内则心思巽顺，而在外则耳目聪明也。主鼎必恃乎有权。卦变从巽来，阴进居五，是以温恭之主，而居元后之尊也。调鼎必恃乎有辅，卦体得中应刚，是以纯心之君，而获刚明之臣也。夫德位兼隆，明良交济，洵可永为享帝养贤之令辟矣。其元亨也，不亦宜哉！

按：敬天礼贤，圣王致治之要道。明堂宗祀，所以享帝而本之。曰夙夜畏威则格天，即以修德。笙筐燕飨，所以优宾而终之，曰视民不恌则吁俊。即以安邦。有天下者，其可不加之意乎？

【白话】

《彖传》是对鼎卦卦辞的解释，并且详尽阐释了它的广大作用，以申明鼎卦得以“元亨”的原因。象，形象。巽，入也，指以木入火。烹饪，饮食之属。

孔子解释鼎卦的彖辞说：卦名叫作鼎卦，原因何在？主要是从大象上看，初爻是阴爻，好比在下而对峙的足，二三四爻都是阳爻，好比中实之腹，五爻是阴爻，好比对峙的双耳，上爻是横亘的阳爻，好比铉，整体看上去有鼎之象。上卦为离为火，下卦为巽为木，又为入，以巽木入离火，可以用来烹饪。又有鼎的功用，所以叫鼎。但难道仅仅是因为它像鼎吗？酬报有功绩者，莫过于祭享天帝。将专门用于祭祀的牲畜用大鼎烹饪，才足以显示其虔诚。经邦治国之道，莫过于养贤，用燕饮之礼馈食并且以鼎烹之，才足以显示其恭敬。鼎的功用，实在是大啊！而且“凝鼎”必须有相应的德行，从卦象上看，上卦为离为目，五爻又为耳，好比在内心思巽顺，在外则耳目聪明。主鼎也必须有相应的权位。卦变是从巽卦变来的，具体说来是巽为风卦的六四升进一位，居于五爻的位置，好比以温恭之主，居于元后之尊。调鼎也必须有相应的辅佐，从卦体上看，君爻六五得中，并且下应刚爻九二，好比以纯心之君，获刚明之臣。它德位兼隆，又明良交济，确实是善于用贤的圣明之主。其能“元亨”，不是应该的吗？

按：敬天礼贤，是圣王致治之要道。明堂宗祀，乃祭享天帝之根本。时时敬畏就能感格上天，就是修德。笙簧燕飨，用于优待宾客并持之以恒，就不会失于轻佻，就能借助贤人之力，安邦定国。拥有天下的君王，能不加以留意吗？

《象》曰：木上有火，鼎，君子以正位凝命。

【解义】

此《象传》是言君子保鼎之道也。凝命，谓保有天命而不坠。

孔子释鼎象曰：木上有火而烹饪有资，鼎之象也。君子体之，以鼎乃天下之重器，犹人君所居之位乃天下之重宝。鼎不正则所受之实无以聚，位不正则所受之命何以凝？故敬慎以正其内，而存于心者，戏渝之必祛；端庄以正其外，而持诸躬者，跛倚之必戒。则所发皆正言，所行皆正道。于以上凝天命，自然巩固而无倾危之患矣。

按：正位凝命乃身世交尽之功，天人合一之道。盖朝廷正而百官万民罔有不正者矣，百官万民正而天命罔有不凝者矣。《书》言“疾敬厥德”，而即推之于祈天永命。《诗》言“颙卬令望”，而即验之于四方为纲。亦此旨也夫。

【白话】

《象传》的宗旨，是阐释君子的保鼎之道。凝命，保有天命而不坠之意。

孔子解释鼎卦的大象说：木上有火，烹饪有资，这就是鼎卦的大象。君子体悟鼎卦的大象，认识到鼎乃国之重器，而皇位乃天下之重宝。鼎不正的话，其所受之实无以聚；位不正的话，其所受之命何以凝？所以必须敬慎其内，正心诚意，不得有一丝嬉戏；端庄其外，持躬修己，不能有任何歪斜。如此一来，其所发皆正言，其所行皆正道。于上可保有天命而堕，自然能巩固皇权，而无倾危之患。

按："正位凝命"乃身世交尽之功，天人合一之道。因为朝廷正而百官必正，百官正而万民无有不正，百官万民皆正，君王的天命必然能保有而不堕。《尚书》说"疾敬厥德"，并推断说这样就可以"祈天永命"。《诗经》说"颙卬令望"，并马上验证于"四方为纲"。与此卦的意旨相同。

初六：鼎颠趾，利出否，得妾以其子，无咎。

《象》曰：鼎颠趾，未悖也。利出否，以从贵也。

【解义】

此一爻是言，初才德不足以胜任，戒其当自奋勉也。

周公系鼎初爻曰：初六在卦之下，上应九四，乃四所举以登用者，有鼎趾之象焉。第力不足以任重，未免倾覆之虞。犹鼎之颠，而趾反居上也。然能因其无德致败，而翻然惕虑，舍旧图新，祛阴柔之习，而振奋勉之功，如鼎虽颠趾，而旧日之否恶由之而出，则得其利矣。盖转败为功，犹得妾以其子，因贱而致贵也，何至终罹于咎哉？

孔子释初象曰：克尽其职者，人臣之道。鼎而颠趾，于道为悖，而实未为悖者，以其出否也。盖初上应九四之阳刚，从乎可贵之德，而强毅有为，自可不负所托。如鼎之利于泻恶而受美，未为悖也。

按：易之理贵阳而贱阴，可见柔靡之人，不足以任事。然苟能一念自奋，发愤有为，则始屈终伸，如管仲举于囚辱之余，孟明用于累败之后，因而成大名，显当世者多矣。自古明王用人，本不求备。马或奔踶而致千里，士或有负俗之累而立功名，由濯磨淬励之有道耳。出否从贵之义，寓意岂不远哉？

【白话】

这个爻的意思是说，初爻的才德不足以胜任，应该引以为戒，并以勤奋自勉。

周公所系的鼎卦初爻爻辞的意思是说：初六在鼎卦的最下面，上应九四，好比九四推举进用之人，有鼎趾之象。但初六是阴爻，才德不足以任重，未免倾覆之忧。恰如鼎之颠倒，而鼎趾反居于上。但它若能因此幡然悔悟，舍旧图新，祛阴柔之习，振奋勉之功，就像鼎虽然倾覆了，但旧日的恶习也会因此倒出，也能因此得利。其转败为功，犹如因为生了儿子而升为主妇的侍妾，因贱而致贵，何至于困咎到底呢？

孔子解释初爻的小象说：克尽其职，乃人臣之道。鼎颠其趾，看似悖道，实际上却没有悖道，是因为正好可以借此机会倾倒否恶。话说回来，还是因为初爻上应阳刚的九四，并顺从九四的阳刚之德，变得强毅有为，从而不负所托。就像鼎利于泻恶而受美一样，算不上悖道。

按：易理贵阳而贱阴，由此可知，柔靡之人不足以任事。但是能够发愤自强的话，也能有所作为，始屈终伸，比如管仲曾经是齐桓公的囚犯，孟明视曾连续败北，但二人后来都成就了大功，赢得了显名，远超于常人。自古以来，圣明的君王用人，从不求全责备。对于马来说，有喜欢踢人的千里马；对于士大夫来说，也有被世俗之言累及但功成名就的士大夫。个中原因，在于士大夫个人的修养与君王的鞭策。初爻的出否从贵之义，寓意岂不是很深远么？

九二：鼎有实，我仇有疾，不我能即，吉。

《象》曰：鼎有实，慎所之也。我仇有疾，终无尤也。

【解义】

此一爻是言，二能刚正自持，而不为小人所比昵也。我仇，谓初六，怨耦曰仇，不善之匹也。

周公系鼎二爻曰：九二以刚居中，是君子有充实之德，足以承天养民，而为世用者，为鼎有实之象。然近比初六，阴柔之小人欲与我为仇匹，相求非正，适为己之疾害，使于此而不能自守，则陷于恶矣。乃二秉刚中以禔躬，分别甚严，不为所浼。是虽密近小人，而终不能我即也。如此则刚中之实德不亏，而润身济物之大功可成，吉之道也。

孔子释二象曰：小人之得以累君子者，未始非君子有以致之。吾鼎有实，而自加慎重，不轻所往，虽我仇有疾害之理，而终不能浼，自不至陷于匪类，何有失身之尤乎？

按：君子小人，邪正之途势不并立。苟君子不慎所交，则必有败德之累，而为酿祸之阶。始之不谨，终悔莫及。故择善远恶，为守己处人之大防。《虞典》

曰："惇德允元，而难任人。"《周书》曰："勿以憸人，其惟吉士。"然则古帝王治天下之良法，又孰不以弃斥小人为保邦立政之本哉？

【白话】

这个爻的意思是说，二爻能以刚正自持，所以不会与小人所比昵。我仇，指初六，怨偶曰仇，指不太匹配。

周公所系的鼎卦二爻爻辞的意思是说：九二以刚居中，好比君子有刚中之德，足以承天养民，以之用世，为"鼎有实"之象。然而它靠近初六，而初六是阴柔小人，想与之匹配，二者又不是正应，如果九二不能自守，就会陷于否恶。好在九二有刚中之德，对正邪分别甚严，难以被污染。所以虽说紧挨着小人，也终究会保持距离，不被牵系。如此一来，其刚中之德固然不会亏欠，润身济物之功也可以成就，因此爻辞说"吉"。

孔子解释二爻的小象说：小人之所以能累及君子，未尝不是因为君子自身所致。假设如爻辞所说，自己的鼎内有食，又能多加慎重，不轻举妄动，虽然想与我匹配的小人意欲加害，但终究会因为我有刚中之德而不被污染，不至于陷于匪类，哪里有失身之尤呢？

按：君子与小人，分处正邪两端，势不并立。君子如果交友不慎，必然会有败德之累，从而酝酿祸端。开始的时候不谨慎，最终就会追悔莫及。因此择善远恶，始终是守己处人之大防。《虞典》有言："惇德允元，而难任人。"《周书》亦言："勿以憸人，其惟吉士。"其实，古代的圣君明主治理天下，有哪一位不是把弃斥小人作为保邦立政之本呢？

九三：鼎耳革，其行塞，雉膏不食。方雨亏悔，终吉。

《象》曰：鼎耳革，失其义也。

【解义】

此一爻是言，三始虽不偶于君而有悔，终当相遇而得吉也。耳，指五。革，谓不相属，不肯就君也。雉膏，谓道德之美也。方雨，谓君臣之合，犹阴阳和而雨作也。

周公系鼎三爻曰：三为鼎腹，上承离体，本有养民之腴也。顾鼎之举行在耳，士之致用在君，三与五既非正应，情不相属，不得乎君则道何由而行？众何由而济？如鼎耳方革，不可举移，而其行阻塞，虽有雉膏之美，而不能为世饔飧之用。上负吾君，下负吾学，为有悔也。然能以正自守，则五终必求于三，而三亦必应于五。阴阳相合，明良交会，如将雨然。向者去君长往之失，可无矣。是初虽有不遇之悔，终得相遇而吉也。

孔子释三象曰：君子之仕，原以行义。鼎耳革则狷介而不为时用，自失其义也。夫岂可哉！

按：士君子处世，诡随以希遇则失己，独善以忘君则废伦。惟自居中正之道，不急急于功名，亦不甘心于隐逸，斯得之矣。然自古圣帝明王，尤重尊德乐义之士。故士或守己以抗节，而君必屈体以下贤，未有怀才抱异，而见弃于明时者。此三所以终免不食之悔也。

【白话】

这个爻的意思是说，三爻最初因为不能与君爻相匹配所以“有悔”，但最终能够明良相遇，收获吉祥。耳，指五爻。革，因为不相属，所以不肯依从君爻之意。雉膏，指道德之美。方雨，指君臣之合，犹如阴阳相和而降雨。

周公所系的鼎卦三爻爻辞的意思是说：三爻是鼎腹的位置，上承离卦，本有养民之膏腴。但鼎的升举与移动在于鼎耳，而士大夫的致用在于君王，三爻与五爻也不是正应，情不相属，便不能得君，又如何践行其道呢？又如何匡济天下的民众呢？这就好比巨鼎刚刚重铸鼎耳，不可举移，依从君王的路阻塞难行，虽有雉膏之美，但不能使世人享用。向上辜负了君王，向下对不起一身所学，所以“有悔”。然而，它若能以正自守，作为君爻的六五迟早会相求于它，它也一定会响应六五。阴阳相合，明良交会，恰如天降喜雨。之前的过失与悔恨，都不复存在。所以总的来说，它最初会有不遇之悔，而最终会有相遇之吉。

孔子解释三爻的小象说：君子入仕，原本是为了行道。所谓“鼎耳革”，是狷介的表现，因此不被进用，已经背离了君子之道。岂能如此？

按：士君子处世，没有原则地追求进用就会迷失自我，只知道独善其身而忘记了自己的责任则是废弃伦常。唯有持守中正之道，不汲汲于功名，也不甘心于隐逸，方能契合君子之道。然而自古以来的圣帝明王，都非常尊重贤人高士。如果有士人守己抗节，君王肯定会屈己下贤，从来就没有怀才之士见弃于圣明之时。这才是九三最终能免于不食之悔的原因所在。

九四：鼎折足，覆公餗，其形渥，凶。

《象》曰：覆公餗，信如何也。

【解义】

此一爻是为大臣轻任匪人，而悮国者戒也。覆，谓倾。餗，谓馔。形渥，作刑剭，谓重刑也。

周公系鼎四爻曰：九四居大臣之位，任天下之重者也。天下之事，岂一人所能独任？必当求天下之贤智，与之协力。乃四反下应初六之阴柔，则任托小人，必至败坏天下国家之事，为鼎折足而倾覆公餗之象。刑剭之诛，无所逃矣！凶莫甚焉。

孔子释四象曰：大臣见用于君，其始所自许者，未有不欲荐贤吁俊，以成元亨之治。今四悮用小人，以至败事。与向者相期许之意，如何矣？不亦自愧大烹之养乎？

按：帝王欲用天下之人，必先择一用人之人。《周礼》六官，其属各六十，以人事君者，大臣之职，但须用得其人耳。盖用人之得失，实关大臣之休戚。亦非独关大臣之休戚，而实系国家之治乱。用非其人，自取刑戮，祸止于一身，凶犹可言也。乃竟以此负圣主之托，败朝廷之事，祸并中于天下，凶不可言也。然则在上者，欲择用人之人，可不慎哉！

【白话】

这个爻的宗旨，是告诫那些轻任匪人的大臣，避免误国殃民。覆，倾。餗，馔。形渥，应作“刑剭”，重刑之意。

周公所系的鼎卦四爻爻辞的意思是说：九四位于大臣之位，肩负着天下的重任。天下之事，岂一人之力所能独任？必须求取天下的贤才，与之同心协力。而九四与初六有正应，所以便把重任委任了阴柔的初六，好比任意托负小人，必然会导致天下国家败坏，为“鼎折足，覆公餗”之象。重刑乃至诛杀，无所逃避！凶莫大焉。

孔子解释四爻的小象说：大臣见用于君王，最值得引以为傲的，就是为国家进用了贤俊，同心协力，共成元亨之治。如今九四误用了小人，导致事败，想想当初的期许，情何以堪？难道不会自愧于大烹之养吗？

按：帝王欲用天下之人，必须先选择一位能用人之人。按照《周礼》，天子要设立六官，六官各有六十名属下。任用属下，是大臣的职责，但必须用得其人。因为用人的得与失，关系着大臣的喜乐与忧虑。而且不仅仅关系着大臣的喜乐与忧虑，还关系着整个国家的治与乱。用非其人，自取刑戮，如果仅限于自己，凶犹可言。如果因此辜负了圣主所托，败坏了朝廷大事，祸联天下，则凶不可言也。所以在上者，选择用人之人时，怎么能不谨慎！

六五：鼎黄耳金铉，利贞。

《象》曰：鼎黄耳，中以为实也。

【解义】

此一爻是美人君以虚中之德下贤也。五于象为耳，而有中德，故云黄耳。金，坚刚之物。铉，谓贯耳以举鼎者。

周公系鼎五爻曰：六五虚中而应九二之坚刚，是纯德之君，而又得贤臣以助之。明良喜起，犹鼎黄耳而贯之以金铉也。正位凝命，不待言矣。然必任贤之诚，始终勿移，以底于贞固焉。斯贤者乐为效用，而鼎器之重，可赖之以共举矣。

孔子释五象曰：君必得臣以建功，臣必得君以弘化。五之取象于黄耳者，以六五有虚中之实德，故能忘己以任贤，非矫饰于外而为之也。

按：天下重器，非得人不可共济。古之圣主，一心用贤以致泰交之盛治者，非有他术也，惟其中之虚而任之诚耳。盖虚则无予知自矜之失，而贤者得以尽其才，诚则无奸邪杂进之虞，而贤者得以久其位。《书》曰："任贤勿贰，去邪勿疑。"《诗》曰："中心好之，曷饮食之。"其虚与诚之谓欤！

【白话】

这个爻的宗旨，是赞美君王有虚中之德，能礼贤下士。五爻从大象上看相当于鼎耳，由于它居中，具备中德，所以说黄耳。金，坚刚之物。铉，贯穿两耳用以举鼎的横杠。

周公所系的鼎卦五爻爻辞的意思是说：六五有虚中之德，下应刚坚的九二，好比纯德之君，得了贤臣之助。明良喜起，恰如用金铉贯穿金黄色的鼎耳，鼎得以升举。能保有君位，自不待言。但其任用贤人的诚心必须始终不移，即贞且固。贤人也乐意效命，从而与之一起，共举国之重鼎。

孔子解释五爻的小象说：君王必须得臣方能建功，臣子必须得君才能行道。五爻取象于“黄耳”，是因为六五有虚中之德，黄为中色，因此六五能诚心任贤，而不是矫饰于外。

按：鼎为天下重器，不得人，不得共济。古代的圣君明主，一心用贤，以便君臣交泰，共致盛治，没有别的途径，只有怀虚中之德，任人惟诚。总的说来，虚则不会有自矜之失，使贤人可以尽其才；诚则不会奸邪杂进，使贤人可以久其位。《尚书》有云：“任贤勿贰，去邪勿疑。”《诗经》有云：“中心好之，曷饮食之。”说的都是“虚”与“诚”。

上九：鼎玉铉，大吉，无不利。

《象》曰：玉铉在上，刚柔节也。

【解义】

此一爻是美上臣德之纯也。玉铉，刚而能温之象。节者制而不过也。

周公系鼎上爻曰：上九耳目之臣，佐君弘化，犹鼎借铉之贯耳以举也。第辅鼎太刚，则失燮理之宜。今以阳居阴，刚而能温，是本其参和之德，而出之为剂量之施。直栗而济以宽温，惇大以成其明作，有鼎玉铉之象焉。如此则竞絿不偏，事皆尽善而大吉。且上可成致主之猷，下可敷泽民之化而无所不利矣。

孔子释上象曰：上九居辅弼之任，其取象于铉宜矣。然不徒曰鼎铉，而曰玉铉者，盖温润而栗，玉之节也。上九以阳居阴，则刚不一于刚，而又节之以柔。夫其刚也，一玉之栗也。其柔节也，一玉之温润也。上之取象于玉铉，其以此夫。

按：五象鼎耳，以上为铉。以九为金，虚中以纳铉之刚，君之圣也。上象鼎铉，以九为铉，以上为玉，质刚而用之以柔，臣之节也。君之于臣，惟恐其有所畏难，而忠荩不尽，故曰金。即大舜“汝无面从”之义也。臣之于君，虽效其直言，而恪恭不替，故曰玉。即文王小心翼翼之义也。君不挟其亢心而谦抑于上，臣不恃其正气而敬谨于下，则天命凝而神器奠矣！

【白话】

这个爻的宗旨，是赞美上爻的德行纯正。玉铉，刚而能温之象。节，制而不过之意。

周公所系的鼎卦上爻爻辞的意思是说：上九好比君王的耳目之臣，辅佐君王教化天下，犹如鼎借助铉，贯穿鼎耳，以为升举。如果辅佐者过刚，显然不太适宜。如今上爻以阳居阴，刚而能温，好比内有参和之德，处有剂量之施。以其宽济其直，以其惇成其明，有“鼎玉铉”之象。如此一来，便不会失之刚躁，凡事皆能尽善，从而大吉。而且它对上有良言美策，对下能教化百姓，所以爻辞说“无不利”。

孔子解释上爻的小象说：上九有辅弼君王的重任，取象于铉，非常适宜。然而爻辞并不仅仅说“鼎铉”，而是说“玉铉”，是因为温润而栗，是玉的德性。上九以阳居阴，好比在即将过刚之时，节之以柔。其刚恰如玉之栗，其节恰如玉之温。上爻之所以取象于玉铉，原因就在于此。

按：五爻好比鼎耳，以上爻为鼎铉。刚爻好比金属，五爻以虚中之德，纳鼎铉之坚刚，恰如圣君明主。上爻取象于鼎铉，以刚爻为铉，以上爻为玉，质刚而用之以柔，恰如为人臣者的节操。对于臣子，君王唯恐他们有所畏难，因此有所保留，所以爻辞曰“金”，也即舜帝所强调的“汝无面从”之义。而对于君王来说，臣子就算直言以谏，也不能有丝毫不恭，所以爻辞曰“玉”，也即文王小心翼翼侍奉纣王之义。君王不因为自己高高在上而有所谦抑，臣子不仗恃自己有理而敬谨于下，天命就可以长保，神器就可以永存！

舒涵 著

国学经典日讲解义丛书

日讲易经解义

全白话本【第三册】

华龄出版社
HUALING PRESS

卷十二

䷲ 震 震下震上

【解义】

震取一阳生于阴之下，有奋迅激发之意焉。然当变动之时，而能恐惧修省，则可致福而远害，故曰亨。此卦以初为震主，其余诸爻各就其位，以明处震之义耳。六二守正于震来，故复得也。六三去不正于震时，故无眚也。九四沉溺于二阴，故未光也。六五中德自守，以恐惧为心，故能易乱为治，以危为安，使无丧而有事也。人君致治也，在一念之兢惕，知其危则思保危，忧其害则思弭害。故虽如上之阴柔而处震极，犹能早图而无咎也。观震卦，自上六之外，别无凶者，以其有危惧之心，无逸豫之志也。然与其临震而方惧，不如未震而豫防。故境之震，出于猝至者，未可知也；心之震，惕于平时者，可自主也。能以心御境，境可无患矣。

【白话】

震卦取义于一个阳爻生于两个阴爻之下的大象，有奋起激发之意。然而，身处变动之时，能在恐惧的基础上自我修省，就可以致福而远害，所以卦辞说“亨”。震卦以初爻为卦主，其余诸爻各就其位，目的是申明不同情况下的处震之义。六二能在震动之中保持中正，所以能失而复得。六三能去不正于震时，所以“无眚”。九四则沉溺于上下两个阴爻之间，因此君子之道“未光”。六五自守虚中之德，恐惧敬慎，所以能易乱为治，以危为安，所以能“无丧”而“有事”。君王能否致力于天下大治，取决于内心是否兢惕，知其危方能保其危，忧其害方能远其害。所以虽然上爻是柔爻，又处在震卦的极危之处，但也能通过早做准备而“无咎”。统观上卦，除上六之外，没有任何一个爻说“凶”，原因就在于其余五爻都有危惧之心，而无逸豫之志。然而，与其临震而惧，不如未震先防。外界的震动，特别是那些仓促之事，不可预知；但内心的震动，如果平时加以警惕，可以自主。以心御境，境可无患。

震：亨。震来虩虩，笑言哑哑。震惊百里，不丧匕鬯。

【解义】

此卦上下皆震，一阳始生于二阴之下，有突如其来，迅奋激发之义。是当震而能动者也，故名为震。卦辞言，人心常存恐惧，乃为致福之道也。震来，当震之来时。虩虩，恐惧惊顾貌。震惊百里，以雷言也。匕，所以举鼎实。荐，则升于俎上。鬯，谓以秬黍酒和郁金以灌地降神。不丧匕鬯，存主有定也，以长子言。震为长男，故有长子之象。

文王系震彖辞曰：时至于震则变动不宁，若不可以得亨矣。不知生全出于忧患，而安乐得于艰危。震盖自有亨之道焉。震亨何如？人当震之来时，苟能虩虩然恐惧修省，而不敢有一毫慢易之心，则图维之周，虑事之熟，始于忧勤，终于安适，而一笑一言，皆哑哑自如矣。虽或卒然之顷，变起意外，如雷之奋击，百里之内，莫不为之震惊，然此中之主宰素定，身心泰然，无改常度，不犹长子之主祭者，恪守所主之重，而不丧匕鬯乎！震有亨道如此。

按：震有自内出者，则为恐惧修省；有自外至者，则为忧患灾害。然圣人不恃震之不来，而恃我有处震之道。故兢业日惕于神明，抑畏时凛于夙夜。盖惟惧乃可以不惧，惟危乃可以不危。《诗》曰："敬天之怒，无敢戏豫。敬天之渝，无敢驰驱。"言其敬也。若不知敬惧，而以慢易乘之，则事变之来，将惶惑而不知所措矣。故临大事而不失者，惟始终一敬而已。此处震之道也。

【白话】

此卦的上卦与下卦都是震卦，震卦的大象是一个阳爻始生于两个阴爻之下，有突如其来，奋起激发之义，当震而能动，所以叫震。卦辞的意思是说，内心常存恐惧，实为致福之道。震来，震之来时。虩虩，恐惧惊顾的样子。震惊百里，指雷的声势。匕，用以升举鼎中之实的器具。荐，升于俎上之意。鬯，以黑黍酒和郁金灌地降神之意。不丧匕鬯，有存养、有定力的表现，指长子。震为长男，故有长子之象。

文王所系的震卦卦辞的意思是说：卦变发展至震卦的时候，时势会变动不宁，似乎不可以亨通。孰不知生于忧患，而安乐源于艰危。震卦自有它的亨通之道。为什么这么说呢？人在震动到来之际，如果真能虩虩然恐惧修省，不敢有丝毫的慢易之心，谋划会非常周密，思虑会非常完善，最初的忧虑和勤劳，最终都会变成安闲与舒适，一笑一言，都充满了欢欣舒畅。就算有意外之事猝然而至，如同惊雷奋击，百里之内，皆为之震惊，然而内心一贯的安定，使得它安之若素，身心泰然，不改常度，不正像主祭的长子，能恪守庄重之道，不丧匕鬯吗？这就是震卦亨通的原因。

按：有的震动源自内心，对此只能恐惧修省。有的震动来自外界，包括忧患与灾害。圣人从不奢望震动不来，而是寄希望于处震之道。所以白天兢兢业业，谨慎戒惧，夜晚也谦抑敬畏，时时凛然。这是因为只有心存恐惧，才可以不至于那么恐惧，只有凛于危亡，才可以远离危亡。《诗经》有言："敬天之怒，无敢戏豫。敬天之渝，无敢驰驱。"宗旨就是一个"敬"字。如果不知敬惧，怠忽轻慢，一遇事变，将惶惑而不知所措。所以，那些临大事而不失的人，内心始终存有深深的敬惧，而这正是处震之道。

《彖》曰：震，亨，震来虩虩，恐致福也。笑言哑哑，后有则也。震惊百里，惊远而惧迩也。出可以守宗庙社稷，以为祭主也。

【解义】

此《彖传》，是释震彖辞以明震之所以亨也。则，法也。出，谓继世而主祭也。"出可以守宗庙社稷"上当有"不丧匕鬯"四字。

孔子释震彖辞曰：震而系以亨者，盖人事之安危，系于一心之敬怠。心能震动，则自有亨道，不待言矣。又云"震来虩虩"者，盖忧患灾害自外而来，惟心存戒惧，不敢少宁，则忧患消而安乐至，恐虽非福，乃所以致福也。又云"笑言哑哑"者，盖遇事而惧，则审虑必极其精，区画必极其当。一举一动，无不合于法则，此所以得相安无事，而笑言哑哑也。所谓惊震百里者，盖言国家事变卒临，众志摇动，如雷震百里之内，远迩皆为之惊惧也。当此时，而有长子之责者，乃能处之凝定，不失所主，则持重之德，真足以负荷重器，可以守宗庙社稷，而为天地神人之祭主矣。

按：易以乾为人君之象，震为储贰之象。盖能成其为子，斯无负其为君。震之惧，即干之惕。震之动，即乾之健。人情惧则畏威之念迫，而省过之心生。动则怠慢之气祛，而明作之功奋。乾道之乘时御天，长子之主鬯宗庙，乾与震无二理也。

【白话】

《彖传》是对震卦卦辞的解释，目的是阐明震卦之所以亨通的道理。则，法。

出，继位并主祭之意。“出可以守宗庙社稷”之上，当有“不丧匕鬯”四字。

孔子解释震卦的彖辞说：之所以为震卦系上“亨”的卦辞，主要是因为人事之安危，系于一心之敬怠。内心还能够震动，自然有其亨通之道，不必复言。又说“震来虩虩”，主要是说忧患灾害自外而来时，唯有心存戒惧，时时忧虑，忧患才可以消除，安乐才可以达致。所以说，恐惧不是什么福祇，但是心怀恐惧可以达致幸福。又说“笑言哑哑”，主要是说遇事而有忧惧之心，审察与思虑必然会很精细，规划与适度也必然会很恰当。一举一动，皆合于法度，因此可以相安无事，“笑言哑哑”。而所谓“震惊百里”，主要是说国家猝临事变，众心摇移，如同雷震一声，百里皆闻，远近人等，都为之惊惧。当此时，负有继世之责的长子，如果能处之泰然，定力不失，其持重之德，便足以负荷重器，守护宗庙社稷，无论天地神人，皆可主祭。

按：易经以乾卦代表君王，以震卦代表储君。震卦既然是乾卦的儿子，就不会辜负其君父。震卦所谓的“惧”，即是乾卦所谓的“惕”。震卦的动性，即是乾卦的健行之德。人一旦有了畏惧之心，就会被恐惧紧紧压迫着，随之就会升起反省之心。一旦有所行动，就不再怠慢，转而变得勤奋。乾道所谓的“乘时御天”，与震卦所谓的“长子主鬯”，道理是一致的。

《象》曰：洊雷，震，君子以恐惧修省。

【解义】

此《象传》，是言君子畏天之学也。洊，再也。

孔子释震象曰：雷声至重，洊则加厉，震之象也。君子体之，以为祸患之来，皆人事所感召，自非反身修德，何以格天而弭灾？于是内存恐惧而作于心者，罔敢有怠忽之时；外务修省而见于事者，罔敢有苟且之行。战战兢兢，实图率德改行，以无负天心之仁爱，斯处震之道得矣。

按：人未尝无恐惧之时，而恒不能尽修省之实。盖徒恐惧而不修省，则变至而忧虑百出，变已而怠缓自如矣。君子则忧其变之来，而恐惧以图之于先；思其变之弭，而修省以救之于后。所以能尽畏天之学也。昔周宣王遇灾而惧，侧身修行。宋景公一言合道，荧惑退舍。恐惧修省，诚人君挽回天心之要道哉。

【白话】

《象传》的意思是说，君子要敬畏上天，顺应天命。洊，再。

孔子解释震卦的大象说：雷声至重，洊则加剧，这就是震卦的大象。君子体悟震卦的大象，深知祸患乃人事所感召，若不能反身修德，如何能感格上天，消弭灾难？于是心存恐惧，不敢有怠忽之时，外务修省，不敢有苟且之行。战战兢兢，率德改行，不负君王之错爱，这才是处震之道。

按：人并非没有恐惧的时候，但很难在恐惧之时自我修省。恐惧而不修省，一遇事变，便忧虑百出，事后又松弛自如。而君子会因为保持忧患之心，在恐惧到来之前先行图谋；恐惧到来之后则会考虑它的变化，修省补救。所以君子能尽展其才，尽其畏天之学。昔年周宣王遇灾而惧，侧身修行，开创了“宣王中兴”。宋景公因为一言合道，使荧惑星退舍。“恐惧修省”四字，实为人君挽回天心之要道。

初九：震来虩虩，后笑言哑哑，吉。

《象》曰：震来虩虩，恐致福也。笑言哑哑，后有则也。

【解义】

此一爻是言，人能先事而戒则可以无患也。

周公系震初爻曰：初为成震之主，处震之初，是能常存敬畏而虩虩然恐惧修省者。如是则思患豫防，始于惧而后可以不惧。笑言哑哑，安乐自如，不亦吉乎。

孔子释初象曰：初九震来虩虩者，岂终于恐惧乎？盖心存敬惕之念，自获安适之休，可以致福也。笑言哑哑者，岂出于幸致乎？盖心当恐惧之后，宰物之机已熟，御事之权已定，自有处震之法则也。

按：周公系震初之辞，即文王之彖辞。先儒言，震为长子，有主器之责。文王既以全彖当之，周公专属之初九，何也？初阳在下，即干之潜龙。古者天子之元子，与公卿大夫元士之子，凡民之俊秀，同齿让于学宫，为有君父在则礼然。此爻辞所以专属之初九，欲令后世知早谕教之道，风箴之训，《无逸》之篇，师保日陈于前也。其余诸爻，则又各就其位，以明处震之义焉。

【白话】

这个爻的意思是说，人能先事而戒，就可以有备无患。

周公所系的震卦初爻爻辞的意思是说：初卦是下卦的主爻，处在震动的最初阶段，好比常存敬畏而虩虩然恐惧修省之人。如此一来，它便能心怀忧患，及早预防，从而能始于惧而最终不惧。能“笑言哑哑”，安乐自如，岂不是很吉祥吗？

孔子解释初爻的小象说：初九所谓的“震来虩虩”，难道是让人一味地恐惧吗？其潜在意义是说，心存敬惕之念，方能获安适之休，可以达致幸福。而爻辞所谓的“笑言哑哑”，难道是侥幸吗？主要是因为心生恐惧之后，宰物之机已熟，御事之权已定，自然会有相应的处震之法。

按：周公所系的震卦初爻爻辞，正是文王所系的震卦的卦辞。先儒有言，震为长子，有主器之责。作为父亲的文王既然已经把它作为彖辞，作为儿子的周公为什么又要把它专系于初九呢？原因何在？其实是因为它是个阳爻，又在全卦的最下面，好比乾卦的“潜龙勿用”之爻。古代的储君，会与公卿、大夫、元士的儿子，乃至民间俊秀，一起学习，储君只按年龄大小与众人见礼，这是因为还有父亲和君王在，礼当如此。周公之所以把此爻辞专系于初九，是为了让后世传习者知道及早谕教之道，使《尚书》中的风愆之训与周书中的《无逸》之篇，通过师保等人的陪伴，每日教习储君。其余几个爻，也是各就其位，以申明不同时空之下的处震之道。

六二：震来厉，亿丧贝。跻于九陵，勿逐，七日得。

《象》曰：震来厉，乘刚也。

【解义】

此一爻是言，二为强暴所迫，惟能自守，则可以获安也。十万曰亿，谓大也。九，阳数之极。九陵，言其极高也。七日者，卦位有六，七乃更始，事既终，时既易也。

周公系震二爻曰：六二阴柔，乘初九之刚，以柔弱之资，而遇强梁之人，是当震之来而危厉也。且不但危厉而已，因怖惧而大丧其所持之货贝，且远避而升于高陵之上，其不皇自安如此。幸柔顺中正足以自守，所遭虽为不幸，而此心不为之乱。及时过事平，其所丧者不待追求，而七日自获矣。

孔子释二象曰：震来厉者，盖六二乘初九之刚，以柔遇强，力不相敌，危厉之来，势所必至，岂德不足哉？

按：阳刚之人，多震动有为；阴柔之人，多因循不振。以柔乘刚，往往得困，固其宜耳。然能居中履正，以退为进，始虽有不克自全之忧，后自有复还故物之喜。其丧也，乃所以为得也。六二之勿逐自得，其殆善处震者欤。

【白话】

这个爻的意思是说，二爻迫于初九的强暴，唯有自守，方能得安。十万曰亿，这里是大的意思。九，阳数之极。九陵，极高之意。七日，卦位有六,七则重新开始，取事终时易之义。

周公所系的震卦二爻爻辞的意思是说：六二是个阴爻，却乘刚于初九，好比以柔弱之资，遭遇强梁之人，因此爻辞说“震来厉”。而且它岂止是危厉而已，它还因为恐惧而丧失了自己持有的货贝，且远避于高陵之上，其惶恐已经达到了如此地步。幸好它以柔居柔，柔顺中正，足以自守，所以遭遇虽然不幸，但内心不会因此慌乱。等到时过事平，其所丧失的财货，不必追求，只需七日，就行自行归来。

孔子解释二爻的小象说：所谓“震来厉”，主要是说六二以阴爻而乘初九是阳刚，以柔遇刚，力不能敌，危厉在所难免，而不是因为德行不足。

按：按照易理，阳刚之人，多震动有为；阴柔之人，多因循不振。以柔乘刚，往往受困于刚，六二所谓的“震来厉，亿丧贝”实属应然。然而它能够居中守正，以退为进，所以它刚开始虽然有不能自全之忧，但之后就会有失物复得之喜。其丧失的原因，正是其失而复得的原因。六二所谓的“勿逐，七日得”，主要是因为它有完善的处震之道。

六三：震苏苏，震行无眚。

《象》曰：震苏苏，位不当也。

【解义】

此一爻是言，三之无德致危，因示以善反之术也。苏苏，缓散自失之状。

周公系震三爻曰：六三以阴居阳，不得其正，是当危惧之时，而犹行险侥幸，罔知修省，以致灾难愈迫，不胜其惊惧之心而精神涣散，有苏苏之象。若能以此惧心而震动激厉，去其不正以从于正，则难处之中，尚有善处之术，危者可以复安，何至于眚乎？

孔子释三象曰：凡人必有奋发之心，斯无怠缓之失。三之震苏苏者，由其处位不当，失中正之则，是以皇恐失措，至于苏苏也。

按：三为危地，当震惧之来，即以刚居之，犹虑弗胜。阴柔处此，宜其操持不固，至于自失也。然天下祸患之生，无不可戡之道，惟惧其自暴自弃，畏难苟安，则终于不振耳。何如奋发有为而祛怠惰之习，忧勤惕虑而励修省之图，安在乱者不可反而治，亡者不可转而存乎？圣人以震行之道励之，其垂示者至矣。

【白话】

这个爻的意思是说，三爻因为无德而致危，所以圣人示之以反省之法。苏苏，缓散自失之状。

周公所系的震卦三爻爻辞的意思是说：六三以阴居阳，不得其正，是处在危惧之时，依然心存侥幸，兵行险棋，不知修省，以致灾难煎迫，内心不胜惊惧，导致精神涣散，有“苏苏”之象。但若能以此恐惧之心，震动激厉，去其不正，重归于正，那么难处之中，亦有善处之术，危者可以复安，又何至于有眚呢？

孔子解释三爻的小象说：人只有内心奋发激越，才不会有怠缓之失。三爻之所以会“震苏苏”，主要是因为它处位不当，失了中正之则，所以惶恐失措，以至于“苏苏”。

按：按照易理，三爻为凶危之地，在动变恐惧之时，即使以阳刚之爻处之，犹有不胜。以阴柔之爻处之，理当操持不固，以至于自失。然而天下的祸患，无有不可戡定之理，只怕它自暴自弃，畏难苟安，最终也无法自振。为何不奋发有为，以祛除怠惰之习，忧勤惕虑，以励发修省之图，使动乱者得以安治，危亡者可以图存呢？圣人借雷行之道激励世人，其垂示可谓深切。

九四：震遂泥。

《象》曰：震遂泥，未光也。

【解义】

此一爻是言，四之溺于晏安而不能振拔也。遂泥，陷溺而不振之象。

周公系震四爻曰：九四处柔则失刚健之道，居四则无中正之德，又陷于二阴之间，载胥及溺，不克自拔，则其往也，将遂沉溺而不复起矣。

孔子释四象曰：当震时而能自奋发，庶几不至于滞溺。今震而遂泥，则终于幽暗而已，岂能自耀于光明乎。

按：震为刚德之首，初以刚居刚，振动有为，震之所以亨也。四亦为震之主，而失刚不正。锢于重阴，处危难而无退守之德，欲震动而无奋励之行。则日就沉沦，终于柔暗，震道亡矣。《春秋传》曰："晏安鸩毒，不可怀也。"从古天姿高绝者，往往以一端之嗜好，不足乱其聪明。便辟之小人，不足惑其神志。而偶狎近之，遂为所中而不及觉矣。所以具生知之材，又必加以克己之学，然后性行光而功业彰。庶几刚德常全，而动无不亨也乎。

【白话】

这个爻的意思是说，四爻是溺于晏安而不能振拔之爻。遂泥，陷溺而不振之象。

周公所系的震卦四爻爻辞的意思是说：九四以刚居柔，从而失去了刚健之道，又位于四爻的位置，不中不正，还深陷于两个阴爻之中，相率落水，无法自拔，其震动前往的结果，必然是沉溺其中，不可复起。

孔子解释四爻的小象说：处在震动之时，能够奋发，差不多能免于滞溺。但四爻"震"而"遂泥"，只会终于幽暗，又岂能自耀于光明？

按：震为刚德之首，初爻以刚居刚，振动有为，是下卦的主爻，所以遇震而能亨。四爻则是上卦的主爻，但以刚居柔，失刚不正。又被禁锢于两个阴爻之中，处危难之际，却无退守之德，欲震动而起，又无奋励之行。如此一来，就只有日夜沉沦，溺于柔暗，处震之道也随之危亡。《春秋》有言："晏安鸩毒，不可怀也。"古往今来，所有的天姿高绝之人，以一端之嗜好，不足以乱其聪明，而便辟之小人，也不足以惑其神志。但偶尔亲近，也会在不知不觉中被污染。所以就算是生而知之的大材，也必须慎独克己，其德行才能光明，其功业才能卓然。差不多就可以刚德常全，动无不亨了。

六五：震往来厉，亿无丧，有事。

《象》曰：震往来厉，危行也。其事在中，大无丧也。

【解义】

此一爻是言，五处危惧之时，而德尚足以有为也。亿，大也。

周公系震五爻曰：六五以阴柔而当震之时，是懦弱之人。履国家之变，才既不足以振拔，而势又处夫艰虞，宜其往来皆厉，无时而不危也。然其所处得中，才虽不足以济时，而德犹足以自守，故能易危而安。君德尚可复修，治道尚可复振，大无所丧，而又能有事也。

孔子释五象曰：六五震往来厉者，言以柔弱之才，而当此多难之秋，其所行皆危厉也。所行危厉，而犹能以有事者，以其实有中德。于凡事之来，皆恐惧修省以处之。知其危则思保其危，忧其害则图弭其害。惟事事乃其有备，不但止于无丧而已。

按：当震时，非有才固不足以成功，非有德亦不能以自守。六五居位得中，虽不足于才，而尚优于德，故能兢兢业业，虽处厉而无丧。盖往来皆厉，则更患多而虑事久，此多难所以兴邦也。其事在中，则修省密而偏倚消，此守正所以制变也。惟其始于惧，是以终于无惧。人君之一心，岂非治乱所从出也欤。

【白话】

这个爻的意思是说，五爻处于危惧之时，但德行足以有为。亿，大。

周公所系的震卦五爻爻辞的意思是说：六五是柔爻，却处在震动之时，好比懦弱之人。国家发生了剧变，它的才能不足以振拔，时势又让人忧愁焦虑，理应往来皆厉，无时不危。好在它处在上卦的中间，有得中之德，才能不足以济时，德行却足以自守，所以能易危为安。君德还可以复修，治道还可以复振，所以爻辞说“亿无丧，有事”。

孔子解释五爻的小象说：六五所谓的“震往来厉”，是说六五以柔弱之才，当此多难之秋，所以处处危厉。处处危厉，依然能够“有事”，则是因为它具备虚中之德。所以遭遇任何事情，都能以恐惧修省之心处之。了解到危险自然会思考如何保全自己，担忧被伤害自然会想办法远离伤害。由于它事事预防，所以不会止于“无丧”，而是尚能“有事”。

按：当震之时，仅仅是有才固然不足以成功，仅仅是有德也不能确保自守。六五位于上卦的中间，居位得中，虽然才德有限，但德行足够，所以能兢兢业业，处“厉”而“无丧”。总的来说，往来皆厉之时，人会有更多的忧患，所以虑事更加周全，这正是多难可以兴邦的原因所在。由于它处事得中，所以能勤于修省，远离偏倚，这正是守正以制变的道理。只有在开始的时候心存恐惧，才能最终远离恐惧。君王的一颗心，治与乱都源自其中。

上六：震索索，视矍矍，征凶。震不于其躬，于其邻，无咎。婚媾有言。

《象》曰：震索索，中未得也。虽凶无咎，畏邻戒也。

【解义】

此一爻是言，六才弱不足以当祸患，而教其防之于早也。索索，谓志气消阻。矍矍，谓瞻顾彷徨。征，往也。

周公系震上爻曰：上六纯乎阴柔，既无自守之操，处乎震极，又当事变之冲，是无才而遇大变者也。故当震动之来，而志气索索然以消阻，瞻视矍矍然而彷徨，以是而往，则中先自乱而无以御事之变，其凶必矣。所以然者，由处震极，不能图之于早也。苟能思患预防，于震未及躬而于其邻之时，恐惧修省，则患可弭，变可消，自不至于索索矍矍之凶，而可以无咎。然以阴柔处震极，虽能警戒预备，亦不免于意外之虞。即如婚媾，乃相亲爱者，且不免于有言，况可晏然而不戒乎！

孔子释上象曰：震索索之见于外者，实原于心之危惧而不自安也。若中有主，则岂至于是哉？虽凶而得无咎者，盖天下之事，防于未然者易为力，制于已然者难为功。今震方在邻，乃邻所戒也。及此时而畏之，则有备无患，又何咎矣？

按：震卦自上六之外，别无凶者，以有恐惧之心，而无逸豫之志。然与其临震而方惧，又不如未震而豫防。晋士燮言："惟圣人能内外无患，自非圣人，外宁必有内忧。"汉史称，魏相在宣帝时，敕椽史按事郡国，辄白盗贼风雨灾变，相辄奏言之。欲其君知忧惧，常如祸患之至。可见圣明之主，无时不凛渊冰之危；忠爱之臣，无日不陈绸缪之戒也。全卦言处震之道，莫切于此矣。

【白话】

这个爻的意思是说，六爻阴柔才弱，不足以处患当祸，所以要提早预防。索索，志气消阻之意。矍矍，瞻顾彷徨之貌。征，往。

周公所系的震卦上爻爻辞的意思是说：上六以阴居阴，是纯阴之爻，既无自守之操，又处在震卦的极处，当事变之要冲，好比无才之人偏巧遇上了剧变。所以震动到来时，它志气索然，瞻视彷徨，置身动变之中，肯定会自乱阵脚，而无法抗御事变，"凶"是必然的。之所以会这样，主要是因为它处在震卦的极致之处，却不能提早预防。若能心存忧患，早做防备，在变动到来之前，未及临身，便恐惧修省，忧患便可以消弭，动变也可以消亡，不至于有“索索”“矍矍”之凶，从而“无咎”。然而以至阴至柔之爻，处在震卦的极致之处，就算警戒预备，也不免意外之虞。就好比婚姻之事，本是相亲相爱之人，也不免“有言”，又怎能一味晏乐，而不加戒备呢？

孔子解释上爻的小象说：爻辞说“震索索”，主要是因为这个爻处在穷极之处，所以内心危惧，无法安定。如果内心安定，至于这样吗？但爻辞又说“征凶”而“无咎”，主要是因为天下之事，提前预防比较容易，事到临头则难以建功。现在震动主要冲击的是它的邻居，应该有所戒备的也是它的邻居。如果能在此时心生畏惧，就能有备而无患，又会有什么咎害呢？

按：震卦的六个爻，除了上六，没有一个爻是凶的，这主要是因为其余五爻皆有恐惧之心，无有逸豫之志。然而，与其临震而惧，不如未震而防。晋国的士燮有言：“惟圣人能内外无患，自非圣人，外宁必有内忧。”据《汉书》记载，汉宣帝时的宰相魏相曾命令他的属官们，休假结束，从家返回时，要报告自己的所见异闻，包括异常的天象与盗贼之事，然后报告给皇帝，意思是让皇帝知道忧惧，常怀忧患之心。由此可见，圣明之主，时时都有凛冰之危；忠爱之臣，无日不陈绸缪之戒。全卦都在讲处震之道，但没有比这更深切的了。

䷳ 艮 艮下艮上

【解义】

艮，取得止之义。物皆有止，而以止于理者为大焉。圣人欲人动静皆止于理，而不夺于内外物欲之私，以免于咎，故卦辞予之以无咎。六爻各不相应，皆以人身取象，以明止善不迁之意。初六以阴居下，自无妄动越分之失，然其才柔质弱，有不克终之虑，非如四之外无所感，内无所动，时止而止者，故四之占但曰无咎，而初必利于永贞也。若二之正己有余，而正人不足，三之强制于外而反动其心，则又非止道之正矣。至于六五曰“艮其辅，言有序，悔亡”者，五为君位，有训导天下之任，本中正之德而出言有章，皆止机也。然止之心力，持之不永，则止之功德，亦积之不厚。上九能艮于终，则通上下为一身，合行止为一道，有至刚之德而不渝于久，有至健之才而无倦于终，艮之极盛也。大抵止之义，贵合乎时，初四时止而止则得之，二三时行而止则失之，夫曰止其所者，时即所之屡迁，所实时之贞一。有得于时，即有得于所，无二义也。善止者，随境取之而已。

【白话】

艮的意思是“得止”。万物皆有止，而止于理者为大。圣人希望人动静皆止于理，而不侵夺必要的物欲，以免困咎，所以卦辞说“无咎”。六个爻没有一个阴阳相应的，都以人的身体部位取象，以申明止善不迁之意。初六是阴爻，又位全卦的最下面，自然不会有妄动越分之想，但它才柔质弱，难以慎终如始，要像四爻那样，外无所感，内无所动，当止则止才行，所以四爻的爻辞直接说“无咎”，而初爻则说“利永贞”。像二爻那样正己有余，正人不足，以及三爻那样强制于外，反动其心，又非止道之正。至于六五所谓的“艮其辅，言有序，悔亡”，是说五爻位于君位，有训导天下之任，有中正之德，出言有章有法，皆合于止道。然而它毕竟是阴爻，心力难以持久，功德也积之不厚。上九位于艮卦的终极之处，所以能通上下为一身，合行止为一道，又有至刚之德与至健之才，不渝于久，无倦于终，是止道的极盛之爻。大抵来说，止道的要义，在于合乎天时，初爻与四爻因为当止则止，所以契合了止道，二爻与三爻则是当行而止，所以背离了止道。彖辞所谓的“止其所”“时”即“所”的不断变动，“所”即“时”的守正专一。得于“时”，即能得于“所”，二者是一个意思。善止之人，不过是随境取之罢了。

艮其背，不获其身。行其庭，不见其人，无咎。

【解义】

此卦上下皆艮，一阳止于二阴之上，阳自下升，极上而止，有止于是而不进之义，故名为艮。卦辞言君子动静皆得其所止也。艮，止也。背，所当止之处。

文王系艮彖辞曰：天下之理，合体用，兼动静，莫不有当止之所。犹人之一身，惟背为止也。人惟不知所止，往往内蔽于己私，外夺于物欲，斯不免于咎耳。诚能惟理是主，而止于其当止焉，有若艮其背矣，由是其静也，止于所当静之理，湛然一太虚之体而已。纵耳目口鼻之欲，为吾身不能无者，终不得而累之也。非不获其身乎？何也？知有理而不知有身，即谓之忘身可也。其动也，止于所当动之理，廓然一太虚之用而已。纵声色臭味之感，为人所易动者，终不得而移之也。非行其庭不见其人乎？何也？知有理而不知有人，即谓之忘人可也。动静皆定，内外两忘，无时无事不合于理，有以尽己性而立人极矣，复何咎哉？

按：艮卦取象于山，卦辞又取象于背。天地之间，雷风水火泽皆动，惟山不动；人身四体五官皆动，惟背不动。皆以明止之义也。然所谓止者，即止至善之义。静有至善，动亦有至善，体用原不相离。孔子称大舜无为而治，恭己正南面，固无为也。举十六相，屏四凶，大赏大刑，而我心不动，天下不惊，亦无为也。此正程氏所云“静亦定，动亦定”者。圣学圣治，至于艮而无以加矣。

【白话】

此卦的上卦与下卦都是艮卦，艮卦为一阳止于二阴之上之象，阳爻自以而上不断升进，发展到上爻的时候，已经上无可上，只好极上而止，有止而不进之义，所以叫艮卦。卦辞的意思是说，君子的动与静，都能得其所止。艮，止。背，当止之处。

文王所系的艮卦卦辞的意思是说：天下的道理，包括体与用，动与静，都有当止之所。好比人的身体当中，唯有背部止而不动。人只有在不知道如何止步之时，才会内蔽于私心，外夺于物欲，从而不免于困咎。若真能遵循天理，止于当止之时，就像爻辞所说的“艮其背”一样，因此能止于当止，静所当静，犹如体质全无，湛然太虚。就算耳目口鼻之欲，为正常生理需求，但也不会为其所累。这不就是卦辞所谓的“不获其身”么？其原因何在？知理而不知有身，可以称之为“忘身”。它动的时候，也能止于当动之理，所以能廓然无累，湛然太虚。就算声色臭味之感，人所易动，最终也不能使之摇移。这不就是卦辞所谓的“行其庭，不见其人”吗？其原因何在？知理而不知有人，可以称之为“忘人”。动静皆定，内外两忘，时时事事皆合于理，能够尽己性而立人极，还有什么咎害呢？

按：艮卦取象于山，卦辞则取象于背。之所以如此，是因为天地之间，雷风水火泽皆动，唯有山不动；而人体之中，四体五官皆动，唯有背不动。取象如此，都是为了申明止道的内涵。然而所谓的“止”，其实就是止于至善之意。静有至善，动亦有至善，因为体用一体，原不相离。孔子称舜帝无为而治，恭己南面，固然是无为的表现。推荐十六位贤臣，屏弃四凶，大赏大刑，但其心不动，天下不惊，也是无为的表现。这正是程颐所说的“静亦定，动亦定”之意。圣学圣治，如果能达到艮卦的程度，便无以复加了。

《彖》曰：艮，止也。时止则止，时行则行，动静不失其时，其道光明。艮其止，止其所也。上下敌应，不相与也。是以不获其身，行其庭，不见其人，无咎也。

【解义】

此《彖传》，是释艮彖辞，赞其能止之妙，而推其得止之验也。艮体笃实，故有光明之义。上下，谓内外卦之六爻。敌应，指六爻阳与阳敌，阴与阴敌，互不有应。

孔子释艮彖辞曰：卦名为艮者，盖艮则止于理而不迁，于义为止也。止之义何如？人之行止，各有其时，而当止之理，又随时而在。故事物未交，时乎当止，则藏此理于无形，止其所当止也。事物既接，时乎当行，则顺此理以推运，行其所当行也。夫止与行，各止其所而不容易，故时行则行，是动而止于理，动不失其时矣。时止则止，是静而止于理，静不失其时矣。动静皆止，一因乎时，而不以己与焉，尚安有意必固我之蔽，其道不亦光明乎！辞曰"艮其背"，何哉？凡人一身，惟背为止。艮其止者，言止其当止之所也。以卦体言之，凡爻阴与阳应，阳与阴应。今卦之上下，阴则皆阴，阳则皆阳，阴阳各以敌应，不相为偶，各止其所而不相与也。夫惟各止其所，是以内焉止于吾身之所，知有理而不知其身；外焉止于应物之所，知有理而不知有人。能尽乎止之道而无咎也。

按：艮彖独称光明者，惟定乃明也，而定必由于知止。不知止则胸次烦扰，而日见其昏昧。如鉴之为尘所污，而不能照物也。能知止则中有定向，而日进于清明。如水之不为风荡，而万象皆涵也。异端曲说，非不曰"宇泰定而天光发"，又曰"戒生定，定生慧"，然其所云定与戒者，乃清净寂灭，而不知格物穷理。静而无以立体，动而无以致用，岂吾儒内外一贯之学也欤？

【白话】

《彖传》是对艮卦卦辞的解释，其宗旨是赞其能止之妙，推其得止之验。艮卦有笃实之象，故有光明之义。上下，指内卦与外卦六爻。敌应，谓阳与阳敌，阴与阴敌，不相应也。

孔子解释艮卦的彖辞说：卦名叫作艮，主要是因为艮则止于理而不迁，有止之意。何谓止之意？人之行与止，各有其时，而当止之理，又随时存在。所以在事物未曾交接，时势上应当止步之时，便要藏理于无形，止其所当止。而在事物已经交接，时势上又应当践行之时，则要顺理推运，行其所当行。停止与前行，应该各止其所，不得更易，所以要当行则行。动而止于理，便不会失时。当止则止，则是静而止于理，同样不会失时。动静皆止于当止之时，而不以自我为中心，哪里还会有"意必固我"之蔽，其道不是很光明吗？卦辞所谓的"艮其背"，是什么意思呢？主要是因为人的身体部位中，唯有背部止而不动。所谓“艮其止”，即是止其当止之意。就卦体而言，理应阴与阳应，阳与阴应。但艮卦的六个卦，阴则皆阴，阳则皆阳，阴阳各自相敌，不相为偶，好比各止其所，而不相与。也唯有各止其所，所以能内止于吾身之所，知理而不知其身；外止于应物之所，知理而不知有人。从而能尽乎止道，无有咎害。

按：艮卦所谓的“其道光明”，是说唯有内心安定，才能放射光明，而内心的安定源自知止。不知止则满心烦扰，日渐昏昧。就好像镜子被灰尘污染，不能照物。能知止则心有定向，日渐清明。如同水没有被风吹拂时，万象皆涵。而异端曲说，非但不认同庄子的“宇泰定而天光发”之说，还说“戒生定，定生慧”，然而它所说的“定”与“戒”，乃清净寂灭之意，而不知格物穷理。其静无以立体，其动无以致用，哪里是儒家内外一贯的学问？

《象》曰：兼山，艮，君子以思不出其位。

【解义】

此《象传》，是言君子能止其当止，而心与理安也。兼山，重山也。

孔子释艮象曰：上下皆艮，两山并峙，各止其所，艮之象也。君子体之，以道在天下，凡内而身心，外而事物，莫不各有当止之所，乃为位也。君子即其所居之位而思之，如：君臣父子，则各尽其道；富贵贫贱，则各行其素。他如：在上则不侵下职，在下则不夺上权，在左则不得涉右，在右则不得干左。自不至出乎其外，而有所思也。如是则有得于“各止其所”之义矣。

按：生人所历，万有不齐，而莫不有一定之位。稍出其位，即失其所当止。然位虽一定，而此中经纶变化，与时推移，其道无穷，又不可以不思。《大学》言止仁，止敬，止慈，止孝，止信，视之似乎庸常，而欲穷其理，充其量则终身黾勉，未能无歉于位之内，安敢求多乎位之外哉！故曰：“学然后知不足。”如此虽欲思出其位，而有所不能矣。

【白话】

《象传》的意思是说，君子能止其当止，所以能心安理得。兼山，重山。

孔子解释艮卦的大象说：上卦与下卦都是艮卦，两山并峙，各止其所，这就是艮卦的大象。君子体悟艮卦的大象，认识到天下之事，无论是内在的身心，还是外界的事物，各有当止之所，也就是各有其位。君子就应该根据自己所居的位置，进行相应的思考，比如君臣父子能否各尽其道，富贵贫贱能否各行其素，再比如在上者能否不侵下，在下者能否不夺上，在左者能否不涉右，在右者能否不干左。自然不至于出乎其外，而有所思虑，从而做到各止其所，心安理得。

按：人各有不同，物万有不齐，但都有一定之位。稍失其位，就会远离当止之道。然而，位置虽然是一定的，但其中的经纶变化，与时推移，又是无穷的，不能不思考。《大学》说止仁、止敬、止慈、止孝、止信，看上去似乎很平常，但想穷尽其中的道理，就算终身勤勉，也未必能做好应该做的事情，又怎么敢奢求更多的东西呢？所以《礼记》有云："学然后知不足。"如此一来，关于其位之外的事，便连想都不会想了。

初六：艮其趾，无咎，利永贞。

《象》曰：艮其趾，未失正也。

【解义】

此一爻是言，初能止于始，而又勉以善终之道也。

周公系艮初爻曰：初六阴柔则无妄动之失，居下则无越分之思，是身一于理而嗜欲不以汨其心，心安于遇而外物不以移其性。盖当止之地，而能艮其趾者，可以无咎矣。然初阴才弱，恬静有余，而持守或不足。又必即贞一之功，而要之为终身之守。一事一物此止，推之万事万物亦此止。庶几久暂无间，乃永贞而不变也，何利如之？

孔子释初象曰：初六艮其趾者，盖至正之理，本人所当止。惟不知所止，而失正者多矣。初有知止之明，而择此正于始，有钦止之功，而守此正于终。是能不失其正也。

按：艮趾为止于初之象。千里之行，始于足下。当其发轫之日，止得其正，由此事成功立，可以坚久不废矣。然人之常情，有初鲜终。始虽克慎厥止，或半涂而偶丧焉。故艮止非难，永贞为难。周公于初曰永贞，于上曰敦艮，合初终以观止，乃见止道之光明也夫。

【白话】

这个爻的意思是说，初爻能止于初始阶段，所以勉励它善终之道。

周公所系的艮卦初爻爻辞的意思是说：初六是个柔爻，所以不会有妄动之失，它又居于全卦的最下面，因此不会有越分之想，所以身行于理，心安于遇，内欲不能没其心，外物不能移其性。能于当止之地“艮其趾”，理应“无咎”。然而初爻毕竟是阴爻，质柔才弱，恬静有余，而持守可能不足。所以必须守正专一，持续终身。一事一物是这样，推诸到万事万物，也是这个道理。做到这一步，差不多就能保持长久而无间，永贞而不变，有什么样的利益能与之相比呢？

孔子解释初爻的小象说：初六所谓的“艮其趾”，主要是说至正之理，当止则止。不知所止的话，就会偏离乃至背离其道。初爻有知止之明，意味着从一开始就践行正道，心存敬畏，因此能守正于终，能做到不失其正。

按：初爻位于全卦的最下面，好比人的脚趾。“艮其趾”为止于最初阶段之象。千里之行，始于足下。当其发轫之始，能够止得其正，便不难事成功立，而且能坚久不废。然而人之常情，往往有始无终。就算刚开始勤勉谨慎，也可能半途而废。所以说，“艮止”不难，难的是“永贞”。周公在初爻说“永贞”，在上爻说“敦艮”，综合全卦的最初与最终观察止道，止道的光明内涵，尽在其中。

六二：艮其腓，不拯其随，其心不快。

《象》曰：不拯其随，未退听也。

【解义】

此一爻是言，二能守己而尚歉于有相之道也。腓，足肚。

周公系艮二爻曰：六二当腓之处，乃人身之易动者也。而居中得正，能自止其腓而不动如此，则恬静自守，在我固止其所而无失矣。然君子之学，既贵于正己，又贵于正人。三为二之所随，上下之分，久已相属，乃过刚不中，以止乎上。至于列夤熏心，则匡救之责诚二之不可诿者。顾以阴柔之资，但能随之，不能拯之，于心岂能自安乎？是以其心不快也。

孔子释二象曰：不拯其随，固二柔弱而力不足之故，然亦岂尽其罪哉？由三止于上不肯退听乎二，则下虽欲谏，不能使上之必从其谏。若之何其拯之也？

按：《程传》言：“士之处高位，则有拯而无随；在下位，则有当拯，有当随，有拯之不得而后随。”夫下之事上，位无大小，皆有持颠扶危之任。有言不听，勉而随之，乃诡随矣。其可乎？然拯虽在二，从则在三。三不能虚己以受善，二亦无如之何，是二过，三亦过，此又在上者之不可不知也。

【白话】

这个爻的意思是说，二爻能够自守，但在因时适宜方面，尚欠火候。腓，腿肚子。

周公所系的艮卦二爻爻辞的意思是说：六二处在腿肚子的位置，是人身上易动的部位。不过它居中得正，好比能自止其腓，所以能恬静自守，止得其所，无有过失。然而君子之学，贵在正己，也贵在正人。三爻本来是二爻所追随的爻，上下分定，久已相属，但三爻过刚不中，止于下卦之上。在保持敬畏的基础上匡救三爻，实为二爻不可推诿的责任。可惜它是个阴爻，资质柔弱，只能追随二爻，不能拯救于它，内心自能安定？所以爻辞说“其心不快”。

孔子解释二爻的小象说：爻辞所谓的“不拯其随”，固然是因为二爻柔弱，才力不足所致，然而，怎么能让它承担所有的罪责呢？说到底，还是因为三爻宁肯止于下卦之上，也不肯退听于二爻。二爻就算想劝谏，也无法使三爻遵从自己。这样一来，它又有什么办法拯救三爻呢？

按：《周易程氏传》有言：“士之处高位，则有拯而无随；在下位，则有当拯，有当随，有拯之不得而后随。”其实以下事上，无论官位大小，皆有持颠扶危之责。有言不听，勉强追随，乃是诡随。怎么可以这样呢？然而拯救的责任虽然在于二爻，是否遵从则取决于三爻。三爻不能虚己受善，二爻也无可奈何。是二爻的过失不假，但也是三爻的过失，对此，在上者不可不知。

九三：艮其限，列其夤，厉熏心。

《象》曰：艮其限，危熏心也。

【解义】

此一爻是言，不当止而止，欲强制其心，而反动其心也。限，身上下之际，即腰胯也。夤，膂脊骨。列，分裂也。

周公系艮三爻曰：道在天下，时行时止，不可胶固而不通。如限在人，可屈可伸，当上下之冲，而不可一于止者。九三过刚不中，据其一偏之见，执于止而不知变，是艮其限者也。如是则事势乖离，物情睽隔，若分裂其夤然。夫却动求静，心岂能静？外既不合于人情，内必不慊于心志，其为危厉，熏灼于心，不安之甚矣。

孔子释三象曰：止道贵乎得宜，原不可以固执。九三艮其限而不知变通，自谓可以制心，而岂知适以裂夤。其危厉之势，必至熏心也。

按：寂然不动者，心之体，固不可以徇物；感而遂通者，心之用，又不可以绝物。所以心日应事而常泰然，未尝以强制为止也。九三以一奇横于卦中，有艮限之象。以一阳间乎四阴，有列夤之象。限分上下，夤列左右。各止其所，无相资相待之意，故此心危厉而不安也。由此推之，天下犹一身然，君臣共治。元首股肱，谓之一体，苟间隔不通，则堂陛朝野之间，判然为二，君泽何由下济？民隐何由上闻？欲以兴起至治，难矣。其患可胜道哉？

【白话】

这个爻的意思是说，不当止而止，想强制自己的内心，反而会更加动心。限，身体上下的交际，即腰胯。夤，膂脊骨。列，分裂。

周公所系的艮卦三爻爻辞的意思是说：道在天下，时行时止，不可拘泥不通。如同限在人体上，可屈可伸，当上下之要冲，不能一味地止。九三过刚不中，抱持偏见，执着于止而不知变，正是“艮其限”之爻。如此一来，必然事势乖离，物情睽隔，如同分裂其脊骨一般。却动求静，心岂能静？既不合于人情，自己也不会满意，危厉熏灼于心，令人极其不安。

孔子解释三爻的小象说：止道贵在得宜，不能过于偏执。九三“艮其限”而不知变通，自认为可以克制远害，实际上只会导致“裂夤”之伤。其危厉之势，必然会熏灼其心。

按：寂然不动的心的本体，所以不可以徇物；感而遂通的心的功用，因此又不可绝于物。我们的心每天都在面对各种事情，却能泰然处之，未必是强制之功。九三作为阳爻，横亘卦中，有“艮于限”之象。其以一阳间隔四阴，又有“列其夤”之象。限分隔的是上下，夤分裂的是左右。彼此各止其所，无法相资相待，所以其心危厉，极其不安。依此类推，天下好比人身，由君臣共治。元首与股肱，实为一体，若间隔不通，堂陛朝野，判然为二，君王的恩泽如何广济黎民？百姓的隐情又如何上达君王？想达到天下大治，实在是难。其中的隐患能说得清吗？

六四：艮其身，无咎。

《象》曰：艮其身，止诸躬也。

【解义】

此一爻是言，四得其所止而无私欲之累也。

周公系艮四爻曰：六四以阴居阴，时止而止。凡一身之中，思不乱营，官不乱役，视听言动，与夫欲恶得丧，俱无所感于外，亦无所动于中，一于止而止者也，为艮其身之象。如是则心与理俱，静不失时，而此身皆止道光明之身矣，何咎之有？

孔子释四象曰：六四艮其身者，岂必绝天下之物而后为得所止哉？盖众动萃于厥躬，而妄动亦起于厥躬。惟是从躬之方动，而有我之私，即止之而不行，奚有躁妄之失乎？

按：艮六爻皆于人身取象，而独以身属之四者，以四入上体，可合下体为全身。趾与腓与限主行，辅主言，言行有不得其止者，莫不归咎于身。艮其身，则一身之行止动静，各止于至善而不迁矣。卦以不获其身为无咎，而爻以艮其身为无咎，盖身失其所止，则此身为味色声臭之身；身得其所止，则此身为践形尽性之身，岂有二义哉。

【白话】

这个爻的意思是说，四爻得其所止，所以无私欲之累。

周公所系的艮卦四爻爻辞的意思是说：六四以阴居阴，可谓当止则止。对应到我们的身体，就是思不乱营，官不乱役，视听言动，以及欲望和恶念的得失，既不感于外，也不动于内，皆能当止而止，这就是“艮其身”之象。这样才能够心与理俱得，静而不失动之时，一身通透，澄澈光明，又有什么咎害呢？

孔子解释四爻的小象说：六四所谓的“艮其身”，难道是让人断绝所有的物欲，以便得其所止吗？其实，人会不断地行动，包括妄动。如果在顺应自身动静规律的同时，一有私欲，便止住不行，还里还会有躁妄之失呢？

按：艮卦的六个爻都取象于人体，同时又单独以“身”字属之于六四，是因为六四进入了上卦，又处在上下卦的结合部，可以与下卦一起，构成全身。初爻的“趾”、二爻的“腓”、三爻的“限”，都是主导行动的，五爻的“辅”主导语言，言行不得其止，就会归咎于身。能做到“艮其身”，那么一身的行止动静，都能够止于至善且保持不变。卦辞以“不获其身”为无咎，而爻辞以“艮其身”为无咎，主要是因为，一身失其所止，便是味色声臭的凡夫之身；一身得其所止，便是践形尽性的君子之身，二者有什么区别吗？

六五：艮其辅，言有序。悔亡。

《象》曰：艮其辅，以中正也。

【解义】

此一爻是美五之能谨言，而推本于心之纯也。辅，谓辅颊，言所从出。

周公系艮五爻曰：六五当辅之处，正言之所由出者。而以阴居阳，若不免有失言之悔。今止之于辅，则有所制而发不苟，理之不当言者固止而不言也。即当言而言，亦得其先后之次。时之不可言者，固止而不言也。即可言而言，亦协其缓急之宜。有序如此，又安有出口之悔哉！

孔子释五象曰：六五之艮其辅者，由其以柔居中，而有中德，是心安乎理而不偏，故言当乎理而不紊，则言之大，固本于心之一耳。

按：言者人之心声，心之精微不能达者，皆于言传之。五为君位，有训导天下之任，布之为谟诰，宣之为令甲，其系尤重。高宗三年不言，一言而四海咸仰。威王三年不言，一言而齐国震惊。庶几此爻之“艮其辅”而“言有序”者。所谓“王言惟作令”，莫不尊而信之也乎？

【白话】

这个爻的主旨是赞美五爻，言语谨慎，并从中推溯出它内心的纯正。辅，辅颊，话语所出的部位。

周公所系的艮卦五爻爻辞的意思是说：六五处在人体中辅的位置，正是言语所出的部位。而它以阴居阳，似乎不免失言之悔。不过爻辞说“艮其辅”，也就是止之于辅，所以它能够谨慎出言，不应该说的话，一句也不说。即便是应该说的，也能分清先后，依次第而言。时势上不应该说的，固然会止而不说，即便是可以说的，也会根据事情的缓急，宜言则言。这样一来，又怎么会有言语之悔呢？

孔子解释五爻的小象说：六五所谓的“艮其辅”，是因为它是柔爻，又位于上卦的中间，具备中德，所以能心存中道而不偏，说起话来，自然有理有序。它不说大话，说到底是因为内心纯粹专一。

按：言语是人的心声，那些极其精微以至于难以表达的事情，都有赖于言语的表达。五爻处在君位，有训导天下的责任，所言不是谟诰，就是法规，牵系重大。商高宗三年不言，一言而四海咸仰。齐威王三年不言，一言而齐国震惊。这差不多就是此爻所谓的“艮其辅”而“言有序”的意思。《尚书》有言，“王言惟作令”，能不遵从信服吗？

上九：敦艮，吉。

《象》曰：敦艮之吉，以厚终也。

【解义】

此一爻是言，大人止于至善而不迁之学也。

周公系艮上爻曰：上九以阳刚居艮之极，则有诚实不妄之德，坚确固守之操，但见心无一念不协于理，理无一息不安于心。敦此止于静专，而理之涵于退藏者，安固而不摇；敦此止于动直，而理之达于时措者，坚贞而不易，为敦艮之象。信乎，大人止善之学而吉也。

孔子释上象曰：敦艮而得吉者，盖昧于所止，不足以言艮；废于半涂，不足以言敦。上九心纯而守固，于理之止于初者，愈久而不变。盖不徒止于始，而又能厚其终，此其所以吉也。

按：自初至五为趾，为腓，为限，为身，为辅，莫不有当止之道。圣人既各就其位而示其义矣。然止之心力持之也不永，则止之功德积之也不厚。上九能敦艮于终，则通上下为一身，合行止为一道，有至刚之德而不渝于久，有至健之才而无倦于终。《书》之“钦厥止”，《大学》之“止至善”，皆在是矣。其斯为艮之极盛也夫。

【白话】

这个爻的意思是说，大人的目标，是止于至善而不迁。

周公所系的艮卦上爻爻辞的意思是说：上九是个阳爻，又位于艮卦的盛极之处，有诚实不妄之德，坚确固守之操，其心无一念不协于理，其理无一息不安于心。以此止于静专，涵于退藏，则安固而不摇；以此止于动直，达于时措，则坚贞而不易。这就是“敦艮”之象。相信吧，大人的止善之学确实能让人收获吉祥。

孔子解释上爻的小象说：所谓“敦艮”而“吉”，主要是说，昧于所止则不足以言艮，废于半途则不足以言敦，上九心纯而守固，能遵循正道，慎终如始，历久弥坚。总的来说，就是不仅止于始，而且厚其终，所以能收获吉祥。

按：自初爻至五爻，分别象征趾、腓、限、身、辅，皆有当止之道。于是圣人各就其位，阐释其义。然而止道如果不能够持续，相应的功德也不可能太深厚。上九能“敦艮”于全卦的终极之处，好比通上下为一身，合行止为一道，有至刚之德又有至健之才，并且能始终不渝。《尚书》所说的“钦厥止”，《大学》所说“止于至善”，都是这个道理。这真的是艮卦的极盛之爻。

䷴ 渐 艮下巽上

【解义】

卦以渐进为义，以进得其正为善，物知止则进得其正。循序有节，所以止也；从容积累，所以进也。彖取象女归，爻取象鸿。女归待聘，鸿飞识时，渐之义也。卦本乾坤，三四往来，阴进而止乎四。九居五而得中，下应六二。二四皆阴，三五皆阳，自二至五皆得正位。而初上二爻，九以阳居上，六以阴居下，刚上柔下，亦当其位。六爻中唯九三过刚无应，所以有凶，而尚有御寇之利。以知君子立身处世，凡事当以渐进。学问以渐进，必无躐等轻浮之患；出处以渐进，必无躁进失身之患。然非有巽顺从容之德不能渐，非有艮止为之主不能善。巽柔之用，故同一巽也。中孚以巽乘兑，上九翰音登于天则凶，以其知上不知下，巽而说也。渐以巽乘艮，上九鸿渐于逵则吉，以其自卑而高，巽而能止也。

【白话】

渐卦的意思是渐进，进以得正为善，进而得正的前提则是知止。循序有节，才能够止；从容积累，才可以进。彖辞取象于“女归”，也就是女子的归宿，爻辞取象于“鸿”，是因为“女归”有待于聘礼，鸿飞取决于天时，这都是渐进之义。其上下卦原本是乾坤二卦，六三与九四相往来，阴爻上进，止步于四爻，就是渐卦。九五居尊得中，下应六二。二爻与四爻都是阴爻，三爻与五爻都是阳爻，自二爻至五爻都很当位。而初爻与上爻，也是阳爻居上，阴爻居下，刚上柔下，依然当位。六爻中唯有九三过刚不中，也没有正应，所以爻辞说“凶”，但尚有御寇之利。可见君子立身处世，凡事都应当渐进。具体到做学问，必无躐等轻浮之患；具体到出仕与归隐，也不会有躁进失身之患。然而必须有巽顺从容之德才能够渐进，也必须有艮止之功方能渐趋完善。巽卦以柔为用，所以巽柔一体。中孚卦的上卦即是巽卦，但它下乘和悦的兑卦，而它的上九爻辞则说“翰音登于天，贞凶”，究其原因，就是因为它知上不知下，“巽而悦”也。渐卦则是以上巽乘下艮，其上九的爻辞则说“鸿渐于陆，其羽可用为仪，吉”，究其原因，则是因为它自卑而高，巽而能止。

渐：女归吉，利贞。

【解义】

此卦艮下巽上，其未进也自止而不苟于进，其方进也巽顺而不急于进，有渐进之义，故名为渐。卦辞言君子之进，当以渐而得其正也。女适人为归，故曰女归。

文王系渐彖辞曰：天下进之有渐，莫如女归。六礼不备，不敢行也。君子之守己，犹女子之守身。其出身从人，如女子之于归，礼备而后行，则出处之分明，而可以得吉矣。然天下固有渐而未必正者。今卦体自二至五，位皆得正，故其进也，又必以正自持，无枉道以徇人，无曲学以阿世，乃为利而靡失身之悔也。

按：君子欲以道重天下，必先以道重一身。使稍有苟且，必至屈己以干时，躐等而犯义。大节一失，虽有过人之才智，而一遇存亡危急之秋，其人必不可恃矣。语曰：“不贞之女，必孕而不育；不贞之士，必贱而见弃。”明君得此意以进退天下之士，则人人皆以礼义廉耻自防，而患得患失之鄙夫，岂敢复立于其朝哉。

【白话】

此卦的下卦为艮为止，上卦为巽为入，意思是说它未进之时也能够自止，而不是为进而进，已进之后也能够巽顺，而不是急于前进，有渐进之义，所以叫渐卦。卦辞的意思是说，君子应当渐进，以便进而得正。女子嫁人为“归”，所以卦辞说“女归”。

文王所系的渐卦卦辞的意思是说：天下进而有渐之事，莫过于嫁娶。六礼不备，不敢进行。君子对道德的持守，犹如女子之守身如玉。君子追随别人，就好比女子出嫁，必须备下厚礼，方能前往。如此出处分明，所以能收获吉祥。当然天下也存在渐而不正的情况。如今渐卦的卦体自二爻至五爻，皆得其正，所以它在渐进过程中会以正自持，自然不会枉道以徇人，曲学以阿世，为利益而失身，后悔不迭。

按：君子想践行大道，必须先修行自身。哪怕稍有苟且之念，也必然会屈己以干时，躐等而犯义。大节一失，就算有过人的才智，遇到存亡危急之秋，这样的人也不足以仗恃。所以前人有言："不贞之女，必孕而不育；不贞之士，必贱而见弃。"明君圣主深知其中的利害，并以此作为天下之士的进退标准，那么人人都会以礼义廉耻自防，而患得患失的鄙夫，哪里还敢立足于朝堂呢？

《彖》曰：渐，之进也，女归吉也。进得位，往有功也。进以正，可以正邦也，其位刚得中也。止而巽，动不穷也。

【解义】

此《彖传》，是释渐彖辞以明渐与正之交重也。"之进"当作"渐进"。

孔子释渐彖辞曰：卦名渐者，盖渐有渐进之义也。天下之渐进，莫如女子之于归。君子渐进，亦如女归，然后可以得吉也。辞言利贞者，何哉？以卦变言之，自涣而来，下卦之九本居二，而今进居三，是以阳居阳而得其位矣。自旅而来，上卦之九本居四，而今进居五，是亦以阳居阳而得其位矣。夫臣得其位而无失其为臣，君得其位而无失其为君，则君臣道合，庶绩咸熙而可以有功也。所以然者，以九得三位，是臣进以正；九得五位，是君进以正。君臣皆得其正，则正朝廷以正百官，正百官以正万民。自上及下，自近达远，不可以正邦乎？夫进以正而可以成正邦之功，则进其可以不正耶？所以贵于贞也。然利贞之义，不独卦变有之也，卦体亦有之。以二五言，则二体皆得其位之正。止以五言，则九五又得其位之中。本诸身，措诸政者，一皆刚而不过，威而不猛，宁有过不及之差乎？夫即其建中之善，而表正之功，自无不在矣，是亦利贞之义也夫。抑渐进之义，不特女归有之也，卦德亦有之。方其在下，则自止而不妄动。及其上进，又巽顺而不迫切。以是而动，则有以取重于天下，而进无所阻，宁有穷乎？夫即其不穷之动，而止巽之德，往无不利矣。谓非渐进之义也夫？

按：国家登进人才，本以正邦而善俗。君子在位，乃有尊主庇民之效。未有不贞之士，而可以图功者也。然君者又为臣之表，人君好尚，一失其当，守正持重者，或见为迂疏而不喜。倾险躁妄者，反以为有才而骤用。幸进之端一开，士皆思争先捷得，躐踞高位。有弃礼让，捐廉耻，而不顾者矣。谁肯自安于恬退哉？此传既言二五之得位，而又独重五之得中也。故曰："为政在人，取人以身。"

【白话】

《彖传》是对渐卦的彖辞的解释，为的是申明渐进于正的重要性。"之进"当作“渐进”。

孔子解释渐卦卦辞的意思是说：卦名叫作渐卦，主要是因为渐有渐进之义。天下渐进之事，莫过女子的归宿，也就是嫁娶之事。君子渐进，应该像女子嫁人一样，才能收获吉祥。爻辞说的“利贞”，是什么意思？就卦变而言，渐卦可能是从涣卦变来的，具体说来是涣卦的九二渐进一位，居于三爻的位置，就变成了渐卦，阳爻以阳居阳，得以正位。也可能是从旅卦变来的，具体说来是旅卦的九四渐进一位，居于五爻的位置，就变成了渐卦，阳爻也得以以阳居阳，得以正位。臣得其位而不失其为臣之道，君得其位而不失其为君之法，就能君臣道和，百业兴旺，从而有功于世。之所以这么说，是因为下卦的阳爻居于三爻的位置，好比臣子既进且正，上卦的君爻位置也是阳爻，好比君王既进且正。君臣皆正，就可以正朝廷，从而正百官，继而正万民。自上及下，自近达远，难道不可以正万邦吗？只有依正道前进，才可以成就正邦之功，怎么可以进而不正呢？所以真正难能可贵的是贞正，所以卦辞强调“利贞”。然而“利贞”之义，不仅体现在卦变上，也体现在卦体中。就二爻与五爻而言，此二爻皆得其正。如果只看阳爻，九五还是居中得正。那些先从自身做起，而后施行于天下的政令，如果都是刚而不过，威而不猛，难道不会有过与不及的隐患吗？其实，如果具备了建中之善，表正之功自然无处不在，这同样是“利贞”的内涵。自我抑制、徐图渐进的意思，不仅体现在女子嫁人方面，也体现在此卦的卦德上。其下卦为艮为止，意思是能自止而不妄动。其上卦为巽为顺，意思是巽顺而不迫切。以巽顺的姿态行动，则可以取天下之重，且进无所阻，怎么会遭受困穷呢？有此不穷之动，止巽之德，自能无往不利。能说它不符合渐进之义吗？

按：国家进用人才，原本是为了使邦国归正，使风俗改良。居于臣位的如果是君子，就会有尊主庇民之效。世上从来就没有不贞之士建功立业的先例。然而君王是臣子的表率，君王的喜好一旦失当，守正持重的人就会被认定为迂腐，从而心生厌恶。倾险躁妄的人，反倒会被认为是人才，从而迅速进用。口子一开，天下之士都想捷足先登，占据高位。其中不乏有弃礼让、捐廉耻而浑然不顾之人。还有谁能自安于恬退呢？这正是彖传之所以既说二爻与五爻得位，又独独看重五爻得中的原因所在。所以前人有言：“为政在人，取人以身。”

《象》曰：山上有木，渐，君子以居贤德善俗。

【解义】

此《象传》，是言君子修己治人，皆以渐而致也。

孔子释渐象曰：山上有木，以渐而长，渐之象也。君子体之，以德固不可不畜，而至德渊深未可以一蹴到也。必优游厌饫，深造不已，以使之自达，而无躐等妄进之弊，则德以渐而畜矣。俗固不可以不善，而习俗染污，未可以旦夕化也。必熏陶渐染，教思无穷，以使之自化，而无见小欲速之意，则俗以渐而善矣。

按：居德为修己之事，善俗为治人之事。德以渐而至，此所谓始于为士，终于为圣也。俗以渐而成，此所谓日迁善而不知所以化之也。渐之义大矣哉！

【白话】

《象传》的意思是说，对君子来说，无论是修己，还是治人，都要通过渐进的方式达致。

孔子解释渐卦的大象说：山上有木，逐渐生长，这就是渐卦的大象。君子体悟渐卦的大象，认识到德行固然不能不畜积，但到达德行深厚的程度，不能够一蹴而就。必须从容求索，深入体味，不断深造，使之自然而然地达到，不跃级，不妄进，其德行必然愈发深厚。民风固然不能够不必善，但习俗的染污，不是一朝一夕就可以达到的。必须慢慢熏陶，逐渐感染，教思无穷，使之自化，放弃从速之心，民风就可以逐渐改善了。

按：培养德行是为了修己，改善风俗是为了治人。德以渐至，始于普通的士子，而终于圣贤。俗以渐成，正是《礼记》所说的每日迁善而不自知之意。渐卦的内涵实在是广大啊！

初六：鸿渐于干，小子厉，有言，无咎。

《象》曰：小子之厉，义无咎也。

【解义】

此一爻是言，始进之士，无汲引之人也。鸿，水鸟，往来有时，先后有序，故六爻皆以取象。干，水涯也。艮为少男，而居初，故曰小子，以喻士之新进者。

周公系渐初爻曰：初六始进于下，既未得其所安，而上复无应，则又失其所藉，为鸿渐于干之象。盖鸿之行有序，而进有渐。水涯之地，则非其所安也。夫初以一介小臣，渐进之初，动多陧杌。且蒙讥被谤，而有言语之伤，似难免于咎者。然此乃遭时之穷，于吾无所亏损。虽不免于危厉，而可以无咎也。

孔子释初象曰：小子之厉，似乎有咎矣。然此乃时命之不偶，上复无应而然，非己有以致之也。故于义为无咎耳。

按：争名者于朝，争利者于市。相倾相轧，无所不有。此昔人以仕宦为危途也，而在始进则尤难。贾谊见嫉于绛灌，京房被谗于牢石。士方离蔬释蹻，而遽欲与人家国之事，虽有効忠之心，安能免多口之惧哉？士君子处此，固宜量而后入，勿越次以求进，勿率意以妄言，而圣君在上，亦必念新进小臣易招尤谤，常曲意以矜全之。则孤立之士，弗至蒙咎于盛世矣。

【白话】

这个爻的意思是说，初爻好比初入仕途之人，上面没有汲引之人。鸿，水鸟，往来有时，先后有序，所以渐卦的六爻皆取象于鸿。干，水涯。艮为少男，又是初爻，所以说“小子”，用来比喻初入仕途之人。

周公所系的渐卦初爻爻辞的意思是说：初六位于全卦的最下面，尚未升进，未得其安，又没有汲引之人，又失去了凭藉，这就是“鸿渐于干”之象。这主要是因为鸿雁这种鸟类，行之有序，进之有渐。水涯之地，非其所安。初爻作为一介小臣，又处在渐进之初的位置，动辄危惧不安。而且会蒙受讥谤，受到言语方面的伤害，似乎难免困咎。然而这都是一时之困，对它自身无太大影响。虽然不免危厉，却可以无咎。

孔子解释初爻的小象说：“小子”之“厉”，似乎会导致咎害。然而这主要是时命之困，上面又没有应援，而不是因为它自身的问题。按照义理，应该无咎。

按：争名者充满朝堂，争利者布满街市。人们相倾相轧，无所不在。所以先哲视仕宦为危途，而在初始阶段尤其艰难。如贾谊被周勃和灌婴所嫉妒、排挤，京房被牢梁和石显的谗言所害。士人刚进入官场，就急欲探讨国家大事，虽有効忠之心，又怎么远离全多口之祸呢？士君子处此，固然应该量力而行，不得越级越分，以求升进，更不得率意妄言，而圣明的君王，也必须明白新进之臣容易招灾惹祸，因此典意顾念，予以保全。这样的话，孤介的臣子就不会蒙咎于盛世了。

六二：鸿渐于盘，饮食衎衎。吉。

《象》曰：饮食衎衎，不素饱也。

【解义】

此一爻是言，二之德足以安其位而享其禄也。盘，大石也。衎衎，和乐之意。

周公系渐二爻曰：六二柔顺中正，进以其渐，是抱德以待时，而无躁进之失者。上有九五之应，则遭逢圣主，而得以展布其谋猷矣。故德称其位，而处之不危；功以酬禄，而享之不愧。如鸿渐于盘石之安，而饮食衎衎，和乐而自适也。如是则得君行道，而正邦善俗，勋业无以加焉。其吉为何如乎！

孔子释二象曰：六二之饮食衎衎，非得之不以道也。惟其有德而得君，则受禄于上，皆其分之应得，而不为徒饱矣。不然，能免窃禄之诮乎？

按：人臣事君，曷取乎渐进？盖凉德而居高，则有具瞻之愧；无功而享厚，则有尸禄之讥。若渐之六二，居天位，享天禄，而安之以为固然者，以其能措国家于盘石之安，纳人民于燕衎之乐也。《诗》美《羔羊》之大夫曰“退食委蛇”，嘉《伐檀》之君子曰“不素餐兮”。其六二之谓欤！苟或反是，位则窃位也，食则伴食也。未有窃位而能致君泽民者也，未有伴食而不妨贤黩货者也。人可不审所自处乎！

【白话】

这个爻的意思是说，二爻的德行足以安其位，享其禄。盘，大石。衎衎，和乐之意。

周公所系的渐卦二爻爻辞的意思是说：六二柔顺中正，渐进而行，好比抱德待时，而无躁进之失的臣子。它上应九五，好比遭逢明主，得以施展筹谋。所以德位相称，处之而不危，功酬相符，享之不愧。如同鸿雁渐进于盘石之上，“饮食衎衎”，和乐自适。这样一来，自然不难赢得君王的信任，践行为臣之道，正邦善俗，勋业无以复加。还有什么样的吉祥能与之相比呢？

孔子解释二爻的小象说：六二所谓的“饮食衎衎”，并不是曲道而得。而是因为它的才德赢得了君王的信任，从而享受了相应的食禄，分属应当，而不是徒饱之士。不然的话，怎么能免除窃禄之讥呢？

按：以臣事君，为什么一定要渐进呢？主要是因为德薄而居高位，会有具瞻之愧；无功而享受优厚，则有尸禄之讥。而渐卦的六二一爻，居于天位，享受天禄，而安之若素，理所当然，是因为它能措国家于盘石之安，纳人民于燕衎之乐。《诗经》赞美《羔羊》一诗中的大夫时，说“退食委蛇”，嘉奖《伐檀》一诗中的君子时，则说“不素餐兮”。与六二的内涵相同。若不是这样，官位就是窃取来的，食禄就是伴食而已。从来没有窃位之臣能够致君泽民的先例，也从来没有伴食之臣而不妨贤黩货的先例。能不审慎自处吗？

九三：鸿渐于陆，夫征不复，妇孕不育。凶，利御寇。

《象》曰：夫征不复，离群丑也。妇孕不育，失其道也。利用御寇，顺相保也。

【解义】

此一爻是言，三之无德无应，而不得遂其进也。陆，高平之地。

周公系渐三爻曰：九三过刚不中，是鲜渐进之德，而上无正应，又少与进之人。如鸿乃水鸟，在陆则不得所安，为鸿渐于陆之象。故拟之于夫，则为征而不复矣。何也？征行之事，惟集众可以成功。而刚愎自用，孰肯协力以从事？其不复宜也。拟之于妇，则为孕而不育矣。何也？生育之功，必阴阳之相济，而过用其刚，阴不足以辅乎阳，其不育宜也。是皆凶之道也。过刚之道，无适而可，庶几用以御寇，则刚勇之气或可成克敌之功耳。其不当用于渐进可知矣。

孔子释三象曰：夫征不复者，以其刚愎自用，违众独立，与群类乖离也。妇孕不育者，以其过刚不和，如有阳而无阴，失其生育之道也。利用御寇者，盖御寇以刚，则能倡勇敢之气，使众人同心协力，以相保卫也。

按：阴阳之理，当相应之位者为正，不当相应之位者为邪。九三以刚而比六四之柔，于夫妇之义为邪矣。盖以卦体言，巽女有归艮男之象，女归之所以吉也。以爻象言，四女无归三男之理，相比之所以凶也。推之君臣朋友之间，莫不皆然。正不正之所关，夫岂细故哉！

【白话】

这个爻的意思是说，三爻既无德行，也没有应援，所以不能循序渐进。陆，高平之地。

周公所系的渐卦三爻爻辞的意思是说：九三过刚不中，缺乏渐进之德，上面又没有正应，无有引荐之人。如同鸿雁，本是水鸟，所以在陆地上不得安生，这就是“鸿渐于陆”之象。对应到男子身上，则是出征不返。为什么这么说呢？因为征行之事，必须集结众人之力，方可成功。如果刚愎自用，有谁会愿意协助、追随呢？爻辞说“夫征不复”，也是应该的。对应到女子身上，则为孕而不育。为什么这么说呢？生男育女，必须阴阳相济，而九三是过刚之爻，阴爻不足以为辅，爻辞说“妇孕不育”，也是应该的。之前所述，皆为凶道。过刚之道，其实百无一用，勉强用于御寇，或许可以凭刚勇之气成克敌之功。由此可知，三爻很不符合渐卦的内涵。

孔子解释三爻的小象说：所谓“夫征不复”，是说它刚愎自用，违世独立，与群类乖离。而所谓“妇孕不育”，是因为它过刚不和，如同有阳无阴，无法生育。所谓“利御寇”，主要是因为御寇需要刚猛之力，三爻能激发众人的勇敢之气，使大家同心协力，杀敌保国。

按：阴阳之理，以相应为正，不相应为邪。九三以阳刚之爻比昵柔爻六四，于夫妇之义为邪。就卦体而言，又有巽女归于艮男之象，这是“女归”之所以吉祥的原因。以爻象论，象征女子的六四没有归于九三这个男子的道理，强行比昵，就会导致凶祸。依此类推，君臣朋友之间，莫不如此。正与不正的牵系，难道很细小吗？

六四：鸿渐于木，或得其桷，无咎。

《象》曰：或得其桷，顺以巽也。

【解义】

此一爻是言，四之危而能安，示以寡过之道也。鸿趾连不能握枝，故不木栖。桷，平柯也。

周公系渐四爻曰：六四以阴柔之资，乘九三之刚，是人进居高位，不幸在刚暴小人之上，未免见逼而不得所安，为鸿渐于木之象。然巽体柔顺，为能有以善处之，则彼虽刚暴，亦不得以加于我，犹鸿渐于木而不得安，或得木中之平柯，而因以得所栖止也。如是，则始虽危，而终不危，亦可以无咎矣。

孔子释四象曰：六四或得其桷者，以四性顺而体巽，顺则谦冲而无忤于人，巽则沈潜而克周于虑。遇难处之人，而有善处之道，此其所以渐进而得安也。

按：天下之事，以刚愎自用处之，鲜有不偾者，况对强暴之人，居危惧之地乎？惟贵而能下，智而能愚，从容以释其疑，退逊以消其忌，则不徒自全其一身，而且克济夫大事。非有识者，岂能见及此哉。

【白话】

这个爻的意思是说，四爻能化险为夷，但要尽量少犯错。鸿雁的脚趾是连在一起的，所以不能抓握树枝，所以不在树上栖息。桷，比较平的枝干。

周公所系的渐卦四爻爻辞的意思是说：六四是个柔爻，却乘刚于九三，好比进居高位之人，不幸在刚暴小人之上，未免被小人相逼，无法相安，为“鸿渐于木”之象。然而六四位于上卦巽卦之中，巽为柔顺，拥有善处之道，对方虽然刚暴，也难以施加在它身上，犹如“鸿渐于木”虽不得安，但或许可以在树枝比较平的地方落足，因此得以栖息。这样一来，刚开始的时候虽然危厉，但最终可以免除危厉，得以无咎。

孔子解释四爻的小象说：六四所谓的“或得其桷”，是因为六四是柔顺之爻，又处在上卦巽卦之中，顺则谦虚冲和，而不会强忤于人，巽则沉潜克虑，遇难处之人，也能相处，这正是它能够渐进并得以安乐的原因。

按：天下之事，如果刚愎自用，鲜有不愤怒者，何况现在面对着强暴之人，居处于危惧之地呢？如果贵而能下，大智若愚，从容不迫地消除其猜忌，不仅能保全自己，也能克济大事。如果不是有见识的人，怎么能认识到这一点呢？

九五：鸿渐于陵，妇三岁不孕，终莫之胜吉。

《象》曰：终莫之胜吉，得所愿也。

【解义】

此一爻是言，五与二为正应，始虽睽，而终必合也。陵，高阜也。妇，谓二。

周公系渐五爻曰：九五居尊以临天下，鸿之渐于陵者也。然君待臣以弘化，犹夫待妇以生育。六二为五之正应，乃三四小人，从中间之，不得相合，以成治功，如妇之三岁不孕者然。但邪不能胜正，一时虽若阻隔，久之自然会遇。彼三与四，岂能夺其正乎？故终莫之胜而吉也。

孔子释五象曰：上下交而德业成，五之素愿也。特为三四所间，未得即遂耳。今终莫之胜而吉，则君臣遇合，而治化可成。夙昔之志，于是乎酬矣。

按：三五二爻皆言妇，三以四为妇非正也，妇虽孕而不敢育，故凶。五以二为妇正也，妇虽不孕，而终莫胜，故吉。可见天下吉凶之理，不越正不正两途。而君臣遇合，尤不可以或苟。二当群情躁进之时，卓然自守，是宁从正道之难，而不肯趋快捷方式之易者。正邦善俗，非斯人奚赖。五之得二，其吉宜矣。

【白话】

这个爻的意思是说，五爻与二爻为正应，刚开始虽然相睽违，但最终会遇合。陵，高地。妇，指二爻。

周公所系的渐卦五爻爻辞的意思是说：九五居于尊位，君临天下，正是“鸿渐于陵”之象。君王期待臣子弘扬圣恩，犹如丈夫期待妻子生儿育女。六二是九五的正应，但三爻与四爻阻隔其中，使君臣难以相合，成就治功，如同妇人三年都不怀孕。但根据易理，邪不可胜正，三爻与四爻只是一时的阻隔，时间到了，君臣自能相遇。三爻与四爻，又岂能侵夺其正？所以爻辞说“终莫之胜吉”。

孔子解释五爻的小象说：君臣相交，德业化成，是五爻的夙愿。只因三爻与四爻从中阻碍，未能遂其所愿。如今“终莫之胜”而“吉”，则君臣遇合，治化可期。夙昔之志，得以酬报。

按：三爻与五爻都提到了“妇”，其中，三爻以四爻为妇，属于邪，所以妇虽孕而不敢育，因此爻辞说“凶”。五爻则以二爻为妇，得易理之正，所以妇人虽然不孕，但有“终莫之胜”，所以爻辞说“吉”。可见天下吉凶之理，跳不出正与不正两大原因。至于君臣遇合，尤其不能苟且。二爻能在群情躁进之时，卓然自守，好比宁可承受走正道的艰难，也不肯趋卦快捷方式的君子。正邦善俗，必须依赖于它。五爻有二爻为正应，吉祥理所应当。

上九：鸿渐于陆，其羽可用为仪，吉。

《象》曰：其羽可用为仪吉，不可乱也。

【解义】

此一爻是言，有德而高蹈者，其风世之功甚大也。陆，当作逵，谓云路也。

周公系渐上爻曰：上九居渐之极，所处至高，出乎人位之外，是真超然物表而为贤达之极致也，有鸿渐于云逵之象。虽天下之人未得蒙其实德之惠，然清风亮节，足以激顽起懦，而立斯世之坊表，如鸿之羽可用为仪。身虽不用，而其道未尝无用，吉何如哉！

孔子释上象曰：其羽可用为仪吉者，盖天下之人，有志于富贵则富贵乱之，有志于功名则功名乱之。上之志卓然独立，有非富贵功名所能乱者，宜其节著于一时，而风垂于后世也。

按：时至末季，士知进而不知退，羡于宠利，贪于势位，习以成俗。在上者非表章一二高世绝俗、皭然不淄之士，不能起其冥顽而消其奔竞。古之帝王，如唐尧让位于许由，成汤问道于务光，高帝降心于四皓，光武屈体于严陵，岂徒崇尚匹夫之节已哉？实见颓俗非斯人莫挽，名教非斯人莫兴。一人之制行，而天下之治乱因之。渐逵之功，不在渐盘之下也。人知有用之用，而不知无用之用更大。渐爻以是终焉，有以也夫。

【白话】

这个爻的意思是说，有德行的高士，对移风易俗的功绩很大。陆，当作“逵”，指云天之路。

周公所系的渐卦上爻爻辞的意思是说：上九居于渐卦的极处，位置极高，已超出凡俗之外，是真正的超然物外且极为贤达之人，有“鸿渐于陆”之象。虽然天下人没有因为他的德行蒙受恩惠，然而他的清风亮节，足以激顽起懦，为一世之表，如同鸿雁的羽毛可以用于婚礼。虽不用其身，却未尝不用其道，有什么样的吉祥能与之相比呢？

孔子解释上爻的小象说：所谓“其羽可用为仪，吉”，主要是说天下之人，有志于富贵就会惑于富贵，有志于功名就会乱于功名。上爻却卓然独立，富贵功名皆不能乱，其名节著称一时，风尚垂诸后世，也是应该的。

按：在每个朝代的尾声，士人们往往是知进而不知退，羡于宠利，贪于势位，且习以为常。在上的君王必须表彰一两位高世绝俗、卓然独立之人，否则唤不醒冥顽之徒的竞相奔走。古代的帝王，比如想让位于许由的唐尧，曾问道于务光的成汤，降心于四皓的汉高祖，屈体于严陵的光武帝，难道仅仅是崇尚他们的名节吗？实在是因为世风败坏，唯有斯人能够振挽，名教没落，唯有斯人可以振兴。君王一个人的道德准则，其实关系着天下的治乱。六爻的“鸿渐于陆”之功，不亚于二爻的“鸿渐于盘”之功。世人但知有用之用，却不知道无用之用，方为大用。渐卦以此为终，不是没有缘故的啊！

䷵ 归妹 兑下震上

【解义】

兑女在内，震男在外，男动女说，以女说男，不得其正。六爻二四阴位而居阳，三五阳位而居阴。自二至五，位皆不正。初与上虽当阴阳之位，而阳下阴上，亦为失位。且三本柔而乘二之刚，四本刚而为五所乘。刚柔易位，内外倒置，故彖辞为“征凶，无攸利”。然归妹虽为凶占，而归亦有辨。所归果贤女，归即是男女大义。若非中非正之女，其害乃不可胜言。初九有阳刚之德，是处卑位而能尽其常职，故彖云征凶，而爻云征吉。二五得中，为归之正。三不得位而乘刚，上为女归之终而无应，故皆不吉。四虽震主，而不得位，故有愆。彖辞之皆为凶占者，乃防禁之辞。究言，其一失所归，其害必至于此也。

按：咸与归妹皆男女之说，止而说则为咸，动以说则为归妹。情同而动止异，是以咸则取女吉，而归妹则征凶也。

【白话】

此卦的内卦为兑为少女，外卦为震为长男，综合来看就是男动女悦，而以女悦男，不得其正。六爻之中，二爻与四爻都是以阳居阴，三爻与五爻则是以阴居阳。自二爻至五爻，每个爻位都不正。初爻与上爻虽然都各当阴阳之位，但阳下而阴上，也是失位。三爻本是柔爻，却乘刚于九二，而四爻本是刚爻，却被柔爻六五所乘。刚柔易位，内外倒置，所以卦辞说“征凶，无攸利”。归妹卦虽然不是吉卦，但这个“归”字大有讲究。如果是贤良的女子，其“归”便是男女大义。如果不中不正，则危害不可胜言。初九有阳刚之德，虽然身份卑微，但能恪尽职守，所以卦辞说“征凶”，爻辞却说“征吉”。二爻与五爻分别位于上下卦的中间，算得中，属于“归”于正。三爻不当位，还乘刚，上爻处于归妹卦的穷极之处，又没有应援，所以都不吉。四爻虽然是上卦震卦的主爻，但不当位，所以会“愆期”。彖辞看不到吉语，乃是为了防禁。说到底，还是因为只要失其所归，必然会导致这样的结果。

按：咸卦与归妹卦讲的都是男女之悦，止而悦则为咸，动以悦则为归妹。其情相同，但动止有异，所以咸卦说“取女吉”，而归妹卦则说“征凶”。

归妹：征凶，无攸利。

【解义】

此卦兑下震上，以兑少女而从震长男，男动而女说。又以说而动，皆有男说女，女从男之义，故名归妹。卦辞言，男女之合不以正也。妇人谓嫁曰归。妹，少女也。

文王系归妹彖辞曰：男女之交，人道所不能无，必求诸礼而允协，然后可以无敝。此卦以说而动，既非吉利之道矣。况自二至五，位皆不正，则是男不能肃倡导之纲，女不能遵柔顺之范。正家之节，此其失矣。征其免于凶乎？三五两爻皆以柔乘刚，则是阳不能制乎阴，而阴乃敢陵乎阳。尊卑之序，此其紊矣，又安往而利乎？

按：王者正天下之道，必托始于闺门。闺门之事，有取女，必有归妹。取女固欲其吉，则归妹岂听其凶。而此卦既言征凶，又言无攸利者，正欲使人知其凶则思所以去凶而从吉，知其不利则思所以远害而全利。恐惧修省，以严制其说动之情，而渐渍于礼义之化，庶几他日无女谒之祸。圣人系辞之意切矣。

【白话】

此卦的下卦为兑为少女，上卦为震为长男，以少女从长男，是男动而女悦之卦，因为震为动，兑为悦。也可以说是以悦而动，但不管怎么说，都有男悦女而女从男之义，所以叫归妹。卦辞的意思是说，这样的男女相合，不合乎正道。对女子来说，嫁人曰“归”。妹，少女。

文王所系的归妹卦的卦辞说：男女之交，是人道所不能没有的，但必须求诸于礼，又符合恰当，方能无敝。此卦却是以悦而动，显然不是吉利之道。况且自二爻至五爻，每个爻位都不正，好比男不能肃倡导之纲，女不能遵柔顺之范，正家之节，失之大矣。以此征行，怎么能避免凶祸呢？三爻与五爻都以柔乘刚，都是因为阳爻不能制约阴爻，阴爻才敢于凌驾于阳爻之上。尊卑之序已经紊乱，哪里还有什么利益呢？

按：王者正天下之道，往往托始于闺门。闺门之事，有“取女”，必有“归妹”。“取女”当然想吉祥，“归妹”又岂能听任凶祸临身呢？此卦既说“征凶”，又说“无攸利”，正是为了让人知其凶而去其凶，然后从于吉，正是为了让人在知其不利的基础上远离危害，从而全其利。恐惧修省，以严制情，使其逐渐接受礼义教化，差不多就可以远离女谒之祸了。圣人系辞的用心是多么深切啊！

《彖》曰：归妹，天地之大义也。天地不交而万物不兴，归妹人之终始也。说以动，所归妹也。征凶，位不当也。无攸利，柔乘刚也。

【解义】

此《彖传》，是释归妹彖辞，以明归妹之义也。

孔子释归妹彖辞曰：归妹之义，岂细故哉？盖男女配合，古今不易之经，天地之大义也。何以见之？天地不相交感，则万物不兴。男女不相交感，则人道灭息。是归妹虽为女道之终，而生育实为人道之始。归妹所系之重如此，谓非天地之大义乎！然此卦之名归妹者，非以男室女家之常理而言也。盖以顺为正者，固妾妇从夫之道；而有待后行者，又女子于归之常。卦惟以说而动则牵于情欲之私，而不由于理义之合，男女皆为不正，而女尤为可丑，此所以为归妹也。辞曰“征凶”者，盖人之相与，正则吉，不正则凶。卦体自二至五，位皆不当，则男不能以正率乎女，女不能以正从乎男。而廉耻之闲，将至废弃而不顾，此所以凶也。又曰“无攸利”者，盖人之相与，得其分则利，失其分则不利。卦体三五两爻皆以柔乘刚，则男不能制乎女，女反得制乎男，而尊卑之分，必致陵夷而莫救，此所以无攸利也。凡此皆失终始之道矣。夫岂天地之大义哉。

按：阴阳交感之常，男女配合之理，圣贤与凡庶，岂有二致？所重者发乎情，止乎礼义耳。有礼义以制其情，则男正位乎外，女正位乎内，闺门肃而治化成；无礼义以制其情，则男牵欲而失其刚，女恃宠而忘其顺，德业伤而身名坏。一念之分而是非成败系焉，其可不为之深儆哉。

【白话】

《彖传》是对归妹卦卦辞的解释，目的是阐明归妹卦的内涵。

孔子解释归妹卦的彖辞说：归妹一事，难道是琐碎小事吗？其实男女配合，乃古今不易之经，天地之间的大义。为什么这么说呢？因为天地不相交感，万物便不能滋生。男女不相交感，人道便难以为继。归妹虽是女道之终，生育实为人道之始。归妹的牵系如此重大，能说它不是天地之间的大义呢？但此卦之所以叫作“归妹”，并不是就寻常的男室女家之类的常理而言。它主要是说，以顺为正，固然是女子从夫之道；但必须被动而不能主动，是因为这也是女子嫁人的常识。此卦以悦而动，男女相合是牵于情欲之私，而不是基于理义，男女皆不正，而女子尤其可丑，这才是归妹卦的真正内涵。卦辞所谓的“征凶”，主要是说人与人结交，正则吉，不正则凶。此卦却自二爻至五爻皆不当位，对应到归妹一事，就是男不能以正率女，女不能以正从男。廉耻之大闲，将至废弃而不顾的地步，这正是卦辞说它“凶”的原因。又说“无攸利”，主要是说人与人结交，守其分则利，失其分则不利。就卦体而言，三爻与五爻皆是以柔乘刚之爻，好比男不能制女，女反而制男，尊卑之分，必然会衰败难救，这正是卦辞说它“无攸利”的原因。前述种种，皆失其道。哪里合乎天地之间的大义呢？

按：阴阳交感之常，男女配合之理，圣贤与凡庶，哪里有什么区别？都需要发乎情，止乎礼。以礼义制私情，男可正位于外，女可正位于内，闺门可肃，治化可成；反之，男子会因为欲望牵系失其阳刚，女子会因恃宠而骄忘其巽顺，从而德业伤，身名坏。一念之差，却关系着是非成败，能不深深地儆醒吗？

《象》曰：泽上有雷，归妹，君子以永终知敝。

【解义】

此《象传》，是言君子始合之当以正，而后能永其终也。

孔子释归妹象曰：泽上有雷，雷动则泽随，如女子之随男而动，归妹之象也。君子体此，谨于夫妇之道，必正其始，而后可以善其终。苟始合不以正，知其终必有乖离之敝，是以重以为戒，而必谨始以善后也。

按：天下之事，莫不贵其有终，以为可久之道。然事之有终者，不于其终之日而见也，必有其所由始。惟始之得正，而不以不正继之，则正其始而后无鲜终之忧矣。故曰：男女之合，不以正，以色幸者，色衰而爱必弛；君臣之合，不以正，以宠进者，宠尽而恩必竭。慎厥终，惟其始，岂不然哉？

【白话】

《象传》的意思是说，君子娶妻时能合于正道，就能够白头偕老。

孔子解释归妹卦的大象说：泽上有雷，雷动则泽随，像女子追随男子一样，这就是归妹卦的大象。君子体悟归妹卦的大象，谨慎地对待夫妇之道，正其始，才有可能善其终。一开始就不合道，最后的乖离可想而知，所以圣人在象辞中再次警戒，务必使人谨始而善终。

按：天下之事，都以有终为贵，都推崇可久之道。而那些应该有结果的事情，之所以不能走到最终，肯定从一开始就出了问题。如果开始就合乎正道，并且正道继之，很少有看不到结果的时候。所以先哲有言：男女之合，不以正而以色幸，色衰而爱必弛；君臣之合，不以正而以宠进，宠尽而恩必竭。《尚书》有言：“慎厥终，惟其始。”难道不是这样吗？

初九：归妹以娣，跛能履，征吉。

《象》曰：归妹以娣，以恒也。跛能履，吉相承也。

【解义】

此一爻是言，女子有贤正之德，虽不得位，而亦可以着承助之功也。娣，从嫡以适人者，所谓媵也。

周公系归妹初爻曰：女子从人，惟居上有应者，乃为正嫡。初九居下而无正应，则其归于人也，不过为娣之贱而已。故徒有阳刚之德，亦止淑慎其身，以承助其嫡，而不能大有所为，犹跛能履而不足以行远也。然虽止于承助其嫡，而于分之所当然，则已尽矣，故征而吉焉。

孔子释初象曰：女德以恒为贵，初在归妹之时，固为娣矣，然九为阳刚，则是女子之有恒德者也。其“跛能履吉”者，正唯有是恒久之德，则虽不得主其功，而亦可以着承助之效，此其所以吉也。

按：生人所禀，阳为淑，而阴为慝。故男子得阴必为柔媚之夫，女子得阳亦称贤明之妇，此阳之所以为可尊也。圣人于阴阳之分，必为之著其贵贱美恶者，岂偶然哉。

【白话】

这个爻的意思是说，女子有贤正之德，不能得位，也能在辅助、顺承之功。娣，随嫡女出嫁的女子，也就是所谓的“媵”。

周公所系的归妹卦初爻爻辞的意思是说：女子嫁人，体现在卦上，唯有居上且有正应，方为正嫡。初九却位于全卦的最下面，也没有正应，所以它对应到嫁人上，只不过是娣之类的卑贱之位。所以它虽然有阳刚之德，但也只能在淑慎的基础上，承助嫡室，而不能大有所为，犹如跛足者能履，但不足以远行。然而，它承助正嫡，是分所当然，能尽到责任，所以“征吉”。

孔子解释初爻的小象说：女德以恒为贵，初爻在嫁人时，虽然仅仅为娣，但因为初爻是刚爻，好比具备恒久之德的女子。所谓“跛能履，吉”，也正是因为它有恒久之德，所以虽然不能主导，但也可以起到承助之功，这是它能够得吉的原因。

按：人的禀赋对应到卦上，阳爻为淑而正，而阴爻为邪而恶。所以男子匹配阴爻必为柔媚之夫，女子匹配阳爻则为贤明之妇，这正是初九作为阳爻值得尊崇的地方。而圣人对于阴阳的分别看得很重，涉及阴阳之处，必须强调贵贱美恶，这难道是偶然吗？

九二：眇能视，利幽人之贞。

《象》曰：利幽人之贞，未变常也。

【解义】

此一爻是言贤女不得所配，但当固守其正也。

周公系归妹二爻曰：初九女贤而非正嫡，仅能承助其上而已。九二阳刚得中，是女贤而为正室者也。乃所应之五，反阴柔不正，则刑家无主，而内助之功不能以大成矣。如眇而视，不及远也，然岂可以所应非良，而遂易其贤正哉？亦如幽人，不偶于时，而抱道以守其贞可也。盖幽人不以时之不偶而变其道，女子不以夫之不良而改其节，一也。

孔子释二象曰：抱道守正而不改其常，此乃幽人之事。今二亦固守其贤正之德，而不改其常，与幽人之贞同也。若或少改其常，则亦何所取哉。

按：圣主贤臣，相得而彰。哲夫淑女，相资乃益。此皆古今盛事，所以读二典之书，而忾慕乎都俞之风；颂《周南》之什，而企羡乎好逑之乐也。然遇有不齐，而节无可变，从一而终者，女子之常，故《绿衣》之诗曰："我思古人，俾无訧兮。"席珍而处者，士人之常，故《考盘》之诗曰："独寐寤宿，永矢弗告。"亦尽其在我者而已。

【白话】

这个爻的意思是说，贤女不得所配，也要固守其正。

周公所系的归妹卦二爻爻辞的意思是说：初九虽然是贤淑之女，但不是正嫡，只能承助嫡室。而九二阳刚得中，好比贤淑之女恰为正室。她的正应六五，反倒阴柔不正，好比家中无主，它作为贤内助也不能大有作为。就像一只眼睛失明了，虽然还能看，但不能看太远，但怎么可以因为应爻不够优秀，就改易自己的贤淑贞正呢？要像幽人隐士学习，如果时运不济，就抱道自守。总的来说，幽人隐士不会因为时势不利而变改其道，贤淑的女子也不会因为丈夫不够优秀而改易其节，其中的道理是一致的。

孔子解释二爻的小象说：抱道守正，不改其常，这是幽人隐士才能做到的事。如今二爻也固守其贤正之德，不改其常，与幽人隐士的贞正相一致。如果它稍微改易其正，还有什么可取的呢？

按：圣主贤臣，相得益彰。哲夫淑女，相资互益。此乃古今之盛事，所以读《尧典》与《舜典》时，会自然而然地钦慕其都俞之风；而歌颂《诗经》中的《周南》之什，也会自然而然地企羡于好逑之乐。所托非人，却不能变节，只能从一而终，则是女子的常德，所以《绿衣》一诗曰有言："我思古人，俾无訧兮。"怀才不遇，则是士人的常态，所以《考盘》一诗有言："独寐寤宿，永矢弗告。"其实都取决于自己。

六三：归妹以须，反归以娣。

《象》曰：归妹以须，未当也。

【解义】

此一爻是言女之不正而为人所贱也。须，待也。

周公系归妹三爻曰：女子之德，莫善于正，莫不善于不正。六三阴柔不中正，既非妇顺之善，为说之主，又动情欲之私，是女德不贞，人莫之取，故未得所适，而姑待之。待之不得，而反归为娣也。然则为女子者，岂可不出于正乎！

孔子释三象曰：归妹以须者，以三阴柔而处位不当，急于待人而字，失女子之正道，故人亦莫之取也。盖贵贱之权操乎人，而可贵可贱之理则实操于己。是以天爵在我，则予夺不能以外加；人爵在人，斯荣辱不能以自主。六三本非贱者，而急于从人，则先自贱矣。自贱而人不贱之者，未之有也。彼欲速而好进，甘于卑下，而卒为人所鄙者，亦何异于反归为娣者欤。

【白话】

这个爻的意思是说，女子的思想、品德不正，就会被人看轻。须，待。

周公所系的归妹卦三爻爻辞的意思是说：女子之德，以正为贵，不正则极其不善。六三身为柔爻，不中不正，既不巽顺，还是下卦巽卦的卦主，又动了私情，是不贞之女，人皆不取，所以无所适从，只能等待。待之不得，只能做别人的陪嫁，即娣。可见身为女子，不得不正！

孔子解释三爻的小象说：所谓“归妹以须”，是说三爻以阴居阳，处位不当，好比急于嫁人之女子，失其贞正之道，所以无人敢娶。总的来说，贵贱之权操之于人，但可贵可贱之理操之于己。如果天爵在我，或予或夺，由不得任何人；至于人爵，或荣或辱，实难自主。六三本非贱位，但急于从人，是自贱身价。自贱而人不贱，这样的先例还没有过。像它这样为升进而甘于卑下，结果为人所鄙，何异于那些“反归以娣”的女子呢？

九四：归妹愆期，迟归有时。

《象》曰：愆期之志，有待而行也。

【解义】

此一爻是言，女之贤者不轻于从人，而终得所配也。愆期，谓过期。

周公系归妹四爻曰：九四阳刚有贤正之德，居上体有贵重之义，而无正应，未获佳配，故不轻于从人，而宁愆其婚姻之期也。然其所以如是者，盖在迟归以待所归之时，庶几可得良偶，不负夙昔之志而已。

孔子释四象曰：九四所以愆期者，岂终于不行乎？盖天下无无偶之物，时至有必行之理。窥其隐志，盖欲有待而后行也。有待而行，决不至有轻身之悔矣。

按：女子守贞而后字，士人抱道以待时，其理一也。夫人幼而学之，壮而欲行之。得君行道，岂不切于中怀！而兢兢出处之际者，正恐枉尺未必能直寻，修之数十年而坏之一旦也。故曰：君择臣，臣亦择君。惟其不轻于致身，方能尽忠于所事。古之人，当拜爵之始，而预卜其毕生建竖大过人者，殆以此已。

【白话】

这个爻的意思是说，有贤德的女子不急着嫁人，最终会有佳配。愆期，过期。

周公所系的归妹卦四爻爻辞的意思是说：九四是刚爻，好比女子的贤正之德，又位于上卦，有高贵在上之义，却没有正应，因此它未获佳配，绝不轻易嫁人，宁愿延期也不嫁。之所以如此，主要还是为了在守贞的同时，等待佳偶，它基本上也能匹配佳偶，不负夙昔之志。

孔子解释四爻的小象说：九四所谓的“愆期”，难道会永远如此吗？总的来说，天底下没有无配偶的事物，时间到了，其理必行。窥测它的真实想法，无非是为了等待适合的对象。由于它“有待而行”，所以不会有轻身之悔。

按：女子守贞待嫁，恰如士人抱道待时，其道理是一致的。人在少年的时候努力学习，长大后就想践行所学。如果能得君行道，岂不是正中心怀！之所以谨慎于出处之际，是担心枉尺未必能直寻，反而使数十年的修习毁于一旦。所以说：君王会选择臣子，臣子也会选择君王。正是因为臣子不轻易事人，事人后方能忠于所事。古代的人，在拜爵之始，就能预判出他一生有没有超越常人的建树，衡量标准就在这里。

六五：帝乙归妹，其君之袂不如其娣之袂良。月几望，吉。

《象》曰：帝乙归妹，不如其娣之袂良也，其位在中，以贵行也。

【解义】

此一爻是美女德之盛而能宜家也。君，女君也。

周公系归妹五爻曰：六五柔中居尊，下应九二，是尚德而不贵饰者，为帝女下嫁而服不盛之象。夫女子贵饰，人情所同，乃其君服饰之盛，反不如其娣之盛者，是但知谦降以从礼，而不事乎容饰也。夫以至尊贵之女，尚礼而不事乎容饰，则女德之盛，无美不备。如月之几望，而蔑以加矣。宜家正位，何吉如之！

孔子释五象曰：富贵崇高之家，莫不为骄奢美丽之饰。而六五帝乙归妹，反不如其娣之袂良，何也？盖内既重则视外必轻，五居上卦之中，是其中德，自有可贵者。以其可贵之德而行，则不文之文，足以贲其躬矣，又何贵于饰乎？

按：女之所贵者在德而不在饰，惟所贵在德，则情欲之感无介乎容仪，宴私之意不形于动静。《诗》美南国之夫人曰“被之僮僮”，王姬之下嫁曰“曷不肃雝”，皆所以言其德之盛也。推而言之，人君屈己下贤，以诚不以文者，其意实同于此。盖九二具刚中之德，本有素丝之风。六五有柔中之德，克尽缁衣之好。诚意交孚，贤者未有不乐为之用者矣。

【白话】

这个爻的宗旨，是赞美五爻有盛德，并且能够持家。君，女君，即正妻。

周公所系的归妹卦五爻爻辞的意思是说：六五以柔爻居中居尊，下应九二，好比女子尚德而不贵饰，为“帝乙归妹，其君之袂不如其娣之袂良”之象。女子看重衣饰，这是人之常情，但正妻的衣饰反倒不如陪嫁之娣的衣饰，是因为正妻以德为重，不事容饰。而且它是帝王之女，极其尊贵，又能尚德尚礼而不尚容饰，其女德之感，堪称尽美。就像月亮满圆，无以加之。以正妻的身份持家，什么样的吉祥能与之相比呢？

孔子解释五爻的小象说：富贵崇高之家，都修饰得骄奢美丽。而“帝乙归妹”之六五，衣饰反倒不如陪嫁的妾室，原因何在？主要因为注重内在的，必然轻于外在，五爻位于上卦的中间，具备中德，身份高贵。如此一来，不必过多修饰，也足以傲视群芳，又何必看重衣饰呢？

按：女子贵德不贵饰。因为只有重德，情绪和欲望才不会影响她的端庄，游冶玩耍才不会形于动静。《诗经》赞美召南国夫人曰“被之僮僮”，称赞王姬之下嫁曰“曷不肃雝”，说的都是它们的盛德。推而广之，君王屈己下贤，以诚不以文，与此如出一辙。综合来看，九二具刚中之德，本有素丝之风。六五有柔中之德，所以能克尽缁衣之好。能以诚意交孚，世上就没有不乐意进用的贤者。

上六：女承筐无实，士刲羊无血。无攸利。

《象》曰：上六无实，承虚筐也。

【解义】

此一爻是言，婚道之未成者，大伦所由废也。筐，竹器。承筐，谓约婚之礼。刲羊，谓约娶之礼。

周公系归妹上爻曰：上六以阴柔居归妹之终而无应，阴柔则非贤正之女，无应则过桃夭之时，而莫有以之为家者矣。夫婚姻之礼，女子之嫁，筐筐以庙见；男子之娶，刲羊以告庙。今女之承筐是将，而无币帛为之实；士之宴其新婚，而刲羊未见其血焉。是则女不成嫁，士不成娶，违室家之愿，而废天地之大义矣。何所利乎？

孔子释上象曰：上六承筐而无实，则所承者虚筐而已。虚筐足以成女之嫁乎？此所以为约婚而不终者也，其无攸利宜矣。

按：先儒言：“曰士曰女，未成为夫妇也。先女而后士，罪在女也。”其实出身从人，责专在己。阴险轻躁之夫，但知进而不知退。一旦为人所弃，其不蒙玷而召辱者几希矣。然使终于见弃，不过其人之耻。倘或误售于世，譬诸鲜节之女，忽操家政，必至踰闲荡检，不贻中冓之羞，必启司晨之祸，其害可胜道哉？上六占辞“无攸利”与彖同，是归妹之不利，上六独当之矣。

【白话】

这个爻的意思是说，上六不符合婚嫁之道，违背了人伦。筐，竹器。承筐，指约婚之礼。刲羊，指约娶之礼。

周公所系的归妹卦上爻爻辞的意思是说：上六是个柔爻，位于归卦的终极之处，又滑正应，阴爻代表不贤不正，没有正应说明已过桃夭之时，没有人娶它。说到具体的婚姻之礼，女子嫁人后，三个月才能与男子同房，也就是"篚筐以庙见"，男子则杀羊以祭。如今却是"女承筐无实，士刲羊无血"，女子将不能成其嫁，士夫也不得成其娶，违背了室家之愿，也废弃了天地之大义。有什么利益可言呢?

孔子解释上爻的小象说：上六就是所谓的女子，她"承筐"而"无实"，是因为她承举的是虚筐。虚筐怎么可以成就其嫁呢？说白了，是男子约婚但最终没有娶她，她毫无利益可言，也是应该的。

按：先儒有言："曰士曰女，未成为夫妇也。先女而后士，罪在女也。"其实追随他人，自己要承担主要责任。阴险轻躁之夫，一向知进不知退。一旦为人所弃，很少有人不蒙玷召辱的。然而这毕竟是个人之事，不过是个人之耻。倘若不小心得窥权柄，恰如无德之女，忽然操持家政，必至不守礼法，不是羞于内室，就是外启牝鸡司晨之祸，相应的危害能说得清吗？上六的爻辞说"无攸利"，与卦辞、彖辞相同，潜在意思即是说，归妹卦所有的不利，都由上六一个爻承担。

䷶ 丰 离下震上

【解义】

卦以明动相资为义，离明主之，而震动将之。致丰之本，即保丰之道。初九明之初，九四动之初，同为阳刚，相须以成其用，故曰配，与他处之以应为配者不同。他卦应爻皆贵阴阳相配，独丰九三以至明之体应上六之至暗。刚为柔掩，故有见沬折肱之象也。六五体本柔暗，六二应之，九四比之，而皆有丰蔀见斗之象。至六五本爻而曰"来章有庆誉吉"者，盖六五为丰之主，居震之中。六二文明中正，乃大贤在下者为之正应，五能屈己下贤而来致之，即有明动相资之益，非丰蔀见斗之说矣。

按：卦为丰亨之象，而爻多警戒之辞，深虑丰之不可长保，必在明以善动，动合至明，撤蔀屋之蔽，取来章之益，则盈虚消息，皆自我操，而常如日中之照天下矣。苏轼曰："丰者，至足之辞也。足则余，余则溢。圣人处之以不足，而安所求余？故圣人无丰，丰非圣人之事也。"

【白话】

丰卦的意思是明动相资，即下卦的离明与上卦的震动相给相资，离明为主，震动为辅。导致丰亨的根本，就是保有丰亨的大道。初九位于下卦离卦的最下面，而九四位于上卦震卦的最下面，同为阳刚之爻，可以相辅相须，成其大用，所以爻辞曰"配"，与别的爻的正应之"配"有所不同。别的卦论及应爻时，都以阴阳相配为贵，唯有丰卦的九三以至明之体，上应六爻的至暗之身，其刚爻被柔爻所掩抑，故有"日中见沫，折其右肱"之象。六五是柔暗之君，既有同为柔爻的六二相应，又有作为刚爻的九四与之相比昵，皆有"丰其蔀，日中见斗"之象。但六五的爻辞却说"来章，有庆誉，吉"，主要是因为六五是丰卦的主爻，又居于震卦之中，下面还有象征大贤人的文明中正的六二作为正应，它也能屈己下贤，使六二来而致之，既有明动相资之益，便远离了"丰其蔀，日中见斗"之蔽。

按：全卦有丰亨之象，而六爻多警戒之辞，是因为圣人担忧丰亨的现状不能长久，所以告诫传习者，要明以善动，动合至明，远离小人的遮蔽，取益于贤人，这样的话，消息盈虚尽在掌握之中，恰如正午的太阳足以普照天下。苏轼也曾经说过："丰者，至足之辞也。足则余，余则溢。圣人处之以不足，而安所求余？故圣人无丰，丰非圣人之事也。"一句话，要以无丰的心态对待丰亨之时。

丰：亨，王假之。勿忧，宜日中。

【解义】

此卦离下震上，以明而动。明足以照，动足以亨，皆致丰之道，故名为丰。卦辞言，人君当天运之隆，宜持盈而修人事也。假，至也。

文王系丰彖辞曰：丰当时势盛大之会，居天位而富四海，天下一统，治化四讫，丰固亨之时矣。夫丰亨之时，人民之繁庶，事物之殷盛，虽为可喜，而盛极即为衰之所伏，此固可忧者也。然王者至此，徒忧亦何益乎？但能持盈戒满，守常而不至过盛，如日之中天，而不昃焉，则明之所及，无所不照，可以永保其丰矣。

按：丰者盛满之象，似无可忧，而曰有忧道焉，忧其极盛而难保耳。盖造化无满而不损之理，惟人君时时以此为惧，而不敢存侈肆之心，然后大业可以常守而勿坠。朱熹谓："如捧盘水，战兢自持，方无倾侧满溢之患。"所谓能忧者，决不至于有忧矣。

【白话】

此卦的下卦为离为明，上卦为震为动，综合起来看，就是以明而动。离明足以普照，震动足以亨通，皆有致丰之道，所以叫作丰卦。卦辞的意思是说，为君者处在盛世，应当持盈保泰，敬修人事。假，至。

文王所系的丰卦卦辞的意思是说：在时势盛大之际，居于天子之位，富有四海，天下一统，治化隆昌，亨通自不待言。问题在于，丰亨之时，人口的繁庶，事物的殷盛，固然可喜，但盛极之时，就埋下了衰弱的伏笔，这不能不令人忧虑。然而，真正的王者处在这种情势下，怎么能徒自忧伤呢？如果能持盈戒满，守持常分，不使其过盛，恰如日之中天而不昃，光明就能无所不照，就可以永保其丰。

按："丰"乃盛满之意，丰亨之时，似乎不必忧虑，但道理上应该忧虑，因为盛极必衰，极盛尤其难保。天地造化也没有满而不损的道理，为君者只有时时忧惧，不敢存侈肆之心，方能常守大业，而不至于败坏。朱熹有言："如捧盘水，战兢自持，方无倾侧满溢之患。"这也正是先哲所说的："能忧者，绝不至于有忧矣。"

《彖》曰：丰，大也。明以动，故丰。王假之，尚大也。勿忧，宜日中，宜照天下也。日中则昃，月盈则食，天地盈虚，与时消息，而况于人乎！况于鬼神乎！

【解义】

此《彖传》，是释丰彖辞，以明保丰之道也。

孔子释丰彖辞曰：卦名丰者，是车书归于一统，礼明乐备，物阜民安，治功盛大之谓也。然何以致此哉？卦德离明震动，明则察物而无遗，动则振作而成务。二者相合，故事无不立，而功无不成，此其所以为丰也。辞云"王假之"者，盖王者当丰大之时，事有可为，而力足自擅，则其志欲日广，制度规为，自然尚大，而有不安于狭小之势。是以有忧道也。又云"勿忧，宜日中"者，言王者守国，常如极盛之时，则志气清明，百务修举，而有以徧照乎天下也。盖日惟中方能照万物，君守中乃能照天下，一或过盛而不能常中，则遗于所照之外者多矣，岂人主之所宜乎！如是者何也？盖尝推盛衰之理，而确知中之不可过矣。日以中为盛，日之既中，未有不昃者也。月以盈为盛，月之既盈，未有不食者也。岂惟日月，虽天地之大，其盈虚亦随乎时。时乎息也，则气机变化，万物显诸仁，而天地盈矣；时乎消也，则气机收敛，万物藏诸用，而天地虚矣。时之所在，天地尚不能违，而况人事者，不出于天地之外也。治乱相寻，其能以常盈乎？鬼神者，不过为天地之用也。屈伸相感，其又能以常盈乎？盛衰之理，无在不然，此王者保丰之治，宜守中而不可过也欤。大抵丰亨豫大之时，君臣上下，不期侈而自侈，岂独常人为然。贤智之辟，乃有更甚者。非不明也，而过乎明，则铺张扬厉之念生矣；非不动也，而过乎动，则好大喜功之举多矣。骄心一生，何所不至？故圣人急急惕之以忧。若曰世之所谓安者乃危之伏也，世之所谓治者乃乱之机也。盖先夺其所恃，而后可告以持盈保泰之实事也。语云：“以一人治天下，不以天下奉一人。”天佑下民，作之君。正欲其劳，而岂贻之以逸也哉！

【白话】

《彖传》是对丰卦卦辞的解释，目的是申明保丰之道。

孔子解释丰卦的彖辞说：卦名叫作丰卦，乃是车书归于一统，礼明乐备，物阜民安，治功盛大之卦。但丰亨是怎么做到的呢？就卦德而言，下卦为离为明，上卦为震为动，明则能察，动则能振，二者相合，事无不立，功无不成，所以能够丰亨。爻辞所谓的“王假之”，为君者处在丰大之时，其事可以有为，其力可以自擅，其志向必然广大，制度规划也会自然而然的宏大，而不会安于狭小，其中就隐藏着忧患。又说“勿忧，宜日中”，意思是说王者守持天下，应该常保极盛之时的状态，使政治清明，百务修举，让君王的德泽遍照天下。总的说来，太阳只有在中午方能普照万物，君王唯有守持中道才能普照天下，一旦过了头，便不能守中，不被照耀的人太多了，又岂是君王所应该做的！为什么这么说呢？主要是因为推究盛衰之理，可以明确得知，中道不可过。太阳以正午时分为最盛，既然已经到了正午，就没有不偏西的道理。月亮以盈满时为最盛，既然已经满盈了，就没有不亏缺的道理。岂止是日月，天地虽大，也会随时节盈虚。时节当长，气机就会变化，万物就会生长，天地就会充盈；时节当消，气机就会收敛，万物就会闭藏，天地就会空虚。时之所至，天地尚不能违，何况不出于天地之外的人事呢！治乱相继，谁能长期的持盈保泰呢？至于鬼神，也不过是天地的功用。屈伸相感，鬼神也不能长期持盈保泰吧？盛衰之理，无所不在，而这正是君王为了保有丰亨，执政宜于守中而不能过的原因所在。大抵来说，在丰亨豫大之时，君臣上下，不需要刻意的奢侈也会奢侈，他们与常人没什么两样。贤人智士，有时候只会比常人更甚。不是不明，而是过于明，所以会生出铺张扬厉之念；不是不动，而是过于动，所以会诱发好大喜功之举。骄心一生，何所不至？所以圣人极其忧惕。至于总是说及安定之中隐伏着危机，大治之中埋伏着大乱，是为了破灭其所仗恃的现状，然后在此基础上告之以持盈保泰之法。所以先哲有言："以一人治天下，不以天下奉一人。"天佑万民，以其为君。正想让他辛勤劳作呢，岂能让他一味地逸乐！

《象》曰：雷电皆至，丰，君子以折狱致刑。

【解义】

此《象传》，是言君子法天之威明以治狱也。折，谓剖断其曲直。致，谓推致其重轻。

孔子释丰象曰：雷电皆至，威照并行，盛大之势，丰之象也。君子以为，狱者天下之大命，而刑者一成而不变者也。故于狱之未决，则取电之明以折其狱，剖断其曲直，而必得其情实，惟明克允也。狱之既成，则取雷之威以致其刑，推极其轻重，而必当其罪恶，惟断乃成也。夫明以折狱，威以致刑，则用法平允，而天下无冤民矣，此保丰之道也。

按：噬嗑明在上，威在下，是明得事理，民未有罪而先立法于此，以待异日之用，故曰"明罚勑法"。丰威在上，明在下，是用法时，能洞悉下情，而上之用威，方无过差，故曰"折狱致刑"。然则王者之用刑，虽云威照并用，而又必以明为主也。

【白话】

《象传》的意思是说，君子效法天威，明以治狱。折，剖断曲直之意。致，推其重轻之意。

孔子解释丰卦的大象说：雷电皆至，威照并行，其势盛大，这就是丰卦的大象。君子体悟丰卦的大象，认识到刑狱乃天下大事，而刑法是一成不变的，因此在剖析案件时，要像闪电一样光明，从而得到案件的真实情况。之后，便要效法震雷之威，推其轻重，公正地判刑，令人信服。明以折狱，威以致刑，则用法平允，天下就没有被冤枉的百姓了，就可以长保丰亨了。

按：噬嗑卦是离明在上，震威在下，综合起来看就是明得事理，即在民众未曾犯罪之前，先立法于此，以待将来之用，所以象辞说“明罚敕法”。丰卦则是震威在上，离明在下，综合起来看就是用法之时，能洞悉下情，无有过差，所以象辞说“折狱致刑”。话说回来，虽说王者用刑，威照并用，但也必须以明为主。

初九：遇其配主，虽旬无咎。往有尚。

《象》曰：虽旬无咎，过旬灾也。

【解义】

此一爻是言人贵相资之益，而不可恃才以求胜也。配主，指九四。旬，均也。

周公系丰初爻曰：天下之相应者，如阴应乎阳，柔从乎刚，常非均敌。初九与九四，同为阳刚，则彼此适均，宜其不相得矣。然致丰之道，非明无以照，非动无以行，原相资也。今以初九之明，而遇九四之动，则明足以灼其理，而动又足以致其用，是四乃初之配主也。虽势分才力，似不相下，而德实相成，则何咎哉？由此而往，何功不立，何事不济，而且有尚矣。

孔子释初象曰：初之与四，虽皆阳刚，而明动相资，固可无咎矣。然与人共事，凡遇才力之均者，必虚心以下之，庶可以成天下之功也。使或萌一求胜之心，而欲出其上，是为过旬，则将相忌相仇，而灾患随之矣。

按：人臣事君，协恭和衷则相济而成功，负气争能则相厄而两败。汉之盛也，魏相以严总职，丙吉以宽治民，未尝以宽严相左也。唐之兴也，房玄龄善谋，杜如晦善断，夫且以谋断交资也。此皆一心为公，而视人之有技若己有之，安有娼嫉为怀，彼此倾轧，以致祸延于国者乎？为人君者，务求公忠无私之士而用之，庶可化偏党之弊，而收师济之效矣。

【白话】

这个爻的意思是说，人贵在明动相助，而不可恃才争胜。配主，指九四。旬，均。

周公所系的丰卦初爻爻辞的意思是说：天下相应之物，如以阴应阳，以柔从刚，往往都不是势均力敌的状态。初九与九四，却同为阳刚之爻，彼此势均力敌，似乎不该有应。然而致丰之道，非明无以照，非动无以行，明动原本相资。如今初九之明遇上了九四之动，其明足以灼其理，其动足以致其用，四爻显然正是初九的“配主”。虽说势均力敌，不相上下，但才德相辅，何咎之有？以此而往，不仅无功不立，无事不济，而且值得推尚。

孔子解释初爻的小象说：初九与九四，虽然都是阳刚之爻，看似敌而不应，实则明动相资，固然可以无咎。然而与人共事，遇到才力均等之人，必须虚心下之，才可以成就天下之功。倘若有丝毫的争胜之心，欲出其上，即为过旬，势必会相忌相仇，灾患也会随之而来。

按：以臣事君，和衷共济则成功，负气争胜则两败。西汉兴盛之时，魏相以严治吏，丙吉以宽治民，但不因彼此的宽严而相左。唐代兴盛之时，房玄龄善谋，杜如晦善断，二人能够以谋断交资。他们都是一心为公之人，所以能把别人的技能看成自己的技能，又怎么会心怀嫉妒，彼此倾轧，以致祸延于国呢？天下的君王，如果能求取公忠无私之士而用之，差不多就可以化解偏党之弊，兼收师济之效了。

六二：丰其蔀，日中见斗。往得疑疾，有孚发若，吉。

《象》曰：有孚发若，信以发志也。

【解义】

此一爻是言，人臣事君当积诚以为感悟之本也。蔀，障蔽也。

周公系丰二爻曰：六二当丰之时，为离之主，是人臣之有明德者。而上应六五柔暗之君，非不竭智尽力而无如。忠爱虽切，终不能自达于上。正犹丰大其蔀屋，而日中之至明，反可以见斗。是太阳无光，其昏已甚矣。使不度其势之不可，而往从之，遽欲释其惑，以开其蔽，则反重君之猜疑，以取疾害而已。惟在积诚意以感发之，艰难有所不辞，谗谤有所不惧，祇此恪恭震动一念，历久而不渝，庶蔽可开而惑可释，君心不患其难格也，不亦吉乎？

孔子释二象曰：人君之蔽，虽难以口舌争，而其本来之明，未有不可发者。特积诚未至，不足以感动之耳。所谓有孚发若者，正言一于孚信以感发君志，而行其道也。事君者，可不勉哉？

按：君臣之谊，根于天性。人臣効忠于主，不顾事之济否，而徒欲博一己之名高，即此念不可以对衾影，安可以对吾君？宜乎方员枘凿之不相入也。夫事君如事亲然，故见志不从，又敬不违，劳而不怨。古来最闇者，莫若大舜之亲。舜惟夔夔齐栗，而亲自允若。由此观之，天下第有不尽职之臣子，安有不感格之君父哉。

【白话】

这个爻的意思是说，以臣事君，应当以赤诚之心，感动君王。蔀，障蔽。

周公所系的丰卦二爻爻辞的意思是说：六二处在丰亨之时，为下卦离卦的主爻，是具备明德的大臣。但它上应好比柔暗之君的六五，并不是没有尽心尽力，只是它的忠爱之心始终不能上达。好比置身于宽大的障蔽之下，虽然日当正午，光明普照，但却可以看得见星斗。正午的太阳都无光了，而它的昏昧有过之而无不及。具体说来，就是不审时度势，勉强前往，明知不能见信于君王，还急欲释其惑，开其蔽，结果加重了君王的猜疑，自取其害。当此际，唯有积累足够的诚意，以便感格君王，艰难有所不辞，谗谤有所不惧，恪守人臣之道，历久不渝，最终蔽可开，惑可释，君心不再难以感格，怎么可能不吉祥呢？

孔子解释二爻的小象说：君王受到遮蔽时，虽然难以用口舌相争，但其与生俱来的光明，没有不能启发的。只是忠信积淀得不够，所以不足以使之感动。爻辞所谓的"有孚发若"，说的正是以孚信感格君王，从而践行其道之理。以臣事君者，能不自勉吗？

按：君臣之谊，源于天性。身为人臣，效忠于主，却不顾现实情况，急欲博一己之虚名，即便不考虑自己的内心，又怎么对得起君王的托付呢？这就好比榫头与卯眼一方一圆，不相投和。所谓事君当如事亲，所以圣人教导世人，就算自己的意见没被采纳，仍然要对父母恭敬，不加违抗，只在心里忧愁而不怨恨。古往今来最了解这一点的，莫过于大舜。他唯有敬慎戒惧，方能感化亲人。由此可见，天下只有不尽职的臣子，没有无法感格的君王。

九三：丰其沛，日中见沫，折其右肱，无咎。

《象》曰：丰其沛，不可大事也。折其右肱，终不可用也。

【解义】

此一爻是言，人之有德而不见用于时也。沛，当作旆，谓幡幔也。沫，小星。

周公系丰三爻曰：九三居明体之上，本至明者也，乃以至明而应上六之至暗，是在我之明，反为所蔽而不能以自达，为“丰其沛，日中见沬”之象。夫丰沛则障蔽更甚于蔀，所以沬之小星，虽日中而亦见也。若是则在己之明，亦归于废弃而置之无用之地，又为折其右肱之象。然此非己之不明，乃人之不能用其明，所遇非其主耳。于三何咎焉？

孔子释三象曰：贤臣必遇明主，斯可有为于天下。丰其沛者，是以己之明而反为人所蔽，终不能成济丰之大事也。折其右肱者，三之才本足为当世用，乃因时而废，亦终于无用而已，何其所遇之穷哉。

按：丰之道，必明动相资而成，三以阳刚之体，应上阴柔处震之终，止而不动，上无可发之明，欲为而无所赖，三亦何所自见其明乎？夫君为元首，臣为股肱，必元首有明圣之德，而后股肱奏匡济之功。观乎此爻，而知圣人责难于在上者至矣。

【白话】

这个爻的意思是说，九三有才有德，但是怀才不遇。沛，当作“旆”，幡幔之意。沬，小星。

周公所系的丰卦三爻爻辞的意思是说：九三位于下卦离卦的最上面，离为明，好比至明之人，遂以至明上应至暗的上六，结果自己的光明反倒被遮蔽，无法通达，这就是“丰其沛，日中见沬”之象。相对来说，“丰其沛”更甚于“丰其蔀”，所以能够在正午时分，见到沬星这样的小星。这就好比自己的光明归于废弃，置之于无用之地，也就是“折其右肱”之象。然而这不是它自己的问题，而是用人者的问题，只是未遇明主而已。对三爻来说，又有什么可怪咎的呢？

孔子解释三爻的小象说：贤臣必须遇上明主，方能有为于天下。所谓“丰其沛”，就是拥有光明的才德，但为人所蔽，所以不能成就大事。而“折其右肱”，是说以九三之才，本来足以用世，但废于时势，最终也没有用武之地，遭遇极其困穷。

按：根据丰卦之道，必须明动相资，方可有成。九三是阳刚之爻，但上应阴柔的上六，上六还处在震卦的终极之处，止而不动，说明无法感格，想有所作为，却无所仰赖，九三又怎么能够自见其明呢？君王为元首，臣子为股肱，元首有明圣之德，股肱方能奏匡济之功。观察此爻，可知圣人对在上者的责难至深。

九四：丰其蔀，日中见斗，遇其夷主，吉。

《象》曰：丰其蔀，位不当也。日中见斗，幽不明也。遇其夷主，吉行也。

【解义】

此一爻是教人援同德以偕进，斯可共济天下之事也。夷谓等夷，指初九。

周公系丰四爻曰：九四以阳刚当丰之时，而上比六五柔暗之君，谏则不行，言则不听，虽有明德，为所蔽而不得达，与六二同，亦为"丰其蔀，日中见斗"之象。然君心未明，惟在所养。一人正之则不足，众贤辅之则有余。幸初九同一阳刚之德，乃其等夷。四与之同心协力，共匡君德，庶暗昧可启，丰亨可保，其道得吉也。

孔子释四象曰：丰其蔀而明不得达者，由其近六五之柔暗，非所处而处，居位之不当也。日中见斗者，处非其位，则以己之明，投人之暗，而反为所蔽，是以幽暗而不明也，所谓一人正之不足者也。遇其夷主者，己不足以启人之暗，犹喜藉初之力以共济，庶几事尚可为，而以吉行也，所谓众贤辅之有余者也。

按：《书》言："昔在文武，小大之臣，咸怀忠良，侍御仆从，罔匪正人，以旦夕承弼厥辟。"信乎！助成主德，非一士之功也，而其权则操之大臣。昔赵烈侯欲赏歌者，其相公仲连，进士牛畜、荀欣、徐越，令侍左右，烈侯悦之，曰："歌者之田且止。"如连者，可谓善格君者矣。是知大臣之道，全在以人事君。人君在上，但观大臣之能进士与否，而其贤不贤可概见已。

【白话】

这个爻的宗旨，是教导君子援助同道中人，以便携手并进，共济天下大事。夷，等夷，即同辈，指初九。

周公所系的丰卦四爻爻辞的意思是说：九四有阳刚之德，又处在丰亨之时，但上比柔暗的君爻六五，言不听，谏不行，它的明德根本无法上达六五，这一点与六二相同，所以爻辞也说"丰其蔀，日中见斗"。然而君心不明，还可以启发和培养。以一人之力正之则不足，若有众贤相辅则有余。幸好初九与初九都是阳爻，都有阳刚之德，又是相应的位置，相当于同道中人。九四与初九若能同心协力，共匡君德，差不多就可以启发其暗昧，保全其丰亨，从而得吉。

孔子释四象曰："丰其蔀"以至于明德不能上达，是因为九四紧邻着柔暗的君爻六五，又是以阳居阴，处非其位，所居不当所致。“日中见斗”，也是因为它处非其位，所以会以己之明，投人之暗，结果反被幽暗所蔽，即前面所说的“以一人正之则不足”之意。“遇其夷主”，是说在自己不足以启发柔暗之君的情况下，幸好有初爻可以借力，能共济大事，这样事情便可以有为，其行必吉，即前面所说的“有众贤相辅则有余”之意。

按:《尚书》有言:“昔在文武，小大之臣，咸怀忠良，侍御仆从，罔匪正人，以旦夕承弼厥辟。”确实是这样！辅助君王就成就其德，非一人之功，但相应的职责应该由大臣承担。昔年赵烈侯想赏赐自己喜欢的两位歌者万亩良田，相国公仲连却迟迟不肯执行，并向赵烈侯推荐了牛畜、荀欣与徐越三位贤者，结果赵烈侯大悦，说:“歌者之田且止。”像公仲连这样的人，可谓善于感格君王之臣。由此可见，大臣之道，全在以人事君。高高在上的君王，只需要观察大臣能否推荐贤才，大臣是否贤能已可见一斑。

六五：来章，有庆誉，吉。

《象》曰：六五之吉，有庆也。

【解义】

此一爻是言，人君能用贤以保丰也。

周公系丰五爻曰：君道贵于明，而病于暗。然所谓明者，非必尽取之己而足也。六五质虽柔暗，若能屈己下人，而来致章明之贤，资人之明以为明，藉人之哲以为哲，则群材豫附，自足以享丰亨之庆，而流美誉于天下，是身安而丰，可长保也，吉何如哉？

孔子释五象曰：六五之来章而吉者，盖能招来贤士，以辅己德，其效岂止有美誉而已乎？实得用贤之利，可以长享其丰，而有庆也。

按：人君之德，莫贵于明，但自恃一人之明，其明小。能用天下之明，其明大。此非独为丰之六五言也。稽于众，舍己从人，好问则裕，自用则小，古之圣王，莫不皆然矣。然又云：兼听则明，偏听则暗。达四聪，明四目，议必集夫盈廷之公，论必采夫国人之众，方可去其偏而得其兼。不然，所信任者或非其人，必至欲用人而反为人用，此求明而愈失其明，安能免丰蔀丰沛之忧哉。

【白话】

这个爻的意思是说，君王能够任贤，就能够保丰。

周公所系的丰卦五爻爻辞的意思是说：君道贵明，其病在暗。然而所谓的“明”，不一定非要自己具足。六五虽然是柔暗之君，但若能屈己下人，招徕贤明，以贤人之明为明，以贤人之哲为哲，就没有不乐意归附的人才，自然能尽享丰亨之庆，流誉天下，身安物丰，并且可以长保，有什么吉祥能与之相比呢？

孔子解释五爻的小象说：六五所谓的“来章，有庆誉，吉”，主要是因为它能够招徕贤士，辅助己德，其功效岂止限于美誉呢？若真能招贤用贤，足以长享其丰，以致普天同庆。

按：君王的美德，以明为贵，但自恃一人之明，其明必然有限。能用天下之明，其明才能光大。这个道理并不仅仅适用于丰卦的六五。稽众舍己，从善好问，智慧必然充裕，刚愎自用的话，必然才智困乏，就连古代的圣明君王，也概莫能外。先哲又言：“兼听则明，偏听则暗。”耳能远听四方，目能明察四方，听取王公大臣的建议，采集民间百姓的心声，方可去其偏，得其兼。不然的话，所托非人，反倒会被小人利用，本欲求明，反而得暗，怎么能避免“丰蔀”“丰沛”之忧呢？

上六：丰其屋，蔀其家。窥其户，阒其无人，三岁不觌，凶。

《象》曰：丰其屋，天际翔也。窥其户阒其无人，自藏也。

【解义】

此一爻是言，昏暗之极而不能自反也。藏谓障蔽。

周公系丰上爻曰：上六以阴柔之质，居丰极而处动终，是当四海无虞，承平日久，乃恃才妄作，好大喜功，明极而反暗者也。其居高自蔽之象，如丰其屋而蔀其家者。夫居丰大而高亢昏暗，自绝于人，人谁与之？如窥其户，阒静无人，直至三岁之久，而终不觌人也。迷而不知自反，则障蔽已深，其凶甚矣。

孔子释上象曰：丰其屋者，言其居丰之极，怀满假之心；处动之终，负骄盈之气，若屋之高而翔于天际也。阒其无人者，岂果无人乎？自为障蔽，暗而不见人也。以亢自居，至于久，而一无所觌。丰其可恃乎哉？

按：上六一爻，正与六五相反，以五能用人之明以为己之明。上舍人之明，而适以绝己之明也。然其病不在艰难多故之时，而在晏安无事之日。盖升平既奏，骄侈必生，正直之士日远，而谄谀之人日进。虽欲闻一善言，见一善行，必不可得。无人不觌，凶斯至矣。圣人知有天下者，丰业已成，则丰屋蔀家之事，势所必至，故特危辞以戒之。敬怠之几，出此入彼，而治忽判焉。可不慎欤？

【白话】

这个爻的意思是说，上六昏暗至极，不能迷途知返。藏，障蔽。

周公所系的丰卦上爻爻辞的意思是说：上六才质阴柔，却居于丰卦的穷极之处，还位于上卦震卦的终极之处，好比四海无虞，承平日久，于是恃才妄作，好大喜功，明极而暗之君。其居高自蔽之象，恰如“丰其屋，蔀其家”。人处在丰亨盛大之时，却高亢昏暗，自绝于人，又有谁会结交他呢？恰如“窥其户，阒其无人”，三年也看不到人影。这是迷而不知自反之象，障蔽太深，凶祸难免。

孔子解释上爻的小象说：所谓“丰其屋”，是指它居于丰卦的极处，自大自满，又处在上卦震卦的终极之处，其气骄盈，好比房屋高广，翔于天际。“阒其无人”，难道里面真的没人吗？其实是屋内之人自设障蔽，暗而不见其人。其以亢自居，过于长久，使人一无所见。丰亨难道是可以仗恃的吗？

按：上六与六五恰恰相反，它把五爻的用人之明当成了自己的高明。它看不到别人的高明，所以也弃绝了自己的高明。其实它的隐患并不在于艰难多故之时，而在于晏安无事之日。总的来说，升平日久，骄侈必生，正直之士会被疏远，谄谀之人得以日进。就算想听一句忠言，见到一点善行，也不可得。无人能够接近，凶祸也就离之不远了。圣人深知拥有天下的君王，丰亨大业既成，丰屋蔀家之事，在所难免，所以特意以危辞警戒之。敬慎与懈怠的边际，出此入彼，但治乱恰在其间。能不审慎吗？

卷十三

䷷ 旅 艮下離上

【解义】

卦内艮外离，止而丽于外，有旅象焉。又山止不动，犹舍馆也。火动不止，犹行人也。居莫如止，故以艮为体；往莫如明，故以离为用。旅莫善于柔，爻柔者吉，刚者凶，处旅之道也。旅不能无得丧，爻柔则得，刚则丧，必然之理也。卦唯二三两爻得其正位，然九三刚而不中，处非其地，唯六二柔顺中正，与六五两柔相应，有宾主同德之象。六五虽不得位，然卦从乾变，六五舍乾之刚健，而得柔之文明，居上卦之中，以顺乎二刚，得处旅之道，彖所谓“小亨，旅贞吉”者，二爻是也。行旅之间，柔得中，不取辱；顺乎刚，不招尤。止而不妄动，明而识时宜，亦安往不吉而亨乎？孔子以东西南北之人，而为万世师，用旅之道者也。且圣人之随寓而安，过而不留，何者非旅？又不特一行旅之用矣。

【白话】

此卦的内卦为艮为止，外卦为离为丽，止而附丽于外，有旅之象。下卦艮卦还为山，山止而不动，如同馆舍。上卦离卦还为火，火动而不止，如同行人。居莫过于止，所以下卦艮卦为体；往莫过于明，所以上卦离卦为用。行旅之间，以柔为善，所以旅卦以柔为吉，以刚为凶，这也正是处旅之道。行旅之间，不可能无得无丧，爻柔则得，刚爻则丧，这是必然之理。全卦唯有二爻与三爻得其正位，然而九三过刚不中，处非其地，唯有六二柔顺中正，与六五虚柔相应，有宾主同德之象。六五处在尊位，却以柔居刚，虽不得位，但上卦离卦中从乾卦变来的，六五相当于舍弃了乾卦的刚健，从而得到了柔而文明的离卦，又居于上卦之中，以顺应上下两个刚爻，契合处旅之道，卦辞所谓的“小亨，旅贞吉”，正是就二爻而言。行旅之间，柔而得中，不至于自取其辱；顺应刚强，不至于招致怨尤。知止而不妄动，明察而识时宜，还不能无往不吉而亨通吗？孔子以东西南北颠沛之人，而为万世师表，堪称用旅之道的巅峰。而且圣人随遇而安，过而不留，何处不是旅途呢？“旅”字绝不限于“行旅”一解。

旅：小亨，旅贞吉。

【解义】

此卦艮下离上，山止于下，火炎于上，有去其所止而不处之象，故名为旅。卦辞言，处旅者当以正道自守也。旅，谓羁旅。

文王系旅彖辞曰：人当羁旅，则失其本居，而身寄于外，亲寡情疏，难以得亨。以卦体六五得中而顺乎刚，卦德艮止而丽乎明，虽羁旅本无大通之理，而处之有道，则尚可以自通而小亨。夫旅非常居，似若可以苟者。然道无往而不存，苟非善处，鲜不失矣。故必礼以律身，智以照物，非贤不主，非善不与，守其旅之正而须臾不离，斯得处旅之道而吉矣。大抵常变久暂，惟遇所遭。故旅者生人之所不能免也，而吉凶悔吝全在乎处之正不正。圣人之垂戒深矣哉。

【白话】

此卦的下卦为艮为山为止，上卦为离为火为丽，山止于下，火炎于上，有去而不处之象，所以叫旅卦。卦辞的意思是说，处在羁旅之中，当以正道自守。旅，羁旅。

文王所系的旅卦的卦辞说：人处在羁旅之中，失去了原有的居所，寄身于外，亲寡情疏，难以亨通。但就卦体而言，卦中的君爻六五得中而且能顺应上下两个刚爻，卦德又是下止而上丽于明，所以羁旅本身虽说没有亨通的道理，但处之有道，却可以自通，从而“小亨”。羁旅不比常居，似乎可以苟且。然而大道无所不在，不能善处的话，难保不会失道。所以必须以礼自律，以智察物，只追随贤者，只结交善类，守持旅卦的正道且须臾不离，就能契合处旅之道，从而得吉。大抵来说，常变久暂，都是人生遭遇。羁旅之事，谁也无法避免。而吉凶悔吝，全看处旅之人正与不正。圣人的垂戒可谓深切。

《彖》曰：旅小亨，柔得中乎外而顺乎刚，止而丽乎明，是以小亨，旅贞吉也。旅之时义大矣哉。

【解义】

此《彖传》，是释旅彖辞，而明旅之难处也。

孔子释旅彖辞曰：旅之所以小亨者，何哉？盖处旅之道，贵乎得中，而病于自用。今以卦体言之，六五柔得中而在外，顺乎上下之二阳，是在已既有柔中之德而谦卑适宜，又能顺附乎阳刚而恭顺不失。处己处人，两得其道，则其所如皆合矣。抑处旅之道，贵于静正，而患于不明。以卦德言之，艮止而离丽乎明，是内既静专，而不失于妄动。外灼物情，而不迷于所往，内外交，尽其善矣。是以在旅而小亨，而为旅贞吉也。夫卦德卦体如此，而仅得小亨，则非得中而顺刚，内止而外明，即不得以小亨矣。必守正而后得吉，则少不正而即不得吉矣。是难尽者，旅之义；难处者，旅之时。则旅之时义，不其大哉！甚矣！旅之难处也。

按：人当羁旅，是失其所居之时，刚必招祸，而柔必取辱。所以处之者，诚不可无其道也。然平陂之形，虽在于世，而贞正之守，则在于我。君子素其位而行，亦惟正己而不求于人已矣。

【白话】

《彖传》是对旅卦卦辞的解释，并强调了羁旅之难处。

孔子解释旅卦的彖辞说：羁旅之中却能够“小亨”，原因何在？主要是因为处旅之道，贵在得中，切忌刚愎自用。就卦体而言，卦中的六五得中且位于外卦，又能顺应上下两个刚爻，是在己有柔中之德，谦卑适宜，又能顺附阳刚，恭顺不失。处己处人，皆得其道，因此所往皆合。而且处旅之道，以静正为患，以不明为患。就卦德而言，下卦为艮为止，上卦为离为丽为明，艮止而丽于明，内能贞静专一，外能洞灼物情，从而既不失于妄动，又不迷于所往，内外交通，尽得其善。所以处在羁旅之中，也能得“小亨”，能够“旅”而“贞吉”。卦德卦体如此，却仅得“小亨”，实际上，如果不是因为六五得中而顺刚，卦德内止而外明，连“小亨”也不能得。必须守正，方能得吉，稍有不正，便不能得吉。可见旅卦的内涵一言难尽，而旅卦的时势着实难处。如此说来，旅卦的现实意义不是很大吗？确实很大！羁旅之难也确实非同一般！

按：人处在羁旅之中，失去了原有的居所，刚强必然招祸，柔弱也会取辱。因此处旅之时，不能没有方法。不过，平陂之形在于世道，贞正之守则取决于我。君子安于所处，素位而行，只需要修持自己，而不必求诸于人。

《象》曰：山上有火，旅，君子以明慎用刑而不留狱。

【解义】

此《象传》，是言君子慎刑之道也。

孔子释旅象曰：山上有火，去而不留，旅之象也。君子以主刑者，民之司命。故当其用刑之时，审察必极其明，而使无遁情，又不敢以慢易之心乘之，而务加谨慎。轻重得宜，出入惟允，如山之止，以为慎而不敢轻忽也。明慎既尽，而断决随之，当刑即刑，当宥即宥，如火势之不留，而不至淹滞也。

按：明慎者，君子之仁也。不留者，君子之义也。仁义并用，而治狱之道尽矣。义而不仁则伤于暴而滥及于无辜，仁而不义又伤于懦而威阻于强梗。必如君子，然后可当折狱之任，而天下无冤民也乎。

【白话】

《象传》的意思是说，君子要明刑慎罚。

孔子解释旅卦的小象说：山上有火，去而不留，这就是旅卦的大象。君子主掌刑罚，掌管百姓的生命。所以在用刑之时，必须明断案情，使冤情遁绝，绝不轻慢，务必谨慎。要轻重得宜，出入惟允，要效仿旅卦的下卦，即艮山之止，做到谨慎而不轻忽，并在此基础上，当刑即刑，当宥即宥，如同火势蔓延，不至于积压。

按："明慎"是君子的仁的表现，"不留"是君子的义的表现。仁义并用，治狱之道就可以完善了。义而不仁，就会伤之于暴，滥及于无辜，仁而不义，又会伤之于懦，威阻于强梗。必须像君子那样，仁义并用，才当得起折狱之任，天下才不会再有冤屈之民。

初六：旅琐琐，斯其所取灾。

《象》曰：旅琐琐，志穷灾也。

【解义】

此一爻是为处旅卑陋而召祸者戒也。琐琐，细小卑贱之貌。

周公系旅初爻曰：初六以阴柔居下位，是旅之志意污下而规模局促者也。其才质琐琐而无远大之概，如是则谁其予之乎？自轻而人轻之，自侮而人侮之。灾咎之至，非自外来，实己有以取之耳。

孔子释初象曰：人之志量，原不可以卑陋。初六之旅琐琐者，其志量局促，亦已穷矣，所以来人之轻侮而取灾也。

按：旅之致穷，不在位之卑下，而在志之猥琐。舜之陶渔，尹之鼎爼，说之版筑，鬲之鱼盐，圣贤未遇之时，未尝不亲琐事。顾志趣超然，物自不得而累之。初之位与志皆极琐陋，故穷而致灾如此。君子所以恶居下流也哉。

【白话】

这个爻的宗旨是告诫处在羁旅之中的人，言行卑陋会招致祸患。琐琐，细小卑贱之貌。

周公所系的旅卦初爻爻辞的意思是说：初六是柔爻，又位于旅卦的最下面，好比羁旅之中的卑下局促之人。无才无德也就罢了，还没有远大的志向，这样的人，谁愿意帮助他呢？自轻者，人必轻之，自侮者，人亦侮之。对他来说，灾祸并不是外来的，而是咎由自取。

孔子解释初爻的小象说：人的志向和抱负，不可以卑陋。初六所谓的“旅琐琐”，是指它志向局促，又处在困穷之中，所以容易招致侮辱与灾祸。

按：初爻于羁旅之中遭受困穷，不是因为身份卑下，而是因为志向猥琐。舜曾经制陶和打鱼，伊尹曾经做过厨师，傅说起于版筑之间，胶鬲举于鱼盐之中。他们都是圣贤，未遇明主之前，都做过琐细之事。但志趣超然，就不会受外物所累。初爻则是位置与志趣都很卑陋，所以会导致困穷与灾祸。君子也正是因为这样，才会恶居下流。

六二：旅即次，怀其资，得童仆贞。

《象》曰：得童仆贞，终无尤也。

【解义】

此一爻是言处旅之最善者也。即，谓安。次，谓舍。

周公系旅二爻曰：六二柔顺中正，与物无忤，而处置得宜，以是处旅，有无往而不吉者。故次者旅之居，二则即次而有以安其身；资者旅之用，二则怀资而有以裕其用。童仆，旅之服役者，二则得仆之贞信，为能无欺而有所赖藉。盖旅中之善，要不出此三事。惟其德全，故旅中之所当得者，皆无不备耳。

孔子释二象曰：当旅之时，不能无赖乎童仆之用，亦不能免乎童仆之欺。使不得其人，则即次不安，而居亦难保矣。今得童仆之贞，则无欺有赖，而可以无患，是以终无所尤也。

按：天下无事不藉乎人，而当旅之时，得人为尤急。苟能得人，则身不劳而势不孤，所以保其居而裕其资者，皆有赖矣。然惟御下有方，仁足以育，义足以正，众自乐而从之，故曰："水就乎下，人就乎善。"岂不信哉。

【白话】

这个爻的意思是说，二爻是最善于处旅之爻。即，安。次，舍。

周公所系的旅卦二爻爻辞的意思是说：六二柔顺中正，不忤于物，不逆于理，凡事处置得宜，虽处羁旅之中，也能无往不吉。所谓"次"，指行旅之中的居所，二爻的爻辞说"旅即次"，意思是说它在羁旅之中也有安身之所。所谓"资"，是指行旅之中的用度，爻辞说"怀其资"，意思是说它在羁旅之中有充裕的用度。所谓"童仆"，是指行旅之中的服役者，二爻能得童仆之贞，意思是说童仆不会欺骗它，可以依赖。行旅中最重要的需求，总的来说不出以上三件事。是因为它的德行完善，所以能在羁旅之中得所当得，皆无不备。

孔子解释二爻的小象说：行旅之中，不能不依赖童仆的功用，也难免被童仆欺骗。如果不得其人，非但不能安身，甚至连居所都难保。如今二爻既已得童仆之贞，则无欺有赖，从而可以无患，也不会有什么过失。

按：天下之事，没有不需要借助他人的。处在羁旅之中，尤其需要值得依赖之人。若能得人，则身不劳而势不孤，保其居而裕其资，凡事都有了依赖。但也需要御下有方，仁义并举，这样别人自然会乐意相从。所以先哲有言："水就乎下，人就乎善。"能不相信吗？

九三：旅焚其次，丧其童仆，贞厉。

《象》曰：旅焚其次，亦以伤矣。以旅与下，其义丧也。

【解义】

此一爻是为过刚而失处旅之道者警也。

周公系旅三爻曰：处旅之道，贵于柔顺谦下。今九三过刚不中，居下之上，骄亢自高，而御下寡恩，鲜有不困于旅者矣。故以此处人，则人莫之与，如焚其次而失其所安。以此处下，则下皆不从，为丧其童仆，而一无所赖。夫所居既无爰处之安，而在下复有叛离之患，虽九三之心，初未尝不正，然能免于失依寡助之厉乎？

孔子释三象曰：旅而焚次，则身失其所安，亦已伤矣，况又丧其童仆乎。夫当旅之时，童仆乃其所藉赖者，乃过高自亢，而失其心，何以致其服从，而乐为我用乎？其义必至于丧也。

按：三与二正相反，观二之所以得，则知三之所以失矣。夫居刚用刚，在平居犹不可，况羁旅之时乎？若三真可为过刚无徒者，以此接物而御众，安往而不致困穷哉。

【白话】

这个爻的宗旨，是警示那些因为过于刚强而偏离了处旅之道的人。

周公所系的旅卦三爻爻辞的意思是说：处旅之道，贵在柔顺谦下。而九三过刚不中，居于下卦的最上面，骄亢难下，御下又寡恩薄情，正应该困于羁旅之中。这样的人，没有人愿意与之相处，所以会遭遇火灾，连旅途中的居所都失去了。以此处下，下属也不会顺从，所以会"丧其童仆"，无所依赖。失去了旅途中的安身之所，下属也叛逃了，虽然九三以阳居阳，也算当位，但最终也免除不了失道寡助的危厉吧？

孔子解释三爻的小象说：焚烧了旅途中的居所，不仅失去了安身之所，也颇为受伤，何况接下来又丧失了童仆。处在羁旅之中，童仆乃是它所能依赖的人，但因为过于骄亢，伤了童仆的心，怎么还能使之服从，为我所用呢？从道理上讲，也应该丧其童仆。

按：三爻与二爻正好相反，观察二爻为什么会得到，就理解了三爻为什么会失去。像它这样居刚用刚，在平时都不可以，何况羁旅之中呢？如果它不思悔改，继续以此接物御众，走到哪里都必然是困穷至极。

九四：旅于处，得其资斧。我心不快。

《象》曰：旅于处，未得位也。得其资斧，心未快也。

【解义】

此一爻是言，处旅者身虽安而志未得也。资，谓资身之财。斧，谓防身之器。

周公系旅四爻曰：九四以刚居柔，是能用柔而下人者，故于人无所忤，于事无所拂。以此处旅，虽未获即次之安，然旅其所可旅之处，是已得所归而安矣。虽未能怀资而裕，然既得资，则足以自利，得斧则足以自防矣。但在上之五，非阳刚之与；在下之初，惟阴柔之应。则所处非久安之地，所与非可仗之人，何能伸其才而遂其志乎？故虽有旅处资斧之善，而心终有所不快也。

孔子释四象曰：旅贵于行，处而不行，非旅之亨矣。所谓旅于处者，九四以阳居阴，非其正位，故处而不能行也。上无同德之助，下无可援之人，岂能尽如吾意哉！故虽得资斧，足以自利而自防，然其心终有所未快也。

按：四以近君为当位，独旅之六五不取君义，故四为未得位而心有不快。盖士君子本以得志行道为愿，当旅之时，岂肯以苟安自便而遂已哉？

【白话】

这个爻的意思是说，处在羁旅之中，虽有安身之所，却不能实现抱负。资，资身之财。斧，防身之器。

周公所系的旅卦四爻爻辞的意思是说：九四以刚居柔，刚柔并济，所以柔能下人，于人无所忤，于事无所拂。以此处旅，虽然没能像二爻那样，获即次之安，然而旅其可旅之处，也可以安顿其身。虽然没能像二爻那样，“怀其资”，却也能“得其资斧”，其资足以自利，其斧足以自防。但它上面的六五，不是阳刚之爻，不宜结交；下面的初爻，虽是正应，但又是阴柔之应。总的说来，它所处非久安之地，所与非可仗之人，怎么可能伸展其才，顺遂其志呢？所以虽有处所，亦有资斧，内心终究有所不快。

孔子解释四爻的小象说：羁旅以行为贵，处而不行，难以亨通。爻辞所谓的“旅于处”，是指九四以阳居阴，不得正位，所以能处而不能行。上无同德之君子相助，下无刚强之正应援手，岂能尽如人意呢！所以虽得资斧，足以自利自防，但其心终究有所不快。

按：如果是别的卦，四爻是近君之爻，无比当位，然而旅卦的六五不取君爻之义，所以九四并未得位，因此心有不快。这主要是因为士君子皆以得志行道为愿，处在旅卦的大环境下，它又怎么能以苟安自便而感到满足呢？

六五：射雉，一矢亡，终以誉命。

《象》曰：终以誉命，上逮也。

【解义】

此一爻是言，得遇其主而名获显也。雉，文明之象。命，名也。

周公系旅五爻曰：六五为离之主，本体柔顺，其德文明，而又得中道者也。以羁旅之人，观光上国，不免道途之费。如射雉者，亦未免于亡矢也。然身名由此显，终克以誉命。传之无穷，则所丧者少，而所得者多矣。

孔子释五象曰：终以誉命者，以其有文明之德，而为命世之才，则出其学术抱负，以达于君而名誉升闻于上也。

按：此卦六五爻辞，所以不取君象者，以天子四海为家，无旅故也。故变其例，以旅人之观光者当之。然即以在上者言，因其德之柔顺文明，而来四方之士，未始不可取象于君也。可见变易之中，而有不变易者存。易无典要，殆谓是欤。

【白话】

这个爻的意思是说，君子得遇明主，从此身名日显。雉，文明之象。命，名。

周公所系的旅卦五爻爻辞的意思是说：六五是上卦离卦的主爻，其体柔顺，其德文明，同时居于上卦的中间，得其中道。其以羁旅之人，观光于上国，不免道途之费。恰如射雉之人，难免遗失箭矢。但身名由此显扬，并且最终能获得美誉与爵命，传之无穷。总的来说，它失去的少，获得的多。

孔子解释五爻的小象说：所以"终以誉命"，是说以它的文明与德行，著名于当世，其学术与抱负必然能闻达于君，升闻于上。

按：旅卦六五的爻辞，之所以不取君王之象，是因为天子以四海为家，无所谓羁旅。所以爻辞一改此前的惯例，取义于观光之旅人。然而它毕竟是高高在上的一爻，又有柔顺文明之德，可以招徕四方之士，取象于君王也是可以的。可见变易之中，也有不变者。所谓"易无典要"，确实如此。

上九：鸟焚其巢，旅人先笑后号咷。丧牛于易，凶。

《象》曰：以旅在上，其义焚也。丧牛于易，终莫之闻也。

【解义】

此一爻是为过刚而失所居者警也。旅人，指上九。

周公系旅上爻曰：上九过刚，处旅之上，是骄亢自高而卒无所依。夫自高而失其所依，如鸟以巢为居而见焚，则不得所安矣。其在旅人，始焉鸣豫自适，而骄乐于未焚之先，终焉后事兴嗟而悲号于既焚之后，旅之极困者也。所以致此者，由其过刚。处旅之上，当离之极，自骄以乖和顺之德。如牛为柔顺之物，而忽然失之，似丧牛于易者然。焚号之凶，其能免乎？

孔子释上象曰：当旅之时，惟谦顺可以自安。上九处旅时而好高自上，必不见容于人。以义揆之，自应巢焚而失所安也。又言“丧牛于易”者，由其骄气方盛，故失其柔顺之德，而不自闻知也。使其早能觉悟，亦何至于焚号乎。

按：旅之时，宜用柔，不宜用刚，故三阳皆为不利。九四之不快，不及乎中也。九三之焚次，上九之号咷，过乎中也。不及虽未免于弗振，而过刚必至于摧折。盖天下志骄气溢之人，但知取快目前，而不悟后患之至。凡事皆然，岂独处旅之道哉。

【白话】

这个爻的宗旨，是警戒那些由于过刚而失去居所的旅人。旅人，指上九。

周公所系的旅卦上爻爻辞的意思是说：上九以阳居阳，不中不正，过刚不说，还处在旅卦的穷极之处，是骄亢自高而无所依从的一爻。因为自高而失去了依托，恰如鸟儿以巢为居所，但居所为火所焚，不得安息。对于羁旅之中的人来说，则是刚开始鸣豫自适，骄乐于未焚之前，最终又兴嗟悲号于既焚之后，是旅途中极其困穷之人。之所以会这样，还是因为它过刚。它处在旅卦的最上面，同时处于上卦离卦的穷极之处，因为自高自骄，背离了和顺之德。恰如牛为柔顺之物，忽然间失去了，这就是“丧牛于易”之象。其焚号之凶，怎么可能避免？

孔子解释上爻的小象说：处在旅卦的大环境中，唯有谦虚柔顺，方能自安。上九处在旅卦的穷极之处，却好高自上，必不能见容于人。根据易理，就应该焚巢失所，无法自安。又说“丧牛于易”，是说它骄气过盛，因此失去了原有的柔顺之德，而不自知。如果它能早点觉悟，又何至于“焚号”呢？

按：处在旅卦之时，宜用柔而不宜用刚，所以旅卦的三个阳爻都称不上吉。九四之“不快”，是因为不及于中。九三之“焚次”，上九之“号咷”，则是因为过中。不及则不能振奋，过刚则会导致摧折。而天下志骄气溢之人，只知图一时之快，而不考虑后患。其实凡事皆然，又岂止是处旅之道如此呢？

䷸ 巽 巽下巽上

【解义】

巽以顺乎人情，如风之动。风无微而不入，以为天之号令，故有风以先之，复有风以随之。上巽以象君之出命，下巽以象民之从命。论成卦，则以初四之柔为主。论六爻，则以二五之刚为重。盖巽本取柔之卑伏，然当巽之时，阳亦用巽道，以怀服乎下，故史巫纷若，先庚后庚，皆有丁宁详审之意焉。总之巽之为卦，以居中得位为善。二得中而失位，三四得位而失中，初与上则中位俱失，唯以九居五位乎中正，所以吉无不利，而为申命之主。盖阴始生而阳顺之，二五其最近者也。刚而有巽义，所谓刚巽乎中正也。二五据用事之地，而初四处其下，无违乎教命，所谓柔皆顺乎刚也。

【白话】

巽卦讲的是顺应人情，就像风行一样。风的特性是无孔不入，君王效仿这种特性，号令天下，就好比有风在前面刮，必然会有风在后面随行。上面的巽卦好比君王颁布命令，下面的巽卦好比百姓听从命令。说到成卦，则以初六和六四两个柔爻为主。具体到六爻，则以九二和九五两个刚爻为重。这主要是因为巽卦本来取义于柔爻的卑伏状态，然而处在巽卦的大环境中，阳刚之爻也应该善用巽道，以便怀服下民，所以九二的爻辞说“史巫纷若”，九五的爻辞说“先庚三日，后庚三日”，皆有丁宁详审之意。总的来说，巽卦的六爻，以居中得位为善。九二虽然得中，但是不当位，三爻与四爻虽然当位，但是失中，初爻与上爻则不中不正，唯有九五，既中且正，所以吉无不利，用彖辞和象辞的话说，就是“申命”之主。总的来说，巽卦取义于阴爻始生而阳爻顺之，九二与九五最为接近这一内涵。刚而能巽，即彖辞所谓的“刚巽乎中正”。九二与九五高居用事之地，初爻与四爻处于其下，无违其命，即彖辞所谓的“柔皆顺乎刚”。

巽：小亨，利有攸往，利见大人。

【解义】

此卦上下皆巽，以一阴伏于二阳之下，其象为风，其性能巽以入，故名为巽。卦辞言，人有所为，自用则小，而资人则大也。

文王系巽彖辞曰：凡天下之事，阳刚有任事之力，阴柔无干理之才。此卦以阴为主，才力不足，未克大有所为，仅可以小亨耳。幸能以阴从阳，则己于人无所拂，人于己有所资，事可立，功可成，而利有攸往也。然必所从者为阳刚中正之大人，乃为得其正，而有利见之益，可不慎欤？

按：八卦之重，上经先乾次坤，先坎次离。下经先震艮，次巽兑，皆崇阳也。巽次旅，旅曰“小亨”，离之一阴，顺乎上下之二阳也；巽曰“小亨”，巽之一阴，上从乎二五之阳也。从阳则利，不从阳则不利。可见阳为贵，而阴为贱矣。圣人示阴以从阳之利，正欲其安为贱之分也哉。

【白话】

此卦的上卦与下卦都是巽卦，皆为一阴伏于二阳之下，其象为风，其性为入，故名巽卦。卦辞的意思是说，人想有所作为，不能刚愎自用，要借助他人的助力才行。

文王所系的巽卦的卦辞说：凡天下之事，阳刚之人有任事的能力，阴柔之人则没有相应的才能。本卦以阴爻为主，而阴爻才力不足，不能有大的作为，只能有小的亨通，也就是“小亨”。幸好阴爻能够从阳，对阳爻无所违逆，阳爻也会资助它，从而事可立，功可成，“利有攸往”。但它顺从的必须是阳刚中正的大人，方为得正，才有“利见”之益，能不审慎吗？

按：八纯卦之中，上经先讲乾卦，再讲坤卦，先讲坎卦，再讲离卦；下经先讲震卦与艮卦，再讲巽卦与兑卦，都是因为易理崇阳抑阴的原因。巽卦排在旅卦的后面，旅卦说“小亨”，是取义于离卦的一个阴爻顺从上下两个阳爻之意；巽卦也说“小亨”，则是取义于巽卦的一个阴爻顺从其上的阳爻之意。总而言之，阴从于阳则利，不从阳则不利。可见阳为贵，阴为贱。圣人强调以阴从阳之利，正是为了让阴爻安守本分。

《彖》曰：重巽以申命，刚巽乎中正而志行，柔皆顺乎刚，是以小亨，利有攸往，利见大人。

【解义】

此《彖传》，是释巽彖辞，以明刚柔有相资之义也。刚巽乎中正而志行，指九五。柔，指初六、六四。

孔子释巽彖辞曰：此卦上下皆巽，是重巽也。巽之义为入，重巽则深入之至矣。夫人君之入人，莫重乎命令。巽则人君所以施命而告四方者，不厌反复丁宁之详，有以直入乎人之隐，此重巽乃为申命也。卦辞言“小亨，利有攸往，利见大人”者，盖以卦体之九五言之。天下刚者恒不能巽顺，九五刚也，而巽入乎中正之德，是为上者刚足以断执，而出之以中，施之以正。则以一人之中，而使天下之不中者归于中；以一人之正，而使天下之不正者归于正。以此建中于民，表正于世，而为所欲为，则志无不行矣。又以卦体之初六、六四言之，天下柔者多不能自振，今以初之柔而顺二之刚，四之柔而顺五之刚，则柔得刚以为助，不徒一于巽顺，而可以奋发有为矣。夫柔皆顺乎刚，是以小亨而利有攸往。然有五之刚巽乎中正而志行，则又为大人之象，而利见大人也。

按：刚柔不可独用，亦不可偏废。一于刚而不得其中，则必至暴戾而无以宜众；一于柔而失阳之助，则必至退怯而不能自行。夫惟刚柔交济，则不竞不絿，无所施而不当矣。若徒以一阴潜伏之为巽，而不知初四有顺乎阳刚之象，五有顺乎中正之德，则巽之所以致亨者，岂可得而见耶？

【白话】

《彖传》是对巽卦卦辞的解释，目的是申明刚柔相济之义。刚巽乎中正而志行，指九五。柔，指初六与六四。

孔子解释巽卦的彖辞说：此卦的上卦与下卦都是巽卦，乃重巽之卦。巽的意思是深入，重巽则是深入至极的意思。君王深入人心的最重要方式，是发布命令。重巽之卦的意思是说，君王不仅发布命令，遍告四方，而且不厌其烦地反复丁宁，以便直入其心，这正是彖辞所谓的“重巽以申命”的真意。卦辞所谓的“小亨，利有攸往，利见大人”，主要是就卦体与九五而言。普天之下，凡是阳刚之物，都不能长久巽顺，九五恰好是刚爻，所幸它位于上卦之中，具备中正之德，好比在上的君王刚毅果断，但实施起来能够兼顾中正之道。所以能以其一人之中，使天下不中正者重归于中；也能以一人之正，使天下不正者复归于正。以此建中于民，表正于世，就可以为所欲为，无不亨通。另外，就卦体的初六与六四而言，普天之下，凡是柔弱之物，多不能自振，如今巽卦的初爻与四爻却能够顺从阳刚的二爻与五爻，从而能得到刚爻的资助，将不止于以往的巽顺，也可以奋发有为。正因为巽卦的柔爻都顺应上面的刚爻，所以能够“小亨”，且“利有攸往”。加之九五刚而能巽，既中且正，志意得行，又有大人之象，所以又说“利见大人”。

按：刚与柔，皆不可独用，也不可偏废。一旦刚爻不得其中，必然会走向暴戾，无以宜众；一旦柔爻失去了阳爻的资助，必然会走向退怯，不能自行。唯有刚柔交济，不竞不絿，方能施无不当。如果仅仅看到一阴潜伏为巽顺之象，而不知初爻与四爻皆顺从阳刚之爻，而五爻则是因为顺应中正之德，这一巽卦之所以亨通的真正原因，又怎么能够认识到呢？

《象》曰：随风，巽，君子以申命行事。

【解义】

此《象传》，是言君子体巽之象，而有深入民心之政也。随，相继之义。

孔子释巽象曰：风本善入之物，风行相继，则无物不入，巽之象也。君子体之，以为训示万民，而命令不详无以入斯民之志。凡事关纪纲法度之大，礼乐刑政之重，利所当兴，弊所当革，必以其所行之事，先为申其命令，致丁宁反复之详，使自近及远，无不晓然于上之意指，然后从而行其所命之事焉，自有以深喻乎民而无不遍矣。

按：人君出政，必有命令以布之。谆谆于言语之间，惟惧不明且尽，此何心哉？无非欲通上下之情，而始不至扞格耳。苟无真实之心，而徒铺张于诰戒之烦，则元朔之诏，不能回廉耻之风；建中之诏，不能戢强藩之弊。虽申命何益耶！此大哉之言，必本于一哉之心也。

【白话】

《象传》的意思是说，君子体悟巽卦的大象，认识到政令要深入民心。随，相继之义。

孔子解释巽卦的大象说：风本来就是善入之物，风相继而行，则无物不入，这就是巽卦的大象。君子体悟巽卦的大象，以之训示万民，而命令不够详尽的话，便不足以深入人心。所以凡是事关纪纲法度与礼乐刑政之事，以及利所当兴、弊所当革之事，必须在行事之前，申明其令，反复丁宁，使自近及远的百姓，无不了然，然后再付诸实施，自然能深入人心，无所不及。

按：君王执政任事，必然会有命令颁布。反复告诫，再三丁宁，依旧担心命令不清楚，不详尽，这是为了什么呢？无非是为了通达上下之情，而不至于相互扞格。如果缺乏诚意，只是一味地张贴诰戒，即便是汉武帝的元朔之诏，不能挽回朝野的廉耻；就算是唐德宗的建中之诏，也不能消除强藩的弊病。就算是反复"申命"，又有何益！要知道圣人的言论，皆出自圣人的一以贯之之心。

初六：进退，利武人之贞。

《象》曰：进退，志疑也；利武人之贞，志治也。

【解义】

此一爻是言初之无断，而示以矫偏之道也。进退，谓不果。

周公系巽初爻曰：初六以阴居下，为巽之主，是卑巽之过，一于柔懦者也。于是凡事之来，皆退怯而不敢为，当行复止，方进复退，为进退不果之象。夫天下之事，惟断乃成，退怯如此，曷克有济？若以武人之贞处之，振其懦而作其气，出其果断以济巽之所不及，则自不安于退而能遂其进矣，何利如之？

孔子释初象曰：天下事之行止，皆由于志。初六之志，有所疑而不决，故欲进而不果于进也。又曰“利武人之贞”者，盖人之志，治则决，乱则疑，苟能先治其志，而有一定之主，尚何进退不果之足患哉？

按：人之气质，必有所偏，惟能力矫其偏，斯为善变化夫气质。《洪范》三德，正直而外，高明者则用柔克，沈潜者则用刚克。初之柔弱不振，所谓当以刚克治之者也。圣贤教人之法，帝王治世之权，皆不外乎此矣。

【白话】

这个爻的意思是说，初六不够果断，所以圣人未之以矫偏之道。进退，不够果断之意。

周公所系的巽卦的初爻说：初六是阴爻，又居于全卦的最下面，是巽卦的主爻，由于过于卑顺，显得很是柔懦。遇到任何事情，都以退怯处之，不敢有所作为，当行却止，方进复退，这就是“进退”不果之象。天下之事，能断方成，如此退怯，又怎能帮助它呢？如果能效法武士，持守正道，振其懦，作其气，刚毅果断，就不会自安于退怯，从而有所升进，有所作为，什么样的利益能与之相比呢？

孔子释初象曰：天下之事，是行是止，都取决于人的心志。初六的内心，却疑而不决，它有心升进，但不敢果断前行。又说“利武人之贞”，是说人的心志，安定则果决，纷乱则犹疑，若能先治其心，心里有了定见，哪里还会有进退不果的隐患呢？

按：人的气质，必然有所偏重，只有力矫其偏，方能不断完善。《洪范》三德，除了正直以外，特别强调高明者要用柔克，沉潜者则用刚克。初爻柔弱不振，正是所谓的当以刚克之爻。圣贤教导世人，帝王治理天下，都不出其外。

九二：巽在床下，用史巫纷若，吉，无咎。

《象》曰：纷若之吉，得中也。

【解义】

此一爻是言，二能卑巽以达其诚也。床下，谓卑者所处。古者尊者坐于床，卑者拜于床下也。史职卜筮，巫主祷祠，皆通诚意于神明者。

周公系巽二爻曰：二以阳处阴，既不敢自安，而居下得中，又不为已甚，故能顺以自持，行过乎恭矣。然由实意以达外，初非流于谄也。卑以自牧，事过乎谦矣。然本孚诚以发越，又非失之媚也。犹巽在床下，而用史巫丁宁，烦悉其辞，以道达于神明之前，此为善用其巽者也。如是，则克尽事上之道，而收格君之功。吉而无咎，又何疑焉？

孔子释二象曰：二之用史巫纷若，而乃得吉者，何哉？以二居下体之中，为得中道，小心而不失于卑谄，巽顺而不同于取容，此所以为吉也。

按：下之事上，固贵乎柔巽，然必有至诚以将之，所谓敬发乎中，不以迹而以心也。勿欺矢于靖献之先，纳牖出于积中之素，则将顺其美，固见夫恪恭而匡救其失，弥形夫忠爱。唐太宗谓魏征，人皆言其疏慢，朕独觉其妩媚，诚有以也夫。

【白话】

这个爻的意思是说，二爻能以卑巽谦下的态度展现自己的诚意。床下，卑者所处。古时候尊者坐于床上，而卑者拜于床下。史的职业是卜筮，巫的职业是祭祀，皆能以诚意通于神明。

周公所系的巽卦二爻爻辞的意思是说：二爻以阳居阴，又位于下卦的中间，说明既不敢自安，又不为已甚，所以能巽顺自持，行为恭谨。由于它有足够的诚意，所以不会流于谄谀。它作为刚爻，却谦卑自守，似乎过于谦虚。但这同样是基于它的孚诚，而不是谄媚。就好比“巽在床下”，对史与巫反复丁宁，让他们帮自己传达诚意于神明，可谓善用其巽。这样一来，便不难恪尽事上之道，而收格君之功。“吉”而“无咎”，又有什么怀疑的呢？

孔子解释二爻的小象说：二爻说“用史巫纷若，吉，无咎”，为什么这么说呢？主要是因为二爻位于下卦的中间，得其中道，小心而不至于卑谄，巽顺而不同于取容，所以能够“吉”而“无咎”。

按：以下事上，固然以柔为贵，但必须以至诚之心为基础。真正的敬慎，不看其迹，只观其心。切勿欺心于尽忠之前，一切都应该出于素日的修习和积淀，从而顺从其美，恪守为臣的恭敬之道，匡救其过失，又不强调自己的忠爱。唐太宗曾这样评价魏征："人皆言其疏慢，朕独觉其妩媚。"确实有道理。

九三：频巽，吝。

《象》曰：频巽之吝，志穷也。

【解义】

此一爻是言，不恒其巽者，有取辱之道也。

周公系巽三爻曰：九三过刚不中，既非下人之资，居下之上，又挟上人之势，本非能巽者也。其巽也，特勉为之耳。夫勉为之者，虽可强饰于一时，而不能坚持于永久，为频巽而频失之象。如是则终归于不巽，而以满招损，不亦吝乎？

孔子释三象曰：巽本不可以伪，为九三之巽，非出于中心，虽强以欺人，而故态复发，自不可掩，则终不足以欺之矣。其志不已穷哉。

按：天下之理，诚则可久，不诚则不可久。若勉为巽，而不出于诚，是欲以声音笑貌袭而取之者也。自以为其术甚工，而其患卒不免于穷。作伪心劳日拙，亦何益之有哉。

【白话】

这个爻的意思是说，不能长久巽顺，就会自取其辱。

周公所系的巽卦三爻爻辞的意思是说：九三过刚不中，又位于下卦的最上面，既非下人之资，又挟上人之势，原本不是巽顺之爻。它的巽顺，是勉为其难之举。勉强之事，虽然可以矫饰于一时，但不能长久坚持，此即"频巽"而频失之象。这样一来，它最终会不再勉强，继而以满招损，怎么能避免悔吝呢？

孔子解释三爻的小象说：巽顺不可以作伪，九三的巽顺，并非发自内心，虽然能勉强掩人耳目，但故态复发时，便一无所掩，再也不能欺骗别人。其内心会愈发困穷。

按：天下之理，诚则可以久，不诚则不能恒久。勉强装作巽顺，而不是发自内心，便只能通过声音笑貌欺骗别人。自以为技巧高超，实际上隐患无穷。作伪这种事情，除了费尽心思，自取其困，会有什么益处呢？

六四：悔亡，田获三品。

《象》曰：田获三品，有功也。

【解义】

此一爻是言，能下人者，来多助之益也。田，谓田猎。三品，一为干豆，一为宾客，一以充庖。

周公系巽四爻曰：六四阴柔无应，是既不得在己之力，而复不得在人之力者。况上之所承为五，下之所乘为三，又皆阳刚，而非阴柔所能处，似不免于悔矣。然其用柔能下，秉谦恭以接物，本和易以近人，故所承与乘之阳刚，非独不之侵，反为之助，而悔可亡。且不独仅有所获而已，贤才汇集，共効协赞之功；群策毕收，咸献匡襄之益。殆如田猎所获之多，足以备三品之用也。

孔子释四象曰：田获三品则所获者为已多矣。四谦以下人，而人为我助，则凡事无不得其所求者，故不但无悔，而实有功也。

按：人之不肯下贤，总欲功必自己出耳。不知能虚怀下人，收天下之贤豪以为国用，则天下之功皆其功也。此其理尤为人臣者所当知，故曰："中臣事君以身，上臣事君以人。"事君以身者劳而寡效，事君以人者逸而多获。此之谓矣。

【白话】

这个爻的意思是说，人能恭顺谦下，就会有多助之益。田，田猎。三品，三种品类，一类用于制作祭祀用的干肉，二类用于招待宾客，三类用以充实君王的厨房。

周公所系的巽卦四爻爻辞的意思是说：六四才质阴爻，又没有正应，是自己无能为力，又不能得人之助。况且上承的九五，下乘的九三，都是阳刚之爻，夹在中间的它很难居处，似乎不免于"悔"。好在它柔而能下，能秉持谦恭和易之心接物近人，所以上下两个阳爻非但不侵凌它，还反过来资助它，其"悔"可亡。而且它不仅仅是有所收获那么简单，它还汇集贤才，共効协赞之功，毕收群策，咸献匡襄之益。恰如田猎所获众多，足以备作三品之用。

孔子解释四爻的小象说：所谓"田获三品"，是说收获丰富、众多。四爻能谦虚下人，人们也愿意帮助它，所以凡事顺心，有求必得，不但无悔，还可以有功。

按：人不肯下己尊贤，主要是想自己建功。殊不知，能虚怀下人者，可以收天下之贤豪以为国用，这样一来，天下的功劳全都是他的功劳。个中道理，为人臣者尤其应该了解。所以荀子有言：“中臣事君以身，上臣事君以人。”事君以身，多劳而效寡，事君以人，逸乐而多获。说的就是这个道理。

九五：贞吉悔亡，无不利。无初有终。先庚三日，后庚三日，吉。

《象》曰：九五之吉，位正中也。

【解义】

此一爻是言贵更新以善治也。庚，更也。先庚三日，谓丁；后庚三日，谓癸。丁所以丁宁于其变之前，癸所以揆度于其变之后。

周公系巽五爻曰：五居巽体，恐其承前人之积弊，未免有苟且偷安之意，宜有悔矣。然幸有阳刚中正之德，终能奋励改图，则有贞而吉，可无巽懦之失，是得亡其悔，而无不利也。夫始之有悔，是无初也。亡其悔，则有终矣。此皆改图之善也。然当其时，必丁宁于未变之前，而熟思审处，务为先事之防，使吾之所为者，果皆尽善之规，然后从而变之，又必揆度于既变之后，而远虑深谋，求为善后之策，使吾之所为者，果皆经久之图，然后从而安之，如是则所革皆当，人皆信从，世为法则，而得吉矣。

孔子释五象曰：五之所以得吉者，以其所居得阳位之正，而居卦之中，有此中正之德，则意见不偏，施为允协，所以丁宁而揆度者，莫非本此德以行之，故贞而吉也。苟无其德，安能善变而得吉乎？

按：蛊言先甲后甲，巽言先庚后庚。盖甲者十干之首，事之造端也。蛊之败坏已极，故以造事言之，而取诸甲；庚者十干之过中，事之当更者也。巽之积弊渐萌，故以更事言之，而取诸庚。此圣人谨其始终之意也。

【白话】

这个爻的意思是说，君王的美好品质，贵在兴除弊病，变乱为治。庚，更。先庚三日，即丁日；后庚三日，即癸日。丁的意思是丁宁于变化之前，癸的意思是揆度于变化之后。

周公所系的巽卦五爻爻辞的意思是说：五爻位于上卦巽卦之中，又位于尊位，难免承袭前人的积弊，心生苟且偷安之意，理当有悔。幸好它是阳爻，又位于上卦的中间，有阳刚中正之德，所以最终能奋励改图，并因为贞正收获吉祥。

同时由于它避免了巽懦之失，不但其悔可亡，而且无有不利。它一开始的“有悔”，是因为初心不正。既然不再“有悔”，便可以贯彻到底。这显然是改图之善举。但而处在巽卦的大环境中，必须丁宁于未变之前，深思熟虑，务必先事而防，使接下来的所作所为，皆为完善之规，然而从而变之，同时必须揆度于既变之后，远虑深谋，求取善后之策，使自己所为之事，历经检验，然后从而安之。这样才称得上变革得当，才会令人信从，以为法则，从而收获吉祥。

孔子解释五爻的小象说：五爻之所以能够得吉，是因为它以阳居阳，并且位于上卦的中间，具备中正之德，意见不偏，施为允协，爻辞所谓的“先庚三日，后庚三日”，以及圣人的丁宁与揆度之意，都基于它的中正之德，所以爻辞说它“贞”而能“吉”。没有这样的德行，怎么可能善变而得吉呢？

按：蛊卦说“先甲后甲”，巽卦讲“先庚后庚”。主要是因为甲乃十天干之首，好比事情的发端。蛊卦乃败坏已极之卦，所以要追查前因，因此取诸于甲；庚则是十天干中的过中之干，好比事情应当变更之时。巽卦乃积弊渐萌之卦，所以要及时变更，因此取诸于庚。这也是圣人慎始慎终的深意。

上九：巽在床下，丧其资斧，贞凶。

《象》曰：巽在床下，上穷也；丧其资斧，正乎凶也。

【解义】

此一爻是为过巽而无断者警也。丧其资斧，失刚断之象。正，必也。

周公系巽上爻曰：上九处巽之极，巽不以正，而失其阳刚之德，象为巽在床下，而过于卑巽，以至懦而不立，威断绝无，如丧其资斧者然。纵使施于当巽之地，而柔弱无以自振，遂致取人之侮，虽得其贞，安能免于凶乎？

孔子释上象曰：巽在床下者，言上居巽之极，专以巽顺为心，其巽至于已甚而穷也。丧其资斧者，过巽则失其刚断，自然取辱而招侮，有可必其凶者矣。

按：上九巽在床下，与九二之取象同，而有吉凶之异者，盖九二巽在床下而用史巫纷若，则为过而不过，所谓不至已甚者也，故达其孚诚而得吉。此爻巽在床下，而丧其资斧，则为巽之太过，而失其阳刚之德矣，故流于卑谄而获凶。学易者其可不知所以自处乎。

【白话】

这个爻的宗旨，是警戒那些过于犹疑而不够果断之人。丧其资斧，不够刚断之象。正，必。

周公所系的巽卦上爻爻辞的意思是说：上九处在巽卦的终极之处，巽而不正，失了阳刚之德，好比"巽在床下"，过于卑巽，以至懦而不立，决断全无，正是"丧其资斧"之象。纵然处在当巽之地，但因为柔弱而无法自振，以至于受侮于人，虽然坚守正道，但也难避免凶祸吧？

孔子解释上爻的小象说：所谓"巽在床下"，是说上爻位于巽卦的极处，一心巽顺，以至于穷困至极。"丧其资斧"，也是说它过于巽顺，失了刚爻应有的刚断，自然会取辱招侮，难免于凶祸。

按：上九所谓的"巽在床下"，与九二取象相同，但吉凶不同，主要是因为九二虽然也说"巽在床下"，却能做到"用史巫纷若"，等于过而不过，不会太过，所以能因为它的孚诚得吉。上九也说"巽在床下"，却"丧其资斧"，说到底还是因为它过于巽顺，失了阳刚之德，流于卑谄，难免获凶。学易之人，能不吸取教训，自持自处吗？

䷹ 兑 兑下兑上

【解义】

取坎水而塞其下流为兑泽，泽有喜气洋溢之象。又一阴进乎二阳之上，为气之舒散乎外者，故近乎说。然说之为道，苟不以正，则流为邪媚，故彖戒以贞，而爻贵夫刚焉。盖说之易涉于不正者，病在柔外。而说之所以得其正者，实本刚中。三与上为柔外，故能说。二与五为刚中，故能利贞。三以柔居刚，为下兑之主，来而求阳之说，其恶易见，故本爻凶。上以柔居柔，为上兑之主，引而致阳之说，其情难测，故比爻尤不可以不戒。六画唯初有廓然大公，和而不同之象，为得说之正而已。

按：圣人于三女之卦，多以贞戒之：离曰利亨贞，巽曰利贞，兑曰亨利贞。盖阴柔之质多病于不正，故皆以正言也。

【白话】

兑卦取象于坎水下流受阻，积为水泽，泽有喜气洋溢之象。兑卦是一个阴爻位于两个阳爻之上，好比和气舒散于外，有和悦之象。然而悦之为道，若是不正，则流为邪媚，所以卦辞与彖辞戒之以“贞”，而爻辞以刚为贵。这主要是因为偏离兑悦之道的主要原因，在于柔外。而所谓悦之正道，则源于刚中。三爻与上爻皆为柔外之爻，所以能悦。二爻与五爻皆为刚中之爻，故能利贞。三爻以柔居刚，为下卦的主爻，却来求取阳爻的喜悦，用心险恶，昭然若揭，所以爻辞说“凶”。上爻以柔居柔，为上卦的主爻，却引诱阳爻的喜悦，其心难测，不可不戒。六爻之中，唯有初爻有廓然大公、和而不同之象，契合悦道之正。

按：圣人说到三女之卦，即巽卦、离卦、兑卦时，多以“贞”为戒。具体说来，离卦说“利亨贞”，巽卦说“利贞”，兑卦说“亨利贞”。主要是因为它们都是阴性卦，其质阴柔，容易不正，所以皆言“贞”正。

兑：亨利贞。

【解义】

此卦上下皆兑，一阴进于二阳之上，非其所望，喜见乎外，故名为兑。卦辞言说当出于正，而不可妄说也。

文王系兑彖辞曰：卦体刚中而柔外，人诚能以刚中之正说人，则人情无不乐。吾之可亲，上感下应，欢忭交通而自亨。夫说固有亨道，非道求说，又在所当戒。故必其所说者一出于天理人心之正，而无邪佞柔媚之私，乃为利也。

按：说有亨道，而必利于贞者，是因其所不足而戒之之辞也。此王道之熙皞所以异于霸者之驩虞欤。

【白话】

此卦的上卦与下卦都是兑卦，皆为一阴进于二阳之上，远超所望，喜出望外，故名兑现卦。卦辞的意思是说，喜悦应该出自正道，而不能妄悦。

文王所系的兑卦的卦辞说：就卦体而言，兑卦是刚中而柔外之卦，人如果能效仿兑卦，以刚中之正悦人，则人无不乐。自己值得亲近，自然上感下应，欢喜交通，从而亨通。兑卦自有亨通之道，但不能非道而求悦，这一点必须警戒。只有它的喜悦出于天理人心之正，而无邪佞柔媚之私，方为有利。

按：兑卦自有亨通之道，但必须基于兑悦之正，这是就它的不足之处予以警戒。这也正是王道之和乐与霸者之欢乐的区别所在。

《彖》曰：兑，说也。刚中而柔外，说以利贞，是以顺乎天而应乎人。说以先民，民忘其劳，说以犯难，民忘其死。说之大，民劝矣哉。

【解义】

此《彖传》，是释兑彖辞，而极言其说道之大也。刚中，指二、五。柔外，指三、上。

孔子释兑彖辞曰：卦名兑者，以一阴进于二阳之上，喜见乎外，有和说之义，故名兑也。夫说固有亨道矣，而又利贞者，何哉？盖以卦体二五以刚居中，三上以柔居外。刚中固无不正，而柔外似有不正之嫌，故必其所说者出于义理，而无妄说之私，则所说得其正，乃为利耳。夫其所以利于贞者，推而极之，天人之大，亦总不外此正而已矣。盖说而既得其正，则上合天理可以顺天而不悖，下契人心可以应人而不违。由是，本此说道之正，而率民以趋事，则民皆乐于効力而忘其劳。率民以犯难，则民皆急于向义而忘其死。夫逸与生，人之所好；劳与死，人之所恶。今乃忘其劳，忘其死，岂人之情也哉！不知说以先民，则劳之正所以逸之；说以犯难，则生之所以为仁，杀之亦所以为仁也。岂非说道之大，自能使民劝勉矣哉！

按：说之大者，以其正也。正则民劝，而其说乃大。如大禹之治水八载，周公之东征三年，可为忘劳忘死之验矣。

【白话】

《彖传》是对兑卦卦辞的解释，它详尽地阐释了悦道之大。刚中，指二爻与五爻。柔外，指三爻与上爻。

孔子解释兑卦的彖辞说：卦名叫作兑卦，是因为兑卦的一阴进于二阳之上，喜见于外，有和悦之义，所以叫作兑卦。兑悦自有亨通之道，但必须贞正，如何理解呢？这主要是就卦体二言，具体说来是兑卦的二爻与五爻都以刚居中，同时兑卦的三爻与上爻皆以柔居外。刚中自无不正，但柔外则有不正之嫌，所以其所喜悦的必须合乎义理，不能有妄悦之私，也就是悦得其正，方能有利。而所谓的“利贞”，推而及之，以天道和人道之大，也不外乎一个“正”字。悦而得正，则上合天理，下契人心，可以顺天而不悖，可以应人而不违。依托悦道之正，率民趋事，民众皆乐于效力，以至于不知道劳累；率民犯难，民众皆急于向义，以至于忘记死生。安逸和生存，是人之所好；辛劳与死亡，是人之所恶。如今却能使人忘记辛劳与死亡，其实早就超出了普通的人类情感。其实，只要合乎义理之正，民众就算从事辛劳的工作也会觉得安逸，就算以身犯难，生死都当得起一个“仁”字。这还不足以说明，悦道之大，足以劝勉世人吗？

按：悦道的广大，源自于它的贞正。合乎义理之正就能劝勉世人，所以它的内涵与功用非常广大。比如大禹曾治水八载，周公曾东征三年，都是忘劳忘死的具体表现。

《象》曰：丽泽，兑，君子以朋友讲习。

【解义】

此《象传》，是言君子体兑象而得互相滋益之道也。丽，附丽也。

孔子释兑象曰：凡天下之不相说者，多由于不相同。两泽相丽，彼此相资，是虽无情之物，而同气相求，同类相益，实有相说之义，兑之象也。君子体之，而以朋友讲习焉。盖徒讲不习，则中无实得；徒习不讲，则开悟无从。于是论说以讲之于先，体验以习之于后，则究其理而所知者益精，践其事而所能者益固。相说之益，莫有加于此者矣。

按：习者服习其事，而朋友则所以讲明其义也。其义既明，至于践行其事，则非朋友所能用力矣。故曰：“知之匪艰，行之维艰也。”

【白话】

《象传》的意思是说，君子体悟兑卦的大象，从中得到了互相滋益之道。丽，附丽。

孔子解释兑卦的大象说：天下之不相悦者，大多是由于彼此不同。两个大泽相互附丽，相助资益，虽是无情之物，但同气相求，同类相益，实有相悦之义，这就是兑卦的大象。君子体悟兑卦的大象，以之与朋友讲习。徒讲不习，就不会有实实在在的收获；徒习不讲，便无从开悟。于是论说于前，体验于后，究其理而践其事，所知者益精，所能者益固。相悦之益，莫过于此。

按：“习”是服习其事，践行其道的意思，“朋友”则主要用于探讨相应的义理。义理既明，便要践行其事，这便不是朋友所能代替的了。所以《尚书》有言：“知之匪艰，行之维艰。”

初九：和兑，吉。

《象》曰：和兑之吉，行未疑也。

【解义】

此一爻是言，说人者当出于正也。

周公系兑初爻曰：初九以阳居卦下而无应。夫阳刚则不失于柔媚，处下则不失于上求，无应则又不失于私系。是其所说者出乎性情之中正，而于天理无所乖，于人情无所拂，如是则其所说者无偏党之私，而得其正矣，何吉如之。

孔子释初象曰：凡说人者，于理未顺，则所行不正，而有可疑矣。和兑而得吉者，其所行皆本谦恭以待物，而无偏私之可疑也。使其不正，则有所疑矣，安得为和哉。

按：和之与同有异，初处说体之下，得阳刚之正，是说而不流于邪者，故为和而得吉耳。

【白话】

这个爻的意思是说，悦人当悦之以正。

周公所系的兑卦初爻爻辞的意思是说：初九以阳居阳，同时又居于下卦的最下面，还没有正应。阳刚便不会失之于柔媚，处下便不会失之于上求，没有正应又不会失之于私系。其所悦者，出乎中正之性，不违背天理，不拂逆人情，无偏党之私，得悦道之正，什么样的吉祥能与之相比呢？

孔子解释初爻的小象说：悦人者如果不合义理，其所行必不正，必然迟疑。此爻和悦而得吉，是因为它的所作所为都出自谦恭之心，毫无偏私，自然也不会迟疑。如果它不够贞正的话，必然有所迟疑，又怎么能称得上“和兑”呢？

按：“和”与“同”有异，具体说来，是指初爻位于兑卦的最下面，但以阳居阳，非常当位，悦而不流于邪，所以有“和兑”之“吉”。

九二：孚兑，吉。悔亡。

《象》曰：孚兑之吉，信志也。

【解义】

此一爻是言，说人之出于诚也。

周公系兑二爻曰：九二以阳居阴，似不足以取信于人，所行有悔矣。然以其有刚中之德，则所说一本由衷之诚，而非伪为于外者。以孚而说，则上焉得君，下焉得民，内焉顺亲，外焉信友，孚诚所感，未有不动者也。是虽有可悔之事，而亦不见其为悔矣，故得吉而悔亡也。

孔子释二象曰：说而不出于孚，则其志不诚矣。所谓孚兑之吉者，由二之孚信，一出于诚实之志，而无少伪妄，所以孚兑而得吉也。

按：二处大臣之位，当兑说之世，乃天下视其所说以为趋向者也。苟非孚信出于刚中之志，鲜不为说媚之所惑矣。

【白话】

这个爻的意思是说，悦人当出于至诚。

周公所系的兑卦二爻爻辞的意思是说：九二以阳居阴，并不当位，似乎不足以取信于人，所行难免有悔。但它居于下卦的中间，具备刚中之德，其所悦也必然基于其刚中之德，由衷至诚，而不是外在的伪诈。以孚而悦，上可以得君，下可以得民，内可以顺亲，外可以信友，孚诚所至，没有不被感格者。所以虽有可悔之事，但其悔可亡，所以爻辞说“吉”而“悔亡”。

孔子解释二爻的小象说：悦而不出于孚信，则其志不诚。所谓“孚兑，吉”，主要是因为二爻的孚信，出于至诚之心，不伪不妄，所以爻辞说“孚兑，吉”。

按：二爻位于大臣之位，处在兑悦之世，天下人都会视其所悦，趋向于它。如果它的孚信不是出于刚中之志，很少有不被媚惑的。

六三：来兑，凶。

《象》曰：来兑之凶，位不当也。

【解义】

此一爻是为阿谀而求说者警也。来兑，谓来就二阳以求说。

周公系兑三爻曰：六三阴柔而不中正，是说之妄者也。又为兑主，则深于说者矣。夫位居下体，则所说者宜在上，乃上无所应而反来就二阳以求说。初之刚正，二之刚中，三虽求说而不能得其说，欲说人而人不我与，则沦于污贱而可耻矣，其能免于凶乎？

孔子释三象曰：三之来兑而凶者，盖以阴柔不中正，德不足以自守，甘于妄说而人莫之与，所以无往而不凶也。

按：说贵出于正，三以阴柔之质，而说不以正。夫非正而求说，则为邪佞之徒矣。其得凶也，所谓名实交丧者耳，不亦可以为媚悦求容者之大戒乎？

【白话】

这个爻的宗旨，是警告那些阿谀奉承，以便求悦之人。来兑，指六三来就下面的两个阳爻，以求阳爻之悦。

周公所系的兑卦三爻爻辞的意思是说：六三以阴居阳，不中不正，正是所谓的悦之妄者。又是下卦兑卦的主爻，深陷兑悦之中。它位居下卦，其所悦者应该在上卦，但上面没有正应，因此它反过来求悦于下面的两个阳爻，但初爻刚正，二爻刚中，三爻求悦于二阳，也不能得阳爻之悦，欲悦人而人不我与，则沦为污贱可耻之爻，怎能避免凶祸呢？

孔子解释三爻的小象说：三爻所谓的“来兑，凶”，主要是因为它是柔爻，又不中不正，其德不足以自守，甘于妄悦，但人不我与，所以无往而不凶。

按：悦人贵在悦之以正，但三爻资质阴柔，悦之不正。不正而求悦，则为邪佞之徒。它之所以难免凶祸，是因为名实交丧，不是很值得那些以悦求容之人引以为戒吗？

九四：商兑未宁，介疾有喜。

《象》曰：九四之喜，有庆也。

【解义】

此一爻是言，去邪从正者当决其志于一也。商兑，谓商度所说。

周公系兑四爻曰：九四上承九五之中正，下比六三之柔邪，将欲说五，则三乃情之所系；将欲说三，则五乃理所当从。君子小人之间，度量而择所从，未能自定，为商兑未宁之象。当此之时，正天理人欲公私之界，不可不审所从也。幸四质本阳刚，则阴柔原非其类，为能介然守正，疾恶柔邪。是始虽疑，而终则断也。去邪从正，不亦深可喜乎？

孔子释四象曰：天下之理，是非不两立。故好善则疾恶，从正则远邪，此君子小人之分也。使一牵于柔，则将沦胥而为小人之归矣。今九四能介然守正而疾邪，则有以保其名位，而不坠其风节，将得君行道，福泽及物，是不但有喜，而实有庆也。

按：大臣处近君之位，贵绝私党以奉公。使不审所从而轻为亲比，则奔走于下而求说者必多幸进之门矣。圣人以介疾有喜言之，正所以开示正道，而堤防其邪心也。然正人之謇谔，虽君子亦惮其过刚。宵小之柔邪，即贤者亦乐其易近。是以尤贵有知人之明，而严辨之于早也。

【白话】

这个爻的意思是说，去邪从正，应当坚毅果决。商兑，商度所悦之义。

周公所系的兑卦四爻爻辞的意思是说：九四上承中正的九五，下比柔邪的六三，想取悦九五，又被三爻的私情牵系；想取悦六三，又因为悦从九五乃理所应当，犹豫不决。其于君子小人之间，反复度量，迟迟做不出选择，这就是“商兑未宁”之象。当此际，对于天理人欲和公私之界，不得不多加审视，及时警醒。幸好它是阳爻，性本阳刚，而六三原非其类，所以能介然守正，远离柔邪。它是刚开始犹疑，但最终果决刚断的一爻。能去邪从正，不是很值得可喜吗?

孔子解释四爻的小象说：天下之理，是非不两立。所以好善必然嫉恶，从正就会远邪，这也是君子与小人的分定使然。一旦牵系于柔邪，就会沦为小人。如今九四介然能守，嫉邪如仇，便可以保全名位，不坠风节，得君行道，泽及万物，不但它个人有喜，还是普天同庆之事。

按：九四是王公大臣之位，紧临君爻，贵在绝私奉公。如果对从属之人不加审视，妄加亲比，竞相奔走于其门之下以便求悦之人，必多至无以复加。圣人为之系上“介疾有喜”之辞，是为了借机为世人开示正道，防范其柔邪之心。但由于刚正之人正直敢言，就算君子也会有所忌惮。而由于宵小之徒柔媚邪祟，即便是贤者也乐于与之亲近。所以尤其要有知人之明，以便及早严辨。

九五：孚于剥，有厉。

《象》曰：孚于剥，位正当也。

【解义】

此一爻是为人君惑于小人者戒也。剥，以阴消阳也，指上六而言。

周公系兑五爻曰：上六阴柔小人，为说之主，而处说之极，能妄说以剥阳者也。九五阳刚中正，当说时而居尊位，密近上六之小人，狃于所说而相信之，是孚于剥也。夫阴柔小人，内则蛊坏人之心术，外则亏丧人之行业。信非其人，则有危道矣。

孔子释五象曰：九五孚于剥者，以五刚健中正，而居尊位，自恃可以去小人，谓其不能为吾害也，乃反为小人所惑，受其剥而不自知，非五伤于所恃乎？

按：说之感人，易于相得，不知其感之者，将以剥之也。故以虞帝之圣，而畏巧言令色，岂非说之易入而深可惧乎。圣人以孚剥言之，所以戒轻信之失者切矣。

【白话】

这个爻的宗旨，是警戒那些惑于小人之媚的君王。剥，以阴消阳之意，指上六。

周公所系的兑卦五爻爻辞的意思是说：上六乃阴柔小人，又为上卦的主爻，还处在兑卦的终极之处，能够以妄悦剥落阳爻。而九五阳刚中正，处在兑悦之时又居于尊位，紧邻着小人上六，偏听其言，信以为真，这就是“孚于剥”之象。阴柔的小人，既蛊坏人心，又败坏人的操行。信非其人，遂有危厉之道，所以爻辞说“有厉”。

孔子解释五爻的小象说：九五所谓的“孚于剥”，是说九五刚健中正，又居于尊位，自恃可以远离小人，认为小人不足为害，结果反被小人所惑，受其剥蚀而不自知，五爻之伤，难道不是因为过于自信吗？

按：以悦感人，易于相得，不知其故者，则难免被剥蚀。所以就算舜帝那样的圣王，也畏惧巧言令色，不也是因为以悦感人易于深入，非常可怕吗？圣人为之系上“孚于剥”的爻辞，以为轻信者戒，用心可谓深切。

上六：引兑。

《象》曰：上六引兑，未光也。

【解义】

此一爻是言小人之说不以正也。引，谓引下二阳。

周公系兑上爻曰：上六以阴柔成说之主，而居说之极，是所务专在于说人也。故引下二阳，相与为说，在人之从不从，固未可必。而彼之性质柔媚，其欲致人昵己者，则如此耳。

孔子释上象曰：凡说之出于正者，其心必正大而光明。上六引人以为说，是其心之所存，私而不公，邪而不正。其心迹隐晦，而未至于光显也。若本刚正刚中以为说，其心迹人得而共见之矣。

按：以动而求阳之说，其恶易见；以静而诱阳之说，其情难知。此引兑之所以未光也。

【白话】

这个爻的意思是说，小人之悦，不够光明正大。引，指上六牵引下面的两个阳爻。

周公所系的兑卦上爻爻辞的意思是说：上六以阴居阴，过于阴柔，又是上卦兑卦的主爻，还居于兑卦的穷极之处，好比专事悦人之爻。于是它着力牵引下面的两个阳爻，相与为悦，阳爻是否相从，或许未必。但以它的柔媚之性，肯定有与阳爻相比昵的心思，所以才称之为小人。

孔子解释上爻的小象说：能够悦之以正，内心必然正大光明。而上六引人为悦，存心私而不公，邪而不正。其心迹过于隐晦，所以不可能光大。如果它能像初爻、二爻那样本着刚正、刚中之心悦人，其心迹则形同日月，为人所共见。

按：以实际行动求取阳爻之悦，其恶易见；以隐晦之心引诱阳爻之悦，其情难知。这正是“引兑”的上六之所以不能光大的原因。

䷺ 涣 坎下巽上

【解义】

坎水在兑泽之上，则为泽所节止；坎水在巽风之下，则为风所离散，故曰涣。井以木出水，故居塞而能通；涣以风行水，故通之极而至于涣散。二四为成卦之主，下卦本坤，刚来居二，不为阴柔所困。上卦本乾，六四以柔居柔，得位之正，不应初而上同于五。刚不为柔困，柔不与刚忤，刚柔相得，涣之所以能亨也。以六爻言，唯刚柔上下相合而不散者，为能拯涣。初柔而二刚，二附就初，在下相合，以任拯涣之责，故初马壮吉，而二奔机得愿也。五刚而四柔，四上同五，在上相合，以成济涣之功，故四涣群元吉，而五涣汗无咎也。此皆协力以拯涣者。至三上居相应之位，以远而不相及，故三则但能涣其躬之难而无悔，上则不过涣血以远害而已。

【白话】

如果坎水在兑泽之上，即有坎水被兑泽节止之象；如果坎水在巽风之下，则有坎水被巽风离散之象，所以叫作涣卦。井卦是以木出水之卦，所以居塞而能通；涣卦是以风行水之卦，所以极其畅通以至于涣散。二爻与四爻是成卦之主，下卦的坎卦原本是坤卦，而上卦原本是乾卦，是乾卦最下面的阳爻下行一位，居于坤卦二爻的位置，所以不会受困于上下两个阴爻。上卦本来是乾卦，六四以柔居柔，非常当位，而且与初六敌而不应，上从九五。刚爻不被柔爻所困，柔爻也不与刚爻相忤，刚柔相得，是涣卦之所以能够亨通的原因。就六爻而言，唯有刚柔上下相合且不涣散者，方能拯救涣散。初爻柔而二爻刚，好比二爻附就于初爻，而初爻在下相合于二爻，以任拯涣之责，所以初爻的爻辞说“用拯马壮，吉”，二爻也能“涣奔其机”，得愿悔亡。五爻刚而四爻柔，四爻上同于五爻，五爻相合于四爻，以成济涣之功，所以四爻的爻辞说“涣群元吉”，而五爻也能“涣汗无咎”。此四爻皆为协力拯涣之爻。至于三爻与上爻，虽然彼此相应，但距离遥远，无法相及，所以三爻只能“涣其躬”而“无悔”，上爻也仅能“涣其血”而远害。

涣：亨，王假有庙，利涉大川，利贞。

【解义】

此卦坎下巽上，风行水上，有离披解散之象，故名为涣。卦辞是言人君济涣之道也。涣，散也。假，至也。

文王系涣彖辞曰：卦以巽风而行坎水之上，水遇风则涣散，涣之象也。夫涣则人心已散，若难以得亨者。幸卦变自渐而来，九来居二而得中，六往居三得九之位而上同于四，是有可据之势。既有其才，复有其辅，则涣有必济之理而可亨。夫时当涣散，是天下之涣，皆在所当聚。而自王者言之，则当先其大者也。盖涣之时，以九庙则震惊。王者当假庙孝享，以聚祖考之精神，而使神灵之已涣者复安。以世道则溃乱，卦则木在水上而能涉川。王者当拯危济险，以展才略于天下，而使民心之已涣者复合，凡此皆治涣之道也。然假庙而不以正，是媚神也。故假庙则必尊祖敬宗，而不敢为邀福之祀。涉川而不以正，是行险也。故涉川则必顺天应人，而不敢为侥幸之谋。二者皆正乃为利耳。苟或不然，则神不歆而人不与，涣何由而得亨乎？

按：涣兼二义，有因民涣散而萃之意，假庙是也；有涣天下患难之意，涉川是也。爻则全以涣为美事，各有不同，不可以一例观也。

【白话】

此卦的下卦为坎为水，上卦为巽为风，有风行水上，离披解散之象，所以叫作涣卦。卦辞阐释了为人君者的济涣之道。涣，散。假，至。

文王所系的涣卦的卦辞说：本卦为巽风行水之卦，水遇风则涣散，所以叫作涣卦。对应到人事上，乃是人心离散之卦，似乎难以亨通。幸好卦变自渐卦而来，具体说来是渐卦下卦的刚爻九三向下居于二爻的位置，居中得正，而原本位于二爻位置的柔爻六二向上居于三爻的位置，上同于柔爻六四，有了可据之势。既有其才，又有其辅，即使涣散，也有必济之理，从而得“亨”。涣散之时，天下如同散沙，贵在重新凝聚。对君王而言，应该先从国家大事着手。具体说来，涣散之时，九庙皆惊。君王应亲至九庙祭祖，以聚其精神，使离散的神灵复安。以世道而言，则为溃乱之世，涣卦有木在水上之象，即舟船，有舟船即可涉越大川。王者亦有拯危济险之责，应该展雄才于天下，使涣散的民心重新聚合。凡此种种，皆为治涣之道。但祭祀不遵循其正，则为媚神。祭祀的目的应该是尊祖敬宗，而不是为了邀福。涉川而不遵循其正，则是行险。所以涉川必须顺天应人，而不能心存侥幸。二者皆正，方能有利。如若不然，有祭品享用，想聚合人也不会配合，涣散的时势又如何能够亨通呢？

按：“涣”有两重意思，有因民心涣散而萃聚众人之意，也就是“假庙”；也有涣散天下患难之意，也就是“涉川”。六爻的爻辞都以涣为美，但各有不同，不能够一概而论。

《彖》曰：涣亨，刚来而不穷，柔得位乎外而上同。王假有庙，王乃在中也。利涉大川，乘木有功也。

【解义】

此《彖传》，是释涣彖辞，以明涣之所以得亨也。刚来，谓九居二。柔得位，谓六居三。外，谓外卦。上同，谓三上同乎四。

孔子释涣彖辞曰：时当涣散，不易得亨。卦名涣而辞即系以亨者，何哉？盖当涣时，非据可为之地，与能为之才，而复得人之助，皆不足以济涣也。今卦变自渐而来，九来居二而得中，则得其所安之地，是山河险固，可为据守之资；形势利便，可施攻取之计。所以济涣者，有其地矣。六本柔也，乃往居三，得九之位，是本之以宽仁，济之以雄断，则恩足以结人心，而威足以御强敌。所以济涣者，有其才矣。又三与四皆阴，乃三上同于六四，当国步艰难，而得朋以助，则戮力同事，可以扶危定倾，而收再造之功名。所以济涣者，又有其助矣。是以不终于涣，而可亨也。辞云王假有庙者，非徒为观美而已也。盖当涣时，祖考之精神散失，王者乃聚一己之精神，至于宗庙之中，上以扬谟烈之盛，下以作臣民之心，则对越如在，而祖考之精神有所凭依，而不至于散越矣。辞谓利涉大川者，非幸致也。盖涣之时，非救时之才，不能有济。卦象乘巽木于坎水之上，则以经纶干理之才，为澄清天下之略，有以成济涣之功也。

按：涣为险难之时，非形势才力之兼善，则不能以有济，而又必假庙以收人心之散，必涉川以拯天下之难。涣之得亨，岂易言哉。

【白话】

《彖传》是对涣卦卦辞的解释，以申明涣卦为什么能够亨通。刚来，指九三向下居于二爻的位置。柔得位，指六二向上居于三爻的位置。外，外卦。上同，指三爻上同于四爻。

孔子解释涣卦的彖辞说：涣散之时，不易得亨。卦名为涣，卦辞却说亨通，原因何在？这主要是因为，处在涣散之时，不占据可为之地，不具备能为之才，并且有人相助，便不足以济涣。涣卦是由渐卦卦变而来，具体说来是渐卦的九三向下发展，居于二爻的中位，得其所安之地，山河险固，可为据守之资；形势利便，可施攻取之计。它之所以能够济涣，是因为占据了地利。另外，六二本是柔爻，往居于三爻之位，是占据了刚爻的位置，好比在宽仁的基础上，济之以雄断，如此一来，其恩足以结人心，其威足以御强敌。它之所以能够济涣，是因为德才兼备。加之三爻与四爻都是阴爻，三爻上同于四爻，好比国事艰难之际，幸得同道之助，从而戮力同心，扶危定倾，乾坤再造。它之所以能够济涣，是因为有人相助。有上述三大原因，所以它能在涣散之时做到亨通。卦辞所谓的“王假有庙”，不是徒具形式的意思。主要是因为涣散之时，先祖的精神亦随之散失，于是君王聚集一己之精神，前往宗庙，上扬谟烈之盛，下振臣民之心，仿佛先王仍在，先祖的精神也因此有所凭依，不至于散失。卦辞所谓的“利涉大川”，也不是因为侥幸。主要是因为天下涣散之际，非救时之才，不能有济。其卦象为巽木浮于坎水之上，好比以经纶干理之才，行澄清天下之略，因此能成就济涣之功。

按：涣卦是险难之卦，除非形势才力兼具，否则不能有济，同时还要亲至宗庙，以便收人心之散，方能涉越大川，拯救天下之难。涣卦能够亨通，岂止是说说那么简单?

《象》曰：风行水上，涣，先王以享于帝立庙。

【解义】

此《象传》，是明先王以仁孝而得济涣之道也。

孔子释涣象曰：风行水上，涣散之象也。当涣之时，郊庙之礼废，上帝祖宗几于无主，使无以合之，将终于涣散而不聚矣。先王享帝于郊，以明父天母地之礼，而上帝之精神散于清虚之表者，乃萃于郊祀之余矣。立庙于国，以报祖功宗德之隆，而祖考之精神散于杳冥之中者，乃聚于庙祭之时矣。夫享帝以明有尊，而人皆知尊尊之义；立庙以明有亲，而人皆知亲亲之义。仁孝兼至，而诚无不通，幽无不格，此治涣之大者也。

按：涣之象，因人各有心，不相联属贯通，而天下之势，遂至乖离。必有所以鼓动感孚之，使归于一，则涣者不求而自合。故敬天尊祖，自展仁孝之思，而天下之心，已知天神无二主，不敢以下而犯上；知人物无二本，不敢背死而忘生。联属人心，莫切于此。武王克商，至丰祀于周庙。越三日，柴望大告武成。而光武初营洛阳，即立郊社宗庙，岂曰神道设教而已哉。

【白话】

《象传》的宗旨是说，先王因仁孝之举，而得济涣之道。

孔子解释涣卦的大象说：风行水上，水波涣散，这就是涣卦的大象。天下涣散之时，郊庙之礼废弛，上天与先祖失去了依托，无法相合，因此散而不聚。先王“享帝于郊”，以明父天母地之礼，使上天涣散的精神，重聚于郊祀之余。又立庙于国，以报祖宗的功德之隆，使先祖涣散的精神，重聚于庙祭之时。祭祀是为了明确天地的尊贵，从而使百姓明白尊尊之义；立庙则是为了明确亲情的珍贵，使百姓皆知亲亲之义。仁孝皆至，便能够诚无不通，幽无不格，而这正是治涣济涣的大道。

按：涣散是因为人心各异，不相联属，以至于天下之势，日渐乖离。必须予以鼓动，使之感孚，以便重归于一，这样的话，不必求取，也能自行聚合。所以先王敬天尊祖，展其仁孝，使百姓明了天无二日，人无二主，不敢以下犯上；同时明了人与物从本质上是一致的，不敢背死忘生。联属人心之事，莫切于此。武王克商之后，立即亲至祖庙，告祭先祖。三日之后，又举行柴望之礼，祭祀上天与山川。光武帝刘秀刚刚定都洛阳时，也是马上建立宗庙，祭祀天地，而不是简单地利用鬼神教化百姓。

初六：用拯马壮，吉。

《象》曰：初六之吉，顺也。

【解义】

此一爻是言人臣资有才者以成济涣之功也。拯，救也。顺，谓顺从九二。

周公系涣初爻曰：初六居涣之初，是涣之始也。当始涣而拯之，其为力犹易。况初以柔而居九二之下，若藉九二刚中之力以拯之，则资其雄断之略，赖其英武之谋，是拯难而得马之壮也。夫拯之于初，为力既易，得人之助，功复易成，如是而往，则涣可济而吉矣。

孔子释初象曰：初六阴柔，本非济涣之才，而乃得吉者，何哉？以九二阳刚之才，足以任天下之重。初能顺而从之，则藉其力而资其用，所以能成济涣之功而吉也。

按：五爻皆言涣，而初独不言者，以救之尚早，可以不至于涣耳。然当涣之方萌，而泄泄然因循玩忽，且不能虚己推贤，资天下之豪杰以共济艰难，则必至于涣散，而拯之为难矣。图事者所以贵知几之识也。

【白话】

这个爻的意思是说，臣子若能得到有才之士的资助，就可以成就济涣之功。拯，救。顺，指初爻顺从九二。

周公所系的涣卦初爻爻辞的意思是说：初六位于涣卦的最下面，好比涣散之始。此时予以拯救，还比较容易。何况初爻是柔爻，又顺承于阳爻九二之下，如果能借助九二的刚中之力和英武之谋，就好比需要拯救危难之时，得到了强壮的马匹。总的来说，初爻因为能够在涣散的最初阶段予以拯救，既比较容易，又能得到二爻的资助，所以容易成功，以此前往，则涣散可济，吉祥可得。

孔子解释初爻的小象说：初六是柔爻，资质阴柔，本非济涣之才，但却能够得吉，原因何在？这是因为它上面的九二乃阳刚之才，足以任天下之重。初爻能够顺从九二，所以能借助九二的力量，成就济涣之功，收获吉祥。

按：其余五爻都提到了“涣”字，唯有初爻例外，这是因为及早拯救，就不至于涣散。但如果在涣散的苗头刚刚萌生时因循泄泄，玩忽其守，又不能做到虚己推贤，借助天下豪杰之力共济时艰，最终必然会走向涣散，拯救起来也极其艰难。所以，图谋大事之人，都非常看重时机与征兆。

九二：涣奔其机，悔亡。

《象》曰：涣奔其机，得愿也。

【解义】

此一爻是为当涣而得所藉以成功者幸也。机，谓人所凭以为安者。

周公系涣二爻曰：九二当涣之时，失其所居，本不足以济涣者。夫涣而不能济，则有悔矣。然当涣时，二为得中之地，若能速来居此，是离散之时，失其故居而得善地以自处，则进战退守皆有所据，不犹人当涣奔之时，得其机而可凭之以为安乎。向者失其所居之悔可亡矣。

孔子释二象曰：涣时皆有愿安之心，今涣而奔得其机，来就所安，而无失其故居之苦，则有以得其所愿矣。

按：九二刚自外来，有奔象。虽有二阴阻隔，不为迟疑。且动乎险中，不穷于险，故能据上游以成控制之势。如萧何之取汉中，邓禹之据南阳，资其险要而沈几观变，以渐图兴复，则混一有其基，非徒以目前之得所安为愿也。

【白话】

这个爻的意思是说，涣散之时能有所凭藉，并取得成功，实属有幸。机，能让人凭藉，可以转危为安的事物。

周公所系的涣卦二爻爻辞的意思是说：九二处在涣散之时，失去了三爻的位置，原本不足以济涣。涣而不能济，势必有悔。然而九二来到了下卦的中间，为得中之地，能于涣散之时速来此地，好比离散之时，虽然失其故居，却能得到善地，因此进战退守皆有所据，不正像人在涣散奔走之际，有所凭借并借以转危为安吗？如此一来，失去所居的悔吝自然也就不存在了。

孔子解释二爻的小象说：涣散之时，皆有求安定之心，如今二爻能于涣散之时，奔得其机，转危为安，而无失其故居之苦，称得上得遂所愿。

按：九二这个刚爻是从外卦来的，有奔驰之象。中间虽有两个阴爻相阻，但它毫不迟疑。而且它动于险卦之中，不会被险境所困，因此能占据上游，成就控制之势。如同萧何取汉中、邓禹据南阳一样，都能借助险要的地形，审机观变，渐图兴复，天下大业从此有了基础，所以圣人系辞如此，绝不是为了让人以眼前的安定为满足。

六三：涣其躬，无悔。

《象》曰：涣其躬，志在外也。

【解义】

此一爻是言人臣忘身以济涣也。外，指天下而言。

周公系涣三爻曰：六三阴柔而不中正，本有自便自利之私者，宜有悔矣。幸居得阳位，则志在济时，为能以天下为己责，而汲汲谋所以济之。凡一身之利害得丧，俱不暇计，有涣其躬之象。夫为身谋而不顾天下者，其心必有所不安。今乃忘身以急国难，涣之济否，虽未可必，而举动光明，何悔之有？

孔子释三象曰：人臣报主念殷，其立志在天下，则为人之念重，而为己之意轻矣。所以能忘身而济涣也。

按：人之所以胶执而不能自脱于险者，有我而已。六三能释然散其有我之私，故能出险而济涣，使人臣私有未忘，而欲求涣之济，其可得乎？

【白话】

这个爻的意思是说，三爻能忘记私利，匡济时艰。外，指天下。

周公所系的涣卦三爻爻辞的意思是说：六三才质阴柔，不中不正，本有自便自利之私，有悔也是应该的。但它居于阳位，有志于济世，所以能以天下为己任，急切地想要匡济时艰。一身的利害得丧，皆在所不讲，这就是“涣其躬”之象。为一己之身考虑而不顾天下之人，内心必然不会安定。如今三爻忘身以救国难，能否济涣，虽未可知，但举动光明，又有什么好后悔的呢？

孔子解释三爻的小象说：人臣一心报主，志在天下，因此能以天下人为念，对自己反倒不太在意，所以能够忘身济涣，匡扶时艰。

按：人之所以会执着，并且最终影响其脱险的，就是因为人有私心。六三能够释然于胸，有人无我，所以能出险济涣。假设它不忘私心，却想匡济时艰，又怎么能做到呢？

六四：涣其群，元吉。涣有丘，匪夷所思。

《象》曰：涣其群元吉，光大也。

【解义】

此一爻是言，大臣能涣小人之私群而成天下之公道也。群，谓私党。丘，谓丘陵。夷，平常也。

周公系涣四爻曰：六四居阴得正，上承九五，是辅君以济涣者也。夫当人心涣散之时，各相朋党，缔其私交，而不能混一。今四下无应与，是能涣小人之私群，而成天下之公道，洵为大善而吉也。夫私党既散，公道自行，使所散者聚而尽归于五，而有如丘陵之高，是散其小群而成一大群，合忠殚虑，共济时艰，其功业之盛，岂常人思虑之所及哉。

孔子释四象曰：六四之“涣其群，元吉”者，何以得此乎？盖人之植党者，其心多暗昧而不光，狭小而不大。四散小人之私群，以成天下之公道，以其心光大而不自私，乃能有此，诚非常人思虑之所及矣？

按：六四非阳刚之才，似不足当大善之义，不知柔顺之臣，不专其权，而杜绝私交，以布公道，其善固甚大也。尹吉甫称仲山甫曰：“夙夜匪懈，以事一人。”岂非涣六四之心乎？

【白话】

这个爻的意思是说，大臣能涣散小人之党，成就天下之公。群，指私党。丘，丘陵。夷，平常。

周公所系的涣卦四爻爻辞的意思是说：六四以阴居阳，非常当位，又上承君爻九五，是辅君济涣之爻。处在人心涣散之时，人人惑于朋党，缔结私交，而不能混一。如今四爻下面没有正应，恰如能够涣散小人之私党，成就天下之公的大臣，自然尽善尽美，收获吉祥。私党既散，公道自行，如果能启发、引导被涣散者尽归于君爻六五，恰如丘陵之高，则是涣散了一小群，成就了一大群，从而在此基础上，合忠殚虑，共济时艰，其功业之盛，岂是常人能够思虑的呢？

孔子解释四爻的小象说：六四能够“涣其群，元吉”，是因为什么原因呢？总的来说，人在培植党羽时，内心往往暗昧无光，狭小逼仄。而涣散小人之党，成就天下大公，必须内心光明，毫不自私，方能如此，这确实超出了常人的思虑所及。

按：六四是柔爻，并非阳刚之才，似乎不足以担当天下大义，殊不知柔顺之臣，不能专其权，所以能杜绝私交，展布公道，其德行极其广大。尹吉甫在《诗经》中这样称颂仲山甫："夙夜匪懈，以事一人。"这不正是涣卦六四一样的内心吗？

九五：涣汗其大号，涣王居，无咎。

《象》曰：王居无咎，正位也。

【解义】

此一爻是言，人君施令散财而能济涣也。涣汗，谓如汗之出而不反也。大号，谓命令。居，谓居积。

周公系涣五爻曰：当涣之时，民心解散，凡以情意乖离，而恩泽不能下究也。九五阳刚中正，而居尊位，如涣之时，所宜散者莫大于号令、居积之二者。散其号令以动天下之心，则人因王言之大而知王心之一矣。散其居积以济万民之命，则财散于上，民聚于下矣。如是，则济涣有道，而天下之大势可合于一，何咎之有。

孔子释五象曰：九五不徒涣号，且涣王居，而无咎者，何以得此哉？凡济涣者，非有其才，虽居尊位，而不能涣；非居尊位，虽有其才，亦欲涣而不能。九五以阳刚中正之德而居尊位，则有其德而志不限于推行，有其位而权不阻于运用，是以能公其利而无咎耳。使非正位，涣何由而济乎？

按：平天下者，必在君臣之合德。若三之涣躬，四之涣群，可谓靖共盈朝矣。然天下非无群臣僇力之患，所患君意郁而不宣，君泽壅而不广，则政令弛而下之心疑，封殖固而下之志懈。虽群臣协力匡勷，而君德未明，何以怀徕四海，而坐致太平。故济涣之善策，必在正位有德，而为发令散财之道也。

【白话】

这个爻的意思是说，君王施令散财，遂能济涣。涣汗，像出汗一样，出而不能返。大号，命令。居，居积、囤积。

周公所系的涣卦五爻爻辞的意思是说：涣散之时，民心失散，这都是因为君民情意乖离，君王的恩泽不能下达造成的。九五阳刚中正，又居于尊位，恰如涣散之时，需要广泛散布的莫过于号令与囤积。散其号令，能动天下之心，百姓会通过君王的号令感知君王的内心。散其居积，能济万民之命，百姓就会自然而然地聚集在君王下面。这样就能够契合济涣之道，使天下大势聚合于一，还有什么咎困呢？

孔子解释五爻的小象说：九五不仅发布号令，还散布囤积的资财，却能够无咎，原因何在？这主要是因为，济涣之人，如果没有相应的才德，居于尊位也于事无补；反过来说，不居于尊位，就算有相应的才能，也不能济涣。而九五恰恰是以中正之德居于尊位，有相应的才德，自然容易推行，有相应的权位，自然不会受阻于运用，所以能使君臣百姓皆受其利，从而无咎。若不是因为如此，涣散的时势又怎么可能匡济呢？

按：平定天下，需要君臣合德。三爻“涣其躬”，而四爻“涣其群”，称得上贤人盈朝。然而天下之患，往往不在于群臣不能尽力，而在于君王的意图郁而不宣，君王的恩泽壅而不广，从而政令废弛，令在下者心生疑窦，志气涣散。就算群臣协力同心，但君王不能明察，又何以怀徕四海，坐致太平？所以济涣的完善之道，就是正其位，养其德，再说具体些，就是像九五一样，发令散财而已。

上九：涣其血，去逖出。无咎。

《象》曰：涣其血，远害也。

【解义】

此一爻是言人臣能拨乱而成济涣之功也。血去，谓无伤害。逖出，谓无忧惧。

周公系涣上爻曰：上九以阳刚而居涣极，夫阳刚则有拨乱反正之才，涣极又当乱极思治之候，以此济涣，必能出乎涣矣。故当涣时，海内疮痍，皆有伤害之危。今祸乱已息，为能涣其伤害，而伤害已去。且人心惊恐，皆有忧惧之思，今倾危已安，为能涣其忧惧，而忧惧已出。夫伤害既去，而畏惧复忘，则出汤火而登之衽席，济涣之功成矣。谁得而咎之乎？

孔子释上象曰：时当涣散，不免伤残忧惧之害。今乃涣其血去逖出者，盖上九以阳刚居涣之极，则危者已安，否者已泰，能出乎涣而远于害矣。

按：涣有分裂之象，生民之害为大。幸上卦已出坎险之外，上九又居涣之极，去涣愈远，而血去逖出。是天心合而运数可回，人事尽而谋猷克展。此时之民，自无不出险而就安矣。可见天下未尝无艰危之势，全在大臣有匡济之才。如汉之陈平、周勃，当诸吕擅兵之时；唐之李泌、陆贽，值藩镇纷争之日。皆能深思远虑，芟除祸乱，百姓复安。其扶危定倾之功，炳在史册，岂非得济涣之道者哉？

【白话】

这个爻的意思是说，上九能拨乱反正，成就济涣之功。血去，指没有伤害。逖出，指没有忧惧。

周公所系的涣卦上爻爻辞的意思是说：上九有阳刚之才，又处在涣卦的终极之处，阳刚则有拨乱反正之才，涣极正是乱极思治之时，以此济涣，必能出于涣散。天下涣散之时，海内疮痍，人人皆有伤害之危。如今祸乱已息，所以爻辞说“涣其血”，也就是涣散相应的伤害，并且去除伤害。天下涣散之时，人人都会惊恐忧虑。如今倾危已安，所以爻辞说“去逖出”，也就是涣散相应的忧惧，出离于忧惧。已经去除了伤害，又忘却了忧惧，出于汤火，登于衽席，济涣之事，已然功成。又有谁会怪咎它呢？

孔子解释上爻的小象说：涣散之时，不免伤残忧惧之害。上九的爻辞却说“涣其血，去逖出”，主要是因为上九以阳刚之才居于涣卦之极外，危者已安，否者已泰，能够出离涣散，远离危害。

按：涣有分裂之象，对百姓的危害极大。幸好上卦已经出离于下卦代表的坎险之外，上九又位于涣卦的终极之处，去涣更远，从而“血去逖出”。总的来说就是天心合而运数回，人事尽而谋猷展，此时之民，自然能出险离难，去危就安。可见天下免不了危难，能否匡济时艰，全看大臣的才能与德行。比如在诸吕擅兵之时，挽救时局的陈平与周勃；再比如在藩镇纷争之日，挺身而出的李泌与陆贽。他们都能够深思远虑，消除祸乱，使百姓复安。他们的功绩彪炳史册，难道不是因为掌握了济涣之道吗？

䷻ 节 兑下坎上

【解义】

水流无穷而泽有限，以有限而蓄乎无穷，犹水之在泽，盈则溢而平则容，节之象也。兑说坎险，说过则流险以止之，节之义也。凡事有节则裁制得中，自有亨道。过而不节，非中也。节而至于苦，人病其难行，亦非中也。处得中正，节而能通。天地之道，帝王之治，不外乎此矣。六爻大抵以当位为善，初四五，当位者也。故初无咎，四亨，五吉。二、三不当位者也，故二凶，而三嗟。上当位而亦凶者，当节之极，处上之穷，其义固殊也。又节之六爻，各相比而相反，初与二比，初不出而无咎，二不出而凶，二反乎初者也。三与四比，三不节而嗟，四安节而亨，三反乎四者也。五与上比，五得中而甘，上过中而苦，上反乎五者也。善节者，虚则蓄之，盈则流之，其权在泽而其用在水。节之时义大矣。

【白话】

水流无穷但沼泽有限，以有限蓄无穷，恰如水在沼泽之中，满盈则溢，持平则容，这就是节卦的大象。此卦的下卦为兑为悦，上卦为坎为险，过于愉悦，所以用湍流之险予以制止，这就是节卦的内涵。凡事有节，就能裁制得中，其中自有亨通之道。过而不节，算不上中道。苦苦节度，则难以执行，也非中道。既中且正，方可节而能通。天地之道，帝王之治，概莫能外。节卦的六个爻，基本都以当位为善。具体说来，初爻、四爻与五爻都是当位之爻，所以初爻无咎，四爻亨通，五爻吉祥。二爻与三爻皆不当位，所以二爻凶险，三爻嗟叹。上爻当位，但是也凶，是因为它处在节卦的穷极之处，内涵自然不同。另外，节卦的六个爻，各自相比又各自相反，如初爻与二爻相比，但初爻因为“不出户庭”而得吉，二爻却因为“不出门庭”而获凶，二爻的结果与初爻恰恰相反。三爻与四爻相比，三爻因为不节而嗟叹，四爻则因为安节而亨通，三爻的结果与四爻恰恰相反。五爻与上爻相比，五爻因为得中而甘，上爻因为过中而苦，上爻的结果与五爻恰恰相反。总的来说，善节之人，虚则蓄之，盈则流之，其权在泽，其用在水。节卦的内涵与功用可谓广大。

节：亨，苦节不可贞。

【解义】

此卦兑下坎上，泽上有水，其容有限，故名为节。卦辞言，节道贵于适中，而不可过也。节，有限而止也。

文王系节彖辞曰：坎为流水而无穷，泽为止水而有限。泽上有水，满则不容，有节之象，故为节。夫节则立身制用，各适其中而无过不及之偏，自可通行而无敝，有不亨乎？若过于节，则拂情逆性而失其中，是为苦节矣。不惟处世塞而不通，即在己之所行，亦不能以永久，岂可固守以为常哉？

按：节者所以适乎中而通行于天下，亦天地自然之限制也。若流于太过，则矫廉以鸣高，过洁以绝物，如申屠狄、陈仲子之流，其持身非不正，然不近人情，鲜合中道，不可以言节，亦不可以言亨也。

【白话】

此卦的下卦为兑为泽，上卦为坎为水，兑下坎上，好比泽上有水，其容有限，故名节卦。卦辞的意思是说，节道贵在适中，不可过度。节，有限而止之意。

文王所系的节卦的卦辞说：坎为流水，水流无穷，泽为止水，容水有限。此卦下兑上坎，好比泽上有水，满则不容，有节之象，所以叫作节卦。心中有节，方能立身制用，从而各适其中，而无过与不及之偏，自然会通行无敝，怎么可能不亨通呢？若是节度过了头，就会拂情逆性，失了节度之中，也就是卦辞所强调的“苦节”。不仅处世塞而不通，即便是自己践行，也不可能长久，又怎么能够固守不变呢？

按：节而适中之所以通行于天下，是因为天地自然同样崇尚节而适中。如果太过，则有矫廉好名、过洁绝物之嫌，比如申屠狄、陈仲子那样的人，持身并非不正，但却不近人情，所以偏离了中道，不足以讨论节道，当然也不可能亨通。

《彖》曰：节亨，刚柔分而刚得中。苦节不可贞，其道穷也。说以行险，当位以节，中正以通，天地节而四时成。节以制度，不伤财，不害民。

【解义】

此《彖传》，是释节彖辞，而极言节道之大也。刚柔分，谓阴阳各半。刚得中，谓二五皆阳。当位中正，指九五。制，谓节制。度，谓法度。

孔子释节彖辞曰：卦名节而辞系以亨者，何哉？夫乾为刚而坤为柔，使刚柔偏胜，则丰俭无节矣。今以卦之全体言之，阴阳各半，而无过不及之偏，是刚柔均分也。以卦之二体言之，则二五皆阳刚而居中位，是刚得其中也。夫刚柔均分，则无一偏之患，而丰俭皆适其宜。刚而得中，是本阳刚之正道以为节，而节制皆得其中矣。此其所以亨也。夫节之所以亨，以其中也。若辞所谓苦节不可贞者，则失之于过而不得其中，必于天理有所不顺，人情有所不堪。以道揆之，必至于穷矣。节道过苦，则穷而不通，固理势之所必至。若节之所以通而不穷者，盖以卦德为说以行险。夫人于所说而不知止，则易至于流；若见险难而思止，则其进有节而不至于流矣。节之义也。卦体九五当位以主节于上，其所节者，又皆中正而无过奢过啬之患，可以通之天下而无阻，此节所以为善，而无不亨也。若推极而言之，天地之道，阴极阳生，阳极阴生，寒暑往来，气序有节而不过，故二分二至，四序不差，而岁功于是乎成矣。使天地不节，四时不且失其序乎？人君以节而立为制度，量入为出，既无过取，亦无泛用，有损己益人之实，而无剥下奉上之为。故无滥用而不至于伤财，自无横征而不至于害民矣。使人君无节，则侈肆所致，有不伤财害民乎？凡此皆节道之通而不穷也。

按：天地节而四时成，王者节而天下富。自古开财之源，不若节财之流。文景之节俭，不胜武帝之黩武穷兵。隋文之节俭，不胜炀帝之穷奢极欲。天下之治乱安危，实系于此。故量入为出，不伤财矣。取民有制，不害民矣。圣人之言，真万世制用之长策也。

【白话】

《彖传》是对节卦卦辞的解释，它详尽地阐释了节道的广大内涵。刚柔分，指阴阳各半。刚得中，指节卦的二爻与五爻都是阳爻。当位中正，指九五。制，节制。度，法度。

孔子解释节卦的彖辞说：卦名叫作节卦，卦辞却说亨通，原因何在？这是因为乾刚坤柔，各有定分，一旦刚柔偏胜，则丰俭无节。如今节卦的六个爻则阴阳各半，没有过与不及之偏，而是刚柔均分。以卦体而言，卦中的二爻与五爻都是刚中之爻，也就是刚得其中，同样无过也无不及。刚柔均分，就不会有偏胜之患，丰俭皆能适度。刚而得中，就能够本着阳刚正道适当节度，节制也能皆得其中。这正是节卦之所以亨通的原因。节卦的亨通，是因为它得中。如果像卦辞所谓的“苦节不可贞”那样，苦苦节度，就会失之于过中，而不能得其中，必然使天理有所不顺，人情有所不堪。以道揆度，必然会导致困穷。节道过苦，就会穷而不通，这是天理之势所必然。如果想做到节而能通，而不至于穷困，就要参照节卦的卦德行事，也就是悦以行险。人如果过度愉悦，不知节止，就会流于淫乐；如果能见险而思止，便能够及时节制，不至于向更坏的地方转变。这就是节卦的内涵。另外，节卦的九五不仅当位，而且居于尊位，好比君王主节于上，其所节者又皆中正，既不过奢，也不过啬，所以能天下亨通，畅行无阻。这正是节道得正，无不亨通的原因所在。如果推衍开去，大如天地之道，其阴极阳生，阳极阴生，寒暑往来，气序有节，分至无差，也是因为适当节度而往返循环，生生不息。假使天地不能够自我节度，春夏秋冬不就失了应有的次序了吗？君王效仿天地的节度，创立制度，量入为出，既不多取，也不滥用，可以损己益人，绝不剥下奉上。从而不会因为滥用钱财而至于伤财，也不会因为横征暴敛伤害百姓。假使君王不懂得节制，肆意奢侈，能不伤财害民吗？凡此种种，都是节道亨通而不穷的原因。

按：天地懂得节度，四时乃成；王者懂得节制，天下乃富。自古以来，开源都不如节流。文帝与景帝的节俭，架不住武帝的黩武穷兵。隋文帝的节俭，抵不住隋炀帝的穷奢极欲。天下的治乱安危，全系于此。所以圣明的君王一定会量入为出，不伤民财。取民有制，不害民力。圣人之言，真乃万世不易的良策。

《象》曰：泽上有水，节，君子以制数度，议德行。

【解义】

此《象传》，是言君子应用立身，皆当合乎中正也。数，谓多寡之数。度，谓隆杀之度。德，谓得于中者。行，谓发于外者。

孔子释节象曰：泽上有水，水之所止有限，节之象也。君子以应用立身，皆不可以无节。故数有多寡，度有隆杀，则为制之。而自器用，宫室，衣服，各有定限，而不使之过，使贱不踰贵，下不侵上，则各安其分矣。德存于心，行见于事，则为议之。而自出处，进退，周旋，皆为商度，以求其中节，使其无过亦无不及，则各适其宜矣。

按：制数度所以定万用之限，议德行所以严一身之限。贾谊以世侈靡相竞，欲定经制，而令上下各有等差，奸人无所几幸。盖凡物之大小轻重，高下文质，皆有品节，使民截然不可踰者，此即礼也。至于历代冠服等威之制，虽各有不同，要以准于古先圣王者为宜，此尤礼之所最急者。然圣人犹以制民之礼为未足，必贵反而议吾身之德行焉。故曰：“大礼与天地同节。”

【白话】

《象传》的意思是说，君子用世立身，都应该合乎中正之道。数，指多寡之数。度，指隆杀之度。德，指得于中。行，指发于外。

孔子解释节卦的大象说：泽上有水，容积有限，这就是节卦的大象。君子体悟节卦的大象，深知用世立身，都不能没有节度。所以数有多寡，度有隆杀，皆有节制。无论是器用、宫室、衣服，各有定限，绝不过分，从而使贱不踰贵，下不侵上，各安其分。德存于心，行见于事，方可评议国家大事。其出处、进退、周旋，尽皆商度，以求中节，使之无过亦无不及，各适其宜。

按：设立制度，是为了长久使用；讨论德行，是为了修习身心。汉代的贾谊因为权贵奢靡相竞，有心创设经制，令上下各有等差，限制奸人的非分之想。万物的大小轻重、高下文质皆有品节，使百姓不敢逾越的，就是礼。至于历代冠服等威之制，虽说各有不同，但以符合古代的先圣王者为宜，这也是礼仪制度中最为重要的方面。但圣人认为，光强调制民之礼远远不够，为人君者，还必须不断修省，不断加强自己的德行。所以《礼记》有言："大礼与天地同节。"

初九：不出户庭，无咎。

《象》曰：不出户庭，知通塞也。

【解义】

此一爻是言，士不妄进，而能审所处也。户庭，户外之庭也。

周公系节初爻曰：初九阳刚得中，居节之初，宜出者也。然有阳爻蔽塞于前，而所应之四又为坎体。既遇险难之人，则不可以出而有为矣。初能抱道自守，不妄出以求仕，有不出户庭之象。夫当节初，即能知止，自无枉道辱身之咎矣。

孔子释初象曰：时有通塞，通则当行，塞则当止。初九之不出户庭，知时之塞而未通，故不出也。使时值其通，亦必出而用世矣。是初不惟知塞，而能知通塞者也。岂徒知塞而不知通者哉！

按：处节之道，不可胶于一偏。盖节而能止者易，节而能通者难。吕望遇商纣则避北海之滨，遇文王则应龙彨之兆。是诚能知通塞者也。沮溺荷蒉之流，岂可与孔子之仕止久速同日语哉。

【白话】

这个爻的意思是说，君子不妄进，能够基于现状，多加审详。户庭，户外之庭。

周公所系的节卦初爻爻辞的意思是说：初九以阳居阳，非常当位，当前又居于全卦的最下面，本来应该出仕。然而上面有阳爻蔽塞于前，与它有正应的六四又处在坎险之中。既然遭遇了险难之人，便不可以出仕，有所作为。初爻也能够抱道自守，不妄出，不险求，有“不出户庭”之象。能够在应该节止的最初阶段，就适时节止，自无枉道辱身之咎。

孔子解释初爻的小象说：时势有通有塞，通则当行，塞则当止。初九“不出户庭”，是因为它清楚时势塞而未通，所以不出。如果时值其通，必然会出仕用世。总的来说，这初爻不仅知道时势蹇塞，而且知道通塞之间的时机。它怎么可能只知道蹇塞，不知道通达呢？

按：处节之道，不可胶执。总的来说，节而能止为易，节而能通则难。姜子牙遇到商纣王，只能避祸于北海之滨，遇到周文王，方应了龙彲之兆。他是真正意义上的能够知通晓塞的圣人。至于那些避世的隐士，又怎么能与孔子出仕同日而语？

九二：不出门庭，凶。

《象》曰：不出门庭，凶，失时极也。

【解义】

此一爻是明时有可仕不当以隐为高也。门庭，门内之庭也。极，甚也。

周公系节二爻曰：九二当可行之时，乃出潜离隐之地也。而失刚不正，自固馁于进矣。且上无应与，又下能以独进，是不仕而以隐为高者，为不出门庭之象。夫当可为之时，乃不出而为之，则知节而不知通，自失可为之机矣，不亦凶乎？

孔子释二象曰：九二之不出门庭为凶者，何哉？盖士君子幼学壮行，患不得其时耳。今幸有其时，乃执迷而不出，岂知时通变之士耶！其失时甚矣，安得而不凶也！

按：不出户庭，不出门庭，一也。以初则无咎，以二则凶者，初在卦下为士，而二则臣位也。处补衮缀牍之任，而托隐默以求容。操决疑定难之权，而好逊让以避怨，亦思其所处为何时乎？失时之讥，所不免矣。

【白话】

这个爻的宗旨是申明，可以出仕时，不应该以隐为高。门庭，门内之庭。极，甚。

周公所系的节卦二爻爻辞的意思是说：九二处在可行之时，又居于出潜离隐之地，但以刚居柔，居位不正，所以丧失了升进之心。而且上面没有正应，它不便独进，好比不仕的隐者，也是“不出门庭”之象。处在可为之时，但不出不为，这就是只知节而不知通，自失可为之机，不也是一种凶吝吗？

孔子解释二爻的小象说：九二所谓的“不出门庭，凶”，原因何在？主要是因为君子幼学壮行，只怕不得其时。如今它幸得其实，却执迷不出，哪里是知时通变之士应有的表现！它过于失时，安得不凶！

按：“不出户庭”与“不出门庭”，意思是一致的。但初爻不出户庭则无咎，二爻却因为不出门庭获凶，主要是因为初爻为卦下为士，二爻则是大臣之位。负有辅佐、规劝君王的重任，却保持缄默，一味取悦君王。执掌决疑定难的大权，却一味谦逊，以避仇怨，也应该思虑一下自己所处的时势吧？失时之讥，在所难免。

六三：不节若，则嗟若，无咎。

《象》曰：不节之嗟，又谁咎也。

【解义】

此一爻是为不能知节者警也。

周公系节三爻曰：六三当节之时，本不容不节者。以阴柔不中正，而居说极，则非能节者矣。故以之立身则不能守其节，而无以自立。以之制用则靡费于前，必至匮乏于后矣。至于伤财败德，形为咨嗟而慨叹，皆其所自致也，亦将何所归咎哉。

孔子释三象曰：六三之不节而嗟者，岂由外致欤？盖既违节道，祸必及之，其无聊而发为咨嗟，实已有以取之耳，又将谁咎乎？

按：三本能节者，乃纵欲妄费，说极而悲，至于无所归咎，则其失已不可追矣。故圣人深为致警云。

【白话】

这个爻的宗旨，是为不懂节止之人示警。

周公所系的节卦三爻爻辞的意思是说：六三处在节卦的大环境中，本来不应该容忍不节之行。但它以阴居阳，不中不正，又处在下卦兑卦的极端，而兑为取悦，显然是不能节止之人。以之立身，便不能守其节，也无以自立。以之制用，便会靡费于前，匮乏于后。至于伤财败德，咨嗟慨叹，都是咎由自取，怪得到别人吗？

孔子解释三爻的小象说：六三所谓的“不节若，则嗟若”，难道是别人导致的吗？其实它既然违背了节止之道，祸患就必然会找上门来，它的咨嗟慨叹，实在是咎由自取，又能怪罪谁呢？

按：三爻原本能够节止，但纵欲妄费，悦极而悲，以至于无所归咎，说明它的过失已经无法挽回。所以圣人用它来警示世人，用心极其深切。

六四：安节，亨。

《象》曰：安节之亨，承上道也。

【解义】

此一爻是言人臣能遵君制而无过也。安，顺而无勉强之谓。

周公系节四爻曰：九五主节于上，六四顺正以承之。凡立身制用，无一不本乎天子之制。其为节也，出于自然，而无所勉强，是能安于五之节而守之以为常也。成法自式，而动无愆违，不亦亨乎。

孔子释四象曰：安节之亨者，九五之所节，四皆承顺而行之，此岂徒安为下之分乎？盖九五之节，其道为中正以通之道，实所当承者。四能不作聪明以乱旧章，而惟顺承其道，是以亨也。

按：《书》曰：“惟辟作福，惟辟作威，惟辟玉食，臣无有作福作威玉食。”又言：“臣之有作福作威玉食，则凶害于家国，流祸于人民。”盖《书》之明训，节之道也。反是未有不及于败者。安节之所由得亨，其深有合于《书》之义欤。

【白话】

这个爻的意思是说，四爻能遵循君王的礼法，毫无过错。安，顺而无勉之意。

周公所系的节卦四爻爻辞的意思是说：九四高高在上，主持天下之节。六四以阴居阴，顺正以承。凡立身与制用之规，无一不遵循天子之制。它的节止出于自然，毫不勉强，所以能安于五爻的节制，守之如常。成法自式，动无愆违，不也是一种亨通吗？

孔子解释四爻的小象说：所谓“安节”之“亨”，是说五爻所节制的，四爻皆能顺承，但这仅仅因为这是它作为臣子的本分吗？主要还是因为九五的节止，既中且正，应当顺承。四爻能够克制自己，不乱旧章，唯道是承，所以能够亨通。

按：《尚书》有言：“惟辟作福，惟辟作威，惟辟玉食，臣无有作福作威玉食。”又说：“臣之有作福作威玉食，则凶害于家国，流祸于人民。”总的来说，《尚书》所训诫的，正是节道。反其道而行之者，未有不败之人。“安节”之所以亨通，就在于它深合《尚书》的内涵。

九五：甘节，吉。往有尚。

《象》曰：甘节之吉，居位中也。

【解义】

此一爻是言人君有中正之德以为节也。甘，乐易而无艰苦之谓。

周公系节五爻曰：节道贵乎中正，然非操节之权，亦不能以其道通于天下而可久。九五为节之主，而有中正之德，其所以为节者，无矫情拂众之为，而有善俗宜民之道。不伤财，不害民，节之甘而不苦者也。以此为节，行之一己而自安，通之天下而皆适，何吉如之！且立法于一时，而即可垂范于后世，是不特吉，而且往有尚矣。

孔子释五象曰：德惟中正，始能节而不过。九五甘节之吉者，以其所居之位在上爻之中，是本一中以存心，而制作皆极于尽善，化行俗美而有以成一世恭俭廉让之风，此节之所以为甘也。

按：节卦他爻之节，节其在我者也。九五当位之节，是节以天下者也。夫节天下而使天下共以为甘而不苦，真能得乎节之道矣。汉史臣赞文帝：苑囿服御，无所增益。其有不便，辄弛以利民。身衣皁绨，帷帐无文绣，以敦朴为天下先。而朱熹亦称文帝为“三代以下，恭俭之主”，岂非节之甘者欤？

【白话】

这个爻的意思是说，君王有中正之德，所以能够节制。甘，和乐、平易、不艰苦之意。

周公所系的节卦五爻爻辞的意思是说：节道贵在中正，然而不掌握相应的权力，也不能使节止之道畅通天下。九五作为节卦的主爻，又有中正之德，它所要求的节制，不矫情，不拂众，而且能在教化百姓的基础上，利益百姓。正因为它不伤财，不害民，所以才会像爻辞所说的那样，虽然节制，但甘而不苦。以此为节，既可以自践自安，也可以通行天下，适用于所有人，有什么样的吉祥能与之相比？而且立法于一时，即可垂范于后世，这不仅仅是吉祥那么简单，而且很值得推尚。

孔子解释五爻的小象说：唯有德行中正，方能节而不过。九五能收获“甘节”之“吉”，是因为它位于上卦的中间，好比存心中道，节制创设皆能尽善，能化行俗美，成就恭俭廉让之风，这是它节而能甘的原因所在。

按：节卦其他五爻所讲的节，都取决于自己。九五作为君爻所讲的节，则是节制天下的节。其能节制天下，并且使天下共甘而不苦，是真正契合了节卦的正道。《汉书》这样称赞汉文帝：“苑囿服御，无所增益。其有不便，辄弛以利民。身衣皁绨，帷帐无文绣，以敦朴为天下先。”朱熹也称文帝为“三代以下，恭俭之主”，不正是九五一样的节之甘者吗？

上六：苦节，贞凶。悔亡。

《象》曰：苦节贞凶，其道穷也。

【解义】

此一爻是言节之太过而失其中正也。

周公系节上爻曰：凡节之道，贵于得中。上六居节之极，是其所以为节者至纤至悉，一意求节而失于矫，是过于节而为苦节矣。夫节而既过，虽无越礼犯分之事，必有拂情逆性之伤，纵使得正，其能免于凶乎？然礼奢宁俭，虽有悔而终得亡其悔也。

孔子释上象曰：苦节之贞而不免于凶者，何哉？盖节之道贵通而不可穷，若上之苦节，是节而无制，不近人情，虽可以范一身，而不可以治一世。或可行之于一时，而不可垂之于永久，其道必至于穷也。

按：节惟中正，所以能通。故于三戒其不节，于上戒其凶者，过犹不及，其失均也。然苦节之悔，则终胜于不节之嗟矣。

【白话】

这个爻的意思是说，上爻节之太过，偏离了中正之道。

周公所系的节卦上爻爻辞的意思是说：节制之道，贵在得中。上六位于节卦的终极之处，好比节制到了纤毫之处，一味求节，以至于矫枉过正，节制过了头，也就是所谓的“苦节”。到了这种地步，即便不越礼，不犯分，也必有拂情逆性之伤，纵使居中守正，又能免于凶祸吗？然而礼奢宁俭，虽然它会有悔，但最终会远离悔吝。

孔子解释上爻的小象说：爻辞说“苦节，贞凶”，原因何在？主要是因为节制之道，贵通而不可穷，像上爻这样苦苦节度，则是节而无制，不近人情，虽然可以作为模范，但是不可以普遍施行。即便可以行于一时，但绝对不可以垂范永久，其道必穷。

按：唯有节而中正，方能通行于天下。所以在三爻的时候圣人戒其不节，到上爻的时候则戒其凶，具体说来就是过犹不及，偏离了节制的中道。不过话说回来，苦节就算有悔吝，也强于不节导致的嗟叹。

卷十四

䷼ 中孚 兑下巽上

【解义】

中孚之为卦，三与四二柔在内为中虚，二与五二刚得中为中实。中虚则无我，中实则无伪。唯此心洞然而虚，则至诚充然而实矣。充然者，发于中而孚于外，所以为中孚也。六爻惟取柔而正、刚而中者。初九中孚之初，上应六四，阴阳皆居正位，而有六三之阴柔不正者隔于其中，故爻辞设“有他”之戒。九二与五阳刚相应，至诚感孚，有鹤鸣子和之象。三不得位而应亦不正，一为说之极，一为信之穷，于中孚之义无当也。六四得位，故无咎。九五刚健中正，有中孚之实德，与二同德相信，合为一体，包二阴以成中孚者也。上九失位居中孚之极，故为贞凶。

按：中孚六爻独于五言孚，盖二五皆中实，实则诚，诚则未有不孚者。而五又为之主，则使一卦六爻如一气然，而靡不为之用者，唯九五也。他卦二五皆取阴阳相应，而中孚则取以刚应刚，以知中孚之道，不主于情而主于理，不孚于外而孚于中。一诚相通，君臣道合。化邦而应天，端在于是，非他卦应与之比也。

【白话】

中孚卦之所以叫作中孚，是因为它的三爻与四爻都是柔爻；有中虚之德，它的二爻与五爻又都是刚爻，有中实之美。中虚则无我，中实则无伪。也只有内心洞然而虚，才可以有满满的至诚充实于内。不仅如此，它的德行还发于中，孚于外，所以叫作中孚。六爻之中，也以柔正之爻和刚中之爻为吉。初九位于中孚卦的最初阶段，上应六四，阴阳皆正，但有六三这个阴柔不正的爻阻隔其中，所以爻辞说“有他”，以警戒世人。九二与九五皆是阳爻，以阳刚相应，以至诚相感，有“鸣鹤在阴，其子和之”之象。三爻以阴居阳，不得其位，应爻上九也不当位，一个处在下卦兑悦之卦的极端，一个处在孚信之卦的极端，根本不符合中孚卦的内涵。六四以阴居阴，非常当位，所以无咎。九五刚健中正，确实具备中孚之德，又因为与二爻同德相孚，合为一体，并且包纳当中的两个阴爻，构成了中孚之象。上九不当位，又位于中孚卦的穷极之处，所以“贞凶”。

按：中孚卦的六爻之中，唯有五爻直言“有孚”，是因为二爻与五爻都是中实之爻，实则诚，诚则必孚；同时五爻还是主爻，能使一卦六爻联通一气，而不会为某一爻所用的爻，唯有五爻而已。在别的卦里，二爻与爻皆取阴阳相应为正，唯独中孚卦选择以刚应刚，可知中孚之道，不贵情而贵理，不看外在只看内心。只要足够赤诚，就能君臣道合。教化万邦，上应天宇，皆在一个“诚”字，远非其他卦可以相比。

中孚：豚鱼吉。利涉大川，利贞。

【解义】

此卦兑下巽上，以全体言，为中虚；以二体言，为中实。中虚信之本，中实信之质。信发于中，故名中孚。卦辞言，信能合理，所以善用其孚而无不通也。豚鱼无知，喻难化之人。涉川至险，喻难济之事。

文王系中孚彖辞曰：中孚以孚信在中为义，有一心之孚，有两情之孚，总之本于在中，而发见于外，则至诚所感，何人不格？虽物之冥顽，如豚鱼之无知，亦可感动之而得吉，况有知者而有不格乎！何事不济？虽事之艰险，如大川之难涉，亦可济之而利，况平居时而有不济乎！然其所以为孚者，一皆本于义理之至正，而不为硁硁之小信，胶执不通，然后信所当信，而合于贞焉。斯人无不感，事无不济，乃为利耳。

按：圣贤修身持世，莫不以孚信为本原。然而言不必信，行不必果，恐其不皆出于正也。古之圣人，至诚感神，至于化傲象，格有苗，经权常变，无不各得其至正。若后世之君，不失虞人之期，不废徙木之赏，是信失其正者也。此利贞所以善成其孚欤。

【白话】

此卦的下卦为兑为泽，上卦为巽为风，就全卦的大象而言，有中虚之象；以二爻与五爻言，则为中实之卦。中虚是孚信的根本要件，中实则是诚信的具体体现。孚信发于中，所以叫作中孚卦。卦辞的意思是说，孚信合乎义理，所以能善用其孚，无所不通。豚鱼，无知之物，此处比喻难以教化之人。涉川，至险之事，此处比喻难济之事。

文王所系的中孚卦的卦辞说：“中孚”的意思是孚信在中，有一心之孚，也有两情之孚，但总的来说都是发于中而孚于外，如此至诚，有谁会不被感格？就算是冥顽之物，像豚鱼一样无知，也可以被感孚，从而得吉，更何况拥有智识的人，能不被感格吗？又有何事不能匡济呢？就算是至险之事，像大川一样难以逾越，也可以有所济，有所利，更何况平常情况，又焉能不济？然而它之所以能够感孚万物，主要是因为符合义理之正，而不会执着于小信小义，胶执不通，因此能信所当信，契合贞正之道。所以它能做到人无不感，事无不济，因此卦辞说“利贞”。

按：圣贤用以修身与维持世道的，都是孚信。但是言不必信，行不必果，因为有些事情并不符合义理之正。古代的圣人，能以至诚感格神明，所以能化傲象，格有苗，通权达变，却都能各得其正。至于后世之人，虽然能做到不失虞人之期，不废徙木之赏，但依然偏离了孚信的正道。这正是圣人教导人们“利贞”，以便善成其孚的原因。

《彖》曰：中孚，柔在内而刚得中，说而巽，孚乃化邦也。豚鱼吉，信及豚鱼也。利涉大川，乘木舟虚也。中孚以利贞，乃应乎天也。

【解义】

此《彖传》，是释中孚彖辞，备言孚之体用，明尽人可以合天也。柔在内，指三四。刚得中，指二五。乘木舟虚，取外实中虚之象。

孔子释中孚彖辞曰：卦名中孚者，以卦体言之，三四以柔居一卦之中，是中虚也。二五以刚居二体之中，是中实也。中虚而能实，虚所以受信，实所以为信，此孚之存乎己者也。以卦德言之，下说而上巽，说则臣以和衷上感乎君，巽则君以虚怀下应乎臣，上下交孚，自能化行邦国，此孚之及乎人者也，而一本于在中之孚，中孚之所由名以此。其曰豚鱼吉者，谓信由中出，自通于物，无不输诚感化，即如豚鱼无知之物，亦且能及之而吉，此孚之验于物者也。曰利涉大川者，谓以实体运乎虚中，应变无穷，如卦象木在水上。木体本实，而为舟则虚也。舟惟虚可以行水，心惟虚可以行世，何不利涉之有？此孚之验于事者也。若是其中孚而犹曰利贞者，盖孚命于天，浑然至正，若意见未融，一徇于人为，即非正矣。惟孚出于人心之正，而合乎天命之本然，乃与天相应，斯感无不化也。

按：天命流行，物与无妄。中孚之理，即是天心，通于亿兆人之心，而又通于亿兆物之心。人惟失此心之本体，所以不能通人物之心以应乎天心耳。盖天之道，孚贞而已，故又曰“利贞，乃应乎天者”，惟恐择之不精，持之不固，或稍涉乎偏私，而不合乎天心之正，是以丁宁若此，此即《中庸》以人达天之义乎。

【白话】

《彖传》是对中孚卦卦辞的解释，详尽地阐释了孚信的根本与功用，以申明尽人事以合天理的大道。柔在内，指三爻与四爻。刚得中，指二爻与五爻。乘木舟虚，取中孚卦外实中虚之象。

孔子解释中孚卦的彖辞说：卦名之所以叫作中孚，以卦体而言，是因为三爻与四爻皆为柔爻，并且居于全卦的中间，有中虚之象。同时二爻与五爻又都是刚爻，并分别位居上下卦的中间，有中实之象。中虚所以能感受孚信，中实所以能取信于人，这是孚信存于己身的表现。就卦德而言，下卦为兑为悦，上卦为巽为风，因其悦，臣子方能以和悦的态度感格君王，因其巽，君王方能以中虚之怀抱下应臣子，上下交孚，自能化行邦国，这是孚信及于人的表现。但于己于人，都是基于心中的孚信，中孚卦正是由此得名。其所谓的“豚鱼吉”，是说孚信发自内心，自然能感通于物，且皆能感化，即便是豚鱼这样的无知之物，也能加以感格，从而获吉，这是孚信能感人格物的具体验证。而所谓“利涉大川”，是指以实体运乎虚中，应变无穷，就像中孚卦木在水上的大象。木本实体，但制作舟船，则是中虚之物。舟船唯有中虚，方可以行水；而人心唯有中虚，方可以行世。以此行世，还有什么地方不可涉渡？这是孚信在具体事物上的验证。卦辞又说“利贞”，是说人的孚信应该像上天一样浑然至正，如果不够自然，徇于人为，便不是孚信的正道。只有其孚信出于人心之正，合乎天命之本，方能与天相应，感无不化。

按：天命流行所至，万物皆无差妄。中孚之理，就是天心与天理，通于亿兆人之心，亦通于亿兆物之心。人是因为失去了孚信，所以不能感通人与物，也不能感格天心。总的来说，所谓天道，不过“孚贞”二字，所以彖辞又说“中孚以利贞，乃应乎天也”，唯恐世人择之不精，持之不固，稍涉偏私，就会偏离天心之正，因此反复丁宁，而这正是《中庸》所说的“以人达天”之义。

《象》曰：泽上有风，中孚，君子以议狱缓死。

【解义】

此《象传》，见君子好生之心，善体中孚之意也。

孔子释中孚象曰：兑泽之上有巽风，泽至实而风至虚，风无形而能感泽，犹诚无象而能动物，中孚之象也。君子体此以用狱，当狱之未成，则用议以求其入中之出；即狱之既成，犹用缓以求其死中之生。哀矜恻怛，总出于至诚无私，所谓求其生而不得，则死者与我俱无憾焉。此君子为民之意，有以深入乎民心。上感而下受，亦中孚之义也。

按：天地之大德曰生。人君至诚恳恻之心莫大于好生不杀，此即孚以应天之理也。《书》曰“钦恤”，舜之中孚也。有虞之民，协中从欲，天下之中孚也。后世如唐太宗之纵囚，约其自归以就法，虽未合于纯王之道，亦必其一时不忍之念，有以深入乎民心，此亦可谓得于中孚之义者也。三代而下，如太宗者，不亦仁民爱物之主哉。

【白话】

《象传》的意思是说，君子有好生之心，所以要用心体悟中孚卦的内涵。

孔子解释中孚卦的大象说：兑泽之上有巽风吹过，泽为至实之物，风为至虚之物，但无形之风能够感格至实之泽，恰如孚诚无象，却能感动万物，这就是中孚卦的大象。君子体悟其中的内涵，用于决狱断刑。决狱未成，则想办法救其出狱；决狱已成，也依然通过缓刑，求其死中之生。其哀矜恻怛，皆出于至诚无私，即便不能改变最终结果，也能与死者尽皆无憾。这是君子的爱民之心的体现，也能够借此深得民心。上感而下受，也是中孚卦的内涵。

按：生是天地之间最大的德行。君王的至诚恳恻之心，莫过于好生不杀，而这也正是足够的孚信可以上应天心的原因。《尚书》所谓的“钦恤”，说的是舜帝发自内心的孚信。而所谓“有虞之民，协中从欲”，说的是舜帝的孚信能感格天下。后世如唐太宗释放死囚，并与其相约，期满后自行归来，以身就法，虽然不符合纯王之道，但也是因为一时不忍之心，因此以民心为心，这也可以称得上契合中孚卦的内涵。三代以下，像唐太宗这样的人，也称得上仁民爱物之主吧？

初九：虞吉，有他不燕。

《象》曰：初九虞吉，志未变也。

【解义】

此一爻言，信得其人，当善保其初志，以成孚也。虞，度也。燕，安也。

周公系中孚初爻曰：初九阳刚得正，与柔正之六四相应，此孚之至正而贞者也。在初能度其可信，与之交而成孚，则学业事功，观摩效法，有得朋之庆，获所安而吉矣。若失其初心，而复有他焉，是疑信不一，舍正而求不正，中无定主，将无以成孚，宁得燕而安乎？所当致戒也。

孔子释初象曰：初九所以虞而得吉者，以其当中孚之初，刚而得正，私情未起。从正之志未为所变也，是以得吉。若能守正而善保其初，斯诚能孚者矣。

按：圣人立教莫先于辨志，志之所向，邪正分焉。一于正，则不正者蔑由进矣；惑于不正，则正者亦蔑由安矣。中孚之初，未有所主，正辨志之时也。其志未变，欲其审于始。未变而不能保其不变，更欲其慎于终。闲邪所以存诚，要在初之自为审持耳。

【白话】

这个爻的意思是说，君子能以诚信得人时，应该保持初心，以便与对方相互感格。虞，度。燕，安。

周公所系的中孚卦初爻爻辞的意思是说：初九以阳居阳，得其正位，与柔正的六四成正应，好比孚信至正而贞。具体到初爻，就是在诚信的基础上与之交孚，学业事功皆可观摩效法，从而赢得朋友，安身立命，收获吉祥。如若丧失初心，复有他想，则疑信不一，中无定主，以至舍正求邪，既无以成孚，又怎么可能燕安呢？所以应当警戒。

孔子解释初爻的小象说：初九之所以能够“虞吉”，是因为它处在中孚卦的最初阶段，以阳居阳，刚而得正，毫无私欲。其遵循正道之心也未尝稍改，所以能够得吉。如果能守持正道，保持初心，确实能够感孚于人。

按：圣人立教，首重辨志，因为志之所向，是正与邪的分水岭。正道在前，不正者无由升进；惑于不正时，正者无法心安。初爻处在中孚卦的最初阶段，好比心中没有定见，正是辨志之时。因为其志未变，所以圣人希望它审慎于始。现在未变，未来难保不变，所以圣人更希望它审慎于终。防止邪念，方能保持诚信，但能否做到，取决于它自己。

九二：鸣鹤在阴，其子和之。我有好爵，吾与尔靡之。

《象》曰：其子和之，中心愿也。

【解义】

此一爻见君臣同德相孚，其感应出于至诚也。鸣鹤，指二言。子和，指五言。好爵，懿德也。靡，与縻同，犹系恋也。

周公系中孚二爻曰：二与五中实相应，君臣一德而成孚也。二居阴位，人臣幽隐之诚，本于在中，以自鸣其素而为之君者，亦以诚信之念不期而孚。同声相应，犹鸣鹤在阴而子和之之象。所以然者，懿德良贵，人所同好。二既有此懿德，不敢自私其所有。其致君忠爱之心，出于至诚。五亦系恋之，而不能自已，故感应之象有若此耳。

孔子释二象曰：五之应二，若其子之和，岂有所矫饰于外哉？君心所愿慕者德也，二之鸣，既由中而发，五之和，亦根心而生。是诚出于中心之愿，有不知其然而然者也。

按：诸爻有应，皆有间隔，惟二五无间隔，乃以同德相孚，中虚相感。此即盛世君臣，同心一德，赓歌拜稽于一堂。无尊卑阔绝之忧，无彼此形骸之隔。是以上下交而治道成，为有合于中孚之义也。

【白话】

这个爻的意思是说，君臣同心同德，是因为能感应到彼此的至诚。鸣鹤，指二爻。其子和之，指五爻。好爵，懿德，即美德。靡，与“縻”同，系恋之意。

周公所系的中孚卦二爻爻辞的意思是说：二爻与五爻以中实之德相应，好比君臣同德，彼此信孚。二爻是阴爻的位置，好比臣子的诚信幽隐于心，自鸣其素，而不是为了迎合君王。而君王也与之同声相应，犹如“鸣鹤在阴，其子和之”之象。之所以会这样，是因为美好的品德，人人都喜欢。二爻既然有这样的美德，便不会有私心。其对君王的忠爱，完全出于至诚。五爻也因此系恋于它，不能自已，所以才会有这样的感应之象。

孔子解释二爻的小象说：五爻对二爻的应和，如同孩子一般，岂是简单的矫饰？君王内心思慕的就是臣子的德行，二爻的鸣唱既然发自内心，五爻的唱和也必然由内而外。彼此的孚信都发自内心，所以能不望而获，不期而孚。

按：别的有应的爻，中间都有间隔，唯独二爻与五爻没有间隔，是因为它们以同德相孚，以中虚相感。恰如盛世的君臣，同心同德，彼此以礼相待，以情相和。既无尊卑阔绝之忧，又无彼此形骸之隔。所以能上下交孚，成就治道，也契合中孚卦的内涵。

六三：得敌。或鼓或罢，或泣或歌。

《象》曰：或鼓或罢，位不当也。

【解义】

此一爻为信失其正不能自主者戒也。得敌，指上九之应。鼓，是鼓舞作事之意。

周公系中孚三爻曰：六三以柔而不正，应上九之刚而不中，此居说之极，是为无恒。彼当信之穷，则为太固。与之相应，实相敌而不相助矣。于是或鼓而前，或罢而废，见行止之无常；或泣而悲，或歌而乐，见忧喜之无定。则中怀纷扰，莫所适从。以此图功立事，不亦难乎？

孔子释三象曰：人心惟中虚，以理为主，自动静忧乐，各中其节。若三之或鼓或罢，由阴居阳，位处不中正，而无中孚自主之德，所以临事无恒，动失其度。揆厥由来，岂徒得敌之咎哉？

按：中孚诸爻各有相信之理，而贞不贞则有异。六三之得敌，不当信而信，憧憧往来，莫适为主。既不能如二五之同心相应，又不能如初之虞吉而得所安。此不贞而不可以为信者也。然究其故，实由己而不由敌。故君子贵克己之学，而无攻人之过，斯信所可信，而有以成其孚欤。

【白话】

这个爻的宗旨，是警戒那些孚而不正，以至于不能自主之人。得敌，指上九之应。鼓，鼓舞。

周公所系的中孚卦三爻爻辞的意思是说：六三柔而不正，与刚而不中的上九成正应，但它位于兑悦之卦的终极之处，因此与上九的应和不能持久。上九则位于孚信之卦的穷极之处，必然会胶执拘泥。六三与之相应，只会相敌，不会相助。于是忽然鼓舞向前，忽然又罢手而废，忽然悲伤地哭泣，忽然又欢乐地歌唱，行止无常，忧喜无定，以至于内心纷乱，无所适从。以此图功立事，能不难吗？

孔子解释三爻的小象说：人只有内心虚静，以理为主，方能动静忧乐各中其节。像三爻这样“或鼓或罢”，主要是因为它以阴居阳，处位不正，也不中，所以不具备自主之德，因此临事无恒，动则失度。追溯缘由，岂是因为“得敌”一个原因呢？

按：中孚卦的六爻皆有孚信之理，只是贞与不贞的区别。六三的“得敌”，是因为它不当信而信，所以内心纷扰不断，无可适从。既不能像二爻与五爻那样同德相应，也不能像初爻那样，因为保持初心，所以“虞吉”而安。所以能不贞正持久，便不足以孚信于人。然而追溯缘由，主要还在自己，而不是敌对方。所以君子要注重克己之学，而不是攻人之过，并在此基础上信所可信，便足以与人感孚了。

六四：月几望，马匹亡，无咎。

《象》曰：马匹亡，绝类上也。

【解义】

此一爻言大臣当绝私交，专心以事上也。望，是月盈。匹，配也，指初与四应。绝类，是绝初九。上，是上从九五。

周公系中孚四爻曰：六四居阴得正，位近于君，相得而承宠眷，德隆势盛，如月之将盈而几望也。此正群心归附之时，猜忌易生。四乃柔顺自处，恪守臣道，履盛而不矜。虽与初为应而相匹，能奉公事主，不树私交，犹马之相匹而亡其匹也。若是则精白一心而无罔上行私之咎矣。

孔子释四象曰：古纯臣公尔忘私，未有一心为私，一心为公者。四所为马匹亡者，四与初为类，而四必绝其私与。惟克尽其诚，专心上事于五，所以无咎也。

按：君子以同道为朋，小人以同利为党。正与不正，各有其类。同道为朋者，其意主于为国家；同利为党者，其意专于为一己。昔欧阳修谓：“退小人之伪朋，用君子之真朋，则天下可治。”是在人主熟察而明断之矣。

【白话】

这个爻的意思是说，大臣应当杜绝私交，一心事上。望，月亮满盈之时。匹，配，指初爻与四爻相应。绝类，绝于初九之意。上，上从九五之意。

周公所系的中孚卦四爻爻辞的意思是说：六四以阴居阴，位得其正，又紧邻着君爻九五，君臣相得，备受宠眷，德隆势盛，如同月亮即将满盈，接近圆月了。位居其下的臣子与百姓皆来归附，难免引起君王的猜忌。好在四爻以柔居柔，能柔顺自处，恪守人臣之道，履盛不骄。虽然初爻是它的正应，彼此阴阳相配，但依然能奉公事主，不树私交，恰如与之相匹配的公马亡失了。如此忠君事上，精白一心，自然不会罔上行私，当然也不会有什么咎害。

孔子解释四爻的小象说：古代的纯正之臣，均能因公忘私，因为没有人能做到在一心为私的同时又一心为公。四爻所谓的“马匹亡”，是说四爻与初爻阴阳相匹，四爻必须杜绝与初爻的私交私与。它能够克尽其诚，专心事上，所以无咎。

按：君子以同道中人为朋，小人以同利之人为党。正与不正，各有其类。以同道中人为朋者，其出发点在于国家；与同利之人为党者，其目的专为自己。欧阳修有言：“退小人之伪朋，用君子之真朋，则天下可治。”对此，君王确实需要熟察而明断。

九五：有孚挛如，无咎。

《象》曰：有孚挛如，位正当也。

【解义】

此一爻见君臣相信之深，能以一德成天下之孚也。挛，固结也。

周公系中孚五爻曰：九五中实而居尊，为孚之主。下应九二之贤，亦中实而相辅。君臣同德，和之以中心，縻之以好爵。相信之深，有猜疑所不能间，谗忌所莫能离者，自然固结而不可解，为有孚挛如之象。如是则上下交，而孚乃化邦，正在此矣，何咎之有。

孔子释五象曰：五之有孚，何以有挛如之固？以五德称其位，而为中孚之主，则位正。且德以位显，而成天下之化，则位又当故也。使居至尊之位，而无中正之德，虽当而不正，何能一德相孚，而化及于天下乎？此挛如之义，盖有取也。

按：中孚诸爻不言孚，惟九五独言有孚者，盖五以中孚之实，成化邦之功。由竭诚信贤，相与经纶密勿，国家恃以治安，非推心置腹之诚，始终无间，殆未易言挛如之义也。

【白话】

这个爻的意思是说，君臣之间的孚信非常深厚，并能够以此维系天下人心。挛，固结。

周公所系的中孚卦五爻爻辞的意思是说：九五以刚居刚，又居于尊位，是中孚卦的主爻。它下应贤德的九二，而九二能以其中实相辅。君臣同德，彼此相和，用美好的德行相维系。其孚信之深，猜疑不能间，谗忌莫能离，所以非常牢固，这就是“有孚挛如”之象。如是则上下交孚，并且感化万邦，又有什么咎害呢？

孔子解释五爻的小象说：五爻的孚信，为什么会像紧紧捆住那样牢固呢？主要是因为五爻德位相匹，又是中孚卦的主爻，得其正位。它的德行还因为它的得位得到了彰显，从而能感化天下，这不仅是正位了，还很当位。假使它居于至尊之位，无有中正之德，当而不正，又怎么能与臣下同心相孚，进而感化天下呢？这是“挛如”二字的真正内涵。

按：中孚卦的其他爻皆不言“孚”，唯有九五直方“有孚”，主要是因为它能以实实在在的孚信感化万邦。具体说来，它想与忠臣贤人彼此交孚，使其竭尽至诚，勤勉不息，必须拿出足够的诚意，推心置腹且始终无间，方能收“挛如”之效，又岂止是说说那么简单。

上九：翰音登于天，贞凶。

《象》曰：翰音登于天，何可长也。

【解义】

此一爻言，处孚之穷，为信非所信者戒也。翰是羽。翰音，言鸡鸣必振其羽也。

周公系中孚上爻曰：天下事理当与时势变通，方能善用其信，而无窒碍难行之患。上九居中孚之极，徇偏执之见，乏融通之识，不度可否顺逆，固守其信，而必欲行之。犹翰音本非登天之物，而强欲登于天。非贞而自以为贞，则必违时拂势而取凶矣。

孔子释上象曰：孚信所以可久者，惟能通其变而不穷也。今翰音登于天，登非所登，犹信非所信。不知变通，至于穷极，而立见其败，尚何长久之可望哉？

按：中孚之道，有常有变。初爻宜守常，而惟恐其变，虞之所以得吉。上爻宜通变，而固执其常，贞之所以得凶。夫贞何以凶也？宋襄之行仁，适足以取败；荀息之死难，无补于格君。拘一时之小信，而不通古今之大义。识者讥之，所谓“好信不好学，其蔽也贼”，非凶之道乎！

【白话】

这个爻的意思是说，此爻处在孚信之卦的穷极之处，信非所信者应引以为戒。翰，羽类。翰音，鸡鸣必振其羽之意。

周公所系的中孚卦上爻爻辞的意思是说：天下之事，理应随时变通，方能善用其信，而不至于窒碍难行。上九居于中孚卦的穷极之处，偏执拘泥，不懂变通，不管情势顺逆，一味固守其信，必欲行之。犹如公鸡本非登天之物，却非要强行登天。而且它以阳居阴，居位不正，却自以为贞正，如此一来，必然违时拂势，自取凶祸。

孔子解释上爻的小象说：孚信能够长久维系，在于通晓其变，而不至于困穷。如今"翰音登于天"，登非所登，恰如信非所信。由于它不知变通，至于穷极之处，败亡随即而来，哪里还敢奢望长久呢？

按：中孚之道，有常有变。初爻宜于守常，又唯恐其变，所以爻辞说"虞吉，有他不燕"。上爻宜于通变，却固守其常，因此爻辞说"贞凶"。贞即正，贞正怎么可能会凶呢？其实像宋襄公那样践行仁义，就应该战败；而像荀息那样为国君死难，也无益于感格君王。他们都是拘泥于一时的小信，不懂得古今大义之人。有见识的人只会讥讽他们，正是《论语》所谓的"好信不好学，其蔽也贼"，不正是取凶之道吗？

䷽ 小过 艮下震上

【解义】

小过四阴二阳，阴过之卦。易贵阳贱阴，二阴函四阳为大过，四阴函二阳为小过。阳虽过，而二五得中，其势进而有为，故有攸往之象。小过阴柔居中，阳刚失位，故可小事而不可大事，利在居贞而已。夫处小过之时，贵于辞尊而居卑，勇退而不进，此二五所以得柔中之应。而三四不当位，以阳刚处之，惟在慎防以免患也。初六阴之始进，上六阴过之极，以小才而有躁动之失，不能下而上，至于亢极，宜其凶灾之洊至矣。君子惟谨其在我之所得为者，于寻常之事，过于周防，而不敢为非分之举，此所谓过以得中也。方诸箕子之明夷，文王之用晦，其得小过之义者乎。

【白话】

小过卦有四个阴爻，两个阳爻，为阴爻过之之卦。易理贵阳贱阴，所以两个阴爻函括四个阳爻为大过，四个阴爻函括两个阳爻为小过。大过卦虽说阳爻过盛，但二爻与五爻得中，其势进而有为，所以卦辞说“利有攸往”。小过卦则是柔爻居于上下卦中间，阳刚失位，所以爻辞说“可小事，不可大事”，应该居贞守正。处在小过卦的时势之中，以辞尊居卑为贵，宜退不宜进，所以六二与六五能够以柔中之德彼此相应。三爻与四爻皆不当位，以阳刚处之，唯有慎防，以避免祸患。初六乃阴爻始进，上六为阴爻过极，它们的共同点都是躁动，并且能上不能下，以至于亢进至极点，理应凶灾不断。君子唯有谨慎戒惧，哪怕是寻常之事，也要周密防范，哪怕防范过度，也不能有任何非分之举，也就是以过求中。箕子之“明夷”，文王之“用晦”，是不是都很契合小过卦的内涵呢？

小过：亨利贞。可小事，不可大事。飞鸟遗之音，不宜上，宜下，大吉。

【解义】

此卦艮下震上，卦中四阴二阳，阳为大，阴为小，阴多于阳，小者过也，故名小过。卦辞言，处小过之道，当安分以守正也。飞鸟遗音，是轻举留音，无甚大过之象。

文王系小过彖辞曰：小过以阴过乎阳为义，其在人也，才不足而守有余，就其作为，于人无所逆，于事无所拂，有可以得亨者。然必不自恃其可亨，惟安守分义，不失当然之贞，乃为利耳。其利贞何如？如寻常之事，无甚艰虞，吾之才分所能为而量力为之，则可。如事关国家，举动非常，吾之才分所不能为而强为之，则不可。即所谓小事亦须收敛退让，不居亢而居卑，若飞鸟遗音，下而不上者然。盖不宜夸张而凌上，但宜谦抑而处下也。凡此皆小过之贞，可长保其亨而大吉矣。

按：《易》止阴阳二义，阳过乎阴为大过，阴过乎阳为小过。《易》于大过许其利往，然刚中而必巽悦乃亨。以小心用其大才，斯无不亨也，况处小过者乎？阴柔过胜，才小而心愈欲小，故亨必利贞，不贞则不亨也。若力小而任大，德薄而上人，未有不失其贞而获戾者。圣人致戒于阴之过深矣。

【白话】

此卦的下卦为艮卦，上卦为震卦，全卦有四个阴爻两个阳爻，根据易理，阳大阴小，此卦阴爻多于阳爻，小者过于大者，所以叫作小过卦。卦辞的意思是说，处小过之道，在于安分守正。飞鸟遗音，乃轻举留音、无甚大过之象。

文王所系的小过卦的卦辞说：小过卦以阴过于阳为义，具体到个人，就是说才德虽然不足，但是自守有余，其所作所为，不违背人情事理，所以能够亨通。然而绝不仗恃其可以亨通，肆意妄为，唯有安守分义，不失贞正，方为有利。卦辞所谓的“利贞”，具体是指什么呢？如果是寻常之事，不太艰难，自己的才德又能够胜任，就可以量力而为。如果是国家大事，举动非常，自己的才德不能胜任，也不在其位，就不能勉强。即便是卦辞所谓的“小事”，也必须收敛退让，离亢居卑，如同飞鸟遗音，下而不上。绝不能夸张凌上，应该尽量地谦抑处下。凡此种种，都是小过之“贞”的内涵，有助于长保其亨，大吉大利。

按：《易经》说到底，只有阴阳二义，阳过于阴为大过，阴过于阳为小过。大过之时，圣人许其利往，但必须在持守刚中之德的基础上，巽顺悦从，方能得亨。以小心用其大才，方能无所不亨，更何况处在小过之时呢？阴柔过剩，才小格局也小，所以亨通必须以贞正为前提，不贞便无法亨通。如果力小而任大，德薄而居尊，就没有不失贞而获戾的先例。圣人对阴爻的警戒可谓至深。

《彖》曰：小过，小者过而亨也。过以利贞，与时行也。柔得中，是以小事吉也。刚失位而不中，是以不可大事也。有飞鸟之象焉，飞鸟遗之音，不宜上宜下，大吉。上逆而下顺也。

【解义】

此《彖传》，是释小过彖辞，言因时而不失其正，处小过之要道也。柔得中，指二、五。刚失位，指三、四。

孔子释小过彖辞曰：卦名小过，以卦体阴过于阳，是小者过也。以义言之，小心过甚，无轻举妄动之失，即可以是而得亨也。然必利于贞者，以小过之时，必量力安分，谨密周畏之独至，与时偕行，始得贞而为利也。时行何如？以二五爻言之，柔而得中，柔非干理之才，本不足以任事，幸其得中，则善用其柔，不至于因循废弃，尚可以处小事，胜任而得吉也。以三四爻言之，刚失位而不中，刚固有图大之才，但失位则无权，不中则累德，不能善用其刚，而鲜弘济时艰之署，安可任大事而有为乎？且以卦体言之，内实外虚，有飞鸟之象。有其象则当思其义，卦辞所谓“飞鸟遗音，不宜上，宜下，大吉”者，正以小过之时，若处于骄亢，而有上人之心，则拂于时，为逆；安于卑逊，而有下人之心，则协于时，为顺。惟上逆而下顺，所以不宜上，宜下，必与时行，之为贞也。能与时行，有不得亨而吉者乎？

按：小过利贞，而释之曰与时行者，盖违时则中者亦过，适时则过者乃中。故可小而不可大，宜下而不宜上。此即君子时中之学乎！若小人者，不安于小而妄欲居上，所谓无忌惮而反中庸者是也。圣人于小过之时，丁宁反复，所以勉君子而警小人，无所不至矣。

【白话】

《彖传》是对小过卦卦辞的解释，意思是说顺时而不失其正，就是应对小过之时的要道。柔得中，指二爻与五爻。刚失位，指三爻与四爻。

孔子解释小过卦的彖辞说：卦名叫作小过，是因为就卦体而言，阴爻胜过阳爻，阳大阴小，而小者过之。就义理而言，小心过度，不轻举妄动，就可以达致亨通。而所谓“利贞”，意思是说处在小过卦的大环境中，必须量力而行，安分守己，谨慎周密，与时偕行，方可有利。“时行”又是指什么呢？就二爻与五爻而言，它们的共同点是柔而得中，柔非干事之才，本不足以任事，幸好它们得中，得中则能善用其柔，不至于因循废弃，尚可以胜任小事，从而得吉。就三爻与四爻而言，虽然它们都是刚爻，具备图大之才，但它们一个失位，一个不中，失位则无权，不中则累德，所以不能善用其刚，也缺乏匡济时艰的大略，又怎么可以任大事而有为呢？而且就卦体而言，它整体是个内实外虚之卦，有飞鸟之象。以其象，思其义，可知卦辞所谓的“飞鸟遗音，不宜上，宜下，大吉”，正是因为小过之时，如果内心骄亢，必欲上人，就会拂时逆理；如果安于卑逊，能谦虚下人，就合时顺理。既然上逆而下顺，所以卦辞说“不宜上，宜下”。唯有顺时而行，方可得贞。既然能顺时而行，又怎么可能不亨通、不吉祥呢？

按：卦辞说小过“利贞”，彖辞把它解释成“时行”，主要是因为违时的话，中也会过；适时的话，过也会中。所以处在小过卦的大环境中，可小不可大，宜下不宜上。这正是君子倡导的“时中之学”吧！如果是小人，便不能安分守己，总是妄图居上，这正是圣人所批评的“无忌惮”而又“反中庸”者。圣人通过小过卦反复丁宁，也正是为了勉励君子，警戒小人，无所不至，无所不包。

《象》曰：山上有雷，小过，君子以行过乎恭，丧过乎哀，用过乎俭。

【解义】

此《象传》，言君子体小过之义，善用其过而趋于正也。

孔子释小过象曰：山上有雷，声离于地而未升于天，小过之象也。君子体之，以时当小过，岂能居高图大，务为惊世骇俗之事？就一身之中，日用常行，无关于天下国家者，皆小也，皆其可以过者也。如行己易傲，宁过乎恭，而但不至于足恭；居丧多易，宁过乎哀，而但不至于灭性；制用患奢，宁过乎俭，而但不至于失礼。此皆小事而宜下，总见慎小之意多，而张大之心少，是过得其正，而不为过矣。

按：时当小过，世道日漓，所贵补偏救弊，矫不正以归于正。此恭哀俭三者，有举趾高之莫敖，正考父矫之以伛偻；有短丧之宰予，高柴矫之以泣血；有三归反坫之管仲，晏子矫之以敝裘。所以励人心，而维风俗，有所为而为之，其亦因时制宜，善体小过之义乎。

【白话】

《象传》的意思是说，君子体悟小过卦的内涵，能善用其过，并渐趋于正。

孔子解释小过卦的大象说：山上有雷，声离于地而未升于天，这就是小过卦的大象。君子体悟小过卦的大象，深知处在小过卦的大环境中，岂可居高图大，惊世骇俗？简单来说，一身之中，日用常行，与天下大事无关者，都是小事，都可以稍稍过之。比如立身易傲，宁可过于恭谨，也不要有丝毫不恭；居丧多易，宁可过于哀伤，也不要让人觉得灭绝人性；制用患奢，宁可过于俭省，也不要违制逾礼。凡此种种，都是卦辞“可小事”与“宜下”的具体表现，总的来说就是多些谨慎小心，少些张大夸耀，因为过于遵循正道，有过也不为过。

按：处在小过之时，世道日渐浇漓，应以补偏救弊为贵，使不正者重归于正。上面提到了恭、哀、俭之道，历史上都有正反两方面的经典案例。比如楚国的莫敖屈瑕因为骄傲自大战败自杀，宋国的正考父贵为帝室之胄，官拜上卿，却恭谨至极，诚惶诚恐。有提议“短丧”的宰予，也有“泣血”三年的高柴；有被“三归”玷污的管仲，也有以节俭著称的晏子。后者之所以能激励人心，维护风俗，有所作为，都是因为能因时制宜，善于体悟小过卦的内涵。

初六：飞鸟以凶。

《象》曰：飞鸟以凶，不可如何也。

【解义】

此一爻为举动躁妄、不宜上而上者示戒也。以凶，谓以飞致凶也。

周公系小过初爻曰：小过之时，凡事宜收敛处下。初六阴柔，上应九四，以躁易之性，喜应助之力，志满气扬，不安于下。欲进而妄邀非分，震动一时，如飞鸟然。鸟本在下，飞则上而不下，违时逆理，以此招尤取败，凶所自致，不亦宜乎？

孔子释初象曰：凡人凶害，未有不可救止者。如初六，不安其分，居下而欲上。凭势作威，孽自己作，凶之至也，莫可救解，亦无如之何矣！此圣人致戒之深，谓其宜下反上，不能处小过而贞也。

按：叔季之世，小人凭借声援，得时用事，相与倾危国家。逮天下既被其患，而身家之祸败亦随之。此初六之凶，所以莫可如何也。人君知此，当制之于始，不使势重难反，则可无尾大之忧，与凌上之祸矣。

【白话】

这个爻的宗旨，是警戒那些举动躁妄、不宜上却执意向上之人。以凶，以飞致凶之意。

周公所系的小过卦初爻爻辞的意思是说：小过之时，凡事都应该收敛处下。初六是个柔爻，上九阳刚的九四，其性躁妄，又有妄动的助力，于是志满气扬，不安于下。妄图升进，以求非分之想，名震一时，如同飞鸟一般。而鸟本来在地面上，飞则上而不下，违时逆理，从而招尤取败，导致凶祸，不也是应该的吗？

孔子解释初爻的小象说：很多凶害，都可以救止。但像初六那样，不安其分，居下欲上，仗势作威，造下凶孽，难以解救，谁都无可奈何！因此，对于初六宜下反上，处小过之时而不能贞的情况，圣人给予了深深地训诫。

按：乱世之时，小人往往凭借声援，得时用事，共同侵害国家。等天下千疮百孔，小人的祸患也随之而来。这正是初六的凶祸圣人也无可奈何的原因。君王若懂得其中的道理，就应该及早限制小人，而不至于积重难返，尾大不掉，也就不会有以下凌上之祸了。

六二：过其祖，遇其妣；不及其君，遇其臣。无咎。

《象》曰：不及其君，臣不可过也。

【解义】

此一爻言纯臣守分以事君，得小过之贞也。三四阳爻，皆居二之上，有祖之象。五阴爻，有妣之象。相过之谓过，凌逼之谓及，适相当之谓遇。

周公系小过二爻曰：六二以柔居中，纯德之臣也。其进而事君，循理守分，克骄亢之心，秉恭顺之节。过三四而遇六五，是去阳而就阴，去亢而从顺。以象言之，犹过其祖，遇其妣也。如此则不敢凌迫其君，居下处顺，适得为臣之分。以义言之，是不及其君，而遇其臣也。不疑不忌，何咎之有？

孔子释二象曰：六二之不及其君者，岂才力有不足乎？人臣之分，固不可稍过乎君。臣而过君，小则专恣而不敬，大则僭越而不忠，有断断不可者。惟不可过，所以不及。二之能免于咎者，其以此欤！

按：司马光曰："君臣之分，犹天地之不可易。""然后上下相保，而国治安。"王风既降，君弱臣强，如鲁三家，晋六卿之类，蔑弃名分，骎骎乎有及其君之势，罪莫大焉。圣人于小过二爻，特申之以大义，曰"臣不可过"，所以立纲常之准，为万世之防。其犹《春秋》尊王之义乎。知其不可过而不过，此六二之柔中为能恪守臣道，而不失其贞也。

【白话】

这个爻的意思是说，二爻能恪守为臣之道，忠君事上，契合小过卦的贞道。三爻与四爻都是阳爻，又都在二爻之上，有祖之象。五爻为阴爻，有妣之象。超越叫作"过"，凌逼叫作"及"，匹配适当叫作"遇"。

周公所系的小过卦二爻爻辞的意思是说：六二以柔居中，好比纯德之臣。其上事君王，循理守分，能克骄亢之心，也能秉恭顺之节。它超越三爻与四爻，与六五相遇，就是去阳就阴，去亢从顺之象。以象言之，犹如过其祖，遇其妣。这样一来，它就不会凌迫君王，居下处顺，从而安守为臣之分。以义言之，便是"不及其君，遇其臣"。它不疑不忌，何咎之有？

孔子解释二爻的小象说：六二"不及其君"，难道是因为才力不足吗？为人臣者，应该安守本分，不可稍过其君。否则的话，小则专恣而不敬，大则僭越而不忠，断断不可。唯有不过，才不至于凌迫君王。二爻之所以无咎，原因就在这里。

按：司马光说过："君臣之分，犹天地之不可易。""然后上下相保，而国治安。"王风降格，君弱臣强，诸如鲁国的三家，晋国的六卿之类，无视名分，急欲凌迫其君，罪莫大焉。所以圣人于小过卦的二爻，强调君臣大义，直言"臣不可过也"，以便立纲常之准，为万世之防。好比《春秋》一再强调的尊王之义。知其不可过而不过，这正是二爻的柔中之德的外显，说到底，就是恪守臣道，而不失其贞。

九三：弗过防之，从或戕之，凶。

《象》曰：从或戕之，凶如何也。

【解义】

此一爻见君子之防小人，不可不过为之虑也。

周公系小过三爻曰：凡事不可太过，独防小人之心，不可不过。九三以阳刚之德，失位不中，时当阴过，正众阴之所欲害者也。若自恃其刚，逞其才力，谓可制之有余，不深思远虑，过为之防，小人从此乘间而入，为所中伤，致有意外之虞。大则患及于国，小则危及其身，凶可知矣。

孔子释三象曰：天下事，唯有备可以无患。今三无防患之术，则戕害之者，乘其无备，出于意表。始既莫知所自来，终又莫究所底止，其凶之甚也如此，防之容可弗过乎？从来小人之伺君子常密，君子之待小人常疏。汉之陈蕃窦武，相与协谋，剪除群小。惟机事不密，反召祸端。唐之李德裕，君臣契合，近幸潜伏，不知其志欲求逞，一发而遭贬逐。此皆弗过防之故也。圣人于九三，谆谆告戒。盖必立身不败之地，然后天下事可有为耳。

【白话】

这个爻的意思是说，君子防范小人，不得不加倍小心。

周公所系的小过卦三爻爻辞的意思是说：凡事不可太过，唯独在防范小人这件事上，不可不过。九三有阳刚之德，但以阴居阳，过刚不中，又处在阴爻过盛之卦，正是众多阴爻想要加害的对象。如果自恃其刚，徒逞才力，认为控制小人不难，所以不深思熟虑，也不严加防范。小人得以乘间而入，从中作梗，就会导致意外之虞。大则危及其国，小则危及其身，凶祸可想而知。

孔子解释三爻的小象说：天下之事，有备方能无患。如今三爻不作防范，肯定会被小人乘机戕害，远超它的意料之外。既不知道灾祸从哪里来，也不知道怎样才能停止，凶祸甚大，防范能不过度些吗？从古至今，小人窥伺君子都极其严密，君子对待小人却往往疏于防范。汉代的陈蕃与窦武，共同图谋，欲剪除群小。但行事不密，反招祸端。唐代的李德裕，原本君臣契合，但由于宦官作梗，一发而遭到贬逐。这都是因为防范不够严密的原因。所以圣人于九三的爻辞谆谆告诫，因为只有先立于不败之地，天下事方可有为。

九四：无咎。弗过遇之，往厉必戒，勿用永贞。

《象》曰：弗过遇之，位不当也。往厉必戒，终不可长也。

【解义】

此一爻言，当善用其刚，随时合宜，而不失其中也。

周公系小过四爻曰：九四当过之时，刚而不中，宜有咎矣。然能以刚处柔，宁过于柔而为恭，弗过于刚而为傲。适合乎处过之宜，为弗过遇之之象，所以无咎者在此。若使任刚而往，则躁进而任事或疏，用壮而去邪过激，是过于刚矣。故有厉而当戒。所以然者，亦其时适当然耳。如因戒往厉，专于用柔，则将柔过而废矣。故又勿用永守以为贞，但当斟酌时宜，善用其刚，以求合乎中，则处过之善道也。

孔子释四象曰：四之弗过遇之者，惟其以刚居柔而不当位。虽不中，可以求中，所以弗过于刚而适合其宜也。若往厉必戒，往则过刚失中，终至于败，岂久长之道乎？

按：刚柔贵于得中。九四所居之位，有中道焉。然当群阴用事，以君子处小人之间，进而图功，则为所倾陷。退而守道，亦不免孤危。进退行藏之际，岌岌乎难言之矣。惟审机观变，动与时行，则刚柔并用，可以守中而不过。此四之所以无咎也。

【白话】

这个爻的意思是说，君子要善用其刚，随时合宜，而不失其中。

周公所系的小过卦四爻爻辞的意思是说：九四处在小过之时，刚而不中，理应有咎。好在它以刚处柔，凡事宁可过柔过恭，绝不过刚过傲。这种态度很适合应对小过之时，为“弗过遇之”之象，所以会无咎。如若任性使气，刚强以往，就会失之于躁进，用壮而过激，也就是过刚，所以爻辞说“往厉必戒”。之所以如此，也是因为这样做符合时势。但如果因此专于用柔，就会因为过柔而废。所以爻辞又说“勿用永贞”，也就是斟酌时宜，善用其刚，以求合乎中道，这才是处过的善道。

孔子解释四爻的小象说：四爻所谓的“弗过遇之”，主要是因为它以刚居柔，并不当位。它也不得中，但是可以求中，说白了就是不过于刚强，适合其宜，恰到好处。否则的话，必然过刚失中，终至于败，又岂是久长之道呢？

按：刚与柔，都贵在得中。九四以阳居阴，有中道之象。然而处在群阴用事之时，它又以君子处在小人之间，有心图功，必然深陷其中。退而守道，也不免被孤立而危亡。进退行藏之际，处处危险，处处艰难。唯有审机观变，与时偕行，方能刚柔并用，守中不过。这是四爻之所以无咎的原因所在。

六五：密云不雨，自我西郊，公弋取彼在穴。

《象》曰：密云不雨，已上也。

【解义】

此一爻为居高无助，不能有为者戒也。在穴，阴象，指六二。已上，过上也。

周公系小过五爻曰：六五以柔而中，其才仅可小事，乃居尊任大。又当阴过之时，优柔寡断，不能大有所为，以沛泽于民。如云自西郊，虽密而不雨之象。是在己固不能为矣。为五计者，或得刚阳之佐，扶持兴起，代君泽民，则不雨者犹可雨也，乃弋取者。又六二之阴柔，以无能之臣，辅不振之君，安能相助为理，以图天下之事乎？

孔子释五象曰：密云不雨之故，六五才弱，而乃居尊过高，不能虚己下贤以求辅，则膏泽屯而不下，安望其有济乎？所处已上，不能有为者也。

按：小过之二《象》曰“臣不可过”，其在六五曰“已上”，是不特臣不可过，即君亦不可过也。若君处于太高，则上下睽隔，必至下情蔽而不上通，上恩壅而不下达。天下之患，莫大于是矣。故君道则天而下济，佐理得人，则民隐周知而泽可下究。《记》曰：“天降时雨，山川出云。”言得贤辅佐之义也。五之不雨，殆可反观而自见矣。

【白话】

这个爻的宗旨，是警戒那些居高无助，不能有为之人。在穴，阴暗之象，指六二。已上，过上之意。

周公所系的小过卦五爻爻辞的意思是说：六五以柔得中，说明才能有限，只可任小事，不可居尊任大。加之它处在阴爻过盛之时，以其优柔寡断之性，不能大有所为，广泽于民，这就是“密云不雨，自我西郊”之象。在自己不能有所作为的情况下，为五爻计，就应该扶持下面的刚爻，以为辅助，代君泽民，这样一来，无雨也可以有雨，这就是爻辞所谓的“弋取”。可惜的是，六二也是个阴爻，好比以无能之臣，辅不振之君，安能相互助益，以图天下之事呢？

孔子解释五爻的小象说：五爻之所以“密云不雨”，主要是因为它质柔才弱，又居尊过高，所以不能虚己下贤，以为辅助。膏泽囤积不下，又怎么能指望在下者的匡济呢？正因为它所处过高，所以不能有为。

按：小过卦二爻的小象说“臣不可过也”，五爻的小象则说“已上也”，意思是说，不仅为人臣者不可过，君王也不可过。君王若是居处太高，就会上下睽隔，使下情不能上通，而君恩不可下达。天下之患，莫大于此。所以君王必须效法天道，如甘霖泽济万物，从而在泽及万民的同时，深入民心，而君恩不至于无法下达。《礼记》有言：“天降时雨，山川出云。”说的就是得贤辅佐之义。五爻“密云不雨”，正应该反观自省。

上六：弗遇过之，飞鸟离之，凶，是谓灾眚。

《象》曰：弗遇过之，已亢也。

【解义】

此一爻明亢非小过之宜，极言其凶以示儆也。离，过之远也。

周公系小过上爻曰：上六柔而过中，处极过之时，又居动体之上。凡事率意妄行，弗合乎宜。违理过常，如飞鸟宜下，离之而远去，则过高已甚，一蹶而不可救矣。以此致凶，天人交忌，灾眚不期而至，皆上所自取，非出于不幸也。

孔子释上象曰：当过之时，宜下不宜上者也。亢且不可，况至于过亢乎？上之弗遇过之者，由其已亢而不能下，所以犯上逆之戒，而致天人之忌，凶莫甚于此矣。

按：小过初爻从下而上，言凶之始；上爻已上而亢，言凶之终。甚言小人在上，乘时负势，酿祸作灾，不独凶在一身，亦且毒流天下。故凡灾眚之来，如水旱凶荒，日食星变，山崩地震之类。自天降者，数犹可逭。惟小人之凶，孽由人作，是谓灾眚，不可幸而免也。圣人言之切，虑之深，总见处过者任小而不可大，居下而不宜上，能与时偕行，尚何凶之有哉！

【白话】

这个爻的宗旨，是为了申明小过之时不宜亢高，否则极其凶险。离，过之太远。

周公所系的小过卦上爻爻辞的意思是说：上六是柔爻，不得中道，处在小过卦的终极之处，又位于上卦震动之卦的最上面一爻，凡事率性而为，恣意妄行，不合时宜。其违理过常，如同飞鸟本来宜下，却离而远去，因此过高难下，无法挽救。以此致凶，则天人交忌，灾祸会不期而至，但这都是它咎由自取，而不是所谓不幸。

孔子解释上爻的小象说：处在小过之时，宜下不宜上。高亢尚且不可，何况过于高亢呢？上爻“弗遇过之”，是由于它自己亢而难下，因此逆天违理，天人交忌，凶莫大焉。

按：小过卦的初爻是从下向上发展的最初阶段，意思是凶祸自此开始；小过卦的上爻则穷极而亢，意思是以凶而终。而且它作为小人却高高在上，乘时负势而酿祸作灾，不独自己有凶，而且毒流天下。如果是天降灾难，如水旱凶荒，日食星变，山崩地震之类，尚可以补救，但小人之凶乃是人为，这种灾眚不可幸免。圣人言深意切，谋虑广远，总的来说就是让人在应对小过之时，任小而不可大，居下而不宜上，如果真能与时偕行，哪里还有什么凶祸！

䷾ 既济 离下坎上

【解义】

既济，水火相交，各当其用，天下万事已济之时也。而卦爻之辞，皆有警戒之意，正以安不忘危，乃持盈经久之至计。盖既济虽非有患之时，而患每生于既济之后也。初之曳轮濡尾，则可保无咎。二五虽相应，而不能下交以取益，则盛极而衰之渐矣。三阳刚而有动众之虑，四居柔以远患为亟。至上六怀亢满之志，有入险之势，载胥及溺，既济可常保乎？盖天下之理，时过则衰，日盈则昃，月盈则亏。牙孽萌生，多伏于丰亨豫大之会。故天地交而为泰，而有无平不陂之占。水火交而为既济，而有初吉终乱之戒。圣人之垂训切矣。

【白话】

既济，指的是水火相交，各当其用，天下万事已经得济之时。但卦辞爻辞都有警戒之意，目的是让人居安思危，持盈经久。因为既济之时，虽然无患，但祸患每每生于既济之后。初爻因为“曳其轮，濡其尾”，可保无咎。二爻与五爻虽然是正应，但不能损上益下，已渐成盛极而衰之势。三爻刚强，但有动众伐国之虑。四爻以柔居柔，无法自安，时刻以远患为虑。上六心志亢满，有心涉险，难保不被险难吞没，又怎么能长保既济呢？总的来说，天下之理，时过则衰，日盈则昃，月盈则亏。邪恶与罪孽，往往萌生于丰亨豫大之时。所以就算天地相交的泰卦，也有“无平不陂”的爻辞。而水火相交的既济卦，也有“初吉终乱”的卦辞。圣人的垂训可谓深切。

既济：亨小，利贞。初吉终乱。

【解义】

此卦离下坎上，水火相交，各得其用。六爻之位，各得其正，故名既济。卦辞言保济之道，当慎终如始，而固守其贞也。

文王系既济彖辞曰：既济以治定功成为义。当斯时也，君明臣良，同心协力，处置咸宜，而事无不济矣。但时当既济，则盛极将衰，虽处承平之会，常有不测之虞。其为亨已小，岂不可畏？保济者，正宜存心戒惧，祗畏以敬天，省惕以勤民，固守其贞，方为利耳。所以然者，当济之初，多以谨畏而得吉。及济之终，多以慢易而致乱。始忧勤而终逸乐，人情类然。此保吉弭乱之所以必利于贞乎！

按：水火交而为既济，犹之天地交而成泰也。泰极则否，既济之反为未济。盖一治一乱，天运之常，而所以制其治乱者，实由人事也。三代以后，贞观之治，号称极盛。然魏征之告太宗，莫切于十思十渐，不以内外治安为喜，而以居安思危为戒。其于治乱危微之机，虑其不克终者，筹之熟矣。图治者，所当三致意焉。

【白话】

此卦的下卦为离为火，上卦为坎为水，水火相交，各得其用，六个爻的爻位也都很正，所以叫作既济卦。卦辞的意思是说，想长保既济，应当慎终如始，固守其贞。

文王所系的既济卦的卦辞说："既济"的意思是治定功成。当此际，君明臣良，同心协力，处置咸宜，事无不济。但既济之时，也是盛极将衰之时，虽然天下还算太平，但常有不测之虞。卦辞说"亨小"，难道还不足以让人畏惧吗？想长保既济，就应该心存戒惧，敬畏上天，惕厉自儆，固守其贞，方可有利。之所以如此，是因为在既济之初，往往是因为谨畏才能收获吉祥。而在既济卦的终了，又往往因为慢易而导致祸乱。始于忧勤而终于逸乐，符合人性。这也正是保吉弭乱必须以"利贞"为前提的原因所在！

按：水火相交，构成了既济卦，犹如天地相交构成了泰卦。泰极则否，既济发展下去就是未济。总的来说，治与乱乃是天运之常，但如何兴治和治乱，取决于人事。三代以后，以"贞观之治"最为著称，号称极盛。然而魏征对唐太宗的建议中，以《十思疏》和《十渐疏》为最切，总的来说，就是不要以内治外安为喜，而要以居安思危为戒。魏征对治乱兴衰之间的微妙征兆可谓明察，对如何克终善终则更加深谋远虑。所有励精图治之人，都应该再三致意。

《彖》曰：既济，亨，小者亨也。利贞，刚柔正而位当也。初吉，柔得中也。终止则乱，其道穷也。

【解义】

此《彖传》，是释既济彖辞，勉守正而戒止心，所以通济道之穷也。济下疑脱小字。刚正，谓初三五。柔正，谓二四上。初吉，指六二。

孔子释既济彖辞曰：时当既济，治定功成，丰亨之盛已过，而衰微之兆将开，其所为亨亦仅得其小者耳。然非守之以贞，虽小亨，岂易保乎？故辞言利贞者，卦之六爻，初三五以阳居阳，是刚得其正，而当乎刚之位。二四上以阴居阴，是柔得其正，而当乎柔之位。刚柔正而当本位，则刚能励精以图治，而不好大以生事；柔能持重以固守，而不因循以滋弊。保济之所贵乎贞也如此。其初之得吉，以六二当济之初，柔顺得中，柔则敬慎而不渝，中则善用其柔而不过，有谨畏之小心，无废弛之失事。济道方兴而得吉宜矣。至终之所以乱者，非终自为乱也。当既济之终，人皆有苟且安止之心，则始之忧勤渐衰，终之怠荒日起，将百度俱废，莫可支持，乱之所由生也。使人无止心，乱安从生？此济道之穷，人所自取，可不以利贞为兢兢乎？

按：既济之时，刚柔各正其位，极治之象也。然济之初吉，不取刚正而取柔中，何也？柔中则持盈戒满，任人守法，不事躁妄更张，而又非因循而止，故事治功成，自可久而不乱。若止则过柔而非中，一切不为，有良法而不能守，有正人而不知用。道穷则乱，所当深戒矣。

【白话】

《彖传》是对既济卦的卦辞的解释，目的是勉励守正之心，同时以止步不前为戒，从而使既济之道亨通不穷。“既济”二字后面，似乎丢失了一个“小”字。刚正，指初爻、三爻与五爻。柔正，指二爻四爻与上爻。初吉，指六二。

孔子解释既济卦的彖辞说：处在既济之时，已然治定功成，但丰亨之盛已过，而衰微之兆将开，所以属于它的亨通只能是小的亨通。然而不能守贞持正，即便是小亨，又岂是容易保有的？而卦辞所谓的“利贞”，具体说来是指既济卦的六个爻，初爻、三爻与五爻都是以阳居阳，以刚居刚，非常当位；同时，它的二爻、四爻与上爻都是以阴居阴，以柔居柔，也非常当位。刚爻与柔爻皆正其位，则刚能励精图治，而又不好大生事，柔则能持重固守，又不会因循滋弊。保济之道贵在“利贞”，其原因就在这里。卦辞所谓的“初吉”，主要是就下卦的六二而言，它不仅处在既济卦的初始阶段，而且以柔居柔，居中得正，柔则敬慎不渝，中则善用其柔而不过柔，所以凡事谨慎小心，不至于废弛。因此，在既济卦的初始阶段收获吉祥，也是应该的。至于卦辞所谓的“终乱”，不是说一定要以乱为终的意思。而是说处在既济卦的终了阶段，人人皆有苟且安止之心，因此忧勤渐衰，怠荒日起，百度俱废，无法支撑，乱象丛生。如果没有苟且安止之心，乱从何来？既济卦终了阶段的困穷，是人咎由自取所致，能不持贞守正，兢兢业业吗？

按：既济之时，刚爻与柔爻尽皆正位，有天下极治之象。然而既济卦卦辞所谓的“初吉”，不取刚正的九五，而取柔中的六二，原因何在？这是因为柔顺并奉行中道，就能持盈戒满，任人守法，做事不急躁，不妄动，但又不会因循守旧，止步不前，所以能长保既济之道久而不乱。如果止步不前，则是过柔，而不是中道，一味地因循，有良法亦不能守，有正人亦不能用。道穷则乱，所以应当深以为戒。

《象》曰：水在火上，既济，君子以思患而豫防之。

【解义】

此《象传》，见防患不可不豫，君子所以善体济也。

孔子释既济象曰：此卦坎水居离火之上，水能润下，火能炎上，相交而各得其用，既济之象也，君子体之以保济。时方未有患也，常恐患生于所忽，每隐而不及觉，故贵用思，思以善其终也。又恐患生于所伏，一发而不及持，故贵用防，防以谨其始也。彻始彻终，反复紬绎，既虑其患于未形，又严其备于未至，则虽患至而有弭患之道，济可长保而无虞矣。从来国家之患，常由于已治已安，《书》曰："儆戒无虞，罔失法度。"《记》曰："禁于未发之谓豫。"古帝王制治保邦，未有不深思远虑，防患于未然。如成汤之危惧，大禹之克勤是也。叔世之君，每恃其富盛而不谨于几微，遂驯致于祸乱而不可救。如唐之明皇，宋之徽宗是也。孰得孰失，有国者可不为殷鉴乎！

【白话】

《象传》的意思是说，一定要预防隐患，所以君子善于体会既济卦的内涵。

孔子解释既济卦的大象说：此卦的卦象为坎水居于离火之上，水能润下，火能炎上，所以能水火相交，各得其用，这就是既济卦的大象，君子体悟其中的内涵，方能长保既济。在祸患未生之时，人难免担心因为疏忽而导致的祸患，因为它难以察觉，所以防患的要点在于思患，经常思患，就可以长保既济。又担心祸患隐伏不见，一发而不可收拾，所以要提前预防，并且一开始就应该非常谨慎。慎始慎终，不断调整思虑，既提前思虑，又及早准备，就被祸患难免，也会因为有弭患之道，长保既济，有患无虞。国家的隐患，往往埋伏在极治的表象之下。因此《尚书》有言："儆戒无虞，罔失法度。"《礼记》亦曰："禁于未发之谓豫。"古代的圣明帝王，治世保邦，没有不深思远虑，防患于未然的。危惧的成汤，克勤的大禹，就是最好的榜样。开启衰乱的君王，每每仗恃天下富盛而不谨小慎危，最终导致天下祸乱，无法挽回。唐代的玄宗，宋代的徽宗，就是最好的反面教材。孰得孰失，有国者能不引以为鉴吗？

初九：曳其轮，濡其尾，无咎。

《象》曰：曳其轮，义无咎也。

【解义】

此一爻见能敬慎于始，处于不败之地也。曳轮濡尾，皆在下不前之象。

周公系既济初爻曰：初九当既济之初，刚而得正。刚则有图济之才，正则又慎重周详，不敢轻为躁进。其任事也重，若舆之将进，而自曳其轮，不轻进也；其虑患也深，若狐之将涉，而先濡其尾，不轻涉也。当济之初而谨戒如此，则防患豫图，衅隙不生，岂有终乱之咎乎。

孔子释初象曰：车以轮而行，能自曳之则不亟行矣。今初之任事，长虑却顾，不急于求进，其慎重如此。以义度之，必不至于颠车覆辙，所谓无咎也固宜矣。此可见天下事，莫不成于持重，败于轻躁。当济之初，无大险难，其患尚浅，防之犹不可不慎，况处遗大投艰之日乎。古来英材济事，必以临深履薄，战兢小心为本。才如武侯，克任大事，其所自明之语，不过谨慎而已。其不敢轻于求济，乃能有济也。此初之所以无咎欤！

【白话】

这个爻的意思是说，能敬慎于始，已立于不败之地。曳其轮、濡其尾，皆为在下不前之象。

周公所系的既济卦初爻爻辞的意思是说：初九以刚居刚，得其正位，又位于既济卦的初爻，代表在既济卦的初始阶段，能以刚正自守。刚则有图济之才，正则能审慎周详，不敢轻举躁进。其责任也重，就如同大舆将进，自曳其轮，不可轻进；其思虑也深，如同狐狸过河前，先濡其尾，绝不轻涉。在既济卦的初始阶段能如此谨慎，自然能防灾止患，衅隙不生，又怎么会有终乱之咎呢？

孔子解释初爻的小象说：车子靠车轮前行，能够自曳其轮，就不至于疾行冒进。初爻在任事之初，就能够长远考虑，不急于求进，非常慎重。根据易理，自然不会颠车覆辙，无咎也是应该的。由此可见，天下之事，无不成于持重，败于轻躁。处在既济卦的初始阶段，没有大的险难，隐患尚浅，还如此谨慎地防范，更何况处在遗大投艰之日呢？古往今来，凡英才济事，必然战战兢兢，如履薄冰，以小心为本。即便像诸葛武侯那样的大才，克任大事，其自我表白之语，不过“谨慎”二字。不敢轻率求济，方能有济，这正是初爻之所以无咎的原因所在！

六二：妇丧其茀，勿逐，七日得。

《象》曰：七日得，以中道也。

【解义】

此一爻见守中以待时，方成保济之功也。茀，妇车之蔽。七日得，是阴阳之数穷于六，七则变而可通也。

周公系既济二爻曰：二以中正上应九五之君，同德相济，宜得君行道矣。但五当济之将终，未免苟止之心生，任贤之意怠。臣不得君无以行道，犹妇丧其茀而失其所行之具也。然为二计者，中正之道，岂容终废？惟待时而动，不汲汲于求行，久当见用，不犹丧茀者勿逐而七日得乎！盖揆之理数，终将得君以行道也。

孔子释二象曰：二之能勿逐而自得，岂无故哉？以其得中道，则济时之任有舍二不能者。数穷理极，久而必合，所以七日得也，又何事于逐而后能得乎！从来济世之君子，怀才抱德，不先时而动，不后时而废，以进退从违之机，在我而不在人也。故畎亩乐道而任天下之重，岩野旁求而成济川之功。下固可以无求于上，上且不得不有求于下。此主持济运者，尤当下贤礼士，用正人以行良法，庶可保吉而不至于终乱矣。

【白话】

这个爻的意思是说，二爻能守持中道，静待时机，所以能成就保济之功。茀，女子的车蔽。七日得，因为阴阳之数穷于六，至七则变，变则可通。

周公所系的既济卦二爻爻辞的意思是说：六二以阴居阴，既中且正，且上应君爻九五，彼此同德相济，理应得君行道。但九五处在既济卦即将终了的位置，未免心生苟且，怠慢贤才。臣不得君，则无以行道，恰如“妇丧其茀”，无法成行。但为二爻考虑，它所奉行的中正之道，岂容偏废？唯有待时而动，不急于成行，时间到了自然会被任用，岂不正像爻辞所说的那样，“妇丧其茀，勿逐，七日得”吗？揆之于理，也应该最终得君行道。

孔子解释二爻的小象说：二爻能够“勿逐”而自得，难道没有原因吗？其实是因为它居中，得了中道，济时之任非它莫属。数穷理极，合久必分，久而必合，所以爻辞说“七日得”。谁说非得要追逐才能够获得呢？济世的君子，从来都是怀才抱德，既不先时而动，也不后时而废，进退从违，皆掌控在自己手中。所以安然乐道却能任天下之重，僻处荒野而能成济川之功。在下者其实可以无求，而在上者绝不可以。因此主持时局之人，尤其应该礼贤下士，用正人，行良法，差不多就可以长保吉祥，而不至于终乱了。

九三：高宗伐鬼方，三年克之。小人勿用。

《象》曰：三年克之，惫也。

【解义】

此一爻言，兵不可轻动，当以择人为要也。鬼方，北方幽远小国。惫，困也。

周公系既济三爻曰：三以刚居刚，当济之时，与上为应，内治将终，而或勤于远畧，以诛罚不庭。然险陷在前，难以骤克，有高宗伐鬼方至三年方克之象。夫以高宗之贤主，伐鬼方之小国，劳民动众，迟之又久，其用兵之难如此。若任用小人，轻启兵端，志在逞威挟忿，残民肆欲，其患可胜言乎？故小人必在所勿用也。

孔子释三象曰：伐必三年后克者，则师老财匮，亦已惫甚也。兵可轻举乎？

按：时当既济之后，承平日久，启多事之端于无事之日，舍内治而召外衅，皆小人为之也。隋末之经畧西域，始于裴矩；前宋之谋破辽，本于安石。小人开边酿乱，贻害国家，此其较著者矣。故曰：戎寇之祸远，小人之祸近。圣人于用兵之时，每戒以小人勿用。其在师之上六，与既济之九三，具有深意。所以为万世训，岂偶然哉？

【白话】

这个爻的意思是说，战事不可轻动，一定要打仗，当以择人为要。鬼方，北方幽远小国。惫，困。

周公所系的既济卦三爻爻辞的意思是说：三爻以刚居刚，又处在既济之时，与上爻成正应，好比内治将终，可以腾出手来，诛罚不臣之国。然而它的上面就是险陷之卦，难以迅速取得战果，遂有“高宗伐鬼方，三年克之”之象。以高宗这样的贤明之主，讨伐鬼方这样的小国，劳民动众，还需要三年之久，可见用兵之难。如果任用的统帅还是个小人，又轻启兵端，一心逞威挟忿，残民肆欲，接下来的祸患能说得尽吗？所以爻辞说“小人勿用”。

孔子解释三爻的小象说：讨伐邦国，三年方克，自然师老财匮，疲惫至极。兵戎难道可以轻举妄动吗？

按：天下既济之后，承平日久之时，妄启事端，召至外衅的，都是小人所为。隋朝末年，经略西域之事，始于裴矩；北宋中期，图谋破辽之人，出自王安石。小人开边酿乱，贻害国家，以上述二人为代表。所以先哲有言："戎寇之祸远，小人之祸近。"圣人在涉及用兵的卦辞爻辞时，也每每以"小人勿用"为戒。师卦的上六，与既济卦的九三，都是如此。圣人的言论能训导万世，难道是偶然的吗？

六四：繻有衣袽，终日戒。

《象》曰：终日戒，有所疑也。

【解义】

此一爻言，有备患之具，尤当存备患之心也。繻当作濡，舟漏也。袽，敝衣，所以塞舟之罅漏。

周公系既济四爻曰：六四柔而得正，当济之时，小心畏惧，过于敬慎，不恃其久安无事，凡所以拯灾弭乱之术，无不豫备，而其心犹不敢自安也。每患变生于意外，祸发于不虞。防之又防，如乘舟者虑或罅漏濡湿，而豫备衣袽，似可无患矣。犹恐漏至俄顷而不及觉，终日戒惧，罔敢稍懈。盖处过中之会，恐生苟止之心，慎之至也。

孔子释四象曰：四之终日戒者，岂漫为无益之忧哉？其心诚有所疑畏，常恐一息不谨，祸患旋生。虽谋出万全，不敢自信。此戒心之无已，而深于保济者也。

按：既济之世，不有外患，即有内忧。二者皆所当慎防也。然内忧之所伏，每起于外患之既除。若外无蛮方敌国之患，而内有失人败度之忧，则天下之罅漏，莫大于是矣。在昔晋平吴乱，而晋自乱；隋取亡陈，而隋自亡。惟侈然恣肆，苟止偷安，不为终日计也，是安得不豫备而切戒之，如四之拳拳不已者乎？

【白话】

这个爻的意思是说，有了防备祸患的器具，还要有预防祸患的心。"繻"字当作"濡"，舟漏之意。袽，敝衣，用以堵塞舟船的缝隙。

周公所系的既济卦四爻爻辞的意思是说：六四以柔居柔，得其正位，处在既济之时，依然小心畏惧，过于敬慎，不以久安无事为然，但凡是拯灾弭乱之术，无不预备，即便如此，依然不敢自安，总是会忧虑意外之变和不虞之祸。防之又防，恰如乘舟者考虑到可能会漏水，因此预备衣袽，似乎已经可以不必忧虑了。但犹恐舟船漏水，自己无法及时察觉，以至于终日戒惧，不敢稍有懈怠。这主要是因为它的位置在全卦之中已经过半，也就是过中，它唯恐自己生出苟且偷安之心，所以谨慎至极。

孔子解释四爻的小象说：四爻所谓的“终日戒”，难道是无益之忧吗？其实它是发自内心地疑虑并敬畏，常恐一息不谨，祸患旋生。就算谋出万全，也不敢过于自信。它的防范之心毫不懈怠，都是为了长保既济。

按：既济之世，没有外患，就有内忧，二者都应该谨慎防范。然而，内忧往往隐伏在外患决除之时。如果外无敌国之患，却内有失人之忧，天下的漏洞，就没有比这更大的了。昔时晋国平定了吴国之乱后，内部也开始混乱不休；隋朝取代了陈朝，之后隋朝也自取灭亡了。究其原因，都是因为侈然恣肆，苟止偷安，不能慎终如始，所以怎么能不提前预备并时刻保持戒心，就像四爻那样拳拳不已呢？

九五：东邻杀牛，不如西邻之禴祭，实受其福。

《象》曰：东邻杀牛，不如西邻之时也。实受其福，吉大来也。

【解义】

此一爻言，处济者以实不以文，方可得时而保吉也。东邻，阳也，指五。西邻，阴也，指二。杀牛，是盛祭。禴，是薄祭。

周公系既济五爻曰：九五以阳刚中正为济之主，但济道将终，若有一满假之心，未免骄侈易萌，文治有余而实意不足。不如二当初吉，恪守中正之德，文不足而实有余，足以致济而辅五之治。象如东邻杀牛，其祭虽盛，反不如西邻禴祭之薄，而能实受其福也。

孔子释五象曰：东邻之盛，不如西邻之薄者，以其时不同也。二当初吉之时，不务虚文，能乘时图济，有真实受福之具，所以升平之福方来而未艾也。若五当终乱之时，过于侈盛，安可不防维收敛，以保其吉乎？

按：人主当既济之时，坐享盛业，惟诚敬之心为祈天永命之本。若此心一衰，徒事夸张，则治功不进，而倦且止矣，非所以格天心而膺多福也。圣人谆谆垂训，以明济之时，宜畏不宜肆。犹祭之时，在诚不在物。主济者明于此义，可以得时而长保济矣。

【白话】

这个爻的意思是说，处在既济之时，要实在不要浮夸，方能得时而保吉。东邻，阳位，指九五。西邻，阴位，指六二。杀牛，盛祭。禴，薄祭。

周公所系的既济卦五爻爻辞的意思是说：九五以阳居阳，阳刚中正，又位于尊位，并且是既济卦的主爻，只是济道将终，稍有自满自大之心，则骄侈易萌，导致文治有余而实意不足。不如二爻，处在“初吉”的阶段，又恪守中正之德，文治不足而实意有余，足以辅助九五，致君济世。恰如东邻杀牛，祭品虽然丰盛，反不如西邻的薄祭，能够实受其福。

孔子解释五爻的小象说：东邻之盛，不如西邻之薄，是时势不同使然。西邻即二爻，二爻处在“初吉”的阶段，不务虚文，而乘时图济，应该有相应的福报，因此升平之福方来未艾。而东邻即五爻，它处在“终乱”的阶段，过于侈盛，能不防范收敛，以保其吉吗?

按：君王处在既济之时，坐享盛业，唯有以诚敬为本，方能保既济之世。如果心志偏衰，徒事浮夸，非但治功不进，而且倦怠而止，便不足以感格天心，承受其福。圣人谆谆垂训，目的就是为了申明既济之时，应该敬畏，不宜放肆。犹如祭祀之时，关键是心诚，而不是祭祀是否丰盛。主持天下之人能明白此意，便可以得时而长保其济。

上六：濡其首，厉。

《象》曰：濡其首厉，何可久也?

【解义】

此一爻言不能防患以济险，为终乱者致儆也。濡首，谓首尾俱溺。

周公系既济上爻曰：上六居险体之上，当既济之极，乃以阴柔处之，惟务为因循，玩愒偷安，委靡不振，至于末流，将险愈深而乱愈不可治。象犹狐之涉水而濡其首，则身已沈溺，其何能济？此正道穷之日，危可知也。

孔子释上象曰：上之濡首而厉者，盖自恃为济，怠心日胜，不能思患豫防。

一旦患至，而无其备，莫可如何。唯有沦胥及溺而已，岂能久乎？

按：既济六爻，由离明而入坎险。内三爻言已济之事，外三爻言由既济而开未济之渐。可见保济之道，当安不忘危，治益求治，乃为长治久安之道也。至上六，所谓终止则乱，天时人事危微绝续之关，圣人于此不言凶而言厉，正救时之深意。欲人于不可久之中，求可久之道也。如轮台之悔过，兴元之罪己，君子犹有取焉。然乱至而图，不若未乱而防，尤为制治保邦之要道。而处既济之日者，亦可有终无乱矣。

【白话】

这个爻的宗旨，是警戒那些不能防患济险，最终引发了祸乱之人。濡首，首尾俱溺之意。

周公所系的既济卦上爻爻辞的意思是说：上六位于上卦坎险之卦的最上面一爻，同时位于既济卦的终极之处，又是阴爻，好比一味因循，苟且偷安，委靡不振，又身涉险，险愈深，乱愈不可治，如同狐狸涉水，打湿了脑袋，已经淹没了全身，如何能救？这正是日暮途穷之日，危厉可想而知。

孔子解释上爻的小象说：上爻所谓的“濡其首，厉”，主要是因为它仗恃着既济之世，日渐怠惰，而不能不能思患预防。一旦祸患来临，因为毫无准备，所以无可奈何。沉没是早晚的事，又岂能长久？

按：既济卦的六个爻，相继由离明之卦，进入坎险之卦。内卦的三个爻说的都是天下已济之事，外卦的三个爻则逐渐由既济过渡至未济的状态。可见保济之道，在于居安思危，治益求治，这也是天下的长治久安之道。至于上六一爻，正是彖辞所谓的“终止则乱”之爻，正是天时人事危微绝续的关键时刻，圣人之所以不说“凶”，只说“厉”，是为了救时，而不至于使人绝望。说具体点，是想让人在不可久中，求取可久之道。比如汉武帝轮台悔过，唐德宗兴元罪己，都值得君子取法。但祸乱发生了再去图谋，不如提前预防，这才是制治保邦的真正要道，才可以在既济之日有终无乱。

䷿ 未济 坎下离上

【解义】

《易》不终既济，而终未济者，何也？造化之理，无往不复；人事之变，终则有始。既济则功已毕，未济则事复始，有生生之义。生生之谓易，所以终未济也。为卦下坎上离，水火不交，六爻皆不当位，故为未济。然刚柔皆相应，应则阴阳相助，而未济者终于必济，故彖辞言亨。既济，已然之亨也；未济，方来之亨也。然处未济者，必有进作有为之才，慎始持终之力，后能济天下之艰难。初六、六三二爻，皆阴柔失位，一处险之初，一未离乎险，故有凶吝之占。九二刚中，与五相应，为佐济之才。然身在坎中，犹必舒徐审虑，有待而进。九四以刚居柔，刚而不轻用其刚，征伐鬼方三年而后奏绩。盖于未济求济，若斯之难也。六五离明之主，以文明之盛而养之以晦，以精断之智而运之以柔。方且虚其中以照临百官，坚其诚以信任群下，安得不一扫大难为无难之世，一变未济为既济之时乎！至上九之濡首，乃有所陷溺而不能济者。所以于爻终示戒也。总之圣贤之处世，在既济之日，则无时非未济之心；在未济之日，则无时非欲济之念。乾之自强不息，终日干干而夕犹惕若者，由此道也。是故既济未济合而易道终矣。

【白话】

《周易》不以既济卦为终结，而终结于未济卦，原因何在？主要是因为造化之理，无往不复；人事之变，终则有始。既济是功成之卦，未济则是复始之卦，如此安排，有生生不息之义。所谓“生生之谓易”，所以《周易》以未济卦为终结。此卦的下卦为坎为水，上卦为离为火，水性润下，火性炎上，无法相交，六爻也都不当位，所以叫作未济。但此卦的刚爻与柔爻都成正应，从而阴阳交感，彼此助益，未济必然会因此走向既济，所以卦辞说“亨”。结合起来看，既济是已然之亨，未济则是将来之亨。处在未济之时，必须有奋发有为之人，以慎始持终之力，方能济天下之险。此卦的初六与六三，都是阴柔失位之爻，不但以阴居阳，而且一个处在险陷之卦的最下面一爻，另一个也没能出险离难，所以爻辞非“吝”即“凶”。九二以刚居中，与君爻六五相应，好比佐济之才。然而它处在下卦坎险之中，必须徐图详审，择机而进。九四以刚居柔，虽不当位，但刚柔并济，刚而不轻用其刚，因此征伐鬼方三年，最终功成有赏。总而言之，于未济之时求济，这样这么艰难。六五则是上卦离明之卦的主爻，又是君爻的位置，好比能以文明之盛韬光养晦，也能以精断之智善用其柔。它能以虚中之怀照临百官，也能以孚诚之心信任群下，为什么不能够扫除天下的艰难，变未济为既济！至于“濡首”的上九，则是深陷而不能救济之爻，所以圣人为它系上了危厉的爻辞。总而言之，圣人处世，在既济之日要长保未济之心，在未济之日则要长存欲济之念。乾卦所谓的“自强不息”，以及“终日乾乾，夕惕若厉”，说的都是这个道理。所以圣人把既济卦与未济卦一起放在了《周易》的结尾。

未济：亨。小狐汔济，濡其尾，无攸利。

【解义】

此卦坎下离上，水火不交，不相为用。卦之六爻皆失其位，故名未济。卦辞言，求济之道，当以敬慎持其始终也。汔，几也。濡尾，力竭而不能济之象。

文王系未济彖辞曰：未济以治功未定为义，当斯时也，众心未协，人谋未臧，事不能遽有所济。然以天运言之，终有可济之理，故可以得亨。顾所以致亨之道，必老成持重，敬始慎终，虑出万全，而后克济。如不自度其才力，果锐以求进而不谨密以图成，使纪纲稍振，法度粗举，即以怠忽乘之，若小狐几济而濡其尾，则事终于不济，尚亦安所利哉。

按：未济之时，大险未过，世难方殷，其势非天下之大才不能济天下之大事。是在离明之主，慎择其才而用之，使老成练达者倡率于前，方可驱策群力，经营远大。若衡量失当，误用小才，冒昧当先，必不能出险以终事。此图济之道，全在得人。圣人取象小狐，深以为戒，不可不慎也。

【白话】

此卦的下卦为坎为水，上卦为离为火，火上水下，无法相交，不相为用，卦中的六个爻也都不当位，所以叫作未济。卦辞的意思是说，求济之道，在于始终保持敬慎之心。汔，几。濡尾，力竭而不能济之象。

文王所系的未济卦的卦辞说：未济之时，治功未定，众心未协，人谋未臧，因此所谋之事，不能速速有济。但就易理而言，终有可济之理，所以卦辞说“亨”。至于具体的致亨之道，必然要以老成持重，敬始慎终，虑出万全为前提，之后方能克济。如果不考虑自身才力，必欲求进，却不够谨慎周密，使得纲纪法度刚刚振作又失之于怠忽，恰如小狐狸在即将渡过河流之时打湿了尾巴，以至于其事不成，又有什么利益呢？

按：天下未济之时，大险未过，世难方殷，如此情势，非有天下之大才，方能济天下之大事。必须有六五这样的离明之主，慎择其才，任用老成练达之臣，方可驱策群力，经营远大。如若用人不当，误用小才，冒进妄图，则不能济事出险。可见图济之道，全在得人。圣人取象小狐，暗指小人不可用，并深以为戒，不可不慎。

《彖》曰：未济，亨，柔得中也。小狐汔济，未出中也。濡其尾，无攸利，不续终也。虽不当位，刚柔应也。

【解义】

此《彖传》，是释未济彖辞，明柔中之善于济事，又贵相助以成其济也。柔得中，指六五。未出中，谓未出险中。

孔子释未济彖辞曰：未济而辞曰亨者，岂徒有可济之时哉！卦体六五柔而得中，柔则能小心谨慎，得中又处事得宜，故终于能济，有可亨之道耳。其曰“小狐汔济”者，时当坎险，虽有事于图济，尚未出险之中。值此将济未济之时，正须毕智竭能，以求必济。而辞乃谓“濡其尾，无攸利”，则究其所事，由于轻为躁动，始锐而中懈，若狐之首济而尾不济，不能继续以成其终也，又何利乎？然非时之不能济，惟人之不善济耳。而所以可济者，未常不在也。卦之六爻虽阴阳皆失其位，谋猷未臧，而刚柔各相为应，犹能同心协力，补偏救弊，于理于势可以共济而续其终也。何至几济而濡其尾哉？此未济之终可济而得亨也如此。

按：既济未济两卦，其理互相发明。既济之吉，以柔得中；未济之亨，亦以柔得中。则敬慎胜也。既济之乱，以终止；未济之无利，以不续终。则克终难也。既济之贞，以刚柔正；未济之可济，以刚柔应。则交济之功得也。总见圣人求济之事，敬慎以保其终，则事无可轻忽之时；相应以补其偏，则人无不可济之事。反复紬绎，济之能事毕矣。

【白话】

《彖传》是对未济卦卦辞的解释，为的是申明柔中方能济事，得助才能成功的道理。柔得中，指六五。未出中，未出险中之意。

孔子解释未济卦的彖辞说：天下未济，卦辞却说亨通，岂止是因为时势可济！就卦体而言，它的君爻六五柔而得中，意味着它既能小心谨慎，又能处事得宜，所以最终能够得济，有可亨之道。而所谓“小狐汔济”，是说天下坎险之时，虽然有心图济，但尚未出险。值此将济未济之时，必须殚精竭虑，以求必济。而卦辞又说“濡其尾，无攸利”，是指此事终究会因为它轻举妄动，始锐中懈，如同小狐狸过河，首尾不得兼顾，不能最终有成，又有什么利益呢？然而这并不是因为时势不可济，而是因为此人不善于济。而可济之人，未尝没有。全卦的六个爻虽然都不当位，好比谋猷未臧，但所有的刚爻与柔爻都成正应，所以能同心协力，补偏救弊，于理于势，都可以共济，以续其终。这样的话，何至于在即将渡济成功时却打湿了尾巴呢？这是未济卦最终可以得济并且亨通的原因所在。

按：既济卦与未济卦的义理，可以相互发明。既济卦的吉祥，是因为以柔得中；未济卦的亨通，也是因为以柔得中。说到底，彰显的都是敬慎之道。既济卦的乱，是因为到了终极之处；未济卦的无攸利，是因为不能持续到底。说到底，强调的是克终之难。既济卦所谓的“利贞”，是指它六爻皆正；未济卦的可济，是因为六爻皆应。如此一来，即可得交济之功。总的来说，圣人是借未济卦告诫世人，求济之时，时刻保持敬慎，就不会有轻忽之时；善于取长补短，就没有不可济的事情。反复思虑，必能有济。

《象》曰：火在水上，未济，君子以慎辨物居方。

【解义】

此《象传》，言物当各止其所，君子以慎辨，体济之用也。

孔子释未济象曰：离火在坎水之上，上下不交，不能相济为用，未济之象也。君子体之，以为时当未济，则物之倒置易位者多矣，不可不谨慎而明辨之。因器命名，缘分定制，使疏不得拟亲，卑不敢抗尊，小不致絜大，则物各有方所而居之不迁。始于相别，终于相得，而济世之业俱出其中。未济者何忧不济乎？

按：《系辞传》曰：“方以类聚，物以群分。”如水火异物，各居其所，天地自然之定位也。王者承天意以从事，自一身以至天下国家，莫不各有当然之分。既济未济之所以不同者，惟分定与乱故耳。故君子以慎致辨，顺天地自然之位，使分定不乱。如水火之不相杂，而未始不相为用焉。则可以赞化育而成济功矣。

【白话】

《象传》的意思是说，事物应当各得其所，君子应当谨慎地辨别，并加以利用。

孔子解释未济卦的小象说：离火在坎水之上，上者其性亦上，下者其性亦下，因此上下不交，不能相济为用，这就是未济卦的大象。君子体悟其内涵，认识到未济之时，倒置易位的事物太多，不得不在谨慎的基础上加以辨别。然后因器命名，缘分定制，使疏不间亲，卑不抗尊，小不絜大，让万物各得其所，且不随意变动。始于相别，而终于相得，济世之业尽在其中。未济者还用担心不济吗？

按：《系辞传》说："方以类聚，物以群分。"就好比水火是完全不同的事物，也各居其所，源自于天地自然的定位。王者顺承天意，以为从事，所括他自己在内的所有人，都有其当然之分。既济与未济之间的不同，无非是名分与治乱的不同。所以君子要在谨慎的基础上明辨万物，顺应天地自然之位，使分定不乱。恰如水火不容，但各有各的用处。如此就可以效法天地之道，成就济事之功了。

初六：濡其尾，吝。

《象》曰：濡其尾，亦不知极也。

【解义】

此一爻言不能量力妄进，为终于不济者示戒也。极是终。

周公系未济初爻曰：初六以阴柔居下，当未济之初，又值难济之时，无才无位，岂能进而图功？乃不自为量度，而欲轻为冒进，急于求济，若狐之涉水而濡其尾，则终于不济而已，岂不可羞吝乎？

孔子释初象曰：凡事必敬始而后可以善终，若初之濡尾，岂独时之难济哉？由其所以济者，亦昧于敬慎之道，不审势量力，冒昧干进。是但知始之欲济，而不知终极之不能济也，亦可惜矣！

按：古之济大事者，未事之先，必能见其始而要其终。区画时势，了如指掌，及其任事而有成也，不出其规摹之所素定。三代以下，如韩信之权楚汉，诸葛亮之度孙曹，皆预决于筑坛命将之日，与草庐三顾之中，其后卒如其当时之所言者，凡以规摹之素定也。若其始漫无成见，临事尝试而欲幸其成功者，未之有也。此濡尾之羞，不能继续以终其事。既专著于彖辞，而爻又首及，以示戒欤。

【白话】

这个爻的宗旨，是警戒那些不懂得量力而行，冒进妄进，以至于最终不能成功的人。极，终。

周公所系的未济卦初爻爻辞的意思是说：初六是阴爻，居于全卦的最下面，好比未济卦的最初阶段，又处在难济之时，无才无位，岂能进而图功？但它不自量力，轻举妄动，急于求济，如同狐狸涉水打湿了尾巴，最终无法渡济，能不羞吝吗？

孔子解释初爻的小象说：凡事必须慎始，方能善终，像初爻这样“濡其尾”，难道仅仅是因为时势难济吗？其实主要是因为它昧于敬慎之道，不能审时度力，冒昧强进。它只知道此事当济，而不知此事终不可济，殊为可惜！

按：古往今来的济大事者，介入之前，就能够见其始而要其终。他们对时势了如指掌，等到真正任事并取得成就时，也不出其谋划之外。三代以下，如韩信谋略楚汉，诸葛亮推度孙曹，皆预决于筑坛命将之日，与三顾茅庐之时，其后的发展，也恰如当时所言，原因就是开始就定下了宏图。刚开始漫无成见，事到临头却侥幸获得成功之人，从来没有。所谓“濡其尾”，不仅仅是羞吝，也因此导致了事情的夭折。它不仅出现在卦辞中，而且在初爻的爻辞中再次被提及，就是为了警示于人。

九二：曳其轮，贞吉。

《象》曰：九二贞吉，中以行正也。

【解义】

此一爻言能恭顺自守，得臣道之正也。曳轮，是不遽进之意。

周公系未济二爻曰：九二以阳刚之才，上应六五柔顺之君，急于有为，未免有太迫之虞。乃以刚居柔，能恭顺退守，不欲速专成，冒进以邀功。若车之行，而自曳其轮，不轻于求进。在人臣之道为甚正，而济时之业可徐图，其贞而得吉也宜矣。

孔子释二象曰：二以贞得吉，可谓能行正矣。然所以能正者，由其居柔得中。惟中则宅心恭顺，见之行事，自能虚衷谦退，宠利不居，以行乎臣道之正，所以为吉也。从来干济之臣，处艰难之地，往往事权太重，威福得专，不克保有其功名者多矣，皆由不明于贞吉之义者也。为人臣者，敬守此义，而勿失焉，庶可成济时之功，而善其终矣。

【白话】

这个爻的意思是说，二爻能恭顺自守，恪守臣道之正。曳轮，使之不能急进之意。

周公所系的未济卦二爻爻辞的意思是说：九二以阳刚之才，上应柔顺的君爻六五，似乎急于求成，过于迫切。好在它以刚居柔，能够恭顺退守，不至于为了速成，冒进邀功。仿佛车辆前行，能自曳其轮，不肯轻进。对应到人事上，就是恪守人臣之道，徐图既济之业，爻辞说它“贞吉”，也是应该的。

孔子解释二爻的小象说：二爻以贞得吉，是因为它遵循正道。说具体点，是因为它以刚居柔，同时居于下卦之中。特别是得中，代表它宅心仁厚，恭敬巽顺，行事自然能虚衷谦退，唯正是从，所以能够得吉。古往今来的干济之臣，往往处境艰难，同时由于事权太重，难免僭越之嫌，导致最终功名不保者数不胜数，归结起来，原因不外乎不明白“贞吉”一词的内涵。为人臣者，能敬守此义而不失，差不多就可以成就济时之功，并且善终了。

六三：未济，征凶，利涉大川。

《象》曰：未济征凶，位不当也。

【解义】

此一爻见济险不能独任，当资人力以求济也。未济，谓未出坎险也。

周公系未济三爻曰：三以阴柔不中正，居未济之时，本无济世之才德以为出险之具，使独往以求济，则力微任重，鲜不至于胥溺，能无凶乎？然未济有可济之道，险终有出险之理，所患者独力不能以济耳。今三以柔乘九二之刚，得倚仗之人而时将出险，又值可济之会，诚能资其才力以匡将出之险，亦何涉川之不利哉！

孔子释三象曰：凡图事者，必有可为之具。三所以未济征凶者，由其阴柔而居刚位，所处不当。既无才德，而独力以往，未有不败者，故得凶也。

按：未济五爻不出卦名，独于六三一爻见之。盖以六三阴柔又不中正，居险之极，必不足以济险也。又云“利涉大川”者，谓若得阳刚之助，则亦可以出险而有功。其如三之不能，何也？夫以六三之阴柔，而犹以涉川，望之则弘济时艰者，不在同心之助哉。

【白话】

这个爻的意思是说，一个人的力量不足以济险，要学会借助他人的力量。未济，未出坎险之意。

周公所系的未济卦三爻爻辞的意思是说：三爻处在未济之时，却资质阴柔，不中不正，没有相应的才德，若是强行求济，必然力微任重，陷身其中，能不凶吗？然而未济之时亦有可济之道，险陷之中自有出险之理，关键在于，仅凭它个人之力，不足以济险。如今九三下乘刚健的阳爻九二，可为倚仗，三爻又是即将出险的爻位，再加上正值可济之会，如果真能借力于阳刚的九二，就算涉川也无有不利！

孔子解释三爻的小象说：图事之人，必须要有可为之具。三爻所谓的“未济，征凶”，主要是因为它是柔爻，却居于刚位，居位不正。既无才德，又想独任，不可能成功，所以爻辞说“征凶”。

按：未济卦的其余五爻皆不见卦名，唯独六三一爻见之。这主要是因为六三才质阴柔，又不中不正，还居于下卦坎险之卦的极处，必然不足以济险，也就是“未济”。又说“利涉大川”，意思是说如果能够得到阳爻九二的助力，也可以出险而有功。但三爻未必能够做到，为什么这么说呢？因为三爻仅仅是个阴爻，却独自涉渡大川，可见它仅有弘济时艰之举，无有同心协力之人。

九四：贞吉悔亡。震用伐鬼方，三年有赏于大国。

《象》曰：贞吉悔亡，志行也。

【解义】

此一爻言大臣有济世之责，当振作有为以成其志也。震，震动也。

周公系未济四爻曰：九四居上卦之下，方出乎险。虽无内忧，而未免于外患。又以刚居柔，常恐畏难避事，疑于不正，而有悔也。能勉之以贞，则匪躬尽瘁，克殚臣职而获吉；夙夜匪懈，问心无愧而悔可亡矣。然所为贞者何如？时方未济，反正之功，非可因循以图，必震发有为，攘外以安内，且至功深日久，期于底绩，乃克有成。为震用伐鬼方，三年有赏于大国之象。如此则非贞何以得吉而悔亡乎！

孔子释四象曰：四当未济而志存乎济世，能以贞自勉，则明作有功，克壮其猷，无不济之悔而志可行矣。

按：圣人作易，止此一动一静之义，安危得丧之机，皆由此出焉。如同一伐鬼方也。既济之时，虽克而犹忧其惫，利用静也；未济之时，必伐而后行其赏，利用动也。且既济之三过刚，恐其宜静而妄动；未济之四居柔，又恐其宜动而反静。此圣人互明其义，一为保济者戒，一为求济者勉，其意深矣。

【白话】

这个爻的意思是说，为人臣者有济世之责，应当振作有为，成就自己的志向。震，震动。

周公所系的未济卦四爻爻辞的意思是说：九四位于上卦的最下面，刚刚离开坎险的下卦。内忧虽免，但尚未免于外患。同时又以刚居柔，圣人唯恐它畏难避事，惑于不正，从而有悔。于是勉励它贞正之道，能鞠躬尽瘁，克尽臣职，便能得吉；能日夜勤政，问心无愧，便可悔亡。那所谓的“贞”，是指什么呢？其实是指未济之时，想成就拨乱反正之功，绝非因循可图，必须振作有为，攘外安内，积不懈之功，直至最后，方能有成，此即爻辞所谓的“震用伐鬼方，三年有赏于大国”之象。在此过程中，如果不够贞正，如何能够得吉，并且悔亡呢？

孔子解释四爻的小象说：四爻处在未济之时，但心存济世之志，又能以贞心自勉，自然明作有功，克壮其猷，既能无悔，又能得志。

按：圣人作易，只是一动一静之间，安危得丧之机，全包含在内。比如“伐鬼方”一事。在既济之时，虽然能克胜鬼方，但因为担心师老兵疲民惫，所以宜于静；而在未济之时，却必须在讨伐鬼方之后行赏，因为情势宜于动。而且既济卦的三爻过刚不中，所以担心它在应该静的时候妄动；而未济卦的四爻以刚居柔，所以担心它在应该动的时候反而会静。圣人互明其义，一来是为了警戒保济之人，二来是为了勉励求济之人，用意很深。

六五：贞吉无悔。君子之光，有孚，吉。

《象》曰：君子之光，其晖吉也。

【解义】

此一爻言，柔中之德能始终尽善，以成济也。

周公系未济五爻曰：五以阴居阳，疑于不正。然为文明之主，本体虚灵。既心知正道，觉悟善反，又居中应刚，能虚心下贤，克己胜私，至于陶融纯粹，无复惭德，矫偏而一归于正，故得贞吉而无悔矣。由是而为闇然日章之君子，畅于四体，见于猷为，其光辉发越，一皆诚意相孚，非有假饰于外者。吉之道也。

孔子释五象曰：君子之光在己，固无不吉矣。至于盛德之孚，不但畅达于一身，亦且光被于四表。成功文章，无不焕然可见。将文明日启，天地为昭。其晖而得吉，非济功之极盛乎？

按：六五为未济之主，经纶匡济，一本于有孚之诚正，非好智用察、以聪明才辨自矜而陵人者所可同日语也，故曰“君子之光”。光从孚出，而晖又从光生，故和顺积中，英华发外。不独君子之获吉，而凡被其晖英者，无不获吉矣。此爻终始言吉，反复叹美，深有味乎柔中之旨欤。

【白话】

这个爻的意思是说，五爻有柔中之德，所以能始终尽善，以成济功。

周公所系的未济卦五爻爻辞的意思是说：五爻以阴居阳，似乎不正。但它是上卦离明之卦的主爻，好比文明之主，本体虚灵。既心存正道，善于反省，又居于上卦之中，下应刚爻九二，好比君王虚心下贤，克己胜私，从而以纯心正教，无愧于心，使天下偏离正道者重归于正，所以能“贞吉”而“无悔”。深植于内心的君子之德也会日益彰明，畅于四体，见于猷为，其光辉所及，皆能以诚意相感孚，而不流于假饰，而这正是得吉之道。

孔子解释五爻的小象说：能发散君子之光，自然会很吉祥。以盛德为基础的孚诚，不但能畅达于一身，也能光被于四表。于是事功文章，无不焕然可见。文明与日俱进，昭显于天地之间。如此光辉，又如此吉祥，算得上最大的济世之功了吧？

按：六五是未济卦的主爻，其经纶匡济，皆出于内心的贞正孚诚，非好智用察、自矜陵人的君王可以比拟，所以爻辞说“君子之光”。其光出自孚诚，又辉映照耀，因此心中和顺，英华外发。不仅君子本人可以得吉，凡在其照耀之内，无不获吉。此爻首尾皆吉，反复赞叹，对它的柔中之德深有体味。

上九：有孚于饮酒，无咎。濡其首，有孚失是。

《象》曰：饮酒濡首，亦不知节也。

【解义】

此一爻见处济有善道，不可过于自纵也。

周公系未济上爻曰：上九以刚明居未济之极，有能济之才。时已将济，功已垂成。若才过乎刚，求济不已，则反生患。但当从容自信，不妄作为，而与时休养。若有孚于饮酒然，自无欲速侥幸之咎。然非一无所事而侈然自纵也，若使过耽逸乐，沈溺不返，如饮酒而至濡首，则信非所信，为有孚失是，而事终不济矣。所当戒也。

孔子释上象曰：饮酒而至濡首，但知有孚之为是，而不知是之所在，有当然之节，不可过也。使裁度得中，不至于失是，则慎终者可以保始，而宁患其不济乎？

按：千圣传心之要典，不外乎一中。《易》为尽性至命之书，所言无非是也。既济之九五言时，未济之上九言节，时与节即所谓中也。乾知进退存亡，其圣人之中乎？未济以不知节为戒，节正随时以取中也。知节即知进退存亡，而不失义命之正。《易》之始终大义，畧可见矣。《中庸》曰"时中"，又曰"中节"，为得性命之传，其在是乎？

【白话】

这个爻的意思是说，处济要遵循善道，不可过于放纵。

周公所系的未济卦上爻爻辞的意思是说：上九是阳刚之爻，又位于上卦离明之卦的最高处，还居于未济卦的极处，具备能济之才。时势也已到将济之时，事功亦已至垂成之际。如果其才过刚，求济不已，反而会导致祸患。只需从容自信，不乱作为，与时休养，恰如"有孚于饮酒"，自然不会有求速之咎。但这绝不是让人无所事事，自大放纵，如果过于逸乐，沉溺其中，恰如饮酒而"濡其首"，就会丧失信任，最终功败垂成。这显然应该戒除。

孔子解释上爻的小象说：过量饮酒，以至于打湿了头发，这是只知道诚心实意，而不知道凡事都应该有所节制，不可过度。如果能适度，则不至于有失，就可以慎终保始，还用担心不济吗？

按：古今圣贤流传下来的心法，不外乎一个"中"字。《周易》乃尽性至命之书，所言也不离中道。既济卦的九五讲的是"时"，未济卦的上九说的是"节""时"与"节"就是所谓的"中"。乾卦阐释的进退存亡，不正是圣人奉行的中道吗？未济卦以不知节制为戒，节制得正，就能随时取中。懂得节制，便懂得了进退存亡，从而不失义命之正。《周易》贯彻始终的大义，可见一斑。《中庸》说"时中"，又说"中节"，其所强调的性命之道，正是这些吧？

卷十五

系辞上传

【解义】

《系辞传》上下二篇，孔子通论一经之卦爻大体凡例所为作也。先儒谓其无经可附，而自分上下云。

按：《系辞》作上下传者，王肃本也。司马迁则称“易大传”。孔子晚而好易，读之韦编三绝，而因作十翼。何谓十翼？《彖辞上传》《彖辞下传》《象辞上传》《象辞下传》《系辞上传》《系辞下传》《文言传》《说卦传》《序卦传》《杂卦传》也。古《易》，文王之卦辞，周公之爻辞，与孔子之十翼，离为十二篇。经自为经，传自为传。自汉费直，始将《彖传》《象传》《文言传》杂入卦中，而《系辞》《说卦》《序卦》《杂卦》诸传另为一书。晋王弼作注，皆依之，即所谓无经可附者此也。宋儒程颐《易传》一如费直之本，自朱熹为《本义》，乃复古《易》之旧，而经传又分。明洪武间，颁行学宫，令士子程朱传义兼习。成化时，奉化教谕成矩始单刻《本义》行世。而篇章次第，又悉依程氏，非复朱熹原本，今世所共习者是也。此为《易经》分合源流，故叙其梗概如此。程颐曰：“圣人用意深处，全在《系辞》。”《系辞》本欲明《易》，若不先求卦义，则亦不可以读《系辞》也。

【白话】

《系辞传》分上下两篇，是孔子为了通论《易经》的原理所作。先儒认为，《系辞传》无经可附，自成上下两篇。

按：将《系辞传》分作上下两篇，始自三国时期的经学家王肃。司马迁则将其称作《易大传》。孔子晚年喜好《周易》，为了研究《周易》，曾经韦编三绝，并著有“十翼”。何谓“十翼”？就是《彖辞上传》《彖辞下传》《象辞上传》《象辞下传》《系辞上传》《系辞下传》《文言传》《说卦传》《序卦传》《杂卦传》共十篇文章。再加上最初的《周易》，也就是文王的卦辞与周公的爻辞，与孔子的“十翼”

合为十二篇。最初经就是经，传就是传。从西汉的费直开始，才将《彖传》《象传》和《文言传》分别杂糅进卦中，《系辞》《说卦》《序卦》和《杂卦》则另成一书。魏晋时期的王弼注解《周易》时，依循了费直的体例，也就是开篇所说的“无经可附”。宋代大儒程颐的《周易程氏传》也是如此。自朱熹的《周易本义》开始，又回到了最初的体例，把经与传分开阐释。明朝洪武年间，朝廷发布政令，让士子们兼习程颐之易与朱熹之易。明朝成化年间，又颁布命令，只刻印朱熹的《周易本义》行世。其篇章次第，又都按照《周易程氏传》的体例，而不是根据朱熹的原本，如今人们普遍修习的就是这个版本。以上是《易经》内容的分合源流，梗概大致如此。程颐有言：“圣人用意深处，全在《系辞》。”《系辞》是为了明晰易理，但如果不习卦义，也不能一上来就读《系辞》。

天尊地卑，乾坤定矣。卑高以陈，贵贱位矣。动静有常，刚柔断矣。方以类聚，物以羣分，吉凶生矣。在天成象，在地成形，变化见矣。

【解义】

此一章是言圣人作《易》之大原，示人体《易》之实学。而此一节，是孔子以造化之实，明作经之理，见天地有自然之易也。天地者，乾坤之形体；乾坤者，天地之性情。卑高，兼天地人物言。方者情动之始。物则指人而言之也。象、形，变化所成之体也。

孔子意曰：《易》之首乾坤者何也？盖天地者，万物之大父母也。天确然在上而居尊，地隤然在下而处卑。而《易》中之卦，纯阳至健而为乾，纯阴至顺而为坤者，已定立于此矣。由是而地与万物之卑者陈于下，天与万物之高者陈于上。而《易》中卦爻之上者贵，下者贱，已位列于此矣。天与万物之阳者，为开辟，为发舒，而其动有常；地与万物之阴者，为闭藏，为收敛，而其静有常。而《易》中卦爻之阳而性动者称乎刚，阴而性静者称乎柔，已剖断于此矣。天下之事情有善恶，而众理众欲，以类而聚；物类亦有善恶，而同道同恶，以群而分。此阴阳淑慝自然之理也。而《易》中卦爻占决之辞，或时之息，事之得，而为吉；或时之消，事之失，而为凶者，即生于此矣。日月星辰在天，而成轻清之象；山川动植在地，而成重浊之形。此皆实理之变化也。而《易》中蓍策所揲之卦爻，阳穷于九则退而化为八，阴穷于六则进而变为七者，即见于此矣。盖《易》书之有乾坤，且有贵贱刚柔，吉凶变化，无一不备，皆非圣人私智之为也，不过因阴阳之实体而形容摹写之。是故，因至着之象以见至微之理，观天地即可以见《易》也。大哉《易》乎！天地且不能隐，而况于人物万事之变乎！

【白话】

这一章讲述的是圣人作《易》的根本原因，展现给世人，是为了让人们体悟到实实在在的易道。而这一节，则是孔子根据天地自然的实际造化中，阐明圣人作《易》的道理，以表现天地之间的自然之易。所谓天地，是乾坤的形体；而所谓乾坤，则是天地的性情。卑与高，是兼顾天地人物而言。方的意思是情动之始。物是就人而言。象与形，指的是变化所成的形体。

孔子的意思是说：《周易》把乾坤两卦排在最前面，原因何在？主要是因为，天地乃是万物的父母。天坚定在上而居尊，地柔弱在下而处卑。具体到《周易》中的卦，纯阳至健为乾卦，纯阴至顺为坤卦，这是《周易》的定例。由是，地与万物之中的卑微者都陈列于下，而天与万物之中的高贵者都陈列于上。《周易》之中的卦爻在上者主贵，在下者主贱，也已经有了定例。天与万物中的阳性事物，呈现出开辟与发舒的特性，其动有一定之规；地与万物之中的阴性事物，呈现出闭藏与收敛的特性，其静也有一定之规。《周易》之中所有的阳性且主动之爻都称作刚爻，阴性且主静的爻都称作柔爻，也已经有了定例。天下之事，有善有恶，众理众欲，皆以类而聚；万物也有善有恶，同道同恶，皆以群而分。这也是阴阳善恶的自然之理。《周易》中的卦爻辞，以及吉凶悔吝，也出自其中。日月星辰在天，所以其象轻清；山川动植在地，所以其形重浊。这都是实实在在的变化。《周易》确立的蓍策所揲的卦爻，阳穷于九退而为八，阴穷于六进而为七，也源于此处。总的来说，《周易》确立了乾坤两卦，就确立了贵贱刚柔，吉凶变化也无一不备，这不是圣人个人的智慧，而是圣人对阴阳造化的实体的形容摹写。因此，可以通过显著的卦象发见微妙的易理，观天察地，足以见《易》。《周易》真是广大啊！天地都无法隐藏，何况天地之间的人物事理的变化呢？

是故刚柔相摩，八卦相荡。鼓之以雷霆，润之以风雨。日月运行，一寒一暑。乾道成男，坤道成女。乾知大始，坤作成物。乾以易知，坤以简能。

【解义】

此五节是言，圣人作《易》而乾坤之理分见于天地也。摩，摩戛也。荡，推荡也。风亦云润者，承雨而言尔。知，管也。作，造也。成，就也。

孔子意曰：伏羲见天地间无往非易，不过阴阳两端，是故画奇偶以象之。奇则称刚，偶则称柔也。刚柔既立，变化无穷。以一刚为主，而以一刚一柔摩于其上，则为太阳、少阴；以一柔为主，而以一刚一柔摩于其上，则为少阳、太阴。而四象立矣。太阳与少阴相摩而生乾、兑、离、震，太阴与少阳相摩而生巽、坎、艮、坤，而八卦成矣。所谓两仪生四象，四象生八卦，《易》之小成也。由是以乾兑离震为主，各以八卦推荡其上，则自干至复，三十二之阳卦立矣。以巽坎艮坤为主，各以八卦推荡其上，则自姤至坤，三十二之阴卦立矣。所谓八卦相错，因而重之，《易》之大成也。《易》既作，则凡造物所有，孰非《易》理之著见？如阴阳搏击而为雷霆之鼓动，阴阳和畅而为风雨之润泽。日者阳之精，月者阴之精，则运行而代明焉。寒者阴之肃，暑者阳之舒，则迭运而无端焉。此成象之实体也，即此刚此柔也。天地絪缊，万物化生，阳而健者乾之道也，人物得阳之多则成男；阴而顺者，坤之道也，人物得阴之多则成女，此成形之实体也，亦此刚此柔也。然成男成女，虽乾坤一定之分，其实有相须之功。故凡人物之始也，乾皆有以主之。质虽未形，而胚胎朕兆已全于一施之初矣。其成也，坤皆有以作之。即乾之所始者，悉为之翕受培养，而酝酿造就，以终其事矣。阴阳之不能相无者如此。夫尽物而始乎乾，宜若难矣。然乾健而动，常有余力，故气一至而万物俱生，理一行而万物即动。初无艰深留滞之劳，何易如之？尽物而成乎坤，宜若烦矣。然坤顺而静，皆不自作，故承乎气以成形，因乎理以成性。初无区画增益于其间，何简如之？天地生成之妙，无心而成化者，又如此。乃知《易》之未作，易在造化；《易》之既作，造化在易。论乾坤之功，至博而无外；论乾坤之德，又至要而不烦。而人事之效法天地者，从可识矣。

【白话】

上面五节的意思是说，圣人作《易》之后，乾坤之理便分见于天地。摩，摩擦。荡，推荡。风雨皆为云润泽的产物，而且风雨往往一起到来。知，管。作，造。成，就。

孔子的意思是说：伏羲看到天地之间皆为易理，其核心不外乎阴阳，于是发明了一画的阳爻与两画的阴爻，作为符号。一画的阳爻称作刚爻，两画的阴爻称作柔爻。确立了刚柔，就产生了无穷的变化。以一个刚爻为主爻，在上面加上一个刚爻或柔爻，就是太阳与少阳之象；以一个柔爻为主，在上面加上一个刚爻或柔爻，就是少阳与太阳之象。四象就此确立。太阳与少阴相摩荡，就产生了乾、兑、离、震四卦，太阴与少阳相摩荡，则产生了巽、坎、艮、坤四卦，八卦就此构成。这其实就是所谓的“两仪生四象，四象生八卦”,《易》道的架构由此小成。在此基础上，以乾、兑、离、震为主，各以八卦推荡其上，则产生了自乾卦至复卦共计三十二个阳卦。再以巽、坎、艮、坤为主，各以八卦推荡其上，则产生了自姤卦至坤卦共计三十二个阴卦。这其实就是所谓的“八卦相错，因而重之”,《易》道的体系由此大成。《易》道的体系既已确立，那么所有的造化之物，还有《易》理不能涵盖，不能显现的吗？比如阴阳搏击导致了雷霆的鼓动，阴阳和畅则成就了风雨的润泽。日为阳之精，月为阴之精，日月相继运行，使光明持续。寒是阴的肃敛，暑为阳的舒发，寒暑更迭运行，循环无端。相应的变化，形成了一切肉眼可见的现象，呈现出了刚与柔两种性情。天地交互，万物化生，其中阳性且健行是乾道的表现，人与物如果阳性的特质较多，就成为男子与雄性；阴性且顺从是坤道的表现，人与物如果阴性的特质较多，就成为女子与雌性。相应的变化，形成了一切肉眼可见的形象，同样也呈现出刚与柔两种性情。然而成男成女，虽然是乾道与坤道的定分使然，其实二者也互相依存，互相需要。所以在人与物形成的最初阶段，都以乾道为主宰。实质的形体尚未形成，但一切都已经存在于乾道施为而胚胎得以形成的那一瞬间。实体的形成，自然也离不开坤道发挥作用。具体说来就是在乾道施为之始，坤道便顺承乾道，翕受培养，酝酿造就，直至有成。阴与阳就是这样互相依存，不可相无。万物都始于乾道的施为，似乎很艰难。其实乾道健行而好动，常有余力，所以阳气一至，万物俱生，天理一行，万物即动。在开始的时候毫无艰深留滞之劳，有什么比这还容易呢？万物都离不开坤道的成就，似乎很烦琐。其实坤道顺从而好静，不自作主张，只需要顺承乾道的阳气便足生成万物的形体，只需要顺承乾道的天理就足以成就万物的性情。从一开始就不需要它区划增益，有什么比这更简单呢？天与地就是这样，生化非常神妙，但并非刻意而为。由此可知，《易》道问世之前，易理已经存在于造化之中；《易》道问世之后，造化则显现在易理之中。论及乾坤之功，则至博而无外；论及乾坤之德，又至要而不烦。效法天地以尽人事之宗旨，也由此可见。

易则易知，简则易从。易知则有亲，易从则有功。有亲则可久，有功则可大。可久则贤人之德，可大则贤人之业。

易简，而天下之理得矣。天下之理得，而成位乎其中矣。

【解义】

此二节是赞圣人之德始于法天地，终于参天地也。

孔子意曰：易简岂专属之乾坤哉！人心之良，亦自有易简。自私欲累之，而易者险，简者阻矣。有能法乾坤之道，一主乎理而无所容心，则其易如干矣；一循乎理而行所无事，则其简如坤矣。易则光明洞达，无一毫人欲之艰深，尽人皆知其中心之所存矣，岂不易知？简则径直平顺，无一毫人欲之纷扰，尽人皆能循其途辙以作事矣，岂不易从？易知则不远人以为道，而同心者众，故有亲；易从则尽人皆可与能，而协力者多，故有功。有亲则因人之信从，足以验我所存之是，而精一自信，始终以之，故其中之所存者，可以至于久而不变也。有功则因人之协力，足以辅我行之不逮，而兼人之能为己之能，故其外之所行者，可以至于大而益弘也。可久则纯亦不已，与天同其悠久矣。可大则巍乎成功，与地同其广大矣。非贤于人之德业乎？然其所以然者，则以我之易简，与乾坤之易简同原故也。易简而天下万殊之理，莫不贯通于我心，统会于我身。是故天有是易，我亦有是易；地有是简，我亦有是简。可以成人位于天地之中，与之并立而无歉焉。此体道之极功，圣人之能事也。要之，人心本自明白正大，自为私意所蔽，物欲所扰，往往艰深使人不可近，烦碎使人不可行。如权谋术数之流。天下之理，必皆扞格而不相入。易者存理而已矣，简者循理而已矣。其始不过坦白要约，而其终至于德崇业广，与天地参。善学易者，何不从易简求之乎？

【白话】

这两节的宗旨，是赞美圣人的德行始于效法天地，而终于参悟天地之道。

孔子的意思是说：所谓“易则易知，简则简从”，难道是专就乾坤二卦而言吗？人的良知，也自有易简之道。一旦被私欲所累，容易的也会变得艰难，简单的也会视作阻碍。如果能效法乾坤之道，遵循义理，心无旁骛，就会像乾卦资生万物一样容易；只要遵循义理，处之泰然，就会像坤卦顺承乾卦一样简单。能效法乾道之易，就能光明洞达，不夹杂丝毫人欲，人人都能了解他的真实想法，这不就是所谓的“易知”吗？能效法坤道之简，就能径直平顺，没有人欲的纷纷扰扰，人人都愿意追随他，这不就是所谓的“易从”吗？易知就不会犯下因为行道而排斥人的过失，因此同心者众，故能有亲；易从就会有更多的人追随他，从而协力者众，故能有功。有亲则会因为他人的信从，使自己内心的存想得到验证，从而更加自信，始终一贯，使内心的信仰历久弥坚，经久不变。有功则会因为他人的协力，辅益自己的不足，同时把别人的能力化作自己的能力，从而使自己践行的大道，更加宏大。可久则愈发纯粹，以至于像天一样悠久。可大则愈发成功，以至于像地一样广大。难道还不足以成就圣贤一般的德业吗？然而，之所以能够如此，主要是因为它的易简之道，与天地乾坤的易简之道一般无二。只要遵循易简之道，天下万物之理，无不贯通于心，统会于一身。综合起来看，就是天有其易，人亦有之。地有其简，人亦有之。所以人能够位于天地之中，与天地并立，一无所欠。这是对大道的终极实践，只有圣人才能做到。个中关键在于，人心原本明白正大，但一为私意所蔽，物欲所扰，往往变得艰深烦碎，使人难以亲近，不可同行。比如权谋术数，就是非常要不得的学问。如此一来，天下之理，必然相互对抗，无法相融。所谓的“易”，就是心存义理的意思。所谓的“简”，也无非是循理而行之意。一开始的时候，不过是直白简约而已，最终却能成就崇高的德行和广大的事业，乃至与天地并列。善于习易之人，为什么不从“易简”之道着手呢？

圣人设卦观象，系辞焉而明吉凶，刚柔相推而生变化。是故吉凶者得失之象也，悔吝者忧虞之象也，变化者进退之象也，刚柔者昼夜之象也。六爻之动，三极之道也。

【解义】

此一章是言圣人系辞明道之功，君子玩辞体易之学，而此四节言圣人系辞之事也。圣人，文王、周公也。设，陈也，言设卦则爻在其中矣。象，谓卦爻本然之象。辞，谓卦爻辞。忧，虑也。虞，安也。忧虞言象者，犹云彷佛之意，非观象之象也。下放此。进退者造化之消息，刚柔之未定者也。昼夜者造化之幽明，刚柔之已成者也。六爻之动，九六之变化也。三极，天地人之理也。

孔子意曰：伏羲画卦，吉凶之理已默示之矣。然有画无文，民用弗彰也。文王、周公取伏羲所画之卦，而布列焉。统观卦象，而时有消息，则系卦辞以断全体之吉凶。析观爻象，而位有当否，则系爻辞以断一节之吉凶。于是易道大备，而利用之功大矣。然辞固因象而系，而象又因变而著。卦爻之间，九为刚，六为柔。柔退之极，则刚推去乎柔，而柔变为刚；刚进之极，则柔推去乎刚，而刚化为柔。其变化之间，消息当否，无不具焉。此圣人所由观之以系辞者也。由观象系辞言之，辞之吉者，即人事顺理而得之象也。辞之凶者，即人事逆理而失之象也。辞有自凶趋吉之悔，即人事既失之后，困心衡虑，而为忧之象也。辞有自吉向凶之吝，即人事未决之先，安意肆志而为虞之象也。辞占之符于人事者如此。由刚柔相推言之，柔变而趋夫刚者，即气机之退极则渐长而为进之象也；刚化而趋夫柔者，即气机之进极则渐消而为退之象也。既变而刚，是即阳明用事，万物照临而为昼之象也；既化为柔，是即阴晦用事，群动宴息而为夜之象也。至于刚柔变化，流行于一卦六爻之间，九六迭运，所谓动也，其即三极之道乎？一太极也。而天地人各得之为三极。其动于初二爻者，即地道之刚柔交错也；其动于三四爻者，即人道之仁义时措也；其动于五上爻者，即天道之阴阳迭运也。何动非道？何道非极？象变之符于造化者，又如此。

按：太极者，本然之妙；动静者，所乘之机。故三才各一太极，而太极各兼阴阳。有阴阳则有变化，邵子所谓“天地人之至妙者”也。自卦爻而析言之，则爻各一道，一物各具一太极也；自卦爻而统言之，则六爻一道，万物统体一太极也。圣人观象系辞，亦止发挥太极之妙而已矣。

【白话】

本章的主旨，是阐明圣人的系辞明道之功，以及君子如何学易，此四节主要讲的是圣人系辞之事。圣人，文王与周公。设，陈设、铺陈，意思是说，设卦之时，爻已铺陈其中。象，指卦爻的本然之象。辞，卦辞与爻辞。忧，虑。虞，安。忧虞之象，是说观象时意象朦胧，似懂非懂，而不是说某个具体的卦象有忧虞之象。以下仿此。进退，指造化的消长生灭，也就是刚柔未定之时。昼夜，指造化的有形与无形之物，也就是刚柔已定之时。六爻之中的动爻，也就是阴阳刚柔的变化。三极，指天道、地道与人道。

孔子的意思是说：伏羲创设八卦，吉凶之理已然暗示。但有画无文，无法广泛传播。文王与周公将伏羲创设的八卦铺陈布列，并为之系上卦辞，使人在统观卦象与阴阳消长的同时，借助卦辞，推断全卦的吉凶。再分析爻象，根据是否当位，系上相当的爻辞，辅助推断一爻之吉凶。于是易道完备，功用极其广泛。辞固然是因象而系，象则是因变而著。所有的卦爻，用九代表刚爻，用六代表柔爻。柔爻退至极处，则用刚爻去推动它，柔爻就会变成刚爻；刚爻进至极处，则用柔爻去推动它，刚爻也会化为柔爻。刚柔变化之间，其消长生灭，以及是否当位，无不具备。圣人正是通过它来观卦并系辞的。具体到观象系辞，系上吉辞，是因为卦象与爻象遵循义理；系上凶辞，则是因为卦象与爻象违背义理。“悔”是自凶趋吉的结果，也就是人在犯下过失之后，困心衡虑，遂有忧悔之象。而“吝”则是自吉向凶的结果，也就是在事情没有最终结束之前，安意肆志，遂有忧虞之象。圣人正是通过它来契合人事并推断人事的。具体到刚爻与柔爻的推动，其中柔爻发展到极致而渐趋阳刚，是因为气机退极则渐长，所以呈现出升进之象；刚爻发展到极致而渐趋阴柔，则是因为气机进极则渐退，所以呈现出消退之象。柔爻既然变成了刚爻，阳明便趋于主导，直至照临万物，这就是白昼之象；刚爻既然化作了柔爻，阴晦便趋于主导，以至群动宴息，这就是黑夜之象。至于刚柔变化，流行于全卦之中，阴阳迭运，造成的所谓动变，就是三极之道吗？其实是一个太极，只是由于天地人各得之，所以成为三极。动变于初爻与二爻，就是地道的刚柔交错；动变于三爻与四爻，就是人道的仁义时措；动变于五爻与上爻，就是天道的阴阳迭运。任何动变不源于大道呢？任何常道会没有尽头呢？卦象与爻象的变化是如此的契合造化。

按：所谓太极，乃本然之妙；所谓动静，指所乘之机。所以天地人三才各有各的太极，而太极各兼阴阳。有阴阳则有变化，此即邵康节所谓的“天地人之至妙者”。具体到每个爻而言，每个爻都自有其道，任何事物也都有它的太极；而统论六爻的话，则六爻有它们共同的道，万物则统一于一个太极。圣人观象系辞，也不过是发挥太极之妙而已。

是故君子所居而安者，易之序也。所乐而玩者，爻之辞也。

是故君子居则观其象而玩其辞，动则观其变而玩其占。是以自天佑之，吉无不利。

【解义】

此二节言君子学易之事也。上言居者，处之也，谓以易道自居也。下言居者，静也，指未筮时而言也。易之序，指卦爻辞。独言爻者，爻言乎变，尤在所当玩也。变即象也，占即辞也，所异者，未筮既筮之别耳。

孔子意曰：辞占象变之既备，则有须臾不能离者，而可不学乎？是故学易君子，其身之居处，安固而不迁者，则在易之序。盖观其刚柔消息，一定之次第，以为进退出入之度也。其心之爱乐，玩味而不置者，则在爻之辞。盖观其吉凶悔吝，无穷之精理，以为悦心研虑之资也。惟君子身心不外乎易，是故动静不间其功。方其居而未及卜筮也，则观卦爻之时位而玩其辞。凡得失忧虞之象，吉凶悔吝之由，皆其心之所会也，而居安乐玩，无间于静矣。及其动而谋及卜筮也，则观当动之卦爻而玩其占。凡刚柔相推之变，吉凶所占之决，又皆措诸事焉，而居安乐玩，无间于动矣。夫学乎易，即合乎理；合乎理，即顺乎天。穷此理于无事之时，则静与天俱；循此理于有事之日，则动与天游。是以自天佑之，所趋皆吉，所避皆凶，受休嘉之福而得利顺之应也。

按：前章言伏羲之易，而以易知简能，久大德业，责成于体易者。此章言文周之易，而以居安乐玩，动静交修，责成于学易者。盖天地间，刚柔变化，无一时之间。人在大化中，吉凶悔吝，亦无一息之停。必动静之间，举无违理，方尽学易之功，方不负圣人作易之意。

【白话】

此二节主要讲君子应该如何学易。上一句所说的“居”，是居处的意思，指君子以易道自居。下一句所说的“居”，是静的意思，具体说来是指未筮之时。易之序，指卦爻辞。之所以不说卦辞，只说爻辞，是因为爻辞讲的是变化之道，尤其应该把玩。变即象，占即辞，个中区虽，只在于未筮既筮而已。

孔子的意思是说：《周易》的辞占象变既已完备，则须臾不能远离，怎么能不努力学习呢？所以学易有成的君子，能够居处有常，安固不迁，是因为对卦辞与爻辞了然于心。具体来说，就是把卦体与各爻的消长息灭的一定之规，作为自己进退出入的尺度。由于对易理发自内心的喜爱，所以君子对卦爻辞仔细揣摩，有所收获便愈发欢喜，以至于爱不释手。或者说，君子是把吉凶悔吝的无穷妙理，当成了愉悦身心、安身立命的根本。由于君子的身心全都徜徉在易道之中，因此随时随地都在用功。只要有空闲，哪怕不占筮，也要观察卦象，把玩爻辞，因此无论是得失忧虞之象，还是吉凶悔吝之由，都能了然于胸，所以才会愈发喜欢易学。等到行动、谋划并真正需要占筮时，则观察卦中的动爻，把玩相应的爻辞，无论是刚柔推荡导致的卦变，还是吉凶悔吝之类的断语，都结合事理，细细玩味，更好地深入易道。其实，学易就是学习怎么合理，合乎义理就是顺应上天。能玩味易理于无事之时，就能与天俱静；能遵循易理于有事之日，就能与天同动。所以会得到上天的庇佑，趋吉避凶，收获美好与吉祥，获得利益与顺遂。

按：前面的章节讨论了伏羲之易，并责成习易者遵循易简之道。这一章讨论了文王与周公之易，并责成习易者居安乐玩，动静交修。这是因为天地之间的刚柔变化，没有一刻止息。人处在大化之中，吉凶悔吝也没有一息的停歇。只有动静之间，皆不违理，方能深入易学并学有所成，方不负圣人作易之心。

彖者言乎象者也，爻者言乎变者也。吉凶者言乎其失得也，悔吝者言乎其小疵也，无咎者善补过也。是故列贵贱者存乎位，齐小大者存乎卦，辩吉凶者存乎辞，忧悔吝者存乎介，震无咎者存乎悔。是故卦有小大，辞有险易。辞也者，各指其所之。

【解义】

此一章是释卦爻辞之通例也。悔，我自尤也。吝，人尤我也。介，善恶所分之路也。各指其所之，其指卦而言；之，向往也。

孔子意曰：圣人观象于卦，而系彖辞。彖者言乎全体之象，举奇偶纯杂，内外消长之形，莫不称名取类，以拟其形容也。观变乎爻而系爻辞，爻者言乎一节之变，举隐显、贵贱、当否、比应之殊，莫不支分节解，以观其会通也。卦爻之辞，有所谓吉凶者，言乎象变中，时有消长，位有当否，而为失为得。失则从逆而凶，得则惠迪而吉也。有所谓悔吝者，言乎象变中，刚柔杂居，善恶未定，向于得而未得，尚有小疵，则内自怨艾而悔生也；向于失而未失，已有小疵，则外招尤衅而吝生也。有所谓无咎者，言乎象变中，有以处非其地，行非其事，承乘比应非其人，足以致咎。然其间不无一节之善，一念之良焉，则能图回更改而补其所过也。由卦爻辞申言之，是故爻言乎变，而变之所示有贵贱。凡居上而尊者皆贵也，凡处下而卑者皆贱也。易列之而等级分明，则在乎六爻之位焉。彖言乎象，而象之所陈有小大。如姤、遯、否之类，阴为主者，皆小也；如复、临、泰之类，阳为主者，皆大也。易齐之而使不相杂，则在乎六十四卦焉。夫位有贵贱，卦有小大，而错综更迭，得失形焉。本有吉凶之理，特隐而未形耳。易辩之以明得失之报，则在乎卦爻之辞焉。若夫卦爻有小疵，则有悔吝。而易辞一遇悔吝，必为忧之，惟恐人之至于是，而虑远说详，不能自释焉，则存乎善恶初分之介。人能体易之忧，则一念之善有必充，一念之恶有必遏。岂犹至于悔吝乎？卦爻善补过，则为无咎。而易辞一遇无咎，必为震之。惟恐人之终于过，而奋发警惕，不能自宁焉，则存乎天理萌动之悔。人能体易之震，则怨艾深而勇于舍旧，觉悟切而急于图新，不有以补过而无咎乎？是故卦分阴阳，有小大矣；辞别吉凶悔吝无咎，有险易矣。然辞之有险易者，正以卦之情所向不同而言。盖小卦之情，回互而艰深，为人欲之私，是以不之于失则之于小疵，而凶悔吝之险辞随之。大卦之情，坦易而明白，乃天理之公，是以不之于得，则之于补过，而吉无咎之易辞随之。辞岂有外于卦哉？言卦则爻可知矣。可见圣人系辞，无非使人趋吉避凶，坦然知所率由，惕然知所畏避。其曰忧悔吝者，即君子慎独之几，大贤不远之复也。其曰“震无咎”者，即成汤改过不吝之勇，太甲自怨自艾之诚也。趋避之道，莫要于此。圣人一一著之于辞，其意深矣。

【白话】

这一章阐释了卦爻辞的通例。悔，自我怨尤。吝，他人指责。介，善恶的界限。各指其所之，指卦而言。之，趋向。

孔子的意思是说：圣人观察全卦的大象，为之系上了卦辞。卦辞讲的是全体之象，总括其奇偶纯杂，内外消长，无不称名取类，拟其形容。又观察各爻的变化，为之系上了爻辞。爻辞讲的是一爻之变，总括其隐显、贵贱、当否、比应，无不支分节解，观其会通。卦辞与爻辞所谓的“吉”“凶”，是说卦变之中，时有消长之别，位有当否之分，失与得尽在其中，失则从逆而凶，得则顺理而吉。又有所谓的“悔”“吝”，是说卦变之中，刚柔杂居，善恶未定，趋于得而未得，尚有小疵，于是自我怨艾，心生悔意；或者趋于失而未失，已有小疵，结果招致尤衅，生出吝难。还有所谓的“无咎”，是说卦变之中，如果处非其地，行非其事，承乘比应非其人，都足以导致咎殃。但只要于事有补，心存正念，还可以图回更改，补其所过。爻辞讲的是变化，变化则区分出贵贱。凡是居于卦的上面并且处于尊位的爻都贵，凡是处在卦的下面并且居于卑位的爻都贱。六爻等级分明，主要取决于各爻的爻位。卦辞说的是大象，卦象也有小大之别。比如姤卦、遁卦、否卦之类，都是阴爻为主的卦，所以都小；而诸如复卦、临卦、泰卦之类，都是阳爻为主，所以都大。圣人整顿诸卦，使之不相烦杂，于是定下了八八六十四卦的卦序。爻位有贵贱，卦象有小大，错综更迭，得失之道，尽在其中。吉凶之理蕴含其中，但隐而未形。容易辨别并申明得与失的，则是卦辞与爻辞。如果卦象与爻象小有瑕疵，则有“悔”“吝”之辞。而卦爻辞一旦出现“悔”“吝”，必然是圣人为之忧虑，唯恐世人陷入相应的困境，于是虑远说详，不能自释，而善恶初分的界限就存在其中。世人若能体会圣人的忧虑，哪怕是小小的善念也会使之长存，哪怕是小小的恶念也会加以遏止。这样的话，又怎么会导致悔吝呢？卦爻呈现出善于补过之象，爻辞则说“无咎”。而易辞一旦出现“无咎”之辞，必然是为了震撼世人。唯恐人沉没在过失之中，于是奋发警省，使之不能自安，从而使内在的天理萌动，心生悔意。人若能体会易卦的震道，怨艾越深越会勇于舍旧，觉悟越切越会急于图新，这样的话，不就可以补过而无咎了吗？所以卦分阴阳，有小有大；辞分吉凶悔吝与无咎，有险有易。然而爻辞有险易之分，正是因为卦义的趋向不同。总的来说，阴性卦回互而艰深，呈现的是人欲之私，因此不犯大的过失也会有小的瑕疵，凶悔吝之类的险辞便随之而来。阳性卦则坦易而明白，彰显的是天理之公，因此不是有所得就是得以补过，而吉无咎之类的易辞亦随之而来。卦爻辞哪里有跳出卦义的呢？以卦推爻，其情可知。可见圣人系辞，无非是为了使人趋吉避凶，大胆的遵循正道，小心的畏避邪途。其所谓的“忧悔吝”，也就是君子的慎独之机，贤者的不远之复。其所谓的“震无咎”，也就是成汤的改过不吝之勇，太甲的自怨自艾之诚。说到趋吉避凶，没有比这更重要的了。圣人一一彰显于爻辞之上，用意深切。

易与天地准，故能弥纶天地之道。

【解义】

此一章是言易道之大，惟圣人能用之。而此一节，先极赞其大，以起下文用易之事也。易指《易》书而言。弥，联合之意。纶，条理之意。

孔子意曰：至大者莫如天地。凡囿于覆载之中者，皆不足以拟之，而惟易与之齐准。盖天地之道，不过一阴一阳之变。易以道阴阳，奇偶二画，包含变化，故于是道有以弥纶之。弥者自其外以统观，而阴阳生生之妙，无不包括于卦爻之中。其全体浑合，初无一毫之欠缺也。纶者自其内以细观，而分阴分阳之理，莫不精密于统贯之内。其脉络条理，又无一节之淆杂也。天地有是道，而《易》书亦有是道。谓之相准，不诚然哉！夫《易》之未作，法天地之道以为易之道，故曰准；《易》之既作，还以易之道理天地之道，故曰弥曰纶。弥之则万合为一，浑然不漏，犹《中庸》言大德敦化也。纶之则一实万分，粲然有伦，犹《中庸》言小德川流也。天地之道，即下文所云幽明、死生、鬼神、仁知、昼夜，与夫天地之化育，万物之生成，皆是也。《易》既能联合而分理之，则理性命无不毕具。而圣人用易以弥纶天地之道，亦不外乎此矣。

【白话】

这一章的宗旨是说，易道广大，只有圣人能够运用。而这一节，先极力地赞扬易道至大，以便引起下文所述的具体用易之事。易指《易》书而言。弥，联合之意。纶，条理之意。

孔子的意思是说：至大者莫过于天地。凡在天地覆载之中的事物，皆不足以比拟天地，唯有易道可与之相提并论。因为天地之道，不过一阴一阳的变化。易用来阐释阴阳，不过奇偶二画，便包含了所有变化，所以能以其道弥纶天地。具体说来，弥是由外统观之意。易的阴阳生生之妙，无不包含于卦爻之中。而易体浑然，没有一丝一毫的欠缺。纶则是自内细观之意。卦的分阴分阳之理，无不精密于统贯之内。而脉络清晰，没有一丝一毫的混淆。天地有其道，《易》书亦有其道，说它们相准，难道很勉强吗？另外，在《易》书尚未著成之时，圣人法天地之道以为易之道，所以叫“准”；《易》书著成之后，又以易道理天地之道，所以叫作“弥纶”。弥则合万为一，浑然不漏，恰如《中庸》强调的“大德敦化”之意。纶则一分为万，粲然有伦，恰如《中庸》所强调的“小德川流”。天地之道，也就是下文所说的幽明、死生、鬼神、仁知、昼夜，以及天地的化育，万物的生成，皆在其列。《易》道既能联合，又能分理，所以义理性命，无不具备。而圣人能用易弥纶天地之道的原因，也不外如此。

仰以观于天文，俯以察于地理，是故知幽明之故。原始反终，故知死生之说。精气为物，游魂为变，是故知鬼神之情状。

【解义】

此一节是言圣人穷理之事也。天象灿然有章，故曰文。地形井然有条，故曰理。原者推之于前，反者要之于后。精重浊为阴，气轻清为阳，物之所受以生而未属于物者也。物既成，则谓之魂魄矣。游者散而远去之意。魂升则魄必降，举魂可以该魄也。情状，犹言气象也。

孔子意曰：易既能弥纶天地之道，故圣人以易之理仰观天文：即阴阳之循环以观其昼夜，即阴阳之升降以观其上下焉。俯察地理：即阴阳之对待以察其南北，即阴阳之杂居以察其高深焉。天文之夜与下，地理之北与深，幽也。而其所以幽者，阳之变而为阴也；天文之昼与上，地理之南与高，明也。而其所以明者，阴之变而为阳也。幽明之故，以易而知之矣。以易之理推原人物之所以始，始即终之发端。反观人物之所以终，终即始之归宿。其始之生气，凝于妙合之际，而理随以全，阴之变而为阳也。其终之死气，散于殂落之余，而理随以尽，阳之变而为阴也。死生之说，以易而知之矣。以易之理究其精与气之凝聚，而既有知觉，又有运动，则为物；精与气之消散，而魂升于天，魄降于地，则为变。为物者，自无而有，神之来也，伸也，阴之变而为阳也；为变者，自有而无，鬼之往也，屈也，阳之变而为阴也。此盖造化之迹，二气之良能。其情无形，而其状有象鬼神之情状，不又以易而知之乎？《易》固圣人穷理之书也，总之：幽明者阴阳之显晦，死生者阴阳之消息，鬼神者阴阳之聚散。此三者，理之难穷者也，圣人皆有以知之。则凡天地人物造物之理，殆无一之不穷矣。是以崇效卑法，生顺没宁，而与鬼神同其吉凶也。圣人穷理之功大矣哉！

【白话】

这一节讲的是圣人穷理之事。天象灿然有章，所以叫“文”。地形井然有条，所以叫“理”。“原”的意思是向前推溯，“反”的意思是向后推断。精重浊为阴，气轻清为阳。生命受生之前，还不能算作生命。精气凝聚之物，叫作“魂魄”。游，散而远去之意。魂升则魄降，通过魂的情状，可以推断魄的情状。情状，气象。

孔子的意思是说：既然易道能弥纶天地之道，圣人便根据易理仰观天文，具体说来就是根据阴阳的循环察其昼夜，并根据阴阳的升降察其上下。又根据易理俯察地理，具体说来就是根据阴阳的相对察其南北，并根据阴阳的杂居察其高深。天文中的夜与下，地理中的北与深，就是所谓的“幽”。之所以叫作“幽”，是因为它们是阳变阴的产物。天文中的昼与上，地理中的南与高，就是所谓的“明”。之所以叫作“明”，是因为它们是阴变阳的产物。这正是易理能够探查幽明之故的原因。根据易理，还可以推溯人与物的开始，而开始是终结的发端。如此便能推断人与物的结局，因为结局是起始的归宿。当一开始的生气，凝于妙合之际，诸理随即齐备，阴即变为阳。当最终的死气，散于殂落之余，诸理随之殆尽，阳即变为阴。这正是易理能够阐释死生之说的原因。根据易理还可以推究出，精气凝聚之后，既有知觉，又有运动，则为物；精气消散之后，魂升于天，魄降于地，则为变。“为物”是一个无中生有的过程，如同神之来，神乃伸展之物，恰如阴爻变成阳爻。“为变”是一个自有而无的过程，如同鬼之往，鬼乃屈伏之物，恰如阳爻变成阴爻。此乃造化之能，是阴阳二气的天赋。其情无形，其状则有鬼神之情状，这不正是易理能够探知鬼神情状的原因吗？总之，《易》乃圣人穷理之书，说具体点，又可以总括为三句话：幽明为阴阳之显晦，死生为阴阳之消息，鬼神为阴阳之聚散。幽明、死生与鬼神，都是最难推究到极点的事物，但圣人都能通晓。这样的话，但凡天地人物与造物之理，便没有圣人不通晓的了。从而崇天法地，生顺没宁，与鬼神同其吉凶。圣人的穷理之功可谓广大！

与天地相似，故不违。知周乎万物而道济天下，故不过。旁行而不流，乐天知命，故不忧。安土敦乎仁，故能爱。

【解义】

此一节是言圣人尽性之事也。土者身所处之地也。敦，厚也。

孔子意曰：天地之道，圣人之性，虽有不同，然其为理则一而已。圣人尽性，故能与天地配合而相似。相似则立此参彼，无毫发之违悖矣。其相似者何如？盖天高明，其道为知；地博厚，其道为仁。皆阴阳之理，而易书具之。圣人尽乎其知，则聪明洞达，而于万物之理，无不各究其极；尽乎其仁，则区处条理，而于天下之人，无不各得其所。如此则仁以成知，而知有实用，非骛于高远，非沦于空虚，何过之有？此圣人及物之仁知，其处常者然也。若夫事有不可以常理行，时有不可以常法处者，圣人又为之称其轻重，委曲迁就以处之，不胶于一定之中，是所谓旁行也，旁行则疑其易流。然行权之中，亦天理之所在，自合乎道义之归，而不流于变诈之术。此圣人应事之仁知，其处变者然也。天者仁义忠信之理，乐之则默契脗合，而内重外轻；命者吉凶祸福之数，知之则昭融洞澈，而修身以俟。见之明，守之固，凡事变得失之数，自不足介于光大之心矣，又何忧焉？圣人知之尽如此。凡人不安土，则自择便利，而济物之心亡，故仁不敦。不敦仁则私意间隔，而爱物之体隳，故爱有限。圣人素位而行，无入不得，则物我不形，而天理周流，恻怛慈爱之念，无时而不存矣，是安土即敦乎仁也。夫既有以立爱之体，则必有以达仁之用。以不忍人之心，行不忍人之政，自无一夫之不获，一物之失所矣。圣人仁之至如此，此则知与天道同其高明，仁与地道同其博厚，故曰“与天地相似而不违也”。《易》固圣人尽性之书也。

按：仁知二者，天德王道之大端也。知周道济，则体用合一矣。旁行不流，则经权悉当矣。乐天知命，安土敦仁，则与天为徒，与物同体矣。此圣人之全功也。而求其用力，则有要焉。《中庸》言“知仁始于好学力行”，孟子言“知者仁者无不知无不爱，必以当务为急，亲贤为务”，可以知其用力之要矣。

【白话】

这一节讲的是圣人尽性之事。土，指所处之地。敦，厚。

孔子的意思是说：天地之道与圣人之性，虽有所不同，但从理上看，二者是一致的。圣人能充分发挥自己的天赋，所以能与天地匹配且相似。相似则可以立此参彼，没有丝毫的违悖。具体来说，有哪些相似之处呢？总的来说，天高明，其道为智；地博厚，其道为仁。这都是阴阳之理，而易书皆具。圣人能充分发挥自己的智慧，聪明洞达，万物之理，皆能各究其极；也能发挥自己的仁德，区处条理，天下之人，无不各得其所。他的仁德能培育他的智慧，他的智慧也都能落到实处，不骛于高远，不沦于空虚，哪里会有什么过失？这是圣人凭借仁德与智慧，应对正常之事的一面。如果事情不能以常理行事，时势又不容以常法应对，圣人还能称量其轻量，委曲迁就而不胶执，就是所谓的“旁行”，旁行则有滥用之流弊。然而权宜行事之时，也不影响天理之正，圣人依然能合乎道义，不至于行变诈之术。这是圣人能够处变，但依然会以仁德和智慧为根本的一面。“乐天知命”的“天”，即仁义忠信之天理；“乐天知命”的“乐”，则是默契和谐的意思。与天道相谐，自能内重外轻而近道。“乐天知命”的“命”，即吉凶祸福之数，知命则昭融洞澈，用以修身，则见识足够明，守持足够固，所有的变化与得失，都不足以影响其光大之心，又有什么值得忧虑的呢？圣人就是这样的智慧。普通人一旦身心不能安定，就会自择其便，再无济物之心，也不再仁厚。不仁厚便会被私意阻隔，爱心随即损毁，就算还有仁爱，也已经很有限了。圣人按照平素的修习标准行事，无物不入，无入不得，表面上看不出来，但天理已然周流，其恻怛慈爱之念，无时不存，这就是所谓的“安土敦乎仁”。既然确立了仁爱之体，必然可以成就仁爱之用。以怜悯同情之心，行怜悯同情之政，自然无一夫不获，无一物失所。圣人的仁爱如此高远，正是因为圣人的智慧像天道一样高明，仁爱与地道一样博厚，所以说“与天地相似，故不违”。《易》书真的是圣人尽性之书。

按：仁与智，是天德王道的发端。智周则道济，就可以体用合一。旁行而不流，就算是通权达变，也能够恰到好处。乐天知命，安土敦仁，则与天相近，与物同体。而这正是圣人的完满功业。探求它的发力点，便能掌握它的要点。《中庸》所谓的“知仁始于好学力行”，孟子所谓的“知者仁者无不知无不爱，必以当务为急，亲贤为务”，正是圣人功业的用力之要。

范围天地之化而不过，曲成万物而不遗，通乎昼夜之道而知，故神无方而易无体。

【解义】

此一节是言圣人至命之事也。范围，谓裁成其过。曲成，谓辅相不及。两在不测之谓神，变化不穷之谓易。

孔子意曰：天地之化，阴阳之气也。二气流行，在天成象，在地成形，无非化也。然其化，浑浑沦沦，无有纪极，不能无或过者。圣人则有以范围之，如顺四时之序以定分至，辨九州岛之界以理疆土之类。一如铸金之有范，城郭之成围，使天地之化，无不就裁，以适于中而不过焉。万物，阴阳之形也。万物赋形，人有智愚，物有动植，皆待成也。然万物芸芸总总，难以周遍，不能无或遗者，圣人则有以曲成之。如厚生正德以立民事，樽节爱养以尽物宜之类。一一委曲周到，知之明，处之当，使万物无不得所，以受其成，而不遗焉。昼夜，阴阳之运也。幽明、死生、鬼神，一屈一伸循环之理，皆昼夜之道也。其理互根，动静无端，阴阳无始。圣人则有以兼通而知之。知昼矣，又兼乎夜之道而知；知夜矣，又兼乎昼之道而知。如明也生也神也，昼之属也。昼为阳而阳实根于阴。幽也死也鬼也，夜之属也。夜为阴而阴实根于阳。一昼一夜，迭运不穷，亘古今，皆是道也。圣人之心与之契合无间，通乎其道而知焉，所谓知化育也。夫天地之化，一阴阳之气。万物一阴阳之形，昼夜一阴阳之运，而《易》书亦阴阳之变也。圣人范围不过，曲成不遗，通乎其道而知有如此，岂非得其至神之妙，而易之变化在心者乎？故言乎神则周流不居，既在此，又在彼。在阳者忽在于阴，在阴者忽在于阳。得一以神，无在而无不在，无方所也。而言乎易则百千万变，既为此，又为彼。为阳矣，而亦为阴；为阴矣，而亦为阳。用两而化，无为而无不为，无形体也。《易》固圣人至命之书也，此《易》之所以与天地准而能弥纶天地之道也。

按：仰观俯察，智周道济，范围曲成，所以穷天地之理，尽天地之性，立天地之命也。其道甚大，而实体之，则非求之幽远者也。不外一动一静，致中致和而已。穷理尽性，以至于命，圣人反身而皆备焉。

【白话】

这一节讲的是圣人至命之事。范围，指裁成其过。曲成，指辅相不及。阴阳不测谓之神，变化无穷谓之易。

孔子的意思是说：天地之间所有的变化，都是阴阳二气变化造成的。二气流行，在天成象，在地成形，无非变化。但是相应的变化，混沌不清，没有尽头，却不能有丝毫过度。圣人则能够加以范围，比如顺应四时之序定下二分二至，再比如辨析九州之界厘清疆土等。恰如铸金之范，围城之郭，能使天地之化，无不就裁，皆能适中而不过。万物是阴阳的形象，阴阳赋形于万物，但人有智愚，物有动植，皆有待于进一步成长。但万物芸芸总总，难以周遍，又不能有任何遗漏，于是圣人辅其不及，设法成就。比如厚民正德以立民事，再比如樽节爱养以尽物宜之类，都能委曲周到，见识高明，处置得当，使万物各得其所，受成不遗。昼夜是阴阳的运动。所谓幽明、死生、鬼神，以及一屈一伸循环之理，都是昼夜之道。昼与夜互为根本，动静无端，阴阳无始，但圣人却可以兼通昼夜而知之。知昼便可以通夜，知夜又可以通昼。诸如明、生、神，皆为昼之属。昼为阳，而阳以阴为根。诸如幽、死、鬼，均为夜之属。夜为阴，而阴以阳为根。一昼一夜，迭运不穷，从古至今，不出昼夜之道。圣人的心与昼夜之道契合无间，所以能兼通其道而知之，这就是所谓的“知化育”。总的来说，天地之化无非阴阳之化。万物是阴阳之形，昼夜乃阴阳之运，《易》书也不过是阴阳之变。圣人使其不过，又不至于不及，兼通昼夜之道而知之，难道不是因为得了其中的神妙，从而将易之变化烂熟于心的结果吗？既然是神妙的，自然会周流而不居，既在此，又在彼。刚刚还是阳的，但忽然会成为阴的；刚刚是阴的，却忽然会变成阳的。得其神妙，便能无在而无不在，却没有具体的方向与处所。而易道也是千变万化，既为此，又为彼。看似是阳的，其实也是阴的；看似是阴的，其实也是阳的。阴阳化合，便能无为而无不为，却没有具体的形体。《易》乃圣人至命之书，而这正是它之所以能与天地准并能弥纶天地之道的原因。

按：圣人仰观俯察，智周万物，道济天下，使其不过，又补其不及，所以能穷天地之理，尽天地之性，立天地之命。其道甚大，但实际体悟时，又不必求诸于幽远。其实不外乎一动一静，致中致和而已。穷理尽性，以至于命，圣人通过不断自省，就能完备。

一阴一阳之谓道，继之者善也，成之者性也。仁者见之谓之仁，知者见之谓之知。百姓日用而不知，故君子之道鲜矣。

【解义】

此一章言道之体用，不外乎阴阳，而未尝倚于阴阳。而此三节言道之命于天而禀于人者，兼示人以体用全备之道也。

孔子意曰：自有天地万物，则有天地万物之理，所谓道也。盈天地间，无非道。而所谓道者无他，只是一阴一阳而已。阴阳，气也。气之流行，一动一静，互为其根。一阴矣，又一阳焉；一阳矣，又一阴焉。大而一阖一辟，小而一嘘一吸，莫不皆然。所以然者，无非实理之所为，此之谓道也。是道也，其在天命流行，静之终，动之始，可以观其继焉。继之者，当接续之间。此理方动，出于天而将赋于物。生理所发，化育为功，全是天道之本然，无贰无杂，纯然善也。至于赋予于物，各具是道，可以观其成焉。成之者，物各得其所以生之理，受天所赋，人有为人，物有为物，实理具备，随在各足，乃为性也。继善者成性之方发，阳之事也；成性者继善之已成，阴之事也。此一阴一阳之道，在天命之流行，赋予者然也。若夫成性之后，其在人也，有得阳之动而成性者，仁者也。仁者偏于阳气居多，故同是道也，自仁者见之，则但识其动而及物之机，以发生布德之仁，目为道之全体，而谓道在是焉，则竟谓之仁矣。有得阴之静而成性者，知者也。知者偏于阴气居多，故同是道也，自知者见之，则但识其复而干事之体，以凝静生明之智，目为道之全体，而谓道在是焉，则竟谓之知矣。盖天命之善本无偏，而气质之受则有偏也。至于蚩蚩之氓，百姓也，未尝不囿于道之中，行焉习焉，终身由之，日用是道者也，而不着不察，一无所见，不知有道之仁，亦不知有道之知焉。此又愚不肖之辈也。夫道之全体，阴阳无偏者也。乃仁者知者，各有所见而得其偏，百姓则于道无所知。是以君子阴阳合德，体用全备之道，终鲜其人矣。夫仁，阳也；知，阴也。百姓日用，亦皆阴阳所在也。仁知虽偏，而道本不偏；百姓虽愚，而道无不在。则一阴一阳之道又可见矣。

【白话】

这一章的意思是说，道的本体与功用不外乎阴阳，但绝不倚仗阴阳。此三节讲的则是道在天命与人的禀赋上的体现，同时示人以体用全备之道。

孔子的意思是说：自从有了天地万物，就有了天地万物之理，这就是所谓的“道”。充盈于天地之间的，也只有道。而所谓的道，其实就是一阴一阳而已。阴阳，也就是气。气的流行，一动一静，互为彼此之根。有一阴，必有一阳；有一阳，必有一阴。大至一阖一辟，小至一嘘一吸，无不皆然。之所以会这样，无非是实理的运行，也即道的规律使然。道流行于天命之时，以静终，以动始，可以借此观察动静终始的相继。具体说来，相继，即接续的刹那，也就是相继之理方动之时，天道便即流行，即将赋予万物。生育之机，化育之功，皆出自天道，无贰无杂，纯然至善。待其赋之于物，则各具其道，可以借此观察道对万物的成就。之所以能够有成，是因为万物契合了相应的生机，禀受了相应的天赋，人成人，物成物，实体与义理俱备，又根据各自的天性，形成了各自的特性。所谓“继善”，即是相继于天性刚刚发展之时，此为阳事；所谓“成性”，即是相继于万物已然形成之时，此为阴事。这就是一阴一阳之道体现在天命与人的禀赋上的情状。等特性形成，如果是人，阳气居多，动性较大，就是仁爱之人。仁者因为阳气偏胜，所以同样是道，在仁者眼中，却会更多地看到道的动性与及物的一面，从而生发出泽及天下的仁心。虽然眼中看到的是道的全体，但说起道时，就会以仁代替道。也有得阴气较多，静性较大之人，这样的人就是智者。智者由于阴气偏胜，所以同样是道，但在智者眼中，会更多的看到道的规律与具体操作，从而生发出源源不断的智慧。虽然眼中看到的是道的全体，但说起道时，就会以智代替道。总的来说，天命是完善的，且毫无偏胜，但气禀会有所偏胜。至于“蚩蚩之氓”，也就是普通百姓，未尝不囿于道中，所行所习，终身不变的，以及日常应用的，都在道的范畴之内，但却丝毫不察，一无所见，既不了解道有仁爱的一面，也不了解道有智慧的一面。这就是所谓的“愚不肖之辈”。道从整体上看，阴阳皆无偏胜。仁者与智者，是因为各有所见而得其偏，而百姓对于道则一无所知。所以，能够阴阳合德，体用皆备的君子，历来都是凤毛麟角。仁，是阳的表现；智，是阴的表现。百姓日常应用的，都不出阴阳的范畴。仁与智虽说偏胜，但道不会偏胜；百姓虽说愚钝，但道无所不在。从中又不难发现一阴一阳之道。

显诸仁，藏诸用，鼓万物而不与圣人同忧。盛德大业，至矣哉！富有之谓大业，日新之谓盛德。

【解义】

此二节是以造化出入之机，言道之在天地者，不离阴阳互根之妙也。仁谓造化之功，天地生物之心也。用谓机缄之妙。机是弩之机，缄是丝之总结。机一发，缄一启，妙用存焉，故以言用也。

孔子意曰：一阴一阳之道，天地之化机，不外是焉。大德曰生，天地之仁也，仁本在内者也。自内而外，以显诸仁，如春夏之发生，始亨畅遂，无非造化之功。此分一本为万殊，所以鼓万物之出机也。神妙变化，天地之用也，用本在外者也。自外而内，以藏诸用，如秋冬之收敛，性情贞固，自有机缄之妙。此合万殊于一本，所以鼓万物之入机也。一显一藏，循环无端；一出一入，变化莫测。以此鼓万物，而无心成化，其视圣人之有心生成万物而常怀忧患者，且不与同矣。显仁藏用之妙，为何如哉？夫仁，德也，而显仁则德之发也。发而本于德，则德盛于内者也。用，业也，而藏用则业之本也。本而发为用，则业大于外者也。盛德大业，表里互根，皆无心之化机，其妙不可名言，至矣哉！然则，大业在外者也，而由藏用以言大业，则无外非内也。盖方其藏用之时，此理无乎不有。万物气机，洪纤高下，一一归根复命，而静敛其生生化化之机于无声无臭之中。冲漠无朕，而万象森然已具，何其富有也，是大而无外者也。此之谓大业也。盛德在内者也，乃由显仁以言盛德，则无内非外也。盖方其显仁之时，此理日生不已，新机递引，万物发育，源源而出，动舒其形形色色之象于千变万化之际，物与无妄，而知其生意肫然在内，所以日新也。是久而无穷者也，此之谓盛德也。夫显仁，阳也，而显其所藏之仁；藏用，阴也，而藏其所显之用。于显仁见盛德，则体具于用之中；于藏用见大业，则用妙于体之内。是以大业非富有不能，盛德以日新而见。此体用一原，显微无间，阴阳互根者也。一阴一阳之道，其在化机之出入者如此。

【白话】

这两节是以造化的出入之机，申明天地之间的大道，不离阴阳互根之妙。“显诸仁”的“仁”，说的是造化之功，也就是天地长养万物的仁心。“藏诸用”的“用”，讲的是机缄之妙。机指弩机，缄指结丝之具。机之发，缄之启，妙用无穷，所以用机缄比喻道之功用。

孔子的意思是说：天地的长养化育之机，无非一阴一阳之道。生是天地的大德，也是天地的仁心使然，其仁心就体现在长养化育之中。它由内而外地显现出诸多仁德，比如春夏的生发之机，从开始的亨通到最终的顺遂，无非造化之功。此即分一本为万殊之理，所以能鼓动万物的出机。其神妙变化，源自天地的功用，展现于事物的外在。也由外而内地储藏诸多功用，比如秋冬的收敛之性，在贞固的性情之中，蕴含着机缄之妙。此即合万殊于一本之理，所以能鼓动万物的入机。一显一藏，循环无端；一出一入，变化莫测。以此鼓动万物，却无心成化，相对于圣人有心生成万物却常怀忧患，大不相同。显仁藏用之妙，具体是指什么呢？其实，仁为大德，显仁则是德之外发。外发必须以德为本，因此显仁是德盛于内的表现。用即功业，藏用则是兴业之本。有本而发，所以能成就大业。盛德大业，表里互根，都是无心之为，其妙不可胜言，已经达到了极点！然而，大业是外在的显现，圣人却用内在的盛德阐释它，显然有无外无内之意。具体说来就是，藏用之时，此理无所不在。万物的气机，洪纤与高下，一一归根复命，并静敛其生生化化之机，无声无臭，空寂无形，却万象森然，何其富有，这就是所谓的大而无外，也就是所谓的大业。至于盛德在内，却要通过显仁的该来来彰显它，也有无内无外之意。具体说来就是，显仁之时，此理日生不已，新机递引，万物发育，源源而出，在千变万化之际呈现出形形色色的形象，而万物纷纷响应，生意肫然在内，因此能够日新其德，不断发展。它恒久而无穷，所以叫作盛德。显仁，是阳的表现，是显其所藏之仁；藏用，是阴的表现，是藏其所显之用。于显仁见盛德，可知体具于用；于藏用见大业，可知用妙于体。大业离不开内在的富有，盛德要以日新为根基。它们是体用一原，显微无间，阴阳互根的关系。一阴一阳之道表现在造化的出入之机中就是这样。

生生之谓易，成象之谓乾，效法之谓坤。极数知来之谓占，通变之谓事，阴阳不测之谓神。

【解义】

此四节言阴阳变易，生生无穷。法象变数，莫非是道。而终言其道之妙，一神之所为也。

孔子意曰：一阴一阳之道，迭运而无端，则相生而不已，于是见其生生焉。阴生阳，阳生阴，生而又生，无有间断。阴生阳则阴变为阳，阳生阴则阳变为阴。凡天地之消息盈虚，人物之动静荣悴，其生也不息，故其变易也无穷，是生生之谓易也。此皆阴阳之道，无乎不在者也。吾观于物，而得乾坤焉。乾以始物，气初凝而形未具，举物之形容，一一命意，以成无中之有，彷佛可象，是曰成象。此轻清未形，阳之动也，是之谓乾也。坤以成物，气既聚而形已受，举物之体质，一一呈见，而效一定之则，详密有法，是曰效法。此重浊有迹，阴之静也，是之谓坤也。一象一法，阳始阴成，此道之在生物者然也。吾观于筮，而得占事焉。筮者抱蓍问易，推极七八九六之数，以求所值卦爻之动静，而孰吉孰凶，遂知来物。此则事之未定者，方在占决，是之谓占也，属乎阳也。既占之后，由极数知来，以通乎凡事之变，而适其吉凶趋避之宜，此乃占之已决者，见之行事，是之谓事也，属乎阴也。为占为事，阳动阴静，此道之在占事者然也。然则一阴一阳之道，继善成性者此也，见仁见知者此也，显仁藏用者此也，成象效法者此也，极数通变者此也。凡天下之有，不离乎阴阳，而其所以然者，则未尝倚于阴阳。其为道也，妙于无方，莫知其乡。即阴而道在阴，即阳而道在阳。在阳亦在阴，在阴亦在阳。阴阳迭运，而道无不在，不可测度，乃天下之至神也。名之谓神，庶乎见道之妙也已。

按：生生之谓易，《本义》云："理与书皆然也。"盖由《易》书言之，太极生两仪，两仪生四象，四象生八卦，由是生生无穷，此《易》书中之阴阳变易也。生卦生爻，总不外乎乾坤。乾阳三奇，坤阴三偶，法象备焉，此《易》书中之成象效法也。卦爻既列，制为筮法，极数通变，以定吉凶，以生大业，此《易》书之所以前民用也。凡此皆在《易》书者然也。孔子赞易，只以理言之，而《易》书则具有此焉。可见《易》书所以摹写此理，六十四卦三百八十四爻，一阴阳也，阴阳一道也，道之妙神也。至哉易也！是在思而得之矣。

【白话】

这四节的意思是说，阴阳变易，生生无穷，法象变数，莫非是道，并指出《易》道之所以玄妙，就是因为阴阳变化很难提前预测。

孔子的意思是说：一阴一阳，迭运无端，相生不已，这就是所谓的“生生”。阴生阳，阳生阴，生而又生，无有间断。阴生阳时，阴变为阳；阳生阴时，阳变为阴。举凡天地之间的消息盈虚，人物之间的动静荣悴，皆生生不息，变易无穷，这就是所谓的“生生之谓易”。阴阳之道在天地之间的具体展现，无处不在。观之于物，得到了乾坤两卦。其中，乾卦的特性是资始万物，具体说来是在气机初凝而形象未具之时，举凡万物的形容，一一命意，以成无中之有，仿佛可以摹象，所以叫作“成象”。这种轻清未形的状态，是阳气运动的结果，也即所谓的“乾”。坤卦的特性则是长养万物，具体说来是在气机聚集形象已具之时，举凡万物的体质，一一呈见，而效一定之则，详细周密，谨然有法，所以叫作“效法”。这种重浊有迹的状态，是阴气收敛的状态，也即所谓的“坤”。一象一法，阳始阴成，道就是这样资生长养万物的。观之于筮，得到了占事之法。具体说来，是筮者借助蓍草占卦，推极七八九六之数，推出卦爻的动或静，孰吉孰凶，一望即知。进一步说，在事情未定之前，进行占决才有意义，这才是真正意义上的“占”，还处在阳的状态。占筮之后，根据数的演变规律，结合事情的发展变化规律，再根据趋吉避凶的原则，做出决定，见诸行事，就是所谓的“事”，已属于阴的状态。为占为事，阳动阴静，道就是这样体现在占事之中的。然而一阴一阳之道，继善成性取决于它，见仁见智也取决于它，显仁藏用还取决于它，成象效法仍取决于它，极数通变亦取决于它。举凡天下所有，都不离阴阳，但它之所以能够如此，则是因为它并不倚仗阴阳。阴阳之道，妙在无方，莫知其乡。阴时道便在阴，阳时道便在阳。在阳时亦在阴，在阴时亦在阳。阴阳迭运，而道无所不在，不可测度，乃天下至为神妙之物。一个“神”字，差不多可以形容道的玄妙了。

按：关于“生生之谓易”，《周易本义》有言：“理与书皆然也。”具体说来，就是《易》书所谓的“太极生两仪，两仪生四象，四象生八卦”，由是生生无穷，此即《易》书阐释的阴阳变易之学。生卦生爻，都不外乾坤两卦。乾卦有三个阳爻，坤卦有三个阴爻，法象皆备，这就是《易》书所谓的“成象效法”。卦爻既列，制为筮法，便能根据易数，确定吉凶，成就大业，这是《易》书之所以被先民接受的原因。凡此种种，皆在《易》书之中。而孔子赞易，侧重于易理，则是因为《易》书中确有其理。可见《易》书能摹写其理，皆因六十四卦三百八十四爻源于阴阳，阴阳即道，而道神妙难测。易真是极致的学问啊！只要用心思考，一定会有所得。

夫易，广矣！大矣！以言乎远则不御，以言乎迩则静而正，以言乎天地之间则备矣。

夫乾，其静也专，其动也直，是以大生焉。

夫坤，其静也翕，其动也辟，是以广生焉。

广大配天地，变通配四时，阴阳之义配日月，易简之善配至德。

【解义】

此一章是赞易之道极其广大，而其原由于乾坤。故凡易之有配之天道人事而悉准也。

孔子意曰：夫《易》书之作，以道阴阳也。阴阳之理，足以尽天地万物之理，故《易》之为书，无所不载，而含蓄于其中，其理广矣；无所不包，而统括于无外，其理大矣。以言乎远，则四海万世，易之理无乎不到，而莫之止御也；以言乎迩，则瞬息几席，易之理不待安排布置，而各正不偏也。以言乎天地之间，则洪纤高下，易之理无所不有，备乎是矣，岂不广大矣乎！夫易，何以广大如是？以易中具有乾坤之理也。夫乾，天也。乾道始物，动静生焉。当其静也，方与坤别，而利贞以立其体。其生物之心，常存不他，专一于此。及其动也，既与坤交，而元亨以行其用，生意沛然，直遂以达，莫可止遏。由专而直，则乾一之气行乎坤两之中，万物皆受气于此，而大生焉。易中纯阳之乾，具有此理，易之所以大也。夫坤，地也。坤道成物，动静形焉。当其静也，方与乾别，而利贞以立其体。收敛生意在内，翕聚而无余。及其动也，既与乾交，而元亨以行其用。乾气一至，受以生物，将无穷生意发散在外，无不开辟。由翕而辟，则坤两之体，顺承乎乾一之施，万物皆受形于此，而广生焉。易中纯阴之坤，具有此理，易之所以广也。夫易之广大，既得乾坤之理，则可以配天地之道矣。言乎广大，莫如天地，而易中三奇为乾，三耦为坤。乾知大始，坤作成物，兼天地之化焉，是易之广大配乎天地。言乎变通，莫如四时。而易中一阴一阳之谓变，变而不穷之谓通。合四时之序焉，是易之变通配乎四时。天道之运，日为阳精，月为阴精。而易中卦爻，称阴称阳，名义存焉，是阴阳之义配乎日月。人心至德，如乾之易，如坤之简，而易中卦爻，健者恒易，顺者恒简，至善存焉，是易简之善配乎至德。夫天地，四时，日月，与人心之至德，尽乎天道人事矣，而易无不配焉。易诚广矣！大矣！

按：首章论乾坤之尊卑，结之以易简而理得。此章论乾坤之广大，结之以易简配至德。然则易简者，圣德之根柢也。天得一以清，地得一以宁，王者得一以为天下贞，易简之道也，即《书》之所谓“允执厥中”也。而所以得此者安在?曰：“存天理，遏人欲，闲人心，体道心”而已矣。

【白话】

这一章的主旨，是赞颂易道广大，究其原因，则是因为易中具有乾坤之理。所以，易道能匹配天道、人事而悉准。

孔子的意思是说：《易》书的主要内容，是阐述阴阳。一阴一阳之理，足以尽天地万物之理，所以《易》书无所不包，皆能含蓄其中，其理极广；因其无所不包，所以能统括于外，其理极大。说到远，则四海万世，无所不到，任何力量都无法止御；说到近，则瞬息几席，不待安排布置，皆能各正其位而不偏。即便是天地之间的所有事物，洪纤与高下，易理也无所不有，无所不备，这难道还算不上广大吗？那么易道为什么会如此广大呢？主要是因为易中具备乾坤之理。乾，代表的是天，其特性是资生万物，有动静两种表现。当它静的时候，才与坤相别，从而保持恒久的本体。它的生物之心常存，专一不移。当它动的时候，便与坤相交，从而亨通其用，生意沛然，直遂以达，无法遏止。由于它专一直接，乾一之气能畅行于坤两之体之中，万物皆受气于此，从而大生。易卦中纯阳的乾卦具备此理，所以易道极大。坤，代表的是地，其特性是长养万物，有动静两种形态。当它静的时候，才与乾相别，从而保持其恒久的本体。它收敛生意于内，聚所能聚，无所遗漏。当它动的时候，便与乾相交，从而亨通其用。乾气一到，受以生物，即将无穷生意发散于外，无不开辟。由于它静翕动辟，凡坤两之体莫不顺承其气，万物皆受形于此，因此能广生万物。易卦中纯阴的坤卦，具备此理，所以易道极广。既然易道的广大，是因为具备乾坤之理，自然可以匹配天地之道。说到广大的事物，莫过于天地，而易卦用三个阳爻代表乾卦，用三个阴爻代表坤卦。乾卦决定了万物的生成，坤卦决定了万物的长养，乾坤两卦决定了天地之间所有的长养化育，所以说易道的广大足以匹配天地。说到变通的事物，莫过于四季。而易理认为，一阴一阳之谓变，变而不穷之谓通。易道既能合四时之序，其变通便足以匹配四时。说到天道的运行，以阳精的太阳和阴精的月亮最为明显。而易卦中的爻，无非阴爻与阳爻，名义皆存，所以其阴阳之义可以匹配日月。人的最高德行，恰如乾卦之易，坤卦之简，而易中的卦爻，健者恒易，顺者恒简，至善存于其间，因此其易简之善足以匹配至德。天地、四时、日月，以及人间至善，基本涵盖了天道与人事，而易无不匹配。易道确实极广极大！

按：首章论述了乾坤的尊卑，最后以易简之理作终。本章论述了乾坤的广大，最后以易简配至德为终结。然则易简之道，其实是圣人德行的根柢。所谓“天得一以清，地得一以宁，王者得一以为天下贞”，说的就是易简之道，也即《尚书》所谓的“允执厥中”。但如何做到呢？其实无非是“存天理，遏人欲，闲人心，体道心”而已。

卷十六

系辞上传

子曰："易其至矣乎！夫易，圣人所以崇德而广业也。知崇礼卑，崇效天，卑法地。天地设位而易行乎其中矣！成性存存，道义之门。"

【解义】

此一章是赞易道之至，见圣人德业与天地参，无非易理之所悉备也。

孔子意曰：易之理，其至极而无以加矣乎。何以言之？夫天下德之崇，业之广，至于圣人极矣。而圣人所以崇德而广业者，用易之理也。盖易中六十四卦，三百八十四爻，莫非至理。圣人以之穷理而崇其德，则得之于心者，知识日进于高明，其知崇也。以之循理而广其业，则体之于身者，践履日就于笃实，其礼卑也。夫言乎崇者，莫如天，而圣人之知之崇，则效乎天，心之神明，独超万物之上，而物莫与并焉。以此观德，何如其崇也！言乎卑者，莫如地，而圣人之礼之卑，则法乎地，身之体备，不涉一毫之虚，而纤悉弗遗焉。以此观业，何如其广也！德崇如天，业广如地，以天地同此易之理也。试观，天设位于上，地设位于下，乾健坤顺，二气运行，而其间阴变阳化，如日月寒暑之类，往来不穷，日行乎其中矣。圣人知崇而日上，礼卑而日下，则其易知简能，本成之性，存而又存，纯于不已，而其间率由自然之道，裁制合宜之义，千变万化，皆由此出，是存存之成性，乃道义之门矣。是圣人德崇业广，与天地为一者也，而无非体易以得之。易之理，岂不为至矣乎？

按：言德曰知崇，即所谓尊德性，致广大，极高明之事也；言业曰礼卑，即所谓道问学，尽精微，道中庸之事也。而德之崇，至于发育万物，峻极于天；业之广，备乎礼仪三百，威仪三千。此即尧舜之德业，如天之无不帱，如地之无不载者也。圣人用易之极功，断在此矣。

【白话】

本章的主旨，是赞颂易道之大无极，并指出圣人的德业之所以与天地相匹配，主要是因为深谙易理。

孔子的意思是说：易经的内涵广大无比，以至于无以复加。为什么这么说呢？说到德崇业广的极致之人，莫过于圣人。而圣人之所以德崇业广，主要是因为深谙并善用易理。总的说来，易经六十四卦，三百八十四爻，都是至理名言。圣人以之穷理，不仅德行会愈发崇高，而且能得之于心，知识与见识都会愈发高明，智慧也会愈发崇高。以之循理而广业，则能体之于身，随着不断实践，会愈发笃实，愈发谦卑。说到崇敬，莫过于天，而圣人的智慧之高可以比拟于天，其能力与德行独超万物之上，而万物无法与之并论。以此观德，谁的德行能与之相比！说到谦卑，莫过于地，而圣人的谦卑则效法大地，自内而外，不涉一毫之虚，而且毫无遗漏。以此观业，谁的功业能与之相比！德崇如天，业广如地，是因为天地之道与易理相同。试着观察天地，天设位于上，地设位于下，乾健坤顺，二气运行，而其间的阴阳变化，如日月寒暑之类，往来不穷，日行其中。圣人的智慧崇高并且日日升进，胸怀谦卑并且愈发下人，所以能根据易简之道，将固有的纯善日日存养，愈发精纯，其中的遵循自然之道，裁制合宜之义，千变万化，盖出于此，所以圣人说“存存成性，道义之门”。说到底，还是在讲圣人之所以德崇业广，与天地相匹配，无非是因为圣人能体悟易中的大道。易道的内涵，能说不够极致吗？

按：讨论德行，却说智慧崇高，即《中庸》所谓的“尊德性”以“致广大”，乃极高明之事；讨论功业，却说谦卑守礼，即《中庸》所谓的“道问学”以“尽精微”，即中庸之道。德行崇高到一定程度，可以发育万物，峻极于天；功业广远到一定程度，自有礼仪三百，威仪三千。这是尧舜一般的德业，像上天无所不覆，大地无所不载。圣人用易而功业无边，原因即在此处。

圣人有以见天下之赜，而拟诸其形容，象其物宜，是故谓之象。圣人有以见天下之动，而观其会通，以行其典礼，系辞焉以断其吉凶，是故谓之爻。言天下之至赜而不可恶也，言天下之至动而不可乱也。拟之而后言，议之而后动，拟议以成其变化。

【解义】

此一章是言卦爻之用，而此四节，先言圣人设卦生爻，立象系辞，有以尽天下之变化。用易者所当拟议而法行之也。

孔子意曰：伏羲画卦，有卦之象。象也者，所以像天下之赜也。惟圣人有以见天下之赜，纷繁杂乱，莫可纪极，而各有其形容物宜。于将画卦时，彷佛其形容。其为纯阴纯阳者何似？其为杂阴杂阳者何似？拟诸心目间，于是画卦，以曲肖其物宜。如纯阳之物，宜于三奇以象天；纯阴之物，宜于三偶以象地。杂阴杂阳之物，如雷风山泽之类，各有所宜以象之，是故谓之象也。周公系爻，有爻之辞。爻也者，所以效天下之动也。惟圣人有以见天下之动，变化云为，莫可拘泥，而各有其会通典礼。于是观于会聚之中，必有可通之理，以行其典常礼法，为万世准。于六爻之动，有循典礼而行者，系辞焉以断其吉；有背典礼而行者，系辞焉以断其凶。一一效而示之，是故谓之爻也。夫象，言天下之至赜，若可厌恶矣。然一阴一阳，理所必有，不可恶也。爻言天下之至动，若可紊乱矣。然一物一则，理所不渝，不可乱也。圣人立象系爻如此，用易者所不可须臾离也。是以君子将有言也，必观象玩辞，观变玩占，拟之象爻而后言焉。将有动也，必观象玩辞，观变玩占，议之象爻而后动焉。拟之议之，而言有语默危孙，动有进退存亡，执两用中，时措皆宜，以成人事之变化，与天为一矣。孔子言象爻之为用如此，下引七爻，乃其例也。可见易象至赜，而有至一者存；易爻至动，而有至常者存。所谓“惟精唯一，允执厥中”，帝王心法，亦不外乎此也。

【白话】

本章讲的是大象与爻辞的作用。此四节先说圣人设卦生爻、立象系辞，穷尽天下的变化。习易者应反复揣摩，并结合实践，加以研究。

孔子的意思是说：伏羲画卦，产生了卦的大象。象可以把天下的神妙之事形象化。但只有圣人可以探查天下的神妙之事，能于难以穷尽的纷繁杂乱之中，使各种事物皆得其宜。因此画卦之前，已经先有了大致形容。纯阴纯阳的卦像什么呢？杂阴杂阳的卦又代表什么呢？内心有了具体的形象，这才画卦，才能准确恰当。比如纯阳之物，宜于用三个阳爻来代表，因为纯阳至健的天就是这样的大象；纯阴之物，则宜于用三个阴爻来比拟，因为纯阴至顺的地就是这样的大象。杂阴杂阳之物，如雷风山泽之类，也各自配以适宜的形象，所以都叫作象。周公系爻，产生了各爻的爻辞。爻模拟的是天下的变动。也只有圣人，能在观察天下变动的基础上，于绝不拘泥的变化之中，总结出各种变通之道。并于各种可通之理出，归纳出各种典礼仪式，为万事准则。六爻之中的动爻，如果循礼而行，爻辞便断其为吉；若是悖礼而行，爻辞则断其为凶。各爻一一效示，所以都叫作爻。象显示的是天下至为隐秘之事，似乎令人厌恶。然而一阴一阳，理所必有，不可厌恶。爻言说的是天下至为变动之事，似乎显得紊乱。然而一物一则，理所不渝，不可紊乱。圣人既然这样圣人立象系爻，运用易道之人不可有须臾相离。因此君子在进言之前，必须观象玩辞，观变玩占，深入大象与爻辞，而后方能进言。在采取行动之前，也必须观象玩辞，观变玩占，反复推究大象与爻辞，而后再付诸行动。即便是在拟之议之的基础之上，说话仍然要掌握语默危孙之法，行动依然要考虑到进退存亡，然后执两用中，时措皆宜，以天人合一之境，成就天下之大功。孔子解释象与爻时皆用此法，以下援引七条爻辞为例。从中不难发现，易象虽说极其隐秘，但存有高度一致之处；易爻虽然极其变动，但存有至常不变之理。《尚书》所谓的"惟精惟一，允执厥中"，乃帝王心法，也不外如此。

"鸣鹤在阴，其子和之，我有好爵，吾与尔靡之。"子曰："君子居其室，出其言善，则千里之外应之，况其迩者乎？居其室，出其言不善，则千里之外违之，况其迩者乎？言出乎身，加乎民；行发乎迩，见乎远。言行，君子之枢机。枢机之发，荣辱之主也。言行，君子之所以动天地也。可不慎乎？"

【解义】

此一节释中孚九二爻义。言拟议此爻之辞，当知言行之贵于诚也。中孚九二之爻辞云："鸣鹤在阴，其子和之。我有好爵，吾与尔靡之。"孔子释之若曰：鹤鸣子和，我爵尔靡者，诚信感通之理也。而感通莫大于言行，君子居其室在隐密之中，而出其言善，当乎天理，合乎人心，则在千里之外，此感彼通，必且从其善而应之，况其迩者，善之所先及，有不应乎？居其室在隐密之中，而出其言不善，悖乎天理，拂乎人心，则在千里之外，虽令不从，必且舍其不善而违之，况其迩者，不善之所先及，有不违乎？言如此，行可知矣。毋谓一言可忽也，言者心之声，天下皆属耳焉。方自身出，即已加乎民而不可返矣。毋谓一行可忽也，行者心之迹，天下皆属目焉。方自迩发，即已见乎远而不可掩矣。言行之在君子，犹户之运有枢，矢之发有机。枢运而户必开，机发而矢必远。言行如枢机之发，善则人应而荣，不善则人违而辱。乃荣辱所由感召之主也。不但此也，人与天地同此理，同此气。言行而善，则和气足以召天地之祥；言行不善，则乖气足以召天地之殃。君子之所以动天地者，亦由此也，可不戒惧谨独而慎之乎？君子拟议此爻，当谨其言行之发矣。

按：宋景三言而荧惑退舍，太戊修德而祥桑立枯。言行动天地，实理感召然也。人君端拱深宫，一话一言，一事一为，皆与四海相关，与天地相赞，不可不慎。惟在择善立诚，以端其本，而后发号施令，颁条布政，皆主善以为常，则万姓咸仰。大哉王言，亦见一哉王心，莫不是训是行，近天子之光矣。

【白话】

这一节解释的是中孚卦九二爻的爻辞。意思是说，讨论该爻辞，应该知道言行贵在真诚。中孚卦九二一爻的爻辞说："鸣鹤在阴，其子和之。我有好爵，吾与尔靡之。"孔子对此解释道：老鹤鸣叫，小鹤应和，我有好爵，与群共享，彰显的都是诚信感通之理。而感通的方式莫大于言行，君子就算居于隐秘之室，只要说话得当，合乎天理人心，就算是千里之外的人也能彼此感通，并在此基础上响应顺服，更何况较近之处，距离君子很近，能不响应吗？反过来说，君子就算居于隐秘之室，只要说话不当，违背天理，拂逆人心，千里之外自然有令不从，而且必然会违背其不当之处，更何况距离较近的人，首当其冲，能不违抗吗？说话尚且如此，行为可想而知。不要认为一句话微不足道，所以有所忽略，其实言为心之声，天下皆然。刚刚发出之后，就已经加诸于民，不可复返。更不要认为有任何行为可以疏忽，行为心之迹，天下皆然。刚刚发生在近处，就已经显现于远处，无法掩饰。言行对于君子来说，就像门户的轴，弓矢的机。门轴运动而门户必开，矢机发动箭矢必远。言行就像枢机的发动，完善的话就会人人响应，带来荣耀，不完善的话，就会人违背，造成屈辱。其实言行就是感召荣辱的主要因素。不但如此，人与天地皆同此理，同此气。言行得当，其和气足以召天地之祥；言行不当，其戾气足以召天地之殃。君子之所以能感格天地，也是因为如此，能不谨慎戒惧吗？所以探讨该爻辞，首先应该知道言行贵在真诚。

按：宋景公有三句善言因此能令荧惑星退舍，太戊勤修德政使得象征灾异的桑树与谷树迅速枯死。人的言行能感动天地，实在是因为实理相互感召的缘故。君王高高在上，居于深宫，但一言一语，一事一为，皆与四海相关，与天地相赞，不可不慎。唯有择善立诚，端正根本，而后发号施令，颁条布政，方能以善为常，使万姓感仰。由此可见，《尚书》所谓的"大哉王言"，以及"一哉王心"，正如先哲所强调的，莫不"是训是行，近天子之光"。

"同人，先号咷而后笑。"子曰："君子之道，或出或处，或默或语，二人同心，其利断金。同心之言，其臭如兰。"

【解义】

此一节释同人九五爻义，言拟议此爻之辞，当求同于心也。

同人九五之爻辞云："同人先号咷而后笑。"孔子释之若曰：同人九五与六二相应，同心者也。但隔于三四，不能遽同。始睽终合，故其爻辞云："同人先号咷而后笑。"盖君子之道，其所以相同者，不在迹而在心。若就迹而论，或出而事君，或处而独善，或默而缄口，或语而论辨，似乎不同矣。原心而论，则出处语默，自有相信于形迹之外者，宁有不同者乎？夫人但患心不能同耳。苟二人之心，皆出于一，则彼此相孚，利害不能移，谗邪不能间，举天下之物，无足以阻隔之者，即至坚如金，其利足以断之矣。由此发而为言，非必其雷同附和，自然同归于道，同协于理，意味深长。虽兰之臭气馨香，无以过之，则甚矣。同人之道，不以迹而以心也。

按：同人二五同德相孚，本为正应，所不能遽合者，三四间之耳。究之，心既同，则始虽间阻，终必得合，此孔子指出同心二字，与同人于野之旨，互相发明也。

【白话】

这一节解释的是同人卦的九五的爻辞，意思是说，讨论该爻辞，应以同心是求。

同人卦的九五爻辞说："同人先号咷而后笑。"孔子对此解释道：同人卦的九五与六二阴阳相应，好比同心。但中间有三爻与四爻阻隔，无法迅速和同。但它会始睽终合，所以爻辞说："同人先号咷而后笑。"总的来说，君子之道，其所以相同者，不在迹而在心。如果只看行迹，或者服侍君王，或者独善其身，或者缄口不语，或者开口论辨，似乎若有不同。但若只看本心，则出处语默，就算有些可疑的迹象，又有什么可疑的呢？人与人之间，只患心不能同而已。如果二人能够一心，就能彼此相孚，从而利害不能移，谗邪不能间，举凡天下之物，都不足以阻隔，就算坚如金石，也足以断之。基于此，其发言必然不会是雷同附和，而是合于道，协于理，意味而深长。就算是兰草的馨香，也无法超过它，只会让它更加突出。所以说同人之道，不论迹，只论心。

按：同人卦的二爻与五爻同德相孚，本为正应，之所以不能迅速和同，是因为有三爻和四爻间隔。但推究到底，心既然是一致的，就算有间隔，最终也会和同，所以孔子强调"同心"，正可与圣人"同人于野"的宗旨互相发明，相互验证。

初六：“藉用白茅，无咎。”子曰：“苟错诸地而可矣，藉之用茅，何咎之有？慎之至也。夫茅之为物薄，而用可重也。慎斯术也以往，其无所失矣！”

【解义】

此一节释大过初六爻义，言拟议此爻之辞，当知凡事之贵慎也。

大过初六之爻辞云：“藉用白茅，无咎。”孔子释之若曰：大过之初爻，以阴柔居巽下，敬慎小心，如将一物安置于地，必用白茅藉之者然。故爻辞云“藉用白茅，无咎”，盖言敬慎之道也。彼一物也，错置于地已可以安矣，而又藉之以茅，自无覆败之虑，何咎之有？此其心盖敬慎之至，极其委曲周到也夫。茅之为物至微薄，而用以藉物则使物益安，其用不甚重乎！苟能慎持斯术以往，凡所设施，自无所失矣。

按：凡人处事，见为可虞者，或能矜持；见为已安者，易生忽略。故圣人教人，虽于易忽之处，而益加以敬慎之心。忧勤惕励，无时不以小心处之，思患预防，无在不于先事图之。如是则理有万全，事无一失，真制事之良规，守身之要术也。

【白话】

这一节解释的是大过卦的初六的爻辞，意思是说，讨论该爻辞，当知凡事贵慎。

大过卦的初六爻辞说：“藉用白茅，无咎。”孔子对此解释道：大过卦的初爻是个柔爻，柔者阴柔，又居于下卦巽卦的最下面，一副敬慎小心的样子，恰如古人将一物安置于地前，必然用白茅予以铺垫。所以爻辞所谓的“藉用白茅，无咎”，说的就是敬慎之道。不过是一件物品，放在地上即可，还要铺上茅草，自然不会有覆败之忧，又会有什么咎害呢？说到底，这是因为他的心敬慎至极，极其委曲周到。茅草虽然是微薄之物，但用来铺垫别的事物，使事物更加安全，它的功用不是也很大吗？若能保持这样的心态，无论做什么，都不会有太大的过失。

按：人在应对事情时，如果心怀忧虞，就会庄重拘谨；如果自认为安全，就会粗心忽略。所以圣人教导世人，就算极其容易之事，也要保持敬慎之心。只要忧勤惕励，无时不以小心处之，思患预防，无不先事图之，就能理出万全，事无一失，而这正是制事之良规，守身之要术。

“劳谦，君子有终，吉。”子曰：“劳而不伐，有功而不德，厚之至也，语以其功下人者也。德言盛，礼言恭，谦也者致恭以存其位者也。”

【解义】

此一节是释谦九三爻义，言拟议此爻之辞，当知居功之贵谦也。言，如“永言孝思”之言，犹思念也。

谦九三之爻辞云：“劳谦，君子有终，吉。”孔子释之若曰：谦之诸爻，无不谦者，而九三有功劳而能谦，尤人所难，故其爻辞云“劳谦，君子有终，吉”。盖善居功者也。彼勤于王事，可谓劳矣，而不矜伐于人；劳而事成，可谓有功矣，而不任德于己。此由其器识深沉，度量宏远，厚之至也。则夫所谓劳谦者，正语其以功下人，而不伐不德者也。此其心何心哉？其心尝念德之存于己者，必欲其盛；故礼之接于人者，必欲其恭。虽欲不谦，不可得也。然则谦也者，凡以致其恭耳。而人道好谦，自然不疑不忌，位可长保而弗失矣。《书》有之：“汝惟不矜，天下莫与汝争能；汝惟不伐，天下莫与汝争功。”其谦三之谓欤！盖惟不矜不伐，而后天下之功能莫与并焉。使有一毫自矜自伐之心，则其有损于功能之数者，正复不少矣。是以自矜者无能，自伐者无功也。圣人于此爻，所以极称其美，以为立功之善道欤！

【白话】

这一节解释的是谦卦的九三的爻辞，意思是说，讨论该爻辞，当知居功贵谦。“德言盛，礼言恭”之言，如“永言孝思”之言，取思念之意。

谦卦的九三爻辞说：“劳谦，君子有终，吉。”孔子对此解释道：谦卦的六爻无一不谦，而九三则是有功劳而能谦，尤其难能可贵，所以它的爻辞说：“劳谦，君子有终，吉”。总之，它赞美的是善于居功之臣。其人能勤于王事，称得上“劳”；又不矜伐于人，这就是“谦”；劳而事成，可谓有功，又不居功于己。之所以能如此，是因为他器识深沉，度量宏远，厚道至极。而所谓“劳谦”，说的正是他能够以功下人，对无德之人也不恃才夸功。这是怎么样的内心状态呢？如果他的内心总是存有道德的念头，必然会希望自己的道德日盛；因此待人接物之时，必然会愈发显得谦恭。想不让他谦恭，也是不可能的。他愈发的谦虚，就会愈发的恭谨。如此好谦，自然不会招致君王的猜忌，自然可以长保其位。《尚书》有言："汝惟不矜，天下莫与汝争能；汝惟不伐，天下莫与汝争功。"与谦卦三爻的内涵高度一致！总的来说，也只有不矜不伐，方能居天下之大功，任何人都不能与之相提并论。倘若有一丝一毫的自矜自伐之心，对他的功劳与成就的损毁，只会多，不会少。所以《道德经》说："自矜者无能，自伐者无功。"而圣人之所以极力称赞此爻，也是因为它讲述的正是立功居功的完善之道。

"亢龙有悔。"子曰："贵而无位，高而无民，贤人在下位而无辅，是以动而有悔也。"

【解义】

此一节释乾上九爻义，言拟议此爻之辞，当知持盈之道也。亢，过于上而不能下也。

乾上九之爻辞云："亢龙有悔。"孔子释之若曰：乾之上九，处阳盛之极，不知变通，而与时俱亢，故其爻辞曰："亢龙有悔。"夫乾之上爻，何以有悔哉？九为龙德，可谓贵矣。然不得阳位，是贵而无位也。居于上爻，可谓高矣，然纯阳无阴，是高而无民也。九三之贤在下，而敌体不应，是贤人在下位而无辅也。此犹人主傲物肆志，简贤虐民，而为亢龙之象也。如此，则处亢之时，而与之俱亢，不知盈虚消息之理。一有所动，悔輙随之矣。

按：盛衰循环，固必然之理。然时之必至于亢者，天也；能不与之俱亢者，人也。人主当此之时，苟能识时观变，保泰持盈，则安富尊荣，位可长享。四海归心，多士乐附，又焉有亢龙之悔乎？至于爻辞但言有悔，而孔子释之曰"动而有悔"者，盖当亢之时，宜静而不宜动。上处亢而妄动，欲求无悔，难矣！《通书》云："吉凶悔吝生乎动，吉一而已。动可不慎哉！"亦足与孔子之意相发明云。

【白话】

这一节解释的是乾卦的上九的爻辞，意思是说，讨论该爻辞，当知持盈之道。亢，意思是过于上而不能下。

乾卦上九的爻辞说："亢龙有悔。"孔子对此解释道：乾卦的上九，处于阳盛之极，不知变通，所以与时俱亢，因此它的爻辞说："亢龙有悔。"那么乾卦的上爻，为什么会有悔呢？这是因为刚爻具备龙德，可谓尊贵。然而它以阳居阴，显得贵而无位。它又居于上爻，可谓高高在上，然而作为纯阳之爻，它没有无阴爻相应，是高而无民之象。它下面有九三这样的贤才，彼此却敌而不应，是贤人在下而它没有人辅佐之象。这恰如君王傲物肆志，简贤虐民，从而走向了亢极之地。这样一来，处在亢激之时，就会与之俱亢，而不知盈虚消息之理。一有所动，悔即随之。

按：盛衰循环，有其必然之理。但天时导致的亢激，取决于天；而人是否与之俱亢，取决于人。君王处在这种情况下，如果能识时观变，保泰持盈，就能安富尊荣，长保其位。四海归心，贤士乐附，又怎么会"亢龙有悔"呢？至于爻辞只说"有悔"，孔子却强调"动而有悔"，主要是说处在亢激之时，宜静而不宜动。像上爻这样，处在极亢之地，又躁行妄动，欲求无悔，实在是太难了！周敦颐所著的《通书》有言："吉凶悔吝生乎动，吉一而已。动可不慎哉！"可以与孔子的意思相互发明。

"不出户庭，无咎。"子曰："乱之所生也，则言语以为阶。君不密则失臣，臣不密则失身，几事不密则害成。是以君子慎密而不出也。"

【解义】

此一节释节初九爻义，言拟议此爻之辞，当知凡事之贵密也。

节初九之爻辞云："不出户庭，无咎。"孔子释之若曰：节之初九，居节之初，未可有为，贵乎能节而止者，故其爻辞曰："不出户庭，无咎。"夫口舌为召乱之端，故乱之所生，每以言语为之阶。如君为臣谋，而能密其言，则终始交孚，自无奸邪之妒。若不密，则失其臣矣。臣为君谋，而能密其言，则谋猷就理，自无反中之伤。若不密，则失其身矣。至于利害伏于几微，成败系于毫忽，所谓几事也，能密其谋则无不成，若不密则人忌其成而乐其败，是事可成而自害之矣。是以君子戒之，慎密其言而不轻出也。

按：古之人君，言语必饬，嚬笑必严。其深谋远虑，虽左右近侍，不得窥其意旨。而为之臣者，周详谨饬，守口如瓶，不敢以禁廷密勿之语，宣示外人，良有鉴于此也。然其慎密之事，又必出于大公，归于至正。为君者，必如宋太祖所云："我心如重门洞开，苟有私曲，人皆见之。"为臣者，必如司马光所云："吾生平所为，无不可对人言者。"然后慎以将之，密以济之，庶不失圣人立言之旨欤。

【白话】

这一节解释的是节卦的初九的爻辞，意思是说，讨论该爻辞，当知凡事贵密。

节卦初九的爻辞说："不出户庭，无咎。"孔子对此解释道：节卦的初九，居于节卦的最初阶段，未可有为，却能够自节自止，难能可贵，所以爻辞说："不出户庭，无咎。"口舌是祸乱的发端，祸乱发生后，往往以言语为阶梯。如果君王为臣子着想，隐密其言，就能始终君臣交孚，自然不会有奸邪之妒。反之，则容易失去贤臣。如果臣子能为君王着想，隐密其言，则谋猷就理，就不会有被人中伤的机会。反之，就容易丧失自身。至于利害的几微，成败的毫厘，也就是所谓的"几事"，能隐密谋划则无有不成，否则就容易招人嫉妒，坐观其败，就算事情可成也会危害自身。所以君子会引以为戒，慎密其言，绝不轻出。

按：古代的君王，言语谨饬，嚬笑肃然。其深谋远虑，就算是左右近侍，也不得窥其意旨。作为其臣子，同样周详谨饬，守口如瓶，不敢以机密之事宣示外人，就是有鉴于此。但君臣密谋之事，又必须出于大公，归于至正。为人君者，必须像宋太祖所说的那样："我心如重门洞开，苟有私曲，人皆见之。"为人臣者，必须像司马光所说的那样："吾生平所为，无不可对人言者。"然后在此基础上，以慎将之，以密济之，差不多就不会偏离圣人的用意了。

子曰："作易者，其知盗乎。易曰：'负且乘，致寇至。'负也者，小人之事也；乘也者，君子之器也。小人而乘君子之器，盗思夺之矣。上慢下暴，盗思伐之矣。慢藏诲盗，冶容诲淫。易曰：'负且乘，致寇至。'盗之招也。"

【解义】

此一节释解六三爻义，言拟议此爻之辞，当度德而居位也。慢藏，不谨慎而暴露之意。冶，修饰也。

孔子意曰：作《易》者，其知致盗之由乎！《易》解之三爻曰："负且乘，致寇至。"此言何谓也？盖负也者，小人劳力之事，小人之所宜也。乘也者，君子所乘之器，君子之所宜也。若小人而乘君子之器，处非其所，适启谋利者觊觎之心，盗思夺之矣。其所以然者，何哉？盖小人窃据所乘，上则不忠而慢乎君，下则不仁而暴其民。谋利者得执之为名，而盗思伐之矣。此岂人之咎哉？犹之我慢其藏，是我教人之盗之也；我冶其容，是我教人之淫之也。《易》曰：“负且乘，致寇至。”正言六三无德据位，而为盗之招也。此作《易》者所以为知盗也。观于此，则为人臣者，当度德量力，不得妄居高位，以贻尸素之讥。为君者，尤当辨材授官，不得轻亵名器，以开侥幸之路。庶几政平事理，而无致寇之患也欤。

【白话】

这一节解释的是解卦的六三的爻辞，意思是说，讨论该爻辞，当度德而居位。慢藏，不谨慎而暴露之意。冶，修饰。

孔子的意思是说：作《易》的圣人，肯定知道致盗之由吧！《易经》的解卦的三爻说：“负且乘，致寇至。”为什么这么说呢？主要是因为负重这种事情，乃小人劳力之事，适合小人去做。乘车这种事情，君子才匹配，适合君子去做。如果让小人乘坐君子才应该乘坐的车子，处非其所，只会激发谋利之人的觊觎之心，图谋盗夺。之所以会这样，原因何在呢？主要是因为小人也是窃据君子所乘，对上不忠，对下不仁，慢于君而暴于民。谋利之人正可以打着冠冕堂皇的旗号，图谋盗伐。但这怎么是他们的问题呢？恰如我们自己不够谨慎，教人以盗；恰如我们自己过于修饰颜容，教人以淫。《易经》所谓的“负且乘，致寇至”，说的正是六三无有才德却占据大臣之位，从而招致盗寇。这正是圣人认为作《易》者懂得致盗之由的原因。通过观察此爻，为人臣者当知量力而处，不可妄居高位，以贻尸位素餐之讥。为人君者，更应该辨材授官，不得轻亵名器，以开侥幸之路。这样差不多就可以政平事理，而无致寇之患了。

天一地二，天三地四，天五地六，天七地八，天九地十。天数五，地数五，五位相得而各有合。天数二十有五，地数三十，凡天地之数五十有五，此所以成变化而行鬼神也。

【解义】

此一章是言，天地之数由图而载，揲蓍之法由图而出。统而归之于神。而此二节乃言河图之数也。变化，指五行之生成而言。鬼神，指阴阳之屈伸往来而言。

孔子意曰：昔伏羲时，龙马负图而出于河，其背上旋毛有自一至十之数。人但知其一六居下，二七居上，三八居左，四九居右，五十居中，而不知其何所属。由今观之，天为纯阳，其数奇，图之一三五七九皆奇，则皆天数也；地为纯阴，其数偶，图之二四六八十皆偶，则皆地数也。河图具天地之数如此，统而计之，彼一三五七九属天，是天数，有五也。二四六八十属地，是地数，有五也。五数在图，各有定位，是为五位，而五位又相得而各有合焉。何谓相得？一与二,三与四,五与六,七与八,九与十，奇在先，偶在后，其序秩然不紊，不有如兄弟之相得乎！何谓各有合？一与六,二与七,三与八,四与九,五与十。奇主施，偶主承，其交肫然无间，不有如夫妇之有合乎！至若以天之一三五七九总之，其数二十有五；以地之二四六八十总之，其数三十。合天地之二数，则有五十有五，而相得有合之数全矣。由此而变化于此成焉，盖阳主变，阴主化。天以一三五生水木土，阳变也，而地以六八十化成之；地以二四生火与金，阴化也，而天以七与九变成之。变起于天者，化成于地；化起于地者，变成于天。人但知变化之成，而不知所以成变化者，此数为之也。由此而鬼神亦于此行焉，一二三四五，生数，来而伸也。然始生虽来而伸，既生则往而屈矣。六七八九十，成数，往而屈也。然既成虽往而屈，方成则来而伸矣。来与往，相倚伏，而鬼神递运于不穷；屈与伸，相始终，而鬼神默移于无迹。人但知鬼神之行，而不知所以行鬼神者，此数为之也。其功用之妙如此。

按：兴神物以前民用，固非圣人不能，然皆本乎理之自然，未尝强为之说。故河图之数，变化无穷，而对待流行，自有一定而不可易者。伏羲观图作易，以泄天地之奇文。孔子就易按图，以明天地之常理。两圣人之所见，如出一揆云尔。

【白话】

这一章的意思是说，天地之数载于河图，揲蓍之法也出自河图，统归于神妙玄奇的阴阳变化。而这两节主讲河图之数。变化，指五行之生成。鬼神，指阴阳之屈伸往来。

孔子的意思是说：在伏羲氏的时代，有龙马出于黄河，其背上的旋毛恰好构成了从一到十共十个数字。人们只知道一和六居于下面，二和七居于上面，三和八居于左面，四和九居于右面，五和十居于正中，而不知道它们分别代表什么。今天看来，天为纯阳之物，其数为奇数，图上的一三五七九皆为奇数，也皆为天数；地为纯阴之物，其数为偶数，图上的二四六八十皆为偶数，也皆为地数。这样一来，河图就具有了天地之数。统而计之，一三五七九属天，是天数，有五个；二四六八十属地，是地数，也有五个。五个数字在图上各有定位，自成五位，五位又彼此相得，各有相合。何谓相得？一与二,三与四,五与六,七与八,九与十，皆是奇在先，偶在后，顺序秩然不紊，不正像兄弟一样相得嘛！何谓各有相合？一与六,二与七,三与八,四与九,五与十，皆为奇主施，偶主承，其交胜无间，不正像夫妇一样各有相合嘛！如果将所有的天数，也就是一三五七九相加，其数为二十五；如果将所有的地数相加，也就是二四六八十相加，其数为三十。把天数与地数相加，则有五十五，而相得有合之数尽在其中。所谓的变化由此而成，具体说来，阳主变，阴主化。天以一三五生水木土，乃是阳变，而地以六八十予以化成；地以二四生火与金，乃是阴化，而天以七与九予以变成。变起于天者，则化成于地；化起于地者，则变成于天。人们只知道变化形成之后的样子，但不知道之所以能成就变化，乃是数理使然，鬼神亦行于其间。具体说来，一二三四五，乃是生数，其特性是来而伸。尽管刚开始资生的时候是来而伸的特性，但是资生之后，就一变为往而屈的特性；六七八九十，乃是成数，其特性是往而屈。尽管已生成之后它的特性是往而屈，但刚刚生成之时它的特性却是来而伸。来与往相倚伏，鬼神得以递运于无穷；屈与伸相始终，鬼神得以默移于无迹。人们只知道鬼神行于其中，但不知道鬼神之所以能行于其中，也是数理使然。它的功用就是如此的玄妙。

按：取之于神，用之于民，固然非圣人不可，但圣人也不过是遵循自然，绝不勉强。河图之数，变化无穷，包含着万事万物的内在规律。伏羲氏观图作《易》，为人们揭示出天地的神数。而孔子就易按图，申明了天地间的常理。两位圣人之所见，如出一辙。

大衍之数五十，其用四十有九。分而为二以象两，挂一以象三，揲之以四以象四时，归奇于扐以象闰。五岁再闰，故再扐而后挂。乾之策二百一十有六，坤之策百四十有四，凡三百有六十，当期之日。二篇之策万有一千五百二十，当万物之数也。

【解义】

此三节是言揲蓍之法，以见策数之各有所象也。衍，推衍也。四,四数之也。奇，零余也。

孔子意曰：河图具天地之数，而圣人之蓍法由此起焉。河图之数始于中宫，以中宫之五为衍母，次十为衍子，以五之一而乘其十，是谓小衍。小衍则一十矣。以五之一而各乘其十，是谓大衍，大衍则五十矣，故蓍策之数有五十焉。及其揲之也，以右手取一策反于椟中，虚一不用，以象太极之体。其用止四十有九，于是将四十九策随手中分，置之左右，左以象天，右以象地，是分而为二以象两仪也。随取右手一策，挂于左手小指之间，以象人处天地之中，是挂一以象三才也。于焉两手所分之策，多寡犹未辨也。乃用左手取左傍之策，以右手四四揲之，复用右手取右傍之策，以左手四四揲之，以象春夏秋冬之四时，是揲之以四以象四时也。四数之后，各有零余，于是将所揲余策，或一或二或三或四，扐于左手第三四指之间。亦犹一岁之中，气盈朔虚，积之以成闰，是归奇于扐以象闰也。然不惟扐，而又再扐者，何也？盖一岁之中，气盈六日，朔虚六日，积三岁多三十六日，以三十日为一闰，其余六日又迟二岁，则更积二十四日，合前所余六日，共三十日，为再闰，是谓五岁再闰。历法如是，故揲蓍之法，既揲左而扐左，又揲右而扐右，则前之策无余矣。然后别起挂揲，以为后揲之端，亦犹五岁之有再闰也。蓍既揲矣，而过揲之策，亦各有所象焉。盖揲蓍之法，每一变后，余四者为奇，余八者为偶。奇圆围三，偶方围四，三用其全，四用其半。以三变之余通计之，去其初挂之一，余一十二策者，谓之三奇。一奇围一三，则三奇共围三三而为九，九者老阳之数也。余二十四策者，谓之三偶。一偶用一四之半，则三偶用三四之半而为六，六者老阴之数也。余十六策者，谓之二奇一偶，其数得八，而为少阴。余二十策者，谓之二偶一奇，其数得七，而为少阳。老阳余一十二策，则过揲之数有三十六策也，一爻三十六，六爻则二百一十有六矣。老阴余二十四策，则过揲之数有二十四策也，一爻二十四，六爻则百四十有四矣。合乾坤六爻之策，凡三百六十，与期之日适相当焉。盖一岁之中，虽有气盈朔虚之不同，三百六十日，其常也。至于二少，过揲之数合之，亦总不外三百六十。可见时令之行，岁序之纪，无不出于其中。圣人岂无本而臆为此法者乎！统上下经二篇，过揲之策计之，二篇中之阳爻皆干也，阳爻百九十二，每一爻三十六，则有六千九百一十二策。二篇中之阴爻，皆坤也，阴爻百九十二，每一爻二十四，则有四千六百八策，共万有一千五百二十，适与万物之数相当焉。盖物之形化气化，虽不同，而万其大数也。

按：揲蓍之理，于至明显中寓精微之妙。其适相符会，若有天造地设，而非人力所能参者。其揲之之法，当参观之《易学启蒙》一书，则如指诸掌矣。

【白话】

这三节讲的是揲蓍之法，为的是说明策与数各有所象。衍，推衍。四，以四为单位。奇，零余。

孔子的意思是说：河图具备天地之数，圣人的蓍法亦由此而来。河图之数始于中宫，以中宫的五为衍母，十为衍子。衍有小衍与大衍，以五之一而乘其十为小衍，小衍之数为十；以五之一而各乘其十为大衍，大衍之数为五十，所以蓍策的数目共有五十根。具体应用的时候，是以右手取出一策，放在椟中，虚一不用，模拟太极。真正用的只有四十九根，具体说来是将四十九策随手中分，左右分别置之，左边模拟天，右边模拟地，分而为二，象征阴阳两仪。然后随意取右边的一策，挂在左手小指之间，象征人处在天地之中，与天地匹配，共成三才之象。此时两手所分之策，具体有多少，尚未可知。于是用左手取左边的蓍策，用右手以四为单位分揲，接着再用右手取右边的蓍策，用左手以四为单位分揲，以模拟春夏秋冬四时。以四为单位分揲之后，左右两侧的蓍策各有零余，于是再将所揲的余策，或一或二，或三或四，都夹在左手第三四指之间。好比一岁之中，气盈朔虚，逐渐积累下来，就会形成闰月。仅此一次还不行，还要继续，这是什么原因呢？主要是因为一岁之中，气盈六日，朔虚六日，三岁会多出三十六天，以三十日为一闰，其余六日要再过二岁，与这两岁多出的二十四天相加，才够三十日，才能再次闰月，也就是五年两闰。历法是这样，所以揲蓍之法，先揲左而扐左，又揲右而扐右，之前余下的蓍策即会无余。然后别起挂揲，以为后揲之端，就像五岁之时，历有再闰。蓍策经过分揲之后，过揲之策也会各有所象。总的来说，揲蓍之法，每一变后，余四为奇，余八为偶。奇圆围三，偶方围四，三用其全，四用其半。统计三变之余，去掉最初挂在小指之间的一策，如果余一十二策，谓之三奇。一奇围一三，则三奇围九，九为老阳之数。如果余二十四策，谓之三偶。一偶用一四之半，则三偶为六，六为老阴之数。如果余十六策，谓之二奇一偶，其数得八，八为少阴之数。如果余二十策，谓之二偶一奇，其数得七，七为少阳之数。老阳余一十二策，则过揲之数有三十六策，一爻三十六，六爻则二百一十六。老阴余二十四策，则过揲之数有二十四策，一爻二十四，六爻则一百四十四。合乾坤六爻之策，共三百六十策，与一年的日期相当。因为一岁之中，虽有气盈朔虚的不同，但三百六十日是恒常不变的。至于少阳与少阴，它们的过揲之数合起来，也是三百六十。可见时令之行，岁序之纪，皆出其中。圣人绝非没有根据，揲蓍之法更不是臆造出来的！统计上下经二篇六十四卦的过揲之策，其中的阳爻皆属乾，共一百九十二爻，每一爻三十六，则有六千九百一十二策；其中的阴爻皆属坤，共一百九十二爻，每一爻二十四，则有四千六百零八策，共计一万一千五百二十策，恰与万物之数相当。总的来说，事物的形化气化虽有不同，但大体上不出万数。

按：揲蓍之理，于至明显中包含着精微之妙。其恰当之处，仿佛天造地设，绝非人力所能参与。其分揲之法，观读《易学启蒙》一书，便可了如指掌。

是故四营而成易，十有八变而成卦，八卦而小成。引而伸之，触类而长之。天下之能事毕矣！显道神德行，是故可与酬酢，可与佑神矣！子曰："知变化之道者，其知神之所为乎！"

【解义】

此五节是言成卦之次第，及卦变之妙用。又总数法，而归之于神也。引，加长也。伸，舒展之也。长，增益之也。神德行，即鼓舞尽神之谓，使之莫知其然而然也。

孔子意曰：夫蓍法既合于造化如此，若用之以求卦，又有序焉，不可紊也。凡卦始于一变，谓之易，而易何自成乎？分二，挂一，揲四，归奇，经四番经营，然后或为奇，或为偶，而易自此成矣。此一变也。由是三变成爻，积之十有八变，则六爻皆成，然后内外以全，贞悔以备，而卦于是乎成矣。然此乃大成之卦也，未有内卦不立，而成外卦者。方其三十六营以成九变，则三画以具，或为乾坎艮震，或为巽离坤兑，虽外卦尚须九变，然内体之卦从此已立，而可谓之小成矣。六爻既备，卦变亦可考而知焉。一卦之中，老少形而动静异，或变在动，或变在静，引其变之端而伸之，则一卦可变为六十四卦。一卦既变，诸卦不可类推乎？即以引伸者，触其类而长之，则卦卦可变为六十四卦。由是吉者趋，凶者避，天下之能事毕具于此矣。蓍卦之变如此，其功用何如哉？吉凶有不易之理，则曰道。道至微也，而易有辞以显之。趋避之理，得之心而见之行，则曰德行。德行至显也，而易有数以神之。夫惟显之神之如此，是故明则有功于人事。方卜筮之时，受命如向，俨若宾主之酬酢焉。幽则有功于造化，开天下之志，成天下之务，有以赞神化之不及焉。故曰"天下之能事毕也"。夫人能因子以成变，因法以明理。知数法之变化者，其知出于理势之自然，而非人力之可与者乎。数也法也，一变化也。其不得不变，不得不化者，神也。知变化则知神矣。

按：天地间，有理则有气，有气则有数。龙马钟天地之灵，泄天地之秘，其背上旋毛，不过自一至十之数耳，而五行之生成，造化之功用，悉具焉。圣人起而制揲蓍之法，为天下万世明得失，决趋避，其裨益于人世者，岂浅鲜哉？有河图而天地之数明，有圣人而图数之功显，此数学之所以大，而圣人之所以幽赞神明也。

【白话】

这五节讲的是成卦的顺序次第，以及卦变的妙用。同时又总揽数术之法，归之于神。引，加长。伸，舒展。长，增益。神德行，鼓舞以使尽展其神妙之意，使之不知其然而然。

孔子的意思是说：既然蓍法如此合乎造化，用之求卦，也必须按照既定顺序，不可紊乱。所有的卦都源自变化，变化就是所谓的“易”，易又是如何展现的呢？如前所述，分二、挂一、揲四、归奇，经四番经营，然后或为奇，或为偶，易变自成。这是一变。以此类推，三变而成爻，十八变则六爻皆成，内外全而贞悔备，卦也就画成了。此乃大成之卦，从来就没有内卦不立而外卦有成之时。只需三十六营以成九变，便能画出一个三画卦，或者是阳性的乾坎艮震，或者是阴性的巽离坤兑，虽说外卦的三画尚须九变，然而内卦已立，已经算得上小成了。当六爻齐备，卦变就可以推衍而知了。一卦之中，老少异形，动静各异，或变在动，或变在静，顺着它的变化推衍开去，一卦可变为六十四卦。一卦既变，别的卦难道不能类推吗？依照此法，触类旁通，其实卦卦都可以变为六十四卦。于是吉者趋，凶者避，天下之能事毕具。蓍卦的变化是这样的，那么它的功用如何呢？其实，或吉或凶，皆有不易之理，这就是所谓的“道”。道极其微渺，但《易经》卦爻辞可以让它显现出来。相应的趋避之理，得于心而见于行的，就是所谓的“德行”。德行极其明显，而《易经》用内蕴的数理使之极尽神妙。唯有如此显明又如此神妙，其明方能有功于人事。人在卜筮之时，就如同当面受命一样，仿佛宾主之酬酢。至于人们看不见的部分，则有功于造化，能开天下之志，成天下之务，用以参赞神化之不及。所以说“天下之能事毕也”。人能够因子成变，因法明理。了解数法之变的人，懂得数法出自理势之自然，而非人力可改变。数与法就是所谓的“变化”，不得不变、不得不化的原因就是所谓的“神”。了解了变化，也就明白了所谓的“神”。

按：天地间有理则有气，有气则有数。龙马集天地之灵气于一身，揭示了天地间的数字密码，它背上的旋毛，不过从一至十共十个数字而已，但五行之生成，造化之功用，尽在其中。圣人参照它，创作了揲蓍之法，为天下万世明得失，决趋避，对于人世间的裨益，难道还小吗？有了河图，才明确了天地之数；有了圣人，河图的功用才得以明确。这正是数术之所以广大，而圣人之所以幽赞神明的原因所在。

易有圣人之道四焉：以言者尚其辞，以动者尚其变，以制器者尚其象，以卜筮者尚其占。

【解义】

此一章是言易之有功于天下，圣人之有功于易。而首一节正言易之为用至大也。器，一定之理。变，七八九六之变。象，老少动静之象。

孔子意曰：圣人本道以作易，易之既作，道即在易。易有圣人之道四焉，四者何？辞变象占是也。圣人以道而系之于辞，固曲中而不越者也。人之欲以言商确乎事者，尚乎卦爻之辞以为言，则浅深详略，各当其可矣。圣人以道而裁之为变，固屡迁而不居者也。人之欲以动措置乎事者，尚乎卦爻之变以为动，则经权常变，不胶于一矣。彼裁制于心而欲事有定理者，是谓制器，则尚乎阴阳老少之象。盖象者变之已定者也，尚之则确然不易，可以成务矣。彼两可于心，而欲决其所疑者，是谓卜筮，则尚乎吉凶得失之占。盖占者辞之已决者也，尚之则从违已断，可以通志矣。于此可见，易之道开于天地，成于圣人，用于天下。大而家国天下之事，小而日用事物之理，易皆有以范围之而不能外。大哉易之用乎！

【白话】

这一章的意思是说，易有功于天下，圣人有功于易。而第一节的意思则是说，易的功用至大无极。器，一定之理。变，七八九六之变。象，老少动静之象。

孔子的意思是说：圣人根据大道创作了易，易书既成，道便在其中。易有四种圣人之道，具体都是什么呢？辞、变、象、占。圣人以道系辞，曲而不越。世人商讨事情之时，只需引用卦爻辞，便可以浅深详略，各当其可。圣人以道裁变，屡迁不居。世人处置事务时，只需根据卦变行事，便可以经权常变，避免胶执。圣人裁制于心，以便世人事有定理，就是所谓的“制器”，也就是制定阴阳老少之象。因为象是变化有定的结果，切实遵循它，就能够切切实实地成就事业。心中没有定见，意欲决其所疑，就是所谓的“卜筮”，就需要占测吉凶得失。占测的结果卦爻辞已经给出，从违已断，可以通志。由此可见，易之道开于天地，成于圣人，用于天下。大至家国天下之事，小至日用事物之理，皆在易理的范畴之内。易的功用实在是广大啊！

是以君子将有为也，将有行也，问焉而以言，其受命也如向。无有远近幽深，遂知来物。非天下之至精，其孰能与于此。

【解义】

此一节是言尚辞尚占之事也。为，为之于身也。行，行之于天下也。命，卜筮者之言也。如向，应之速也。

孔子意曰：人之所以尚辞尚占者，以辞占之至精也。是以君子将有为于一身，将有行于天下，此时吉凶未定，抱蓍问易，求卦爻之辞占，以决其从违。易则受人之命，随叩随答，应之甚速，如向之应声。凡远而时地之辽廓，近而时地之现前；幽而事几之潜藏，深而人心之不测，无有远近幽深，而来物之吉凶，无不周知焉。此由辞占之理，纯粹不杂，其于天道人事，究极微密。惟天下之至精，故能如此。非然者，安能应之速而无遗如此哉？

按：辞占为卜筮而设，而孔子谓之至精者。盖易之理，上穷天道之蕴，下推物则之原。细微曲折，无一渗漏，则岂独为卜筮之书哉？

【白话】

这一节讲的是尚辞尚占之事。为，为之于身。行，行之于天下。命，卜筮者之言。如向，指迅速回应。

孔子的意思是说：人们之所以尚辞尚占，是因为辞占至为精妙。所以君子想有所作为，致力于家国天下，但前途吉凶未定之时，就会抱蓍问易，求取卦爻之辞占，以决定是违是从。如果相对容易，则受人之命，随叩随答，迅速回应，如同响之应声。不管是远在天边，还是近在眼前，不管是幽几沉潜，还是人心难测，都无有差别，个中吉凶，无不周知。这是因为辞占之理极其精纯，其对于天道人事的推究极其微密。也唯有天下至精之理，才能做到。不然的话，岂能迅速回应又毫无遗漏呢？

按：辞占是为卜筮而设，但孔子认为它至为精纯。因为易理上穷天道之蕴，下推物则之原，极其细微曲折之处也无一渗漏，绝不仅仅是卜筮之书那么简单。

参伍以变，错综其数。通其变，遂成天地之文；极其数，遂定天下之象。非天下之至变，其孰能与于此？

【解义】

此一节是言尚象尚变之事也。参，参酌之意。伍，互合之意。错综，即以参伍者而错综之，考核之意。

孔子意曰：人之所以尚象尚变者，以象变之至变也。盖卦始于一变，而变何以成？是有参伍之法在，始则参之，各数其左右之所归；继则伍之，总数其左右之所扐，则其策或八九之多或四五之寡，而其变成矣。此四营成易，所谓一变也。凡爻成于三变，而爻何以成？是有错综之法在，即其参伍者分之左右，交错以稽其变，列之低昂，总挈以合其归，则其数或九六为老，或七八为少，而其数明矣。此三变成爻，所谓一爻也。然则参伍以变，特一变耳，尚未成爻也。通三变而皆此参伍，则天地之文不成于通变中乎？盖天地之文，阴阳老少而已。变既通，则奇偶错陈，老少间杂，宛然天经地纬，灿然而成章矣。错综其数，特三变耳，尚未成卦也。极六爻之数，而皆此错综，则天下之象不定于极数中乎？盖天下之象，阴阳动静而已。数既极，则天地水火，雷风山泽，宛然事物之象，一定而不易矣。此由象变具圆神之德，妙屡迁之用，惟天下之至变，故能如此。不然者，安能成文定象若此哉？

按：象变祇此蓍数，而谓之至变者，盖象变之在易，活泼流动，无一毫凝滞之累，故能奇偶动静，惟变所适，而文与象已具焉。此以动以制器者，所以必尚之也。

【白话】

这一节讲的是尚象尚变之事。参，参酌之意。伍，互合之意。错综，即以参伍者而错综之，考核之意。

孔子的意思是说：人们之所以尚象尚变，是因为象变乃是至变的结果。总的来说，卦始于最初的一变，但变又是怎么形成的呢？这是因为有参伍之法可依，在参酌的基础上，分揲左右的蓍策；继而左右互合，将左右手夹持的蓍策归总，蓍策或者有八九根那么多，或者有四五根那么少，这就形成了变化。这就是四营成易的步骤，也就是所谓的“一变”。而爻成于三变，具体又是怎么形成的呢？这是因为有错综之法可依，即就是在参伍之法的基础上，交而错之，以稽其变，排列高下，总挈以合其归，则其数或者是老阳老阴之数，或者是少阴少阳之数，至为显明。这就是三变成爻的过程，也就是所谓的“一爻”。然而参伍以变，只是一变，尚未成爻。通三变之后，天地之文怎么就能通变于中呢？其实天地之文，不过阴阳老少而已。变既通，则奇偶错陈，老少间杂，宛然天经地纬，灿然成章。错综其数，只是三变而已，尚未成卦。极六爻之数，天下之象怎么就能够定于数中呢？其实天下之象，不过阴阳动静而已。数既极，则天地水火，雷风山泽，宛然事物之象，一定不易。这是因为象变有圆神之德，妙用无穷，也唯有天下之至变，方能如此。不然的话，又岂能够成其文，定其象？

按：象变是蓍数使然，圣人却谓之“至变”，主要是因为象变活泼流动，无一毫凝滞之累，奇偶动静，唯变适从，且文与象皆具。此乃以动制器，必须推尚。

易无思也，无为也。寂然不动，感而遂通天下之故。非天下之至神，其孰能与于此？

【解义】

此一节是极言精变之妙也。神即精变之所为，非精变之外，别有神也。

孔子意曰：尝统精变之妙而计之，更有不知其然而然者。凡物有心则有思有为，易无心也，何有于思？何有于为？方其蓍未揲，卦未求时，辞占象变，泯然无迹，寂然不动也。及其感而揲蓍求卦也，则受命如向。来物遂知，文象遂见，则感而遂通矣。天下之事，本有吉凶。易则直指吉凶以示人，所谓通天下之故也。若此者，以辞占至精，而精之所通者无方；象变至变，而变之所通者无体。惟天下之至神，故能如此。非然者，安能体用交备，动静咸宜若此哉？盖凡天下之物，一于寂者沦于无，倚于感者滞于有，皆非神也。易则无思而无不思，无为而无不为。是以寂不终寂，感而遂通。洵乎精变之至，神妙无方也。此圣人系辞观变，画象玩占之功，济万世而不穷者欤。

【白话】

这一节详尽地阐释了易道的至精至变之妙。神即是至精至变的产物，没有至精至变，也就没有所谓的神了。

孔子的意思是说：我曾尝试着探索易道所有的至精至变之处，但还是有很多地方不知其所以然。但凡是物体，有心便有思有为，而易无为，怎么能有所思，有所为呢？在蓍策未揲，易卦未求之时，辞占象变，泯然无迹，寂然不动。但一旦有了感应，继而揲蓍求卦之时，则受命如向，如同响之应声。来物遂知，文象遂见，感而遂通。天下之事，本有吉凶，易则直指吉凶以示人，这就是所谓的“通天下”。之所以能做到这样，是因为辞占至精，至精则所通无极；还因为象变至变，至变则所通无限。唯有天下至神之物，方能如此。不然的话，又怎能体用交备，动静咸宜？总的来说，凡天下之物，寂者沦于无，感者滞于有，都称不上神。易则无思而无不思，无为而无不为。是以寂不终寂，感而遂通。精变之至，神妙无方。圣人系辞观变、画象玩占的功绩，周济万世而不穷。

夫易，圣人之所以极深而研几也。唯深也，故能通天下之志。唯几也，故能成天下之务。唯神也，故不疾而速，不行而至。子曰“易有圣人之道四焉”者，此之谓也。

【解义】

此三节究言易道本于圣心，而赞圣人作易之功大也。

孔子意曰：夫易固至精至变至神矣，然非易自能精变神也，圣人为之也。天下吉凶祸福之理，隐于无形谓之深，深则最难测识。而易之卦爻，无不备也。阴阳老少，兆于微茫谓之几，几则极难剖判。而易之蓍策，无不具也。夫卦爻所具，幽远不测之深。蓍策所备，微茫难判之几，乃圣人所以究而极之，精而研之，著为辞占，制为象变，以开示夫天下后世者也。极深以为至精，研几以为至变，而神即寓于精变之中矣。易之至精，既由圣人之极深而成，是辞占所具，皆幽远莫测之深也。唯深，故受命如向，遂知来物，而有以通天下之志。易之至变，既由圣人之研几而成，是蓍策所兆，皆微茫难判之几也。唯几，故成文定象，制器断疑，而有以成天下之务。唯深几皆出于自然而神也，故无方无体，感而遂通，不必疾而自速，不用行而自至也。吾所谓易有圣人之道四焉者，正谓圣人极深而为辞占，可以通志；研几而为象变，可以成务。而通志成务，一统于至神之谓也。可见圣人之道，阴阳不测之神也。

按：上章总言易之神，此言易之神足为人尚，而实本圣心之神，推之为大易之神。故分之为辞占象变，统之为精变神，而实本于圣人极深研几之一心。然则欲求圣人之道，而会圣心之神者，舍学易，曷由哉？

【白话】

这三节的意思是说，易道源于圣人之心，并且赞颂了圣人作易的伟大功绩。

孔子的意思是说：易道固然至精至变至神，但并不是它本身至精至变至神，而是圣人的作为使然。天下的吉凶祸福之理，隐于无形的叫作“深”，深则难以测识。而易的卦爻，深浅皆具。卦中的阴阳老少之数，兆于微茫的叫作“几”，几则极难剖判。而易的蓍策，无不具备。而卦爻所具的幽远不测之深，与蓍策所备的微茫难判之几，都是圣人究而极之、精而研之的产物，圣人借助它们系上辞占，制为象变，以开示天下后世。使极深者至精，使极微者至变，而神即寓于精变之中。易之至精，既然是由圣人于极深处研究得来，因此辞占所具，皆为幽远莫测之深。唯有深，方能受命如向，遂知来物，有以通天下之志。易之至变，既然是圣人于至几处研究而来，因此蓍策所兆，皆微茫难判之几。唯其几，故能成文定象，制器断疑，有以成天下之务。也唯有其深其几皆出于自然，所以无方无体，感而遂通，不必疾而自速，不用行而自至。前面所说的易有四种圣人之道，正是就圣人著辞占、制象变而言。于极深处著辞占，可以通志；于极微处制象变，可以成务。通志成务，也就是所谓的至神。可见圣人之道，确有阴阳不测之神。

按：上一章从总体上讲易的神妙，此处具体讲易的神妙之所以使人推尚，是因为它源自圣心之神，因此大易如神。所谓的辞占象变，至精至变至神，都源自圣人的极深研几之心。欲求圣人之道，而会圣心之神，不学易的话，还有别的途径吗？

子曰："夫易，何为者也？夫易，开物成务，冒天下之道，如斯而已者也。是故圣人以通天下之志，以定天下之业，以断天下之疑。"

【解义】

此一章专言卜筮，而此一节则统论易为通志成务断疑之书，以明易之功用大也。易，指蓍卦爻言。物，指人言。开物，谓使人知吉凶。成务，谓使人知趋避。冒，谓统括也。

孔子意曰：夫易有蓍，有卦，有爻，更伏羲、文王、周公三圣人而成书，必有莫大之用具乎其中。而易果何为者也？夫易恐人迷于吉凶，而得告吉，失告凶，以开发夫颛蒙；恐人眩于趋避，而吉使趋，凶使避，以成就夫事务。且天地人物之理，盈虚消息之数，无不该括于卦爻之中，而统冒夫天下之道焉。易之为用，如斯而已者也。是故圣人欲开天下之物，而不能自开也。故制为卜筮，使人不迷乎吉凶，以开通天下之志。欲成天下之务，而不能自成也。使人因卜筮所告，而勇于趋避，以成定天下之业。欲冒天下之道，使巨细靡遗也。故立卦生爻，使人观象玩辞，不惑于义理；观变玩占，不淆于从违，以断天下之疑焉。易之有关于民用如此，圣人作易，乌可已哉？

按：人生而蒙，愚昧未明。有父兄之教不能入，帝王之令不能行者。易昭告吉凶之道，如梦顿觉，故曰开。自建侯行师，用狱治历，以至纤细，不可枚举。易斟酌从违之宜，受命如向，使人鼓舞不倦，有始有终，故曰成。上自造化气运之大，下及人心念虑之微，远近幽深，自卦爻一设，包举其中，一无所遗，故曰冒天下之道。是易赖圣人以成能，斯百姓皆可以与能也。

【白话】

这一章专讲卜筮，而这一节则统论易乃通志、成务、断疑之书，为的是申明易的功用之大。易，指蓍卦爻。物，指人。开物，使人知晓吉凶之意。成务，使人知道趋避。冒，统括。

孔子的意思是说：易有蓍，有卦，有爻，又历经伏羲、文王、周公三位圣人而成书，必然有莫大的功用具备其中。那么易究竟是用来干什么的呢？一方面，圣人恐人迷于吉凶，因此以得为吉，以失为凶，告吉告凶，开发颛蒙；另一方面，圣人恐人眩于趋避，从而使人趋吉避凶，成就事务。而且天地人物之理，盈虚消息之数，无不具备于卦爻之中，从而统括天下之道。易的功用就是这样。而圣人欲使天下人知晓吉凶，却不能一一开启民智，于是制为卜筮，使人不迷于吉凶，以开通天下之志。想成就天下事务，也不能一一自成，于是使人按照卜筮所说，勇于趋避，以成就天下之业。想统括天下之道，巨细无遗，于是立卦生爻，使人观象玩辞，观变玩占，不惑于义理，不淆于从违，以断天下之疑。易对于百姓的功用这么大，圣人作易之事，怎么能稍事停顿呢？

按：人生下来都是蒙昧的，没有多少智慧。有的人父兄教他他不听，帝王的号令也不遵从。但通过易理告诉他吉凶之道，便有如梦方醒，所以叫“开”。上至建侯行师，用狱治历，下至极其纤细微末之事，不可枚举，易都可以斟酌从违之宜，受命如向，使人鼓舞不倦，有始有终，所以叫“成”。上至造化气运之大，下至人心念虑之微，远近幽深，卦爻一设，尽在其中，一无所遗，所以说“冒天下之道”。易有赖于圣人，方能成其大用，而百姓皆可应用。

是故蓍之德圆而神，卦之德方以知，六爻之义易以贡。圣人以此洗心，退藏于密，吉凶与民同患。神以知来，知以藏往。其孰能与于此哉？古之聪明睿知，神武而不杀者夫！

【解义】

此一节是言蓍卦爻之德本于圣心，以明作易之原也。圆神，谓变化莫测。方知，谓定理昭然。易贡，谓变易以告人。

孔子意曰：夫圣人何以能通志、成务、断疑也？以蓍卦爻也。是故易有揲蓍之法，其奇偶老少，参伍错综，圆通不滞，而神妙莫测，其德不圆而神乎？揲蓍所得之卦，其中吉凶得失之理，盈虚消息之数，灿然备陈，而范围莫过，其德不方以知乎？至发挥于刚柔，而效天下之动者，爻也。爻各一其位，位各一其时，事因时变，辞以情迁，其随时化裁之义，非变易以贡人之求者乎？此其所以能通志成务断疑也。夫蓍卦爻，固足以通志成务断疑矣，使非圣人有洗心之功，则亦乌能出其心之神知，以生蓍立卦生爻哉？圣人知吾心之神，本能知来，吾心之知，自足藏往，但恐洗心之功不纯，使此心驰骛而不存，物我有间而不公，吾心遂昏昧而不神，障蔽而不知耳。圣人知其如此也，以此日新又新，洗濯其心，不使有一尘之累，复凝精聚神，敛视返听，退藏于宥密渊深之地，而存存不息。且物我之见皆忘，彼此之形悉化。或吉或凶，与民同患。由是一心澄定，全体莹然。凡吉凶未兆谓之来，来固未易知也。而圣心之神，善必先知其吉，不善必先知其凶。光照所烛，巨细靡遗。事理已定谓之往，往亦未易藏也。而圣心之知，所见以为可者千百世莫能移，所见以为否者千百世不能外。睿照所及，确不可易。知来藏往，圣心之神知如此，其孰能与于此哉？唯古之聪明睿知，神武而不杀伐之圣人，始能不假蓍卦爻，而知吉凶也夫。

按：上章言，易之辞占象变，为圣人极深研几之书。此章揭出“洗心”二字，正极研之实功，作易之大原也。吾心之神，即天地万物之神。人皆有此心，心咸具此神。然知来藏往，独让圣人，而他人不能者，有所蔽也。其有所蔽者，无洗心之功也。圣人能洗其心，故能全其神。退藏者存存不息也，同患者物我无间也。知来藏往，则其自然之能事也。孔子不惑知命耳顺从心，非洗心之纯，何以臻此哉？

【白话】

这一节的意思是说，蓍、卦、爻的性质源于圣人之心，以申明圣人作易的本源。圆神，变化莫测之意。方知，定理昭然之意。易贡，变易以告人之意。

孔子的意思是说：圣人为什么能够通志、成务、断疑呢？主要是通过蓍策、卦象与爻辞。所以易有揲蓍之法，其奇偶老少，参伍错综，圆通不滞，神妙莫测，其性情不正是“圆而神”吗？揲蓍所得之卦，吉凶得失之理，盈虚消息之数，灿然备陈，无出其外，其性情不正是“方以知”吗？至于发挥于刚柔，而仿效天下的动变者，乃是爻。爻各居一位，位各居一时，事因时变，辞以情迁，其随时化裁之义，不正可以用来启示求卦之人吗？这就是圣人之所以能够通志、成务、断疑的原因。蓍策、卦象与爻辞，固然足以通志、成务、断疑，但没有圣人一般的洗心之功，又怎么能挖掘潜在智慧，生蓍、立卦又生爻呢？圣人深知以自己的智慧，本可以推测吉凶，趋吉避害，但唯恐自己的洗心之功不纯，任内心奔腾飞跃，使物我有间而不公，从而昏昧不神，障蔽不智。圣人深知其中的利害，因此日新又新，每日洗濯内心，不沾染一丝尘埃，继而凝精聚神，敛视返听，退藏于宥密渊深之地，存想不息。同时物我之见皆忘，彼此之形悉化。或吉或凶，与民同患。从而能一心澄定，全体莹然。举凡吉凶未兆之时，谓之“来”，这固然不易知悉，但圣人之心圆而神，善者能先知其吉，不善者能先知其凶。其心洞明，巨细无遗。凡事理既定之时，谓之“往”，这固然不易隐藏，但圣人的智慧非同一般，其所见可为之事，虽千百世不能移，其所见不能为之事，同样虽千百世不能外。其智慧所及，确不可易。其知来藏往，神妙如此，还有谁能做到？唯有上古聪明睿知、神武而不杀伐的圣人，方能不借助蓍策、卦象与爻辞，就可以知晓吉凶。

按：上一章讲的是易的辞占象变，乃圣人极深研几之作。此章则强调“洗心”二字，这正是极深研几的实在功夫，是圣人作易的根本。吾心之神，即天地万物之神。人人皆有此心，心心咸具此神。但唯有圣人能够知来藏往，他人皆不能够，是因为人们的智慧被掩蔽了。而智慧之所以被掩蔽，就是因为常人不懂得、不具备洗心之功。圣人能洗其心，故能全其神。退藏亦存存不息，同患而物我无间。知来藏往，不过是自然之事。孔子能够不惑、知命、耳顺、从心，如果不是洗心之功至精至纯，凭什么达到这样的境界呢？

是以明于天之道，而察于民之故。是兴神物，以前民用。圣人以此斋戒，以神明其德夫。

【解义】

此一节是直指圣人兴蓍之实也。兴神物，谓制揲蓍之法。斋，谓齐在内之思虑。戒，谓闲在外之物诱。

孔子意曰：夫圣人之神知，既迥绝乎人，是以洞烛乎天道之盈虚消息，而契吉凶之原；详审乎民情之爱恶攻取，而识吉凶之故。于是制为揲蓍求卦之法，出吾心之神知，兴此神物，以通志成务断疑，而前民用焉。民用前而民行济，圣人吉凶同患，知来藏往之神知，及于天下后世矣。然非有洗心之功，不及此。圣人所以湛然纯一，齐其思虑，肃然警惕，闲其外诱，以神明其德，而使之能知来藏往者，其以此夫。

按：斋戒二字，便是圣人洗心之功。圣人有洗心之学，然后有神知之用。亦必有洗心之学，然后能出其心之神知，以兴神物，而前民用。至神物兴而民用前，则一时用之。圣人之神明，及于一时，万世用之，圣人之神明，通于万世矣。使不能斋戒，以洗其心，则吾之德先有所滞而不神，有所蔽而不明，亦乌能明天道，察民故，兴神物，以前民用哉？

【白话】

这一节的宗旨，是说明圣人为什么要创设揲蓍之法。兴神物，指创制揲蓍之法。斋，整理内在的思虑。戒，防止外在的物欲。

孔子的意思是说：圣人的智慧，既然迥异于常人，便能够洞见天道的消息盈虚，了解民情的好恶攻取，从而识断吉凶。同时创制揲蓍求卦之法，用超凡的智慧，创立此法，以便通志、成务、断疑，并使之流行民间。百姓得其所济，则圣人与百姓的吉凶相一致，其知来藏往之智，得以泽及天地后世。但若没有洗心之功，便达不到这样的境界。圣人之所以能湛然纯一，内齐思虑，外防物诱，神明其德，知来藏往，就是因为圣人有洗心之功。

按："斋戒"二字，便是圣人的洗心之功。圣人有洗心之学，方能有超凡的智慧。也必须有洗心之学，才能挖掘内在的智慧，创立此法，为百姓所用。但创立此法，如果仅仅是为时人所用，不过是一时之用。圣人的神明不仅能及于一时，也能为万世所用，好比圣人的神明通于万世。若是不能够斋戒，洗涤内心，其德行便不会神明，要么有所滞，要么有所蔽，又怎么能洞明天道，详审民情，创设此法，为民所用呢？

是故阖户谓之坤，辟户谓之乾。一阖一辟谓之变，往来不穷谓之通。见乃谓之象，形乃谓之器。制而用之谓之法。利用出入，民咸用之，谓之神。

【解义】

此一节详言制蓍之由，以明前民用之实也。阖户，指气机收敛言。辟户，指气机发生言。见，谓萌芽初生。形，谓体质已成。制用，谓制为揲蓍之法，用之以卜吉凶也。

孔子意曰：夫神物兴于圣人，而生于天地。是故造化一气流行，即万物出入之户。时乎静而气机收敛，如户斯阖，阴气用事，故谓之坤；时乎动而气机发生，如户斯辟，阳气用事，故谓之乾。一阖一辟，阴阳交换，如环无端，不谓之变乎？阖极而辟，辟极而阖，流行旋转，往来不穷，不谓之通乎？夫乾坤变通，化育之功如此，由是自无生有，萌芽初见，彷佛未形，止谓之象。及其著见成形，体质已具，一定不移，乃谓之器。象器既具，而蓍生于其中矣。圣人法乾坤之道，准变通之宜，制为大衍五十之数，使人用以筮，而四营成易，十有八变成卦，受命如向，感而遂通，不谓之法乎？由是法立而出入之度以昭，民用之出而利，民用之入而利。一出一入，民咸用之，鼓舞于趋避，而不知其所以然，不谓之神得乎？此圣人兴神物，以前民用之实也。

按：蓍亦植物中之一物耳，使不遇圣人，何由而知为神物？使非圣人神明化裁，制而用之，则神物终属无用之物，亦乌能自着其神耶？故神物非神，必经圣人之裁制，而后成其为神。至于利用出入，民咸用之，则圣心之神，直贯乎天下后世矣，故谓神为蓍之神可也，谓神为民之神亦可也，其实皆圣人之神，借助于蓍之神，以鼓舞乎斯民之神耳。

【白话】

这一节详细地阐释了圣人制蓍的缘由，以表明前民用的实质。阖户，指气机收敛。辟户，指气机发生。见，指萌芽初生。形，指体质已成。制用，指创制揲蓍之法，用以卜筮吉凶。

孔子的意思是说：筮法兴于圣人，而生于天地。所以造化之气的流行，即是万物出入的门户。静时气机收敛，如同门关上一样，此时阴气发生作用，因此称作坤；动时气机发生，如同门开启一样，此时阳气发生作用，因此叫作乾。一阖一辟，阴阳交换，如环无端，不就是所谓的变吗？阖极而辟，辟极而阖，流行旋转，往来不穷，不就是所谓的通吗？乾坤变通，资生化育，自无生有，萌芽初见，彷佛未形，只能叫象。等到它切实成形，体质已具，一定不移，才叫作器。象器既具，而蓍草即生于其中。圣人效法乾坤之道，依据变通之宜，制为大衍五十之数，用于筮法，然后四营成易，十有八变成卦，受命如向，感而遂通，不就是所谓的法吗？法即立，出入之度则昭，百姓出入法度之中，皆得其利，竞相用之，鼓舞于趋避，而不知其所以然，不就是所谓的神吗？这就是圣人兴神物以前民用的实质。

按：蓍草只是植物中的一种，若不是遇到圣人，谁知道它是神物呢？若不是圣人神明化裁，制而用之，蓍草终属无用之物，又怎能彰显自己的神妙功用？所以说，神物原本不神，必须经过圣人的裁制，而后才称得上神。至于利用出入，民咸用之，则是因为圣人心中的神智，直贯天下后世，所以说神为蓍草之神可以，说神为民众之神也可以，但说到底都是圣人之神借助于蓍草之神，以鼓舞民众之神的结果。

是故易有太极，是生两仪，两仪生四象，四象生八卦，八卦定吉凶，吉凶生大业。

【解义】

此二节是言圣人画卦之序，以征民用之所由前也。大极，谓至极无上，以主宰万化之理言。两仪，谓奇偶。四象，谓老阴、老阳、少阴、少阳。八卦，谓乾、兑、离、震、巽、坎、艮、坤。

孔子意曰：圣人既兴蓍以妙其用，必先有卦画以立其体，是故仪象八卦，皆阴阳之变化，所谓易也。易固生生不已，变化无端矣。然必有至一不变之理，主宰于中，以为生生之本，太极是也。太极动而生阳，圣人因画一奇以象阳。静而生阴，圣人因画一偶以象阴。太极生两仪，而两仪一太极也。两仪之上各加一奇一偶，而太阳、少阴、太阴、少阳之四象生焉。太阳少阴之上再加一奇一偶，而生干兑离震；太阴少阳之上再加一奇一偶，而生巽坎艮坤，四象生八卦，而四象八卦亦一大极也。由是八卦既成，引伸触类，六十四卦，三百八十四爻，莫非八卦之错综变化。其间时有消息，位有当否，得失既殊，吉凶立判，八卦不可以定吉凶乎？吉凶既定，趋避昭然。一时用之，可生一时之大业；万世用之，可生万世之大业。真可以通志成务断疑，而前民用也。又何一非大极之所生所定耶？

按：易之八卦方图，具有生两生四生八之象，儒者相传，以为画卦之由。但细玩定吉凶、生大业之言，分明是揲蓍之事。则两仪四象，即揲蓍所得。或四或八，奇偶两仪，三奇三偶之老阳、老阴，一奇二偶、一偶二奇之少阳、少阴也。下文云易有四象，所以示也。若以四象为指两画言，如何示人以所值之卦爻乎？此章先言蓍之德，次言卦爻之德。《昔者圣人章》先言生蓍，后言立卦，生爻，分明有蓍，而后有卦有爻。生蓍立卦生爻，是一时事。人知揲蓍，为后人用易之法，而不知即圣人作易之原。上言“兴神物以前民用”，继言“制而用之谓之法”，而易有大极，则详言兴蓍制法之序也。易者，仪象卦爻也。大极者，大衍之数也。两仪者，四营所成之奇偶也。四象者，三变所得之老阴、老阳、少阴、少阳也。八卦者，十八变所成六画之卦也。言八卦而六十四卦在其中矣。十八变所成之卦，始可以定吉凶，生大业。若三画之卦，如何定吉凶，生大业乎？或疑大极如何是大衍之数？曰：圣人明言“大衍之数五十，其用四十有九”，用者大极之用，其一即大极之体，体静而用动也。乾坤之策三百六十，二篇之策万有一千五百二十。六十四卦之策，妙合天地万物之数，而皆统括于衍数之中。故自其数之推衍，无可复加而言，谓之“大衍之数”，自其范围天地万物，包含仪象卦爻而言，谓之“大极”。先儒周敦颐所论，大极指无声无臭之理言，所谓两仪指天地流行真阴真阳之气言也。孔子所谓大极，指统括天地万物之衍数而言，所生两仪指分二挂一揲四归奇所得或四或八之奇偶而言也。周子借大极二字，论天地生生之理。孔子则详言制法兴蓍之序，义各有属。其实大衍之数，原从图书中五衍成，括尽天地万物之数，而中五浑沦未发，括尽天地万物之理。是言数而理即寓于数之中，言理而数即含于理之内。神而明之，非有二也。

【白话】

这二节讲的是圣人画卦的顺序，以证验圣人作易并引导民众使用的心迹。大极，至极无上，以主宰万化之理之意。两仪，即奇偶。四象，即老阴、老阳、少阴、少阳。八卦，即乾、兑、离、震、巽、坎、艮、坤。

孔子的意思是说：圣人既然发现了蓍草的妙用，必然会先画卦以立其体，因此两仪、四象与八卦，都是阴阳的变化，也就是所谓的易。易固然生生不息，变化无端，但是一定会有一个不变的道理主宰于中，作为生生不息的本原，这就是太极。太极动而生阳，圣人于是画了一个奇数画象征阳气。太极静而生阴，圣人于是又画了一个偶数画象征阴气。太极生两仪，而两仪同一于太极。两仪之上各加一奇一偶，就生成了太阳、少阴、太阴、少阳，也就是所谓的四象。太阳少阴之上再加一奇一偶，就生成了乾、兑、离、震四卦；太阴少阳之上再加一奇一偶，就生成了巽、坎、艮、坤四卦，四象生八卦，而四象八卦亦同一于太极。由是八卦既成，引伸触类，六十四卦与三百八十四爻，无非是八卦的错综变化。其间时有消息，位有当否，得失既殊，吉凶立判，八卦怎么不可以定吉凶呢？吉凶既定，趋避昭然。一时用之，可生一时之大业；万世用之，可生万世之大业。确实可以通志、成务、断疑，并引导民众使用。这所有的一切，有什么不是太极之所生所定的呢?

按：易之八卦方图，具有生两生四生八之象，儒者相互传授，并把它当作画卦的缘由。但仔细玩味“定吉凶”“生大业”等系辞，分明讲的是揲蓍之事。而两仪四象，即揲蓍所得。或四或八，奇偶两仪，即是指三奇三偶之老阳、老阴，一奇二偶、一偶二奇之少阳、少阴。下文说“易有四象，所以示也”，如果认为四象是指两画而言，又如何给人以易在具体卦爻上的启示呢？这一章先讲蓍草之德，次讲卦爻之德。《昔者圣人章》则先说生蓍，后说立卦与生爻，分明是先有蓍，而后才有卦有爻。其实生蓍立卦生爻，是同时进行的。人们只知道揲蓍之法为后人用易之法，却不知道此乃圣人作易之原。上面讲完“兴神物以前民用”，下面就讲到“制而用之谓之法”，而此节则详细地说明了兴蓍制法的顺序。所谓易，就是两仪四象八卦及六十四卦三百八十四爻的统称。所谓太极，就是大衍之数。所谓两仪，就是四营之后生成的奇偶。所谓四象，就是三变之后所得的老阴、老阳、少阴、少阳。所谓八卦，就是十八变所生成的六画之卦。八卦生成，六十四卦已经尽在其中。十八变所成之卦，方可定吉凶，生大业。如果仅仅是三画卦，又如何能定吉凶，生大业呢？又为什么要怀疑太极即大衍之数呢？其实圣人已经明言，“大衍之数五十，其用四十有九”，用，即是指太极之用，剩下的那个一，就是太极之体，体静而用动。乾坤之策各三百六十，上下二篇之策共一万一千五百二十策。六十四卦之策，妙合天地万物之数，又尽皆统括于衍数之中。由于其数之推衍无可复加，所以叫“大衍之数”，凡天地万物，包括仪象卦爻，皆在其范围之内，所以叫作“太极”。先儒周敦颐曾经提出过一种理论，认为太极指无声无臭之理，而所谓两仪，指的是流行于天地之间的真阴真阳之气。孔子所谓的太极，则是指统括天地万物的衍数，而太极所生的两仪，则指分二挂一揲四归奇所得或四或八的奇偶而言。周敦颐是借“太极”二字，论述天地的生生之理。孔子则详言制法兴蓍之序，出发点并不相同。其实大衍之数，原本是从河图中的“五”衍化而成，能括尽天地万物之数，因为它浑沦未发，又可以括尽天地万物之理。讲数的时候，理已经寓于数中；讲理的时候，数也已经包含于理中。玄妙但很明显，并没有别的意思。

是故法象莫大乎天地，变通莫大乎四时。县象着明莫大乎日月，崇高莫大乎富贵。备物致用，立成器以为天下利，莫大乎圣人。探赜索隐，钩深致远，以定天下之吉凶，成天下之亹亹者，莫大乎蓍龟。

【解义】

此一节是即造化人事而极赞蓍龟之功用大也。

孔子意曰：易能定吉凶，生大业，功用之大如此。试再即造化人事而究论之，是故有形可法，有象可像者，莫大乎天之无不覆，地之无不载也。而天地之变化莫测，流通不穷者，莫大乎四时之推迁错行也。至县象于上，而著明于下者，莫大乎丽乎天之日月也。若夫效天法地，而成位乎中，则端有藉夫崇高之位，而崇高莫大乎富有天下，贵为天子焉。若夫效四时之变通尽利，神化宜民，则端有赖夫制作之利，而广备诸物，因其材质以致之于用，竭耳目心思，立一成之器，以为天下万世之利者，莫大乎聪明睿知之圣人焉。若夫法日月之明，极制作之大，探讨夫事理之繁赜，而精识其原，详索夫事机之隐伏，而洞悉其故。研究夫性命不测之深，而钩之使显。穷极夫千万里、千百世之远，而致之使近，因明得失之报以定天下之吉凶，使之勇于趋避，鼓舞不倦，成天下之亹亹者，有大乎圣人所制之蓍龟者哉？甚矣！圣人兴神物之功大也。

按：自古蓍龟并重，此章但专言筮法。首节言易为开物成务冒道之书，次节即言蓍卦爻之德，是明言易为蓍卦爻也。三节言兴神物以前民用，兴神物即立揲蓍之法。四节言蓍生于天地，制于圣人。大极二节则详言生蓍立卦之序，以明前民用之实也。前后俱是论蓍，所谓莫大乎蓍龟者，乃因蓍及龟，见蓍之定吉凶，成亹亹，与龟同耳。圣人兴之，制之，则之，总是揲蓍之事。时讲蓍龟并重，失圣人立言之旨矣。

【白话】

这一节是就造化与人事，极力赞美蓍占与龟卜的功用之大。

孔子的意思是说：易能定吉凶，生大业，功用巨大，无以复加。试着再就造化与人事推衍开去，世间有形可法、有象可像之物，莫过于无所不覆的天与无所不载的地。而天地之间最为变化莫测，流通不穷的事物，莫过于春夏秋冬四时的推迁错行。至于悬象于上，而普照于下的事物，莫过于附丽于天的日月。而效法天地，居于天地之中，占据崇高之位，富有天下之人，非天子莫属。至于效仿四时的变通尽利，根据百姓的需要创造各种便利，同时广备诸物，因材致用，竭尽耳目心思，创制成法，利益天下与万世，至为聪明睿智之人，莫过于圣人。至于效法日月之明，极尽制作之能，探讨事理之繁赜，且精识其原，详索事机之隐伏，并洞悉其故，研究性命不测之深，钩之使显，穷极千万里、千百世之远，致之使近，从而明白得失之报，以定天下吉凶，使之勇于趋避，鼓舞振奋，使人不知疲倦的事物，有比圣人创制的蓍占与龟卜更重要的东西吗？它们是圣人之功的极致代表！

按：自古蓍龟并重，此章却专言筮法。第一节讲的是易为开物、成务、冒道之书，第二节讲的是蓍策、卦象与爻辞之德，明言易即蓍策、卦象与爻辞。第三节讲圣人兴神物以前民用，兴神物即创制揲蓍之法。第四节讲蓍草生于天地，但需要圣人展现它的神妙。太极两节详细地阐释了生蓍立卦之序，以表明前民用的实质。前后都在讨论蓍草，所谓“莫大乎蓍龟”，是借助讲述蓍占，而提及龟卜，意思是说蓍占的定吉凶、成亹亹之功，与龟卜相同。圣人兴之、制之、则之，不外乎揲蓍之事。蓍龟并重乃一时之论，不是圣人的宗旨。

是故天生神物，圣人则之。天地变化，圣人效之。天垂象，见吉凶，圣人象之。河出图，洛出书，圣人则之。易有四象，所以示也。系辞焉，所以告也。定之以吉凶，所以断也。

【解义】

此二节究言圣人作易之由，以明通志成务断疑之故也。神物，与前神物同，指蓍言。变化，指阴阳言。垂象，指日月星辰言。四象，谓阴阳老少。示，谓示人以趋避动静之宜。

孔子意曰：夫蓍之定吉凶，成亹亹，既与龟同，则圣人兴蓍之功大矣。是故易之有蓍也，非圣人自为之也。蓍之生也，一本百茎，下有神龟守之，固天生神物也。圣人则之，立揲蓍之法，而圆神之德备焉。易有卦象，内含变化，亦非圣人意为之也。天地阴阳阖辟，变化无穷，圣人效之，画卦立象，变动不拘，刚柔相易，而方知之德备焉。易有吉凶之辞，亦非圣人自为之也。天垂日月星辰，循序失序之象而见得失吉凶之征，圣人象之，系彖爻吉凶之辞，而易贡之义昭焉。然则蓍也，卦也，爻也，无一而非易也，实无一而非数也，是岂无所则哉？天不爱道，龙马负图而出于河，以五生数统五成数，而同处其方，数之体也。地不爱宝，神龟载书而出于洛，以五奇数统四偶数，而各居其所，数之用也。总之皆易理也。圣人则图而用摩荡之法，其所为仪象八卦者已备，则书而用纵横交错之法，其所为仪象八卦者亦符易，皆因造化而作也。圣人岂强为哉？合而观之，易有七八九六，阴阳老少四象，所以示人以动静从违之准，而通天下之志也。于象之所示而系以彖爻之辞，所以告人观象玩辞，观变玩占，而定天下之业也。且卦有小大，辞有险易，因其得失而定其或吉或凶，所以决其何者当趋，何者当避，而断天下之疑也。易之为用，岂不大哉？

按：此章头绪甚多，总是承上章言蓍之所未备，故朱子以为专言卜筮。然要皆原于造化，而神明于圣人之一心。圣人能洗心，以神明其德，故能则之，效之，象之，兴蓍立卦生爻，以通志成务断疑，建范围天地之业，曲成万物之功。圣人作易之本，既自洗心中来。后之学易者，苟无洗心之功，则又焉能神明其意，而收寡过之效哉？

【白话】

这两节推究了圣人作《易》的缘由，以申明圣人能够通志、成务、断疑的原因。神物，与前面提到的神物相同，指蓍草。变化，指阴阳而言。垂象，指日月星辰而言。四象，指阴阳老少四象。示，提示占测者趋避动静之意。

孔子的意思是说：蓍占定吉凶、成亹亹的功用既然与龟卜相同，那么圣人创立蓍占之法的功绩可谓巨大。易用蓍草占筮，但蓍草并不是圣人所创。蓍草一本百茎，下有神龟守护，乃天生神物。圣人利用它创立了揲蓍之法，圆神之德皆备。易有卦象，内含变化，也不是圣人有意为之。天地阴阳，一阖一辟，变化无穷，圣人效仿其变化，画卦立象，变动不拘，刚柔相易，方知之德皆备。易有吉凶之辞，也不是圣人强行捏造的。天垂日月星辰之象，循序或失序象征着得失吉凶，圣人模拟天象，系上了彖辞与爻辞，吉凶之辞与易理昭然若揭。然而蓍、卦、爻，无一不是易，也无一不是数，又怎么会没有内在的法则呢？苍天不吝惜自己的大道，使龙马负图而出于河，以五个生数统括五个成数，且同处其方，构成了数的本体。大地不吝惜它的宝藏，使神龟载书而出于洛，以五个奇数统领四个偶数，且各居其所，以发挥数的功用。总的来说，都是易理的范畴。圣人效法河图，运用摩荡之法，两仪四象八卦皆备，又效仿洛书，运用纵横交错之法，其创设的两仪四象八卦皆符合易理，皆依据造化而作。圣人怎么会强为呢？统而观之，易有七八九六、阴阳老少四象，并通过它们示人以动静从违之准，通天下之志。在示象的基础上又系以彖爻之辞，以便让人观象玩辞，观变玩占，定立天下之业。而且卦有小大，辞有险易，并各因其得失而定其吉凶，决定何者当趋，何者当避，从而决断天下之疑。易的功用，岂不是很大吗？

按：这一章头绪甚多，但总的来说是顺承上一章，讲述蓍占未曾提及的内容。因此朱熹认为，它是专就卜筮而言。其实它的要点是说，易源于造化，而神明于圣人的内心。圣人能够净化内心，从而神明其德，故能效仿造化之功，则之、效之、象之，兴蓍、立卦、生爻，从而通志、成务、断疑，建立天地之业，曲成万物之功。圣人作易的根本，就是圣人的洗心功夫。后世学易者，若无洗心之功，又怎么能神明其意，远离过失呢？

《易》曰："自天佑之，吉无不利。"子曰："佑者助也，天之所助者，顺也；人之所助者，信也。履信思乎顺，又以尚贤也。是以自天佑之，吉无不利也。"

【解义】

此一节是释大有上九爻义，见惟德可以动天也。此节错简，宜在第八章之末。

孔子意曰：《易》大有上九曰："自天佑之，吉无不利。"天岂私佑上九哉？有所以致天之佑者在也。盖佑之为言，助之义也。天人虽殊，理则一致。天之所助者顺也，顺则不悖于理，故天助之。人之所助者信也，信则不欺乎人，故人助之。天人所助，既在顺信，则不必问天，不必问人，但问我之顺信何如耳。今上九以刚居上，而能下从六五，是身所履者信，而动必以实；心所思者顺，而虑以下人。以此信顺，又专尚六五之贤。如此满而不溢，尽处有之道，而克当天心，是以自天佑之，而吉无不利也。

按：爻但言天，而孔子兼言人者，天空虚无凭，而人真实可据。倘言天不言人，恐人疑其为矫诬上天，且惧世之不尽人事者，或谄事鬼神，妄希福佑，故以人之所助实之。见上九之所谓天助者，实不出此人助之外也。

【白话】

这一节解释的是大有卦的上九的爻辞，意思是唯德可以动天。本节排序错乱，应该排在第八章之末。

孔子的意思是说：《易经》的大有卦的上九爻辞说："自天佑之，吉无不利。"上天难道会单单庇佑上九一爻吗？主要是因为上九有让上天庇佑的道理。佑是帮助的意思，天道与人事虽不相同，但道理一致。上天会帮助顺应天道之人，顺则不悖于理，所以上天要帮助他。人会帮助讲信用的人，信则不欺于人，所以人要帮助他。既然上天与人会帮助顺应天道与讲信用之人，那么既不必问天，也不必问人，只需要问问自己是否顺应天道、遵守诚信。如今上九以刚居上，又能下从六五，其践行的即是信，其存想的即是顺，所以动必以实，静必依礼。既信且顺，又一心推尚六五之贤，如此满而不溢，极尽处有之道，而且顺天束己，所以“自天佑之”，而“吉无不利”。

按：爻辞只讲天道，而孔子兼论人事，是因为天道空虚无任，而人事真实可据。如果只言天不言人，恐怕被人认定为矫诬上天，同时圣人担心世人不尽人事，一味地谄事鬼神，妄希福佑，所以强调“人之所助，信也”。由此可见，上九所谓的天助，实际上不出人助之外。

子曰：“书不尽言，言不尽意。”然则圣人之意其不可见乎？

子曰：“圣人立象以尽意，设卦以尽情伪，系辞焉以尽其言。变而通之以尽利，鼓之舞之以尽神。”

【解义】

此一章见《易》为圣人尽意之书，用《易》者贵神明其意。而此一节则先言圣人作易之事也。象，指卦画奇偶言。卦，指六十四卦言。

孔子意曰：流行于天地万物则为道，存于圣人之心则为意。意发而为言，言笔之为书，是道意者言，而载言者书也。然书固所以载言，而实不能尽言。言固所以道意，而实不能尽意。然则圣人明道觉世之意，其终隐而不可见乎？非也！圣人知天地万物之理不外阴阳，于是画一奇以象阳，画一偶以象阴。则大而天地，小而万物，精入无形，粗及有象，悉包括于中，而圣人之意尽矣。然人之善恶，万变不越情伪两端，使无道以彰其情伪，圣人之意犹未尽也。于是即八卦奇偶之象，因而重之为六十四卦。卦有阴阳淑慝，而人之爱恶取舍，事变万端，莫能逃其范围，岂不可以尽情伪乎？又惧人不能即象以会意，即卦以究情伪也。复即象之失得，卦之大小，而系以吉凶悔吝之辞，以尽其言，使人因言以会意，因言以辨情伪，而圣人之精蕴，益以阐矣。夫圣人之意，固欲以利天下也。人亦孰不欲利，特无圣人之辞以指示之。因冥行罔觉，穷弗能变，变弗能通耳。圣人既立象设卦，复系以辞，明示天下后世以穷变通久之道。天下后世之人，静则观其象而玩其辞，动则观其变而玩其占，自能通变趋时，无往弗顺。且趋避之际，鼓舞不倦，莫测其端，莫知其然，非所以尽利尽神乎？至于尽利尽神，而圣人之意尚有弗尽乎？

按：圣人作《易》之意，总是教人趋吉避凶。而吉凶原于善恶，善恶根于情伪。顺其性则为情，拂其性则为伪。情则为君子，伪则为小人。故从来纯忠至孝，祇求惬乎至情，而元恶巨憝，总以行其大伪。孔子释乾二爻曰："闲邪存其诚。"诚者情也，邪者伪也。使人人皆能闲邪存诚，祛伪尽情，而圣人之易亦可弗作矣。无如人之行诈者多，率性者少。始或徼幸一时，终必纳诸罟擭陷阱，而罔知趋吉避凶之道。此立象设卦系辞之所以不容已也。

【白话】

本章的意思是说，《易》书充分体现了圣人的心志，用《易》者贵在了解圣人的意图。而这一节先来讲述圣人作易之事。象，指卦画的奇偶。卦，指六十四卦。

孔子的意思是说：流行于天地万物之间时叫作道，存想于圣人的内心时叫作意。意发出来就是话，话写出来就是书，反过来说，话是阐发心意的，书是记载言论的。然而书虽然能记载言论，却不能尽言。话固然可以阐发心意，却不能尽意。不过，圣人弘扬大道、启发世人的愿望，一定不会实现吗？不是的！圣人知道天地万物之理不外乎阴阳，于是画一个奇画象征阳爻，再画一个偶画象征阴爻。这样一来，大到天地，小到万物，精入无形，粗及有象，都包括其中，圣人的心意得以展露无遗。然而人之善恶虽千变万化，但总的来说不越情伪两端，假使无道之人刻意彰显情伪，圣人的心意就难以体察了。于是又根据八卦奇偶之象，重叠为八八六十四卦。卦有阴阳淑慝，而人的好恶取舍，事的变化多端，都在其范围之内，还不足以体察其情其伪吗？又担心世人不能以象会意，以卦究实，于是根据象的失与得，卦的大与小，系上吉凶悔吝之辞，充分表达自己心意，使人因言会意，以辨情伪，也使圣人的哲思，得到进一步阐释。圣人的本意，固然是利益天下人。人也没有不想获益的，只是没有圣人的系辞作为指示。因此冥行罔觉，穷不能变，变不能通。圣人立象设卦，然而系上卦爻辞，以明示天下后世穷变通久之道。天下后世之人，只需静观其象而玩其辞，动观其变而玩其占，自能通变趋时，无往不顺。而且趋避之际，鼓舞不倦，莫测其端，莫知其然，还不足以尽利尽神吗？足以尽利尽神，圣人的心意还有未尽之处吗？

按：圣人作《易》的意图，总的来说是教人趋吉避凶。而吉凶原于善恶，善恶根于情伪。顺其性则为情，拂其性则为伪。情则为君子，伪则为小人。所以纯忠至孝之人，只求顺情尽性；元恶巨憝之辈，每每行其大伪。孔子解释乾卦的二爻时说："闲邪存其诚。"诚即情，邪即伪。如果人人皆能防邪存诚，祛伪尽情，圣人大可不必作易。无奈世人行诈者多，率性者少。或许可以侥幸于一时，但最终会自陷罟擭陷阱，而不知趋吉避凶之道。这是圣人不得不立象、设卦、系辞的原因所在。

乾坤其易之缊耶？乾坤成列，而易立乎其中矣。乾坤毁，则无以见易。易不可见，则乾坤或几乎息矣。

是故形而上者谓之道，形而下者谓之器。化而裁之谓之变，推而行之谓之通，举而措之天下之民谓之事业。

【解义】

此二节见易不外于乾坤，以明圣人立象尽意之实也。缊，衣中之絮，谓包蓄也。乾坤，指卦画奇偶言。乾坤息之乾坤指天地之功用言。

孔子意曰：夫立象所以能尽意者，以圣人之意尽于易，而易尽于乾坤也。六十四卦莫非乾坤之变化，故易得乾坤而成易，犹衣得絮而成裘也。试观乾父坤母，左右成列，而阴变为阳，阳变为阴，变化无方之易已立乎其中矣。使乾坤卦画毁而不立，则不知何者为阴，何者为阳，是乾坤毁则无以见易也。圣人因天地有自然之易，故画卦作易以形容之，使人即乾坤卦画之变化，因以识天地阴阳之变化，此画卦立象之旨也。若乾坤之卦画毁而不可见，则阴阳变化之妙，无由而测识其端，而乾坤之功用或几乎息矣。乾坤之功用几息，而圣人之意又何由而见耶？甚矣！立象之不可已也。是故乾坤一奇偶也，奇偶一阴阳也。自其超于阴阳奇偶之外，而不以形象囿者，形而上者也。斯则大极真机，主宰夫有形之器者，谓之道，道固乾坤之精也。若夫有形可见，有象可求者，形而下者也。斯则有体有质，承载夫无形之道者，谓之器，器乃乾坤之迹也。因乾坤自然之化，而制为七八九六之数。刚柔相推，阴阳互易，不可为典要，惟变所适，故谓之变。推此化裁之变而行诸日用动静之间，则吉凶明而趋避决，事无疑而行不滞，不谓之通乎？举此变通之法，措诸天下之民，使天下之民皆知变通趋利，鼓舞不倦，则志通务成，圣人道济天下之事业，孰有大于此者哉？信乎，乾坤为易之缊，而立象果足以尽意也。

按：形上形下二语，论道器精粗最为该括。乾坤二字，有指天地阴阳言者，有指卦画奇偶言者。自卦画言之，则卦之奇偶为形下之器，而奇偶中所寓之精意乃形上之道。自天地阴阳言之，则成象于天，成形于地者，为形下之器，而主宰夫是，纲维夫是，弗见弗闻、无声无臭者，乃形上之道。合阴阳奇偶言之，则一阴一阳，流行不息，盛德大业，化育无穷者，形而上之道。而象者像此，爻者效此。刚柔奇偶，确然可据者，乃形而下之器也。要之非道无以宰器，非器无以显道。有隐见之别，无彼此之分。知此则知圣人立象尽意之旨矣。

【白话】

这两节的意思是说，易不外乎乾坤，目的是表明圣人立象尽意的实质。缊，衣中之絮，包蓄之意。乾坤，指卦画奇偶。“则乾坤或几乎息矣”中的“乾坤”，指天地的功用。

孔子的意思是说：立象之所以能尽圣人之意，是因为圣人之意尽于易，而易尽于乾坤。所谓六十四卦，无非是乾坤两卦的变化，故易得乾坤而成易，犹如衣服得絮而成裘。试着观察乾卦与坤卦，阴阳左右成列，阴变为阳，阳变为阴，变化无方，尽在其中。假使圣人不创立乾坤两卦，世人便不知道何者为阴，何者为阳，因此《系辞》说“乾坤毁，则无以见易”。圣人根本天地自然之易，画卦作易，形容模拟，使人根据乾坤两卦的变化，了解天地阴阳的变化，这是圣人画卦立象的宗旨。如果毁弃了乾坤两卦，阴阳变化的玄妙既无由测识，天地乾坤的功用也无法展开。天地乾坤的功用无法展开，圣人的意图又如何展现呢？实在是重要啊！所以立象不可已。所以说，乾坤不外乎奇偶，奇偶也就是阴阳。那些超越于阴阳奇偶之外，而不被形象所囿的事物，乃形而上者。这就是所谓的太极真机，主宰所有有形之器的事物，也就是道，道即乾坤之精。那些有形可见，有象可求的事物，则是形而下者。它们有体有质，承载无形之道，也就是器，器乃乾坤之迹。圣人遵循乾坤自然之化，创制了七八九六之数。然后刚柔相推，阴阳互易，不为典要，唯变适从，所以叫作变。推此化裁之变，行于日用动静之间，吉凶显明，用于趋避，事无疑而行不滞，不就是所谓的通吗？举此变通之法，措诸天下之民，使天下之民皆知变通趋利，鼓舞不倦，心志得通，事务乃成，以圣人之道济天下之业，还有比这更大的成就吗？相信吧，乾坤两卦确实蕴含着所有易理，而立象确实足以尽意。

按：“形而上者谓之道，形而下者谓之器”，对道器的精粗论述得最为概括。“乾坤”二字，有时指天地阴阳而言，有时指卦画奇偶而言。指卦画奇偶而言时，则卦之奇偶为形下之器，而奇偶中所蕴含的精意则是形上之道。指天地阴阳而言时，成象于天、成形于地的，就是形下之器，主宰它的、纲维它的、不见不闻的、无声无臭的，则是形上之道。结合阴阳奇偶而言，一阴一阳，流行不息，盛德大业，化育无穷的，就是形而上之道，而象与爻，刚与柔，奇与偶，确然可据的，则是形而下之器。总的来说，非道无以宰器，非器无以显道。二者有隐见之别，但无彼此之分。了解了这一点，也就明白了圣人立象尽意的宗旨。

是故，夫象，圣人有以见天下之赜，而拟诸其形容，象其物宜，是故谓之象。

圣人有以见天下之动，而观其会通，以行其典礼。系辞焉以断其吉凶，是故谓之爻。

极天下之赜者存乎卦，鼓天下之动者存乎辞，化而裁之存乎变，推而行之存乎通，神而明之存乎其人。默而成之，不言而信，存乎德行。

【解义】

此三节是申言象所由立，以示用易者贵即象以会意，得意而忘象也。上言谓之变，谓之通，指作易言。此言存乎变，存乎通，指用易言。明，谓明卦爻变通之理。

孔子意曰：圣人固立象尽意矣，夫象岂无所见而能立哉？圣人有以见天下之赜，莫非道也。于是拟诸其形容，而画卦立象，以象其事物之宜，是象乃以象乎其赜者也，是故谓之象。象立而卦立，卦立而爻生焉，爻亦非无所见也。圣人有以见天下之动，亦莫非道也。于是即其动而观众理之统会，以求一理之可通。即可通之一理，以立为不易之典常。合此典常，则系辞焉断其为吉；悖此典常，则系辞焉断其为凶。是爻乃以效乎其动者也，是故谓之爻。可见象爻虽形下之器，而实寓夫形上之道。故极天下之赜，而精粗靡不穷尽者，实存乎卦。观于卦画之纯杂，而天地之撰，万物之情，皆可会也。舍卦而何以极天下之赜也？鼓天下之动，而使之亹亹不倦者，实存乎彖爻之辞。玩其辞之何以吉，何以凶，而趋避之意不觉踊跃奋迅，油然而生也，非辞而何以鼓天下之动也？化裁谓变，是易中已具化裁之变，以备人揲蓍之用。人苟欲决从违，审动静，化裁适宜，即存乎七八九六之变，察其阴阳老少，而动静从违之宜决矣。推行谓通，是易中原有可行之通，以备人推行之用，人苟欲趋夫吉，避夫凶，通达无碍，即存乎变化可行之通。宜动则动，宜静则静，自然动静允协，行无弗利矣。夫卦爻虽具此变通之理，而天下未必皆善用易之人。以其滞于象器，而不能神明其意，即不能神明其道也。诚能斋戒洗心，以吾心之神会作易之神，即象以识其意，即器以悟夫道，此存乎善读易善用易之人，而未可概责之天下也。若夫神明于心，即默成于身，不睹不闻之际，有闇然日省之功。不徒事言论讲说，而存存不息，无一毫虚伪欠阙，此非素有修德凝道之学，至于德成行备者，不能也。岂不存乎德行哉？

按：孔子言，君子居则观其象而玩其辞，动则观其变而玩其占，是以自天佑之，吉无不利。夫君子固所称神明默成之人也，所以观象玩辞者，正以卦能极天下之赜，辞能鼓天下之动也。所以观变玩占者，正以化裁存乎变，推行存乎通也。自天佑之，不亦宜乎？

【白话】

这三节重申了圣人立象之事，提示用易者贵在会意，得意即可忘象。上面所谓的“变”“通”，都指作易之事。此处所谓的“存乎变”“存乎通”，则指用易而言。明，明白卦爻变通之理的意思。

孔子的意思是说：圣人固然做到了立象尽意，但象岂是一无所见就能立的？圣人能探索到天下的隐秘，是因为圣人了解大道。所以能拟诸形容，画卦立象，尽量模象相应的事物，是象其隐秘之理，所以叫作象。象立而卦立，卦立而爻生，而爻也不是一无所见的产物。圣人能发现天下的动变，也是因为圣人了解大道。于是观察天下的动变，在融会贯通的基础上，总结出一些可以长期奉行的法则。又根据遵循或者违背这些法则，系上或吉或凶的爻辞。爻是用来表明吉凶变化的，所以叫作爻。可见象与爻虽然是形而下之器，但其实确实蕴含着形而上之道。因此极尽天下的隐秘，而精粗无不穷尽之事，皆存于卦中。观察卦画的纯杂，天地之撰，万物之情，皆可心领神会。舍弃易卦，又如何能极尽天下的隐秘呢？鼓舞天下人的行动，使之亹亹不倦的东西，也切实存在于彖爻之辞里。玩味其辞，何以吉，何以凶，趋避之意不觉间踊跃奋迅，油然而生。舍弃卦爻辞，又何以鼓舞天下人的行动呢？“化而裁之存乎变”，是说易中本已具备化裁之变，以备人揲蓍之用。人如果想决定从违，只需审察动静，化裁适宜，也就是存乎其中的七八九六之变，通过察其阴阳老少，动静从违就不难决定了。“推而行之存乎通”，是说易中原有可行之通，以备人推行之用。人如果想趋吉避凶，通达无碍，也就是存乎变化可行之通，当动则动，宜静则静，自然能动静允协，行无不利。卦爻虽然具备变通之理，但天下未必都是善于用易之人。如果滞于象器，而不能神明其意，便不能神明其道。诚能斋戒洗心，一心体悟圣人的意图，以其象识其意，以其器悟其道，但这只能存在于善于读易用易之人身上，而不能苛求所有的人。习易者应该神明于心，默成于身，在不睹不闻之际，仍日日修省，事事修省。不仅仅是言论讲说，而是存存不息，无一毫虚伪欠缺。但这只有修德凝道之学素有功夫，以至于德成行备之人方能做到，习易者又怎能不着力培养自己的德行呢?

按：孔子有言，“君子居则观其象而玩其辞，动则观其变而玩其占。是以自天佑之，吉无不利”。君子固然是人们所说的神明默成之人，但君子能够观象玩辞，也是因为卦能极尽天下的隐秘，辞能鼓动天下人的行动。君子能观变玩占，也是因为“化而裁之存乎变，推而行之存乎通”。自天佑之，也是应该的。

卷十七

系辞下传

八卦成列，象在其中矣。因而重之，爻在其中矣。刚柔相推，变在其中矣。系辞焉而命之，动在其中矣。吉凶悔吝者，生乎动者也。刚柔者，立本者也。变通者，趣时者也。

【解义】

此一章言卦爻吉凶，原于易简。而此四节，则先论象爻变动之所自出，以推吉凶之所由生也。八卦，谓干兑离震巽坎艮坤，三画之卦。象，谓奇偶纯杂之象。因重，谓每一衍八重之为六十四也。刚柔，谓奇偶。变，谓阴阳变化。动，谓占者所值当动之爻象。

孔子意曰：易理尽于吉凶，吉凶寓于象爻变动。象爻变动何自而生乎？圣人作易，本大极而生两仪，由两仪而生四象八卦，次第成列。则乾坤列而纯阴纯阳之象以著，六子列而杂阴杂阳之象以昭。象不在成列之中乎？由是因已成之卦，各以八卦次第加之，则内外备而贞悔全，远近贵贱，承乘比应之爻，即灿然于各卦之中矣。由是爻之奇偶，即为刚柔，而六十四卦三百八十四爻，不过刚柔二画，往来推换，则凡阴极变阳，阳极变阴，不即在此相推中乎？由是，卦爻之中，时有消息，位有当否，圣人皆系之辞，而明示以趋避之宜。此时虽未形于动，而占者所值当动之爻象，岂能出辞所命之中哉？夫辞之所命者，吉凶悔吝而已。吉凶悔吝虽已备于系辞之时，必俟卦爻之动，而吉凶悔吝方始昭然。是吉凶悔吝，固生乎卦爻之动者也。使不先系辞以命之，人将何所适从乎？然所谓动者，亦因乎时而已。盖六十四卦，不外刚柔两画。方其未动，一刚一柔，各有定位，确不可移。则刚柔非立易之本者乎？然位有定，而时无定。及其既动，则化裁推行，总非自主，非顺乎时之自然，而趋乎时之不得不然者乎？可见时之所在，动不能违。人能变通趋时，自然动与吉会，何凶悔吝之有？

按：天道不外一时，圣人合德天地之学，亦不外于一时。孔子释乾五曰："先天而天弗违，后天而奉天时。"释大有彖辞曰："其德刚健而文明，应乎天而时行。"萃之时"用大牲吉"也，而损之时则"二簋可用享"，屯之时"君子以经纶"也，而需之时则宜饮食宴乐。盖莫非时之所宜然也。知易之理，不外乎一时。则知圣人体易之学矣。

【白话】

这一章的意思是说，卦爻的吉凶，原于易理的简明。而这四节先讲象与爻的变动，从而推断吉凶的缘由。八卦，指乾、兑、离、震、巽、坎、艮、坤八个三画卦。象，指奇偶纯杂之象。因重，指八卦两两重叠，衍生为六十四卦。刚柔，即奇偶。变，指阴阳变化。动，指动爻。

孔子的意思是说：易理尽于吉凶，而吉凶蕴含在象与爻的变动中。象与爻的变动因何而生呢？圣人作易时，以太极为根本，生阴阳两仪，由阴阳两仪而生四象八卦，次第成列。乾坤列而纯阴纯阳之象显明，六子列而杂阴杂阳之象以昭。卦象难道不在其中吗？卦象既已成列，再各以八卦次第相加，则内外俱备，贞悔皆全，远近贵贱，承乘比应之爻，全都灿然于各卦之中。爻之奇偶，也就是刚爻与柔爻，统计六十四卦，共计三百八十四爻，说起来又不过是刚柔两画，往来推换，而阴极变阳，阳极变阴，不就在彼此的推荡之中吗？于是卦爻之中，时势的消息，位置的当否，圣人皆系以辞，明确提示以趋避之道。此时虽然尚未形于动，但占者所值当动之爻象，又岂能超越爻辞的范围？爻辞的占语，无非吉凶悔吝。吉凶悔吝虽已备于系辞之时，但必须等卦爻发动，吉凶悔吝才能明确昭示。所以说吉凶悔吝，固然生于卦爻的变动。但若不是圣人系上辞占，世人又何以适从呢？而所谓的动，也是因时而动而已。总的来说，六十四卦，不外乎刚柔两画。未动之时，一刚一柔，各有定位，不可动移。难道刚柔还不是立易的根本吗？不过，爻位有定，时势无定。及其既动之时，其化裁推行，便无法自主，难道不是因为顺应自然，甚至于时势所迫而不得不然吗？可见时之所在，动不能违。人能因时而变，自然动与吉会，有怎么会有凶、悔、吝呢？

按：天道不外乎时势，圣人匹配天地的学问，也不外乎一时之用。孔子解释乾卦的五爻时说："先天而天弗违，后天而奉天时。"解释大有卦的彖辞时则说："其德刚健而文明，应乎天而时行。"解卦萃卦时说"用大牲吉"，而解释损卦时则说"二簋可用享"，解释屯卦时说"君子以经纶"，而解释需卦时则说"君子以饮食宴乐”。凡此种种，都是合乎时宜的表现。由此可知，易理不外乎时势，圣人对易学的体悟可见一斑。

吉凶者，贞胜者也。天地之道，贞观者也。日月之道，贞明者也。天下之动，贞夫一者也。

【解义】

此二节是申明吉凶之故，而示人以贞一之学也。贞，谓正而常也。一，即理也。

孔子意曰：夫刚柔变通，则卦爻动而吉凶生矣。然吉凶不容并立，常以正而相胜者也。吉胜凶，凶胜吉，虽有万变，不外一贞。贞则吉胜于凶，不贞则凶胜于吉。所谓“惠迪吉，从逆凶，唯影响”也，不观之造化乎？天地之道，消息盈虚，至变矣。惟以贞常运，天垂象，地效法，历万古而不易也。日月之道，晦朔弦望，至变矣。惟以贞常照。日明昼，月明夜，亘万古而不息也。然则天下之动，可知矣。天下之动，得失忧虞，万变无穷，其贞常不易者，一理而已。人之动，非顺乎理，即逆乎理。顺理则吉，逆理则凶。势无常而理有定，不犹天地之贞观，日月之贞明乎？此吉凶之所以贞胜也。

按：圣人系辞以断吉凶，原有以见天下之动，而观其会通，以行其典礼。所谓典礼，即贞也。所谓会通，即一也。故其所系之辞，从之则吉，悖之则凶。而天下后世不能外也。

【白话】

这二节的宗旨，是申明吉凶的由来，并提示习易者贞正专一。贞，正而常。一，指义理。

孔子的意思是说：刚柔变通，则卦爻发动，吉凶乃生。但吉凶不容并立，常以正与不正为相胜的依据。吉胜凶，凶胜吉，虽然千变万化，但不外乎一个“贞”字。贞则吉胜于凶，不贞则凶胜于吉。《尚书》所谓的“惠迪吉，从逆凶，唯影响”，难道不是观察造化得来的吗？天地之道，消息盈虚，至变无穷。唯有贞正恒常，运转不息，天垂象而地效法，方能历万古而不易。日月之道，晦朔弦望，同样至变无穷。唯有贞正恒常，持久普照，日明昼而月明夜，方能亘万古而不息。由此可知天下之动，而天下之动导致的得失忧虞，虽万变无穷，但贞常不易的，不过义理而已。人的行动，不是顺理，就是逆理。顺理则吉，逆理则凶。

势无常而理有定，不正像天地的贞观与日月的贞明吗？这是吉凶对立以贞为胜的原因所在。

按：圣人系上辞占，决断吉凶，是因为能统观天下的动变，并且融会贯通，总结出了典礼，也即规则。所谓典礼，就是“贞”。所谓会通，就是“一”。因此圣人所系的辞占，从之则吉，悖之则凶，天下后世概莫能外。

夫乾，确然示人易矣。夫坤，隤然示人简矣。爻也者，效此者也。象也者，像此者也。爻象动乎内，吉凶见乎外。功业见乎变，圣人之情见乎辞。

【解义】

此三节推原象爻所由立，吉凶所由见，而归功于圣人也。确然，健貌。隤然，顺貌。动乎内，谓揲蓍求卦而值当动之爻象也。功业，指趋避言。变即动，动则变也。辞，即吉凶之辞。

孔子意曰：夫天下之动，固贞夫一矣。人亦知一之原于天地乎？夫乾，天也，性情确然，静专动直，气至即达，自然无为，以生万物，明示人以易矣。坤，地也，性情隤然，静翕动辟，无所烦扰，顺承天施，以生万物，明示人以简矣。乾坤既以易简示人，圣人忧天下后世，不能效法乾坤也，因作易以教人，而立象生爻焉。爻备于因重，人知效天下之动也。不知奇而阳者，效乾之易；偶而阴者，效坤之简。爻虽至变，而有不变之理，以主宰于中，爻非彷效乾坤之所示者乎？象具于成列，人知象天下之赜也，不知阳息阴消者，如户斯辟，象乾之易；阴息阳消者，如户斯阖，象坤之简。象虽至赜，而有至约之理，以纲维于内。象非肖像乾坤之所示者乎？有爻象，即有吉凶之辞，而吉凶必借揲蓍而后著。如人抱蓍问易，参伍错综，通变极数，效像乾坤之爻象，动乎蓍卦之内，而所值或吉或凶，即见乎蓍卦之外，所谓吉凶悔吝生乎动也。此爻象之动，即变也。既动乎内而为变，此时虽未即措之天下，而务自此可成，业自此可定。利用出入，百姓与能之功业，已见乎此矣。然非圣人系辞以命之，则趋避终迷，而功业亦无由而见，是功业固见于爻象之变，必得圣人系爻象吉凶之辞，然后得失明而从违决，圣人与民同患之情，不毕见于辞乎？此其忧世觉民之功，真可比德天地矣。

按：此章“贞一”二字最为精要，一即天命之性也，贞即率性之道也。乾坤易简者，性命之原，而生成万物之大本也。圣人效天法地，立象系辞者，固欲天下各修其道，以尽其性，而至于命也。故圣人之意尽于象，而圣人之情见乎辞。学易者，可不神明夫圣人之意与情乎？

【白话】

这三节推导了立象生爻、系断吉凶的过程，并将所有的功绩归于圣人。确然，乾健之貌。隤然，坤顺之貌。动乎内，指揲蓍求卦所值当动之爻象。功业，指趋避。变即动，动则变。辞，即吉凶之辞。

孔子的意思是说：天下之动，固然应该贞正专一。但人知不知道所谓的“一”源于天地呢？乾，即是天，其性健，静专而动直，气至即达，自然无为，资生万物，明示人以易。坤，即是地，其性顺，静翕而动辟，无所烦扰，顺承上天，长养万物，明示人以简。乾坤以易简示人，而圣人担心天下后世不能效法乾坤，于是作易教人，立象生爻。爻的各种变化齐备于六十四卦之中，习易者得以借此效仿天下之动。不知奇而阳者，则效乾之易；但知偶而阴者，则效坤之简。爻虽然至变无穷，但具备不变之理，从而主宰于中，难道还不足以仿效乾坤的易简之道，启示世人吗？象具于卦列之中，人只知道象模拟的是天下的隐秘，而不知阳息阴消如同门户的开辟，如同乾天之易；而阴息阳消则如同门户的关闭，犹如坤地之简。象虽然至为隐秘，但也有至约之理，从而纲维于内，难道还不肖像乾坤两卦的启示吗？有了各爻之象，便有了吉凶之辞，而吉凶必须借助揲蓍而后方能显明。人如果抱蓍问易，参伍错综，通变极数，效仿乾坤两卦的爻象，动于蓍卦之内，所值之爻或吉或凶，即见于蓍卦之外，也就是说，所谓的“吉凶悔吝”，是因动而生。这种爻象的变动，即是变。既然动于卦内，已然成变，此时就算尚未实施，务已经可成，业已经可定。利用出入，吉凶成败，俱在其中。但没有圣人系辞，趋吉避凶时，终究会陷入迷茫，更谈不上建功立业，所以说，功业固然见于爻象之变，但也必须有圣人所系的爻象吉凶之辞做指引，才能明白其中的得失之理，从而决定是从是违。圣人与百姓共患难的心情，不都体现在辞占上了吗？圣人的忧世觉民之功，真的可以匹配天地。

按：这一章里，以“贞一”二字最为精要，“一”即天命之性，“贞”即率性之道。乾坤的易简之道，就是性命之原，就是生成万物的根本。圣人效天法地，立象系辞，肯定是想让天下人各修其道，以尽其性，而至于命。所以，圣人之意尽于象，而圣人之情见乎辞。学易者，能不用心体悟圣人的意与情吗？

天地之大德曰生，圣人之大宝曰位。何以守位？曰仁。何以聚人？曰

财。理财正辞，禁民为非，曰义。

【解义】

此一节是言，用易之圣人，体天地造化之情以为情，而著之于功业者也。天地无心而成化，故不言情，而言德。德之所被，无不周遍，故言大德。生，谓物遂其生也。位，人君之位也。仁，当作人，理治也。

孔子意曰：易之卦爻既已彰彰矣，然易之所以为用者，在天地则为造化，在圣人则为功业。以天地言之，天地有大德曰生而已。盖天地之间，品物万形，无所不具，惟天则确然于上，地则隤然于下，寂然一无所为，而生生不已之机随处流行。若日以生物为事，是生固天地之大德矣。以圣人言之，圣人体天地好生之德，以生天地所生之民，必身膺天位，然后可以赞化育，而宰群生，则又以位为大宝也。然大宝在位，须兢业以守之，而守之则以人焉。士民乐业，遐迩归心，而后位可守也。守位在人，须休养以聚之，而聚之则以财焉。家室盈宁，闾阎优给，而后人可聚也。至若财以聚人，宜理也，则崇本业，省冗费以理之。辞以教民，宜正也，则殊贵贱，辨名实以正之。民之为非，宜禁也，则申法令，明刑罚以禁之。然三者必皆裁之于义焉。盖合于义，则理之而财得其平，正之而辞得其顺，禁之而民格其非。庶圣人之功业，与天地之大德侔矣。

按：易之一书，原为与民同患而作，故《上系》首章，由乾始坤成，而归之乾坤易简之理。《下系》首章，复由乾易坤简而归之天地大生之德。得乾坤易简之理，而成位乎其中者，圣人之体也。行天地大生之德，而以位为大宝者，圣人之用也。有体则与天地合其德，有用则为天地大其功。系易者，其有望于后世有德有位之圣人也如此哉！

【白话】

这一节的意思是说，用易的圣人，能体会天地造化之情，并以此建立功业。天地是无心而成化，所以言德不言情。德之所及，无不周遍，所以叫大德。生，指物遂其生。位，指人君之位。仁，当作“人”，治理之意。

孔子的意思是说：易的卦爻已清晰显明，而它的功用体现在天地之间就是造化，体现在圣人身上就是功业。以天地言之，天地之间最大的德行就是一个“生”字。因为天地之间，品物万形，无所不具，唯有天确然于上，地隤然于下，寂然无为，而生生不已之机随处流行，随时都在资生万物，因此生就是天地最大的德行。以圣人言之，圣人能够体悟天地的好生之德，并且深知长养化育天地所生的万民，必须身居天位，然后才可以参赞化育，主宰群生，因此必须以天位为大宝。然而大宝在位，又必须兢兢业业地持守天位，持守天位又离不开人。如果士民乐业，遐迩归心，便可以持守天位。由于守位在人，所以要休养生息，招聚贤才，而聚之必须散财。家室盈宁，闾阎优给，之后贤人可聚。至于散财聚人，也应该遵循义理，也就是崇本业，省冗费。教化百姓，也应该遵循正道，也就是殊贵贱，辨名实。百姓为非作恶的，也应该及时禁止，也就是申法令，明刑罚。但是以上三者都应该裁之于义。合于义，就可以财得其平，辞得其顺，民格其非。这样一来，圣人的功德差不多就可以天地匹配了。

按：《易》这本书，原是圣人基于与民同患之心而作，所《系辞上传》的首章，由乾始坤成，而归之于乾坤易简之理。《系辞下传》的首章，亦是由乾易坤简而归之于天地大生之德。悟到了乾坤易简之理，并且居于天地之中的，就是圣人的本体。践行天地的大生之德，并且以位为大宝的，就是圣人的功用。有体方能与天地合德，有用方能为天地致功。系易的圣人，是希望后世有德有位的圣人也如此吧！

古者包牺氏之王天下也，仰则观象于天，俯则观法于地，观鸟兽之文，与地之宜。近取诸身，远取诸物，于是始作八卦，以通神明之德，以类万物之情。作结绳而为罔罟，以佃以渔，盖取诸离。

【解义】

此一章是言圣人制器尚象之事。而此二节言，包牺氏作易以前民用，而开鲜食之原也。文，羽毛也。与地之宜，诸本多有天字。宜，时令方隅也。结绳，以麻为之。网所以佃，罟所以渔。盖者疑辞，言疑取诸此，而非必取诸此也。

孔子意曰：粤稽古昔，以圣人之德，履大宝之位，而能作易以前民用者，昉于包牺氏之王天下也。盖羲皇藏往知来，心通造化，固已具一作易之本矣，而又求之于俯仰远近之内，以验阴阳消息之理。故仰则观经纬之象于天，如日月星辰之属是也；俯则观一定之法于地，如南北高深之类是也。至于俯仰之间，即鸟兽之文观之，如刚鬣柔毛，亦阴阳也。希革毛毨，亦消息也。即天地之宜观之，如春夏则阳之息，秋冬则阴之消也。高者阳之息，下者阴之消也。近取诸身之形体性情，远取诸物之飞潜动植，而阴阳消息之理，无不毕具于其中。于是乃作乾兑离震巽坎艮坤之八卦焉。神明之德，不可见者也。就健顺动止八者之德以通之，而凡阴阳之理，深入无形者，易皆与之融贯而无间矣。万物之情，可见者也。就雷风山泽八物之情以类之，而凡阴阳之理，显及有象者，易皆与之相肖而不违矣。八卦既成，显微毕着。圣人作易，宁徒为制器而设？然而制器之理，总不越此。古者禽兽鱼鳖多，而人民少，故包牺氏教民结麻为绳，以为网罟，以佃于山林，以渔于川泽，使民知鲜食之利焉。若是者，疑取诸离。盖离象为目，离德为丽，如网罟之两目相承，而物丽之也。

按：宓牺首画八卦，其神灵意智本不待外象而著，特假河图神物，以征信兆民耳。故易之未作，全易之理具在圣心；易之既作，天下之理备于易书。虽备物致用，圣人未尝取象于易，而究未有出于易之外者。其理同也。不然，网罟之设，未必不在画卦之前，则又何从取两目相承之象而求合之乎？

【白话】

这一章讲的是圣人制器尚象之事。这两节的宗旨，是阐明包牺氏作易，并引导民用，开辟更多的食物来源之事。文，羽毛。与地之宜，很多版本还有一个“天”字。宜，时令方隅。结绳，指麻绳。罔即网，用来捕猎。罟即捕鱼的网。“盖取诸离”的“盖”，是疑问字，意思是说可能取象于离卦，但不一定就是取象于离卦。

孔子的意思是说：考查古今，以圣人之德，履大宝之位，并且能作易引导百姓使用之人，始于包牺氏治理天下之时。包牺氏就是羲皇，也就是伏羲，其藏往知来，心通造化，本来就有作易的天资，又在此基础上孜孜以求，以验证阴阳消息之理。仰则观经纬之象于天，比如日月星辰之属；俯则观一定之法于地，比如南北高深之类。至于俯仰之间，则就鸟兽的毛羽观之，比如刚鬣柔毛，亦有阴阳之属。其希革毛毨，亦有消息之象。就天地之宜观之，春夏则是阳之息，秋冬则是阴之消。高者为阳之息，下者为阴之消。同时近取诸身之形体性情，远取诸物之飞潜动植，阴阳消息之理，无不毕具其中。于是在此基础上创制了乾、兑、离、震、巽、坎、艮、坤八卦。考虑到八卦的德性世人不得而知，于是又系以健、顺、动、止等八卦卦德，举凡阴阳之理，深入无形之物，皆能融通无间，于是万物的性情人人可见。然后与雷风山泽等八种显著事物的性情相比类，举凡阴阳之理，显及有象之物，皆与之相肖而不违，于是八卦乃成，显微毕著。圣人作易，难道是为了制器吗？但制品之理，总不出易理之外。古代禽兽鱼鳖很多，但是人少，于是包牺氏教人们结麻为绳，制作网罟，以便在山林中捕猎，在川泽渔猎，使人们了解鲜食之利。制作网罟，可能是取象于离卦。因为离的大象为目，离的卦德为丽，恰如网罟目目相承，而物附丽其上之象。

按：伏羲首创八卦，他的智慧其实并不需要借助外物，之所以借助河图与神物，是为了取信于民。因此，尚未作易之时，易经的所有道理已经全然存在圣人之心；作易成功之后，天下之理便全部备于易书。虽然制器备物，以致其用，圣人未曾取象于易，但也不出易理之外。因为它们的道理是相同的。不然的话，制作网罟这件事情，未尝不是发明于画卦之前，那样的话，又该如何取象，以便与易理相符呢？

包牺氏没，神农氏作。斫木为耜，揉木为耒，耒耨之利，以教天下，盖取诸益。日中为市，致天下之民，聚天下之货，交易而退，各得其所，盖取诸噬嗑。

【解义】

此二节是言，神农氏之教民粒食，而通有无于不匮也。耜，耒首也，斲木使锐而为之。耒，耜柄也，揉木使曲而为之。耨，除草也。

孔子意曰：包牺之时，鲜食之原既开矣，然粒食之道未备也。包牺氏没，神农氏作，民厌鲜食而食草木之实，于是斲木使锐为耜，揉木使曲为耒。耒以运耜，耜以起土，设为耒耨之利，而教天下以树艺之法焉。若是者，疑取诸益。盖二体皆木，取益之象。其动者在下之耜，而入之者在上之耒。上入下动，取益之德。天下之益，莫大于耒耜。又有取于益之义也。夫网罟设而鲜食足，耒耜具而黍稷登，则货财殖矣。然有谷者，或不给于鲜。有鲜者，或不给于谷。乏者无所取，积者无所散，则有无不均而所养或缺。神农氏于是教民期，以日中为市，使之道里均，趋走便，而天下之民无不致矣。市各聚其货，使之百物具，诸用备，而天下之货无不聚矣。交其所有，易其所无，交易而退，则有无相济，彼此相通，而人人各得其所矣。若是者，疑取诸噬嗑。盖卦德上明下动，日中象上明，为市象下动，卦名噬嗑，民不一业，货不一用，致而聚之，又噬而嗑之之义也。

按：圣人立成器以为天下利，其用不止一端。而系易者，必先自离次益次噬嗑，其说何耶？盖食货乃斯民之大命，生养为王政之大端。圣王图治，未有舍此而他为先图者，《大传》之垂训也深矣。

【白话】

这两节的意思是说，神农氏教会了人们种庄稼，从此食物不再匮乏。耜，耒的头部，用刀斧砍削木棍，使之锐利即可。耒，耜柄，使木棍弯曲即可。耨，除草。

孔子的意思是说：伏羲之时，鲜食之原已开，但粒食之道未备。等伏羲氏成为历史，神农氏治理天下时，人民开始厌恶鲜食，转而食用草木之实，于是砍削木棍使之锐利，制成了耜，又揉木使曲，制成了耒。以耒运耜，以耜起土，创制了耒耨之利，并教会了天下人。这项发明，可能是取象于益卦。因为益卦的上下卦都属木，具备取益之象。下卦为震为动，好比在下之耜，上卦为巽为入，好比在上之耒。上入下动，取的益卦的卦德。天下之益，莫大于耒耜。此处又有取益之义。有了网罟就有了足够的鲜食，有了耒耜就有了丰登的五谷，但有谷之人或许会缺乏鲜食，而有鲜之人或许会缺乏五谷。乏者无所取，积者无所散，有无就会不均，所养就会欠缺。于是神农氏又教人们在固定日期、固定场所，于正午时间以物易物，使道里均，趋走便，天下之民无不获益。同时，市场由于各聚其货，使得百物具，诸用备，天下之货无所不有。交其所有，易其所无，交易之后就退出市场，于是有无相济，彼此相通，人人各得其所。这项发明，可能是取象于噬嗑卦。因为此卦的卦德是上明下动，正午为上明之象，市场为下动之象，卦名又叫“噬嗑”，正是民众从事百业，货物功用不一，先致而聚之，再噬而嗑之的意思。

按：圣人创制器物，兴天下之利，功用何止一端。而系易时，必然先系离卦，再系益卦，然后再系噬嗑卦，是因为什么呢？主要是因为饮食与交易关系着百姓的生存发展，而长养化育则是君王治理天下的重中之重。圣王若想要天下大治，就不能舍此而图他，圣人的垂训可谓深切。

神农氏没，黄帝尧舜氏作，通其变，使民不倦。神而化之，使民宜之。易穷则变，变则通，通则久，是以自天佑之，吉无不利。黄帝尧舜，垂衣裳而天下治，盖取诸乾坤。刳木为舟，剡木为楫，舟楫之利，以济不通，致远以利天下，盖取诸涣。服牛乘马，引重致远，以利天下，盖取诸随。重门击柝，以待暴客，盖取诸豫。断木为杵，掘地为臼，臼杵之利，万民以济，盖取诸小过。弦木为弧，剡木为矢，弧矢之利，以威天下，盖取诸睽。

【解义】

此以下是言，黄帝尧舜通变宜民之事。而此六节，皆创制以前民用者也。

刳，刻之使中虚也。剡，削之使末锐也。弦，以丝弦木也。弧，木弓也。

孔子意曰：神农之时，食货足而生养遂矣。然风气日开，人心渐启，朴陋之治，不可以久也。迨神农氏没，黄帝尧舜氏作，三圣人又有因时致治之道焉。盖民心之厌淳固，而思变为文明也，时为之也。圣人因其时之变而通之，使天下之民亹亹焉日习于其中而不倦焉。然其通变之道，又不过因其自然之势，而导以自然之理，若神化莫测者然。故使天下之民，皆鼓舞于神化之内，而安之以为宜。惟其宜之，故趋之而不倦也。三圣人之通变神化若此，岂有他术哉？一易理而已矣。盖易理即天之理也。消息互乘，盈虚迭运。时处其穷则数尽必更，势重必返，未有不变者。变则随时而转，因势而导，未有不通者。通则一时适宜，后世无弊，未有不久者。三圣人之通变，合乎易，即合乎天矣。是以民宜之而天佑之，吉无不利也。尝即通变，而进稽其事，始于黄帝，备于尧舜。定为上衣下裳之制，垂之于身，以革上古简陋之俗，则贵贱别而上下分。民志以定，恭己无为而天下治矣。若是者，疑取诸乾坤。盖乾以易知，坤以简能。乾坤之变化，无为也。垂衣裳而天下治，圣人之变化，无为也。衣裳之制度既同，将遐迩之向风恐后。苟川泽梗塞，则文教有所不通，于是刳木使中虚而为舟，剡木使末锐而为楫。舟以载物，楫以进舟。舟楫之利兴，而不通者赖以通矣。若是者，疑取诸涣。盖涣之象，上巽木而下坎水，一如舟之浮出于水上也。夫川泽既通，而山林阻修，则担簦重趼，负戴劳苦也。于是牛以顺为道，故服而驯之以引重；马以健为性，故乘而驾之以致远。而天下享安驱之利矣。若是者，疑取诸随。盖卦德下动上说，犹物在下而动，人在上而说也。川涂既通，远迩错至，暴客或乘而起矣。于是设为重门以御之于外，严为击柝以戒之于内。虽有暴客之来，而警备已密，吾固有以待之矣。若是者，疑取诸豫，盖取豫备之意也。耒耜以开粒食之原，而民未知脱粟之利。于是断木为杵，而使之足以舂；掘地为臼，而使之足以容。杵臼之利兴，而万民之养益以济矣。若是者，疑取诸小过。盖卦象上木下土，杵为木，臼为土，卦德下止上动，如臼止而杵动也。外有击柝以待暴客，内有杵臼以精粒食。而害之大者，无所挟以威之，则虽有险而不能守，虽有粟而不得食。于是弦木使曲而为弧，剡木使锐而为矢。弧矢之利所及者远，以威天下之不轨，非止重门击柝以防之于内也。若是者，疑取诸睽。盖睽乖，然后威以服之也。

按：天下风气既趋于文明，则人心嗜欲日繁，诈伪亦日甚。不予之以利，无以遂其求；不震之以威，无以禁其暴。是故利天下者，圣人之仁也。威天下者，圣人之义也。仁与义，皆所以宜民而已矣。

【白话】

此节以下说的是黄帝与尧舜二帝通变宜民之事。这六节讲的都是创制器物并引导民众使用之事。刳，刻之使之中虚。剡，削之使之锐利。弦，以丝弦木。弧，木弓。

孔子的意思是说：神农氏所在的时代，食货足而生养遂。然而风气日开，人心渐启，朴陋之治，难以持久。等到神农氏成为历史，黄帝与尧舜相继治理天下，三位圣人又各有因时致治之道。总的来说，当时的百姓厌恶淳朴，希望变得文明，这也是时势使然。圣人于是根据时势变通，使天下百姓日习其中而亹亹不倦。然而圣人的通变之道，不过是顺应自然之势，导以自然之理，神妙莫测。从而使天下万民，鼓舞于内，安之为宜。唯有适宜，所以才趋之不倦。三位圣人皆能如此，难道是因为别有他法？实则依据的都是易理。总的来说，易理即是天理。消息互乘，盈虚迭运。穷尽之时，其数必更，势重之时，其数必返，从来就没有一成不变的道理。变则随时而转，因势而导，也从而没有不通的事情。通则一时适宜，后世亦无弊，就没有通而不久的法则。三位圣人的通变之道合于易，即合于天。因此既宜于人民，又能得到上天的庇佑，吉无不利。而通变这件事情，进一步考察的话，其实肇始于黄帝，完备于尧舜。规定了上衣下裳之制，以身作则，以革除上古的简陋之俗，贵贱因此别，上下得以分。民志有定，所以恭己无为，即能天下治。如此治理天下，可能是取象于乾坤两卦。因为乾以易知，坤以简能。乾坤的变化，达到了无为的境界。垂衣裳而天下治，圣人的变化，也达到了无为的境界。衣裳制度既同，则远近皆附，争先恐后。苟有川泽阻塞，文教难通，便刳木为舟，剡木为楫，舟以载物，楫以进舟。舟楫之利兴，不通者也得以通达。这项发明的问世，可能取象于涣卦。涣卦的大象，上卦为巽为木，下卦为坎为水，恰如舟船浮于水上。川泽虽通，却还有山林相阻，担簦重趼，负戴劳苦，于是根据牛的驯顺的特点，驯牛引重，并根据马健行的特性，乘马致远，天下得以尽享安驱之利。驯服牛马，可能是取象于随卦。随卦的卦德是下动而上悦，犹如物体在下而动，人在上而悦。川涂既通，远迩皆至，暴徒或乘间而起，于是设置边防要塞，御之于外，又严密巡视，戒之于内。就算有暴徒前来，但警备周密，可以以逸待劳。这样的设置，可能取象于豫卦，因为“豫”有“豫备”之意。先王发明耒耜，已开粒食之源，但民众还不知道脱粟之利。于是断木为杵，用以舂米，掘地为臼，用以装米。杵臼之利兴，百姓都受益于此。这项发明，可能取象于小过卦。小过卦的大象是上木下土，杵为木，臼为土，卦德则是下止上动，恰如臼止而杵动。外有击柝以待暴徒，内有杵臼以精粒食。但有些大的危害，如果没有威慑手段，有险而不能守，有粟而不得食，于是弦木为弓，剡木为箭，弓箭的攻击范围很远，可以用来威慑全天下的不轨之徒，而设置边防、严密巡逻仅仅是底线。如此这般，可能是取象于睽卦。因为睽卦的意思是乖违，乖违者应该威以服之。

按：风气趋向文明，人会变得嗜欲，诈伪日增。不给予相应的好处，便无法满足人心。不给予相应的威慑，便无法震慑人心。所以说，利益天下，是圣人仁的一面。威服天下，是圣人义的一面。仁与义，都是为了治理百姓。

上古穴居而野处，后世圣人易之以宫室，上栋下宇，以待风雨，盖取诸大壮。古之葬者，厚衣之以薪，葬之中野，不封不树，丧期无数，后世圣人易之以棺椁，盖取诸大过。上古结绳而治，后世圣人易之以书契，百官以治，万民以察，盖取诸夬。

【解义】

此三节是言，黄帝尧舜易古制以前民用者也。栋，屋脊檩也。宇，椽也。丧期，丧哭之期也。书，文字也。契，合约也。

孔子意曰：凡上古未备之器，而不可缓者，圣人皆尚象而创其制矣。乃上古已备之器而不可用者，圣人尤必尚象而变其制。如上古宫室未兴，冬则穴居，夏则野处，风雨奄至，民无宁居。后世圣人易之以宫室之制，有栋以直承而上，有宇以两垂而下，虽有震风暴雨，莫能侵之矣。若是者，疑取诸大壮，盖取壮固之意，宫室不壮则不固也。宫室既具，生者得以庇荫，而死者无所覆藏，亦何以教民孝乎？古之葬者，不过厚衣之以薪，葬之中野之地，无封土树木之规，无丧麻哭踊之期，后世圣人易之棺以周其内，椁以固其外，计虑久远而无使土亲肤矣。若是者，疑取诸大过。盖取送死大事，宁过于厚也。上古民淳事简，故小大之事，惟结绳以记验之，亦足以为治。后世风俗寖薄，欺诈日生，于是圣人易之以书契，言有不能记者书识之，事有不能信者契验之。由是百官之功实可稽，万民之情伪可核，而以治以察矣。若是者，疑取诸夬，盖取明决之意。以夬能决去小人之伪，而防其欺也。

按：历代圣人制器尚象，或尚其德，或尚其名，或尚其义，或尚其体，又或尚其道，总谓之象也。盖卦者，象而已矣。五圣人之制作，非必观玩于十三卦之象而为之，而孔子以为“取诸”云者，正以日用事物之间，原自有一易之理，圣人所为，默与之合，即邵子所为“画前之易”是也。然则千万世利用安身，养生送死之道，无一不由于易，易岂仅为卜筮之书而已哉？

【白话】

这三节的意思是说，黄帝与尧舜改易古制，并引导民众使用。栋，房屋的脊檩。宇，椽。丧期，丧哭之期。书，文字。契，合约。

孔子的意思是说：凡是自古以来没有的，又不可拖延、搁置的器具，圣人就会根据相应的形象，自行创制。若是上古已备之器，却不能用了，圣人则会根据相应的形象，加以改制。比如上古时代，宫室未兴，人们冬天穴居，夏天野处，风雨一来，民无宁居。后世圣人便易以宫室之制，有栋承于上，有宇垂于下，就算疾风暴雨，也不能侵害。这样的改制，可能取象于大壮卦，主要是取大壮卦“壮固”的意思，因为宫室不壮则不固。有了宫室，生者得以安居，但死者还无所覆藏，又怎么教导百姓孝道呢？上古时代的葬礼，只用厚厚的柴草当作死者的衣服，葬于荒郊野外，不封不树，不哭不跪，后世圣人则易之以棺椁，周其内，固其外，计虑久远，不让死者直接与泥土接触。如此这般，可能取象于大过卦。具体说来，死乃人生大事，宁可过度一些。上古时代，民风淳朴，事情简单，小大之事，只需结绳以记，也不影响生活。但后世风俗寖薄，欺诈日生，圣人便改结绳为书契，语言不能记录的就用文字记录，事情不能确信的就用契约验证。于是百官的功绩可以稽考，民众的情伪可以核查，天下以治以察。如此这般，可能是取象于夬卦，主要是取夬卦的明达决断之意。明达决断就能识破小人的伪诈，而不至于被骗。

按：历代圣人制器尚象，或尚其德，或尚其名，或尚其义，或尚其体，又或者尚其道，但总的来说都叫作“尚象”。所谓易卦，也不过是象而已。上述五位圣人的创制改易，未必就是观察上述十三个卦的大象而来。而孔子认为，所谓的“取诸”一词，正是因为日用事物之间，原有易理相通，圣人的行为与之暗中契合，也就是邵康节所说的“画前之易”。而且千秋万世都利用它来安身立命，养生送死，易书怎么可能像某些人说的那样，仅仅是卜筮之书而已？

是故易者象也，象也者像也。彖者材也，爻也者效天下之动者也。是故吉凶生而悔吝著也。

【解义】

此一章是言易之卦爻不外乎象，而人当观象玩辞，以知所趋避也。材，卦之质也。效，仿也。

孔子意曰：原夫圣人尚象之故，而知羲皇既作，图书遂起，于是易有小成，有大成，不过六十四卦，三百八十四爻，奇偶之象而已。然象有本体之象，有一爻之象，总之不滞于迹，彷佛于理之似耳。如阳卦六画之乾，以卦言则所以像夫纯阳至健之理，以爻言则有以像夫潜见惕跃飞亢之理。阴卦六画之坤，以卦言则所以像夫纯阴至顺之理，以爻言则或以像一阴之始生，或以像阴盛而亢阳，亦各自备一理。举乾坤，而诸卦可类推矣。此圣人作易立象以尽意也。象既立矣，观象而系辞则有彖，彖者言一卦之材也。如卦德，卦体，卦变，卦象，卦义，皆其材也。卦兼有善恶，卦材之善者，辞亦从而善；卦材之恶者，辞亦从而恶，而彖之全体形矣。于是乎又有爻，爻也者效天下之动者也。如爱恶相攻，远近相取，情伪相感。天下之动，纷纭变化，莫可穷诘，而皆爻中之所已具。是以圣人一一摹仿于逐爻之下，而象之一节昭矣。既有卦爻以象告，又有卦爻之辞以发挥乎象，是故得失之报以明，吉凶由此而生焉。忧虞之故以晰，悔吝由此而着焉。盖悔吝在心未著，吉凶在事已著，吉之生，悔之著也。凶之生，吝之著也。总之系辞以尽言，不外乎立象以尽意。材者象之质，动者象之用，吉凶悔吝者象之征也。象立而易之理备矣。

按：宓羲画象，其吉凶悔吝之故，已了然于心中。特其时当浑穆，故不显著之于辞，而止以象告。至中古之世，诈伪日生，凡辞之所系者，皆事之所有，故圣人系之辞，以正告天下，曰如是则可以悔而得吉，如是则必至吝而得凶。使天下晓然于趋避之途，则圣人之立象系辞，皆因乎时以有功于世道者也。

【白话】

这一章的意思是说，易的卦与爻不外乎象，习易者应当观象玩辞，知所趋避。材，卦的材质。效，仿。

孔子的意思是说：推原圣人尚象的缘故，可知伏羲创作八卦，河图洛书相继而出之时，易就有小成大成之分，但总的来说六十四卦三百八十四爻，都是奇偶之象而已。具体到象，既有本体之象，也有一爻之象，总的来看都不滞于形迹，易理上也有相似之处。比如六个阳爻的乾卦，以整体言，则呈现出纯阳至健之理，以诸爻言，则各自呈现出潜、见、惕、跃、飞、亢之理。再比如六个阴爻的坤卦，以整体言，则呈现出纯阴至顺之理，以诸爻言，要么呈现出一阴始生之象，要么呈现出阴盛亢阳之象，各备一理。以乾坤为例，其余诸卦皆可类推。这正是圣人作易立象，以尽其意的意图。既已立象，便观象系辞，从而有了彖辞，彖辞讲的是一卦的材质。诸如卦德、卦体、卦变、卦象、卦义，都是材质的范畴。卦有善有恶，材质善的，辞也善；材质恶的，辞也恶，从而在整体上给全卦定型。于是又有了爻，用来仿效天下的动变。比如爱恶相攻，远近相取，情伪相感，都属于天下之动，其纷纭变化，不可穷诘，但爻变之中，悉数皆备。于是圣人一一摹仿于诸爻之下，诸爻之象得以显明。既有卦象与爻象相告，又有卦辞与爻辞发挥，因此得失可明，吉凶乃生。忧虞的缘故也清晰了，悔吝也得以显明。总的来说，悔吝在心，还未显明，吉凶在事，已经显明；当一个人很吉祥的时候，后悔也就不会小了。当一个人很凶险的时候，耻辱也就不会少了。总之，圣人系辞以尽其言，是为了配合立象以尽其意。材是象的实质，动是象的功用，吉凶悔吝是象的四大特征。立象之时，易理已然齐备。

按：伏羲画象之时，对于吉凶悔吝的缘故，了然于心。只是因为当时的民风淳朴，所以不必系辞，只以象告即可。等到了中古之世，诈伪日生，凡辞之所系，皆事之所有，所以圣人为之系辞，正告天下，说这样就可以悔而得吉，那样则会吝而得凶，使天下人知晓趋避之途，两位圣人也各因为立象与系辞，有功于当时的世道。

阳卦多阴，阴卦多阳，其故何也？阳卦奇，阴卦耦。其德行何也？阳一君而二民，君子之道也；阴二君而一民，小人之道也。

【解义】

此一章是即少阳少阴之卦名以见圣人贵阳贱阴之意也。君谓阳，民谓阴。

孔子意曰：乾坤二卦，纯阳纯阴，其画无有多寡矣。至于震坎艮，皆为阳卦，宜多阳矣，其画乃一阳二阴，是阳卦反多阴也。巽离兑皆为阴卦，宜多阴矣，其卦乃一阴二阳，是阴卦反多阳也。此其故何也？凡阳卦以一阳为一画，其二阴各二画，合之则为五画，五奇数也，奇则为阳卦矣。凡阴卦其一阴已二画，其二阳又各一画，合之则为四画，四耦数也，耦则为阴卦矣。是皆数中自然之妙，非人力所能参也。然数未有不本于理，由数之所呈，以究其理之所合，则卦画之所在，即德行之所在也。而其德行又有公私邪正之不同焉。盖阳道尊贵而统阴，有君之象；阴道卑贱而从阳，有民之象。阳卦一阳而二阴，则其象为一君而二民。夫以一君而统二民，其道大而公，义之正也，君子之道也。阴卦一阴而二阳，则其象为一民而二君，夫以一民而从二君，其道小而私，事之变也，小人之道也。然则多阴者为阳卦，多阳者为阴卦，岂非理之一定，数之自然，而圣人扶抑之深意所隐寄于其中者哉？从来君子虽多，小人用事，其象为阴；小人虽多，君子用事，其象为阳。盖小人为君子所制则治，君子为小人所制则乱。小人为君子所制，或能改弦易辙，以求当乎君子之意，尚可以効一官一职之能；君子为小人所制，断难败行丧检，以求类乎小人所为，必至于成相倾相轧之渐。此治乱所由分也。易之泰卦不曰“有君子，无小人”，而曰“内君子，外小人”。然则处之得其宜，用之得其道，虽小人亦乌足为害哉。

【白话】

这一章是借助少阳、少阴的卦名，表明圣人的贵阳贱阴之意。君，指阳爻；民，指阴爻。

孔子的意思是说：乾坤二卦，纯阳纯阴，都是三画，没有多寡之分。至于震、坎、艮三个卦，都是阳卦，应该多些阳爻，但看它的卦画却是一阳二阴，明明是阳卦，反而阴爻较多；而巽、离、兑三个卦，皆为阴卦，理应阴爻多些，但它们都是一阴二阳之卦，明明是阴卦，反而阳爻较多——这是什么原因呢？其实凡是阳卦，都以一个阳爻为一画，而它的两个阴爻各有两画，合起来就是五画，五为奇数，奇数卦就是阳卦。而凡是阴卦，它的一个阴爻等于两画，两个阳爻又各为一画，合起来则是四画，四是偶数，偶数卦就是阴卦。这都是数中的自然之妙，非人力所能参与。但是所有的数都源于理，由数之所呈，究其理之所合，可知卦画所在，即是德行所在。说到德行，又有公私邪正之不同。总的来说，阳道尊贵而统阴，有君王之象；阴道卑贱而从阳，有民众之象。阳卦一阳二阴，其象为一君二民。以一君统二民，其道大而公，为义之正，也就是君子之道。阴卦一阴二阳，其象为一民二君，以一民从二君，其道小而私，为事之变，也就是小人之道。而且阴爻多的反为阳卦，阳爻多的反为阴卦，难道不是理之一定，数之自然，而圣人扶阳抑阴的深意也恰好隐寄其中吗？事实上，就算君子很多，一旦小人用事，整体就是阴郁之象。而小人虽多，只要君子用事，整体就是阳明之象。总的来说，小人为君子所制则治，君子为小人所制则乱。小人为君子所制，或许会改弦易辙，以求合乎君子之意，尚能效一官一职之能；而君子为小人所制，绝不会败行丧检，以求与小人同类，那样迟早会导致相互倾轧。这是治与乱的分水岭。所以《易经》中的泰卦不说“有君子，无小人”，而说“内君子，外小人”。不过处之得宜，用之得道的话，就算有小人，也不足以为害。

易曰：“憧憧往来，朋从尔思。”子曰：“天下何思何虑？天下同归而殊涂，一致而百虑，天下何思何虑？日往则月来，月往则日来，日月相推而明生焉。寒往则暑来，暑往则寒来，寒暑相推而岁成焉。往者屈也，来者信也，屈信相感而利生焉。尺蠖之屈，以求信也。龙蛇之蛰，以存身也。精义入神，以致用也。利用安身，以崇德也。过此以往，未之或知也。穷神知化，德之盛也。”

【解义】

此四节是引咸九四爻辞，以明天下感应之理，屈信之机，皆出自然，而无所容心于其间也。思者心之用也，虑者谋度其事也。致，极致也。咸之四爻，以阳居阴，不能正固，将以私感而害大公，故其爻辞曰“憧憧往来，朋从尔思”。

孔子释之意曰：天下至广大也，其一感一应之相为往来者，原属天下自然之理，而不碍我空虚之体，则又何处可用吾之思、用吾之虑哉？盖天下之理，原于太极，本同归也。但一涉于事物，则所感者多，其涂各殊。究之，涂虽殊，而归则同，天下无二理也。理根于人心，本一致也。但既接乎事物，则所应者分，虑亦有百。究之，虑虽百，而致则一，天下无二心也。夫理无二理，心无二心，则顺理行之，因心付之，足矣。信乎，何处可用吾之思，用吾之虑，而以憧憧为哉？试以天运观之，因日之往而有月之来，因月之往而有日之来。二曜相推以相代，则明生而不匮。因寒之往而有暑之来，因暑之往而有寒之来，二气相推以相继，则岁成而不缺。夫日月寒暑之往者，不待思而往，乃气机之消而屈也。日月寒暑之来者，不待思而来，乃气机之息而信也。一屈一信，即造化相感不已之机，而明生岁成之利于是乎生焉。是屈信往来，孰非感应自然之常理乎？因天运而推之，物理莫不皆然，如尺蠖之行也，不有所屈，则不能有所信。其屈也，自有求信之理，不待思虑而信也。龙蛇之在冬也，不蛰而伏其气，则不能存其身。其蛰也，自能以存其身，不待思虑而存身也。岂特物理为然哉？即验之圣学，亦有自然之机也。夫天下事物之感不齐，而心能裁制之，即为义；心之所感不一，而义能变通之，即为神。精研其义，至于入神，其于事物之所宜，靡不洞察，而臻于神妙之地，则心不外驰，入者不出，内之屈也。而见理明彻，自有以推极其外之用，屈之感信也。既足以致用，而用无不利，则应事接物，随其所遇，迎刃而解。而身之所履，无适不安，外之信也。而动作得宜，自有以增崇其内之德，信之感屈也。夫屈信往来，无往非交养互发之理，功在于此，而效见于彼，则亦何在可容吾思虑之扰其间哉？夫义求其精，用求其利，此其机在我可知者也。由此内外之间，交养互发，自有欲罢不能者矣。自是以上，唯有待其天机之自至，而绝非人功之可加，又岂我之所能知哉？盖穷极天地之神，而与合一不测者，共藏其域；通知天地之化，而与推行有渐者，冥契其机。始而入神，至此神已穷矣；始而可知，至此知已化矣。皆由其德之盛，故能穷神知化如斯也，岂徒崇之已乎？夫交养互发之机，熟之又熟，而至于不知者，往而屈也；神化合一之妙，忘之又忘，而至于自致者，来而信也。是亦皆感应自然之理，而非思虑之所能及也。

按：咸之象，以虚为义。至虚之中，无不同焉，无不一焉。然推之晦明寒暑、往来屈信之理，则同之中有至不同者存，一之内有至不一者存，此神化所由生也。故又推之精义利用，及于穷神知化，以明同者惟通不同为同，然后其同可通；一者惟合不一为一，然后其一可合，孔子之一贯是也。若夫俗学之失，固患乎思虑之纷纭。而异端之学，又误执何思何虑，而流入于虚无寂灭，将何以致用崇德，而穷神知化乎？故九五之志末，与憧憧同戒也。

【白话】

这四节引述的是咸卦九四的爻辞，目的是申明天下感应之理，屈信之机，皆出于自然，而不能先存于内心之间。思是心的功用，虑是指谋事而言。致，极致。咸卦的四爻，以阳居阴，居位不正，会以私人感受而害大公之世，所以它的爻辞说“憧憧往来，朋从尔思”。

孔子解释它的意思说：天下至为广大，一感一应却可以相互往来，原属天下自然之理，而不碍我空虚之体，过程之中，哪里用得着我们思虑呢？总的来说，天下之理原于太极，从根本上是一致的。可一涉及事物，所感者也多，途径也各有不同。但细细推究，其途径虽有不同，归宿却又一致，可见天下实无二理。理根植于人心，原本一致。可一涉及事物，就会因为感应者的固有分别，产生各种各样的思虑。而细细推究，其思虑虽多，但目的只有一个，可见天下实无二心。既然理无二理，心无二心，那么只要顺理而行，因心而付，一切足矣。相信吧，哪里用得着什么思虑，更何况憧憧往来呢？试着观察天运，太阳走了月亮就会来，月亮走了太阳就会来，日月相推相代，光明相继不乏。寒季走了暑季就会来，暑季走了寒季就会来，二气相推相继，年岁成而不缺。日月寒暑之往，不会事先思虑，而是自然气机使然。日月寒暑之来，也不会事先思虑，同样是自然气机使然。一往一来，一屈一伸，即造化相感不已之机，明生岁成，尽皆由此。其屈伸往来，难道不是因为感应到了自然的常理吗？从天运推衍开去，物理无不如此，恰如尺蠖之行，不屈的话，就不能够伸。其屈自有求伸之理，不待思虑就可以伸。又恰如龙蛇在冬季，不蛰伏的话，就不能存身。它们只要蛰伏的话，自然能够存身，不需要思虑就可以做到。又岂止是物理是这样呢？即便是验证圣人之学，其中亦有自然之机。万物的感应不一，圣人之心能够予以裁制，这就是义；人心所感不一，义能够予以变通，这就是神。圣人精研其义，以至于入神，对于事物之所宜，无不洞察，且臻于神妙之地，心不外驰，入者不出，这就是内之屈。同时见理明彻，同时能够推及其功用，好比屈之感伸。既然理足以致用，而用无不利，应事接物时就能随其所遇，迎刃而解。一身所履，随处安然，这就是外之伸。其动作得宜，自然能增加其内在的德行，好比伸之感屈。屈伸往来，交养互发，功在于此，效见于彼，过程中哪里容得下人心的思虑干扰呢？义求其精，用求其利，个中的微妙几兆了然于胸。从而内外之间，交养互发，自然欲罢而不能。凡此种种，唯有等待相应的气机自至，而绝非人力可增减，又岂是我们所能够知晓，所能够思虑的呢？总的来说，穷极天地之间的神妙，合一而不测的，共藏其域；通晓天地之间的变化，推行而有渐的，冥契其机。始而入神的，至此已穷极其神；始而可知的，至此已穷极其知。这都是由于它的德行盛大，因此能穷神知化，难道只是推崇出来的吗？那交养互发的几兆，熟之又熟，而至于不知的，即是往而屈；那神化合一的妙处，忘之又忘，而至于自致的，即是来而伸。这都是自然的感应之理，而非思虑所能及。

按：咸卦的大象，以虚为义。至虚之中，无有不同，无有不一。然而推诸晦明寒暑、往来屈伸之理，同中亦有极其不同，一中也有至为不一，而这正是神化生成的缘由。所以又推其精义，以及功用，以至于穷神知化，以申明只有通不同为同，然后其同可通，只有合不一为一，然后其一可合，这就是孔子强调的一以贯之之道。至于俗学之失，固然以思虑纷纭为患，而异端之学，又是因为执迷于何种思虑，以至于流入虚无寂灭之中，又怎么能致用崇德，穷神知化呢？所以像咸卦的九五那样，也应该警戒。

《易》曰："困于石，据于蒺藜，入于其宫，不见其妻，凶。"子曰："非所困而困焉，名必辱；非所据而据焉，身必危。既辱且危，死期将至，妻其可得见耶？"

【解义】

此一节是引困六三爻辞，以戒小人不当揜抑君子而自贻伊戚也。《易》困卦之三爻，以阴柔之质，上揜四，下揜二，欲困人而卒自困，故其爻辞曰："困于石，据于蒺藜，入于其宫，不见其妻，凶。"

孔子释之意曰：困之六三，以阴柔不中正，是无才德之小人也，而居九四之下。四之刚，坚重不挠，足以压制夫三，石之象也。三不自量其力，而思倾陷乎四之下，欲乘其隙而夺之位，是非所困而困焉，必至公论不与而名辱。又居九二之上，二之刚，英锐难近，不甘依倚乎三，蒺藜之象也。三不外度其人，而思盘据于二之上，欲凭其权以搤其腕，是非所据而据焉，必至贯盈祸至而身危。夫名既辱，身且危，死亡无日矣。虽上六正应，有妻之象，然身且不能保，其能有其妻耶？故妻不可得而见。明上六之亲暱，亦不为三应也。

按：君子有不幸之困，非其所自致。身虽危，而名不辱。小人欲陵君子，卒必至于自困，以至名辱身危。何如安分自守，人己两全之为愈哉？易不唯为君子谋，其为小人谋者亦至矣。

【白话】

这一节是引述困卦的六三的爻辞，用来警戒小人，不应该压制君子，自取其祸。《易经》困卦的三爻，才质阴柔，却上掩九四，下掩九二，意欲困人，反而被困，所以它的爻辞说："困于石，据于蒺藜，入于其宫，不见其妻，凶。"

孔子解释它的意思说：困卦的六三，才质阴柔，不中不正，好比没有才德的小人，又居于刚爻九四之下。九四刚坚不挠，足以压制六三，有石之象。三爻不自量力，有心倾陷四爻于下，乘隙夺位，是困非所困，必然会招致指责与羞辱。又居于九二之上，二爻同样是刚爻，英锐难近，不甘心依倚三爻，有蒺藜之象。三爻不明所以，有心盘踞于二爻之上，想强力扼制，是据非所据，必须会招致大祸与危亡。名既辱，身又危，死亡指日可待。虽有上六为正应，有妻子之象，然而自身尚不能保，又能顾及其妻吗？所以爻辞说"不见其妻"，目的是申明上六与六三虽比昵相亲，但不能有所感应。

按：君子难免不幸与困境，但不是自己招致的。其身虽危，而名不辱。小人欲逼凌君子，必然会自我致困，以至名辱身危。为什么不安分自守，以求人己两全呢？易不仅为君子筹谋，也为小人思虑啊！

《易》曰：“公用射隼于高墉之上，获之，无不利。”子曰：“隼者禽也，弓矢者器也，射之者人也。君子藏器于身，待时而动，何不利之有？动而不括，是以出而有获，语成器而动者也。”

【解义】

此一节是引解上六爻辞，以明君子当善藏其用也。藏，收敛不露之意。括，结碍也。成，完全无缺也。易解卦之上爻居公孤之位，而能解除六三之悖恶，故其爻辞曰：“公用射隼于高墉之上，获之，无不利。”

孔子释之意曰：隼者鸷害之禽也，弓矢者射禽之器也，射之者操弓矢以射隼之人也。解悖之义，庶唯君子得之。君子抱经邦济世之才，是盖藏其利用之器于其身也。弢锋敛锷，不先不后，待其时之可为而动，则其器已素具矣，何不利之有？若是者，正以其藏而后动，故其动自利，而无足为我括，一出则鸷害以除，而有获矣。然则解上爻之语，正言公之能善藏以成其器，谋出万全，动无结碍，是以获之无不利也。

按：君子之待小人常疏，小人之伺君子常密。必藏器以待，使之不疑不忌，而后可乘时以制其命。大舜之去四凶，孔子之诛少正卯，不动声色，而成功于俄顷，率是道也。

【白话】

这一节是引述解卦上六的爻辞，申明君子应当善藏其用。藏，收敛不露之意。括，结碍。成，完全无缺。《易经》解卦的上爻居于三公之位，又能解除六三的悖恶，所以它的爻辞说：“公用射隼于高墉之上，获之，无不利。”

孔子解释它的意思说：隼乃鸷害之禽，弓矢乃射禽之器，射禽者即操弓矢以射隼之人。解悖之义，差不多只有君子懂得。君子抱经邦济世之才，好比身藏利用之器。弢锋敛锷，不先不后，待时而动，其器素具，有何不利之有？这样看来，只要藏而后动，其动自利，过程中似乎没有任何阻碍，一出则鸷害必除，从而有获。然而解卦上爻的真正意思，是说公能善藏其器，谋出万全，方能动无结碍，才能获无不利。

按：君子往往忽略小人，而小人时时窥伺君子。君子必须学会藏器待时，使之不疑不忌，而后方可乘时以制。大舜去除四凶，孔子诛杀少正卯，皆在不动声色之间，成功于俄顷，皆合此道。

子曰："小人不耻不仁，不畏不义，不见利不劝，不威不惩。小惩而大诫，此小人之福也。《易》曰：'屦校灭趾，无咎。'此之谓也。"

【解义】

此一节是引噬嗑初九爻辞，以明人君当惩戒小人，使之远于罪戾也。

孔子意曰：仁载于心，心莫患乎无耻。小人唯不耻不仁，故其心入于不仁。义著于事，唯其不耻不仁，故其所为之事，常不畏夫不义之名。既至于不耻不畏，则其中荡然无名教之可惧，而无所不至。然小人虽愚，彼其初原不知仁义之为利，而不仁不义之深为害也。苟歆之以所利，而怵之以所害，彼其趋避之情，当必有翻然悔悟者矣。故不见利则不劝于仁义，不见威则不惩于不仁不义。是利与威，正人君惩诫之大权也。始之惩其小不仁不义于其前，而终能诫其大不仁不义于其后，此惩之诫之所以造小人之福也。《易》曰："屦校灭趾，无咎。"此小惩大诫之谓也。

按：天下之小人，非必生而怙终者也。大约进无所慕，退无所惧，流于极恶，而靡所底止。使有国家者，早明劝惩之典，则斯世不受佥壬之祸，而小人亦得以蒙其福，必至于刑措而不用矣。

【白话】

这一节是引述噬嗑卦初九的爻辞，目的是申明，君王应该惩戒小人，使之远离罪戾。

孔子的意思是说：人人皆有仁心，心之患，莫过于无耻。小人不耻不仁，所以心才会麻木。义著于事，唯其不耻不仁，所以其作为常不畏不义之名。既然不耻不畏，内心自然不会有所敬畏，因此无所不至，唯利是图。然而小人的愚蠢，都是因为不知道仁义的益处与不仁不义的害处所致。如果能让小人羡慕所利，畏惧所害，趋利避害的本性，也会让他们幡然悔悟。所以圣人有言，不见利不劝于仁义，不见威不惩于不仁不义。利与威，正是君王惩诫小人的关键枢机。既能惩处小的不仁不义，又能警诫大的不仁不义，这样的惩诫，其实是为小人谋福。《易经》有言："屦校灭趾，无咎。"正是小惩大诫之谓。

按：天下的小人，并不是生来就坏，且不肯悔改。大概是因为他们向前看没有值得仰慕的，向后退又没有值得畏惧的，才会流于极恶，不可抑止。坐拥天下的君王，如果能及早申明劝惩之典，自身不会承受奸人之祸，小人也会蒙受其福，刑罚措施也就用不着了。

“善不积不足以成名，恶不积不足以灭身。小人以小善为无益而弗为也，以小恶为无伤而弗去也。故恶积而不可掩，罪大而不可解。易曰：‘何校灭耳凶。’”

【解义】

此一节是引噬嗑上九爻辞，以明善恶视其所积，而祸机伏于所忽也。

孔子意曰：善者成名之机也，不积则不足以成名。恶者灭身之媒也，不积则不足以灭身。小人之心，不知小善之可以积而至于大善也，但以为无益于名而弗为也。又不知小恶之可以积而至于大恶也，但以为无伤于身而弗去也。夫善既不为，恶又日积，则秽德彰闻，渐不可掩。恶极罪大，岂复能解乎?《易》曰：“何校灭耳，凶。”由灭趾不防，而至于灭耳也。夫安得而不凶哉?

按：《旅獒》之训曰：“不矜细行，终累大德。为山九仞，功亏一篑。”汉昭烈之戒子曰：“勿以善小而弗为，勿以恶小而为之。”盖言积小以致大也。至若圣贤之学，致谨乎隐微，不愧于屋漏，又岂待小善小恶之着而后兢兢哉?

【白话】

这一节是引述噬嗑卦上九的爻辞，以申明善恶都源于不断的积累，而灾祸隐藏在疏忽之中。

孔子的意思是说：善乃成名之机，不积不足以成名。恶乃灭身之媒，不积不足以灭身。小人的内心，不知道小善可以积为大善，自以为无益于名声，所以不肯从善，也不知道小恶可以积成大恶，自以为于己无伤，所以不肯去恶。善既不为，恶又日积，其恶名日愈彰闻，直至无法掩饰。等到了罪大恶极之时，还有什么办法呢?《易经》有言：“何校灭耳，凶。”正是由于灭趾不防，才至于何校灭耳。如何行事，安得不凶?

按：《尚书》有言：“不矜细行，终累大德。为山九仞，功亏一篑。”汉昭烈帝刘备在遗诏中训诫其子说：“勿以善小而弗为，勿以恶小而为之。”说的都是积小成大的道理。至于圣贤之学，尤需在隐微之处多下功夫，又怎么能让小疵小恶显著之后再战战兢兢应对呢?

子曰：“危者安其位者也，亡者保其存者也，乱者有其治者也。是故君子安而不忘危，存而不忘亡，治而不忘乱。是以身安而国家可保也。《易》曰：‘其亡其亡，系于苞桑。’”

【解义】

此一节是引否九五爻辞，以明人君常存戒惧之心，则能永享天位，而固国势于不倾也。

孔子意曰：凡图事宜谋其甚全，存心贵操其不足。故必使其心若危，危者乃所以安其位者也。使其心若亡，亡者乃所以保其存者也。使其心若乱，乱者乃所以有其治者也。君子深鉴其故，虽海内宁谧，可谓安矣，而常虑位之不可久安，不忘危之将至也。宗社巩固，可谓存矣，而常虑存之不可屡幸，不忘亡之或及也；纪纲厘举，可谓治矣，而常虑治之不可徒恃，不忘乱之渐萌也。夫既不忘有危、有亡、有乱之时，则必图所以安之、存之、治之之策，是以身之位得以安，而国家可保其久存长治也。《易》曰：“其亡其亡，系于苞桑。”玩爻辞而益加儆惕矣。

按：唐虞之时，可称极盛。然禹有慢游傲虐之戒，益有怠荒逸乐之箴。至若伊尹儆太甲以恒舞酣歌，召公训武王以玩物丧志。贾谊陈《治安策》于文帝之朝，魏征上《十渐疏》于太宗之世。李沆处真宗太平之日，而惟以水旱盗贼为言。耶律楚材当太祖开创之初，而日以生民休戚为告。岂故为是已甚之辞哉？惟其日虑夫乱亡，故能保世于长久。然则“其亡”二语，真万世有天下者之金鉴欤！

【白话】

这一节是引述否卦九五的爻辞，以申明君王常存戒惧之心，就可以永享天位，固国势于不倾。

孔子的意思是说：凡事都应该谋出万全，贵在虑其不足。所以必须使人有危机感，有危机感才足以安其位。也必须使人有凋亡感，有凋亡感才足以保其存。还必须使人有动乱感，有动乱感才足以大治。君子深知其故，虽然宇内太平，可谓安定，但依然思虑其位不可久安，不忘危机将至。宗社巩固，可谓存有，但依然思虑其运不可屡幸，不忘危亡或及。纪纲厘举，可谓治理，但依然思虑其政不可徒恃，不忘乱之渐萌。既然没有忘掉危亡变乱，必然会想方设法安之、存之、治之，因此能长保其位，国家也得以长治久安。《易经》有言：“其亡其亡，系于苞桑。”把玩此爻，使人愈发儆惕。

按：唐虞之时，称得上极盛之世。但大禹有漫游傲虐之戒，伯益有怠荒逸乐之箴。至于伊尹告诫太甲不要耽于歌舞，召公训诫武王不可玩物丧志，贾谊向汉文帝献《治安策》，魏征向唐太宗上《十渐疏》，李沆在太平之日对宋真宗奏报水旱盗贼之事，耶律楚材在国家建立之初劝谏君王休养生息等，难道是故意夸大其词吗？其实只有每天思虑危亡，方能长治久安。而“其亡”二字，真是千秋万世所有帝王的玉金之鉴！

子曰：“德薄而位尊，知小而谋大，力小而任重，鲜不及矣。易曰：‘鼎折足，覆公餗，其形渥，凶。’言不胜其任也。”

【解义】

此一节是引鼎九四爻辞，以明小人不量才德，而贪位图功，必至于覆国亡身也。

孔子意曰：凡居位，必视乎其德。谋事，必视乎其知。责任，必视乎其力。若夫德薄者，位亦宜卑。知小者，谋亦宜小。力小者，任亦宜轻。此理之常也。苟始之不自审其德之薄，而贪夫尊位，位既得矣，又不肯自揣智力之所不足，而谋大任重，务为好大喜功之论，以饰其愚，而固其位，则败可立见，而位亦旋失。不特身名俱丧，公家之餗由此覆矣。《易》曰：“鼎折足，覆公餗，其形渥，凶。”盖言其位虽尊，而才德不足以胜其任也。

按：古圣贤出处之际，必先内度之己，外度之君。虽卑位微秩，亦必胜其事而后食其禄。况身秉国钧，事关民社，岂可不自度量而漫然处于其上乎？然用人者，人君之事，则又当辨才授官，不使有尸位素餐之诮，此《大传》之微旨也。以上六节，五节皆言小人之事：困之三爻，以小人而图君子者也；解之上爻，以君子而图小人者也；噬嗑之初爻，小人之未遂其非僻者也；噬嗑之上爻，小人之已陷于大恶者也；鼎之四爻，小人之贻患于家国者也。圣人或危之，或幸之，或指示之，或哀矜之，或忧虑之，总欲使之安其分，而不为天下之害。御小人者，其亦知所以善处之道哉。

【白话】

这一节是引述鼎卦九四的爻辞，以申明小人不自量力，贪位图功，必然会导致覆国亡身的道理。

孔子的意思是说：居其位，必须视其德。谋其事，必须视其智。责其任，必须视其力。德薄者位宜卑，智小者谋宜小，力小者任宜轻。此乃常理。如果一开始不自量力，贪求尊位，得到尊位之后，又不肯承认自己智识不足，刚愎自用，谋大任重，动辄以好大喜功之论，掩饰其愚，巩固其位，败亡可以立见，尊位可以顿失。不仅身名俱丧，公器也由此倾覆。《易经》有言："鼎折足，覆公𫗧，其形渥，凶。"主要是说，虽然它处在尊位，但才德不足以胜任。

按：古代的圣贤出仕之际，必定会对内思度自己，对外思度君王。就算是卑位微秩，也必须能胜任其后，而后才享用其禄。更何况身居要职，事关江山社稷，岂可不自量力，漫然处于其上？任人乃君王之事，自然也应该辨才授官，不给尸位素餐之人机会，这是圣人作易的微旨。以上六节内容，有五节都与小人有关：其中困卦的三爻，是说以小人图君子；解卦的上爻，是说以君子图小人；噬嗑卦的初爻，是说小人还未堕落为匪僻；噬嗑卦的上爻，是说小人之已经陷于大恶；鼎卦的四爻，是说小人已贻患于家国。圣人或危之，或幸之，或指示之，或哀矜之，或忧虑之，总的来说是想让小人安分守己，不至于危害天下。驾驭小人的君子，也可以从中归纳出善处之道。

子曰："知几其神乎！君子上交不谄，下交不渎，其知几乎！几者动之微，吉之先见者也。君子见几而作，不俟终日。《易》曰：'介于石，不终日，贞吉。'介如石焉，宁用终日，断可识矣。君子知微知彰，知柔知刚，万夫之望。"

【解义】

此一节释豫卦六二爻义也。

孔子意曰：凡人于处事接物之间，其几必有先动者。人心至神，本无不烛，唯心有所蔽，则当几而不知。苟此心空洞无物，自然随触而觉，未有不知几者。知至于几，其神矣乎。夫上下之交，莫不有几存焉，与上交固贵于恭逊，然恭逊之过，便近于阿附而为谄；与下交固贵于和易，然和易之过，便近于亵狎而为渎。所争在几微之间耳。唯君子上交而不至于谄，下交而不至于渎。于事理一定之权衡，审之极其精，而行之无少过。其真知几乎。夫所谓几者，乃天理之萌动，其动至微，兆而未著，苟顺适其几，无有不吉，此吉之先见者也。众人所不及察，唯君子见之。君子一见此几，即作而趋之，有不俟终日者。盖稍涉濡迟，则失其所为几，而违其所为吉矣。《易》曰："介于石，不终日，贞吉。"言人赴几之不速，由于心溺物欲而不能静，见涉依违而不能断。苟其介然如石焉，无欲而静，坚确而不可移，则理定而智圆，守固而行决，断可识其不俟终日矣。盖天下之理，有隐潜而微者，有显设而彰者；人之处事，有巽顺而柔者，有勇决而刚者。人知乎此，方能知几。今君子既知其微，又知其彰；既知其所以柔，又知其所以刚。四者既知，则无所不知，所以为万夫之望。此真所谓知几之神也。

按：《系辞》释豫卦六二爻，而言上交不谄，下交不渎者，以豫之九四不中不正，为豫之主。初与之应，三与之比，皆谄乎四。六二中正自守，在初与三之间，上交不谄也。初六鸣豫凶，不正者也。六二虽与之比，中正而不渎慢，下交不渎也。此所谓知几也。乃知易之理，不外于知几，而知几实难。必静止之功成于内，然后光明所烛，能得于义理之精微。应事接物，无少过差，动与吉会，始为知几之君子也。

【白话】

这一节解释的是豫卦六二的爻辞。

孔子的意思是说：人在处事接物之间，其中的机兆已先行发动。人心至为神妙，原本洞明其中，只有在心有所蔽时，才会当几而不知。如果内心空洞无物，自然会随触而觉，不可能昧于其几。智慧到了知几察微的程度，就足够神妙了。君臣相交，也有其几微之处。与上交，固然以恭逊为贵，然而恭逊太过，便近于阿附谄媚；与下交，固然以和易为贵，然而和易太过，又近于亵狎亵渎。是否恰当，就在几微之间。唯有君子，能做到上交不至于谄媚，下交不至于亵渎。事理上会反复权衡，审视极精，所以实施时没什么过失。这是真正的知几识微之人。其实所谓的“几”，指的是天理的萌动，其动至微，兆而未著，若能顺适其几，无有不吉，因为吉已经孕育其中。但众人还为不觉察，唯有君子能识微见吉。君子一见此几，便作而趋之，以至于不能等到当天结束。因为稍微迟缓，就会失去时机，和预期的吉祥失之交臂。《易经》有言：“介于石，不终日，贞吉。”说的正是人无法迅速识几，行动也很迟缓，至于原因，则是因为内心沉溺于物欲而不能静，遇事犹豫不决而不能断。如果能够像爻辞说的那样，介然如石，无欲而静，坚确而不可移，自然理定而智圆，守固而行决，断然识几，而不至于终日犹豫。总的来说，天下之理，有的隐潜而微，有的显设而彰；人之处事，有的巽顺而柔，有的勇决而刚。了解了这些，才谈是上知几。而君子既知其微，又知其彰，既知其所以柔，又知其所以刚，四者皆知，则无所不知，因此能令人望尘莫及，为万众景仰，这才称得上真正的知几如神。

按：《系辞》在解释豫卦的六二爻辞时，称其上交不谄，下交不渎，是因为豫卦的九四不中不正，但却是豫卦的主爻。初爻与之相应，三爻与之相比，都谄媚于四爻。六二则中正自守，介于初爻与三爻之间，这就是上交不谄。同时，豫卦的初六爻辞说，“鸣豫，凶”，也是因为它以阴居阳，居位不正。六二虽与之相比，但中正而不渎慢，这就是下交不渎。也就是所谓的知几。可见易理不外乎知几，但知几实在是难。必须练就静止之功，然后光明烛照，得义理之精微，再应事接物时，就会少有过错，动与吉合，这才称得上知几的君子。

子曰：“颜氏之子，其殆庶几乎！有不善，未尝不知，知之未尝复行也。《易》曰：‘不远复，无祇悔，元吉。’”

【解义】

此一节释复卦初九爻义也。颜氏之子，谓颜回也。庶几，言近道也。

孔子意曰：人自继善成性以来，止有一善，但为气禀物欲所拘蔽，乃渐失其本然矣。唯圣人之心，纯乎至善，与道为体；贤人之心，复其本善，庶几近道。若及门之颜回，其殆庶几乎！回不必有显形之过，方其念虑之间，或稍有间杂，有非继善之初者，即为不善也。回于不善之动，当体即知，无有蒙昧而不及察，有不善未尝不知，不待迷而后觉也。知其不善之动，当几即克，无或迟留而不遽改，知之未尝复行，非失久而后复也。《易》曰：“不远复，无祇悔，元吉。”盖初九一阳来复，复之最先，所谓不远之复，不至于悔，大善而吉者，即颜氏子之学也。乃知人性之善，以能复为功。复性之学，以知行为要。有不善而不知，不可言行。知不善而复行，不可言知。如颜子之学，知行合一，庶几复性之功乎。

【白话】

这一节解释的是复卦初九的爻辞。颜氏之子，即颜回。庶几，差不多。

孔子的意思是说：人在出生之后，内心只有善，但逐渐为气禀和物欲所拘蔽，逐渐失去了本心。唯有圣人的心，纯然至善，与道一体；而贤人之心，则复归其善，差不多接近于道。至于颜回，他岂止是接近大道！他不必有显形之过，只需念虑之间稍有间杂，与大道不符者，就认定为不善，对于不善之动，当体即知，绝无蒙昧不察而不善不知的情况，不必等到迷失了再去察觉。而且觉察到不善的念头时，当几即克，绝不拖延，马上即改，根本没有复归其善的过程，更不是迷失很久之后，才复归其道。《易经》有言："不远复，无祗悔，元吉。"主要是因为初九位于一阳来复之卦的最下面一爻，最先复之。而所谓"不远复，无祗悔，元吉"，即颜回之学。从中可知，人性之善，以复性归原为功。而复性之学，以知行合一为要。不知道自己的不善，谈不上行。知道自己的不善，却不肯改变，谈不上知。像颜回那样知行合一，差不多就可以复性有成了。

天地絪缊，万物化醇。男女构精，万物化生。易曰："三人行，则损一人。一人行，则得其友。"言致一也。

【解义】

此一节释损卦六三爻义也。絪缊，浓密也。醇，凝厚也。构，交也。致一，言专一也。

孔子意曰：造化之生机，与人类之事为，莫不合两为一，以尽变化而成功能。试观天地，本两也，及其以气相交，阴阳絪缊，浓密无间，则两而一矣。而万物之以气化者，于是醇厚而不漓焉。男女，本两也，及其以形相交，阴阳施受，精气感通，则两而一矣。而万物之以形化者，于是生生而不息焉。夫天地男女，所以成化醇化生之功者，以其絪缊构精，专一而不二也。《易》曰："三人行，则损一人。一人行，则得其友。"损一人者，两也。得其友者，亦两也。两相与则专一，若三则杂乱不能成功。损其间吾两之人，所以致吾两者之专一也。言致一也。

按：损卦以卦象言三阳三阴，地在中爻，上下皆天，有天地絪缊之象。以上下二卦言，少男在上，少女在下，男止女说，有男女构精之象，故以天地男女言之。六三与上九相应，志气专一，故曰致一。而本卦六爻应与，亦各阴阳相配，无非致一也。此造化之生机，人事之功用，所不能外也。

【白话】

这一节解释的是损卦六三的爻辞。絪缊，浓密。醇，凝厚。构，交。致一，专一。

孔子的意思是说：造化的生机，与人类的行为，无不合二为一，从而尽其变化，成其功能。试观天地，本来是两种事物，一旦以气相交，则阴阳絪缊，浓密无间，便合两为一。而阴阳二气化生的万物，亦变得醇厚而不漓。男女，本来是两个人，一旦以形相交，阴阳施受，精气感通，亦合两为一。而阴阳二气赋形的万物，得以生生不息。天地男女，之所以能成就化醇化生之功，是因为其絪缊构精，专一不二。《易经》有言："三人行，则损一人。一人行，则得其友。"损一人，还剩两个人。得其友，也是两个人。两两相与则专一，如果有第三个人，则杂乱不能成功。损掉间隔于两人之中的第三人，才可以使两者趋向于专一。专一是该爻的主旨。

按：损卦从卦象上说，有三阳三阴，其中象征地的两个阴爻位于中间，上下都是象征天的阳爻，有天地絪缊之象。就上下卦的类象而言，上卦为少男，下卦为少女，上卦为止，下卦为悦，少男止而少女悦，为男女构精之象，所以圣人以天地男女言之。另外，六三这个爻与上九有正应，好比二人志气专一，所以说"致一"。损卦的六个爻也都有应一，各自阴阳相配，皆合致一之理。就连造化的生机，人事的功用，也概莫能外。

子曰："君子安其身而后动，易其心而后语，定其交而后求。君子修此三者，故全也。危以动则民不与也，惧以语则民不应也，无交而求则民不与也，莫之与则伤之者至矣。《易》曰：'莫益之，或击之。立心勿恒，凶。'"

【解义】

此释益卦上九爻义也。动，见诸政事也。易，坦易也。语，施诸号令也。求，取诸赋税也。

孔子意曰：取益之道在于有恒，如临民出治则有动，而君子不遽动也。去欲循理，以安其身，使大中至正，略无偏陂，而后万事万变，虑善而动焉。发号施令则有语，而君子不遽语也。平情抑气，以易其心，使坦适从容，略无诡戾，而后有体有要，因时而语焉。制国家之用则有求，而君子不遽求也。待民若子，以定其交，使上下感通，略无疑贰，而后度地制赋，循分而求焉。安其身，易其心，定其交，君子修此三者，则取益之道全。故动则民悦，语则民信，求则民与，不求益而自益矣。若理不足以胜欲则危，危以动是自处于可危之地，而骤欲动民，民谁与而从之？心不足以制气则惧，惧以语是我实不德，而告令以空文，未免有恫疑之心，民谁应而奉之？有相临之分，无相感之情，则无交。无交而求，是恩无所施，而徒责其报，民又谁与而供之？至于莫之与，则不但不与而已。以身发财，争民施夺，而伤之者至矣。此《易》之所云：莫益之，而或击之。由于立心之勿恒，是以凶也。夫益下者，君道之恒。有恒者，益之本也。益之上九，阳居益之极，求之不已，而专于利己，则失其恒。无恒即无益矣，此周公所以为殖货者戒，而孔子复详以释之，使后之君子知立恒以取益也。

【白话】

这里解释的是益卦上九的爻辞。动，见诸政事。易，坦易。语，施诸号令。求，取诸赋税。

孔子的意思是说：取益之道在于恒久。比如治理百姓，必须采取行动，但君子不急于行动。一定要克制自己的欲望，遵循义理之正，使自己的心大中至正，毫不偏颇，而后再考虑其中的各种变化，虑善而动。再比如发号施令，必须说话，但君子不急于说话。必须平情抑气，坦易其心，使之坦适从容，无有诡戾，而后有体有要，因时而语。又比如征收赋税，必须向百姓求取，但君子不急于求取。必须待民如子，与之交通，使上下感通，毫不疑忌，而后度地制赋，循分而求。安其身，易其心，定其交，君子只要做到这三点，取益之道就足够完善了。取益之道完善，动则百姓悦服，语则百姓信服，求则百姓与之，从而不求益而能自益。若不能以公理克制私欲，就会很危险，这时候再采取行动，不仅自己会置于可危之地，骤然之间，又有谁愿意顺从呢？若不能平情抑气，就会心生恐惧，这时候再去说话，不仅自己没有底气，说出的话形同空文，使人见疑，有谁会响应并尊奉呢？有君民之分，无相感之情，则无交。无交而求，是不讲恩德，只讲回报，又有谁愿意与之供之？而且不仅仅是没人愿意与之供之那么简单，如此以身发财，争民施夺，只会带来灾祸。这正是《易经》所说的："莫益之，或击之。立心勿恒，凶。"益下，是君王的恒久之道。恒久，是取益的根本。益卦的上九，以阳爻居于益卦的穷极之处，好比求之不已，专于利己，已经失了取益的恒久之道。失恒即无益，这正是周公为殖货者戒，而孔子再次予以详细阐释，以便后世君子立恒以取益的原因。

子曰："乾坤，其易之门邪？乾，阳物也。坤，阴物也。阴阳合德，而刚柔有体。以体天地之撰，以通神明之德。"

【解义】

此一章言，圣人本阴阳以作《易》，明造化之理，示人事之得失也。此一节言，卦爻之画，从乾坤而出，备于理而妙于用也。物，言有形质也。撰，犹事也。有形可拟曰体，有理可推曰通。

孔子意曰：易始乾坤，凡六十四卦，三百八十四爻，皆从此变化而出。然则，乾坤者，其易书诸卦爻之门邪？夫一阴一阳之谓道，阴阳不可见，圣人画奇为乾，以象阳之健，是乾乃阳物也。画偶为坤，以象阴之顺，是坤乃阴物也。以阴阳之德言，则阴与阳合，阳与阴合，交错往来，而二物相得，其德合矣。以阴阳之体言，则刚自为刚，柔自为柔，各成其质，而二物对待，其体立矣。由是形之可见者，如雷风山泽之类，易则一一象出之，无不形容其似，是天地之撰，以易而体矣。理之可推者，如健顺动止之类，易则一一显出之，无不发挥其妙，是神明之德，以易而通矣。总之易之为言，阴阳往来而已。六十四卦，乾坤往来而已。言其合而未尝不分，言其分而未尝不合。圣人作易，因其自然之往来，自然之分合，为之陈其数，而备其义。体天地，通神明，而不外乎阴阳二物，此乾坤为易之门也。

【白话】

这一章的意思是说，圣人根据阴阳创作了《易》，以表明造化之理，提示人事之得失。这一节讲的是，卦爻出自乾坤二卦，备于理而妙于用。物，指有形有质。撰，事。有形可拟曰体，有理可推曰通。

孔子的意思是说：易始于乾坤两卦，六十四卦与三百八十四爻，皆由乾坤两卦变化而来。然而乾坤两卦，是不是《易》书诸卦诸爻的门户呢？其实一阴一阳之谓道，阴阳不可见，于是圣人画奇为乾，象征刚健的阳爻，所以乾乃阳物。又画偶为坤，象征柔顺的阴爻，因此坤乃阴物。以阴阳的性情而言，则阴与阳合，阳亦与阴合，交错往来，二物相得，其德合和。就阴阳的形体而言，刚自为刚，柔自为柔，各成其质，二物对待，其体则立。于是形之可见者，如雷、风、山、泽之类，易则一一摹象，无不形容其似，此乃天地之事，只不过以易为载体。而理之可推者，如健、顺、动、止之类，易则一一显出，无不发挥其妙，此为神明之德，只不过因易而通达。总而言之，易经所言，阴阳往来而已。而六十四卦，乾坤往来而已。说整体时未尝不兼顾局部，说局部时未尝不兼顾整体。而圣人作易，不过是根据自然的往来与自然的分合，陈其数，备其义。体悟天地，沟通神明，也不外乎阴阳二物，所以说乾坤两卦是《易经》的门户。

其称名也，杂而不越。于稽其类，其衰世之意邪？

【解义】

此一节言易书卦爻之辞，不出阴阳之变，亦因时而作也。越，踰越也。类，事类也。

孔子意曰：太始以来，唯有阴阳而穷极理数，至于不可胜纪。于是一卦有一卦之名，一爻有一爻之名。或言物象，或言事变。其称名也，可谓纷然杂出矣，而总不出乎阴阳之变。是称名虽杂，而未始有踰越也。然尝稽考其事类，所以尽万物之变者，似非上古民淳俗朴，不识不知之语也。盖文王周公，见中古以来，人心日浇，迷谬愈甚，乃系卦爻之辞，示吉凶之义，忧患后世之意甚深且切，其衰世之意邪？乃知圣人制作，因乎其时。当伏羲之画卦，凡事物之变，已无不具于其中。特上古质朴，无用费辞，至后世人情物态，无所不有。文王周公，目击身历，虑之也深，故言之也详。易之道，乃无余蕴，亦时之不得不然也。

【白话】

这一节的意思是说，易书的卦爻辞不外乎阴阳之变，并且是因时而作。越，逾越。类，事类。

孔子的意思是说：开天辟地以来，唯有阴阳，但阴阳穷极数理，不可一一记述。于是一卦有一卦之名，一爻有一爻之名。或就物象而言，或就事变而言。卦的名称，可谓纷然杂出，但总的来说不出阴阳之变。因此卦名虽杂，但始终不越阴阳之理。然而考察爻辞所讲的事类，能穷尽万物的变化，似乎并非上古时人的无智无识之语。其实这是文王与周公，见中古以来，人心如崩，迷谬愈甚，才为易书系上了卦爻之辞，提示吉凶之义，其对后世的忧患意识无比深切，哪里有衰世的感觉？可见圣人作易，是因时而作。在伏羲氏画之时，事物的所有变化，就已经全然具备。只是上古之人资质淳朴，不需要卦爻辞，而后世之人，人情物态，无所不有，文王与周公，目击身历，思虑也深，因此讲得很详细，以至于易道无有余蕴，但这也是时势使然。

夫《易》，彰往而察来，而微显阐幽，开而当名辨物，正言断辞，则备矣。

【解义】

此一节承上“杂而不越”，而更言其理之备也。按《本义》云：“‘而微显’恐当作‘微显而’。‘开而’之‘而’，亦疑有误。”彰，彰明也。阐，阐发也。

孔子意曰：易既杂而不越，则理无不备，如天道之已然者谓之“往”。而易书卦爻之变象，于阴阳消息已然之理，皆有以彰之。人事之未然者谓之“来”，而易书卦爻之占辞，于吉凶悔吝未然之几，皆有以察之。日用所为者，显也。易则推其根于理数之幽，使显者至微，盖以人事本之天道也。百姓不知者，幽也。易则发其端于事为之显，使幽者毕阐，盖以天道用之人事也。天下不可乱者，名分。易则于君臣父子之分，贵贱上下之等，各当其位矣。天下不可混者，物类。易则于乾马坤牛，离火坎水之类，各辨其似矣。以明卦爻之义，则有言。易之言，皆本典常之道以发之，无不中正，言之正也。以告吉凶之故，则有辞。而易之辞，皆因得失之情以判之，无有回惑，辞之断也。盖易之理精及无形，粗及有象，无弗备矣。而要其所以备者，即阴阳二物。有以体其撰，通其德也。乾坤不信为易之门耶。

【白话】

这一节上承“杂而不越”，并进一步申明，易理极其完备。朱熹的《周易本义》有言：“‘而微显’恐当作‘微显而’。‘开而’之‘而’，亦疑有误。”彰，彰明。阐，阐发。

孔子的意思是说：易卦杂而不越，易理无所不备。如天道之已然者谓之“往”，易书中的卦爻的变象，对于阴阳消息已然之理，都足以彰明。如人事之未然者谓之“来”，易书中的卦爻的占辞，对于吉凶悔吝未然之几，都足以详察。日常使用的，都比较显明。易则立足于此，推其根于理数之幽，使显者至微，也就是使人事遵循天道。百姓茫然不知的，都比较深幽。易则立足于此，发其端于事为之显，使幽者毕阐，也就是将天道应用于人事。天下的名分不可乱，而易对君臣父子之分，贵贱上下之等，非常重视，务必使其各当其位。天下的物类不可混，而易对乾马坤牛，离火坎水之类，非常明晰，各辨其似。为申明卦爻之义，于是有了《文言》。《文言》都依据典常之道阐发，无不中正，所以《文言》亦正。为了告之以吉凶，又系上了卦爻辞。卦爻辞都依据得失而判，无有迷惑，断之凿凿。总的来说，易理精及无形，粗及有象，无有不备。但归纳起来说，不外乎用阴阳二气，体其撰，通其德。乾坤两卦怎么不是易的门户呢？

其称名也小，其取类也大。其旨远，其辞文。其言曲而中，其事肆而隐。因贰以济民行，以明失得之报。

【解义】

此一节承上节言理之备，而详论其妙也。肆，陈也。贰，疑也。报，犹应也。

孔子意曰：易辞纤悉无遗，其称名尝小矣，然其所取之类，皆本于干之阳，坤之阴，何其大也。天地阴阳，道德性命，散见于诸卦爻之中。其旨甚远矣，而其所系之辞，经纬错综，焕然明白，何其文也。凡委曲其辞者，未必皆中于理，而易之言多委曲矣，乃适当于义理之极致，何其曲而中也！将以迪人从也。凡敷陈其事者，无有隐而不露，而易之于事，大小本末，无有不该，极其敷肆矣。然至理贯于其中，未易窥测，何其肆而隐也！将以启人思也。易书之曲尽，其妙如此。盖后世民心不古，情伪爱恶，相感相攻，而吉凶相杂，疑贰纷然，莫知趋避。圣人因其疑贰之情，欲济其行之所不及，故作易定吉凶以告人，明其失得之报，使知所趋避。所以济民之陷溺者，端在乎此。圣人虑民之心深矣。乃知乾坤二卦，已包三百八十四爻，而文王周公卦爻之辞，即伏羲之画。先天尽意，后天尽言，而圣人开物成务之功，无不同也。

【白话】

这一节上承易理皆备之论，并在此基础上详论其妙。肆，陈。贰，疑。报，应。

孔子的意思是说：易辞纤悉无遗，其列举的事物有的稍嫌细小，但相应的物类皆以乾阳坤阴为本，何其阔大！天地阴阳，道德性命，都散见于卦爻之中。其意旨深远，但所系之辞，经纬错综，焕然明白，何其文明！有的辞比较委屈，未必皆中于理，但之所以会这样，是为了适应义理的极致之处，虽然委屈，但何其精当！目的是为了启迪人顺势而为。有的辞敷陈其事，全然坦露，之所以会这样，还是因为易理无有不该，大小本末，俱皆可陈。只是至理贯于其中，难以窥测，何其显，又何其隐啊！目的是为了启发人深思。易书之所以这样曲尽其妙，主要是因为后世之人，不似古人淳朴，情伪爱恶，相感相攻，加之吉凶相杂，疑惑纷然，不知道如何趋避，圣人基于时人的心性和行为，创制易书，定下吉凶，明告世人，使其明得失，知趋避，使百姓免于陷溺，全赖此书。圣人对民众的忧患之心可谓深切。由此可知，乾坤二卦即立，三百八十四爻已在其中，文王与周公的所系的卦爻辞，也就是伏羲氏的卦画。先天卦尽其意，后天卦尽其言，圣人的开物成务之功，殊无二致。

易之兴也，其于中古乎？作易者，其有忧患乎？是故：履，德之基也。谦，德之柄也。复，德之本也。恒，德之固也。损，德之修也。益，

德之裕也。困，德之辨也。井，德之地也。巽，德之制也。

【解义】

此一章是言，易有处忧患之道，在于反身修德。而此二节，原易之所由兴，因举九卦之德，以明其序也。中古，谓文王时。文王拘于羑里，而系彖辞。

孔子意曰：易自羲皇而肇，其来远矣。然夏商之末，其道中微，易之复兴也，其在中古之时乎？当是时，文王以盛德而蒙大难，因演易六画之卦，而系之彖辞，以垂教万世。操心危而虑变深，其有忧患之思乎！夫以忧患之心作《易》，则处忧患之道莫备于《易》矣。要其道，无如反身修德，而修之有序，大约于九卦可概见焉。是故，德莫先于立基，必谨于践履之实，则身心有所受治，而可以为积累之渐。履，非德之基乎？德基始立，一有骄亢之念，即至隳坏。必守之以谦退，则有所执持而不失。谦，非德之柄乎？既有执持，又必于念虑之萌，时时审几而反复于善，以存养其本体，故复为德之本。本既在我，而不能常守，虽得必失。又必其守之也，恒久不变，始安固而不摇，故恒为德之固。然持守虽固，私欲或未尽去也。损则惩忿窒欲，以去其所本无，德于是乎修焉。然修省虽严，天理或未尽纯也。益则改过迁善，以充其所固有，德于是乎裕焉。德既至于充裕，则可自验于处境矣。盖当困时，凡进退语默，取舍辞受之间，最可观德。当义则是，违理则非，是困为德之辨也。德至于可以处困，则可施以及物矣。盖性体常定，始终无改，而应变不穷，如井之泽及于物，而未尝动焉，故井为德之地也。至此，则凡事之来，能以心顺入于其理，而裁制得宜。盖事理之细微曲折，非此心巽入，则所见必有未彻，不无几微之失。惟顺而能入，斯化裁尽妙，此巽所以为德之制也哉。凡此九卦，皆反身修德，以处忧患之道也。要之，圣人之德纯亦不已，心与易会，自居平以及处忧患，无非全体乎易，岂仅以此九卦为反身修德之事哉？孔子第就处忧患之道，而举其近似者言之，为万世学易者之法，可以见德之有序，而其用无所不备耳。

【白话】

这一章的意思是说，易的处患之道，在于反身修德。而这两节根据圣人作易的缘由，列举了九卦之德，以申明其中的次序。中古，文王之时。文王曾拘于羑里，为易系辞。

孔子的意思是说：易始于伏羲氏，渊源极远。在夏商之末，其道中微，而易的复兴，大概是在中古时期吧？当时，具备盛德的周文王遭逢大难，于是演易系辞，垂教万世。其操心危而虑变深，都源自他的忧患意识吧！其以忧患之心作《易》，处患之道自然无不具备于《易》书之中。择其关键，不外乎反身修德，但这种修习也是有次序的，大约可以从以下九卦之中窥见。修德要有必要的基础，必须谨慎的践履，如此才能身心受治，逐渐成积累之功。履卦，讲的不正是修德培基之事吗？刚刚打基础的阶段，稍有骄亢之念，就会败坏。必须以谦退之心自守，从而执而不失。谦卦，讲的不正是修德的枢机吗？做到这一点还不够，还必须在念虑萌生之际，时时审察，复归于善，从而存养身心本体，因此复卦蕴含着修德的根本。就算掌握了根本，但不能持守，也最终会失去。所以必须持之守之，恒久不变，安固不摇，因此恒卦的卦德可以用来巩固德行。持守虽固，但私欲尚未尽去，而效仿损卦可以惩忿窒欲，去除原本没有的私欲，德行得以精进。修省虽严，但天理尚不够纯净。取法益卦就可以改过迁善，充其固有，德行会变得愈发盛大。德行既然已经盛大充裕了，就可以在具体处境中加以验证了。而只有在困境之中，其进退语默，取舍辞受，才能更好地展现德行与境界。符合义理的就是对的，违背义理的就不对，因此困卦可以用来识辨德行。德行可以处困了，也就可以施及万物了。当性体常定，始终无改，又能够应变不穷时，恰如井之泽物，未尝有动，所以要效仿井卦，长久地滋养德行。修习到这一步，无论任何事情，都能够顺应其理，裁制得宜。而事理细微曲折，如果自己的心不能够效仿巽卦的巽入之德，所见未必通透，难免几微之失。唯有顺而能入，方能化裁尽妙，所以要效仿巽卦，广为化裁。上述九卦，讲的都是反身修德之理，处忧出患之道。当然，圣人的德行纯而不已，每日心与易会，无论太平与忧患，时时处处都体悟易道，又怎会仅仅以上述九卦来指导自己的反身修德之事呢？孔子只是就处患之道，举了一些接近的例子，为万世学易者垂法，既可以顺着上述次序修德，又可以广泛应用。

履，和而至。谦，尊而光。复，小而辨于物。恒，杂而不厌。损，先难而后易。益，长裕而不设。困，穷而通。井，居其所而迁。巽，称而隐。履以和行，谦以制礼，复以自知，恒以一德，损以远害，益以兴利，困以寡怨，井以辨义，巽以行权。

【解义】

此二节是言卦德之妙，而因以著圣人之用易也。物，指众阴言。设，是施为之意。

孔子意曰：易以九卦为反身修德之序，而其德之兼体用而咸备者，固无乎不宜也。履之为道，君臣上下，固以各得其所，为和矣。而平易近情之中，无非天理民彝之准，盖至极而无可加也。谦之为道，卑以自牧，固未尝自处于尊，而心愈敛，则望愈崇，自光显而不可掩也。复以一阳动于群阴之下，善端甚微，似易为物之所淆，而理欲界限，判然分明，不既辨于物乎？事变之来，杂然不一，每易至于厌怠，惟德能有恒，则虽处纷扰，而所守常定，何厌之有乎？损主惩忿窒欲，其功固先有所甚难矣，而克治既久，驯至私累自消，后何易耶？益主迁善改过，其势固滋长而充裕矣，然积累之基，皆吾固有，何待于施设耶？身虽处困，而道不与之俱困，无入不自得者，此其穷而能通也。立于不动，而可以应天下之动，及物而不穷者，井之居而能迁也。至于巽以应事，能剂量万物之宜，而称物平施，不见表暴之迹，乃所谓称而隐者也。卦德之妙如此，以观于其用，则何如？行已若不以礼，遂至乖戾。惟由于自然之节文，则有从容顺适之休，此行之所以和也，非履何以哉？行礼若无节制，亦为虚器。惟出之以卑逊，而自合于范围之节，此礼之所以得其制也，非谦何以哉？善端所存，在于一念憬然自觉，而其几自此日进，则复实以之。植德之方，在于始终纯一无间，而不为事物所夺，则恒实以之。欲之日长也，其为德之害甚大，有以远之，而非几不至于冒贡矣，道在于用损。德之当修也，其为身心之利何穷，有以兴之，而积累自此日崇矣，道在于用益。用困之道以自处，则能尽其在我，而随遇皆安，自无容其怨尤之意，非所以寡怨乎？用井之道以处物，则安而能虑，而事至吾前，自不淆于是非之正，非所以辨义乎？若夫巽顺在中，则与道为体，虽处变事而能委曲合宜，此则权之所以行，而巽之用为至也。卦德之用如此，自非圣人能全备是德，何以能处忧患而裕如哉？

按：易卦屯坎蹇皆有处忧患之义，而此不之及。圣人处常处变，总一修德而已。如履谦复恒诸卦之德，岂待遇险难而后力行？若以忧患言，则困而不失其亨，即困之一卦，已不胜用矣。此章随举九卦，正以见圣人之体用无不备，而易之理无往不宜也。

【白话】

这两节是借助卦德之妙，讲述圣人用易之事。物，指众多的阴爻。设，施为。

孔子的意思是说：《易经》中有九个卦，可以作为君子反身修德的次序，这九个卦的卦德，体用兼备，无有不宜。比如履卦之道，在于君臣上下，各得其所，和乐融融。而平易近情之中，无非天理人伦，这也是至极之理，无以复加。而谦卦之道，在于卑以自牧，虽然自己的身段放得很低，内心也一再收敛，但威望却因此更加崇高，光芒自显，不可掩盖。复卦是一个阳爻动于一众阴爻之下，善端微乎其微，似乎容易混淆，然而天理人欲的界限，判然分明，不是很容易与众阴爻分辨吗？遭逢事变，人们的反应杂然不一，每每心生厌怠，唯有恒德之人，处在纷扰之中，也能持守常定，又哪来的厌怠之情呢？损卦讲的是惩忿窒欲，虽然刚开始的时候会很难，但克治既久，私累自消，心情又怎么可能轻易变化呢？益卦的主旨是迁善改过，虽然善念需要不断滋长才会变得充裕，但积累的根基是天性所固有，又何待刻意的施为？虽然身处困境，但大道不会与之俱困，入即自得，所以虽穷能通。立于不动之地，却可以应天下之动，泽及万物而不穷，恰如井卦的居而不迁。至于巽卦，讲的是巽顺以应事，能济量万物之宜，却称物平施，不露痕迹，也就是所谓的“称而隐”。卦德如此玄妙，具体应用时，又如何呢？行为若不依礼，就会走向乖戾。唯有节之以自然，方能有从容顺适之休，人的行为才会平和，不依礼能够做到吗？行礼若无节制，则形同虚设。唯有立足于谦卑，适度的节制，礼才会规范，不谦卑的话，能做到吗？善念的存养，在于自我察觉后的自我归复，然后在此基础上，每日精进，而复卦讲的正是归复之道。植德之方，在于始终纯粹专一，无有间隔，从而不为事物所夺，而这正是恒卦之道。私欲日长，对德行的危害甚大，能够远离相应的危害，而不至于被掩蔽的，则是损卦之道。修德不仅有利于身心，而且其利无穷，迈出第一步，然后日积月累，自然会越来越充裕，而这正是益卦之道。效仿困卦之道，用以自处，若能尽用其道，足以随遇皆安，自然不会有什么怨尤，不正可以用来“寡怨”吗？应用井卦之道，处物安而能虑，而不至于事情发生后，辨不清正邪是非，不正可以用来“辨义”吗？如果能心怀巽顺，与道同体，即使事情变乱，也能委屈合宜，权宜行事，这不正是巽卦的最大功用吗？虽然卦德有诸多功用，但若不是圣人全备其德，又如何能身处忧患而游刃有余呢？

按：《易经》中的屯卦、坎卦、蹇卦皆有处患之义，但此处并未提及。因为圣人处常处变，都能修德。比如上面提到的履卦、谦卦、复卦、恒卦等诸卦之德，难道一定要等到蒙难再去身体力行吗？如果以忧患论，总不出困而不失其亨的道理，一个困卦，已经足够了。此处却连举九卦，正是为了说明圣人体用兼备，而易理无往不宜。

《易》之为书也，不可远。为道也，屡迁。变动不居，周流六虚，上下无常，刚柔相易，不可为典要，唯变所适。其出入以度，外内使知惧。又明于忧患与故，无有师保，如临父母。初率其辞而揆其方，既有典常，苟非其人，道不虚行。

【解义】

此一章专论玩辞观变为学易之事，而深有望于其人也。远，犹忘也。不可远，犹言不可离。不居，犹不止也。六虚，六位也。位未有爻曰虚，卦虽六位，而刚柔爻画，往来如寄，非实有也，故以虚言。出入者，以卦内外体言。出者自内之外，往也；入者自外之内，来也。方，道也。

孔子意曰：圣人之作易也，其书所载，皆天地自然之理，而人生日用之不可须臾离者，岂可远乎？盖易以中正有常之则，而随时运动，其为道也屡迁矣。道不外乎阴阳，阴阳变动而不居其所，常周流于六虚位之间，或自上而降，或由下而升，而上下之无常，或柔来而文刚，或刚上而文柔，而刚柔之相易，此岂可以典要拘之哉？唯随时变易以从道，适得其宜而已。易既唯变所适，故其卦体之一出一入，皆道之确然不可踰者。范围乎一定之矩，所谓度也。度之所在，使人知消息盈虚之理，出处进退之宜，出外入内，惕然知所戒惧，而不敢妄有踰越，此其为教彰彰矣。而且于出入以度之中，又独明忧患之事，与所以致忧患之故，而一一详切示之，使人不致迷其所往，故居则观象玩辞，动则观变玩占，莫不惕然恐惧，虽无师保之儆戒，俨如父母之临于其上，而不敢玩忽，则于知惧之中更有惧焉。易之示人深切如此，其可远耶？故善学易者，始由卦爻既变之辞，而度卦爻之理，则出入之度，忧患之故，确有定向，而不可为典要者。今则既有典常，可以遵而行之矣。然人之由辞以达变者，于无定之中，而求有定之体，即于不变之理，而神其至变之用，是在于人之神而明之，推类而长之也。苟非其人，则易道虽日在天下，而岂能虚行哉？盖古者作易以通神明之德，类万物之情，参伍错综，固有以极天下之变，而为义类之所宗，所谓百姓日用而不知者也。自非极深研几之哲，则不能由辞以得其意，而有以尽易之妙矣。此道之所以重有待乎其人也。

【白话】

这一章的意思是说，学易需要玩辞观变，但具体成就取决于个人。远，忘。不可远，不可离。不居，不止。六虚，六位。有位无爻叫“虚”，卦虽然有六爻的位置，但刚爻柔爻往来如寄，并非实有，所以说“虚”。出入，指内卦外卦而言。出指自内之外，即往；入指自外而内，即来。方，道。

孔子的意思是说：圣人作易，书中所载，皆为天地自然之理，人们的日用生活须臾难离，又怎么可以弃置不用呢？总的来说，易以中正有常之则，随时运动，因此其道屡迁。而道不外乎阴阳，阴阳却变动不居，常周流于六虚之间，或自上而降，或由下而升，变化无常，或柔来而文刚，或刚上而文柔，频繁相易，怎么能强行拘束呢？唯以遵循大道，随时变易，以适其宜。易既然唯变所适，其卦体的出入，皆为道之出入，不可逾改。而一定的范围，叫作度。度的存在，是为了让人知晓消息盈虚之理，出处进退之宜，出外入内，惕然若厉，有所戒惧，而不敢妄动躁动，为教彰彰。在此基础上，又申明忧患之事，并且把导致忧患的缘故，一一阐明，一一详示，使人不至于迷失，然后居则观象玩辞，动则观变玩占，时刻惕然恐惧，虽无师保儆戒，也好像父母在侧，不敢玩忽，从而进一步谨慎戒惧。易对人的提示如此深切，岂可远离？所以，善于学易之人，刚开始都是习卦爻之辞，度卦爻之理，从而对出入之度，忧患之故，掌握定向，却不强为典要。如今虽有典常，可以遵而行之。但习易者需要透彻理解辞占，于无定之中，求有定之体，于不变之易理，神其至变之用，其关系在于习易者神而明之，推类而长，举一反三。否则的话，纵然易道中微，又怎么可能虚行呢？总的来说，古代作易的圣人以通神明之德，类万物之情，参伍错综，所以能穷极天下之变，引领义理之宗，因此百姓日用而不自知。除非用极大的功夫深入其中，便不能领悟真正的内涵，从而穷尽易理之妙。易道的发扬光大，还有待后世之人。

《易》之为书也，原始要终以为质也。六爻相杂，唯其时物也。其初难知，其上易知，本末也。初辞拟之，卒成之终。若夫杂物撰德，辨是与非，则非其中爻不备。噫！亦要存亡吉凶，则居可知矣。知者观其彖辞，则思过半矣。

【解义】

此一章专论爻画之义以示人。而此四节，首言立卦生爻之义，又析六爻之蕴，而揭其要也。质，以卦体言。时，谓六位之时。物，谓阴阳。中爻，卦中四爻也。彖辞，统论一卦六爻之体者也。

孔子意曰：《易》之为书，卦立而爻生焉，是以全体而妙大用者也。然卦有定体，而爻无定用。原其一画之始，以要其六画之终，则内外刚柔，无不毕备，卦之体质立矣。至卦有六爻，或阴居阳位，或阳居阴位，相杂而成用，则唯六位之时不同，而事物亦异。阴阳各以时成，岂有定体之可执乎？故以时物之见于初上二爻者言，初则理微而难知，上则理显而易知。盖初为卦之本，其质未明。上为卦之末，其质已著，本末之分也。惟难知，故初爻所系之辞，必取其象与占而极拟之；惟易知，故上爻之终，但因初之象占而卒成之，固无烦于拟议也。夫初上既足该始终之时物矣，若夫阴阳赜乱之物，杂而陈之；刚柔中正之德，撰而出之。物有纯有杂，则辨其物中之是与非；德有当有否，则辨其德中之是与非。若是者，以类万物之情，以通神明之德，以明得失之报，洵非中四爻不备也。总而论之，六爻既备，则天道存亡，人事吉凶之理具焉。噫！人亦要其存亡吉凶之所归，则六爻之义，居然可洞晰而无疑矣。又况于智者，能见事于未形，虽不必徧观六爻，但观卦首之彖辞，则存亡吉凶之理，具于全体中者已得其概，所思不已过半矣哉？要之天下不皆知者，所以圣人作《易》，既设卦，而复陈爻。举凡天道之消长，人事之得失，阐发详明，使天下后世，知所趋避。此圣人所以立开物成务之极也。

【白话】

这一章专论爻位的性质与功能。而这四节先说明立卦生爻之义，然后又分析了六爻的内涵，并论述其要。质，指卦体。时，指六位之时。物，指阴阳。中爻，指一个卦中间的四个爻。彖辞，统论全卦卦体的系辞。

孔子的意思是说：《易》书的宗旨，是立卦生爻，穷尽全体大用之妙。然而卦有定体，爻无定用。从最初的初爻，到最终的上爻，内外刚柔，无不毕具，一卦的体质遂立。至于卦中的六爻，或以阴居阳，或以阳居阴，相杂而成用，遂因六位之时不同，代表的事物亦不同。其阴阳之位，各以时成，岂有一定之体，能够拘执？所以当时势与事物恰好逢到初爻与上爻时，初爻会因为易理微渺而难以确知，上爻则因为易理显明而易于知晓。总的来说，初爻代表卦的根本，但具体的体质未明。上爻为卦的末梢，体质已著，这是本与末的定分。唯其难知，所以初爻所系的爻辞，取象时必须与占辞相近；唯其易知，所以上爻的爻辞，只需因袭初爻的爻象与占辞即可，不一定要辞象相符。至此，初爻与上爻已足以概括事物的始终。至于阴阳赜乱之物，杂而陈之，刚柔中正之德，撰而出之，则依据物之纯杂，德之当否，辨其物中之是非，审其德中之是否。这样一来，类万物之情，通神明之德，明得失之报，已皆备于中间四爻。总而论之，六爻既备，则天道存亡与人事吉凶皆具其中。噫！人只需观察存亡吉凶的趋势和归处，六爻之义，便洞悉无疑。至于智者，还能够见事于未形，不必遍观六爻，只需观察卦辞，存亡吉凶之理，已大致知晓，对卦的了解不是已有大半了吗？当然，天下不都是智者，所以圣人作《易》时，既设卦，又陈爻。举凡天道之消长，人事之得失，都阐发详明，使天下后世，知道如何趋避。这是圣人开物成务的极致功德。

二与四，同功而异位，其善不同。二多誉，四多惧，近也。柔之为道，不利远者，其要无咎，其用柔中也。三与五，同功而异位，三多凶，五多功，贵贱之等也。其柔危，其刚胜邪。

【解义】

此二节又申论中四爻之义也。近谓四，近君也。柔，指六言。刚，指九言。

孔子意曰：《易》书卦爻之义蕴，固理无不备矣，更以二四言之。二与四皆阴爻，同有柔顺之事功，然所处之位则异，故其善有不同，二多声誉，而四则多恐惧焉。盖四之位近于五，动则有逼上之嫌，所以多惧也。然论柔之为道，必附阳刚而后能自立，远则难援，本不利于远者。二柔而远于五，乃其要归于无咎而多誉，则以二居下体之中，其用柔得中故也。夫观二之多誉，由于得中，则四之多惧，又岂独以近君之故乎？更以三五言之，三与五皆阳爻，同有阳刚之事功。然所处之位则异，故三多凶危，而五则多功能焉。盖五为君位而贵，独操得为之权；三为臣位而贱，有难自擅之势。贵贱之等殊也。要之三五皆阳位，以柔居之，懦弱不足以有为。三固多凶，五亦安能多功？鲜有不危者矣。惟以刚居之，强毅始足以有济。五固多功，三亦不至多凶，岂有不能胜其事者耶？夫远近贵贱，物也；刚柔中正，德也；惧誉凶功，是非之辨也。惟中四爻悉备之。学易者，洵不可不加之意也。观孔子之言，是可见人臣当以刚中之德佐君有为，而人君任天下之重，临御兆民，日有万几，尤必刚健奋发，以作于上。则股肱良而庶事康，天下未有不治者矣。

【白话】

这二节进一步申论了中间四个爻的内涵。“近也”之“近”，指四爻接近君爻。柔，柔爻。刚，刚爻。

孔子的意思是说：《易》书中的卦爻，固然义理周备，但还是有必要单独讲一讲二爻与四爻。它们都是阴爻，同有柔顺之功，但所处的爻位不同，结果也不同，二爻多美誉，而四爻多恐惧之心。这主要是因为四爻接近五爻，而五爻是君王的位置，动辄有逼上之嫌，所以有诸多恐惧。然而柔爻必须依附于阳爻，方能自立，远则难以应援，所以原本不应该过远。而二爻虽然也是柔爻，并且远离九五，却能够无咎而多誉，主要是因为二爻位于下卦之中，也即柔得其中。如果说二爻的多誉，是因为得中，那么四爻的多惧，又岂止是因为它紧挨着君爻呢？再以三爻与五爻为例，它们都是阳爻，同有阳刚之功。但所处的爻位不同，结果也不同，具体说来就是三爻多凶，而五爻多功。这主要是因为五爻是君爻的位置，无比尊贵，独操得为之权，而三爻是臣位，相对低贱，难以自擅自专。因为贵贱不同，所以结果不同。而且三爻与五爻都是阳位，如果以柔爻居之，也就是以阴居阳，就显得阴柔懦弱，不足以有为。三爻固然会多凶，而五爻又怎么可能多功呢？很少有不危险的。唯有以刚居刚，强毅果决，方能有济。那样的话，五爻固然多功，三爻其实也不至于多凶，又怎么不能胜任其事呢？远近贵贱，说的是物；刚柔中正，说的是德；惧誉凶功，乃是非之辨。唯有中间四爻悉备。学易之人，绝不能不加留意。通过孔子的话，可知为人臣者当以刚中之德辅佐君王，奋发有为，为人君者则身肩天下之重，临御兆民，日理万机，更需要刚健奋发，振作于上，如此一来，股肱良而庶事康，天下未有不治。

《易》之为书也，广大悉备，有天道焉，有人道焉，有地道焉。兼三才而两之，故六。六者非它也，三才之道也。道有变动，故曰爻。爻有等，故曰物。物相杂，故曰文。文不当，故吉凶生焉。

【解义】

此一章言《易》具天地人之道也。变动，谓卦之一体，非指阴阳老少之变也。物，指阴阳言。不当，谓爻不当位也。

孔子意曰：《易》之为书，以统体言，则浑沦而无外，极其广大；以条理言，则细密而无遗，又悉备也。盖天下之道，天地人尽之矣。方易之三画成卦，上画有天之道焉，中画有人之道焉，下画有地之道焉。是三画已具三才矣。又兼三才而两之，故有六画。是六画者非它也，上二爻即天道之兼阴与阳，中二爻即人道之兼仁与义，下二爻即地道之兼柔与刚，固三才之道也。夫道之变动不居，如干之六画，潜见惕跃飞亢之类，各得卦之一体，是皆道之变动，而谓之爻。爻有远近贵贱之等级，森然齐列，判然分晰，故谓之物。物之刚间乎柔，柔间乎刚，六位杂陈，经纬灿然，故谓之文。是文也，有柔居刚位，刚居柔位，而未必当者；

亦有纯刚纯柔，而位未必皆当者。故吉凶生于其间，而为人事得失之象焉。是则爻也，物也，文也，吉凶也，皆道之所出，而三才之所统贯也。易诚广大悉备矣哉。

按：孔子以天地人为三才，才之为言，以其能有为而为万物之所利赖也。天地以覆载万物为功，圣人承天地以成万物，使莫不得其所。故《中庸》言至诚，尽人物之性而可以参赞化育，斯所以统三才而建极也欤。

【白话】

这一章的意思是说，《易》书具备天地人三才之道。变动，指卦体的变化，而不是指具体某一个爻的变化。物，指阴阳。不当，指爻不当位。

孔子的意思是说：《易经》这本书，以整体论，浑沦而无外，极其广大；以条理言，则细密无遗，尽皆悉备。总的来说，天下之道，就是天道、地道与人道。而易的三画卦，上画代表天道，中画代表人道，下画代表地道，三画已具备天地人三才。又兼三才而两之，于是有了六画卦。六画卦的意思也很简单，上面的两个爻即天道的阴阳，中间的两个爻即人道的仁与义，下面的两个爻即地道的柔与刚，依然是三才之道。道的变动不居，如同乾卦的六个阳爻，或潜或见，或惕或跃，或飞或亢，各得其体，都是道的变动，所以叫爻。爻有远近贵贱之分，等级森然，判然分晰，所以叫物。物则刚柔相间，六位杂陈，经纬灿然，所以叫文。文有以柔居刚，也有以刚居柔，也即不当位的情况；也有纯刚纯柔，但爻位同样不当的情况。而吉凶恰恰生于其间，遂有人事得失之象。爻也好，物也罢，文也好，吉凶也罢，都是因道而生，而三才足以统贯。易理当真是广大悉备。

按：孔子称天地人为“三才”，之所以如此，是因为三者能够有为，并且为万物所依赖。其中，天地以覆载万物为功，而圣人承天地以成万物，使万物各得其所。所以《中庸》说，至诚可以尽人物之性，可以参赞天地的化育之功，而《易》书足以统三才而建极。

易之兴也，其当殷之末世，周之盛德邪？当文王与纣之事邪？是故其辞危。危者使平，易者使倾。其道甚大，百物不废。惧以终始，其要无咎。此之谓易之道也。

【解义】

此一章原易兴于文王，而发其所以教人之旨也。

孔子意曰：易之所从来远矣。其复兴也，时当殷之末世，周之盛德。而其事，当文王与纣之事耶。盖末世则人之诈伪滋炽，盛德则易之道有自传。文王以圣人之盛德，为纣囚于羑里。于是处忧患而作《易》，故其所系之辞皆有危惧之意。凡危惧者，能使之平安，亨利吉无咎是也。慢易者能使之倾覆，悔吝凶害是也。盖出于理势之自然，若或使之，是其道为甚大。举天下百物之理，平未有不生于危，倾未有不生于易者。祸福之由，皆有必然，谁能废之？故文王之作《易》，不过教人以危惧存心，终如其始，则其要归于无咎，而有平无倾矣。此之谓易之道也，此圣人与民同患之心，存于《易》书之内者也。

按：孔子又尝言："天之生物，必因材而笃。栽者培之，倾者覆之。"而《书·仲虺之诰》亦以"殖有礼，覆昏暴"为慎终惟始之戒。其与此之言危平易倾，惧以终始，义有相发明者矣。

【白话】

这一章的意思是说，易道兴于文王，文王阐发它的宗旨，是为了教导世人。

孔子的意思是说：易的渊源很是久远，其复兴在商末周初，具体来说，就是文王与纣王的时代。当时是典型的末世，末世则人心诈伪，而周有盛德，易道乃传。当时，拥有盛德的圣人周文王，被昏昧的纣王囚禁于羑里。他处在忧患之中，继而作《易》，因此辞占之中多有危惧之意。危惧能使人平安，因此系之以亨、利、吉、无咎等辞。慢易会使人倾覆，所以系之以悔、吝、凶、害等辞。总的来说，都出于理势之自然，如果运用的话，其道甚大。举凡天下事物之理，太平没有不生于危亡的，倾覆没有不生于慢易的。祸福的由来，皆有必然之理，又怎么能废弃呢？而文王作《易》，不过是为了教导世人心存戒惧，终如其始，使之无咎，有平无倾。《易》之为道，正是因为圣人的与民同患之心，切切实实地存在于《易》书之中。

按：孔子曾经说过："天之生物，必因材而笃。栽者培之，倾者覆之。"而《尚书》亦以"殖有礼，覆昏暴"为慎终惟始之戒。与上面提到的"危者使平，易者使倾""惧以终始，其要无咎"如出一辙，可以相互发明。

夫乾，天下之至健也，德行恒易以知险。夫坤，天下之至顺也，德行恒简以知阻。能说诸心，能研诸侯之虑，定天下之吉凶，成天下之亹亹者。是故，变化云为，吉事有祥，象事知器，占事知来。天地设位，圣人成能。人谋鬼谋，百姓与能。

【解义】

此一章总言作易教人之功。而此四节，先言圣人体易简之理于心，可以无卜筮而知吉凶。次言圣人作易以成天地之能，而使百姓皆与其能者，不外此易简之理也。德是乾坤蕴诸心者，行是乾坤见诸事者。“侯之”二字衍文。亹亹，是不倦于趋避之意。

孔子意曰：夫易，乾坤而已矣。自其纯乎理者，名乾，乾则自强不息，天下之至健也。以此至健之德，见之于行，易固易也，即难亦无弗易，而见为恒易。易本无险，故凡险之几，举归坐照，以坦荡明白之衷，烛之而有余，不待险而知，自能见险而不陷也。自其顺于理者，名坤，坤则安贞无为，天下之至顺也。以此至顺之德，见之于行，简固简也，即烦亦无弗简，而见为恒简。简本无阻，故凡阻之几，无不洞晰，以卑约敬慎之念，处之而无碍，不待阻而知，自能遇阻而不困也。然此知险知阻，岂徒知之而已哉？是有其能矣。圣人于未事时，心与理会，融洽于中，而莫可言喻，能以易简悦诸心焉。及应事时，理因虑审，精晰于中，而无所参杂，能以易简研诸虑焉。惟悦心，是以吉凶之理，皆吾心所素藏，险阻与否，无不先知之，而吉凶有不定乎？惟研诸虑，是以趋避之几，皆吾虑所密察，险阻与否，无不预决之，而亹亹有不成乎？夫既悦心研虑，定吉凶，成亹亹，而其自然之知，又可进推矣。是故，在天道有盈虚消息，而变化以成；在人事有语默动静，而云为以起。此理之显者也。至天道人事，各有吉事，必有祯祥，以征其感应。如变化有吉，则祥征见于垂象；云为有吉，则祥征动于四体，此理之微者也。其在圣人，理之显者，循迹观变，比拟其象于既往，则一定之理，所谓器者，周知而不爽矣。理之微者，穷幽察隐，推验其占于将然，则先兆之几，所谓来者，早知而不惑矣。若是者，圣人之能事，不假卜筮，而知吉凶。百姓何由与能乎？试观天地设位，日以易简之理昭然示人，不能使人皆以易知险，以简知阻，是其能犹缺陷而未成也。惟圣人阐明此理，画卦系辞，作为《易》书，赞天地所不及，教万世于无穷，以成天地之能焉。由是人欲定吉凶，成亹亹者，既先人谋以审其是非，而趋避未决，又抱蓍问易，继之以鬼谋，则吉凶可定，亹亹可成，而圣人知险知阻之能，百姓虽愚，皆得与之。此圣人所以成能者也。要之，成能者，成之以此易此简，而与能者，亦不外此“易知险，简知阻”之能也已。

【白话】

这一章是从整体上讲易书对人的教导作用，这四节则先说，圣人因为能够深刻领悟易简之理，可以未卜而知吉凶，接着又说圣人之所以能作《易》，而百姓能够用《易》，不外乎因为易理平易简单。乾坤蕴于心者，叫作德。乾坤见于事者，叫作行。“侯之”二字为衍文。亹亹，不倦于趋避之意。

孔子的意思是说：易，乾坤之理而已。其理至纯的，叫乾，乾则自强不息，为天下之至健。以天下至健之德，付诸行动，平易的自然平易，烦难的也会变得平易，所以能始终平易。平易就不会有危险，所有危险的几兆，都能够因为心情平易，举归坐照，于坦荡明白之心，烛照洞察，游刃有余，无险而自知，见险亦不能陷。顺应其理的，叫坤，坤则安贞无为，乃天下之至顺。以天下至顺之德，付诸行动，简单的固然简单，繁杂的也会变得简单，所以能始终简单。简单就不会有阻碍，所有的阻碍刚刚萌芽，就能够一目了然，然后以卑约敬慎之念处之，便能无碍，无碍而自知，遇到阻碍也不会受困其中。然而这里所谓的知险知阻，岂止是知道而已？是在此基础上，还具备相应的能力。圣人在无事之时，使心与理会，融洽于中，不可言传，却能以易简之道愉悦身心。待到有事之时，理因虑审，精晰于中，又无所掺杂，能够以易简之道研究思虑。只要身心愉悦，吉凶之理，平素都已烂熟于心，险阻与否，无有不知，吉凶还不能确定吗？只要精研深虑，趋避之几，都能一一详审，险阻与否，无有不决，能不令人亹亹不倦吗？既然能身心愉悦的精研深虑，判定吉凶，欲罢不能，其对易理的了解，以及由此生出来的智慧，自然更上一层楼。具体到天道，有盈虚消息，就有相应的变化；具体到人事，有语默动静，就有相应的言行。这是易理较为显明的一面。天道人事，又各有吉事，有吉事必有祥瑞，祥瑞源于相应的感应。天道之吉，表现为上天的垂象；人事之吉，体现于四体与身心。这是易理较为隐秘的一面。对于显明的，圣人会循迹观变，比拟其象于既往，如此一来，对于所谓的器，也就是一定之理，就能周知而不爽。对于隐秘的，圣人会穷幽察隐，推验其占于将然，如此一来，对于所谓的来，也就是先兆之几，早已经知而不惑。也就是说，圣人不需要借助卜筮，就可以推测吉凶。然而百姓哪有这样的能力？试看天地，每天以易简之理昭示世人，却并不能使世人以易知险，以简知阻，看来其中必须存有缺陷，是以无法大成。唯有圣人能够阐明此理，画卦系辞，创作《易》书，赞天地所不及，教万世于无穷，成就天地之能。于是世人在判定吉凶，勉力而行时，会先用人谋审度，趋避未决时，再抱著问易，寄望于鬼谋，便可以定吉凶，成亹亹，而圣人寄于其中的知险知阻之意，百姓纵然愚钝，也能了解。这是圣人之所以贤能的原因所在。概括地说，成就圣人的贤能，离不开易简之道，赋予百姓的能力，也不外知险知阻而已。

八卦以象告，爻象以情言。刚柔杂居，而吉凶可见矣。变动以利言，吉凶以情迁，是故，爱恶相攻而吉凶生，远近相取而悔吝生，情伪相感而利害生。凡易之情，近而不相得，则凶或害之，悔且吝。将叛者，其辞惭。中心疑者，其辞枝。吉人之辞寡，躁人之辞多。诬善之人其辞游，失其守者其辞屈。

【解义】

此三节首二节言圣人成能之事，使人由卜筮以知吉凶。末节即人之辞以明卦爻之辞也。告，告此险阻。言，言此险阻也。相攻，是两情相触。相取，是强为要结。叛，背理也。疑，可否未决。枝，两歧不一。失其守，无操持也。

孔子意曰：夫圣人成能，其事何如？天地之精，非画无以示。先天画八卦，或以纯阴纯阳之象告，或以杂阴杂阳之象告矣。卦画之蕴，非辞无以发。后天系爻象，或以全体之情言，或以一节之情言矣。夫象所告，情所言，不过欲人知险知阻，以趋避吉凶耳。而吉凶于何见之？卦爻中刚柔杂居，如初三五，刚也，或杂之以柔；二四上，柔也，或杂之以刚。杂居而当位中正，则顺理而得；杂居而不当位不中正，则逆理而失。吉凶不于此昭然可见乎？然是吉凶也，由象辞以见其体，必因变占以达其用。方揲蓍求卦之初，阴阳老少变动而未定，虽未成卦爻，而趋避之利已寓。言吉固利，言凶而使人避，亦利也。及求卦既成，占决已著，遂分吉凶。卦爻之情，有消息当否之异，而辞之吉凶因焉，非以情迁乎！情迁何如？如卦爻中正相与，是爱相攻也，情孚而理顺，故吉生。如不以中正相与，是恶相攻也，情乖而理拂，故凶生。吉凶以爱恶之情迁矣。至于吉凶未判，曰悔吝；吉凶方萌，曰利害。又何从生也？以远相取，则情虽合，而病于疏；以近相取，则情或睽，而嫌于妄。悔吝不由此生乎？以情相感，则交以道义而利生；以伪相感，则合以私邪而害生。利害不由此而生乎？悔吝利害，又以远近情伪之情迁矣。要之，凡易之情，固贵近而相得。或远而不相得，亦无害也。惟近而不相得，则以恶相攻，所以致凶也。以伪相感，所以致害也。且以不善相取，所以致悔吝也。夫悔吝利害，皆吉凶之属，各推其情如此，故曰吉凶以情迁。可见圣人作《易》以成能，而众人必由卜筮以知吉凶者，此也。夫所谓情迁者，岂特卦爻之辞为然？即凡人之辞，亦可见矣。理在人心，本自难昧。如叛正理者，其心多愧，而辞惭恧。理有可否，岂宜迁就？如疑正理者，其心多惑而辞枝离。有德之吉人，养深蓄邃，言不妄发而辞寡；无德之躁人，轻浮浅露，言不由衷而辞多。谤善为恶者，毁誉失当，其辞浮游而不实；失所执守者，神气沮丧，其辞屈抑而不伸。凡此，皆人之辞以情迁者也。由人之辞以推卦爻之辞，则险阻自无遯情。此圣人所以成能，百姓所以与能者。其为知险知阻，一而已矣。

按：《洪范》："惟皇作极，凡厥庶民。""不罹于咎。"其即此作《易》教人之义也夫！

【白话】

这三节当中，前两节主讲圣人成能之事，也就是让人通过卜筮之法，了解吉凶。末节是就人的言辞，申明卦爻之辞。告，告此险阻。言，言此险阻。相攻，两情相触。相取，强为要结。叛，背理。疑，可否未决。枝，两歧不一。失其守，没有操守。

孔子的意思是说：圣人是如何具体地把卜筮之能赋予百姓的呢？天地的精微奥妙，非卦画不足以显示。先天八卦的卦画，或以纯阴纯阳之象相告，或以杂阴杂阳之象相告。卦画之中的内涵，又非卦爻辞不足以阐发。后天八卦所系的卦爻辞，或者就全卦整体而言，或者就某一个爻而言。而卦象所示，卦爻辞所言，都是为了让人知险知阻，趋吉避凶。那么，吉凶又体现在哪里呢？卦中六爻，刚柔杂居，比如初爻、三爻与五爻，都是刚爻之位，但可能会杂以杂爻；二爻、四爻与上爻，本是柔爻之位，但可能会杂以刚爻。六爻杂居，当位中正的爻，就顺应易理，而有所得；六爻杂居，不当位亦不中正的爻，就违背易理，而有所失。吉凶不是很明显吗？然而相应的吉凶，尽管会体现在相应的象与辞上，但必须结合动变，才能明了它的具体功用。在揲蓍求卦之初，阴阳老少变动未定，虽说卦爻未成，趋避之利已尽寓其中。爻辞说吉的，自然有利，爻辞说凶的，也会因为它的提示功能，有利于人。等求卦结束，占决显明，吉凶遂分。卦爻的情形，有消息当否之别，而辞占的吉凶依据于此，这不正是"吉凶以情迁"吗？那么，卦爻之情又是如何具体迁变的呢？如果卦爻中正相与，是以爱相攻，情孚而理顺，所以吉。否则的话，则是以恶相攻，情乖而理逆，所以凶。可见，吉凶以爱恶之情而迁。至于吉凶未判之时，叫悔吝；吉凶方萌之时，叫利害。它们又从何而生呢？有的爻相距较远，情形相合，但过于疏离；有的爻离得虽近，但情势睽违，会嫌于妄作。悔吝不正是由此而生吗？若是以情相感，就会以道相交而生利；若是以伪相感，就会以利相合而生害。利害不正是由此而生吗？可见，悔吝利害以远近情伪而迁。要而言之，易卦各爻的情形，固然以近而相得为贵，但远而不相得，也不为害。唯有距离较近却不相得的时候，才会以恶相攻，并因此导致凶祸。以伪相感，也是致害的原因。若以不善相取，必然会导致悔吝。悔吝利害，都是吉凶之辞，只是情形不同，所以说吉凶以情迁。由此可知，圣人作《易》成能，众人借卜筮了解吉凶的原因，也在于此。而所谓情迁，又岂止体现在卦爻辞上？普通人的言辞，也可见一斑。因为理在人心，本自难昧。比如违背正理之人，往往内心惭愧，其言辞也会羞惭。正理可否分明，岂能迁就？如果疑于正理，内心往往迷惑，言辞往往支离残缺。有德且吉祥之人，修养深厚，所以不乱发言，发言也比较简洁。无德且浮躁之人，轻浮浅露，往往言不由衷，言辞也多。诽谤良善的恶人，毁誉失当，其言辞往往浮游不实。丢掉操守的人，神气沮丧，言辞往往屈抑不伸。凡此种种，都是人的言辞因情而迁的表现。由人的言辞推衍卦爻之辞，个中险阻，一无所遁。这正是圣人成能、百姓与能的关键。说到底，还是“知险知阻”而已。

按：《尚书·洪范》有言：“惟皇作极，凡厥庶民。”“不罹于咎。”这正是圣人作《易》教人的初心啊！

卷十八

说卦传

【解义】

按：伏羲画八卦后，重为六十四卦，八卦为六十四卦之本。前《系辞》中略言“八卦小成”，又曰“八卦成列”。至所谓“引而伸之”，重三成六之意犹未明晰。又所谓仰观俯察、近身远物之象，亦未详及焉。孔子于此，复一一推究明言之，并备陈卦位、卦德、卦象之说，以垂训后世，故名《说卦传》。

首论生蓍倚数，立卦生爻，为作《易》之本原。卦爻既具，然后言道德、义理、性命，以明作《易》之极功。盖《易》为道德性命而作，非蓍数卦爻，无以发其蕴也。夫所谓性命之理，即阴阳、刚柔、仁义是也。统言一卦，三画已具三才，又兼三才而两其画，故六画成卦，六位成章，正圣人作《易》，以顺性命之理。合观两章，则引伸重卦之由，不昭然可见乎？次论伏羲文王先后天卦位之不同。先天圆图始乾坤，而后六子，八卦之序也。方图先六子，而终乾坤，终始相生，造化无穷之道也。后天圆图始震终艮，为造化流行之序也。而要统之一神，正见流行对待，体用相须之妙，合先后天而归于一者也。次论卦德卦象，性情言其真，形象取其似，而复间以人道焉。其义何居？盖盈天地之间皆物，而物物各有男女之象，人特其贵焉者，故以人言之耳。至于末章，广言八卦之象，错举类推，虽取象不同，要不过通神明之德，类万物之情，而形上形下之道，无不同条共贯，毕具于此矣。

【白话】

按：伏羲创设了八卦，文王依托八卦创制了六十四卦，所以八卦是六十四卦的根本。前面的《系辞》只简略地提及“八卦而小成”，以及“八卦成列”。又“引而伸之”，两两相叠、重三成六之意，犹未明晰。又提及仰观俯察、近身远物之象，也未详说。至孔子时，才一一推究，明言以示，并备陈卦位、卦德、卦象之说，以垂训后世，所以叫《说卦传》。

开篇首先论述，生蓍倚数与立卦生爻为作《易》之本。然后在此基础上，讲述道德、义理与性命，以申明圣人作《易》的极功。总的来说，《易》为道德性命而作，只有蓍数卦爻，能阐发其内涵。所谓性命之理，即是阴阳、刚柔与仁义。三者统言一卦，三画卦已具备三才，又兼三才而两之，则六画成卦，六位成章。圣人作《易》的过程，暗合了性命之理。合观两章，引申重卦之由，不是昭然可见吗？接下来，又论述了伏羲与文王的先天八卦与后天八卦的方位的不同。先天圆图始于乾坤，而后是其余六卦，演绎的是八卦之序。方图则始于六子，终于乾坤，阐释的是终始相生，造化无穷之道。后天圆图则始于震卦，终于艮卦，展现的是造化流行之序。目的是统一概要，正见流行对待，体用相须之妙，合先天后天而归于一。再接下来，讲的是卦德与卦象，性情言其真，形象取其似，同时兼叙人道。其意义何在？总的来说，充满天地的是万物，万物各有男女之象，人最为尊贵，所以要兼叙人道。末章则广言八卦之象，并错举类推，虽说取象不同，但总的来说，只需通神明之德，类万物之情，形上形下之道，便无不条贯，毕具其中。

昔者圣人之作《易》也，幽赞于神明而生蓍，参天两地而倚数。观变于阴阳而立卦，发挥于刚柔而生爻。和顺于道德而理于义，穷理尽性以至于命。

【解义】

此一章言蓍之所由生，数之所由起，因而立卦生爻，见圣人之作易，有以尽三才之蕴，而极功用之大也。圣人，指伏羲。神明者，化育之主宰。

孔子意曰：昔者圣人之作易也，有蓍策以神其用。蓍何自而生乎？由圣人在上与天地合德。天地化育之功，生成变化，微妙不测，原极神明。而圣人中和之德，笃恭不显，默为感格，有以幽赞之。灵气所钟，而蓍因以生焉。盖神物虽由神明而生，其实原本于圣人之幽赞也。蓍既生矣，揲蓍求卦，则必有数。数何自而起乎？数原于天地。天之体圆，圆者径一而围三，各为一奇，是天原有三数也。圣人本阳全之理，故参天而为三。地之体方，方者径一而围四，合为二偶，是地原有两数也。圣人裁阴半之义，故两地而为二。然后七八九六之数，皆依此而起焉。三三则九，三二则六，两二一三则七，两三一二则八，无非倚此参两而自得之耳。于是七为少阳，八为少阴，九为老阳，六为老阴，此易之所以有数也。数既形，而卦斯定矣。揲蓍求卦时，参伍错综，观其阴变阳，阳变阴，为纯为杂，则所值之卦，于是立焉。卦既列，而爻亦备矣。初三五为刚，二四上为柔，从而阐发之。或动或静，则当动之爻，从此生焉。由是以思其功用为何如哉？则所称共由曰道，自得曰德，而义即道德之散殊也。易于进退存亡之道，健顺动止之德，有以旁通其情，融会其旨，无少乖逆，而和顺矣。且于和顺之中，又随事各得其宜，而晰之极其精也。不其理于义乎？是道德与义合之为理，赋之为性，而理性之本原则为命也。易则穷事物之理，研究甚微，尽人物之性，区处甚当。且于理性之所从出者，一一溯源根极，与之浑合而无间也。不有以至于命乎？若是者，微显无不该，天人无不尽。蓍之所以神其用，而圣人作易之功所以极其大也。

按：蓍数所起，非天地无以开圣人之先；卦爻所设，非圣人不能泄天地之秘。故一画为万世文字之祖。孔子韦编三绝，所以屡为称说而不已乎。

【白话】

这一章讲的是蓍因何而生，数因何而起，继而立卦生爻，目的是申明圣人作易，能穷尽三才之蕴，功用极大。圣人，指伏羲。神明，化育的主宰。

孔子的意思是说：当初圣人作易之时，可以借助蓍策，尽展其用。蓍草因何而生？是因为圣人与天地的合德。天地的化育之功，生成变化，微妙不测，原本极尽神明。而圣人的中和之德，笃恭不显，默默感格，从而能于暗中受神明之佐助。天地与圣人的灵气钟集之处，蓍草得以生发。总的来说，神物虽由神明而生，但推究起来，还原自于圣人的幽赞之功。蓍草既生，便可以揲蓍求卦，过程中必然有数。数又因何而起呢？数源于天地。天是圆的，圆的物体径一而围三，各为一奇，所以天原有三数。圣人根据阳全阴半之理，参天而为三。地是方的，方的物体径一而围四，合为二偶，所以地原有两数。圣人根据阳全阴半之理，两地而为二。然后七八九六之数，皆依此而起。三三得九，三二得六，两二一三相加得七，两三一二相加得八，都依据参两之数而自得。于是七为少阳，八为少阴，九为老阳，六为老阴，从而有了相应的数。易数既形，易卦乃定。揲蓍求卦时，参伍错综，阴阳互化，为纯为杂，则所值之卦遂立。卦既立，爻亦备。初爻、三爻与五爻为刚位，二爻、四爻与上爻为柔位，刚柔确立，就可以进一步阐发了。六爻或动或静，当动之爻，从中而生。那么，又该如何思考动爻的功用呢？人们共同遵循的就是道，自己有心得体会叫作德，而义则是道德的散殊。关于进退存亡之道，易也能以健顺动止之德，旁通其情，融会其旨，无少乖逆，和睦顺从。在此基础上，又能根据时事，各得其宜，晰之极精。这不正是所谓的“从于义”吗？道德与义，合之为理，赋之为性，理性的本原则是命。而易既能穷事物之理，研究甚微，又能尽人物之性，区处甚当。而且对于理性的出处，能一一推本溯源，浑合无间，这不正是“穷理尽性以至于命”吗？如此一来，当真是微显无不该，天人无不尽。而这正是蓍草可以神乎其用，而圣人的作易之功极其广大的原因。

按：蓍草的生发，易数的兴起，非天地无以开圣人之先；易卦的生成，卦爻的排列，非圣人不能泄天地之秘。所以伏羲氏的开天一画，足以为万世文字之祖。而孔子韦编三绝，赞不绝口的原因，也在于此。

昔者圣人之作易也，将以顺性命之理。是以立天之道曰阴与阳，立地之道曰柔与刚，立人之道曰仁与义。兼三才而两之，故易六画而成卦。分阴分阳，迭用柔刚，故易六位而成章。

【解义】

此一章言易卦爻位之义，所以阐发天人性命之旨，不徒为卜筮之用也。

孔子意曰：昔者圣人之画卦作易也，岂徒迹象之粗哉？将举物所受为性，天所赋为命之理，一一摹写之，而毫无违拂，以顺之焉耳。何以见其顺也？六爻上二爻为天，下二爻为地，中二爻为人。天非以象立也，有立天之道焉。自其气而言之，有成物之阴，与施生之阳，静专与动直，合而天道有常运矣。地非以形立也，有立地之道焉。自其质而言之，有顺承之柔，与持载之刚。静翕与动辟合，而地道有常凝矣。天地既立，人生其间，有立人之道焉。自其性而言之，有慈惠之仁，与裁制之义。恻怛与果断合，而人道有常协矣。是三才有由立，皆性命之理也。圣人作易，成卦成章，所以顺此性命之理也。当其画卦，三画已具三才之道，又统兼三才而各两之，故易有六画，然后一卦之体成。则初刚二柔，三仁四义，五阳上阴，而性命之理已顺之于全体中矣。六画所处，有其六位。分二四上为阴，初三五为阳。既分阴阳，乃迭用六八之柔爻，七九之刚爻，而来居之。或以柔居阳位，或以刚居阴位，更相为用而不滞。故易有六位，而阴阳间杂，自成经纬之文章。则刚柔交错，仁义相济，阴阳递运，而性命之理又顺之于一节中矣。洵乎《易》为尽性至命之书，不徒备卜筮之用也。

按：为学贵乎刚克柔克，为治贵乎有执有容。太刚则折，太柔则废。必不竞不絿，乃为无弊之道。古帝王开天明道，即具有此理。稽古者，尚其深思，而自得之乎。

【白话】

这一章的宗旨是说，易卦的爻位是用来阐发天人性命之旨的，而不仅仅是为卜筮而设。

孔子的意思是说：昔时圣人画卦作易，难道仅仅是徒具迹象吗？其将物性天命之理，一一摹写，毫无违拂，尽皆顺之。何以见其顺呢？一卦六爻，上面二爻为天，下面二爻为地，中间二爻为人。天并非以象而立，而有其立天之道。就其气而言，有成物之阴气，有施生之阳气，阴气静专，阳气动直，阴阳合和，天道有以常运。地并非以形而立，而有其立地之道。就其质而言，有顺承之柔，有持载之刚。柔者静翕，刚者动辟，刚柔合和，地道有以常凝。天地既立，人生其间，而有其立人之道。就其性而言，有慈惠之仁，有裁制之义。慈者恻怛，义者果断，慈义相合，人道有以常协。总之，三才之立，皆性命之理。圣人作易，成卦成章，不过是顺应性命之理。其在画卦时，三画卦中已具备三才之道，然后又统兼三才而两之，于是有了六画卦，卦体乃成。对应义理，初爻为刚，二爻为柔，三爻为仁，四爻为义，五爻为阳，上爻为阴，性命之理已全部理顺于全卦之中。六画所处，产生了六个爻位。具体说来，二爻、四爻与上爻为阴位，初爻、三爻与五爻为阳位。既分阴阳，乃迭用六七八九之数，分刚柔居之。或者以柔爻而居阳位，或者以刚爻而居阴位，交互为用而不滞。因此易有六位，而阴阳间杂，自成经纬之文章。加之刚柔交错，仁义相济，阴阳递运，而性命之理又顺之于一。所以说《易》为尽性至命之书，不仅仅是用来卜筮的。

按：为学以刚克柔克为贵，为治以有执有容为贵。太刚则折，太柔则废。不竞不絿，方为无弊之道。古帝王开天辟地，阐述万物，此理已具。稽古之人，只需深思，便可自得。

天地定位，山泽通气，雷风相薄，水火不相射。八卦相错，数往者顺，知来者逆。是故易逆数也。

【解义】

此一章是论伏羲先天圆图。上节分列先天八卦之位，见其对待之体，自寓流行之用。下节承八卦相错而言，见易数之逆，正以成其顺也。相薄，势相迫也。不相射，谓不相害也。错，交也。

孔子意曰：先天图位，乾居南，坤居北，是天确然在上，地隤然在下，两仪之位定矣。由是艮西北，而兑东南，则山以融结之气，下通于泽；泽以滋润之气，上通于山也。震东北而巽西南，则雷因风而益迅，风因雷而益烈，相迫而成震荡之功也。离东而坎西，则水得火以济其寒，火得水以济其燥，相资而不相害也。然此对待之体，即有交变之用焉。以乾兑离震为主，各与八卦相错，则自复至干，三十有二之阳卦成于圆图之左，以坤艮坎巽为主，各与八卦相错，则自姤至坤，三十有二之阴卦成于圆图之右。此先天图位之列。观其对待，而流行自在其中矣。若其生出之序，又可按图而知也。图由中起而分左右，自其左方数之，起一阳之震，历离兑以至纯阳之干，此卦之已生者。盖由震四而离三而兑二而干一，则已然之迹可见。如从今日以计往日，不亦顺而易知乎？自其右方数之，起一阴之巽，历坎艮以至纯阴之坤，此卦之未生者。盖由巽五而坎六，而艮七而坤八，则将来之兆未形。如因今日以推来日，不亦逆而难知乎？夫图之中分，固有顺而有逆，而要其生出之序，则皆逆而后顺，有乾一而后有兑二，离三震四，巽五坎六，艮七坤八，无不自已生而及未生。故易之八卦，皆逆数也。逆故知来，所以能前民用者，于此可见矣。

按：圣人作易，彰往而察来。既往之事，将来之几，备在卦爻之中。成王定鼎，卜世三十，卜年八百，皆逆计而知之。此岂后世谶纬之学所能测其万一乎？

【白话】

这一章的宗旨，是论述伏羲先天圆图。上节分列先天八卦方位，见其对待之体，自寓流行之用。下节上承“八卦相错”而言，就易数之逆，见易理之顺。相薄，其势相迫。不相射，不相害之意。错，交。

孔子的意思是说：先天八卦图的方位，乾卦居于南，坤卦居于北，象征天确然在上，地隤然在下，两仪之位乃定。艮卦位于西北，而兑卦位于东南，象征艮山以融结之气，下通于兑泽，而兑泽以滋润之气，上通于艮山。震卦位于东北，而巽卦位于西南，象征震雷因巽风益发迅疾，而巽风因为震雷而益发强烈，彼此相迫，而成震荡之功。离卦位于东方，而坎卦位于西方，象征坎水得离火相助，以济其寒，离火得坎水相助，以济其燥，彼此相资，而不相害。此对待之体中，即有交变之用。以乾兑离震四卦为主，各自与八卦相错，则自复卦至乾卦，共三十二个阳卦成于圆图之左；以坤艮坎巽四卦为主，各自与八卦相错，则自姤卦至坤卦，共三十二个阴卦成于圆图之右。这就是先天图位之列。观其对待，流行自在其中。至于生出之序，亦可按图而知。将此图从中间分开，自左方数之，所有的卦都起于一阳之震，然后遍历离卦、兑卦，以至于纯阳的乾卦，此乃卦之已生者。总的来说，就是由震四至离三再至兑二直至乾一，其已然之迹可见。恰如从今天计算往日，不是很容易计算么？自右方数之，所有的卦都起于一阴之巽，然后遍历坎卦、艮卦，以至于纯阴的坤卦，此乃卦之未生者。总的来说，就是由巽五至坎六再至艮七直至坤八，其将来之兆未形。恰如以今日推测来日，不是很难以预测吗？圆图的中分，固然有顺有逆，但总的来说，其生出之序都是先逆后顺，有乾一而后有兑二，继而有离三震四，巽五坎六，艮七坤八，无不是由已生及于未生。所以易经的八卦，于数皆逆。逆则知来，其之所以能被民众使用的原因，由此可见。

按：圣人作《易》的目的，为的就是彰往察来。而已往之事，未来之几，皆备于卦爻之中。周成王定鼎问祚，得知其后周朝将传位三十世，历八百载，就是通过逆计得知。后世的谶纬之学，能测其万一吗？

雷以动之，风以散之，雨以润之，日以晅之，艮以止之，兑以说之，干以君之，坤以藏之。

【解义】

此一章论伏羲先天方图，具造化之全功也。

孔子意曰：先天方图，中起震巽，而始终于乾坤。夫震巽之位相对，雷为震象，所以奋动万物之生意；风为巽象，所以发散万物之郁气。此始物之功乎！坎离之位相对，雨为坎象，既散之化机，由此滋润；日为离象，既润之材质，由之晅明。此亨物之功乎！艮兑之位相对，艮之德为止，使物止其所，而性命之各正；兑之德为悦，使物遂其生，而太和之保合。此成物之功乎！六子既已循其序，而司其职矣。然孰纲维是？乾居图之始，六子皆统宗乎干，而分职以治，则实君之也。抑孰翕受是？坤居图之终，六子皆包涵乎坤，而乘时以出，则实藏之也。观其图，惟卦位之成列。而究其义，悟造化之流行。图学之所以令人紬绎而不穷欤。

按：论尊卑之序，宜先天地，而论化功之成，则归乾坤。先天图位，合观两章而自见矣。

【白话】

这一章的宗旨是说，伏羲先天方图具备造化之全功。

孔子的意思是说：伏羲先天方图，中间是震卦和巽卦，开始和结束是乾坤两卦。震卦与巽卦的位置是相对的，震为雷，能够奋动万物的生机；巽为风，可以发散万物的郁气。这就是所谓的“始物之功”！坎卦与离卦的位置也是相对的，坎为雨，离卦发散的化机，由此滋润；离为日，坎卦滋润的材质，由之晅明。这就是所谓的“亨物之功”！艮卦与兑卦的位置是相对的，艮卦的卦德为止，能够使物止其所，性命各正；兑卦的卦德为悦，能够使物遂其生，太和保合。这就是所谓的“成物之功”！六卦既已循序司职，那么由谁来主掌纲维呢？乾卦居于方图之始，六子皆以乾卦为宗，且分职以治，乾卦实为卦之君王。又由谁来收受呢？坤卦居于方图之终，六子皆被坤卦包涵，且乘时以出，确实伏藏于坤卦之中。观察此图，唯见卦位成列。推究其义，方悟造化流行。个中学问之所以令人紬绎不穷，原因就在于此。

按：论尊卑之序，理应先序天地；论化功之成，则归于乾坤二卦。先天图位的微妙，合观上述两章，其意自现。

帝出乎震，齐乎巽，相见乎离，致役乎坤。说言乎兑，战乎乾，劳乎坎，成言乎艮。万物出乎震，震东方也。齐乎巽，巽东南也。齐也者，言万物之洁齐也。离也者明也，万物皆相见，南方之卦也。圣人南面而听天下，向明而治，盖取诸此也。坤也者地也，万物皆致养焉，故曰致役乎坤。兑正秋也，万物之所说也，故曰说言乎兑。战乎乾，乾西北之卦也，言阴阳相薄也。坎者水也，正北方之卦也，劳卦也，万物之所归也，故曰劳乎坎。艮东北之卦也，万物之所成终，而所成始也，故曰成言乎艮。

【解义】

此一章论文王后天圆图。上节先列后天八卦之位，见帝为生成之宰，其出入不可见。下节即物之出入，以可见者明其不可见也。致役者，致力以为之役也。战则搏击之谓。

孔子意曰：先天圆图，固有以立对待之体矣。文王取而更置之，于以象一岁之运焉。盖造化之主宰谓之帝，当其出而生物，令方行，而气方动，化育发端，则出乎震焉，以震居卦位之首也。出则必齐，前此之萌动者，至此而化机毕达，是在巽矣，而巽固次震之位也。齐则相见，前此之毕达者，至此而光辉发越，是在离矣，而离固次巽之位也。凡此皆帝之出也。由是而出者将入，相见则致役，阴代阳以有终，于是乎效力而长养，其在坤乎！以坤位次离也。致役则必说，养既盛而化始敛，于是乎欢忻而交畅，其在兑乎！以兑位次坤也。说不已则战，故次之以乾。肃杀用事，与生育之气，相为搏击，而成战矣，而干固战之位也。战不已则劳，故次之以坎。终岁勤动，则物皆归藏，得所休息而慰劳矣，而坎固劳之位也。凡此皆帝之入也。自是而入者，复将出。既劳则有成，一元奏效，终则有始，帝乃生克嗣续于斯焉。艮之所以次坎，而居卦位之终也。卦位具而岁功成，有如此然。帝之出入不可见，即物之出入见之。帝出乎震，何也？以万物出乎震也。所以然者，震居东方，于时为春，草木萌动，物之所自出也。出则齐乎巽矣。巽居东南，时为春夏之交，物之长短不齐者，至此毕达，无不洁齐也。何以相见乎离？离德以明盛为义，万物至此皆形色交辉而相见，所以然者，卦居南方，于时为夏，品物咸亨之候也。显推其义，圣人宅中御极，位必南面，布纲纪于天下，盖取诸南方与文明之会也。坤者地之象，于五行为土。土德王于夏秋之交，前此之火得土以制其烈，后此之金得土以制其寒。尽其力以长养万物而不靳也，故曰致役乎坤。至于兑居西方，时为正秋，物无不向于实，生意充足，欣欣有得所之意矣，故曰说言乎兑。战乎乾，何也？乾居西北，时为秋冬之交，阴盛阳微，阴与阳相薄，而不免于战也。何以劳乎坎？坎于五行为水，卦居正北方，出而用事者，其归劳在此卦乎。万物至此，说者恬休，战者宁定，而得所归宿矣，故曰劳乎坎。成何以言乎艮？艮居东北，时为冬春之交，在今年为岁功之终，在明年又为岁功之始，而皆受成于此，固万物之所成终而成始也，故曰成言乎艮。即物之出入，而帝之出入不可见乎？

按：天之帝，即世之君。尽臣之所为功，而莫非君之功。尽造化之所为生成，而莫非帝之化。帝生万物，圣人生万民，其主宰洵有同符矣。

【白话】

这一章主要论述文王后天圆图。上节先讲后天八卦的方位，以说明“帝”为万物生成的主宰，其出入不可见。下节则就万物的出入可见，验证“帝”之不可见。致役，致力用事之意。战，搏击之意。

孔子的意思是说：伏羲的先天圆图，固然是为了立其对待之体。而文王取而用之，用它来象征一岁之运。总的来说，造化的主宰叫作帝，帝力出而生物，令得以行，气得以动，化育得以发端，由于其出于震位，所以震卦居于卦位之首。出则齐备，具体说来就是此前已然萌动的万物，至此已化机毕达，对应到八卦中就是巽卦，所以巽卦的位置次于震卦。齐则相见，具体说来是此前化机皆达者，至此已光辉发越，对应到八卦上就是离卦，所以巽卦的后面是离卦。凡此种种，皆帝之所出。而出者将入，相见则致役，阴代阳则有终，从而效力而长养，这正是坤卦的功能！所以坤卦位于离卦之后。致役必悦，长养既盛，化机始敛，于是欢欣交畅，这正是兑卦的卦德！所以兑卦位于坤卦之后。欢悦不已就会走向搏击，所以后面是乾卦。具体说来，乾卦为肃杀之卦，与生育之气相搏击，战事遂成，因此乾卦就是战位。搏击不已，就会有慰劳，因此乾卦的后面是坎卦。具体说来，是指经过长年动作，万物进入了归藏的阶段，得所休息，有所慰劳，因此坎卦的位置就是劳位。凡此种种，皆帝之所入。由此而入者，必由此而出。既已至劳位，说明功业有成，一元奏效，而终则有始，帝力得以借助生克延续。所以艮卦位于坎卦的后面，居于卦位之终。如此一来，卦位具而岁功成。主宰之帝的出入不可见，但万物的出入可见。“帝出乎震”，是什么意思呢？其实就是万物出于震的意思。之所以如此，是因为震居于东方，在时序上为春天，春天草木萌动，万物自然萌发。出则“齐乎巽”，因为巽位于东南，时序上是春夏之交，长短不齐的万物，至此毕达，无不洁齐。又何以“相见乎离”呢？离卦的卦德是光明盛大，万物至此皆形色交辉而相见，之所以如此，是因为离卦居于南方，时令上为夏季，夏季乃品物咸亨之候。进一步推衍，可知圣人居中御极，必须南面称王，布纲纪于天下。总的来说，就是取南方为文明之方的意思。坤为大地之象，在五行中属土。土德旺于夏秋之交，位于坤土前面的是离火，火得土可以制其烈，后面则是兑金，金得土可以制其寒。坤卦竭尽其力，长养万物而不靳，所以说“致役乎坤”。至于兑卦，其居于西方，时序为正秋，万物向实，生意充足，欣欣有得，所以“说言乎兑”。“战乎乾”，又是何意呢？乾居于西北，时序为秋冬之交，阴盛阳微，阴阳相薄，不免于战。又何以“劳乎坎”呢？坎在五行中属水，卦居正北，出而用事者，将归劳于此卦。万物至此，悦者恬休，战者宁定，皆得其所，所以说“劳乎坎”。那么，为什么说“成言乎艮”呢？艮居于东北，时序上是冬春之交，在当年为一岁之功，在次年则是一岁之始，而皆受成于此，可谓万物成终成始之地，所以说“成言乎艮”。通过万物的出入，帝之出入不是清晰可见吗？

按：上天之帝，即人世之君。臣子所为之功，莫非君王之功。造化所为生成，莫非帝力之化。帝生万物，圣人生万民，主宰高度契合。

神也者，妙万物而为言者也。动万物者，莫疾乎雷。挠万物者，莫疾乎风。燥万物者，莫熯乎火。说万物者，莫说乎泽。润万物者，莫润乎水。终万物始万物者，莫盛乎艮。故水火相逮，雷风不相悖，山泽通气，然后能变化，既成万物也。

【解义】

此一章合论先后天之图，而归之于神。见先天之对待，自具流行之用；而后天之流行，未尝无对待之体也。疾，速也。挠，散也。逮，及也，相济之意。既，尽也。

孔子意曰：乾坤之功，分寄于六子；而六子之用，总归于一神。神也者，不离乎物，不倚乎物，无方不测，有莫知其所以然者。盖妙万物而为言者乎？物之始生，必有以鼓动其生意。震雷奋，而物随以动，何疾如之？物之既动，必有以挠散其滞机，巽风发而物随以挠，何疾如之？离为火，火以燥其湿，而物乃得坚凝，则熯莫如火。兑为泽，泽之所濡，生机利遂，无不欣畅，则说莫如泽。坎为水，水德用事，根荄滋润，自然充足，则润莫如水。至于敛其实于既往，而终万物之所无；启其机于将来，而始万物之所有，惟艮兼主其事，则盛莫如艮。六子流行之用，无非神之所为也。然所以流行之故，未有不从对待中出者。故惟坎离得偶，水火恒相逮而相济矣。震巽得偶，雷风不相悖而相助矣。艮兑得偶，山泽通气而交相感应矣。然后阴阳合，而自无趋有为变，自有返无为化。所以动挠与燥，成万物之始；说润终始，成万物之终也。可见，流行者，原本对待，而对待者，自具流行，总之一神之妙万物也。图学之理，先后天，一而已矣。

按：专言六子，非去乾坤也，六子皆乾坤之功也。犹大君主治，六卿分职，神则其治道之精微也。尧曰广运，舜曰无为，其殆神之谓乎。

【白话】

这一章合论先天之图与后天之图，并将它们归之于神，以见先天之对待，自具流行之用，而后天之流行，未尝无对待之体。疾，速。挠，散。逮，及，相济之意。既，尽。

孔子的意思是说：乾坤两卦的功能，分寄于其余六卦；而六子之用，总归于一神。而神不离于物，不倚于物，无方不测，难以知其所以然，不正是“妙万物而为言者”吗？万物始生之时，必须鼓动其生意。震雷奋起，而物随以动，还有什么比这更迅疾的呢？物之既动，必须挠散其滞机，而巽风发物随以挠，还有什么比这更快速的呢？离为火，火可以燥湿，物得以坚凝，所以说“莫熯乎火”。兑为泽，泽之所濡，生机利遂，无不欣畅，所以说“莫说乎泽”。坎为水，水德用事，根荄滋润，自然充足，所以说“莫润乎水”。至于敛其实于既往，终万物之所无，启其机于将来，始万物之所有，唯有艮卦能兼具，所以说“莫盛乎艮”。六子的流行之用，无非神之所为。然而六子之所以流行，皆出于六子对待之体。所以坎离得以相得为偶，水火得以相逮而济。震巽得偶，雷风亦不相悖，转而相助。艮兑得偶，山泽得以通气，交相感应。然后阴阳相合，自无趋有为变，自有返而为化，从而动挠与燥，成万物之始，悦润终始，成万物之终。可见，流行之用原为对待之体，而对待之体自具流行之用，总的来说，还是妙万物之神在发挥作用。图学中的先天后天之理，内在也是一致的。

按：专言六子，并不是不讲乾坤两卦，而是因为六子分寄了乾坤之功。犹如君王主政，六卿分职，方能神其治道之精微。像尧帝那样“广运”，像舜帝那样“无为”，差不多就是神妙之治了。

乾健也，坤顺也，震动也，巽入也，坎陷也，离丽也，艮止也，兑说也。

【解义】

此一章即八卦之形体以言其性情也。

孔子意曰：八卦之画不同，则其性情亦异。三画皆奇曰乾，其体刚毅不挠，其用运行不息，盖健也。三画皆偶曰坤，其体至静无为，其用至简不扰，盖顺也。震，一阳起于二阴之下，内有奋迅之志，外有发舒之气，其动乎。巽，一阴伏于二阳之下，内有沈潜之体，外有婉转之机，其入乎。坎，阳陷于阴中，则德蕴于中，而用藏于事，故曰陷。离，阴丽于阳中，是冲虚内涵，而文明外被，故曰丽。一阳止于二阴之上为艮，阳动之终，而主乎收敛，则止而已。一阴见于二阳之上为兑，阴静之终，而主乎发散，则说而已。

按：易以通神明之德，性则德之所存，情则德之所发，皆于卦画之阴阳，推究而得之，固学易者所当先知耳。

【白话】

这一章是就八卦的形体讲述八卦的性情。

孔子的意思是说：八卦的卦画不同，性情各异。三画皆奇的叫乾卦，乾体刚毅不挠，功用运行不息，所以说“健也”。三画皆偶的叫坤卦，坤体至静无为，功用至简不扰，所以说“顺也”。震卦，一阳起于二阴之下，内有奋迅之志，外有发舒之气，所以说“动也”。巽卦，一阴伏于二阳之下，内有沈潜之体，外有婉转之机，所以说“入也”。坎卦，阳爻陷于阴爻之中，德蕴于中，用藏于事，所以说“陷也”。离卦，阴丽于阳，冲虚内涵，文明外被，所以说“丽也”。一阳止于二阴之上为艮卦，阳爻动于终，主乎收敛，所以说“止也”。一阴见于二阳之上为兑卦，阴爻静于终，主乎发散，所以说“说也”。

按：学易是为了感通神明之德，性乃德之存，情乃德之发，皆可于卦画的阴阳之中，推究而得，学易者应当首先掌握卦德。

乾为马，坤为牛，震为龙，巽为鸡，坎为豕，离为雉，艮为狗，兑为羊。

【解义】

此一章远取诸物，见万物无非易理也。

孔子意曰：八卦之象，未及旁通，先有可专举者。乾纯阳至健，物性之至健，而行不息，莫如马也，乾则为马。坤纯阴至顺，物性之至顺，而任重载，莫如牛也，坤则为牛。震阳动阴下，而龙潜隐在田，以时而奋起矣，震不为龙乎？巽阴伏阳下，而鸡杂处在幽，以时而出声矣，巽不为鸡乎？坎外柔而内刚，豕则外污浊而内刚躁，故其象为豕。离外刚而内柔，雉则外文明而内柔怯，故其象为雉。艮阳止于二阴之上，狗外刚能止物，而内实懦，艮则为狗矣。兑阴见于二阳之上，羊外柔能悦物，而内实狠，兑则为羊矣。此取诸物者然也。

按：易以类万物之情，其变不可胜穷也。此专举一物以拟一卦之象，自在读《易》者神而明之，取其象以究其理耳。

【白话】

这一章远取诸物之象，以表明万物无非易理。

孔子的意思是说：八卦之象，不待旁通，先列举一些专属之物。乾卦纯阳至健，而物性至健且行走不息者，莫过于马，所以乾为马。坤卦纯阴至顺，而物性至顺而能任重载者，莫过于牛，所以坤为牛。震卦是阳动阴下，而龙恰好潜隐于田，因时而奋起，震卦不正好可以代表龙吗？巽卦是阴伏阳下，而鸡杂处在幽，因时而出声，巽卦不正好可以代表鸡吗？坎卦外柔而内刚，猪则外污浊而内刚躁，故其象为猪。离卦外刚而内柔，雉则外文明而内柔怯，故其象为雉。艮卦为阳爻止于二阴之上，狗外刚能止物，而内实懦，所以艮卦为狗。兑卦是阴爻见于二阳之上，羊外柔能悦物，而内实狠，所以兑卦为羊。这就是圣人近取诸物的逻辑。

按：易足以比类万物，变化不可胜举。此处专举一物，拟一卦之象，是为了让读《易》者神而明之，取其象而究其理。

乾为首，坤为腹，震为足，巽为股，坎为耳，离为目，艮为手，兑为口。

【解义】

此一章近取诸身，见人身无非易理也。

孔子意曰：八卦不徒有象于物，即吾身求之，有可分观者。乾积阳在上而覆物，人首会诸阳，有居高体元之尊，故乾为首。坤积阴在下而载物，人腹藏诸阴，有民胞物与之度，故坤为腹。震阳动于下，人足在下而动，超越而善行，震则为足也。巽阴偶居下，人股两垂于下，随足以为动，巽则为股也。坎阳陷阴中，人之耳轮内陷，聪德具于中，坎不为耳乎！离阴丽阳中，人之目睛外附，光明照于外，离不为目乎！艮阳在上为止，人手刚在上，而能按止，艮盖为手矣。兑阴在上能悦人，口开于上亦善谀悦，兑盖为口矣。此取诸身者然也，盖人身一小天地，故五官四肢，不徒为形骸之末，而实有神明之用。然众人同具此理，惘然莫知，惟能践其形者，法乾坤之健顺，尽坎离之聪明，体震艮之动止，循巽兑之谦和。大人与天地合德，岂外此哉？

【白话】

这一章近取诸身之象，以表明人身无非易理。

孔子的意思是说：八卦不仅存在于万物之中，就我们的身体部位而言，也各具其象。乾卦积阳在上而覆万物，恰如人首遍会诸阳，有居高体元之尊，所以乾为首。坤卦积阴在下而载万物，恰如人腹包藏诸阴，有民胞物与之度，所以坤为腹。震卦阳动于下，恰如人足在下而动，超越而善行，所以震为足。巽卦阴偶居下，恰如人股两垂于下，随足以为动，所以巽为股。坎卦阳陷阴中，恰如人的耳轮内陷，聪具于中，坎卦不正可以代表耳嘛！离卦阴丽阳中，恰如人的眼睛外附，光明照于外，离卦不正可以代表目嘛！艮卦一阳在上为止，恰如人手刚强在上，且能按止，所以说艮为手。兑卦一阴在上，能够悦人，口开于上亦善谀悦，所以说兑为口。如此取象，主要是因为人身为一小天地，五官四肢，不徒为形骸之末，而是实有神明之用。众人同具此理，却惘然莫知，唯能践其形者，法乾坤之健顺，尽坎离之聪明，体震艮之动止，循巽兑之谦和。所谓的与天地合德之大人，能出其外吗？

乾天也，故称乎父。坤地也，故称乎母。震一索而得男，故谓之长男。巽一索而得女，故谓之长女。坎再索而得男，故谓之中男。离再索而得女，故谓之中女。艮三索而得男，故谓之少男。兑三索而得女，故谓之少女。

【解义】

此一章申解后天卦图之义，明尊卑有等，长幼有序，本阴阳以正名分也。索，求也，谓阴阳交相求也。

孔子意曰：观文王八卦次序，乾坤称父母，六子称男女，固矣，而其义何居？乾纯阳至健，其象为天，物皆资始，犹父为人所资始也，故父之称不易焉。坤纯阴至顺，其象为地，物皆资生，犹母为人所资生也，故母之称不易焉。至于六子，是乾坤互相求索，而以次得者也。震初画为阳，是坤一索而得乾之初画，体一而实，性动而健，男之象也。以其得之最先，故谓长男。巽初画为阴，是乾一索而得坤之初画，体二而虚，性静而顺，女之象也。以其得之最先，故谓长女。其在坎，以坤再索而得乾之中画，性情形体犹之男也，以其得于再索而继震，则谓中男。其在离，以乾再索而得坤之中画，性情形体犹之女也，以其得于再索而继巽，则谓中女。至于艮，乃坤三索而得乾之上画，犹之震得乾道以成男也，以其三索得男而次坎，则谓少男。至于兑，乃乾三索而得坤之上画，犹之巽得坤道而成女也，以其三索得女而次离，则谓少女。八卦之称谓如此，《易》所为正名定分之书也。

按：卦象先天多言天道，后天多言人道。人道莫大于名分，此孔子申明其义，以垂训乎。

【白话】

这一章主要解释后天八卦图的内涵，为的是让人明白尊卑有等，长幼有序，依托阴阳，正名定分。索，求，指阴阳交互相求。

孔子的意思是说：统观文王八卦次序，乾坤称父母，六子称男女，固然如此，其内涵是什么呢？乾卦纯阳至健，其象为天，物皆资始，犹如父亲为人所资始，故父之称不易。坤卦纯阴至顺，其象为地，物皆资生，犹如母亲为人所资生，故母之称不易。至于六子，是乾坤两卦互相求索，依次而得。震卦的初画为阳爻，是坤卦一索而得乾之初画，体一而实，性动而健，为男之象。因为得之最先，所以叫长男。巽卦初画为阴，是乾一索而得坤之初画，体二而虚，性静而顺，为女之象。因其得之最先，所以叫长女。而坎卦，是坤卦再索而得乾之中画，性情形体亦犹男，以其得于再索而继震，所以叫中男。而离卦，是乾卦再索而得坤之中画，性情形体亦犹女。以其得于再索而继巽，所以叫中女。至于艮卦，乃是坤卦三索而得乾之上画，犹如震得乾道以成男，以其三索得男而次坎，所以叫少男。至于兑卦，乃是乾卦三索而得坤之上画，犹如巽得坤道而成女，以其三索得女而次离，所以叫少女。八卦如此称谓，《易》书正可以作为正名定分之书。

按：先天卦象多言天道，后天卦象多言人道。人道莫大于名分，孔子申明其义，以垂训后世。

乾为天，为圜，为君，为父，为玉，为金，为寒，为冰，为大赤。为良马，为老马，为瘠马，为驳马。为木果。

【解义】

此一章推广八卦之象，此一节言干象也。

孔子意曰：三奇之卦，惟乾积阳成象而行健不息，其为天乎！从天之象而推之，其体旋转而循环不穷，为圜也。象人之至贵，莫如君父，乾则主宰六子，犹君之统万民也，故为君。资始万物，犹父之抚诸子也，故为父。象物之至贵，莫如金玉。乾则体纯粹而不杂，犹无瑕之玉也，故为玉。质坚刚而不屈，犹能断之金也，故为金。言乎卦位，乾在后天位居西北，于时为寒。寒之极而冰始凝，则为冰。乾在先天位居正南，于时盛夏而属火，其色则为大赤。取诸动物则健行不息者，为良马。健而最久者，为老马。健之最坚者，为瘠马。健之最猛者，为驳马。取诸植物，则阳之体实犹木果之实，阳之体圆犹木果之圆，又为木果。乾象之无所不该如此。

按：易道精入无形，粗及有象。此广八卦，盖推举有象者以为言也。要之皆本至理，形上形下，固合精粗而为一者，由乾象推之，通德类情，无不可得意而忘象矣。

【白话】

这一章就八卦之象推而广之，这一节专门讲乾卦之象。

孔子的意思是说：三个奇画的乾卦，积阳成象，健行不息，不正是天之象嘛！从天之象推而广之，其体旋转，循环不穷，是为圜之象。对应到人事上，人间至贵，莫过于君父，恰如乾卦主宰六子，犹如君王统驭万民，所以乾为君。天资始万物，如同父亲抚育儿子，所以乾为父。对应到物类，物之至贵，莫过于金玉。乾卦的卦体纯而不杂，犹如无瑕美玉，所以乾为玉。质坚则刚而不屈，犹如能断之金，所以乾为金。就卦位而言，后天八卦图中乾卦位居西北，时序上为寒冷之时。寒极则冰始凝，所以乾为冰。而在先天八卦图中，乾卦位于正南，时序上为盛夏，五行属火，其色则为大红色，所以乾为大赤。取诸动物，健行不已之物为良马，所以乾为良马。健而最久者，则为老马，所以乾为老马。健之最坚者，则为瘠马，所以乾为瘠马。健之最猛者，则为驳马，所以乾为驳马。取诸植物，阳爻之实恰如木果之实，阳之体圆也犹如木果之圆，所以阳又为木果。乾卦的卦象就是这么无所不该。

按：易道精入无形，粗及有象。此处极尽八卦之广，但侧重于有象之物，因为有象无象，都本于至理，形上形下，均合而为一，由上述乾卦之象推之，通德类情之物，皆可得意忘象。

坤为地，为母，为布，为釜，为吝啬，为均，为子母牛，为大舆，为文，为众，为柄。其于地也为黑。

【解义】

此一节广坤卦之象也。

孔子意曰：坤象纯阴，积阴而下凝者惟地，故为地。从地象而广之，则资生万类，有母道焉，故为母。自其动辟而言，能敷布其发育之泽为布。虚而容物，为釜。自其静翕而言，敛其生意，聚而不施，为吝啬。且赋形广大，气机所动，无不周遍，为均。其顺承天施，则为生生不息，性极柔顺之子母牛，不但如上章之仅取象于牛也。其德厚载物，则为历久弥坚，广而容载之大舆，不但如坎之仅取象于舆也。且其画皆三偶，经纬灿然，而文象显矣。偶数繁多，错综不一，而众形著矣。柄以持物，而坤能持载，则为柄。黑乃阴色，而坤本纯阴，则为黑。

坤象无所不该如此。

按：经文坤卦六爻，皆为臣道立训。此章上文既言乾为君，而此节独不言坤为臣者，盖以臣道无成，凡应尽之职业，皆属君上所命，不敢自以为功，则坤象之所有，无非臣道也。要之，坤元有配天无疆之德，故为推广其象，以见柔顺利贞之所发者如此。

【白话】

这一节广论坤卦之象。

孔子的意思是说：坤卦为纯阴之象，积阴而下凝者唯地，所以坤为地。从坤为地广而推之，其资生万物之德，有为母之道，所以坤为母。就其动辟而言，因其能敷布发育之泽，所以坤为布。因其虚而能容，所以坤为釜。就其静翕而言，能敛其生意，聚而不施，所以坤为吝啬。而且坤卦赋形广大，气机所动，无不周遍，所以坤为均。坤地顺承天施，遂有生生不息之象，其性如极其柔顺之子母牛，而不仅仅像上一章那样，取象于牛。其厚德载物，历久弥坚，如同广而容载之大舆，而不仅仅像坎卦那样，有车之象。而且它的卦画都是偶画，经纬灿然，文象显然。偶数繁多，错综不一，众形遂著，所以坤为众。柄是用来持物的，而坤能持载，所以坤为柄。黑乃阴色，而坤本纯阴之卦，所以坤为黑。坤象就是这样无所不该。

按：坤卦六爻的爻辞，皆以臣道为训。此章上文既说乾为君，但此节不说坤为臣，主要是因为臣道无成，凡应尽之职责，皆属君上所命，不敢自以为功，因此坤象之中，自有为臣之道。要而言之，坤元有配天之德，所以推广其象，以阐释其柔顺利贞之德的多重内涵。

震为雷，为龙，为玄黄，为旉，为大涂，为长子，为决躁，为苍筤竹，为萑苇。其于马也，为善鸣，为馵足，为作足，为的颡。其于稼也，为反生。其究为健，为蕃鲜。

【解义】

此一节广震卦之象也。玄，乾色。黄，坤色。大涂，通衢也。决躁，取其刚动也。苍，东方之色。筤，竹筠也。萑苇，即芦荻，下实上虚。马左足骹白曰馵。作足，马腾足也。的颡，白额马也。反生，稼根反在上也。

孔子意曰：震以一阳下动，犹雷奋于地，故为雷。从雷象而广之，则龙以阳物而奋起于渊，亦如阳之动也。乾坤始交而生震，兼有天地之色，故为玄黄。阳气初施，化育流行，而无潜伏，则为旉。阳气一动，万物沛生而无壅滞，则为大涂。取象于人，一索得男，性禀阳刚，位居元胄，为宗社所托，有主鼎执鬯之尊，故为长子。阳动而决二阴，其进也锐，有见义必为之勇，故为决躁。取象于物，则震居东方，有苍筤竹深青之色。下实上虚，有萑苇根实干虚之象。取象于马，则二阴上拆，犹马之开口而善鸣也。一阳下动，犹马之馵足而悬起也。阳动而健，犹马之超腾而作足也。二阴色白，犹马之上颡白也。取象于稼，则阳反动于阴下，如萌芽，自下而生，故为反生。阳动必长，长则中上二爻皆变，而为乾之健，故其究也为健。既变为乾，则阳气极盛，草木莫不蕃育而鲜明矣。震象无所不该如此。

按：震卦之义，虽无所不该，而其切于人事者，独称长子，诚重之也。是以古帝王之训太子，礼以修外，乐以修内，入则有保，出则有师，皆以养其阳刚之萌，而底于干健之德，然后统绪相传，而国祚永于盘石。夏之启，周之成王，皆是道也。震之义，不洵大矣哉？

【白话】

这一节广论震卦之象。玄，乾卦的颜色。黄，坤卦的颜色。大涂，通衢。决躁，取其刚动之象。苍，东方之色。筤，竹筠。萑苇，芦荻，下实上虚之物。马左足骹白叫作馵。作足，马腾足之意。的颡，白额马。反生，稼根反在其上。

孔子的意思是说：震卦一阳下动，犹如震奋于地，所以震为雷。从震为雷之象推而广之，由于龙身为阳物而奋起于渊，恰如阳之动，因此震为龙。乾坤两卦始交而生震，所以震卦兼有天地之色，因此震为玄黄。阳气初施，化育流行，而无潜伏，所以震为旉。阳气一动，万物生长，毫无壅滞，因此震为大涂。若取象于人，因为是坤一索而得男，其性阳刚，其位贵胄，为宗社所托，有主鼎执鬯之尊，所以震为长子。一阳动，二阴决，其升进也锐，有见义必为之勇，所以震为决躁。若取象于物，则震居东方，有苍筤竹深青之色。其下实上虚之象，又有萑苇根实干虚之意。若取象于马，则二阴上拆，犹如马开口而善鸣。其一阳下动，又犹如马之馵足而悬起。阳动而健，犹如马之超腾而作足。二阴色白，居于上，犹如马上颡之白。若取象于稼，则阳爻反动于阴爻之下，如同萌芽自下而生，所以说震为反生。阳动必长，长则中上二爻皆变，最终变成乾卦，乾性健，所以“其究为健”。既变为乾卦，则阳气极盛，草木无不蕃育而鲜明。震象就是这么无所不该。

按：震卦的内涵虽然无所不包，但说到人事，独称“长子”，主要是因为看重长子。所以古代的帝王训诫太子，以礼修外，以乐修内，入则有保，出则有师，都是为了养其阳刚之萌，培育乾健之德，然后统绪相传，使国祚永如盘石。夏启与周成王，遵循的都是此道。震卦的内涵，不是很大吗？

巽为木，为风，为长女，为绳直，为工，为白，为长，为高，为进退，为不果，为臭。其于人也，为寡发，为广颡，为多白眼。为近利市三倍。其究为躁卦。

【解义】

此一节广巽卦之象也。

孔子意曰：巽以一阴伏二阳之下，其德柔顺而善入，而物之善入者莫如木，故为木。从木象而广之，气之善入者莫如风，故又为风。乾交于坤，一索得女，故为长女。绳者所以纠木之曲而使直，工者所以引绳之直而制木，巽者德之制也，故为绳直，为工。巽属少阴，而位西方，故于色为白。风之行，入乎微而遍乎远，长也。木之生，由萌蘖而至千寻，高也。阴性多疑，中无决断，故为进退，为不果。一阴下郁，二阳外达而上行，故其象为臭。以人之体言之，发属阴，额属阳，眼之白者属阳，黑者属阴。巽阴在下，阴血不升，为寡发。二阳在上，阳气极盛，为广颡。一阴二阳，为多白眼。自人之情言之，义属阳，利属阴，巽以阴为主，而又善入，是善于生财者，如市物而获利之多，为近利市三倍。其究则三爻皆变，为震卦之决躁矣。巽象无所不该如此。

按：六子中独震巽有“其究”二字，盖阴阳之始也。震一阳，望其变中上二爻，而究归于乾；巽一阴，望其先变初爻之阴，然后尽变其中上二爻，而究归于震。此圣人扶阳抑阴之微意也。推而论之，君子阳也，小人阴也。公理阳也，私欲阴也。是以人君当进君子而退小人，人臣当急国事而后家事，儒者当存天理而遏私欲。皆是道也夫。

【白话】

这一节广论巽卦之象。

孔子的意思是说：巽卦的卦象是一个阴爻伏于两个阳爻之下，其德柔顺而善入，而万物中最善入的莫过于木，所以巽为木。从巽为木的卦象推而广之，可知气之善入者莫过于风，因此巽又为风。乾交于坤，一索得女，就是巽卦，所以巽为长女。绳是用来纠正木之曲的，工是引绳之直而制木之意，巽为德之制，所以巽为绳直，亦为工。巽属少阴之卦，方位在西方，其色为白，所以巽为白。风之行，入乎微而遍乎远，所以巽为长。木之生，由萌蘖而至千寻，所以巽为高。巽为阴性卦，阴性多疑，少有决断，所以巽为进退，亦为不果。巽卦一阴下郁，二阳外达而上行，故其象为臭，所以巽为臭。就人体而言，发属阴，额属阳，眼睛的白色部分属阳，眼睛的黑色部分属阴。巽阴在下，阴血不升，所以巽为寡发。二阳在上，阳气极盛，所以巽为广颡。一阴二阳，为多白眼，所以巽为多白眼。就人情而言，义属阳，利属阴，巽以阴为主，又善入，善于生财，恰如交易获利很多，所以巽为近利市三倍。“其究”的意思是说三爻皆变的话，巽卦会变成震卦，而震为决躁，所以其究为躁卦。巽象就是这样无所不该。

按：六子之中，唯独震巽两卦有“其究”二字，是因为它们各有阴阳始生之象。震卦是一个阳爻在下，有心变却中上二爻，最终就是乾卦；巽卦则是一阴在下，它却是想先变初爻之阴，而后尽变中上二爻，最终变成震卦。这是圣人扶阳抑阴的微言大义。推而论之，君子为阳，小人为阴。公理为阳，私欲为阴。所以君王应当进君子，退小人，大臣应当先国事，后家事，儒者应当存天理，遏私欲。这些都是巽卦之道。

坎为水，为沟渎，为隐伏，为矫輮，为弓轮。其于人也，为加忧，为心病，为耳痛，为血卦，为赤。其于马也，为美脊，为亟心，为下首，为薄蹄，为曳。其于舆也，为多眚。为通，为月，为盗。其于木也，为坚多心。

【解义】

此一节广坎卦之象也。矫者使直为曲，輮者使曲为直。

孔子意曰：坎居北方，其体内阳而外阴，犹水，属北方。其体内明而外暗，故为水。从水象而广之，大为沟，小为渎，所以行水。互相灌注，流而不盈，故为沟渎。自其阳匿阴中，隐而不露，似君子存心之密，韬晦不行，非为隐伏乎？阳在阴中，抑而能制，似君子克己之勇，矫偏归正，非为矫輮乎？弓体弯，中劲以发矢；轮体圜，内实以行地，皆矫輮所成也，非为弓轮乎？其取象于人也，阳陷阴中，则险而不宁，操心危而虑患深，忧所以加倍也。心以虚而睿，耳以虚而聪，坎体中实，则私欲蔽锢，心将以物累而病，耳亦以物壅而痛也。在地则为水，在人则为血，故为血卦。大赤者，乾之色也。坎得乾之中画，故为赤。其取象于马也，阳明在中，为脊之美焉。刚躁在内，为心之亟焉。阳昂阴低，上画阴为首，故下而不昂焉。阳厚阴薄，下画阴为蹄，故薄而不厚焉。阳前阴后，蹄薄则不能致远，故为行之曳而不进焉。其取象于舆也，有险陷而多阻碍，则为多眚。盖行于险道，不若坤舆之行于平地者，易且安也。又自水类取之，通者水之性，月者水之精，故为通，为月。又自人类取之，阳匿阴中，未免有盗名盗利之心，故为盗。其于木也，阳刚在内，则为坚多心。坚取其刚，多心以其刚在内也。坎象无所不该如此。

按：坎为重险，故其取象皆有险危之义。然帝王法天险，而谨其礼乐制度，以防于无形；法地险而修其城池兵甲，以防于有形。自能化艰危而为荡平矣。虽险何惧乎！

【白话】

这一节广论坎卦之象。矫的意思是使直为曲，輮的意思是使曲为直。

孔子的意思是说：坎卦在后天八卦中的方位是北方，其卦体内阳而外阴，就像水一样，属于北方。坎体内明而外暗，所以坎为水。从坎为水之象推而广之，大为沟，小为渎，以为行水，互相灌注，流而不盈，所以坎为沟渎。其卦体为阳匿阴中，隐而不露，似君子存心之密，韬晦不行，不正是隐伏之象吗？所以坎为隐伏。阳在阴中，抑而能制，似君子克己之勇，矫偏归正，不正是矫輮之象吗？所以坎为矫輮。弓体弯曲，中劲以发矢；轮体圆圜，内实以行地。二者皆矫輮所成，所以坎卦不也有弓轮之象吗？若取象于人，阳陷阴中，则险而不宁，操心危而虑患深，忧虑倍增，所以坎为加忧。心以虚而睿，耳以虚而聪，坎体中实，好比私欲蔽锢，心将以物累而病，耳亦以物壅而痛，所以坎为心病，亦为耳痛。坎在地为水，在人则为血，所以坎为务卦。大赤，是乾卦的颜色。而坎卦只得了乾卦的中画，所以坎为赤。若取象于马，其阳明在中，为美脊之象。其刚躁在内，为亟心之象。其阳昂阴低，上画为首，下而不昂，为下首之象。其阳厚阴薄，下画为蹄，为薄蹄之象。其阳前阴后，蹄薄则不能致远，故有曳行不进之象。若取象于舆，则有险陷而多阻碍，所以为多眚之舆。这是因为行于险道，不像坤卦代表的舆车那样行于平地，容易又安全。又从坎为水推衍开去，通为水之性，月为水之精，所以坎又为通，亦为月。若取象于人，其阳匿阴中，未免有盗名盗利之心，所以坎为盗。取象于木，其阳刚在内，则为坚多心。坚取其刚，多心是因为它的刚爻在内。坎象就是这样无所不该。

按：坎为重险之卦，所以它的取象皆有险危之义。然而帝王效法天险，制定礼乐制度，防于无形；又效法地险，修筑城池兵甲，防于有形。从而能化艰危为荡平，虽险何惧！

离为火，为日，为电，为中女，为甲胄，为戈兵。其于人也，为大腹，为干卦。为鳖，为蟹，为蠃，为蚌，为龟。其于木也，为科上槁。

【解义】

此一节广离卦之象也。

孔子意曰：内暗而外明，体阴而用阳者，火之德也。离卦内阴外阳，故为火。从火象而广之，火之精非日乎？火之光非电乎？乾与坤交，再索得女，非中女乎？甲以卫身，胄以捍首，其质外坚，离阳在外，故为甲胄。长而戈枪，短而兵刃，其锋上锐，离阳在上，故为戈兵。阴中虚而能容物，故于人为大腹。火炎上而能燥物，故于卦为干卦。鳖性静，象离之中柔焉。蟹性躁，象离之外刚焉。蠃善丽，象离之阴丽乎阳。蚌中虚，象离之一阴内伏焉。龟则中具五行，外负八卦，有文明之象，离德文明取象于此。此五者，皆以其内柔而外刚也。其于木也，则中之空者，上必枯槁，有似离之中虚而上燥，故为科上槁。离象无所不该如此。

按：日本阳精，火电皆具阳体，乃属于阴卦之离者。盖以上下两爻皆阳，而阳中藏阴，犹之坎卦上下两爻皆阴，而阴中藏阳。此固阴阳互藏其宅之至理也，至于体继离出治之道，则虚中以受善，明作而有功，而离照遍于四方矣。

【白话】

这一节广论离卦之象。

孔子的意思是说：内暗而外明，体阴而用阳，乃离火之德。离卦内阴外阳，所以离为火。从离为火之象推而广之，火之精华难道不是太阳吗？火之光华难道不是闪电吗？乾与坤交，再索得女，离卦难道不能代表中女吗？甲以卫身，胄以捍首，其质外坚，离阳在外，所以离为甲胄。长而戈枪，短而兵刃，其锋上锐，离阳在上，所以离为戈兵。离卦中虚而能容物，对应到人体就是大腹的部位。火炎上而能燥物，所以离卦是干燥之卦。鳖好静，犹如离卦中间的柔爻。蟹性躁，恰如离卦外面的两个刚爻。蠃善丽，好比离卦的阴爻附丽于阳爻。蚌中虚，好似离卦的一个阴爻内伏于中。龟则中具五行，外负八卦，有文明之象，离卦的文明之德便是取象于此。上述五种生物，皆为内柔外刚之物。对应到树木，则是中空之木，中空之木，上必枯槁，如同离卦中虚而上燥，所以离为科上槁。离象就是这样无所不该。

按：日为阳之精，火与电都是阳体，却都属于阴卦之离。这主要是因为离卦的上下两爻皆阳，而阳中藏阴，犹如坎卦的上下两爻皆阴，阴中藏阳。这固然是阴阳互藏的至理使然，而体悟纯离卦的继离出治之道，虚中受善，明作有功，则能使离明之德照遍四方。

艮为山，为径路，为小石，为门阙，为果蓏，为阍寺，为指，为狗，为鼠，为黔喙之属。其于木也，为坚多节。

【解义】

此一节广艮卦之象也。植生曰果，木实也；蔓生曰蓏，草实也。黔，黑色，鸟属之喙多黑，故曰黔喙。

孔子意曰：隆起于地上者，山也。艮以一阳起于坤阴之上，故为山。从山象而广之，一阳横亘于上，有似山上之小蹊，故为径路。一阳竣立于上，有似山上之卷石，故为小石。上画相连，中下二画双峙而虚，有似门阙之可通出入，故为门阙。以物言之，结实于山谷之中者，在木为果，在草为蓏。艮以一阳居上而实，非果蓏乎？以人言之，掌王宫中门之禁，而止人之入者，阍人也；掌王之内人及女宫之戒令，而止人之出者，寺人也。艮者止也，非阍寺乎？人之能止物者，指也。物之能止物者，狗也。艮刚在前，而鼠刚在齿，鸟刚在喙，皆刚之在前者也。艮刚在外，而木之坚多节则刚之在外者也。艮象无所不该如此。

按：艮之德为止，故其取象皆有止之义。君子体之，而起居必饬，言动必慎。有范围不踰之则，而行无过举；有镇静不移之守，而心无轶思。一切非礼之视听，越位之谋为，皆禁遏而不敢纵。夫然后万物各止其所，而艮卦之理备矣。

【白话】

这一节广论艮卦之象。植株生的叫果，此乃木实；枝蔓生的叫蓏，其为草实。黔，黑色，鸟喙多为黑色，所以叫黔喙。

孔子的意思是说：隆起于地上的自然之物，是山。艮卦是一阳起于坤阴之上，所以艮为山。从艮为山之象推而广之，其一阳横亘于上，有似山上之小径，所以艮为径路。其一阳竣立于上，又似山上之卷石，所以艮为小石。其上画相连，中下二画双峙而虚，有似门阙，可通出入，所以艮为门阙。以物言之，结实于山谷之中的，在木为果，在草为蓏。艮以一阳居上而实，难道不是果蓏之象吗？以人言之，掌管王宫中门之禁，止人之入的，乃是阍人；而掌管君王的内人及女宫的戒令，止人之出的，乃是寺人。艮德为止，不正可以象征阍寺吗？人用来止物的部位，是手指。动物能用来止物的，是狗。艮刚在前，而鼠刚在齿，鸟刚在喙，二者都是刚之在前的推延。艮刚在外，而坚多节之木亦是刚之在外。艮象就是这么无所不该。

按：艮德为止，所以它的取象都有止义。君子体悟其象，起居必饬，言动必慎。有范围不踰之则，所以行无过举；有镇静不移之守，因此心无轶思。一切非礼之视听，越位之谋为，皆严禁遏止，不敢稍纵。这样的话，万物会各止其所，艮之理得以齐备。

兑为泽，为少女，为巫，为口舌，为毁折，为附决。其于地也，为刚卤。为妾，为羊。

【解义】

此一节广兑卦之象也。毁折，条枯实落之象。附决者，柔附刚，而刚决之也。卤者，水之死气，坎水绝于下，泽见于上，则足以为卤，其地不能生物也。

孔子意曰：兑之卦体，变坎之下阴爻而为阳，是塞坎水之下流也，有象于泽，故为泽。从泽象而广之，三索得女，故为少女。兑德为悦，象巫之以言悦神，口舌之以言悦人焉。兑时为秋，象物之全者以毁，刚者以折焉。观于人情，则君子有嫉邪之义，柔附于刚，必决柔也。兑以一阴处二阳之上，故为附决。察乎地宜，则石田无生物之能，土有下坚刚而上湿卤者。兑以一阴在二阳之上，故于地为刚卤。阴少而贱，为妾，妾固以悦从人者。内刚外悦为羊，羊固见草则悦者。兑象无所不该如此。

按：兑卦彖辞，兑有刚中柔外之德，顺天应人之用，其义甚大。而卦象所取，多系卑贱不正之物者。盖天地间，阳尊而阴卑，阳贵而阴贱，况兑属阴之尤少者乎。此亦圣人抑阴之意也。

大抵孔子此章，广八卦之象，皆以通神明之德，而类万物之情。凡首句为取象之始，其下俱以类取：或以卦画，或以卦德；或以先后天之位，或因象而转为义；或取其性，或取其变。相反相因，错综互见。可见易道之妙，微而造化，显而人事，大而君臣父子，细而草木昆虫，无所不备。非天下至圣，其孰知此？君子能于仰观俯察之间，豁然贯通其理，则即器即道，触目皆易。人事既尽，造化不违，将见天地平成，鸟兽咸若，而羲文周孔之奥义，体诸身而见诸治，一以贯之矣。

【白话】

这一节广论兑卦之象。毁折，条枯实落之象。附决，意思是柔附刚而刚决之。卤，水之死气，坎水绝于下，泽见于上，所以为卤，其地不能生物。

孔子的意思是说：兑卦的卦体，是将坎卦的下面一个阴爻变成阳爻，又阻塞坎水下流之意，因此有泽之象，所以兑为泽。从兑为泽之象推而广之，其为乾卦三索而得女，因此为少女。兑德为悦，犹如巫之以言悦神，口舌之以言悦人。兑的时令为秋天，秋气肃杀，物之全者毁，刚者折。就人情而言，好比君子有嫉邪之义，柔附于刚时，必决于柔。兑卦是以一阴处二阳之上，所以兑为附决。就地理而言，满是石头的田地无法生物，下坚刚而上湿卤的土地叫作卤，兑卦是一阴在二阳之上，所以其于地为刚卤。阴少而贱，为妾，妾即以悦从人之人。内刚外悦为羊，羊乃见草则悦之物。兑象就是这么无所不该。

按：兑卦的彖辞说，兑有刚中柔外之德，顺天应人之用，内涵广大。而卦象所取，多为卑贱不正之物。这主要是因为天地之间，阳尊而阴卑，阳贵而阴贱，何况兑卦属于阴之少者。这同样是基于圣人的崇阳抑阴之意。

大抵来说，孔子是通过此章，广论八卦之象，以通神明之德，而类万物之情。其首句皆为取象之始，之后便以类推取：或者依据卦画，或者依据卦德；或者依据先天后天之位，或者因其象而转为义；或者取其性，或者取其变。每每相反相因，错综互见。可见易道之妙，微小至造化的细小之处，显现如人事之皆知之事，大至君臣父子，小到草木昆虫，无所不备。若非天下至圣，如何能够做到？君子若能于仰观俯察之间，贯通其理，则即器即道，触目皆易。人事既尽，造化不违，则天地平成，鸟兽咸若，羲文周孔之奥义，亦能体诸身而见诸治，一以贯之。

序卦传

【解义】

此上下经六十四卦之序，孔子因卦名以叙其次第之义也。大抵易者变易也，如反需为讼，泰为否，随为蛊，晋为明夷，家人为睽，此不善变者也。如反剥为复，遯为壮，蹇为解，损为益，困为井，此善变者也。文王示人以可变之机，则危可安，乱可治，特在转移间耳。可见后天之学，以人事赞天地之妙，条贯之中，具有精理，故名《序卦》。

【白话】

此《周易》上下经六十四卦卦序，是孔子根据卦名叙述其中的次第之义而得。大抵来说，易即变易，譬如反需为讼，泰为否，随为蛊，晋为明夷，家人为睽，这些都属于不善之变。诸如反剥为复，遁为壮，蹇为解，损为益，困为井，则是善变。文王把这些变化的几兆示之于人，使危可安，乱可治，一切只在转移之间。同时不难从中发现，后天八卦以人事赞天地之妙，条贯之中具有至精之理，所以叫作《序卦》。

有天地，然后万物生焉。盈天地之间者惟万物，故受之以屯，屯者盈也，屯者物之始生也。物生必蒙，故受之以蒙，蒙者蒙也，物之穉也。物穉不可不养也，故受之以需，需者饮食之道也。饮食必有讼，故受之以讼。讼必有众起，故受之以师，师者众也。众必有所比，故受之以比，比者比也。比必有所畜，故受之以小畜。物畜然后有礼，故受之以履。履而泰，然后安，故受之以泰。

【解义】

此一章是发明序上经之义也。

孔子意曰：序上经之卦，始于乾坤，终于坎离者，何也？乾，天也；坤，地也。自太极判而两仪生，动生阳而成天，静生阴而成地。然后二气絪缊，化生万物，气以成形，而理亦赋焉。是天地乃万物之父母，故乾坤居诸卦之首也。万物既生，则凡飞潜动植，血气心知之属，盈塞于天地间者，皆物也。故乾坤之后受之以屯，屯有雷雨震荡，充塞满盈之义。然屯刚柔始交，形质初开，又有物始生之义。物之始生，纯朴未散，知识未启，是物生必蒙也，故屯之后受之以蒙。蒙者蒙昧而无全觉，又幼穉而难遂长。物穉而不养，则无以遂其生，而天地之化育，几于息矣。有开世觉人之责者，必思所以养之，故蒙之后受之以需。需之象，饮食宴乐，养道也。然饮食者，人之大欲，欲之所在，争端必起。于是干糇致愆，酒醴生祸。强凌弱，众暴寡，不至于讼不止？故需之后受之以讼，讼则相援相倾，朋党必众，故讼之后受之以师，盖用大兵以平其争也。然师者众多之义，众无所统则乱，必仰比一人以为之君，施政教，申约束，使号令一，而众志定，故师之后受之以比。比者众所比辅也。夫民之比我，谓我能畜养之也。则必制田里，轻徭役。凡所以道之而遂其生者，宜施于既庶之后矣。故比之后受之以小畜。民既富矣，礼教可兴也。则必明彝伦，勅秩叙，凡所以教之而复其性者，宜施于既富之余矣。故小畜之后，受之以履，履者人之所行也。循礼而行，则上下有辨，亲疏有序，此心泰然，而天下各得其所，故履之后受之以泰。斯则由庶而富，由富而教，而四海莫不乂安矣。

按：乾坤者，天地之太初也。屯蒙者，人物之太初也。有圣人出焉，为之养其穉而平其争，小罚则平以士师，大罚则平以司马。使海隅日出，咸知大一统之义，而亲附于上。然后畜以养之，履以教之，而荡荡平平，卒致久安长治之模，岂非王道之大成哉？昔汤武除暴，以安天下，而即汲汲焉制助彻之法，申庠序之训，遂能使万民受保乂之德，国祚安盘石之固，用此道也。

【白话】

这一章是阐发《序卦传》上经部分的内涵。

孔子的意思是说：序述上经三十卦，始于乾坤，终于坎离，是为什么呢？乾，是天；坤，是地。自太极判而两仪生，动生阳而成天，静生阴而成地。然后阴阳二气絪缊，化生万物，气以成形，而理亦赋予其中。由于天地乃万物之父母，所以乾坤二卦居于诸卦之首。万物既生，则飞潜动植，血气心智之属，盈塞于天地之间。所以乾坤两卦之后就是屯卦，屯有雷雨震荡，充塞满盈之义。然而屯卦是刚柔始交之卦，万物形质初开，所以屯卦也有万物始生之义。物之始生，纯朴未散，智识未启，必然蒙昧，所以屯卦之后就是蒙卦。蒙即蒙昧之义，同时又有幼穉难长之义。幼穉不养，无以遂其生，而天地之化育，差不多已经止息。这种情况下，有开世觉人之责者，必思其养，所以蒙卦的后面是需卦。需卦的大象是饮食宴乐，属长养之道。但饮食是人之大欲，欲之所在，争端必起。于是干糇致愆，酒醴生祸。强凌弱，众暴寡，难道不会争讼不止吗？所以需卦的后面是讼卦，讼则相援相倾，朋党必众，因此讼卦之后是师卦，也就是用大兵平息其争。但师乃众多之义，众无所统则乱，必须仰比一人为君，施政教，申约束，统一号令，众志乃定，所以师卦之后是比卦，比为众所比辅之义。民之比我，是因为我能畜民。所以必须制田里，轻徭役。凡有益于民生者，皆应施行。所以比卦的后面是小畜卦。民众既富，礼教可兴。于是明彝伦，勅秩叙，凡有益于培养德行者，皆应施行。所以小畜卦的后面是履卦，履即人之所行。循礼而行，则上下有辨，亲疏有序，此心泰然，天下各得其所，所以履卦的后面是泰卦。泰则由庶而富，由富而教，四海莫不乂安。

按：乾坤两卦，讲的是天地之初。屯蒙两卦，讲的是人物之初。有圣人出，养其穉而平其争，小罚则平以士师，大罚则平以司马。于是海隅日出，皆知大一统之义，从而亲附于上。然后畜以养之，履以教之，荡荡平平，遂致久安长治之模，岂非王道之大成？昔时汤武除暴，天下初定，随即定助彻之法，申庠序之训，从而使万民受保乂之德，国祚安盘石之固，即为此道。

泰者通也。物不可以终通，故受之以否。物不可以终否，故受之以同人。与人同者，物必归焉，故受之以大有。有大者不可以盈，故受之以谦。有大而能谦必豫，故受之以豫。豫必有随，故受之以随。以喜随人者，必有事，故受之以蛊，蛊者事也。有事而后可大，故受之以临，临者大也。物大然后可观，故受之以观。可观而后有所合，故受之以噬嗑，嗑者合也。物不可以苟合而已，故受之以贲，贲者饰也。致饰然后亨则尽矣，故受之以剥，剥者剥也。物不可以终尽剥，穷上反下，故受之以复。复则不妄矣，故受之以无妄。有无妄，然后可畜，故受之以大畜。物畜然后可养，故受之以颐，颐者养也。不养则不可动，故受之以大过。物不可以终过，故受之以坎，坎者陷也。陷必有所丽，故受之以离，离者丽也。

【解义】

此发明否以下诸卦之义也。

孔子意曰：泰者，天地交而二气通，气化人事交通之谓也。然古今治乱，迭相倚伏，物无常通之势，故泰之后受之以否。否者，上下不交，气化乖隔之谓也。然乱极必治，挽救在人，物亦无终否之理。故否之后受之以同人，此世运之循环如是也。同人者，君臣同心，协力以济其否也。既与人同，则能得天下之心，而人土财用，皆为我有矣。故同人之后，受之以大有。所有既大，或好大喜功，满盈为害，有未可保也，故大有之后受之以谦。有大而能谦，则宜民宜人，受天百禄，可以长享其有，而乐以天下矣。故谦之后，受之以豫，此君道当如是也。夫人君能以谦致豫，则臣有钦若之思，民有从乂之志，无不丕应而随顺，故豫之后受之以随。然人之喜悦而来者，非苟随也。必上下同心，而有事于修治，故随之后受之以蛊，蛊者政坏而振起之，必将有所事也。既有事于励精图治，而后一代之大功，可以由此而起，故蛊之后受之以临。临者遍临万国，有大无外之象。大则可以照曜天下，而文明光被，赫然可观，故临之后受之以观。天子炳大观于上，海内自观化于下，东西南朔，来享来王，而罔不合志矣。故观之后受之以噬嗑，此治道之相因者然也。嗑者合而为一也，然使直情而行，不加文饰，是为苟合。其始虽合，其终必离，是当有礼以饰之，故噬嗑之后受之以贲，所为文以救质也。贲者礼以饰情之谓，质而有饰，亨道也。然饰不可致，致饰则繁文盛而实意衰，亨道反尽矣。故贲之后受之以剥，所为质以救文也，此文质之变如是也。剥者剥尽之义也，物尽则反，无终尽之理。剥阳穷于上，则必反生于下。天心隐而复现，人心息而复生，皆此理也。故剥之后受之以复，此造化之机如是也。人心一复，则天理之诚常存，人欲之妄尽绝，故复之后受之以无妄。心既无妄，则善日积而崇高，恶日去而净尽，可以畜德而至于大，故无妄之后受之以大畜。所畜既大，而优游涵泳，以俟其自化，是得养之义焉，故大畜之后受之以颐，颐者涵养之正也。有大涵养，方有大设施。未有养不豫而能动无不臧者，故颐之后受之以大过。可见大过人之功，必由于盛养也。此圣学之序也。然凡事贵乎得中，若恃才妄动，则终过而失中，必有险陷之患。故大过之后受之以坎，坎者一阳之陷也。既陷于险，而求出险之道，则必有所附丽以自振作，庶可藉以免难。故坎之后受之以离，离者一阴丽于二阳，有附丽之义也。上篇始乾坤，而终坎离者，盖以水火共济，为天地间之至理也。

按：古今治乱，一泰一否，原自相循，全恃君臣一德，以保泰济否。如舜得五臣，而拯昏垫之灾。武王得十人而致遏刘之烈，用能朝野同风，天下顺德，此同人大有之明征也。然史之赞尧曰“允恭克让”，舜之称禹曰“不矜不伐”，乃知谦以致豫，千古同道。所以万姓归怀，百度具举，居高临下，教洽刑清，治道之隆，于斯为极。至如持文质之流，察造化之几，敦一诚以养圣学，察人事以审时宜，内圣外王之学，莫备于斯矣。

【白话】

此处阐发否卦以下诸卦的内涵。

孔子的意思是说：泰是天地交而二气通，气化人事皆交通的意思。然而古今治乱，迭相倚伏，物无常通之势，所以泰卦的后面是否卦。否是上下不交，气化乖隔的意思。然则乱极必治，挽救在人，物亦无终否之理，所以否卦的后面是同人卦，这是世运的循环之理使然。同人是君臣同心，协力以济其否的意思。既与人同，则能得天下之心，如此一来，人土财用，皆为我有，所以同人卦的后面是大有卦。所有既大，或许会好大喜功，满盈为害，未可长保，因此大有卦的后面是谦卦。有大且能谦，宜民宜人，受天百禄，可以长享其有，而乐以天下。所以谦卦的后面是豫卦，君王之道，理当如是。君王若能以谦致豫，则臣有钦若之思，民有从乂之志，无不丕应而随顺，所以豫卦的后面是随卦。然而人之喜悦而来者，并非苟随。必须上下同心，以修以治，所以随卦的后面是蛊卦。蛊的意思是在政事败坏之后振起，从而必将有所事。既有事于励精图治，而后一代之大功，可以由此而起，所以蛊卦的后面是临卦。临者遍临万国，有大无外之象。大则照曜天下，文明光被，赫然可观，因此临卦的后面是观卦。天子炳大观于上，海内自观化于下，东西南北，来享来王，罔不合志。所以观卦的后面是噬嗑卦，此乃治道相因之理使然。“嗑”为合而为一之意，然而直情而行，不加文饰，乃为苟合。其始虽合，其终必离，所以应当以礼饰之，因此噬嗑卦的后面是贲卦，目的是以文救质。贲的意思是以礼饰情，质而有饰，为亨通之道。然而饰不可致，致饰则繁文盛而实意衰，亨道反尽。所以贲卦的后面是剥卦，目的是以质救文，文与质就是这样相互转变的。剥为剥尽之义，物尽则反，无终尽之理。剥阳穷于上，则必反生于下。天心隐而复现，人心息而复生，皆属此理。所以剥卦的后面是复卦，此乃造化之机使然。人心一复，则天理之诚常存，人欲之妄尽绝，所以复卦之后是无妄卦。心既无妄，则善日积而崇高，恶日去而净尽，可以畜德以至于大，因此无妄卦的后面是大畜卦。所畜既大，而优游涵泳，俟其自化，深得颐养之道，所以大畜卦的后面是颐卦，颐的意思是涵养之正。有大涵养，方有大设施。但世上没有养而不豫，动无不臧的道理，所以颐卦的后面是大过卦。可见大过人之功绩，必须源于盛养。此乃圣人之学的次序。然而凡事贵在得中，如若恃才妄动，就会过而不中，必有险陷之患。所以大过卦的后面是坎卦，坎卦有一阳陷于二阴之象。既陷于险难之中，必求于出险之道，因此必须有所险丽，然后自我振作，差不多就可以免难了。因此坎卦之后是离卦，离卦是一阴丽于二阳之卦，有附丽之义。上篇始于乾坤，终于坎离，主要是因为水火共济是天地间的至理。

按：古往今来，一治一乱，一泰一否，原自相循，全靠君臣一心，才能保泰济否。比如舜帝得到了五位贤臣，所以能拯救昏垫之灾。武王得到十位贤人，因此能遏止杀戮，建立功业，使朝野同风，天下顺德，这是同人、大有两卦的明证。然而史书上称赞尧帝“允恭克让”，舜帝称赞禹帝为“不矜不伐”，可知谦以致豫，方为千古同道。于是万姓归怀，百度俱举，居高临下，教洽刑清，治道之隆，达到了极致。即便持文质之流，察造化之几，敦一诚以养圣学，察人事以审时宜，内圣外王之学，也无不具备。

有天地然后有万物，有万物然后有男女，有男女然后有夫妇，有夫妇然后有父子，有父子然后有君臣，有君臣然后有上下，有上下然后礼义有所错。夫妇之道，不可以不久也，故受之以恒，恒者久也。物不可以久居其所，故受之以遯，遯者退也。物不可以终遯，故受之以大壮。物不可以终壮，故受之以晋，晋者进也。进必有所伤，故受之以明夷，夷者伤也。伤于外者，必反其家，故受之以家人。家道穷必乖，故受之以睽，睽者乖也。乖必有难，故受之以蹇，蹇者难也。物不可以终难，故受之以解，解者缓也。缓必有所失，故受之以损。损而不已必益，故受之以益。益而不已必决，故受之以夬，夬者决也。决必有所遇，故受之以姤，姤者遇也。物相遇而后聚，故受之以萃，萃者聚也。聚而上者谓之升，故受之以升。升而不已必困，故受之以困。困乎上者必反下，故受之以井。井道不可不革，故受之以革。革物者莫若鼎，故受之以鼎。

【解义】

此一章是发明序下经之义也。

孔子意曰：序下经之卦始于咸恒，而终于未济者，何也？咸有夫妇之义。夫妇者人伦之始，天地者万物之始。下经始咸恒，犹上经始于乾坤也。自有天地，则气化形化而万物生，有万物则分阴分阳而男女辨。有男女则阴阳配合而夫妇成，此有夫妇之所由也。有夫妇则生育相传，而后有父子。有父子则生齿日繁，不可无主，而后有君臣。有君臣则尊卑贵贱，定分不淆，而后有上下。有上下则制之节文为礼，处之得宜为义，莫不各有其措置。此有夫妇之所致也。夫本于天地，以为万物男女之防维；错为礼义，以为父子君臣上下所托始。夫妇所关大矣。所关既大，则倡随之道不可不久，故受之以恒，恒者久也。然特夫妇之道宜久耳？若论君子出处之理，则盛满久者造物所忌，崇高久者祸机所伏。物不可以久居，故受之以遯，遯者退避不居也。然屯极则亨，屈极则伸，物无终遯之理，由退而进，势将壮盛，故受之以大壮。壮必进用有为，而不可以徒壮，故受之以晋，晋者上进也。然不审乎盈虚消息之数，而锐进不止，必有黜辱之伤，故受之以明夷，夷者伤害之义。既伤于外，必反家以就安，故受之以家人。此以君子之出处言也。家道难齐，渐至于穷极，则父子兄弟夫妇之间，情义乖离，故受之以睽，睽者乖离之义。人情既乖，则戕贼萌于一心，戈矛起于一室，而内难必作，故受之以蹇，蹇者所遇之蹇难也。然物无终难之理，难极则反身修德，正己可以正邦，而难可解散矣，故受之以解。解者解缓之义。难既解，则怠缓易生，偷惰荒废，必有所失，故受之以损。自睽至损，皆由家道以推之于世道，以进退治乱之理言也。损者惩忿窒欲，其功不已，则人心日微，道心日长，未有不蒙其益者，故受之以益。益者迁善改过，其功不已则裕内利外，盈科以进，有若江河之决者，故受之以夬。此以君子之理学体用言也。夬又有君子决小人之象，小人决尽则君子必遇矣。故受之以姤，姤者遇也。君子既遇，则拔茅汇征，而同德相聚矣。故受之以萃，萃者聚也。君子既聚，则多贤效力，而大猷允升矣，故受之以升。然爵禄非一人之私，升而不已则贪恋禄位，招尤犯忌，困必及之，故受之以困。既困而不容于上，必降而伏处于下。至下者莫如井，故受之以井。自夬至井，皆以君子进退之理言也。夫井久必淤，犹法久必弊。道不可以不革，故受之以革。革物之故而为新者莫若鼎，犹欲变成法者必操大权也，故受之以鼎。

按：下经始于咸恒者，盖夫妇为人伦之首。汉儒所以言："婚姻之礼正，然后品物遂而天命全也。"若出处之机，治乱之数，理学之消长，进退之合宜，其间盈虚消息，各有天时。而匡救挽回，全赖人事。圣人欲人于未变之先，防危虑患，以谨其微。更欲人于将反之际，旋转乾坤，以救其极。古大臣之持盈惧满，而不敢自暇自逸者，知此道也。至于革故取新，如汤武能以开创为革，殷武周宣能以中兴为革，洵乎建大功者必在于揽大权哉。

【白话】

这一章是阐发《序卦传》下经诸卦的内涵。

孔子的意思是说：叙述下经三十四卦，始于咸恒，终于未济，是为什么呢？咸卦有夫妇之义。夫妇为人伦之始，天地为万物之始。下经始于咸恒二卦，犹如上经始于乾坤二卦。自从开天辟地，气化形化，万物乃生，有了万物，则分阴分阳，男女得辨。有了男女，则阴阳配合，夫妇有成，这是夫妇之所由。有了夫妇，则生育相传，而后就有了父子。有了父子，则生齿日繁，不可无主，于是有了君臣。有了君臣，则尊卑贵贱，定分不淆，而后便有了上下之分。有了上下之分，则制定了礼义，使其各有措置。这是夫妇之所致。其本于天地，足以为万物男女之防维；其错为礼义，可以为父子君臣上下所托始。所以说，夫妇所关甚大。所关既大，则倡随之道不可不久，所以咸卦的后面是恒卦，恒即恒久。然而，只有夫妇之道应该恒久吗？说到君子的出处之理，盛满过久乃造物所忌，崇高过则祸机必伏。物不可以久居，所以受之以遁，遁即退避不居之义。然而屯极必亨，屈极必伸，物无终遁之理，由退而进，势将壮盛，所以遁卦的后面是大壮卦。壮必进用有为，但不能徒恃其壮，所以大壮卦的后面是晋卦，晋乃上进之义。但不审视盈虚消息之数，锐进不止，必有黜辱之伤，所以晋卦的后面是明夷卦，夷即伤害。既伤于外，必返家以就安，所以明夷卦的后面是家人卦。这是就君子的出仕与否而言。家道难齐，会渐至于穷极，于是父子兄弟夫妇之间，情义乖离，所以家人卦的后面是睽卦，睽的意思是乖离。人情既乖，则戕贼萌于一心，戈矛起于一室，内难必作，所以睽卦的后面是蹇卦，蹇为蹇难之义。不过物无终难之理，难极则反身修德，正己则可以正邦，也足以解难，因此蹇卦的后面是解卦。解为解缓之义。难既解，则怠易生，偷惰荒废，必有所失，所以解卦的后面是损卦。自睽卦至损卦，皆是由家道推之于世道，都是就进退治乱之理而言。损的意思是惩忿窒欲，其功不已，则人心日微，道心日长，未有不受益于此者，所以损卦的后面是益卦。益为迁善改过之意，其功不已，则裕内利外，盈科以进，有如江河之决，所以益卦的后面是夬卦。这是就君子之学的体用而言。夬又有君子决除小人之象，小人决尽，君子必遇明主。所以夬卦的后面是姤卦，姤即遇的意思。君子既遇，则拔茅汇征，同道中人得以相聚。因此姤卦的后面是萃卦，萃就是聚的意思。君子既聚，则多贤効力，而大猷允升，所以萃卦的后面是升卦。然而爵禄不能沦为私器，升而不已则必然贪恋禄位，招尤犯忌，困必及之，所以升卦的后面就是困卦。既困则不容于上，必降而伏处于下。至下者莫如井，所以困卦的后面是井卦。自夬卦至井卦，讲的都是君子的进退之道。井久必淤，犹如法久必弊。道不可以不革，所以井卦的后面是革卦。革物之故而为新者，莫过于鼎，恰如欲变成法，必操大权，所以革卦的后面是鼎卦。

按：下经始于咸恒两卦，是因为夫妇为人伦之首。因此汉儒有言：“婚姻之礼正，然后品物遂而天命全也。”其实出处之机，治乱之数，理学之消长，进退之合宜，其间盈虚消息，各有天时。匡救挽回，全赖人事。圣人想使人在未变之先，防危虑患，以谨其微。更想让人们在将反之际，旋转乾坤，以救其极。古代的大臣持盈惧满，不敢自暇自逸，便是顺应此道。至于革故取新，如汤武以开创为革，殷武周宣以中兴为革，实在是建大功者必揽大权的现实写照。

主器者莫若长子，故受之以震，震者动也。物不可以终动，止之，故受之以艮，艮者止也。物不可以终止，故受之以渐，渐者进也。进必有所归，故受之以归妹。得其所归者必大，故受之以丰，丰者大也。穷大者必失其居，故受之以旅。旅而无所容，故受之以巽，巽者入也。入而后说之，故受之以兑，兑者说也。说而后散之，故受之以涣，涣者离也。物不可以终离，故受之以节，节而信之，故受之以中孚。有其信者必行之，故受之以小过。有过物者必济，故受之以既济。物不可穷也，故受之以未济终焉。

【解义】

此发明震以下诸卦之义也。

孔子意曰：上文既明鼎为重器，而主此重器者，莫如大君之长子。秉元良之德，居储副之位，所以上承宗社，下统臣民，故受之以震。此以治道言也。然震义主于动，物无终动，动极必静，天之道也，故受之以艮。艮义主于止，物无终止，静极复动，亦天之道也，故受之以渐，渐者循序渐进也。此以造化之气机言也。气机动静，相因而生，如人学问，有渐则成章后达，自然理有归宿，犹女之得所归也，故受之以归妹。既得所归，则万民归于帝王，万善归于圣贤，而圣功王道，无不极其盛大矣，故受之以丰，丰者盛大之义。然使穷极侈大，欲败度，纵败礼，必失居安之道，故受之以旅，旅者寓于外也。在外则心不自安而无地可容，不得不巽顺以求返于所居。故受之以巽，巽则心入于理矣。夫心能入理，自觉意味长而旨趣永，此怡说所由生也。故受之以兑，兑则理说于心矣。夫理可说心，自觉性情洽而睟盎著，此泮奂所由来也，故受之以涣。此以圣学言也。然涣又有离散之义，若人心分离解散而无所底止，非处涣之道。必当制度数，议德行，大为坊表以节制之，故受之以节。节道既立，则朝皆信道，野皆信法，百姓莫不中心诚服矣，故受之以中孚。此以君道言也。然天下事，又当因时制宜，不可徒恃其信，苟硁硁然不度时势，而必信必果，必至以过中而妨义，故受之以小过。夫人虽不可过于信，然不可无过物之才。苟才可过人，则必能拨祸乱，定太平，以成济世宁民之功，故受之以既济。此以人事言也。夫物至于既济，则其功已成，而数已穷矣。然物无终穷，如天地不穷于运会之循环，万物不穷于化育之生息，人事不穷于治乱之倚伏。终而复始，生生不息，故易以未济终焉。此以气运言也。

按：此篇推之于治道，参之于造化。微之为圣贤之学问，显之为帝王之治功。验于人事，极于气运，总不出卦体所自具。至于六十四卦，循环往复，变化相生，所为终则复始，贞下起元，先儒邵雍《皇极经世》一书，大指皆本于此。真能贯天地之阴阳，究古今之变化者欤。

【白话】

此处阐发震卦以下诸卦的内涵。

孔子的意思是说：上文既已明言鼎为重器，而主此重器之人，莫过于大君之长子。其秉持元良之德，居于储副之位，能上承宗社，下统臣民，因此鼎卦的后面是震卦。这是就治道而言。然而震性主动，物无终动，动极必静，此乃天道，所以震卦的后面艮卦。艮性主止，而物无终止，静极复动，亦为天道，所以艮卦的后面是渐卦，渐乃循序渐进之意。这是就造化之机而言。气机动静，相因相生，如同人做学问，有循序渐进之功，自然文有所成，理有所归，犹如女子得其所归，因此渐卦的后面是归妹卦。既得所归，则万民归于帝王，万善归于圣贤，而圣功王道，无不极其盛大，所以归妹卦的后面是丰卦，丰乃盛大之义。然而穷极侈大，纵欲败礼，必失居安之道，所以丰卦的后面是旅卦，旅为寓于外之义。在外则心不自安，无地可容，不得不巽顺，以求返于所居。所以旅卦的后面是巽卦，巽顺方能以心入理。心能入理，自然意味长而旨趣永，愉悦因此而生。所以巽卦的后面是兑卦，兑即理悦于心之义。理可悦心，自然性情洽而睟盎著，此乃闲适泮奂的出处，所以兑卦的后面是涣卦。这是就圣人之学而言。然而涣卦也有离散之意，若人心离散，无所底止，绝非处涣之道。必须制度数，议德行，予以节制，所以涣卦的后面是节卦。节道既立，则朝皆信道，野皆信法，百姓无不中心诚服，因此节卦的后面是中孚卦。这是就君道而言。然而天下之事，应该因时制宜，不可徒恃其信，不度时势，必信必果，以至于过中妨义，所以中孚卦的后面是小过卦。人虽然不可过于信乎，却不可无过物之才。才过于人，必能拨祸乱，定太平，济世宁民，所以小过卦的后面是既济卦。这是就人事而言。事物发展到既济的程度，其功已成，其数已穷。然而物无终穷，恰如天地不穷于运会之循环，万物不穷于化育之生息，人事不穷于治乱之倚伏，必然会终而复始，生生不息，所以《易经》以未济卦为终结。这是就气运而言。

按：此篇推之于治道，参之于造化，微之为圣贤之学，显之为帝王之功。验于人事，极于气运，总不出卦体之本然。至于六十四卦循环往复，变化相生，终则复始，贞下起元，先儒邵雍的《皇极经世》一书，大体源于此篇，《序卦传》真乃贯天地之阴阳，究古今之变化的终极学问。

杂卦传

【解义】

此是杂糅众卦之刚柔动静，吉凶祸福，而错综其义，与上文《序卦》互为经纬者也。孔子恐人紊乱《序卦》之次，上篇乃即卦名立义，以联络之。又恐人株守《序卦》，而失其反对之义。此篇乃复杂糅其卦而错综之，故名“杂卦”。

【白话】

此篇杂糅众卦的刚柔动静，吉凶祸福，错综其义，与《序卦传》互为经纬。孔子担心世人紊乱《序卦传》的次序，因此于上篇就卦名确立卦义，以联络《序卦传》。又担心世人株守《序卦》，失其反对之义，于是杂糅其卦而错综之，所以叫作“杂卦”。

乾刚坤柔，比乐师忧。临观之义，或与或求。屯见而不失其居，蒙杂而着。震起也，艮止也。损益盛衰之始也。大畜时也，无妄灾也。萃聚而升不来也。谦轻而豫怠也。噬嗑食也，贲无色也。兑见而巽伏也。随无故也，蛊则饬也。剥烂也，复反也。晋昼也，明夷诛也。井通而困相遇也。

【解义】

此错杂乾坤，至困三十卦，以明其义也。

孔子意曰：乾画皆奇，纯阳至健，其德则刚；坤画皆偶，纯阴至顺，其德则柔。比以一人而君四海，德位俱全，道可大行，故乐。师以一人而统三军，行险动众，安危攸系，故忧。临则容保无疆，教思无穷，有与民以惠，与民以善之义。观则建中表正于上，而民有于我求中，于我求正之义。或与以应其求，或求以视其与，感应之理，固然也。屯以震遇坎，震动则见，而坎险不行，是动乎险中，而能固守，不失其所居之贞也。蒙以坎遇艮，坎体虽幽，而艮象光明，是质虽暗昧，而学能破愚为明，杂而能着也。此以人心言也。震者阳起于下，静极而动，化机由以发端。艮者阳止于上，动极而静，化机由以收敛。此天道通复之机也。损下将以益上，然君不能独富，虽未遽衰，为衰之始。益下似乎损上，然君不致独贫，虽未遽盛，为盛之始。此世道治乱之渐也。大畜以艮畜乾，乾健难止，而今能止者，时适然也。此见适然之福不足喜，而当有善后之道也。无妄以乾而动，不当取祸而不免灾者，亦偶值也。此见偶值之灾不足惧，而当思弭变之方也。萃是考德问业，同聚于野而不往，以隐为高；升是得时行道，同升诸朝而不来，以仕为通。君子之出处，分于此。谦则虚己下人，轻以自视；豫则志得意满，怠以居衷。君道之敬怠，分于此。噬嗑如有物见食，去其强梗，以合天下之间，刑教也；贲以无色受采，去其文饰，以反天下之本，礼教也。兑刚内柔外，见其情而说人，其人心之感而接物乎。巽刚外柔内，隐其情而顺物，其人心之寂而退藏乎。随则上下相交，幸无事故之可虞；蛊则废坏已极，亟宜更化以善治。盖守成中兴之异如此。剥者一阳穷极于上，生意溃烂而归于无；复者一阳更生于下，生意复萌而反于有。盖造化消长之机如此。晋以明出地上而为昼，此文明之象，世道所由隆也；明夷明入地中而见伤，乃晦塞之秋，世道所由污也。井以养物不穷，是吾道之通，而泽得以遍及也；困则刚为柔掩，是吾道之塞，相遇而为所制也。

按：乾坤至困三十卦，适符上经之数。咸恒至夬三十四卦，亦符下经之数。而各杂十二卦于其中者，此变易之义也。而上始乾坤，下始咸恒，变易之中，仍有不易之义。可见圣人诠易，各具妙旨，大约皆于相反之中，分其吉凶消长之理。而上经所杂诸卦，则君民感应，化机循环，出处异宜，刑礼异治。圣狂分于克罔，运会别其污隆，无一不关于治乱安危之数。人主能体圣人杂卦之意，知其相反之故，而剖别几微，去此入彼，则唐虞三代之盛不难致矣。

【白话】

此处错杂乾坤两卦至困卦共三十卦，以申明其义。

孔子的意思是说：乾卦卦画皆奇，纯阳至健，其德则刚；坤卦卦画皆偶，纯阴至顺，其德则柔。比卦以一人君临四海，德位俱全，道可大行，所以“比乐”。师卦以一人统帅三军，行险动众，安危攸系，所以“师忧”。临卦容保无疆，教思无穷，有与民以惠，与民以善之义。观卦建中表正于上，而民有于我求中求正之义。或与之以应其求，或求之以视其与，此乃感应之理，势所固然。屯卦是以震遇坎之卦，震动则见，而坎险不行，因此动乎险中而能固守，不失其所居之贞。蒙卦是以坎遇艮之卦，坎体虽幽，而艮象光明，因此其质虽暗，一心求学，就能破愚为明，杂而能著。这是就人心而言。震卦的阳爻起于下，静极而动，化机由此发端。艮卦的阳爻止于上，动极而静，化机由此收敛。此乃天道通复之机。损下将以益上，然而君王不能独富，虽未遽衰，已为衰之始。益下似乎损上，然而君王不致独贪，虽未遽盛，已为盛之始。这是世道的治乱之渐。大畜卦以艮畜乾，乾健难止，而今能止，是因为恰逢其适。但适然之福不足喜，当有善后之道。无妄卦以乾而动，不当取祸而不免于灾，亦属偶然。但偶然之灾不足惧，当思弭变之方。萃卦是考德问业之卦，同聚于野而不往，以隐为高；升卦是得时行道之卦，同升诸朝而不来，以仕为通。君子出仕与否，以此相别。谦卦进的是虚己下人，轻以自视；豫卦讲的是志得意满，怠以居衷。为君之道中的敬怠之别，以此为界。噬嗑卦如有物见食，去其强梗，以合天下之间，说的是刑教；贲卦以无色受采，去其文饰，以反天下之本，说的是礼教。兑卦刚内柔外，以情悦人，以人心之感而接物。巽卦刚外柔内，隐情顺物，以人心之寂而退藏。随卦上下相交，幸无事故之可虞；蛊卦废坏已极，亟宜更化以善治。守成与中兴的差异，大抵如此。剥卦的一阳穷极于上，生意溃烂而归于无；复卦的一阳更生于下，生意复萌而反于有。造长的消长之机，体现在卦上就是这样。晋卦以明出地上而为昼，此乃文明之象，世道所以昌隆；明夷因明入地中而见伤，此乃晦塞之秋，世道所以污浊。井卦养物不穷，是君子之道亨通，其泽得以遍及；困卦刚为柔掩，是君子之道阻塞，相遇而为所制。

按：乾坤至困卦的三十卦，恰好是上经三十卦。咸恒至夬卦的三十四卦，则为下经三十四卦之数。之所以各杂十二卦于其中，乃是变易之义。而上篇始于乾坤，下篇始于咸恒，说明变易之中，仍有不易之理。可见圣人释易，各具其妙，总的来说是在相反相成之中，分其吉凶消长之理。而且上经所杂诸卦，皆为君民感应，化机循环，出处异宜，刑礼异治之道。圣狂分于克罔，运会别其污隆，全都关乎治乱安危。君王能体会圣人杂卦之意，知其相反之故，剖别几微，去此入彼，三代那样的盛世便不难再现。

咸速也，恒久也。涣离也，节止也。解缓也，蹇难也。睽外也，家人内也。否泰反其类也。大壮则止，遯则退也。大有众也，同人亲也。革去故也，鼎取新也。小过过也，中孚信也。丰多故，亲寡旅也。离上而坎下也。小畜寡也，履不处也。需不进也，讼不亲也。大过颠也，姤遇也，柔遇刚也。渐女归待男行也。颐养正也。既济定也。归妹女之终也。未济男之穷也。夬决也，刚决柔也。君子道长，小人道忧也。

【解义】

此错杂咸恒至夬三十四卦，以明其义也。

孔子意曰：王道有过化存神之妙，咸者感人心而天下和平。绥来动和，其道必速。王道无近功浅效之时，恒者久于其道而天下化成。渐仁摩义，其道必久。民心有离合之端，涣以风散水，为携贰之象，无以合之，故离；节以泽限水，为制节之象，有以限之，故止。国势有安危之别，解出乎险，从容宽缓之时也；蹇在险中，患难危急之秋也。人情有亲疏之异，睽则情意乖隔，疏而外之矣；家人则恩义联属，亲而内之矣。否则大往小来而小人道长，泰则小往大来而君子道长，其类相反至此已极，气运之循环又如此。阳之方壮，不可恃壮而失防阴之道，故大壮则止而不宜轻进；阴之方长，虑其逞势而肆害阳之心，故遯则退而不可冒进。大有之势，六合一家，而所有者众；同人之情，兆姓一体，而来附者亲。革以去故，必举积习之陋，而尽更之；鼎以取新，必举维新之政，而悉布之。治道如此，则莫不尊亲而弊无不去，利无不兴矣。过不可有，细行不谨，虽小有失，亦过也；信不可无，色取宜戒，中心之孚，乃信也。制行立心，不可不审已。丰则明动相资，势盛而喜于有为，其故多也；旅则穷大失居，势孤而谁与为徒，其亲寡也。处事处人，不可不审已。离火阴而附乎阳，其性炎上；坎水阳而附乎阴，其性润下。此阴阳之精气，互藏其宅，为造化自然之理也。小畜以一阴畜众阳，小难畜大，为寡不敌众之象；履以和说蹑刚强，柔能制刚，为能进而不处之象。此见小人之寡不足害君子，而君子之刚自足御小人也。事莫善于需，孚贞待时，为见险不进之象；事莫凶于讼，险健求胜，为与人不亲之象。此见静安义命者为君子，而动争是非者为小人也。大过本末俱弱，非遗大投艰之才，故颠。姤以一阴遇五阳，猝然相遇，遇不以正者也。君子以渐而进，如女之归，必待男之六礼备而后行，则进得其正矣。颐者内而养德，外而养身，见君子之学术，皆有正道而不入于庞杂。既济者，纲举目张，礼备乐和，见君子之治功，克致底定而不入于功利。归妹者，妇既从夫，终身有托，为女之终。未济者，三阳失位，夫道无权，为男之穷。夬之义为决，以五刚决一柔，是阳德大行，君子道长。阴邪屏息，小人道忧也。世道如此，不亦大可庆幸哉?

按：乾刚坤柔，以下惟姤曰柔遇刚，夬曰刚决柔。盖姤为柔进之始，进极则为坤；夬为柔退之终，一决则为乾。故独以二卦言之。且以乾始，必以乾终。夬之一阴决尽，即为纯乾，所谓贞下起元。孔子赞化育，扶世变之微意也。

【白话】

此处错杂咸恒两卦至夬卦共三十四卦，以申明其义。

孔子的意思是说：王道有过化存神之妙，所以要效仿咸卦，感于人心，以致天下太平。绥来动和，其道必速。王道无近功浅效之时，所以要效仿恒卦，久于其道，而天下化成。渐仁摩义，其道必久。民心有离合之端，涣卦以风散水，为不忠之象，无以合之，所以说“涣离也”；节卦以泽限水，为制节之象，有以限之，所以说“节止也”。国势有安危之别，解卦动而出险，从容宽缓之时；蹇卦止于险中，患难危急之秋。人情有亲疏之异，睽卦讲的是情意乖隔，疏而外之的情况；家人卦讲的是恩义联属，亲而内之的情况。否卦大往小来，小人道长，泰卦小往大来，君子道长。其类相反，至此已极，是因为气运的循环就是这样。阳道方壮，不可恃壮而失防阴道，所以大壮卦劝人止而不宜轻进；阴道方长，虑其逞势而肆害阳之心，所以遁卦劝人退而不可冒进。大有卦之所以得名，是因为其势六合一家，所有者众；同人卦之所以得名，是因为其情兆姓一体，来附者亲。革卦用以去故，必举积习之陋而尽更之；鼎卦用以取新，必举维新之政而悉布之。治道如此，则天下无不尊亲，从而弊无不去，利无不兴。过不可有，细行不谨，虽小有失，亦为过，也就是小过；信不可无，色取宜戒，中心之孚，乃为信，这就是中孚。君子制行立心，不可不审。丰卦明动相资，势盛而喜于有为，因此其故多；旅卦穷大失居，势孤而谁与为徒，因此其亲寡。君子处事处人，不可不审。离火之卦，阴而附阳，其性炎上；坎水之卦，阳而附阴，其性润下。此乃阴阳之精气，互藏其宅，出自造化自然之理。小畜卦以一阴畜众阳，小难畜大，为寡不敌众之象；履卦以和悦蹑刚强，柔能制刚，为能进不处之象。可见小人之寡不足以害君子，而君子之刚足以御小人。处事之善，莫过于在需要等待时，孚贞待时，所以需有见险不进之象；人间之事，凶莫过于争讼，讼卦以险健求胜，为与人不亲之象。因此静安义命者为君子，动争是非者为小人。大过卦本末俱弱，非遗大投艰之才，所以说“大过颠也”。姤卦一阴遇五阳，猝然相遇，遇非其正。君子以渐而进，如女之归，必待男之六礼备而后行，方能进得其正。颐卦内以养德，外以养身，以见君子之学术皆有正道，不入于庞杂。既济卦纲举目张，礼备乐和，以见君子之治功克致底定，不入于功利。归妹卦妇既从夫，终身有托，为女子之终结。未济卦三阳失位，夫道无权，为男子之穷。夬卦的意思是决除，具体说来是以五刚决一柔，阳德大行，君子道长，阴邪屏息，小人道忧。世道如此，不是很值得庆幸吗？

按："乾刚坤柔"之后，唯有姤卦讲"柔遇刚"，夬卦讲"刚决柔"，这主要是因为姤卦为柔进之始，进极则为坤卦；夬卦为柔退之终，一决则为乾卦。所以单独讲此二卦。而且《易》以乾始，必以乾终。夬卦的一阴决尽，即为纯乾之卦，即所谓"贞下起元"之意。这也是孔子赞化育，扶世变的微言大义。

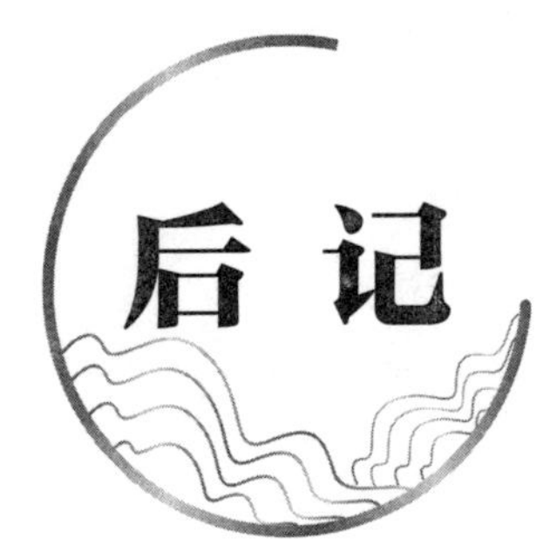

后记

历时两年有余，在新年的钟声敲响之际，全白话版的《日讲易经解义》终于付梓。过程之中，虽然遭遇了巨大的身心挑战，好在本着每日进讲、日拱一卒的精神，终于啃下了这块硬骨头。同时只要想想这么多年，大家对我不离不弃的陪伴与支持，再苦再累也值得。感谢大家的一路陪伴，未来我会继续写下去，和大家一同成长。共勉！

舒　涵

2024 年 12 月 12 日